Till Greite
Die leere Zentrale. Berlin,
ein Bild aus dem deutschen Nachkrieg

Till Greite

Die leere Zentrale. Berlin, ein Bild aus dem deutschen Nachkrieg

Eine literaturgeschichtliche Begehung

Wallstein Verlag

Gedruckt mit freundlicher Unterstützung

der Bundesstiftung zur Aufarbeitung der SED-Diktatur

der Herbert und Elsbeth Weichmann-Stiftung

und der Stiftung Ernst-Reuter-Archiv

Bibliografische Information der Deutschen Nationalbibliothek
Die Deutsche Nationalbibliothek verzeichnet diese Publikation
in der Deutschen Nationalbibliografie; detaillierte bibliografische Daten
sind im Internet über http://dnb.d-nb.de abrufbar.

Wallstein Verlag, Göttingen 2024
www.wallstein-verlag.de

Vom Verlag gesetzt aus der Stempel Garamond
Umschlaggestaltung: Susanne Gerhards, Düsseldorf
Druck und Verarbeitung: bookSolutions Vertriebs GmbH, Göttingen

978-3-8353-5622-1

Inhalt

Dann bleibt ein öder Raum,
wer weiß, wie lange?
  Oskar Loerke, 1933

Ich sehe hier vieles, das nicht da ist,
nicht mehr und noch nicht.
  Martin Kessel, 1955

Kann hier nicht, dort nicht wohnen,
Unterwegs,
Ich suche den Ort.
  Michael Hamburger, 1966

Einleitung: Unterwegs zur leeren Zentrale.
Parcours des Buchs

> Das Unkraut in der Mitte, – ein Stück
> der Wahrheit oder der Chimäre?
> *Wolfgang Koeppen*[1]

Setzt man erstmals Fuß auf unvertrautes Gelände, mag es sinnvoll sein, sich auf seine Sinne zu verlassen: auf das, was einem das leibliche Erleben über einen Ort zu sagen verspricht. »Schon vor den Worten war etwas.«[2] So hat es der deutsch-britische Lyriker, Übersetzer und Essayist Michael Hamburger einmal gesagt, als er seine Geburtsstadt Berlin, die er mit neun Jahren verlassen musste, Jahrzehnte später im Nachkrieg wieder sah. Da hatte sich nicht nur der Ort, sondern auch die Sprache – das Medium, in dem er dem Ort begegnete – vollständig gewandelt. Gerade darum galt es, über die sinnlichen Phänomene einen Zugang zum Verschütteten zu suchen. Die Worte zum Erlebten kamen später, befanden sich in der Nachhut – und »durften nichts erklären«, was sie nicht zu zeigen imstande waren. Es galt ihm in Berlin erst zu erfassen, »was vor den Worten da war«: alles, was ihn in der Wiederkehr bedrängte, »die Düsternis, das Getöse, das Geschrei« von einst, so wie er selbst das zu Riechende, Schmeckende noch später in sich aufgehen ließ.[3]

Nicht, dass dieser sprachempfindliche Autor keine Worte hätte finden können für das, was ihm widerfuhr. Doch worum es ihm ging, war das Andrängen der Worte für das, was ihn ein ums andere Mal stammelnd, sprachlos in der Stadt stehen ließ. Denn der »äußere Zusammenstoß mit Berlin«, so Hamburger in seinen »Berliner-Variationen«, »war nur der Anfang einer Zerrüttung«.[4] Etwas traf ihn am Ort, eine Begegnung, die perplex machte, sodass die »Offenheit des Worts«, die ihm zufolge jeder dichterische Mensch

---

1 Wolfgang Koeppen. Nach Rußland und anderswohin (1958), in: ders. Gesammelte Werke. Bd. 4. Frankfurt a. M. 1990, 7–275, hier: 106.
2 Michael Hamburger. Niemandsland-Variationen, in: ders. Zwischen den Sprachen. Essays und Gedichte. Frankfurt a. M. 1966, 26–34, hier: 26.
3 Vgl. ebd., 27. Zu den Elementarmedien der Raumerschließung in der leiblichen Begegnung sowie zur Spur einer ans Unwillkürliche zurückreichenden Erfahrung vgl. Hubertus Tellenbach. Geschmack und Atmosphäre. Medien menschlichen Elementarkontaktes. Salzburg 1968.
4 Michael Hamburger. Berliner Variationen, in: ders. Zwischen den Sprachen, 9–25, hier: 25.

zu suchen hat, erst neu – und vor Ort – geborgen werden musste.[5] Was traf ihn also? Recht besehen kaum mehr als die »Lücken«, das »Eingemauerte«: jener unter die Haut gehende »Spalt des zerschnittenen Herzens« der einst vertrauten, nun gezeichneten Stadt. Diese wüste innere Stadt gab ihm, als Anschauungsraum mit Hinterlassenschaft, mehr zu denken, als das eilige Wort erklären kann.[6]

So bedarf auch ein zu erschließendes Gelände wie das leere Zentrum Berlins im Nachkrieg, das Hamburger im einleitenden Passus umkreist, neuer Wege. Um diese Wege und Umwege soll es im Folgenenden gehen. Insofern hat diese Untersuchung Entscheidendes mit Hamburgers Erfahrung im Terrain seiner Geburtsstadt gemein. Auch hier geht es um einen noch zu beschreibenden Topos, der sich als literarischer erweisen soll. Paul Celan hat eingeworfen, dass die Literatur sich nicht mit den festgestellten, schon beschriebenen Topoi beschäftige, sondern mit jenen »im Hinblick auf das noch zu Erforschende«.[7] Erst dieser Blickwinkel komme einer »Toposforschung« nahe, wie sie der Literatur entspreche: nämlich einer, die den Ort von seiner fraglichen Seite zeige. Gerade diese Form der Toposkunde setzt Aktivitäten voraus, die – wie Walter Benjamin in seiner »Berliner Kindheit« schrieb – dem Furchenziehen ähnele.[8] Im Feld des Geistes kommt das einem Verfahren nahe, das das Graben mit dem Sichten und Sammeln zusammenführt: einer Maulwurfsarbeit. Es gleicht einem fortlaufenden Begehen desselben Terrains, so Benjamin, das sich nicht scheuen dürfe, »immer wieder auf einen und denselben Sachverhalt zurückzukommen«.[9]

Denn das Furchenziehen dreht das Verdeckte nach oben. Das Durchfurchen frischt nicht nur den Ort auf, es lässt Fragliches sichtbar werden. Das »Umpflügen« auf geistigem Boden kann auf diese Weise – wie Alfred Döblin

---

5 Vgl. ebd., 23. Zur Grundlage des Dichtens als leiblich-geistigem Vermögen vgl. Walter Muschg. Dichterische Phantasie. Einführung in eine Poetik. Bern, München 1969, 16.
6 Vgl. Hamburger. Berliner Variationen, 17, 22.
7 Auf diese radikalisierte Toposforschung hat Celan in seiner Poetik hingewiesen. Vgl. Paul Celan. Der Meridian. Rede anlässlich der Verleihung des Georg-Büchner-Preises Darmstadt, am 22. Oktober 1960, in: ders. Gesammelte Werke. Bd. 3. Hg. von Beda Allemann u.a. Frankfurt a.M. 1987, 187–202, hier: 197.
8 Walter Benjamin spricht davon, dass er dieses »Durchfurchen« von einem »Bauern von Berlin« gelernt habe; gemeint ist Franz Hessel. Vgl. Walter Benjamin. Berliner Kindheit um Neunzehnhundert (1938/1950), in: ders. Gesammelte Schriften. Bd. IV-1. Hg. von Tillmann Rexroth. Frankfurt a.M. 1991, 235–304, hier: 238.
9 Walter Benjamin. Berliner Chronik (1932), in: ders. Gesammelte Schriften. Bd. VI. Hg. von Rolf Tiedemann und Hermann Schweppenhäuser. Frankfurt a.M. 1991, 465–519, hier: 486.

nach 1945 feststellte – zu einer heilenden Arbeit werden, so es an verschüttete Quellen heranführt.[10] Gleichwohl wird dabei etwas untergepflügt. Das gilt auch für den noch zu beschreibenden Typus des Flaneurs, der vor und nach den Verheerungen der NS-Zeit in dem Gebiet unterwegs war. Denn wer wie dieser eine Stadt beschreibt, hinterlässt selbst Spuren. Das heißt, er zieht – wie der Berliner Urflaneur Franz Hessel – Furchen durch den »Acker« der Stadt.[11] Er hinterlässt Wegmarken, mitunter deutungswürdige. So soll an dieser Stelle ein Verfahren literaturgeschichtlicher Begehung beschrieben werden, das sich die Erkundung eines literarischen Orts zur Aufgabe macht. Sie wird aufs Engste mit dem Horizont des Zentrums Berlins verknüpft sein.[12] Dabei folgt das Vorgehen der Annahme, dass das angepeilte Terrain als *terra incognita* oder *litteris terra incognita*, als literaturgeschichtlich unbekanntes Gelände, gelten kann.[13]

Um diesen Fraglichkeiten im Zuge des zu entfaltenden Bildes einer ›leeren Zentrale‹ auf den Grund zu gehen, seien einige Grundlinien des Deutungsverfahrens offengelegt. Maßgeblich für das Vorgehen ist jenes Bild, das mit der Metapher der leeren Zentrale umschrieben wird, um der Stadt Berlin als literarischem Phänomen nach 1945 auf die Spur zu kommen. Dabei sind Rückblicke, zeitliche Rücksprünge an die Kernerfahrungen der Generation der Überlebenden des Nationalsozialismus vonnöten, um Bruchlinien wie wirkungsgeschichtliche Unterströme aufzuzeigen; um besser zu verstehen, was sich an literarischer Glut in dem scheinbar erloschenen, »kalten Krater« der Stadt auffinden ließ.[14] Damit gerät zugleich eine Generation in den Blick,

---

10 Zur umpflügenden Kur auf dem ›Acker des Geistes‹ nach 1945 siehe: Alfred Döblin. Die literarische Situation (1947), in: ders. Schriften zu Ästhetik, Poetik und Literatur. Mit einem Nachwort von Erich Kleinschmidt. Frankfurt a.M. 2013, 411–489, hier: 448.

11 Zum Tiergarten in Berlin als städtischem »Acker«: Franz Hessel. Spazieren in Berlin (1929), in: ders. Sämtliche Werke. Bd. III. Hg. von Bernhard Echte. Oldenburg 1999, 9–192, hier: 114.

12 Zur »Begehung« als spezifischer Vollzugsweise in den Künsten: Hans-Georg Gadamer. Zur Aktualität des Schönen (1977), in: ders. Gesammelte Werke. Bd. 8. Tübingen 1993, 94–142, hier: 131f. Auch der Eintrag in: Jacob und Wilhelm Grimm. Deutsches Wörterbuch. Bd. 1. A–Biermolke. München 1984, Sp. 1290.

13 Berlins Zug zum *litteris terra incognita* hatte Georg Hermann schon betont: Georg Hermann. Pro Berlin. Berlin 1931, Bl. 5. Nach 1945 sollte Kaschnitz die Frage der Literaturwürdigkeit Berlins wieder aufwerfen: Marie Luise Kaschnitz. Tagebücher 1936–1966. Bd. 1. Hg. von Christian Büttrich u.a. Frankfurt a.M., Leipzig 2000, 612.

14 Zum Motiv des »kalten Kraters« bereits: Wolfgang Schivelbusch. Vor dem Vorhang. Das geistige Berlin 1945–1948. München 1995, 31. Sowie zum Topos der

die in der Kunstgeschichte als die »verschollene« bezeichnet wurde, der man in der Literaturgeschichte allerdings bisher wenig Beachtung geschenkt hat.[15] Diese Generation der um 1900 Geborenen bildet ein wichtiges Brückenglied zwischen den Vor- und Nachkriegserfahrungen, verschränken die Autoren und Autorinnen im Berliner Fall das Vorher und Nachher in stereoskopischen Ansichten.[16] So mag der Fokus auf diese Autorengeneration – die nach einem Wort Wolfgangs Koeppens »der Teufel geholt« hatte – verschüttete Sinnzusammenhänge zutage fördern, die in ihren Hinterlassenschaften, ihren Zeugnissen am Rande des Sagbaren zu suchen sind.[17]

Das Herz der Stadt Berlin wirkte auf die verspäteten Flaneure dieser Brückengeneration – die Dagebliebenen wie die zurückkehrenden Emigranten – wie eine erschreckende große Delle.[18] Das Zentrum machte auf sie den Anschein eines Hohlraums, der sich wie das atmosphärische Sinnbild einer geistigen Absenkungslücke ihrer Epoche ausnahm, die schon Robert Musil nach seiner Emigration aus Berlin antizipiert hatte.[19] Dieser Raum der

Leere im Herzen: Andreas Huyssen. The Voids of Berlin, in: Critical Inquiry 24 (1997), Nr. 1, 57–81. Auch: Andrew J. Webber. Berlin in the Twentieth Century. A Cultural Topography. Cambridge 2008, 14. Zur erloschenen Stadt: Gordon A. Craig. The Big Apfel, in: ders. Ende der Parade. Über deutsche Geschichte. München 2003, 205–228, hier: 209.

15 Eine Ausnahme bildet die Studie Denklers, der eine andere Auswahl an Autoren traf. Vgl. Horst Denkler. Werkruinen, Lebenstrümmer. Literarische Spuren der ›verlorenen Generation‹ des Dritten Reichs. Tübingen 2006.

16 Damit wird auch die Literaturgeschichte mit Robert Minder zum »stereoskopischen Bild«. Minder hatte die Erschütterungen des 20. Jahrhunderts vor Augen: Robert Minder. Wie wird man Literaturhistoriker und wozu? (1968), in: ders. Wozu Literatur? Reden und Essays. Frankfurt a.M. 1971, 31–53, hier: 34.

17 Koeppen sah seine Generation nicht bloß als verschollene, sondern angesichts von Diktatur, Krieg und Terror als »vom Teufel geholte Generation« an, deren Beitrag in den Erfahrungen von Schmerz und Korrumpierbarkeit lag. Vgl. Wolfgang Koeppen. Rede zur Verleihung des Georg-Büchner-Preises 1962 (1963), in: ders. Gesammelte Werke. Bd. 5. Hg. von Marcel Reich-Ranicki. Frankfurt a.M. 1990, 253–263, hier: 259.

18 Zur Metapher der Delle oder Mulde exemplarisch: August Scholtis. Zu beiden Seiten der Heerstraße, in: Neue Zeitung 8. Juni 1951, 7, in: Nachlass August Scholtis. Sammlungen, I.D. 1e, Berlin-Artikel, Nr. 295. Stadt- und Landesarchiv Dortmund. Handschriftenabteilung.

19 Explizit sprach Musil von geistesgeschichtlichen »Senkungslücken«, die über »große Zeitstrecken« gehen können. Zu überwinden seien sie durch retrograde »Wiederanknüpfung«, wie es hier praktiziert wird. Vgl. Robert Musil. Vortrag in Paris (1936), in: ders. Gesammelte Werke. Bd. II. Hg. von Adolf Frisé. Reinbek bei Hamburg 1983, 1259–1269, hier: 1264.

Stadt wird im Folgenden immer wieder mit der Leitmetaphorik der Krypta umschrieben werden. Damit soll einerseits das anschauliche Phänomen eines kavernenartigen Raumes angesprochen sein. Anderseits mag dieser Ausdruck metaphorische und geistige Phänomene, jene des Unerledigten im Nachkrieg, bezeichnen. Denn wie zu erläutern sein wird, ist in dem der Psychoanalyse entnommenen Begriff das Verleugnete in individuellen wie kollektiv-seelischen Prozessen mitartikuliert; nicht wenige der zu behandelnden Autoren assoziierten diese Dynamik mit jenem Stadtraum einer physisch fassbaren Leere.[20] Krypta, das meint hier also vorläufig einen vermauerten Schock, der seine Langzeitwirkungen auf die Überlieferung ausübte. Gleichwohl hätte Musil vermutlich kaum mit einer solchen Konkretisierung seines Befundes einer Absenkungslücke gerechnet. Denn in der Tat wirkte der Raum Berlins nach 1945 auf Überlebende aus der Vorkriegszeit wie umgestülpt. Zentrum und Peripherie waren, wie der Philosoph Günther Anders festhielt, auf mehrdeutige Weise vertauscht: Im Herzen der Stadt dominierte nach Vernichtung und Vertreibung, wie Anders bei seiner Rückkehr notierte, die Stille einer unheimlichen »Zeitgegend«.[21]

Ungewohnt mag auf den ersten Blick das Schlüsselbild des Buches, das einer ›leeren Zentrale‹, wirken, scheint es zwischen Begriff und Metapher zu schillern, ohne dass das anschauliche Substrat darin rückhaltlos in Begriffliches aufzulösen wäre. In dem Sinne rührt der Ausdruck am Ungesagten dieser Übergangsperiode, hält das Anschauliche darin den Rückbezug auf eine lebensweltliche Konstellation wach.[22] Gleichwohl ist die Verwandtschaft zu

---

20 Hier der Hinweis auf: Nicolas Abraham/Maria Torok. Die Topik der Realität. Bemerkungen zu einer Metapsychologie des Geheimnisses (1971), in: Psyche 55 (2001), Nr. 6, 539–544, hier: 541. Damit ist ein Begriff des Traumas impliziert, der dieses allgemein als »schwarzes Loch« in der psychischen Struktur fasst. Zugleich erhält der Begriff einen historischen Index, insofern im Sinne Ferenczis von wirklich erfahrenen Katastrophen ausgegangen wird. Zur jüngeren Begriffsgeschichte: Werner Bohleder. Die Entwicklung der Traumatheorie in der Psychoanalyse, in: Psyche 54 (2000), Nr. 9/10, 797–839, insb. 802, 821.

21 Zur »Zeitgegend« vgl. Günther Anders. Die Schrift an der Wand. Tagebücher 1941 bis 1966. München 1967, 239, 320. Zur These der ›Stadtumstülpung‹ aus architekturhistorischer Sicht: Julius Posener. Eine »Stadt« (in Anführungszeichen): West-Berlin, in: Kristin Feireiss (Hg.). Berlin – ein Denkmal oder Denkmodell? Architektonische Entwürfe für den Aufbruch in das 21. Jahrhundert. Berlin (West) 1988, 10–14, hier: 10.

22 Auf diesen Rückbezug auf Lebenswelt spitzte Blumenberg seine »Theorie der Unbegrifflichkeit« zu, um den »Motivierungsrückhalt« des Denkens in Bildern und Metaphern zu beschreiben. Vgl. Hans Blumenberg. Schiffbruch mit Zuschauer. Frankfurt a.M. 1979, 87.

klassischen Topoi nicht zu übersehen, etwa, wenn man an Topoi wie den *locus suspectus*, den unheimlichen Ort, den *locus terribilis*, den schrecklichen Ort, oder noch den idyllischen Ort denkt.[23] Doch die Grundannahme des hier verfolgten hermeneutisch-phänomenologischen Ansatzes ist, dass der Ort der leeren Zentrale sich mit allen diesen Topoi zwar berührt, aber in keinem aufgeht, sondern wie ein vielstelliges Bild zwischen den Sinnfeldern oszilliert.[24] Gerade das wird seinen Bildreichtum ausmachen.[25] Es ist ein plastisches Bild, das sich nur beschreibend, als ästhetisches Phänomen, erfassen lässt. So ist zu vermuten, dass sich aus der Mitte dieses Bildes, vom Vakuum und Weltmangel, etwas über das Rätsel jener Zeit erfahren lässt.[26]

Dabei ist es augenfällig, dass die leere Zentrale zugleich ein inoffizieller, verborgener *locus communis* der Nachkriegsliteratur gewesen ist, der von West und Ost – wie vom Exil – auf der Suche nach persönlichen wie geschichtlichen Erfahrungen angesteuert wurde. Dieser literarische Topos ist insofern als geistiges Sonderterritorium dieser Nachkriegsliteratur zu bezeichnen: ein enklavenartiger Ort, dem Hamburger nicht zufällig den Status eines eigenen Landes – eines »third land« zwischen den Blöcken im Kalten Krieg – zugeschrieben hat.[27] So entspinnt sich um dessen Schauplätze – das leere Feld um den Potsdamer Platz, die alte Machtzentrale der Wilhelmstraße, die stillen Gegenden am Tiergarten – ein stadtgeschichtliches Zwiegespräch, von dem die Autoren meist gar nicht wussten, dass sie es

23 Zur Toposforschung grundlegend: Ernst Robert Curtius. Zum Begriff der historischen Topik, in: Peter Jehn (Hg.). Toposforschung. Eine Dokumentation. Frankfurt a. M. 1972, 4–19. Dagegen scheint sich Celans literarische Toposforschung gerichtet zu haben, vgl. Celan. Der Meridian, 197.

24 Zur Vielstelligkeit des poetischen Bildes, die Gadamer an Celan entwickelte: Hans-Georg Gadamer. Der Hermeneutik auf der Spur (1994), in: ders. Gesammelte Werke. Bd. 10. Tübingen 1995, 148–174, hier: 160.

25 Zum Bild als unersetzlicher Anschauungskraft auch: Max Imdahl. Ikonik. Bilder und ihre Anschauung (1994), in: Gottfried Boehm (Hg.). Was ist ein Bild? München 2006, 300–324.

26 Hier ist an Richard Alewyns Gedanken zu erinnern, nach dem sich die Epoche im Sinnbild offenbart: »Ein jedes Zeitalter schafft sich ein Gleichnis, durch das es im Bild die Antwort gibt auf die Frage nach dem Sinn des Lebens«. Richard Alewyn. Das große Welttheater. Die Epoche der höfischen Feste. München 1985 (1959), 60.

27 Zu Berlin als literaturgeschichtlichem »third land« im Nachkrieg vgl. Michael Hamburger. After the Second Flood. Essays in Modern German Literature. Bd. 2. Manchester 1986, 99. Zu Territorien mit »geistigem Sonderleben« auch: Richard Alewyn. Deutsche Philologie. Neuerer Teil, in: Leo Brandt (Hg.). Aufgaben deutscher Forschung. Bd. 1. Geisteswissenschaften. Köln, Opladen 1956, 181–191, hier: 189.

führten. Als Beispiel flanierender Auslegungsarbeit im Delta der einst inneren Stadt mag der Anhalter Bahnhof gelten, der zu Zeiten Benjamins als zentraler Kopfbahnhof eine Verbindung nach Westen darstellte, dann ein Ort von Vertreibung und Deportation wurde. Nach 1945 geriet er als exterritorialer Ostberliner Bahnhof auf Westgebiet zum Inbegriff einer stehenden Zeitwirtschaft, zur Allegorie des Vakuums: »In der ausgebrannten Halle des Anhalter Bahnhofs«, so Koeppen, »wächst Gras und lärmen Kinder«.[28] Man hat ihn als »Angehaltenen Bahnhof« umschrieben; als Schwellenraum im Nachkrieg, in dem die Zeit zu halten schien: ein »dialektisches Bild«, in dem die Stunde Null auf unheimliche Weise erstarrt wirkte.[29]

Wenn dieses Bild der leeren Zentrale heute einer Auslegung offensteht, dann bedeutet es für das entwickelte Verfahren eine Rückgewinnung dieses Topos als hermeneutische Frage.[30] Rückgewinnung der Frage bedeutet zum einen: die Fragwürdigkeit des Topos – das Suspekte – ernst zu nehmen. Es bedeutet, das Ungeheuerliche, das sich an diesem Begegnungsort der Geschichte ereignet hat, in seiner ästhetischen Eigentümlichkeit aufzunehmen.[31] Und es bedeutet, sich auf die wirkungsgeschichtliche Glut, die in dem Terrain aufzuspüren ist, einzulassen. Kurzum, die leere Zentrale ist als Fokuspunkt epochaler Erschütterungen freizulegen, die die »hermeneutische Situation«, die Lage der Autoren und ihre Verstrickungen, mitzubedenken hat.[32] So gibt es eine Dynamik zwischen Ort und Autoren zu entdecken; denn nicht wenige erlebten hier ihr Infragegestelltsein durch die

---

28 Koeppen. Nach Rußland und anderswohin, 106.

29 Zu diesem einschlägigen Bild: Heinz Knobloch. Angehaltener Bahnhof. Fantasiestücke, Spaziergänge in Berlin. Berlin (West) 1984. Das »dialektische Bild« als gefrorenes Dasein bzw. »erstarrte Unruhe« siehe: Walter Benjamin. Das Passagen-Werk. Gesammelte Schriften. Bd. V-1. Hg. von Rolf Tiedemann. Frankfurt a.M. 1991, 463. Zum Benjamin'schen Begriff des »dialektischen Bildes« grundlegend: Michael W. Jennings. Dialectical Images. Walter Benjamin's Theory of Literary Criticism. Ithaca, London 1987, insb. 24f., 208f.

30 Zur Figur einer Rückgewinnung der Frage: »Man macht keine Erfahrung ohne die Aktivität des Fragens.« Hans-Georg Gadamer. Wahrheit und Methode (1960). Grundzüge einer philosophischen Hermeneutik. Gesammelte Werke. Bd. 1. Tübingen 1990, 368–384, hier: 368.

31 Es ist, wie Martin Kessel zu bedenken gab, von der »Beschaffenheit« der Phänomene, nicht vom »Meinen« der Ausgang zu nehmen. Vgl. Martin Kessel. Ironische Miniaturen. Mainz 1970, 170.

32 Zum Begriff der »hermeneutischen Situation«: Gadamer. Wahrheit und Methode, 307. Zur Figur eines In-Geschichten-Verstricktseins und zur produktionsästhetisch relevanten »Eigenverstrickung« vgl. Wilhelm Schapp. In Geschichten verstrickt. Zum Sein von Mensch und Ding. Frankfurt a.M. 2012, 120f.

Zeit. Vier Dinge gilt es demnach im Fragefeld des Topos zu berücksichtigen: den Anlass des Fraglichen, die ästhetische Eigentümlichkeit des Orts, seine wirkungsgeschichtliche Botschaft wie die jeweilige Verstehenssituation der Autoren.[33]

Diese Vorgehensweise hat vielleicht am direktesten ein Außenseiter im Innenraum wie der Romancier, Essayist und Lyriker Martin Kessel für Berlin erfasst, der in seinen Aphorismen vom »Vexierbild« der Stadt sprach: Er machte ihren Reiz im Nachkrieg nicht an etwaigen »Vorzügen« fest, sondern an den »offen zu tage liegenden Fragwürdigkeiten«, die es im Zeichen einer literarischen Bergungsarbeit zu realisieren, durch »Sezierung und Entgiftung« einer Verwandlung zu unterziehen galt.[34] Damit ist gesagt, dass die leere Zentrale keiner Antwort, sondern einer Frage entspricht – verortet im Herzen der Literatur selbst. In diesem Geist ist an einen anderen Sinn des Niemandslandes zu erinnern, auf den Hamburger in seinem eingangs zitierten Essay hingewiesen hat. Mit dem Wort »Niemandsland« verband sich für ihn eine eminent schöpferische Frage nach den Entstehungsvorgängen des Ausdrucks aus dem Rohstoff der Lebenswelt.[35] Dichtung hatte für Hamburger in den »Schacht« des Unbegrifflichen, jener ersten sinnlichen Erfahrungen hinabzusteigen.[36] Sie hatte sich ins Niemandsland vor der Sprache zu begeben. Für Hamburger war das der konkrete Begegnungsraum seiner Berliner Kindheit. Damit bildete dieser – für Hamburger als Vertriebenen zumal – jene Stätte, an der sein biografisches Trauma ruhte, wo ihn ein »Stammeln« erfassen konnte. Diese Ausdrucksnot für das Erlebte begegnete ihm nirgendwo anders als in der unheimlichen Stille des Berliner Niemandslandes, in der Weise eines unwillkürlichen Elementarkontakts. Hier wird sinnfällig, dass dieser *locus communis* Berlin auch ein Ort des »Ungeheuerlichen«, von »Schrecklichkeiten geisterhaft« umweht war, für die im Nachkrieg um Ausdruck gerungen wurde, wie der Philosoph Hans-Georg Gadamer festhielt.[37] Dieser Ausdruck war nicht ohne persönliche

33 Zum Fragefeld mit konkretem »Sinnhorizont« und dynamischer »Fragesituation« auch: Hans-Georg Gadamer. Was ist Wahrheit? (1957), in: ders. Gesammelte Werke. Bd. 2. Tübingen 1986, 44–56, hier: 53.

34 Zur Fraglichkeit Berlins die Aphorismenserie »Die sokratische Stadt«: Martin Kessel. Gegengabe. Aphoristisches Kompendium für hellere Köpfe. Darmstadt, Berlin-Spandau, Neuwied am Rhein 1960, 39.

35 Zur Dichtung als Hebamme des Lebensrohstoffs: Michael Hamburger. Wahrheit und Poesie. Spannungen in der modernen Lyrik von Baudelaire bis zur Gegenwart. Frankfurt a. M. 1985, 348.

36 Vgl. Hamburger. Niemandsland-Variationen, 31.

37 Vgl. Hans-Georg Gadamer. Wer bin ich und wer bist Du? Kommentar zu Celans

Zeugenschaft zu leisten, wie das Beispiel Hamburgers zeigen wird.[38] Die leere Zentrale – so eine erste These – ist also eine produktionsästhetische Brutstätte für das Zum-Ausdruck-Kommen unerledigter Erfahrungsrückstände. Sie ist ein Ort, an dem etwas Grundsätzliches dieser Epoche zu erfassen ist: jenes, das nur an einem »atopon« – dem Befremdlichen –, das uns stocken macht, zur Erscheinung kommt.[39] An solchen Stellen wird am Ungesagten der Zeit gerührt.[40]

Für ein eingehenderes Verständnis dieser Leitmetaphorik sollen die Begriffe »Zentrale« und »Leere« näher erläutert werden. Laut dem Grimm'schen Wörterbuch ist eine »Zentrale« zunächst eine Anlage in einem Mittelpunkt und dient als Knotenpunkt der Vermittlung.[41] Das Wort »Zentrale« geht auf ein französisches Lehnwort, die »centralisation« zurück. Sie bezeichnet seit napoleonischen Zeiten eine Pariser Verwaltungstendenz, die sich dem Zentralisieren, dem Zusammenfassen von Aufgaben an einem Ort verschrieben hat.[42] In diesem Sinne brachte schon Benjamin den Begriff im »Passagen-Werk« ins Spiel: etwa im Zusammenhang mit der Haussmannisierung von Paris oder um die Verdichtung einer Stadt wie London zu beschreiben.[43] Mit

Gedichtfolge »Atemkristall« (1986), in: ders. Gesammelte Werke. Bd. 9. Tübingen 1993, 383–451, hier: 439.

38 Zum Nexus des Unbegrifflichen mit der Zeugenschaftsproblematik auch: Hans Blumenberg. Theorie der Unbegrifflichkeit. Aus dem Nachlaß hg. von Anselm Haverkamp. Frankfurt a.M. 2007, 101.

39 Dieses Unverstandene ist ein zentrales Motiv der Hermeneutik, im Bild des »atopon«, jenes Befremdlichen, das uns erst in einen Verstehensversuch hineinführt. Vgl. Hans-Georg Gadamer. Sprache und Verstehen (1970), in: ders. Gesammelte Werke. Bd. 2, 184–198, hier: 185.

40 Zur »hermeneutischen Aufgabe«, ans Ungesagte einer Epoche heranzufragen: Hans Blumenberg. Legitimität der Neuzeit. Erneuerte Ausgabe. Frankfurt a.M. 1998, 558.

41 Vgl. Jacob und Wilhelm Grimm. Deutsches Wörterbuch. Bd. 31. Z–Zmasche. München 1984, Sp. 641 f. Zu dieser technischen Dimension einer »Zentrale« exemplarisch: Uwe Johnson. Zwei Ansichten (1965). Frankfurt a.M. 2013, 27.

42 Vgl. Alexandre-Étienne Simiot. Centralisation et démocratie. Paris 1861, 10. Hierzu die Wortfelder »centralisation«, »centraliser« und »central« im »Centre National de Ressources Textuelles et Lexicales« (CNRTL): https://www.cnrtl. fr/definition/désolation. Sowie zur deutschen Debatte um die Zentralisation und Berlin schon: Hans Peters. Zentralisation und Dezentralisation. Berlin 1928, insb. 75 f.

43 In beiden Fällen seiner Erwähnung der »centralisation«, auf Paris und auf London bezogen, zitiert Benjamin gemäß seinem Montagestil fremde Quellen, Lucien Dubech und Pierre D'Espezel sowie Friedrich Engels. Vgl. Benjamin. Passagen-Werk, 194, 538.

anderem Akzent sprach in jüngerer Zeit der Philosoph Hans Blumenberg von der Zentrale: in einem Kapitel seiner »Höhlenausgänge« mit dem Titel »Stadt als Höhle«, in dem er mit dem Begriff das Herz einer Verwaltung bezeichnete. Zentralen erfassen und verwalten hiernach Besitzungen, seien sie nah oder fern. Solche Verwaltungstendenzen machen eines der Charakteristika moderner Städte aus: »Neben der zentralen Funktion der Märkte stand die der städtischen Sicherung«, so Blumenberg, »durch Archive und Vermessungsämter.«[44] Zentralen vermessen ihre Ländereien, kartieren und planen deren Nutzbarmachung. Doch Blumenberg legte, mit Blick für das Anschauliche, nahe, dass diese Metaphorik sich kaum im Feld äußerlicher Messbarkeiten erschöpft. Der landvermessenden Willkür, wie sie Hamburger polemisch umschrieb, lassen sich offenere Deutungen an die Seite stellen.[45] Es ist auf eine subtilere Sinnebene der Metaphorik einzugehen.

Demnach kann Zentrale auch einen übertragenen Sinn annehmen und ein mentales Herz, ein Seelenzentrum bezeichnen. Eine ›leere Zentrale‹ ist in dem gemeinten geistig-emotionalen Bildfeld der Krater einer Kollektivpsyche, wie er sich an kaum einem anderen Ort in der Nachkriegszeit so zeigte wie in der ehemaligen Reichshauptstadt Berlin.[46] Ihrer Stimmung entsprach eine Melancholie, eine Anästhesie der Gefühle, wie sie der Philosoph und Anthropologe Helmuth Plessner für das Lebensgefühl im Nachkrieg konstatiert hat.[47] Durch diese erweiterte Auslegung wird sinnfällig, dass Berlin als ehemalige Hauptstadt ein für eine Zentrale ungewöhnliches Schicksal erlitten hat. Der Politologe Dolf Sternberger brachte es zum Ausdruck, wenn er von einem Stadtstaat wider Willen sprach, einer Stadt als »losem Blatt«, Effekt einer Reichszertrümmerung: »Berlin, Westberlin ist das Erzeugnis der Zertrümmerung eines Nationalstaates, eine Reichshauptstadt ist zu einem Teil zur Stadtrepublik geworden.«[48] Sternbergers These, die für Gesamt-

44 Hans Blumenberg. Höhlenausgänge. Frankfurt a.M. 1996, 77.

45 Zur Unterscheidung einer landvermessenden Willkür gegenüber einer flanierenden Absichtslosigkeit vgl. Michael Hamburger. Essay über den Essay (1965), in: ders. Literarische Erfahrungen. Aufsätze. Hg. von Harald Hartung. Darmstadt, Neuwied 1981, 158–161, hier: 158.

46 Zu Berlin als »erkaltetem Vulkan« und Raum einer Geschichtserfahrung im Nachkrieg vgl. Wolfgang Schivelbusch. Die andere Seite. Leben und Forschen zwischen New York und Berlin. Hamburg 2021, 183–185.

47 Vgl. Helmuth Plessner. Philosophische Anthropologie. Göttinger Vorlesung vom Sommer 1961. Hg. von Julia Gruevska u.a. Frankfurt a.M. 2019, 181.

48 Dolf Sternberger. Rede über die Stadt, gehalten in Bremen (1973), in: ders. Die Stadt als Urbild. Sieben politische Beiträge. Frankfurt a.M. 1985, 11–20, hier: 12. Zur herausgelösten Stadt als »loses Blatt«: Kurt Ihlenfeld. Loses Blatt Berlin. Dichterische Erkundung der geteilten Stadt. Witten, Berlin 1968, 8.

berlin Geltung beanspruchen kann, war also, dass die Stadt zu einem großen Fraktal geworden war: Resultat kriegerischer Hybris und anschließender Niederlage mit Langzeiteffekten.

Im Bild des Fraktals wird somit die eigentümliche Karriere einer Ex-Hauptstadt deutlich, die geschichtsallegorische Züge annahm. Auf dieser Spur sprach auch der französische Germanist Robert Minder von Berlin als einem symptomatisch aus Deutschland »Herausgebrochenen«.[49] Der Berliner Feuilletonist und Romancier Hans Scholz nannte Berlin gar einen »Länderbrocken«; »Schrumpfform« von etwas, das man in einen Heil- und Vergessensschlaf versetzt hatte.[50] Das schlagende Bild für diesen Gesamtzustand der Stadt fand der exilierte Romancier und Essayist Hermann Kesten: Er sprach von Berlin als einer im Nachkrieg »›vergessenen‹ Hauptstadt im Eisschrank der Bundesrepublik«, einer zunehmend selbstvergessen wirkenden Ex-Zentrale.[51] Mit diesem Phänomen mentaler Leere war nicht nur die seelische Ausgebranntheit nach den Zerrüttungen des Krieges gemeint, die sich in Berlin manifestierte, sondern auch jene »Kur des Stumpfsinns«, die Kessel in seinen »Ironischen Miniaturen« auf den Begriff brachte. Gemeint war eine zweifelhafte Form seelischer Hygiene durch Vergessen: um den Preis emotionaler Desensibilisierung und einer Verkürzung des Zeithorizonts.[52] Für einen Remigranten wie Anders oder den Polen Witold Gombrowicz wurde dieses Vergessenheitsphänomen am Fehlen der Aura der Stadt spürbar.[53] Demgegenüber entwickelten sie ein wohlbegründetes Misstrauen.

Die Leere – das zweite Phänomen, das hier genauer bestimmt sein soll – tritt fast immer im Zusammenhang mit einer räumlichen Beschreibung auf: Leere ist das Ergebnis eines Ausräumens. So bestimmte der Philosoph Otto Friedrich Bollnow den Raum grundsätzlich als Resultat einer Rodung: als freigelegten Platz.[54] Für die Leere im Herzen Berlins lässt sich noch ein passenderer Begriff ins Spiel bringen: *terrain vague*. Das Vage scheint in diesem Zusammenhang überhaupt ein ästhetischer Schlüsselbegriff zur Beschreibung der Nachkriegslage zu sein; es meint etwas Provisorisches, Un-

---

49 Vgl. Robert Minder. Alfred Döblin zwischen Ost und West, in: ders. Dichter in der Gesellschaft. Erfahrungen mit deutscher und französischer Literatur. Frankfurt a. M. 1983, 175–213, hier: 210.

50 Vgl. Hans Scholz. Berlin für Anfänger. Ein Lehrgang in 20 Lektionen mit vielen Bildern von Neu. Zürich 1966, 13, 16.

51 Vgl. Hermann Kesten. Dichter im Café. Wien, München, Basel 1959, 406.

52 Vgl. Kessel. Ironische Miniaturen, 13 f.

53 Vgl. zur »Gartenstadt«-Atmosphäre Westberlins: Witold Gombrowicz. Berliner Notizen. Pfullingen 1965, 73.

54 Vgl. Otto Friedrich Bollnow. Mensch und Raum. Stuttgart 2010, 33–38.

bestimmtes, Unvollendetes.[55] Das französische *vague* beschreibt die Woge, die eine zerstörerische Kraft impliziert – und an das Motiv der Sintflut erinnert –, benennt im *terrain vague* aber auch ein kulturell entleertes Terrain, das sich selbst überlassen ist. Es schillert als ein »Je ne sais quoi«, als Ästhetisches, das bildhafte Beschreibungen nach sich zieht. Dieses Vage-Werden Berlins durchzog lebensweltlich auch die innere Stadt, die spätestens mit dem Mauerbau in zwei Hälften zerfallen war. Der Ostberliner Lyriker Johannes Bobrowski hat dies mit aller Dezenz – um die Zensur in der DDR zu umgehen – in seinem Gedicht »Stadt« angedeutet: »Um die scharfen Ränder / legen sich Nebel.« Und: »Hier / springen die Steine«.[56]

Liest man die französischen Deutungen der Nachkriegssituation, so stößt man immer wieder auf diese Metaphorik des Vagen: Claude Lanzmann etwa bezeichnete das Areal der einstigen Mitte rückblickend als »lieux vagues et vides«. Bei ihm entzündet sich eine ganze Bildkette um die Stimmung und Erfahrung der Leere in Berlin. Es sei ein »vide au cœur«, ein »trou au cœur« gewesen, in dem sich ein »trou de mémoire« verborgen hielt. Es habe sich ein »Loch im Herzen« der Stadt ausgebildet, das seine Entsprechung in der Lochhaftigkeit unserer Erinnerungen im 20. Jahrhundert finde: Krypta unserer Geschichte und Hort der Selbstvergessenheit.[57] Diese, das Gedächtnis betreffende Frage, die sich in Berlins leerer Mitte versinnbildlichte, sollte am Ort aufgenommen werden. Etwa wenn der Lyriker Peter Huchel – nach dem Mauerbau hinter Potsdam in der DDR isoliert lebend – die Epochenerfahrung seiner Generation in der Allegorie eines verwüsteten »Hof[s] des Gedächtnisses« zusammenfasste: »Aber wir alle wissen: eine Bahn der Verwüstung ist durch diesen Hof gegangen.«[58]

---

55 Zur ästhetischen Kategorie des Vagen: Remo Bodei. Vage/Unbestimmt, in: Karlheinz Barck u.a. (Hg.). Ästhetische Grundbegriffe. Bd. 6. Stuttgart, Weimar 2005. 312–329. Zum Verhältnis von Literatur und *terrain vague* auch: Dorothee Kimmich. Leeres Land. Niemandsländer in der Literatur. Konstanz 2021, 186f. Sowie zum *terrain vague* als literarischem Topos: Helmut Lethen. Ein heimlicher Topos des 20. Jahrhunderts, in: Gustav Frank u.a. (Hg.). Modern times? German literature and arts beyond political chronologies. Kontinuitäten der Kultur 1925–1955. Bielefeld 2005, 213–219, insb. 215.

56 Johannes Bobrowski. Stadt (1963), in: ders. Gesammelte Werke. Bd. 1, Stuttgart 1987, 198.

57 Vgl. Claude Lanzmann. Trou de mémoire, in: Les Temps Modernes Nr. 625 (November 2003), S. 3–16, hier: 4f. Zur allegorischen Gestalt eines »schwarzen Lochs« des Vergessens im Zeitbewusstsein des Nachkriegs schon: Marie Luise Kaschnitz. Haus der Kindheit (1956), in: dies. Gesammelte Werke. Bd. 2. Hg. von Christian Büttrich und Norbert Miller. Frankfurt a.M. 1981, 271–377, hier: 276.

58 Peter Huchel. Eine Begegnung mit Peter Huchel. Interview mit Frank Geerk

Eine weitere Auslegung des Berliner *terrain vague* findet sich bei dem französischen Literaturwissenschaftler Jean-Michel Palmier. In seinen Berlin-Impressionen deutet sich eine grundlegende Spannungserfahrung an: Für ihn war das *terrain vague* Areal einer Selbstbegegnung, in dem sich der Daseinszustand der Stadt im ruinösen Bezirk spiegelte.[59] Hier oszillierte die Empfindung zwischen der Melancholie einer gefrorenen Landschaft und der latenten Verzweiflung ihrer Bewohner.[60] Sie glich einem merkwürdigen Seelenzustand zwischen Anästhesie und Schwermut: gleich dem betäubten Schmerz.[61] So wurde Berlin, auf Benjamins Spuren, wieder als geschichtsallegorischer Topos fassbar – diesmal für ein Lebensgefühl im Interim. Palmier spielte selbst im Titel auf das Requiemhafte der Stadtgegend an: durchsetzt von Ruinen, in die das Tragische jüngster Geschichte »hineingewandert« war.[62]

Einen ganz ähnlichen Gedanken – Stadt- und Geschichtserfahrung engführend – hat in jüngerer Zeit der französische Historiker Étienne François formuliert, der Berlin als sinnbildliche Ausdruckslandschaft des Jahrhunderts interpretierte: In dessen Gesicht hätten sich die »passions et délires« eingeprägt, »dont notre espèce s'est révélée capable«; damit wies er in der Leidensgeschichte der Stadt auf Erfahrungen des Äußersten hin.[63] Gestisch zeigten sich diese im Brachland, in Ecken, die zu stilllebenhaften Zeitlandschaften geronnen waren. Dieser letzten Wendung entspricht im Deutschen eine Metapher, die schon Hessel für Interimsgegenden verwendete: Er nannte sie »wartendes Land«, das sich meist im Weichbild der Stadt ausmachen lasse. Hessel beschrieb so symptomatische Schwellenräume, in denen sich Behausungsformen im Übergang, zwischen »Höhle« und nestartiger Mulde,

(1973), in: ders. Gesammelte Werke. Bd. 2. Hg. von Axel Vieregg. Berlin 2017, 387f., hier: 388.

59 Zu dieser ästhetischen Idee am Beispiel der Szene eines in den Leerraum blickenden Mannes: »Il regarde ce terrain vague pendant des heures entières comme s'il s'agissait d'un paysage dont on ne lasse pas de découvrir la beauté.« Jean-Michel Palmier. Berliner requiem. Paris 1976, 136.

60 Leerempfinden, Preisgegebenheit und Näheverlust zeichnen nach Bollnow den Raum des Melancholischen aus. Vgl. Bollnow. Mensch und Raum, 237, 306f.

61 Siehe auch: Janos Frecot. Nachwort, in: Michael Schmidt/Einar Schleef. Waffenruhe. Berlin (West) 1987 (ohne Seitenzahl).

62 Zur Figur des Hineinwanderns der Geschichtserfahrung in den Schauplatz vgl. Walter Benjamin. Ursprung des deutschen Trauerspiels (1925), in: ders. Gesammelte Schriften. Bd. I-1. Hg. von Rolf Tiedemann und Hermann Schweppenhäuser. Frankfurt a. M. 1980, 203–430, hier: 353.

63 Vgl. Étienne François. Berlin. Emblème du XXe siècle, in: Allemagne d'aujourd'hui Nr. 221 (2017/3), 57–65, hier: 57.

etablieren können und an denen das Schicksal, die Metamorphose einer Stadt kenntlich wird.[64]

Auf den Begriff der leeren Zentrale im engeren Sinne des zu untersuchenden literaturgeschichtlichen Feldes führt eine Notiz Gottfried Benns, der in dieser gleich einer Stereoskopie das Vor- und Nachkriegsberlin überblendete. Es war anlässlich eines späten Fernsehinterviews für den Westberliner Sender Freies Berlin (SFB), in dem der Autor das Vorkriegsberlin, an dessen Mythos arbeitend, pointiert als eine einstige »Zentrale des geistigen Europas« bezeichnete – bei aller Faszination das Feld der Korrumpierbarkeit nicht zufällig andeutend.[65] Mit diesem Gebrauch der Metapher einer »Zentrale geistiger Kraft« – bezogen auf das untergegangene Weimar-Berlin – war Benn gleichwohl nicht allein, wie das Beispiel des Lyrikers und Essayisten Oskar Loerke zeigen wird.[66] Doch blieb Letzterem verwehrt, die Entwicklung im Nachkrieg zu erleben: Wie nämlich aus dieser einstigen »Zentrale«, so Benn, eine Art »Pompeji« im »Urwald« geworden war, eine pompejanische Traumalandschaft, wie sie auch die Autorin Gabriele Tergit bei ihrer Rückkehr aus dem englischen Exil entdeckte.[67] Aus den Jahren des Hochs in Berlin, einer Zeit wunderbarer »Fülle« an »Talenten«, sei man im Nachkrieg in eine schmerzliche Leere geraten.[68] Was Benn gleichwohl ausließ, ist jenes Dazwischen der NS-Zeit, das diesen höllischen Sturz nicht nur Berlins ausgelöst hat.

Deutlicher wurde Benn bei der Analyse der Folgen dieses Sturzes, der literarischen Langzeitschäden, die der Metropolenverlust mit sich brachte. Denn mit Berlin sei ein »Regulativ« im Geistesleben verloren gegangen – ein Verlust, dessen äußeres Symptom für den Autor die beginnenden »Cliquenkonkurrenzen« im sich neu sortierenden literarischen Westdeutschland

---

64 Vgl. Hessel. Spazieren in Berlin, 161.

65 Vgl. Gottfried Benn. Fernsehinterview mit Gottfried Benn. Gespräch mit Thilo Koch (1954), in: ders. Sämtliche Werke. Bd. VII-1. In Verbindung mit Ilse Benn hg. von Gerhard Schuster. Stuttgart 2003, 342–345, hier: 342.

66 Hier auf den damaligen Verlag S. Fischer bezogen. Vgl. Oskar Loerke. Tischrede auf S. Fischer (1926), in: Hermann Kasack (Hg.). Reden und kleinere Aufsätze von Oskar Loerke, in: Abhandlungen der Klasse Literatur. 1956, Nr. 5. Hg. von der Akademie der Wissenschaften und Literatur, 34–36, hier: 34.

67 Vgl. Gabriele Tergit. Etwas Seltenes überhaupt. Erinnerungen. Frankfurt a. M. 2018, 242, 246. Zum unmittelbaren Nachkriegsberlin als »intellektuelle[m] Pompeji«: Schivelbusch. Vor dem Vorhang, 27. Zum Urwald als einer Metapher kulturverschlingender Unheimlichkeit, die hier in einen Vergängnistopos eingekleidet ist: Bollnow. Mensch und Raum, 219.

68 Zum Verlust an »Talenten«: Benn. Fernsehinterview mit Gottfried Benn, 342.

waren.[69] Ohne Metropole aber war auch ein Stück an Urteilskraft verloren gegangen; eine Provinzialisierung zeichnete sich ab.[70] Was in Deutschland nun fehle, sei eine wirkliche Großstadt, »vor der man sich genieren« könne.[71] Zugleich mangele es an Überlieferung und an einem Gradmesser für die literarische Öffentlichkeit. Berlin bleibe daher einstweilen Legende. Es wurde nach Benn zum Gerücht aus versunkener Zeit: eine Stadt, gelegen in einem »zugrunde gegangenen Urwald«.[72] Was Berlin ausgezeichnet hatte, sei einstweilen »kein Begriff mehr«.[73] Benn deutete diese Leerstelle kulturpolitisch.

Bewusst zum ästhetischen Topos wurde die leere Zentrale erst bei Kessel, der das Anschaulichkeitsproblem in einigen Miniaturen nach dem Krieg auf den Punkt brachte. Für Kessel war Berlin ein metaphorologisch zu nennendes Problem geworden: Es gebe kein »Sinnbild in Stellvertretung des Ganzen« mehr. Der Mangel an Sinnbildlichem zeige sich im Nachkrieg an den Metaphern der Subtraktion: Berlin sei »kein gegliederter Raum« mehr; es habe »keinen Mittelpunkt«. Als treffend erweist sich insofern Benns beiläufig gefundene Metapher. Hierzu ergänzte Kessel den »Januskopf«, einen dialektischen Kopf, der nach außen und innen gewendet war, dessen zentraler Drehpunkt jedoch vorerst leer und unbesetzt blieb. Es war der Kopf einer Stadt, bei dem die jeweiligen Hälften in unterschiedliche Richtungen wiesen und gleichzeitig aufeinander gerichtet waren.[74] Das Bild spielte auf die Eigentümlichkeit einer preisgegebenen Leere mit Mauerschauszenario an, die ein einzigartiges Phänomen der Stadtgeschichte darstellt.[75] Mag die leere Mitte auch durch die Mauer preisgegeben gewesen sein. Die anderen Areale der jüngeren Geschichte, wie zu besprechen sein wird, – wie der Hitler-Bunker nahe dem Tiergarten – waren unkenntlich oder unzugänglich.[76]

69 Vgl. Gottfried Benn. Berlin zwischen Ost und West (1955), in: ders. Sämtliche Werke. Bd. VI. In Verbindung mit Ilse Benn hg. von Gerhard Schuster. Stuttgart 2001, 228–230, hier: 228.

70 Zum Schwund der Urteilskraft in der Stunde Null zudem die Diagnose von: Johan Huizinga. Wenn die Waffen schweigen. Basel 1945, 77. Sowie später im Zeichen einer Kritik des bundesrepublikanischen Provinzialismus vgl. Karl Heinz Bohrer. Provinzialismus. Ein physiognomisches Panorama. München 2000, 96.

71 Vgl. Benn. Fernsehinterview mit Gottfried Benn, 343.

72 Vgl. ebd.

73 Vgl. Benn. Berlin zwischen Ost und West, 228.

74 Vgl. Martin Kessel. Januskopf Berlin, in: ders. In Wirklichkeit aber. Satiren, Glossen, kleine Prosa. Berlin (West) 1955, 147–150, hier: 149.

75 Zum anders gearteten leeren Zentrum Tokios vgl: Roland Barthes. Das Reich der Zeichen. Frankfurt a.M. 1981, 47.

76 Zum *locus suspectus* des Hitler-Bunkers in der Berliner Ödnis: Kaschnitz. Tagebücher. Bd. 1, 621.

Kessel ging aber noch einen Schritt über diesen Befund hinaus. Er versuchte, dem Genius Loci, dem Geist des Ortes, einen Wesenszug abzugewinnen. Auf dieser Spur stieß er auf die Wendung eines ›Dämons der Idylle‹. Im Kontrast zu anderen Metropolen sei die Stille Berlins eine trügerische: Denn vieles einstmals Vertraute – Orte, Plätze und Infrastrukturen – sei durch den »Eingriff der Weltgeschichte«, so Kessel, »wegrasiert« worden. Die »Konzentrationspunkte« seien verstreut oder blockiert. Einige, wie der Potsdamer Platz, durch »politische Injektionen« in ein künstliches Koma versetzt. So konnte Kessel über das Szenario nach 1945 sagen, im Berliner Zentrum herrsche »keine idyllische Stille«; es sei vielmehr eine, die »diabolisch und paradox« wirke. Was er seine »lautlose Stimme« des Dämons sagen ließ, benannte ein Wesentliches des Zeitempfindens: »›Ich sehe hier vieles, das nicht da ist, nicht mehr und noch nicht.‹«[77]

Der Satz fasst die drei Zeitdimensionen der leeren Zentrale zusammen: das ›Nicht-da‹ der Gegenwart, jenes Gefühl eines Lebens im Vakuum, das ›Nicht-mehr‹ der Vergangenheit, das Verschwundene mit den Phantasmen des Gewesenen, die den Flaneuren aus den Brandmauern entgegenkamen.[78] Und das ›Noch-nicht‹: das Ungewisse einer Übergangsperiode, das Berlin zu einem geschichtlichen Topos des Vagen werden ließ. Hieran fügte sich eine räumliche Vertikale: Einer vergesslichen Oberfläche korrespondierte eine katakombische Unterwelt unwillkürlicher Erinnerungen.[79] So zeigten sich nach Kessel die Berliner Ruinen als suspekt, von einem Dämon heimgesucht. Dieser Gewissensdämon raube uns die Unschuld – so Kessel über das Gefühl der Zeitgenossenschaft –, lasse uns argwöhnen, »dass unter der krausen Vegetation des Schutts noch ein Toter« liege.[80] Was der Autor eindrücklich evoziert, gehört zu jenem Ambivalenzfeld im Nachkrieg, das eine Nähe des Dämonischen zum Idyllischen andeutet.[81] Erst die Hereinnahme

---

77 Martin Kessel. Im Liegestuhl nach der Reise, in: ders. In Wirklichkeit aber, 99–104, hier: 99.

78 Zur Stadt als einem hülsenartigen Echoraum des Verschwundenen auch der österreichische Berlin-Deuter: Franz Tumler. Berlin. Geist und Gesicht. München, Stuttgart 1953, 70, 86.

79 Der Gang in die Vertikale gehört zu den festen Topoi der Stadtallegorik. Schächte, Parks oder sonstige Übergangsmedien werden zu Vermittlern zwischen einer manifesten und einer latenten, unterirdischen Welt. Vgl. Vera Calin. Auferstehung der Allegorie. Weltliteratur im Wandel. Von Homer bis Beckett. Wien 1975, 279.

80 Kessel. Im Liegestuhl nach der Reise, 104.

81 Dieser Gedanke wird in Kapitel 3, »Zeitgegend Tiergarten«, entfaltet und dort auf die Formel einer geheimen Zugehörigkeit des Schrecklichen zum Idyllischen gebracht. Das Motiv einer geheimen Zugehörigkeit deutet auf ein darin Verborgenes,

jener ausgegrenzten Dämonen – die seit je solche literarischer Produktivität sind – erhellt die Daseinslage der Stadt.[82]

Dies hat nicht zuletzt die Überlebenden der verlorenen Generation, zu der Kessel gehörte, beschäftigt, die damit der Aufgabe nachkamen, die sich jeder literarischen Generation aufs Neue stellt: eine verborgene Geschichte in der Gegenwart ins Spiel zu bringen, das Leid in den Erfahrungshaushalt hineinzutragen.[83] Eine wesentliche Rolle mögen jene Momente gespielt haben, in denen das Gewissen laut wird, wie sie Kessel als seine »stillste Stunde«, als Augenblick der Betroffenheit am leergeräumten Potsdamer Platz erlebte.[84] Dabei schien diese Leere die ethische Frage am Ort gleichsam anzuziehen: nämlich die Frage nach der Zeugenschaft. Und damit die Frage nach dem Sagen im Namen der Anderen.[85] Diese Fraglichkeiten wurden im Zusammenhang der leeren Zentrale zuerst von Loerke, in Gestalt seines poetischen »Dämons«, aufgeworfen – in der beklemmenden Situation eines Zeugen der Scham im Nationalsozialismus.[86] Kessel schloss auf seine Weise daran an. Hieran wird noch die Metamorphose der alten Flaneurfigur kenntlich werden.

Der Flaneur war in Berlin auf eindrückliche Weise zu dem geworden, was Kessel hellsichtig einen »städtischen Robinson« nannte: ein Schiffbrüchiger,

---

was eine Psychoanalyse, die sich um ein Verständnis des Traumas bemühte, im Bild der Krypta gefasst hat: Nicolas Abraham/Maria Torok. Deuil ou mélancolie. Introjecter – incorporer (1972), in: dies. L'écorce et le noyau, Paris 1987, 258–275, hier: 267f.

82 Zum Dämonischen des »gefährdeten Menschen« als dem literarisch Produktiven vgl. Walter Muschg. Goethes Glaube an das Dämonische (1958), in: ders. Die Zerstörung der deutschen Literatur und andere Essays. Hg. von Julian Schütt und Winfried Stephan. Zürich 2009, 254–284, hier: 272, 281. Zum Dämonischen als Antrieb dichterischer Produktivität schon: Johann Wolfgang von Goethe. Aus meinem Leben. Dichtung und Wahrheit (1811). DKV-Ausgabe. Bd. 15. Hg. von Klaus-Detlef Müller. Frankfurt a.M. 2007, 841f.

83 Zur Aufgabe der Literatur: »Literatur ist vielmehr eine Funktion geistiger […] Überlieferung und bringt daher in jede Gegenwart ihre verborgene Geschichte ein.« Gadamer. Wahrheit und Methode, 166.

84 Zur Figur einer »stillsten Stunde« vgl. Friedrich Nietzsche. Also sprach Zarathustra (1883/85), in: ders. Kritische Studienausgabe. Bd. 4. Hg. von Giorgio Colli und Mazzino Montinari. München 1999, 187–190.

85 Zur ethischen Dimension eines möglichen »Wachgerütteltseins« durch ein literarisches Zeugnis grundlegend: Emmanuel Lévinas. Eigennamen. Meditationen über Sprache und Literatur. München 1988, 11.

86 Vgl. Oskar Loerke. An meinen Dämon (1936), in: ders. Gedichte und Prosa. Bd. 1. Hg. von Peter Suhrkamp. Frankfurt a.M. 1958, 467.

der eine neue Form literarischen Insulanertums prägte.[87] Doch noch dieser gebrochene Typ folgte einer untergründigen Spur, die man als ›Glut der Flaneure‹ bezeichnen kann: jener Sensibilitätsform, die Hessel auf die Formel einer Atmosphäreneinfühlung brachte.[88] Sie benennt ein Vermögen, das nach einem Wort Anders' in den Zeiten der Desensibilisierung nach dem Krieg rar geworden war.[89] Die Wandlung dieser Flaneurfigur lief insofern parallel zum Topos ab. Denn dieser Typus wandte sich nicht nur den ästhetischen Phänomenen am Ort zu, sondern auch dessen ethischen Abgründigkeiten: Die »Berliner Windigkeit« von einst – so Kessel – war ins Ungeheuerliche gekippt.[90] Um den neuen »Vexierbildern« nachzuspüren, musste er die jeweiligen Zeitschichten zunächst erkennen können, musste – wie Hessel – praktizierender Schichtenermittler werden.[91] Sein Spürsinn musste das Vermögen entwickeln, die Leerstellen in der Stadt, die Erinnerungslücken zu beleben, um darin Rückstände der Zeit zu bergen.

Die Wiederkehr des Flaneurs ist mit einer Wiedervorlage der Schlüsselbegriffe dieser Figur – Spur und Atmosphäre – verbunden. Der hier vertretene Ansatz schlägt einen erweiterten Begriff der Spur als plastische Hinterlassenschaft vor, die synästhetisch zu verstehen ist. Die Spur wird gefasst als lateinisch *vestigium* (französisch *vestige*), wobei so das plastische Bild der – für das Nachkriegsberlin typischen – Überreste aufgerufen wird.[92] Allerdings ging schon der Benjamin'sche Spurbegriff über eine grafologisch verstandene Spur, ein bloßes »Wirkungszeichen«, hinaus und umfasste den gesamten Ausdruckszusammenhang, in dem die Spur aufzufinden ist.[93]

---

87   Vgl. Martin Kessel. Aphorismen. Stuttgart, Hamburg, Baden-Baden 1948, 189.

88   Vgl. Hessel. Spazieren in Berlin, 10.

89   Vgl. Günther Anders. Lieben gestern. Notizen zur Geschichte des Fühlens. München 1986, 13.

90   Vgl. Martin Kessel. Das andere Ich. Probleme der Selbstdarstellung, in: ders. Ehrfurcht und Gelächter. Literarische Essays. Mainz 1974, 283–299, hier: 298.

91   Zu Hessel als dem prototypischen Zeitschichtenermittler in Berlin vgl. Walter Benjamin: Die Wiederkehr des Flaneurs (1929), in: ders. Gesammelte Schriften. Bd. III. Hg. von Rolf Tiedemann und Hermann Schweppenhäuser. Frankfurt a.M. 1982, 194–199, hier: 194. Den Gedanken der vergesslichen Oberflächen hat Knobloch zu einem Motto im Nachkrieg verdichtet: »Mißtraut den Grünanlagen.« Heinz Knobloch. Herr Moses in Berlin. Ein Menschenfreund in Preußen. Das Leben des Moses Mendelssohn. Berlin (West) 1982, 5.

92   Zur Vorgeschichte des Spurbegriffs als *vestigium* in Abgrenzung zum grafologisch verstanden *tractum* vgl. Blumenberg. Die Legitimität der Neuzeit, 574f.

93   Vgl. Benjamin. Das Passagen-Werk, 573. Zum bloßen »effect-signe« als »Wirkungszeichen« im Unterschied dazu siehe: Paul Ricœur. Zeit und Erzählung. Bd. 3. Die erzählte Zeit. München 2007, 185–200.

Benjamin war es, der das Lesen der Spur lebensphilosophisch inspiriert an die Lektüre des Lebens und der Geschichte gebunden hat.[94] Gleichwohl ist dieser Spurbegriff im Kontext der leeren Zentrale, um die sinnliche Erfahrung zu erweitern, die sich nicht nur an den Sehsinn, sondern ebenso an den raumkonstituierenden Geruchs- und Geschmackssinn hält.[95] Es ist dabei an einen Gedanken des Phänomenologen Hubertus Tellenbach zu erinnern, der die Figur der unwillkürlichen Erinnerung ins Spiel brachte. Diese Form der Erinnerung, die für die Autoren der Brückengeneration entscheidend ist, überkommt einen nicht zufällig mit einer Atmosphäre am Ort, an der sich ein Stück des Lebensklimas verdichtet. Sie kann Einfallstor in verschüttete Bereiche des Erinnerns sein.

Dem ruinenbezogenen Begriff der Spur korrespondiert eine poetologische Hypothese, die diese Studie durchziehen wird. Es hat sich als wichtige Beobachtung erwiesen, dass sich das Bild der leeren Zentrale meist in kleinen Gattungsformen zeigt.[96] Man begegnet ihm vornehmlich in kompakten Formen – seien es Gedichte oder Prosaminiaturen –, aber auch in Aphorismen, Feuilletons oder Tagebuchnotizen, Briefen oder gar – wie an Koeppens Nachlass zu sehen sein wird – in fragmentarischen Überbleibseln.[97] Neben dem Blick auf Topos und Flaneur liegt somit ein weiterer Akzent auf einer gattungsmorphologischen Annahme, nämlich dass es eine unterschwellige Regeneration der Literatur in den lyrisch-kleinen Formen nach 1945 gegeben hat.[98] Indizien für diese Metamorphose des Ausdrucks finden sich in Autorenäußerungen zur Ars Poetica. Exemplarisch ist eine Bemerkung Kessels zu nennen, der im untergehenden Berlin davon sprach, dass der Zeitfaden für die große Form gerissen sei.[99] Er selbst schlug den Weg ins Lyrische

---

94 Hier ist an Benjamins Begriff der Spur zu erinnern: »Die Spur ist Erscheinung einer Nähe, so fern das sein mag, was sie hinterließ.« Benjamin. Das Passagen-Werk, 560.

95 Zu diesen Topos-Sinnen: Tellenbach. Geschmack und Atmosphäre, 26–32.

96 Zur Vorgeschichte kleiner, urbaner Formen: Eckhardt Köhn. Straßenrausch. Flanerie und kleine Form. Versuch zur Literaturgeschichte des Flaneurs von 1830–1933. Berlin 1989. Sowie grundlegend zum phänomenologischen Blick der urbanen Prosaminiatur: Ethel Matala de Mazza. Der populäre Pakt. Verhandlungen der Moderne zwischen Operette und Feuilleton. Frankfurt a. M. 2018, 62–73.

97 Exemplarisch Koeppens »Brandenburg«-Konvolute im Wolfgang-Koeppen-Archiv Greifswald. Dazu im Folgenden das Kapitel 8 »Koeppens Werkkrypta«.

98 Zentral für diese These die Aussage von: Hamburger. After the Second Flood, 28. Hierzu auch: Walter Muschg. Die Zerstörung der deutschen Literatur (1956), in: ders. Die Zerstörung der deutschen Literatur, 9–46.

99 Vgl. Martin Kessel an Richard Gabel, 17.12.1944, in: ders. »Versuchen wir am Leben zu bleiben«. Briefe aus Berlin 1933–44. Mit einer Vorbemerkung von Till Greite, in: Sinn und Form 71 (2019), Nr. 6, 780–797, hier: 797.

und Aphoristische ein. Gleichwohl blieb dieser Umbruch in der Ars Poetica nicht auf dagebliebene Autoren beschränkt. Remigranten reihten sich ein, etwa Döblin, der im »Epilog« seiner 1948 erschienen Werkauswahl für eine Ästhetik der Torsi eintrat.[100] Auch das Auftauchen eines Mosaikstils – wie bei Koeppen – ist als Indiz dafür zu werten, dass das Bruchstück zur ästhetischen Grundkategorie wurde.[101]

Damit verbunden war ein weiterer Zug zu gelegenheitsgebundenen Formen. Diese okkasionellen Formate – vom Portrait bis zum Stadt- und Landschaftsbild – finden sich bei so unterschiedlichen Autoren wie Bobrowski oder Koeppen, aber auch bei Rückkehrern wie Tergit oder Anders, was auf eine das Ausdrucksfeld bestimmende Generationsbefindlichkeit schließen lässt.[102] Gerade angesichts der diasporahaften Situation der deutschsprachigen Literatur nach der Explosion im Zentrum Berlins 1933 sind auch Briefe, als Form des Zwiegesprächs zwischen innen und außen, zu berücksichtigen. Dies wird an der Verbindung des ehemaligen Cassirer-Lektors Max Tau zu Autoren wie Koeppen oder dem Westberliner Kurt Ihlenfeld deutlich werden. So kann sich die Spur der kleinen Form im Nachkrieg als Teil einer vergessenen Überlieferung erweisen, die ihr Zwiegespräch in der leeren Zentrale führte.

Schließlich unterhielten diese Gattungsformen auch eine Beziehung zu jenem Zeithorizont, in dem sie entstanden. Hinter ihnen standen extreme Lebenserfahrungen, sei es das Überleben in Diktatur und Bombenkrieg, seien es Flucht und Exil. Damit deutet sich ein Zusammenhang zwischen Erlebnishintergrund und ästhetischer Form an. Dieser zeigt sich auch an einem Phänomen, das als Verinselung der Zeiterfahrung noch ausführlicher beschrieben wird.[103] Der leeren Zentrale als topografischer Fraglichkeit entspricht eine gedächtnisphänomenologische Problematik. Denn wenn es zu keiner Durchgliederung des Erfahrenen mehr kommt – zu keinem Ausspinnen eines kohärenten Fadens –, treten andere Verarbeitungsweisen wie

---

100 Vgl. Alfred Döblin. Epilog (1948), in: ders. Zwei Seelen in einer Brust. Schriften zu Leben und Werk. Hg. von Erich Kleinschmidt. München 1993, 287–321, hier: 287.

101 Zum Mosaikstil in seinem ersten Nachkriegsroman »Tauben im Gras«: Wolfgang Koeppen. Ohne Absicht. Gespräch mit Marcel Reich-Ranicki (1994), in: ders. Gesammelte Werke. Bd. 16. Hg. von Hans-Ulrich Treichel. Berlin 2018, 524–641, hier: 617. Sowie: Marcel Reich-Ranicki. Der Zeuge Koeppen (1963), in: Ulrich Greiner (Hg.). Über Wolfgang Koeppen. Frankfurt a.M. 1976, 133–150, hier: 141.

102 Grundlegend zur okkasionellen Form: Gadamer. Wahrheit und Methode, 149f.

103 Hierzu: Anders. Die Schrift an der Wand, 176–191. Sowie Kessel: Aphorismen, 158.

die bildhafte Verdichtung an dessen Stelle. Dieser Stil ist an jenes »Gefälle des Grauens«, wie es Koeppen nannte, gebunden, durch das seine verlorene Generation ging.[104] Nicht zuletzt darum scheinen diese Autoren sensibilisiert gewesen zu sein für die Verkümmerungen und Verschüttungen des Nachkriegs.

Koeppen verfügte über die Fähigkeit, aus den Erinnerungen, in der Konfrontation mit dem Ort Berlin, zu schöpfen. Das macht ihn zu einer Schlüsselfigur für den zu bergenden Topos. So beschrieb er anlässlich eines Besuchs den ruinösen Zustand der Stadt als den realen Surrealismus einer ehemaligen Zentrale mit »Unkraut in der Mitte«. Der Potsdamer Platz etwa – einst der verkehrsreichste Mitteleuropas – sei in eine gottverlassene Stille gestürzt: »Für manchen«, so Koeppen, »endet hier die Welt.«[105] Hatte dieser bei seiner Wiederkehr – über die ausgeräumte Doppelplatzanlage von Anhalter und Potsdamer Platz stolpernd – in den Raum hineingefragt, ob diese leere Mitte »ein Stück der Wahrheit oder der Chimäre« sei, so lässt sich aus dem Rückblick vermuten: Es muss beides gewesen sein.[106] Es war ein Stück des wirklichsten Bodens, den die deutsche Literatur auf eigenem Territorium in diesen Jahren hatte aufweisen können.

Doch zugleich repräsentierte der Ort eine gelebte Fiktion eigener Art, die ihm gespensterhafte Züge, solche einer phantomatischen Trümmerlandschaft mit peinvollen Erinnerungen für die Zeugen annehmen ließ.[107] Diesen

---

104 Vgl. Wolfgang Koeppen. Andersch. Geschichten aus unserer Zeit (1959), in: ders. Gesammelte Werke. Bd. 6. Hg. von Marcel Reich-Ranicki. Frankfurt a.M. 1990, 381f., hier: 382.

105 Koeppen. Nach Rußland und anderswohin, 106.

106 Vgl. ebd. Angesichts dieser Frage nach den kollektiven wie persönlichen »Chimären«, die in der leeren Zentrale gesichtet wurden, fühlt man sich an einen Ausspruch Baudelaires erinnert: »Chacun sa chimère«. Baudelaire verstand die Chimäre als das verstörend-unheimliche Double des Passanten. Bei Koeppen ist es rückübertragen auf die Stadt. Vgl. Charles Baudelaire. Chacun sa chimère (1869), in: ders. Œuvres Complètes. Hg. von Claude Pichois. Paris 1961, 235f., hier: 236. Zu Koeppens Baudelaire-Referenz als Paris-Flaneur vgl. Wolfgang Koeppen. Reisen nach Frankreich (1961), in: ders. Gesammelte Werke. Bd. 4, 467–658, hier: 598f. Zur Chimäre als Metapher der Fiktion und des Als-ob auch: Karlheinz Stierle. Fiktion, in: Ästhetische Grundbegriffe. Bd. 2. Dekadent – Grotesk. Hg. von Karlheinz Barck u.a. Stuttgart 2001, 380–428, hier: 412f. Zur antiken Bedeutung der Chimäre als unterweltliches Fabelwesen, mit »Schreckensbildern« assoziiert: Wilhelm Heinrich Roscher. Ausführliches Lexikon der Griechischen und Römischen Mythologie. Bd. 1, erste Abteilung. Leipzig 1884–1886, 893–895, hier: 893.

107 Zur kulturhermeneutischen Figur phantomatischer Heimsuchung im Nachkrieg

Von der Fülle in den Mangel: Ein
Platz stürzt ins Schweigen. Aus
Koeppens Berliner Postkarten-
fundus.[108]

Befund bestätigten auch andere – in einer Parallelaktion zu Koeppen etwa der Tagebuchschreiber Gombrowicz. Die Stadt sei ihm einer der »aller-wirklichsten«, schrieb er in seinen »Berliner Notizen«, doch auch einer der »allerphantastischsten Orte«, die man als Rückkehrer im Nachkriegseuropa entdecken konnte.[109] Ein äußeres »Abenteuer«, doch für jeden, der eine per-sönliche Geschichte mit sich durch die Stadt trug, ein »inneres Abenteuer« sondergleichen. Ein Ort des Chimärenhaften, der laut Gombrowicz auf seinen Kern zu prüfen war. Kurzum, die leere Zentrale hielt kollektive wie persönliche Krypten aller Art bereit.

entlang der Kryptametaphorik von Abraham und Torok: Gabriele Schwab. Das Gespenst der Vergangenheit. Zum transgenerationellen Erbe von Krieg und Ge-walt, in: Gruppenpsychotherapie und Gruppendynamik 47 (2011), Nr. 4, 235–261, hier: 238.

108 Diese Postkarte findet sich, mit zahlreichen anderen Aufnahmen Nachkriegs-berlins, in Koeppens Nachlass: Wolfgang-Koeppen-Archiv Greifswald.

109 Vgl. Gombrowicz. Berliner Notizen, 127. Eine lebensweltliche Wendung findet dieser Befund bei Kaschnitz, die in ihrer Ortsbegehung das Oszillieren des einsti-gen Zentrums zwischen Hauptstadtutopie und Stadtrandplanung, eine Form von stadtplanerischer Chimäre erlebte. Vgl. Kaschnitz. Tagebücher. Bd. 1, 621.

Gerade angesichts dieses vagen Terrains sollte es sich als ratsam erweisen, in der literaturgeschichtlichen Beschreibung Grenzfiguren der leeren Zentrale auszumachen, die das zu untersuchende Terrain abstecken. Als »Limes-Figuren« kristallisierten sich im Vorfeld zwei Autoren heraus, die maßgebliche Zeugen sind: Oskar Loerke und Michael Hamburger. Sie konturieren das poetologische Kraftfeld dieser Untersuchung.[110] Loerke ist dabei als Figur der Antizipation anzusprechen, Hamburger als eine der gedanklichen Bilanzierung. Der Weg führt also von Loerkes Ahnung eines kommenden »öden Raumes« 1933 – noch bevor die ersten Bomben fielen – zur Manifestation eines poetologischen Befundes der leeren Zentrale, der sich bei Hamburger in seinen Begehungen des Niemandslandes konkretisieren sollte: in einem Terrain, das er literaturgeschichtlich in Essays wie »After the Second Flood« auslotete.[111] In seinen Überlegungen konzentrierte sich eine zentrale Verlustanzeige der deutschen Literatur im 20. Jahrhundert, die er auf den Begriff einer »fragmentation of the centre« bzw. einer »dispersion« der urbanen deutschen Literatur brachte.[112] Dieses Schicksal verdichtete sich in der Exilliteratur, die für die Berliner Spur eine herausgehobene Rolle einnimmt.[113]

Aufgrund dieser Erfahrungen ist Skepsis gegenüber allzu scharf gezogenen Epochengrenzen im Hinblick auf das 20. Jahrhundert zu formulieren; ein wichtiger Grund, warum diese Studie ein topografisches Verfahren anstelle der berüchtigten Zeitmetapher der Stunde Null wählt. Denn die Nachwirkungen der Zäsur im letzten Jahrhundert sollten Vorsicht gegenüber den aus dem 19. Jahrhundert übernommenen Epochenbegrenzungen lehren. So ist vielmehr mit dem Historiker Lucian Hölscher im Hinblick

---

110 Zum Verfahren, »Limes-Figuren« als maßgebliche Zeugen im Ein- und Ausgang von Epochen auszumachen, vgl. Blumenberg. Legitimität der Neuzeit, 545.

111 Vgl. Oskar Loerke. Die arme Öffentlichkeit des Dichters (1933), in: ders. Gedichte und Prosa. Bd. 1, 731–738, hier: 734. Zum poetologischen Niemandsland vgl. Hamburger. Niemandsland-Variationen, 33. Sowie das Modell des Kataklysmos, das er für die Wirkungsgeschichte der deutschen Literatur nach 1945 entwickelte, inspiriert von Wilhelm Lehmanns Gedicht »Nach der zweiten Flut« (1949): Hamburger. After the Second Flood, 9.

112 Zur These der »dispersion« sowie zur »fragmentation of the center«: Michael Hamburger. Proliferation of Prophets. Essays in Modern German Literature. Bd. 1. Manchester 1983, 273 f., 290. Sowie zum Anschluss an seine Dispersionsthese in der Fortsetzung nach 1945: Hamburger. After the Second Flood, 122. Hamburger bezieht sich explizit auf Loerkes Tagebuch für die Dispersion nach 1933: Hamburger. A Proliferation of Prophets, 57.

113 Zur These der Zerstreuung wie eines literarischen »Tiefs« seit 1933 die Einleitung in: Gabriele Tergit. Autobiographien und Bibliographien. London 1959.

auf das 20. Jahrhundert von einer Epochenverflechtung auszugehen, von einem spukhaften Fortleben ihrer Latenzen.[114] Hölscher zufolge hat das letzte Jahrhundert unser Verständnis von Epochen radikal verändert. Damit schloss er an einen Gedanken seines Lehrers Reinhart Koselleck an, der für die Zeit nach dem Zweiten Weltkrieg von einem bleibenden Stau an der »Erfahrungsschleuse« gesprochen hat, durch den es zu einer Überlagerung der unverarbeiteten Kriegserfahrungen mit den neuen Konflikten im Kalten Krieg gekommen sei.[115] Mit Hölscher kann man davon sprechen, dass im Zeichen der Epochenüberlagerungen die unbearbeiteten Bestände ein Nachleben führten. »Denn diese Epochen lassen sich wechselseitig nicht mehr in Ruhe«, so sein Befund, »sie greifen aufeinander über und stören so das Gefüge ihrer zeitlichen Abfolge, welche ihre ruhige Koexistenz im Gefüge der Geschichte ermöglicht.«[116] In diesen Komplex spielt der Erfahrungshintergrund der Generationskohorte Koeppens hinein. Festzuhalten ist vorerst, dass diese Diagnose einer Unruhe der Epochenabgrenzung sich mit der hier vertretenen These über die Literatur im Nachkrieg insofern deckt, als man sie mit Anders als eine der »Latenzzeit« bezeichnen kann, die jüngst mit dem Begriff einer »aftermath«-Zeit belegt wurde.[117]

Diese Unruhe in der Epochenproblematik scheint also eine – dem Krypta-Motiv gemäße – Konservierung von Fraglichkeiten nach sich gezogen zu haben, wie sie die Nachkriegsflaneure in der Pompeji-Landschaft der Stadt aufspürten. Mit Hölscher, der selbst von »Nachwirkungen« spricht, kann man diesen Modus der Zeiterfahrung als Traumaüberlagerung beschreiben.[118] Auch dieser Nexus mag mit den »Limes-Figuren« Loerke und Hamburger angesprochen sein. Dabei lässt sich die Frage der Nachwirkungen ebenso

114 Vgl. Lucian Hölscher. Hermeneutik des Nichtverstehens (2008), in: ders. Semantik der Null. Grenzfragen der Geschichtswissenschaft. Göttingen 2009, 226–239, hier: 238. Man mag das einen Epochenspuk nennen, der mit der konservierenden Dynamik der Krypta kongruent ist. Zur Latenz des Traumas: Nicolas Abraham/ Maria Torok. Kryptonymie (1976). Das Verbarium des Wolfsmanns. Mit einem Beitrag von Jacques Derrida. Frankfurt a.M., Berlin, Wien 1979, 138.

115 Vgl. Reinhart Koselleck. Erinnerungsschleusen und Erfahrungsschichten. Der Einfluß der beiden Weltkriege auf das soziale Bewußtsein (1992), in: ders. Zeitschichten. Studien zur Historik. Mit einem Beitrag von Hans-Georg Gadamer. Frankfurt a.M. 2000, 265–284, hier: 273.

116 Hölscher. Hermeneutik des Nichtverstehens, 238.

117 So fragte Anders paradigmatisch bei seiner Rückkehr nach Europa, ob »die Zeit der Stille nicht eine bedrohliche Latenzzeit« sei: Anders. Die Schrift an der Wand, 179. Zum »aftermath« jüngst: Cécile Wajsbrot. Echos eines Spaziergangs in der Künstlerkolonie, in: Sinn und Form 67 (2015), Nr. 5, 253–265, hier: 262.

118 Vgl. Hölscher. Hermeneutik des Nichtverstehens, 238.

bei Autoren und Autorinnen wie Koeppen oder Marie Luise Kaschnitz ausfindig machen, deren doppelt belichtete Zeit-Bilder sie prädestinierten, diese Epochenverflechtungen zu sichten. Auch das kann an einen Befund der Geschichtshermeneutik anschließen: Schon Koselleck sprach von den »diachronen Wirkungen der Kriege«, von deren langem »Stachel im Fleisch« der Nachkriegsgesellschaft.[119] Hölscher beschrieb es seinerseits als ein in deren Traumata eingeschlossenes Unverstandenes: einen Rest des »Nicht-Sinns«, der die Brücke zwischen der Geschichtserfahrung und der Literatur bildet, die seit je Hort ungelöster Empfindungen ist.

Damit rückt das zu untersuchende Gelände wieder in den Fokus, das sich so als komplexer Transitraum der Geschichte verstehen lässt: ein Verständnis, das die Wirkungsgeschichte der Literatur im Kern mit betrifft, die in der leeren Zentrale ihre Verräumlichung erfährt. So benennt die noch zu beschreibende Klammer »Krypta, leere Zentrale« zugleich einen Daseinstopos der literarischen Überlieferung. Krypta meint hier ein Modell für das Überlieferungsgeschehen zur Jahrhundertmitte. Dieses Überlieferungsverständnis wirft Fragen eigener Art auf, wie jene nach einer Ästhetik der Bruchstücke, wie auch jene Zeitlichkeitsfrage nach Verzögerungen, nach den Verdeckungen im Prozess der Überlieferung.[120] Es impliziert, dass im Bild der Krypta ›leere Zentrale‹ zudem ein Stück literarischer Schadensaufbewahrung zu leisten ist. Denn in ihr wurde etwas fortgetragen, das bisher kaum zum Bestand der Nachkriegsliteratur gehört.[121]

Hier wird daher davon ausgegangen, dass die literarische Erfahrung ein Stück Realisation der Lage nach dem Krieg leistete. Sie suchte nach anderem Ausdruck angesichts der – wie Blumenberg formulierte – »ruinanten Erfahrungen«.[122] Damit mag die literarische Produktion dem Bewusstsein ihrer Epoche ein Stück voraus gewesen sein. Mit dieser letzten Vermutung ist eine gewisse Warnung an den Leser verbunden: Denn dieser Bege-

---

119 Vgl. Koselleck. Erinnerungsschleusen und Erfahrungsschichten, 273.

120 Diesen Prozess der Verzögerung – psychoanalytisch gesprochen: »temporisation« – in Bezug auf die literarische Überlieferung hatte Döblin hellsichtig direkt nach 1945 vorausgesehen: »Erst langsam werden die Deutschen gewahr werden, was da geschehen ist«. Döblin. Die literarische Situation, 464.

121 Eine ähnliche Phänomenologie der Schadensaufbewahrung hat der junge Blumenberg vorgeschlagen: Hans Blumenberg. Das Problem des Nihilismus in der deutschen Literatur der Gegenwart. Vortrag (1950), in: ders. Schriften zur Literatur 1945–1958. Hg. von Alexander Schmitz und Bernd Stiegler. Berlin 2017, 43–56, hier: 45.

122 Zum Vorrang ästhetischer Erfahrung im Zeichen der »ruinanten Erfahrungen« vgl. ebd.

hungsversuch will keine Stadtgeschichte im herkömmlichen Sinne bieten, sondern eine wirkungsgeschichtlich fundierte Literaturbeschreibung aus einer Stadterfahrung. Stadt wird nicht vorrangig architekturgeschichtlich, sondern als lebensweltlicher Faktor der Literatur begriffen. Die Stadt als Ort der Dichtung, als Produktionsstätte, wird als genuine Ausdrucksproblematik einer erschütterten Epoche interpretiert. Wohl aber ließe sich aus diesen Deutungsversuchen – am Berliner Fall – manches über den Umbau des Städtischen, des darin enthaltenen Wirklichkeitsbegriffs im Nachkrieg schlussfolgern.[123]

Umgekehrt kann die Literaturgeschichte etwas von der Begehung brachliegender Terrains lernen. Denn wie im Brachland ist auf dem Terrain der leeren Zentrale der planierte Weg nicht der zielführende. Der umwegige Gang ist der empfohlene. Er verbindet in diesem Buch räumlich wie zeitlich auseinanderliegende Punkte – vom Romanischen Café der Zwischenkriegszeit über die Friedrichstraße nach dem Krieg zum Anhalter Bahnhof eines Paul Celan. Alle diese Gänge durchs Terrain verbindet das Ethos, dass das Seiende, so vorhanden, respektiert werden soll – und dass ästhetisch Abstand vom »Kahlschlag«-Paradigma zu nehmen ist, das nach dem Krieg gewirkt hat.[124] Denn nur über Umwege wird das möglich, was man einen Perspektivwechsel in der Literaturgeschichte nennen kann. Insofern ist im Vollzug dieser Untersuchung an eine Einsicht Blumenbergs anzuknüpfen, der bemerkte, dass Geschichten, »topographisch vorgestellt, immer Umwege« seien.[125]

---

123 Zum Wirklichkeitsbegriff als Summe der Erwartbarkeiten, die im 20. Jahrhundert auch bezüglich des Verständnisses des Städtischen radikal infrage gestellt wurden: Hans Blumenberg. Theorie der Lebenswelt. Hg. von Manfred Sommer. Frankfurt a. M. 2010, 175. Zu einem genuin stadtgeschichtlichen Blick auf das Zentrum Berlins im 20. Jahrhundert auch: Brian Ladd. The Ghosts of Berlin. With a new afterword. Chicago, London 2018.

124 Das entspricht der Einschätzung, dass eine Ästhetik des Kahlschlags einer »Illusion« aufgesessen sei, es könne eine Kunst ohne »geschichtliche Dimension« geben; hierzu Adornos Polemik gegen den Terminus »Kahlschlag«: Theodor W. Adorno. Ästhetische Theorie. Frankfurt a. M. 1973, 435. Ähnlich Muschgs Kritik des Kahlschlags als »Flucht in die Geschichtslosigkeit«: Walter Muschg. Die Traditionslosigkeit der deutschen Literatur (1965), in: ders. Pamphlet und Bekenntnis. Ausgewählt und hg. von Peter André Bloch. Olten 1968, 377–383, hier: 378. Zur Kritik des suggestiven Charakters der »Kahlschlag«-Rhetorik nach 1945 jüngst: Moritz Baßler/Hubert Roland/Jörg Schuster. Kontinuitäten und Diskontinuitäten literarischer Verfahren 1930 bis 1960, in: dies. (Hg.). Poetologien deutschsprachiger Literatur 1930–1960. Kontinuitäten jenseits des Politischen. Berlin 2016, 1–14, hier: 2.

125 Vgl. Hans Blumenberg. Wirklichkeitsbegriff und Wirkungspotential des Mythos

So enthält das Motiv eines Zickzackgangs im Berliner Fall eine existenzielle Dimension, wie sie Huchel früh angesprochen hat, als in den Wirrungen nach dem Ersten Weltkrieg seine Lebensbahn auf Abwege geriet. Sie mag exemplarisch für die durch die Diktaturen abgelenkten Lebensbahnen stehen. Insofern lieferte das »Zickzack« bei ihm eine Daseinsmetapher des verunsicherten Lebens; eines, nach dem »das Leben« leider »ohne Notausgang« sei.[126] Auf so komplizierten Wegen sollte Huchel – nach Kriegsteilnahme und Gefangenschaft – auch zur Zeit der Ostberliner Kulturpolitik unterwegs sein. Diesen Widrigkeiten der Zeit waren auch andere auf ihre Weise ausgesetzt. Etwa Koeppen, der zwischen 1933 und 1945 seinen Weg durch die Katakomben der Zeit suchte.[127]

So rückt neben die Lebensbahnen der Einzelnen die grundlegende Frage in den Vordergrund, was deren Erfahrungen für eine Geschichtsbetrachtung in Zeiten der Katastrophe bedeutet. Einen Hinweis darauf gab der Philosoph und Phänomenologe Edmund Husserl. In seiner Krisis-Schrift von 1936 sprach er davon, dass in Zeiten des Zusammenbruchs »uns nichts anderes übrig« bleibe, als »im ›Zickzack‹ vor- und zurückzugehen«.[128] Diese Gangart sei kein leichtes Spiel, gehöre aber zum »Notwendigen« geistiger Reorientierung. Für die Literaturgeschichte mag das im Fall der leeren Zentrale bedeuten, dass eine Spur freizulegen ist, die von vertrauten Zäsuren Abstand nimmt.[129] Denn die hier verfolgte Spur geht weniger den Brüchen der Ereignisgeschichte nach – kreuzt diese gleichwohl –, sondern versucht den poetischen Unterstrom sichtbar zu machen und sich zu fragen, was sich in diesem schöpferisch gezeigt hat.[130] Eine abweichende Fährte soll dabei zum Vorschein kommen, die sich nicht an die historiografischen

---

(1971), in: ders. Ästhetische und metaphorologische Schriften. Hg. von Anselm Haverkamp. Frankfurt a.M. 2001, 327–405, hier: 372.

126 Vgl. Peter Huchel. Europa neunzehnhunderttraurig (1931), in: ders. Gesammelte Werke. Bd. 2, 213–218, hier: 217.

127 Zu diesem Motiv vgl. Wolfgang Koeppen. Ein Kaffeehaus (1965), in: ders. Gesammelte Werke. Bd. 3. Hg. von Marcel Reich-Ranicki. Frankfurt a.M. 1990, 165–168, hier: 168.

128 Vgl. Edmund Husserl. Die Krisis der europäischen Wissenschaften und die transzendentale Phänomenologie (1936). Hg. von Elisabeth Ströker. Hamburg 2012, 63.

129 Das betrifft auch einen anderen, durch die Raummetaphorik umgewendeten Blick auf den Stunde-Null-Topos. Zum Begriff: Uta Gerhardt. Soziologie der Stunde Null. Zur Gesellschaftskonzeption des amerikanischen Besatzungsregimes 1944–1945/46. Frankfurt a.M. 2005, insb. 77f.

130 Zur hermeneutischen Frage, was sich in der Geschichte gezeigt hat – im Unterschied zur bloßen Chronik oder Historie vgl. Reinhart Koselleck. Historik und Hermeneutik (1987), in: ders. Zeitschichten, 99–118, insb. 100.

Begrenzungen von vor und nach 1945, den kanonischen Einhegungen von West-, Ost- oder Exilliteratur hält, sondern von einem gemeinsamen Ausgangspunkt her – dem Berliner Niemandsland – Konvergenzen aufzeigen will. Dies geschieht in der Weise, wie das leere Zentrum sinnbildlich als produktionsästhetische Stätte aufgefasst wird: als Ort poetischer Gebilde und kleiner »Denkkristalle«.[131] In diesen Formen wurde das Fragliche des Topos gebunden.[132]

Diese Kreuz- und Quergänge vom Vor- in den Nachkrieg haben eine wirkungsgeschichtliche Eigentümlichkeit der Literatur zu berücksichtigen. Nämlich, dass die Überlieferung in Deutschland meist nicht auf Wegen der Kontinuität sich entwickelt hatte, sondern mit Abbrüchen, Neuanfängen und Rückwegen zu kämpfen hatte. So entwickelte sich – nach einem Wort des Literaturwissenschaftlers Max Kommerell – die deutsche Literatur häufig »von Krise zu Krise, oft in Sprüngen«.[133] Was dieser in seiner letzten Schrift 1943 hellsichtig über den Eigensinn deutschsprachiger Literatur feststellte, sollte seine Wahrheit über das Datum 1945 hinaus behalten. Als ein solcher Umwege vollziehender Deutungsgang versteht sich die hier unternommene Erkundung des Berliner Topos, dessen Kontinuitäten schwer zu erkennen sind. Denn das Vor und Zurück, der gebrochene Überlieferungszusammenhang, galt nach einer Bemerkung des Literaturwissenschaftlers Walter Höllerer nicht zuletzt für die Berliner Spur.[134]

Um diesen literarischen Ort Berlin dennoch bewohnbar zu machen, zieht die Untersuchung auf dem Terrain drei unterschiedliche Schneisen. Da ist zum einen die Spur der Autoren, deren Leidenschaft für das Unaussprechliche ausgerechnet im Wasteland Berlins ihr Denkfeld fand. Diese Spur der Autoren kreuzt in der Studie die Schneise der Orte und Ortschaften. Diese

---

131 Vgl. Hamburger. Wahrheit und Poesie, 57.

132 Zur Verschränkung von Form und Frage bzw., wie Letztere »zu Gestalten gerinnen«, vgl. Richard Alewyn. Vorwort, in: ders. Probleme und Gestalten. Frankfurt a. M. 1974, 7–9, hier: 7.

133 Vgl. Max Kommerell. Gedanken über Gedichte. Frankfurt a. M. 1956 (1943), 431. Ähnlich zu dieser Eigenart literarischer Überlieferung in Deutschland schon: Friedrich Nietzsche. Menschliches, Allzumenschliches (1878). Kritische Studienausgabe. Bd. 2. Hg. von Giorgio Colli und Mazzino Montinari. München 2005, 181.

134 Ein verwandtes Modell eines zeitlichen wie wirkungsgeschichtlichen Vor und Zurück für das literarische Berlin fand Höllerer im Bild einer »Berliner Springprozession«: ein Ort der »Verzögerung« und janusianischer »Kopfwendungen«. Vgl. Walter Höllerer. Berliner Springprozession, in: Hans Werner Richter (Hg.). Berlin, ach Berlin. München 1984, 39–57, hier: 39.

Ortschneisen haben ihre eigene Phänomenalität: Sie bilden Wege, auf denen sich Autoren – bewusst oder unbewusst – begegneten.[135] Zugleich haben diese Orte im Delta der leeren Zentrale ihre eigene Zeitlichkeit, wie das Romanische Café, der Tiergarten oder der Anhalter Bahnhof es anschaulich machen. Die Tiefenzeit der Orte gilt es in der Deutung ins Spiel zu bringen. Zuletzt ist jene Schneise zu berücksichtigen, ohne die keine geisteswissenschaftliche Deutung auskommt: Es ist die der Begriffe und Bilder, die sich neben der leeren Zentrale und der Krypta in den poetologischen Fragen nach einer Ästhetik der Bruchstücke zeigen wird. Alle drei Schneisen zusammen stellen eine Konstellation dar, welche erst den literarischen Ort in Erscheinung bringt.

Hierbei soll einem möglichen Vorbehalt entgegengewirkt werden: jenem, den Huchel einmal harthörigen Interpreten einwarf. Es ist der Vorwurf, dass diese lediglich wie »Mineure einen Stollen in den Wortberg bohren«.[136] Dort würden sie in eine »leere Höhle«, die sie selbst erzeugt hätten, ihre Kenntnisse deponieren. Dieser Fauxpas soll vermieden werden. Es gilt vielmehr, die literarischen Echos im Hohlraum der Stadt vernehmbar werden zu lassen – möglichst wenig Äußerliches an die Literatur heranzutragen. Dabei wird das Verfahren methodische Anleihen bei Benjamin machen, der in seiner »Berliner Chronik« die grabende Umwälztätigkeit des Sich-Erinnernden als eine beschrieb, die auf sich kreuzenden Wegen unterwegs sei.[137] Erst durch dieses Umwühlen, so »wie man ein Erdreich umwühlt«, käme man an die »wahren Werte« heran. Das wird im Falle der leeren Zentrale – neben geschichtlichen und poetologischen Fragen – das eine oder andere Bild sein, das einzusammeln ist. Denn im bildhaften Sprechen verdichtet sich eine Korrespondenz von Autoren mit ihren inneren Spannungen und erlebten Räumen.

Im Verhältnis zu diesen Begehungspfaden und -modi ist der eigentliche Parcours des Buches vergleichsweise übersichtlich: Dessen 14 Kapitel gruppieren sich zu vier Kernabschnitten. Der erste Abschnitt, »Im Schweigen: Horchen auf die Stille«, eröffnet den Topos der leeren Zentrale nach 1945 und wirft im Schlüsselstück »Zeitgegend Tiergarten« die Frage nach dem literarischen Ort, seiner Beschreibbarkeit und seiner herstellungsästhetischen Produktivität auf. Diesem voran gehen die Erkundungsgänge durch die ›leere Muschel‹ Berlin in Gestalt der Flaneure Kessel und Kaschnitz, die beide ihre Zeugenschaft im Terrain aufzuspüren versuchten. Der zweite

---

135 Zu einer Ästhetik der Schneisen und Lichtungen im Nachkriegsberlin auch: Michael W. Jennings. »The Secrets of the Darkened Chamber«. Michael Schmidt's »Berlin nach 45«, in: October Nr. 158 (Herbst 2016), 89–99, insb. 90, 93.
136 Vgl. Huchel. Eine Begegnung mit Peter Huchel. Interview mit Frank Geerk, 387.
137 Benjamin. Berliner Chronik, 486.

Block, »Dispersion oder Suchen nach Überresten«, stellt den heimlichen Kronzeugen dieser Studie, Wolfgang Koeppen, ins Zentrum, um ein verschollenes Stück Berliner Literaturgeschichte zu bergen. Seine persönlichen Verstrickungen führen auf das entscheidende Theoriekapitel hin: »Krypta, leere Zentrale«. Der Begriff der Krypta wird hier bewusst – abweichend von der psychoanalytischen Prägung – mehrdeutig gefasst: als eine Stätte des verkapselten Schocks, als Geschichtsgruft wie als Bergungsraum für unerschöpfte Sinnpotenziale.

Die beiden daran anschließenden kürzeren Blöcke folgen jeweiligen Akzenten auf West- bzw. Ostberlin, unterwandern diese aber im Fokuspunkt der leeren Mitte. Der Vernähung dieser Seiten dienen Ortskapitel: eines über die damalige Gegend der Wastelands zwischen Anhalter und Potsdamer Platz, eines über die Friedrichstraße, das als innerstädtische Passage fungiert. Beide Blöcke, »Im Scherbenfeld: Stadt der Sammler« sowie »Entzüge: Ausharren im Weltmangel«, haben einen komplementären literatur- und institutionengeschichtlichen Akzent. Während Westberlin durch die Optik des polnischen Gastes Gombrowicz – mit seinem unverstellten Blick für die kulturpolitischen Verstrickungen im Kalten Krieg – und aus der Sicht des wenig bekannten Pfarrer-Flaneurs Ihlenfeld gesehen wird, liegt der Akzent in Ostberlin anders. Um die Druckkammer-Situation, die Lage einer Zensur in der SED-Diktatur, nachzuvollziehen, wurden zwei Figuren in Randlagen – Bobrowski und Huchel – gewählt. Beide stehen für unterschiedliche Verstrickungsgrade, trugen das Dilemma eines Schreibens in der DDR anders aus. Probleme, die für die Zeitgenossen zurückwiesen auf Erfahrungen der inneren Emigration im Dritten Reich. Dieses Dilemma eines inneren Exils wird an Huchel, dem Lyriker und Begründer von »Sinn und Form«, sinnfällig. Er ist die faustischere Gestalt gegenüber dem von der Angst unter Stasi-Bespitzelung heimgesuchten Bobrowski.

Der innere Bogen des Buchs wird zuletzt sichtbar, wenn man den Auftakt – die Konfrontation der Antipoden Loerke und Benn – hinzuzieht. In ihren verstörenden Zeugnissen einer »Leere vor der Leere« nach 1933 kündigen sich erste Fraglichkeiten der Situation einer leeren Zentrale an, die nicht nur in Ostberlin ihren Nachhall fand. Den Ausklang der Studie bildet der Versuch, eine Summe aus den Erfahrungen mit dem Exilierten Hamburger zu ziehen. Nicht nur, dass er das Schicksal der Dispersion verkörperte. Er unternahm zugleich den Versuch, die poetologische Summe aus diesen »disasters of our time« zu ziehen.[138] In seiner Person wird schließlich vom

---

138 Das Gespür für diese »disasters of our time« hatte er einmal Bobrowski unterstellt; es galt ebenso für ihn selbst. Vgl. Michael Hamburger. Johannes Bobrowski:

literaturgeschichtlichen Geschehen zu den poetologischen wie ethischen Befunden gewechselt.

Zunächst aber sei noch ein Vorbehalt angesprochen, den Kaschnitz in ihrer »Engelsbrücke« formuliert hat. In einer Miniatur, »Zehn Jahre nach dem großen Krieg«, gab sie zu bedenken, dass der Blickwinkel des Nachträglichen immer etwas Zweifelhaftes an sich hat. Die Herausforderung, die sich an solch eine Perspektive nach einer Katastrophe richte, bestehe darin, im Vergangenen die Spur des Überlebens wachzuhalten. Denn erst in der Bemühung, aus Zeiterfahrung die Essenz der »Enttäuschung« zu ziehen, komme es zu einer Ablösung davon, die Katastrophe auf irgendeine Weise zu wiederholen. Die Frage eines jeden Deutenden: »Wohin sind wir gekommen, wie leben wir, was empfinden wir?«[139] – sie dürfe, bei aller Selbstbehauptung in Zeiten des Chaos, nicht die »humane Mitte« aus den Augen verlieren. Mit dieser Optik auf das Situative der Literatur zeigte Kaschnitz eine Perspektive auf das Potenzial menschlicher Anfälligkeiten und Korrumpierbarkeiten: Sie umschließt »den Rückfall in das ewig Menschliche«, »das Nichtaufgebenwollen«, all das, was in unbedachten Zeiten »ins Kraut« schieße.[140] Dagegen habe die Literatur zwar keinen überlegenen Blick anzubieten, doch einen »Sack voll […] Erfahrungen«.[141] Und gerade diese Last verpflichte zu erhöhter Aufmerksamkeit, an welche für die Situation vor und nach 1945 zu erinnern ist. Dies gehört zur »Wachheit« für die »Situation«, in die jeder Deutende verwickelt ist.[142] So bleibt die offene Frage, wie man nach geschichtlichen Entgleisungen ins Wahre zurückkehrt. Denn nur so sei – wie Kaschnitz schrieb – die bedenkliche »Einstellung nach rückwärts« fruchtbar zu machen.[143]

---

an introduction (1968/83), in: ders. Testimonies. Essays. Selected Shorter Prose 1950–1987. Manchester 1989, 206–214, hier: 208.

139 Marie Luise Kaschnitz. Engelsbrücke. Römische Betrachtungen (1955), in: dies. Gesammelte Werke. Bd. 2, 7–269, hier: 11. Zur schreibenden »Selbsteinholung« als Form des Innewerdens vgl. Emil Angehrn. Sein Leben schreiben. Wege der Erinnerung. Frankfurt a.M. 2017, 232f. Sowie zur künstlerischen »Wiedergewinnung der Erinnerung« im Zeichen des Überlebens auch: Hermann Haarmann. Der gerettete Tod. Überleben und Sterben, in: Falko Schmieder (Hg.). Überleben. Historische und aktuelle Konstellationen. München 2011, 205–216, hier: 206.

140 Vgl. Kaschnitz. Engelsbrücke, 11.

141 Vgl. Marie Luise Kaschnitz. Wohin denn ich. Aufzeichnungen. (1963), in: dies. Gesammelte Werke. Bd. 2, 379–556, hier: 381.

142 Zur »Wachheit« für die »hermeneutische Situation« vgl. Gadamer. Wahrheit und Methode, 312.

143 Vgl. Kaschnitz. Engelsbrücke, 11.

Dieser Spur des Überlebens wird schon der erste, als Auftakt gewählte Ausschnitt einer »Leere vor der Leere« nachgehen. Er bildet den Prolog zur eigentlichen Zeiterfahrung der leeren Zentrale – und ist zugleich Teil einer Kette, die den Reigen der Autoren mit Benn und Loerke beginnen lässt. Loerke ist nicht nur einer, der das Feld kommender Ödnis schon beschrieben hat. Er ist auch der Erste, der die durch diese Studie sich ziehende Frage nach dem Wesen des literarischen Zeugen verkörpert. Er ist der Mann im Abseits seiner Zeit – und doch derjenige, der das Gespräch mit den literarischen Dämonen, den gegenwärtigen wie den einstigen, suchte. Seine Selbstaufforderung mag hier als Motto zum Auftakt dienen: »Zum Zwiegespräch mit euch, es zählt.«[144]

144 Oskar Loerke. An die Grundmächte (1936), in: ders. Gedichte und Prosa. Bd. 1, 467.

Auftakt

1. Die Leere vor der Leere: Loerke, Benn und die Saison in der Hölle

Dann bleibt ein öder Raum,
wer weiß, wie lange?
Oskar Loerke[1]

»Vormals war mein Leben ein Fest«, heißt es bei Arthur Rimbaud. Es war die Saison des Rausches. Dann habe man nach den »Henkern« gerufen und alle »Hoffnungen« fahren lassen. Er selbst, gestand er, habe mit dem Ungeheuerlichen paktiert: »Ich suhlte mich im Schlamm. Im Wind des Verbrechens ließ ich mich trocknen«.[2] Vergegenwärtigt man sich diese Anfangszeilen aus der »Saison en enfer« in der Übertragung der deutsch-französischen Malerin Jeanne Mammen, die diese im Rückzug während des Dritten Reichs in einer Berliner Hinterhofwohnung angefertigt hat, so mag man an einen anderen Gebrauch des Worts »Saison« einige Jahre später denken. Man mag sich erinnert fühlen an Gottfried Benns Gebrauch desselben Worts, als er 1954, anlässlich eines Fernsehgesprächs, sich an seine »Saison« erinnerte. Entschieden setzte er diese von jener tristen »Nachsaison« ab, die man sich im leer gewordenen Berlin allmählich eingestand.[3]

Hört man auf die Zwischentöne seiner Rede, so mag man erwägen, ob sein Erinnern nicht vor den Augen und Ohren des Publikums eine Verschiebung vornahm. Man kann den Eindruck gewinnen, es kämen zwei Saisons zusammen: eine, die Weimarer Saison, deren Verlust in Westberlin damals öffentlich betrauert werden konnte – und eine zweite, in der Benn sein kurzes Hochgefühl erlebt hatte. Denn es war der nach Wolfgang Koeppen »kranke Frühling 1933«, an dem Benn sich berauscht hatte: jener, in dem er für die

---

1 Loerke. Die arme Öffentlichkeit des Dichters, 734.
2 Jeanne Mammen. Rimbaud-Übertragungen. Illuminationen und Fragmente. Hg. von Michael Glasmeier und Annelie Lütgens. Hamburg 2017, 55. Mammen hat sich in jener Berliner »Saison in der Hölle« immer wieder mit dem »Zivilisationsexilanten« Rimbaud beschäftigt. Zur »Saison in der Hölle« als Rimbauds »Beichtschrift« vgl. Walter Muschg. Tragische Literaturgeschichte. Mit einem Nachwort von Urs Widmer und einer Vorbemerkung von Walter Muschg. Zürich 2006 (1953), 292.
3 Vgl. Benn. Fernsehinterview mit Gottfried Benn, 342. Das Wort »Nachsaison« wird erstmals aufgeworfen in: Gottfried Benn. Der Ptolemäer. Berliner Novelle, 1947 (1949), in: ders. Sämtliche Werke. Bd. V. In Verbindung mit Ilse Benn hg. von Gerhard Schuster, Stuttgart 1991, 8–55, hier: 43.

Leerung der nun trostlosen Wüstenstadt eingetreten war.[4] War es nicht der Benn jener Saison gewesen, der den Traum einer Reprovinzialisierung geträumt hatte, von der »Rückführung der Nation aus den Großstädten aufs Land«?[5] Er formulierte nach der Machtergreifung das Idyll aufgegebener Städte. Ein Teil seiner Vision aus dem Gleichschaltungsrausch sollte sich auf abgründige Weise im Schutt des Berliner Zentrums bewahrheiten. So mochte an der Stelle, wo der Krater der Stadt zu besichtigen war, auch ein Stück von Benns eigener Erfahrung vergraben sein, die er als unheimliches Erinnerungsloch im Fernsehgespräch umkreise.

Folgt man der Entwicklungskurve von Benns Werk, so ist das Hochgefühl, dem um 1950 ein Tief korrespondiert, 1933/34 zu verorten. Das Wort »Saison« fungiert in dem Gespräch wie eine Chiffre, durch die sich über ein anderes Hoch mitsprechen ließ, ohne die Bezüge darlegen zu müssen. Es wird die Weimarer Saison als Gegenraum zur gegenwärtigen Leere gesetzt. Doch umspielt dieses Vexierbild einen Krater des Ungenannten: »Heute sind wir etwas nach der Saison«, heißt es lakonisch von seinem Gesprächspartner.[6] Der elegische Grundton mag den Schleier einer Verlegenheit kaum verhehlen. Zwar setzt Benns Gesprächspartner mit dem Verweis auf dessen Essay »Saison« von 1930 einen Anker; gemeint ist der Weimarer Tanz auf dem Vulkan. Doch lässt Benns Zusatz, diese Saison sei »korrupt und faszinierend« gewesen, den Zuhörer rätseln.[7] Mit der Wortwahl wird ein weiteres Thema angedeutet: Benns eigener Absturz. Die Wortfügung bleibt mehrdeutig – und mit ihr weitet sich der Assoziationsraum auf jene Erfahrungen aus der NS-Höllensaison, die für die einen, nach einem Wort Richard Alewyns, eine »Schule des Leids«, für die anderen eine des Verrats und Selbstverrats gewesen war.[8] Sie hielt Lektionen bereit, zu denen sich ein Wort fügt, das Hans-Georg Gadamer für die Erfahrung seiner Generation fand: das der »Korruptibilität«. Diese habe in den »entscheidenden Erfahrungen«, die das Jahrhundert für sie »in bezug auf die menschliche Erfahrung« bereithielt,

---

4 Vgl. Wolfgang Koeppen. Deutsche Expressionisten oder Der ungehorsame Mensch (1976), in: ders. Gesammelte Werke. Bd. 6, 263–273, hier: 270.

5 Vgl. Gottfried Benn. Der deutsche Mensch (1933), in: ders. Sämtliche Werke. Bd. IV. In Verbindung mit Ilse Benn hg. von Gerhard Schuster. Stuttgart 1989, 51–58, hier: 58.

6 Vgl. Benn. Fernsehinterview mit Gottfried Benn, 342.

7 Vgl. ebd. Die Stelle bezieht sich auf: Gottfried Benn. Essays. Vorbemerkung (1951), in: ders. Sämtliche Werke. Bd. VI, 49f., hier: 49.

8 Vgl. Richard Alewyn. Hofmannsthal und diese Zeit (1948), in: ders. Über Hugo von Hofmannsthal. Göttingen 1963, 5–13, hier: 12.

in einem neuen Grad an »Bestechlichkeit« bestanden.[9] Aus der »inneren Anfälligkeit« des Menschen sei sie gekommen.

Gleichwohl war es nicht so, dass Benn das Korrupte des Hitler-Regimes entgangen wäre.[10] Doch zum Teil seines Werks hat er die eigene Korruptibilität nicht mehr gemacht. Der Schweizer Germanist Walter Muschg hielt nach Benns Tod fest, dass dieser die Erfahrung seines Mitlaufens, die das Herz des künstlerischen Selbstverständnisses erschütterte, im Werk nicht eingeholt habe. Damit sei seine Literatur zweifelhaft geworden: »Wir haben erfahren: die Kunst steht diesseits von Gut und Böse, […] Verbrecher können sich ihrer bedienen. Wer das nicht weiß, ist von gestern.« Denn, fügte er hinzu, »die Maßstäbe haben sich grausam verschoben.«[11] Was Benns Haltung nach der NS-»Feuerprobe« gefehlt habe, sei eine Konsequenz bezüglich der eigenen Poetik gewesen. Benns Vergessen hinterließ einen blinden Fleck im Werk, etwas, das sich in seiner Person niederschlug. Ein aufmerksamer Beobachter wie Blumenberg sah in Benn die symptomatische Figur camouflierter Verlegenheit im Nachkrieg.[12] Das Meisterstück seiner Camouflage war für viele sein »Doppelleben«.[13] Die hinter der Selbstrechtfertigung stehende Figur der Schamabwehr ist einer feinsinnigen Autorin wie Marie Luise Kaschnitz nicht entgangen. Sie stellte fest, dass Benns Ausdruck nach 1945 die Modulation abhanden gekommen sei: Alles klinge »wie auf Schienen fahrend«.[14]

9 Vgl. Hans-Georg Gadamer. Aufgaben der Philosophie in der Gegenwart. RIAS-Vortrag am 9. Juni 1952, in: Philosophische Rundschau 66 (2019), Nr. 1, 3–13, hier: 5. Zum Begriff der »Korruptibilität« auch: Till Greite. Gadamers Berliner Vortrag. Von der Korruptibilität des Menschen, in: Philosophische Rundschau 66 (2019), Nr. 1, 14–24. Zu Gadamers eigener Haltung im NS vgl. die Debatte unter »Gadamer in Question« in: Bruce Krajewski (Hg.). Gadamer's Repercussions. Reconsidering Philosophical Hermeneutics. Berkeley, Los Angeles, London 2004.

10 Hier in Andeutung auf das geistig »Korrumpierte« Hitler-Deutschlands: Gottfried Benn an Friedrich Wilhelm Oelze vom 12.4.1936, in: ders. Briefe an Oelze 1932–1945. Bd. 1. Vorwort von F.W. Oelze. Hg. von Harald Steinhagen und Jürgen Schröder. Frankfurt a.M. 1979, 115f., hier: 116.

11 Walter Muschg. Der Ptolemäer. Abschied von Gottfried Benn (1960), in: ders. Die Zerstörung der deutschen Literatur, 157–178, hier: 177.

12 Vgl. Hans Blumenberg. Gottfried Benn. Verlegenheit, in: ders. Lebensthemen. Stuttgart 1998, 167.

13 Vgl. Muschg. Der Ptolemäer, 164. Sowie: Hermann Kesten. Die Aufgaben der Literatur (1953), in: ders. Der Geist der Unruhe. Literarische Streifzüge. Köln, Berlin 1959, 163–190, hier: 169.

14 Vgl. Kaschnitz. Tagebücher. Bd. 1, 371. Zu Benns Haltung zwischen Scham und

Die Frage, die Benn verpasste hatte, war jene nach der Realisation eigener Zeugenschaft: der Verantwortung für das Wort, wie es Michael Hamburger später konstatierte.[15] Dabei ließen sich beide Aspekte, Zeugnis und Sorge, in der Dichtung eines Zeitgenossen und Bekannten Benns auffinden.[16] Zu einer Zeit, in der Benn noch überlegte, wie er sich aus seiner exponierten Lage im Dritten Reich zurückziehen könnte, versuchte jener, Oskar Loerke, Dichter und Cheflektor des S. Fischer Verlages, ins Werk zu setzen, was die Lage einer Literatur unter Verfolgung geworden war. Er begann damit, nach »Katakombenbrüdern« in der Sprache zu suchen.[17] Verglichen mit Loerke erscheint Benn als Symptomträger der Epoche: Sein Dichtungsethos hatte den Beigeschmack einer Poetik angenommen, wie Hamburger schrieb, die die Laute spielte, »während Rom« brannte.[18] Wenn Benn den vergesslichen Überlebenden darstellt, so bildet Loerke den Widerpart: Er ist seine Gegenfrage. Loerke hatte die »tagtäglich in unserer Mitte existente Unterwelt« zum Ausdruck gebracht – und sich in Gram daran verzehrt.[19] So wurde er zum Übersehenen im Schutt. Sein Bild der Zeugenschaft im Nationalsozialismus gilt es daher ins Spiel zu bringen, um es mit Benns späterer Diagnose einer leeren Zentrale in Beziehung zu setzen. Loerke und Benn: Sie verhalten sich wie zwei Seiten des Januskopfs Berlin. Komplementäre Gestalten einer Höllenzeit: Benns Hochgefühl steht gegen Loerkes Trauer, seine publizistische Offensive im »kranken Frühling« gegen den Rückzug des anderen ins »Katakombendasein«.[20] Im abgründigen Kontrast steht der kurze Rausch Benns zur Bestürzung Loerkes. Während der eine den Abbau der Stadt als Lebensform begrüßte, nahm der andere den »öden Raum« vorweg, der sich nach seinem Ableben auftat.

Schamabwehr auch: Helmut Lethen. Der Sound der Väter. Gottfried Benn und seine Zeit. Berlin 2006, 245 f.

15 Zu Benns Versuch eines Abwurfs der »Verantwortlichkeit«: Michael Hamburger. Gottfried Benn, in: ders. Vernunft und Rebellion. Aufsätze zur Gesellschaftskritik in der Literatur. München 1969, 195–224, hier: 211.

16 Vgl. Hamburger. A Proliferation of Prophets, 57 f.

17 Vgl. Oskar Loerke. Katakombe (1936), in: ders. Gedichte und Prosa. Bd. 1, 481 f.

18 Vgl. Hamburger. Gottfried Benn, 213.

19 Vgl. Oskar Loerke. Meine sieben Gedichtbücher (1936), in: ders. Gedichte und Prosa. Bd. 1, 651–680, hier: 666.

20 Die Metapher des »Katakombendaseins« für Loerkes Existenzform unter Bedrängnis im Dritten Reich hat als Erster dessen Nachlassverwalter und Herausgeber Hermann Kasack verwendet. Vgl. Hermann Kasack. Katakombendasein 1946. Nachlass Oskar Loerke, A: Loerke, Oskar/Jacubeit, Deutsches Literaturarchiv Marbach. Sowie: Herrmann Kasack. Oskar Loerke. Charakterbild eines Dichters. Wiesbaden 1951, 83.

Loerke verstand sich als Glutträger, der abseits ideologischer Wirkabsichten etwas von der poetischen Substanz retten wollte, an deren Aufbau er in Weimarer Tagen mitgewirkt hatte. Er tat dies in einem Selbstverständnis, das die entstehende Leere nicht ignorierte. Im Gegenteil: Er sah sich im NS als Übriggebliebener, als geistesgegenwärtiger Augenzeuge. Hamburger setzte darum den Zeugniswert seines Tagebuchs neben den eines Harry Graf Kessler. Er sei eine ethische Instanz gewesen, die als ehemaliger Insider seit der Ausschaltung als Sekretär der Sektion Dichtung der Akademie durch die Nazis den geistigen Zusammenbruch ermessen konnte.[21] Es war diese Beschämungserfahrung, die aufzeigte, wie ein totalitäres Regime versuchte, gewachsene Figuren in Selbstanklage und Resignation zu treiben. Es spricht für ihn, dass er aus ihr herausfand und im Tagebuch bezeugte, wie ein solches Regime das Geistesleben von innen aushöhlte. Seine Größe zeigte sich daran, dass er diesen Einsturz unter schwierigen Bedingungen mit zwei Bänden Lyrik und einem für die Schublade bezeugte.

Programmatisch bekannte er dazu in einer Rede im S. Fischer Verlag nach 1933, dass die Zeit angebrochen sei, in der wir »in Dingen der Freiheit traurig« sein müssen.[22] Was er als Konsequenz aus der Beschädigung seiner Person zog, war der Versuch der Selbstbehauptung. Scham und Ekel wurden zu Antrieben. In einem Jean-Paul-Essay, in welchem angesichts des Freiheitsverlusts der Wechsel zur »verdeckten Schreibweise« deutlich wird, heißt es dazu, dass in einer »befreiten Welt« das »unverletzte Recht des Einzelnen« wieder zur Geltung gebracht werden müsse.[23] Es war – in der Allegorie Napoléons – im Kontrast zur »Selbstsucht« eines Tyrannen gesprochen, der den Staat zur »bloßen Eroberung« missbrauche. So blickte er nicht ohne Hoffnung auf den Zusammenbruch eines in naher Zukunft »mürben Imperiums«.[24]

---

21 Vgl. Hamburger. A Proliferation of Prophets, 57. Auch: Walter Muschg. Ein Augenzeuge. Oskar Loerkes Tagebücher (1960), in: ders. Die Zerstörung der deutschen Literatur, 53–75.

22 Dies Bekenntnis zur Trauer um verlorene Freiheit gibt Loerke anlässlich einer Tischrede im S. Fischer Verlag. Vgl. Oskar Loerke. Tischrede auf Geheimrat Saenger und Professor Bie (1934), in: Kasack (Hg.). Reden und kleinere Aufsätze von Oskar Loerke, 65–67, hier: 66.

23 Vgl. Oskar Loerke. Hausfreunde. Charakterbilder (1939), in: ders. Gedichte und Prosa. Bd. 2. Hg. von Peter Suhrkamp. Frankfurt a.M. 1958, 257–480, hier: 408. Zum Begriff einer »verdeckten Schreibweise« im Dritten Reich vgl. Dolf Sternberger. Figuren der Fabel. Frankfurt a.M. 1990, 179. Zu den »Grenzen und Spielräumen« eines Schreibens in der NS-Diktatur auch: Jan-Pieter Barbian. Literaturpolitik im NS-Staat. Von der »Gleichschaltung« bis zum Ruin. Frankfurt a.M. 2010, 385f.

24 Vgl. Loerke. Hausfreunde, 409.

Mit diesen Akten der Selbstbehauptung war eine Empathie mit jenen verbunden, denen es schlechter ging.[25] Er nahm das Erleben anderer in seine »Verzweiflung«, da er angesichts der Schande der Verfolgung nicht das Schweigen wählte, sondern den Zug der »selbstzerstörerischen Sinnlosigkeit« der Zeit auf sich nahm, zum »bearing witness« fand.[26] Dabei kam Loerke der okkasionelle Zug seiner Dichtung zugute.[27] Er übertrug ins Feld poetischer Zeugenschaft, was er bis dato seinem Tagebuch anvertraut hatte. Verdeckt oder allegorisiert gingen Zeugnisse in seinen schriftstellerischen Rückzugsraum ein, der in den letzten Jahren auf eine Schubladenproduktion zusammenschrumpfte. Den verborgenen Werkteil haben nach dem Krieg der Freund und Autor Hermann Kasack sowie Peter Huchel publiziert, aber auch Alfred Döblin. Dieser Vertraute war wohl der Erste, der später nach seiner Schublade fragte: »Und sagen Sie«, schrieb er 1946 an die Witwe: »Hat Loerke Gedichte hinterlassen?«[28] Bei ihnen hatte eine Wertschätzung für Loerke überlebt.

Diesen ersten Lesern dürfte nicht entgangen sein, dass gerade die persönlichen Zeugnisse Zeiterfahrung enthielten. So konnte Loerke in einem späten Gedicht sagen, dass sein Leben nun »Testament« im Widerspruch zur Zeit geworden war.[29] Was sich nach 1933 als seine »entscheidende Wendung« vollzog, kann man als die ethische Wende seiner Ästhetik und als Aktivierung des Zeugen beschreiben.[30] Insbesondere in seinem unter Druck epigrammatisch werdenden Stil. Dabei war ihm der Gang in die Geschichte – etwa ins Barock – Vehikel der Distanzierung, nicht ohne mit dessen Aktualität die Botschaft mitzugeben, dass Geschichte wieder »Lei-

---

25 Zu Loerkes Mitgefühl mit den verfolgten Mitarbeitern im Fischer-Verlag vgl. Oskar Loerke. Tagebücher 1903–1939. Hg. von Hermann Kasack. Frankfurt a.M. 1986, 287.
26 Damit ist Loerke Figur in der Reihe von Zeugnisträgern bei Hamburger, zu denen er neben Peter Huchel vor allem den Freund Johannes Bobrowski zählte. Vgl. Michael Hamburger. Wahrheit und Poesie. Spannungen in der modernen Lyrik von Baudelaire bis zur Gegenwart. Frankfurt a.M., Berlin, Wien 1985, 360. Zur poetologischen Figur des »bearing witness« vgl. Hamburger. After the Second Flood, 79.
27 Zum Okkasionellen seiner Poetik vgl. Loerke. Tagebücher, 114f.
28 Alfred Döblin an Clara Westphal 6.4.1946, in: ders. Briefe. München 1988, 341. Diese publiziert in Döblins Zeitschrift als: Oskar Loerke. Gedichte aus dem Nachlaß, in: Das goldene Tor 2 (1947), Nr. 2, 734–739.
29 Vgl. Oskar Loerke. Ganz frei (1938/39), in: ders. Gedichte und Prosa. Bd. 1, 624.
30 Vgl. Kasack. Oskar Loerke. Charakterbild eines Dichters, 65. Zur ›aufrüttelnden Funktion‹ der Zeugnisgabe auch: Lévinas. Eigennamen, 11.

densgeschichte« geworden sei.[31] Sein bildhaftes Verfahren hat Loerke beschrieben, als er über Goethe sagte, das »scheinbare Verhüllen« in Bildern sei eigentlich ein »Demaskieren«.[32] Dies In-Bilder-Mummen, das seit je mit dem Allegorischen in Verbindung steht, war ihm Ausweg. Loerkes Rückgriff war auch Reaktion auf eine Krise der Kunst: ihre Aushöhlung zur ideologischen Ausdrücklichkeit. Insofern zog er die Konsequenz, dass Dichtung in Bedrängnis anderer Verfahren bedürfe: solcher, die »Beziehungen« zwischen den Zeiten aufdecken.[33] Die Allegorie gewähre ihm ein »Hinausdeuten auf ein anderes«, wie etwa Gadamer es in »Plato und die Dichter«, seinem Stück verdeckten Philosophierens im Nationalsozialismus formulierte: eine Schreibweise, die »dem etwas« sage, der »mehr als das Wörtliche« aus ihr zu empfangen bereit sei.[34] Loerke sprach es aus, wenn er den Sinn seiner Gedichte in einer »erneuten Erinnerung« sah.[35] In die Bildwelten hatte einzugehen, was ihm als das »Unverletzliche an Leid, Wissen und innerer Stärke ins Wort der Verse hinüberzuretten« war. Sein kurzer Essay »Worte vor einer Lesung« gibt einen entsprechenden poetologischen Wink. Kasack erklärte nach dem Krieg dazu, dass dem hellhörigen Leser Loerkes »Bezüglichkeit auf die Gegenwart« kaum hätte entgehen können.[36]

Was die Betroffenheit im Werk des einen, das war die »Lücke« des anderen: jenes Problem mit dem »Vorleben«, wie es in Benns »Ptolemäer« nach dem Krieg heißt.[37] Eine »zeitliche Lücke«, die der zeitweilig in Berlin tätige

---

31 Zur Allegorie des barocken Dichters vgl. Oskar Loerke. Dichter aus dem Dreissigjährigen Kriege (1934), in: ders. Gedichte und Prosa. Bd. 1, 417f. Zur Geschichte als »Leidensgeschichte« unterm barocken Vorzeichen schon: Benjamin. Ursprung des deutschen Trauerspiels, 343.

32 Loerkes Auseinandersetzung mit Goethes »Diwan« datiert aus den 1920ern; 1939 nahm er die Schrift in seine »Hausfreunde« auf. Vgl. Loerke. Hausfreunde, 417. Zum »Denken in Bildern«: Kasack. Oskar Loerke. Charakterbild eines Dichters, 41, 54.

33 So wenn Loerke im Zweiten Weltkrieg Parallelen zwischen dem Niedergang Napoléons und der eigenen Zeit andeutet: Loerke. Einleitung, in: Johann Wolfgang von Goethe. Kampagne in Frankreich (1822). Berlin 1942, xv. Zum »politischen Hintersinn« seines Spätwerks: Kasack. Oskar Loerke. Charakterbild eines Dichters, 53.

34 Vgl. Hans-Georg Gadamer. Plato und die Dichter (1934), in: ders. Gesammelte Werke. Bd. 5. Tübingen 1985, 187–211, hier: 210. Sowie zur Allegorie: Gadamer. Wahrheit und Methode, 78f.

35 Vgl. Oskar Loerke. Worte vor einer Lesung (1934), in: Kasack (Hg.). Reden und kleinere Aufsätze, 71–73, hier: 71f.

36 Vgl. Kasack. Katakombendasein, Bl. 2. Nachlass Oskar Loerke. DLA Marbach.

37 Zum Thema des »Vorlebens«, dem Schatten der Vergangenheit vgl. Benn. Der Ptolemäer, 51.

Alewyn aufspürte.[38] Dessen Annäherung an Benn entbehrt nicht der Komik. Er mag es gewusst haben; komisch war sein Versuch, Benn, den Mann der monologischen Kunst, zu einem Gespräch über Poetik und zu einer Thematisierung seines verschwiegenen Werkanteils zu bewegen. Der Vergleich von Vor- und Nachkriegsdichtung verwies auf das, was dazwischen liegt und seine Spuren auch in Benns Verknappungsstil hinterlassen hat. Die »Lücke« ist das Verschlossene im Herzen seines Spätwerks. Vielleicht ist dieser Lücke auch das Bild der leeren Zentrale entsprungen, um das Benn im Fernsehgespräch kreiste. Seine Gehemmtheit lässt etwas vom »Wind des Verbrechens« der NS-Zeit erahnen. Dass Benn an das selbsterhaltende Prinzip lakunären Erinnerns glaubte, hatte er schon im NS bekannt: Zuletzt rette nur »Erinnerungsschwäche«.[39]

Ein anderer, Martin Kessel, sollte das die für die Nachkriegsmentalität bezeichnende »Kur des Stumpfsinns« nennen.[40] Und ein Rückkehrer, Günter Anders, bemerkte die dazugehörige Verinselung der Zeiterfahrung bei den dagebliebenen Überlebenden.[41] Dem Vergessen entsprach eine ›Rhetorik des Lakunären‹, hinter der die Furcht vor Beschämung mitwaltete und so Entlastung vom Schamdruck in der thematischen Verschiebung suchte. Dabei hat dieser »oubli de fuite«, diese »Vergessensflucht«, die Paul Ricœur als Problem der Nachkriegserfahrung beschrieb, eine wichtige ethische Unterseite: Sie liegt im Nicht-nachforschen-Wollen des Bösen.[42] Doch das geduldete Übel war als Dämon nirgends so präsent wie in den Ruinen Berlins. Hier lag die Frage nach der Höllensaison an der Oberfläche. Die Frage, wer die »Schinder« gerufen hatte, um – mit Rimbaud – am Ende »in die Kolben ihrer Gewehre zu beißen«.[43]

Benn hatte seinen eigenen Umgang mit Schmerz. Dass er zu Anästhetika griff, war in der Nachkriegsliteratur kein Geheimnis – er hat es im »Ptolemäer« beschrieben.[44] Als Apologet der ästhetischen Weltanschauung war er auf schmalem Grat zum Anästhetiker. Das ging zu Lasten der Empathie. Benn hat etwas von diesem Dilemma ausgedrückt, als er das Gespräch

38 Zum Motiv der »zeitlichen Lücke«: Richard Alewyn. Gutachten zur Dissertation von Astrid Claes, 11. Dezember 1953, in: Berliner Hefte zur Geschichte des literarischen Lebens Nr. 5 (2003), 37–39, hier: 38 f.

39 Vgl. Benn an Oelze vom 6.7.1938, in: ders. Briefe an Oelze. Bd. 1, 196–198, hier: 196.

40 Vgl. Kessel. Ironische Miniaturen, 14.

41 Vgl. Anders. Die Schrift an der Wand, 191.

42 Zu dieser Denkfigur: Paul Ricœur. Rätsel der Vergangenheit. Erinnern – Vergessen – Verzeihen. Göttingen 2002, 139.

43 Mammen. Rimbaud-Übertragungen, 55.

44 Vgl. Muschg. Der Ptolemäer, 173.

1954 mit dem Vers schloss: »Ohne Rührung sieht er, wie die Erde / eine andere ward, als ihm begann«.[45] Doch wo Sensibilität in Unempfindlichkeit umschlägt, da droht die Kunst nicht nur zur Betäubung zu werden, sondern sie läuft Gefahr, in Virtuosität zu erstarren: der Künstler als »Glasbläser«.[46] Muschg nannte Benn polemisch einen Narkotiker. Hamburger beschrieb ihn konzilianter als Rauschkünstler, der Wirkung mit Wert verwechselt habe.[47] Die abgründige Seite daran hat Benn 1938 selbst berührt. Er rechnete fest mit Krieg, stellte sich auf seine Weise darauf ein: »Ich habe Morphium mir besorgt«, schrieb er an seinen Briefpartner Friedrich Wilhelm Oelze, »genügend, um den Weiterungen zu entgehn in Explosionen und Luftschutzkellern.«[48] Mit dieser Haltung überlebte er den Zusammenbruch. Was blieb, seien »traurige Räusche«: »In mir sind Spannungen, kein Glück.«[49] In diesen aphoristischen Brocken mag etwas vom Wahrhaftigen seiner Lebenssituation nach 1945 liegen.

Anders der Ton in den späten Notizen Loerkes, der vom Horror getroffen war: »Das öffentliche Verbrechen siegt sehr oft, niemals aber auf Dauer.«[50] Das Ende, das er herbeisehnte, sollte er nicht erleben: »Lebensekel in dieser Welt […]. Unheimliches um das Herz.«[51] Wie Benn durchkam, ist in die Schilderung des »Lotoslandes« seiner »Berliner Novelle« eingegangen: »Lotos«, sein fiktives Institut für Vergessenswünsche, benannt nach Odysseus' Aufenthalt bei den Lotophagen, wo man »noch einmal vergessen« oder dies suggerieren könne, wie Kaschnitz bemerkte.[52] Angesichts dieser Hintergründe ist Vorsicht geboten, wenn man sich dem Nachkriegston Benns nä-

---

45 Diesen Vers zitiert Benn am Ende von: Benn. Fernsehinterview mit Gottfried Benn, 346. Hierzu schon 1936: Benn an Oelze vom 24.7.1936, in: ders. Briefe an Oelze. Bd. 1, 133–134, hier: 133.

46 Vgl. Benn. Der Ptolemäer, 25f. Vgl. zum Umkippen des Ästhetischen ins Anästhetische: Odo Marquard. Aesthetica und Anaesthetica. Auch als Einleitung, in: ders. Aesthetica und Anaesthetica. Philosophische Überlegungen. München 2003, 11–20, hier: 12.

47 Zu Benns Rauschästhetik vgl. Hamburger. Gottfried Benn, 214, 218.

48 Benn an Oelze vom 25.9.1938, in: ders. Briefe an Oelze. Bd. 1, 201.

49 Gottfried Benn. Prosaische Fragmente 1946–1950, in: ders. Sämtliche Werke. Bd. V., 223–259, hier: 227.

50 Loerke. Tagebücher, 360f.

51 Ebd., 363.

52 Vgl. Marie Luise Kaschnitz. »Deutsche Erzähler«. Einleitung (1971), in: dies. Gesammelte Werke. Bd. 7. Hg. von Christian Büttrich und Norbert Miller. Frankfurt a.M. 1989, 922–929, hier: 925. Benn verweist auf den 9. Gesang der »Odyssee«, den betäubenden Rausch des Odysseus während des Aufenthalts bei den Lotophagen, wo Schmerz- und Zeitempfinden aufgehoben werden: Benn. Der Ptolemäer, 14.

hert, den Gespielt-Raffiniertes begleitet, gleich jemandem, der »seine Leere« genoss.[53] Das Zweifelhafte trat hervor, wo seine Dichtung nicht mehr das Überleben wahrte, sondern begann, sich einem Privatgewerbe der Betäubung zu verschreiben.[54] Man kann fragen, ob dem auch die Fähigkeit zum Opfer gefallen war, sich an seinen früheren Förderer Loerke zu erinnern. Nach dem Krieg sind die Verweise auf dessen Werk weitestgehend verschwunden.[55]

Wenn Benn seinen Eskapismus bisweilen nach außen trug, so ging Loerke den umgekehrten Weg des Selbstausdrucks im Innewerden. Das schloss nicht aus, dass er auf seine städtische Umgebung achtgab, die mehr beiläufig in seinen Kosmos Eingang fand.[56] Großstadtdichter blieb er auch in der Zeit der Verfolgung. Er gab »Daseinsauskunft«, wie er es nannte, von der nordwestlichen Peripherie der Stadt aus, wohin er sich zurückgezogen hatte.[57] Als Verbannter fühlte er sich, wenn er im »Silberdistelwald«, dem ersten Band seines »Katakombendaseins«, seinen Standort als die »Niederwelt der Trauer« bezeichnet: auf Abstand vom städtischen »Spuk«.[58] Was er in der Stadt vorfand, waren Häuserwände, »beschmiert mit brennender Schrift«, als zeichne sich ein Menetekel ab.[59] Dass er sich am Rand fühlte, bildet den Bogen zwischen diesem und dem letzten Band, dem »Steinpfad«, entlegen publiziert, in dem er im körperlichen Verfall nur diesen Pfad am Haus abschreitet. Knapp notiert er: »Und meine Gegenwart ist Scham«.[60] Wenn

---

Hierzu: Homer. Odyssee. Aus dem Griechischen von Johann Heinrich Voss. Hg. von Peter von der Mühll. Zürich 1980, 112.

53 Vgl. Muschg. Der Ptolemäer, 175. Muschg nennt es auch Benns »rauschhafte Aufschwünge«: Muschg. Tragische Literaturgeschichte, 295.

54 Vgl. Wolfgang Bächler an Huchel vom 15.10.1951, in: Peter Huchel. Wie soll man da Gedichte schreiben. Briefe 1925–1977. Hg. von Hub Nijssen. Frankfurt a.M. 2000, 104–106, hier: 104.

55 In »Doppelleben« erwähnt er Loerke noch in Bezug auf seine Rolle in der Berliner Akademie und attestiert ihm, keine »Konzessionen innerer Art« gemacht zu haben: Gottfried Benn. Doppelleben (1950), in: ders. Sämtliche Werke. Bd. V, 83–176, hier: 99.

56 Vgl. Loerke. Tagebücher, 48f.

57 Loerke wohnte seit 1930 zurückgezogen in einem Haus im Vorort Frohnau. Zur Poetik der »Daseinsauskunft« vgl. Oskar Loerke. Ganz frei (1938/39), in: ders. Gedichte und Prosa. Bd. 1, 624.

58 Vgl. Oskar Loerke. Die Verbannten, sowie: Feuerschein der Weltstadt (beide 1934), in: ders. Gedichte und Prosa. Bd. 1, 396f., 435.

59 Vgl. Oskar Loerke. Berliner Winterabend (1934), in: ders. Gedichte und Prosa. Bd. 1, 441.

60 Oskar Loerke. Der Steinpfad (1938), in: ders. Gedichte und Prosa. Bd. 1, 529–544, hier: 535.

sich Loerke im Rückzug als »waldinmitten« lokalisierte, so war kein Idyll damit gemeint, sondern etwas, das zwar Versteck bieten sollte, doch an einen Macbeth'schen Wald erinnerte: auf der »Flüchtlingsspur«.[61] Dass die Zeitgenossen es verstanden, zeigte Döblins Reaktion, dessen Post aus dem Exil den Dagebliebenen 1934 erreichte. Er bezeugte ihm »geistige Solidarität«: Loerkes Wald sei, so Döblin, »auch mein Wald«.[62] In diesem wurde etwas von der »Wurzel« der Sprache gehütet, in dessen Dienste sich drei Jahrzehnte danach ein anderer Verbannter, Huchel in der Isolation im SED-Staat wiederfand.[63]

Loerkes Blick vom Stadtrand bedeutete keine Geste des Eskapismus: Er stellte von dort das Zentrum scharf. So wenn er das Unheimlich-Werden Berlins schildert, das im Zeichen der Gewalt stand. Stadt hieß nicht mehr, wie in der »Heimlichen Stadt«, alltägliche Epiphanie. Der Bruch fand seine Entsprechung 1936 in einer Berlin-Beschreibung, die den Spuk auf der Potsdamer Straße verzeichnet: »Merkwürdig im Gewimmel. Entfremdete Welt, die mich verlassen hat. Aber ich weiß besser als früher, welches die wirkliche Welt ist, die über dem Spuk.«[64] Das ist ein anderer »Mann der Masse«, einer dämonischen, in der er sich in »Menscheneinsamkeit« wähnte: Das Lebensgefühl war ihm »unterweltlich« geworden.[65] Was bei Loerke spürbar wird, ist das traumatische Feld, das angesichts des Grauens auch die nicht physisch Verfolgten betraf. Etwas wurde ins Wortlose abgedrängt.[66] So sprechen Loerkes Gedichte in verschlüsselter Form von den Unorten der Zeit. Die Existenz der Lager hat er im Gedicht »Genesungsheim« ins Spiel gebracht.[67] Er hielt wach, was man den kritischen Sinn der Dichtung

61 Vgl. Oskar Loerke. Der Wald der Welt (1936), in: ders. Gedichte und Prosa. Bd. 1, 466.
62 Vgl. Döblin an Loerke vom 26.2.1934, in: ders. Briefe, 189.
63 Vgl. Oskar Loerke. Der Silberdistelwald (1934), in: ders. Gedichte und Prosa. Bd. 1, 402. Huchel zum Motiv der Sprache unter der »Wurzel der Distel«, nach Wilhelmshorst verpflanzt: Peter Huchel. Unter der Wurzel der Distel (1963), in: ders. Gesammelte Werke. Bd. 1. Hg. von Axel Vieregg. Berlin 2017, 156.
64 Loerke. Tagebücher, 348.
65 Vgl. ebd., 356.
66 Zum traumatischen Feld die psychoanalytische Traumstudie aus dem Dritten Reich: Charlotte Beradt. Das Dritte Reich des Traums. Mit einem Nachwort von Reinhart Koselleck. Frankfurt a.M. 1981. Sowie zum Konzept des traumatischen Kerns als dem Nicht-Metaphorisierten: Nicolas Abraham/Maria Torok. Deuil ou mélancolie. Introjecter – incorporer (1972), in: dies. L'écorce et le noyau. Paris 1987, 258–275, hier: 268. Auch in: Nicolas Abraham/Maria Torok. Trauer oder Melancholie. Introjizieren – inkorporieren, in: Psyche 55 (2001), Nr. 6, 545–559, hier: 552f.
67 Vgl. Loerke. Gedichte und Prosa. Bd. 1, 440. Zur Irrealisierung der Lebenswelt

nennen kann, der im »Hinausfragen« auf das Bedenklichste liegt.[68] Bei ihm klingt diese Dimension im »Wald der Welt« an, im Blick ins »Auge des Todes«: »Draußen im Leeren hängt Blut und Schuld.«[69] Ihn quälte stumme Zeugenschaft: Neben der »Stimme des Mordes« sei »schlimmer die schweigende / Planung«.[70] Ungeheuerliches wird in Bild-Gesten eingeholt. Die Mordmaschinerie, die, neben den »Stimmen« der Einschüchterung, von der »Planung« begleitet wurde. Eine Abtötung der Scham war im Gange, die einen Prozess der Lähmung der Gegenkräfte nach sich zog. Auf die Schamentgrenzung folgte die Verstrickung in Komplizenschaft. Diesen Vorgang benennt Loerke: jenes passiv in das Unrecht Hineingezogenwerden.[71] Dass er die Erfahrung in die Dichtung zurückholte, belegt in diesen Versen seine persönliche »Unfähigkeit zu schweigen«.[72]

Hat man Loerkes bewegende Verse im Ohr, stellt sich die Frage, wie es bei Benn zur Anfälligkeit fürs Ideologische, wie im offenen Brief an Klaus Mann 1933, hatte kommen können.[73] Offensichtlich waren, folgt man seinen Biografen, Prestige und Ressentiment früh Triebfedern des Werks.[74] Es gibt darin Revanchegelüste, die sich im zynischen Umgang mit den Emigranten und einer triumphierenden Sprache äußerten. Hamburger hat es Benns »sozialen Ingrimm« genannt, der seinen Hass auf die Unterlegenen der Stunde lenkte, zu denen der junge Hamburger mit seiner Familie gehörte.[75] Vielleicht steckte dahinter der Gekränkte, der seine Chance witterte? Die Versuchung des Dabeiseins. Andere, wie die Berliner Philosophin und Scheler-Interpretin Katharina Kanthack, durchschauten den Spuk aufgesetzter

unter dem Druck der Zensur auch: Leo Strauss. Verfolgung und die Kunst des Schreibens (1952), in: Andreas Hiepko (Hg.). Kunst des Schreibens. Berlin 2009, 23–50, hier: 24.

68 Vgl. Gadamer. Plato und die Dichter, 195, 197.

69 Oskar Loerke. Das Auge des Todes (1936), in: ders. Gedichte und Prosa. Bd. 1, 490.

70 Oskar Loerke. Bemalte Vasen von Atlantis (1936), in: ders. Gedichte und Prosa. Bd. 1, 509–517, hier: 513.

71 »Ihr lerntet hurtig, ohne zu erröten, / Die Sünde rühmen, die zum Himmel steigt.« Oskar Loerke. Orions stolzer Hund, in: ders. Gedichte und Prosa. Bd. 1, 568.

72 Vgl. Emmanuel Lévinas. Jenseits des Seins oder anders als Sein geschieht. Freiburg, München 2011, 314.

73 Vgl. Gottfried Benn. Die Antwort an die literarischen Emigranten (1933), in: ders. Sämtliche Werke. Bd. IV, 24–32, hier: 24f.

74 Vgl. Wolfgang Emmerich. Gottfried Benn. Reinbek bei Hamburg 2006, 14, 91. Sowie: Joachim Dyck. Der Zeitzeuge. Gottfried Benn 1929–1949. Göttingen 2006, insb. 114f.

75 Zur Triebfeder des »sozialen Ingrimms«: Michael Hamburger. Benns Briefe an Oelze (1980), in: ders. Literarische Erfahrungen, 84–96, hier: 88.

Selbsterhöhung im Dritten Reich als »verschleierte Durchsetzung scheinbar großer Gefühlsregungen mit Eitelkeits- und Egoismuskomplexen«.[76] Nach dem Krieg sollte sie ihre These des Schamabbaus vertiefen: Im Zuge einer »Welle« der »Entsublimierung« – wie sie schon Max Scheler kommen sah – sei man in eine »furchtbare Krisis« geraten.[77] Das Gift des Ressentiments, so ihre Analyse aus der Stunde Null, war das Entscheidende: »Es war ein unbegrenzter Haß gegen das geistige Sein, seine Freiheit, seine Souveränität und seine Werte«.[78] Eine Entladung, die in die innersten Bezirke des Geistes führte. Wie und wo das Ressentiment Benns Lebensgefühl zu bestimmten begann, bleibt sein Geheimnis. Fest steht, dass er eine für den Weg in die Entgleisung symptomatische Figur darstellt. Dies zeigt sich an seinen Schriften aus der frühen Höllensaison.

Es bleibt die Frage nach den Gründen von Benns Verirrung.[79] Sie spricht aus seiner ersten Rundfunkrede über den »neuen Staat«, das Radio als »Medium der Rache« gebrauchend.[80] Er drückt darin Hohn gegen die alten Kräfte aus, verteilt Schmeicheleien an die neuen. In seiner Bilanz des Expressionismus, den er den Machthabern als »deutsche Kunst« feilbietet, läutet er für seine Generation das Ende der Kunst und den Gang in die Politik ein. Dass hier einer mit allen Mitteln das Ohr der Macht zu gewinnen versuchte, spricht für Benns Anerkennungsbedürfnis. Doch wo der Dichter sich zum Wortführer intellektueller Selbstaufgabe stilisiert, beginnt er sich

---

76 Vgl. Katharina Kanthack. Zum Wesen des Romans, in: Zeitschrift für Ästhetik und allgemeine Kunstwissenschaft 34 (1940), Nr. 4, 209–239, hier: 221. Das legt eine Nähe von Ressentiment und Sentimentalität nahe, wie auch Scheler befand: Max Scheler. Wesen und Formen der Sympathie. Bonn 1923, 280. Diesen Eindruck hat Remarque bestätigt, der im Nationalsozialismus eine Form »übelster Sentimentalität« am Werk sah. Vgl. Erich Maria Remarque. Seid wachsam! Zum Film »Der letzte Akt« (1956), in: ders. Das unbekannte Werk. Bd. 4. Hg. von Thomas F. Schneider und Tilman Westphalen. Köln 1998, 404–409, hier: 405.

77 Zum Ausdruck der »Krisis« im Kontext geistigen Schamabbaus vgl. Katharina Kanthack an Maria Scheler vom 17. 11. 1947, in: Internationales Jahrbuch für Philosophische Anthropologie 9 (2020), 323–324, hier: 323. Hierzu: Max Scheler. Der Mensch im Weltalter des Ausgleichs (1928), in: ders. Gesammelte Werke. Bd. 9. Hg. von Manfred S. Frings. Bern, München 1976, 145–170, hier: 163.

78 Katharina Kanthack. Max Scheler. Zur Krisis der Ehrfurcht. Berlin, Hannover 1948, 114.

79 Hierzu Schelers Ausdruck eines »désordre du cœur« in: Max Scheler. Der Formalismus in der Ethik und die materiale Wertethik. Gesammelte Werke. Bd. 2. Hg. von Maria Scheler. Bern, München 1966, 15.

80 Zum kulturpolitischen Wirkungsgebrauch des Radios bei Benn: Lethen. Der Sound der Väter, 170.

zu verlieren: »Es wird nie wieder«, so Benn 1933 mit apodiktischem Ton und im Geist einer Finalisierung der Überlieferung, »Kunst geben im Sinne der jüngsten 500 Jahre, dies war die letzte, man kann sich unsere innere Lage gar nicht final und kritisch genug vorstellen«.[81] Benjamin sagte diesbezüglich einmal, im Expressionismus sei mehr »Kunstwollen« als Kennerschaft gewesen.[82] Etwas von diesem Dilemma durchweht Benns Essays seiner Apologie der Selbstabschaffung. In ihnen liegt vor, was man ein *acting out* nennen kann.[83] Die Sprache verliert ihre Mehrdeutigkeit; sie wird von der eigenen Verführtheit fortgerissen. Hieran wird, wie Hamburger vermutet hat, auch Destruktion als Triebfeder eines Teils der Avantgarde einsichtig, die bis zur Verstrickung mit dem Gnadenlosen gehen konnte. Sie entgleiste, wo sie Entladung ohne Empfindung betrieb. Bei Benn zeigt es sich im affektiv besetzten Gestaltungsbegriff, den er auf ein Programm zu reduzieren versuchte.[84] Das mag daran liegen, dass seine Poetik eine Tendenz zur »Ideen«-Dichtung hatte, die die Nähe zur parolenhaften Formel nicht mied.[85] So gesehen sind noch seine ›Machtergreifungsstücke‹ expressionistische Texte: Fälle, in denen die Sprache in ein Wollen, in den Strudel wirkungsästhetischer Passion hineintrieb.

Ernst wird der Fall, wenn die ethische Frage aufgeworfen wird. Zwar deutete Benns Werk schon im Anfang auf eine Tendenz zum kalkulierten Schock hin.[86] Doch geht er nach 1933 über den Grad des Grausamen hinaus. Hamburger sah dieses Tor im Zug zum »katastrophischen Extremismus« geöffnet, der vor dem Gedanken der »Säuberung« nicht haltmachte.[87] Essays

81 Gottfried Benn. Expressionismus (1933), in: ders. Sämtliche Werke. Bd. IV, 76–90, hier: 89.

82 Vgl. Benjamin. Ursprung des deutschen Trauerspiels, 235. Zur Kritik am ›Kunstwollen‹ der Avantgarden, ihrem »pathos and bombast« auch: Hamburger. After the Second Flood, 148.

83 Zum Weg vom Expressionismus in die wirkungsmäßige Agitation vgl. Hamburger. Gottfried Benn, 195, 212. Minder hat diese bedenkliche Seite des Expressionismus mentalitätsgeschichtlich zurückverfolgt, vgl. Robert Minder. Allemagnes et Allemands. Paris 1948, 159.

84 Zu Benns Gestaltungsbegriff, in dem es auch um Wirkabsichten ging, vgl. Benn. Expressionismus, 83.

85 Vgl. Hamburger. Gottfried Benn, 210.

86 Zum Phänomen der kynischen Schamreaktion: Max Scheler. Über Scham und Schamgefühl (1913), in: ders. Gesammelte Werke. Bd. 10. Hg. von Maria Scheler. Bern, München 1957, 65–154, hier: 94.

87 Vgl. Hamburger. Benns Briefe an Oelze, 88. Den »katastrophischen Extremismus« beschreibt Benn 1933 selbst: »Der Weg ist klar, das Ende ist klar – und dennoch.« Benn an Oelze vom 3.7.1933, in: ders. Briefe an Oelze. Bd. 1, 29.

wie »Züchtung« oder seine Schriften zur Medizin thematisieren die Möglichkeit des Genozids.[88] Ein Arzt bot sich als Seelenlenker und Eugeniker an. In den Reden herrscht ein Ton des Einverständnisses, Billigung der Opfer in einem fast theologischen Sinne. Es bezeugt sich eine zeitweilige Begeisterung und Ergriffenheit von der ›großen Idee‹, für eine Zeit, die Loerke als »unsägliche Hölle« empfand.[89] Benn hingegen ist Mitläufer, der sich im Mitlaufen radikalisiert. Dieser Dichter möchte vom Wort zur Tat, wie Benn in einer Anspielung auf »Faust II« bekundet. Er allegorisiert sich als Fledermaus, die als mephistophelische Geleitfigur das Kommen neuer Herrschaft ankündigt.[90]

Mit Faust hätte er auch die Frage der Sorge aufwerfen können. Denn was mit zur Disposition stand, war das Durchdenken eines damals noch potenziellen Gangs zum menschlich Äußersten. Benn benennt die »Methode« des »neuen Staates« – sein dunkelstes Stück.[91] Wenn er nach dem Krieg in »Doppelleben« schrieb, keiner habe an die Umsetzung der »Rassentheoreme« wirklich geglaubt, und man seine Schriften dazu liest, bleibt man perplex zurück.[92] Schließlich endet sein Züchtungsessay mit der Ankündigung: »Ich bin sicher, ihnen gelten die Opfer, die fallen –: ich sehe sie nahen.«[93] Muschg nannte Benn nach dem Krieg fast beschwichtigend einen »falschen Propheten«.[94] Der Ernst der Sache wird sichtbar, wenn man diesem Verkünder von Grausamkeiten die Figur Loerkes entgegenstellt.

Etwas von jenem »politischen Überzeugungseifer« hatte dieser früh in der expressionistischen Bewegung und deren Rhetorik erkannt.[95] Wovor er schon zum Ende des Ersten Weltkriegs eine Sorge entwickelte, war die politische Ausnützung der Kunst, der sprachliche Missbrauch. Er wollte ihre Entwicklung nicht unter einem Banner rubriziert sehen; als Mitfahrer

---

88 Vgl. die ungeheuerliche Vision von »völkischen Terroristen«: Benn. Der neue Staat. Vorwort, 41–43, hier: 42, sowie: Benn. Züchtung (beide 1933), in: ders. Sämtliche Werke. Bd. IV, 33–40, hier: 37.

89 Vgl. Loerke. Tagebücher, 354. Diese Rechtfertigung der vermeintlichen Idee des Nationalsozialismus findet sich bei Benn noch nach 1945. Vgl. Benn. Doppelleben, 485.

90 Zu »Faust II« und Benns Fledermaus-Werdung vgl. Benn. Züchtung, 40.

91 »Eliminierung und Züchtung. Man kann das alles gar nicht weittragend genug sehen.« Benn. Der neue Staat und die Intellektuellen. Vorwort, 42.

92 Vgl. Benn. Doppelleben, 85.

93 Benn. Züchtung, 40.

94 Zur Figur des »falschen Propheten«: Muschg. Der Ptolemäer, 164.

95 Vgl. Oskar Loerke. Vielerlei Zungen (1918), in: ders. Literarische Aufsätze aus der »Neuen Rundschau« 1909–1941. Hg. von Reinhard Tgahrt. Heidelberg, Darmstadt 1967, 101–115, hier: 102.

eines Massenzugs sah er sich nicht.[96] Die Anfälligkeit des Expressionismus warf ihre Schatten voraus. Zur machtpolitischen Zuspitzung fand ein Teil der Bewegung bei Benn. Nicht von ungefähr findet sich bei ihm die Emphase auf das Moment der Geschichte 1933/34 – im Unterschied zur Haltung nach 1945. Beide Zeiten verhalten sich komplementär zueinander: Hier »die Geschichte«, die zu sprechen begonnen habe.[97] Dort in den Trümmern das tote »Reptil Geschichte«: Fortleben in »Zukunftslosigkeit«.[98] Kanthack hat diese postfaschistische »emotionale Aura« als Kurve skizziert, die von einer heroischen Welle mit Rigorismen abgestürzt sei in sentimentale Pessimismen, die nicht an den Grund des Zusammenbruchs herangereicht hätten.[99] Der Kontrast ist aus Benn herauszulesen. Sein späteres Bild der Nachgeschichte wird aus dem früheren Hochgefühl einsichtig. Dazwischen liegt der Abgrund. Ein Erinnerungsloch breitet sich aus, wo eine doppelte Beschämung vorlag. Denn Benn endete als Abgelehnter der NS-Kulturpolitik wie als Verstoßener aus den Kreisen der inneren Emigration. Das hielt ihn nach dem Krieg nicht davon ab, sich geschickt zum Opfer dreier Regime zu erklären.[100]

Insofern ist zu konstatieren, dass eine Kritik des wirkungsästhetischen Bewusstseins, wie sie Gadamer im Widerstreit mit der NS-Kunstdoktrin als Kritik »ästhetischer Selbstvergessenheit« formulierte, an Benn ein symptomatisches Studienobjekt gefunden hätte.[101] Das Wirkungsmäßige hat er in den Trümmern nicht abgelegt. Das forcierte Bild findet sich in seiner späten Lyrik, wenn er in dem Gedicht »Berlin« das »Abendland« mit dahingehen sieht. Was fehlt, ist eine Bestandsaufnahme des geistigen Kraters. Schal wird er als Diagnostiker dort, wo er Krokodilstränen vergießt: einer, der geholfen hatte, jene Leere mit herzustellen, deren Zustand er nun deutete.[102] Wer Benns Maskeraden durchschaute, war Koeppen, der seine Parole des Sich-

---

96 Zu dieser Metaphorik: ebd., 101.

97 Vgl. Benn. Der neue Staat und die Intellektuellen, 12.

98 Vgl. Benn. Ptolemäer, 20. Zu Benns Westberlin als Posthistoire-Topos auch: Helmut Lethen. Gelegentlich auf Wasser sehen. Benns Inseln, in: Zeitschrift für Ideengeschichte 2 (2008), Nr. 4, 45–53, hier: 51f.

99 Was gefehlt hätte, sei der Abschied vom »glorifizierten Todestrieb« gewesen: Kanthack. Max Scheler, 288.

100 Offensichtlich gelang es Benn, sich den Amerikanern, mit »good natured irony«, als Verfolgter dreier Regime – der Nazis, der Sowjets und der Amerikaner – vorzustellen. So war der Frontwechsel zum Autor der Westzone gelungen. Vgl. Edward C. Breitenkamp. The US Information Control Division and Its Effect on German Writers and Publishers 1945 to 1949. Grand Forks, N.D. 1953, 15.

101 Vgl. Gadamer. Plato und die Dichter, 206.

102 So Benns Klage angesichts des verlorenen Reichtums im Nachkriegsberlin, durch den Verlust vor allem des jüdischen Bürgertums. Vgl. Benn. Doppelleben, 86.

Kalt-Haltens als Kompensation seiner »Erfahrung des Feuers« deutete. Da habe einer den »kleinbürgerlichen Traum von der Herrenrasse« geträumt, sich ins große Gefühl einer Bewegung einwickeln lassen und später in der Kältezone beruhigt.[103] Ähnlich sah es Robert Minder, der in Benn die »Anfälligkeit des Rebellen für die Gewaltherrschaft« erblickte.[104]

Diese Anfälligkeit ließ ihn unter sein Niveau gehen. So konnte er zwar die Klage auf die kulturelle Absenkungslücke im Nachkrieg anstimmen: Westdeutschland gehe daran zugrunde, so Benn, dass es »Berlin nicht mehr gibt«.[105] Das geteilte Deutschland habe sein »geistiges Zentrum«, seinen intellektuellen Kompass verloren. Was bleibe, sei ›Provinzgebrodle‹.[106] Doch hatten solche Zustandsbilder für Zuhörer mit einem Zeithorizont – wie Koeppen – ihren Beigeschmack, da ihnen nicht entgehen konnte, dass Benn sein Wissen als Zeuge zugleich unterdrückte. Dabei war Benn nach 1933 direkt Berührter, des Judenboykotts etwa. Loerke, der die Vorgänge mit »würgender Schwermut« kommentierte, hat es in seinem Tagebuch festgehalten.[107] Er stand auch nicht für Loerke ein, als man diesen aus der Akademie entließ. Nicht als deutlich wurde, dass das Ressentiment der NS-Kulturpolitik sich auf die systematische Zerstörung jener »Berliner Existenzen« richtete, zu denen nicht nur Loerke, sondern auch er selbst zählte.[108] Die anfängliche Begeisterung wandelte sich vielmehr in Distanziertheit.

Loerkes Tagebuchaufzeichnungen »Jahre des Unheils« hat man als »Stenogramm eines Purgatoriums« bezeichnet.[109] Für ihn war es eine mephistophelische Zeit, wie er im Gedicht »Hexeneinmaleins« festhielt, das die neue Herrschaft zum Gegenstand hat, die in einem Überlieferungskampf die sogenannte »Systemzeit« Weimars auszulöschen versuchte.[110] Mit »Berliner

103 Wolfgang Vgl. Koeppen. Antwort auf eine Umfrage: Der Autor und sein Material. Zu Gottfried Benn: Kalt halten (1962), in: ders. Gesammelte Werke. Bd. 5, 262–264, hier: 262. Diesen Entgleisungs- und Beruhigungsvorgang hat Loerke schon im NS an ihm beschrieben, wobei ihm Benns nihilistischer Schleier nicht entging. Vgl. Loerke. Tagebücher, 330, 332.

104 Vgl. Robert Minder. Das Bild des Pfarrhauses in der deutschen Literatur von Jean Paul bis Gottfried Benn, in: ders. Kultur und Literatur in Deutschland und Frankreich. Fünf Essays. Frankfurt a. M. 1977, 46–75, hier: 69.

105 Vgl. Benn. Fernsehinterview mit Gottfried Benn, 343.

106 Vgl. Benn. Berlin zwischen Ost und West, 228.

107 »Benn stand unter dem Eindruck des Boykotts in seinem Hause«. Loerke. Tagebücher, 287.

108 Zur Diffamierung der »Berliner Existenzen« vgl. Loerke. Tagebücher, 294.

109 Vgl. Joachim Guenther. Stenogramm eines Purgatoriums, in: Neue deutsche Hefte 3 (1956/57), 8–10.

110 Vgl. Oskar Loerke. Hexeneinmaleins (1936), in: ders. Gedichte und Prosa. Bd. 1, 485.

Existenzen« wurden nicht nur Autoren eines urbanen Literaturverständnisses diffamiert, eine Zerstörung der geistigen Polis des alten Berlins war im Gange. Nun galt das Lob einem Herrschaftssystem, das der ehemalige Weimarer Kunstwart Edwin Redslob als einen ästhetischen Byzantinismus charakterisierte: Dieser konstatierte in den Ruinen Berlins, unter Hitler hätten nur die »pseudoheroische Geste« und die »sentimental süßliche Wiederholung« etwas gegolten.[111]

Dahinter steckte eine Psychologie des Führertyps, wie sie Scheler entwarf, als er vom egoistischen Typus sprach, der sein Gefühl anderen »oktroyiert«, wohingegen sich die Masse an diesen verliert.[112] Dieses tatsächliche oder nur gemimte Sich-Verlieren an die Führergestalt hat Loerke bissig aufs Korn genommen. Dass dahinter eine Prise Opportunismus stand, hat er mit einem Zitat aus »Faust II« bekundet, in dem die korrupte Energie angedeutet wird, die ein »neuer Kaiser« auslöst: »Und in vorgeschriebnen Bahnen / Zieht die Menge durch die Flur. / Den entrollten Lügenfahnen / Folgen alle. – Schafsnatur.«[113] Dass dies Loerkes Allegorie der Gleichschaltung war, macht der Kontext im Tagebuch sinnfällig. Dass einer aufreizend dilettantischen Kunst nun die Aufgabe zukommen sollte, ein heldisches Ideal zu feiern, lief auf etwas hinaus, das man die Glorifizierung des »depossedierten Menschen« nennen kann. Diese Heroisierung, so Scheler, »schläfert zugleich alle geistige Individualität« ein.[114] Eine Kunst, die sich dazu anbot, betrieb für Loerke Selbstverrat.

Mit diesen Gedanken war er nicht allein, wenn auch in Berlin isoliert. Ähnlich hat der niederländische Kulturhistoriker Johan Huizinga in seinem letzten Buch, mit Blick auf das Jahr 1945, behauptet, dass man einem längeren »Niedergang kritischer Bedürfnisse«, einem Abbau an Urteilskraft in den Künsten beigewohnt habe.[115] Und noch der späte Musil dachte in seinen Nachbemerkungen zum »Mann ohne Eigenschaften« über das Phänomen eines Abgleitens in die unzulässige Vereinfachung der »Aufgabe des Lebens«

---

111 Vgl. Edwin Redslob. Um die Freiheit der Kunst (1945), in: ders. Bekenntnis zu Berlin. Reden und Aufsätze. Berlin (West) 1964, 32–35, hier: 32. Zum Symptom grausamen Kitsches im NS auch: Saul Friedländer. Der Kitsch und der Tod. Der Widerschein des Nazismus. Wien 1984.

112 Zum Führertyp als Idiopathiker: Scheler. Wesen und Formen der Sympathie, 25.

113 Loerke. Tagebücher, 330. Loerke zitiert aus dem Akt auf der Kaiserpfalz. Vgl. Johann Wolfgang von Goethe. Faust. Der Tragödie zweiter Teil, in: ders. Faust. Der Tragödie erster und zweiter Teil Urfaust (1832). Hg. und kommentiert von Erich Trunz. München 1998, 146–364, hier: 314.

114 Vgl. Scheler. Wesen und Formen der Sympathie, 39.

115 Vgl. Huizinga. Wenn die Waffen schreiben, 77, 98.

nach: »Darum«, im Zeichen tödlicher Simplifizierung, »auch die Affiliation gewisser Politik mit Kitsch«.[116]

Bei Loerke werden die Gefahren der Zeit, etwa in seinen Lyrik-Bänden aus der inneren Emigration, in einen unscheinbaren naturlyrischen Raum eingebettet, der Leser erfordert, die zwischen den Zeilen lesen.[117] Bemerkenswert ist, dass es die Isolation war, die zu seiner Selbstbehauptung führte. So bezeugt sein Tagebuch für August 1933, nach seiner Absetzung in der Akademie, eine neue Produktivität, die in seinen Band »Silberdistelwald« mündete.[118] An Loerke ist die Betroffenheit zu beobachten, die sich nicht aufgibt, sondern in Ausdruck wendete. Man kann an seinem Werk nachvollziehen, wie sich in der Bedrängnis ein eigener Bildraum aufbaute.[119] Er hielt in seinem Tagebuch fest, dass jeder Titel in diesem Band »das Leben umschrieben« habe; womit er nichts anderes meinte, als dass er in die Widerfahrnisse seiner Mitwelt hineingezogen wurde. Mit diesem späten Ton schlug Loerke eine Bresche für kommende Lyriker, zu denen in der Zeit nach 1945 Peter Huchel oder Johannes Bobrowski gehörten – Letzterer bekannte bereits im Nationalsozialismus, dass er in »Stunden der Ratlosigkeit« mit Loerke in Klausur gehe.[120]

Dass Loerke lediglich durch persönliche Anfeindung in Widerspruch zum Zeitgeist geraten war, wie manchmal behauptet, widerlegt sein Journal, in dem er schon 1932 das Kommen der »Totengräber« fürchtet: »Gefühl: ich werde vertrieben werden. Die Totengräber Deutschlands werden mich bei lebendigem Leibe begraben.«[121] Diese Ahnung hat sich dadurch verstärkt, dass ein Verlag wie S. Fischer, für den er tätig war, sich besonders bedroht

116 Dahinter steht ein Verständnis des Kitsches als Erzeugung des großen Gefühls mit billigen Mitteln: Robert Musil. Der Mann ohne Eigenschaften II. Aus dem Nachlaß. Hg. von Adolf Frisé. Reinbek bei Hamburg 2002, 1941.
117 Über das »Zwischen-den-Zeilen-Schreiben«: Strauss. Verfolgung und die Kunst des Schreibens, 26.
118 Vgl. Loerke. Tagebücher, 298.
119 So etwa an Loerkes Bildfeldern von »Zeit«, »Flut« und »Furt« im Zeichen der Bedrohung, die beim isolierten Huchel in den 1960er Jahren wieder auftauchen. Vgl. Oskar Loerke. Garten (1936), in: ders. Gedichte und Prosa. Bd. 1, 444–455, hier: 455. Auf diese Nähe in den Bildwelten hat – mit kritischem Unterton – Lehmann hingewiesen. Vgl. Wilhelm Lehmann. Brief an Hans Bender 8.12.63, in: Axel Vieregg (Hg.). Peter Huchel. Frankfurt a.M. 1986, 37f., hier: 38.
120 Vgl. Johannes Bobrowski. Licht der Zeiten (1940), in: ders. Gesammelte Werke. Bd. 4. Stuttgart 1987, 261–263, hier: 261.
121 Loerke. Tagebücher, 266. Diese Vorausdeutungen widersprechen der späteren Aussage eines NS-Verstrickten wie Wilhelm von Scholz, der behauptete, Loerke sei der Sache gleichgültig gegenüber gestanden. Vgl. Wilhelm von Scholz. Gedenk-

fühlen musste. Zu dieser Erfahrung gehörte, dass ihn sein jüdischer Verleger Samuel Fischer nach der Machtergreifung bat, sich schützend vor den Verlag zu stellen.[122] Das waren die Umstände, die ihn zwangen, zum Unterzeichner des Treuegelöbnisses für »Reichskanzler Hitler« zu werden, was später zu Irritationen bei manchen Autoren im Exil führte. Loerke fühlte sich nach dieser »politischen Erklärung«, wie er festhielt, »völlig zerbrochen«.[123] Denn als »Märtyrer« sah er sich nicht, aber doch als einer, der aufgerufen war, Unmut auszudrücken, der seinen Anstand in aktiver Zeugenschaft jener »Höllenjahre« sah.[124] Dazu gehört ein Zug zur Verdichtung des Erlebten, der Loerke heraushebt. Sein poetologisches Ethos hielt er als eines fest, in dem das »Erleben« aufs Neue »heimzuholen« sei.[125] Darin drückt sich sein Sinn für die Zeitigungsweise im Gedicht aus: ihr langsames Zum-Bild-Kommen, das für ihn auf keine Handwerksform, »keine Technik« zu reduzieren sei. Es ging darum, eine existenzielle Dimension zum Vorschein kommen zu lassen – was ihm Immunität gegenüber wirkungsästhetischen Versuchungen gab.[126] Seine Dichtung setzte nicht auf Verblüffung, sondern darauf, »inwendig laut« zu werden.[127]

Offensichtlich scheint sich diese Dringlichkeit verschärft zu haben, die Bergung des Erlebten akut geworden zu sein. So formuliert er die Notwendigkeit, zu einer realisierenden Mimesis zu gelangen, die das Heikle adressiert.[128] Dieser Versuch, das Geschehene vor sich zu bringen, ist das Vermächtnis Loerkes. Er hat es in seinem »Bruckner«-Buch festgehalten, wenn er schreibt, dass das Eindringliche, das uns betrifft, in Ausdruck zu überführen ist. Loerke hat keinen Hehl daraus gemacht, dass es für ihn die Verletzten des Lebens sind, die mit dieser Gabe ausgestattet seien: »Und hat einer diese Wunden nicht, so muß er in der Kunst seinen Wunsch erkennen:

blatt zu Oskar Loerkes 80. Geburtstag, in: Bernhard Zeller (Hg.). Oskar Loerke 1884–1964. Stuttgart 1964, 99–102, hier: 101.

122 Zur »Zwangslage«, unter welcher der Verlag stand, vgl. Loerke. Tagebücher, 374.

123 Vgl. Loerke. Tagebücher, 302.

124 Vgl. ebd., 338, 341, 354. Zu Loerke als einer der wenigen Berliner Ausnahmen, die ein Tagebuch des literarischen Lebens geführt haben, vgl. Robert Minder. Paris in der französischen Literatur (1760–1960), in: ders. Dichter in der Gesellschaft, 319–374, hier: 347.

125 Vgl. Oskar Loerke. Nachwort zum Silberdistelwald (1934), in: ders. Gedichte und Prosa. Bd. 1, 681–686, hier: 683.

126 So die Warnung vorm »Forcierten« im Ausdruck: Loerke. Tagebücher, 53.

127 Vgl. Loerke. Nachwort zum Silberdistelwald, 684.

128 »Erst wenn die Sprache bis dahin nicht erfaßte Dinge erfaßt, sind sie in der Welt.« Oskar Loerke. Was sich nicht ändert. Gedanken und Bemerkungen zu Literatur und Leben. Hg. von Reinhard Tgahrt. Stuttgart 1996, 22.

hätte ich sie doch! – Und er wird sie entdecken.«[129] Dieses Schöpferisch-Werden ist es, was man – über alle Abbrüche hinweg – seinen Einwurf in die Berliner Literatur nennen kann. Weiter konnte einer in Deutschland in den 1930er Jahren kaum vom Zeitgeist entfernt sein.

Wie allein er mit dieser Auffassung war, zeigt seine ernüchternde Einschätzung. Was er unter der »Ödnis« der Zeit verstand, deutet er in seinem Jean-Paul-Essay an: dass es angesichts einer »Verkümmerung« nicht nur zu einer »Brachlegung« ganzer »Seelengebiete« gekommen sei, sondern dass die »Dumpfheit« über den Bereich der Literatur hinausgreife und die künftige Empfänglichkeit für andere Werte bestimmen werde.[130] Dabei hatte Loerke schon zur Weimarer Zeit seine Skepsis gegenüber Spielarten der Ismen bekundet, da er befürchtete, sie könnten den Spielraum des Individuellen trockenlegen. Mit dieser Diagnose stand er nicht nur Musil, sondern auch Plessner nahe, der vor der Überdehnung der Gesinnungsgemeinschaften gewarnt hat.[131] So setzt Loerkes Essay »Besessene« mit der Bemerkung ein, dass derjenige, der die »einsame Zone in den Menschen« abtöte, drohe, dessen schöpferische Reservate zu zerstören.[132]

Von dieser sich ab 1933 vertiefenden Absenkungslücke hatte Loerke intime Kenntnis. Sie zeigte sich auf seinem Lektoren-Schreibtisch bei S. Fischer, wo er wegen seiner Urteilskraft als Instanz galt.[133] Nicht nur, dass er sich sorgte, der Strom der Literatur könne versiegen. Dazu kam eine Tendenz, die er als »Gift des Geistes« bezeichnete.[134] Hier scheint sich die Vorahnung einer Geistesbrache mit langer Latenz anzudeuten, wie sie sein

129 Oskar Loerke. Anton Bruckner. Ein Charakterbild (1938), in: ders. Gedichte und Prosa. Bd. 2, 97–255, hier: 174. Zu Empfindlichkeit und Kreativität auch: Kasack. Oskar Loerke. Charakterbild eines Dichters, 46.

130 Vgl. Oskar Loerke. Einladung zu Jean Paul (1934), in: ders. Literarische Aufsätze, 179–195, hier: 183.

131 Zu Loerkes Gemeinschaftsskepsis: Loerke. Tagebücher, 292. Sowie: Musil. Vortrag in Paris, 1265. Später Plessner zur ›Zone der Intimität‹ als »persönliche[m] Reservat«: Helmuth Plessner. Soziale Rolle und menschliche Natur (1960), in: ders. Gesammelte Schriften. Bd. X. Hg. von Günter Dux u.a. Frankfurt a.M. 2016, 227–240, hier: 230.

132 Oskar Loerke. Besessene (1925), in: ders. Gedichte und Prosa. Bd. 2. 683–701, hier: 683. Der Aufsatz findet sich bereits in: Oskar Loerke. Zeitgenossen aus vielen Zeiten. Berlin 1925, 153f.

133 Zu Loerkes Urteilskraft: Hermann Kasack. Katakombendasein 1946, Bl. 1. Nachlass Oskar Loerke, DLA Marbach. Über Loerke als Förderer des literarischen Lebens der Stadt: Robert Minder. Warum Dichterakademien?, in: ders. Dichter in der Gesellschaft, 18–46, hier: 27f.

134 Vgl. Loerke. Tagebücher, 322, 357.

Spätwerk durchzieht. Es ist seine Trauer über eine verstummende Literatur. An die Stelle des Talents trat die Gesinnung. Das machte die neue Literatur gefährlich. Sie kaschierte hinter der Ideologie ihre eigene Abhängigkeit: »Unbeschreiblich stumpfsinnig und aufreizend dilettantisch. Was sind das für Leute? Mit Kunst haben die meisten überhaupt nichts zu tun.«[135]

Was Loerke schildert, ist der literarische Mummenschanz zur Machtergreifung.[136] Dabei hatte er das Ideologisch-Werden des Ausdrucks als Kritiker schon benannt, als er formulierte, dass das »plumpgewordene Gefühl« zugleich »Gefahr« mit sich bringe.[137] Er nannte diesen Vorgang eine »fanatische Erstarrung«. Diese Tendenz verstärkte sich durch die Vertreibung alter Kräfte. Was Loerke im Tagebuch offen aussprach, hat er im Essay nur verdeckt angesprochen: »Das neue Mindere zu lohnen aber ist noch eine Steigerung der Gleichgültigkeit gegen das von den früheren Meistern Gestiftete.«[138] Was er sich anbahnen sah, bedeutete Zusammenbruch auf lange Sicht. Ein »unwirkliches Geistesleben« zeichnete sich ab, wie es als Langzeiteffekt auch unter anderen Diktaturen beobachtet werden kann.[139]

Noch beunruhigender schien es Loerke, dass das Menschliche unter der totalitären Herrschaft preisgegeben werden kann; das »Humane« werde unter dem Druck der Weltanschauungen in seinem Umfang reduziert.[140] Loerkes Gedanke ist bei Nietzsche vorgedacht, der die Sorge äußerte, dass der Mensch – dieses »nicht festgestellte Tier« – als einziges unter sein Niveau rutschen könne.[141] Hierbei mag sich eine »Gefährdung des Menschen« entwickeln, die aus seinem Menschsein selbst komme.[142] Loerke schied

135 Loerke. Tagebücher, 328.
136 Loerke kommt in diesen Jahren wiederholt auf das Mummenschanz-Thema von Goethes »Faust II« zu sprechen. Vgl. Oskar Loerke. Der Dichter vor den Erscheinungen (1937), in: ders. Literarische Aufsätze, 234–250, hier: 238. Sowie: Loerke. Tagebücher, 341.
137 Vgl. Oskar Loerke. Willy Haas. Das Spiel mit dem Feuer (1923), in: ders. Der Bücherkarren. Besprechungen aus dem Berliner Börsen-Courier 1920–1928. Hg. von Hermann Kasack. Heidelberg, Darmstadt 1965, 250f., hier: 250.
138 Loerke. Meine sieben Gedichtbücher, 663.
139 Siehe später zu den Effekten eines »unwirklichen Geisteslebens« im Zeichen einer sozialistischen Kulturpolitik auch: Witold Gombrowicz. Schund, in: Akzente 10 (1963), Nr. 4, 418–424, hier: 422.
140 Vgl. Loerke. Meine sieben Gedichtbücher, 664.
141 Vgl. Friedrich Nietzsche. Die fröhliche Wissenschaft (1882), in: ders. Kritische Studienausgabe. Bd. 3. Hg. von Giorgio Colli und Mazzino Montinari. München 2003, 343–651, hier: 376.
142 Vgl. Karl-Heinz Volkmann-Schluck. Kunst und Erkenntnis. Hg. von Ursula Panzer. Würzburg 2002, 60. Über das Potenzial des Menschen zum Unheil schon:

Zeiten der Stärke und Zeiten der Schwäche des Menschen, also solche einer inneren Anfälligkeit, wie er es als Erfahrung aus dem NS zog.[143] Weil Loerke um diese Abgründe wusste, konturierte sich die Ahnung einer kommenden Leere. Auch sein Werk sah er bereits wie in einer Gruft liegend verschüttet. Im späten Gedicht »Lebensschiff« hat er diesen Schiffbruch vorweggenommen.[144] Er war sich sicher: Es war die heimisch erzeugte Ödnis, in die die Bomben bald fallen würden. Für ihn lief die Implosion somit in mehreren Etappen ab: Auf die Vertreibung und Aushöhlung des Weimarer Geisteslebens folgte die Inthronisation der Parteigänger, das Gaukelspiel einer Selbstermächtigung der Funktionäre. Ganz sichtbar wurde dies, als das zerbrochene Leben buchstäblich vor den Menschen lag.[145]

Loerke hat dieses Leerwerden Berlins als Raumgefühl vorgefühlt. So wenn er vom Fischer Verlag einmal durch die Stadt streift – und im September 1933 des Fehlens seiner jüdischen Freunde, wie auf einem Trauermarsch durchs Zentrum, gewahr wird: »Nach dem Verlage zu Fuß auf der Potsdamer Straße, weiter die Friedrich-Ebert-Straße – heißt sie noch so? – die Linden bis Bahnhof Friedrichstraße. Merkwürdig der Gang, als wäre alles stehen geblieben. Julius Levin in Paris und Brüssel. Rudi Kayser will nach Amerika, Frau Rosenbaum nach Palästina.«[146] Damit begann etwas vom »Resonanzboden« der Stadt, wie ihn Loerke schätzte, zu zerbröckeln.[147] Was er schmerzlich in Auflösung begriffen sah, war die einstige »Zentrale geistiger Kraft«, wie er sie um den Verlag hatte entstehen sehen – dessen Niedergang er beiwohnte und dessen Begründer Samuel Fischer er 1934 zu Grabe tragen musste.[148] Loerke zeigt sich als Flaneur ungewöhnlicher Art, der den Verlust des literarischen Lebens bezeugte. Er spürte als Erster den Mangel, der sich durch den Exodus vertiefte. Das Dämonische dieses Vorgangs deutete sich

Aristoteles. Die Nikomachische Ethik. Buch VII. 1149b 32 – 1150a 18. Übersetzt und mit einem Nachwort von Franz Dirlmeier. Stuttgart 2003, 194.

143 Vgl. Oskar Loerke. Bezwinger der Teufel (1936), in: ders. Literarische Aufsätze, 201–222, hier: 212. Sowie Loerkes eigenes Nietzsche-Bild, das sich vom offiziellen absetzte, vgl. Loerke. Tagebücher, 324.

144 Vgl. Oskar Loerke. Lebensschiff (1939), in: ders. Gedichte und Prosa. Bd. 1, 625.

145 Vgl. Loerke. Bemalte Vasen von Atlantis, 512.

146 Hierbei handelt es sich um zwei alte Freunde sowie eine Kollegin aus dem Verlag: Loerke. Tagebücher, 299.

147 Vgl. Loerke. Tagebücher, 61.

148 Zur Metapher des Fischer Verlages als »Zentrale geistiger Kraft« vgl. Loerke. Tischrede auf S. Fischer (1926), 34. Sowie zum Verlag als »Heimstatt der Heimlosen«: Loerke. Gedenkworte für S. Fischer (1934), in: Kasack (Hg.). Reden und kleinere Aufsätze von Oskar Loerke, 68–71, hier: 69.

als Schweigen des Mauerwerks an.[149] Damit nahm Loerke motivisch vorweg, was Hamburger im Nachkrieg als ein »Schweigen der Steine« in Berlin erkennen sollte.[150] Loerke hat diesen Niedergang verzeichnet: »Doch ihr verwüstet weit und breit / Den Raum des Geistes unterdessen.«[151] Bei Loerke begannen die Scherben aufsässig zu werden: »›Taste dich rückwärts, wir sind Scherben.‹«[152] Was er bezeugte, war das Zerbrechen einer Lebenswelt, von der nur Überreste – als »Spuk im Dachbodenverstecke« – überlebten.[153]

Dass auf das erzwungene Verstummen die Ödnis folgen könnte, hat er erstmals in dem Essay »Die arme Öffentlichkeit des Dichters« benannt.[154] Diese Schrift, von Loerkes »eigenwilliger Gedankenschärfe« getragen, im Juni 1933 fertiggestellt, war seine erste Reaktion auf die kulturpolitischen Angriffe des neuen Regimes.[155] Delikat ist eine Gegenüberstellung mit Benn, insofern Loerke diesen Aufsatz – nach einer Bemerkung Kasacks – zeitgleich mit dessen Rundfunkrede »Der neue Staat und die Intellektuellen« schrieb. So ist seine Diagnose im unmittelbaren Dissens mit Benn zu lesen. Wo dieser eine geistige Wende ersann, sah Loerke eine »Selbstherrlichkeit aus dem Nichts«, von bisher unbekannten Akteuren, die sich »der Zerstörung freuen«.[156] Zu Benns Rede notierte Loerke nur trocken: »Stramm für heroische Unterdrückung der Intellektuellen.«[157] Aufschlussreich für diesen Passus ist seine Einlassung zur intellektuellen Gleichschaltung im Dritten

149 »Mauerwerk zerbröckelt in das Schweigen«. Oskar Loerke. Altes Gemäuer (nach 1939/41), in: ders. Gedichte und Prosa. Bd. 1, 643–644, hier: 643.

150 Vgl. Michael Hamburger. Das Schweigen in Berlin (1976), in: ders. Pro Domo. Selbstauskünfte, Rückblicke und andere Prosa. Hg. von Iain Galbraith. Wien, Bozen 2007, 157–161, hier: 159.

151 Oskar Loerke. Der Traum von den Raubtieren und von dem Schattenreich (1939/41), in: ders. Gedichte und Prosa. Bd. 1, 639.

152 Loerke. Bemalte Vasen von Atlantis, 505.

153 Vgl. ebd. Loerke lagerte tatsächlich ausgesonderte Bücher auf dem Dachboden: Loerke. Tagebücher, 338.

154 Die Arbeit an dem Essay fällt in den April 1933. Eine erste Korrekturfahne Loerkes ist auf den 24.4.1933 datiert, der Text erschien im Juni. Vgl. Oskar Loerke. Die arme Öffentlichkeit des Dichters. Korrekturfahnen. Erste Korrekturen, Bl. 3. Nachlass Oskar Loerke Marbach.

155 Kasacks Hinweis auf die Redaktion des Essays: Hermann Kasack. Tagebuchaufzeichnungen, in: Zeller (Hg.). Oskar Loerke, 80–86, hier: 81.

156 Vgl. Loerke. Tagebücher, 295. Sowie: Oskar Loerke. Über viele Sintfluten hin (1940), in: ders. Gedichte und Prosa. Bd. 1, 565f. In dem Gedicht »Über viele Sintfluten hin« ist der Kataklysmos aufgerufen, an welchen Hamburger bildlich anschließen sollte. Vgl. Hamburger. After the Second Flood, 9.

157 Loerke. Tagebücher, 290.

Reich: »Wer nicht selbst denken kann, ist ein Philister. Wem das eigene Denken mit Gewalt untersagt wird, soll zum Philister gemacht werden. Trumpf ist der heroische Philister.«[158] Das ist die Art von Selbstunterdrückung, die in Benns Rede auf den »totalen Staat« anklingt: »Ich spreche im Namen des Gedankens und derer, die sich ihm beugen.«[159]

Wie aus einer anderen Welt gesprochen klingt da Loerkes Essay, wenige Wochen nach Benns Rede in der »Neuen Rundschau« abgedruckt. Voll Sorge heißt es darin: »Dichtung von dieser oder jener Art läßt sich nicht befehlen, denn der Tod allenfalls, nicht das Leben läßt sich rufen. Dichtung von dieser oder jener Art läßt sich unterdrücken. Dann bleibt ein öder Raum, wer weiß, wie lange?«[160] Diese Frage nach dem »öden Raum«, das ist die Spur der leeren Zentrale, die über Loerke noch hinaus zu verfolgen ist. Im Anfang erblickt er schon das Ende eines Vorganges. Er beginnt die Spannweite des Bankrotts zu ermessen, der in Berlin – im Herzen dieses Kollapses – eintreten sollte. In einem handschriftlichen Text für die Schublade aus dieser Zeit mit dem Titel »Gegen den Antisemitismus« wird Loerke deutlicher, was der Überlieferung durch die Zerstörung des jüdischen Beitrags in Deutschland verloren gehen werde.[161] Sein »öder Raum« ist das abgründige Gegenbild zur »Zentrale geistiger Kraft«, wie er sie in Berlin noch mit Leben erfüllt sah. Die zerstörerische Bewegung in die Ödnis sollte ihn bis ans frühe Lebensende 1941 begleiten. Es bestimmte seine Zukunftsvision in einem seiner eindringlichsten zu Lebzeiten unveröffentlichten Gedichte, das er 1939 vor Kriegseintritt schrieb. Ein »Vogel«, heißt es da, werde am Ende »in der Öde singen«. Etwas werde nachhallen: »Auf Zungen, die kein Brot mehr kennen.«[162] Schroff setzt er, wie im barocken Gedicht, das verletzte Leben gegen die Gewalt der Technik. Der Geschmack der Not ist spürbar, als sei es ein Gedicht aus dem Nachkrieg. Doch mit der Not ist die Hoffnung aufgerufen, dass durch das Zeitalter des »Wahns« hindurch, »abseits«, etwas hinübergerettet werde, das »Mord und Brand« am Ende »überdauern« werde.

Mit dem Hoffen aufs »abseits« ist im Gedicht seine innere Emigration mit

158 Ebd., 299.
159 Benn. Der neue Staat und die Intellektuellen, 12.
160 Loerke. Die arme Öffentlichkeit des Dichters, 734.
161 Er beschreibt u.a., was das Judentum der »Menschheit geschenkt« habe. Vgl. Oskar Loerke. Gegen den Antisemitismus. Circa Frühjahr 1933. Nachlass Oskar Loerke, DLA Marbach.
162 Vgl. Oskar Loerke. Eines Dichters Stimme (1939), in: ders. Gedichte und Prosa. Bd. 1, 612f., hier: 613. Laut Nachlasspapieren ist die Handschrift vom 1.4.1939. Vgl. Oskar Loerke. Zum »Silberdistelwald«. Eines Dichters Stimme. Nachlass Oskar Loerke, DLA Marbach.

»Auf Zungen, die kein Brot mehr kennen / Und Trost nicht wußten, überdauern.«[163] Originalblatt aus Loerkes Schublade vom 1.4.1939.

aufgerufen, die er in der Metapher der Katakombe umschrieben hat. Es ist jene Unterwelt, mit der eine Überlieferungsproblematik verknüpft ist. Bei Loerke ist die Ambivalenz dieses Bildes zu spüren; denn seine Krypten sind Rückzugsorte wie unter Umständen Orte tragischen Verstummens. Die Metaphorik tritt erstmals im eröffnenden Wüstengedicht im »Silberdistelwald« hervor, worin die Wüstenei mit dem »öden Raum« korrespondiert: Denn einmal ausgestreut, »deckt sie« die Quellen »zu«.[164] In diesem Zusammenhang kommt Loerke auf seinen Topos der »Gruft«, in der schweigsame Tote verwahrt würden – lange bis wieder ein erlösendes Wort die Stille breche. Diese ›Gruft der Wortlosigkeit‹ hebt sich von einem sehr gegenwärtigen Szenario ab: Schon einmal habe man, schrieb er mit Verweis auf historische Vorbilder gegenwärtiger Geschehnisse, »einheimische Literatur verbrannt«, ein Autodafé, der Verstummen erzeugt habe. Damit war die Stille des ver-

---

163 Zitiert nach: Loerke. Eines Dichters Stimme. Nachtrag zum »Silberdistelwald«. Nachlass Oskar Loerke, DLA Marbach. Eine Abschrift des Gedichts befindet sich im Anhang. Vgl. »Appendix Loerke«.

164 Vgl. Oskar Loerke. Die Wüste (1934), in: ders. Gedichte und Prosa. Bd. 1, 388f., hier: 388. Zur Wüste als moderner Schlüsselallegorie zur Beschreibung des Urbanen bzw. dessen Wendung in einen *locus terribilis* vgl. Calin. Auferstehung der Allegorie, 278f.

brannten Wortes gemeint, Mahnung und Dilemma für die zukünftige Überlieferung: »Wieviel Grüfte von Vätern, Söhnen, Enkeln, Urenkeln haben sich gefüllt«, so Loerkes Warnung im Jahr der Bücherverbrennungen, »bis wieder eine nennenswerte deutsche Dichtung da war.«[165]

Man müsse sich die »geistige Wüste« vergegenwärtigen, hat Muschg nach dem Krieg gesagt, um die Rehabilitierung Benns in der frühen Bundesrepublik zu verstehen.[166] Er sei selbst eine Wüstenerscheinung, ein Symptom der Leere, das sich einer ratlosen Jugend anbot.[167] Es sei ein Missverständnis dieser jungen Generation gewesen, die ihre eigene Verzweiflung mit Benns nihilistischer Artistik verwechselte – und den Zugang zu ethischen Fragen verpasste, wie sie die Lyrik andernorts in Europa aufwarf. Benn wurde zur doppelzüngigen Stimme der Zeit. Koeppen hat das Raffinierte daran benannt: »Eine Stimme vor und eine Stimme hinter dem Vorhang.«[168] Als »Selbstteilung« bezeichnete es Hamburger: »Doppelleben« wurde ihm zum Sinnbild einer Verstrickung, eine Schrift »närrisch und spitzfindig«, doch Symptom einer Geisteshaltung.[169] Zu fragen bleibt gleichwohl, ob nicht auch Benn in seinen »stillsten Stunden« für Scham und Trauer empfänglich war. Von ihm ist hierzu aus der Zeit nach 1933/34 eine Aussage übermittelt, die Einblick in seine Zerrissenheit gewährt: »Unendliche Scham über meinen Abstieg, und zu langes Leben, Über-leben, unendliche Trauer über den Verrat, den ich an mir zu begehen plante«.[170] Man muss dankbar für die Aussage sein, macht sie doch das Phänomen des Selbstverrats einsichtig. Es ist die verdeckte Seite dessen, was sich bei Benn sonst als Umdrehung der Scham zeigt: eine nach außen gestülpte Schamlosigkeit, wie sie für das zynische Ethos bezeichnend ist.[171] Benn, das zeigen diese Bemerkungen, ist auch der verführte Verführer, den die Saison der Begeisterung in die Preisgabe des Talents führte.

---

165 Loerke. Die arme Öffentlichkeit des Dichters, 734.

166 Vgl. Muschg. Der Ptolemäer, 157.

167 Tatsächlich bot sich Benn als Berater der Jugend nach dem Krieg an. Vgl. Benn. Doppelleben, 153.

168 Koeppen. Deutsche Expressionisten oder Der ungehorsame Mensch, 271.

169 Vgl. Hamburger. Gottfried Benn, 215. Vgl. das Gegenmodell im Eingeholtwerden durch die eigene Geschichte: Schapp. In Geschichten verstrickt, 162.

170 Benn an Oelze vom 24.1.1936, in: ders. Briefe an Oelze. Bd. 1, 99–101, hier: 99. In dem Brief zieht Benn Bilanz seines Schaffens. Vgl. Emmerich. Benn, 92. Benn hat die Scham auch anlässlich seiner Flucht zum Militär gestanden: »›Oberstabsarzt‹ – die Scham ist zu den Hunden geflohn.« Benn an Oelze vom 30.1.1935, in: ders. Briefe an Oelze. Bd. 1, 43f., hier: 44.

171 Zur knappen Beschreibung des Zynikers vgl. Scheler. Über Scham und Schamgefühl, 94f.

Loerke hat Benns Achterbahnfahrt von der Entgleisung, dem Verrat an den Freunden, über den Gegenangriff durch die Nazis bis zu dessen Ernüchterung nachgezeichnet.[172] Dass sein NS-Engagement jäh abbrach, hatte damit zu tun, dass er ins Visier schärferer Opportunisten geriet, die ihn, bizarr genug, als »Juden« jagten, eine Art der Verleumdung, deren Opfer auch Loerke wurde.[173] Gleichwohl reagierte dieser mit Format darauf, indem er – in einem Akt des »aktiven Anstandes« – zu seinem verfolgten Verleger hielt.[174] Entsprechend reserviert reagierten einstige Vertraute auf Benn, wie es Loerke nach einem Treffen in Berlin beschrieb: »Schlechter Nachruf auf Benn. Es sei höchste Zeit gewesen, daß er sich zurückgezogen habe. Flucht in die Reichswehr.«[175] So reagierte Benn auf die öffentliche Beschädigung, indem er sich durch das Schutzkleid des Militärs vor weiteren Blamagen schützte. Es war für ihn der Rückzug aus dem literarischen Berlin, dessen Verödung er nicht mehr verhehlte: Seinerseits sprach er nun vom geistigen »Hohlraum«.[176] Doch anders als Loerke wählte er das Schweigen: Er habe sich, so Benn in »Doppelleben«, »literarisch« in dieser Zeit »völlig ausgelöscht«.[177] Wie viel Glauben man ihm auch schenken mag – was er umschreibt, ist sein Hinüberwechseln in die Tarnkappenexistenz der Uniform. Es sei eine »Schutzhaltung« gewesen, die nach Kaschnitz viele aus Ratlosigkeit wählten, wie mit der Verstrickung in die Ziele der Nazis umzugehen sei.[178] Im Schutze der Uniform suchte Benn eine Möglichkeit,

172 Von der Entgleisung zur versuchten Denunziation bis zur Ernüchterung die Einträge: Loerke. Tagebücher, 290, 316, 326, 330.

173 Zur Jagd auf Benn, ausgelöst durch Börries von Münchhausen vgl. Hamburger. Benns Briefe an Oelze, 89.

174 Loerkes souveräne Reaktion: Oskar Loerke an Hans Franck vom September 1934, in: Das goldene Tor 8/9 (1947), 728 f. Den Begriff des »aktiven Anstandes« für Zivilcourage im Dritten Reich prägte Stern. Vgl. Elisabeth Sifton/Fritz Stern. Keine gewöhnlichen Männer. Dietrich Bonhoeffer und Hans von Dohnanyi im Widerstand gegen Hitler. München 2013.

175 Zu diesem Kreis, der sich hier 1935 besprach, gehörten Renée Sintenis und E.R. Weiss: Loerke. Tagebücher, 334. Seinen schlechten Ruf hat Benn später selbst notiert. Vgl. Benn an Oelze vom 24.8.1941, in: ders. Briefe an Oelze. Bd. 1, 282–284, hier: 283.

176 Zur »Hohlraum«-Diagnose sowie zur Suche eines neuen »Centrums«: Benn an Oelze vom 9.3.1935, sowie: Benn an Oelze vom 15.3.1939, beide in: ders. Briefe an Oelze. Bd. 1, 45–47, hier: 46; 213–215, hier: 214.

177 Vgl. Benn. Doppelleben, 117.

178 »Unschuld und Passivität werden unwillkürlich gleichgesetzt«. Kaschnitz. Engelsbrücke, 101. Zur Berufung auf Passivität in Militärkreisen auch: Sifton/Stern. Keine gewöhnlichen Männer, 70.

die Berliner Zeit zu vergessen. So wird mit der Abwehr der Scham am Ende auch das Erinnerungsvermögen beschränkt. Hier gilt, was Nietzsche als psychologisches Momentum herausstellte: »›Das habe ich gethan‹, sagt mein Gedächtnis. Das kann ich nicht gethan haben – sagt mein Stolz und bleibt unerbittlich. Endlich – giebt das Gedächtniss [sic!] nach.«[179]

Scheler hat diesen Gedanken fortgeführt; er wies darauf hin, dass der falsche Stolz, wenn er die unethische Handlung deckt, zur Abschnürung des Lebensfadens führt.[180] Dann entsteht, was Nietzsche das »feine Schweigen« genannt hat, auch wenn es im Falle der Literatur im Dritten Reich wenig fein war.[181] Die Spaltung der Persönlichkeit ist hier die Grundlage.[182] Benn wurde für Hamburger so zum Prototypen einer Spaltung des emotionalen Lebens: ein Konflikt, der für ihn das ethische Problem der Literatur im 20. Jahrhundert schlechthin ausmachte.[183] Bei Lichte betrachtet kam dies bei Benn einer Versuchung durch rhetorische Suggestion gleich, worin er am Schicksal seiner Generation partizipierte. Hatte nicht Loerke diese Möglichkeit geahnt, wenn er in einer frühen Besprechung von Benns »Spaltung« die Verblüffungsrhetorik herausstrich und die Frage stellte, was mit der Wahrhaftigkeit im Ausdruck geschehe?[184] Diese Skepsis hat Hamburger fortgetragen. Für ihn mündete die spätere Schamabwehr Benns in einer Kappung des Zeithorizonts: in seelischer Vermauerung im Nachkrieg.[185]

Wenn Hamburger nach dem Krieg vom Überleben der Dichtung sprach, die trotz allem »breakdown of values« etwas hinübergerettet habe, so mag

179 Friedrich Nietzsche. Jenseits von Gut und Böse. (1886), in: ders. Kritische Studienausgabe. Bd. 5. Hg. von Giorgio Colli und Mazzino Montinari. München 2007, 9–243, hier: 86. Zu Benns Nietzsche-Lektüre in seinen Rückzugsjahren: Benn an Oelze vom 15.8.1939, in: ders. Briefe an Oelze. Bd. 1, 213–215, hier: 213.

180 Vgl. Max Scheler. Zur Rehabilitierung der Tugend, in: ders. Vom Umsturz der Werte. Bd. 1. Leipzig 1919, 13–42, hier: 21.

181 Zur Geschichte dieser »Attitüde« vgl. Fritz Stern. Das feine Schweigen und seine Folgen (1998), in: ders. Das feine Schweigen. Historische Essays. München 1999, 158–173, hier: 158f.

182 Benn hat diese Spaltung beschrieben, vgl. Benn. Doppelleben, 136, 143f. Sowie zum »schizoiden Grundzug«: Benn an Oelze vom 27.10.1940, in: ders. Briefe an Oelze. Bd. 1, 245–247, hier: 246. Auch: Lethen. Der Sound der Väter, 235.

183 Grundlegend zur These der Abspaltung vgl. Hamburger. After the Second Flood, 27. Sowie zu Benn als Prototyp dieser Selbstspaltung: Hamburger. Poesie und Wahrheit, 184.

184 Vgl. Oskar Loerke. Gottfried Benn. Spaltung (1925), in: ders. Der Bücherkarren, 323f.

185 Vgl. Hamburger. Berliner Variationen, 24.

er auch an Loerkes Gegenraum der Katakombe gedacht haben.[186] Kasack hat darauf hingewiesen, dass Loerke im Nationalsozialismus ein »geistiges Katakombendasein« geführt hatte.[187] Er war es auch, der dieses zur Leitmetapher für dessen innere Emigration erhob. Doch das dazugehörige Gedicht »Katakombe« ist mehrdeutig. Schon sein Motto »Etliche sind ausgenommen / Etliche nicht angekommen« weist über Loerkes Existenz hinaus auf die, die sich nicht in die Katakombe haben retten können.[188] Vielleicht ist das »ausgenommen« auch so zu verstehen, dass sich einige »ausgenommen« haben, Verrat begingen. Unverkennbar geht es in dem Gedicht um die Toten einer alten Welt, deren Andenken vergessen zu werden droht. Sie werden nur durch ein »Wir«, die Rückzügler, im Leben gehalten. Hierzu fügt sich eine Selbstbeschreibung Loerkes: »Ich komme gleichsam als Führer der Toten; wir hatten keine Macht, aber die Verehrung und den Glauben der Seele.«[189] Diese Haltung ist bezeichnend für das »Katakombendasein« des Spätwerks.

Aufschlussreich ist der Wechsel von der Licht- zur Wortmetaphorik. So war es laut Blumenberg die in der Aufklärung prominente Lichtmetaphorik, in der Unterwelten zum Hort geistiger Glut werden konnten: Schlupfwinkel für »gefährdete Kerzenflammen«.[190] Zu denken ist auch an die mittelalterliche Vorstellung der Kammer als Rückzugsort der Wahrheit.[191] Bei Loerke ist es anders gedacht: Das »Licht« ist das zu hütende »Katakombenwort«. Das wahrhaftige Wort ist es, das an die Stelle des bedrohten Geistes rückt. Die Pointe ist, dass nicht das Wort seinen Aufenthalt in der Katakombe hat, sondern dass das Wort die zu bewahrende Katakombe selbst ist. Loerke stellt dies in einem Reim heraus, wenn er »Hort« mit »Katakombenwort« engführt.[192] Das Wort, um welches es ihm geht, ist eines, das nicht von der Schwärze der Nacht absorbiert wird: ein »anderes Licht«. Die Reste innerer

---

186 Vgl. Hamburger. After the Second Flood, 28.
187 Vgl. Kasack. Katakombendasein 1946, Bl. 1. Nachlass Oskar Loerke, DLA Marbach.
188 Vgl. Loerke. Katakombe, 481.
189 Loerke. Tagebücher, 306. Zu dieser Hermesrolle zwischen der verheerten Oberfläche und dem Totenreich auch: Walter Rehm. Orpheus. Der Dichter und die Toten. Düsseldorf 1950, 101, 369.
190 Vgl. Blumenberg. Höhlenausgänge, 518.
191 Zur Kammer: Hans Blumenberg. Licht als Metapher der Wahrheit. Im Vorfeld der philosophischen Begriffsbildung (1957), in: ders. Ästhetische und metaphorologische Schriften, 139–171, hier: 151.
192 Vgl. Loerke. Katakombe, 482. Zur Stiftung einer Zusammengehörigkeit durchs Sinngefüge des Reimes vgl. Oskar Loerke. Vom Reimen (1935), in: ders. Gedichte und Prosa. Bd. 1, 713–730, hier: 719.

Freiheit, sie liegen im »Katakombenwort«. So ist mit der Metaphorik ein Überlieferungsraum geöffnet, der im Verborgenen die Toten, die unter Bedrängnis Lebenden, mit den Kommenden verbindet.[193] Bei ihm wird in der »Katakombe« ein wirkungsgeschichtliches Modell vorbereitet.

Was er allegorisch aufbaut, ist seine verborgene Überlieferungskatakombe, wie er sie unterhalb des »öden Raumes« zu bewahren versuchte. Damit ist sie, wie aus der christlichen Überlieferung vertraut, Topos des Überlebens.[194] Die Katakombe sollte Ort eines Ausharrens für den Tag sein, an dem das »blutgefügte Reich« zusammenbrechen werde.[195] Hiermit ist ein zweiter Gedanke verbunden, der sich mit Blumenbergs Nachdenken über die Höhlenmetaphorik erschließen lässt. Die Katakombe ist nicht nur als Zufluchtsort verstanden, sondern auch als Geburtsstätte einer Werkform unter Bedrängnis. Denn in der Wendung ins Dunkle gehen Loerke Folgen innerer Bilder von hoher Eindringlichkeit auf, welche ihre »Gefangenschaft« nicht verhehlen. Die Wahrheit dieses Verfahrens liegt im Hinfragen auf eine furchtbare Erfahrung. Noch einmal – und nur im »Katakombendasein« – findet Loerke zu seiner Form produktiver Bildwerdung.[196] Die Katakombe wird, gleich einer Dunkelkammer, bildentwickelnder Raum. Produktionsstätte für das, was Hermann Kesten als »unterirdische Kellerliteratur« in totalitären Regimen ausgemacht hat.[197] Nach dem Krieg sollte Richard Alewyn über den Ort der Literatur in Zeiten der Bedrohung festhalten, dass dieser sich zu einer Stiegen-, Keller- und Kerkerexistenz hin marginalisiert hatte.[198] Für Loerke bildete diese einen Rückzugsraum: Refugium, in dem

---

193 Benjamin weist darauf hin, dass die Katakombe auch der Ort »prophetischer Geister« gewesen sei. Vgl. Benjamin. Das Passagen-Werk, 137. Zu einem Loerke verwandten Verständnis der Katakombe als Ort der Weitergabe unter Verfolgung vgl. Günther Anders. Die molussische Katakombe. Zweite, erweiterte Auflage. München 2012, 9, 17. Zur Katakombe als städtischem Versteck: Minder. Paris in der französischen Literatur, 326f.

194 Zum christlichen Topos des Überlebens vgl. Heinrich Lützeler. Vom Sinn der Bauformen. Der Weg der abendländischen Architektur. Freiburg 1953, 7.

195 Vgl. Oskar Loerke. Leitspruch (1940), in: ders. Gedichte und Prosa. Bd. 1, 614. Zu Loerkes Wunsch, den Zusammenbruch der NS-Herrschaft noch zu erleben, vgl. Kasack. Katakombendasein 1946, Bl. 4. Nachlass Oskar Loerke, DLA Marbach.

196 Zur produktiven Katakombe auch: Kasack. Katakombendasein 1946, Bl. 1. Nachlass Oskar Loerke, DLA Marbach. Sowie: Blumenberg. Höhlenausgänge, 26.

197 Vgl. Hermann Kesten. Die gevierteilte Literatur (1952), in: ders. Der Geist der Unruhe, 116–134, hier: 119.

198 Zur Verschiebung des Orts der Literatur vgl. Alewyn. Hofmannsthal und diese Zeit, 9, 12.

das Dichten als Handlung, im Widerstreit mit einer feindseligen Außenwelt, noch einmal vollzogen werden konnte.

Mit seiner Standortsbestimmung ging die Diagnose einer ideologischen Zangenbewegung einher, die die Dichtung in seinen Augen hatte heimatlos werden lassen. Was sich vor 1933 anbahnte, war eine Auseinandersetzung mit der Literatur im Modus des Überlieferungskampfs: Kampf um ihre »Totenkammern«, wie Loerke in »Die arme Öffentlichkeit des Dichters« schrieb.[199] Was auf dem Feld der Überlieferung einbrach, war eine Militarisierung ihrer Frage, eine Auseinandersetzung um ihre Substanz im Aufeinanderprallen von »Aktion« und »Reaktion«, ohne den Eigensinn der Literatur zu berücksichtigen, die »keine militante Erneuerung« vertrage.[200] Was Loerke beschäftigte, war eine Form des Anstands in Fragen des Geisteslebens. Was er darunter verstand, hielt er in der mit Peter Suhrkamp besorgten Anthologie »Deutscher Geist« fest. In ihrer Intention ist sie eine Parallelaktion zu Benjamins »Deutschen Menschen« im Exil; in beiden wird ein Gegenzug zu den Umtrieben im Dritten Reich sichtbar. Minder hat für Loerkes Schaffen diesbezüglich den Ausdruck einer »résistance intérieure« gebraucht.[201] Sie konnte zweierlei bedeuten: Einerseits einen »inneren Widerstand«, der als Unmut nicht nur aus der Verfolgungserfahrung resultierte, sondern aus der Scham angesichts der Schändung ihm hoher Werte. Anderseits betont »résistance intérieure« seine Lage als Außenseiter im Innenraum der Diktatur. Als Innenraumfigur unternahm er Aktivitäten, die Minder als »barrage« – Sperrwerk – bezeichnete. Dazu gehörte Loerkes kleine Theorie der Glutkerne, versteckt in der Einleitung zum »Deutschen Geist«. Darin appelliert er, das Eigenleben der Sprache nicht zu überformen. Denn nicht das Volk oder die Nation, sondern dieses »viel ältere Gewächs« gebe den Wink in »grundsätzlichen Dingen« der menschlichen Erfahrung.[202] Dass diese Auffassung sich gegen das »Geschrei«, gegen eine »Gesellschaft« der »Scharlatane« absetzte, hätte Loerke kaum zu betonen brauchen.[203] Auch dies ist Ausdruck seines verletzten Weltbezugs: Die Sprache sei ihm »wund« geworden.[204]

---

199 Vgl. Loerke. Die arme Öffentlichkeit des Dichters, 733. Zum Angriff auf die Überlieferungssubstanz der Dichtung aus dem Geist autoritativer Ideologie auch: Gadamer. Plato und die Dichter, 192.

200 Vgl. Loerke. Die arme Öffentlichkeit des Dichters, 733.

201 Vgl. Robert Minder. Huit Portraits d'Allemands, in: Allemagne d'aujourd'hui 1 (1956), Nr. 3, 114–120, hier: 116f.

202 Vgl. Oskar Loerke. Einleitung, in: ders. (Hg.). Deutscher Geist. Ein Lesebuch aus zwei Jahrhunderten. Bd. 1. Berlin 1940, 7–14, hier: 10.

203 Vgl. ebd., 9.

204 »Du prüfst mein Wort und fragst, warum es wund sei.« Oskar Loerke. Flügel-

Das Sujet des Wundwerdens übertrug sich auf die Frage der Überlieferung. So, wenn er in seinem Tagebuch immer wieder auf das Motiv des Faustischen zu sprechen kommt und es in dem 1936 publizierten Aufsatz »Bezwinger des Teufels« aufruft, woran deutlich wird, wie seine Goethe-Bezüge zeitdiagnostische Qualität erhielten: Goethes Anschauungsbilder wurden ihm zu Spiegeln seines Dilemmas.[205] Da beschreibt er den Teufelspakt nicht als einen beliebigen Vertrag zu eigenen Gunsten, sondern als das »Radikale« schlechthin. Es ist – aus dem Inneren des Dritten Reichs gesprochen – der Pakt mit dem Äußersten: »Das konzentrierte Böse ist der Partner.«[206] Was Loerke umschreibt, ist der Übergang vom faustischen Streben ins Gnadenlose, wie es ihm aus dem zweiten Teil der Faust-Tragödie prophetisch entgegentritt.[207] Faust ist ihm der verführbare Mensch schlechthin, so wie er selbst mit unterschiedlichen Formen der Korrumpierbarkeit Bekanntschaft gemacht hat. Einsichten, die er ins Werk einstreute: »Ein Leichtfertiger braucht eine Umgebung, die seinen Leichtsinn duldet oder sich an ihm erfreut«, so Loerke 1938, »ein Lügner eine Welt, die sich belügen läßt und darum selbst lügt, ein Unterdrücker eine Gesellschaft, auf die er pressen kann.«[208] Der totalitäre Druck, die schmeichelnde Lüge, der opportune Leichtsinn – Loerke fand Worte dafür.

Dass er zur Darstellung des Zweifelhaften auf die Allegorie zurückgriff, lag auf seiner Spur. Seit je hat diese eine Affinität zu den »dunklen Regionen« des Menschseins, seiner Geschichte.[209] Zur Aussprache blieb Loerke gegen Lebensende nur das Tagebuch, da ihm mit Kriegseintritt die Restöffentlichkeit des S. Fischer Verlags und seiner Organe weitestgehend abhanden kam: »Ein Verbrechen hört dadurch, daß es zum Gesetz erhoben wird, nicht auf, Verbrechen zu sein«, schrieb er für die Schublade. »Vielmehr wird ihm dann die Anerkennung gegeben und seine tausendfache

wesen (1936), in: ders. Gedichte und Prosa. Bd. 1, 475. Das Wundheitsmotiv sollte Celan ähnlich – als »wirklichkeitswund« – verwenden. Vgl. Paul Celan. Ansprache anlässlich der Entgegennahme des Literaturpreises der Freien Hansestadt Bremen (1958), in: ders. Gesammelte Werke. Bd. 3, 185 f., hier: 186.

205 Dieser ›allegorische Spiegel‹ wird exemplarisch an seiner Deutung von Goethes »Campagne«, jenem »unglückseligen Feldzug« sinnfällig: Loerke. Einleitung, in: Goethe. Kampagne in Frankreich, vii.

206 Loerke. Bezwinger der Teufel, 213.

207 Zu Loerkes »Faust II«-Lektüre 1934/35: Loerke. Tagebücher, 325, 330, 334. Zur »Faust II«-Beschäftigung sein später Essay, worin er auf Max Kommerells Faust-Analyse eingeht, vgl. Loerke. Der Dichter vor den Erscheinungen, 238.

208 Loerke. Anton Bruckner, 230.

209 Vgl. Calin. Auferstehung der Allegorie, 288.

Verbreitung gewährleistet.«[210] Diese Unterscheidung untermauert er mit der zwischen einem korrumpierbaren und einem wahrhaftigen Sprachbezug. Er sah einerseits die Gefahr zur »Verführung der Sprache«, andersseits zum »benennenden Wort« als einem schonungslosen.[211] Was Loerke zu bezeichnen versuchte, war der Missbrauch der Sprache. Darin ruht die Diskrepanz seiner Auffassung zu jener Benns: Während dieser die Expressivität in den Dienst rhetorischer Suggestion stellte, war Loerke jeder Ton des Affektierten fremd.[212] Was er zu konstatieren nicht umhinkam, war die Erfahrung, dass die Literatur unter dem Druck aggressiver Machtpolitik sich zu spalten begann: in eine, die das Schmerzvolle in sich aufnahm, und eine andere, die sich dem Rühmen hingab.[213] Sprach Loerke einmal vom »Wagnis des Gedichts«, so spitzte sich dieses in der Diktatur zu: Denn die Sprache habe ihr doppeltes Potenzial offenbart: Ein Freisein zum »Innigsten« wie zum »Verrat«.[214] Letzteres bezeugte er im Tagebuch; Ersteres ist durch einen Ausspruch Samuel Fischers überliefert, der über Loerke sagte, dieser sei ihm zum »Hüter der Sprache« geworden.[215]

Loerkes Sprachauffassung war nicht von dem zu trennen, was man sein poetisches Gewissen genannt hat.[216] Dieses blieb für ihn auch im Essay lebendig, den er als »Selbstbekenntnis« auffasste.[217] Loerkes besondere Rolle für die abgebrochene Tradition hat Hamburger nach dem Krieg gespürt, wenn er betonte, dieser habe es verstanden, seine »Sensibilität« mit »Integrität« zu verbinden. Damit war er prädestiniert, zu jenem absoluten Zeugen zu werden, der im Zentrum mitansehen musste, wie die Literatur den Weg einer »gradual subordination« unter die Politik nahm.[218] Insofern ist seine Trauer – die neben Zorn aus den Gedichten spricht – nicht einfach Melancholie, sondern Bekundung eines Verlusts angesichts des Zusammenbruchs

210 Loerke. Tagebücher, 360.
211 Das »benennende Wort« ist ihm das stimmige Wort, »weil es nicht ziert und nicht lügt, was immer es benenne.« Loerke. Bezwinger des Teufels, 218, 220.
212 Zur Zurückweisung des ›affektierten Tons‹: Loerke. Einleitung, in: Goethe. Kampagne in Frankreich, vii.
213 Zu Loerkes Kritik des schmeichelnden Herrscherlobs vgl. Loerke. Worte vor einer Lesung, 194.
214 Hier spricht Loerke mit Jean Paul: »Die Sprache ist so furchtbar frei, zum Innigsten wie zum Verrat.« Loerke. Einladung zu Jean Paul, 193.
215 Nach einer handschriftlichen Widmung Fischers, vgl. Loerke. Tagebücher, 375.
216 Vgl. Hermann Kasack. Oskar Loerke. In: ders. Mosaiksteine. Beiträge zu Literatur und Kunst. Frankfurt a.M. 1956, 134–161, hier: 154.
217 Vgl. Oskar Loerke. Thomas Manns Buch von den Meistern (1935), in: ders. Literarische Aufsätze, 195–201, hier: 198.
218 Vgl. Hamburger. A Proliferation, 57f.

eines literarischen Lebens: »Ich kann nicht schlafen, / Ich werde in der Nacht uralt«.[219] Hier zeigt sich, was er »Sorge« um die »Wahrheit« nannte.[220] Mit dieser wurden die Dinge schwer, die Schritte auf dem »Steinpfad« langsam.[221] Was er aufrechthielt, war sein Dissens mit dem staatlich verordneten Unrecht. Der Dichter müsse den Mut aufbringen, uneins mit seiner Zeit zu sein. So lässt Loerke einmal seinen Dämon der Dichtung auftreten, der durch nichts als seine Schweigsamkeit die innere Stimme hervortreten lässt: »Klagen darf ich nur«, richtet das lyrische Ich das Wort an diesen Dämon, »daß ich mich schäme«.[222]

Es mag dieser Loerke'sche Dämon gewesen sein, den später Kessel, als einer der Überlebenden der Vorkriegsliteratur in Berlin, als »lautlose Stimme« seines ›Dämons der Idylle‹ im Schutt wiederfand.[223] Loerke hatte Kessel noch als einen Glutträger seiner Art entdeckt, wenn er ihn in einer letzten Rezension zustimmend zitierte: »Oft aus Ruine und Aas / wuchsen die Keime.«[224] Er sah Kessels Werk wachsen; eines, das sich nicht zu »geschrumpfter Wahrheit« herabwürdigen ließ. Aber nicht nur die Rettung eines Tons lag Loerke am Herzen, sondern das »Zeitgefühl«, das Kessel bewies. »Zeitgefühl« wofür? Ihm wird dessen verdeckter Aufruf zum Tyrannenmord nicht entgangen sein. So ist es am Ende vielleicht gar Loerke als Dämon, den Kessel nach 1945 unter den Ruinen wähnte, wo er auf »Gegenmittel« sann.[225] Als eine solche Figur des vorweggenommenen Ruins sah ihn auch der Augenzeuge Minder, der Loerke 1938 zum letzten Mal »aschgrau« in Berlin antraf.[226]

219 Oskar Loerke. Der schwere Weg (1939), in: ders. Gedichte und Prosa. Bd. 1, 626. Zur ethischen Figur einer »Übernahme der Last« auch: Lévinas. Jenseits des Seins, 325.

220 Zur »Sorge um die Ankunft lauterer Wahrheit« vgl. Loerke. Hausfreunde, 458.

221 »Ich steige, wie der Steinpfad steigt. / Wir enden bald und ohne Ziel.« Loerke. Der Steinpfad, 529. Zum Steinpfad als Schlüsseltopos seiner inneren Emigration vgl. Reinhard Tghart. Vor Loerkes Gedichten, in: ders. (Hg). Oskar Loerke. Marbacher Kolloquium 1984. Mainz 1986, 11–54, hier: 49.

222 Oskar Loerke. An meinen Dämon (1936), in: ders. Gedichte und Prosa. Bd. 1, 467. Zum »daimon« der Dichtung jüngst: Durs Grünbein. Fußnote zu mir selbst, in: ders. Aus der Traum (Kartei). Aufsätze und Notate. Berlin 2019, 9–13, hier: 12.

223 Vgl. Kessel. Im Liegestuhl nach einer Reise, 99.

224 Oskar Loerke. Freude am lyrischen Worte (1941), in: ders. Literarische Aufsätze, 259–264, hier: 263. Loerke bezieht sich auf Kessels Trümmervision. Vgl. Martin Kessel. Ode II, in: ders. Erwachen und Wiedersehn. Berlin 1940, 110.

225 Vgl. Kessel. Im Liegestuhl nach einer Reise, 104.

226 Vgl. Minder. Warum Dichterakademien?, 28.

Dass Loerkes Werk in den Untergang seiner Stadt eingehen sollte, hat er in eine letzte Vision gebracht: Er überlasse es »[d]en Trümmern, dem Gerölle«.[227] »Vollendet« worden sei es »in der Hölle«. Das Infame, das ihn dorthin gebracht hatte, würde eines Tages sichtbar. Noch aus dem Grabe: »Wächst meine Hand empor.«[228] Sein Werk wurde zum verscharrten Unruhezeichen. Es ging ein in die Katakombe. Er spürte, dass in seinem Werk »Zukunftsfracht« stecken könnte.[229] In diesem Geist hielt er im Gedicht »Leitspruch« eine Erfahrung fest, die im Leben anderer Autoren – wie Huchels oder Bobrowskis nach dem Krieg – eine gewisse Wiederholung erfuhr. Die Gewaltherrschaft, vom Ende her besehen: »Jedwedes blutgefügte Reich« / Sinkt ein, dem Maulwurfshügel gleich.«[230]

Nach dem Krieg hat ein Freund Loerkes, der nach Jerusalem geflüchtete Übersetzer und Bibliothekar Emanuel bin Gorion, gesagt, was zu diesem Werk zu sagen blieb: dass er Loerkes Bücher als Zeugnisse vor dem Feuer »gerettet« habe, in denen sich für bin Gorion die »Antwort des Dichters an die Schändung«, »in der Hauptstadt des Bedrückers veröffentlicht«, aussprach.[231]

227 Loerke. Zum Abschluss meiner Siebengedichte, 622. Zu Loerkes Schuttvisionen auch: Burkhard Schäfer. Unberühmter Ort. Die Ruderalfläche im Magischen Realismus und in der Trümmerliteratur. Frankfurt a.M. 2001, 17f.

228 Oskar Loerke. Die Hand des Gemordeten (1936), in: ders. Gedichte und Prosa. Bd. 1, 487.

229 Vgl. Loerke. Altes Gemäuer, 643f.

230 Vgl. Loerke. Leitspruch, 614. Nach 1945 wiederabgedruckt in: Loerke. Vermächtnis, in: Sinn und Form 1 (1949), Nr. 1, 51. Zu Loerkes Wendung ins Spruchhafte vgl. Heidrun Ehrke-Rotermund. Zwischenreiche und Gegenwelten. Texte und Vorstudien zur »verdeckten Schreibweise« im »Dritten Reich«. München 1999, 24.

231 Vgl. Emanuel bin Gorion. In memoriam Oskar Loerke, in: Zeller (Hg.). Oskar Loerke, 86–89, hier: 88f.

I. Im Schweigen: Horchen auf die Stille

2. Kessels Januskopf Berlin:
Der städtische Robinson und sein Dämon der Idylle

Überleben ist eine Kunst: nach Katastrophen in den Fortgang des Lebens zurückzufinden, in jene Zone, wo traumatische Erlebnisse zur Grundlage eines gewandelten Wirklichkeitsverständnisses werden.[1] So könne man, schrieb Martin Kessel 1948, mitten in Berlin »als städtischer Robinson« wie in einer Wildnis leben.[2] Damit fand er das existenzielle Bild für eine Daseinsform im Schutt, für das Leben in der untergegangenen Reichshauptstadt. Ein Schiffbruch, der ihre ein halbes Jahrhundert während Insellage einläutete. Sie implizierte die Situation eines »unfreiwilligen Exils«, wie der Kritiker Friedrich Luft die Nachkriegslage nannte.[3] Kessel fand das Bild einer Robinsonade noch im Krieg, nach den Luftangriffen 1943, die weite Teile des alten Zentrums in Schutt und Asche legten. Eine Gegend, die er zur Weimarer Zeit als zentrales »Spannungsgefüge« noch erlebt hatte.[4] Was ihm nun widerfuhr, fasste er als den Durchbruch auf den »Meeresgrund« der Stadt.[5] Das Lebensgefühl mag man sich durch die Stillleben des Malers Werner Heldt vergegenwärtigen. Er setzte ins Bild, was Kessels Schriften umkreisten: kaum Menschen in dieser *ville morte*, nur vereinzelt Kähne, eremitenhafte Scherbengänger, die nach verwertbaren Fundstücken suchten.

Für den Gang durch die Ruinen lieferte Kessel den geistigen Proviant, eine Moralistik, die beides sein wollte: Vademecum gegen Verrohung wie Denkanstoß, das Erlebte nicht zu verscharren, wohl wissend, dass die Flucht ins Vergessen allzumenschlich ist: »Wir tragen eine funkelnde Wildnis in uns«, heißt es in den Aphorismen nach dem Krieg, »die Wildnis des Vergessens.«[6] Er spürte so in der Katastrophenidyllik der stillgelegten Zentrale jenes »vergletscherte Schweigen« auf, in das sich nicht nur die Berliner zurückziehen sollten.[7] Aber er stellte auch die gegenläufige Frage nach den Grenzen der

---

1   Zum Nexus von Trauma und Umbau des Wirklichkeitsverständnisses vgl. Blumenberg. Höhlenausgänge, 24.
2   Vgl. Martin Kessel. Aphorismen. Stuttgart, Hamburg, Baden-Baden 1948, 189.
3   Vgl. Friedrich Luft. Über den Umgang mit Berlinern, in: Erich Stückrath (Hg.). Berliner Guckkasten. Berlin (West) 1955, 6–11, hier: 7.
4   Vgl. Martin Kessel. Herrn Brechers Fiasko. Frankfurt a.M. 2001 (1932), 9.
5   Vgl. Kessel. Gegengabe, 36.
6   Kessel. Aphorismen, 164.
7   Vgl. Kessel. Aphorismen, 69.

Berührbarkeit: Die »rabiate Totalvernichtung«, heißt es später im Kompendium »Gegengabe«, »dringt nicht mehr zum Herzen«.[8] Doch gerade dieses Vergessen, so Kessel, sei nach traumatischen Erfahrungen nur durch eine »Kur des Stumpfsinns« zu erkaufen.[9] Gleichwohl wusste er, dass die Hornhaut des Vergessens, die Densensibilisierung, Gift für alles Schöpferische ist. So sagte er über den notwendigen Rückgang an die eigenen Quellen: »Nicht vergessen darfst du, um gelebt zu haben.«[10] Kessel war zeitlebens ein ambulanter Denker, der um seine Empfindlichkeit wusste. Sie verband er mit dem Blick für die Stadt. Seine Aphoristik steht im Zeichen einer Schadensaufbewahrung und greift darin einen Gedanken Nietzsches aus der »Fröhlichen Wissenschaft« auf. Kessel sah sich in der Rolle eines übrig gebliebenen Boten mit »geistigem Auftrag«, wie ein Brief aus dem letzten Kriegsjahr bezeugt.[11] Dabei ahnte er, dass er womöglich mit der Welle des Wiederaufbaus in Vergessenheit geraten könnte. Doch wie die Ströme der Überlieferung ihr eigenes Zeitmaß haben, so deponierte er im »Schutthaufen« der Zeit seine Deutungssplitter.[12] Darum mag auf sein Werk Nietzsches Wort von der »historia abscondita« zutreffen: »Die Vergangenheit ist vielleicht wesentlich noch unentdeckt!«[13]

Es wirkt, als habe Kessel seine Lektionen im Kontakt mit dem im Nachkrieg offenen Vakuum der Stadt entwickelt. Diese Erfahrung stellte sich auch ein, als die ersten Trümmer geräumt waren. Umso schärfer schälte sich ein Phänomen heraus, das er »stille Stadt« nannte: Ort der Schweigsamkeit, der um das zentriert war, was man als ihren ›Dämon der Idylle‹ fassen kann.[14] Mit dieser Beobachtung schließt er an den poetischen Dämon Loerkes an: an jenes Gedicht, in dem dieser sich bereits im Schutt der Ruinen wähnte.[15] Mit Kessel taucht ein Augenzeuge aus der Versenkung auf, der einer verscharrten Gewissensstimme nachging. Selbst hat er in seiner Trümmeraphoristik konstatiert, dass das »Ruinöse« stets das »Gewissen« aufrufe.[16] Was hauste im Nachkriegsberlin? Eine unheimliche Stille, die zurückwies auf den Abdruck

8 Kessel. Gegengabe, 66.
9 Vgl. Kessel. Ironische Miniaturen, 14.
10 Kessel. Gegengabe, 264.
11 Zum »geistigen Auftrag« als Kernstück seines Überlebens im Schutt: Martin Kessel an Richard Gabel, 17.12.1944, in: ders. »Versuchen wir am Leben zu bleiben«, 797.
12 Vgl. Martin Kessel. Wir falschen Fünfziger, in: ders. In Wirklichkeit aber, 41–46, hier: 46.
13 Nietzsche. Die fröhliche Wissenschaft, 404.
14 Vgl. Kessel. Im Liegestuhl nach einer Reise, 99.
15 Vgl. Loerke. Zum Abschluss meiner sieben Gedichtbände, 622.
16 Vgl. Kessel. Aphorismen, 162.

der Ereignisse im Stadtbild. Hier griff, was Benjamin als das Hineinwandern der Geschichte in den Schauplatz beschrieben hat.[17] Das Dämonische zeigt sich hierbei als das genuin Zweideutige, als ungelöste Frage.[18] Folgt man dieser Deutung, so hat der Dämon mit dem Übel zu tun, das ins Gemäuer eingegangen war. Damit zeigt sich an Kessel Paradigmatisches für seine Generation: eine fast barocke Geschichtsauffassung, in der nur die Erfahrung gewiss war, dass nichts bleibt, wie es war.[19] Kessel beschrieb es als Diskrepanz zwischen dem, was man »denkt«, und dem, wie es »kommt« – der Einspruch des Wirklichen.[20]

Entscheidend für das Sujet der leeren Zentrale ist, dass Kessel den Topos der geladenen Stille im Nachkrieg entdeckte. So wurde aus der unerhörten Stille, zum Zeitpunkt der großen Luftangriffe, in den 1950er Jahren eine latente, mit Schweigsamkeit angereicherte, die er am ehemaligen Verdichtungspunkt Potsdamer Platz ausmachte. Ihm wurde dieser zerschnittene Platz, als einer der einstigen »Konzentrationspunkte«, zur Allegorie auf den »Eingriff der Weltgeschichte«.[21] Was er beschwor, war das »Geheimnis« des Schauplatzes, sein Unverstandenes, dem er sich flanierend näherte.[22] Hier war die Narkotisierung des alten Zentrums am spürbarsten. Zugleich wurde die Gegend zum »Unruhefaktor« im Kalten Krieg.[23] Der Ort blieb Brennglas geopolitischer Problemlagen.[24] Hier war die Überlagerung von

17 Vgl. Benjamin. Ursprung des deutschen Trauerspiels, 353.
18 Vgl. ebd., 288. Zur begriffsgeschichtlichen Wende zum Bösen mit Kierkegaard: Christos Axelos. Dämonisch, das Dämonische, in: Historisches Wörterbuch der Philosophie. Bd. 2 E–F. Hg. von Joachim Ritter. Darmstadt 1972, 4f.
19 Vgl. Richard Alewyn. Der Roman des Barock, in: ders. u.a. (Hg.). Formkräfte der deutschen Dichtung vom Barock bis zur Gegenwart. Vorträge gehalten im Deutschen Haus, Paris 1961/62. Göttingen 1963, 21–34, hier: 26. Zur Übertragung dieser barocken Erfahrung auf seine Generation auch: Richard Alewyn. Vorwort, in: ders. Deutsche Barockforschung. Dokumentation einer Epoche. Köln 1968, 9–13, hier: 10.
20 Zu dieser Diskrepanz als grundlegend für sein Wirklichkeitsverständnis: Kessel. In Wirklichkeit aber, 5.
21 Vgl. Kessel. Im Liegestuhl nach einer Reise, 99. Zu den ehemaligen »Konzentrationspunkten«: Kessel. Brecher, 180.
22 »Der Schauplatz, auf dem sich eine Geschichte abspielt, hat immer auch etwas Geheimnisvolles.« Martin Kessel. Von Schauplätzen überhaupt, Bl. 1.91.90.25. A: Kessel, Martin. Prosa. Kasten-Nr. 2577. Nachlass Martin Kessel, DLA Marbach.
23 Vgl. Kessel. Im Liegestuhl nach einer Reise, 99. Zur Gegend daseinsphilosophisch als Stätte, an der sich ein »entscheidendes Bewenden« anzeigt, vgl. Martin Heidegger. Sein und Zeit. 9. Auflage. Tübingen 2006 (1927), 104.
24 Zum politischen Problem Berlin vgl. Theodor Heuss. Berlin. München 1960, 9.

»Wegrasiert durch den Eingriff der Weltgeschichte«: Panorama des leeren Potsdamer Platzes aus dem Jahr 1960. Foto: Otto Burutta.[25]

Altlasten und neuen Bedrohungsszenarien manifest; es war die janusianische Konstellation der Stadt aus jüngster Zerstörung und neuerlichen »welthistorischen Neuralgien«.[26] Kessel rief noch eine andere Denkfigur, die der »sokratischen Stadt« auf: der Ort als das Bedenkliche. Auf diese Weise hielt er sich an einem Reststück Kontinuität fest, das er am »Geist des Pflasters« ausmachte. Es versprach Realisationspotenzial der Lage.

So bedurfte ein Insider wie er ab und an – wie hier im Capriccio – einer Umschiffung, um aus der Ferne zur Durchdringung des Wirklichen zu gelangen. Im Wiedereintritt in die Stadt formuliert er nicht nur ihre Problemlage, sondern einen Kern seiner Poetik. Erst durch die Erfahrung einer Erschütterung komme man an den »mitschwingenden Sinn«, breche man von der Oberfläche zum Ungesagten durch. Es geht um die Heimholung des Erlebten, welche sich nicht in »simplen Erinnerungsbildern« erschöpfe, sondern zu solchen führe, die uns als Heimsuchung nachgehen.[27] Es ist

25 Zum Foto: Otto Borutta. Panorama Potsdamer Platz vom 21.3.1960. Bezirk Tiergarten zum Bezirk Mitte. Stegemann-Technika 9 × 12. Im Auftrag des Landesarchivs. Bestand Otto Borutta, Landesarchiv Berlin, F Rep. 290-03-05 Nr. 0068829/6.
26 Vgl. Kessel. Im Liegestuhl nach einer Reise, 100.
27 Vgl. ebd., 104.

Im Schweigen: Horchen auf die Stille

seine Poetik der Bildwerdung eines Insistierenden. Bei Kessel sind es zwei Bilder: Das erste geht von den Ruinen aus, die keine »Bildungsruinen« seien, sondern frische »Verwundungen«.[28] Es waren solche, in denen jener Dämon Platz nahm, den man als die ethische Bombe der Stadt begreifen kann, insofern sie – als Heimstatt ungezählter toter Seelen – Massengrab war.[29] Hier kommt Kessel auf seine Grundfigur des Gespenstischen: Das Gespenst sei der »ungedeckte Wechsel«, der auf seinen »Termin« warte.[30] Das schlechte Gewissen trete in Gestalt dieser »Sendboten« des Vergangenen auf.[31] Im Nachkrieg hat er dies bekräftigt: »Im Gedächtnis, dunkel überdacht / schläft ein Berg von halbvergessenen Leichen.«[32] Diese Gespenster entstünden dort, wo unsere »Befürchtungen« an die Grenze der »Einflußnahme« stoßen.[33]

Der Dämon korrespondiert mit dem Gewissen, das sich in den »stillsten Stunden« bemerkbar macht und den Überlebenden, angesichts des »Schweigens der Opfer«, als fragwürdige Figur erscheinen lässt.[34] In den Ruinen steckte für Kessel »noch ein Dämon darin, der uns die Unschuld raubt, der uns argwöhnen läßt, daß unter der krausen Vegetation des Schutts noch ein Toter liegt, vielleicht ein Bekannter, der auf Gegenmittel sinnt, und sei es in Gestalt einer unentschärften Bombe«.[35] Das ist Schadensaufbewahrung –

28 Vgl. ebd. Zu den »Bildungsruinen« vgl. Georg Simmel. Die Ruine. Ein ästhetischer Versuch (1907), in: ders. Gesamtausgabe. Bd. 7. Hg. von Otthein Rammstedt. Frankfurt a.M. 1993, 124–130.

29 Hierin liegt ein Gogol'scher Einschlag des ›Dämons der Idylle‹, der nach Kessel das Wechselspiel von Idylle und Grauen als »beklemmende Stille« darstellte. Vgl. Martin Kessel. Gogol und die Satire, in: ders. Romantische Liebhabereien. Sieben Essays nebst einem aphoristischen Anhang. Braunschweig 1938, 115–151, hier: 128f. Zu Berlin als »graveyard«: Joseph Wechsberg. Phoenix in Rubble, in: The New Yorker 26.4.1952, 84–103, hier: 84.

30 Vgl. Kessel. Aphorismen, 63. Zur romantischen Tradition des Gespenstes bei Kessel wie seiner ›Angstbesetztheit‹: Friedemann Spicker. Martin Kessels aphoristische Anthropologie. Im Kontext von Roman und Essay, in: Convivum. Germanistisches Jahrbuch Polen 2013, 197–220, 214f.

31 Zum Wiederauftauchen des Vergangenen als Gespenst: Martin Kessel. Patenschaft der Vergangenheit, in: ders. Romantische Liebhabereien, 195–223, hier: 212.

32 Martin Kessel. Verfallen, in: ders. Kopf und Herz. Sprüche im Widerstreit. Neuwied am Rhein, Berlin-Spandau 1963, 77.

33 Vgl. Kessel. Aphorismen, 63. Hierzu schon sein »Brecher«-Roman, was die Kontinuität des Gespenstermotivs bei ihm sinnfällig macht, vgl. Kessel. Herrn Brechers Fiasko, 399.

34 Vgl. Kessel. Aphorismen, 199. Kessel hat im Anschluss an Nietzsche ›panische‹ und ›stillste Stunden‹ nach dessen »Zarathustra« beschrieben. Vgl. Kessel. Ironische Miniaturen, 32.

35 Kessel. Im Liegestuhl nach einer Reise, 104.

wie das Eingeständnis, dass sich das Leben auf einer ethischen Bombe im Nachkrieg eingerichtet hatte. In dieser Empfindlichkeit für Schwellenerfahrungen zeigt sich Kessels Auffassungsgabe: Janusköpfig ist sie, insofern Kessels diagnostische Praxis vom Gewesenen aufs Gegenwärtige schloss.[36] Dass dieser Versuch vom Unheimlichen begleitet war, zeigt sein zweiter Einwurf im Capriccio. Als Kessel einen fensterlosen »Kühlwagen« an sich vorbeifahren sieht, steigt ihm das Grauen wieder auf: Er hat an KZs zu denken. Fraglich, wie fest der Grund ist: »So steht es bei uns mit der Identität und der Naivität der Dinge.«[37] Von unterwärts stieg die Verunsicherung auf. Es war die Gegenbewegung gegen alle Ansprüche »erleichternder Erinnerung ans Versenkte«.[38] Die »Vergangenheitsgruben« behaupteten ihr Recht.[39] Und zugleich schlug die Stunde der verschlüsselten Spur. Sie ruft den Aphoristiker-Flaneur auf den Plan: »Des Bruchstücks Brache«, noch das Letzte ruft nach einer Deutung.[40]

Kessel ging schon zu Zeiten seines ersten Romans »Herrn Brechers Fiasko« so vor, dass er – so bekannte er Siegfried Kracauer 1932 – als Phänomenologe des Pflasters sein Sujet »von den Straßen« Berlins sammelte.[41] Fiel dieser Roman, der den Zug zur Verdichtung schon erkennen ließ, beim Publikum durch, so wurde er ihm auch zum gefährlichen politischen Desaster, wie ein Brief nach der »Machtergreifung« von 1933 deutlich macht. Gerade ob seiner geistigen Wendigkeit wurde der Autor und sein Roman als »noch jüdischer als ein Jude« diffamiert und abgelehnt.[42] Dass hier einer aufgetaucht war, der den Poe'schen »Mann der Masse« kannte, der die Großstadt nicht bloß illustrierte, sondern sie in sich einsog, hatte schon Loerke als Rezensent seines ersten Gedichtbandes erfasst: Einer wie Kessel dürfe kein »gebürtiger Berliner« sein; seine Auffassungsgabe sei die des

---

36 Benjamin seinerseits entwickelte die ›Janusköpfigkeit‹ geschichtlicher Reflexion an einem Motto Maxime Du Camps: »L'histoire est comme Janus, elle a deux visages: qu'elle regarde le passé ou le présent, elle voit les mêmes choses.« Benjamin. Das Passagen-Werk, 60.

37 Kessel. Im Liegestuhl nach einer Reise, 104.

38 Vgl. Hans Blumenberg. Die Sorge geht über den Fluß. Frankfurt a.M. 1987, 117.

39 Vgl. Kessel. Ironische Miniaturen, 14.

40 Vgl. Martin Kessel. Der Alchimist, in: ders. Erwachen und Wiedersehn, 70. Hier kommt Kessel dem Allegoriker-Flaneur, wie ihn Benjamin in Baudelaire gesehen hat, am nächsten. Vgl. Benjamin. Das Passagen-Werk, 54.

41 Vgl. Martin Kessel an Siegfried Kracauer, Sept. 1932. Nachlass Martin Kessel, DLA Marbach.

42 Vgl. Martin Kessel an Rösl und Leni Eickemeyer, 6.6.1933, in: ders. »Versuchen wir am Leben zu bleiben«, 786.

Im Schweigen: Horchen auf die Stille

vertrauten Fremden.[43] Damit berührte Loerke einen wichtigen Punkt. Man darf annehmen, dass Kessel in seinem Essay »Gogol und die Satire« ein Stück Selbstbeschreibung lieferte, wenn er festhielt, der Satiriker stehe »niemals im Zentrum«, sondern sei die Figur an den »Rändern«.[44] Er sei einer, der um die »Bedeutung des Zentrums« wie um dessen »Schwindel« wisse. Minder attestierte Kessel darum nach dem Krieg einen unbestechlichen Blick für das Leerdrehen des einstigen Zentrums Berlins.[45] Dabei findet bei ihm unter dem Druck der Zeit eine Zuspitzung des »Schwindels« statt, insofern auf eine »verborgene katastrophale Erschütterung« hingedeutet wird.[46] So hielt Kessel in einem Gedicht aus der NS-Zeit fest: ein verzweifeltes Lachen habe Einzug gehalten.[47]

Wenn sich der Eindruck einstellen kann, Kessel befinde sich noch in bedrohlicher Zeit in einem Schelmenroman, so war das vor allem der Versuch, sich einen Schutzmantel zuzulegen. In der Sache gestand er nach 1945, dass die Haltung des Lächerlichen unter Bedrängnis zum Allzumenschlichen gehöre. Für ihn sprach im Komischen – in einer an Plessner erinnernden anthropologischen These – stets Angstvolles mit: Das satirische Bewusstsein, das sich im Grenzaffekt Luft verschaffe, sei Ausdruck einer Krise, in der es der Mensch aus Selbstschutz verstehe, »lächerlich zu werden aus purer Angst«.[48] Aphoristisch gesprochen: »Alle Komik ist ein abgewandeltes Schrecknis.«[49] Das war seine »Gegengabe« an eine Epoche, welche sich der Angst wie eines Treibstoffs für ihr Vorwärtsdrängen bemächtigte.[50] Zwei Konsequenzen lagen darin begründet: Einerseits wurde Kessel zum Mann des Tragikomischen, sah er den Ursprung alles Komischen im Fiasko. Damit ist er der Prototyp eines »Überlebens im Übergang«, der im Dilemma des Zeugen seine Lebensform fand.[51] Dass er auf etwas abzielte, was Loerke als »Katakombendasein« praktizierte, zeigt sich an Kessels Formulierung, wenn er den Gogol'schen Outsider in »freiwillig-unfreiwilliger Verban-

---

43 Vgl. Oskar Loerke. Martin Kessel, ein Dichter Berlins (1927), in: ders. Der Bücherkarren, 380f., hier: 380.

44 Vgl. Kessel. Gogol und die Satire, 117.

45 Vgl. Robert Minder. Littérature, arts et pensée dans le deux Allemagnes, in: Allemagne d'aujourd'hui 1 (1956), Nr. 5, 32–65, hier: 50.

46 Vgl. Kessel. Gogol und die Satire, 120.

47 Vgl. Martin Kessel. Elegie II, in: ders. Erwachen und Wiedersehn, 116.

48 Vgl. Martin Kessel. Vom Geist der Satire, in: ders. Essays und Miniaturen. Stuttgart, Hamburg 1947, 133–159, hier: 135.

49 Kessel. Aphorismen, 146.

50 Vgl. ebd., 199.

51 Zum Topos des »Überlebens im Übergang«: Blumenberg. Höhlenausgänge, 24–28.

nung« begreift.[52] Dass dies keine nachträgliche Selbstzuschreibung war, wird sinnfällig, wenn man sich den Umschlag seiner 1938 veröffentlichten Essays ansieht. Ins Auge fällt der Januskopf auf dem Buchdeckel; der ironisch-lachenden Gesichtshälfte ist eine trauernde zur Seite gestellt.[53]

Noch eine andere wirkungsgeschichtliche Spur verfolgte Kessel, um das Unheimlich-Werden der Stadt zur Sprache zu bringen. Es ist die Spur E.T.A. Hoffmanns, dem bereits Heine, zur Zeit der Restauration, attestiert hatte, die Quintessenz des unheimlichen Berlins gezogen zu haben.[54] Das waren Erfahrungen, die Kessel auf seine Weise – vom Schreiben »durch die Blume« bis zur Zensur durch Papier-Kontingentierung – zu machen hatte.[55] Vorangegangen waren der Zensur seine Versuche einer Kassiberliteratur, in denen er im Gedichtband »Erwachen und Wiedersehn«, im Gewand der Naturlyrik, etwas durchzuschieben versuchte. So heißt es im unscheinbaren Gedicht »Romantischer Abend«, dass ein »blutiger Besen« durch die Stadt gehe, in der »Trauernde im Nebel ruhn« – ein Verweis auf Deportationen.[56] Dass dies nicht ohne Risiko war, belegt ein Brief vom März 1940, in dem Kessel berichtet, das bei ihm der »teufel« los gewesen sei, nachdem ihn sein ehemaliger Verleger – in einem Akt vorauseilenden Gehorsams – beim Propagandaministerium denunziert hatte.[57] Nicht nur, dass er in dem Essayband die skrupellose Kulturpolitik zum Gegenstand gemacht hatte.[58] Ausschlaggebend mag ein Gedicht wie das folgende gewesen sein, in dem er unter dem Titel »Hohe Bereitschaft« den Tyrannenmord ansprach: »Bei soviel Opfern,

52 Vgl. Kessel. Gogol und die Satire, 123. Zu Gogols Haltung des satirischen Außenseiters als Vorbild für Kessel, dem er in der inneren Emigration in der Geste eines ›exterritorialen Erzählens‹ folgt, vgl. Wilfried F. Schoeller. Nachwort, in: Martin Kessel. Lydia Faude. Frankfurt a.M. 2001 (1965), 534–544, hier: 534.

53 Die Gestaltung der »Romantischen Liebhabereien« stammte von Otto Schmalhausen, der aus der Dada-Bewegung kam und sich zu Weimarer Zeiten einen Namen als Gestalter machen konnte.

54 Vgl. Heinrich Heine. Briefe aus Berlin (1822), in: ders. Sämtliche Werke. Bd. 5. Hg. von Oskar Walzel. Leipzig 1914, 206–281, hier: 278.

55 Zur Zensur vgl. Martin Kessel an Richard Gabel vom 13.10.1940. Sowie zum verdeckten Schreiben: Kessel an Eickemeyers vom 25.9.1949. 2002.23.15/26. Nachlass Martin Kessel, DLA Marbach. Allgemein zur »Swiftschen Methode« verdeckter Kritik auch unter Einsatz von Ironie: Barbian. Literaturpolitik im NS-Staat, 388.

56 Vgl. Martin Kessel. Romantischer Abend, in: ders. Erwachen und Wiedersehn, 33.

57 Kessel an Eickemeyers vom 28.3.1940. Nachlass Martin Kessel, DLA Marbach.

58 So warf er dieser vor, sie hätte Nietzsche »fälschlicherweise zur Attrappe erhoben und ausgemünzt«: Martin Kessel. Nachfolgerschaften, in: ders. Romantische Liebhabereien, 251f., hier: 251.

Im Schweigen: Horchen auf die Stille

soviel Blut / als Pfand, das im Gedächtnis ruht«.[59] Den günstigen Augenblick »ihn gilt's nicht zu versäumen«. Loerke schaltete sich mit einer weiteren Rezension ins Gespräch ein und lobte Kessels »Zeitgefühl«.[60] Kessel hatte ihren Kontakt im Nationalsozialismus fortgesetzt: So versicherte er Loerke nach 1933 seiner Solidarität, rief ihn als befreundeten »Wanderer im Silberdistelwald« an.[61]

Dass sie nicht nur das »Zeitgefühl«, sondern die Einschätzung der Atmosphäre teilten, zeigen Kessels Berlin-Miniaturen »Fragmente«, im NS publiziert, die auf der Spur jenes »dämonischen Berlins« waren, dessen Stunde Benjamin vor seiner Emigration gekommen sah.[62] In diesen wird das Unheimlich-Werden des Genius Loci deutlich; ein Zug zur »Atmosphärisierung« zeichnet sich ab.[63] Es ist von einer doppeldeutigen Konstellation die Rede: vom »Gespenstigen« wie von »diabolischer Ironie«.[64] Dazu kommt der Eindruck eines Puppenhaft-Werdens der Städter. Das Lebensgefühl erinnert an eines »des Schlafwandels«, des maskenhaften und »mumifizierten Spuks«. Man sei nun »wortkarger«, als herrsche eine allgemeine »reservatio mentalis«.[65] Diese Beschreibung des Abgründigen bestätigt der Autor in einer privaten Bemerkung, wenn er 1940 zur Zeit der ersten Luftangriffe von Berlin als einem »spuk«, einem Ort »luftleerer räume« [sic!] spricht, dessen Infrastruktur unverdrossen weiterfunktioniere.[66] Hier zeichnet sich ein Gedanke ab, den Kessel als »Stadtphysiognomiker« immer wieder als das

59 Martin Kessel. Hohe Bereitschaft, in: ders. Erwachen und Wiedersehn, 140f.

60 Vgl. Loerke. Freude am lyrischen Worte, 261.

61 Vgl. Martin Kessel. O aller Welt Verlorenes. Widmungsgedicht. 13.3.1934. Nachlass Oskar Loerke Marbach, DLA Marbach. Das dem Brief beigegebene Gedicht ist in den Band eingegangen, den Loerke rezensierte, vgl. Kessel. Ode I, in: ders. Erwachen und Wiedersehn, 109.

62 Vgl. Walter Benjamin. Das dämonische Berlin (1930), in: ders. Über Städte und Architekturen. Hg. von Detlev Schöttker. Berlin 2017, 40–44.

63 In der Phänomenologie hat man die gesteigerte Sinnenempfindlichkeit unter Angst als »Atmosphärisierung« bezeichnet; sie geht einher mit einem erschütterten Vertrauen in die Stabilität der Lebenswelt. Vgl. Tellenbach. Geschmack und Atmosphäre, 94f.

64 Vgl. Martin Kessel. Fragmente, in: Wolfgang Weyrauch (Hg.). Berlin-Buch. Berlin 1941, 48–56, hier: 48f.

65 Vgl. ebd., 53. Im Maskenmotiv zeigt sich Kessel als Diagnostiker kalter Verhaltenslehren in der Zwischenkriegszeit. Vgl. Helmut Lethen. Verhaltenslehren der Kälte. Lebensversuche zwischen den Kriegen. Frankfurt a.M. 1994, 35f.

66 Vgl. Kessel an Eickemeyers vom 19.10.1940, in: ders. »Versuchen wir am Leben zu bleiben«, 789.

»Eigenleben der Stadt« umkreiste. Es war die eigene »übermächtige Idee« der Stadt, die sich im Gang in die Eskalation als fatal erwies.[67]

Drei Aspekte des Städtischen stellten sich ihm in der NS-Zeit verschärft heraus. Da ist das, was im Nexus von Stadt und Gattung ihren mitleidlos-egoistischen Zwangs- und Verführungscharakter ausmacht. Anders als von der offiziellen Ideologie ausgemünzt, zeichne sich die urbane Masse dadurch aus, kein homogenes »Volk«, sondern »Leute« zu bilden, die gleichwohl in der Lage seien, ihren eigenen Konformismus hervorzubringen.[68] Kessels illusionsloser Blick erkannte den Zug zum Opportunismus. Dem wirkte der zweite Aspekt des Städtischen nicht entgegen: ihr Märchencharakter, der als Illusionsbedürftigkeit andere Pathologien erzeugte. Beides verbindet sich mit dem dritten Gedanken, dem Geheimnis der Macht, das in Kessels Darstellung an Benjamins Bild vom Minotaurus erinnert, der als bedrohlich-frevelhafte Kraft im Zentrum haust.[69] Diese Aspekte – die Stadt als Nivellierer, als Mythenbildner und als unheimliche Macht – sind es, die ihm in der Zeit als Täuschungsimagines vor Augen standen. Was ihn beunruhigte, war die Erfahrung, dass die Stadt zum Mahlstrom werden konnte. Diesen hat er in einem Gedicht beschrieben, der den Einzelnen in ein »Selbstgetriebe« hineinzieht; Stadt wurde ihm zum »Diktat« eines anonymen »Schwarms«.[70] Was er über Gogols St. Petersburg äußerte, galt auch für sein Berlin: dass es »Opfer« fordern könne, »indem es im Menschen nur den Typus anerkennt, nur den Rang, nur den Grad seiner Funktion«.[71] So figuriert das städtische Zentrum als »unentrinnbarer Fuchsbau«. Über das sinnbildlich Labyrinthische von Zentralen heißt es: »Es ist ein ganzer Fuchsbau von Instanzen zu durchlaufen«.[72] Damit berührte er das Heikle einer Apparatur bürokratisch-anonymer Vollstreckung.[73]

---

67 Vgl. Kessel. Gogol und die Satire, 131.

68 Kessels »kein Volk, sondern Leute, Leute der verschiedensten Gattung«, ist natürlich als Zeitkommentar zu lesen. Vgl. Kessel. Gogol und die Satire, 132. Sowie: Hamburger. After the Second Flood, 34.

69 Vgl. Walter Benjamin. Zentralpark (1939/40), in: ders. Gesammelte Schriften. Bd. I-2. Hg. von Rolf Tiedemann und Hermann Schweppenhäuser. Frankfurt a. M. 1980, 657–690, hier: 688.

70 Vgl. Martin Kessel. Der Erdrausch, sowie: In die Strasse gefragt, und: Das Diktat der Stadt, alle in: ders. Erwachen und Wiedersehn, 76f., 135.

71 Vgl. Kessel. Gogol und die Satire, 133.

72 Vgl. ebd., 135.

73 Hierzu der Fall Jochen Kleppers in Kapitel 12 »Ihlenfelds Stadtmitte«; vgl. Jochen Klepper. Unter dem Schatten deiner Flügel. Aus den Tagebüchern der Jahre 1932–1942. Stuttgart 1971, 649.

Auf diese Weise wird das Gefährliche an der Zentralenballung herausgehoben: deren Möglichkeit, Ausgangspunkt »überirdischer Katastrophen« zu werden.[74] Was Kessel über St. Petersburg sagte – dass es eine Stadt sei, die von »wirklichem Wachstum weit entfernt war« –, das münzte er später auf die »Berliner Windigkeit«.[75] Im NS sprach er von der »Selbstherrlichkeit« des hiesigen Betriebs; eine Stadt, die von »Wunschträumen« bevölkert sei.[76] Dieses Stadtportrait ist indirekt eines, das die Anfälligkeit für Hochstapelei herausstellt, die im Scherbengang ihren »Tribut an die Illusion« forderte.[77] Womöglich steckt darin Kessels Vermächtnis: aus der Erfahrung eines Zusammenbruchs der Zentralen an deren Zerstörungskraft zu erinnern; die Erfahrung, dass Zentralen weitermachen, wenn sie nach menschlichem Ermessen ihre Handlungen längst einstellen müssten. Man kann darin die These erkennen, dass der Kontrolle entzogene Apparate die Unterscheidung zwischen dem Machen-können und Für-gut-heißen anästhesieren: kopfloses »Herrschaftswissen«.[78] Auch dafür steht Kessels Fuchsbau-Metaphorik, wenn er die Bemerkung anschließt, dass die »Weltstädte« »allesamt ein riesiges Kartenhaus« seien.[79]

Hinter dem Gedankengang liegt seine Grundauffassung eines Nexus von Illusion und Fiasko. Diese Einsicht zeigt sich in der Formulierung einer von Zentralen ausgehenden Gefahr, die in ihrer Unbeherrschbarkeit liegt, gerade weil nur auf Beherrschbarkeit gesetzt wird. Es ist das, was Kessel »Organisationsleerlauf« bei »Organisationswut« nannte. Dergestalt kann aus dem Festhalten an einem anfänglichen Plan sich fatale Ohnmacht entwickeln. Man kann das Kessels Kassandra-Ruf nennen, der antizipierte, wohin Zentralen führen, wenn sie von den Dämonen des Konformismus gepackt werden und ihre Urteilskraftreserven stillstellen. In seinem zweiten Essayband, publiziert im Schutt, hat er diesen Gedanken fortgedacht: Zentralen gebären ihre

---

74 Vgl. Kessel. Gogol und die Satire, 138.

75 Vgl. ebd. Sowie: Kessel. Das andere Ich, 298.

76 Vgl. Kessel. Fragmente, 49. Sowie: Martin Kessel. Die Schwester des Don Quijote. Braunschweig 1938, 87.

77 Vgl. Kessel. Ironische Miniaturen, 204. Zur Anbahnung einer Kultur der Hochstapelei in der Weimarer Zeit: Peter Sloterdijk. Kritik der zynischen Vernunft. Frankfurt a. M. 1983, 849–859.

78 Zum zivilisatorischen Grundkonflikt zwischen Machen-können (*techne*) und Für-gut-heißen (*phronesis*): Hans-Georg Gadamer. Bürger zweier Welten (1985), in: ders. Gesammelte Werke. Bd. 10, 225–237, hier: 235. Zum Begriff des »Herrschaftswissens«: Max Scheler. Die Wissensformen und die Gesellschaft. Gesammelte Werke. Bd. 8. Hg. von Maria Scheler. Berlin 1960, 66 f.

79 Vgl. Kessel. Gogol und die Satire.

eigenen Verstiegenheiten.[80] So lautet Kessels Lektion, dass die »Organisationswut« unter Umständen die Rückfrage aufs »Tunliche« paralysiere.[81] Dann greift für Kessel die Philosophie des Fiaskos. ›Zentralenfiaskos‹ seien dort im Anrollen, wo Mittel akkumuliert werden, ohne nach dem Sinn des Ziels zu fragen, bei Delegation der Verantwortung. Zum Horror werden diese Administrationen – Kessel kann es während des Dritten Reichs nur andeuten –, wenn sie sich mit einer Weltanschauung zur Kriegsmaschine verbinden, die ihre »teuflische Gewalt« aus »ungesetzlichen Gesetzen« bezieht.[82] Dieser Sog habe sich in Deutschland, so Kessel später, aufgrund eines Mangels an psychologischer Reflexion verschärft. Die deutsche Intelligenz habe im Diktator Hitler die Fatalität eines »Autodidakten der Machtbefugnis« übersehen.[83]

Kessels Verstiegenheitsdiagnose hatte ihr Komplement in einer Zeitstimmung, die auf Entmündigung hinauslief. Insbesondere in Zeiten der »Revolutionen« – einer Stimmung des »Jahres 1« – zeige sich das, so Kessel 1938, was er als hemmungslose »Selbsterhebung« einer Zeit über die andere empfand.[84] Die Gegenwart werde nicht mehr in ihrem »Zwischencharakter« gesehen, sondern zum »Wendepunkt«, zur Suggestion eines »Anfangs« umgedeutet. Hinter dieser Beschreibung scheint die »nationale Erhebung« von 1933 durch, jenes Hochgefühl des Geschichtemachens, wie es an Benn zu sehen war.[85] Was Kessel aufspürte, war der eschatologische Wunsch gewaltsamen Herausbrechens aus den Zeitzusammenhängen. Dabei sah er in der heroischen Attitüde die Kehrseite eines ins Fatalistische kippenden Empfindens. Im Umschlag manifestierte sich für ihn ein Zeitverständnis, dem der

80 Zum Topos der Verstiegenheit vgl. Kessel. Vom Geist der Satire, 158. Zu einem ›Zentralen-Irrsinn‹ eigener Art Hartlaubs Schilderungen in: Felix Hartlaub. Aufzeichnungen aus dem Führerhauptquartier, in: ders. »In den eigenen Umriss gebannt«. Kriegsaufzeichnungen, literarische Fragmente und Briefe aus den Jahren 1939–1945. Bd. 1. Hg. von Gabriele Lieselotte Ewenz. Frankfurt a.M. 2007, 149–239, hier: 174, 188.

81 So beschreibt auch Gadamer die »Grenze allen Verfügungswillens« als die Rückfrage aufs »Tunliche«, die in Verwaltungen nicht selten ausbleibt, vgl. Hans-Georg Gadamer. Über die Planung der Zukunft (1965), in: ders. Gesammelte Werke. Bd. 2, 154–174, hier: 168.

82 Im verdeckten Schreiben konnte er sich nur auf das System Sowjet-Russlands beziehen; dass die totalitäre Erfahrung insgesamt gemeint ist, dürfte aus den Überlegungen deutlich sein: Kessel. Gogol und die Satire, 137.

83 Hierzu seine nachgelassenen Bemerkungen zu Hitler: Martin Kessel. Prosa. Konv. Aphorismen und kleine Prosa. Nachlass Martin Kessel, DLA Marbach.

84 Vgl. Kessel. Die Patenschaft der Vergangenheit, 205.

85 Vgl. Benn. Der neue Staat und die Intellektuellen, 12.

Faden gerissen war.[86] Kessel zeigt auf, wie der heroischen Auffassung die Plastizität abhanden kam – und im pessimistischen Achselzucken jegliche Sorge um Konsequenzen aufgab. Es ist das, was er als verpasste »Patenschaft der Vergangenheit« und »Prüfstein« für die Gegenwart bezeichnete.

Somit lag Kessels Gegenzug in dem, was man sein spezifisches Zeitbewusstsein nennen kann. Es bestand darin, dass er umgekehrt versuchte, den NS als Übergangsphänomen zu behandeln. Goethe zitierend und sich mit ihm identifizierend schrieb Kessel, »er käme aus anderen Zeiten und hoffe, in andere Zeiten zu gehen«.[87] Am entschiedensten ist sein Essay dort, wo er nicht nur den »lebendigen Erbteil« der Vergangenheit beschwört, sondern gegen einen Gegenwartsopportunismus aus »Zynismus« und »Gewagtheit« anschreibt.[88] Bemerkenswert, dass einer durchblicken lässt, ein »schlafloses Wesen« geworden zu sein angesichts sich auftürmender »Gebiete von Schuld und Gewissen«. Er macht sich zum Zeugen, erinnert an Verbrechen: »Jenes machiavellistische Widerspiel, das aus Diplomatie das Verbrechen heiligt, jene Forderungen von Opfern an Blut und Leben, jener Blick aufs Ganze über den Einzelnen weg – wie sollte dies zu verantworten sein und vor wem, wenn nicht vor der Instanz einer höheren und späteren Gerichtsbarkeit.«[89] Hier äußert sich ein Gewissen, das ebenso bei Loerke angeklungen ist.[90] Und auch Kessel zieht es im Zeichen der Machenschaften in die Katakombe.

Diese ist bei ihm eine »Grabkammer«, ein Verwahrungsort. In dem Bild spricht sich die Hoffnung aus, dass einst »das Licht aus der Tiefe« wieder erscheine.[91] Diese Beschwörung des »Geistes der Toten« nimmt wörtlich die Frage auf, die Loerke im Kampf um die »Totenkammern« der Überlieferung aufgeworfen hatte. Man kann sagen, dass Kessel diese Lage in einer Hinsicht zuspitzte, insofern er auf Nietzsches Spuren kritische Historie als »Notwehraktion« betrieb: Die Geschichte werde so zum Gradmesser, der die Diskrepanz im »Kulturstand der Gegenwart« ermesse.[92] Denn wer die

---

86 Kessel nennt es das Scheitern, die Zeit als »Einheit zu erfassen«: Kessel. Die Patenschaft der Vergangenheit, 206. Zum Verlust der zeitlichen Verankerung im NS auch: Dietrich Bonhoeffer. Briefe an die Eltern (1943), in: ders. Widerstand und Ergebung. Briefe und Aufzeichnungen aus der Haft. München 2010, 27–32, hier: 31.

87 Kessel. Die Patenschaft der Vergangenheit, 210.

88 Vgl. ebd., 211.

89 Ebd., 216.

90 So in dem Vers: »Ihr, die ihr zwingt, doch nie bezwingt«. Oskar Loerke. Ende der Gewalt (1940), in: ders. Gedichte und Prosa. Bd. 1, 565.

91 Zu den »Grabkammern« der Geschichte siehe: Kessel. Die Patenschaft der Vergangenheit, 217. Später ähnlich in: Kessel. Aphorismen, 62.

92 Vgl. Kessel. Die Patenschaft der Vergangenheit, 218.

Vergangenheit dem Vergessen überlasse, so Kessel, der begehe »Amputation« am Zeitsinn. Wer jedoch sein inneres Empfinden vom Einspruch der Überlieferung berühren lasse, für den könne das »Vergangene als Widerstand« gegen die Zumutungen der Gegenwart einstehen.[93]

An dieser Haltung scheint die Erfahrung der Luftangriffe im November 1943 nichts geändert zu haben, die weite Teile des ihm vertrauten Stadtraumes, des Neuen wie des Alten Westens südlich des Tiergartens bis zum Kurfürstendamm, in ein Trümmerfeld verwandelten. Doch ist bei Kessel eine Gemütsverwandlung vom Satirischen zur tragischen Gefasstheit angesichts der das Fassungsvermögen sprengenden Zerstörungen zu bemerken. Auch Kessel, der das Inferno durch Zufall in einem Keller überlebte, stockte der Geisteswitz: »Man hat eigentlich nur Gefühle und Affekte und Stichwörter zur Verfügung«,[94] schreibt er nach dem Gang durch die brennende Stadt. Was ihm als Einsicht in jener Leere aufging, schien seine Ahnungen furchtbar zu bestätigen. Jenes leere Zentrum, das sich bis zur Stadtmitte ausbreitete, war nur die manifeste Form eines *locus terribilis*, der ihm Berlin atmosphärisch schon geworden war. Die einst pulsierenden »Konzentrationspunkte« waren implodiert und hatten bloße Krater hinterlassen. Das geistige Berlin verbrannte vor seinen Augen, in Gestalt des Romanischen Cafés, des ›Hauses der Literatur‹ aus Weimarer Tagen. Aber nicht nur dieses stand in Flammen. Als er sich zum Potsdamer Platz durchgeschlagen, wurde er gewahr, dass sich ein Brand in der Zentrale ereignet hatte. Wesentliche Institutionen des nationalsozialistischen Deutschland standen in Flammen: »Es brennt das Oberkommando, es brennt in der Bendlerstraße, es brennt das Haus der Flieger im Blumeshof, es brennt und stürzt ein, Fassade um Fassade.«[95]

Hier wird Kessel als Trümmerflaneur erkennbar. Wie Nietzsches »toller Mensch« geht er durch die Ruinen, versucht, das Grauenvolle, an dem die Mitmenschen schweigend vorbeischleichen, zu begreifen.[96] In der Mitte herrsche »Totenstille«: »Menschen stehen herum, ziehen in nicht allzu dichten Strömen aneinander vorbei, es fällt kein Wort.«[97] Kessel versuchte, in Worte zu fassen, was er als Herausfallen aus den Orientierungsachsen der Stadt erfuhr. Eine Realisationsschere trat ein; das Verstehen kam mit dem Erlebten nicht mit: »Ich weiß einfach nicht, wie ich es mitteilen soll«.[98] Hier zeigt

---

93 Zur Geste des Ausharrens vgl. ebd., 222.

94 Martin Kessel an Albrecht und Elena Blomberg, 29.11.1943, in: ders. »Versuchen wir am Leben zu bleiben«, 794.

95 Ebd.

96 Vgl. Nietzsche. Die fröhliche Wissenschaft, 481.

97 Kessel an Blombergs, 29.11.1943, in: ders. »Versuchen wir am Leben zu bleiben«, 795.

98 Ebd., 793. Zu vergleichbaren Realisationsversuchen vgl. Friedo Lampe an Johan-

Im Schweigen: Horchen auf die Stille

sich eine innere Korrespondenz zwischen dem Zerfall des Ausdrucks mit dem Zerfall des Stadtraums.[99] Es setzte ein, was Kessel fortan als Inselgefühl beschreiben sollte. Es zeigte sich daran, dass die Zeit auf dem Trümmergang sich ungeheuer dehnte. Diese radikale Zeiterfahrung fand ihre dichterische Entsprechung in Kessels Gebrauch kleiner Ausdrucksformen. Diese kamen seiner Not, wenigstens »einige Fäden in der Hand zu halten«, entgegen.[100] Hier wurde der Aphorismus zum Sinnbild komprimiertester Erfahrung im Zeichen der Daseinsnot. Denn wo »jeder Tag der letzte sein kann«, so Kessel, »gewinnt der Augenblick eine unendliche Größe«.[101] So entsteht die kleine Form aus dem kriegsbedingten Zeitigungsmangel.[102] Dem entspricht ein »Umkehrverhältnis« zwischen dem sich dehnenden Augenblick akut erlebter Zeit und der verarbeiteten Zeit, die nachträglich in miniaturartige Sprachgebilde verwandelt wurde.[103] Die Vermutung ist also, dass sich ein Verhältnis zwischen Augenblickserfahrung und Formverdichtung anzeigt. Kessel hat dieses kleine Zeitgesetz im letzten Kriegsjahr ausgesprochen, wenn er schrieb, dass ihn als »Robinson« zwischen Ruinen lediglich der »lyrische Einfall« blitzartig ereile.[104]

Lässt man sich auf diese Zeugenschaftsfragmente ein, so wird sinnfällig, dass sie sich in zweierlei Hinsicht in einen neuen Erfahrungsraum vortasteten. Da ist zum einen die bestürzende Beschreibung eines schamvollen Schweigens, das die leere Zentrale von Anbeginn begleitet. Mit der »Totenstille« war die Aufnahme eines räumlichen Eindrucks verbunden: der herausgebroche-

nes Pfeiffer vom 10.12.1943, in: ders. Briefe und Zeugnisse. Bd. 1: Briefe. Hg. von Thomas Ehrsam. Göttingen 2018, 419–422, hier: 420. Sowie: Felix Hartlaub an Gustav Friedrich Hartlaub vom 26.2.1944, in: ders. In den eigenen Umriss gebannt, 693–695, hier: 695.

99 Zur Verinselung der Bezirke durch den Krieg auch: Landesarchiv Berlin. F Rep. 270. Nr. 7641: Senatsverwaltung für Stadtentwicklung (Hg.). Berliner Pläne 1862–1994. Berlin 2002 (Selbstverlag), 19.

100 Vgl. Martin Kessel an Richard Gabel, 17.12.1944, in: ders. »Versuchen wir am Leben zu bleiben«, 796.

101 Kessel. Aphorismen, 158.

102 Diese Deutung orientiert sich an einer Beobachtung bei: Anders. Die Schrift an der Wand, 190. Zum Begriff des Zeitigungsmangels, zur »Störung der temporalen Erfahrung«, siehe: Ludwig Binswanger. Manie und Melancholie (1960), in: ders. Ausgewählte Werke. Bd. 4. Hg. von Alice Holzhey-Kunz. Heidelberg 1994, 351–428, hier: 402.

103 Zum »Umkehrverhältnis« zwischen erlebter und erinnerter Zeit vgl. Hermann Lübbe. Im Zug der Zeit. Verkürzter Aufenthalt in der Gegenwart. Berlin 1992, 363.

104 Vgl. Martin Kessel an Richard Gabel, 17.12.1944, in: ders. »Versuchen wir am Leben zu bleiben«, 797.

nen Freiflächen. Es scheint, als seien diese Raumstücke am Ende zum verbindenden Element im Nachkriegsberlin geworden. Daher lautet mit Kessel die These, dass dieser Unanschaulichkeitstopos eines jetzt unbesetzten Feldes die »Stellvertretung des Ganzen« übernahm.[105] Statt eines anschaulichen Gehalts, eines Monuments oder Ensembles, steht ein Unanschauliches im Zentrum. So war es jenes Wegrasierte der »Weltgeschichte«, das den zerstörten und fragmentierten Raumeindruck versinnbildlichte.[106] Walter Höllerer sprach später vom Eindruck städtischen »Restbestandes«.[107] Damit lautet die Nachkriegsparadoxie: Es sind die Fraktale, wie am Potsdamer Platz, die das Verbindende der beiden Stadthälften bildeten, ihr unheimlich integratives Bild.

Dabei ist das Wortfeld des Fraktals aufschlussreich, da lateinisch »fractus« bzw. »frangere« auf das vielfältig Gebrochene, das stark Gegliederte verweist. Damit sind Gegenden beschrieben, in denen die emotionale Situation sinnfällig wurde: das »reizbare Schweigen am Rande des Schmerzes«.[108] Ein Idyll mit Unbehagen, Wohnstätte ungezählter »toter Seelen«, um im Bild Gogols zu sprechen.[109] Wenn dieses »Sinnbild in Stellvertretung des Ganzen« im ›Stadtfraktal‹ zu suchen ist, so liegt darin auch eine kritische Ergänzung Kessels. Denn mit der Benennung dieser Lücken, mit der Feststellung, dass Berlin »kein gegliederter Raum« mehr sei, »keinen Mittelpunkt« besitze, unterschlug er eine metaphorische Entdeckung: jene Fraktalisierung, die er auf Makroebene als Prozess einer »Ausgemeindung« durchaus erkannte – »Ausgemeindung« als Gegenbewegung verdichtender Eingemeindung.[110] Insofern ist Kessel fortzudenken auf das hin, was er im Kleinen, in den »Brocken«, die er schriftstellerisch wälzte, schon praktizierte.[111] Folgendes

105 Vgl. Kessel. Januskopf Berlin, 147.
106 Vgl. Kessel. Im Liegestuhl nach einer Reise, 99.
107 Vgl. Walter Höllerer. Tiergarten, in: Renate von Mangoldt. Über Damm und durch die Dörfer. 382 Fotografien von Renate von Mangoldt. Zwölf Essays von Walter Höllerer. Hg. von Literarisches Colloquium Berlin. Berlin (West) 1978, 221–225, hier: 222.
108 Diese treffende Formulierung stammt von: Frecot. Nachwort, (ohne Seitenzahl).
109 Auch den Protagonisten Gogols sollte sein Bluff der »toten Seelen« später auf unheimliche Weise wieder einholen: Nikolaj Gogol. Die toten Seelen. München 1965 (1842), 449f.
110 Vgl. Kessel. Januskopf Berlin, 147. Sowie: ders. Notiz über Berlin (1945/65/75/ usw.), Bl. 2.81.755. A: Kessel, Martin Prosa. Nachlass Martin Kessel, DLA Marbach. Dass Kessel hier im Unbegrifflichen der Stadt raumatmosphärisch schürfte, lässt sich nach Blumenberg mit dem Ausdruck einer metaphorologischen Entdeckung umschreiben, vgl. Blumenberg. Theorie der Unbegrifflichkeit, 101.
111 Vgl. Martin Kessel. Wann ich gelebt haben möchte, in: ders. In Wirklichkeit aber, 9f., hier: 9.

gilt es im Bild zusammenzudenken: Kessels »Januskopf« der Stadt, der seine Gesichtshälften in unterschiedliche Richtungen wandte, und der paradigmatische Leerraum aus »Lücken«.[112]

Hat Kessel diese Trümmergebiete immer wieder umkreist, so tat er das nicht in irgendeiner, sondern in der Form des Mosaiks, was eine Kongruenz zwischen künstlerischem Gebilde und lebensweltlicher Umgebung nahelegt. Die Neigung zur kleinen Form hat er in einem Essay dargelegt, in dem er deutlich macht, dass in destruktiven Zeiten »die großen Formen zuweilen erschöpft« seien, aber der poetische Kristall blühe: »Ein Chorlied ist hier oft wichtiger als eine ganze Sinfonie, ein Strohhalm kann lebensnotwendiger sein als ein Tempel von Säulen, und ein winziger Talisman oder ein Wort hat dann größere Kraft als eine suggestive Massentheatralik.«[113] Das ist seine poetologische Reaktion auf das veränderte Klima im Nachkriegsberlin: der Weg ins Kleine als Katastrophenreaktion. Es war sein Weg, es über das Bruchstückhafte zu versuchen, angesichts der Tatsache, dass sich die große Gebärde diskreditiert hatte. Zugleich wird darin sein Talent deutlich, ein Schöpfer von knappen Bemerkungen, von Geistesblitzen zu sein.[114] Das verrät auch etwas über den Umbruch am Ort. Denn ohne Gesellschaft, nach Vertreibung und Exodus, wurde der Schriftsteller zum Einzelgänger, der sich »in die Büsche zu schlagen« hatte, um zu Erlebnissen zu gelangen: Es ist der »städtische Robinson«, als den ihn der Berliner Autor und Kritiker Kurt Ihlenfeld sah. Für diesen ging Kessel im »Gang eines Spurensuchers« auf seiner Insel Berlin vor: »wie Robinson die Insel, die ihn nährt und trägt«, so dränge die Stadt ihn, »von ihr zu schreiben«.[115] Das lief, jenseits einer »Totalstruktur« des Romans, im weltärmeren Aphorismus ab.[116]

Dabei griff Kessel notgedrungen – wie Loerke vor ihm – auf eine »Zeitgenossenschaft aus vielen Zeiten« zurück.[117] Er vertrat die Auffassung, dass

---

112 Vgl. Kessel. Im Liegestuhl nach einer Reise, 99. Sowie: ders. Januskopf Berlin, 147.

113 Martin Kessel. Das Wagnis Döblins, in: Die Neue Zeitung 9 (1953), Nr. 186, 8./9.8.1953 (Kopie ohne Seitenzahl). Nachlass Martin Kessel, DLA Marbach.

114 Zur Figur des gedanklichen Blitzes, der »Augenblickshelle« verbreite, auch: Hans-Georg Gadamer. Leben ist Einkehr in eine Sprache, in: Universitas 48 (1993), Nr. 10, 922–926, hier: 926.

115 Vgl. Kurt Ihlenfeld. Stadtmitte. Kritische Gänge in Berlin. Witten, Berlin (West) 1964, 246.

116 Zur ›welthaften‹ »Totalstruktur« des Romans, der im Zeichen des Weltverlusts Kessels Zug zum Aphorismus entgegenzuhalten ist, vgl. Blumenberg. Wirklichkeitsbegriff und Möglichkeit des Romans, 72.

117 Zu Kessels Ahnen wie Lichtenberg unter den Aphoristikern u.a. auch: Friedemann Spicker. Kurze Geschichte des deutschen Aphorismus. Tübingen 2007, 202.

Kunst zwar »Symptom für das Lebensklima einer Epoche sei«, darin Nietzsches Idee folgend; doch herrsche zwischen Klima und Kunst keine Parallelität, sondern eine Verschiebung, wenn nicht Antithetik angesichts ihrer fragilen Reifungsbedingungen.[118] So suche laut Kessel die Kunst in Zeiten der Kälte das Gewächshaus, in der Dürre das Refugium – und in chaotischen Zeiten blühe der Ausdruck manchmal wie eine »Melde im Schutt der Trümmer«: als Ruderalvegetation.[119] Dann dominiere die situative Form, aus der eine eigene literarische Flora sich entwickeln kann. Dass Kessel den Nachkrieg jedoch vor allem als eine Dürreperiode empfand, lässt sich daran ablesen, dass er von der Metapher der Katakombe weiterhin Gebrauch machte; von ihr aus sei in »frostigen Zeiten« die »lappländische Arbeit« des Geistes besser zu leisten.[120]

Hatte es für ihn zuvor schon einen gewissen Mangel an gesellschaftlicher Repräsentation in Deutschland gegeben, so zog er erstmalig, noch in der NS-Zeit, im kleinen Roman »Die Schwester des Don Quijote« die Konsequenz daraus. Darin stellt er »nicht ohne Bedauern« fest, dass die alte Berliner Gesellschaft nicht mehr sei.[121] Später spitzte sich das in der Reduktion von der Miniatur bis zum Spruchgedicht zu. Er befand sich auf jener Spur, nach der in dürftigen Zeiten die Dichtung an subkutane »Erlebnisschichten« heran müsse.[122] Auch Kessel setzte, wie vor ihm Loerke, einen »unterirdischen Strom« gegen das »Wüstenphantom« im Nachkrieg.[123] Wehe über die Oberfläche der »Sand«, so behalte nur der »unterirdische Strom« Kontakt zu den Quellen.[124]

Da er diese im Verborgenen wähnte, blieb er gegenüber dem Zeitgemäßen reserviert, wie er in der Miniatur »Dichtung und Politik« bekräftigte, da das »unterirdisch entwickelte […] Wachstum der Dichtung« sich niemals mit der in der politischen Sphäre vorherrschenden »Bereitwilligkeit zur Dokumentation von Gesinnungen« vertrüge.[125] Für Kessel kam die Erneuerung nicht

---

118 Vgl. Kessel. Ironische Miniaturen, 47. Sowie: Nietzsche. Menschliches, Allzumenschliches, 197f.

119 Vgl. Kessel. Ironische Miniaturen, 47. Zum literarischen Topos der Ruderalvegetation auch: Lethen. Ein heimlicher Topos des 20. Jahrhunderts, 217.

120 Vgl. Kessel. Ironische Miniaturen, 47. Sowie: ders. Notiz über Berlin, Bl. 4. Nachlass Martin Kessel, DLA Marbach.

121 Vgl. Kessel. Die Schwester des Don Quijote, 88.

122 Vgl. Kessel. Ironische Miniaturen, 41f. Zu einer ähnlichen Auffassung einer ›Tiefenlotung‹ der Literatur: Cécile Wajsbrot. Für die Literatur. Verteidigung des Romans. Berlin 2013, 41f., 71f.

123 Vgl. Martin Kessel. Zugeraunt, in: ders. Kopf und Herz, 73.

124 Zum Motiv des Sandes des Vergessens: Kessel. Verschlüsselt, 76.

125 Vgl. Kessel. Ironische Miniaturen, 58.

aus den Sphären wirkungsmäßiger »Artistik«, sondern als »Verschwörung« von »unten im Keller«. Der neue Ausdruck liege nicht in »Schaufenstern« parat – wie im Kalten Krieg im Westen mancher dachte –, sondern müsse aus den »Katakomben« kommen.[126] Das ist sein Plädoyer für fortgesetztes »Katakombendasein«: jene »Höhlensituation« in Zeiten ideologischer Enge.[127] Man mag dies insgesamt – wie Benn – eine Höhlenlage der Literatur nennen.[128] Für Kessel resultierte dieser Blick von unter der Erde auch aus der Erfahrung des Krieges, der den Eindruck eines »Höhlen- und Maulwurfsdaseins« hinterlassen habe.[129] Für ihn war das Lebensgefühl auf ein »Zwischenweltreich« herabgesunken, als lebe man »auf Erden eine Schicht tiefer«. Dabei entging Kessel nicht, was sich als »öder Raum« bei Loerke angekündigt hatte. Er brachte es auf den Begriff einer »Monotonie der Übriggebliebenen«.[130] In dieser Monotonie, wie er in der Hitler-Zeit schon formulierte, verkomme das Lebensgefühl des kreativen Menschen zu einem in der »Steinkatakombe«.[131]

Sich nach dem Fiasko im »öden Raum« zurechtzufinden, führte auch zur Kontaktaufnahme mit der am Ort heimischen ›Dämonie der Idylle‹: Im »ruinösen Bezirk«, heißt es, »triumphiert die Monotonie des Idylls«.[132] Diese ›Katastrophenidyllik‹ blieb ihm trügerisch, überwucherte sie doch das, was er als den »wunden Punkt« empfand. Der Traumalandschaft der Stadt begegnete er als Flaneur, der sein »Revier« abtastete. Diese Geistesverfassung hat ein Remigrant wie Hermann Kesten erfasst, der sich an Kessels

---

126 Zur Opposition von »Katakombe« versus »Schaufenster« vgl. Kessel. Ironische Miniaturen, 141, 148.

127 Blumenberg nimmt diese »Höhlensituation« von W.H. Auden, vgl. Blumenberg. Licht als Metapher der Wahrheit, 171.

128 Zur ›Höhlenlage der Literatur‹: Gottfried Benn. W.H. Auden: »Das Zeitalter der Angst« (1950), in: ders. Sämtliche Werke. Bd. V, 210–221, hier: 219.

129 Vgl. Kessel. Ironische Miniaturen, 35.

130 Vgl. Martin Kessel. Bombastischer Unsinn von Gottfried Benn. Steckbrief. 9. Bl. 91.120.32. A: Kessel, Martin. Verschiedenes. Nachlass Martin Kessel, DLA Marbach.

131 Zum Motiv der »Steinkatakombe«: Kessel. Patenschaft der Vergangenheit, 208. Auch zur Dachkammerexistenz: Kessel. Die Schwester des Don Quijote, 6, 112, 193.

132 Vgl. Martin Kessel. Auf der Spur, MsT. Aphorismen. 64. Bl. 91.120.4. A: Kessel, Martin. Prosa. Sammlungen. Nachlass Martin Kessel, DLA Marbach. Vgl. zur Philosophie des Zerbrochenen auch das Wortfeld des ›Scheiterns‹, das ebenfalls mit einer Auflösung und Verwandlung der Form im Zusammenhang steht: Burkhardt Wolf. Sein und Scheitern. Zur Metakinetik des Schiffs, in: Zeitschrift für Ideengeschichte 14 (2020), Nr. 3, 5–20, hier: 9f.

Lachen im Schutt erinnerte: Er traf den Freund »im zerstörten Berlin« wieder, »das aber dennoch nicht untergegangen war«, da sein »spirituelles Gelächter« fortlebte.[133] Reste urbaner Lebenskunst. Darin lag etwas von der Geisteshaltung Montaignes, der im Fall des Schiffbruchs nahelegte, die Schätze an einem versteckten Ort zu »verbergen«.[134] Im Sinne dieses Credos sprach Kessel vom Überleben des Literarischen im Zustand eines Findlingsdaseins.[135] Ort dieses Überwinterns war ihm seine Produktionshöhle in der unversehrt gebliebenen Künstlerkolonie am Breitenbachplatz, deren Lage ein kundiger Leser wie Heimito von Doderer an seiner Aphoristik abzulesen verstand. Mit sicherer Intuition sah er die Aphorismen als Ausdruck einer »Kesselschen Welthöhle«, in der er seine »Kristalle« züchte.[136]

Die Lage im Verborgenen deutete sich spätestens mit den »Aphorismen« aus der Zeit der Berlin-Blockade an, die das Lebensgefühl eines Abgeschnittenen sinnfällig machen.[137] Abgeschnittensein bedeutete zum einen, dass die infrastrukturellen Ressourcen verloren – oder durch die sich verschärfende Insellage gekappt waren. Abgeschnittensein hieß, dass der wirkungsgeschichtliche wie geokulturelle Strom, in dem das Leben zwischen den Kriegen gestanden hatte, unterbrochen war.[138] Und zuletzt war man neuen Vereinnahmungsversuchen ausgesetzt: der Installation einer zweiten »kontrollierten Diktaturliteratur«, wie Kesten sie im Ostteil sich etablieren sah, die neue Formen des »Doppellebens« zur Folge hatte.[139] Der Spielraum der Literatur blieb auch nach dem Zusammenbruch gering. Denn was sich mit Moskaus Unterstützung in Ostberlin festsetzte, war die parteinahe Literatur einer »Clique«, so Kessel, die neuen Gesinnungsdruck auf die Produktion

---

133 Hermann Kesten an Martin Kessel vom 28.4.1971. 81.702. Nachlass Martin Kessel, DLA Marbach.

134 Vgl. Michel de Montaigne. Über die Einsamkeit, in: ders. Essais. Erste moderne Gesamtübersetzung von Hans Stilett. Berlin 2016, 124–128. Auch: Blumenberg. Schiffbruch mit Zuschauer, 15.

135 Vgl. Martin Kessel. Vorwort, in: ders. Ehrfurcht und Gelächter, 7f., hier: 8.

136 Vgl. Heimito von Doderer an Martin Kessel vom 2.12.1960. 81.8694/1–3. Nachlass Martin Kessel, DLA Marbach.

137 Zu Robinson Crusoe als Prototyp des ›Abgeschnittenen‹, ein Paradigma, das für Kessel fruchtbar zu machen ist: Blumenberg. Höhlenausgänge, 450.

138 Hierzu die Beobachtung, dass Berlin seit den Tagen der französischen Hugenotten eine Stadt der Migranten war, vgl. Wolfgang Schadewaldt. Lob Berlins, in: ders. Hellas und Hesperiden. Gesammelte Schriften zur Antike und zur neueren Literatur. Bd. II. Zürich, Stuttgart 1970, 787–808, hier: 796f.

139 Zur neuen »Diktaturliteratur« im Osten Deutschlands nach 1945 vgl. Kesten. Die gevierteilte Literatur, 119. Sowie zum »Doppelleben«: Fritz Stern. Die erzwungene Verlogenheit (1993), in: ders. Das feine Schweigen, 98–157, hier: 102f.

Im Schweigen: Horchen auf die Stille

ausübte.[140] Wovor er einen Horror entwickelt hatte, war die Indienstnahme der Literatur, wie er sie vor wechselnden Kulissen vorgeführt bekam. Das Fatale dieser Degradierung der Kunst zum Politeffekt sah er darin, dass sie »zum bewußten Symptom« reduziert werde.[141] So wies Kessel in einem Brief zwischen dem Ende des Faschismus und den staatlichen Neugründungen auf die Kontinuität des verdeckten Schreibens hin: ein wichtiges Indiz dafür, dass – wie Döblin nach seiner Rückkehr sagte – die Politik die Literatur noch immer bei der »Gurgel gefasst« halte.[142] Wieder müsse man, so Kessel, angesichts von Zensur »durch die Blume« sprechen; noch im Westteil empfand er sich in einer »Katakombe Berlins«.[143] Was der Literatur zum Verhängnis wurde, war, dass Funktionäre sich bemüßigt fühlten, sich um sie zu kümmern.[144] In Aphorismen – geschrieben für Döblins »Minotaurus«-Band – spitzte er den Befund zur Generationserfahrung zu: »So erfuhren wir auch, daß die Politik dem Geist nur huldigt, um ihre Macht durch ihn legitimiert zu sehen.«[145] Je starrer, rigoroser das System, desto stärker tritt die Indienstnahme hervor. Im schlimmsten Falle entstünden Geistesattrappen oder »angestrahlte Reklamefiguren«, wie er im Doppelblick auf beide Stadthälften festhielt.

140 Zur neuen Ostberliner »Clique« der Literatur vgl. Kessel an Eickemeyers vom 25.9.1949, Bl. 2. 2002.23.15/26. Nachlass Martin Kessel, DLA Marbach.

141 Hierzu die Aphorismen »Kunst und Politik« in: Martin Kessel. Auf der Spur, MsT. Aphorismen. 64. Nachlass Martin Kessel, DLA Marbach.

142 Vgl. Alfred Döblin an Peter Huchel vom 10.9.1952, in: Huchel. Wie soll man da Gedichte schreiben. Briefe, 123 f., hier: 123.

143 Zum Schreiben »durch die Blume«: Kessel an Eickemeyers von 25.9.1949, Bl. 2. Nachlass Martin Kessel, DLA Marbach. Sowie: Martin Kessel. Rundschreiben ca. 1951. Nachlass Lehmann, DLA Marbach, zitiert nach: Sven Hanuschek. »Gesellschaft ist eben Gesellschaft, mein Lieber.« Kessel goes politics, in: Claudia Stockinger/Stefan Scherer (Hg.). Martin Kessel (1901–1990). Bielefeld 2004, 155–166, hier: 160. Zur Einführung einer Zensur durch die sowjetische Verwaltung vgl. Rep. 120 Stadtarchiv Berlin. Nr. 1399. Volksbildung. Registrierung von Künstlerin und Ausstellungen von Berufsausweisen 1945–1951, Bl. 4.

144 So Kessels Anekdote nach 1945: »Ein bolschewistischer Kulturfunktionär sagte mir einmal: ›Als wir noch keine Zeit hatten, uns um die Kunst zu kümmern, hatten wir solche Autoren, wie Sie sie suchen.‹ – Offenbar gedeiht die Kunst um so besser, je weniger sich die Kulturfiguranten um sie kümmern.« Kessel. Gegengabe, 119.

145 Martin Kessel. Kritische Aphorismen, in: Alfred Döblin (Hg.). Minotaurus. Dichtung unter den Hufen von Staat und Industrie. Wiesbaden 1953, 294–301, hier: 298.

Was er an den autoritären Ideologien fürchtete, war ihre »Aktivität des Prinzips«, zu dessen Umsetzung sie jede Grausamkeit legitimieren würden. So werde der Mensch in die Enge einer Entscheidung getrieben: »zum Opfer oder Vollstrecker«.[146] Kessel konstatierte, dass auf diese Weise das Wort »Mensch« in Misskredit geraten sei – am Ende nur der »Unmensch« übrig bleibe.[147] Die Herrschaft des Prinzips ermögliche eine weitreichende »Degradierung der Individualität«.[148] Da er sich nicht korrumpieren lassen wollte, war er zum Leben als Außenseiter bestimmt. Mag die harmlose Seite der ideologischen Wirkungsästhetiken im Kitsch gelegen haben, so wurde es gefährlich, sobald das heroische Pathos hinzutrat: Die »Phrasen«, schrieb er, »insbesondere heroische Phrasen, sind die größten Blutsäufer«.[149] Diese Einsichten brachten ihn in Opposition zum Zeitgeist. Nach zwei Weltkriegen klinge die »Zukunftsmusik« jeder Naherwartung blechern. Dem hielt er entgegen: »Etwas Urbanität, etwas Lässigkeit und Diplomatie« seien das Antidot nach »katastrophalen Zusammenbrüchen«.[150]

Dahinter stand weniger eine Attitüde als die Erkenntnis, dass im Zeichen des Fiaskos sich das allzu weit gedachte »Grenzgebiet unserer Befugnis« als schmal erwiesen hatte; der Einbruch des Schicksals hatte ein lehrreiches Herausfallen aus der Lebenswelt beschert.[151] Im Fiasko lag für ihn die Möglichkeit, hinter die Kulissen des Menschseins zu schauen.[152] Kessel war die Stunde Null erhellendes Moment, getreu der Auffassung, dass »geschichtliche Zeiten« auch »fruchtbare Zeiten« sein können, da sie einen »Blick ins Gefüge der Welt gewähren«.[153] So nutzte er auf seine Weise die offenstehende »Erfahrungsschleuse« nach Kriegsende.[154] Später ergänzte er, dass an »historischen Wendepunkten« nicht selten »unterirdische Aktualitäten« aus der Latenz treten würden – und die Erfahrung des Fiaskos der sonst wal-

---

146 Hierzu die Sammlung »Das Relief der Epoche«: Martin Kessel. Auf der Spur, MsT. Aphorismen. 64. Bl. Nachlass Martin Kessel, DLA Marbach.

147 Vgl. Kessel. Ironische Miniaturen, 208.

148 Vgl. ebd., 166.

149 Kessel. Aphorismen, 178. Zur Kritik des Kitsches auch: Martin Kessel. Kritik an der Literatur, in: ders. Ehrfurcht und Gelächter, 273–277, hier: 275.

150 Vgl. Kessel. Ironische Miniaturen, 168.

151 Vgl. hierzu die Sammlung »Der wunde Punkt« in: Martin Kessel. Auf der Spur, MsT. Aphorismen. 64. Bl. Nachlass Martin Kessel, DLA Marbach.

152 Zum Fiasko, das für das Schicksal die Rolle spielt »wie für die Technik der Defekt«: Kessel. Ironische Miniaturen, 56.

153 Kessel. Aphorismen, 198.

154 Zur nach 1945 kurz geöffneten »Erfahrungsschleuse« vgl. Koselleck. Erinnerungsschleusen und Erfahrungsschichten, 274.

tenden Gedankenlosigkeit ein Ende bereite.[155] Was als seine Frucht aus dem
Ruin angesehen werden kann, sind jene skeptisch-ironischen Bruchstücke.
Zu diesen gehörte eine *morale provisoire*: Er stellte in seiner Altersaphoristik
fest, dass der Mensch »unfertig«, aber »anpassungsfähig« sei. Es gebe »kaum
eine Situation«, in der sich der Mensch nicht zurechtfände: Er könne »im
Eis, in der Wüste, unter Trümmern« leben, was ihn leider immer wieder dazu
führt, sich an alle möglichen prekären Lagen zu gewöhnen.[156]

Als in Berlin das erste Gras über die Trümmer gewachsen war, wartete
Kessel mit einer weiteren Unterscheidung auf: der Gegenüberstellung des
neu aufgebauten Westberlins als Spiegelkabinett und einer zweifelhafteren
Zone: einer Gegend »hinterm Spiegel«, einer »anderen Zone«, mit deren
Beschreibung er die Frage nach der Nachkriegsmentalität auf eine Diagnose
brachte.[157] Es war jener städtische Antagonismus zwischen den potemkinschen Dörfern um den wiederaufgebauten Kurfürstendamm und den
Schamstellen der leeren Zentrale.[158] Berlin im Nachkrieg, diese »geniale
Attrappe einer Weltstadt«, so auch Kesten, habe hier ihr eigentliches Zentrum zu suchen. Erst der Blick in den »ruinösen Bezirk« gab ein Gefühl
für das Leben hinter den architektonischen Kompensationen frei. Westberlin glich Kessel darin einer Schauspielerin, die nicht mehr auf der Höhe
ihres Könnens war, die ein »illusionäres Versteckspiel« betrieb.[159] Hinter
dem ironischen Spiel lag Ernst: In der Abwendung von den Wunden der
Stadt lag der Versuch, sich von einer tieferen Tragik abzuwenden.[160] Hier
sprach sich eine pathologische Fiktionsbedürftigkeit aus: eine subventio-
nierte »Talmikultur«, so Kessel bissig, die angesichts ihrer Vergangenheit

---

155 Vgl. hierzu die Sammlung »Zweifel an der Historie« in: Martin Kessel. Auf der
     Spur, MsT. Aphorismen. 64. Bl. Nachlass Martin Kessel, DLA Marbach.

156 Vgl. »Der Mensch als Person« in: Martin Kessel. Auf der Spur, MsT. Aphorismen.
     64. Bl. Nachlass Martin Kessel, DLA Marbach.

157 Zu dieser Unterscheidung: Martin Kessel. Wunschbild und Selbstlob (1957), in:
     Walther G. Oschilweski/Bodo Rollka (Hg.). Berlin. Lob und Kritik. Berlin 1992,
     105–106, hier: 105. Sowie: Martin Kessel. Berlinismen, in: Rolf Italiaander/Willy
     Haas (Hg.). Berliner Cocktail. Hamburg, Wien 1957, 494–496, hier: 495.

158 Zur potemkinschen Stadt auch: Hermann Kesten. Dichter im Café. Wien, Mün-
     chen, Basel 1959, 403. Zum »Zug ins Irreale« – Westberlin, das »wie eine Haupt-
     stadt aussieht, die es gar nicht gibt«: Hermann Kesten. Wiedersehen mit Berlin, in:
     Günther Birkenfeld (Hg.). Heimat. Erinnerungen deutscher Autoren. Stuttgart,
     Zürich, Salzburg 1965, 124–135, hier: 129.

159 Vgl. Kessel. Gegengabe, 41, 96.

160 Mit Marquard kann man die These aufstellen, dass die hohe Dosierung an Fik-
     tionalitäten selbst einem schmerzstillenden Bedürfnis nachkam, vgl. Marquard.
     Aesthetica und Anaesthetica, 15.

ein Minderwertigkeitskomplex peinige. Diese Bedürftigkeit hat er scharf
erfasst: Er sprach von einem »modischen Illusionismus«, der einen »Schleier
um die Realitäten« werfe.[161] Dadurch entstünden in der Stadt Dinge um der
»bloßen Optik« willen: Bauten und Strukturen, die zweifelhafte Schatten
aufs Trottoir werfen. Für den Phänomenologen des Pflasters ergebe sich die
Herausforderung, den Dingen ihren »wahren Realitätsgrad abzugewinnen«.
Denn jenseits der »Windigkeit« liege nach wie vor ein Stück Wirklichkeit im
»unmittelbaren Stadtkern«. Den Verdrängungswünschen gegenläufig ging es
darum, die heikle Stelle ausfindig zu machen. So erfasse man die Nachkriegsstadt in ihrem »Eigenleben« erst im Widerspiel illusionistischer Gegenden
wie des Ku'damm mit den Ernstfallgegenden um das leere Zentrum.[162]

Letztere bildeten jene Zone »hinterm Spiegel«. Sie versprach mehr zu dem
beizutragen, was Benn das »Erkenne die Lage« genannt hat, was Kessel so
variierte, dass man hinter die »Fragwürdigkeiten« der allzu schnell hochge-
zogenen City-West kommen müsse.[163] Benn war mit Kessels Werk vertraut,
hatte dessen »Brecher« gelesen, wobei Kessel seinerseits Benn kritisch gegenüberstand.[164] Wenn es jedoch eine Überschneidung gab, so lag diese in
der Diagnose des Verlusts eines geistigen Gradmessers mit der Hauptstadt
Berlin. Eine Kessel verwandte Beobachtung machte Marie Luise Kaschnitz,
die davon sprach, dass angesichts der »Trostlosigkeit« im Niemandsland
die neue Weststadt »geisterhaft« wirke.[165] Kessel zog eine Parallele dazu,
wenn er erklärte, der Blick aus der Grenzzone könne sich ebenso durch
eine »Unzeit«-Begegnung im Westzentrum einstellen: Beizeiten wirke dieses
»wie strafversetzte Kulissen«.[166]

Man braucht demnach nicht allzu allegorisch zu werden, um in den
Stadt-Kulissen Kessels Schlüsselmetapher für die Nachkriegskultur zu sehen. Hatte er nicht auch das Hochziehen eines Literaturbetriebs nach 1945
als ›Flitterware‹ empfunden, wie er sie am Kurfürstendamm sah? Was er

---

161 Vgl. Kessel. Das andere Ich, 298.

162 Zum »Eigenleben« der Städte allgemein: Kessel. Gegengabe, 37.

163 Vgl. Kessel. Das andere Ich, 298. Sowie: Benn. Der Ptolemäer, 32 f.

164 Zum Kontakt der beiden Kessels ironische Reaktion auf Benns »Brecher«-Lek-
       türe: »Hoffen wird, daß es gut geht!« Kessel an Benn vom 14. 5. 1956. Nachlass
       Gottfried Benn, DLA Marbach. Sowie Kessels Kritik, Benns »Verhaltensweise«
       sei im NS »opportunistisch« gewesen: Martin Kessel. Bombastischer Unsinn von
       Gottfried Benn. Steckbrief. Nachlass Martin Kessel, DLA Marbach.

165 Kaschnitz macht diese Beobachtung schon zur Mauerzeit. Vgl. Marie Luise
       Kaschnitz. Tagebücher 1936–1966. Bd. 2. Hg. von Christian Büttrich u.a. Frank-
       furt a.M., Leipzig 2000, 901.

166 Vgl. Kessel. Gegengabe, 43.

Im Schweigen: Horchen auf die Stille

von den frühen bundesrepublikanischen Gruppenbildungen hielt, hat er in der Haltung eines Outsiders in nachgelassenen Aphorismen kommentiert: »Moden sind ein Impuls, aber eben nur das; nachgeahmte Moden führen zur Manier. Einmal ist es die Gruppe, die den Einzelnen trägt, einmal ist es der Einzelne, der sich unbestätigt behauptet«.[167] Hinter den Geselligkeitsbekundungen wähnte er das, was er schon aus den expressionistischen Jahren als Überzeugungseifer kannte. So waren ihm die Gruppenbildungen als Augenzeuge bekannt; freilich damals unter dem Primat ästhetischer Abgrenzungskämpfe.[168] Heute, so Kessel 1960, habe sich die Vorstellung einer gemanagten Kultur etabliert, der er sein Credo entgegenhielt: »Kultur kann man nicht organisieren, man muß sie haben.«[169] Der Zug zum »Institutionellen« zwinge den Geist zur beständigen Manifestation. Das Ergebnis sei eine »Veranstalter«-Literatur, wie sie Kessel im Westberlin der Mauerzeit begegnete. Dieser sei nicht nur das Wagnis abhanden gekommen, sondern man sei nach der »Epoche der Demagogie« gar in eine der »Redseligkeit« gefallen.[170]

Kessel blieb eine Randfigur, die gelegentlich Miniaturen in Zeitungen unterbrachte. Diese Randlage eröffnete ihm den Blick in die Hinterhöfe der Psyche. Ein Satz wie der folgende trifft nicht nur sein Verhältnis zum Literaturbetrieb: »Vorn ist alles Fassade, aber hinten knirschen wir mit den Zähnen!«[171] Aufgegriffen hat er das Motiv in einem Brief, in dem er westdeutsche Freunde ermahnte: »Hinter die Fassaden darf man nicht blicken.«[172] Was sich in Berlin »mäßig« darbiete, habe »kein Weltstadt-Format« mehr. Die Verlage lebten im Wesentlichen von Übersetzungen. Im Ostteil säßen die ›lockenden Lemuren‹ sozialistischer Kulturpolitik: »Man hat das Heilrufen satt.« Auch im Westen gehe es zweifelhaft zu. So hielt

167 Martin Kessel. Auf der Spur, MsT. Aphorismen. 64. Bl. Nachlass Martin Kessel, DLA Marbach. Zu Kessel als Eremit in Berlin vgl. Wolfgang Paul. Ein deutscher Montaigne. Martin Kessel, »Ironische Miniaturen«, in: Der Literat. Fachzeitschrift für Literatur und Kunst 12 (1970), 138.

168 Vgl. Martin Kessel. »Als Niemand in der Novembergruppe«. Verschiedenes. Autobiographisches. 4. Bl. 81.761. A: Kessel, Martin. Verschiedenes – Briefe von ihm. A–Ga. Kasten-Nr. 2578. Nachlass Kessel, DLA Marbach.

169 Kessel. Gegengabe, 12.

170 Hierzu die Aphorismenreihen »Flachheit der Intelligenz« und »Kunst und Politik«, bei denen Kessel das Westberlin der Höllerer-Jahre und einer »Sprache im technischen Zeitalter« im Auge gehabt haben mochte: Martin Kessel. Auf der Spur, MsT. Aphorismen. 64. Bl. Nachlass Martin Kessel, DLA Marbach.

171 Kessel. Wir falschen Fünfziger, 42.

172 Kessel an Eickemeyers von 10.2.1954. 2002.23.17/4. Nachlass Martin Kessel, DLA Marbach.

er in der nachgelassenen »Notiz über Berlin« fest, die Stadt sei »eine der künstlichsten« geworden: »Es ist zwar kein Homunkulus, wie Brasilia, aber es wird künstlich am Leben erhalten. [...] Fiktivitäten und Illusionen sind an der Tagesordnung, nicht nur politisch. Das Einzige, was wie je existiert, ist der Geist des Pflasters.«[173] Die Fassadenarchitekturen des Betriebs interessierten ihn kaum, dafür hatte er seit den Tagen von »Herrn Brechers Fiasko« zu klar hinter diese sehen können. Er wusste aus dem Inneren des ehemaligen Scherl-Unternehmens, für das seine Frau Elisabeth gearbeitet hatte, was Betrieb war, als es diesen in Berlin in einem vollwertigen Sinne noch gab.[174] Dort hatte er Bekanntschaft mit dem »Verführerischen der Scheinblüte«, den »Halbwahrheiten der Saison« gemacht – und mahnte, dass man dies nicht für »Äußerungen von Produktivität« nehmen dürfe.[175] Kessel war bereits Analytiker des Zentrums, des alten Zeitungsviertels, als es diese Machtballung noch gab.[176]

Damit war Kessel für die frühe BRD gewarnt, die einiges zur Wiedervorlage brachte: die »Überbetonung des Zeitgemäßen«, die »Gleichmachereien der Methode«.[177] Nicht um den literarischen »Homunkulus« ging es ihm, sondern ums »lebendige Zeugnis« – keine Literatur des »Rezeptsystems«.[178] Was Kessel nicht entgangen war, kann man mit Hamburger als eine »new facade« der Kultur bezeichnen, die waschbetonverkleidet die Leere dürftig kaschierte.[180] Eine Vereinigung wie die Gruppe 47 war in der Hinsicht eine

---

173 Martin Kessel. Notiz über Berlin, Bl. 1. Nachlass Martin Kessel, DLA Marbach. Zum »Provisorium« Westberlins auch: Bernd Stöver. Kleine Geschichte Berlins. München 2012, 99.

174 Durch seine Frau, die in den 1930er bis 40er Jahren für Scherl und nach 1945 eine Weile für den Aufbau Verlag als Übersetzerin und Lektorin tätig war, besaß er genauere Kenntnisse des Betriebs. Zu Scherls Ende: Kessel an Eickemeyers. 29.11.1943, in: ders. »Versuchen wir am Leben zu bleiben«, 795.

175 Vgl. Martin Kessel. Als ich Herrn Brechers Fiasko schrieb, in: Dichten und Trachten. Jahresschau des Suhrkamp Verlages VII (1956), 35–39, hier: 38. Sowie: Martin Kessel an Dieter Zimmermann vom 3.9.1973. AdK-W-225-13 (Martin Kessel). Archiv der Akademie der Künste Berlin.

176 Über Kessels »Berlin plus secret« auch: Minder. Littérature, arts et pensée dans le deux Allemagnes, 50.

177 Vgl. Martin Kessel. Prosa. Konv. Aphorismen und kleine Prosa. 91.120.29. Nachlass Martin Kessel.

178 Vgl. Kessel. Ironische Miniaturen, 137, 139.

179 Siehe: Fritz Eschen. Photographien. Berlin 1945–1950. Mit Texten von Klaus Eschen und Janos Frecot. Berlin 1990, 102.

180 Hamburger bezieht sich hier teils auf Muschgs kritische Diagnose: Hamburger. After the Second Flood, 83.

»Vorn ist alles Fassade, aber hinten knirschen wir mit den Zähnen!«:
Provisorisches Warenhaus am Kurfürstendamm, 1949.
© Deutsche Fotothek/Fritz Eschen.[179]

pressure group, eine Interessenvertretung; nichts, was die Delle der Literatur
zum Thema gemacht hätte. Beide begegneten sich in der Sicht, dass diese
Vereinigung nur eine Überbauung der eigentlichen wirkungsgeschichtlichen
Krypta war.[181] Was Kessel über den Städtebau sagte, fasste auch seine
Auffassung der Kultur zusammen: wacklige Produkte des Trümmerschutt-
Recyclings.[182] Etwas stimme darin, so Kessel in seinem Nachkriegsroman
»Lydia Faude«, mit den »überall hochgetriebenen Neubauten« im »Verhält-

181 Dass *pressure group* es trifft, zeigen Papiere, die sich bei der in Westberlin
   damals aktiven Ford Foundation erhalten haben; sie attestieren der Gruppe 47
   ein »controlling« von »Berlin's literary life«. Vgl. Ambassy Bonn: Joint State:
   Airgram, circa 1966. Ford Foundation records. Grants E–G (FA732E). Literary
   Colloquium Berlin (06300355). Series: Ford Foundation Grants – L to N. Date:
   1963 June 05 1966 June 04. Reel 0681.
182 Zum Ausdruck »Talmi« für »verschlackte« Substanzen: Martin Kessel. Die epochale Substanz der Dichtung, in: ders. Ehrfurcht und Gelächter, 300–326, hier:
   313. Zur zeitgenössischen Methode der Trümmerschuttverwertung exemplarisch:
   Deutsche Studiengesellschaft für Trümmerverwertung (Hg.). Wirtschaftlichkeits-

nis zur Zukunft« nicht.[183] In dieser Beschreibung ist ihm die Figur Lydia Faude die Allegorie der Flitterkultur: das Wirtschaftswunder gleichsam »am eigenen Leibe«.[184] Sie ist Personifikation jenes Wunschimagos, das die Nachkriegsstadt vor sich aufrechtzuerhalten versuchte.

Doch es konnte nicht darüber hinwegtäuschen, dass die Sache an »innerer Festigkeit eingebüßt« hatte.[185] Haltbarkeit sei kaum gewährt, da der Horizont in der Planung abhandengekommen sei. Gerade darin zeige sich das Provinzielle: die mangelnde Schärfe des Epochenbewusstseins. Das legte auch der Kritiker Alfred Kantorowicz – ehemals Nachbar Kessels in der Künstlerkolonie – im Nachkrieg offen, wenn er festhielt, dass die »immanente Verinselung Berlins« das »Gleichnis der Verkümmerung des kulturellen Lebens« insgesamt geworden sei.[186] Dabei hatten Zerstörung und Wiederaufbau für Kessel deutlich gemacht, dass der Städtebau in seiner Trostlosigkeit am Ende etwas Wahrhaftiges an sich hatte.[187] So lässt sich mit Blumenberg die Diagnose pointieren: Man griff im Übergang im Zeichen des Recycling auf bekannte »Baustoffe« in neuem Gewand zurück, wollte aber mit den damit verbundenen »Lastenumschichtungen«, den Nachwirkungen der Trümmerlast, nichts zu tun haben: jene, die fortwirkten, ohne produktiv verwandelt worden zu sein.[188]

Im Grunde erforderte die Situation eine grundsätzliche »Besinnung«, wie es Walter Muschg für die Literatur einforderte, um nicht die »Fassade« »besinnungslos« zu ersetzen, ohne das Leben zu erneuern.[189] Ähnlich Kessels

fragen und Trümmerverwertung. Denkschrift der Deutschen Studiengesellschaft für Trümmerschuttverwertung 1952, 27f.

183 Vgl. Kessel. Lydia Faude, 398.

184 Vgl. Dietrich Brants/Daniela Plügge. Auf eigene Faust einzig. Martin Kessel, Schriftsteller in Berlin. SWR 2. 27.9.2005, Bl. 30. DLA Marbach.

185 Vgl. Kessel. Lydia Faude, 398.

186 Vgl. Alfred Kantorowicz. Etwas ist ausgeblieben. Zur geistigen Einheit der deutschen Literatur nach 1945. Hamburg 1985, 46.

187 Zum »Funktions- und Ausstellungscharakter« der Nachkriegsstädte: Kessel. Gegengabe, 38. Zum Städtebau als Symptom der Vergangenheitsbehandlung in Gestalt neuer unterschiedsloser Gesichter: Markus Krajewski. Bauformen des Gewissens. Über Fassaden deutscher Nachkriegsarchitektur. Mit Fotografien von Christian Werner. Stuttgart 2016, 131, 141.

188 Blumenbergs für Metaphern wacher Blick – die Verwendung alter »Baustoffe« und der »Lastenumschichtungen« zeigen es – lässt auf seine Sicht auf den Nachkrieg schließen, gerade bezüglich der »Hypotheken« im Nachkrieg. Vgl. Hans Blumenberg. Einleitung, in: Nikolaus von Cues. Die Kunst der Vermutung. Auswahl aus den Schriften. Bremen 1957, 7–69, hier: 11.

189 Vgl. Walter Muschg. Vorlesungsmanuskript »Dichterische Phantasie« (1965),

Bilanz: Wir seien in einer Epoche der »Fassade« angelangt, einer, die den »patentierten Illusionismus« pflege.[190] Doch gerade das Ungelöste der Zeit, so seine These, lasse die Stadt als eine »ungemeisterter Bedrohlichkeiten« erscheinen, die sich zu »Gespenstern und Phantomen« auswachsen könnten.[191] Sie verwiesen auf ruhelose Schatten unerlöster Opfer – jenseits einer Heroik des Martyriums, mit der eine neue Zeit im Osten ihre Schrecken zu legitimieren trachtete.[192] Mit diesen dunklen Zonen kollektiver wie individueller Erinnerung trat Kessel in der leeren Zentrale in Kontakt. Hier, wo die einstigen »Konzentrationspunkte« stillgelegt waren, konnte eine Stille Raum greifen. Es war ihm »Zone des Schweigens«, wie sie sonst keine Stadt hatte, in der sich das Lautwerden einer Stimme ereignete, die nicht von ungefähr an Nietzsches »stillste Stunde« aus dem »Zarathustra« erinnerte.[193] Zwar sei eine Gegend wie der Potsdamer Platz, so Kessel, »durch politische Injektionen narkotisiert«, doch gerade darum werde hier die Stimme eines Unterstroms vernehmbar. Was sich offenbare, sei »keine idyllische Stille, im Gegenteil, es ist eher eine, diabolisch und paradox, mit einer lautlosen Stimme begabt, die sagt: ›Ich sehe hier vieles, das nicht da ist, nicht mehr und noch nicht.‹«[194] Das ist es, was uns Kessels ›Dämon der Idylle‹ als Anstoß aufgibt. Die »andere Zone« wird zum Ort einer Begegnung, bei der etwas von der Trauer, den verpassten Gelegenheiten, zurückgebracht wird. Zugleich impliziert es einen Weckruf. Denn in Kessels Satz zeigt sich die janushafte Konstellation des vor- und zurückblickenden Geistes: Ausdruck eines Gefangenseins im Interim. Es ist eine Grenzerfahrung, die darin ihre stimmungsmäßige Grundierung zu erkennen gibt. Der Genius Loci im

Bl. 1. Nachlass Walter Muschg, Universitätsbibliothek Basel. Sowie zur wiederaufgebauten Fassade als »Gespenst« auch: Muschg. Eine Sehenswürdigkeit für reisende Kuriositätensammler? (1948), in: Ulrich Conrads/Peter Neitzke (Hg.). Die Städte himmeloffen. Reden und Reflexionen über den Wiederaufbau des Untergegangenen und die Wiederkehr des Neuen Bauens 1948/49. Basel 2003, 164f.

190 Vgl. die Aphorismengruppe »Der wunde Punkt«: Martin Kessel. Auf der Spur, MsT. Aphorismen. 64. Bl. Nachlass Martin Kessel, DLA Marbach.

191 Vgl. Martin Kessel. Musisches Kriterium, in: Abhandlungen der Klasse Literatur. 1952, Nr. 3. Hg. von Akademie der Wissenschaften und Literatur, 58–82, hier: 67.

192 Hierzu die Aphorismen »Kunst und Politik«, die sich auch auf den Stalinismus beziehen lassen: Martin Kessel. Auf der Spur, MsT. Aphorismen. 64. Bl. Nachlass Martin Kessel, DLA Marbach.

193 Zum Moment der ›stillsten Stunde‹ wiederum: Nietzsche. Also sprach Zarathustra, 187f.

194 Kessel. Im Liegestuhl nach einer Reise, 99. Das »nicht mehr und noch nicht« erinnert auch an das Raumgefühl der Ferne. Vgl. Elisabeth Ströker. Philosophische Untersuchungen zum Raum. Frankfurt a.M. 1965, 34f.

Nachkrieg war im »ruinösen Bezirk« beheimatet. Kaum anzutreffen war er in jenen Vorzeigeecken des »Glitzerdings« Westberlin, der »letzten Koketterie« des »luxuriösen Europa«, wie Gombrowicz später spöttisch sagte.[195]

Darum war für Kessel das Dämonische der Gegend poetisches Sujet, musste die Dichtung sich in die Verschwiegenheitszonen begeben.[196] Das ist es, was er mit einem Denken des »wunden Punkts« umriss, unter dessen Vorzeichen er den Flaneur zum Scherbengänger umdeutete: »Die krankhafte Stelle ist wetterfühlig, sie wittert die Zukunft, sie lebt Stunden voraus.«[197] Das ist die Wiederaufnahme des »weissagenden Winkels« des Flaneurs Benjamins, erneuert unter den Bedingungen der Nachkriegs-Topografie.[198] Dass der Künstler mit der Wunde zu tun hat, war für Kessel selbstverständlich: »In den Künsten ist die Wunde der wirkliche Quell«.[199] Hier ist die »Not« der »Sprachlosigkeit« am größten.[200] So verbindet sich die Frage nach dem entscheidenden »Winkel« der Stadt aufs Neue mit der Leidenschaft des Dichters fürs Namenlose. Denn für Kessel sammelte sich der »Gedanke« erst in der »Stille«.[201] Dieser aus der Stille kommende Anstoß wurde bei ihm auf die Spitze getrieben, da zu Bewusstsein kam, was er schon im Trümmergang 1943 als »unerhörte Stille« charakterisierte. Das Unerhörte »hinterm Spiegel« zeichnet sich durch drei Aspekte aus: das Ungeheure, das er mit Verweis auf den Dämon umschrieb; das Nicht-Realisierte, das aus der Stille andrängte, dem die City ihren Rücken zukehrte. Und zuletzt das Unerlöste: ein Flehentliches, das um Erlösung zu bitten schien – ein Unbeerdigtes wie der Bekannte im Schutt, der gleich der »unentschärften Bombe« gegen das Fortleben Einspruch erhob. Doch war der Weg an den Punkt der Erschütterung nicht leicht: »Der Weg ins erschütterte Herz ist mit Spiegeln verstellt.«[202]

Was bei Kessel deutlich wird, ist seine Fähigkeit, einen anderen Blick auf die Stadt zu werfen. Dabei mag ihm seine Haltung des Versehrten,

---

195 Vgl. Gombrowicz. Berliner Notizen, 129.
196 Zur »verschwiegenen Zone«, die sich ein jeder Autor hält, vgl. Kessel. Ironische Miniaturen, 64.
197 Martin Kessel. Der wunde Punkt, in: Kessel. Auf der Spur, MsT. Aphorismen. 64. Bl. Nachlass Martin Kessel, DLA Marbach.
198 Vgl. Benjamin. Berliner Chronik, 484.
199 Kessel. Aphorismen, 229. Unverkennbar ist hier Nietzsche mitzuhören – seine »Weisheit im Schmerz«: Nietzsche. Fröhliche Wissenschaft, 550.
200 Vgl. Kessel. Ehrfurcht und Gelächter, 316.
201 Vgl. Kessel. Gegengabe, 98.
202 Hier aus der Sammlung »Sozialität«. Martin Kessel. Auf der Spur, MsT. Aphorismen. 64. Bl. Nachlass Martin Kessel, DLA Marbach.

Im Schweigen: Horchen auf die Stille

eine Ethik des Handicaps – er war seit Kindertagen durch einen Unfall einäugig – geholfen haben. Der kreatologische Kern dieses Denkens verband sich mit der Haltung des Outsiders: »Der Künstler bewegt sich am Rande des Lebens und verspürt um so mehr dessen Mitte.«[203] Unter dieser Optik konnte die Stadt als Traumapatientin in den Fokus geraten, mit »Verkniffenheit« und Abwehrhaltung.[204] Eine Reaktion auf diese Lage bildeten ihre Teilungsvorgänge. Es stellte sich ein Spaltungsvorgang nicht nur entlang der Ost-West-Achse ein, sondern auch zwischen den Spiegelräumen und der »anderen Zone«, jener gesamtberlinerischen Stelle. Potenziell konnte diese zum »neuralgischen Punkt« werden.[205] Das war das Doppelgesichtige in der Identität der Stadt.

Dieses Changieren zwischen belastenden Erbschaften und den Neuralgien der Gegenwart war es, das die Urteilskraft des Aphoristikers herausforderte.[206] In dieser Hinsicht führte die Belagerung, wie sie sich für Westberlin darstellte, zu Strapazen des Intellekts, die zu den Hintergrunderfahrungen seiner Aphoristik gehören. Die Stadt war einer inneren Disjunktion ausgesetzt. Übergeordnet bedeutete diese die Entwicklung separater Stadtzentren, die sich symbolisch in der Architektur, gestisch in der Ausrichtung nach Moskau bzw. New York, von der Aufgabe einer integralen Stadtplanung verabschiedeten.[207] Einblick in die Entwicklungstendenz hatte Kessel über die Berliner Akademie der Künste, deren Mitglied er war, wo die dezentrale Neuplanung diskutiert wurde. Exemplarisch durch den Architekten Max Taut: »Ich hatte die Vorstellung«, heißt es in einem Akademievortrag über die Nachkriegsvisionen, »dass das Leben sich an der Peripherie abspielen wird, dass sich da einige Zentren bilden – wie es ja auch eingetroffen ist. Das Zentrum ist tot. […] Ich hatte mir vorgestellt, dass einzelne Inseln entstehen mit Hochhäusern und Flachbauten dazwischen«.[208] Das ist das Prinzip der Stadt-Umstülpung. Das Zentrum verwaist; eine Verschiebung an die Peripherie als Losung der Zeit.[209]

203 Kessel. Aphorismen, 249.
204 Zur geistigen »Verkniffenheit« der Nachkriegsgesellschaft vgl. Kessel. Wunschbild und Selbstlob, 105.
205 Vgl. Kessel. Januskopf Berlin, 150.
206 Vgl. ebd., 148. Zu den zweifelhaften Erbschaften: ders. Wir falschen Fünfziger, 41f.
207 Hierzu die Entwicklung zur »Doppelstadt« im Kalten Krieg: Stöver. Kleine Geschichte Berlins, 104.
208 Max Taut. Bauen in Berlin. 2.6.1959. AdK-W 153-4. Archiv der Akademie der Künste Berlin.
209 Das war eine radikale Abkehr von der zentrumsorientierten Auffassung, wie

Da beide Stadtadministrationen so vorgingen, zog es nach sich, was Kessel im Essay »Januskopf Berlin« als die Abwendung der Stadthälften voneinander beschrieb.[210] Diese Tendenz gab erst den gemeinsamen Leerraum frei. So wird das prekäre Verhältnis von Raum und Zeit in der leeren Zentrale spürbar. Denn hier, in der »anderen Zone«, war der Raum funktionslos geworden, stand in bloßer Vorhandenheit da und konnte – entgegen dem »Funktionscharakter« der Stadt – zur Stätte einer Zeiterfahrung werden.[211] Die komplementären Gegenden bildeten unterschiedliche Zonen: Während in der Weststadt eine Atmosphärenlosigkeit herrschte, eine Aseptik geschichtsloser Oberflächen, dominierte in der »anderen Zone« der Geist des Tragischen.[212] War diese »ruinante Erfahrung« in die Bauten eingegangen, so trat laut Kessel der Effekt ›schwärender‹, wie Wunden eiternder Ruinen ein.[213] Der Ausdruck »schwären« ist gut gewählt, meint er einen unwillkürlichen Absonderungsprozess des Gemäuers. In diesem wird die Zeugenschaft der Gegend fasslich, ihre Zerklüftung, was die Abwehr der Erfahrung in den »Spiegelzonen« motiviert haben mag. Kessel hat dies in »Lydia Faude« in eine Allegorie gebracht. In ihr wird über die Protagonistin gesagt, was für die Nachkriegsstadt insgesamt galt: dass sie zwar Vergangenheit habe, »vielleicht mehr, als sie bewältigen kann, aber sie lebt nicht mit ihr, sie strebt von ihr fort. Sie lebt in Bezug auf eine Art Fata morgana, es ist alles Wüste.«[214]

Insofern legt der Erzähler den Rat nahe, zwischen Vorspiegelung und Verkörperung zu unterscheiden – wie zwischen »Spiegelzone« und »anderer Zone«. Denn die Abwendung von Letzterer hat mit dem darin verborgenen

---

sie Stadtplaner der Weimarer Zeit, etwa Martin Mächler, verfochten haben. Vgl. Pitz/Brenne. Der Zentrale Bereich als Historischer Raum 1840–1945, in: Landesarchiv Berlin. Nr. 91/0078: Der Senator für Stadtentwicklung und Umweltschutz (Hg.). Zentraler Bereich. Dokumentation zum Planungsverfahren Zentraler Bereich Mai 1982–Mai 1983. Berlin 1983 (Selbstverlag), 95.

210 Zur paradoxen Anordnung der Stadt, um eine »Doppelachse gedreht, von Ost nach West und West nach Ost, nicht ohne Versuch, sich gegenseitig zu durchdringen oder wenigstens zu überblenden«: Kessel. Januskopf Berlin, 149.

211 Zum »Funktionscharakter«: ebd., 148.

212 Zur Atmosphärenlosigkeit der City-West auch: Friedrich Luft. Berlin, Uhlandstraße (1963), in: ders. Über die Berliner Luft. Feuilletons. Versammelt und mit einem Nachwort versehen von Wilfried F. Schoeller. Berlin 2018, 351–353, hier: 351.

213 Zum »Schwären« der Ruinen vgl. Martin Kessel. Berliner Fragmente, in: ders. In Wirklichkeit aber, 151–159, hier: 155. Zu den »ruinanten Erfahrungen« als Motiv nach 1945: Blumenberg. Das Problem des Nihilismus in der deutschen Literatur der Gegenwart, 45.

214 Kessel. Lydia Faude, 97.

»Unterirdischen« zu tun: der in Quarantäne gesetzten Geschichte. So lässt sich das Motto der »Lydia Faude«, jeder habe einen Doppelgänger, auf das Problem der Stadt rückübertragen. Demnach hatte das Wunschimago Berlins – in romantischer Tradition – seinen unheimlichen Doppelgänger am Rand, der früher das Zentrum gewesen war.[215] Die Stadt bildete ihr »Doppelbewußtsein« aus, das – entgegen den Vergessenswünschen – in der vernachlässigten Zone hervortrat.[216] Diese Zone beherbergte den Doppelgänger, der auf beide Stadthälften bezogen war. Den Topos hat der Autor in großer Form nicht mehr bewältigt. Der »Faude«-Roman wurde ihm wieder zum Publikumsfiasko.[217]

Kessel zerfiel die Werkform. Die Erfahrungen, wie sie ihm in der Trümmerlandschaft begegneten, hat er nur im Kleinen geborgen. Hier war der Gedankensplitter die zeitgemäße Form. Ein Formgehäuse wie im »Brecher«-Roman konnte er im Nachkrieg nicht mehr errichten.[218] Insofern sah die Kritik Kessel als »Eremiten in Berlin«, der zwar versuche, die Stadt als »Kosmos« zu fassen, »wie es bei Benjamin in der ›Berliner Kindheit‹ und bei Döblin im ›Alexanderplatz‹ Kosmos war« – dem dies jedoch nur in einer in Stücke gebrochenen Ordnung gelinge.[219] Kessels Miniaturen haben so den Geist der Stadt in sich aufgenommen. Man kann, beim Wechsel von der großen in die kleine Form, von einem Umbau im Wirklichkeitsverständnis des Städtischen sprechen, der seinen Niederschlag in Kessels Poetik fand.[220] Dabei scheint es, als habe er den Rückgang auf das Bruchstück in der NS-Zeit antizipiert, wenn er im Geiste einer Splitterästhetik schrieb: »Bruchstücke

---

215 Zum Doppelgänger-Motto vgl. Kessel. Lydia Faude, 6. Sowie: Kessel. Gegengabe, 7.

216 Zum Modell einer Doppelgängerbildung durch verdrängende »Amnesie«, die zum abspaltenden »Doppelbewußtsein« führt, in psychoanalytischer Sicht: Otto Rank. Der Doppelgänger. Eine psychoanalytische Studie. Bremen 2013 (1925), 28f.

217 Vieles im Nachlass deutet darauf hin, dass Kessel den Roman als Schubladen-Text bereits im Dritten Reich begonnen hat und dieses Projekt weit in die Nachkriegszeit forttrug. Hierzu: Martin Kessel an Richard Gabel vom 23.2.1939. Nachlass Martin Kessel, DLA Marbach.

218 Zum werkgenetischen Übergang von Kessels »Binnenaphoristik« im »Brecher« zur autonomen Aphoristik der späten Bände, sowie zum Aphorismus als eigentlicher »Keimzelle« des Werkes vgl. Spicker. Kessels aphoristische Anthropologie, 200, 206.

219 Vgl. Dieter Hildebrandt. Ein Mann – ein Wort, in: Frankfurter Allgemeine Zeitung Nr. 159, 13. Juli 1963.

220 Zum Wirklichkeitsbegriff, phänomenologisch als die Summe der bisher geltenden Erwartbarkeiten, vgl. Blumenberg. Theorie der Lebenswelt, 175.

und Defekte« seien es, die vor uns lägen, »als wüßten sie nicht wohin. Sie sind die Erinnerung selber, sie stoßen uns an.«[221]

Nicht darüber hinwegtäuschen – heißt es im Nachkrieg – könne der »Schaufensterflitter« am Kurfürstendamm, dass die »Ganglienzellen« der Stadt beschädigt seien, »aufgrund der ihr zugefügten Wunden und Amputationen«.[222] Für den Kenner fällt damit ein zweifelhaftes Licht auf diese Gegend, die nicht verhehlen könne, dass »die Maxime der Stadt weniger ihrer selbst gewiß war« als noch vor Jahren. Die veränderte Gestalt offenbare sich noch in einer Ladenzeile, die vorn etwas »[G]litzernd-verspieltes«, hinten aber »[E]igensinnig-verdüstertes« zeige.[223] Kessel war Kenner genug, um zu wissen, dass schon das kaiserliche Berlin sich durch ein »Fehlen tiefreichender Wurzeln« ausgezeichnet hatte.[224] Etwas davon blieb im Nachkrieg als Teil der Erbschaft gegenwärtig: »Illusion, Fiktivität, Projekt, Selbstreklame, Anspruch, Betriebsamkeit, – das ist die Linie, auf der sich die Mentalität« bewege.[225] Was Berlin als Erbschaft fortschleppte, war ein Zeitigungsproblem. Kessel hat es in einer Denkschrift aus der Stunde Null, »Irrweg deutscher Geschichte«, als das Dilemma einer Stadt beschrieben, die sich »keine Zeit zum Wachsen« gegeben hatte.[226] Hellsichtig erkannte er eine Tendenz langer Dauer, die nach dem Krieg, im Zeichen der insularen Lage und unterm Vorzeichen der Systemkonkurrenz, ihre Fortsetzung erfahren sollte.

Diese Täuschungen und Selbsttäuschungen zu entziffern, ihr Geheimnis freizulegen, dazu bedurfte es der Fähigkeit eines Flaneurs, der durch drei Epochen gegangen war. Eines, der seine Aufgabe darin sah, bei der »Enträtselung eines Vexierspiels« mitzuwirken.[227] So sah Kessel im fraktalisierten Herz der Stadt einen Wink auf Ausstehendes. Es hat sich im Nachlass ein Spruchgedicht auf die Lage der leeren Zentrale erhalten. Dieses drückt die Erwartung aus, die Situation überwunden zu sehen: »Ein Zentrum: Was soll's? Hier in der Frist der Zeiten / stehn lauter Pfähle, lauter Grenzen. / Da ist mit bloßem Widerstreiten / das Fehlende nicht zu ergänzen. / Hier braucht's ein Zentrum, ein gesetztes, / das sich verzweigt und sich entfal-

221 Kessel. Die Schwester des Don Quijote, 111.
222 Vgl. Kessel. Lydia Faude, 397f.
223 Vgl. ebd., 144.
224 Zu dieser Einschätzung des kaiserlichen Berlins aus dem Blickwinkel der Stunde Null unter Pseudonym: Hans Brühl (d.i. Martin Kessel). Irrweg deutscher Geschichte. Frankfurt a.M. 1946, 48.
225 Vgl. Kessel. Ironische Miniaturen, 200.
226 Vgl. Kessel. Irrweg deutscher Geschichte, 48.
227 Siehe auch: Kessel. Lydia Faude, 406.

tet, / ein Miteinander in der Praxis, / die das Ersehnte auch gestaltet.«[228] Er mutmaßte, dass in Zeiten der Isolation, ohne »Auffrischung von außen«, der Geist der Stadt einschrumpfen müsse.[229] Was sich ihm offenbarte, war ein letztes Paradox, nochmalige Transformation des Sinnhorizonts: Waren die »Konzentrationspunkte« zu »Brechers« Zeiten pulsierende, sah er sie im Krieg implodieren, so danach mit »Pfählen« und »Grenzen« verstellt. Doch was blieb, war eine »Anziehungskraft«, die aus jenem »spürbaren Vakuum« sich speiste.[230] Um es wahrzunehmen, war eine Prise Geisteswitz vonnöten.[231] Auf dieser Spur sprach er davon, dass es in Zeiten künstlerischer Schwäche am Ende der Geist der Kritik sei, der im Wissen ums Gewesene »versandende Produktivität« auffange.[232] Für Kessel war das kritisches »Bewußtsein des Mangels«.

228 Martin Kessel. Ein Zentrum (Incipit). A: Kessel, Martin. Gedichte Sammlung – Prosa Sammlung. Kasten-Nr. 2576. Nachlass Martin Kessel, DLA Marbach.

229 Vgl. Kessel. Ironische Miniaturen, 201.

230 Vgl. Kessel. Das andere Ich, 298.

231 Kesten zählte Kessel zu den Überresten seines imaginären Berliner Kaffeehauses. Vgl. Kesten. Dichter im Café, 407. Auf Kessel trifft die Geistesart des ästhetischen Witzes zu, der den Blick für Zusammenhänge wahrt, vgl. Gottfried Gabriel. Ästhetischer »Witz« und logischer »Scharfsinn«. Zum Verhältnis von wissenschaftlicher und ästhetischer Weltauffassung. Erlangen, Jena 1996, 17.

232 Vgl. Kessel. Ironische Miniaturen, 123. Zur Absenkungslücke auch seine Diagnose der »Geistesarmut«: Kessel. Das musische Kriterium, 58.

3. Zeitgegend Tiergarten:
Vom Ambivalent-Werden des Topos zum Schweigen

Denn diese Welt ist umgestülpt.

Günther Anders[1]

Walter Benjamin hat in seiner »Berliner Kindheit« das Bild von der »leeren Muschel« aufgeworfen, zu der ihm Berlin aus der Sicht der Zwischenkriegszeit geworden war. Da war er auf dem Weg, ein ortloser sozialer »Werwolf« zu werden, wie er den Flaneur einmal beschrieben hat.[2] Einer, der aus seiner Lebenswelt gefallen war und die Mangelerfahrung vorwegnahm: »Ich hauste«, schrieb er rückblickend auf die Kindheit, »wie ein Weichtier in der Muschel haust im neunzehnten Jahrhundert, das nun hohl wie eine leere Muschel vor mir liegt. Ich halte sie ans Ohr.«[3] Was hier exemplarisch aufscheint, kann man das Zurückweichen des Lebens aus der Form nennen, wie es dem Allegoriker Benjamin vertraut war: ein Vorgang, der die Spur freigibt. Es ist der Raum des Abwesenden, aus dem der Deutende seine Bilder bezieht. Kaschnitz griff in einer Würdigung von Benjamins »Berliner Kindheit« das Leitmotiv der Muschel auf und sah im Verfahren des Abtastens der Überreste sein poetologisches Vermächtnis.[4] Damit ein Zum-Sprechen-Bringen gelinge, habe man die Überreste abzuhorchen. Sie behielt Benjamins Mahnung im Ohr, nicht auf die Vordergrundgeräusche zu verfallen, sondern auf die Stille im Hintergrund achtzugeben.[5]

Kaschnitz war sich gleichwohl im Klaren, dass ein solches Verfahren im Nachkrieg kein intaktes Mausoleum der Zeit mehr vorfinden, sondern auf eine gespenstische Macht des Verschwindens stoßen sollte.[6] Der österreichische Schriftsteller Franz Tumler, den es nach 1945 in die Überreste dieses

---

1 Anders. Schrift an der Wand, 239.
2 Zum »Werwolfs«-Motiv: Benjamin: Die Wiederkehr des Flaneurs, 198.
3 Benjamin. Berliner Kindheit um Neunzehnhundert, 261. Zur Verwandlung des Raumes der Kindheit in einen geschichtlichen von »afterimages« im Zeichen der Krise siehe: Howard Eiland/Michael W. Jennings. Walter Benjamin. A Critical Life. Cambridge, Mass., London 2014, 384.
4 Vgl. Marie Luise Kaschnitz. Der Preis der Geborgenheit. Walter Benjamins »Berliner Kindheit« (1951), in: dies. Gesammelte Werke. Bd. 7, 584f.
5 Vgl. Benjamin. Berliner Kindheit um Neunzehnhundert, 262.
6 Zur Metapher des Mausoleums bei Benjamin: Michael W. Jennings. Mausoleum of Youth: Between Experience and Nihilism in Benjamin's Berlin Childhood, in:

großen Verstecks Berlin verschlagen hatte, las das Bild der leeren Muschel-schale wieder auf. Er bezog es auf jene »Kraterlandschaft« des »ausgerupften Tiergartens«, der den Überlebenden zum Ort der Scham geworden war.[7] So heißt es bei ihm: »Erst wenn sich das Leben aus den Formen zurückzieht, bleiben die Bilder zurück.«[8] Doch stiegen diese nicht, wie bei Benjamin, aus dem Interieur bürgerlicher Wohnungen, sondern die Stadt selbst war zum Interieur *en plain air* geworden, sie stand »himmeloffen«.[9] Diesem Phäno-men sollte der Maler Werner Heldt im »Stadtstilleben« ein eigenes Genre widmen, bei dem die »Leere und Stille zwischen den Dingen« Raum bot, sich ans »unsichtbar Gegenwärtige« heranzufragen. Nach Tumler korrespondiert dem Motiv der »Muschel« ein inneres »Seelen-Ohr«, das auf die radikal gewandelte Gemütslandschaft eingestimmt war.[10]

Hatte Benjamin dem Tiergarten einst ironisch die Stimmung des »ewigen Sonntags« zugeschrieben, so verzeichnete Tumler ein Vierteljahrhundert später einen drastischen Einbruch. Umwehte die frisch errichteten Monu-mente der Kaiserzeit noch die Aura der Nachgeschichte, die – so Benja-min – mit der »Niederlage der Franzosen« 1870/71 als »Weltgeschichte in ihr glorreiches Grab gesunken« zu sein schien, so wurde all dies durch die jüngste Geschichte ins Gegenteil verkehrt.[11] Stand schon um 1900 der His-torismus unter Wilhelm II. im Zeichen eines fragwürdigen Idylls – Benjamin markierte es, indem er eine Dante'sche Hölle in die Siegessäule projizierte –, so bot sich dem Trümmerflaneur nach 1945 etwas, das man als Überbietung der Fiktion durch das Wirkliche bezeichnen kann.[12] Demnach kreuzen sich die Blicke Benjamins und Tumlers im Horizont des Tiergartens wie das Vor-

Paragraph 32 (2009), Nr. 2, 313–330, insb. 319. Zum »grauen Vogt« des Vergessens: Benjamin. Berliner Kindheit um Neunzehnhundert, 303.

7 Zum Tiergarten und zur Schamerfahrung der Stunde Null: Friedrich Luft. Die Stimme der Kritik. Gespräch mit Hans Christoph Knesebusch in der Reihe »Zeu-gen des Jahrhunderts«. Hg. von Ingo Hermann. Göttingen 1991, 43, 55.

8 Tumler. Berlin. Geist und Gesicht, 86.

9 Zu dieser Leitmetapher der Stunde Null: Conrads/Neitzke (Hg.). Die Städte him-meloffen.

10 Franz Tumler. Muschel aus Traum (1956), in: ders. Hier in Berlin, wo ich wohne. Texte 1946–1991. Hg. und Nachwort von Toni Bernhart. Innsbruck, Wien 2014, 88–90, hier: 88.

11 Vgl. Benjamin. Berliner Kindheit um Neunzehnhundert, 241. Zur Siegessäule als Allegorie wilhelminischer Machtentfaltung auch: Susanna Brogi. Der Tiergarten in Berlin – ein Ort der Geschichte. Eine kultur- und literaturgeschichtliche Unter-suchung. Würzburg 2009, 287f.

12 Zur Höllenallegorie in der Siegessäule: Benjamin. Berliner Kindheit um Neunzehn-hundert, 242.

und Nachbild auf den Ausgang einer Epoche. Aus dem idyllischen Hain kaiserlicher Posthistoire war ein wüstes Land erstarrter Geschichte geworden. Hatte der Tiergarten einstmals in seinen Monumenten den Schatten des Beliebigen nicht abwerfen können, so nahmen diese unter dem Vorzeichen des Zusammenbruchs eine unheimliche Konsequenz an. Ein vom Fotografen Fritz Eschen festgehaltener einsamer Lessing im kahlen Tiergarten, der sich auf seinem Sockel gehalten hatte, mag es auf tragikomische Weise versinnbildlichen.[13]

Tumler konstatierte, dass diese Gegend durch eine »Kette von Leiden« etwas erhalten habe, das »ihr früher gefehlt« habe: »jenen unverwechselbaren Zug historischer Würde, den ein gleichgültiger Ort niemals besitzt«.[14] Was er der Gegend abhorchte, war ihre Aura, Träger von Verstrickungen jüngster Zeit geworden zu sein.[15] So ermöglichte er einen Brückenschlag in der Stadtgeschichte: Der Genius Loci des Parks – das ist die These – wird als Verstrickungstopos deutscher Geschichte verstehbar. Doch bedurfte es einer Hermeneutik der Lage, um diesen Sinnfaden durch alle Verwerfungen kenntlich zu machen. Der Tiergarten als »öde Fläche« schien Tumler auf zwei Berliner Einwürfe Antwort zu geben: auf das Benn'sche »Erkenne die Lage« wie die Kessel'sche Frage nach dem »Sinnbild in Stellvertretung des Ganzen«.[16] Hier, an diesem Mittelpunkt der Stadt, stellte sich die Lage als Blick in ein »offenes Chaos« dar.[17] Aus dieser Kratermitte konnte nicht nur die Fraktalisierung der Stadt einsichtig werden, sondern das »Schicksal der Hauptstadt« selbst, die sich unter sektorisierter Besatzung wiederfand.[18] Daneben schien ihm hier die Sinnbildfrage aufgehoben, da sich im Tiergarten Berlins Ortsgeist als »verarmte Seele« präsentierte; dieser Zustand markierte den Tiefpunkt hiesiger Tiergartenmythologie.[19] So bewegte sich seine Bildbeschreibung im Delta der leeren Zentrale zwischen der Hofjägerallee, dem

---

13 Zur allegorischen Szene: Fritz Eschen. Berlin unterm Notdach. Fotografien 1945–1955. Leipzig 2010, 11.

14 Tumler. Berlin. Geist und Gesicht, 11.

15 Tumler als Autor war selbst ein Verstrickter ins NS-Regime, der in diesem Text auch um sein eigenes Schweigen kreist. Vgl. Johann Holzner (Hg.). Franz Tumler: Beobachter – Parteigänger – Erzähler. Innsbruck 2010.

16 Zum Einfluss Benns auf Tumlers Poetik vgl. Toni Bernhart. Nachwort, in: Tumler. Hier in Berlin, wo ich wohne, 229–239, hier: 232.

17 Vgl. August Scholtis. Das Regierungsviertel (ca. 1960). A. 282a. III. Feuilletons. 3. Über Berlin. A. 277–285. Nachlass August Scholtis, Stadt- und Landesarchiv Dortmund. Handschriftenabteilung.

18 Vgl. Tumler. Berlin. Geist und Gesicht, 15.

19 Vgl. ebd., 12.

Brandenburger Tor und der Wilhelmstraße, die als »Geisterstraße des Staates« sich als »skythisches Trümmerforum« zeigte.[20] War »tieferes Leben« zu spüren, so mit der beginnenden kulturellen Absenkungslücke auch die Gegenseite: die »Flaute der Provinz«.

Zwei Raumeindrücke sind es, die öde Weite und die »wie Schaltiere« ausgebrannten Fassaden, die Tumler auf die Spur eines Sinnbildes brachten. Noch Anfang der 1950er Jahre war der Tiergarten eine »erschreckende Kriegslandschaft«, in der die »Schuttmühlen« Platz genommen hatten, Gerätschaften zur »rubble conversion«, wie es der einstige Kakanier und Feuilletonist des »New Yorker« Joseph Wechsberg bemerkte.[21] Da wurde der Schutt gerieben, dessen Winde ebenso den Benn'schen »Ptolemäer« auf dem Ku'damm erreichten: »Staubstürme im Sommer, mannshohe Brennessel auf den Trottoirs«, so sah Benn die realsurreale Lage, die auch Erich Maria Remarque bei seiner Rückkehr notierte.[22] Staubwinde als Erinnerung an den Untergang. Was bei Tumler als »historische Würde« gedeutet wird, bekommt beim Remigranten Remarque einen unheimlichen Vergangenheitsschatten.[23]

Auch Wechsberg kommt auf den Eindruck der Tiergartengegend zu sprechen: »I felt dwarfed by the majesty of the dead ruins around me.«[24] Fast erhaben, wie »timeless«, wirkten sie. Den Raumeindruck unterstreicht er durch einen an Caspar David Friedrich erinnernden Vergleich: »I was reminded of a night during the war when I had been flying over the dead, white icecap of Greenland.« Dieser saturnalische Blick, von oben in die Tiefe, ist gegenläufig zu dem des hiesigen Trümmerflaneurs: Es ist der Blick eines Außenstehenden. Doch ergänzen sich beide Perspektiven: Zur stillgestellten Zeit kommt die Verlandschaftlichung, nicht ohne auf den Nexus von Erhabenheit und Gewalt anzuspielen.[25] Eine neue Gestimmtheit

20 Vgl. ebd., 91.
21 Vgl. ebd., 7. Sowie: Joseph Wechsberg. The Rubble. Run 4/26/52, Bl. 15. The New York Public Library. Rare Books and Manuscripts Division. The New Yorker Records. Manuscripts: Fact: Run & Killed, 1938–58. Box 1427.
22 Vgl. Benn. Der Ptolemäer, 15. Zur Beobachtung eines Berliner ›Realsurrealismus‹ der Stunde Null siehe auch: Schivelbusch. Vor dem Vorhang, 35 f.
23 Vgl. Erich Maria Remarque. Tagebücher 1935–1955, in: ders. Das unbekannte Werk. Bd. 5. Hg. von Thomas F. Schneider und Tilman Westphalen. Köln 1998, 260–502, hier: 476.
24 Joseph Wechsberg. The Rubble. Run 4/26/52, Bl. 1. The New York Public Library. Rare Books and Manuscripts Division. The New Yorker Records. Manuscripts: Fact: Run & Killed, 1938–58. Box 1427.
25 Auf diese Seite des Erhabenen hat schon Kant hingewiesen. Vgl. Immanuel Kant. Kritik der Urteilskraft (1790). Werkausgabe. Bd. X. Hg. von Wilhelm Weischedel. Frankfurt a.M. 1974, 185, 187.

drückte sich in den Bildern aus. Es war ein Raum, der eine melancholische Grundatomsphäre stiftete. Er strahlte eine »Weltbefindlichkeit« aus, die im Leerraum ihr Epizentrum fand.[26]

Wenn dieser Raum als gestimmter beschrieben wird, so ist er nicht von seinen Betrachtern zu trennen. Denn eine Ästhetisierung des Schiffbruchs gelang nur, wo der Zuschauer nicht zu den Betroffenen gehörte.[27] Um dieses Dilemma wusste ein Dagebliebener wie Kessel. Es gebe zwar eine »Schönheit der Katastrophe«. Nur: »Ihre Wirkung ist abhängig von der Entfernung zum Opfer.«[28] Komme dieses ins Spiel, mischten sich Trauer und Angst ins Bild. Daher verberge sich in der vermeintlichen »Schönheit« abgründige »Schrecknis«. So sah Tumler das »unheimliche Reich« einstiger Massenbewegungen in der plötzlichen Leere um den Reichstag. Er kam zu der Überzeugung, dass der Gegend der »historische Stoff« gleichsam »von der Gegenwart, vom gestrigen, heutigen und morgigen Tage« geliefert werde: Hier entstünden die »Erinnerungsstätten« von morgen.[29] Sie entstünden, wo realisiert werde, dass das Herz dieser »stillen Stadt« zum Echoraum der Geschichte geworden sei. Tumler sah dies im Kontrast zum Ku'damm, der als Ort »unhistorischen Daseins« einer Illusion nachhinge.[30] Jenseits davon regierten die abgebrannten Karyatiden. Schon auf dem Weg zum Potsdamer Platz begegne man Verkehrsinseln, die ihre Signale »nur noch aus Gewohnheit« geben.[31]

Hier stößt der Nachkriegsflaneur auf das Phänomen der verdächtigen Stadt. Es ist ein Eindruck, der das Verhältnis zwischen Stadt und Flaneur komplett umkehrt. Franz Hessel hatte in »Spazieren in Berlin« den Flaneur als den »Verdächtigen« bezeichnet, der »misstrauische Blicke« auf sich ziehe.[32] Nun verkehrte sich dies: War es nach Tumler für die betriebsame Stadt bezeichnend, dass sie sich der Distanzierung verweigerte, so bestach der Topos der leeren Zentrale durch ein schieres Übermaß an Vorhandenheit. Hier gab es kein »wohin« mehr, das für Hessel dominierte, sondern bloßes

---

26 Zum Begriff der »Weltbefindlichkeit«: Fritz Kaufmann. Die Bedeutung der künstlerischen Stimmung (1929), in: ders. Das Reich des Schönen. Bausteine zu einer Philosophie der Kunst. Stuttgart 1960, 96–125, hier: 97.

27 Zum Verhältnis des ästhetischen zum moralischen Betrachter des Schiffbruchs, nach Grad seiner Verstrickung vgl. Blumenberg. Schiffbruch mit Zuschauer, 31–51.

28 Kessel. Aphorismen, 49.

29 Vgl. Tumler. Berlin. Geist und Gesicht, 63.

30 Vgl. ebd., 70.

31 Vgl. ebd., 80.

32 Vgl. Hessel. Spazieren in Berlin, 9.

»wo«.[33] Diese monströse Präsenz nötigte dem Flaneur Verweilen ab. So kam es zur Umbesetzung des Verhältnisses, insofern diese »Hülse« einer Stadt dem Betrachter ihre Spurwerdung förmlich aufdrängte.[34] Damit wanderte das Verdächtige vom Flaneur- zum Stadtpol hinüber, dergestalt, dass es Tumler buchstäblich »verdächtig« wirkte, dass »eine Stadt sich plötzlich« ohne Weiteres »schildern« ließ.[35] Verdächtig war ihre Zweckfreiheit; verdächtig war, dass dieser Leerraum sich als dichterischer Ort anbot. Eine schauerliche Umbesetzung war im Gange. Denn vormals war das Gefühl des Flaneurs eine »Ohnmacht vor der Stadt« gewesen.[36] Nun war diese selbst zur Ohnmächtigen »auf Krücken« geworden.[37] Dies ermöglichte Einfühlung, wo vorher die Funktionalität der geschäftigen Stadt im Wege stand. Auch nötigte es den Flaneur, ihr Vorleben zu bezeugen.

Der Erste, der uns dies hat sehen lassen, war laut Tumler der Maler Heldt, über den er festhielt, dass er die »Gestade der Geschichte« in der Stadt sichtbar gemacht habe: ihre »Sintflutgeschichte«.[38] Seine scharf gezogenen Häuserumrisse sind die Stelen, die die Melancholie der Übriggebliebenen ausdrücken. Etwas vom melancholischen Raum ist in seinem Werk festgehalten. Es ist das Flächigwerden der Tiefendimension. Diesen Eindruck haben Kritiker der Zeit bestätigt, wenn sie seine Bilder mit der »fiktiven Mitte«, mit den »wilden Flächen« der Stadt in Beziehung setzten.[39] Auch scheinen die Dinge in die Ferne gerückt; dem Menschen nicht mehr zuhanden wirken sie. Ein Meer von Schutt geht durch diese Welt: »Jetzt ist Berlin«, soll Heldt im Moment der Nullstellung ausgerufen haben, »wirklich eine Stadt am Meer«, so wie er immer das Urstromtal in ihr gesucht hatte.[40] Das ist der

33 Vgl. ebd., 11.
34 Vgl. Tumler. Berlin. Geist und Gesicht, 70. Zum Terminus geschichtlicher Umbesetzungen von Topoi vgl. Blumenberg. Legitimität der Neuzeit, 539.
35 Vgl. Tumler. Berlin. Geist und Gesicht, 84 f.
36 Zur Erfahrung der Ohnmacht: Benjamin. Berliner Chronik, 466.
37 Zur veränderten Erfahrung einer Stadt »auf Krücken«: Georg Zivier. Der Riese auf Krücken, in: Merian 2 (1949), Nr. 6, 40–48.
38 Vgl. Tumler. Muschel aus Traum, 88. Sowie: Kurt Ihlenfeld. Loses Blatt Berlin. Dichterische Erkundung der geteilten Stadt. Witten, Berlin 1968, 124 f. Zum Vergleich von »Feuerbrunst« und »Überschwemmung« am Beispiel der Untergangsvisionen eines Leonardo auch: Joseph Gantner. Leonardos Visionen. Von der Sintflut und vom Untergang der Welt. Geschichte einer künstlerischen Idee. Bern 1958, 114.
39 Vgl. Gert H. Theunissen. Berlin im Bilde seines Wesens. Zu den Bildern Werner Heldts, in: Werner Heldt. Zeichnungen. Berlin 1948, 5–34, hier: 18. Zu Theunissens Berlin-Deutung nach 1945: Schivelbusch. Die andere Seite, 187 f.
40 Vgl. Theunissen. Berlin im Bilde seines Wesens, 30. Heldt beschrieb die dionysische Gewalt, die durch die Stadt gegangen sei, mit der allegorischen Figur Ork, die er

»Jetzt ist Berlin wirklich eine Stadt am Meer.« Werner Heldts
»Stadtstilleben«, Lithografie von 1949. © VG Bild-Kunst, Bonn 2024.[41]

»tolle Mensch«, der das Aufbrechen des Grunds als Ereignis erfuhr. Doch
spürte er zugleich, dass dieser Raum jedes Maß verloren hatte; ein Raum der
Distorsionen.

War hier etwas vom gebrochenen Antlitz der Stadt sinnfällig geworden, so
wurde sichtbar, dass das »eigentlich Neue« dieses Nachkriegsberlins in den
nur halb anschaulichen Fraktalen lag: »Die Stücke aus der Vergangenheit
sind isoliert«, heißt es bei Tumler über den Heldt'schen Raumeindruck.[42]
Die Stadt selbst wurde Denkmal der Diskontinuität.[43] Wenn hierbei das

    von William Blake nahm. Vgl. Wieland Schmied. Werner Heldt. Mit einem Werk-
    katalog von Eberhard Seel. Köln 1976, 32.

41 Siehe auch Werner Heldt. »Berlin am Meer«. Bilder und Graphik von 1927 bis
    1954. Hg. von Dieter Brusberg. Berlin (West) 1987, 49.

42 Franz Tumler. Einleitung, in: Nico Jesse. Menschen in Berlin. Gütersloh 1960,
    5–19, hier: 7.

43 Zu diesen Denkmälern der Diskontinuität nach 1945 allgemein: Reinhart Koselleck.
    Zur politischen Ikonographie des gewaltsamen Todes. Ein deutsch-französischer
    Vergleich. Basel 1998, 11.

»Unheimliche« sich ihm nirgends anders manifestierte als in den »Rissen und Sprüngen« des Mauerwerks, kam Tumler nicht umhin, die Anwesenheit der »toten Seelen« festzustellen, die »nun mit uns wohnen«.[44] Das macht die leere Zentrale zum Umschlagplatz des Dämonischen. In diesem Zusammenhang weist Tumler auf den Anblick eines vergrabenen Geschützbunkers im Tiergarten hin: als Gleichnis des jüngst Verscharrten.[45] Viele, auch Wechsberg, sollten auf diese Allegorie ›konservierender Verdrängung‹ hinweisen: »No one will remember«, orakelte er, »what is hidden inside the hill.«[46] Der Hügel, angefüllt mit Relikten der Stadt, wurde zum Bild ihrer verkapselten Vergangenheit; einer »Krypta« der Stadtseele, ähnlich wie man in der Psychoanalyse im Nachkrieg ein Zwischenreich der Seele entdeckte: zwischen abwesendem und latent anwesendem Unbewussten.[47] Wenn der Krieg und das Grauen die an Kessel beschriebene Realisationsschere in den Menschen hinterlassen hatten, so waren diese begrünten Hügel zu Orten einer Verscharrung geworden, an denen ein Stück des verschluckten Traumas verborgen gehalten wurde.[48] So war die Sache, wie Wechsberg festhielt, ambivalent; gab ein Schuttberg wie der im Tiergarten den Blick erst recht frei für das, zu dem die Antwort in seinem Inneren verscharrt lag. Er erwies sich als Anstoßgeber, Schutt-Krypta und leere Mitte in Beziehung zu setzen: »From the top of the hill one could see over the immense destruction in and around Tiergarten.«[49]

44 Vgl. Franz Tumler. Die Dinge allein. Berliner Aufzeichnungen (1959), in: ders. Hier in Berlin, 91–101, hier: 101. Sowie: Schmidt. Einleitung, 46.

45 Vgl. Tumler. Berlin. Geist und Gesicht, 88.

46 Joseph Wechsberg. The Rubble. Run 4/26/52, Bl. 27. The New York Public Library. Rare Books and Manuscripts Division. The New Yorker Records. Manuscripts: Fact: Run & Killed, 1938–58. Box 1427.

47 Zum Modell einer seelischen Topik, das im Exkurs »Krypta, leere Zentrale« behandelt wird, hier: Abraham/Torok. Die Topik der Realität, 541. Zur Übertragung der Krypta-Metaphorik auf die Geschichte eines Trümmerbergs vgl. Benedict Anderson. Buried City, Unearthing Teufelsberg. Berlin and its Geography of Forgetting. London, New York 2017, 102. Zu den Bunker- und Trümmerbergen als Sinnbild Nachkriegsberlins auch: Walter Höllerer. Siebenhundertfünfzig sagt man, sind wir alt, in: Eberhard Diepgen (Hg.). 750 Jahre Berlin. Berlin (West) 1987, 139f.

48 Zur Krypta, die immer ein ›verschlucktes Trauma‹ enthält: Abraham/Torok. Trauer oder Melancholie, 551.

49 Joseph Wechsberg. The Rubble. Run 4/26/52, Bl. 28. The New York Public Library. Rare Books and Manuscripts Division. The New Yorker Records. Manuscripts: Fact: Run & Killed, 1938–58. Box 1427. Zum Trümmerberg als ›Horizontwandler‹, der erst etwas zu sehen gibt, auch: Scholz. Berlin für Anfänger, 22.

Was sich anzeigt, lässt sich auf den Begriff eines Ambivalent-Werdens des Topos bringen – ein neues ästhetisches Phänomen in einem fraglich gewordenen Sinnhorizont. Das Gebrochene sollte zum Signum der Stadt werden. So witterte Benn in dieser Ästhetik des Ruinösen gar eine paradoxe Kraft; die Stadt als Keimstätte eines neuen Ausdrucksfeldes: »Ja, jetzt könnte man ihr sogar eine Zukunft voraussagen«, schrieb er im »Berliner Brief« 1948: »In ihre Nüchternheit treten Spannungen, in ihre Klarheit Gangunterschiede und Interferenzen, etwas Doppeldeutiges setzt ein, eine Ambivalenz, aus der Centauren oder Amphibien geboren werden.«[50] Es waren Paradoxien, die ihre Dämonen gebaren. Man kann das Phänomen auf die Formel von der geheimen Zugehörigkeit des Schrecklichen zum Idyllischen bringen.[51] Diese Zugehörigkeit drückte den Wandel der Raumerfahrung zum *locus sucpectus* aus; seine tragischen Züge riefen zugleich die Erinnerung an eine Duldung des Übels während der NS-Herrschaft mit auf.[52] Diesbezüglich behielt Benn ein sicheres Gespür für das unwirkliche Momentum dieser »grauen Grenzstadt«, die er als Stillleben beschrieb, »in dem nichts geschieht und alles stillsteht«.[53] Ein solches bot die Bildungslandschaft Berlins. Das dazugehörige Denkbild fand ein amerikanischer Augenzeuge in der Staatsbibliothek Unter den Linden. Er beschrieb einen Hohlraum ohne Bücher, Loerkes konkret gewordenen »öden Raum«: »The main entrance of the library is in fair shape, but it does not lead anywhere because the ornamental stairway and the great reading room have been demolished by a direct bomb hit which came through the dome and went through the floor.«[54] Eine Szenerie, die an Jeanne Mammens »Stürzende Fassaden« erinnert: ein Bild, das einen eingekrachten Bücherturm darstellt. Ein weiteres Mammen-Sujet, die »Tür zum Nichts«, konnte hier jeder Fußgänger auflesen.[55] Die Abgründigkeit

50 Gottfried Benn. Berliner Brief, Juli 1948, in: ders. Sämtliche Werke. Bd. V, 56–61, hier: 60f.

51 Zu dieser Denkfigur, das Marginalisierte mit ins Bild zu holen, schon: Joachim Ritter. Das Lachen (1940), in: ders. Subjektivität. Sechs Aufsätze. Frankfurt a.M., 62–93, hier: 76.

52 Hierzu Kantorowicz: »Die Stadt hat dem Übel widerstanden. Aber die Folgen der Übeltat trägt nun in ganz besonderer Schärfe sie. Auch darin liegt etwas Gleichnishaftes.« Alfred Kantorowicz. Deutsches Tagebuch. Erster Teil. Hg. von Andreas W. Mytze. Berlin (West) 1978, 452.

53 Benn. Ptolemäer, 23.

54 Hier zitiert: der Staatsbibliothek-Besuch im amerikanischen Havighurst-Report bei Wolf Haenisch, dem damaligen Direktor der Staatsbibliothek Berlin: Rockefeller Foundation, Projects, RG 1.1. (FA386). PWS HAV-3a. Havighurst, Robert J. »Germany. Diary and Interviews.« Series 717: Germany. Box 3, Folder 19.

55 Vgl. Annelie Lütgens. Jeanne Mammen – Tür zum Nichts, in: Eckhart Gillen/

des Ganzen lag in der fehlenden mentalen Realisation, wie Kessel schon 1943 nach den Luftangriffen betonte.[56] Zwar bemerkte er damals: »All das Häßliche, das Widerstrebende, die Protzfassade, all das hat einen großen Zug bekommen«.[57] Doch unterschlug er nicht, dass dieser »Zug« mit einer Krise des Fühlens und Verstehens einherging. Für ihn zeigte sich in den gesprengten Bauten nicht nur eine topografische Verkraterung, sondern das Symptom einer mentalen Leere: »Es ist eine Totenstille«. Erst aus dieser Stille stieg für ihn jenes Phänomen, das Benn nach 1945 als »Ambivalenz« umriss. Es sollte eines mit Langzeitfolgen für die Darstellbarkeit der Stadt sein. Noch ein Heinrich Böll – nicht als Berlin-Apologet bekannt – hielt das hiesige Ausdrucksdilemma fest: »Berlin ist offenbar nicht beizukommen, es ist nicht in vertrautes Gelände zu verwandeln.«[58]

Was sich bei Kessel andeutet, sollte Tumler auf die radikale Umbesetzung im Zeichen einer Geschichtlichwerdung bringen – eine These, die diametral zu Aussagen aus der Zwischenkriegszeit steht, in der ein Kunstkritiker wie Wilhelm Hausenstein Berlin seinen »Mangel an Ablagerung des Gewesenen« vorgehalten hatte.[59] Dass diese Umkehrung nachhaltig war, zeigte jüngst Étienne François, der konstatierte, die Geschichte des 20. Jahrhunderts habe sich wie nirgends sonst ins »Gesicht« Berlins »eingraviert«.[60] Insofern war Tumlers Diagnose vom kommenden Erinnerungstopos Berlin, das »im Gesicht« die Ereignisse unserer Zeit trüge, hellsichtig.[61] Dabei verhehlte er nicht, dass damit ein Fraglichwerden des Stadtschicksals verbunden war, das so offen stand wie Mammens »Tür zum Nichts«: »Die Frage für Berlin ist, ob das Leben, zu dem es gewachsen war, wiederkehren wird.«[62] Diese Frage

---

Diether Schmidt (Hg.). Zone 5. Kunst in der Viersektorenstadt 1945–1951. Berlin 1989, 73–76.

56 Hierzu auch Felix Hartlaub: »Die eigentliche Leere hinter den stehengebliebenen Fassaden hat sich noch nicht ins Bewusstsein gefressen«. Hartlaub an Irene Lessing und Klaus Gysi, 20.2.1944, in: ders. In den eigenen Umriss gebannt, 689–692, hier: 691.

57 Kessel an Blombergs, 29.11.1943, in: ders. »Versuchen wir am Leben zu bleiben«, 795.

58 Heinrich Böll. Vorspruch, in: Stefan Andres u.a. Spreewind. Berliner Geschichten. Berlin (West) 1969, 7–13, hier: 9f.

59 Vgl. Wilhelm Hausenstein. Europäische Hauptstädte. Erlenbach, Zürich, Leipzig 1932, 373.

60 »Seule Berlin porte aussi profondément gravé sur son visage la marque des passions et des délires dont notre espèce s'est révélée capable, en particulier depuis un siècle.« François. Berlin: Emblème du XXe siècle, 57.

61 Vgl. Tumler. Berlin. Geist und Gesicht, 11.

62 Ebd., 8.

begegnete ihm im Tiergarten: »Wer im Anschaulichen lebt, dem bleibt ein solches Bild haften.«[63] Die ganze »unglückliche« Situation fand in diesem Zeugenschaftsgebiet ihr »Sinnbild«.

Das Zweifelhafte daran, dass die Preußen-Patina zu gemordeten Ruinen geworden war, sollten andere benennen. Ein Rückkehrer wie Günther Anders brachte es auf den Punkt, dass hier das »Erbärmliche bedeutend« geworden sei. Der »Schwulst« von einst stand nun im Lichte des Ehrwürdigen. Die Patina offenbarte ihre ironische Seite, wenn die Ruinen »im Sturz zu Brüdern der Steine der Akropolis« wurden: ein »Pompeji« im Tiergarten.[64] Anders aber fügte hinzu, dass dieser neue Zeugniswert der Ruinen, entgegen jenen von Pompeji, mit einem Verdächtigwerden einherging, waren sie doch Teil einer »Geschichte der Unterschlagung«.[65] Es seien keine Ruinen des Zerfalls, sondern solche der Tat. Mit der Zeit änderte sich das, der Zerfall tat schon bald sein Werk. Zwar sei die »geschichtliche Patina«, wie Friedrich Luft festhielt, stets »dünn« gewesen, doch habe sich spätestens mit der Berlin-Blockade eine neue Aura der Verlangsamung ausgebreitet, die mit dem Schicksal des »Exzentrums« hinterm Eisernen Vorhang zusammenhing.[66] Die Konfliktüberlagerung durch den Kalten Krieg verstärkte eine Mentalitätsverschiebung, die das Ambivalenzgefühl flankierte: Eine Symbol-Skepsis machte sich breit, ein Zweifelhaft-Werden aller Herrschergesten, die sich im Stadtbild kaum lang auf ihren »Denkmalssockeln« gehalten hatten.[67] Eine Skepsis mit Kehrseite. Das heißt, zur Ambivalenz gehörte eine Erfahrung der Daseinsfraglichkeit in der Stadt. Diese Lage der Isolation trieb die Paradoxien der Angst hervor: Enge und Weite, Freiheit und Einschluss zugleich zu spüren – ein Lebensgefühl eigener Art.[68]

Um dieses Empfinden zu erfassen, ist ein Begriff ins Spiel zu bringen, dessen Grundstimmung am besten durch eine Berlin-Impression beschrieben

---

63 Ebd., 18.
64 Vgl. Anders. Die Schrift an der Wand, 220. Zum Topos eines »Pompeji« im Tiergarten auch: Tergit. Etwas Seltenes überhaupt, 246.
65 Vgl. Anders. Die Schrift an der Wand, 220.
66 Vgl. Luft. Über den Umgang mit Berlinern, 6f. Sowie: Hans Scholz. Exzentrische Mitte Berlin, in: Merian 25 (1972), Nr. 1, 55f.
67 Vgl. Luft. Über den Umgang mit Berlinern, 7.
68 Zu Berlin als der aus Deutschland herausgebrochenen Stadt: Robert Minder. Döblin zwischen Osten und Westen, in: ders. Der Dichter in der Gesellschaft, 175–213, hier: 210. Sowie zu den Paradoxien der Angst: Hans-Georg Gadamer. Angst und Ängste (1990), in: ders. Die Verborgenheit der Gesundheit. Aufsätze und Vorträge. Frankfurt a.M. 1993, 189–200, hier: 190.

ist, die Paul Celan am Landwehrkanal ereilte: »Nichts stockt.«[69] Gemeint ist
Günter Anders' Ausdruck der »Zeitgegend«, der wiedergibt, was Benjamin
als »Dialektik im Stillstand« bezeichnet hat.[70] Damit ist eine blitzhafte
Konstellation umschrieben, die zu einer Horizontkonfrontation der Zeiten
führt.[71] In der »Zeitgegend« kam es so zu gekreuzten Blicken: zwischen
dem gegenwärtigen Selbst des Flaneurs und seinem früheren Alter Ego, wie
zu Begegnungen zwischen Exilierten und Dagebliebenen. Dabei erinnert die
Verwendung des Worts Gegend weniger an Anders' Verwandten Benjamin
als an seinen alten Lehrer Heidegger.[72] Jedoch ist es zunächst Benjamin, dem
er bei seiner Rückkehr nach Europa unwillkürlich in Form eines Echos in
Paris wieder begegnete: spukhafte Erscheinung, die vorführt, wie ein einstmals vertrauter Ort zur »Zeitgegend« werden konnte.[73]

Zwei Verwendungen des Begriffs lassen sich bei Anders ausmachen. Da
ist zum einen eine zeitliche, die er in seinem New-York-Tagebuch einführt.
Nach dem Zweiten Weltkrieg beschreibt er mit »Zeitgegend« den Ort eines
Geschichts-Schwindels, eines »vertigo historicus«, der ihm das jüngst Vergangene in eine archaische Ferne rückte, so profunde empfand er den Bruch.[74]
»Zeitgegend« ist ein zeitphänomenologischer Begriff: Erfahrung akuten Le-
bensweltverlusts. Daneben steht eine topografische Verwendung. Diese erinnert an Alfred Polgars Wendung von der »Begegnung im Zwielicht« nach
der Remigration.[75] Auch bei Anders geht es um die Wiederbegegnung mit
einem umgepolten Raum, wie er ihm auf seiner Fahrt durch Mittelosteuropa

69 Paul Celan. Du liegst im großen Gelausche (1967), in: ders. Gesammelte Werke.
    Bd. 2. Hg. von Beda Allemann u.a. Frankfurt a.M. 1986, 334. Darin mag auch
    eine Anspielung auf Loerkes »Blauer Abend in Berlin« liegen: »Der Himmel fließt
    in steinernen Kanälen«. Oskar Loerke. Blauer Abend in Berlin (1911), in: ders.
    Gedichte und Prosa. Bd. 1, 29.
70 Vgl. Benjamin. Passagen-Werk, 567.
71 Zu einer ähnlichen Wiederbegegnung mit Berlin vgl. George Mosse. Confronting
    History. A Memoir, with a Foreword by Walter Laqueur. Madison 2000, 212–219.
72 Vgl. Heidegger. Sein und Zeit, 103 f.
73 Vgl. Anders. Schrift an der Wand, 100. Zu denken ist auch an den Begriff des
    »Chronotopos«; doch ist die »Zeitgegend« von diesem zu scheiden, da sie nicht als
    rezeptionsästhetisches Motiv, sondern als produktionsseitiger Anstoß gedacht ist.
    Vgl. Michail M. Bachtin, Chronotopos. Frankfurt a.M. 2008, 7.
74 Vgl. Anders. Lieben gestern, 19.
75 »Wieder durch diese Straßen zu gehen, nach langen schicksalsvollen Jahren des
    Fortgewesenseins, weckt kuriose Empfindungen, wunderlich gemischt aus Ent-
    fremdung und Vertrautheit.« Alfred Polgar. Anmerkungen zu Nebenmenschen
    und Nebensachen, in: ders. Begegnung im Zwielicht. Berlin (West) 1951, 225–245,
    hier: 239.

begegnete. Als exemplarisch kann seine alte Heimatstadt Breslau gelten, die Anders zum »Unterreich«, zur »fremden Zeitgegend« schlechthin geworden war: Gegend jener *bloodlands*, in denen er eine posttraumatische Welt entdeckte.[76] In dieser Gegend wird nicht nur die Unterweltsmetaphorik aufgerufen, sondern klar gemacht, dass »Zeitgegend« Vergegenwärtigungsgegend meint. Gekreuzte Blicke entstehen, in denen sich die zeitlichen und topografischen Sinnebenen in einem Fokuspunkt berühren.

Nach Berlin transponiert lag dieser unverkennbar im umkreisten »ruinösen Bezirk«, wo das Lebensgefühl des »nicht mehr und noch nicht« dominierte.[77] Damit ist ein Phänomen berührt, das sich im Vorgefühl abspielt, welches auf das »Leben selbst« bezogen ist, das sich nur im Leiblich-Anschaulichen, im »unmittelbaren Gefühlsgehalt« erfassen lässt.[78] Wenn es um eine Betroffenheit am Ort geht, wird sinnfällig, wie eng sie mit der persönlichen Befindlichkeit zusammenhängt, für deren Erfassung das nötig ist, was man eine seismografische Empfänglichkeit des Autors nennen kann.[79] Anders war in der Lage, diesen Befindlichkeitsbegriff poetologisch umzusetzen. Er verstand seine Poetik des Tagebuchs als Form lebensweltlicher Zeugnisgabe, in der der Schreibende zum »Barometer« wird, dem der »Wetterstand der Epoche abzulesen« ist.[80] Dieser Zugang lässt sich mit einer Bemerkung Kessels ergänzen: nämlich dass die Zeit, die den Dichter beschäftigt, nicht die »Normalzeit« unserer »Uhrwerke« ist, sondern über die Jetztzeit auf die andere ausgreift, auf jene, in der sich das seelische Klima, der »Wetterstand unseres Befindens« verdichtet.[81] Eine solche Erfahrung machte Anders auf seinen Streifzügen durch die *monde perdu* Berlins: auf seinen Gängen ins »Nichts hinein«, ins ehemalige »Zentrum« der Stadt.[82] Es glich ihm einem Empfinden des »so weit hinein, so weit hinaus«. Das war sein Berlin-Schwindel, der ihn die Umkehrung der Raumverhältnisse erfassen ließ.

76 Vgl. Anders. Schrift an der Wand, 320. Zu diesem Bild: Timothy Snyder. Bloodlands. Europa zwischen Hitler und Stalin. München 2011.

77 Vgl. Kessel. Im Liegestuhl nach einer Reise, 99.

78 Zu diesem Verständnis von »Lebensgefühl« vgl. Scheler. Ethik, 342 f.

79 Zum Begriff der Befindlichkeit: Heidegger. Sein und Zeit, 184–191. Zum Dichter als Figur mit »seismographischem Sensorium« auch: Alewyn. Hofmannsthal und diese Zeit, 11.

80 Vgl. Günther Anders. Warnbilder, in: Uwe Schultz (Hg.). Das Tagebuch und der moderne Autor. München 1965, 71–82, hier: 74.

81 Vgl. Kessel. Die epochale Substanz der Dichtung, 308.

82 Vgl. Anders. Schrift an der Wand, 239.

Bahnte sich im Alten Westen, jenem Gebiet südlich des Tiergartens, bereits in der Zwischenkriegszeit ein Geltungsverlust an, so setzte die eigentliche Leerung mit der Vernichtung der jüdischen Bevölkerung im Dritten Reich und dem Umbau in ein Diplomatenviertel ein.[83] Doch eine regelrechte »Vakuole« riss erst der Krieg in die Stadtgegend.[84] Der Autor und damalige Rowohlt-Lektor Friedo Lampe hat den damit einsetzenden Schwindel beschrieben, bei dem man die Erfahrungen »nicht mehr einordnen« konnte.[85] Was blieb, nannte Benn »wüstenumdröhnte Stille«.[86] Doch dass es ein kontaminiertes Gebiet geworden war, sagten andere. Der Romancier und Feuilletonist August Scholtis warf in Manier eines Mercier'schen Tableaus den Blick von der Peripherie des westlichen Reichskanzlerplatzes auf dieses ehemalige Zentrum: »Bis dorthin werden es an die fünfzehn Kilometer sein und die brütende Gesteinsmasse in der linden Mulde davor wäre der Mittelpunkt [unserer] verfluchten Stadt«.[87]

Das Gespenstische daran fasste er, im Gang durch das ehemalige Regierungsviertel, aus nächster Nähe: »Wir befinden uns im Kern der Sache. Im Regierungsviertel von Berlin, wo Beelzebub mit dem Teufel ausgetrieben worden ist, um die Tiergartenstraße mit ihren Palästen der Diplomaten zu vernichten und durch Zerstörung des Tiergartens einen grausigen Blick freizumachen auf Ruinen der Krolloper, des Generalstabs, Reichstages, Brandenburger Tores und der Wilhelmstraße mit ihren zerwühlten Gärten und bitterkalten Winterpalast der neuen Reichskanzlei.«[88] Hier, in der abgewrackten Zentrale, schien ihm der Hund begraben: das »unaufgelöste Rätsel«. Das Dämonische zeigte sich daran, dass diese Szenerie keinen Schatten mehr warf. Eine »Tundra«, die der Klimazone eines erkalteten Herzens entsprach.[89]

83 Vgl. Franz Hessel. Letzte Heimkehr (1938), in: ders. Sämtliche Werke. Bd. V. Hg. von Harmut Vollmer. Oldenburg 1999, 114–134, hier: 129.

84 Zu dieser Metapher: Karl Friedrich Borée. Frühling 45. Chronik einer Berliner Familie. Düsseldorf 2017, 254.

85 Friedo Lampe an Johannes Pfeiffer vom 10.12.1943, in: ders. Briefe und Zeugnisse. Bd. 1: Briefe. Hg. von Thomas Ehrsam. Göttingen 2018, 420.

86 Vgl. Benn an Oelze vom 16.12.1945, in: ders. Briefe an F.W. Oelze 1945–1949. Bd. 2. Hg. von Harald Steinhagen und Jürgen Schröder. Frankfurt a.M. 1982, 10.

87 August Scholtis. Zu beiden Seiten der Heerstraße. Neue Zeitung. 8. Juni 1951, 7, in: Nachlass August Scholtis. Sammlungen, I.D. 1e, Berlin-Artikel, Nr. 295. Stadt- und Landesarchiv Dortmund. Handschriftenabteilung.

88 August Scholtis. Das Regierungsviertel (ca. 1960). A. 282a. III. Feuilletons. 3. Über Berlin. A. 277–285. Nachlass August Scholtis, Landesarchiv Dortmund. Handschriftenabteilung.

89 Vgl. Friedrich Luft. Tiergarten 1950, in: Die neue Zeitung 30.4.1950, 9.

Auf der Spur der Wahrheit der Gegenden scheint Anders, allen Verwerfungen zum Trotz, auch von »Sein und Zeit« inspiriert gewesen zu
sein. Doch wenn Heidegger mit dem Wort »Gegend« ein »Hingehören«
von etwas bezeichnete, so war dieses hier ausgehebelt.[90] Wenn dieser die
»Gegend«, jenes umzirkelbare Gebiet, an den klassischen Toposbegriff an-
näherte, so scheint sich in Anders' »Zeitgegend« eine konträre Unruhe
anzuzeigen.[91] Etwas war aus dem Lot geraten. »Zeitgegend« in Anders'
Sinne ist ein Topos der Desorientierung, den man am Stimmigsten als Atopos
umschreiben kann.[92] Doch ist an einen späteren Gebrauch von »Gegend« bei
Heidegger zu erinnern, der einen ähnlichen Aspekt beleuchtet: den, einen
Ort zu benennen, an dem etwas ins Offene kommt.[93] Diese Nuance nähert
die Gegend wieder der Bedeutung an, die schon Benjamin dem Tiergarten
als einem Randgebiet gab: toter wie weissagender Winkel zu sein.[94] Diese
Funktion hatte er von Anbeginn inne. Er war »Entrée der Stadt«, um das
sich die Vororte gebildet hatten, ein Schwellenraum, der einmal eine zentrale
Rolle für die »›Lesbarkeit‹ der Stadt« einnahm.[95]

Man kann insofern für den Tiergarten den Ausdruck »Stadtlichtung«
in Anwendung bringen, der die beiden Seiten – toter und weissagender
Winkel – verbindet.[96] Ein Zwischenraum, der die Werdens- und Vergehens-
prozesse der Stadt sinnfällig werden lässt. Die Vergehensseite trug Anders als
Flaneur im Nachkrieg selbst hinein, kam er doch als vertrauter Fremder »aus

---

90 Vgl. Heidegger. Sein und Zeit, 103.

91 Zu Heideggers Annäherung seines Begriffs der »Gegend« an die Aristotelischen
    topoi, als begrenzte Orte, vgl. Inga Römer. Spatium – Topos – Atopos. Zur
    Phänomenologie des Raumes, in: David Espinet u.a. (Hg.). Raum erfahren. Episte-
    mologische, ethische und ästhetische Zugänge. Tübingen 2017, 169–186, insb. 177.

92 Hier Atopos als »Niemandsland« bzw. »Ort der Unruhe« nach: Lévinas. Jenseits
    des Seins, 184.

93 Vgl. Martin Heidegger. Die Kunst und der Raum / L'art et l'espace. St. Gallen 1969,
    Bl. 6 (ohne Seitenzahl).

94 Vgl. Benjamin. Berliner Chronik, 484.

95 Zur Bestimmung der ehemaligen Tiergarten-Gegend als »Entrée der Stadt« die
    Thesen in: Räumliche Ordnung im Zentralen Bereich. 1. Bericht März 1983. Thesen
    zur räumlichen Ordnung im Zentralen Bereich, in: Landesarchiv Berlin. B Rep.
    002. Nr. 38071. Der Regierende Bürgermeister von Berlin Senatskanzlei. Zentraler
    Bereich. 11.11.1981 bis 17.5.1983. Bd. 1, 5, 11.

96 Zur Metapher der »Stadtlichtung« siehe: Undine Giseke/Erika Spiegel (Hg.). Stadt-
    lichtungen: Irritationen, Perspektiven, Strategien. Basel 2007. Zur Ästhetik der
    Berliner Lichtungen im Nachkrieg auch: Jennings. »The Secrets of the Darkened
    Chamber«, 93.

einer Zeitgegend, die es hier nicht mehr gibt«.[97] Hatte diese ihre eigenen Gesetze, so konnte er als ehemaliger Insider um so schärfer die Nachwirkungen am Ort zum Vorschein bringen. »Dämonen« aus einem verschollenen »Unterreich« machte jener Geisterseher aus dem Vorkriegseuropa ausfindig.[98] Ihm war der Kurfürstendamm dafür zum Vexierbild geworden: eine bizarre Insel im Schutt, deren »zerlöcherte« Physiognomie, deren Antlitz nach einer Beobachtung Polgars im nächtlichen Glanz täuschend »aussieht wie ganz«.[99] Ein Clair-obscur, das Anders im Stadtbild erkannte: »Architekturen wirft es ins Dunkel, wo keine stehen.«[100] So entwickelte er auf seinen Pfaden durch Berlin den Gedanken einer Traumtherapie der Stadt, die das Verdrängte ins Bild rückte. Dazu gehörte das veränderte Zeitempfinden: das »Ineinander« einer Suggestion von Rasanz mit kriechender Zeit.[101] Angesichts solcher Tücken näherte sich Anders wie ein Detektiv-Flaneur: Er wartete mit Ruhe, »ob nicht dieser Tatort vielleicht doch zu sprechen anfängt.«[102] Dieses Vorgehen wies ihn als einen aus, der mit dem, was er aufdeckte, persönlich verstrickt war.

Er tauchte als der Rückkehrer auf, der im Schweigen umhertappte und im Gespräch mit den Steinen ans Ungesagte heranzukommen versuchte. »Geschäftig und stumm« sei ihm dieses Westberlin geworden.[103] Da boten sich zum Gespräch nur die Steine, die Trümmerlandschaft im Inneren der Stadt. Wie ihm Benjamins Gespenst begegnet war, so in den Ruinen der Kleiststraße jenes des Philosophen Georg Simmel. So wird ihm die Stadt Heimsuchungsgebiet der Nachbilder. Es initiierte einen anspielungsreichen Beschreibungsvorgang, der über Konstellationen – wie die der Kleiststraße mit Simmels Ruinengedanken – im Leser ein komplexes Bild evoziert. Das geschieht gleich mit Anders' Ankunft, wenn er noch im Flugzeug sein erstes Nachbild erblickt. Es ist die Stadt eines flammenden Rots, des Reichstagsbrandes von 1933, den er plötzlich wiederzusehen glaubt. Doch

97 Anders. Die Schrift an der Wand, 320.

98 Vgl. ebd., 321 f.

99 Vgl. Alfred Polgar. Wiedersehen mit Berlin (1951), in: ders. Kleine Schriften. Bd. 1. Hg. von Marcel Reich-Ranicki. Reinbek bei Hamburg 1982, 466–470, hier: 469.

100 Anders. Die Schrift an der Wand, 232.

101 Vgl. Polgar. Wiedersehen mit Berlin, 469.

102 Anders. Die Schrift an der Wand, 324. Eine erneute Parallele zwischen Detektiv und flaneurhaftem Einzelgänger hat Alewyn im Nachkrieg gezogen. Vgl. Richard Alewyn. Ursprung des Detektivromans (1963), in: ders. Figuren und Gestalten. Essays. Frankfurt a. M. 1974, 341–360, hier: 347.

103 Vgl. Anders. Die Schrift an der Wand, 231.

wirft die Stadt ihm auch einen Blick zurück; sie zeigt ihn als den inzwischen »Grauhaarigen« zwischen übrig gebliebenen Altbauten. Noch ein Bild wird sich ihm einprägen: Es ist das einer Ruine mit »Sonderdasein« hinter dem Kurfürstendamm – die ausgehöhlte Synagoge, das »Vakuum« schlechthin.[104]

Diese drei Gespenster – Simmel in den Ruinen, der nachbrennende Reichstag und die hohle Synagoge – bilden die Lücken, die seinen okkasionellen Beobachtungen den Anstoß versetzen und am Ende zu einer Theorie der »Ruinen heute« führen. Zeugnisse sind sie ihm: »Überreste« einer »verlorenen Welt«, die »isolierten Botschafter« einstigen Geschehens.[105] Jedoch nicht gewöhnliche Zeugnisse eines verschollenen Zeitalters, sondern Hinweise auf eine Unterschlagung ihres Zustandekommens. Zwar umgebe uns dies alles als Alltägliches, stellte er fest, doch würden wir uns nicht damit beschäftigen. Er kam sich wie ein verspätet Eintreffender vor, der mit der Stadt umging wie mit einer ehemaligen Geliebten: »Als ich dich verließ, vor zwanzig Jahren […] da war der Himmel über dir gerötet vom brennenden Reichstag. Wo sie nur liegen mag, die Stätte deiner ersten Schuld?«[106] Diese schmerzliche Offenheit gegenüber den verdeckten Wunden weckte eine »Kopräsenz« verschütteter Zeiten in ihm, gab der Stadt Plastizität.[107] So konnte ihn jedes Berliner Zimmer in einen Schwindel versetzen: 1925, 1933, 1953 – die Jahre verschmolzen und das abgelegt geglaubte »Vorgestern« trat auf den Plan. Das ist es, was er bereits im New-York-Tagebuch als »Taumel der geschichtlichen Orientierung« bezeichnet hat.[108]

Ein Ort wie das einstige Café Wien, das es noch auf dem Ku'damm gab, wirkte da wie eine Täuschung, dessen Terrasse bildete eine Insel im »Ozean von zerriebenem Schutt«.[109] Das Fassadenhafte entsprach dem Eindruck des Melancholischen: Ein Raum des »Zeitstillstands«, der im Rückwärtigen der Bauten lauerte.[110] Das Gegenstück zu diesen Fassaden bilden die Aufspürsysteme des Flaneurs. Er glaubte unverändert an die »»realisierende‹

---

104 Vgl. ebd., 244f.
105 Vgl. ebd., 214.
106 Ebd., 229.
107 Zu seinem Spurbegriff der Dichtung – ein Getroffensein vom Dasein vgl. Günther Anders. Dichten heute, in: Das Gedicht. Jahrbuch zeitgenössischer Lyrik 1954/55, 140–144, hier: 144. Sowie zur »Kopräsenz der Zeiten« im unwillkürlichen Erinnern: Angehrn. Sein Leben schreiben, 75, 224.
108 Vgl. Anders. Lieben gestern, 19.
109 Vgl. Anders. Die Schrift an der Wand, 234.
110 Zum Index des Melancholischen im Nachkrieg fügt sich folgendes Zitat: »Ich bin wie ein Haus«, zitiert der Psychiater Tellenbach einen Melancholiker, »von dem die Fassade noch steht, die Rückwand aber ist eingefallen.« Hubertus Tellenbach.

Leistung der Mimesis« im Stadtumgang, an die Möglichkeit einer Freilegung ihrer Hinterwelten.[111] Als Rückkehrer mit Vorerfahrung zeigt er sich wieder als Schichtenermittler, der dem Verschütteten einen Sinn abzuringen versucht.[112] Etwa wenn er die Erfahrung an der Gedächtniskirche sich versinnbildlichen sah: Hier habe man gar vergessen, wessen sie überhaupt gedenkt. Ihr verstümmelter Restname konnte kaum besser wiedergeben, was sich an ihr ereignet hatte. An der Stelle kristallisierte sich die Einsicht, dass die »Gewohnheit« letztlich »nicht die Tochter der Erinnerung, sondern der Vergeßlichkeit« sei.[113]

So fand er das zentrale Sinnbild seiner Berlin-Erfahrung dort, wo er etwas ausmachte, das man als ›Stadtumstülpung‹ bezeichnen kann: die Vertauschung von Zentrum und Peripherie. Dabei zeigte sich ihm dies an einem beiläufigen Detail: Es waren die Kinder als Pioniere der *terrains vagues* im Zentrum, die diese spielerisch, gleich einem Idyll im Weichbild, behandelten: dort, wo gewöhnlich die Stille den Lärm ablöste.[114] An ihnen wurde das gewendete Raumgefüge deutlich, jener zur gewohnten innerstädtischen Zone paradox »gestimmte Raum«.[115] »In die Stadt hinein strolchen sie jetzt also, nicht aus ihr heraus. Denn diese Welt ist umgestülpt: die Umgebung liegt drinnen und was intakt ist und bewohnt: das ›Zentrum‹, draußen. – Die Bülowstraße, ehemals Zentrum, ist nun Vorort der Vororte.«[116] Zentrum draußen, Peripherie drinnen – das ist der Atopos, der ins bekannte Gefüge einer Stadt nicht recht passen mochte. Auf der Spur dieser Grundspannung wähnte sich Anders selbst hineinstreuen ins leere Zentrum wie in Roberto

---

Die Räumlichkeit des Melancholischen, in: Der Nervenarzt 27 (1956), Nr. 1, 12–18, hier: 13.

111 Vgl. Anders. Die Schrift an der Wand, 235.

112 Als Schichtenermittlung, grabend nach der »eigenen verschütteten Vergangenheit«, hatte Benjamin sein Verfahren einst beschrieben. Vgl. Benjamin. Berliner Chronik, 486.

113 Vgl. Anders. Die Schrift an der Wand, 238.

114 Diese »unsichtbare Grenze zwischen Lärm und Stille« vgl. in: Hans Blumenberg. Gerade noch Klassiker. Glossen zu Fontane. München 1998, 88f. Zur kindlichen Aneignung der *terrains vagues*: Kimmich. Leeres Land. Niemandsländer in der Literatur, 186f.

115 Zur Unhintergehbarkeit des »gestimmten Raumes« im menschlichen Erleben: Ströker. Philosophische Untersuchungen zum Raum, 23. Zum »erlebten Raum« auch: Bollnow. Mensch und Raum, 18f. Sowie zum »gestimmten Raum« als einem von emotionalen »Intensitäten« durchzogenen: Burkhardt Wolf. Raum, in: Lars Koch (Hg.). Angst. Ein interdisziplinäres Handbuch. Stuttgart, Weimar 2013, 148–156, hier: 155.

116 Ebd., 239.

Rossellinis »Germania anno zero« die Kinder ins offene Herz der Stadt.[117] Ein absichtsloser Raum war so die Mitte Berlins: landschaftsartiger »Stimmungsraum«, in dem die Zeit, das Erinnern, die Oberhand über das Jetzt gewann.[118]

So schimmert in Anders' »Zeitgegend« die Heidegger'sche »Gegend« wieder durch: als Ortschaft, an der sich ein »entscheidendes Bewenden« anzeigt.[119] Aus dieser kommen die Stereoskopien, doppelt belichtete Bilder aus Gewesenem und Gegenwärtigem, die die Form des Schocks durch das »Präsentischwerden der Vergangenheit« annehmen.[120] Im *terrain vague* zwischen Altem und Neuem Westen holte ihn die Erinnerung ein, kniete er sich in die Stille. In ihr vernahm er etwas: »Dort hatten Naumanns gewohnt, und die Bergers; irgendwo gingen die und schliefen die«, dort, wo jetzt der »Wind« wehe und eine neue Architektur im Entstehen sei.[121] In die Luft musste er zeigen, um ihre ehemaligen Behausungen anzudeuten. Die Atmosphäre wendete sich nun ins Unheimliche. Denn in diesem Raum, in dem Verwandte und Freunde gelebt hatten, ereignete sich das Gewahrwerden seines Alleinseins.[122] Die Begegnung im Niemandsland ließ ihn als Zeugnisgeber mit dem Schuldempfinden des Überlebenden zurück. Insofern hat man es mit einem Grenzphänomen des gestimmten Raumes zu tun: einem »Betroffensein vom Nichts«, Erfahrung eines Immanenzverlusts.[123] Ein Grenzphänomen ist es, weil die Leere meist am Rande menschengemachter Räume, fast nie in deren Zentrum in Erscheinung tritt.[124] Hier war sie mittendrin.

---

117 Zum verwandten Verfahren des »Umherstreifens« bei Rossellini: Carlo Lizzani. Im zerbombten Berlin. Mit Rossellini während Germania anno zero, in: Rainer Gansera (Hg.). Roberto Rossellini. München 1987, 7–12, hier: 9. Zur Anspielung auf das »Jahr Null« Rossellinis vgl. Anders. Schrift an der Wand, 226.

118 Zum »Fehlen des Zentrums« im absichtslosen Raum, der so »Stimmungsraum« wird, vgl. Ströker. Philosophische Untersuchungen zum Raum, 32f.

119 Vgl. Heidegger. Sein und Zeit, 104.

120 Zu den aus der Traumatheorie bekannten Doppelbildern vgl. V.E. Freiherr von Gebsattel. Die Störungen des Werdens und des Zeiterlebens im Rahmen psychiatrischer Erkrankungen (1939), in: ders. Prolegomena einer medizinischen Anthropologie. Ausgewählte Aufsätze. Heidelberg 1954, 128–144, hier: 134.

121 Vgl. Anders. Die Schrift an der Wand, 257.

122 Zu seiner Einsamkeit auch: Anders an Hannah Arendt, 20.2.1956, in: Hannah Arendt/Günther Anders. Schreib doch mal hard facts über dich. Briefe 1939 bis 1975. München 2016, 62–64, hier: 62.

123 Vgl. Ströker. Philosophische Untersuchungen zum Raum, 31.

124 Es darf nicht die »drohende Leere«, wie Alewyn am Beispiel der romantischen Landschaft formulierte, in der Mitte ausbrechen: Richard Alewyn. Eine Landschaft Eichendorffs (1957), in: ders. Probleme und Figuren, 203–231, hier: 225.

Anders als die Kinder hat der Rückkehrer demnach eine Vorgeschichte mit dem umgestülpten Raum. Er sah nicht nur Brachen, sondern auch fehlende Dichte. Was sich ihm zeigte, wirkte wie ausgeräumt. Was einmal über Heldts Bildkunst gesagt wurde, gilt auch für Anders' Schreiben: dass er das Verstummen und die Perplexität der Menschen, in den »Steinen zur Sprache« zu bringen versuchte.[125] Auf diese Weise zeigte sich ihm dieser Alte Westen nicht nur als Ort des Entzugs, sondern als ein ungeborgener. Doch auch über sich erfuhr er etwas: sein Schicksal als »displaced person«.[126] In dieser Gegend wurde ihm eines spürbar: die Spur einer Epoche der Dispersion, die in sein Leben geschnitten hatte. Nirgendwo sonst wurde Anders derart bewusst, dass er in der Nachkriegswelt Europas als Fremdling unterwegs war.

Dazu gehörte die Erfahrung der Kunst in der Stadt. Gerade in Berlin verzeichnete er ein Gespenstischwerden der Moderne. Hier würden emsig der Surrealismus und andere Ismen nachgeholt, so Anders, obgleich ihr realer Surrealismus die zweifelhaft gewordene Moderne längst überholt hatte. So hänge hier der »Modergeruch« der »abgestorbenen Hoffnungen der Moderne« an jeder Ecke.[127] Dass die Stadt bei ihrer Wahrheit noch nicht angekommen war, führte er auf deren fehlende »Synchronisiertheit« mit der Welt nach dem Dritten Reich und der Blockade zurück. Sie sei aus den Zeitigungszyklen der Kunst gefallen und wie abgesperrt von den eigenen Erfahrungen, sodass das Obsolet-Werden der Parolen von einst sich verzögerte. Hatte nicht in dieser Stadt die Ästhetik einer »Zerschlagung der Welt« ihre Konkretisierung erlebt? Diesbezüglich wurde ihm Berlin zum natürlichen Nullpunkt eines fraglos mitgeschleppten Kunstbegriffs. Sie, hätte die Stadt sprechen können, hätte wohl die Bilder der Weltzerschlagung angesichts der Ruinen hinter sich lassen wollen. Kaum etwas unterstrich ihm diesen Horror der Zertrümmerung wie die Synagogenreste in der »dunklen Fasanenstraße«, deren Status den der anderen Ruinen in Zweifel zog: »In die anderen *fiel* das Feuer«, so Anders, »in ihr wurde es *angelegt*.«[128]

Gegenbeispiel ist die entzogene leere Mitte Tokios. Vgl. Barthes. Das Reich der Zeichen, 47.

125 Vgl. Theunissen. Berlin im Bilde seines Wesens, 16. Zum traumatischen Verstummen als ›mitsprachlichem Schweigen‹ auch: Emil Angehrn. Vom Sinn des Schweigens, in: Rainer Schmusch/Jacob Ullmann (Hg.). stille / musik. Büdingen 2018, 73–84, hier: 79.

126 Zu dieser Figur der »displaced person« im Nachkrieg: Hamburger. After the Second Flood, 122f.

127 Vgl. Anders. Die Schrift an der Wand, 242.

128 Ebd., 244.

So akzentuiert er im Hauptstück »Ruinen heute«, dem Berlin-Besuch des Tagebuchs, sein Ruinenverständnis und stellt dieses gegen Simmels älteres aus dem Aufsatz »Die Ruine«. War dieser noch vom Antagonismus von Natur und Kultur motiviert, so spitzt sich die Frage bei Anders auf die gewaltsame Zerstörung im Zeichen von Krieg und Terror zu.[129] Wo Simmels Ruinen sanft aus dem Leben zu scheiden schienen, sie eine »Stimmung des Friedens« umgab, sind Anders' Ruinen aus dem Leben gerissen.[130] Sie stehen für seine grundlegende These einer »Antiquiertheit des Menschen«. Ihre schiere Menge, ihr plötzliches Auftreten zeigt den Menschen als den seinen Taten emotional Nachhinkenden: »Verfallen sind diese Wände nicht. Höchstens nachträglich«, heißt es über die Berliner Ruinen: »Sondern zu Fall gebracht. Nicht gestorbenes Menschenwerk sind sie. Sondern ermordetes. Hergestellte Ruinen sind sie – also selbst Menschenwerk.«[131]

Die Ruine war für ihn im Zeitalter einer »promethetischen Scham« angekommen, sie stand nun im Licht ungeahnter Zerstörungskräfte, die den Menschen an den Rand seines Fassungsvermögens brachten.[132] Für Anders hatte sich damit das Verhältnis von Stadt und Krieg grundlegend verändert. Es ist ein Wandlungsprozess, den schon Benjamin antizipiert hat, wenn er in seiner »Berliner Chronik« nicht mehr den Blick der Pharuspläne, sondern der Generalstabskarten auf den Metropolen ruhen sah: jenen »künftigen Kriegsschauplätzen«.[133] Anders zog nach 1945 die Konsequenz aus der Erfahrung totaler Kriegsführung. In dieser konnte jede Stadt, jedes Quartier zur Front werden: »Wenn, wie es im letzten Kriege geschehen ist, jeder Punkt, jede Stadt, jedes Haus ›Front‹, also ›Grenze‹ ist, dann zerfällt auch der Begriff ›Grenze‹«.[134] Zumindest hatte er nicht mehr die Bedeutung wie zu Simmels Zeiten vor dem Ersten Weltkrieg. Die Grenze war nach dem zweiten Krieg buchstäblich in der Stadt angekommen, potenziell »überall« wie auch Remarque betonte.[135] Im selben Geist hatte Jahre danach noch

---

129 Vgl. Simmel. Die Ruine, 128.
130 Vgl. Anders. Die Schrift an der Wand, 247. Sowie: Simmel. Die Ruine, 127f.
131 Anders. Die Schrift an der Wand, 247. Anders zum emotionalen Hinterherhinken des Menschen hinter seinem eigenen Zerstörungspotenzial: »Zerbomben können wir zwar Hunderttausende; sie aber beweinen oder bereuen nicht.« Günther Anders. Die Antiquiertheit des Menschen. Bd. 1. Über die Seele im Zeitalter der zweiten industriellen Revolution. München 2002 (1956), 17.
132 Zur »prometheischen Scham« des Menschen gegenüber der Perfektion seiner eigenen Erzeugnisse siehe: Anders. Die Antiquiertheit des Menschen, 16.
133 Vgl. Benjamin. Berliner Chronik, 466.
134 Anders. Die Schrift an der Wand, 248.
135 Es war Remarques These, dass im Gang von »Im Westen nichts Neues« zu »Der

Uwe Johnson keinen Stadtplan, sondern Messtischblätter Berlins in seiner Schreibklause hängen, solche, die »früher dazu benutzt« wurden, wie er erläuterte, »um Kriege zu führen«.[136]

Damit schlägt in Anders' Diagnose die Krieger-Optik auf den Status der Ruine durch. Sie werde seit diesen Erfahrungen entweder seelisch »verharmlost« oder von ihr werde schamhaft »fortgeblickt«; doch meist werde sie einfach als Zeug »verwendet«, als Recycling-Material im Wiederaufbau verarbeitet – nur idealisiert, so Anders' Pointe, wie zur Belle Epoque, das werde sie vorerst nicht.[137] Anders fand treffsicher das ironische Zerrbild dieser zweifelhaften Metamorphose in den Resten der Bauten des Wilhelminismus. In deren Interieurs wurde um 1900 ein Kult des Fragmentarischen, der Torso-Büsten betrieben. Im Zeichen des Nachkriegs waren ihm diese Ruinen aus den Stuben in die Stadträume hinübergewandert: »Der Kürfürstendamm, dessen Wohnungen einst vollgestopft waren mit Ruinendarstellungen«, sei selbst zur »Insel im Ruinenmeer« geworden.[138] Diese Dämonie offenbarte sich an der vorgeblichen Unschuld der Trümmerspielplätze: »Da rutschen sie also, die Zille-Gören von 53, zwischen den Ziegeln, unter denen wer weiß wer auch noch liegen mag.«[139] Jeder konnte in Streifzügen durchs umgestülpte Terrain mit dem Verdrängt-Unheimlichen Kontakt aufnehmen.

Dass dafür keine Keller oder Höhlen nötig waren, bewies der Tiergarten. Wolfgang Koeppen gelang es, in einer Fragment gebliebenen Miniatur, dessen Schicksal auf symptomatische Weise zu kondensieren. Der Text zeigt den Tiergarten in beständiger Wandlung. Es ist seine Metamorphose von der »Bibersiedlung« im Sumpfgebiet zum Topos des gesellschaftlichen »Schauspiels« im alten Preußen – und zuletzt zum Ort sozialer Erschütterungen.[140] Insofern figuriert der Tiergarten in seiner literarischen Topografie als komplementärer Ort zu den einstigen Kaffeehäusern. Während diese die Schlüsselstätten eines »Industriegebiets der Intelligenz« bildeten, verstand

letzte Akt«, vom Ersten zum Zweiten Weltkrieg, »die Fronten« nun »überall« seien. Vgl. Erich Maria Remarque. Das Auge ist ein starker Verführer (1958), in: ders. Das unbekannte Werk. Bd. 4, 410–414, hier: 414.

136 Berliner Profile. Min. 1:15:58–1:16:50. Regie: Walter Höllerer. Deutschland 1971. Walter-Höllerer-Archiv, Literaturarchiv Sulzbach-Rosenheim.
137 Vgl. Anders. Die Schrift an der Wand, 248.
138 Vgl. ebd., 253.
139 Ebd., 254.
140 Vgl. Wolfgang Koeppen. Der Tiergarten, in: ders. Auf dem Phantasieroß. Prosa aus dem Nachlaß. Hg. von Alfred Estermann. Frankfurt a. M. 2005, 549–552, hier: 549, 551. Zum Tiergarten-Areal auch die Skizze in: Brandenburg-Manuskripte M 11, 11–76. Wolfgang-Koeppen-Archiv Greifswald.

sich der Park als aristokratisches Jagdrevier, später bürgerlicher Salon unter freiem Himmel.[141] Er verstand sich als Hain der Macht, der Diplomatie, des gesellschaftlichen Lebens, wie Benjamin in seiner »Berliner Chronik« festhielt.[142] Diese Einschätzung rundete nach dem Krieg der Berliner Politologe Otto Heinrich von der Gablentz ab, wenn er den Tiergarten als das »Geheimnis von Berlin« bezeichnete: ein »Wald als Mitte«, in dem einst »die Männer aus den Ministerien«, die daran angrenzten, sich zum vertraulichen Gespräch trafen.[143] Noch die Verschwörer um Stauffenberg nutzen ihn zur Konspiration.[144]

Insofern hatte der Park sein monarchistisches Gepräge nie ganz abgelegt. Noch zu Republikzeiten war das so. Koeppen fasste daher zusammen: »Der Tiergarten war bürgerlich, das heißt: der Bürger sah zum ihm auf.«[145] Darin deutet sich etwas vom Untertanengeist an. Koeppen war der Park in der Zwischenkriegszeit auch ein Ort falscher Bündnisse, so wenn er Reichspräsident Ebert mit Minister Noske zu Pferde konferieren sah. In den Sattel gesetzt von der Generalität. Was Koeppen mit dem Sieg der Militärs andeutet, ist die Rückkehr jenes zweifelhaften Geistes, der den Tiergarten als militärisches Terrain verstand. Was darauf folgen sollte, haben andere Zeugen der NS-Zeit als »Garden of Beasts« bezeichnet.[146] Es war der Weg zum »Letzten Akt«, um mit dem gleichnamigen Film von Georg Wilhelm Pabst und Remarque zu sprechen, in dem eine blind agierende Macht sich ihr Grab schaufelte. Am Ende wurde er wieder zur bloßen Gegend. Ein Zentrum werde Berlin erst, prophezeite von der Gablentz 1947, »wenn die Bäume wieder Schatten geben, und darüber geht wohl ein halbes Menschenleben hin«.[147] Geblieben war ein Pesthauch der Vermessenheit. Und neue Zentralenaktivitäten im kleinen, moskautreuen Format. Hier war schon bald die Umnutzung der verbliebenen Bauten durch die Gruppe um Walter

---

141 Vgl. Klaus Strohmeyer. Industriegebiet der Intelligenz. Dokumentation einer literarischen Landschaft, in: Herbert Wiesner (Hg.). Industriegebiet der Intelligenz. Literatur im Neuen Berliner Westen der 20er und 30er Jahre. Berlin 1990, 15–95, insb. 25 f.

142 Vgl. Benjamin. Berliner Chronik, 465.

143 Vgl. Otto Heinrich von der Gablentz. Berlin (1947), in: ders. Geschichtliche Verantwortung. Zum christlichen Verständnis der deutschen Geschichte. Stuttgart 1949, 160–178, hier: 161.

144 Zum Tiergarten als Ort der Konspiration vgl. Höllerer. Tiergarten, 222.

145 Koeppen. Der Tiergarten, 551.

146 Zu diesem Topos: Erik Larson. Tiergarten. In the Garden of Beasts. Ein amerikanischer Botschafter in Nazi-Deutschland. Hamburg 2013.

147 Von der Gablentz. Berlin, 162.

Ulbricht im vollen Gange, wo nach Scholtis die Geschichte sich »hart im Raum« gestoßen hatte.[148]

Ähnlich wie dieser legt Koeppen seinen Text wie ein Mercier'sches Tableau an, das sich entlang mäandernder Satzgefüge durch die Zeit zieht. Von Friedrich dem Großen, seinen Voltaire'schen Versailles-Fantasien, zu den romantisch-englischen Landschaftsvorstellungen seiner Nachfolger, bis zu Wilhelm II. und seiner »Ahnengalerie« im gründerzeitlich »pompös wie biederen« Gepräge, womit die ehemalige Siegesallee umschrieben ist. Zugleich stand die bürgerliche Epoche unter dem Vorzeichen forcierter Pose. Das neue Kaiserreich wollte im Tiergarten sein Kunstwollen dokumentieren, leider laut Koeppen »unter Verwechslung von Kunst mit Anstrich, Pose mit Ähnlichkeit und Phrase mit Wahrheit«.[149] Der Weimarer Kritiker Max Osborn sah die Siegesallee gar als das »Spiegelbild der ganzen Epoche«, die ihnen vorangegangen war, in der in den Künsten und der Architektur es »mehr auf Quantität als Qualität« angekommen sei.[150] Denn im Kaiserreich wurden lediglich »Stilmotive« meist »geistlos« wiederholt, was zu einer »Anhäufung äußerlichen Schmucks« geführt habe. Mit diesem Kunstwollen warf die Forcierung ihre Schatten voraus. Ähnliche Anzeichen benannte Kessel, der den Gründerkrach als das erste »Warnungszeichen« dieser Epoche ansah.[151]

Begann etwas, das Kessel als Schwindel bezeichnete, so wurde die Erosion der bürgerlichen Welt für den Augenzeugen Koeppen in der Zeit der Republik deutlich.[152] Kenntlich wurde, dass das »unvordenkliche Gefühl von bürgerlicher Sicherheit«, das Benjamin als die Epochensignatur des späten Kaiserreichs bezeichnete, hier seine unübersehbaren Risse zeigte.[153] Mit der Revolution, dem Einsturz der alten Herrschaft, tauchten die ersten Unheilzeichen auf, die Koeppen an der Wandlung des Tiergartens zu einem Tatort – jenem der politischen Morde an Luxemburg und Liebknecht – festmachte.[154] Das Sinnbild des Absturzes fand nach dem Krieg der Berliner Romancier und Benjamin-Freund Wilhelm Speyer in der verwaisten Figur des Fontane-Monuments im leeren Tiergarten: »Ihm war es bestimmt«, heißt es,

---

148 Vgl. August Scholtis. Das Regierungsviertel (ca. 1960). A. 282a. III. Feuilletons. 3. Über Berlin. A. 277–285. Nachlass August Scholtis, Stadt- und Landesarchiv Dortmund. Handschriftenabteilung.

149 Vgl. Koeppen. Der Tiergarten, 550.

150 Vgl. Max Osborn. Berlin. Leipzig 1926, 256.

151 Vgl. Kessel. Irrweg deutscher Geschichte, 48.

152 Zum Auftauchen des Zeugen: Koeppen. Der Tiergarten, 551. Sowie zum Schwindel: Kessel. Gogol und die Satire, 119.

153 Vgl. Walter Benjamin. Berliner Kindheit um Neunzehnhundert, 258.

154 Vgl. Koeppen. Der Tiergarten, 551.

»über die Vernichtung seines Tiergartens und seiner Stadt hinaus, inmitten von pflanzlichen und steinernen Trümmern, einen irrtümlicherweise links zugeknöpften Marmorrock zu tragen, in welchem er traurig und fröstelnd aufrecht stehen blieb.«[155]

Aus dem Topos des geselligen Treibens war einer der Verlassenheit geworden.[156] Zugleich drückte sich dem Remigranten die Untergrabung des Vertrauens einer einst heimisch gewesenen Gegend aus. In der Summe besagte es, dass der »Fortunawechsel« der Stadt sich in diesem Winkel abzeichnete.[157] Auch andere schilderten diesen Absturz ins Realsurreale. So Scholtis: »Im Kartoffelfeld der Schrebergärten des Tiergartens hüpfen wie Puppen die Postamente der Siegesallee.«[158] Der Schrebergarten war an die Stelle von Herrschaft und Herrlichkeit getreten. Auch Max Frisch hat bei seinem Besuch die tragikomische Verdrehung des Terrains notiert: »Eine baumlose Steppe mit den bekannten Kurfürsten, umgeben von Schrebergärten. Einzelne Figuren sind armlos, andere mit versplittertem Antlitz. Einer ist offenbar vom Luftdruck gedreht worden und schreitet nun herrisch daneben.«[159] Die Allegorik hatte ihre Sinnrichtung gedreht. Diese Wendung zeigt die Monumente nun als ›Denkmäler der Diskontinuität‹: Sie wurden zu Mahnmalen, die andeuteten, worüber Denkmäler bisher geschwiegen hatten: über die Weisen des Sterbens, das Leid.[160]

Was sich bei Koeppen ankündigte, sollten andere aufnehmen und fortweben, wie Paul Celan, der in seinem Tiergarten-Gedicht mit der Wortschöpfung vom »großen Gelausche« das alte Jagdgebiet kenntlich machte.[161] Zu

155 Wilhelm Speyer. Das Glück der Andernachs. Zürich 1947, 278.

156 So auch Dos Passos' Schilderung: »The Brandenburg Gate was oddly intact. Through it you looked over the waste, punctuated by a few stumps of trees and a few statues, that used to be the Tiergarten.« John Dos Passos. Tour of Duty. Boston 1946, 319.

157 Zum Bild des Fortunawechsels: Gert und Gundel Mattenklott: Berlin Transit. Eine Stadt als Station. Mit Fotografien von J.F. Melzian. Reinbek bei Hamburg 1987, 136.

158 August Scholtis. Berliner Denkmäler (ca. 1949). August Scholtis Archiv A 253a. Nachlass August Scholtis, Stadt- und Landesbibliothek Dortmund.

159 Max Frisch. Tagebuch 1946–1949, in: ders. Gesammelte Werke. Bd. 2. Hg. von Hans Mayer. Frankfurt a.M. 1996, 345–750, hier: 527.

160 Zum »Mantel des Schweigens« über die Weisen des Sterbens in der Ikonografie der Denkmäler bis ins 20. Jahrhundert vgl. Koselleck. Zur Ikonographie des gewaltsamen Todes, 8.

161 Zum biografischen Hintergrund von Celans Berlin-Gedicht »Du liegst im großen Gelausche« vgl. auch Peter Szondi. Celan-Studien (1972), in: ders. Schriften. Bd. 2. Frankfurt a.M. 1978, 319–398, hier: 392f.

Im Schweigen: Horchen auf die Stille

dieser letzten Metamorphose vor dem zweiten Krieg machte Koeppen in seiner Miniatur eine abschließende Bemerkung. Zwar seien die alten Herrschaften im Tiergarten nach der Revolution verschwunden – doch nicht ihr Untertan. Es war der Typus, den Heinrich Mann in der Figur des Diederich Heßling hier schon hatte umherstreifen sehen, der laut Koeppen noch immer im »Gehölz« unterwegs war: »Der Kaiser war fort, der Untertan war geblieben.«[162] Das ist die Wendung am Ende seines Figurenreigens. Aus den Reihen der beflissenen Untertanen sollten sich später jene rekrutieren, die man auf den Begriff des Mitläufers brachte. Die Dämonen des Konformismus behielten ihr Heimrecht im Tiergarten. Noch von der Gablentz berührte im Zusammenbruch dieses Problem: Für ihn rührte es vom alten preußischen Staat her, der eine gefährliche Moral der »Menschenführung« als »Selbstzweck« kultiviert hatte.[163] Koeppen veranschaulichte das Allzumenschliche dahinter: jenes gesellschaftliche »Schauspiel«, dem die Illusionsbereitschaft des Jedermann entsprach.[164]

Wie bei Koeppen der Untertan noch durchs »Gehölz« ging, so rekurriert er in der Miniatur auch auf die alte Versteckmetaphorik des Tiergartens.[165] Sie hat ihre eigene Wirkungsgeschichte. Zu ihr fügt sich ein Spruch Benjamins aus seinen Denkbildern: »Verstecken heißt: Spuren hinterlassen. Aber unsichtbare.«[166] Wie unsichtbar diese im Falle des Tiergartens waren, darüber ließe sich streiten. Manche glichen tiefen Kerben, die nur langsam überwucherten. Die Wendung eines Tiergartenverstecks, dessen Ursprung Benjamin in Knobelsdorffs Labyrinth verortete, traf einen wesentlichen Aspekt dieses Topos.[167] Doch führt die Spur über Benjamin hinaus. Noch der Stadtplaner und Architekt Werner Düttmann hob das Versteckhafte im Nachkrieg als Teil des Ortsgeistes hervor.[168] Um diese Ambivalenz herauszustellen, sei

162 Koeppen. Der Tiergarten, 551.
163 Vgl. von der Gablentz. Berlin, 171.
164 Vgl. Koeppen. Der Tiergarten, 549.
165 Zum Tiergarten, der auch Labyrinth und Irrgarten der Kinder war: Benjamin. Berliner Kindheit um Neunzehnhundert, 237.
166 Walter Benjamin. Der enthüllte Osterhase oder kleine Lehre der Verstecke (1932), in: ders. Gesammelte Schriften. Bd. IV-1, 398–400, hier: 398.
167 Vgl. Benjamin. Berliner Kindheit um neunzehnhundert, 237. Sowie: Benjamin. Berliner Chronik, 465. Mit Knobeldorff setzt Benjamin den Anfang seiner Tiergartenmythologie. Tatsächlich war es Knobelsdorff, der im Zeichen spätbarocker Allegorik als Erster den entstehenden Park mit sinnbildlichen Skulpturen und Platzanlagen ausstattete. Vgl. Klaus von Krosigk. Der Berliner Tiergarten. Berlin 2001, 27.
168 Vgl. Werner Düttmann. Berlin ist viele Städte. Berlin (West) 1984, 10.

an Freuds Begriff des »Unheimlichen« erinnert, nach dem an das Heimlich-Unheimliche zwei Vorstellungsbereiche anschließen: Da ist zum einen das Vertraute, das Heimelige, wie zum anderen das Versteckte und Verborgene, das Verdrängtes ins Spiel bringt.[169] Beide Seiten vereinigen sich in der Formel einer geheimen Zugehörigkeit des Idyllischen zum Schrecklichen.

Die Wende ins Unbehauste wurde vielfach vermerkt. Remarque beispielsweise bemerkte nicht nur die »leeren Stellen« im Stadtgefüge, sondern darin das Gespenstische der »ausgebombten Seelen«.[170] Ihm entgingen nicht die Latenzräume unbekannter Gräber. Noch »heute«, schrieb Remarque 1952, »legen die Leute Blumen auf die Trümmer der Häuser, unter denen ihre Angehörigen liegen«.[171] Noch prägnanter hat Nelly Sachs das Dasein der Ruinenhäuser als Vergangenheitskrypten evoziert, wenn sie davon sprach, diese seien zum »Abladeplatz für schwere Träume« geworden.[172] Als gebürtiger Berlinerin war ihr der Tiergarten emotionaler Boden der Kindheit. Doch seit ihrer Flucht war er mit der »Zeit des Entsetzens« verbunden.[173] Kamen ihr die verschollenen »Tiergartenspaziergänge« in der Schreibklause des schwedischen Exils wieder zu Bewusstsein, so mischte sich querschlagendes »Marterlicht« ins Bild.[174]

Es war später die Kooperation zwischen Remarque und Pabst, die in dem Film »Der letzte Akt« Hitlers Ende im Bunker als die Vorgeschichte des Unheimlich-Werdens dieses Areals herausgestellt hat. Der ganze Spuk kulminiert im Film in der Angst des Diktators, als Leiche nach dem Tod erkennbar zu bleiben. So war es sein Wille, unweit des Tiergarten-Eingangs verbrannt zu werden. Im letzten Bild lodert das Feuer, ohne dass der Zuschauer die Szenerie überblickt. Verbrannt wird in einer Erdmulde. Nur Asche verbleibt. Man kann also sagen, dass der Schwellenraum zum Tiergarten, mit

169 Hierzu Freuds Äußerungen zur Etymologie des »Unheimlichen«: »Unheimlich sei alles, was ein Geheimnis, im Verborgenen bleiben sollte und hervorgetreten ist.« Sigmund Freud. Das Unheimliche (1919), in: ders. Gesammelte Werke chronologisch geordnet. Bd. XII. Hg. von Anna Freud. Frankfurt a.M. 1999, 227–278, hier: 236.

170 Vgl. Remarque. Tagebücher, 472.

171 Ebd., 476.

172 Vgl. Nelly Sachs. Viermal Galaswinte (1962), in: dies. Werke. Bd. 3. Hg. von Aris Fioretos. Berlin 2010, 259–264, hier: 261.

173 Hierzu: Nelly Sachs. Kurzer Lebenslauf während der Zeit der nationalsozialistischen Verfolgung (1952), in: dies. Werke. Bd. 4. Hg. von Aris Fioretos. Berlin 2010, 30. Zu Sachs' Versuch, die ›Schockwellen‹ der Vertreibung und des Exils zu verarbeiten: Cécile Wajsbrot. Berliner Ensemble. Montreuil 2015, 52.

174 Vgl. Nelly Sachs. Briefe aus der Nacht (1950–1953), in: dies. Werke. Bd. 4, 37–59, hier: 52f.

»Der letzte Akt«: Der Filmstill zeigt die Erdmulde im Garten der
Reichskanzlei, in der Hitlers Leiche von seiner Leibgarde verbrannt wurde.[175]

dem Bunker unterwärts, zum Pharaonengrab des Dritten Reichs wurde. Das
letzte Bild des Kriegs: der »zerpflügte Garten« der Reichskanzlei.[176]

Friedrich Luft erwähnt diesen Hintergrund in seinem Feuilleton »Tiergarten 1950« nicht. Dass der Park *locus suspectus* geworden war, wird dennoch
deutlich. Das metaphorische Netz des Idyllischen, Heimlichen und Schrecklichen wird in dieser Gegend unwillkürlich manifest: »Tiergarten 1950. Die
Berliner führen ihre Gäste kurz hierher, sich heimlich an dem Schrecken
solchen Wiedersehens weidend.«[177] Tiergarten-Schauder für Ehemalige. Luft
hält der »Tundra« die einstmalige »Ansammlung von Idyllen« entgegen, die
die Tiergartenmythologie begründet hatte. Die Idyllik der Kinderverstecke,

175 Der Still aus: Der Letzte Akt. Min. 1:45:30f. Regie: Georg Wilhelm Pabst.
     Deutschland/Österreich 1955. Drehbuch: Erich Maria Remarque u. a.
176 Diese Seite eines hiesigen Pharaonengrabs hat der Ostberliner Knobloch betont.
     Vgl. Heinz Knobloch. Stadtmitte umsteigen. Berliner Phantasien. Berlin (Ost)
     1982, 8. Sowie: Werner Knopp. Woher, Berlin, wohin? Berlin (West) 1987, 69.
177 Luft. Tiergarten 1950, 9.

die er gekannt hat, trifft auf ein »halbgeharktes Chaos«: »Die Königin Luise«, einst Inbegriff preußischer Fürsorgeallegorik, schreitet jetzt »zaghaft ins Leere«.[178] Seinen vorläufigen Abschluss findet der Schrecken im künftigen Meiden der Gegend: »Hier zu spazieren«, so Luft, »ist nicht gut und verlockend.«[179]

Remarque dürfte gewusst haben, dass sich unweit dieser Gegend Hitlers Bunkerversteck befand: jener Rückzugsort, der – wie er im Treatment zum Film feststellte – dem Diktator jeglichen »Zusammenstoß mit der Realität« ersparte: »Unerschüttert aber, wie eine gigantische Krake aus Stahl und vielen Metern Beton, liegt in ihrer Mitte«, der zerbombten Hauptstadt, »im Garten der Reichskanzlei, finster und drohend ein Luftschutzbunker. Er trotzt allen Angriffen«.[180] Es war Blumenberg, der in seinen »Höhlenausgängen« diese Bunkerhöhle als radikalsten Fall von Wirklichkeitsverlust beschrieben hat. Für ihn war dieses Bunkerszenario die Zuspitzung einer Entgegenwärtigungshöhle.[181] Erst als die Rote Armee wenige Hundert Meter vom Eingang entfernt den Tiergarten eingekreist hatte, entschloss man sich in der Bunkerhöhle zum allerletzten Akt.[182] Bis dahin herrschte in der unterirdischen Zentrale die fatalste Wirklichkeitsleugnung, die die Geschichte gekannt hat: Armeen, die es nicht mehr gab, wurden auf Heereskarten verschoben, Nachschub ohne Ressourcen geplant.

Remarque und Pabst haben den Bunker-Mummenschanz als Danse Macabre inszeniert: eine Flucht in die Betäubung, bei der die Schar der Getreuen wie Lemuren wirkten.[183] Was Remarque hervorhob, war das Ende einer »unterirdischen Festung«, deren Besatzung sich in einer Mischung aus Fanatismus, Verzweiflung und Selbstmitleid verbarrikadierte.[184] Daneben steht der Überlebenskampf der Bevölkerung, Szenen, die er aus Augenzeugenberichten zog: »Die 10 Tage (letzten) im Keller«, notierte er im Tagebuch: »Bunker; kein Wasser; nachts Männer mit Eimern aus Luftschutzteichen (?)

---

178 Ebd. Sowie: Hessel. Spazieren in Berlin, 115.
179 Luft. Tiergarten 1950, 9.
180 Erich Maria Remarque. Der letzte Akt. Drehbuch (1955), in: ders. Das unbekannte Werk. Bd. 3. Hg. von Thomas F. Schneider und Tilman Westphalen. Köln 1998, 13–151, hier: 13.
181 Vgl. Blumenberg. Höhlenausgänge, 802.
182 Hierzu auch der Zeugenbericht: Gerhard Boldt. Die letzten Tage der Reichskanzlei. Hamburg 1947.
183 Vgl. die Szene verzweifelter Ausgelassenheit im Bunker: Der Letzte Akt. Min. 1:36:30f. Zu einer anderen Facette der Flucht in die Anästhesie: Theo Findahl. Letzter Akt – Berlin 1939–1945. Hamburg 1946, 91, 217.
184 Vgl. Remarque. Der letzte Akt. Drehbuch, 13.

Wasser geholt, – verbranntes Wasser, voll Gas, Schwefel, Brand, [...] – Sonnenfinsternis durch Rauch, Staub, etc.«[185]

Die Einstellung der Bunkerinsassen der Reichskanzlei zur Zivilbevölkerung zeigt eine Szene eindrücklich. Hitler ließ zuletzt die Nord-Süd-Achse der S-Bahn fluten, um angesichts der vordringenden Sowjets Zeit zu gewinnen. Ein Bericht nach der Katastrophe, aus einem Gutachten über die Berliner Unterwelten, hielt fest: »Nach den umlaufenden Gerüchten sollen bei dem Wassereinbruch in dem Nordsüd-S-Bahntunnel durch die Sprengung der Landwehrkanalunterführung unzählige Menschen, die in den Tunnelanlagen Schutz gesucht hatten, den Tod gefunden haben. Genaue Zahlen wurden nie veröffentlicht.«[186] Ein anderer Berlin-Flaneur, Heinz Knobloch aus dem Ostteil, hat diese Szene des gefluteten Tunnels im Prosastück »Angehaltener Bahnhof« beschrieben.[187] Ein Ausspruch Montaignes trifft etwas von der Perfidie von Hitlers letzten sinnlosen Befehlen: »Feigheit ist die Mutter der Grausamkeit«.[188] Sie war Ausdruck einer beispiellosen Flucht in Rigorismus, bei Weigerung, mit den Folgen in Kontakt zu geraten. Hitler wollte kein Zeuge seiner Entscheidungen sein.[189] Remarque hat dieses Wegillusionieren benannt: »Er« – Hitler – »habe das zerstörte Berlin nie gesehen –, ebenso wie er in diesem Krieg niemals ein Schlachtfeld besucht hat, nie ein Lazarett«.[190] Er sei der »Egomaniac«, radikal ichbezogener Führertyp.[191] Die komplementäre Figur ist der Untertan, der sich ans große Gegenüber verliert. Dergestalt »züchtete« diese Konstellation »den blinden Gehorsam«, ohne »menschliche Bedenken«.[192]

Über das Bunkerdrama hinaus hat Remarque das Realisationsproblem der Überlebenden beschäftigt, das sich für ihn als ethisches wie ästhetisches

---

185 Remarque. Tagebücher, 476.

186 Landesarchiv Berlin Rep. 9. Nr. 86. Untersuchung über die Verwendung unterirdischer Verkehrswege für den baulichen Luftschutz, Bl. 26. Baurat Kurt Berg. Ausgestellt: 10. Mai 1960. Die Szene ist in den Film eingegangen, vgl. Remarque. Der letzte Akt. Drehbuch, 128.

187 Zur Flutungsszene: Knobloch. Angehaltener Bahnhof, 10. Zur Flutung der S-Bahn auch: Helmut Maier. Berlin Anhalter Bahnhof. Berlin (West) 1984, 284f.

188 Vgl. Michel de Montaigne. Feigheit ist die Mutter der Grausamkeit, in: ders. Essais, 343–347.

189 Golo Mann hat diese seelische Erstarrung und das Hineinsteigern in die Leugnung an Hitler beschrieben. Vgl. Golo Mann. Des Teufels Architekt. Albert Speers »Erinnerungen«, in: ders. Wissen und Trauer. Historische Portraits und Skizzen. Leipzig 1995, 187–198, hier: 194.

190 Remarque. Der letzte Akt. Drehbuch, 13.

191 Vgl. Remarque. Seid wachsam! Zum Film Der letzte Akt, 404.

192 Vgl. ebd., 405.

Symptom im Nachkrieg zeigte: im Stocken künstlerischen Ausdrucks, im Dilemma einer Verfügbarkeit der Erfahrungen. So fragte er 1962 bei einem Berlin-Besuch Friedrich Luft, der ihn interviewte: »Liegt da vielleicht eine unterirdische, unterdrückte Angst davor, das alles auszudrücken, auszusprechen, was man aussprechen möchte?«[193] Diese unterirdische Angst, die Schuldangst, die er ausmachte, sollte nachhallen. Wie zur Untermauerung seiner Vermutung wurde Hitlers Bunker später überbaut.[194] Was unter dem Fundament versiegelt wurde, war auch die Erfahrung, dass das Hasardspiel des Diktators eigentlich unverstanden blieb.[195] Die Abstumpfung, die mit dem Untergang einherging, erinnerte an das, was Benjamin einmal als Rätsel anhand der Gestalt des barocken Tyrannen beschrieben hat: An ihm werde der »Widerstreit« sinnfällig, »in welchem Ohnmacht und Verworfenheit seiner Person mit der Überzeugung von der sakrosankten Gewalt seiner Rolle im Gefühl des Zeitalters« verankert war.[196] Etwas davon ist noch in der jämmerlichen Gestalt gegenwärtig gewesen, die unter meterdickem Beton die »Vorsehung« und Friedrich den Großen um Hilfe anrief.[197]

Vielleicht wäre Benjamin erstaunt gewesen, dass es das Trauerspiel war, das die Wege des Tiergartens seiner Kindheit überformt hatte. Jahrzehnte später begab sich Heinz Knobloch an die Stelle dieses mittlerweile überwachsenen »Urwalds von Berlin«, um jenem Versteck nachzuforschen, das nun hinter der Mauer lag.[198] Er suchte die einsame Figur Lessings auf seinem Sockel. Was er entdeckte, war ein Nachbeben: »Das Stufenpostament hat sich verschoben, wie das geschieht, wenn Erde, von Bombentrichtern erschreckt, sich schnell bewegen muß«.[199] So bestätigte ihm dieser Park als Heimstätte

193 Erich Maria Remarque im Gespräch mit Friedrich Luft. SFB Profil. 1962, Min. 23:30f. Sender Freies Berlin. Online: https://www.youtube.com/watch?v=aOz ROBGLkpE.

194 Zur Überbauung mit einem »Autodrom« zur Teilungszeit vgl. Ilse Nicolas. Berlin zwischen Gestern und Heute. 1976 Berlin (West), 39.

195 Eine Ausnahme bildete Percy Ernst Schramm, der in der Historiker-Abteilung der Wehrmacht tätig war. Er deutete aus Augenzeugenberichten Hitlers starren Rigorismus und deckte dessen Hasardeurtum dahinter auf. Vgl. Percy Ernst Schramm. Das Ende des Krieges, in: Walther Hubatsch / ders. Die deutsche militärische Führung in der Kriegswende. Köln, Opladen 1964, 25–79, hier: 42f.

196 Vgl. Benjamin. Ursprung des deutschen Trauerspiels, 253.

197 Zu diesem absurden wie dämonischen Abgang: Schramm. Das Ende des Krieges, 43.

198 Vgl. Knobloch. Herr Moses in Berlin, 304. Hier auch die Ergänzung im Nachlass, wie er von der Westseite an die östliche Mauer herangeht: Nachlass Heinz Knobloch (Nachlass-Nr. 353). Staatsbibliothek zu Berlin.

199 Knobloch. Herr Moses in Berlin, 307f.

befremdlicher Spuren sein Credo als Nachskriegsflaneur: »Misstrauen vor dieser Grünanlage.«

»Still geworden« sei es in Berlin. Man gehe »plötzlich« durch eine ganz »stille Stadt«, lässt auch Remarque sein Film-Treatment enden.[200] Es ist eine bedrängende Stille angesichts dessen, was man das fortgesetzte Schweigen nennen kann, das die Schriftsteller noch lange dazu anhielt, für das Geschehene Worte zu suchen. Insofern wurde dieses »Schweigen in Berlin«, wie es Michael Hamburger nannte, zu einer Brutstätte des Ausdrucks für die, die ans Ungesagte heranfragten.[201] Wie kommt man, angesichts des Absturzes, wieder ins Wort? Die Antwort Kessels etwa bestand darin, die Wortlosigkeit an sich heranzulassen. Für ihn kam die Dichtung aus den Spannungen des »ungelösten Problems«.[202] Kein leichtfertiges Erklären konnte dieses Schweigen suspendieren. Darin konnte das Schweigen in seinem »allegorischen Charakter« mehrdeutig sein wie eine Geste.[203]

Hier lassen sich paradigmatisch zwei Formen der Stille unterscheiden, die dabei aufeinander bezogen bleiben. Eine nicht selten verschweigende Stille sowie eine Stille der Einkehr. Literaturtheoretisch hat es der exilierte Germanist Oskar Seidlin unternommen, diese Weisen des Schweigens zu sondieren. Mit dem Ausdruck »Shroud of Silence« wollte er ein verhüllendes Schweigen benennen, das auf der Sprache lastet: eine Verschwiegenheit, die bis zur »deadly silence« geht. Daneben macht sich ein herausforderndes Schweigen bemerkbar, das zum »painful privilege« des Dichters gehört: seine Hellhörigkeit für Ungesagtes.[204] Mag im Einzelfall hinter diesem Privileg ein traumatisches Schweigen oder schmerzliches Verstummen stehen, so wird ihm hier eine produktionsästhetische Kraft zugeschrieben. Es ist eine Stille vor dem Ausdruck, gleich dem Atemholen.[205] In dieser Bemühung wird die Sprache auf ihren Kern zurückgeführt.[206] Erst im Herangehen an

---

200 Vgl. Remarque. Der letzte Akt. Drehbuch, 151.

201 Vgl. Hamburger. Das Schweigen in Berlin, 157–161, insb. 161.

202 Vgl. Kessel. Ironische Miniaturen, 65.

203 Zu dieser Analogie des Schweigens mit der menschlichen Geste vgl. Helmuth Plessner. Lächeln (1950), in: ders. Gesammelte Schriften. Bd. VII. Hg. von Günter Dux u.a. Frankfurt a.M. 2003, 419–434, hier: 429.

204 Vgl. Oskar Seidlin. Shroud of Silence (1953), in: ders. Essays in German and Comparative Literature. Chapel Hill, N.C. 1961, 228–236, hier: 228, 235f.

205 Hierzu auch: Hamburger. After the Second Flood, 133.

206 Susan Sontag sprach diesbezüglich vom Gewicht, welches die Sprache im Durchgang durchs Schweigen wieder erhalte. Vgl. Susan Sontag. Die Ästhetik des Schweigens, in: dies. Gesten radikalen Willens. Essays. Frankfurt a.M. 2011, 11–50, hier: 33.

die Perplexität kann sich die poetische Sprache erneuern. Wenn das stimmt, rückte damit die leere Zentrale in die Position eines Schwellenraumes im Reich des Ausdrucks. Mit einer Bemerkung Hamburgers war nirgendwo sonst die dämonische Stille so präsent wie im Berliner »Land des Schweigens« und »Stammelns«.[207]

Wie bereits angedeutet, war es Celan, der die Eintrittserfahrung in die Stille des Tiergartens in Dichtung verwandelt hatte. Im Wort vom »großen Gelausche« ist es eindringlicher gefasst, als es benannt werden kann. Diese Begebenheit scheint Celan beim Einschlafen und Aufwachen im Tiergarten erfasst zu haben. Davon zeugt sein »Wintergedicht«.[208] Es zeigt sich darin ein genuines Thema seiner Ars Poetica: Dichtung als Gang am Rande des Verstummens.[209] Dabei hätte er den Ausdruck »Gelausche« kaum besser wählen können, gibt er nicht nur etwas von der Dichte der Berliner Stille wieder, sondern enthält ein aufschlussreiches Stück Wortgeschichte. Anhaltspunkt bietet der Eintrag »lausche« des Grimm'schen Wörterbuchs, der sowohl den Ort des Hörens wie das Versteck bezeichnet.[210] »Lausche« ist ursprünglich ein Ausdruck der Jägersprache; es bezeichnete einen Jagdgrund. Auf diesen scheint Celan im Fall des Tiergartens in doppelter Hinsicht zu verweisen: als einen früheren tatsächlichen Jagdgrund und einen späteren, metaphorischen der Gewaltgeschichte. Dies deutet er im Gedicht mit dem Mord an Rosa Luxemburg am Landwehrkanal an.

So weist die Metaphorik des Jagdgrunds auf den verdächtigen Ort zurück. Celan betont es in den beiden letzten Strophen. Damit ist in seiner Wortfindung all das aufgehoben, was im Zusammenhang der Zeitgegend umkreist wurde: der Tiergarten als Horchort der Dichter, als ein Ort der Stille und des Schweigens, sowie als Versteck geschichtlicher Latenzen. Zuletzt ist er als Topos blutiger Gewalterfahrungen angesprochen, die ihre Spuren vom Zusammenbruch 1918, dem von 1945 und darüber hinaus hinterließen. Das ist der Deutungshorizont. Celan stellte sein Gedicht in eine Gegend, die nach

207 Vgl. Hamburger. Berliner Variationen, 33.

208 Den Titel »Wintergedicht« hat Celan später zurückgenommen; es verweist aber auf seine Entstehungszeit, den 22./23.12.1967 sowie seinen Entstehungsort, das Gästehaus der Akademie der Künste im Hansaviertel. Vgl. Paul Celan an Peter Szondi, 12.12.1967, in: Paul Celan/Peter Szondi. Briefwechsel. Hg. von Christoph König. Frankfurt a.M. 2005, 71 f., hier: 71.

209 Vgl. Celan. Der Meridian, 197. Zu poetologischen Funktion des Schweigens bei Celan auch: Klaus Voswinckel. Paul Celan. Verweigerte Poetisierung der Welt. Versuch einer Deutung. Heidelberg 1974, 17f.

210 Vgl. Eintrag »lausche«: Jacob und Wilhelm Grimm. Deutsches Wörterbuch. Bd. 12. L–Mythisch. München 1984, Sp. 353.

einer Bemerkung Gadamers von »Schrecklichkeiten geisterhaft« umweht war.[211] Was sich insofern durch alle Deutungen zieht, ist die Feststellung, dass der Tiergarten ein »Übergangsmedium« in tiefere Überlieferungsschichten darstellt.[212]

Dass viele dieser Nebentöne bei Celan anklingen, hat sein Übersetzer Hamburger betont, der von seinem abgebrochenen Versuch berichtete, all diese Anspielungen des Gedichts in einer Übertragung wiederzugeben. Er sprach von der Unmöglichkeit, ein Äquivalent für diese »juxtaposed images« in einer anderen Sprache zu finden, um so das Unnachahmliche an Celans Dichtung herauszustreichen.[213] Hieran wird der wahre Sprachbildner sinnfällig, der aus der »schöpferischen Stille zur Hellhörigkeit«, zu seiner Form der Rezeptivität findet.[214] Im Horchen war in einen Raum vorzudringen, der »unter den Worten« angesiedelt war.[215] Im Falle des Tiergartens war es einer des fortgesetzten Schweigens: eines, das nach dem Wirbel der Geschichte sich für Jahrzehnte hier ausbreiten sollte. Das Erstarrte hat kaum einer so lakonisch benannt: »Der Landwehrkanal wird nicht rauschen. / Nichts / stockt.«[216] Mit dem Stockenden betonte Celan den Bruch, der sich im Areal vollzogen hatte. Wenn das »Nichts stockt« also das dämonische Schweigen umschrieb, ein Unzugängliches, so verwies die Unerlöstheit des Orts auf die Notwendigkeit, die Schweige-Krypta eines Tages zu öffnen. An diesem Versuch konnte noch jeder, der in der Gegend unterwegs war, »teilhaben«.[217]

211 Vgl. Gadamer. Wer bin Ich und wer bist Du?, 437f.
212 Zu dieser allegorischen Dimension von Wald und Park als »Übergangsmedium«: Calin. Auferstehung der Allegorie, 279.
213 Vgl. Michael Hamburger. On Translating Celan (1984), in: ders. Testimonies. Essays. Selected Shorter Prose 1950–1987. Manchester 1989, 275–285, hier: 283f.
214 Zu dieser Formulierung: Loerke. Hausfreunde, 439.
215 Vgl. Hamburger. Niemandsland-Variationen, 34.
216 Celan. Du liegst im großen Gelausche, 334.
217 Vgl. Hamburger. Niemandsland-Variationen, 34.

4. Die Muschel am Ohr: Kaschnitz' Rückkehr in den Berliner Hort des Unrealisierten

Kaschnitz hat in ihrer bereits erwähnten Besprechung der »Berliner Kindheit« den Lesern Benjamins den Rat gegeben, sich dessen Erinnerungen wie eine hohle Muschel ans Ohr zu halten, um darin den Nachhall der jüngsten Epoche zu vernehmen.[1] Es scheint, als sei die Dichterin selbst dem Rat gefolgt, wenn sie nicht nur Benjamin zuhörte, sondern bemerkte, welche seelischen Räume das Buch in ihr zu öffnen vermochte. War sie nicht die Leserin, die aus dem Buch manches vernahm, das mit ihrer eigenen Kindheit zusammenklang? Suchte nicht auch Kaschnitz nach den Hintergrundgeräuschen ihrer Erlebnisse, dem Kammerspielton des Lebens? War sie nicht diejenige, die in ihrer Prosa fortsetzte, was in seinem Miniaturenstil ein vorläufiges Ende gefunden hatte?

Kaschnitz hatte vor, während und nach dem Ersten Weltkrieg ihre Jugend in bzw. bei Berlin verbracht. Nach dem Zweiten Weltkrieg aber war sie nur noch sporadisch in der Stadt. Mal in Rom, mal in Frankfurt ansässig, wusste sie durch die Remigranten der Frankfurter Schule, welchen Platz Benjamin einnahm. Ihr war nicht entgangen, welcher Gewissensruf von seinem Werk ausging.[2] Wer wurde nicht von ihm heimgesucht? Koeppen meinte, ihn in den Passagen des holländischen Exils gesehen zu haben.[3] Anders erschien er nach der Rückkehr als Gespenst in einer Pariser Bäckerei.[4] Und Theodor W. Adorno gedachte Benjamins auf dem Place de la Concorde.[5] Noch dem Benjamin-Interpreten Jean-Michel Palmier wies er den Weg zum »Berliner Requiem«.[6] Vor allem für seine Herausgeber, Theodor W. Adorno und Gershom Scholem, war er zum verpflichtenden Dämon geworden, wie

1 Vgl. Kaschnitz. Der Preis der Geborgenheit, 584.
2 Hierzu: TWA im Tagebuch von M.L. Kaschnitz, in: Wolfram Schütte (Hg.). Adorno in Frankfurt. Ein Kaleidoskop mit Texten und Bildern. Frankfurt a.M. 2003, 173–175, hier: 173f.
3 Vgl. Koeppen. Der geborene Leser, für den ich mich halte ... (1975), in: ders. Gesammelte Werke. Bd. 5, 322–329, hier: 328f.
4 Vgl. Anders. Schrift an der Wand, 100.
5 »Auf dem Place de la Concorde geheult. Am Bahnhof der Riß: kein Benjamin da.« Theodor W. Adorno. Tagebuch der großen Reise, Oktober 1949, in: Frankfurter Adorno Blätter VIII. München 2003, 95–110, hier: 102.
6 Vgl. Jean-Michel Palmier. Berliner requiem. Paris 1976.

Im Schweigen: Horchen auf die Stille

Kaschnitz in ihren Tagebüchern festhielt. Durch sie hatte die Autorin früh Kenntnis von Benjamins »Pariser Passagen«.[7] Bei ihr ist es Scholem, der zum Heimgesuchten wird. Sie beschreibt den Besucher aus Jerusalem: als Figur »berlinisch-witzig«, doch auf der Straße »angstvolle Bewegungen«, »Wendungen mit dem ganzen Oberkörper wie nach einem Verfolger«.[8] Für Scholem war die alte Heimat suspekter Ort. Scholem war der Bote des unedierten Passagen-Werks, wobei dieses Werk den Status eines Gerüchts in der Nachkriegszeit annahm: ein »Torso«, so Kaschnitz, der eine eigene Geschichte besaß. Es scheint, als umwehte die einstigen Freunde jene Melancholie derer, die sich den Vorwurf machten, nicht genug für den Verschollenen getan zu haben. Kaschnitz wusste, was dies bedeutete, sie hatte schließlich nach 1945 das schlechte Gewissen der Überlebenden beschrieben.[9]

Kaschnitz blieb nicht unbeteiligte Beobachterin. Das zeigt schon ihre produktive Auseinandersetzung mit der »Berliner Kindheit«. Die Botschaft fiel bei ihr auf fruchtbaren Boden, befand sie sich selbst in einer Zeitpassage, die sie in der »Engelsbrücke« beschreiben sollte. Zu suchen war der gangbare Weg aus dem Schatten des Krieges: durch die Erfahrung einer Latenzzeit.[10] Im Übergang nahm sie etwas von der Spur kleiner Formen wieder auf, wie sie ihr – auch vermittelt über den Freund und Autor Dolf Sternberger – aus der Zwischenkriegszeit noch vertraut waren.[11] So ergab sich ein Pfad, der – wie häufig in der deutschen Literatur – über Rom führte. Dort suchte sie, nachdem sie in Frankfurt den Nullpunkt einer Stadt beschrieben hatte, den Abstand von den heimischen Ruinen im selbstgewählten Exil, doch in einem Land, das den Faschismus gekannt hatte.

7   Siehe Kaschnitz über einen Besuch bei Adornos 1952: »Gespräch über ein Manuskript von Walter Benjamin, Pariser Passagen, das er bei sich hatte, über die schöne, aber winzige Schrift Benjamins, die er als ein Versteck, Unlesbar-machen-wollen deutete. Das ganze Werk ist unvollendet«. Kaschnitz. Tagebücher. Bd. 1, 477.

8   Ebd. Vgl. zum Kontext der beiden Anekdoten auch: Schütte (Hg.). Adorno in Frankfurt, 173 f.

9   Vgl. Marie Luise Kaschnitz. Menschen, Dinge 1945 (1946), in: dies. Gesammelte Werke. Bd. 7, 9–80, hier: 69–74.

10 Zum Ausdruck Latenzzeit sowie zum Hinweis auf die Literatur als eminente Quelle zeitlicher Latenzerfahrungen: Anselm Haverkamp. Latenzzeit. Wissen im Nachkrieg. Berlin 2017, 11. Zum Latenzbewusstsein, das die Selbstverständlichkeiten stört: Hans Ulrich Gumbrecht. Nach 1945. Latenz als Ursprung der Gegenwart. Berlin 2012, 305.

11 Zu einem verwandten Textgenre kleiner Prosa: Dolf Sternberger. Gefühl der Fremde. Wiesbaden 1958.

Plessner hat diese für Kaschnitz bestimmende Lage nach dem Krieg als eine des »politischen Interims« bezeichnet.[12] Das hieß, um einen Begriff Heines ins Spiel zu bringen, dass wieder eine Epoche mit einer Übergangsliteratur angebrochen war.[13] Eine Literatur, die etwas von der Atmosphäre der alten mitführte, doch die Erfahrung einer einschneidenden »Realitätsauswechslung« hinter sich hatte.[14] Eine Literatur, die im günstigsten Falle etwas von der Glut der vorangegangenen Poetik forttrug. Bei Kaschnitz findet sich ein solcher Gedanke in den »Römischen Betrachtungen«: In der Miniatur »Alle Jahre Neujahr« schildert sie ihr Übergangsepochengefühl. Damit war sie um 1950 nicht allein: Was Plessner »Interim« und Höllerer »Transit« nannte, erfasste sie als Epochenphänomen.[15] Im Rückgriff auf Heine erschien ihr die Zeit als nachklassisch oder neobiedermeierlich. So sah sie in Figuren wie Brecht oder Becher in Ostberlin Typen einer Übergangsliteratur vom Schlage Heines, nur mit dem Unterschied, dass diesem nie die »Gewaltherrschaft die Feder« geführt habe; für Kaschnitz die Schlüsselerfahrung ihrer Generation.[16] Sie hatte die Frage vor sich, wie man im Übergang etwas in den Neuanfang hinüberträgt. Das war ihre Form von Passagenarbeit. Als Autorin ging es ihr um eine Rehabilitierung jener seelischen Kräfte, die sie für eine profunde Erfassung der gegenwärtigen Lage als notwendig erachtete.[17] Ihre Prosaform tendierte dabei zur Mosaikarbeit: eine des Zusammentragens von Versatzstücken aus Gegenwärtigem und Erinnertem, die ihrem Vorgehen als Scherbensammlerin gemäß war.[18] Diagnostisch hellsichtig bezeichnete Kaschnitz das

12 Vgl. Helmuth Plessner. Die Verführbarkeit des bürgerlichen Geistes (1935/1959), in: ders. Gesammelte Schriften. Bd. VI. Hg. von Günter Dux u.a. Frankfurt a.M. 1982, 7–224, hier: 22.

13 Heine hatte eine nachklassische Epoche wie eine des Postterreur im Auge: Heinrich Heine. Die Deutsche Literatur (1828), in ders.: Sämtliche Werke. Bd. 5, 350–365, hier: 355.

14 Vgl. Alexander Kluge. 30. April 1945. Der Tag, an dem Hitler sich erschoß und die Westbindung der Deutschen begann. Mit einem Gastbeitrag von Reinhard Jirgl. Berlin 2014, 249. Sowie: »Die Null-Stellung setzt das Realitätsprinzip der Geschichte einen Moment außer Kraft.« Alexander Kluge/Oskar Negt. Geschichte und Eigensinn. Frankfurt a.M. 1983, 379.

15 »Das menschliche Selbst in der Jahrhundertmitte geht durch das Gestrüpp seiner Epoche hindurch«: Walter Höllerer. Vorwort, in: ders. (Hg.). Transit. Lyrikbuch der Jahrhundertmitte. Frankfurt a.M. 1956, IX–XVII, hier: XVII.

16 Vgl. Kaschnitz. Engelsbrücke, 180.

17 Zur Selbstbeschreibung als »Zeitgenossin«: Marie Luise Kaschnitz. Wohin denn ich (1963), in: dies. Gesammelte Werke. Bd. 2, 379–556, hier: 381.

18 Zu Kaschnitz' Selbstbeschreibung ihrer ›Mosaikarbeit‹ vgl. Kaschnitz. Engelsbrücke, 159f.

»heutige Dasein« als »Abgerissenes«; es sei ein »nicht zu Ende Gelebtes«, das ein »Versetztwerden an Orte« ausgelöst habe.[19] Erfahrung der Dispersion.

Mit dieser Diagnose war die zentrale Frage nach dem Verhältnis von Erlebnis, Erfahrung und Verwandlung aufgerufen. Es ist der Nachhall des Erlebten, der in ihrer römischen Dichtung entscheidend wurde und eine Gestaltwerdung zunächst verhinderte.[20] Hallt das Erlebte zu stark nach, kann es zur Zeitigungshemmung in der Form kommen.[21] Das einstweilen Unverdauliche bleibt liegen. Das entsprach Kaschnitz' Verfahren. Sie lagerte ihr erlebtes Material in Tagebüchern ab. Sie nahm diese erst wieder vor, wenn das zurückgehaltene Material für eine produktive Neuaneignung bereit war. So ergibt sich ein Vorgehen, das man als Zickzack durch die Zeit beschreiben kann: vor und zurück, vom Entgegenwärtigten zum Vergegenwärtigten.[22] Die Lebensbahn ein »seltsamer Zickzackweg«.[23] Ein Tagebuch führen bedeutet demnach Arbeit am Innewerden. Später erst kommt die Umarbeitung. Das Fragmentarische rechnet mit dem Kommenden, einem Augenblick der Realisation, von dem auch Benjamin und Loerke sprachen.[24] Kaschnitz verband ihn mit der Hoffnung, dass alles »noch einmal eine andere Gestalt annehmen« könnte.[25]

In den »Römischen Betrachtungen« fand Kaschnitz für diese Umgrabearbeit im Fluss der Zeit das Bild eines Baggerschiffs, »dessen Greifarm träge und stetig Schlammerde unter dem Wasserspiegel hervorholt und

---

19 Vgl. ebd., 161.
20 Vgl. ebd., 179.
21 Analog hierzu die Werdehemmungen im seelischen Prozess, vgl. V.E. Freiherr von Gebsattel. Zeitbezogenes Zwangsdenken in der Melancholie (1928), in: ders. Prolegomena, 1–18, hier: 5.
22 Zum Denken in »Zick-Zack-Bewegungen« vgl. Wilhelm Szilasi. Einführung in die Phänomenologie Edmund Husserls. Tübingen 1959, 84. Sowie zur analogen Bewegung erinnernder Rückwendung: Otto Friedrich Bollnow. Das Nachholen des Versäumten, in: ders. Maß und Vermessenheit des Menschen. Philosophische Aufsätze Neue Folge. Göttingen 1962, 214–238, hier: 216. Etwas vom Zick-Zack des Lebens findet sich in: Marie Luise Kaschnitz. Spring vor (1958/1961), in: dies. Gesammelte Werke. Bd. 5. Hg. von Christian Büttrich und Norbert Miller. Frankfurt a.M. 1985, 362.
23 Vgl. Kaschnitz. Wohin denn ich, 489.
24 Hierzu Loerke, der den Zeitverzug zwischen dem Erleben und dem Innewerden, der eigentlichen »Aussaat«, festhält: Loerke. Tagebücher, 50. Sowie: Benjamin. Das Passagen-Werk, 1140.
25 Vgl. Marie Luise Kaschnitz. Das Tagebuch. Gedächtnis, Zuchtrute, Kunstform (1965), in: dies. Zwischen Immer und Nie. Gestalten und Themen der Dichtung. Frankfurt a.M. 1977, 246–263, hier: 247f.

sie in großen Brocken« aufs Ufer streut, um sie abzutragen: »mühseliges Wegräumen«.²⁶ Ihr Tagebuch übernimmt die Aufgabe, die Stauung der Erfahrung abzuräumen. »Bedenkt man, wie der Schmerz ein Staudamm ist«, schrieb schon Benjamin im Denkbild »Erzählung und Heilung«, so kann der Anfang eines Erzählens eine Stauung durchbrechen – das Erlittene »ins Meer glücklicher Vergessenheit« schwemmen.²⁷ Eine Wirkung des Erzählens, die auch Kaschnitz entdeckte: an einer Kranken, die sich durch das Vorsagen der »Göttlichen Komödie« heilte.²⁸ Es gilt, so lässt sich ihr Bild der Zeitpassage deuten, einen Weg durchs jüngste »Spalier des Leidens«, jene »fürchter-lichen« Geschehnisse zu bahnen.²⁹ Es war eine Einstellung nach rückwärts, doch eine, die in der Öffnung des Unerledigten den Weg in einen neuen Entwurf suchte.³⁰

Einen ähnlichen Pfad scheint Kaschnitz bei ihren Besuchen an der Spree nach dem Krieg gesucht zu haben. Darauf weisen ihre posthum publizierten Tagebücher. Nur dass sie in Berlin mit etwas konfrontiert war, das Celan beim Blick auf den Landwehrkanal als unzugänglich beschrieben hat. Ein Stocken angesichts so vieler ungelöster Fragen im Bannkreis der Stadt durch-zieht auch ihre Aufzeichnungen: Fragmente, denen etwas von Trauerarbeit anhaftet. Es starb in dieser Zeit ihr Mann, der Archäologe Guido Kaschnitz. So steht der Text für eine doppelte Trauerarbeit. Denn es ist zugleich der Text ihrer Erinnerung an eine verschollene Stadt. Man darf annehmen, dass sie bei ihrer Beschreibung etwas vom archäologischen Blick ihres Mannes übernahm. Zu dessen Verfahren gehörte es, wie sie nach seinem Tod schrieb, die »nähere Umgebung« einer Stadt auf »Wanderungen zu durchstreifen«.³¹

Der Topos verschollener Zeit taucht gleich eingangs ihres Stadtpanoramas am Bahnhof Zoo auf: das Donnern der Züge über ihrem Kopf, wenn sie unterhalb der Gleise die Hardenbergstraße passiert, wie sie es später in die Miniatur »Rennen und Trödeln« als Beschreibung ihres einstigen Schulwegs

---

26 Vgl. Kaschnitz. Engelsbrücke, 13.
27 Vgl. Walter Benjamin. Erzählung und Heilung (1931), in: ders. Gesammelte Schrif-ten. Bd. IV-1, 430.
28 Zur Heilszene mit Dante-Versen vgl. Kaschnitz. Engelsbrücke, 126. Zum Nexus von Gesang als Schmerztröstung: Dante Alighieri. Die Göttliche Komödie. Über-setzt von Hermann Gmelin. Stuttgart 2015, 144.
29 Vgl. Kaschnitz Engelsbrücke, 13.
30 Zur retroaktiven Formierung des Vergangenen vgl. Angehrn. Sein Leben schreiben, 151.
31 Über ihre Streifzüge durch Rom: Marie Luise Kaschnitz. Biographie Guido Kaschnitz-Weinberg (1965), in: dies. Gesammelte Werke. Bd. 6. Hg. von Christian Büttrich und Norbert Miller. Frankfurt a. M. 1987, 801–821, hier: 807.

aufnahm.[32] Wie bei Anders sind es Szenen der Selbstbegegnung: Ein Spiegel im Bahnhof wirft ihr das Bild einer »älteren Person« zurück. Es folgt der Gang zum »Stumpf der Gedächtniskirche«, der in Trostlosigkeit umrahmt wird von »Schaschlik- und Wurstbuden«. Trauriges Dasein einer Verstümmelten, das Erinnerungen weckt an jene Invaliden, die sie nach dem Ersten Weltkrieg hier sah – die Kirche ein grandioser »schwäriger Mahnfinger«.[33] Die Szene mag ihr den Anstoß zu einer Miniatur in der späteren Sammlung »Orte« gegeben haben: jene unverstandenen Worte in der damals unversehrten Kirche, als sie noch »Kaiser Wilhelm-Gedächtniskirche« hieß.[34] Zum Gang ins Vakuum wird der anschließende Besuch im Tiergarten. Unweit davon hatte sie gewohnt. Ein gerupfter »Beserlpark« sei er, der amorph im Zentrum liege, nur ein paar junge Eichen.[35] Es ist eine Szene, die einen Nachhall in »Orte« haben wird.[36]

Auf dem Weg von der Skizze zur Prosadichtung scheint Kaschnitz sich das Credo zu eigen gemacht zu haben, dass der Weg der Erinnerung die Essenz aus der Beschreibung des Orts zu ziehen hat. Nur wer die Phänomene geschmeckt habe, »im heutigen Boden Ort und Stelle bezeichnen kann«, wie Benjamin sagte, kann sich an das Wesentliche machen.[37] Einem Sammler gleiche der Tagebuchschreiber, so Kaschnitz, der »Stichworte, Satzfetzen« zusammentrage, um daraus die »Fülle von Einzelheiten« entstehen zu lassen.[38] Dieses Verfahren hat etwas von einem flanierenden Pleinairismus an sich, wie man ihn aus der bildenden Kunst kennt. Kaschnitz hatte zur französischen Malerei, der Schule von Barbizon, gearbeitet; Entwürfe unter freiem Himmel. Dabei scheinen sich bei ihr Vorwurf und Miniatur zueinander zu verhalten wie Skizze und Bild: »Man kann ähnliche Beobachtungen

32 Zur Ankunft am Zoo als Initiationserlebnis: »Das Donnern der Züge überm Kopf: Kindererinnerung.« Kaschnitz. Tagebücher. Bd. 1, 612.

33 Vgl. ebd., 613. Sowie: Marie Luise Kaschnitz. Texte aus dem Nachlaß, in: dies. Gesammelte Werke. Bd. 3, 757–851, hier: 834f. Ähnlich zur Gedächtniskirche als »Fossil«: Tumler. Berlin. Geist und Gesicht, 76f.

34 Zur Erinnerungsszene: Kaschnitz. Orte (1973), in: dies. Gesammelte Werke. Bd. 3, 415–650, hier: 614.

35 »Beserlpark« ist ein österreichischer Ausdruck für einen armseligen Park. Vgl. Kaschnitz. Tagebücher. Bd. 1, 618.

36 Vgl. Kaschnitz. Orte, 575.

37 Vgl. Walter Benjamin. Ausgraben und Erinnern (1932), in: ders. Gesammelte Schriften. Bd. IV-1, 400f., hier: 400.

38 Vgl. Kaschnitz. Das Tagebuch, 248, 256. Zur Tagebuchform als ›Gelegenheitsapparate‹ auch: Bernhard Böschenstein. Die Sprengkraft der Miniatur. Zur Kurzprosa Robert Walsers, Kafkas, Musils, mit einer antithetischen Eröffnung zu Thomas Mann. Hildesheim, Zürich, New York 2013, 232.

machen«, schrieb sie über ihre Ästhetik, »wenn man die vor der Natur gemachten Skizzen von Malern mit dem fertigen Bild vergleicht.«[39] Nicht alles werde fertiges Bild. Manches bleibe Fetzen, der den Vorzug habe, dass ihm etwas von der Situation anzusehen sei.

So ist es bei Kaschnitz' erster Beobachtung während ihrer Berlin-Rückkehr 1958, in der sie über die Literaturfähigkeit von Städten nachdenkt. Damit nimmt sie eine Beobachtung aus der Zwischenkriegszeit auf, die der Romancier Georg Hermann aussprach, der Berlin als »litteris terra incognita« bezeichnete: Es sei eine weithin ungesehene Stadt ohne klare ästhetische Idee, in der »soviel ungelöstes« hause.[40] Ein so prophetischer wie unheimlicher Satz.[41] Während eine Stadt wie Paris ihre Zerrissenheit ästhetisch befriedet hätte, es ihr gelungen sei, ihren Überlieferungsfluss auf Dauer zu stellen, ereilte Berlin das entgegengesetzte Schicksal.[42] Dessen Kontinuität lag in der Unterbrechung, im Abbruch wirkungsgeschichtlicher Zusammenhänge.[43] Mit Kaschnitz' Bemerkungen kommt somit etwas vom Anfang der Berlin-Analysen ins Spiel, als schon Heine bemerkte, die Stadt habe wenig Tragendes und verdecke das durch »raffinierte Geschmacklosigkeit«.[44] Ihr ging es um diesen brüchigen Überlieferungsfluss: »Literaturwürdige und unwürdige Städte – auch zu verschiedenen Zeiten. / Wien (Musil, Doderer) /

<hr>

39 Vgl. Kaschnitz. Das Tagebuch, 261. Zu Barbizon und Courbet vgl. Marie Luise Kaschnitz. Die Wahrheit, nicht der Traum. Das Leben des Malers Courbet (1950), in: dies. Gesammelte Werke. Bd. 6. Hg. von Christian Büttrich und Norbert Miller. Frankfurt a.M. 1987, 643–799.

40 Vgl. Hermann. Pro Berlin, Bl. 5 (ohne Seitenzahlen).

41 Unheimlich ist er, weil von einem Berliner Autor, der nach seiner Flucht ins holländische Exil 1943 im KZ umkommen sollte. In einem seiner letzten Romane schilderte er den Flaneur auf der Flucht: Georg Hermann. B.M. Der unbekannte Fußgänger. Amsterdam 1935.

42 Zum Kontrast mit Paris vgl. Walter Benjamin. Pariser Tagebuch (1929/30), in: ders. Gesammelte Schriften. Bd. IV-1, 2. Hg. von Tillman Rexroth. Frankfurt a.M. 1980, 567–587, hier: 568.

43 Zum Überlieferungsproblem vgl. Mattenklott/Mattenklott. Berlin Transit, 35, 49. Zum schwach ausgeprägten Gedächtnis der Stadt bezüglich ihrer eigenen Überlieferung auch: Godela Weiss-Sussex. Berlin: Myth and Memorialization, in: Katia Pizzi und dies. (Hg.). The Cultural Identities of European Cities. Bern 2011, 145–164, hier: 147.

44 Vgl. Heinrich Heine. Italien. Reise von München nach Genua (1828), in: ders. Sämtliche Werke. Bd. 4. Hg. von Oskar Walzel. Leipzig 1912, 219–314, hier: 224. Zur Kritik an der Gestaltlosigkeit Berlins auch: Hausenstein. Europäische Hauptstädte, 381f.

Paris (Zola) / Rom / sind sozusagen immer literaturwürdig. Berlin durch einzelne wenige Autoren: Döblin, Benjamin, Langgässer.«[45]

Kaschnitz stand noch die Berliner Literatur um 1930 vor Augen, die sich auf der Höhe des Stadtschicksals gewähnt hatte. Sie hat für sich die Wirkung damaliger Gespräche – mit ihrem ersten Verleger Bruno Cassirer und dessen Lektor Max Tau – betont, die ihr bei Besuchen nach dem Krieg schmerzlich fehlten.[46] Was an Substanz übrig geblieben war, lebte im Verborgenen. Einen Übriggebliebenen aus alter Zeit suchte sie in Kessel auf, der die Lage der Stadt mit Fassung trug: Kein »Mitleid« wolle er.[47] Beim Besuch des Zoologischen Gartens zuvor fand sie die Vorlage für den jetzigen Daseinszustand. Dort stieß sie auf das Bild einsiedlerischer Plattfische im Aquarium, die etwas von der Berliner Überwinterungsstrategie zur Anschauung brachten: sich »einsandend durch Schläge mit Flossen, schließlich unkenntlich, Einsiedler – halb in ihren Muscheln spazierend«.[48] Hier führt Kaschnitz die Metapher des Muschelgehäuses wieder ein. Bei ihr wird das Motiv zum Rückzugsort fortgesponnen. Der Einsiedlerkrebs ist ein Tier, das sich in abgelegten Behausungen einnistet, sie temporär bezieht.[49] Daseinsmetaphorik eines Verkapselten.[50] Auch für den Zwiespalt zwischen der prekären Gesamtlage der Stadt und dem Überlebensdrang ihrer Bewohner scheint Kaschnitz Material im Aquarium, diesem Mikrokosmos einer geschlossenen Welt, gefunden zu haben: »Himmelsgucker mit aufgesetzten Augen \/, die nach oben gerichtet sind – trotzdem finden sie ihre Nahrung am Boden«.[51] Das Sinnbild zu Kessels Diagnose eines hiesigen Illusionismus.[52]

---

45 Kaschnitz. Tagebücher. Bd. 1, 612.
46 Vgl. Marie Luise Kaschnitz. Der erste Kontakt mit einem Verleger (1966), in: dies. Gesammelte Werke. Bd. 3. Hg. von Christian Büttrich und Norbert Miller. Frankfurt a. M. 1982, 734f., hier: 734. Zu ihrer Verbindung zu Tau legt ein umfangreicher Briefwechsel in dessen Nachlass Zeugnis ab. Vgl. Max-Tau-Nachlass. Stadt- und Landesbibliothek Dortmund.
47 Vgl. Kaschnitz. Tagebücher. Bd. 1, 615f.
48 Ebd., 614.
49 Vgl. zur Metapher der leeren Muschel und dem Einsiedlerkrebs, der darin sich »Wohnung nimmt«: Gaston Bachelard. Poetik des Raumes. Frankfurt a. M. 2007, 119, 135. Bachelard spricht im Original von der »coquille vide«, der »leeren Muschelschale«, was eine Verbindung zur eingangs erwähnten Muschelmetaphorik Benjamins stiftet. Vgl. Gaston Bachelard. La poétique de l'espace. Paris 1994, 107.
50 Zur Existenzweise in der »Kapsel«: Friedrich Luft. Das Leben unter der Kapsel (1961), in: ders. Über die Berliner Luft, 387–400.
51 Kaschnitz. Tagebücher. Bd. 1, 614.
52 Vgl. Kessel. Das andere Ich, 298.

»Das erinnert an jene Friedhöfe«: Die ersten Neubauten des Hansaviertels wie Stelen im leergeräumten Terrain. Foto: © Rheinisches Bildarchiv Köln, Chargesheimer, rba_cch001039_04 (Hansaviertel).[53]

Das Bild der Einsiedelei war gut gewählt. An Heine anknüpfend sprach auch Werner Düttmann von Berlin als Refugium: Die Stadt wirke unbewohnt wie eine leere Muschel. Folglich sei Berlin eine »Stätte für Zuflucht« geworden.[54] Sie lebe dabei unter »Verzicht auf Repräsentation«.[55] Düttmann selbst zeichnete für jene Bauten mitverantwortlich, die Kaschnitz im neuen Hansaviertel besichtigte. Dabei zeigte sie eine eigene Sensibilität für das Versteckhafte. Sie sah das Modell für ihre Einstellung im Blick des Kindes, das aus Missverständnis und Eigensinn etwas herausstellt. Sie kannte dessen protopoetische Optik, die die Stadt als Imaginationsraum wahrnimmt.[56] Wie unter dieser Optik festgefahrene Bedeutungen aus den Angeln gehoben werden können, hatte die Imagination das Latente freizulegen: »Das Hinter-

53 Siehe auch: Chargesheimer/Hans Scholz. Berlin. Bilder aus einer großen Stadt. Köln 1959, 46f.
54 Vgl. Düttmann. Berlin ist viele Städte, 10.
55 Vgl. ebd., 11.
56 Vgl. Kaschnitz. Orte, 565. Zum Blick ›entstellter Ähnlichkeit‹ des Kindes auch: Benjamin. Berliner Kindheit um Neunzehnhundert, 261.

Im Schweigen: Horchen auf die Stille

gründige ist immer gegenwärtig«, schrieb sie über Benjamins Verfahren. So spürte dieser noch »in den friedlichen Winkeln des Zoologischen Gartens den Hauch des Untergangs«.[57] Etwas davon galt für Kaschnitz selbst.

In jener Zone des Untergangs entdeckte sie später mit Erstaunen eine Anschauungslosigkeit der Neubauten, die in ihr Beklemmung auslösten. Es hatte den Anschein, als sei dort eine Beckett'sche Fantasie erbaut worden: »Die kleinen Häuser mit Binnenhöfen, nach der Straße hin tür- und fensterlose Mauer. Eine Dame sagte mir, sie würde sich zu Tode fürchten«.[58] Gleich Becketts »Verwaiser« wird das Gefühl fensterloser Binnenräume evoziert.[59] Noch die auf Stelzen ruhenden Bauten Le Corbusiers empfand sie als wunderlich. Das Leben war vom Trottoir abgelöst, als seien sie *hors sol* gepflanzt, mit dem Nebeneffekt eines verwaisten Straßenniveaus: »Die Läden sollen«, so Kaschnitz trocken, »schwer vermietbar sein.«[60] Diesen Eindruck ergänzt Anders in »Ruinen heute«. Auch ihn beschlich im Hansaviertel die Empfindung einer Vergangenheitstilgung, mit einer Ausnahme: »Gespensterhaft« sei es, dass man die alten Straßennamen und Schilder beibehalten habe: »Das erinnert an jene Friedhöfe, deren Grabsteine man sehen läßt, obwohl man die Särge und die Toten schon entfernt hat.«[61]

Vielleicht um sich über diese Eigentümlichkeiten bei einem Kenner Klarheit zu verschaffen, suchte Kaschnitz Kessel auf. Dieser war für sie Vertreter einer älteren Generation, von denen die meisten Berlin den Rücken gekehrt hatten. Kessel las Kaschnitz aus dem Manuskript seiner »Lydia Faude« vor, über die »heruntergekommene Schauspielerin«.[62] Dass Kessel ihr seinen Passus über Berlin als »Fata morgana« vorgelesen hat, ist möglich.[63] Kaschnitz schien bei ihrer Rückkehr auf ein ähnliches Phänomen zu stoßen, das er als Fortstreben von der Vergangenheit umschrieb. Kessel witterte darin den Sprung in eine »geschenkte«, gar erträumte »Vergangenheit«. Und antwortete Kaschnitz nicht, wenn sie in ihrem Tagebuch »Tage, Tage, Jahre« die neu kreierte Identität Westberlins im Modell eines »Kleinamerikas« begründet

---

57 Kaschnitz. Der Preis der Geborgenheit, 584.
58 Kaschnitz. Tagebücher. Bd. 1, 615. Sowie zur ihrer Lektüre Becketts: ebd., 607. Zum Beklemmenden der Nachkriegsabstraktion auch: Ihlenfeld. Stadtmitte, 27.
59 Der Roman heißt im französischen Original bezeichnenderweise »Le dépeupleur«: Samuel Beckett. Der Verwaiser. Frankfurt a. M. 1989.
60 Kaschnitz. Tagebücher. Bd. 1, 615. Zur Leere im Hansaviertel auch: Ingeborg Bachmann. Witold Gombrowicz. Entwurf, in: dies. Werke. Bd. 4. Hg. von Christine Koschel u. a. München 1982, 326–330, hier: 327.
61 Anders. Die Schrift an der Wand, 257.
62 Vgl. Kaschnitz. Tagebücher. Bd. 1, 616.
63 Vgl. Kessel. Lydia Faude, 97.

sah?[64] Was diese Autorengeneration interessierte, war das unterirdische Leben der Stadt. Unterhalb des Manifesten, so Kessel, liege Unbewältigtes: »Etwas Unterirdisches, ein Opfer, woraus dann ein Stamm hervorwächst, der gesund oder morsch sein kann.«[65]

Das Unerledigte verfolgte Kaschnitz auf Schritt und Tritt bei ihrem Gang durch die leere Zentrale. Wenn die City etwas von einer neuartigen Chimäre an sich hatte, so lagen die eigentlichen Krypten des letzten Krieges woanders, in jenem Gebiet, das in einem Zwischenreich zwischen Leben und Tod verharrte. Im Spreebogen mit dem Wrack des Lehrter Bahnhofs fand sie die »Ruine des Reichstags«, der gerade »wieder aufgebaut« wurde: hohle Muschel des ausgebrannten Parlamentarismus.[66] Es war ein Durchhaltegeschenk Bonns und sinnfälliges Exempel des von Kessel beschriebenen Illusionismus. Denn nur wenige Meter von dieser Aufbaubemühung entfernt sah sie das eigentliche Denkmal des Status quo: »Brandenburger Tor noch ohne Quadriga mit der roten Fahne«.[67] Vielsagend ist, dass der Reichstag nach der Renovierung für auswärtige Sitzungen des Bundestages zwar genutzt wurde. Die sowjetische Antwort aber prompt folgte: Jets im Tiefflug über dem Parlament.[68]

Für die Fußgängerin ging es um das Auffinden jenes Zwischenreichs, das man erst im Nahkontakt spüren konnte: ein Limbus der Weltgeschichte, der die jüngst vergangene mit der gegenwärtigen Epoche verklammerte. Ruinen, Abriss und Aufbau fanden sich in diesem Panorama in einem Bild. Unweit von hier, in einer anderen Realität, das Treiben der leeren Zentrale Ost: die ruinösen Linden und am Ende statt des Hohenzollernschlosses ein »Aufmarschgelände mit Gestell für Licht-Zeitung«, Propagandaanlagen wie am Potsdamer Platz.[69] Es scheint, als vernehme sie aus der schweigenden Mulde

64 Vgl. Marie Luise Kaschnitz. Tage, Tage, Jahre (1968), in: dies. Gesammelte Werke. Bd. 3, 7–338, hier: 314.

65 Kessel. Lydia Faude, 97.

66 Zur Bonner Berlin-Skepsis: Kaschnitz. Tagebücher. Bd. 1, 621.

67 Kaschnitz. Tagebücher. Bd. 1, 618. Zur Vorgeschichte und verkapselten Lage des Tors im Niemandsland des Kalten Krieges vgl. Hans Scholz. Die Geschichte des Brandenburger Tors, in: ders. An Havel, Spree und Oder. 5 Hörbilder. Hamburg 1962, 71–132.

68 »Schallmauer, dann und wann von sowjetischen Düsenjägern; verirrt sich der Bundestag einmal an die Spree, brausen sie dicht über First und Schlot.« Hans Scholz. Jahrgang 11. Leben mit allerlei Liedern, in: Hans Mommsen u.a. Jahrgang 11. Hamburg 1966, 54–116, hier: 115.

69 Vgl. Kaschnitz. Tagebücher. Bd. 1, 620. Sowie das Szenario am Potsdamer Platz: August Scholtis. Rund um den Potsdamer Platz (1951), in: ders. Feuilletonistische Kurzprosa. Hg. von Joachim J. Scholz. Berlin 1993, 187–189, hier: 188. Das

des ehemaligen Schlossplatzes noch den Lärm der Demonstrationen, wie er ihr aus den 1930er Jahren vertraut war, die »Lautsprecherstimme aus Berlin« mit der »abgehackten und »drohenden« Sprache der »Hochstimmung«.[70] Nachhalleffekt missbrauchter Sprache: Berlin war auch dafür das Labor gewesen. Noch weiter östlich führte ihr Weg zur – nach Moskauer Vorbild konzipierten – Stalinallee: Gegenentwurf zur Stadtvision des westlichen Hansaviertels.[71]

Kaschnitz bezeichnet die Allee als »Geisterstraße«: »einförmig, kilometerlang« mit Arbeiter-Palästen. Ein Querblick verriet, dass dahinter immer noch die Ruinen, »trauriges Chaos«, lagen.[72] Lediglich nach vorn hin war für den Betrachter in der Straßenflucht eine potemkinsche Fassade gesetzt. Kaschnitz' Einschätzung bestätigt ein Ostberlin-Besuch Wechsbergs, der vermerkte, es gebe »little rebuilding« jenseits der »propaganda exhibits« der SED-Regierung.[73] Auch er spürte im Raum eine »oppressive stillness«. Eine Durchsicht derselben Gegend findet sich bei dem Fotografen Chargesheimer, der den Gegenschuss zu Kaschnitz' Perspektive liefert: Bei ihm schieben sich fensterlose Brandmauern vor die frischen Ecktürme des Strausberger Platzes. So rückt das *terrain vague* in den Vordergrund; der stalinistische Klassizismus wird durch den rückwärtigen Blick zur Kessel'schen »Fata morgana«. Es nähern sich in diesem Verfahren die Stadthälften einander an: im Gemeinsamen der Berliner Steppe.[74]

Kaschnitz' Weg in Ostberlin endet beim sowjetischen Ehrenmal in Treptow: jener Stätte mit den »›redenden‹ Reliefs«.[75] Damit spielt sie auf die in den Marmor eingemeißelten Häuserkampfszenen an. Ironie ist, dass es sich bei diesem um ein Trümmerschutt-Recycling handelt, was dem Sinn

Gebiet um das ehemalige Schloss sollte Herzstück der östlichen Zentralenplanung werden. Vgl. Landesarchiv Berlin. F. Rep. 270. Nr. 5665. Ideenwettbewerb für die architektonische und funktionelle Gestaltung des Gebietes Rathausstraße. Berlin, Hauptstadt der DDR, 1978.

70 Vgl. Kaschnitz. Orte, 449.

71 Die Spur dieses Stadtmodells hat Koeppen in Moskau wiedererkannt und darin einen Teil sowjetischer Einflusspolitik gesehen. Vgl. Wolfgang Koeppen. Nach Rußland und anderswohin, 121.

72 Vgl. Kaschnitz. Tagebücher. Bd. 1, 620.

73 Vgl. Joseph Wechsberg. »Knock and Wait!« Letter from East Berlin, Bl. 18f. Run 11/9/57. The New York Public Library. Rare Books and Manuscripts Division. The New Yorker Records. Manuscripts: Fact: Run & Killed, 1938–58. Box 1425.

74 Vgl. Kaschnitz. Tagebücher. Bd. 1, 621. Zum »Berliner Wüstenstrich«: Gottfried Benn an Max Rychner, 28.6.1955, in: Gottfried Benn/Max Rychner. Briefwechsel 1930–1956. Hg. von Gerhard Schuster. Stuttgart 1986, 34f., hier: 35.

75 Vgl. Kaschnitz. Tagebücher. Bd. 1, 620.

»Stalinallee eine Geisterstraße«: Rückwärtige Ansicht der späteren
Frankfurter Allee. Foto: © Rheinisches Bildarchiv Köln, Chargesheimer,
rba_ccho01288_02 (Stalinallee).[76]

des Denkmals – laut Grimm der Erinnerung einer Sache dienend – unbe-
absichtigte Doppelbödigkeit verleiht.[77] Wie Kaschnitz bemerkte, waren die
eingemeißelten sowjetischen »Marmorfahnen, gesenkt, aus dem Marmor
der Reichskanzlei«, der letzten Residenz Hitlers, die nach der Kapitulation
abgetragen und einer Verwandlung als Grundstoff für eine andere autoritäre
Vision zugeführt wurde.[78] Polemischer kommentierte August Scholtis diese

76 Siehe auch: Chargesheimer/Scholz. Berlin, 118f.
77 Vgl. den Eintrag »denkmal« in: Jacob und Wilhelm Grimm. Deutsches Wörterbuch.
    Bd. 2. Biermörder–Dwatsch. München 1984, Sp. 941f. Zur Trümmerschuttum-
    wandlung, die u.a. aus »Hitler's Reichs-Chancellery« Bauelemente für die »Soviet
    Embassy« und das »Russian victory building in Treptow« werden ließ, vgl. Joseph
    Wechsberg. The Rubble. Run 4/26/52, Bl. 15, 29f. The New York Public Library.
    Rare Books and Manuscripts Division. The New Yorker Records. Manuscripts:
    Fact: Run & Killed, 1938–58. Box 1427.
78 Zur Metamorphose des Marmors siehe: Frecot u.a. Berlin im Abriss, 19f. Auch
    andere Reichskanzleireste wurden verwendet, so beim Wiederaufbau der Volks-
    bühne am Rosa-Luxemburg-Platz. Vgl. Laurenz Demps. Berlin-Wilhelmstraße.
    Eine Topographie preußisch-deutscher Macht. Berlin 2010, 213f.

Baustoffbehandlung unter machtpolitischen Vorzeichen. Im Treptower Park sei »aus den Marmorplatten der abgebrochenen Reichskanzlei« ein vermeintliches »Postament des Friedens« errichtet worden, anspielend auf den soldatischen Totenkult Sowjetrusslands, der den heldischen Tod ins Zentrum rückte.[79] Eine im Übrigen übliche Praxis im Umgang mit der Konkursmasse untergegangener Reiche: sie als Steinbruch für weltanschauliche Umbesetzungen zu gebrauchen.[80] Kessel griff diese Umbaupraxis aphoristisch auf: Er bezeichnete die Umwandlungsvorgänge in Berlin ironisch als Amoral der Bausteine.[81] Ihr Schicksal sei es, für unterschiedliche ideologische Zwecke herhalten zu müssen. So deutet auch Kaschnitz die Ambivalenz des Marmor-Gesteins an, sich der bitteren Ironie nicht entziehend, die aus dem Treptower Koloss sprach. Die Allegorie deutete auf das im Stein verschwiegen Anwesende hin, was die Umschrift nach sowjetischer Manier nicht verdecken konnte.[82]

Konsequent vollzieht Kaschnitz daraufhin eine Kehre, um ihre Wanderschaft im Herzen der leeren Zentrale abzuschließen, in jener Gegend, in der nach einem Wort Döblins der »Torpedo« gebaut worden war, der alles in Schutt gelegt hatte.[83] Für sie ist es die Schädelstätte einer implodierten Macht, die an sich selbst gescheitert ist: »In der Wilhelmstraße erhalten nur das Hindenburgpalais ganz durchlöchert von Kugeln.«[84] Das Palais wurde zwei Jahre nach ihrem Besuch gesprengt. Es lag ungünstig für die Planung der DDR, im künftigen Sperrgebiet des Mauerstreifens, der anfänglich aus »gegossenen Zementquadern« bestand.[85] Zuvor hatte sich, erzwungen durch

---

79 Vgl. August Scholtis. Berliner Denkmäler, ca. 1949. Nachlass August Scholtis, Stadt- und Landesbibliothek Dortmund. Zur Anknüpfung an die Ikonografie des soldatischen Totenkults im Falle des sowjetischen Ehrenmals vgl. Koselleck. Zur politischen Ikonologie des gewaltsamen Todes, 13, 47 f.

80 Hierzu schon die Erwähnung der mittelalterlichen Praxis, das alte Rom als »Steinbruch« wiederzuverwenden, vgl. Jacob Burckhardt. Die Kultur der Renaissance. Ein Versuch. Stuttgart 1966 (1860), 168.

81 »Was Gestern Marmor der Staatsämter war, ist heute Marmor der Untergrundbahn.« Kessel spielt auf die mutmaßliche Verwendung des Reichskanzlei-Marmors beim Bau der U-Bahn-Haltestelle Mohrenstraße an: Kessel. Gegengabe, 132. Auch: Biagia Bongiorno. Die Bahnhöfe der Berliner Hoch- und Untergrundbahn. Verkehrsdenkmale in Berlin. Petersberg 2007, 87.

82 Über die Nähe der Allegorie zur »Schweigezone«: Calin. Auferstehung der Allegorie, 287.

83 Vgl. Alfred Döblin. Berlin Alexanderplatz – heute (1947), in: ders. Zwei Seelen in einer Brust. Schriften zu Leben und Werk. München 1993, 277–280, hier: 279.

84 Kaschnitz. Tagebücher. Bd. 1, 621.

85 Vgl. Kaschnitz. Tagebücher. Bd. 2, 732.

den Aufstand 1953, die DDR-Staatsmacht aus der zu westlich gelegenen Machtzentrale zurückgezogen.[86] Hier lag der verwaiste Eingang zur Bunkergruft Hitlers. Es ist für Kaschnitz der Stadthades: »Zwei große Betonblöcke vom Bunker der Reichskanzlei, dahinter bis zum Tiergarten Steppe. Ausländer fotografieren den Ort von Hitlers Selbstmord.«[87] Etwas von der dumpfen Gegend scheint in ihren kargen sprachlichen Ausdruck übergegangen zu sein. Doch Kaschnitz erweist sich als gute Psychologin der Raumseele. Sie deutet auf einen über weite Strecken fraktalisierten Raum, der den Eindruck einer »Stadtlandschaft« wider Willen machte.[88]

Was vom Zentrum des entgleisten Stadtraumes aus deutlich wurde, ist, dass die Fraktalisierung nicht nur entlang der Grenze Ost-West verlief, sondern dass sich quer dazu Gegensätze wie belebt – unbelebt, Ruinenstätte – Neubauten, spukende Winkel – neues Leben in fast allen Teilen einstellten. Dabei verlief die Verkraterung konzentrisch und ging von der Tiergartensteppe als Ort des letzten Gefechts aus. Das eigentliche Erlebnis der Leere war das Zentrum. Hier war das Gefühl einer Heimsuchung am präsentesten, die auf »erstarrtes Dasein« hindeutete.[89] Diese Erstarrtheit wirkte weniger hässlich als unheimlich, weil neben der zerschlagenen Form noch etwas anderes fehlte: Es fehlte das bewegliche Leben, ohne das jedes Gebaute gespenstischstarr wirkt.[90] Kaschnitz' Gang ins verdichtete Nichts zeigt an, dass sie in der Begegnung mit dieser Gegend auch eine Kraft des Innewerdens vermutete.[91] Dies mag sich an den folgenden Erinnerungsminiaturen erweisen.

86 Zum Rückzug der DDR-Staatsmacht aus der Wilhelmstraße in der Folge des Aufstandes von 1953 vgl. Demps. Berlin-Wilhelmstraße, 214 f.

87 Kaschnitz. Tagebücher. Bd. 1, 621. Tatsächlich dürften bei Kaschnitz' Besuch 1958 oberirdische Bunkerreste zu sehen gewesen sein, die ab 1959 abgetragen wurden. Vgl. Demps. Berlin-Wilhelmstraße, 213 f.

88 Zum Eindruck der »Stadtlandschaft« schon: von der Gablentz. Berlin, 167. Der u. a. von Hans Scharoun erarbeitete »Kollektiv-Plan« sah in der Tat einen Bruch mit der Zentrumsstruktur und eine Hinwendung an den Flusslauf im Sinn einer »Stadtlandschaft« vor. Vgl. Landesarchiv Berlin. F Rep. 270. Nr. 7641: Senatsverwaltung für Stadtentwicklung (Hg.) Berliner Pläne 1862–1994. Berlin 2002 (Selbstverlag), 20.

89 Zur Erfahrung »erstarrten Daseins«: Michael Theunissen. Zeit des Lebens (1987), in: ders. Negative Theologie der Zeit. Frankfurt a. M. 2015, 299–317, hier: 305.

90 Hierzu der ästhetische Begriff Charis, der das Prinzip des lebendig Ansprechenden vertritt. Vgl. Władysław Tatarkiewicz. Sechs Begriffe. Kunst, Schönheit, Form, Kreativität, Mimesis, Ästhetisches Erlebnis. Frankfurt a. M. 2003, 171 f., 234 f.

91 Zum Topos eines verdichteten Nichts auch: Sontag. Ästhetik des Schweigens, 21. Sowie zur existenziellen Flanerie, die ein »Loch« im Dasein entdecken kann: Wolfgang von der Weppen. Der Spaziergänger. Eine Gestalt, in der Welt sich

Im Schweigen: Horchen auf die Stille

Zunächst strahlte etwas von diesem Entgleisungstopos auf die Identität der Stadt aus: eine Unentschiedenheit, die in der Zeitgegend hervortrat. So wechselte Kaschnitz in ihrer Tagebuch-Skizze von der Bunkerkammer prompt zum Gegenwartsschicksal. Die Stadt wisse nicht, ob diese Gegend ihre Peripherie oder ihr kommendes Zentrum sei: »B.(erlin) nach wie vor mit den Allüren einer Hauptstadt, alles für die Zukunft gedacht, die breiten ›Schnellstraßen‹, schön beleuchtet, aber fast unbelebt, die großen Bauprojekte am Tiergarten, von denen man nicht weiß, ob sie für die City oder für eine Stadtrandsiedlung stehen (Scharoun).«[92] Was sie hellsichtig mit dem Oszillieren zwischen City und Stadtrand beschreibt, berührt das Phänomen der Stadtumstülpung. Eine Vertauschung, die zur Folge hatte, dass die gewöhnlich am Rand liegenden Schwellenräume im Herzen der Stadt waren. Ihre Erfahrung ging von jenem Zentrum aus, in dem die neue Unbezüglichkeit am intensivsten zu spüren war.[93] Die Umstülpung wurde begleitet vom Symptom einer nomadischen Übergangsarchitektur. Züge davon trug die von Kaschnitz geschätzte Architektur Hans Scharouns, die Zeltdach-Allusion seiner Philharmonie, die der Architekt bewusst bei Gängen im Gebiet entwickelt hatte.[94] Zugleich war dieses neue Quartier – wie ein Interseptum – gezielt »zwischen den beiden Städten« errichtet worden.[95] Für Kaschnitz mündete es in die These von der Stadt auf Abruf: einer »City on Leave«.[96] Es war ein Verharren im Wartestand. Berlin war nun von den »Absichten (in Bonn)« abhängig.[97]

vielfältig bricht. Tübingen 1995, 71. Zum Unvergangenen als Heimsuchung und »Triebkraft der Erinnerung« auch: Angehrn. Sein Leben schreiben, 148.

92 Kaschnitz. Tagebücher. Bd. 1, 621.

93 Zum »Eigenleben« eines Ort auch: Jan Pieper. Ort – Erinnerung – Architektur, in: Kunstforum International Nr. 69 (1984), 27.

94 Hierzu Kaschnitz' Bemerkung über den morphologischen Ansatz Scharouns: Kaschnitz. Tagebücher. Bd. 1, 371. Zum ›Zeltartigen‹ vgl. Karla Höcker. Gespräche mit Berliner Künstlern. Berlin (West) 1964, 91.

95 Vgl. Räumliche Ordnung im Zentralen Bereich. 1. Bericht März 1983. Thesen zur räumlichen Ordnung im Zentralen Bereich, in: Landesarchiv Berlin. B Rep. 002. Nr. 38071. Der Regierende Bürgermeister von Berlin Senatskanzlei. Zentraler Bereich. 11.11.1981 bis 17.5.1983. Bd. 1, 1. In der Stadtforschung hat man diese Ecke Berlins als »open center« charakterisiert. Vgl. Smithson. The Charged Void, 192.

96 Zu dieser Diagnose der Kapitale im ›Wartestand‹ auch: Philip Windsor. City on Leave. A History of Berlin 1945–1962. London 1963, 127.

97 Vgl. Kaschnitz. Tagebücher. Bd. 1, 621. Tatsächlich hatte die ›Zentralenwartestellung‹ zu einem Entwicklungsabbruch in der Gegend geführt. Vgl. Thesen zur verkehrlichen Ordnung in: Landesarchiv Berlin. B Rep. 002. Nr. 38071. Der

Stellt man sich noch einmal die von Kaschnitz erwanderten Gegenden vor Augen, fällt eine Auslassung auf: Das eigentliche Areal ihrer Berliner Kindheit ist ungenannt geblieben. Ihre Biografin hat diese Lücke in der damaligen Berlin-Schilderung registriert: »Doch in die Straßen, in denen sie als Kind wohnte, in die Hardenberg- und Von-der-Heydt-Straße«, schreibt sie über Kaschnitz' Besuch 1958, »geht sie nicht.«[98] Letztere war ein Straßenzug des Alten Westens, den sie bei dieser Wanderung scheinbar mied. Wer jedoch die umgekehrte Probe macht, nach ihren verstreut publizierten Berlin-Miniaturen Ausschau hält, wird entdecken, dass in diesen kaum etwas von der hier geschilderten leeren Zentrale enthalten ist, sondern in diese stattdessen Stücke ihres Kindheitsraumes Eingang gefunden haben. Es scheint, als stünden diese beiden Anteile antagonistisch gegeneinander. Doch lässt sich ein Perspektivwechsel herstellen: Dann stellt sich die Frage, ob sich nicht bei ihr das damals gegenwärtige Berlin, wie bei einem Repoussoir, als allgegenwärtiger Hintergrund von den Erinnerungsbildern abhebt.

Um dem Gedanken nachzugehen, ist ihr Verständnis der Kindheit zu erhellen, da sie stark aus dieser Quelle schöpfte. Dass es mit diesem Sujet eine eigene Bewandtnis hat, zeigen die eröffnenden Sätze ihres »Haus der Kindheit«, in denen dieses Haus als kaum gesicherter Ort erscheint. Es ist ein Ort, der schwer zu finden ist und sich laufend wandelt, während er bei Benjamin etwa vom ersten Satz an gesetzt scheint. Bei Kaschnitz liegt er dagegen wie unter Schutt: »Von einem Haus der Kindheit war nichts zu sehen, und ich hatte nie davon gehört.«[99] Um den Sinn ihrer Suche zu ergründen, ist insofern ein Schritt zurück zu machen, um sich die Idee der Erinnerung zu vergegenwärtigen, die im Modell der Kindheit begründet liegt. So hat jüngst der Philosoph Emil Angehrn in der Kindheit die »Urform von Erinnerung« gesehen.[100] Kindheitserinnerung sei emotionale »Ursprungserinnerung«: Quelle des Glücksversprechens wie unabgegoltener Leiderinnerungen. Dabei ist festzuhalten – für Kaschnitz entscheidend –, dass die Kindheit im Verhältnis zur Lebenszeit ein Schwellenraum ist. Nachträglich erst deutet sie auf einen Übergang hin, Gang ins Leben der Erwachsenen.[101] In der Kindheit werden jene Eindrücke gesammelt, die später als Keime aufgehen

Regierende Bürgermeister von Berlin Senatskanzlei. Zentraler Bereich. 11.11.1981 bis 17.5.1983. Bd. 1, 4.

98   Dagmar von Gersdorff. Marie Luise Kaschnitz. Eine Biographie. Frankfurt a.M., Leipzig 1997, 245.

99   Kaschnitz. Wohin denn ich, 381.

100 Vgl. Angehrn. Sein Leben schreiben, 189.

101 Vgl. Emil Angehrn. Vom Anfang und Ende. Leben zwischen Geburt und Tod. Frankfurt a.M. 2020, 88.

können. Etwas von der rückwärtsgekehrten Prophetie haftet ihr an, in der Form retrospektiver Selbsterkundung.[102]

Daher lässt sich von der Kindheit in einem hermeneutisch-anthropologischen Sinne als von einem dreifachen Hort der Erfahrung sprechen, worin der *hortus*, die gehegte Anlage, mitzuhören ist. In diesem Verständnis ist sie Hort der Eindrücke, in dem die frühesten Erinnerungsschichten abgelegt sind. Das Kind ist Sammler seiner Eindrücke, auch wenn manche sich später erst sortieren. So sah es Benjamin in der »Einbahnstraße«, wenn er über das sammelnde Kind schrieb: »Seine Schubladen müssen Zeughaus und Zoo, Kriminalmuseum und Krypta werden.«[103] Die Krypta ist die hintergründigste der Sammlungsmetaphern wie der am schwersten zugängliche Ort. Dieser Hort ist Ablagerungsstätte glücklicher wie unglücklicher Erlebnisse; Ort der Gedächtnisbildung schlechthin.[104] Nur wenn uns gewisse Dinge abhandenkommen – oder wir leibliche Funktionen durch Verletzung einbüßen –, kommt uns etwas von der anfänglichen Einführung in die Welt der Phänomene zu Bewusstsein. Sonst sind sie abgelegt hinter fraglosem Können: »So kann ich davon träumen«, schrieb Benjamin, »wie ich einmal das Gehen lernte. Doch das hilft mir nichts. Nun kann ich gehen; gehen lernen nicht mehr.«[105] Diese kindliche Einstellung zu den Phänomenen hat etwas mit dem gemein, was man in der Philosophie als *thaumazein*, Staunen bezeichnet. Dies kann, wie an Kaschnitz noch sichtbar wird, auch ein Trauma des Staunens sein, ein sprachloser Schock, der im Nachhinein seinen Sinn erhält.[106]

Insofern ist die Kindheit zugleich Hort des Verlorenen: einer verlorenen Innigkeit mit den Phänomenen, ohne die kein Anstoß zum Denken kommt. Es ist eine verlorene Möglichkeit des Beisichseins, die nachträglich ins Zentrum einer Suche nach der verschütteten Kontinuität des Lebens rücken kann. Gerade durch die spätere Einsicht kann die Kindheit so wieder zum »Urmodell der verlorenen Zeit« werden – und zur Kraftquelle der Literatur.[107] Bei Benjamin bündelt sich dieses Problem des verlorenen Lebens in

---

102 Vgl. Angehrn. Sein Leben schreiben, 203.

103 Walter Benjamin. Einbahnstraße (1928), in: ders. Gesammelte Schriften. Bd. IV-1, 83–148, hier: 115.

104 Vgl. zu Initiationserlebnissen des Lebens auch: Victor Emil von Gebsattel. Numinose Erlebnisse, in: ders. Imago Hominis. Beiträge zu einer personalen Anthropologie. Salzburg 1968, 308–323, hier: 311, 316.

105 Benjamin. Berliner Kindheit um Neunzehnhundert, 267.

106 Zum ›Trauma des Staunens‹ vgl. Emmanuel Lévinas. Totalität und Unendlichkeit. Versuch über die Exteriorität. Freiburg, München 2014, 100.

107 Vgl. Angehrn. Sein Leben schreiben, 194.

der Figur des »bucklicht Männleins«, jenem »grauen Vogt« des Vergessens, den Kaschnitz in ihrer Besprechung eigens hervorhebt.[108] Er ist der Herr des Verschwindens, der über die Scherben des Lebens wacht. Wenn Kaschnitz sagt, dass etwas von den Bittrufen des Kindes mit in dieses »elbische Wesen« eingegangen sei, so berührt sich dies mit ihrer eigenen Poetik, mit ihrem Glauben, dass im Wort das »Schreckliche zu bannen« sei.[109]

Demnach ist die Kindheit zuletzt – das ist für Kaschnitz' Verständnis entscheidend – Hort des Unrealisierten, des immer schon Nachträglichen. Koeppen, der mit Kaschnitz befreundet war, hat in seiner Besprechung zum »Haus der Kindheit« dessen Grundzug mit dem Erschrecken in Verbindung gebracht. Dieses Haus sei kein Bau der Geborgenheit, sondern einer »Konfrontierung«.[110] Diese erweist sich als umso schmerzhafter, da für die Konfrontation eine große Vergessenheit überwunden werden muss. Darum lagert in der innersten Krypta dieses Hauses nicht selten ein verborgener Schmerz, reich an profundem Vergessen, in dem »ich nicht einmal erinnere, es vergessen zu haben«.[111] Das ist die Wahrheit dieses Hauses. Insofern könne es nur aus dem Baustoff der Melancholie, so Koeppen, errichtet worden sein.[112] Dem Unrealisierten darin korrespondiert ein erst nachträgliches Gewahrwerden, wenn der erste Schock zur Ruhe kommt und sich durch ein späteres Erlebnis wieder bemerkbar macht.

Dies dürfte auch das Verhältnis von Kaschnitz' Aufzeichnungen zu ihren Erlebnissen gewesen sein. Ähnlich hat Vladimir Nabokov erklärt, dass er erst, als alles in Scherben gegangen war, zu realisieren begann, was seine Kindheit ausgemacht hat. Er konnte dessen erst gewahr werden, »als die Dinge und Wesen, die ich in der Sicherheit meiner Kindheit am meisten geliebt hatte, zu Asche geworden« waren.[113] Bei Kaschnitz ist dieses rückwärtig tätige Gefühl

---

108 Vgl. Benjamin. Berliner Kindheit um Neunzehnhundert, 303. Sowie: Kaschnitz. Der Preis der Geborgenheit, 585. Zu einer Ästhetik des Bruchs und der Bruchstellen bei Kaschnitz der Hinweis bei: Ruth Klüger. Die beiden Ichs in der Lyrik von Marie Luise Kaschnitz, in: Marbacher Magazin Nr. 95 (2001), 5–12, hier: 5 f.

109 Vgl. Kaschnitz. Orte, 434. Sowie: Kaschnitz. Der Preis der Geborgenheit, 585.

110 Vgl. Wolfgang Koeppen. Auch die Kindheit war kein Paradies. Zu Marie Luise Kaschnitz' »Das Haus der Kindheit« (1957), in: ders. Gesammelte Werke. Bd. 6, 315–317, hier: 316.

111 Augustinus. Confessiones X, 20. Hier zitiert nach: Angehrn. Sein Leben schreiben, 200.

112 Vgl. Koeppen. Auch die Kindheit war kein Paradies, 317.

113 Vgl. Vladimir Nabokov. Erinnerung, sprich. Wiedersehen mit einer Autobiographie. Gesammelte Werke. Bd. XXII. Hg. von Dieter E. Zimmer. Reinbek bei Hamburg 2009 (1966), 154. Sowie: Angehrn. Sein Leben schreiben, 141.

ambivalenter, war bei ihr das »Haus der Kindheit« selbst vom Verschwinden bedroht.[114] Doch greift einmal die Kraft der Kindheit, so hat sie ihre spezifische Zeitlichkeit: Sie ist ein Vergangenes, das im vollen Sinne bisher nie gegenwärtig gewesen ist.[115] Das Unrealisierte ist darin in Retention zurückgehalten, so verkapselt, dass es zu keinem Teil des Selbst bisher werden konnte. Dabei kann die Zurückhaltung eines Erlebten die Form einer Entgegenwärtigung annehmen, wie es Benjamin mit der Metapher der Krypta andeutet und wofür die Phänomenologie den Begriff der Latenz reserviert hat.[116] Zum anderen impliziert das Modell der Kindheit eine verspätete Offenbarung, wie beim Öffnen der Kindheitskrypta ein *futurum exactum* in Bezug auf die eigene Lebenszeit greift. Dies ist ausgesprochen im Satz ›Das wirst du gewesen sein‹.[117] Solange dieses Zurückgehaltene in den seelischen Krypten lagert, kann und wird es die Form einer Heimsuchung annehmen. Man hat dafür im Französischen den Ausdruck »hantise du passé« gefunden: Spuk, der vom Vergangenen ausgeht.[118]

Nicht zufällig wurde im Französischen das Wort *hantise* benutzt, um auch die Begegnung mit Orten zu beschreiben, an denen etwas nicht stimmt.[119] So

114 So wirkt das »Haus der Kindheit« zunächst als ein geschichtsloser Bau, der sich im Laufe der Erzählung beständig in seiner Gestalt wandelt: Kaschnitz. Haus der Kindheit (1956), in: dies. Gesammelte Werke. Bd. 2, 271–377, hier: 276f. Hier beweist sich Benjamins Gedanke, dass die unwillkürliche Erinnerung den Schock einer Realisation des Vergessenen auslösen kann: Walter Benjamin. Zum Bilde Prousts (1929), in: ders. Gesammelte Schriften. Bd. II-1. Hg. von Rolf Tiedemann und Hermann Schweppenhäuser. Frankfurt a.M. 1980, 310–324, hier: 311.

115 Vgl. Angehrn. Vom Anfang, 83.

116 »Die eigentümliche Intentionalität der Entgegenwärtigung […] hat den phänomenologisch schwer beschreibbaren Charakter einer wesensmäßigen Latenz.« Eugen Fink. Vergegenwärtigung und Bild. Beiträge zu einer Phänomenologie der Unwirklichkeit, in: Jahrbuch für Philosophie und phänomenologische Forschung 11 (1930), 239–309, hier: 260.

117 Diese Figur findet sich bei Angehrn: »Ich bin, der ich gewesen sein werde, als den ich mich dereinst rückblickend beschreiben werde«. Angehrn. Sein Leben schreiben, 97. Diese Zeitform autobiografischen Deutens hat schon Goethe erwähnt. Vgl. Johann Wolfgang von Goethe. Aus meinem Leben. Dichtung und Wahrheit (1811). DKV-Ausgabe. Bd. 15. Hg. von Klaus-Detlef Müller. Frankfurt a.M. 2007, 81.

118 Vgl. Henry Rousso. La hantise du passé. Paris 1998. Der Sprachwissenschaftler Wandruszka hat das französische *hantise* nicht nur mit dem »Unheimlichen«, sondern dem »quälenden Gedanken« in Verbindung gebracht: Wandruszka. Angst und Mut, 57.

119 Hierzu der Eintrag »hantise« im CNRTL, in dem eine andere Umschreibung von *hantise* lautet: »Lieu que l'on hante.« Vgl. https://www.cnrtl.fr/definition/hantise

ist Kaschnitz – bei einer späteren Rückkehr 1967 – nicht nur Berlin suspekt, sondern sie selbst ist die Suspekte, insofern die nachgeborene Bevölkerung mit ihren Erinnerungen nur wenig anzufangen weiß. Sie erzählt in »Tage, Tage, Jahre« die Anekdote einer Überlebenden der Kapitulation, die in den Gegenwartshorizont ihres Besuchs hineinspielt. In einem »Mietshaus in Berlin-Schöneberg«, in jener Gegend, in deren Nähe sie einst wohnte, habe sich eine Geschichte aus der »Null-Stellung« der Stadt zugetragen, vor und nach der Einnahme durch die Rote Armee.[120] Aus Angst vor Übergriffen und Vergewaltigungen beschlossen die Hausbewohner, kollektiv Suizid zu begehen, um Gewalt und Schande zu meiden. So taten es die meisten, bis auf eine Frau, die mit ihrer jungen Tochter in den Selbstmord gehen wollte. Sie aber zögerte, sodass sie als Einzige überlebte. Als die Russen das Haus erreichten, geschah nichts, die anderen waren »unnötigerweise in den Tod gegangen«.[121]

Die Alte blieb als letzte Bewohnerin des Hauses, in das alsbald neue Bewohner Einzug hielten. Sie wurde für die Neuen zu einem Gespenst, da sie in den Wohnungen nicht nur die Lebenden, sondern »die Toten noch sitzen sah«.[122] Die alte Frau wurde zur unbequemen Zeitgenossin – und zum Alter Ego der Tagebuchschreiberin. Durch ihr Überleben schien sie in einem Zeitlimbus festgehalten: noch nicht bei den Toten und nicht mehr bei den Lebenden. Diese Memorabilie – ein typischer, verdichteter Textsplitter – stellt eine Verbindung her zwischen dem Gegenwartsberlin und ihren Berlin-Miniaturen als Erinnerungstücken, die sie in »Orte« publizierte.[123] Mit Kaschnitz eigenem Ausdruck kann man den Kern ihres Mosaikstils als »Heimgesuchtwerden von Bruchstückhaftem« charakterisieren.[124] Die Brücke zwischen der Frau in der Anekdote und ihr liegt in der Erfahrung, zu Figuren eines Zwischenreichs geworden zu sein. Etwas von dieser Haltung scheint im Fortgang des Tagebuchs auf die Autorin übergegangen zu sein.

---

120 Vgl. Kaschnitz. Tage, Tage, Jahre, 208.

121 Vgl. ebd., 209.

122 Ebd., 210. Eine Erfahrung, die Kaschnitz auch in ihrer Lyrik aussprach: »Die Erdrosselten saßen / Die Erschossenen mit am Tisch / Höflich unsichtbar.« Marie Luise Kaschnitz. Ich lebte (1962), in: dies. Gesammelte Werke. Bd. 5, 342–347, hier: 343.

123 Zur kleinen Form der Memorabilie als verdichtetem Sinnträger vgl. André Jolles. Einfache Formen. Legende, Sage, Mythe, Rätsel, Spruch, Kasus, Memorabilie, Märchen, Witz. Tübingen 1982 (1930), 209.

124 Vgl. Kaschnitz. Das Haus der Kindheit, 307. Zur Form des Anekdotischen im Nachkriegsberlin auch: Ihlenfeld. Stadtmitte, 50.

Im Schweigen: Horchen auf die Stille

So lässt sich Kaschnitz von einem jungen Taxifahrer durch die öde Straße ihrer Kindheit fahren, für sie Piste des Vergessens und Prärie der Geschichte gleichermaßen: »Von-der-Heydt-Straße, alte Kinderstraße, kein Haus auf der rechten, kein Haus auf der linken Seite.«[125] Dem Unverständnis der Nachgeborenen in der Suizid-Anekdote entspricht hier ein ungläubig ihren Beschreibungen lauschender Fahrer: »Meine Taxifahrer waren jung, der Tiergarten, wieso abgeholzt, der war immer so, abgeholzt war der nicht.«[126] Dagegen werden die »breiten, leeren Straßen« der autogerechten Stadt lobend erwähnt.[127] Was Kaschnitz als Abbau des Zeithorizonts empfand, bezeichnete Hamburger als »foreshortening of history«, sein Ausdruck für den paralysierten Zeitsinn im Nachkrieg.[128] Eine Abgeschnittenheit machte sich bemerkbar, die Kaschnitz im »Haus der Kindheit« ins Bild eines Herausgefallenseins aus dem Bau der Zeit beschrieb, dessen Konturen verblassten wie die Gebäudeumrisse ihrer »Kinderstraße«. Eine Krise des ›Einhausens‹ griff um sich, nicht nur am Ort, sondern auch in der Sprache.[129] Beides, die Aspektik der Stadt, die auf sie wie »Möbel aus dem Warenhaus« wirkte, und die Verkargung der Sprache liefen im »Haus der Kindheit« in einem »schwarzen Loch« zusammen: »Wo im Gedächtnis der meisten Leute eine Reihe von hübschen, freundlichen Bildern auftaucht, ist bei mir einfach ein schwarzes Loch, über das zu beugen mich trübe stimmt.«[130] Ein »übler Geschmack« gehe von dem Vakuum aus. Dessen Unzugänglichkeit korrespondierte mit einem fehlenden Selbstbezug.

Etwas vom Szenario des Von-sich-Abgesperrtseins fand Kaschnitz im Raum der Stadt also wieder. Denn ein »politischer Wurm« sei in die Stadt hineingekrochen.[131] Berlin befand sich in einem paradoxen Zustand zwischen Schlummer und Attentismus. Ähnlich hat es Ingeborg Bachmann beschrie-

---

125 Kaschnitz. Tage, Tage, Jahre, 313.
126 Ebd.
127 Vgl. ebd., 314.
128 Vgl. Hamburger. After the Second Flood, 30. Sowie zur Diagnose eines ›paralysierten Zeitsinns‹: Hans Blumenberg. Die endgültig verlorene Zeit. Zum dritten Band der deutschen Proust-Ausgabe (1955), in: ders. Schriften zur Literatur, 212–214, hier: 213.
129 Zur Verkargung der Emotionen in der Sprache im Nachkrieg vgl. Marie Luise Kaschnitz. Liebeslyrik heute (1962), in: dies. Gesammelte Werke. Bd. 7, 267–289, hier: 267. Sowie zum Vorgang des ›Sich-Einhausens‹ ins Leben: Angehrn. Sein Leben schreiben, 235.
130 Kaschnitz. Das Haus der Kindheit, 276. Sowie zur Physiognomik der Nachkriegsstädte: Kaschnitz. Wohin denn ich, 441.
131 Zum »politischen Wurm« in Westberlin: Kaschnitz. Tage, Tage, Jahre, 313.

ben, die gelegentlich ihr Dasein in Berlin-Friedenau, in der Einflugschneise der amerikanischen Besatzungsmacht, fristete. Bei ihr war es ein unterschwelliges Gefühl der Bedrohung, das zwischen ermattender Verschlafenheit und gefährlicher Schlaflosigkeit pendelte.[132] Bei Kaschnitz wird es zu latenter Angst: innere Weite des städtischen Vakuums, doch auch das mulmige Gefühl einer Eingeschlossenheit.[133] Was ihr am Ort ihres ruinierten Hauses der Kindheit widerfuhr, war die Betroffenheit durch akuten Weltmangel, dem nur mit der »unerbittlichen Wahrheit des Erlebens« zu begegnen war.[134] Sie reagierte noch einmal mit einem Umgraben des Vergangenen.

Wieder findet sie sich an der Gedächtniskirche ein. Der Rückkehrerin ergibt sich eine doppelte Ansicht, entgegen der Selbstmythologisierung Westberlins. Es war das Vorgespielte, das ihr aufstieß, so als fehle nur ein »künstlicher Invalider« oder ein »sehender Blinder, der da auf Anweisung der Behörden seine Kurbel dreht«.[135] Was sie formulierte, war die Befürchtung, dass die Stadt unter das Niveau ihrer Erfahrungen rutschen könnte. Kaschnitz scheint hier, das deutet ihre Polemik gegen die Stadtfolklore an, ihren *vertigo historicus* erlebt haben. Aus der Zeit nach dem ersten Krieg waren ihr die Invaliden wohlvertraut, die sie auf dem Weg zur Schule passierte. So sprach sie in einer Notiz davon, dass sie als Kind die »Großstadt im Krieg« erlebt habe, jene mit »abgerissenen und todmüden Soldaten aus dem Feld«, die dort als verlorene Seelen, als Ruinen einer Niederlage, in den Winkeln lagen.[136]

Kaschnitz ging zurück in die Kontrasterfahrung anderer Gebiete. Da war nicht nur das »Großzügige«, aber »Provinzielle« jenes Verstecks im Südwesten, in welches sich das literarische Berlin um Günter Grass zurückgezogen hatte, sondern es gab auch die Ernstfallgegenden, die sie in der »Friedhofsstille« an der Mauer fand.[137] Bei diesem Besuch suchte sie auch – wie in einer Umkehrung ihrer ersten Begehung – den Rand der Inselstadt auf. Hier

---

132 Vgl. Ingeborg Bachmann. Das deutsche Wunder, in: dies. Ich weiß keine bessere Welt. Unveröffentlichte Gedichte. Hg. von Isolde Moser u.a. München, Zürich 2003, 133 f.

133 Grundlegend zur Ausgesetztheitserfahrung der Angst, die auch eine erschließende Kraft entfalten kann: Heidegger. Sein und Zeit, 182.

134 Vgl. Marie Luise Kaschnitz. Vom Wortschatz der Poesie (1949), in: dies. Gesammelte Werke. Bd. 7, 536–542, hier: 541.

135 Kaschnitz. Tage, Tage, Jahre, 314.

136 Vgl. Kaschnitz. Texte aus dem Nachlaß, 834.

137 Zur »Friedhofstille« an der Mauer: Kaschnitz. Tage, Tage, Jahre, 315. Auch ihre Beschreibung von Berlin-Friedenau, wo sie Grass, Johnson und Enzensberger traf, vgl. Kaschnitz. Tagebücher. Bd. 2, 911.

in der Lisière, für den Flaneur stets erhellenden Terrain, schloss sich der Kreis ihrer Beobachtungen.[138] Denn an diesem Ende wurde etwas von der ptolemäischen Welt Westberlins – um mit Benn zu sprechen – sinnfällig.[139] Gleich einem abgeschlossenen Bau besaß die Stadt ein gespanntes Innen- und Außenverhältnis. Ihr Rand wurde von zwei Tendenzen ergriffen. Er war zum einen Einsatzgebiet der Besatzungsmächte, die die Hoheit über die Grenze hatten. Zum anderen wiederholte sich dort das Nomadisch-Werden der Architektur wie im Zentrum. So entstanden am Rand, neben dem Märkischen »Geisterviertel«, temporäre Industriekomplexe, die im Ernstfall eingepackt werden konnten: mobile Arbeitsstätten einer Frontstadt.[140] Es bewahrheitete sich, was sie als das metamorphotische Prinzip der Nachkriegsstadt erkannte.[141] Damit spitzt sich etwas zu, was seit je den Stadtkundler ausgezeichnet hat: ein Gefühl für die Verwandlung.[142] Diese Vergängniserfahrung hatte Kaschnitz bereits im Gedicht »Wandlung« am Frankfurt der Stunde Null skizziert: »Das wußte ich nicht, wie bald / Ruinen verwittern«.[143] Im Berlin des *aftermath* des Krieges machte sie eine neue Erfahrung: Hier trat die Metamorphose auf der Stelle, verblieb im Wartestand.

Wenn sie in »Tage, Tage, Jahre« den Finger in die Wunde einer vage gewordenen Stadt legte, so schien sie ihr persönliches Thema, die Topoi der Kindheit, mit nach Hause genommen zu haben. Kaschnitz hat diese Schwierigkeit auf offenherzige Weise ausgesprochen: Gleich einer Lastenträgerin wähnte sie sich mit einem »Sack voll Erinnerungen, die nicht gehütet, voller Erfahrungen, die nicht genützt« wurden.[144] Dieser »Sack«, ihr Bild eines Horts des Unrealisierten, zielte auf den Kern ihrer Literatur. Von diesem Hort sollte sie in ihren Berlin-Miniaturen in »Orte« sprechen, dort, wo nicht nur die Kindheit als Verfahren im Zentrum steht, sondern

138 Zum Bild der Stadt von der Lisière aus siehe: Georg Hermann. Um Berlin, in: Pan 2 (1912), Nr. 40, 1101–1106, hier: 1104.

139 Zur ›Weltranderfahrung‹ auch Frischs Besuch in der Enklave Steinstücken: Max Frisch. Aus dem Berliner Journal (1973/74). Hg. von Thomas Strässle. Berlin 2015, 61.

140 »Auf das Geisterviertel folgen auf leerem Land die Fabriken«. Kaschnitz. Tage, Tage, Jahre, 314.

141 Kaschnitz hat sich früh mit Goethes Metamorphosenlehre beschäftigt. Hierzu: Kaschnitz. Tagebücher. Bd. 1, 128 f.

142 Zum Verwandlungsgedanken auch: Benjamin. Passagen-Werk, 1052.

143 Marie Luise Kaschnitz. Große Wanderschaft (1948), Gesammelte Werke. Bd. 5, 135–167, hier: 144. Zum Begriff der ›Vergängnis‹ siehe: Frisch. Tagebuch 1946–1949, 499.

144 Vgl. Kaschnitz. Wohin denn ich, 381.

vor allem die Fragmente des Entgangenen. Man kann also ihre Berlin-Bilder als verspätete Botschaften auffassen, die das Ende einer Epoche mit deren Anfang verknüpfen.

Dies zeigt schon die unscheinbarste der Miniaturen, in der sie bis an den Anfang der Urbanisierung des Berliner Westens zurückgeht. Es ist die Gegend ihrer ersten Kinderjahre in der Hardenbergstraße, die fast surreal damals freies Feld war, so frei, dass hinter den Mauern Kürbisse gezüchtet wurden, als durchlaufe die Stadt einen Zyklus der Wiederkehr. Etwas von der Kolonistenstadt haftete ihr noch an.[145] Wenn hier die Zyklen ihrer Verwandlung zur Sprache kommen, so rückt Kaschnitz in den anderen Stücken je unterschiedliche Aspekte ihres Daseinstopos ins Licht, das Motiv des Hauses und des Sturzes, der scheinbaren Idylle und der sich anbahnenden Schatten, zuletzt des Kirchenbaus und der ohne Sinn gesprochenen Beschwörungsworte. Hervorzuheben ist zunächst jenes Stück ihres Schulweges. Im Jahr 1913 zogen Kaschnitz' Eltern in die Von-der-Heydt-Straße, jene bürgerliche Gegend des Geheimratsviertels zwischen Tiergarten und Landwehrkanal, die vom liberalen Judentum geprägt war.[146] In »Rennen und Trödeln«, der Prosaminiatur, die auch in Klaus Wagenbachs Orte-Anthologie »Atlas« Eingang fand, hob sie hervor, dass diesen Weg über den Kanal gen Westen etwas Unheimliches umgab, das sich ihr als Kind damals nicht offenbarte. Erst im Nachhall, als dies alles »Ödland« geworden war, erhielt es einen Sinn.[147]

Wie zum Ausweis, dass es sich bei diesem Gebiet um ein verschwundenes Atlantis handelte, das dem Leser der 1960er Jahre so versunken war, dass er nicht einmal den Namen kannte, ist vor ihr Prosastück in »Atlas« ein Lexikon-Eintrag aus der Vorkriegszeit gestellt, der die Vorgeschichte dieses verlorenen Flecks auf der Karte in Erinnerung rief: »Der Teil der Stadt, der im N. vom Tiergarten, im O. von der Potsdamer Bahn begrenzt wird, im W. etwa bis zur Linie Lützowplatz-Nollendorfplatz reicht und im Süden ungefähr mit dem Kleistpark seinen Abschluß findet, wird der Alte Westen

---

145 Zum *terrain vague* in der Hardenbergstraße am Beginn der Urbanisierung des Neuen Westens: Kaschnitz. Orte, 565. Zur Vision des eines Tages ›friedlich aufgegebenen‹ Berlin: ebd., 313. Zur »ewigen Kolonialstadt« Berlin schon: Ernst Bloch. Berlin aus der Landschaft gesehen (1932), in: ders. Gesamtausgabe. Bd. 9. Frankfurt a.M. 1985, 408–420, hier: 414. Zur Besiedelung des Gebiets Berlin im Zuge der deutschen Kolonialisation des Ostens: Helge Pitz u.a. Berlin-W. Geschichte und Schicksal einer Stadtmitte. Bd. 2. Berlin (West) 1984, 19f.

146 Vgl. von Gersdorff. Kaschnitz, 27.

147 Vgl. Marie Luise Kaschnitz. Rennen und Trödeln (1965), in: dies. Gesammelte Werke. Bd. 3, 725–728, hier: 726.

genannt.«[148] Aus dem oberen Teil dieses Gebiets wurde die Zeitgegend. Auch Kaschnitz' Erinnerungsweg führte sie von der Von-der-Heydt-Straße zum Lützowplatz, der Gegend Franz Hessels, am Kadewe vorbei bis zu ihrer Schule.

Dabei führte dieser Weg des durch Trödeln sich verspätenden Kindes an einer Reihe von Sarggeschäften vorbei: Die gab »es hier in großer Anzahl«.[149] Man stockt, so wie das Kind das »Rennen« unterbricht, weil etwas seine Aufmerksamkeit auf sich zieht. Warum gibt es hier Bestattungsinstitute in »großer Anzahl«? Kaschnitz zog 1913 in die Gegend. Das heißt, sie beschreibt ihren Weg während des Ersten Weltkrieges und unmittelbar danach. Davon sagt sie nichts; aber das Kind fängt es ein. Es sind jene Hintergrundgeräusche, auf die der Flaneur laut Benjamin zu achten hat. Nach einem Sturz des Kindes in »Rennen und Trödeln« heißt es: »Der Schädel brummt wie ein Maikäfer, Maikäfer flieg, mein Vater ist im Krieg, die Mutter schläft noch in ihrem breiten Bett«.[150] Das Kind schnappt etwas auf, summt es fort, eine Geschichte, ein Lied aus dem Dreißigjährigen Krieg.

Zieht man ein anderes Teil des Mosaiks aus »Orte« zu diesem Passus hinzu, vernimmt man im Vorbeigehen einen Fetzen von nach dem Krieg. Dort singen die Kinder, etwas vom Makabren ahnend, beim Überqueren des Landwehrkanals den Vers: »Es schwimmt eine Leiche im Landwehrkanal.«[151] Mehr wird nicht gesagt. Wieder liegt etwas in der Luft: Es ist das Schmählied, das nach der Ermordung Rosa Luxemburgs in Umlauf gekommen war, die an dieser Stelle in den Kanal geworfen worden war. Bei Kaschnitz ist der Alte Westen also nicht mehr der antike, wie noch bei Hessel, sondern schon das Revier ahnungslos weitergesagter Worte nach der ersten Katastrophe.[152] Der absichtslose Vorgang in »Rennen und Trödeln« bekommt eine gespenstische Wendung: Was war es, das man womöglich verpasst hatte? Das man erst realisierte, als man mittendrin war? Damit ist die Miniatur noch nicht zu Ende: Ihr Weg führt weiter zum Konservatorium in die Genthiner Straße, in jenes spätere Ödland. Dort fällt die Zentralmetapher des Sturzes: Vom Dach des Gebäudes stürzte sich direkt nach dem Krieg – Gründe werden nicht genannt – eine Frau in die Tiefe. In Kaschnitz' Schilderung stürzt sie am Fenster des Unterrichtsraumes vorbei: »Da fällt ein Mensch vom Dach.«[153]

148 Marie Luise Kaschnitz. Rennen und Trödeln, in: Klaus Wagenbach Verlag (Hg.). Atlas. Zusammengestellt von deutschen Autoren. Berlin (West) 1965, 81–84, hier: 81.
149 Vgl. Kaschnitz. Rennen und Trödeln, 726.
150 Ebd., 726.
151 Kaschnitz. Orte, 539.
152 Zur ›Berliner Antike‹: Benjamin. Berliner Kindheit um Neunzehnhundert, 238f.
153 Kaschnitz. Orte, 539.

Hier taucht ein weiteres Hintergrundmotiv ihrer Kindheit auf: etwas, von dem in den Tagebuch-Erkundungen keine Rede ist. Es ist später Realisiertes: das Bild des lautlosen Absturzes als kaum gesehener Einbruch. Treffend sprach Hamburger, Kaschnitz' Erinnerungsarbeit beschreibend, von den »shock-waves of a delayed awarness«, die durch ihr Werk gingen.[154] Sie sollte diese »Schockwellen« auch in andere Geschichten einflechten. So nach dem Krieg in »Die Schlafwandlerin«, wo die Abstürzende eine Taumelnde zwischen den Ruinen wird.[155]

Daneben in derselben Sammlung die nur vordergründig witzige Anekdote über ihren Gang in den Park mit einem englischen Kinderfräulein namens Cacol. Die gegenüber den Gepflogenheiten unbekümmerte Engländerin schien sich wenig um Verbote zu scheren, wozu das Betreten der Grünanlagen gehörte: bis ein »Pickelhaubenschatten« auf ihr Idyll fällt. Ein Vertreter der Staatsgewalt tritt auf, um ihre Personalien aufzunehmen. Geistesgegenwärtig gibt die Engländerin eine »fremde Straße« und ausgedachte Namen zu Protokoll. Dieses schelmische Spiel wird zum Triumph des Kindes, das sich wie »Rumpelstilzchen« fühlt. Doch ihre Unbedachtheit bringt die Episode zum Einsturz. Sie erzählt die Geschichte ihren Eltern, woraufhin Cacols »Tage im Hause eines deutschen Offiziers« gezählt waren.[156] Dem Kind sei die Wendung unbegreiflich gewesen. Was Kaschnitz mit dieser Parkszene anspricht, ist die damals vor ihr stehende Erfahrung eines Sogs des Konformismus.[157]

Wohin diese Kraft führen konnte, darauf weist die letzte der Berlin-Miniaturen. Es ist die schmerzhafteste aller, weil sie mit Kaschnitz' Verstummen im Dritten Reich zu tun hat. In der Miniatur beschreibt sie, wie ihr Feigheit den Mund verschlossen habe: »Aufzustellen wäre das Schuldregister. / Schuld unsere erste: Blindheit / (Wir übersahen das Kommende). / Schuld

154 Vgl. Hamburger. After the Second Flood, 212.
155 Es ist unwahrscheinlich, dass Kaschnitz schon Brochs bekanntes Schlafwandler-Motiv für den Gang in den Ersten Weltkrieg kannte, das heute durch Christopher Clark zu einiger Bekanntheit gekommen ist. Kaschnitz' Kindheitsanekdote der sich in den Tod stürzenden Frau scheint eine wahre Begebenheit zu sein. Sie schreibt hier ein eigenes Grundmotiv fort: Marie Luise Kaschnitz. Die Schlafwandlerin (1952), in: dies. Gesammelte Werke. Bd. 4. Hg. von Christian Büttrich und Norbert Miller. Frankfurt a.M. 1983, 119–128, hier: 120.
156 Vgl. Kaschnitz. Orte, 575.
157 Zum Konflikt zwischen sanktionierender Moral und der optativen Ethik auch: Paul Ricœur. Ethik und Moral (1990), in: ders. Vom Text zur Person. Hermeneutische Aufsätze (1970–1990). Hg. von Peter Welsen. Hamburg 2005, 251–267, hier: 252.

unsere zweite: Taubheit. / (Wir überhörten die Warnung). Schuld unsere dritte: Stummheit / (Wir verschwiegen, was gesagt werden mußte)«.[158] Register des Verpassten, aber auch offenes Eingeständnis. Die dritte Miniatur führt dazu aus, dass ein Verständnis des Wegs in die Katastrophe sich Klarheit zu verschaffen hat, worin das Wesen der Hitler-Diktatur bestanden habe. Laut Kaschnitz darin, die Zeitgenossen bewusst in Komplizenschaft zu verstricken. Das Nicht-Realisierte der Nachkriegszeit sei für sie nicht das Wissen oder Unwissen um die Verbrechen des Regimes gewesen, sondern vielmehr dass eine Verstrickungsgemeinschaft bewusst herbeigeführt wurde. Kaum einem sei später begreiflich zu machen gewesen, »daß man eben einiges erfahren sollte, daß gewisse Gerüchte absichtlich in Umlauf gesetzt wurden, mit der Absicht zu erschrecken, abzuschrecken, so ist es dem und dem ergangen, so ergeht es auch dir«.[159] Die Weise, den anderen etwas von der Existenz des Furchtbaren, etwa der Lager, wissen zu lassen, war Methode der Beherrschung im Inneren.[160]

Ein seltsamer Ort wird hier also umkreist, auf keiner Landkarte zu finden: der Topos der Verstrickung, einer Begegnung mit dem eigenen Schicksal.[161] Gleichwohl verstummte die Autorin nicht ganz im Dritten Reich. Sie nahm wahr. Nicht nur den Absturz des geistigen Lebens hat sie angedeutet, auch die Kriegsvorbereitungen.[162] Es sei »Mahnung« nötig, heißt es im Tagebuch, nicht »alles auf die irdische Macht, auf die Kraft der Kanonen […] zu setzen.«[163] Sie erwähnt die Pogrome: »Tage der tiefsten Niedergeschlagenheit, Scham und Trauer.«[164] Doch mit dem Ausbruch des Krieges klaffen Lücken im Tagebuch. Es wird dieses Verstummen gewesen sein, das sie sich

158 Marie Luise Kaschnitz. Schnee (1962), in: dies. Gesammelte Werke. Bd. 5, 347–352, hier: 351. So hat sie die »Feigheit« als ihre Schwäche bezeichnet. Vgl. Marie Luise Kaschnitz. Fragebogen des Marcel Proust (1971/72), in: dies. Gesammelte Werke. Bd. 7, 944f., hier: 945. Sowie zur Zivilcourage als Abstand vom Konformismus siehe: Hans-Georg Gadamer. Die Idee des Guten zwischen Plato und Aristoteles (1978), in: ders. Gesammelte Werke. Bd. 7. Tübingen 1991, 128–227, hier: 163.

159 Kaschnitz. Orte, 574.

160 Es nutzte den »Affektcharakter« der Furcht. Vgl. Heidegger. Sein und Zeit, 341.

161 Zu einer Geschichtsvorstellung, die zentral vom Verstricktsein in Geschichten ausgeht und in diesem Kontext auch den Begriff eines Ausgeliefertseins an eine Schande behandelt: Schapp. In Geschichten verstrickt, 153.

162 Vgl. Kaschnitz. Tagebücher. Bd. 1, 144, 163. Kaschnitz scheint auch Loerkes Werk, zumindest nach dem Krieg, zur Kenntnis genommen zu haben. Vgl. Marie Luise Kaschnitz. Rettung durch die Phantasie (1974), in: dies. Gesammelte Werke. Bd. 7, 993–1002, hier: 995.

163 Kaschnitz. Tagebücher. Bd. 1, 144.

164 Ebd., 228.

später vorwarf. Auf vertrackte Weise muss es für sie mit dem »Kirchenstumpf« am Breitscheidplatz in Verbindung gestanden haben. So kommt sie in der dritten Berlin-Miniatur auf die Kaiser-Wilhelm-Gedächtniskirche zurück, mit der sie das verband, was sie die Intensität der »zauberkräftigen« Worte nannte.[165] Darin taucht das Wort »Schuld« zum ersten Mal auf, das ihr in dem Bau begegnet sei, auch wenn ihm damals noch kein inneres Empfinden zugewiesen war. Später sei es anders gekommen. Da waren die Erklärungen schnell bei der Hand; man erklärte »Verfehlungen« mit »unserer Erziehung, unseren neurotischen Anlagen«.[166] Doch alle Erklärungen würden das Rätsel nicht lösen, das mit entsetzlichem Sinn sich angefüllt hatte: Es habe »Mitschuld geheißen oder Mitverantwortung«.

War es das, was ihr als Echo vom Rest der Gedächtniskirche entgegenkam? Etwas von der Schuld des Zeugen kam ihr zur Erinnerung an jenem Gebäude, das andere gern »abgerissen« hätten.[167] Aber so wie sich das Wort »Schuld« füllte, so kam die notwendige Kraft des Worts ins Spiel. Man kann sagen, dass Kaschnitz auf die dreifache Entdeckung je einer Facette ihrer Berliner Krypta – die Entdeckung des Absturzes, des Obrigkeitsgeistes und des schuldhaften Verstummens – mit dem Festhalten an der Kraft der Sprache antwortete. In Hinsicht auf dieses rätselhafte Herkommen der Worte hatte sie einmal gesagt: »Wo kommen die Worte her? / Aus den Fugen wie Asseln«.[168] Es ist ein Einatmen im Raum, dem ein Ausatmen zu folgen hat: »Vom Atem gestoßen, / In den Flugsand geschrieben«. Aus den Überresten ihrer Kindheitsorte hatte sie also den Anstoß bekommen. Was so langsam zur Literatur wurde, musste gleichwohl noch eine Verwandlung erfahren.

Kaschnitz hat den poetischen Zustand beschrieben, der die Metamorphose ihrer Berliner Eindrücke mitbegründet hat. Es sei jener Zustand, bei dem der vertraute Ort auf dem Blatt in neuer Amalgamierung entsteht. Rätsel der Form, die sich nur ohne Forcierung einstellt: »Warten, daß etwas geschieht.«[169] Ein Geschehen, das eine unerwartete Adhäsion zwischen den einzelnen Fragmenten stiftet.[170] Dieser Ort sei dabei nicht mehr dieser oder

---

165 Vgl. Kaschnitz. Orte, 614.
166 Ebd.
167 Vgl. Kaschnitz. Tagebücher. Bd. 1, 613.
168 Marie Luise Kaschnitz. Ein Gedicht, in: dies. Gesammelte Werke. Bd. 5, 354.
169 Kaschnitz. Wohin denn ich, 458. Damit ist der Unterschied markiert zwischen der gewordenen Gestalt und der »forma formans« als dem »Prinzip des Werdens«. Vgl. Ernst Cassirer. Form und Technik (1930), in: ders. Gesammelte Werke. Hamburger Ausgabe. Bd. 17. Hg. von Birgit Recki. Hamburg 2004, 139–183, hier: 142.
170 Vgl. Kaschnitz. Orte, 457.

jener konkrete, sondern ein poetisches Anderswo.[171] Mit diesem Ort der Dichtung verhält es sich – wie der Philosoph Gaston Bachelard gezeigt hat – wie mit dem Haus der Erinnerung: Es ist nicht dieses oder jenes Haus, sondern das Lauschen »in die Tiefe des Gedächtnisses«.[172] Dazu bedarf es eines bergenden, doch ungebundenen Verfahrens. Worauf es ankomme, so Kaschnitz in »Orte«, sei das »Nirgendwomehrsein, nicht zu Hause, nicht auf der Reise, nur bei dem, was ich mir ausdenke, bei [...] meinen Worten«.[173] Gelingt dies, so entsteht jene Spur, die nicht einfach einen Ort wiedergibt, sondern ihre Stellung zur Welt.

Man mag es bezeichnend finden, dass Kaschnitz über ihre Berliner Kindheit nie ein Gedicht hat schreiben können, so wie sie Prosaminiaturen schrieb. Gleichwohl machte sie in dieser Gattung den Vorzug sichtbar, wie man zur Vertiefung einer Sache vordringen kann.[174] Vielleicht ist dies der tiefere Sinn der kleinen Prosaform: Zuwachs bildhaften Gehalts in äußerster Verknappung.[175] Wenn dabei das Gedicht die letzte sprachliche Stufe der Nähe ist, so bleibt in der Prosa ein Rest an Distanz bestehen. Bei Kaschnitz muss es eine Reserve gegenüber ihrer Kindheit gegeben haben. Sie deutet das selbst im Bild jenes »schwarzen Loches« im »Haus der Kindheit« an. Etwas, das sich nicht überbrücken ließ, ohne sich ins Sentimentalische oder Faktografische zu retten. Die kleine Prosa schien für Berlin jenes Maß an Dichte und Nähe herstellen zu können, welches sie für angemessen hielt. Gerade darum zählte ihr einstiger Lektor Max Tau, der ihre Einfühlungskraft entdeckt hatte, »Orte« zu jener Nachkriegsprosa, die alles »überleben« werde.[176] In ihr sei

171   Zum ›Ort des Gedichts‹ auch: Martin Heidegger. Unterwegs zur Sprache. Stuttgart 2007 (1959), 37. Sowie Kaschnitz' kritische Hinweise auf Heideggers Sprach- und Kunstauffassung: Kaschnitz. Tagebücher. Bd. 1, 143. Sowie: dies. Tagebücher. Bd. 2, 371, 675.
172   Vgl. Bachelard. Poetik des Raumes, 39.
173   Kaschnitz. Orte, 457.
174   Zum Kleinen und dessen Möglichkeit zur Vertiefung einer Erfahrung: Bachelard. Poetik des Raumes, 157.
175   Zur bereichernden Eidetik vgl. ihr poetologisches Vermächtnis: Kaschnitz. Rettung durch Poesie, 1001. Zur »Verknappung der Sprache« im Spätwerk die erhellende Bemerkung von: Peter Huchel. Nachbemerkung »Zur Auswahl von Gedichten der Marie Luise Kaschnitz« (1973), in: ders. Gesammelte Werke. Bd. 2, 315f., hier: 315. Zur Poesie der Reduktion auch: von Gersdorff. Kaschnitz, 298.
176   Vgl. Max Tau an Marie Luise Kaschnitz vom 31.7.1974, Arch 2245. Max-Tau-Nachlass. Stadt- und Landesbibliothek Dortmund. Vgl. Tau zur Entdeckung von Kaschnitz' Sensibilität um 1930: Max Tau. Das Land, das ich verlassen musste. Hamburg 1961, 198.

zu finden, was für ihn als unersetzliche Anschauung den Kern aller Prosa ausmachte.[177]

Die Frage nach der Form führt zuletzt auf den anderen Aspekt ihrer Poetik, das Ethische, zurück. Dieser hat in ihrer »Lebenszeit«, so Kaschnitz, im Zeichen einer »aus den Fugen« geratenen Welt gestanden.[178] Insofern lag ihr poetologisch nichts an einer Zündung von Expressivität, wie häufig in der deutschen Poesie, sondern an der Entschärfung einer Bombe. Bomben, die als unrealisierte Blindgänger zur Anschauung zu bringen waren.[179] Ihr Sprachumgang hatte hierbei etwas von einem Gefahrenguttransport. Einen, wie man ihn in jenen Jahren sehen konnte, da Blindgänger aus der Stadt gebracht werden mussten. Ein anderer hat es beschrieben, der Flaneur Hans Scholz, dessen folgendes kleines Denkbild für das umschriebene Problem stehen mag: »Das behutsame Anfahren mit der tödlichen Fracht. Die stummen ahnungslosen Straßen. [...] Vorsicht, man fährt den Tod. Nächtlicher geht es nicht.«[180] Kaschnitz, als poetische Gefahrenguttransporterin, beschrieb ihr Credo einmal nah dem hier gewählten Bild: Ihr Dichten betreibe Bannung des Schrecklichen: »Wer ausspricht«, so Kaschnitz, »der bannt«.[181]

Dieser Suche nach dem bannenden Wort galt ihre Wanderung durch das Nachkriegsberlin. Dabei scheint sie weder den Anspruch auf Vollständigkeit noch auf letzte Klärung erhoben zu haben. Zu sehr standen die Dinge fraglich im Raum. Es gibt eine Anekdote über die späte Kaschnitz, die für ihr damaliges Formverständnis bezeichnend ist. Als die Abgabe von »Orte« beim Verlag anstand, soll Kaschnitz, als ihre Lektorin das Manuskript abholen wollte, diese Textfragmente »in die Luft geworfen und wieder eingesammelt« haben.[182] Wie der Zufall sie zueinander stellte, so sollten ihre »Orte« erscheinen. Nicht als Chronik wollte sie sie sehen, sondern in offener Tektonik. So wie sie auf den Boden gefallen waren und wie es ihr für die geschilderten Verwerfungen am Ort gemäß erschien.

177 Nach eigener Aussage wollte Tau selbst zeigen, dass das Bildhafte genuin zur Literatur gehöre; darin erscheine, was »der Dichter nicht anders darstellen kann«. Ebd., 146.
178 Vgl. Kaschnitz. Orte, 457.
179 Zu einem verwandten Gedanken poetischer ›Entschärfung‹ vgl. Max Kommerell. Gedanken über Gedichte. Frankfurt a. M. 1956 (1943), 21. Zu Kaschnitz' Kommerell-Lektüre siehe: Kaschnitz. Tagebücher. Bd. 1, 441.
180 Hans Scholz. Nachts, in: ders. Berlin Impression. Berlin (West) 1968, ohne Seitenzahlen.
181 Kaschnitz. Orte, 434.
182 Vgl. von Gersdorff. Kaschnitz, 323.

Im Schweigen: Horchen auf die Stille

5. Alter Westen oder Im Winkel des abgebrochenen Lebens:
Über einen allegorischen Bereich der Stadt

> Habe ich den abgelegenen Winkel [...] wirklich
> in meinen Kinderjahren [...] auch nur gekannt?[1]
>
> *Walter Benjamin*

Der Lexikon-Auszug zum Alten Westen vor Kaschnitz' Miniatur »Rennen und Trödeln« hat es im vorangegangenen Kapitel in aller Deutlichkeit gezeigt: dass diese Gegend die abgründig verschwundenste des alten Berlins ist. Damit ist sie, einst vor den Toren der Stadt gelegen, eine besondere im Delta der leeren Zentrale. Sie deutet, um einen Ausdruck Claude Lanzmanns zu verwenden, direkt auf das darin hausende »trou de mémoire« hin, auf das »Erinnerungsloch« im Herzen Berlins.[2] Die Überbleibsel des Alten Westens bilden für den Topos der leeren Zentrale eine Schlüsselspur, da diese Umgebung die wohl radikalste Veränderung durchlief.[3] Hier war die Auslöschung so grundlegend, dass danach – außer für Kenner – kaum noch auszumachen war, was der Geist des Orts einst gewesen sein mochte. Gerade aus dieser Verwerfungsgeschichte heraus ist an einen Begriff zu erinnern, den Benjamin einmal als Übersetzung eines Verses Baudelaires ins Spiel brachte: den des »allegorischen Bereichs« einer Stadt.[4] So lässt sich die Frage aufwerfen, was eine Allegorie eigentlich sehen lässt und zu denken gibt. Es geht mithin darum, in der Allegorie das Ereignishafte zutage zu fördern. Denn in ihr ist stets etwas von der »geschichtlichen Breite« der sie erzeugenden Vorgänge

---

1 Benjamin. Berliner Chronik, 487.
2 Vgl. Lanzmann. Trou de mémoire, 4f.
3 Die Spur plastisch verstanden als »Überreste vergangenen Lebens«, vgl. Gadamer. Wahrheit und Methode, 169. Zum Spurbegriff als »vestigium«: Blumenberg. Die Legitimität der Neuzeit, 574f.
4 »Die neue Stadt die alte / Mir wirds allegorischer Bereich.« Charles Baudelaire. Tableaux Parisiens. Deutsch mit einem Nachwort versehen von Walter Benjamin. Frankfurt a. M. 1963, 37. Zur »Großstadtallegorie« nach Baudelaire auch: Burkhardt Lindner. Allegorie, in: Michael Opitz/Erdmut Wizisla (Hg.). Benjamins Begriffe. Bd. 1. Frankfurt a. M. 2000, 50–94, hier: 74f.

aufgehoben.[5] Das geht weit über das Symbol als bloßes »Erkennungszeichen« hinaus.[6]

Auf ihre existenzielle Bewandtnis zurückgeführt zeigt die Allegorie den Moment an, in dem das Leben aus den Dingen weicht – und die »leeren Hülsen«, um an Franz Tumler zu erinnern, als Behältnisse der aufsteigenden Bilder, zurückbleiben.[7] Das ist ein schöpferischer Vorgang, dem Benjamin das aus der Melancholie sich speisende Ingenium des Dichters an die Seite gestellt hat.[8] Die aus diesem Gemütszustand genährte Perspektive gibt dem Allegoriker Einblick in die Metamorphose der Stadt. Er ist darin einer Fremdheitserfahrung ausgesetzt, die er mit dem Flaneur, als Erprobtem im Lebensweltverlust, gemein hat. Gerade das fordert seinen »Spürsinn« heraus.[9] Er ist eine Figur, um eine Wendung Richard Alewyns zu bemühen, mit »seismographischem Sensorium«.[10] Um diese Dimension geht es hier. Sie gewährt Seitenblicke ins Daseinsgeschehen, wie es Simmel in seiner Philosophie der Ruine angedeutet hat, wenn er von ihrem »Vergangenheitscharakter« sprach: die Ruine als sinnbildliche »Stätte« im Ablauf des Lebens.[11] Einer, der diese lebensphilosophische Dimension der Ruinenerfahrung in Berlin poetisch ausgedrückt hat, war Kessel. So wenn es bei ihm im Gedicht »Verschlüsselt« heißt: »Was mit der Sonne sinkt, / das tut sich kund«.[12] Erst die verjährende Spur gibt etwas preis, das gedeutet sein will.

Der Alte Westen wurde nicht erst mit seiner planerischen und kriegerischen Zerstörung in den 1930er und 40er Jahren zum allegorischen Bereich, er war es bereits in der Zwischenkriegszeit. Das beweist Franz Hessels Miniatur »Im alten Westen«. An ihr ist jene Erfahrung festzustellen, dass schon dem Urflaneur die Gegend am Tiergarten zum persönlichen Ort des Eingedenkens wurde – so wie es Benjamin in der Besprechung von »Heimliches Berlin« gesagt hat: Hier ist er als Schwellenkundler zu

5 Zur »weltlichen« und »geschichtlichen Breite« der Allegorie vgl. Benjamin. Ursprung des deutschen Trauerspiels, 342. Sowie zum »Inventarisieren der Vergangenheit« in der Allegorie: Peter Szondi. Hoffnung im Vergangenen. Über Walter Benjamin (1961), in: ders. Schriften. Bd. 2. Frankfurt a.M. 1976, 275–294, hier: 293.

6 Hierzu die Abgrenzung des Symbols als »Erkennungszeichen« von der Allegorie in: Gadamer. Wahrheit und Methode, 79.

7 Vgl. Tumler. Berlin. Geist und Gesicht, 70, 86.

8 Vgl. Benjamin. Passagen-Werk, 54.

9 Zu Benjamins Hinweis auf den »Spürsinn« siehe: Benjamin. Ursprung des deutschen Trauerspiels, 329.

10 Vgl. Alewyn. Hofmannsthal und diese Zeit, 11.

11 Zum »Vergangenheitscharakter der Ruine«: Simmel. Die Ruine, 129.

12 Kessel. Verschlüsselt, 76.

Hause.[13] Es sei ein Terrain, an dem sich für ihn die doppelten Belegschaften – die einstigen und die gegenwärtigen – ablesen ließen.[14] Diese Einsicht bleibt nicht auf Hessel beschränkt. Für alle jene Flaneure, die die Stadt haben wachsen sehen, war der Alte Westen »lieu de mémoire«.[15] So taucht er bei Georg Hermann auf, für den dieser an den »Geruch an ganz vergessene Zeiten« erinnerte, wie bei Gabriele Tergit, die hier aufgewachsen war und ihn in Trümmern wiederfand.[16] Noch bei den Nachkriegsflaneuren von Kaschnitz bis Scholz ist der Alte Westen ein Schlüsseltopos, als Inbegriff einer abgebrochenen Wirkungsgeschichte.[17] Man kann sagen: Er ist der Genius Loci einer Berliner Eidetik, Ort eines Forschens im Unwillkürlichen unter widrigsten Bedingungen.[18] Bei den Vorkriegsflaneuren war er der Eichpunkt ihres Stadtgedächtnisses, so wie er danach Sinnbild eines kollektiven Erinnerungslochs wurde. Diese Drastik des Umbruchs – vom Genius Loci zum *trou de mémoire* – ist wohl mit keiner anderen Wohngegend so eng verknüpft. Diesen Umbruch hat Scholz in einer Stereoskopie, vom bürgerlichen Herz zum Niemandsland, beschrieben. Er betont darin, wie das Erinnern selbst auf die Probe gestellt wurde: »Quae mutatio rerum! Dort«, schrieb er Ende der 1970er Jahre, wo Fontanes Werk entstanden, S. Fischer beheimatet gewesen war, sei heute »nichts mehr und drüben rechts der Spree ödet sich ›die Mauer‹ durchs […] verschanzte Niemandsland«.[19] Auf verwandte Weise hat Tergit ihre Verstehensprobleme in der Stunde Null an der Stelle bezeugt. Von ihrer Kindheitsgegend sprach sie als einem »Pompeji« im Tiergarten: eine »grün bewachsene Wüste«, in der nur die eigenen Schritte nachhallen.[20]

---

13 Vgl. Franz Hessel. Im alten Westen (1932), in: ders. Sämtliche Werke. Bd. III, 259–261, hier: 259f. Sowie: Walter Benjamin. Franz Hessel. Heimliches Berlin (1927), in: ders. Gesammelte Schriften. Bd. III, 82–85, hier: 82.

14 Vgl. Hessel. Im alten Westen, 261.

15 Zu Berlin als einem »lieu d'une mémoire vivante«: François. Berlin. Emblème du XXieme siècle, 65.

16 Vgl. Georg Hermann. Der alte Westen, Bl. 2. Georg Hermann Collection Series XI, Berlin, undated, 1901–1931. Box 6, Folder 9. VII. Leo Baeck Center, New York; sowie: Tergit: Etwas Seltenes überhaupt, 242–246.

17 Zum Alten Westen als Ort verlorenerer »Zusammenhänge«: Hans Scholz. Im noblen Alten Westen (o.J.). Zur Eröffnung des Berlin-Museums. Aus Kasten: Druckbelege. Hans Scholz-Archiv, Akademie der Künste.

18 Zu Idee einer Berliner Eidetik nach Georg Hermann, dem Proustianer unter den Berliner Romanciers, vgl. Hans Scholz. Georg Hermann und die Berliner Dichtung, in: Georg Hermann. Rosenemil. München 1962, 345–368, hier: 368.

19 Hans Scholz. Theodor Fontane. München 1978, 22.

20 Vgl. Tergit. Etwas Seltenes überhaupt, 242, 246.

Noch für diese Problemlage ist Hessel der wirkungsgeschichtliche Bote, der die Blüte, den Niedergang, den Abriss und den Anfang der Zerstörung in Beziehung setzt. An einem posthum erschienenen Text, »Letzte Heimkehr«, wird dies sinnfällig, in dem er im Abschied die Vernichtung der Gegend schilderte: Abriss für die Germania-Planung.[21] So fungiert er an einem entscheidenden Wendepunkt als ihr Kronzeuge. Dabei durchweht Hessels Abschiedsschrift von Berlin eine eigene Pompeji-Aura. Das endgültige Allegorisch-Werden, der irreversible Wandel hatte sich abzuzeichnen begonnen. Das heißt, Hessel hatte hier – wie einst Baudelaire in den »Tableaux parisiens« – seinen »Vieux Paris«-Moment, in dem er zu realisieren begann, dass er zum Zeugnisgeber eines aufgegebenen Stadtteils wurde: »Tout pour moi devient allégorie.«[22] Das galt auch für Hessel. Die Zeugenschaftserfahrung übertrug sich auf die Haltung des Flaneurs, der zum »Lastträger« einer verschollenen Welt wurde.[23]

Was machte das Unverwechselbare des Alten Westens für Hessel aus? Zunächst war er, was schon in der Metaphorik des Verstecks anklang, sein »heimliches Berlin«.[24] Hier fand der Flaneur sein Refugium. Das Heimliche im Heimischen bezeichnet das Allernächste, wie es Bachelard in der »Poetik des Raumes« beschrieben hat: Im Bild des schützenden Winkels ist das Versteck des Lebens angesprochen.[25] Doch ist es hier auf eine Eigentümlichkeit bezogen, auf jene des Alten Westens, Daseinswinkel innerhalb der Stadt zu sein. Damit kommt etwas hinzu: Der Winkel ist zudem Winkel einer vergessenen Zeit.[26] Ähnlich bei Benjamin: Bei ihm ist der Alte Westen mit dem Gedächtnis verknüpft, wie es in der »Berliner Chronik« heißt. Wenn das Gedächtnis »Schauplatz« und kein bloßes »Instrument« ist, kann man sagen, dass der Alte Westen nicht nur den Status eines Winkels des Abgelegenen hatte.[27] Er war zugleich Hort abgelegter Dinge.

21 Den NS-Umbauplänen zugunsten einer gigantomanen Ost-West-Achse, die auf die nie gebaute ›Halle des Volkes‹ zuführen sollte, fiel ein Teil des Tiergartens zum Opfer. Davon zeugt noch heute die Verschiebung der Siegessäule an den Großen Stern. Vgl. von Krosigk. Der Berliner Tiergarten, 56.

22 Baudelaire. Tableaux parisiens, 36.

23 Hierzu der Nachruf: Alfred Polgar. Lastträger (1943), in: ders. Anderseits. Erzählungen und Erwägungen. Amsterdam 1948, 9–13. Im Folgenden wird abweichend auch der Ausdruck Lastenträger gebraucht.

24 Vgl. Franz Hessel. Heimliches Berlin (1927), in: ders. Sämtliche Werke. Bd. I. Hg. von Bernd Witte. Oldenburg 1999, 253–336, hier: 336.

25 Vgl. Bachelard. Poetik des Raumes, 144.

26 Vgl. zum Winkel als ›Herberge des Vergessenen‹ ebd., 149. Sowie zum Aus-der-Zeit-fallen des Alten Westens in der Zwischenkriegszeit: Hessel. Spazieren in Berlin, 110.

27 Zum Gedächtnis als »Schauplatz« sowie dem Alten Westen als einem vom sonsti-

Was den Alten Westen also schon zu Hessels Zeiten auszeichnete – und womöglich bis heute präsent geblieben ist –, das ist seine Eigenart, dem Vergessenen Ausdruck zu verleihen. Für Hessel hieß das, dass der Alte Westen Hain der Kindheit war: Origo seiner Bemühungen des Eingedenkens. Wieder hat man es mit einer in der Kindheit fußenden »Ursprungsbesinnung« zu tun.[28] Es bedeutet, dass auf diesem Grund sein leibliches Sensorium am tiefsten in der Erinnerung zurückgriff. Benjamin hat das Gebiet gar als Grund seiner Erfahrung angegeben: »Es gibt aber in Berlin eine Gegend, mit der dies Subjekt tiefer als mit jeder anderen, die es bewußt in ihr erlebte, verbunden ist.«[29] Er empfindet es als so in sich eingesenkt, dass noch die »ausgetretenen Treppenstufen« dieses Quartiers in ihm aufzufinden seien.[30] Der Alte Westen ist innigster Erinnerungsort: Ort einer Lehre urbaner Eidetik, ähnlich wie für andere Berliner Autoren der Zeit.[31] Dabei ist das Verfahren des Schwellenkundlers nie rein privater Natur. Als Schichtenermittler legt er die frühesten Sedimente des Areals frei. So weiß er, dass dieser Alte Westen, der einmal ein Neuer gewesen war, nicht zufällig zum Winkel wurde. Ein Winkel in ländlich-enklavenförmiger Abgeschiedenheit war er bereits bei seiner Gründung: eine Insel zwischen dem Stadtzentrum und den Städten Charlottenburg und Schöneberg. Zum Eck sollte er in Teilungszeiten wieder werden.[32] Ein Schwellenraum ist damit benannt, der nach einem Wort Hessels als abgeschiedener »an der Landstraße zwischen Rom und Moskau« gelegen hatte – und später zur Sackgasse zwischen Ost- und Westberlin wurde.[33]

Mit dieser Erinnerungstätigkeit ist darüber hinaus etwas verbunden, das die tiefere Bewandtnis der Hessel'schen Berlin-Mythologie betrifft. Für ihn

gen Fluss der Stadt »abgelegenen Winkel«: Benjamin. Berliner Chronik, 486f. Zu einer ähnlichen Idee, von Maurice Halbwachs inspiriert, die Stadt als ›Kollektivgedächtnis‹ aufzufassen vgl. Aldo Rossi. Die Architektur der Stadt. Skizzen zu einer grundlegenden Theorie des Urbanen. Basel 2015 (1966), 117.

28 Vgl. Angehrn. Sein Leben schreiben, 189.

29 Benjamin. Berliner Chronik, 476.

30 Vgl. ebd., 487.

31 Hierzu Hermanns Szene einer ›Berliner Madeleine‹ – der Punsch im Tiergarten als Eintrittspforte ins Reich der Erinnerungen: Georg Hermann. Der Punsch, in: ders. Nur für Herrschaften. Hg. von Christfried Coler. Berlin 1949, 87.

32 Zum Lebensgefühl in der Enklave des Alten Westens um 1900 vgl. Janos Frecot. Das Haus Richard Wolffenstein. Bürgerliches Leben im Alten Berliner Westen, in: Berlin in Geschichte und Gegenwart. Jahrbuch des Landesarchivs. Berlin 1986, 125–140.

33 Vgl. Hessel. Das heimliche Berlin, 336. Sowie: Mattenklott/Mattenklott. Berlin Transit, 115, 133f.

ist das versteckte Gebiet eigentliche Herberge des Genius Loci der Stadt, wo ein Stück Wirkungsgeschichte preußischer Antike aufzuspüren war.[34] Bei aller ironischen Verwendung des Antike-Motivs hat dieser Ansatz eine ernste architekturgeschichtliche Dimension, deren sich Hessel bewusst war, der gekonnt mit der Allegorik spielte. Denn der Alte Westen war in der Tat Ort einer berlinerisch-preußischen Antike-Rezeption gewesen, die Hessel bis zum Motiv einer Heimsuchung durch die Sphinxe, in der Miniatur »Persönliches über Sphinxe«, noch 1933 verfolgen sollte.[35] Die hiesigen Stilzitate nahm Hessel in dem Sinne beim Wort, dass er ihre Auslegungsvalenz aufnahm und erneuerte. Wenn Hessel die Putten, Atlanten und Karyatiden, schließlich die Sphinxen als spätes Schicksalsmotiv, im antiken Westen entdeckte, so weil sie ihn buchstäblich betrafen. Er betrieb das, was man seine Form einer »Arbeit am Mythos« im Kleinen nennen kann.[36]

Das Potenzial zum mythologischen Eiland hatten auch andere, wie Wilhelm Hausenstein, erkannt. Dieser gab gleichwohl zu bedenken, dass die Lage des Alten Westens auf zweifelhafte Weise »unverbunden« mit dem Rest der Stadt blieb.[37] Hessel nahm seinen Auslegungsbezirk dagegen persönlich. Er wies auf die für ihn wichtige mythische Personifikation des Hermes hin und verstand sich selbst als Dolmetscher. Man tut gut daran, dieser Rollenselbstzuschreibung etwas abzugewinnen und in Hessel – sein Schleiermacher-Hinweis im Text »Im alten Westen« bestätigt es – einen Großstadthermeneutiker zu sehen.[38] Der Flaneur ähnelt bei ihm einem Sokratiker der Stadt, wie ihn Benjamin im »Zentralpark« erwähnte.[39] Gleichzeitig ist in der Hinwendung Hessels zur Schinkel-Klassik, die im Alten Westen zur Mitte des 19. Jahrhunderts in Blüte stand, eine Stilkritik der eigenen Zeit enthalten: die Zurückweisung einer dem Historismus verfallenen Epoche, jenes

34 Hierzu auch der Kunsthistoriker Mackowsky, auf dessen Vorarbeiten Hessel bei seinen Stadterkundungen zurückgriff, vgl. Hans Mackowsky. Alt-Berlin und Potsdam. Sechs Vorträge. Berlin 1929, 42.

35 Vgl. Franz Hessel. Persönliches über Sphinxe (1933), in: ders. Sämtliche Werke. Bd. III, 258f., hier: 258.

36 Hessel legte frei, was man die besondere »Bedeutsamkeit« dieser modernen Berlin-Mythologie nennen kann. Vgl. Blumenberg. Wirklichkeitsbegriff und Wirkungspotential des Mythos, 361.

37 Zur Kritik am Enklavenstatus des Alten Westens: Hausenstein. Europäische Hauptstädte, 376.

38 Vgl. Hessel. Im Alten Westen, 261. Hierzu Helen Hessels Anekdote über Hessels sokratisches Talent: Helen Hessel. C'était un brave. Eine Rede zum 10. Todestag Franz Hessels, in: Letzte Heimkehr nach Paris. Franz Hessel und die Seinen im Exil. Hg. von Manfred Flügge. Berlin 1989, 69–94, hier: 74.

39 Vgl. Benjamin. Zentralpark, 68.

Im Schweigen: Horchen auf die Stille

»Durcheinanders der Stile«.[40] Im Kern geht es mit der Rückwendung auf den antiken Westen also um eine Position unzeitgemäßer Betrachtung. Was bei ihm zurückgewiesen wird, ist ein philiströser Kulturbegriff, wie ihn Nietzsche kritisiert hat: »Wissen und Gelernthaben ist aber weder ein notwendiges Mittel der Kultur, noch ein Zeichen derselben und verträgt sich nöthigenfalls auf das beste mit dem Gegensatze der Kultur, der Barbarei.«[41] Zwischen dem Flaneur und dem Alten Westen herrschte demnach eine Komplizenschaft. Das Gebiet wird ihm zum Spiegel, in dem er als Figur zwischen den Zeiten und Strömungen kenntlich wird.[42]

Wenn dabei die Allegorie stets ein gewisses Gefühl für Abstand vermittelt, dann wird dieses in der Umgangsweise sinnfällig, die Hessel mit dem Alten Westen pflegte. Denn die allegorische Optik schloss einen geschärften Sinn für Zeit ein.[43] Beim Großstadtallegoriker ist es der Sinn fürs Werden des Städtischen. Dieses Allegorisch-Werden rückte den Stadtteil bereits in den 1920er Jahren in eine geschichtliche Perspektive. Das ist es zugleich, was Benjamin mit dem »frühen Blick« des Hessel'schen Flaneurtyps bezeichnete: Ihn reizte noch das jüngst Vergangene zur Epochendiagnose.[44] Wie recht Hessel behalten sollte, erwies sich in der Nachkriegszeit, als man die Gegend als »zentralen Bereich« der Geschichte wiederentdeckte.[45] So hatte Hessel in »Spazieren in Berlin« schon von dem hiesigen »anderen Wesen« einer »wartenden Welt« gesprochen.[46] Dass aus dieser Welt, als Brachland, »wartendes Land«, ein Gedächtnisträger, werden sollte, konnte er nicht ahnen.[47] Dass dessen Ruhe jedoch zweifelhaft geworden war, spürte er nicht erst seit 1933. Dabei mag es bereits damals irritierend gewirkt haben, dass man durch die Unterbrechung des Stadtrhythmus in diesem Schwellenraum buchstäblich

---

40 Vgl. Mackowsky. Alt-Berlin, 54. Der Mentalitätswechsel wird bei Max Osborn formuliert, der davon sprach, dass in der Gründerzeit »zusammengewürfelte Ornamente« sich in die »stimmungsvolle Geschlossenheit des alten Berlins« eingedrängt hätten: Osborn. Berlin, 259.

41 Friedrich Nietzsche. Unzeitgemäße Betrachtungen I (1873), in: ders. Kritische Studienausgabe. Bd. 1. Hg. von Giorgio Colli und Mazzino Montinari. München 2012, 157–242, hier: 163.

42 Vgl. Benjamin. Berliner Chronik, 487.

43 Zum Geschichtssinn des Allegorikers: Benjamin. Ursprung des deutschen Trauerspiels, 342, 353f.

44 Vgl. Benjamin. Die Wiederkehr des Flaneurs, 197.

45 Vgl. Landesarchiv Berlin. Nr. 91/0078: Der Senator für Stadtentwicklung und Umweltschutz (Hg.). Zentraler Bereich. Dokumentation zum Planungsverfahren Zentraler Bereich Mai 1982–Mai 1983. Berlin 1983 (Selbstverlag).

46 Zur Metapher der »wartenden Welt« vgl. Hessel. Spazieren in Berlin, 111.

47 Zum Ausdruck »wartendes Land« fürs urbane *terrains vagues* allgemein: ebd., 161.

aus dem Tritt geriet, stolpernd über die sich aufdrängende Zeiterfahrung in Nachdenklichkeit verweilte.

Somit scheint in dieser »wartenden Welt« eine Eigenzeit-Erfahrung möglich gewesen zu sein.[48] In der Rückkehr an den Eichpunkt tritt neben der Zeiterfahrung der parallel laufende Umbau der innerstädtischen Welt aus der Latenz. Das ist es, was man die Erfahrung des Alten Westens als allegorischen Bereich nennen kann. Die Anzeichen dafür liest Hessel aus den zerbröckelnden Fassaden.[49] Vergängnisgebiet wird es ihm, insofern »›man‹« hier »längst nicht mehr wohnt«: »Zu vermieten« war an vielen Ecken bereits um 1930 zu lesen.[50] Eine Leerung durch Westwanderung war eingetreten, die die Abwertung zur Folge hatte und den Alten Westen langsam für Abriss und Umbau zum Verwaltungs- und Dienstleistungsviertel freigab.[51] Für den Großstadtallegoriker war dieses Schicksal aus den Interieurs herauszulesen. Alte Raumaufteilungen wurden verschoben, umgestellt, sodass sie lediglich für den Kundigen erkennbar blieben.[52] Doppelte Belegschaften bedeutete dies: Eine neue Schicht von Leben ließ die alte unter sich petrifizieren. Das abgestorbene Leben wurde auf diese Weise entzifferbar. Wieder zeigt sich, dass der Flaneur in Hessels Spielart sich nicht – wie etwa Siegfried Kracauer – für die Oberflächen interessierte, sondern die verborgenen Zeitschichten aufzuspüren versuchte, dabei den Schauplatz des Gedächtnisses beständig mit umpflügend, um zu tieferen Einblicken zu gelangen.[53] So wurde die Gegenwart erst im Kontrast mit der verfallenden Berliner Antike deutbar.

48 Zur Eigenzeit als Zeitempfinden im Wechselspiel zwischen Subjekt und Umwelt: Thure von Uexküll. Eigenzeit, in: Historisches Wörterbuch der Philosophie. Bd. 2. Hg. von Joachim Ritter. Darmstadt 1972, 345 f.

49 Vgl. Hessel. Im alten Westen, 260.

50 Vgl. ebd., 260 f.

51 Die sich abzeichnende Westwanderung in den »Neuen Westen« wurde schon nach 1900 zur literarischen Diagnose. Vgl. Paul Lindau. Der Zug nach dem Westen. Berlin 1921 (1903). Sowie zur ›Vergängniserfahrung‹ des modernden Großstadtallegorikers seit Baudelaire: Carl E. Schorske. Die Idee der Stadt im europäischen Denken: Von Voltaire zu Spengler, in: ders. Mit Geschichte denken. Übergänge in die Moderne. Mit einem Geleitwort von Aleida Assmann. Wien 2004, 53–73, hier: 67.

52 Vgl. Hessel. Im alten Westen, 261.

53 Zum ›Zeitschichtenflaneur‹, der im »Vergangenen« das »tiefere Motiv« sucht: Benjamin. Die Wiederkehr des Flaneurs, 197. Dagegen zur Phänomenologie der Oberfläche: Siegfried Kracauer. Straße ohne Erinnerung (1932), in: ders. Straßen in Berlin und anderswo. Berlin (West) 1987, 18–22, hier: 22.

Im Schweigen: Horchen auf die Stille

Eine weitere Verschärfung dieser Vergängniserfahrung setzte für Hessel nach 1933 ein. Mit dem Niedergang des Alten Westens war verbunden, was als Verfall der *urbanitas* zu benennen ist, einer zivilen Umgangsweise des Stadtbürgers.[54] Das wird tragisch bewusst. Denn mit der Abwrackung dieses Gebiets einstmals bürgerlicher Salons, die in Rahel Varnhagens Zeiten zurückreichten, bricht das Intermezzo der Krieger an.[55] Die erste Verschärfung beschreibt Hessel im Text »Persönliches über Sphinxe«. Es ist ein andeutungsreiches Unheimlich-Werden, das sich darin ausdrückt. Hierfür steht der leise Schock der übersehenen Sphinxen am Eingang zu seiner Kindheit, die dort – wie er mit Schrecken feststellt – immer schon als Wächter gewartet haben. Damit wendet sich der Blick auf den einstigen Winkel der Geborgenheit. Eine Umwendung findet statt, plötzliches Unbehaustwerden des Vertrauten. Mit der Sphinx als Allegorie des Unheils, die so lange bleibt, wie ihr Rätsel nicht gelöst wird, kippt Hessels Gegend ins Abgründige. Ihre Existenz bindet das Rätsel an die Heraufkunft eines entsetzlichen Schicksals.[56] In Hessels Worten: Hier im Alten Westen sollten »wieder Zeiten kommen, in denen diese Katzen groß vor Pyramiden und Abgründen« lagerten.[57] Mit dem Auftauchen der Sphinxen steht der Ort im Zeichen neuerlichen »Fortunawechsels«.[58] Seine einstigen Musen, hier ansässig im heimischen Bezirk, werden mit Gewahrwerden der Sphinxen zweifelhaft. Mit ihnen zieht das Entsetzliche in das Idyll der Kindheit ein. Nun droht der Winkel zur Falle zu werden.

Damit wird der Flaneur in »Persönliches über Sphinxe« zum *metoikos*, zum unerwünschten ›Hauswechsler‹, wie Hessel später im Exil sagen sollte.[59] Hessel zog sich – als verfolgter Jude – in ein »Hinterhaus des Bayerischen Viertels« zurück.[60] Die einst geliebte Stadt wurde zur unheilvollen Falle, die ihn – als das Opfer – zu verschlucken drohte. Diesen Blick auf das Unheil deutet auch sein zweiter 1933 publizierter Text »Wird er kommen?«

---

54   Zu diesem erweiterten Begriff von Urbanität vgl. Edgar Salin. Urbanität, in: Vorträge, Aussprachen und Ergebnisse der 11. Hauptversammlung des Deutschen Städtetages. Köln 1960, 9–34, hier: 10. Sowie: von der Weppen. Der Spaziergänger, 161.

55   Vgl. Hessels Hinweis auf die einstige Salonkultur: Hessel. Im alten Westen, 261.

56   Vgl. Nietzsche zur Sphinx als Allegorie des ›Entsetzlichen‹: Friedrich Nietzsche. Die Geburt des tragischen Gedanken (1870), in: ders. Kritische Studienausgabe. Bd. 1, 581–599, hier: 597.

57   Vgl. Hessel. Persönliches über Sphinxe, 259.

58   Vgl. Mattenklott/Mattenklott. Berlin Transit, 136.

59   Vgl. Hessel. Letzte Heimkehr, 125.

60   Vgl. Hessel. Persönliches über Sphinxe, 259.

»Auf mich haben es in Berlin die Sphinxe abgesehen.«[61] Hier die Sphinxe am Eingang der ehemaligen Herkulesbrücke im Alten Westen. Foto: Herkulesbrücke, 1900/1930. Staatliche Bildstelle Berlin.

an. Noch wähnte er sich im Verborgenen: »Ganz versteckt« sitze man an einem Ort des Überwinterns: »Weil jetzt gerade solche Übergangszeit ist, habe ich gestern«, heißt es, »Papier und Holz in diesem Ofen angesteckt.«[62] Der Flaneur zerstört die eigenen Aufzeichnungen. Doch nicht, um sie zu vergeuden, sondern um – das ist das Abgründige – aus »Asche und Kernen und Scherben« den Dünger des Kommenden herzustellen.[63] Hier setzt Hessel das Säen und Ausstreuen von Botschaften an künftige Leser fort, wie er es seit den Tagen der Tiergarten-Mythologie betrieben hat, jetzt unter den Bedingungen einer Ghettoisierung seiner Literatur.[64] Im buchstäblich

---

61 Hessel. Persönliches über Sphinxe, 258. Siehe auch: Ernest Wichner/Herbert Wiesner. Franz Hessel. Nur was uns anschaut, sehen wir. Ausstellungsbuch. Berlin 1998, 110.

62 Franz Hessel. Wird er kommen? (1933), in: ders. Sämtliche Werke. Bd. III, 293–295, hier: 293.

63 Vgl. ebd. 294.

64 Zu seinem Verfahren des Aussäens von Gedanken: Benjamin. Berliner Kindheit, 238. Zur Literatur des jüdischen Ghettos in Berlin nach 1933 und Hessels im Besonderen: Kerstin Schoor. Vom literarischen Zentrum zum Ghetto. Deutsch-jüdische literarische Kultur in Berlin zwischen 1933 und 1945. Göttingen 2010, 67–94.

letzten Winkel streut dieser Lastenträger seine Asche aus. Das ist zugleich Anspielung auf Autodafés, auf Razzien und das Schreiben unter Verfolgung. So ist dieser Text ein weiterer Fall verdeckten Schreibens.[65] Dieses Verfahren reagiert auf den durch Zensur forcierten Prozess einer Abdrängung eines Teils des Wirklichen ins Ungesagte. Der Allegoriker der inneren Emigration versucht hier bedeutsame Fingerzeige für die Zeitgenossen einzustreuen.[66] Es sind Verstecke der Sprache. Das »Kommen« ist bei ihm doppelbödig. Die Frage aber ist, was eher kommen wird: das Unheil oder die Saat? Ist dieser Winkel noch Versteck oder schon Falle? Seine Frau Helen Hessel und sein Freund Wilhelm Speyer bemühten sich daher, Hessel aus Berlin nach Paris zu holen, was 1938 schließlich gelang. »Wird er kommen?« ist als Befragung des Erwartungshorizontes zu verstehen: Versuch, die Lage zwischen innerer Emigration und drohendem Verhängnis auszuloten.

Was war unterdessen mit dem Alten Westen geschehen? Der Alte Westen setzte zu seiner letzten Verwandlung im Zeichen der Sphinxe an. Er wurde bevorzugter Testraum der Speer'schen Planungsphantasmen, nach denen Berlin unter der Schicht einer gigantoman angelegten Germania verschwinden sollte.[67] Er wurde Areal einer architektonischen Scheinblüte des Dritten Reichs, die auch Loerke benannte.[68] Aber vor allem war der Alte Westen, der ein Stück des jüdischen Berlins gewesen war, akut in seiner städtebaulichen Substanz bedroht.[69] Hier wurde im Stadtorganismus eine selbstgewählte Amputation durchgeführt, um den Geist der Schinkel-Zeit in das monumentale Diplomatenquartier der neuen NS-Kapitale zu verwandeln. Begonnen hatte diese Wandlung mit dem Einzug des Oberkommandos der Wehrmacht in den Bendlerblock 1935 sowie mit Erweiterungsbauten. Sie waren sichtbarstes Anzeichen für eine sich ankündigende Zeit der Krieger in diesem zivil gestimmten Quartier. Nach und nach verleibten sich zudem die teils heute noch stehenden Botschaftsneubauten autokratischer Regime – wie Italiens,

65 Zu den verdeckten Schreibweisen während des Nationalsozialismus in Berlin auch: Tau. Das Land, das ich verlassen musste, 239.

66 Hessel hatte beide Texte nach Januar 1933 nur als Privatdruck des Berliner Fontane-Abends in einer Auflage von 70 Stück drucken können. Vgl. den editorischen Kommentar in: Franz Hessel. Sämtliche Werke. Bd. III, 392.

67 Vgl. Wolfgang Schivelbusch. Entfernte Verwandtschaft. Faschismus, Nationalsozialismus, New Deal. 1933–1939. München 2005, 12.

68 »Ist, was es neu erbaut, dann echter echt? / Es wird der Trümmer Glanz nicht überlichten.« Oskar Loerke. Über viele Sintfluten hin (1940), in: ders. Gedichte und Prosa. Bd. 1, 566.

69 Zum Cassirer-Salon im Alten Westen, als später Spur dieses jüdischen Berlins, auch: Tau. Das Land, das ich verlassen musste, 167.

Japans oder Spaniens – Stücke des Alten Westens um den Bendlerblock ein.[70] Dabei war ab 1939 im Bendlerblock auch ein Oberfeldarzt namens Dr. Benn tätig. Benn wies diesen Ort, nicht ohne Kriegerstolz, als die eigentliche »Centrale« aus, wenngleich fraglich war, ob er im kriegsführenden NS-Deutschland damit recht behalten sollte, führten am Ende doch alle Wege in Hitlers Reichskanzlei.[71]

Ein anderer Stadtbeobachter beschrieb den Vorgang der innerstädtischen Einverleibung hingegen so: Gleich Kronos »verzehrt« heute »die Großstadt ihre eigenen Kinder«.[72] Eine Überschreibung der Tradition des Quartiers war im vollen Gange, die Hessel beim letzten Besuch vor seiner Emigration festhielt. 1938, gerade noch rechtzeitig zur Flucht entschlossen, notierte er die gespenstische Verwandlung in »Letzte Heimkehr«, aus Paris auf Berlin zurückblickend. Auf einem ersten gemeinsamen Gang mit dem Freund Speyer im Pariser Exil schildert Hessel das Gespenstisch-Werden, das sich ihm im Zeichen der Sphinxen im Alten Westen abgezeichnet hat. Er beschreibt sein Verlassen der Stadt als ein Entkommen aus einer Druckkammer.[73] Ähnlich hat Nelly Sachs die Flucht aus dem Alten Westen als Rettung geschildert. Später als Hessel, erst 1940, floh sie in äußerster Not aus der Wohnung im Hansaviertel, die ihr zu einer Hölle des Sprachverlusts wurde.[74] Wie lebendig ins Grab gelegt, habe sie sich vor der Emigration gefühlt: »Unter Bedrohung leben: im offenen Grab verwesen ohne Tod.«[75]

Der Wechsel des Orts wird bei Hessel als rettender Schwindel empfunden, so wie die Atmosphäre, die auf ihm gelastet hatte, im Medium der anderen

---

70 Zur Nutzungsgeschichte des Bendlerblocks siehe: Pitz u.a. Berlin-W., 273 f. Zu den repräsentativen Botschaftsvorhaben der NS-Zeit exemplarisch: Wolfgang Schäche. Fremde Botschaften. 2 Bde. Berlin (West) 1984.

71 »Mein Büro ist im Bendlerblock, zwischen Tirpitzufer und Tiergartenstraße, der berühmten Stätte des Oberkommandos. […] Meine Tätigkeit ist natürlich geringfügiger Art, aber es ist in der Centrale.« Benn. Briefe an Oelze 10.10.1939. Bd. 1, 219. Benn hätte auf Hartlaub treffen können, der Berlin in der Kriegsvorbereitung als eines charakterisierte, in dem Menschen in »ihren Masken festgefahren« seien: Felix Hartlaub. Aus Hitlers Berlin 1934–1938. Hg. von Nikola Herweg und Harald Tausch. Berlin 2014, 46.

72 Vgl. Harald von Koenigswald. Das verwandelte Antlitz. Berlin 1938, 7.

73 Vgl. Hessel. Letzte Heimkehr, 116. Zum Druckkammergefühl im Dritten Reich unter Verfolgung vgl. die »Metapher eines Flüchtlings« in: Kluge. 30. April 1945, 79 f.

74 Vgl. Sachs. Kurzer Lebenslauf während der Zeit der nationalsozialistischen Verfolgung, 30. Zur Flucht von Nelly Sachs aus dem Alten Westen und der Arisierung der Gegend siehe: Wajsbrot. Berliner Ensemble, 51.

75 Nelly Sachs. Leben unter Bedrohung (1956), in: dies. Werke. Bd. 4, 12–15, hier: 13.

Im Schweigen: Horchen auf die Stille

Stadt mit aller Deutlichkeit hervortrat. Erst der auf Abstand gesetzte Ort löste dem Flaneur die Zunge. Das gewaltsame Verstummen fiel in Paris langsam von ihm ab. Das Schweigen der Sphinx steckte ihm noch in den Knochen, wie er im Gespräch mit dem Freund gesteht. Die Erfahrung in Berlin habe ihn »befangen« gemacht: Alles sei »noch zu nahe«, die Betroffenheit zu frisch, weshalb er »zunächst ein wenig vergessen müsse, um zu leben«.[76]

Mit der Ausdruckshemmung beschrieb dieser einstige »Priester des genius loci« sein schamhaftes Dasein, welches er als Peter Schlemihl im NS-Berlin hatte führen müssen.[77] Am Ende sei er »vereinsamt und schattenhaft« als Mann »ohne Schatten« durch die Stadt gegangen.[78] Es ist jenes Motiv des Schattenlosen, das Speyer nach dem Krieg fortwebte. Es war die Zeit der Überlebensform einzelgängerischer Steppenwölfe angebrochen – aber nicht alle kamen durch diese.[79] Im Bild der Schattenlosigkeit deutet sich Monströses an. Diese Spur nahm Hessel nicht mehr auf, aber Speyer.[80] Nach dem Krieg standen die Orte für ihn im blendenden Licht.[81] Auch ein Dagebliebener wie Benn berührte diese Schattenlosigkeit der geräumten Stadt.[82] Doch das Unheimliche daran offenbarte sich erst dem Rückkehrer. Für ihn wanderte der Verlust des Schattens sinnbildlich vom Flaneur zurück an die Stadt. Die Orte, wie sie ihm wiederbegegneten, verkörperten den Schock als durchlöcherte Gebilde. Ein »Unheimliches« machte er in den Städten aus, »die ueberall die Sonne« durchließen, »wo frueher Schatten war«.[83] Ein unheimlicher Makel war an den Nachkriegsstädten zu verzeichnen: Anzeichen des Dämonischen in ihren Gemäuern.[84] Speyer sollte bei diesem Anblick mit

76 Hessel. Letzte Heimkehr, 127.
77 Zur auf Hessel gemünzten Bezeichnung: Benjamin. Die Wiederkehr des Flaneurs, 196.
78 Vgl. Hessel. Letzte Heimkehr, 128.
79 Vgl. Wolfgang Koeppen. Zeit des Steppenwolfs (1983). Im Gespräch mit Günter Jurczyk, in: ders. Gesammelte Werke. Bd. 16, 250–260, hier: 259.
80 Hierzu Wilhelm Speyers in Briefen an Elisabeth Frank geschilderte Rückkehrer-Reise durch die zerstörten Nachkriegsstädte im Sommer 1949. Vgl. Nachlass Elisabeth Frank-Mittler, Literaturarchiv Monacensia der Münchner Stadtbibliothek.
81 Zur Ambivalenz von gnadenvollem Schatten und blendender Sonne auch: M.A.C. Otto. Der Ort. Phänomenologische Variationen. Freiburg, München 1992, 142.
82 Benn hat das Phänomen der Schattenlosigkeit Berlins in seinen Aphorismen angedeutet: »›der Baum ist gefallen. Es giebt keine Schatten mehr‹ Chin. Sprichwort.« Benn. Prosaische Fragmente 1946–1950, 234.
83 Wilhelm Speyer an Elisabeth Frank vom 22.8.1949, Nachlass Elisabeth Frank-Mittler, Literaturarchiv Monacensia der Münchner Stadtbibliothek.
84 Zur Deutung einer schlemihlschen Schattenlosigkeit als Verlust der Seele bzw. Anzeichen eines »peinigenden Gewissens« vgl. Rank. Der Doppelgänger, 79.

grimmiger Trauer feststellen, dass das Unerledigte jüngster Geschichte noch eine Weile »unter den Ruinen wohl aufgehoben« und verscharrt bleiben werde.[85] Man lebte vorläufig in zweifelhaften Zeiten des »unter die Erde getretenen Schattens«.[86]

Mit Hessel floh also einer von Berlin nach Paris 1938, der ein Vermächtnis mit sich führte. Es war der beginnende Abriss des Alten Westens, dessen vor seinen Augen ablaufende Ruinierung ihm ein Einschnitt war. Für Hessel war klar, dass eine Metamorphose in Berlin sich abzuzeichnen begann, die den Ruin des Gedächtnisraumes selbst betraf. Denn dort, wo einst der Schauplatz seines Gedächtnisses verankert gewesen war, wurde öder Raum hinterlassen. So ist die Vermutung, dass die Abrisserfahrung auf paradoxe Weise den Alten Westen erst recht zur Orakelgegend hat werden lassen, in der der Flaneur eine Welt der Lücken vorfühlte. Wenn Hessel diese Abräumung beschrieb, so sah er darin den Anfang jener Erinnerungslöcher, die sich im Nachkrieg manifestierten. Ein Stück Zeiterfahrung ist in »Letzte Heimkehr« aufgehoben. Aus dem Alten Westen wurde ein Ort radikaler Infragestellung.

Wenn hierbei der Winkel, um mit Bachelard zu sprechen, so etwas wie ein »Gehäuse des Seins« verkörpern kann, dann zerbrach dieses exemplarisch vor Hessels Augen.[87] Er wurde zum Zeugen des Zerspringens des Winkels, der seine schützende Funktion für ihn eingebüßt hatte. Diese schmerzhafte Erfahrung machte er auf seiner Abschiedsbegehung. Der Umbau in ein diplomatisches Quartier war im vollen Gange.[88] Hessel beugte sich ein letztes Mal in Baugruben, in die Tiefe von »leeren Plätzen«, wo einstmals Leben war.[89] Was Berlin sonst nie besessen hatte, eine Aura von Geschichtlichkeit, legte sich über dieses Gebiet. Die Spurwerdung, wie sie sich mit den Spatenstichen vollzog, wurde ihm zum Schlüsselerlebnis: »Ich bin, sooft es sich mit meinen Ausgängen vereinigen ließ, daran entlanggegangen. In diesen Tagen entstand dort und auch schon an Stellen, wo zerstört wurde, um mit den neuen, übergroßen Bauten und überbreiten Durchmarschstraßen und leeren Plätzen Raum zu schaffen, etwas, das Berlin früher eigentlich nie gehabt hat: sichtbare Vergangenheit. Die berühmten gigantischen Bauarbeiten stockten doch zuweilen, und da kann nicht so hastig wie früher in unserer unseligen Stadt, die sonst alles, was von gestern war, in gräßlicher Großreinemachewut

85 Wilhelm Speyer. Rückkehr nach München, o.J., Bl. 1. Nachlass Wilhelm Speyer, Deutsches Exilarchiv Frankfurt a.M.
86 Zu dieser Formulierung: Kessel. Aphorismen, 62.
87 Vgl. Bachelard. Poetik des Raumes, 145.
88 Zum exemplarischen Einzug der amerikanischen Botschaft in ein Wohnhaus der Panowskys nahe des Tiergartens vgl. Larson. Tiergarten, 116f.
89 Vgl. Hessel. Letzte Heimkehr, 129.

Im Schweigen: Horchen auf die Stille

gänzlich ausradierte, aufgeräumt werden. In der Bauhütte des Neuen lebt noch eine Zeitlang das Alte weiter«.[90] Was Hessel beschreibt, ist Schwellenerfahrung an einem kritischen Punkt: dem Verschwinden des vorhitlerschen Berlins.

Damit berührt er sich unerwartet mit Benn, der ein Jahr nach Hessels Flucht diesen »schönen alten Teil Berlins, der früher Regentenstrasse und Matthäikirchstrasse hiess«, noch einmal durchschritt, indem er eine Zeitenwende konstatierte: Es seien in Benn'scher Rhetorik »der Glanz und das Ende des Tages«, die sich abzeichneten, »wer weiss von was noch allem«.[91] Was verloren ging, darüber wurden andere deutlicher. Worum es einem Betroffenen wie Hessel ging, war, diesen Moment des Übergangs als einen des Innehaltens auszuweisen. Das Erlebnis machte ihn zu dem, was er zuletzt verkörpern sollte: Im »Zwiegespräch« mit der Stadt wurde er zum Boten des Schicksals dieses Winkels. Das Vergehen des klassischen Alten Westens wird so zur Geburtsstätte des Flaneurs als Sorgefigur, jene Stimmung aufnehmend, von der auch Benn etwas ahnte, obgleich er das Schicksal der Verfolgten unausgesprochen ließ. Dagegen wirkt es, als sei Hessel das Dichteramt von der Stadt selbst erteilt worden; als habe sie ihn zu ihrem Sprecher im »Hause der Zeit« ernannt.[92] Dass Hessel sein Schreiben als geschichtliche Schwellenkunde begriff, verraten vereinzelte Bemerkungen, so wenn er vor 1933 die Zeit als vulkanisches Dasein bezeichnete.[93] In der »Letzten Heimkehr« aber wurde er wirklich zum Medium jener »Überbleibsel« der Stadt.[94] Der Schichtenermittler vermerkt, wie eine neue Schicht im Alten Westen im Entstehen war, die seine verbürgte Identität tilgen sollte: Der Alte Westen sei nun, so Hessel, ganz »pompejanisch« geworden.[95] Der Seismograf an der Grube ist hierbei dem Vergehen des Winkels einen Schritt voraus. Denn die Pompeji-Aura, die er im Beginn des Abrisses verspürt, ist in diesem Augenblick mehr Vorahnung denn schon Wirklichkeit.

Motivisch sollten nach 1945 Tergit und Kaschnitz daran anschließen, zu einer Zeit, als nur noch die Fenster als »Löcher in den Fassaden« übrig waren, die »viereckige Sonnenflecken« aufs Trottoir warfen.[96] Hessel hielt somit vor allen Bomben ihren verschütteten Anfang in Händen. Er wird

---

90 Ebd.
91 Benn. Briefe an Oelze vom 8.11.1939. Bd. 1, 221.
92 Zum Dichteramt als Schwellenkundler im »Hause der Zeit« vgl. Alewyn. Hofmannsthal und diese Zeit, 9.
93 »Unser Dasein bekommt etwas Vulkanisches«. Hessel. Heimliches Berlin, 279.
94 Vgl. zum Begriff des Überrests: Hessel. Letzte Heimkehr, 128.
95 Vgl. ebd.
96 Vgl. Tergit. Etwas Seltenes überhaupt, 242.

als Seismograf des Abbaus einstiger Schwellenräume kenntlich – solcher
Schwellen menschlichen Wohnens, deren »Einreißen oder Nivellieren« noch
immer die Vorboten einer Katastrophe waren.[97] Denn allen Schwellen liegt
eine schützende Funktion zugrunde: eine Scheu ihrem heiligen Charakter
gegenüber.[98] Diesem wurde in Berlin ein brutales Ende gesetzt. Auch in der
Hinsicht nahm die Stadt das Gewicht der Gewordenheit an: Die Furchen, die
Hessel auf seinen Wegen gezogen hatte, sollten durch gewaltige Einschnitte
überdeckt werden. Mit dem Umbruch kommt es zum ersten Aufscheinen
konkreter Leere: ein Blick in die Grabkammern der Stadt, wo andere später
in den ganz bloßgelegten »Kern« schauen sollten.[99]

Hessel verhält sich damit zu seinen Nachfolgern wie das Entstehen zur
Wiederentdeckung der Spur. Der Abriss ist gleichbedeutend mit dem Moment der Spurentstehung. Und wie sich das Bild im Moment des Verschwindens der Phänomene einprägen kann, so lagerte sich in Hessel eine innere
Allegorie seines im Verschwinden begriffenen Alten Westens ab.[100] Was er
für bewahrenswert erachtete, war der Geist der Vorgründerzeit. Einer, der
ein anderes Maß vertreten hatte, als jenen Pomp der »steigenden Prosperität« unter Wilhelm II., auf den viele Intellektuelle mit Sorge blickten.[101] Er
fing den letzten Atem dieses anderen Geistes ein. Die Stadt, wie er sie sah:
»Das nun Verschwindende gibt sie mir mit.«[102] Dass er sich noch einmal als
Dolmetscher verstand, bezeugt seine Gesprächsmetapher: Es sei sein »letztes
›Zwiegespräch‹ mit der Stadt« gewesen.[103] Wie ernst ihm der Gedanke war,
dass Berlin eine pompejanische Zukunft bevorstand, machte er in einem
späten und entlegen publizierten Aufsatz voll schwarzem Humor – seinem
»Neuen Beitrag zur Rowohlt-Forschung auf Grund der jüngsten Ausgra-

97 Zum »Einreißen« der Schwellen als unheilvollen Vorboten vgl. Winfried Men-
    ninghaus. Schwellenkunde. Walter Benjamins Passage des Mythos. Frankfurt a. M.
    1986, 28.
98 Zur Scheu vor dem heiligen Charakter von Schwellen vgl. Bollnow. Mensch und
    Raum, 157f.
99 Vgl. von der Gablentz. Berlin, 166f.
100 Zum Entstehen innerer Allegorien vgl. Szondi. Hoffnung im Vergangenen, 293.
101 Vgl. Anders. Schrift an der Wand, 220, 250. Sowie Benjamin, der davon sprach,
    dass der einstige »Geist« des Bürgertums mit der Gründerzeit »unschön« zu Ende
    gegangen sei: Walter Benjamin. Deutsche Menschen. Eine Folge von Briefen
    (1936), in: ders. Gesammelte Werke. Bd. IV-1, 149–233, hier: 151. Zur Kritik einer
    zu schnell emporgewachsenen Gründerzeitkultur auch: Speyer. Das Glück der
    Andernachs, 38.
102 Hessel. Letzte Heimkehr, 129.
103 Vgl. ebd.

bungen« – deutlich: ein fiktiver archäologischer Forschungsbericht, auf das Jahr 1987 vordatiert, in eine Zukunft, in der der Alte Westen in der Tat in Ruinen lag und Stadtarchäologen ihr Material aus dem Schutt suchten.[104]

Wenn Hessel zum Kronzeugen des Absturzes dieser Gegend wurde, so steht er am Anfang eines Weges, dessen Fortsetzung manche im Neuanfang nach 1945 versuchten. In einem gewissen Sinne steht er mit seinen späten Schriften für eine verschüttete Kontinuität: jene, den Alten Westen als Fundort der Geschichte zu betrachten – als heimliche Zentrale des Eingedenkens, in der viele Aufspürbemühungen nach dem Krieg zusammenliefen.[105] Ein Beispiel eines solchen Erinnerungsversuchs war Kaschnitz' Miniatur »Rennen und Trödeln«, die einen Brückenschlag zu Hessel ermöglicht; schon er hat sich des Motivs der streunenden Kinder bedient, die »trödelnd und eilend« das Tiergartenviertel durchstreiften und seinen Lützowplatz im »Laufschritt« überquerten.[106] So merkwürdig es klingt: Nirgendwo sonst als in dieser ruinösen Gegend wird die geheime Zusammengehörigkeit des Vorher und Nachher so entschieden gesucht. Nirgendwo wird die für Berlin geltende geheime Zusammengehörigkeit von Erinnerungsort und Erinnerungsloch derart spürbar. Und nirgendwo sonst als in den Spuren dieses Quartiers wurde Berlins Gang zum Äußersten derart greifbar.

104 Zu Hessels bitter-bös antizipierter Trümmerästhetik: »Die Urkunden, die sich in den Resten von Sammelmappen vorfanden, sind in meist sehr lädiertem Zustand. Aber die erhaltenen Bruchstücke, von denen wir hier einen Teil erstmalig veröffentlichen, bedeuten schon eine reiche wissenschaftliche Ausbeute. Zahlreiche Glasscherben, die zwischen den Papierresten lagen, werden zur Zeit noch chemisch untersucht. Es ist noch ungeklärt, ob die betreffenden Glasgefäße kultischen oder profanen Zwecken dienten.« Fürchtegott Hesekiel (d. i. Franz Hessel). Neue Beiträge zur Rowohlt-Forschung auf Grund der jüngsten Ausgrabungen mit Hilfe namhafter Gelehrter zusammengestellt (1933), in: Franz Hessel. Sämtliche Werke. Bd. V, 257–283, hier: 258.

105 Die Zentrale des Eingedenkens wird vierzig Jahre später – nach einem Bericht des Regierenden Bürgermeisters Westberlins – als »Zentraler Bereich« bezeichnet, was der Ansammlung von Orten jüngster Geschichte in dem Gebiet erstmals offiziell Rechnung trug: Landesarchiv Berlin. Nr. 91/0078: Der Senator für Stadtentwicklung und Umweltschutz (Hg.). Zentraler Bereich. Dokumentation zum Planungsverfahren Zentraler Bereich Mai 1982–Mai 1983. Berlin 1983 (Selbstverlag).

106 Vgl. Hessel. Im alten Westen, 261. Dass Kaschnitz mit »Rennen und Trödeln« ein Stichwort Hessels aufgreift, ist weniger verblüffend, wenn man bedenkt, wie nah sie zueinander wohnten. Ihre Von-der-Heydt-Straße war einen Steinwurf von Hessels Wohnort in der Genthiner Straße entfernt. Vgl. Kaschnitz. Rennen und Trödeln, 726.

Für die rückkehrenden ehemaligen Kenner sollte es zum Scherbengang werden, wie Tergit eindringlich schilderte: Im Gang durch die pompejanische Steppe vernahm sie nichts als das Echo ihrer Schritte.[107] In dem zu Lebzeiten unveröffentlichten Roman »So war's eben« hielt sie ihre Eindrücke fest: »Eine Mondlandschaft von Laternen beleuchtet, leere Straßen ohne Gefährte.«[108] Werner Heldts *ville morte* drängte die Betrachterin in die unerwartete Schau hinein. Was sich zeigte, war der hohle Krater: »Das eigentliche Tiergartenviertel sah aus«, schrieb Tergit in ihrer Autobiografie nonchalant an ihren in London verbliebenen Mann, »ich hätte meine Verdächte wegen Pompeji, die Ruinen des Tiergartens sähen genauso aus«.[109] Pompeji wird hier zur Urchiffre einer im Feuersturm erstarrten Zivilisation. Im Falle Berlins eine, die in der Stunde Null schon ihre eigenen Tourismusformen erzeugt hatte.[110]

Tergit kam nicht als Schaulustige in die Stadt, sondern auf der Suche nach verlorenen Anschlüssen an einstiges Leben. So schließt sie ihre Beschreibung der Tiergartengegend mit der Trümmerspur schlechthin. Eine Freundin aus Schulzeiten habe ein Stück des »gebombten Elternhauses« als Zeugnis in ihren Wandschrank gestellt: »ein Stück Antike, nur Gips, nicht Marmor«.[111] Der Gipsrest als Gründerzeitbrocken wird zum Denkwürdigen. Wenn Benjamin einstmals geschlussfolgert hat, dass der Geist der Gründerzeit »in grauer Frühe Immobilien und Mobiliar verbunden« habe, so wird bei Tergit das Immobile wieder zum Stück des Mobiliars.[112] Das Haus als Bruchstück hat Platz genommen im Wandschrank: Realsurrealismen der Berliner Stunde Null.[113] Von Hessels zersprungenem Winkel ist da nur eine abgebrochene Ecke übrig. Die Kehrseite dieses Bildes ist das

107 Vgl. Tergit. Etwas Seltenes überhaupt, 242. Bachmann sollte dieser Berliner Wüstenei später das Kamel als Wappentier zuordnen, ein Tier, das ein Überlebenskünstler im Umgang mit versteppten Umgebungen ist. Vgl. Ingeborg Bachmann. Ein Ort für Zufälle (1964), in: dies. Werke. Bd. 4, 278–293, hier: 290.

108 Gabriele Tergit. So war's eben. Roman. Hg. von Nicole Henneberg. Frankfurt a.M. 2021, 520. Zum Original-Typoskript vgl. Gabriele Tergit. So war's eben. Roman. Teil II. Typoskript. Durchschlag mit hs. Korr., 1–257–461. A: Tergit. Nachlass Gabriele Tergit, DLA Marbach.

109 Tergit. Etwas Seltenes überhaupt, 246. Zum Topos des ›kalten Kraters‹ im Berlin der Stunde Null vgl. Schivelbusch. Vor dem Vorhang, 31. Sowie: Schivelbusch. Die andere Seite, 183.

110 Zum Ruinentourismus im Berlin *anno zero*: Schivelbusch. Vor dem Vorhang, 13 f.

111 Tergit. Etwas Seltenes überhaupt, 246.

112 Vgl. Benjamin. Berliner Kindheit, 286. Zur Auflösung der »Seßhaftigkeit« im Alten Westen schon zu Benjamins Zeiten: Mattenklott/Mattenklott. Berlin Transit, 93 f.

113 Zum Topos des realen Surrealismus auch: Schivelbusch. Die andere Seite, 186 f.

Schicksal des einst abgeschiedenen Winkels. Wenn sich das Wort »Winkel« wortgeschichtlich von »Knie« ableitet, dann war der Alte Westen nun in die Knie gegangen.[114] Mit dieser lakonischen Anekdote ist zugleich der Weg zur kleinen Form, zur Trümmerskizze, bei Tergit gebahnt. Ihr zerrissener Stil bildet eine Ausdrucksform, die etwas von der Erfahrung der Dispersion, einer in alle Weltgegenden zerstreuten Literatur, in knappsten Anekdoten in sich aufnahm. Hier schließt sich der Kreis zu Hessels Berliner Antike, die jetzt ihren definitiven Zug ins Tragische nahm.

Die Botschaften, die Tergit in kleinen Formen als Echolot in die Leere sandte, haben alle das damals zu vermessende Erinnerungsloch zum Thema. Dies zeigt sich in ihren Feuilletons, nach 1945 im Berliner »Tagesspiegel« oder der »Neuen Zeitung« der amerikanischen Besatzungsmacht publiziert, worin sie vorwegnimmt, was als Vergessensschleier sich über die Gegend senken sollte. Sie deutet es etwa in der Skizze »Vergessene Generation« an: »Wir, die wir uns dem Höhepunkt des Lebens näherten, die wir das Gutsein gepriesen hatten, wir waren zur Stummheit verurteilt, wir hatten Steine zu klopfen.«[115] So sendete sie ihr Bild, zwei Zeiten zusammenschießen lassend, das Steineklopfen 1948 wie das jener, die 1933 den Weg ins Exil zu gehen hatten, in den Schutt der Stadt.[116] Ihre Feuilletons traten den Rückweg an, so wie sie beim Gang durch ihre Kindheitsgegend ein ums andere Mal die Erfahrung machte, in der Zeit zurückgeworfen zu sein. Etwa wenn sie nach 15 Jahren wieder vor ihrem Elternhaus am Landwehrkanal stand, wo sie »ein Kind, ein Backfisch, im Krieg, in der Inflation, gewesen war« und wo nur »die beiden Seiten mit den Erkern« übrig geblieben waren: »In der Mitte wie ein versteinerter Wasserfall war das Treppenhaus eingestürzt.«[117] Doch stieß sie, ihren Erinnerungsbemühungen zum Trotz, vor allem auf das gegenteilige Phänomen: Während Tergits »Türen und Fenster des Bewusstseins« auf Vergegenwärtigung aus waren, schlossen die Dagebliebenen ihre Türen, um sich gegen die Verwüstungen um sie abzuschirmen.[118]

114 Zur Rückführung des Worts »Winkel« auf das griechische Wort für Knie (góny) vgl. Hans-Georg Gadamer. Mit der Sprache denken (1990), in: ders. Gesammelte Werke. Bd. 10, 346–353, hier: 353.

115 Gabriele Tergit. Vergessene Generation. Feb. 1947. Manuskripte. Div. Artikel/Feuilletons 1947 u.a. Nachlass Gabriele Tergit, DLA Marbach.

116 Zu den Feuilletons als Echolot auf der Suche nach einstigen Bekannten in Berlin, »um alte Freunde wiederzufinden«: Tergit. Etwas Seltenes überhaupt, 223.

117 Ebd., 245.

118 Zur »Thürwärterin« [sic!] namens Vergessen als »Aufrechterhalterin der seelischen Ordnung« vgl. Friedrich Nietzsche. Zur Genealogie der Moral (1887), in: ders. Kritische Studienausgabe. Bd. 5, 245–421, hier: 291f.

Wenn mit Tergit also etwas vom Zeitschichtenflaneur in den Alten Westen heimkehrte, so ist davon auszugehen, dass sich am Rande dieser Gegend jenes »Rennen und Trödeln« wieder zeigte, das Hessel und Kaschnitz schon beobachtet hatten. Doch war aus der Bewegungsform trödelnder Kinder eine andere geworden: die eines »Radelns am Meeresgrund«.[119] Das Auge des Kindes wechselte nicht mehr zwischen dem Idyll des Tiergartens und den anregenden Schaufenstern der Boulevards hin und her, sondern wurde, gleich dem fiebrigen Kinde in Goethes »Erlkönig«, ins Schreckliche gezogen.[120] Als ein solches »Radeln am Meeresgrund« hat der Augenzeuge Janos Frecot – Berliner Fotografiehistoriker und Herausgeber Hessels – die postapokalyptische Landschaft mit ihren Winkeln und Geheimnissen beschrieben. Darüber könnte ein Spruch Kessels stehen. Frecot hat diesen früh gelesen und war als Kind mit denselben Szenen konfrontiert: »In manchen Städten geht man umher«, heißt es bei Kessel 1948, auf dieselbe Hintergrundmetaphorik zurückgreifend, »wie auf dem Meeresgrund.«[121] Gleich einem fiebrigen Flaneur durchstreifte das Kind jenen Abenteuerspielplatz der Geschichte um den Tiergarten, der noch voll »Munition, Bomben und Granaten«, lauter ungeborgenen Resten gewesen war.[122]

Aus den Überresten der Germania-Planung war ein ungeheuerlicher Spielplatz geworden: Müllhalde des Unabgeräumten. Unweit davon, auf dem Weg zum Potsdamer Platz, befand sich der unfertige NS-Baukörper des Hauses des Fremdenverkehrs, mit Wasser geflutet, was die Kinder wie eine Fahrt über den Styx im Torso des Speer-Baus erfuhren: »Bomben haben die unterirdischen Rohre zerrissen und das Häuserviertel in einen Weiher verwandelt. Benzinkanister schwimmen in ihm herum. Kriegsdreck und schmutzige Papiere. […] Lachen und planschen, als wären sie im Freibad Wannsee. Die Ruinen der Linkstraße blicken auf den fragwürdigen Teich, spiegeln sich schwankend in seiner schillernden Fläche.«[123] Mit Kinderaugen stellte sich dies anders dar. Für Frecot war die Gegend nicht bloß morbides

---

119 Vgl. Janos Frecot. Radeln am Meeresgrund, in: Florian Ebner u.a. (Hg.). Soweit das Auge reicht. Berliner Panoramafotografien aus den Jahren 1949–1952. Aufgenommen von Fritz Tiedemann. Rekonstruiert und interpretiert von Arwed Messmer. Berlin 2009, 122–127.

120 Dagegen noch Kaschnitz' Kindheit und die Faszination der großstädtischen Schaufenster auf dem Weg zum Wittenbergplatz: Kaschnitz. Rennen und Trödeln, 726.

121 Kessel. Aphorismen, 166. Mit Dank an Janos Frecot für den Hinweis auf seine Kessel-Lektüren.

122 Vgl. Frecot. Radeln am Meeresgrund, 125.

123 Ruth Andreas-Friedrich. Der Schattenmann. Tagebuchaufzeichnungen 1938–1948. Frankfurt a. M. 2000, 318.

Stadtstillleben, sondern der tägliche Schulweg zum Canisius-Kolleg, das die ehemalige Villa Krupp in der Tiergartenstraße bezogen hatte. Schaurig blieb es, offenbarte sich hier, was Heldt als Wiederkehr einer Naturgeschichte der Stadt bezeichnet hat: Unter dem umgewühlten Boden trat der »helle Sand des eiszeitlichen Meeresgrundes zutage«.[124] Gigantische Furchen, die alles, was unten gelegen hatte, nach oben trieben. Der »Eingriff der Weltgeschichte«, von dem Kessel sprach, hatte seine Kerben ins Terrain geschlagen.[125] Nun herrschte seit der Kapitulation Erstarrung der im Widerstreit stillgestellten Kräfte. Deutlicher konnte es nicht ausgedrückt werden als hier, wo am Tiergarten-Bunker die letzte Front gewesen war.[126]

Der einstige Grund der Zwischenkriegsflaneure war am Ende durchwühlt, bot wenig Anhaltspunkte. Wo eine Front noch ein Vorn und Hinten suggerierte, verflogen die Markierungen im Nichts des letzten Niemandslandes. Ein Schauplatz der Desorientierung blieb zurück.[127] Ratlos mochte man sich fragen: Wie bewegt man sich in diesem Raum, der keine Sinnrichtung vorgibt? Wenn Benjamin gefragt hatte, ob er diesen Winkel des Alten Westens je »gekannt« habe, der ihm zwischen den Kriegen so unvertraut geworden war, so trat nach 1945 eine Fremdheit anderen Ausmaßes ein.[128] Doch waren neue Wege, mit anderen Gangarten, durch das Terrain zu bahnen. Das ging einher mit einer Verwandlung des »Wegeraumes«.[129] Was bei Hessel oder Kaschnitz in der Modulation von »Rennen und Trödeln« an vertraute Wege, bekannte Abzweigungen sich halten konnte, das war nach der Entgleisung zum improvisierten Zickzack durch das Kraterland geworden.

Wie sich das Bild des Weges verrückte, so die Leitmetaphorik des in der Sprache ausgedrückten Erlebens.[130] Kommend von den letzten erhalten

---

124 Frecot. Radeln am Meeresgrund, 122. Sowie: »Unter dem Asphaltpflaster Berlins ist überall der Sand unserer Mark. Und das war früher einmal Meeresboden.« Werner Heldt. Berlin am Meer (ca. 1948), in: Deutsche Gesellschaft für Bildende Kunst (Hg.). Werner Heldt, 23. Juni bis 28. Juni 1968. Hannover 1968, 32.

125 Vgl. Kessel. Nach einer Reise im Liegestuhl, 99.

126 Zum letzten Gefecht die Dokumentation in: Bezirksamt Tiergarten von Berlin (Hg.). Tiergarten Mai 1945. Zusammenbruch, Befreiung, Wiederaufbau. Berlin 1995, 17–24.

127 Zur Kriegslandschaft mit ihrer Suggestion von »vorn« und »hinten«; dagegen steht der Raum der Desorientierung, in dem die Dinge nicht mehr ›am Platze sind‹, vgl. Bollnow. Mensch und Raum, 200, 206.

128 Vgl. Benjamin. Berliner Chronik, 487.

129 Zum Begriff des »Wegeraumes« als konkret ergangenen Raum vgl. Bollnow. Mensch und Raum, 195 f.

130 Zur metaphorischen Nachbarschaft von Weg, Denken und Dichten: von der Weppen. Der Spaziergänger, 54.

»Im Zickzack zwischen den Resten der Denkmäler«: Frecot über seinen Weg durch den zertrümmerten Alten Westen. Foto: »Tiergarten 1948« von Fritz Eschen. © Deutsche Fotothek / Fritz Eschen.[131]

gebliebenen urbanen Gegenden im Wedding und in Moabit musste der junge Trümmerflaneur in dieser Grenzzone des Unwirtlichen seine Wege suchen. Hier hörte die Straße auf und Pfade mussten gefunden werden.[132] Damit war, wie sich Frecot später erinnert, ein radikal verändertes Verhältnis zum erlebten Raum verbunden: »Zwischen Zäunen aus Bettgestellen und eisernen Matratzenrahmen hin, über ihrer Gestaltung entronnene Wasserläufe und im Zickzack zwischen den Resten der Denkmäler dieser Siegesallee hindurch« – das war der tägliche Parcours im zerbrochenen Winkel.[133] Auf diesem Terrain verschob sich auch das Selbstverständnis des Flaneurs. Er wurde zum Streuner, wie ihn Rossellini durch Berlin irren ließ.[134] In diesem Gang lag eine andere Erfahrung von Zeitlichkeit vor, eine, bei der sich nicht

---

131 Vgl. Frecot. Radeln am Meeresgrund, 125. Zum Foto auch: Fritz Eschen. Photographien Berlin 1945–1950. Mit Texten von Klaus Eschen und Janos Frecot. Berlin 1990, 67.

132 Zum Unterschied von Straßen und Pfaden auch: Bollnow. Mensch und Raum, 112.

133 Vgl. Frecot. Radeln am Meeresgrund, 125. Zum »zigzag«-Eindruck der Kriegslandschaft auch: Dos Passos. Tour of Duty, 244.

134 Hierzu die Szene mit der Figur Edmund in »Germania anno zero«, wie er durch Berlin irrt. Vgl. Germania anno zero. Min. 1:01:45–1:04:25. Regie: Roberto

das atemlose Jetzt des Urbanen, sondern eine Erfahrung der Dauer in den Vordergrund schob.[135]

Ein Neuanfangen auf verschobenen Bahnen. Denn wenn das Leben stets »ohne Notausgang« ist, wie Huchel festgestellt hatte, so komme man doch zuweilen in ein »neues Leben« wie einer, der hüpfe oder humple: Der Neuanfang geht unter Umständen »im Zickzack vor sich«.[136] Keine gerade Linie ließ sich bahnen, da das Gebiet seine Einnordung auf den Platz um die Matthäikirche eingebüßt hatte. Jegliche boulevardeske Hinführung war bis zur Unkenntlichkeit entstellt. Neue Trampelpfade mussten gesucht werden, zur Not krumme. So war das »Zickzack«, jene nach Grimm »ein- und ausspringenden winkeln« folgende Gangart die angemessene Bewegungsform, die den gelassenen Gang von einst entbehren musste.[137] Dabei kam sich das Kind wie der »einzige Mensch« hier vor: Wiederkehr des Flaneurs als Nachwuchs-Steppenwolf.[138] Was sich ihm so einprägte, verweist auf intensiv erlebte Zeit. Darum steht dieses Zickzack nicht nur für Umwege, sondern unauflöslich verbunden stand der Weg im Zeichen anderer Dauer. Denn wer nur im Zickzack vorankommt, dem wird der mühselig ergangene Weg zu einem angereicherter Zeit. Er erfährt die ganze »Breitendimension des Geländes«.[139] Wo mit Kessel die »Normalzeit« ihren Dienst einstellte, da trat dem Trümmerflaneur das eigene Befinden mit Entschiedenheit vor Augen.[140]

Frecot sollte noch Jahre später die leeren Botschaftsgebäude im Alten Westen als Botschaften aus der Trümmerkindheit empfinden. Mit den Jahren verwandelte sich das Gebiet in eines der Einkehr, in der nur noch die

---

Rossellini. Italien 1948. Zur Metamorphose des Flaneurs zum Streuner im Zeichen des Überlebens: von der Weppen. Der Spaziergänger, 102.

135 Zur Tendenz der Stadt, den Horizont des Vergangenen und Zukünftigen zurückzudrängen, vgl. Ferdinand Fellmann. Hauptstadt und Weltstadt. Gefühlte Räume aus lebensphilosophischer Sicht, in: Forum Stadt 43 (2016), Nr. 4, 361–376, hier: 372.

136 Huchel. Europa neunzehnhunderttraurig, 217. Zu Huchels eigener »Zickzack«-Bewegung durch und entlang der Ideologien seiner Zeit auch: Hub Nijssen. Der heimliche König. Leben und Werk von Peter Huchel. Würzburg 1998, 27.

137 Der Eintrag »zickzack« in: Jacob und Wilhelm Grimm. Deutsches Wörterbuch. Bd. 31. Z–Zmasche. München 1984, Sp. 887–890. Zum gesprungenen Eindruck des Alten Westens auch die spätere Begehung der Stadtforscher: Alison und Peter Smithson. The Charged Void: Architecture. New York 2001, 203.

138 Vgl. Frecot. Radeln am Meeresgrund, 126.

139 Zur Erfahrung einer »Breitendimension des Geländes« vgl. Bollnow. Mensch und Raum, 52 f. Zur spezifischen Erfahrung von »Dauer« und »Unterbrechung« in Berlin: Wajsbrot. Berliner Ensemble, 55.

140 Vgl. Kessel. Die epochale Substanz der Dichtung, 308.

diplomatischen Bauten der Germania-Planung und einige Tiergarten-Villen wie verwaiste Schneckenhäuser übrig geblieben waren. Wenn Huchel im Nachkrieg für Berlin das Bild des ruinierten »Gedächtnishofes« fand, so scheint er auf ein ähnliches Phänomen gestoßen zu sein, wenn ihm die wenigen Bauten zu Stätten des Lakunären wurden.[141] In diesem Geiste sah Frecot die Fragmente des Alten Westens als »Gehöfte im weiten Land«: als zerfallene Zeithöfe – oder, wie es der Berliner Architekturhistoriker Julius Posener formulierte, Bauten, die als Traumatisierte »nackt und erschreckt« überlebt hatten.[142] Frecots Bild schließt an Huchels Metaphorik an. Dieselbe Daseinsmetaphorik findet sich bei einem anderen Berlin-Flaneur, Kurt Ihlenfeld, der in den Villenresten einen »mit Unkraut bestandenen Hof« zu erkennen glaubte, dessen »aufgeschlitzte Gemächer« geschichtliche Durchblicke gewährten.[143] Das aufgelassene Haus, mit seinem Riss durch die Mitte, wurde zum Sinnbild. Gespenstisch flankiert durch zwei morbide Monumente: die Reste des Bendlerblocks auf der einen, die Mauer als neue Schreckensdemonstration auf der anderen Seite.[144] Die Begegnung mit den Zeithöfen scheint ein Gefühl der Beklemmung ausgelöst zu haben. Nicht nur, weil alle die Autoren die Zeit der Schrecknis erlebt hatten, sondern weil jedes Erinnerte das Ausmaß des Vergessens im Alten Westen aufscheinen ließ.

Dabei bestätigt das Phänomen der Zeithöfe noch einen anderen Befund: nämlich, dass die Stadt in ihrer Grundtektonik verrutscht war. Der Alte Westen war zu einem Gebiet geworden, das man als innerstädtische Lisière ansehen kann. Hier war alles Liegengelassene zu finden. So changierte Frecots Haltung als Spaziergänger zwischen der eines »Bauern von Berlin«, als der Hessel einst von Benjamin ironisch bezeichnet worden war, und der eines Lumpensammlers, der wie der Künstler Raffael Rheinsberg aus

141 Zum Bild des ruinierten »Gedächtnishofes«: Huchel. Eine Begegnung mit Peter Huchel. Interview mit Frank Geerk, 388.
142 Vgl. Frecot. Tiergartenviertel, 1965, in: Raffael Rheinsberg. Botschaften. Archäologie eines Krieges. Berlin (West) 1982, 251–253, hier: 251. Die wenigen Bauten, die die ›Zeithöfe‹ bilden, hätten »nackt und erschreckt« überlebt: Julius Posener. Geschichte im Stadtbild. Berlin (West) 1963, 2.
143 Vgl. Ihlenfeld. Stadtmitte, 151. Es ist wohl kein Zufall, dass die Idee des »Wohngehöfts« bei Scharoun zu einer gestalterischen Idee in der Nachkriegsarchitektur wurde. Vgl. Höcker. Gespräche mit Berliner Künstlern, 88. Exemplarisch zur Geschichte eines Gebäudes, welches den Nachkriegsflaneuren zum ›Zeithof‹ wurde, vgl. Evelyn Wöldicke. Die Villa Gontard. Ein Haus im Tiergartenviertel. Berlin 2013.
144 Vgl. Ihlenfeld. Stadtmitte, 113.

>>Mit Unkraut bestandener Hof, von dem aus man in die aufgeschlitzten Ge-
mächer blickt«.[145] Ihlenfelds Gang durch die ›Zeithöfe‹. Foto: Otto Borutta,
Philharmonie und Matthäikirchplatz 1963–1964. © Berlinische Galerie.

den Hinterlassenschaften dieses Schuttviertels seine Skulpturen schuf.[146] Bei
Frecot wurde der Alte Westen auf diese Weise zum Fundstück, *objet trouvé*
jüngster Geschichte: »Das Tiergartenviertel, das von den Nazis erst zum
Diplomatenviertel gemacht wurde, dämmert noch immer«, so Frecot 1965,
»als Zeit-Material-Collage« vor sich hin.[147] Der Autor war bei Hessel in die
Schule gegangen und versuchte seinerseits, die Orte als Allegorien abgela-
gerter Zeitverhältnisse beim Wort zu nehmen. Nur so konnte der städtische
»Archäologe der jüngsten Vergangenheit« in diesem kaputten Winkel fündig

145 Vgl. ebd., 151.
146 Benjamin spielt mit der Formulierung auf Aragons »Le paysan de Paris« (1926)
an. Vgl. Benjamin. Berliner Kindheit, 238. Sowie: Rheinsberg. Rückblick, in: ders.
Botschaften, 12f.
147 Vgl. Frecot. Tiergartenviertel, 1965, 253.

werden.[148] Hessel mag ihm dabei als wirkungsgeschichtliches Positionslicht gedient haben, um ein Stück Stadt der Vergessenheit zu entreißen.

Der Patinierung dieses Winkels, in der Zwischenkriegszeit begonnen, folgte nach der Katastrophe ein langsames Dahindämmern.[149] Es ist daher kaum überraschend, dass nach dem quasi-naturgeschichtlichen Fund einer »Zeit-Material-Collage« *in situ* auch die Ästhetik diesen Weg einschlug. Der Alte Westen mit seinen »Trümmern der Dingwelt« besaß für den Flaneur keinen »Bodenkammer«-Charakter mehr, sondern nahm als Winkel des abgebrochenen Lebens den Geist der Décollage an.[150] Nicht Frecot bediente sich allerdings dieser Technik. Es war die Lebenswelt, die solche Ausdrucksformen hervorbrachte: »décoller«, das bedeutet losmachen; es ist das aus der Fassung Geratene.[151] Doch blieb der »Abriss« am Ende mehrdeutig: nicht Zerstörung, sondern einen Weg in neue Entwürfe suchte man.

Geht man so zu Frecots Beobachtung vom Zickzack im Ruinenfeld zurück, zu der, dass der erlebte Raum im Nachkrieg kaum mehr den geordneten Bahnen einer einstigen Sommerfrischegegend entsprach, so stellt sich die Frage, ob diese Erfahrung nicht auch einen anderen Ausdruck hervorbrachte. Unweit des alten Knobelsdorff'schen Labyrinths im Tiergarten entdeckte Ihlenfeld in der leeren Mitte das Entstehen eines neuen Labyrinths. Dies berichtete er einmal seinem Freund, dem Exberliner Max Tau, nach Oslo. In einem wunderlichen Bau sei er »herumgeklettert«, schrieb er über den neuen Raumeindruck: »Noch meint man in einem Labyrinth umherzutappen. Der Spiel-Raum ein schwarzer Abgrund.«[152] Ihlenfeld fügte hinzu: »Eines Tages« würden Klänge »das graue Gestein überfließen«. Was er beschreibt, war seine Erfahrung, umherzutappen im Rohbau des ersten Neubaus der Gegend, der Scharoun'schen Philharmonie. In jenem Bau, den man nicht ohne Grund in den Resten des Alten Westens, in Sichtweite zur Mauer platziert hatte.[153]

148 Frecot hatte Hessel nach dem Krieg mit einer Ausgabe bei Rogner & Bernhard erstmalig wieder herausgebracht. Vgl. Janos Frecot. Nachwort zur neuen Ausgabe von Franz Hessels »Spazieren in Berlin« (1968), in: ders. Von Gärten und Häusern, Bildern und Büchern. Texte 1968–1996. Berlin 2000, 61–65, hier: 63.

149 Zu diesem Prozess der ›Patinierung‹: ebd., 63.

150 Vgl. Frecot. Tiergartenviertel, 1965, in: Rheinsberg. Botschaften, 251. Zum »Bodenkammer«-Charakter des Alten Westens vgl. Benjamin. Berliner Chronik, 480.

151 Vgl. Janos Frecot. Berlin im Abriß, in: ders. u.a. Berlin im Abriß. Beispiel Potsdamer Platz. Berlin (West) 1981, 5–7, hier: 5.

152 Ihlenfeld. Stadtmitte, 123.

153 Die kulturpolitische Bewandtnis – »an earshot« und »within sight« von der Mauer – hat man in den USA als Stück Schaufensterpolitik Westberlins interpretiert: Frederic V. Grunfeld. The Most Exciting City in the World, in: Ford

So schrieb er an Tau, dass jeder, der nun durch die Steppe gehe, mit einem neuen Raumphänomen Bekanntschaft mache.

Ihlenfeld, der einst gemeinsam mit Tau durch die Gegend gestreift war, dürfte die Erfahrung der »stehenden Zeit« nur allzu vertraut gewesen sein.[154] Er versuchte eine kühne Brücke zwischen den Zeiten zu schlagen, als er 1962 an den einstigen Cassirer-Lektor schrieb, er sei wieder zum Matthäikirchplatz gegangen, »wo ja Cassirer einst wohnte. Da steht jetzt nur noch die erneuerte Matthäi-Kirche. Sonst Steppe. Doch ersteht in der Mäge Scharouns eigenwilliger Philharmonie-Koloss.«[155] »Mäge«, das Kärgliche ist sein Wort für das Trostlose. Es ist bezeichnend, dass Ihlenfeld das ausgerechnet Tau schrieb. Denn der Bau, der wie ein Monolith hingesetzt zu sein schien, nahm auf subtile Weise etwas in sich auf, faltete die Verwerfungen des Winkels in eine Form. Ihlenfeld notierte über dieses »Erlebnis des Raumes«: Schon auf der ersten Schwelle werde »die Menge über schwebende Treppen, Schrägen, Balkone, Plätze zerstreut, – nicht wie in bisherigen Konzert- und Theaterhäusern – in rechtwinklige Umgänge gepreßt, sondern frei hinweg über die verschiedenen unregelmäßigen Ebenen entlassen«.[156]

Der umwegige Raum wird Architektur, Landschaft in sich aufnehmende Form.[157] Ähnlich sah es Julius Posener, der vom ständigen Perspektivwechsel beim Gang durch das Scharoun'sche Gebäude sprach. Es seien Perspektiven, die »sich bei jedem Schritt verändern«.[158] Etwas vom Erleben des Wastelands ist demnach am Ende in dieser Architektur Gebilde geworden. Scharoun war es, der das *terrain vague*, mit dessen fahrigem Zickzack, in ein

Foundation records. Grants E–G (FA732C). Foundation-Administered Project (06390003): Administration of a program to strengthen educational, scientific, artistic and cultural institutions in Berlin. Series: Ford Foundation Grants – E to G. Date: 1962 October 18–1966 July 19 June 04. Reel 1911. Die Weststadt verstand das Areal als ihren geistigen »Vorposten«, an dem die eigene »Überlebenskraft« zu demonstrieren sei. Vgl. Räumliche Ordnung im Zentralen Bereich. 1. Bericht März 1983. Thesen zur räumlichen Ordnung im Zentralen Bereich, in: Landesarchiv Berlin. B Rep. 002. Nr. 38071. Der Regierende Bürgermeister von Berlin Senatskanzlei. Zentraler Bereich. 11.11.1981 bis 17.5.1983. Bd. 1, 18.

154 Zum Gang mit Tau im ehemaligen Tiergartenviertel vgl. Ihlenfeld. Stadtmitte 140, 148f.

155 Ihlenfeld an Tau vom 9.9.1962. Kurt-Ihlenfeld-Archiv 744, Archiv der Akademie der Künste Berlin.

156 Ihlenfeld. Stadtmitte, 312. Zur Schilderung des Innenraums ebd., 263f.

157 Scharoun zum Landschaftseindruck der Philharmonie in: Höcker. Gespräche mit Berliner Künstlern, 88–91, hier: 91.

158 Julius Posener. Raum (1976), in: ders. Aufsätze und Vorträge 1931–1980. Braunschweig, Wiesbaden 1981, 331–336, hier: 333.

gültiges Erleben verwandelt hatte. So sprach man davon, dass der Architekt etwas von der Stadtwüste in den Bau eingefaltet habe.[159] In der Tat war der Entwurf aus den Erfahrungen mit dem Raum, auf »Wanderungen durch das Niemandsland« entstanden.[160] Man hatte sich bewusst für die Lage im Übergangsgebiet entschieden.[161] Die »klaffende Wunde«, die sich »in das Stadtbild eingefurcht« hatte, war hierin aufgehoben.[162] Versucht wurde, was nach Scharoun seit je Aufgabe der Kunst ist: zur »Sinndeutung des Lebens« beizutragen.[163] Die Furchen jener Gegend, die früher der Alte Westen hieß – in Scharouns umwegigem Raum wurden sie als Zeugnis verewigt.

159 Vgl. Franz Tumler. Rede zum Gedenken Hans Scharoun (1973), in: ders. Hier in Berlin, 210–216, hier: 213.

160 Nach einer mündlichen Äußerung Edgar Wisniewskis: Rainer Esche u.a. Die Lage der Philharmonie am Kemperplatz, in: Berliner Philharmonie (Hg.). 50 Jahre Berliner Philharmonie. Eine Zeitreise / 50 Years Berlin Philharmonie. A Journey Through Time. Berlin 2016, 54–59, hier: 58.

161 Zur Lage im Übergangsgebiet: Edgar Wisniewski. Architektonisches Gesamtkunstwerk?, in: Olav Münzberg (Hg.). Vom Alten Westen zum Kulturforum. Das Tiergartenviertel in Berlin – Wandlungen einer Stadtlandschaft. Berlin (West) 1988, 227.

162 Vgl. Esche u.a. Die Lage der Philharmonie am Kemperplatz, 58.

163 Hier zitiert nach: Heinrich Lauterbach. Vorwort, in: Akademie der Künste (Hg.). Hans Scharoun. Ausstellung der Akademie der Künste vom 5. März–30. April 1967. Berlin (West) 1967, 5–20, hier: 20.

Im Schweigen: Horchen auf die Stille

II. Die Dispersion oder Suchen nach Überresten

6. Koeppens Berlin im Anderswo: Der Autor in der Fremde und der Schatten der Stadt

> Die Passage in Berlin liegt in Trümmern, eine Ruine,
> zu jung, um ein Stern im Baedecker zu sein.
> *Wolfgang Koeppen*[1]

Mit Wolfgang Koeppen näherte sich im Nachkrieg ein alter Bekannter Berlin. Hier hatte er seine ersten Versuche als Feuilletonist unternommen und die letzten Züge der Weimarer Literatur aufgenommen. Hier publizierte er, im toten Winkel der Literatur, nach 1933 im Cassirer Verlag unter der Ägide Max Taus zwei Romane. Beide Romane drückten, mit den Mitteln verdeckten Schreibens, die Leerung der Zentrale aus: das erste Beben, das im Begriff war, durch die Literatur zu gehen. Eine Gruppe von Flüchtlingen, die nach Zürich emigriert waren – es war jene um Erika Mann und ihr Kabarett »Die Pfeffermühle« –, schildert er in seinem Erstling »Eine unglückliche Liebe«. Was der Erzähler darin bezeugt, ist das Aufwachen im Exil, eine beginnende Epoche der Dispersion: »Der Boden, auf dem sie standen«, schrieb Koeppen, »wankte.«[2] Mit der Szene sind zentrale Topoi seines Werkes gesetzt, die in das Nachkriegsdilemma einer geräumten Zentrale hinüberspielen. Sie zeigt ihn als Autor unterwegs, als Seismiker von Erschütterungen. Letzteres, die Bürde des Zeugnisträgers, sollte ihm nachgehen. Sie wies nach dem Krieg ins Problem, auf eine produktive Spur zurückzufinden. Koeppen drohte, in jene Lücke der Überlieferung zu fallen, die zu überbrücken seine Aufgabe wurde. Er drohte, »unters Eis« zu geraten.[3]

Es waren im Nachkrieg Übergangsfiguren, wie er selbst eine war, die sich an ihn erinnerten. Dazu gehörten sein zweiter Verleger Henry Goverts und Schriftsteller-Redakteure wie Ernst Schnabel oder Alfred Andersch, die im neu nach britischem Vorbild aufgebauten Ressort Radioessay tätig waren und ihn mit Aufträgen versorgten.[4] Es waren Neuanfänge mit Kontinuität,

---

1 Koeppen. Nach Rußland und anderswohin, 251.
2 Wolfgang Koeppen. Eine unglückliche Liebe (1934), in: ders. Gesammelte Werke. Bd. 1. Hg. von Marcel Reich-Ranicki. Frankfurt a.M. 1990, 7–158, hier: 74.
3 Vgl. Wolfgang Koeppen. Von der Lebensdauer des Zeitromans. Gespräch mit Anne Andresen und Hans Georg Brenner (1952), in: ders. Gesammelte Werke. Bd. 16, 7–15, hier: 7.
4 Zur Kontaktaufnahme des Radioessays des NWDR mit Koeppen über dessen Verleger vgl. Henry Goverts an Wolfgang Koeppen vom 28.12.1954, Nr. 57.

für die ein Autor wie Koeppen steht. Denn schon um 1930 war er – gefördert vom Kritiker Herbert Ihering – werdender Feuilletonist, im Dienst des liberalen »Berliner Börsen-Couriers«, wo Kollegen wie Günther Anders tätig waren. Koeppen war in dieser Zeit als Verfasser kleiner Feuilletons hervorgetreten. Er versuchte sich an Darstellungsformen, die Stücke des urbanen Lebens zur kristallartigen Verdichtung bringen.[5] Er sah sich als Phänomenologe der Stadt. Dies verdeutlichen frühe Arbeiten, etwa »Berlin – zwei Schritte abseits«, in der er sein Gespür für Schwellenräume bewies, für jene »toten Winkel«, in denen sich das Wesen der Stadt kundtut.[6] Es waren Stellen, die »keinen Namen« hatten: ein Unbenanntes, auf das laut Koeppen keiner achtgab.[7]

Man kann an Koeppen ablesen, was dieses kleine Genre auszeichnet: eine Sensibilität für das Übersehene. Dazu gehört das Vermögen des Spurensammlers, sich auf die Phänomene einzulassen – eine impressionistische Tugend, die er als Reiseessayist nach dem Krieg zur Blüte bringen sollte.[8] Dabei hatte diese Form, ob ihrer Kleinheit, eine Tendenz ins Okkasionelle. Im gelingenden Falle führte dies, nach Polgar, statt ins Oberflächliche in die »innere Zeit«, die die kleine Form in sich aufbewahrt.[9] Damit verband sich ein Zug ins Anschauliche: eine Einkehr ins Bild. Der Dreh- und Angelpunkt dieses Verfahrens war, wie Koeppens Reiseessays zeigen, die Ausrichtung auf die Großstadt als lebensweltliches Verdichtungszentrum: als Gradmesser des Geisteslebens.[10] An diese Beschreibungskunst sollte er nach dem Krieg anschließen.

Konvolut Wolfgang-Koeppen-Briefe, Inventar-Nr. 98.7402. Koeppen-Nachlass Universitätsbibliothek Greifswald.

5 Zum Bild der kleinen Form als Kristall vgl. Gina Kaus. An den Rand geschrieben (1926), in: Hildegard Kernmayer/Erhard Schütz (Hg.). Die Eleganz des Feuilletons. Literarische Kleinode. Berlin 2017, 10f.

6 Vgl. Benjamin. Berliner Chronik, 484.

7 Vgl. Wolfgang Koeppen. Berlin – zwei Schritte abseits (1932), in: ders. Gesammelte Werke. Bd. 5. Hg. von Marcel Reich-Ranicki. Frankfurt a.M. 1990 21–24, hier: 21. Zur Flanerie als Schau noch ›namenloser Phänomene‹ am Beispiel Kracauers siehe: Matala de Mazza. Der populäre Pakt, 71.

8 Zum sympathetischen Weltzugang, den Koeppen in seinen Reiseessays fortführt: Hans Magnus Enzensberger. Ahnung und Gegenwart (1958), in: Ulrich Greiner (Hg.). Über Wolfgang Koeppen. Frankfurt a.M. 1976, 89–91, hier: 90.

9 Vgl. Alfred Polgar. Die kleine Form (quasi ein Vorwort) (1926), in: ders. Kleine Schriften. Bd. 3. Hg. von Marcel Reich-Ranicki. Reinbek bei Hamburg 1984, 369–373, hier: 373.

10 Zum Nexus Großstadt und kleiner Form grundlegend: Köhn. Straßenrausch, 7–15.

Damit soll zugleich eine These zu den Reiseessays Koeppens vertreten werden, die von der geläufigen abweicht, sie seien als »Umwege« auf dem Weg zum Roman zu betrachten.[11] Statt von einer Werkerwartung auszugehen, liegt ein anderer Gedanke nahe: Es kann in dieser Essayform eine verborgene Kontinuität gesehen werden, die mit der »Stadtminiatur« auf eine eigene Vorgeschichte zurückblicken kann.[12] Für die von Koeppen als Ziel ausgegebene Form des Romans gab es zudem – neben der Tatsache, dass seine Romane mehr aus der lyrischen Sprachbehandlung geschrieben sind – objektive Hemmnisse im Nachkrieg.[13] Zu nennen ist das Fehlen eines Gravitationspunkts im föderalen Deutschland nach 1945, um den sich diese Weltfülle benötigende Gattung des Romans hätte entwickeln können. Diesen Mangel hat auch Kessel als Dilemma des hiesigen Romans erkannt.[14] Daher soll an dieser Stelle die Form des Reiseessays als ein Bindemittel jenes Mosaikstils verstanden werden, den Koeppen ebenso Romanen wie »Tauben im Gras« zugrunde gelegt hat.[15] Die These ist, dass der Essay sich für ihn als lockere Sequenzialisierung der erprobten kleinen Form anbot. So rücken nicht die vom Buchmarkt jener Jahre erwarteten, sondern die vom Autor in seiner Schreibpraxis erfahrenen Formen in den Fokus.

Hiermit ist die Vermutung verbunden, dass in jenen dem alten Feuilleton nahen Formaten des Nachkriegsradios sich Unterschlupf bot und urbane Schreibformen überwinterten. Dies vor dem Hintergrund, dass es – abgesehen von einer kurzfristigen Renaissance des Feuilletons, etwa in der »Neuen Zeitung« – kaum mehr Bündelungspunkte dieser Formen aus Weimarer Zeitungstagen gab. Die heimatlose Stadtminiatur überlebte am ehesten im Asyl des Radioessays.[16] Das bestätigt ein von Koeppen hervorgehobener Befund,

11 Koeppen hat dem Missverständnis gleichwohl selbst Vorschub geleistet, vgl. Koeppen. Ohne Absicht, 630. Sowie: Jürgen Egyptien. Ästhetik und Geschichte in Wolfgang Koeppens Reiseessay Neuer Römischer Cicerone, in: Jahrbuch der Internationalen Wolfgang Koeppen-Gesellschaft 2 (2003), 51–64.

12 Vgl. zur »Stadtminiatur« als Form: Andreas Huyssen. Miniature Metropolis. Literature in an Age of Photography and Film. Cambridge, London 2015, 4.

13 Zur Beobachtung, dass Koeppen als Romancier mehr zur lyrischen Empfindung tendiert, vgl. Erich Franzen. Römische Visionen (1954), in: Greiner (Hg.). Über Wolfgang Koeppen, 67f., hier: 67.

14 Vgl. Kessel. Ironische Miniaturen, 90.

15 Zum Mosaikstil: Koeppen. Ohne Absicht, 617. Sowie: Marcel Reich-Ranicki. Der Zeuge Koeppen (1963), in: Greiner (Hg.). Über Wolfgang Koeppen, 133–150, hier: 141.

16 Koeppen hat hier auf die mäzenatische Rolle des Rundfunks hingewiesen. Vgl. Christian Winter. »In der Freiheit des freien Schriftstellers«. Wolfgang Koeppens literarische Laufbahn 1951–1996. Baden-Baden 2018, 105.

nach dem sich seine sinnlich ausgerichtete Prosa gerade durch die Reise-
tätigkeit auf die Suche nach Welt begeben und zum Medium von Welthaltig-
keitsresten werden konnte.[17] Hier spielten die Erfahrung der Abschottung
während des Dritten Reichs und später wegen der Reisebeschränkungen
nach der Kapitulation eine erhebliche Rolle. Mit dem Ausgang aus der NS-
Staatshöhle wurde somit im Reisen eine Kompensation des Weltverlusts
gesucht.

Als Öffnung boten sich die Straßen fremder Städte an. Denn wie Koeppen
gestand, war seine literarische Heimat mit dem Untergang der Weimarer Kaffeehauskultur verschwunden.[18] Wenn aber die Lebensdichte in der
eigenen Nahwelt fehlt, zieht die Ferne unwillkürlich an. So stellte sich ein
ums andere Mal die Situation ein, dass der Autor in der Fremde das lang
vermisste Eigene entdeckte.[19] Es kam zur paradoxen Situation, dass unterm
fremden Himmel der Flaneur die verborgenen Kräfte wiederentdeckte, deren
er zu seiner Welterfassung bedurfte. Sie führten zur Reaktivierung einer
inneren Urbanität, zur plastischen Kraft, sich fremde Horizonte anzueignen.
Bei dieser Aneignung barg Koeppen etwas in sich: das Wrack seines Stadt-
verständnisses, sein auf Berlin ausgerichtetes Sensorium. Der Unbehauste
fand in der Fremde die Teile seines verlorenen Ursprungs als Großstadt-
Dichter. Führte das Reisen aus dem heimatlichen Vakuum heraus, so auf
verschlungenen Pfaden an ein verschüttetes Inneres zurück.[20]

Dabei bleibt die Frage unbeantwortet, wie von einem Ort ein Anstoß aus-
gehen kann, dass sich ereignet, was wir Literatur nennen. Das Format eines
Radioessays allein mag dies kaum zeitigen.[21] Insofern drückt sich darin eine
literaturtheoretische Verlegenheit aus, die sich durch die Poetik des Autors
erhellt. Die Frage lautet: Warum konnte sich gerade in Koeppens Reiseessays

17 Vgl. Koeppen. Ohne Absicht, 630. Sowie Koeppens bleibende Sehnsucht nach der
    »Stimme aus der Großstadt« in: Das Portrait: Alfred Döblin, Min. 00:16:00f. Re-
    gie: Igor Scherb. Drehbuch: Leo Kreutzer. Westdeutscher Rundfunk, Deutschland
    1968. Archiv der Deutschen Kinemathek, Berlin.
18 Vgl. Wolfgang Koeppen. Nach der Heimat gefragt … (1972), in: ders. Gesammelte
    Werke. Bd. 5, 302f., hier: 303.
19 Zum Zurückgeworfenwerden aufs Eigene in der Fremde siehe: Bollnow. Mensch
    und Raum, 90f. Zu den zurückgespielten »Ordnungen von Zuhause« im Fremden
    auch: Ferenc Jádi. Reisebilder/Bilderfahrung, in: Bettina van Haaren. Ecke mit
    Findelkindern. Zeichnungen vor Ort. Bönen 2003, 5–12, hier: 10.
20 Zur Erneuerung in der Fremde auch: Bollnow. Mensch und Raum, 94.
21 Hier ist der Unterschied zwischen Ausdruck und Mitteilung scharf zu stellen, das
    in sich stehende Wort vom mitteilenden Wort, wie in der Reportage, zu scheiden.
    Vgl. Hans-Georg Gadamer. Philosophie und Poesie (1977), in: ders. Gesammelte
    Werke. Bd. 8, 232–239, hier: 233.

poetische Sprache ereignen? Die naheliegende Antwort: weil sich darin eine örtlich gebundene Begegnung manifestiert. Hierzu hat Koeppen in der Skizze »Wie ich dazu kam« Andeutungen gemacht. Darin beschreibt er den Weg, der ihn zum Roman »Tod in Rom« führte. Die Stadt firmiert hierbei nicht als Motiv, sondern als produktives Gegenüber: Es war die »Luft in Rom«, jene von jüngster Geschichte dicke Luft, die er aufnahm.[22] Doch auch sie macht noch keine Literatur. Vielleicht gehört ein Erleiden dazu: »Der Schmerz ist das Auge des Geistes«.[23] Koeppen bekannte, dass es die Wiederkehr eines Fraglichen gewesen sei, die Wiederbegegnung mit »einigen Gespenstern« im postfaschistischen Rom, die ihn auf den Pfad brachten.[24]

Der Anstoß scheint also aus dem Unerledigten gekommen zu sein. Der Ort wendet sich in eine Frage: Er wird zum Befremdlich-Irritierenden.[25] Damit wird Ortsfremdes, ein Anderswo entdeckt. Dieses erst resoniert mit dem Inneren des Autors.[26] Die Verwandlung des Orts in eine Frage nimmt den Flaneur in die Pflicht. Bei Koeppen heißt es zu seinem Rom-Erlebnis: »Was bleibe ich, fragte ich mich.«[27] Die Begegnung wird zum Zwiegespräch: Die Stadt zeigt sich als Gegenspielerin, Komplizin und Hebamme. Koeppen antwortete auf die Frage, wie er zu seinem Thema gekommen sei: Indem ich meine Frage am Ort entdeckte. So kam es, wie er über sein Projekt sagte, zur Ansiedlung einiger Gespenster in Rom.[28] Topos und Einfall, so lässt sich festhalten, standen in einem Frage-Antwort-Verhältnis zueinander, das den Flaneur in den Ort verwickelte.

Eine weitere Rom-Begegnung hat er in seinem Essay »Neuer römischer Cicerone« beschrieben. Dieser ist, wie kaum ein anderer, durchbrochen von

---

22 Vgl. Wolfgang Koeppen. Wie ich dazu kam. Zur Entstehung des Romans »Tod in Rom« (1954), in: ders. Gesammelte Werke. Bd. 5, 242f., hier: 242.

23 Hierzu: Helmuth Plessner. Mit anderen Augen (1953), in: ders. Gesammelte Schriften. Bd. VIII. Hg. von Günter Dux u.a. Frankfurt a.M. 2003, 88–104, hier: 95.

24 Vgl. Koeppen. Wie ich dazu kam, 242. Zur ambivalenten Atmosphäre im faschistischen Rom auch: Witold Gombrowicz. Übermütig durch Rom (1938), in: ders. Gesammelte Werke. Bd. 13. München, Wien 1996, 241–245, hier: 242.

25 Zum *atopon* als dem Befremdlichen, das uns stutzen und staunen lässt: Gadamer. Wahrheit und Methode, 185.

26 Zum Anderswo im Sinne einer Dislozierung schon: Aristoteles. Physik. Vorlesung über Natur. Buch IV, Kapitel 1. 208b15–209a4. Griechisch-Deutsch. Hg. von Hans Günter Zekl. Hamburg 1987, 149. Sowie zum Anderswo als dem Fraglichen: Donatella Di Cesare. Atopos. Die Hermeneutik und der Außer-Ort des Verstehens, in: Andrzej Przylebski (Hg.). Das Erbe Gadamers. Frankfurt a.M. 2006, 85–94, hier: 92.

27 Koeppen. Wie ich dazu kam, 242.

28 Vgl. ebd., 243.

doppelten Ansichten, traumatischen Bildern des erinnerten Untergangs. Sie weisen von Rom zurück auf seine Berlin-Erfahrung. Koeppens Nachkriegs-Umgang mit der einstigen Hauptstadt zeigt sich – pointiert formuliert – wie von einem Verfolgtsein geprägt. Egal ins Antlitz welcher Stadt der Flaneur blickt, stets erscheint darin eine Rückspiegelung seines alten urbanen Fix-punkts, seiner Geburtsstätte als Autor. Jede Stadt, die er besichtigt, spielt ein anderes Element des einstigen urbanen Lebens zurück. Damit ergibt sich aus der Synopsis seiner Städtebilder das Trümmermosaik des zerstreuten Genius Loci. Sein Berlin ist nicht mehr, doch im Anderswo taucht es in Fragmenten auf. Gleich einem Geisterschiff – dem Mythos des »Fliegenden Holländers« verwandt – erscheinen die Schemen einer versunkenen Stadt.[29] Es ist die Kehrseite der leeren Zentrale Berlins. Denn es sind die Wrackteile, die sich im Anderswo zeigen. Das Vorenthaltene am heimischen Ort und das Anderswo in der Ferne – es sind zwei Seiten desselben Problems.

Ins Auge sticht im »Neuen römischen Cicerone« zunächst die Ruinen-Analogie, die nirgends sich so aufdrängt wie am Rom-Bild. Es sind die in Berlin ins Leere gestürzten Orte, die aus der Erinnerung der Reiseessays wiederkehren. Sie tauchen auf im Bild eines Stadtgrabes, das sich die Natur neuerlich einverleibt: »Ein Teppich aus schütterem Gras deckt die Gräber.«[30] »Vineta Berlin«, fügt er im Stile eines klassischen Cicerone hinzu, ironischer Ahne Jacob Burckhardts. Bereits hier, in der Überblendung der wirklichen und erinnerten Orte, zeigt sich Koeppens Berlin im Anderswo.[31] Darauf deutet die Legende der Vineta hin. Es ist die untergegangene Stadt, Mythos eines norddeutschen Atlantis, das sich von Zeit zu Zeit an der Oberfläche zeigt, gleich einem Gespenst, in dessen Bild sich phantasmagorische Züge mischen.[32] Koeppen mag von Heine inspiriert worden sein. Schon bei diesem firmierte Vineta als verschollene Stadt, der er als Suchender nachging, »fremd unter fremden Leuten«.[33] In der Fremde tauchte auch bei Koeppen etwas auf, das man die unwillkürliche Stadt nennen kann. Berlin wird als autonomes Bild zur Abwesenden schlechthin. Es ist das in Retention Zurückgehaltene,

29 Zum Bild des »Fliegenden Holländers«: Wolfgang Koeppen. Morgenrot. Beginn einer Erzählung (1976), in: ders. Gesammelte Werke. Bd. 3, 253–268, hier: 259.

30 Koeppen. Nach Rußland und anderswohin, 234.

31 Zum Sonderstatus Berlins im Werk Koeppens: Stefan Eggert. »Abfahrbereit«. Wolfgang Koeppens Orte. Topographie seines Lebens und Schreibens. Berlin 2006, 29f.

32 Vgl. ebd., 67. Schon für Benjamin wurde sein Tiergartenrevier zu einem Vineta: Benjamin an Kracauer, Berlin, den 18.4.1926, in: ders. Das Passagen-Werk, 1085.

33 Vgl. Heinrich Heine. Seegespenst (1826), in: ders. Sämtliche Werke. Bd. 1. Hg. von Oskar Walzel. Leipzig 1911, 202–204, hier: 203.

das der günstige Augenblick zur Erscheinung bringt.[34] Doch ist es ein der Willkür entzogenes, ein pathisches, emotional aufgeladenes Bild. Das ist die Grundkonstellation aller Koeppen'schen Stadtansichten: Rückspiegelungen seines versunkenen Weimar-Berlins.

Rom dagegen zeigte sich im Kontrast zu Berlins Sturz in die Stille als Stadt des fortwährenden Corsos.[35] Sie verkörperte jene urbane Lebensform, die man in Berlin in den 1930er Jahren zu zerstören begann; ein Zerstörungswerk, das sich im Wiederaufbau mit Straßen ohne Eigenleben fortsetzte.[36] Gerade der Corso war symbolische Zielscheibe der Auseinandersetzungen der Zwischenkriegszeit gewesen: jene gescholtene »Kanalrinne der Verderbtheit«, wie nach Scholz der Kurfürstdamm in der Stadt-Land-Konfrontation der Zeit bezeichnet wurde.[37] Nach 1933 übernahmen, Koeppens Freund Hans Sahl hat es bezeugt, die »marschierenden Kolonnen«.[38] Zuvor war der Corso Lebensstrom einer »Boulevarddichtung« gewesen, wie sie der Literaturkritiker Arthur Eloesser an den Ursprung Berliner Großstadtdichtung gesetzt hat.[39] Hier war für Deutschland erstmals die Literatur aufs Engste mit dem »Werden einer Stadt« verknüpft: ein Zusammenhang, der mit der Generation Koeppens jäh abbrach.[40] Dies mögen einige der Nachbilder gewesen sein, die den Reisenden auf dem römischen Corso heimsuchten. So jedenfalls gestand er es seinem Verleger Goverts während des Rom-Aufenthalts: Er sei hier auf sein Naturell als geborener »Städter« gestoßen worden.[41] Lieber ging er in Rom, statt einer Tagung der Gruppe 47 beizuwohnen, einer Erkundung des dortigen Lebens nach.

34 Zum Verhältnis von Bild und Abwesenheit, zum in Retention-Halten eines Erinnerten vgl. Paul Ricœur. Gedächtnis, Geschichte, Vergessen. München 2004, 82 f.
35 Vgl. Koeppen. Nach Rußland und anderswohin, 250. Zum Corso als Allegorie des Lebens: Von der Weppen. Der Spaziergänger, 116.
36 Vgl. Koeppen. Morgenrot, 266.
37 Vgl. Scholz. Jahrgang 1911, 82. Zur Stadt-Land-Konfrontation auch: Jochen Meyer. Berlin Provinz. Literarische Kontroversen um 1930. Marbacher Magazin 35 (1985).
38 Zum Ansturm der SA auf den Boulevard: Hans Sahl. Die Wenigen und die Vielen. Roman einer Zeit. München 1994 (1959), 116.
39 Vgl. Arthur Eloesser. Die deutsche Literatur. Bd. II. Von der Romantik bis zur Gegenwart. Berlin 1930, 211.
40 Vgl. ebd., 525.
41 So im Brief vom 10.5.1954 an Goverts, in dem Koeppen, statt zur Gruppe 47 ans Cap Circeo zu fahren, durch Rom streift und die Inspiration zum »Tod in Rom« findet: »Wie glücklich wäre ich in Rom, und was würde ich, ein Städter, in dieser echten Stadt arbeiten!« Konvolut Wolfgang Koeppen Briefe, Nr. 22 Koeppen-Nachlass Universitätsbibliothek Greifswald. Zu seiner Reserve gegen literarische Gruppenbildungen: Koeppen. Ohne Absicht, 623.

Doch der eigentliche Verlust, der in Rom zur Erscheinung kam, waren die verlorenen Passagenbauten, die auch in Berlin einmal durch die Eingeweide der Stadt gingen. Koeppen hatte zu dieser Bauform, ob ihres Charakters höhlenförmiger Engführung, eine leidenschaftliche Beziehung: »Die Passage zog mich ungeheuer an, sie faszinierte, erregte und bedrückte mich.«[42] Mit den verschwundenen Passagen hatte er die Berliner Friedrichstraßenpassage vor Augen, die er in der Galleria in Rom wiederentdeckte. Dort begegnete ihm, was die Passage für ihn war: eine städtische Bühne.[43] Und nicht nur das: Sie war zusammenhangsstiftendes Element, das etwas von den Räumen des 19. Jahrhunderts zurückbrachte. In Berlin war dieser horizontale Gang in ein »vergangenes Dasein« durchkreuzt worden, an seiner Stelle hatte die Brache Raum gegriffen.[44] An der einstigen Ecke der Berliner Passage sei, in Erinnerung an die E.-T.-A.-Hoffmann-Stimmung im »Öden Haus«, eine »Geisterstraße ohne Menschen« entstanden.[45]

Dass der Kaiserpassage genannte Bau ins nachträgliche Zwielicht tritt, hat seine geschichtliche Bewandtnis. Schon für Max Osborn war der Bau ein *tard venu* unter den Passagenbauten Europas: ein gründerzeitlicher Epochenzwitter, der den Übergang von der Schinkelzeit zur expansiven Gründerzeit darstellte. Die Passage wurde in einer Zeit erbaut, als sie bereits vom Typ des Wertheim'schen Kaufhauses abgelöst wurde.[46] Demnach reflektiert sich in ihr etwas von der Verspätungstendenz der Stadt: ein Stück der Hybris, mit der die Aufholbewegung der Gründerzeit verbunden war. Mit der Kaiserpassage wurde dieser Bautyp zum nationalen Bedeutungsträger erhoben. Im Zeichen der Reichseinigung sollten an dieser Stelle Handel und Kaiserwürde ihre Allianz symbolisch vollziehen.[47] Der Kritiker Willy Haas hat retrospektiv das Zweifelhafte daran an der Schwüle der Passagen-

42 Koeppen. Der geborene Leser, für den ich mich halte ..., 328.

43 Zu den Ursprüngen der römischen Passagen in den antiken Foren und Aulen vgl. Johann Friedrich Geist. Passagen. Ein Bautyp des 19. Jahrhunderts. München 1978, 72.

44 Zum Gang durch die Passage wie in ein »vergangenes Dasein« vgl. Benjamin. Passagen-Werk, 133. Zur Passage in der Literatur des 20. Jahrhunderts als geschichtsphilosophischer Metapher: Geist. Passagen, 34f.

45 Zu Koeppens Anschluss an E.T.A. Hoffmann vgl. Signatur W. Koe M 94: Frankfurter Poetik-Vorlesung, Bl. 26. Nachlass Wolfgang Koeppen. Wolfgang-Koeppen-Archiv Greifswald. Für Alewyn markierte E.T.A. Hoffmanns »Das öde Haus« den Übergang zum Flaneur-Detektiv modernen Typs: Alewyn. Ursprung des Detektivromans, 357.

46 Vgl. Max Osborn. Berlins Aufstieg zur Weltstadt. Ein Gedenkbuch. Berlin 1929, 109f.

47 Zur allegorischen Umwidmung der Passagenbauten im Zeichen der Nationalisie-

Atmosphäre ausgemacht: In ihr sei etwas von der Skurrilität des Prunks unter Wilhelm II. spürbar gewesen, ein eklektizistischer Byzantinismus.[48]

Doch wie immer zwielichtig: Diese Passage beherbergte etwas, das Zusammenhang zu stiften vermochte, Deutbarkeit der Zeit im Raum.[49] Damit taucht in Koeppens Städtebild zum ersten Mal eine Diagnose auf, die seine späteren Berlin-Fragmente durchziehen wird. Jene eines Weltmangels: »Die Passage in Berlin liegt in Trümmern«, heißt es im Rom-Bild, »eine Ruine, zu jung, um ein Stern im Baedeker zu sein«.[50] Denn im Gegensatz zu Rom hingen die Berliner Ruinen in einem Zwischenreich. Gerade das machte sie unheimlich: Als Geisterbauten standen sie unerledigt in der Gegenwart.[51] Anders als die römischen, das ist Koeppens Pointe, besaßen sie bisher keinerlei auratischen Gehalt. Der Firnis der Geschichte war zu frisch; der »Schleier des Vergessens« war noch nicht verklärend über sie gegangen.[52]

Mit einem Wort Nietzsches kann man sagen, dass die Ruinen in Berlin schlaflos waren.[53] Das wurde Koeppen in der Fremde allzu deutlich und untermauert den Passagen-Kontrast zwischen Rom und Berlin. Wenn es seit Goethe zum Rom-Bild gehörte, dass der Gang in die Stadt einer *ad fontes* war, der Rom als geistige Quelle idealisierte, so waren die dämonischen Ruinen Berlins – Albert Speers Theorie vom »Ruinenwert« zum Trotz – solche ohne geistesgeschichtliche Valeur.[54] Sie waren unverdaute Brocken, die einen

rung: Regina Schamberger-Lang. Passage, in: Lexikon der Bauformen. Funktionen und Formen der Architektur. Hg. von Ernst Seidl. Stuttgart 2012, 402 f., hier: 403.

48 Vgl. Willy Haas. Das war in Schöneberg, im Monat Mai …, in: Italiaander/Haas (Hg.). Berliner Cocktail, 301–311, hier: 308.

49 Zum Zwielicht dieser Gegend um die Kaiserpassage das frühe Feuilleton: Wolfgang Koeppen. Dionysos. Gefangen unter der Friedrichstraße in tausend Fässern (1932), in: ders. Gesammelte Werke. Bd. 5, 51–53, hier: 51 f.

50 Koeppen. Nach Rußland und anderswohin, 251.

51 Zum Zerbrechlichkeitstopos der Ruine vgl. Alain Schnapp. Was ist eine Ruine? Entwurf einer vergleichenden Perspektive. Göttingen 2014, 51.

52 Zum Ausdruck »Schleier des Vergessens«: Eggert. »Abfahrbereit«, 72.

53 Zur »Schlaflosigkeit« als einem noch nicht »Vergessen-Können«: Friedrich Nietzsche. Unzeitgemässe Betrachtungen II (1874), in: ders. Kritische Studienausgabe. Bd. 1. 243–334, hier: 250.

54 Zu Rom als ›Quelle‹ einer Erneuerung des Selbst in der Fremde vgl. Johann Wolfgang von Goethe. Römische Elegien (1795), in: ders. Hamburger Ausgabe. Bd. 1. Hg. von Erich Trunz. München 1998, 157–173, hier: 157. Dagegen fragte Benjamin, ob die geschichtliche Dichte Roms dem Flaneur nicht eher abträglich sei, sucht er weniger das Offensichtliche als das Übersehen-Verborgene. Vgl. Benjamin. Die Wiederkehr des Flaneurs, 195. Zu Speers Theorie des »Ruinenwerts« vgl. Schivelbusch. Vor dem Vorhang, 13 f.

subtilen Widerstand gegen das Leben darstellten, als würde ein Bannfluch an ihnen haften: der Charakter des wortlosen Schrecks. Mit diesem mag ein Letztes benannt sein: der fehlende Abstand zu den Ruinen, der Abstand zwischen Erlebnis und Anverwandlung. Wohl darum benötigte Koeppen den Gang in die fremden Städte: Er ermöglichte einen Blick in den Medusenspiegel, um aus der Ferne das Schreckliche daheim ansehen zu können.[55]

Die fremden Orte waren also Koeppens Medien zur Metaphorisierung seiner Berlin-Erfahrung.[56] Vor Ort in Berlin hatte er mit Stummheit zu ringen. Doch dass dieser Abstand, Rom-Berlin, nur ein erhoffter war, eine Frage der Vertrautheit mit dem Fremden, zeigt der kurze Blick zur italienerfahreneren Kaschnitz. In »Wohin denn ich« kommt ihr, des Italienischen mächtig, auf den Kreuzgängen im Inneren einer Mailänder Passage etwas in die Quere, macht den Gang zur unheimlichen Begegnung: Anekdoten aus den Lagern der Nazi-Zeit, Einbruch des Grauens in Räume harmloser Geschäftigkeit. Damit erhält bei ihr der Passagen-Topos eine Umbesetzung: Nichts Gewesenes sei per »Zauberschlag verschwunden«. So konnte noch aus den *paradis artificiel* im Nachkrieg ein Stück verschluckter Zeit »hervorbrechen«.[57]

Noch etwas anderes liegt in Koeppens Passagen-Bild: ein Hinweis auf seine Kennerschaft der Flaneure der Vorkriegszeit, war er doch, wie er selbst nahelegte, »geborener Leser«.[58] Er besaß sämtliche Anfang der 1960er Jahre zugänglichen Arbeiten Benjamins, die gesammelten Schriften, die Städtebilder herausgegeben von Peter Szondi – und noch die »Tableaux Parisiens« in Benjamins Übersetzung, die sich bei ihm aus den 1920er Jahren erhalten hatten, zu denen später das »Passagen«-Werk hinzukam.[59] Koeppen war

---

55 Zum Medusenspiegel als Metapher des realisierenden Umwegs zum Bild: Siegfried Kracauer. Theorie des Films. Die Errettung der äußeren Wirklichkeit. Frankfurt a. M. 1975, 395.

56 Zur vermittelnden Kraft des Bildes auch: Hans Jonas. Homo Pictor: Von der Freiheit des Bildens, in: Boehm (Hg.). Was ist ein Bild?, 105–124, hier: 117.

57 Vgl. Kaschnitz. Wohin denn ich, 434.

58 Vgl. Koeppen. Der geborene Leser, für den ich mich halte …, 322–329.

59 Benjamin-Schriften in Koeppens Greifswalder Bibliothek: Walter Benjamin/Charles Baudelaire. Tableaux Parisiens. Deutsche Übertragung mit einem Vorwort über die Aufgabe des Übersetzers von Walter Benjamin. Heidelberg 1923. Bibliothekssignatur 2165. Walter Benjamin. Schriften I + II. Hg. von Theodor W. Adorno und Gretel Adorno unter Mitwirkung von Friedrich Podszus. Frankfurt a. M. 1955. Bibliothekssignatur 1185. Walter Benjamin. Passagen-Werk 2 Bde. Hg. von Rolf Tiedemann. Frankfurt a. M. 1983. Bibliothekssignatur 15168. Walter Benjamin. Städtebilder. Nachwort von Peter Szondi. Frankfurt a. M. 1963. Bibliothekssignatur 14402.

literaturgeschichtlich im Bilde. Ebenso kannte er Kracauers Passagen-Beschreibung in »Straßen in Berlin und anderswo«, jener Lindenpassage, die er im Rom-Essay als Ruine schilderte.[60] So skizzierte er, im Anschluss an diese Vorkriegsflaneure, seine erste Begegnung mit einer Pariser Passage als initiativen Anstoß: Es war jene »Anziehung durchs Zwielicht«, die für ihn von dem Ort ausging.[61] Noch einmal wurde die Passage zum Zeittunnel, »Durchgang« im Wortsinn. Es ist jene – epochal verstandene – Durchgangsmetaphorik der Passage, die ihn in Rom als Sinnbild geschichtlicher Erfahrung beschäftigte.

Doch ausgerechnet an der Pariser Passage sollte sich die Divergenz zu Benjamins Allegorese der Bauform zeigen, die er nach Koeppens Einschätzung »eher prächtig« beschrieben hatte.[62] In Koeppens Passagen hingegen wendet sich das Gaslicht endgültig ins Unheimliche. Dass dies keine retrograde Konstruktion des Autors war, mag ein kleiner Nachlass-Text über die Kerker-Visionen des italienischen Barock-Baumeisters Giambattista Piranesi belegen, der sich aus den frühen 1930er Jahren erhalten hat. In diesem wird die Unterwelt der Stadt – noch auf Berlin bezogen – als »Pandämonium des Erleidens« geschildert, wie ihm seine Weltsicht grundlegend »pandämonisch« war.[63] Diesen Umbruch zum Topos der Passage als *locus suspectus* setzte er in seinen Nachkriegstexten fort. Etwa wenn er den Gedanken verfolgte, in den Passagen die »Carceri Piranesis« vorzufinden.[64] Hierin ist ihm der späte Benjamin des »Zentralparks« am nächsten, der das labyrinthische Zentrum der Stadt – mit seinem Minotaurus – als »todbringende Kraft« begriff.[65] Dass das Bedrohliche auch zum Deutungshorizont der Passage bei

60 Vgl. Siegfried Kracauer. Straßen in Berlin und anderswo. Frankfurt a.M. 1964. Bibliothekssignatur 14450.
61 Vgl. Koeppen. Der geborene Leser, für den ich mich halte ..., 328f.
62 Vgl. ebd., 328.
63 Vgl. Wolfgang Koeppen. Phantastische Gefängnis des G.B. Piranesi. Notiz: Veröffentlicht 3.5.1931, Signatur W. Koe M 232. Wolfgang-Koeppen-Archiv Greifswald. Sowie: Wolfgang Koeppen. Werkstadtgespräch. Im Gespräch mit Horst Bienek (1962), in: ders. Gesammelte Werke. Bd. 16, 20–31, hier: 23. Zum Piranesi-Motiv auch: Irmgard Egger. Perspektive – Abgrund – Hintergrund. Giovanni Battista Piranesis Carceri bei Wolfgang Koeppen, in: Jahrbuch der Internationalen Wolfgang Koeppen-Gesellschaft 2 (2003), 29–49.
64 Vgl. Koeppen. Der geborene Leser, für den ich mich halte ..., 329. Dabei mag bei Koeppen – mit Kessel – auch eine Prise »Wollust der Angst« mitgeschwungen haben. Vgl. Kessel. Gogol und die Satire, 118.
65 Vgl. Benjamin. Zentralpark, 688. Eine solche Gefahr, dass Zentralen zu ›unentwirrbaren Fuchsbauten‹ würden, hatte auch Kessel formuliert: Kessel. Gogol und die Satire, 135.

Koeppen gehört, zeigt seine Beschreibung der Moskauer GUM-Passage, die er im Nachkrieg als Zeitgang aus der Zarenzeit bis in die poststalinistische Phase der Stadt deutete. Wieder entdeckt er »Gänge, Galerien, Brücken, Verliese, Hallen, kleine Tempel, die es (das GUM, Anm. T. G.) zu einem Beispiel der phantastischen Architektur eines Piranesi machen«.[66] Die Tendenz zur Passivität in der Passage steigert sich gar zur Uniformität der »sozialistischen Gesellschaft«: mit »Schlangen ohne Anfang«, ohne Zweck.[67]

Bei Koeppen setzt also eine Umbesetzung, ein metaphorischer Umbau des Passage-Topos ein. Er überführt diesen in die Epoche nach den totalitären Erfahrungen des 20. Jahrhunderts. Die Umbesetzung zeigt ihn als einen gewandelten Autorentyp, als einen, der einer Übergangszeit entsprungen war. Sein Freund und Lektor Tau empfand ihn, wie er in seinen Erinnerungen festhielt, bereits zu Cassirer-Zeiten als die Wiederkehr des *poeta vates*. Koeppens Zug zum Schwellenkundler des Unheils schildert er so: »Seine wachen Augen sagen mehr als die anderer Zeitgenossen. Er sprach es nicht aus, aber manche Andeutung verriet mir seine Angst vor kommenden Katastrophen«.[68] Der Autor selbst bekannte, dass er Taus Portrait als einen »gespenstigen Spiegel« empfand.[69] So mündete seine Passagen-Allegorese folgerichtig nicht in Benjamins Pariser Passage, sondern in einer des Exils, wo die Enge des Durchgangs zum Gang in die Beklemmung wurde. Es war im holländischen Exil der 1930er Jahre, in dem ihm die Passage auf tragische wie lächerliche Weise im Horror der Gegenwart angekommen zu sein schien. Eine läppische Hitlerpuppe wies dem Flaneur im selbstgewählten Exil den Weg: »Dort fand ich im spärlich beleuchteten Schaufenster eine von medizinischen Binden zusammengehaltene nackte schäbige Puppe, die Arm und Hand zum Hitlergruß erhoben hielt.«[70] In der Passage entdeckte er die Bombe, die den Bau zum Zerbersten bringen sollte.

Hier fand Koeppen ein letztes Fragment zur Vorgeschichte der ruinierten Berliner Passage. Und war nicht etwas von diesem Schreck Unter den Linden nach dem Krieg präsent? Der Totalitarismus war noch nicht abgerückt. Das deutet Koeppen in seinem Rom-Bild an, wenn er darin den Blick nach Berlin zurückwirft: »Von allen Fronten blieb unter den Linden nur die Russische

66 Koeppen. Nach Rußland und anderswohin, 125.
67 Im GUM registriert Koeppen die nur vordergründig kaschierte Mangelwirtschaft des Sowjetsystems. Vgl. ebd., 125–127.
68 Tau. Das Land, das ich verlassen musste, 216. Sowie ihr Gespräch über diese Szene: Tau an Koeppen vom 14. 2. 1961, Arch 2667. Nachlass Max Tau. Stadt- und Landesarchiv Dortmund, Handschriftenabteilung.
69 Vgl. Koeppen an Tau 21. 2. 1961, Arch 2668. Nachlass Max Tau, Dortmund.
70 Koeppen. Der geborene Leser, für den ich mich halte …, 329.

Botschaft stehen, kein Sujet für den Hofmaler«.[71] Also jener Bau, den man zum Teil aus dem Marmor der unweit zerstörten Reichskanzlei aufbauen ließ. Die Überblendung eines halben Dutzends europäischer Passagen macht somit eines klar: Wenn dieser Bautyp sich seit je als »Ausdruck des wühlenden Raumes« begreifen ließ, so wendete Koeppen diese Eigenschaft ins Ästhetische.[72] Schon in Ernst Blochs Lesart war die Passage grundlegend Form geworden. So bezeichnete er Benjamins Stil etwa als einen »philosophischer Querbohrungen«.[73] Damit ist die Passage nicht nur Bauwerk, sondern ein intellektuelles Verfahren. Freilegung übersehener Durchgänge. Bei Koeppen erfolgt dies auf eigene Art: als Engführung des Weitentfernten. Es sind okkasionelle Durchblicke, die seine Nachkriegsarbeiten mit ihrem Mosaikstil auszeichnen. Gerade das Ferne regte ihn zu kühnen Konstellationen an. Die Passage war Medium zur Durchfurchung des Erinnerungsraumes.[74]

Die gesammelten Passagen-Reste belegen in jedem Fall eines: Berlin, wie es Koeppen kannte, war in die Zerstreuung geraten. Mit Folgen nicht nur für die Stadt, sondern für das Verhältnis zur poetischen Sprache. Demnach betraf ein weiterer Befund die Auflösung der einstigen literarischen Agora: ein Phänomen, das gerade in der Fremde hervortrat. Zerstreuung bedeutete hier, dass Koeppen Versatzstücke, Elemente in anderen Hauptstädten entgegenkamen. In Paris trat ihm das Fehlen eines intellektuellen Gradmessers wieder vor Augen.[75] Was er dort fand, erinnerte ihn an den in alle Winde verstreuten Geist des Romanischen Cafés, Genius Loci seiner Zwischenkriegsgeneration.[76] Das Kaffeehaus war der Ort, an dem die Zerstörung, der Abtransport der »Geistesfracht«, jenes Herzstücks ihrer »geistigen Zentren«, sinnfällig wurde.[77] Mit dem Café blitzte zur Weimarer Zeit kurzfristig die Möglichkeit

71 Koeppen. Nach Rußland und anderswohin, 251. Hier irrt sich Koeppen allerdings: Es handelte sich um einen Neubau, teils aus den Resten der Reichskanzlei Hitlers. Vgl. Scholtis. Rund um den Potsdamer Platz, 189.

72 Zu dieser Charakterisierung der Passage vgl. Oskar Schürer. Prag. Kultur, Kunst, Geschichte. München, Brünn 1940, 394f.

73 Vgl. Ernst Bloch. Erbschaft. Erweiterte Ausgabe. Werkausgabe. Bd. 4. Frankfurt a.M. 1985, 227.

74 Auf diese Verbindung seiner Witterung mit einer Tiefenzeit hat Enzensberger hingewiesen: »Er hat ein großes Gedächtnis, das in das verschwundene Europa tief zurückreicht.« Enzensberger. Ahnung und Gegenwart, 91.

75 Zu Paris als literarischer Agora vgl. Georg Stefan Troller. Dichter und Bohemiens in Paris. Literarische Streifzüge. Düsseldorf 2008. Sowie: Theodore Zeldin. Histoire des passions françaises. Tome II. Orgueil et intelligence. Paris 2003.

76 Zum Topos des Romanischen Cafés als »Wartesaal« seiner Generation vgl. Koeppen. Reisen nach Frankreich, 623.

77 Zum Motiv der »Geistesfracht«: Wolfgang Koeppen. Ein Kaffeehaus (1965), in:

auf, eine urbane Erziehung einzuleiten: die Stadt als Schleifstein der Persön-
lichkeit, wie es Benjamin in Paris erkannt hatte. Die französische Hauptstadt
verbürgte diesbezüglich geschichtlichen Zusammenhang: Sie sei als Stadt
Hort geistiger Kontinuität.[78] Nicht zufällig verwendet Koeppen für Paris das
Bild eines Sammlungspunktes der Emigration. Etwa wenn es in »Reisen nach
Frankreich« heißt, dieser Ort sei »ein Durchgangslager und ein Schiff auf der
Fahrt zu immer wieder entfliehenden Ufern«.[79] Dieser entflohene Geist war
in Paris angespült worden. Ein Stück jener »Geistesfracht«, wie ihm ein anderes Kaffeehaus-Fragment in London begegnete, das die »Weltgeschichte«
dort hingetrieben hatte.[80]

Damit wird der Grundzug seiner Stadtbeschreibungen offenkundig:
Koeppen fand seine Sicht auf den Genius Loci Berlins im Anderswo. Wenn
man also das Geheimnis dieser Reisebücher zu umreißen versucht, kann man
sagen, ihr Fragliches liegt im Finden des verlorenen Eigenen im Fremden. Es
ist, um mit Plessner zu reden, eine Kunstform des »entfremdeten Umwegs«:
»Man muß der Zone der Vertrautheit fremd geworden sein«, so Plessner,
»um sie wieder sehen zu können.«[81] Was Koeppen in der Fremde in Sicht
kam, waren schmerzliche Verlusterfahrungen. Mit dieser Diagnose ist eine
poetologische Konsequenz verbunden. Jenseits einer Provinzialisierung der
Literatur nach 1945, aber auch jenseits einer verspäteten Avantgarde, die
nach Huchel nur »Aprèsgardismus« gewesen ist, ging es Koeppen um eine
andere Überlieferungsspur.[82] Er suchte zurückzugewinnen, was er an Heines
Reisebildern benannte: eine Weltfreundlichkeit.[83] Weltfreundlichkeit bedeutete, dem heimischen Mangel eine Öffnung entgegenzuhalten – mit dem
Nebeneffekt, dass das Verlorene durch Erweiterung des Horizonts in Sicht

---

ders. Gesammelte Werke. Bd. 3, 165–168, hier: 167. So sah es auch: Scholz. Berlin
für Anfänger, 39.

78 Vgl. Benjamin. Pariser Tagebuch, 568.

79 Vgl. Koeppen. Reisen nach Frankreich, 623.

80 Zum Londoner Stück des Romanischen Cafés: Koeppen. Nach Rußland und
anderswohin, 221.

81 Plessner. Mit anderen Augen, 92. Zum »entfremdeten Blick« des Flaneurs, der
den Umweg über das Fremde nimmt, auch: Peter Szondi. Nachwort, in: Walter
Benjamin. Städtebilder. Frankfurt a. M. 1963, 79–99, hier: 83.

82 Zu Huchels Kritik eines verspäteten »Aprèsgardismus« in der Bundesrepublik vgl.
Peter Huchel an Peter Hamm vom 15.5.1957, in: ders. Wie soll man da Gedichte
schreiben, 258–260, hier: 258.

83 Vgl. Wolfgang Koeppen. Heine, ein Bekenntnis (1972), in: ders. Gesammelte
Werke. Bd. 6, 106–107, hier: 106. Zur Provinzialisierung der Literatur im Nachkrieg auch: Koeppen. Nach Rußland und anderswohin, 119.

geriet. Damit wurde seine Literatur zu einer, die selbst – mit einem Wort Heines – Übergangsliteratur war.[84] In diesem Geiste begleiteten die Schatten Berlins den Reisenden auf Schritt und Tritt.

Wenn das Romanische Café sein Schlüsselbild der Dispersion war, so fand er weitere Brocken bei seinen Erkundungen. Sie mochten ihm begegnen, da er – wie Tergit an Koeppens Städtebildern feinsinnig erkannte – den alten Geist der Stadt in sich trug. So lobte sie in einem Brief den »Augenmenschen« Koeppen: seinen wachen Blick, der ein »Gefühl für Architektur« im Leibe habe, der eine Form der Sensibilität pflege, die in der deutschen Literatur selten geworden war.[85] Es war eine Form literarischer Urteilskraft, die sie an ihm schätzte. Tergit meinte eine Aufmerksamkeit, die schon Georg Simmel als die Quintessenz des großstädtischen »Geisteslebens« ausgemacht hatte: jene für Tempo, Rhythmus und Wandel.[86] Koeppen bezeichnete diese Umgangsform als Witterung, die »Existenz einer Stadt« betreffend.[87] Darauf mag im Untertitel seines Reisebuchs »Nach Rußland und anderswohin« das Beiwort des Empfindsamen anspielen. Es verweist auf den Begriff der »sentimental journey« seit Laurence Sterne. Doch ist dieser weniger im Sinne des Sentimentalen als des Gespürs für Raum gemeint.[88] Das war Koeppens Wagnis: sich der Stimmung eines Raumes auszusetzen.[89] Sein Sensorium, empfindlich für Seinsdichte, prädestinierte ihn so zugleich, Phänomene der Leere ausfindig zu machen.

84 Die Übergangsliteratur ist nach Heine stets am Ende einer Kunstperiode situiert: Heinrich Heine. Die romantische Schule (1836), in: ders. Sämtliche Werke. Bd. 7. Hg. von Oskar Walzel. Leipzig 1910, 2–184, hier: 5.

85 Vgl. Tergit an Koeppen vom 28.4.1959. Nachlass Gabriele Tergit, DLA Marbach.

86 Vgl. Georg Simmel. Die Großstädte und das Geistesleben (1903), in: ders. Gesamtausgabe. Bd. 7, 116–131, hier: 117.

87 Vgl. Wolfgang Koeppen. Greifswald – ein bescheidener und kleinerer Fundort. Gespräch mit Gunnar Müller-Waldeck (1990), in: ders. Gesammelte Werke. Bd. 16, 656–671, hier: 657.

88 Laurence Sterne hatte mit »sentimental« das Adjektiv zum Französischen »sensibilité« bilden wollen. An dieses Verständnis schließt Koeppens »Empfindsame Reisen« an. Vgl. Martin Fontius. Sensibilität / Empfindlichkeit / Sentimentalität, in: Ästhetische Grundbegriffe. Bd. 5. Postmoderne-Synästhesie. Hg. von Karlheinz Barck u.a. Stuttgart 2003, 487–508, hier: 496. Koeppen hat selbst den Sensibilitätsbegriff ins Spiel gebracht. Vgl. Wolfgang Koeppen. Marcel Proust und die Summe der Sensibilität (1957), in: ders. Gesammelte Werke. Bd. 6, 175–180, hier: 175.

89 Vgl. Bollnow. Mensch und Raum, 231. Sowie: Ludwig Binswanger. Psychopathologie des Raumes (1933), in: ders. Ausgewählte Werke. Bd. 3. Hg. von Max Herzog. Heidelberg 1994, 123–177, hier: 145f. Zu Angst und Ausgesetztheit auch: Wolfgang Koeppen. New York (1976), in: ders. Gesammelte Werke. Bd. 3, 247–252.

Damit wird das kenntlich, was Deutschland verloren gegangen war: ein Ort als gesellschaftliches Experimentierfeld, eine gewisse Nonchalance, wie sie die lockere Prosa fördert; kurzum ein Ort des intellektuellen Lebens. An seinen einstmals »großen Fonds« des Geisteslebens habe das Land, so Plessner, mit dem »Vakuum nach 1945« nicht mehr anschließen können.[90] Denn zur Urbanität gehören Räume der Verdichtung, die Formungskräfte generieren. Genau diese verlorenen Kräfte erkannte Koeppen bei seinen Gängen durch Paris. Zu den Metropolen als Orten »konstitutiver Zweideutigkeit« gehörte auch eine eigene Deutungskunst, wie sie der Flaneur seit je praktiziert.[91] Insofern kann es als sprechender Kontrast gelten, dass Koeppens Frankreichreise mit einer Passage durch den Schwarzwald beginnt, wo ihm deutsche Waldgänger im Nachkrieg begegnen. Da irre, so Koeppen, ein Heidegger »als Waldschratt durch das Gestrüpp der Worte, heroisch und gruselig, aufrecht und geschlagen, auf dunklen Pfaden«; dort, wo Ernst Jünger mit seiner »Botanisiertrommel« folge.[92] Entschieden ist dem die Schließung des Buches mit dem Mythos der Metro als »Unterwelt von Paris« entgegengesetzt – schärfer hätte der Autor den Gegensatz kaum zeichnen können.[93]

Doch ist dieser Nachkriegsflaneur, bei aller Ironiefähigkeit, selbst nicht mehr die Figur von vor dem Krieg: Die Sorge ist ihm in die Knochen gefahren; nicht nur der Heidegger'sche Waldgänger wird von ihr begleitet.[94] Diesem gewandelten Selbstverständnis entsprach, nach einer Beobachtung des Kulturhistorikers Edgar Salin, ein Schock. Selbst ein Vertriebener, hat er den Zusammenbruch des städtischen Geistes prägnant benannt: »Die Urbanität ist im Jahre 1933 schneller zusammengebrochen als alle anderen geistigen, künstlerischen, religiösen Werte und Formen […]. So packte einen das Grauen, wie schnell der Geist daraus entwichen war. Leere Fassaden sind geblieben.«[95] Koeppen hat diese Aushöhlung, noch vor den leeren Fassaden, in Berlin erlebt.[96] Den Rest habe die Nachkriegsarchitektur mit ihrer

---

90 Vgl. Helmut Plessner. Die Legende von den zwanziger Jahren (1961), in: ders. Gesammelte Schriften. Bd. VI, 261–279, hier: 273.

91 Zur »konstitutiven Zweideutigkeit« des Urbanen: Hans Blumenberg. Urbanität, in: ders. Begriffe in Geschichten. Frankfurt a. M. 1998, 215–218, hier: 217.

92 Vgl. Koeppen. Reisen nach Frankreich, 469.

93 Vgl. ebd., 656.

94 Zur Figur der urbanen Sorge vgl. Salin. Urbanität, 10.

95 Ebd., 23.

96 Vgl. Wolfgang Koeppen. Eine genaue Idee vom letzten Satz. Gespräch mit Tanja von Oertzen (1991), in: ders. Gesammelte Werke. Bd. 16, 478–480, hier: 478.

Tendenz zur Entkernung erledigt. Schlechte Zeiten für eine Sensibilität, die atmosphärischer Dichte bedurfte.[97]

Als ambivalentes Bild zeigt sich auch die dritte Kapitalen-Erkundung Koeppens. Wieder findet eine Absetzungsbewegung von der heimischen Misere statt: Des »Erdteils gebrochenes Herz« liege im Griff des Kalten Krieges. Eine Topografie von Höhlen und Kratern sei entstanden: »Verstecke für die Angst, Unterstände für die Torheit«, »Vorfeld« eines potenziellen Krieges. Die neuen Besatzungs-Zentralen der Alliierten in Deutschland beschreibt er als dezent am »Freienreichsstadtrand« der Ballungsräume gelegen, Westberlin mit seinem Sonderstatut, eine nur per Flug- und Bahnschneisen erreichbare »Enklave«.[98] Davon hebt der Autor in seiner »Amerikafahrt« das Bild New Yorks ab. Auf einem Felsen gelegen, die Kapitale des 20. Jahrhunderts. Sie verwies Paris in ein anderes Zeitalter. Ihre Passage war endgültig »neunzehntes Jahrhundert, sie verkörperte eine große französische Epoche, sie war lächerlich und bewundernswert«.[99] Unterwegs nach New York stellte sich dem Nachzügler der Flanerie die grundlegende Frage, wie lange die Passage noch schöpferischer Topos sein könne, in dem die »Wunderlampe der Literatur« leuchte. New York, dieses »neue Rom«, sei auf andere Weise mit dem Raum verknüpft.[100]

New York war durch schiere Menschenmenge stadtgewordene »Gesamtvibration«, ausgezeichnet durch ökonomisch-technischen Vertikaldrang.[101] In Koeppens Schilderung seiner Ankunft in New York ist hierbei etwas vom Goethe'schen Streit zwischen den Neptunisten und Vulkanisten zur Wiedervorlage gebracht. Die Frage, welchem Prinzip der Metamorphose die Welt gehorcht: einer Fließbewegung des Wassers oder dem Eruptiven des Gesteins? Die Entscheidung scheint bei ihm getroffen: »Durch Feuerdunst

---

97 Zur ›Entkernung‹ und ›Entballung‹: Salin. Urbanität, 27. Vgl. Wolfgang Koeppen. Mein Zuhause waren die großen Städte (1993), in: ders. Gesammelte Werke. Bd. 16, 516–523, hier: 516. Zum emotionalen Näheverhältnis des Flaneurs zur Aura der Stadt: von der Weppen. Der Spaziergänger, 97.

98 Vgl. Wolfgang Koeppen. Amerikafahrt (1959), in: ders. Gesammelte Werke. Bd. 4, 277–465, hier: 279. Zum ›Enklavenstatus‹ Berlins und dessen »absurder Lage« auch: Polgar. Wiedersehen mit Berlin, 468.

99 Vgl. Koeppen. Amerikafahrt, 280.

100 Vgl. ebd., 285.

101 Vgl. Volker Klotz. Erzählte Stadt. Ein Sujet als Herausforderung des Romans von Lesage bis Döblin. München 1969, 330. Zum ›Vertikaldrang‹ moderner, amerikanischer Dienstleistungsstädte vgl. Hans Blumenberg. Geistesgeschichte der Technik. Mit einem Radiovortrag auf CD. Hg. von Alexander Schmitz und Bernd Stiegler. Frankfurt a.M. 2009, 75.

ist dieser Fels zu Handen.«[102] Wie bei Goethe zeigt sich auch bei Koeppen die Annahme einer katastrophischen Produktivität solcher vulkanischen Orte.[103] Ähnlich wie Koeppen sah es die USA-Reisende Kaschnitz: Für sie war New York eine feuerbezogene Stadt, deren Sirengeheul, die Architektur der Feuertreppen, die Infrastruktur auf Brand ausgerichtet war. Ja, sogar, wie die bombenkriegerprobte Autorin notierte, auf »Weltbrand«.[104] Dem korrespondiert Koeppens Raumgefühl der »Amerikafahrt«: Der »Bunkermensch« von einst wähnt sich in der Tiefe des Rockefeller-Centers wieder vor die Pforten eines Luftschutzkellers gestellt.[105] Unterwegs im Bau stößt er auf die »vertrauten schrecklichen Schilder«, »die mahnenden Pfeile: zum Luftschutzraum«.[106] Die Stadt erscheint als potenzieller Schauplatz eines Luftkriegs. Diese Angst im Schacht ist Relikt seiner Berlin-Erfahrungen. Gleichwohl ist ihm bewusst, dass New York weniger die Stadt der Unterwelten als die der »belebten Vertikale« ist, die ihre Geschäfte himmelwärts ausgerichtet hat.[107]

In einem fast geomorphologischen Sinn nähert sich Koeppen dem Felsen Manhattans. Seine Stadtphänomenologie nimmt Anleihen beim allegorischen Repertoire, wenn er New York »nach überhitztem Dampf« riechen lässt, »nach den weißen flockigen Schwaden, die unaufhörlich durch den Straßenbelag drangen«.[108] Diese aus der Erde aufsteigenden Dämpfe würden, so Koeppen, den »Fußgänger in Nebel hüllen und sie wie allegorische Gestalten über Wolken gehen« lassen. Als eine profane Erklärung nachgereicht wird, bleibt der Stadtallegoriker bei seiner Ansicht – hält dem seine kleine

102 Goethe. Faust. Zweiter Teil, 238. Hier das berühmte Gespräch in »Faust II« zwischen Anaxagoras, dem Vulkanisten, und Thales, dem Neptunisten. Zur vulkanischen bzw. ozeanischen Stadtauffassung auch: Minder. Paris in der französischen Literatur, 334f.

103 Blumenberg hat die Analogie zwischen dem vulkanischen Prinzip und einer ›katastrophischen Produktivität‹ gezogen. In diesem Verständnis scheinen Städte der Geldwirtschaft wie New York von ›schöpferischer Zerstörung‹ erfasst: Blumenberg. Schiffbruch mit Zuschauer, 57.

104 »Der Schrecken blieb aber immer derselbe, Weltbrand, Weltangst und keiner, der sich rettet, keiner der entkommt.« Kaschnitz. Tage, Tage, Jahre, 237.

105 Zu seiner Selbstbeschreibung als »Bunkermensch«: Wolfgang Koeppen an Marion Koeppen vom 23.5.1953, in: Wolfgang Koeppen und Marion Koeppen. »trotz allem, so wie du bist«. Briefe. Hg. von Anja Ebner. Frankfurt a.M. 2008, 68f.

106 Koeppen. Amerikafahrt, 295.

107 Zum »Vertikalmoment« New Yorks am Beispiel Dos Passos' auch: Klotz. Erzählte Stadt, 433f.

108 Koeppen. Amerikafahrt, 288.

Die Dispersion oder Suchen nach Überresten

Naturgeschichte des Urbanen entgegen: »Später erzählte man mir«, so der ungläubige Flaneur, »der Dampf sei die Ausströmung großer Heizanlagen, doch für den ersten Augenschein erhob sich New York auf vulkanischem Boden, und Bordstein und Asphalt und Mauerwerk hinderten gerade noch einen gefährlichen Ausbruch.«[109] Koeppen dürfte gewusst haben, wovon er sprach. Auch andere aus der Zwischenkriegsgeneration haben sich in diesem Sinne als Vulkanbewohner empfunden.[110] Davon war in Berlin im Nachkrieg nur ein »erkalteter Vulkan« übrig: jener »mit Unkraut in der Mitte«, den Koeppen bei anderer Gelegenheit als Trauerspiellandschaft besichtigte.[111] Man sieht, inwiefern das New-York-Bild komplementär zu seinem Nachkriegsberlin entworfen wird: ein noch aktiver Stadt-Vulkan. Nicht von ungefähr macht er katastrophisches Potenzial in New York aus.[112] Wenn dabei Paris die Stadt der künstlichen Himmel gewesen war, dann dominierte in diesem nebelverhangenen New York ein schwindelerregendes Gefühl, bei dem nach einem Wort Kracauers »alle Querstraßen im Nichts des blanken Himmels enden«.[113]

Auch Koeppen machte im Gehen Bekanntschaft mit der Stadt; er ging ihrem Rhythmus nach, um daraus »Essenzen« in Prosa zu ziehen.[114] Mit dieser Optik des einstigen Hauptstädters sah er in New York Nachbilder des früheren Berliner Lebens: Am Broadway fand er die alte »abendliche Kulissenverschiebung«, das Theater der Stadt.[115] Koeppen zitiert hier Benns Miniatur »Saison« aus der Weimarer Zeit, projiziert diese ins New York der

109 Koeppen. Amerikafahrt, 288f. Zum Vulkanischen des Berlin-Motivs bei Koeppen auch: Eggert. »Abfahrbereit«, 38. Sowie zur Stadt New York mit ihren eigenen »Naturgesetzen«, die nur ein Phänomenologe des Pflasters sehen könne: Alfred Polgar. Großstadtzauber (1953), in: ders. Kleine Schriften. Bd. 3, 335–339, hier: 336.

110 Zu dieser vulkanistischen Sicht auf das Weimarer Berlin: Scholz. Jahrgang 1911, 97f.

111 Vgl. Koeppen. Nach Rußland und anderswohin, 106. Zum Motiv des Trauerspiels die Notiz im Nachlass, dass die »Zeit der Revolutionen« auch ein »bürgerliches Trauerspiel« sei: Spiral-Block Cebe-Spirale. Nachlass Wolfgang Koeppen. Wolfgang-Koeppen-Archiv Greifswald. Koeppen war mit Benjamins Trauerspiel-Buch vertraut. Vgl. Wolfgang Koeppen. Grimmelshausen oder Gemein mit jedermanns Angst (1976), in: ders. Gesammelte Werke. Bd. 6, 63–70, hier: 68.

112 Zur Stimmung, dass man hier jeden »Augenblick eine Katastrophe« erwarte: Koeppen. Amerikafahrt, 290.

113 Kracauer. Theorie des Films, 386.

114 Vgl. Koeppen an Tau vom 24.2.1956, Arch 2652. Nachlass Max Tau, Dortmund.

115 Vgl. Koeppen. Amerikafahrt, 296. Eine weitere Überblendung von der New Yorker und der Berliner Theaterlandschaft in: Koeppen. New York, 251.

1950er Jahre, wo ihm die Berliner Saison zum Déjà-vu wird.[116] Er erkennt jenes bürgerliche Stück, das in den Schwellenräumen der Foyers aufgeführt wird. Er entdeckt das Publikum von Reinhardt und Brecht, als stünden sie leibhaftig wieder vor ihm: »Ich sah mich in der Schumannstraße, am Schiffbauerdamm, am Kurfürstendamm«. »Ich sah mich«, das ist der Ton eines Zustands, den die Phänomenologie als vergegenwärtigungsversunken beschrieben hat. Es ist die Macht und Tücke von Koeppens Stil, im Erinnern das Gegenwärtige zu überspielen: »Je größer die Versunkenheit«, lässt sich pointieren, »um so mehr entsteht der Anschein des Gegenwärtigens«.[117]

Dabei hält das so entstehende Bild die Zeitebenen wie in einer gelungenen Doppelbelichtung fest. Vergegenwärtigen und momentanes Wahrnehmen tarieren sich aus. Benjamin hat das mit seinem Begriff des dialektischen Bilds ausgedrückt, in dem aus einer räumlich-zeitlichen Begegnung eine Konstellation »sprunghaft« hervortreten kann.[118] Hierfür verwendet Benjamin die erwähnte Metapher des Stereoskops, die insofern treffend ist, als auch bei Koeppen sich Stadträume wie in einer »télescopage« ineinanderschieben.[119] Bei ihm sind diese vergegenwärtigenden Kräfte so eminent, dass er den Erinnerungsbildern wie ausgeliefert wirkt.[120] Etwas kommt hinzu: Seine Bilder haben in sich eine Trübung, einen melancholischen Grundgehalt.[121] So legte er in New York sein Ohr ans Publikum am Broadway; er vernimmt »die alten Gespräche der Erwartungen, [...] Dialoge der Kennerschaft«.[122] Es tauchen die Versatzstücke auf, die ihn zum Allegoriker seines Vineta-Berlins machen.

116 Diese Wiederbegegnung hat ähnlich sein Freund Hermann Kesten beschrieben, der damit die Aufnahme europäischer Kunstströmungen in New York im Auge hatte, eine ›wirkungsgeschichtliche Drehtür‹, durch die man sich im Berlin von 1930 wiederfand: »Berolina rediviva in New York.« Kesten. Die gevierteilte Literatur, 126f.

117 Fink. Vergegenwärtigung und Bild, 288.

118 Vgl. Benjamin. Passagen-Werk, 577, 591f. Zu den »hidden correspondences« im »dialektischen Bild« siehe: Jennings. Dialectical Images, 209. Zum Kontext auch: Eiland/Jennings. Walter Benjamin, 389f.

119 Zum Stereoskop: Benjamin. Einbahnstraße, 128. Zur »télescopage« auch: Benjamin. Passagen-Werk, 588.

120 Koeppen hat diese Auslieferung ans Erinnerungsbild selbst beschrieben: Wolfgang Koeppen. Jugend (1976), in: ders. Gesammelte Werke. Bd. 3, 7–100, hier: 99.

121 Koeppen hat sich als Melancholiker verstanden; so in der Zeit des holländischen Exils sich die »acedia«, die alte Mönchskrankheit, zugeschrieben. Vgl. Koeppen an Ihering vom 11.1.1936. Herbert Ihering-Archiv 1748. Archiv der Akademie der Künste Berlin.

122 Koeppen. Amerikafahrt, 297.

Was Koeppen die Deutung der Stadt ermöglichte, war die Erneuerung seiner Assimilationskräfte. »New York war nicht fremd«, schreibt er: »New York war vertraut; es war noch in all seiner Fremdheit vertraut.«[123] Zwar erlebt er eine Überwältigung; ihm widerfuhr, was der Exilant Anders den »vertigo historicus« genannt hat. Ein Schwindel setzte ein, trafen in Koeppen letztlich kaum vereinbare Epochen aufeinander. Doch in der Reaktivierung seiner Fähigkeit, Unvereinbares zusammenzudenken, zeigte er sich als ein Mensch des Horizonts: einer, der in einer Epoche verkürzter Horizonte in Erscheinung tritt.[124] Damit bekommt der Ort seinen poetischen Gehalt zurück. In Koeppens Fall bedeutet es, ein Sammlungspunkt fern liegender Eindrücke zu sein.[125] Es bedeutet, das Anderswo am Ort mitzusehen. Bei Koeppen sind es Bildblitze, die einen verdunkelten Zusammenhang aufhellen. Das Bild nimmt die Atmosphäre auf und setzt Ahnungsvermögen voraus. Einen Wink hierzu gab eine zeitgenössische Rezension Hans Magnus Enzensbergers, der in Koeppens Reiseessays jene Kräfte am Werk sah, die ins Spiel kommen, wenn Gegenwart aus der Zeit zu erschließen ist.[126] Die Ahnung dient da nicht nur der Erhellung einer »Fernvergangenheit«, sie impliziert die aktuelle »Enthüllung einer Möglichkeit«.[127] Das ist es, was Koeppens Welterfahrung so anziehend macht, sie reichert beständig den Möglichkeitssinn des Lesers an.[128]

Doch in New York traf er nicht nur auf die bürgerliche »Kulissenverschiebung«, sondern er machte noch eine andere Begegnung: im New Yorker Judenviertel, dem Viertel der Orthodoxen. Dort entdeckte er den aus Mitteleuropa hierher verpflanzten Golem: »Der Golem war eingewandert.«[129] Als Beschützer hinübergewandert. Was in Koeppens Werk an dieser Stelle wiederkehrt, ist die Figur des »Wunderrabbis«, mit dem er in den letzten Tagen des Romanischen Cafés – so in der gleichnamigen Miniatur – der Legende nach sein Gespräch vor dem Abgrund führte.[130] Dieser begegnete ihm in

123 Ebd.
124 So schon: Nietzsche. Die fröhliche Wissenschaft, 565.
125 Zum poetischen Ort als sammelndem Fokuspunkt auch: Ute Guzzoni. Weile und Weite. Zur nicht-metrischen Erfahrung von Zeit und Raum. Freiburg, München 2017, 76f.
126 Vgl. Enzensberger. Ahnung und Gegenwart, 91.
127 Vgl. Fink. Vergegenwärtigung und Bild, 274.
128 Zur dichterischen Ahnungsfähigkeit als Möglichkeitssinn: Wolfram Hogrebe. Ahnung und Erkenntnis. Brouillon zu einer Theorie des natürlichen Erkennens. Frankfurt a.M. 1996, 89.
129 Koeppen. Amerikafahrt, 304.
130 Diese Szene ist in der Miniatur »Romanisches Café« festgehalten. Sie erschien zwar erstmals 1965 in Wagenbachs Orte-Anthologie »Atlas«, weist aber zurück

den Straßenschluchten New Yorks in Gestalt eines Taxifahrers wieder: »Der Fahrer des Taxis war ein weißhaariger Mann aus Miropolje in Galizien.«[131] Auch das ist ein Verweis auf das Prosastück »Romanisches Café«, in dem der Ich-Erzähler dem rabbinischen Zeichendeuter bei seinen Ahnungen zuhörte. Doch macht der Rückbezug aufmerksam auf ein übergeordnetes Problem: Mit der Begegnung tritt Koeppen endgültig als Zeuge hervor. So schließt sich der Kreis zum Anfang: zur Erfahrung der Zerstörung seiner Berliner Lebensform.

Dessen gedenkt Koeppen in New York. Es begegneten ihm nicht nur in dieser Szene Fragmente einer verlorenen Lebenswelt. Ein Stück des alten Lebens war auf den Felsen New Yorks geflohen. Der Flaneur nimmt die einstigen Migrationswege nach New York wahr: »Diese Straße«, heißt es etwas abseits der Fifth Avenue, »inmitten des eleganten Ladenviertels von New York war eine schwarze, zumindest graue Börse, über die der Ostwind wehte.«[132] Das waren für ihn die Straßen von Wien, Berlin, von Warschau oder Czernowitz – die späteren »Bloodlands« des Zweiten Weltkriegs. Der Zeuge hält erschrocken fest: Es sei das »vernichtete Berliner Scheunenviertel«, das er wiedergefunden habe.[133] Was ihn einholte, war die Realisation der heimischen Tragödie.[134] So wird der Nachkriegsflaneur zum Lastenträger seiner Erinnerungen. In New York traf er auf den Emigranten als sein, nach den Erfahrungen der Dispersion, natürliches Gegenüber. Erst mit ihm, seinem Schicksal, hielt der Autor die andere Hälfte der Geschichte in Händen. In der Hand hielt er – mit einem Wort Benjamins – den »Schlüssel der Großstadt« selbst.[135] Denn noch für Koeppen verkörperte der Zugezogene, der *réfugié*, jene Kraft der »Amalgamierung« der großen Städte, die Berlin einst besaß.[136]

auf eine Szene Anfang der 1930er Jahre. Hier nach der Erstveröffentlichung zitiert, der eine Abbildung des Romanischen Cafés mit seiner Terrasse vorangestellt ist. Vgl. Wolfgang Koeppen. Ein Kaffeehaus, in: Wagenbach (Hg.). Atlas, 91–95, hier: 94. Die Titelgebung orientiert sich an: Wolfgang Koeppen. Romanisches Café. Erzählende Prosa. Frankfurt a. M. 1972.

131 Koeppen. Amerikafahrt, 304.

132 Ebd., 294.

133 Vgl. ebd. Zum Berliner »Ostwind«, der ihm in New York begegnet, auch: Wolfgang Koeppen. Scheunenviertel, in: Wolfgang Weyrauch (Hg.). Alle diese Straßen. Geschichten und Berichte. München 1965, 17–19, hier: 19.

134 Eine ähnliche Szene der Realisation findet sich in Koeppens Gang ins Londoner East End als Begegnung mit dem Ostjudentum in der Diaspora. Vgl. Koeppen. Nach Rußland und anderswohin, 230.

135 Vgl. Benjamin. Zentralpark, 676.

136 Zu Berlin als Stadt der Fremden vgl. Schadewaldt. Lob Berlins, 797.

Nach dem Gang durch die Fremde lohnt der neuerliche Rückweg ins Heimische. Er komplettiert die von Koeppen unterwegs gesammelten Befunde zum Weltmangel im Nachkrieg. Denn zu den Trümmerstücken in der Fremde bildet der Gang in die damalige Hauptstadt der Bundesrepublik, nach Bonn, das entscheidende Ergänzungsstück – wie den schwer überbietbaren Kontrast. Die Bonn-Episode, jene fast vergessene Hauptstadt aus dem Moratorium der »Machtlosigkeit« wie Plessner sie nannte, ergänzt Koeppens Metropolen-Puzzle um ein zentrales Teil.[137] Dabei stellte der kleine Roman »Das Treibhaus«, wie die Kritik damals feststellte, stilistisch zunächst eine Fortsetzung seiner Kunst »atmosphärischer Verdichtung« dar.[138] Wieder war es ein Stil anschauungsgesättigter Momentaufnahmen. Liest man den Bonn-Roman – der einzige seiner Art der alten Bundesrepublik – im hiesigen Deutungsfeld, so macht Koeppen dort ein weiteres Element seiner Diagnose des Zentralenschwunds aus. Hier gibt eine Feststellung des Kritikers und Literaturwissenschaftlers Karl Heinz Bohrer den Weg vor. Die frühe Bundesrepublik, getragen von ihrer Prosperität, erwies sich rückblickend als Staat der »neuen Phönizier«: von fast ausschließlich auf Handel ausgerichteten Bürgern ohne Staatsbewusstsein. Ein Loch in der politischen Repräsentation, das er in der »Bonner Zentrale« sinnbildlich eingelöst sah.[139] Dessen Kehrseite war ein ausgeprägtes »Antimetropolenressentiment«. Koeppens Übergangsgeneration begann dieses nach Gründung des Weststaates früh zu spüren, er selbst hat sich mit der kleinbürgerlichen Lösung Bonn nie arrangieren können.

Koeppen war einer jener Autoren, die das als einschneidenden Verlust des Geisteslebens empfanden. Das ist der Kritik nicht entgangen, die den Bonn-Roman als »Klage« um die »Verprovinzialisierung« der Nachkriegskultur verstand.[140] Aber jenseits des Literaturverständnisses der Übriggebliebenen Weimars machte sich ein Phänomen breit, das Bohrer »Berlin-Furcht« ge-

---

137 Zur »Zeit der Machtlosigkeit«: Plessner. Die Verführbarkeit des bürgerlichen Geistes, 33.

138 Vgl. Horst Rüdiger. Wespennest im Treibhaus (1953), in: Greiner (Hg.). Über Wolfgang Koeppen, 54–59, hier: 57.

139 Vgl. Bohrer. Provinzialismus, 12, 22. Es ist gegen Bohrers Polemik einschränkend zu bemerken, dass es immer eine ›polyzentrische Tradition‹ ohne »dominante Hauptstadt« in Deutschland gegeben hat – und das Land, wie Schorske betonte, in Europa historisch durchaus ein Sonderfall darstellte. Vgl. Schorske. Die Idee der Stadt im europäischen Denken, 57f.

140 Vgl. Karl Korn. Satire und Elegie deutscher Provinzialität (1953), in: Greiner (Hg.). Über Wolfgang Koeppen, 45–49, hier: 47.

nannt hat.[141] Dabei eignete sich Berlin als symbolpolitischer Schrottplatz, auf dem die kontaminierten Geschichtsstücke lagerten, um die Neugründung des Weststaats nicht zu belasten. Berlin war nach dem Zweiten Weltkrieg – konträr zum Ersten – Ort einer »Kultur der Niederlage« geworden.[142] Scholz brachte dies auf den Ausdruck eines Reichsfraktals: eine »Schwundform des verflossenen Reichs«, zusammengeschrumpft auf einen »Länderbrocken«.[143] Diese Rolle als Hauptstadt der Niederlage brachte Tergit, im Verhältnis der Landesteile zueinander, aus dem Exil auf den Punkt: »Wenn Bayern und das Rheinland«, so Tergit, »Kriegsgewinnler« geworden seien, so sei »Berlin ein gigantischer Kriegsverlierer«.[144] Das war zugespitzt formuliert, traf aber einen Punkt, den Koeppen im rheinischen »Treibhaus« wiederfand. Ihm gelang es hier, die kleine und die jetzt leere Zentrale ineinanderzublenden. Es entstand ein doppelt belichtetes Bild, in dem sich die »Hauptstadt der Kleinstadt« dieses fast dörflichen Regierungsdistrikts in den Trümmern Berlins spiegelte.[145]

Es war diese »Kleinstadt« als »Hauptstadt«, die die Reste der alten Wilhelmstraße eingesammelt hatte. So tauchte laut Koeppen im »Treibhaus« der eine oder andere »alte Hase aus der Wilhelmstraße« wieder auf: »Die Bundesrepublik spielte mit«, umarmt vom sich abzeichnenden politischen Gebilde »Kleineuropa« aus dem Geist der Montanunion.[146] Hier setzte sich fragmentarisch etwas aus der Berliner Konkursmasse zusammen. Man konnte sagen: »Immerhin, man saß wieder in der Zentrale«, wenngleich in einer Schrumpfform. Ein Schwenk im Roman zeigt das Doppelbild des »Treibhauses« an, wenn ins »Bonner Abgeordneten-Getto« eingeblendet

---

141 Vgl. Bohrer. Provinzialismus, 28.

142 Zur Stärkung der Lage Berlins im Reich nach dem ersten Krieg: Wolfgang Schivelbusch. Die Kultur der Niederlage. Der amerikanische Süden 1865, Frankreich 1871, Deutschland 1918. Berlin 2001, 329.

143 Zu Berlin als Topos der Niederlage: Scholz. Berlin für Anfänger, 13, 16.

144 Gabriele Tergit. Berlin. o.D. Nachlass Gabriele Tergit. DLA Marbach. Mit Dank an die Tergit-Herausgeberin Nicole Henneberg.

145 Vgl. Wolfgang Koeppen. Das Treibhaus (1953), in: ders. Gesammelte Werke. Bd. 2. Hg. von Marcel Reich-Ranicki. Frankfurt a.M. 1990, 221–390, hier: 248.

146 Vgl. ebd., 237. Die Verlagerung von Exekutivkapazitäten in westliche Landesteile war schon Teil der Planung in der Spätphase des Dritten Reichs. Vgl. Demps. Berlin-Wilhelmstraße, 182. Diese Kontinuität sahen auch andere – wie Wechsberg, der 1950 sarkastisch aus der »neo-Nazi capital Bonn« berichtete: Joseph Wechsberg an H.W. Ross (Editor), 24.4.1950. The New York Public Library. Rare Books and Manuscripts Division. The New Yorker Records. Harold Ross General Files. Wechsberg, Joseph 1944–1951. Box 66.

wird, was am »wirklichen Potsdamer Platz« als Sackgasse vor sich ging.[148]
Ähnlich drastisch sah Scholz die alte Wilhelmstraße in Berlin verrotten: Von
ihr seien übrig »nur noch ruinöse, fast gespenstische Reste. [...] Praktische
Geschichtsphilosophie.«[149] Eine praktische Phänomenologie in Hauptstadt-
Aufbau erlebte hingegen Koeppen in Bonn, der dort – wie er in einem
Briefwechsel mit seinem Bonn-Informanten Kuno Ockhardt später andeu-
tete – kurz im Wirtschaftsministerium hospitiert hatte.[150] Der Zentralen-
Januskopf, mit einer neuen und einer zertrümmerten Hälfte, wird von Koep-
pen als Grundkonstellation auf der Bonner Hauptstraße zum provisorischen
Regierungsviertel ausgemacht: »Was ist am wirklichen Potsdamer Platz? Ein
Drahtverhau, eine neue und recht kräftige Grenze, ein Weltende, der Eiserne
Vorhang, Gott hatte ihn fallen gelassen, Gott allein wußte, wozu.«[151]
Damit war die kurze Phase »Vor dem Vorhang« für Berlin, in der manches
noch möglich schien, beendet.[152] Bonn wurde der Ort verlagerter Betrieb-
samkeit. Doch jener gottverlassene Potsdamer Platz blieb für die ehemaligen
Berliner, wie den fiktiven Abgeordneten Keetenheuve im Roman, mit dessen
Augen das Bonner Treiben gesehen wird, als Idee allgegenwärtig. Bonn
blieb Verlegenheitskompensation. Insofern hatten die Straßenszenen für den
Zentralen-Bewanderten etwas von Hauptstadt im Sandkastenformat: »Ein
Schutzmann spielte Schutzmann in Berlin am Potsdamer Platz. Er gab die
Bonner Straße frei.«[153] Die dort an ihm Vorbeiziehenden bildeten die Reste
aus dem alten Verwaltungsapparat: »Emigranten aus Berlin, Emigranten aus
Frankfurt, Emigranten aus den Höhlen der Wolfsschanze, mit den Ämtern
mitgewandert«.[154] Es waren jene, die aus dem Zusammenbruch sich gerettet
hatten und mit der Staatsgründung nach Karriereanschlüssen suchten.
Koeppen versuchte nachzuvollziehen, wie sich eine politische Kultur
um einen neuen, peripheren Punkt zu bilden begann. Sein Verleger Goverts

147 Diese Postkarte findet sich, mit zahlreichen anderen Aufnahmen Nachkriegs-
berlins, in Koeppens Nachlass im Wolfgang-Koeppen-Archiv Greifswald.
148 Vgl. Koeppen. Das Treibhaus, 257, 259.
149 Scholz. Berlin für Anfänger, 54f.
150 Koeppens Bonn-Informant war Kuno Ockhardt, Pressechef im Wirtschaftsministerium unter Ludwig Erhardt. Den Kontakt hatte sein Verleger Henry Goverts
aufgebaut. Vgl. Ockhardt an Koeppen, 30.8.1974. Nachlass Wolfgang Koeppen.
Wolfgang-Koeppen-Archiv Greifswald.
151 Koeppen. Das Treibhaus, 257. Zu diesem Weltende Potsdamer Platz auch: Koeppen. Deutsche Expressionisten oder Der ungehorsame Mensch, 273.
152 Zu diesem kurzen Zeitfenster nach 1945 vgl. Schivelbusch. Die andere Seite, 182.
153 Koeppen. Das Treibhaus, 257.
154 Ebd., 258.

Potsdamer Platz, ein Stück »Weltende«:
Aus Koeppens Berliner Postkartensammlung.[147]

hatte ihm entsprechende Kontakte verschafft. Es war ein alter Bekannter
des Verlegers, ein Ehemaliger aus Berlin und Kritiker von »Bonndorf«, der
ihm half: »Privat wollte er Ihnen einmal Bonn zeigen«, schrieb der Verleger,
»nicht als Pressechef.«[155] So kam es – wie der Autor nicht ohne Ironie bemerkte – zu jenem Praktikum in der kleinen Zentrale, das ihm einen »Blick
hinter die Kulissen« gewährte.[156] Der Kontaktmann Ockhardt, Pressechef in
Ludwig Erhards Wirtschaftsministerium, sollte sich später wohlwollend an
Koeppens Incognito-Aufenthalt in Bonn erinnern: »Ich entsinne mich mit
besonderer Freude Ihrer Tätigkeit bei mir im Büro im Bundesministerium
für Wirtschaft, als Sie Studien machten für ihr Buch [...]. Als Sie längst nicht
mehr bei mir [...] hospitierten, hat mich der Minister öfter mal nach einem

155 Goverts an Koeppen vom 29. 1. 1953, Nr. 46. Konvolut Wolfgang-Koeppen-Briefe,
    Inventar-Nr. 98.7402. Koeppen-Nachlass Universitätsbibliothek Greifswald.
156 Koeppen über seine »Informationsreise« nach Bonn in: Koeppen an Goverts vom
    25. 1. 1953, Nr. 7. Koeppen-Nachlass Universitätsbibliothek Greifswald.

sehr alerten Mitarbeiter gefragt, und ich habe erwidert, dieser alerte Mitarbeiter hat sich dann doch für ein anderes Amt entschieden.«[157]

Es war das Einzige, das die Literatur zu vergeben hat: das »Amt des Dichters«, nach einem Wort Alewyns jener Typus, der nach schlechten Kerkerzeiten das »Inkognito« als »Lebensform« wählt.[158] Dabei hatte dieser Hospitant sein eigenes unorthodoxes Vorgehen. Er wollte dem im Entstehen begriffenen politischen Provisorium den Puls fühlen. Dafür machte er keine Recherche, sondern er wollte sich – wie er seinem Verleger schrieb – von der Stadt, ihrer Atmosphäre anregen lassen.[159] Er beschrieb sein Verfahren später so: »Ich habe überhaupt nicht die Recherchen eines Journalisten betrieben, sondern ich bin durch Bonn durchgegangen.«[160] Lediglich die Grundausrüstung des Flaneurs, wie seinem Greifswalder Nachlass zu entnehmen ist, begleitete ihn: Ein Stadtplan »mit ausführlichem Behördenführer«, Stand 1950, Jahr 1 der Bonner Republik.[161] Einzig der Weg zum Bundeshaus war vermerkt. Ansonsten scheint er seiner Nase gefolgt zu sein: »Rhein riecht nach See«, notierte der Bonn-Gänger, das Sensorium prüfend, auf die Rückseite desselben Stadtplans. Was Koeppen anstrebte, war also keine Reportage, sondern ein atmosphärisches Bild: Ein »Beitrag zur Farbe der Zeit« sollte es sein, wie er Goverts bekannte.[162]

Doch was er als »Farbe der Zeit« in Bonn entdeckte, nahm die Färbung trüber Melancholie an. Sein Verfahren erinnerte an das von Essayisten wie Kracauer aus Weimarer Tagen, der in Streifzügen durch die damalige Hauptstadt den Oberflächen eine Analyse des Massenornaments abgeschaut hatte. Nicht zuletzt an jenem in seiner Betriebsamkeit trostlosen »Haus Vaterland« am Potsdamer Platz, das in der Nachkriegszeit ein Übergangsdasein als Ruine im Grenzgebiet fristete. Schon in der Nachtbeleuchtung um 1930 hatte dieser Ort etwas – wie Kracauer mit Ingrimm festhielt – vom

157 Kuno Ockhardt an Wolfgang Koeppen vom 30.10.1974. Wolfgang Koeppen-Nachlass, Wolfgang-Koeppen-Archiv Greifswald.
158 Vgl. Alewyn. Hofmannsthal, 8, 12.
159 Zur Anregung durch die Stadt Bonn: Koeppen an Goverts vom 10.5.1954, Nr. 22. Koeppen-Nachlass Universitätsbibliothek Greifswald.
160 Koeppen. Ohne Absicht, 618.
161 Vgl. Stollfuss-Plan Nr. 41. Bundeshauptstadt Bonn Masstab 1:15000. Mit ausführlichem Behördenführer und Straßenverzeichnis. Stand August 1950. Wilhelm Stollfuss Verlag Bonn. Signatur W. Koe 17090. Wolfgang-Koeppen-Archiv Greifswald.
162 Hierzu Koeppens Äußerung zum Verständnis und zur Anlage des »Treibhauses«: Koeppen an Goverts vom 15.1.1954, Nr. 19. Koeppen-Nachlass Universitätsbibliothek Greifswald.

»Vakuumreiniger«, der den »Staub des Alltags« absauge.[163] Ein fast nachmodernes Bric-à-Brac beherbergte der Bau, nebst Rheinterrasse, die stündlich eine »dioramatische Gewitterschau mit nahezu halbechten Weinstöcken« vorführte.[164] Für Kracauer hatte sich darin in der Zeit des »Ornaments der Masse« auf exemplarische Weise eine betäubende Leere angezeigt.[165]

Was jedoch Koeppen in Bonn in Kracauer'scher Nachfolge entdeckte, war nicht mehr das Ornament der Großstadt, sondern Bonn als kleine Hauptstadt ohne gewachsene Gesellschaft. Hier gäbe es, konstatierte Wechsberg in einem »Letter from Bonn«, keine »established society« wie in den traditionellen Hauptstädten. Bonn sei kalkuliert gewählter »Krähwinkel«, Reinterpretation des »mythical prototype of the backward provincial town in Germany«.[166] Es zeigte sich ein anderes Symptom: das Vexierbild zum Kracauer'schen nach dem Zentralenverlust. Diese Vermutung unterstreicht eine Sammlung von Ansichtskarten, die sich Koeppen, wie es seinem bildbezogenen Verfahren entspricht, aus der Bundeshauptstadt mitnahm. Was zeigen sie?

Sie zeigen eine Luftaufnahme des Parlamentsgebäudes, des vormaligen Pädagogischen Instituts in Bonn: ein eigenes Ornament des Treibhauses. Zu sehen sind menschenleere Serien von Tischen mit Sonnenschirmen. Dessen neusachlicher Stil wirkt wie eine abgeschliffene Fortsetzung der Ikonografie der Weimarer Republik, unter weitgehendem Repräsentationsverzicht. Was sich an diesen Materialien manifestiert, scheint die westdeutsche Seite zum Berliner Weltmangel gewesen zu sein. Was Koeppen also als Kehrbild in Bonn gefunden hat, lässt sich als ein Ornament der Leere begreifen, das auf dem Foto kenntlich wird. Woran zeigte sich diese Leere noch? Es scheint, am Schiffbruch der urbanen Kultur, eines Parlamentarismus, der zur Weimarer Zeit den Versuch unternommen hatte, sich in das Leben einer Agora einzufügen – und dies in Bonn gezielt mied. Politisches und geistiges Leben klafften in der Gründungsszene der Bonner Republik auseinander. Genau

---

163 Vgl. Siegfried Kracauer. Die Angestellten. Aus dem neuesten Deutschland. Mit einer Rezension von Walter Benjamin. Frankfurt a. M. 1980 (1929), 96f.

164 Vgl. Scholz. Einleitung, in: Chargesheimer/Scholz. Berlin. Bilder einer großen Stadt, I–XXIX, hier: III.

165 Vgl. Siegfried Kracauer. Das Ornament der Masse. Essays. Mit einem Nachwort von Karsten Witte. Frankfurt a. M. 1977, 113. Auch dieser Titel findet sich in Koeppens Greifswalder Bibliothek: Siegfried Kracauer. Das Ornament der Masse. Essays. Frankfurt a. M. 1963. Bibliothekssignatur 2216.

166 Joseph Wechsberg. Letter from Bonn, Bl. 3f. Killed 12/22/72. The New York Public Library. Rare Books and Manuscripts Division. The New Yorker Records. Manuscripts: Fact: Killed, 1943–80. Box 1644.

Bonn, Pädagogisches Institut: das Ornament der Leere. Aus Koeppens Bonner Postkartensammlung.[167]

diese Trennung entdeckte Koeppen. Die Vermutung erhärtet sich durch eine weitere Äußerung Bohrers zum »physiognomischen Panorama« der Nachkriegszeit: Bonn als »politischer Körper« zeigte sich ihm nicht nur als »Vakuum«, sondern auch als das, was er »Abstraktionsidylle« nannte.[168] Diese trat an einem Phänomen hervor, das ein ästhetisches Schlüssel-Dilemma der Nachkriegszeit sein sollte: Gemeint ist eine »Leere des Ausdrucks« – Ausdruck von Ausdruckslosigkeit.[169]

Diesem Ausdrucksmangel spürte Koeppen bis in die zwischenmenschlichen Beziehungen nach. Das emotionale Leben der Stadt blieb ihm enigmatisch: »Was dachten sie? Was litten sie? Waren sie sinnlich?«[170] Doch

---

167 Auch diese Postkartenabbildung ist entnommen: Wolfgang-Koeppen-Archiv Greifswald.

168 Zur politischen Topografie Bonns vgl. Jan Uelzmann. Bonn, Divided City. Cityscape as Political Critique in Wolfgang Koeppen's »Das Treibhaus« und Günther Weisenborn's »Auf Sand gebaut«, in: Seminar: A Journal of Germanic Studies 50 (2014), Nr. 4, 436–460, insb. 436–449.

169 Zum Bonner Vakuum und zum Vakuum der Expressivität: Bohrer. Provinzialismus, 54f., 76.

170 Koeppen. Das Treibhaus, 234. Zum Hinweis auf die Emotionslosigkeit der Begegnungen in Bonn auch: Eggert. »Abfahrbereit«, 56.

keine Antwort scheint sich zu finden, keine Begegnung zum Gespräch zu ergeben. Auch dies umschreibt seine Leitmetaphorik des »Treibhauses«: die Neugründung einer politischen Kultur im Zeichen der Verkapselung – das Komplement zu Berlin als kaltgestellter Hauptstadt im »Eisschrank« des Landes.[171] Es schlug sich in der Topografie der Ministerien in Bonn nieder, wie Koeppens Archivmaterialien zeigen: Verstreut, versteckt und peripher waren sie. Das Schlüsselbild dafür ist das »Treibhaus« selbst: die geologische Bedingung jener Kessellage am Rhein, die zum artifiziellen Brutkasten einer Republik wurde, der »willkürlichsten aller europäischen Kapitalen«, wie die Kritik schonungslos herausstellte.[172] In den alten Hauptstädten sah man das westdeutsche Provisorium nüchterner. So traf eine französische Metapher den Kern des Ersatzzentralen-Phänomens: In Paris sprach man von der »République desaffectée«: dem stillgelegten republikanischen Herz, das sich am Rhein ein Operationszentrum, ein Regierungs-»office« geschaffen hatte, das erst allmählich zur parlamentarischen Institution heranwuchs.[173] Was ein wirkliches Zentrum ausmacht, hat Koeppen in seinem Londoner Essay benannt: Es sei ein Ort, an »dem sich die Welt trifft« – deren Spiegelung im Mikrokosmos. »Wir«, fügte er an, »haben nichts dergleichen mehr.«[174]

In Berlin sah man diese Zentrumslosigkeit ähnlich, als Auseinanderfallen von Rumpfhauptstadt und Land: Hier die »Hauptstadt ohne Land«, so Scholz, dort das »Land ohne Hauptstadt.«[175] Was Bonn in den Augen des Remigranten Keetenheuve war, beschrieb Koeppens Roman. Ausgestattet mit den Fähigkeiten eines Baudelaire-Allegorikers, lässt der Autor ihn das

171 Koeppens politische Metaphorologie der Bonner Republik wurde von der Kritik wahrgenommen: Ohne Autor: Die Büchse des Mars, in: Münchner Abendzeitung 7.11.1953, 5. Wolfgang-Koeppen-Archiv Greifswald. Mit der »Treibhaus«-Metaphorik in der Berlin-Bonn-Gegenüberstellung war er nicht allein: »To arrive from Bonn in Berlin is like to step out of a damp hothouse into the invigorating atmosphere of a winter morning.« Joseph Wechsberg. Letter from Berlin. Killed 12/6/51. Box 1423, Bl. 9. The New York Public Library. Rare Books and Manuscripts Division. The New Yorker Records. Manuscripts: Fact: Run & Killed, 1938–58.
172 Vgl. Rüdiger. Wespennest im Treibhaus, 55.
173 So der Rezensent Charles Schneider 1953, zitiert nach: Pedro Sithoe. Wolfgang Koeppens Roman »Das Treibhaus«. Rezeption und Wirkung. Greifswald 2012, 22. Zum Anfang Bonns als »office« der Exekutive: Joseph Wechsberg. Letter from Bonn. Killed 12/22/72. The New York Public Library. Rare Books and Manuscripts Division. The New Yorker Records. Manuscripts: Fact: Killed, 1943–80. Box 1644, Bl. 3.
174 Koeppen. Nach Rußland und anderswohin, 215.
175 Scholz. Berlin für Anfänger, 83.

»Vakuum« aufspüren, in dem die Amerikaner ein politisches »Experiment« betrieben. Die Westbindung, die BRD als Glacis im Kalten Krieg: »Maginots wiedererstandene Illusionen«, heißt es sarkastisch.[176] Jenseits dieser künstlichen Betriebsamkeit verströmte die Gegend sanfte Ödnis: Aura der Provinzialisierung. Kein Zweifel, dass der Exilant in Koeppens Roman nur ein Ortloser sein konnte. Über den Rückkehrer heißt es: »Die Öde hatte sich ihm gezeigt […], nie wieder würde die Öde verschwinden.«[177] Das ist der resignative Grundton des Romans. Aber er übersieht nicht das Provisorische des Konstrukts. Das politische Zentrum Bonn war von Anfang an ein Provisorium, Hauptstadt auf Abruf. Es gleiche, steht im »Treibhaus« hellsichtig, »der Wohnstatt eines großen Wanderzirkuses«.[178]

Als Koeppen an seinem Bonn-Roman arbeitete, zog er sich in eine vergleichbar provisorische Behausung zurück, die ihn von Reizen abschirmen sollte. So ist sein »Treibhaus« ein Geschöpf der Übergangszeit, geschrieben in einem stillgelegten Bunker, der eine Weile als Hotel diente, sinnbildlicher Schwellenraum zwischen Krieg und Nachkrieg: »Nachts schlagen die eisernen Türen«, beschrieb Koeppen die Atmosphäre seiner Schreibhöhle »und zuweilen setzt die grosse Lüftung ein und zieht durch die Kammern wie ein Wetter durch ein Bergwerk.«[179] Er suchte die Stickluft, den Deprivationseffekt des Bunkers, um sich in die »Abstraktionsidylle« seines Sujets einzufühlen. Vieles spricht dafür, dass der Autor in der jungen Bundesrepublik selbst ein Ortloser war wie seine Figur. Einer, der stets das Anderswo zum Schreiben brauchte, um seinen Verlusten nachzuspüren: »Heute sitze ich im Bunker. Es ist unheimlich, und die Maschine dröhnt mit ihrem Klappern gegen die Betonwände.«[180]

176 Vgl. Koeppen. Das Treibhaus, 300, 307. Diese Sicht auf die BRD als Bollwerk im Kalten Krieg findet sich am Anfang der Reise in die USA: Koeppen. Amerikafahrt, 279. Zu den zeitgeschichtlichen Hintergründen: Benedikt Wintgens. Treibhaus Bonn. Die politische Kulturgeschichte eines Romans. Düsseldorf 2019. Zum Hinweis auf seine Baudelaire-Optik die Notizen im Vorfeld vgl. Spiral-Block Cebe-Spirale. Nachlass Wolfgang Koeppen. Wolfgang-Koeppen-Archiv, Greifswald.

177 Koeppen. Das Treibhaus, 310.

178 Ebd., 354.

179 Wolfgang Koeppen an Marion Koeppen vom 23.5.1953, in: dies. »trotz allem, so wie du bist«, 69. Zur Herstellungssituation im Schreibbunker: Oliver Kobold. »Keine schlechte Klausur«. Wolfgang Koeppens Treibhaus und das Stuttgarter Bunkerhotel. Marbach 2008.

180 Wolfgang Koeppen an Marion Koeppen vom 27.4.1953, in: dies. »trotz allem, so wie du bist«, 35–37, hier: 36.

Sein Bonn-Bild entstand in dieser Unterwelt. Da wurde der Bunker zur Dunkelkammer, zum Ort der Entwicklung jener Nachbilder.[181] Der Autor scheint den ungewöhnlichen Rückzugsort gebraucht zu haben – wie schon zu Berliner Zeiten, als er seinen ersten Roman schrieb und der Verleger ihn in ein Zimmer einschließen ließ.[182] Vielleicht aber suchte Koeppen den Bunker auch, um sich noch einmal an den Grund seines Überlebens zu erinnern, was er seinem Verleger im Bombenhagel Berlins geschworen hatte: »Über uns loderte die Stadt«, heißt es im »Romanischen Café« beim Untergang seiner Zentrale. Unten im Bunker das Versprechen auf Bezeugung: »Sie werden das schreiben«.[183] Vielleicht mag sich Koeppen bei der Arbeit am Roman zur kleinen Zentrale an das Ende der anderen erinnert haben, das sich damals über seinem Kopf im »Purgatorium« am Wittenbergplatz vollzogen hatte. So ist das »Treibhaus« zuletzt ein Stück Trauerarbeit des Ortlosen, der das innere Bild seiner Stadt Berlin beim Schreiben mit sich führte.[184]

181 Zur Analogie von Bunker und Dunkelkammer auch: Paul Virilio. Krieg und Kino. Logistik der Wahrnehmung. München, Wien 1986, 89.

182 Vgl. Wolfgang Koeppen. Eine schöne Zeit der Not, in: ders. Gesammelte Werke. Bd. 5, 310–321, hier: 313. Sowie ihre immer wiederkehrende Erinnerung an diese intensive Betreuungssituation bei Cassirer: Koeppen an Tau vom 21.2.1961, Arch 2668. Nachlass Max Tau, Dortmund.

183 Koeppen. Ein Kaffeehaus,168.

184 Zum Motiv des Geheimnisses am Ende der Miniatur: ebd.

7. Das Bild vom Romanischen Café: Fokuspunkt der Dispersion, offenes Sinnversprechen

Ich war Zeuge.
Wolfgang Koeppen[1]

Ein kleiner Brocken sei dieser Text »Romanisches Café«: Miniatur des Schicksals eines »einzigen Hauses«, in der ein »Stück Weltgeschichte lebendig« eingeschmolzen sei.[2] So hat Marie Luise Kaschnitz diese vielleicht erschütterndste Miniatur in Koeppens Werk charakterisiert. Komprimierte Prosa, die das Schicksal des einstigen Romanischen Hauses am Kurfürstendamm zum Gegenstand hat: von dessen Erbauung im Zeitalter Wilhelms II. bis zu seinem Ende im Feuersturm 1943. Damit kommt in dem Stück seiner Berlin-Fragmente wie in einer Nussschale eine Welt im Moment ihres Zusammenbruchs zur Darstellung.[3] Der Untergang, in einer einzigen Satzperiode, wirkt darin wie ungeheurer Spuk. Rätselhaft leuchtet am Schluss des Textes eine Flamme aus dem Bau. Es scheint, als halte sich ein Sinnüberschuss darin verschlossen.[4] Ihm gilt im Folgenden das Auslegungsbemühen.

Betrachtet man die Miniatur aus dem zeitlichen Abstand zum geschilderten Geschehen – geschrieben ist sie Mitte der 1960er Jahre –, so mag sich an ihr etwas zeigen, das man als morphologisches Modell zur Beschreibung der leeren Zentrale insgesamt ansehen kann. Der Text gibt dazu ein Bild an die Hand, in dem etwas von den Verwerfungen der Literatur dieser Zeit erfahrbar wird. Daneben tritt im »Romanischen Café« der Autor selbst als Kronzeuge der Umbrüche auf. Um diese Gedanken zu entfalten, ist an eine andere Beschreibung anzuknüpfen, die von Michael Hamburger stammt. Auch er hatte, direkt nach dem Krieg bei seiner Rückkehr nach Berlin, das Phänomen eines Nullpunkts erfahren: eine Erfahrung von »voids«, wie er in seiner Studie »After the Second Flood« konstatierte.[5]

---

1 Koeppen. Jugend, 98.
2 Vgl. Kaschnitz. Deutsche Erzähler, 927.
3 Zur verdichtenden Kraft der Miniatur wie zum Haus als Topos bildlicher Konzentration vgl. Bachelard. Poetik des Raumes, 30, 159.
4 Zur Metaphorik des Wahrheitsanspruches eines Werks als lebendiger Flamme: Walter Benjamin. Goethes Wahlverwandtschaften (1924/25), in: ders. Gesammelte Schriften. Bd. I-1, 123–211, hier: 126.
5 Zum Berlin der Nullstellung das frühe Gedicht »Berlin, 1947« aus dem Reise-Zyklus: Michael Hamburger. From the Notebook of a European Tramp (1945/48), in:

Ähnlich wie Koeppen entdeckte Hamburger Elemente eines Prozesses, der für ihn mit dem begonnen hatte, was er als »fragmentation of the centre« der späten Weimarer Republik ausmachte.[6] Etwas von dieser Diagnose, von der Spaltung der Gesellschaft nach der Niederlage von 1918, dem Geist des Ressentiments und den damals unbetrauerten Toten, hat auch Koeppen beschrieben.[7] Hamburger sah es als bezeichnend an, dass gerade eine Figur wie Walter Benjamin im Nachhinein so repräsentativ für diese Epoche werden konnte. Diesen Stellenwert erhielt er laut Hamburger, weil sich die Fragmentierung des Geisteslebens nicht nur nach politischen Lagern vollzog. Vielmehr hatten die Verwerfungen zur Folge, dass die Überlieferung in die Obhut einiger Einzelgänger geriet.[8] Es war ein Typus, so Hamburger, der sich von Vereinnahmungen freizuhalten wusste, auch wenn das hieß, einen schwierigen Weg einzuschlagen: »Where he remains an outsider to this day«, so Hamburger über Benjamin, »it is because he refused to commit himself to any of the monstrous and divisive simplifications that have passed ›ideologies‹ in his time and ours.«[9] Für Hamburger bildeten die Nachkriegsjahre demnach eine Fortsetzung dieser Verengungen; das Modell symptomatischer Einzelgänger blieb wegweisend.

Wenn also die Literatur seit der Zwischenkriegszeit in einem Prozess des Umbruchs begriffen war, so musste nach jenen Figuren Ausschau gehalten werden, die, wenn auch im Kleinen, zu anderen Synthesen im Ausdruck kamen. Damit war eine zentrale literaturgeschichtliche These verbunden: Für Hamburger war insbesondere die kleine Form die Gattung des Überlebens. Im lyrischen Gewand konnte sie *underground* gehen. Anders als die große Form sei sie ideologischen Vereinnahmungen weniger schutzlos ausgeliefert.[10] Kleine Form und Außenseitertum, das schien ihm als Rettung

ders. Collected Poems. Manchester 1984, 29–38, hier: 35. Zur späteren Metaphorik des »zero point«: Hamburger. After the Second Flood, 9.

6 Zur Fragmentierung des Zentrums in Deutschland um 1930: Hamburger. A Proliferation of Prophets, 290.

7 Zur verpassten Realisierung der Kriegsniederlage 1918 vgl. Koeppen. Jugend, 31f., 41.

8 Darin scheint ein Gedanke Hofmannsthals aus der Zwischenkriegszeit über die ›suchenden Einzelnen‹ von Hamburger wieder aufgenommen. Vgl. Hugo von Hofmannsthal. Das Schrifttum als geistiger Raum der Nation (1927), in: ders. Erfundene Gespräche und Briefe. Werke in zehn Bänden. Hg. von Lorenz Jäger. Frankfurt a. M. 1999, 106–122, hier: 113. Zu den Einzelgängern im Zwischenkrieg: Alewyn. Hofmannsthal und diese Zeit, 11.

9 Hamburger. A Proliferation of Prophets, 290.

10 Vgl. Hamburger. After the Second Flood, 28. Zur Unterscheidung von der Lyrik

der Dichtung vorzuschweben. Sich vom Würgegriff des Weltanschaulichen freihalten, wie es Döblin formulierte, konnte nach diesem Modell eigentlich nur der Outsider.[11] Dieser sei zwar »difficult to place« – ein Ortloser, wie an Koeppen gesehen.[12] Gerade aber auf dieser Spur seien für Hamburger jene literarischen Figuren zu suchen, die er »displaced persons« nannte: jene, die in alle Weltgegenden vertrieben wurden und die ein Stück des Epochenrätsels mit sich trugen.

Als einen solchen Outsider sah Hamburger auch Koeppen an, der sich in seinen Schriften um eine Deutung der im Dritten Reich gemachten Korruptibilitätserfahrungen bemüht hatte.[13] Wenngleich er eine Figur der dagebliebenen – oder zumindest nur zeitweilig emigrierten – Autoren war, blieb er für die Literaturgeschichte ein wichtiger Zeuge jener Übergangszeit nach 1945. Auf dieser Spur benannte Hamburger in seinem Modell nach einer Phase der »fragmentation« eine zweite, die er als Zerstreuung beschrieb: im Europa zweier Weltkriege nicht zuletzt eine der »dispersion of German literature«.[14] Diese hatte zur Folge, dass sich eine vor allem urbane Literatur an unterschiedlichste Orte verstreut sah. Insofern war für Hamburger das Phänomen schlüssig nur aus einer Haltung gelebter Hermeneutik zu erfassen – aus der des Zeugen.[15]

Dass Koeppens Bild vom Romanischen Café ins Herz dieser Problematik führt und paradigmatischen Status für das literaturgeschichtliche Problem beanspruchen kann, zeigt ein Sachverhalt wie der, dass den Exilierten die Phantome ihrer einstigen Literatur in der Fremde wiederbegegneten. So

als Form des Überlebens im Untergrund gegenüber der Ideologieanfälligkeit der großen Form auch: Leonard Forster. German Poetry 1944–1948. Cambridge 1949.

11 Vgl. Döblin an Huchel vom 10.9.1952, in: Huchel. Wie soll man da Gedichte schreiben, 123 f., hier: 123.

12 Vgl. Hamburger. A Proliferation of Prophets, 290.

13 Vgl. Hamburger. After the Second Flood, 38–40. Koeppen hat selbst bekannt, dass er seine Generation für eine korruptible hielt, die nach dem NS in »neue Fallen« lief. Vgl. Wolfgang Koeppen. Ich habe nichts gegen Babylon. Im Gespräch mit Jean-Paul Mauranges (1974), in: ders. Gesammelte Werke. Bd. 16, 137–156, hier: 147.

14 Vgl. ebd., 122. Diese Sprengung der deutschen Literatur im 20. Jahrhundert, wie sie Hamburger schildert, hat etwas von einem Öffnen der Büchse der Pandora, in der sich neben den Übeln auch eine zu suchende Hoffnung befindet. Vgl. Michael Hamburger. In Conversation with Peter Dale. London 1998, 32.

15 Mit gelebter Hermeneutik sei hier die Existenzform Hamburgers als exiliertem Kritiker, Dichter und Übersetzer gemeint. Vgl. Michael Hamburger. Meine Gedichte (1988), in: ders. Das Überleben der Lyrik. Berichte und Zeugnisse. Herausgegeben von Walter Eckel. München, Wien 1993, 209–219, hier: 218.

beschrieb Gabriele Tergit in ihrer Skizze »Exil-Existenz« aus dem Londoner Exil, wie sie nicht nur die Funktionsweise der fremden Großstadtliteratur mit der Brille des »Berliner Betriebs« sah, sondern dass sie dort nach Orten wie dem Kaffeehaus europäischer Prägung Ausschau hielt.[16] Was gesucht wurde, waren kreative Räume, die Geselligkeit und Anonymität ins Verhältnis setzten, wie es zur Ethik der Urbanität gehört.[17]

Tergit war auf der Suche nach Substituten für jene Atmosphäre einer geistigen Börse, die das Kaffeehaus einst zur Geburtsstätte der Literatur hatte werden lassen.[18] Sie bemerkte, dass es als »Ersatz [...] für das romanische Café« eigentlich nur ein »menschenfreundliches« Etablissement im Londoner Exil gab: die »British Restaurants«, die in ihrer unzeitgemäßen Aufmachung Gastlichkeit spendeten.[19] Fraglich blieb, ob sie jene Existenzform ermöglichten, die Kesten als die für die Literatur aus dem Geist des Kaffeehauses notwendige »geheime Unabhängigkeit« nannte.[20] Ist diese verloren, so ist es um die Literatur im Ganzen schlecht bestellt. Nicht zufällig sprach Musil nach 1933 daher von einer Zeit der Absenkungslücke.[21]

Man sieht an diesen Einwürfen zum Kaffeehaus-Topos bereits: Wählt man den gekreuzten Blick von Exilperspektive und der Optik der Dagebliebenen, so bemerkt man, dass die Trümmer des Romanischen Cafés die exilierten Autoren noch vor dem Ende des Hitler-Reichs erreichten. Den zentrifugalen Kräften nach außen entsprach, folgt man Hamburgers Modell, im Inneren des Dritten Reichs ein Prozess, den er als zerstörerische Homogenisierung beschrieb.[22] Was nach außen als Dispersion sichtbar wurde, entsprach im In-

16 Vgl. Gabriele Tergit. Exil-Existenz 1944, Bl. 5 (mit Abschrift). Nachlass Gabriele Tergit, DLA Marbach.

17 Zur Idee des Kaffeehauses als ›Vorhof der Poesie‹ und »agora« des Geistes vgl. George Steiner. The Idea of Europe. An Essay. Tilburg 2004, 18. Zur ›Ethik der Urbanität‹: Blumenberg. Urbanität, 215.

18 Vgl. zum Kaffeehaus als ›Geburtsstätte des Schöpferischen‹: Hermann-J. Fohsel. Im Wartesaal der Poesie. Zeit- und Sittenbilder aus dem Café des Westens und dem Romanischen Café. Berlin 1995, 7. Zum Romanischen Café als literarischer Agora und Marktplatz in Berlin vgl. Georg Zivier. Das Romanische Café. Erscheinungen und Randerscheinungen rund um die Gedächtniskirche. Berlin (West) 1968, 59.

19 Vgl. Gabriele Tergit. Exil-Existenz 1944. Nachlass Gabriele Tergit, DLA Marbach.

20 Hier ist gleichwohl zwischen dem manchmal abwertend gebrauchten Begriff einer ›Kaffeehaus-Literatur‹ und dem literarischen Café als Inkubationsraum zu scheiden. Kesten hat hier die Gastlichkeitsform des Kaffeehauses alter Schule im Sinn, die der fürs Schöpferische wichtigen »geheimen Unabhängigkeit« zuträglich sei. Vgl. Kesten. Dichter im Café, 7.

21 Vgl. Musil. Vortrag in Paris, 1264.

22 Zur Vereinnahmung der Kunst durch die Politik, wie sie Loerke in seinen Tage-

neren einer Aushöhlung im Zeichen der NS-Kulturpolitik. Diese Leerung der Zentrale betraf nicht nur jene staatlichen Institutionen, wie es Oskar Loerke beschrieb, der miterlebte, wie aus der Berliner Akademie ein gleichgeschaltetes »Sängerkränzchen, ein Friseurverein« wurde, in dem skrupellose Figuren anrichteten, »was ihres Geistes« war.[23] Auch andere Orte, an denen sich das geistige Berlin traf, wie das Adlon unweit von Max Liebermanns Wohnung, waren als solche nach 1933 »völlig leer«.[24]

Doch das Ressentiment traf auch die informelleren Stätten des Literaturbetriebs, etwa das einstige »Industriegebiet der Intelligenz« um den Kurfürstendamm, dem Goebbels' persönlicher Hass galt.[25] Für einen, der aus fehlenden finanziellen Mitteln nicht emigrieren konnte, wie den Cassirer-Autor August Scholtis, der am Ende der Weimarer Republik zu schreiben begonnen hatte, stellte sich das Resultat der Homogenisierung am Romanischen Café so dar, dass dort – wie er voller Bitterkeit notierte – nur das »allerletzte Häuflein geschlagener Zivilisationsliteraten kleinlaut schwätzte und übermüdet resignierte«.[26] Koeppen ergänzte dieses Bild mit der Erinnerung an die verpasste Möglichkeit: »Nur war leider der Mann aus Braunau an die Macht gekommen. Das Romanische Café wehrte sich. Die Gäste verschwanden in alle Welt. Das schadete nicht. Hitler wünschte eine beschwichtigende, wehrtüchtige Literatur ohne Wahrheit.«[27] Man mied fortan die Boulevards. Auch dazu findet sich ein Hinweis bei Koeppen, wenn er sich an seinen ehemaligen Kollegen, den Kritiker Herbert Ihering, wandte, nachdem er beim »Berliner Börsen-Courier« entlassen worden war. Ihm schrieb Koeppen noch 1934 vom »Unternehmen eines neuen Lesesaals« abseits des Kurfürstendamms, einem geheimen Salon, in dem es »in- und ausländische Zeitungen« gebe: Refugien, die nicht lange währten.[28]

büchern bezeugt hat, sowie zum »Schaden« an der Literatur vgl. Hamburger. A Proliferation of Prophets, 57, 273.

23 Vgl. Loerke. Tagebücher, 296.

24 Vgl. ebd., 316. Zur Provinzialisierung Berlins auch Koeppens »Zwart Water«-Fragmente: Koeppen. Phantasieroß, 744.

25 Zu Goebbels' Furor gegen die Ku'damm-Literatur: Fohsel. Im Wartesaal der Poesie, 114.

26 August Scholtis. Ein Herr aus Bolatitz. Lebenserinnerungen. München 1959, 324. Zu dieser Leerung des Romanischen Café auch die Darstellung von Simone de Beauvoir nach: Fohsel. Im Wartesaal, 135.

27 Wolfgang Koeppen. Mein Freund August Scholtis, in: August Scholtis. Jas der Flieger. Frankfurt a. M. 1987, 197–202, hier: 200.

28 Koeppen wird hier auf die andere Nachrichtenlage im Salon angesichts der Gleichschaltung anspielen. Vgl. Koeppen an Ihering vom 3. 1. 1934. Herbert Ihering-Archiv 1748. Archiv der Akademie der Künste Berlin. Die »Freistellungsurkunde«

Tatsächlich war das Romanische Café schon in der Spätzeit der Republik von Spitzeln durchsetzt, wie es der Berliner Kritiker und Überlebende der Judenverfolgung Georg Zivier in seiner Studie zum Kaffeehaus schilderte. Dass die Unterwanderung vorbereitet war, bewies ab 1933 für alle sichtbar ein »Gestapotisch«.[29] Jene, die noch blieben, saßen bei »mäßiger Lektüre«, wie Koeppen gestand, »und schämten sich der geduldeten Presse und des großen Verrats«.[30] Mit der Ausnahme eines Erich Kästner, der, obwohl seine Bücher verbrannt wurden, demonstrativ den Gang ins Kaffeehaus wagte.[31] Aus diesem aber war ein Ort der Beschämung geworden. Angst und Opportunismus übernahmen, die Hamburger als die »demons of conformism« der NS-Zeit bezeichnete.[32] Ausgenutzt wurde die Tendenz, dass Menschen in Verunsicherungslagen sich an Moralsysteme – und seien es verordnete – klammern, ohne die ethischen Motive dahinter zu prüfen.[33] Die Resultate dieses Mitläufertums sind bekannt. Heimito von Doderer hat sie in seinem Tagebuch unmittelbar nach dem Krieg benannt – und wusste, wovon er sprach: »Man kann durch Duldung schuldig werden.«[34] Leicht stürze man in die Masse ab, aber arbeite »sich nur schwer wieder heraus«.[35]

So bereitete sich die dritte von Hamburger beschriebene Phase der »voids« vor, der in die Kultur geschlagenen Lücken. Es waren Leerstellen, die nicht erst mit den physischen Zerstörungen zutage traten. In gewissem Sinne war der kulturelle Bau schon zur Hülse geworden, sodass Koeppen noch

Koeppens vom »Berliner Börsen-Courier« zum Jahreswechsel 1933/34 hat sich erhalten, darin ist festgehalten, dass man keine »Verwendung« mehr für ihn habe. Vgl. Freistellung Wolfgang Koeppen 6.1.1934. Nachlass Wolfgang Koeppen. Wolfgang-Koeppen-Archiv Greifswald.

29 Vgl. Zivier. Das Romanische Café, 99.

30 Koeppen. Ein Kaffeehaus, 168.

31 Vgl. Wolfgang Koeppen. Eine schöne Zeit der Not (1974), in: ders. Gesammelte Werke. Bd. 5, 310–321, hier: 315. Kästner hat in dieser Zeit u.a. mit Kessel unter Pseudonym zusammengearbeitet. Vgl. Kessel an Kästner vom 5.9.1935. Nachlass Martin Kessel, DLA Marbach. Zum Romanischen Café im Dritten Reich, in dem Kästner anfänglich gesichtet wurde, auch: Hans Scholz. Einen Kurfürstendamm hat nur Berlin. Der Kurier, 20.2.1960. Hans Scholz-Archiv. Aus Kasten: Druckbelege. Akademie der Künste.

32 Vgl. Hamburger. After the Second Flood, 34. Zur exemplarischen Wendung ins Opportune auch vermeintlich ›linker‹ Kräfte am Ende des Romanischen Cafés vgl. Zivier. Das Romanische Café, 101.

33 Hierzu: Scheler. Ethik, 322.

34 Heimito von Doderer. Tangenten. Aus dem Tagebuch eines Schriftstellers. München 1995, 318.

35 Ebd., 396.

Jahrzehnte später über die Zeit nach der Machtergreifung schreiben konnte: »Berlin war eine besetzte Stadt. Glanzlos, geistfern, später zerbombt.«[36] Dass er dies auch während der NS-Zeit so sah, deutet sein Roman »Die Mauer schwankt« an, 1935 bei Cassirer in Berlin erschienen. Blumenberg hat später in diesem Roman ein »unüberbietbares Minimum des Unerlaubten« erkannt: jene so wichtigen verdeckten Seitenbemerkungen, die zu den Zeugnissen innerer Emigration zählen.[37] Bereits die architektonische Titelmetaphorik deutet auf erschwindelte Prosperität im Dritten Reich hin. Dahinter zeigte sich »poröser, hohlklingender Stein«, der den »Hauch des Schimmels« kaum verbarg.[38] So wurde nach dem Krieg für viele Rückkehrer – in jener Zeit, in der die Hoffnung bestand, an die Literatur Weimars anschließen zu können – die Heimkehr zum Gang durch endgültig ruinöse Gegenden.

Als exemplarisch für diesen Blick in die Leere nach 1945 kann Döblin gelten, der auf seiner Reise durch das kriegszerstörte Deutschland auch nach Berlin kam. Er muss das Vakuum gespürt haben, schließlich beschrieb er sich damals als »Diogenes mit der Laterne« auf dem Gang durch die zertrümmerte Heimatstadt.[39] Die Orientierungspunkte im Raum schienen ihm kaum auszumachen. Wie der kynische Philosoph, der am helllichten Tage mit einer Laterne unterwegs gewesen sein soll, um einen Menschen zu finden, lief er umher auf der Suche nach einer verlorenen Welt. Er staunte, dass sich keiner darüber wunderte, was alles verschwunden war. So heißt es über die Ruine des Romanischen Cafés, es sei ein offenes Haus, neben dem »zerstörten Wrack« der Gedächtniskirche: »Das alte romanische Café ist auf. Man kann hineingehen, wenn man Lust hat. Es steht enorm weit offen. Man kann von der Straße bis in die Hinterräume blicken, bis in den ersten Stock. Aber niemand geht hinein.«[40] Nur dieser Diogenes leuchtet mit seiner Laterne nach einstigen Bewohnern. Als merkte er, dass er einen Toten vor sich hat, fügt er an: »Es ist ausgebrannt.« Der Flaneur verwandelt sich in einen Abkömmling

---

36 Wolfgang Koeppen. Es wird wieder sein, in: Frankfurter Allgemeine Zeitung Nr. 145, 26.6.1991, 33. Diese Leerung vor der eigentlichen Zerstörung auch in: Zivier. Das Romanische Café, 102.

37 Vgl. Hans Blumenberg. Ein Minimum des Unerlaubten. Nachlass Hans Blumenberg, DLA Marbach.

38 Vgl. Wolfgang Koeppen. Die Mauer schwankt (1935), in: ders. Gesammelte Werke. Bd. 1, 159–419, hier: 410f. Diese Sicht auf die Scheinblüte des Dritten Reichs auch im unvollendeten Romanprojekt: Wolfgang Koeppen. Brandenburg-Manuskripte M 9, 9–22. Nachlass Wolfgang Koeppen. Wolfgang-Koeppen-Archiv Greifswald.

39 Vgl. Döblin. Berlin Alexanderplatz – heute, 279.

40 Alfred Döblin. Wiedersehen mit Berlin (1947), in: ders. Zwei Seelen in einer Brust, 280–286, hier: 283.

Das Romanische Café: nach Döblin »weit offen«. Sinnbild der literarischen leere Zentrale nach 1945. Photo: Fritz Eschen ca. 1948, Ullstein Press.

von Nietzsches »tollem Menschen«, der damit rang zu realisieren, dass sein vertrautes Leben aus der Fassung geraten war. Das schmerzliche Ende einer Epoche. Das ausgebrannte Romanische Haus sollte nicht nur für Döblin zu einer einschneidenden Erfahrung werden.[41]

Nüchterner sahen es die dagebliebenen Autoren. Die Realisation des Verlorenen hatte bei ihnen einen Verlauf gehabt. Etwa bei Huchel, der aus der Kriegsgefangenschaft zurückgekehrt war. In einem Gedicht fixierte er die Erfahrung allgemeiner Ruinierung von Schwellenräumen: »Die Tür klafft«, heißt es 1947: »Die Schwelle ist verhärmt.«[42] »Verhärmen« oder »in harm verzehren«, das bedeutet nach Grimm, dass eine Sache ihre Aura verloren

---

41 Zum Wechsel von erfüllter in leere Zeit als Einschnitt vgl. Hans-Georg Gadamer. Leere Zeit und erfüllte Zeit (1969), in: ders. Gesammelte Werke. Bd. 4. Tübingen 1987, 137–153, hier: 148.

42 Peter Huchel. Deutschland (1947), in: ders. Gesammelte Werke. Bd. 1, 98f., hier: 99. Sowie der Eintrag »verhärmen« in: Jacob und Wilhelm Grimm. Deutsches Wörterbuch. Bd. 25. V–Verzwunzen. München 1984, Sp. 530.

hat. Doch die Schwellen waren nicht bloß entauratisiert.[43] An ihnen klebte Blut. Ähnlich sah Scholtis das Romanische Café als erstorbenen Ort, einem Stillleben gleich.[44] Erstorben, aber ohne wirklichen Abschied: untot, weil ohne Beerdigung. Wenn ein Verleger der Weimarer Zeit wie Bruno Cassirer gesagt hat, dass man ohne einen geistig beweglichen Ort wie ein Kaffeehaus »überhaupt keine Literatur« machen könne, so schien diese Vorstellung in der Asche jenes Hauses für die Rückkehrenden erstickt worden zu sein.[45] Ein Stillleben war dieser Bau, insofern dieses Genre mit der »Not des Stammelns«, dem fehlenden Wort, zu tun hat. Dabei entsteht solch ein Stammeln weniger, wie man mit Gadamer ergänzen kann, weil man »nichts zu sagen hätte«, sondern weil man »zu viel auf einmal sagen möchte«.[46]

Die Ruine wurde zum Sinnbild ihrer Lage. Drastisch hat Koeppen den Taumel der Worte im Text »Romanisches Café« zum Ausdruck gebracht. Er erinnert darin, angesichts des Untergangs im Bombenhagel, an die zitierte Beschwörungsformel: »Ich dachte, ich werde es schreiben« – ergänzt allerdings: »Ich starb, in dieser Zeit, in diesen Jahren«.[47] Damit deutet er auf etwas Unaussprechliches hin, um dessen Vermittlung er sich bemühte, das jedoch im Zeichen des Grauens kaum einzuholen war. Auf dieser Spur bemerkte auch Döblin am Ende seines Trümmergangs, wortkarg neben dem Romanischen Café: »Nur ich bin noch da – und konstatiere alles.«[48] Wenn also die *nature morte* auf eine stillstehende Sache verweist und deren Bildkraft darin besteht, sich auf hinfälliges Leben zu konzentrieren, so geschah hier etwas Verwandtes: Denn im Berliner Fall war genau dieser Schutthaufen des Romanischen Hauses das Detail, an dem die Autoren das Schicksal ihrer Literatur ablasen.[49]

Neben Döblin war es Scholtis, der in der Kaffeehaus-Ruine ein offenes Grab ihrer einstigen Brutstätte der Literatur erblickte.[50] Etwas vom Krater

43 Zur Verletzbarkeit der Schwelle und des Hauses vgl. Bollnow. Mensch und Raum, 140.

44 Zum Romanischen Café, »verlassen« am »toten Damm«: August Scholtis. An der Gedächtniskirche (1946), in: ders. Feuilletonistische Kurzprosa, 165–167, hier: 166. Sowie zum ›leblosen Dasein‹ im Stillleben: Eberhard König und Christiane Schön (Hg). Stillleben. Berlin 1996, 29.

45 Vgl. Tau. Das Land, das ich verlassen musste, 166.

46 Hans-Georg Gadamer. Vom Verstummen des Bildes (1965), in: ders. Gesammelte Werke. Bd. 8, 315–322, hier: 315.

47 Koeppen. Ein Kaffeehaus, 168.

48 Döblin. Wiedersehen mit Berlin, 283.

49 Zur besonderen Bildkraft der Malerei im stillgestellten Sujet vgl. Charles Sterling. La nature morte. De L'antiquité à nos jours. Paris 1952, 123.

50 Zum kreativen Inkubationsraum des Romanischen Cafés auch: Chargesheimer/ Scholz. Berlin. Bilder einer großen Stadt, XXII. Sowie: Fohsel. Im Wartesaal, 106.

eigener Wortlosigkeit muss ihm aus den Resten entgegengekommen sein. Vielleicht auch die Einsicht, dass nach der gewaltsamen Erschöpfung der Sprache im Dritten Reich eine Regeneration in der Stille ablaufen musste.[51] Jene, die wieder Worte fanden, taten zunächst kaum mehr, als sich auf ihre Betroffenheit einzulassen. Sie ließen das Stillleben ihrer verlassenen Agora auf sich wirken, während vom hinteren Kurfürstendamm um 1950 langsam das Leben wieder herankroch. Scholtis hat hinzugesetzt, dass dieses »neue Leben« an der Stelle des alten Cafés zum Halten kam, als wäre dort die Wiederbelebung untersagt. Wie ein Kadaver schien es im Wege zu stehen: »Phosphoreszierendes Licht wirft neues Leben über den toten Damm, dorthin, wo das Romanische Café verlassen fault und stinkt.«[52]

Genau auf halbem Wege des Boulevards tat sich für ihn eine »Scheidegrenze zweier Länder« auf: einerseits die Seite jener wüsten Erde, die zur Planierung freigegeben war – andererseits die Seite des vordrängenden Lebens, das auf Renovierung, Einzug in noch unbelebte Hülsen aus war.[53] Das Romanische Haus selbst stand auf der Scheidelinie des Todes, wo man nicht das »Gedächtnis auffrischen« wollte.[54] Mit Blick auf den kadaverartigen Bau fragte Scholtis ins Gewissen seiner Zeit hinein: »Wer denkt [...] noch an vergangene Tage?« So fand die Dispersion hier ihr Äquivalent im städtebaulichen Verschwinden. Ähnlich wie zuvor Döblin stellte er sich wie ein toller Fußgänger auf den schon »planierten Platz gegenüber der Gedächtniskirche«, an die Stelle, wo einst »das Romanische Café gestanden« hatte. Keine Stele wies den Weg zum vergessenen Sinnversprechen der Weimarer Autoren: »Ich irrte umher«, so Scholtis zum Gang über den leeren Platz, »wie ein verlorener Sohn auf heimatlichem Friedhof bei der Suche nach dem Elterngrab.«[55]

---

51 Im Bewusstsein einer Erschöpfung der Sprache auch: »Stets beginnt das Stumme zu reden, wenn diejenigen, die von berufswegen reden, plötzlich nichts mehr zu sagen haben.« Martin Kessel. Stichproben, in: Die Wandlung 2 (1947), Nr. 2, 146–148, hier: 146.

52 August Scholtis. An der Gedächtniskirche. Tagesspiegel. Bl. 2–3. III. Feuilletons. 3. Über Berlin. A. 247–256. Nachlass August Scholtis. Stadt- und Landesarchiv Dortmund. Handschriftenabteilung. In anderer Form: Scholtis. An der Gedächtniskirche, 165.

53 So hat Posener in den 1960ern festgehalten, dass die Planierungen nach dem Krieg größeren Schaden angerichtet hätten als der eigentliche Krieg. Vgl. Posener. Geschichte im Stadtbild, 9.

54 Vgl. Scholtis. An der Gedächtniskirche, 166.

55 August Scholtis. Entführung ins Glück. Eine melancholische Erzählung, in: Die Welt 6.1.1951. August-Scholtis-Archiv 1, Akademie der Künste Berlin.

Das Grab ihres Genius Loci war ohne Aufhebens versiegelt worden. Ein »Nicht-Platz« ohne Aufenthalt war an dessen Stelle getreten.[56] Es war eine Erfahrung, die dieser Autorengeneration wohlvertraut war. Wenn Berlin mit Kesten fortan die »›vergessene‹ Hauptstadt im Eisschrank der Bundesrepublik« werden sollte, dann ereilte die letzte Generation des Romanischen Cafés ein ähnliches Schicksal.[57] In Aufnahme der Eismetaphorik heißt es bei Koeppen dazu, seine Arbeiten, die noch in die Weimarer Zeit zurückreichten, seien in der Bundesrepublik zunächst »unters Eis geraten«.[58] Das verdichtet das Lebensgefühl vieler Autoren. Einer, den Hamburger herausgab, der Lyriker Franz Baermann Steiner, fand ein ähnliches Bild für das Lebensgefühl nach 1945: Nach dem verklungenen »trommelwirbel« gleite man über einen unheimlichen »gefrorenen blutsee«.[59]

Dass Koeppen bei seinen Berlin-Besuchen, ähnlich wie Scholtis, den Ort des fehlenden Romanischen Cafés aufsuchte, dürfte wenig verwundern. Was er vorfand, mag ihn konsterniert haben: »Mittag, kalter Tag«, heißt es in einer Nachlass-Notiz von 1976/77. An diesem Tag ging er zum Platz des neu errichteten Europa-Center. Schon der Begriffstausch von der Zentrale zum Center machte den Paradigmenwechsel im Städtebau zur amerikanischen Mall-Architektur kenntlich. Monumente des Unanschaulichen, die keine »merkbaren Rückstände« ließen.[60] Eine Architektur der Spurenlosigkeit hatte sich etabliert.[61] So konstatierte Koeppen am Ort seiner literarischen Anfänge mit trockenem Humor: »Dort wo das Romanische Café« gestanden habe, führe der leere Platz nun zur bunkerähnlichen Arena einer »Kunsteisfläche«. Eine »Eisbahn« für Schlittschuhläufer breite sich aus, wo er Cassirer einst begegnet war: Blick ins absurde Stereoskop der Epoche.[62]

56 Diese Gefahr, dass jener spätere Breitenbachplatz vor dem ehemaligen Romanischen Café sich aus der Geschichte stehlen könnte, hatte Posener früh erkannt. Vgl. Posener. Geschichte im Stadtbild, 11.

57 Vgl. Kesten. Dichter im Café, 406.

58 Diese Aussage war auf die noch von Cassirer herausgegebenen Bücher »Eine unglückliche Liebe« und »Die Mauer schwankt« bezogen. Vgl. Koeppen. Von der Lebensdauer des Zeitromans, 7.

59 Vgl. Franz Baermann Steiner. 8. Mai 1945, in: ders. Unruhe ohne Uhr. Ausgewählte Gedichte aus dem Nachlass. Heidelberg 1954, 31.

60 Zur Beobachtung des geschichtlichen Rückstandsverlusts der neuen Oberflächen vgl. Luft. Berlin, Uhlandstraße, 351.

61 Zur Formel des Spurenverlusts am Beispiel von Glasarchitekturen schon: Walter Benjamin. Erfahrung und Armut (1922), in: ders. Gesammelte Werke. Bd. II-1, 213–219, hier: 218.

62 Vgl. Wolfgang Koeppen. Brandenburg-Manuskripte M 11, 11–11. Nachlass Wolfgang Koeppen. Wolfgang-Koeppen-Archiv Greifswald.

Dieses Eislauf-Fort war unverkennbar Gegenbild zu den Stätten kreativer Aktivität, die er suchte.[63]

Dort wo Koeppen 1933 Kästner hatte sitzen sehen, war in den 1960er Jahren eine Fläche entstanden, so als wäre die Eiswüste sein verbliebener Ort. Die eingemauerte Eisfläche wirkte wie der letzte Schritt einer planmäßigen Versiegelung. Es schien, als habe die Stadt einen Teil ihrer Identität abgedrängt.[64] In Analogie zur Traumatheorie lässt sich von einem zerstörerischen Denial sprechen, insofern an jener Stelle der City alle Spuren der Weimarer Kultur getilgt wurden.[65] Hier war sie Traumalandschaft geworden, über die sich die Neubauten als verdeckende Schicht legten.[66] Koeppens Befund ist ein Fingerzeig: Die Schauplätze zeugten nicht von der jüngeren Geschichte, sondern von ihrer Planierung. Somit bestätigt sich im Stadtbild die letzte Phase in Hamburgers Modell: dass in der Nachkriegszeit die Dispersion nicht zum Ende gekommen, sondern in schleichende Zerstreuung übergegangen war, »vanished without a trace«.[67]

Auch Koeppen hatte einst, als er Anfang der 1920er Jahre in Berlin ankam, am Romanischen Café jene Eigenschaft schätzen gelernt, die Kesten als geistige »Unabhängigkeit« bezeichnete. Koeppen schrieb, dass er im Romanischen Café meinte, seine selbstgewählte Außenseiterrolle aufrechterhalten und doch an etwas teilhaben zu können: »Ich wollte sozusagen das Café in der Einsamkeit genießen.«[68] Doch ganz in Selbstgenügsamkeit wird er nicht zugebracht haben, wusste er doch, dass sein späterer Verleger Bruno Cassirer hier einen Tisch besaß. Dieser stellte das Herz eines Bienenkorbs der Künste dar, um den herum sich nicht nur Autoren, sondern Maler, Illustratoren

63 Mit der Form der ummauerten Eisfläche hat der Bau etwas vom Fors bzw. der Krypta nach Derridas Beschreibung. Vgl. Jacques Derrida. Fors. Die Winkelwörter von Nicolas Abraham und Maria Torok, in: Abraham/Torok. Kryptonymie, 5–58, hier: 17.

64 Zur Abwehr möglicher schmerzhafter Erinnerungsprozesse vgl. Angehrn. Sein Leben schreiben, 160. Zur »planmäßigen Tilgung von Erinnerungen« in der deutschen Nachkriegsarchitektur siehe: Krajewski. Bauformen des Gewissens, 29.

65 Zum aus der tiefenpsychologischen Therapie bekannten »Doppelschock«, erst das eigentliche Trauma und dann der selbstschädigende Vorgang des Denial: Sándor Ferenczi. Ohne Sympathie keine Heilung. Das klinische Tagebuch. Hg. von Judith Dupont. Frankfurt a.M. 1988, 244. Zum geschichtsvergessenen Kahlschlag an dieser Stelle auch: Posener. Geschichte im Stadtbild, 11.

66 Für den Gedanken zur Traumalandschaft sei Wolfgang Schivelbusch gedankt. Zum Topos anästhesierter Räume auch: Jürgen Hasse/Sara F. Levin. Betäubte Orte. Erkundungen im Verdeckten. Freiburg, München 2019, 20f.

67 Hamburger. After the Second Flood, 83.

68 Koeppen. Ohne Absicht, 553.

einfanden, schließlich war Cassirer auch einer der bedeutendsten Galeristen und Kunstsammler der Stadt.[69] Was machte diese Konstellation aus? Da war die schon zu Anfang des 19. Jahrhunderts gepflegte Salonkultur, die sich auf berlinerisch-preußischem Boden mit einem voltairischen Kaffeehaus-Element verband.[70] Wenn diese Konstellation zur literarischen Geburtsstätte wurde, so war sie nicht nur aufs Wort beschränkt, sondern insgesamt sinnlicher Natur.

Koeppens Weise zu schreiben mag genau das entgegengekommen sein.[71] In jenem Bienenkorb Cassirers ließ sich erfahren, wie eine Verbindung der Künste aussehen konnte. Dieses Treiben hat Cassirers Lektor Tau retrospektiv als das eines »Volkes« charakterisiert, »das keiner definieren kann«, zu dem jene gehörten, die »durch die Kunst miteinander verbunden« waren und die sich untereinander erkannten.[72] Ein offenes Reich, das keine Passierscheine kannte – nicht wie jene triste Stadt, in der Koeppen sein Kaffeehaus unterm Schutt begraben fand. Im Romanischen Café »konnte man von Tisch zu Tisch gehen, an Unterhaltungen teilhaben, Fragen stellen und alles erfahren, was in den Bereichen der Kunst sich damals ereignete«.[73] Was Tau schildert, kann paradigmatisch für »erfüllte Zeit« gelten.[74] Dass das Kaffeehaus ein »Studiersaal des Lebens« sein kann, hat Koeppen in seiner Miniatur über das Romanische Café festgehalten.[75] Was ist es, das sich in seinem Text kristallisiert? Man kann es die Kraft des Orts nennen. Zu dieser gehört ein Versprechen, das der Spiritus Rector Cassirer darin sah, dass im Kaffeehaus seines Verständnisses »jeder Mensch« ein »anderer« werde, als es ihm allein möglich sei.[76]

69 Vgl. Katrin Wehry. Quer durchs Tiergartenviertel. Das historische Quartier und seine Bewohner. Hg. von Michael Eissenhauer. Berlin 2015, 10, 50f.

70 Zur Salonkultur auch: Ingeborg Drewitz. Berliner Salons. Gesellschaft und Literatur zwischen Aufklärung und Industriezeitalter. Berlin (West) 1965.

71 Zu seiner sinnlichen Prosa Koeppen. Ohne Absicht, 626. Zu Koeppens Affinität zur Malerei dieser Zeit vgl. Wolfgang Koeppen. Max Liebermann, der märkische Jude (1961), in: ders. Gesammelte Werke. Bd. 6, 145–166, hier: 150.

72 Vgl. Tau. Das Land, das ich verlassen musste, 165. Zum Stellenwert Cassirers in dem Kreis: Zivier. Das Romanische Café, 83.

73 Tau. Das Land, das ich verlassen musste, 165.

74 Vgl. Gadamer. Über leere und erfüllte Zeit, 146f.

75 Zu dieser Formulierung die filmische Darstellung des Kaffeehauses in: Literarische Zentren: Paris 1925. Shakespeare & Co. WDR 1966. Min. 00:23:55. Regie und Drehbuch: Georg Stefan Troller. Georg Stefan Troller Vorlass. Deutsche Kinemathek, Berlin.

76 Vgl. Tau. Das Land, das ich verlassen musste, 165f.

Es war im günstigsten Falle ein Ort, der den Einzelnen nicht so beließ, wie er gekommen war. Doch im schlechten Fall geriet er zum dauernden Wartesaal. Dann wurde die »Leidenschaft des Wartens«, die nach Benjamin nötig war, über Gebühr strapaziert.[77] Koeppens »Romanisches Café« ist in diesem Sinne Nachbild: ein Postskriptum auf die Kaffeehaus-Zeit. Es ist entschiedener als manch anderer Versuch nach der Flut geschrieben. Wenn es stimmt, dass das Kaffeehaus als Produktionsstätte das Dialogische fördert, so kippt hier die Sprache in den Monolog. Koeppen ist der Übriggebliebene, der am ehemaligen Genius Loci die Stelle eines ausgetretenen Feuers aufsucht.[78] Dabei ist in Erinnerung zu rufen, dass Benjamin dem geselligen Beieinander die offene Form der großen Prosa zugeordnet hat.[79] Im Kontrast dazu steht die kleine Form bei Koeppen. Bei ihm spricht nur der Einzelne, jener, der in der Asche nach dem Glutkern sucht.[80] Wenn somit die Form des Romans dafür steht, dass sie eine Welt in sich versammelt, dann ist der Textsplitter Ausdruck eines Weltverlusts.[81] Man kann vorläufig sagen: Wenn die Erinnerung nach einer Katastrophe zur Verinselung tendiert, so auch die Form.[82] Sie schöpft nicht mehr aus der lebensweltlichen Breite. Das ist der entscheidende Bruch, der an Koeppens Miniatur zu studieren ist.

Dass das Romanische Café überhaupt zur kulturellen Drehscheibe wurde, wie es Benjamin in seiner »Berliner Chronik« betont, hatte eine ironische Seite.[83] Denn trotz des tragischen Tons, den Koeppen für sein Portrait anstimmte, brachte er zum Ausdruck, dass nach dem Ersten Weltkrieg Leute in dieses Haus Einzug hielten, »Fahrende«, solche, die sicher nicht »geladen

---

77 Vgl. Benjamin. Berliner Chronik, 482. Dass das Kaffeehaus zur Falle der Dilettanten werden konnte, deutet schon der einstige Sprachgebrauch im Romanischen Café an, der zwischen »Schwimmern« und »Nichtschwimmern« unterschied. Vgl. Zivier. Das Romanische Café, 21.

78 Zur Genese der Dialogsprosa aus dem Geist des Kaffeehauses: Wolfgang Schivelbusch. Das Paradies, der Geschmack und die Vernunft. Eine Geschichte der Genußmittel. Frankfurt a.M. 1997, 68f.

79 Diese Bemerkung bezieht sich auf ein Gespräch über die große Form des Romans, vgl. Walter Benjamin. Aufzeichnungen Mai-Juni 1931, in: ders. Gesammelte Schriften. Bd. VI, 422–441, hier: 428.

80 Koeppen selbst verwendet die Glutmetaphorik. Vgl. Koeppen. Morgenrot, 262.

81 Zur Unterscheidung zwischen der Weltlichkeit des Epikers und der lyrischen Intimität: Walter Muschg. Dichterische Phantasie, 65, 123. Zur Krisis der Ars Poetica nach 1945 auch: Walter Muschg. Vorlesungsmanuskript »Dichterische Phantasie«, Bl. 31, 40. Nachlass Walter Muschg, Universitätsbibliothek Basel.

82 Zur Splitterform in der Nachkriegsdichtung: Hans-Georg Gadamer. Im Schatten des Nihilismus (1990), in: ders. Gesammelte Werke. Bd. 9, 366–382, hier: 372.

83 Vgl. Benjamin. Berliner Chronik, 483.

und erwartet« waren.[84] In einem gewissen Sinne war das Romanische Café ein Krisengewinnler. Das war es, weil sich die Berliner Gesellschaft, trotz der vormaligen Existenz von Kaffeehäusern – wie dem Café Josty oder dem Bauer Unter den Linden – zur Kaiserzeit nach einem anderen Fixpunkt organisierte.[85] Die Mitte bildeten noch die Hofkreise, insbesondere in der Geschmacksbildung, um die sich die kaiserliche Hautevolee sammelte.[86]

Dies zeigt ein flüchtiger Blick in ein um 1900 bekanntes Adress-Nachschlagewerk, anonym publiziert, dessen Aufbau an den gesellschaftlichen »Physiognomien« der Zeit ausgerichtet war, wobei zuvorderst »Hof«, »Tout Berlin« und »Hochadel«, erst am Ende die »Fremdenkolonie« rangierte, mit der ironischen Ausnahme einer eingefügten »Aristokratie des Zukunftsstaats«.[87] Dass dieser Aufbau nach der Niederlage 1918 zerbrochen war, machte nicht nur die Abwanderung der Künstlerkreise in die Kurfürstendamm-Kaffeehäuser augenfällig, sondern auch das sprechende Beispiel, dass im Romanischen Café – nach einer Beobachtung Benjamins – für die Stammkundschaft ein buckliger Zeitungskellner namens Richard zum neuen »Emblem ihrer Herrschaft« werden konnte.[88] Das war ein Personal, mit dem sich Koeppen nach eigener Angabe prächtig verstand, war es doch Ausdruck einer zeitweiligen »Hauptstadt ohne Herrscher«.[89]

Man mag dies auf den Begriff eines Strukturwandels zu offeneren, weniger exklusiven kulturellen Treffpunkten bringen, der sich am Romanischen Café exemplarisch vollzog.[90] Doch haben die Bilder, die hierfür gefunden

84 Vgl. Koeppen. Ein Kaffeehaus, 165.
85 Zu den frühen Kaffeehäusern um 1900, die Leserkabinette waren, vgl. Osborn. Berlins Aufstieg zur Weltstadt, 152. Sowie zum ersten Durchbruch des Künstlercafés in Berlin mit der impressionistischen Sezession: Max Osborn. Der bunte Spiegel. Erinnerungen 1890 bis 1933. Hg. von Thomas B. Schumann. Hürth bei Köln 2013 (1945), 62.
86 Vgl. Zivier. Das Romanische Café, 20.
87 Unter dieser rangierten bekannte Sozialisten wie Bebel und Kautsky. Vgl. Anonym. Berlin und Berliner. Leute, Dinge, Sitten, Winke. Karlsruhe 1905, 17–63.
88 Vgl. Benjamin. Berliner Chronik, 482. Zur Rolle der sogenannten »Zahlkellner«, die sich von Wien aus um 1900 in Berlin etablierten, vgl. Hugo von Kupffer. Reporterstreifzüge. Die ersten modernen Reportagen aus Berlin. Hg. von Fabian Mauch. Düsseldorf 2019, 12.
89 Vgl. Koeppen. Ohne Absicht, 552. Sowie: Wolfgang Koeppen. Ein Anfang ein Ende (1978), in: ders. Gesammelte Werke. Bd. 3, 277–295, hier: 281.
90 Zum Begriff des Strukturwandels im Übergang von höfisch geprägten Kulturen zu modernen, sich in Großstädten bündelnden Verkehrsdemokratien, in denen zuletzt alle »fahrende Leute« werden: Hans-Georg Gadamer. Über die Festlichkeit des Festes (1954), in: ders. Gesammelte Werke. Bd. 8, 296–304, hier: 296, 301.

»Das Treiben war ziemlich tumultuarisch.« Das Romanische Café als Schwelle zur Straße. Foto: H. Hoffmann. Romanisches Café ca. 1930, Ullstein Press.

wurden, ihre eigene Evidenz. Sie führen ins Herz jener neu sich ausbildenden Lebenskreise in der Hauptstadt nach dem Zusammenbruch des Kaiserreichs. Künstler und Intellektuelle waren auf der Suche nach Orten eigener »Lebensdichtigkeit« und fanden diese – im Unterschied zum Kulturleben nach dem Zweiten Weltkrieg – auf den Boulevards.[91] Die Vitalität dieser Kreise brachte Max Tau im Rückblick dazu, in dieser Periode Ansätze eines unausgeschöpften Anfangs zu erblicken.[92] Die Kaffeehäuser bildeten die Mitte, wobei informeller Innenraum und öffentlicher Boulevard eine Übergangszone darstellten.[93] Der Kunstkritiker und Cassirer-Mitarbeiter Karl Scheffler bezeichnete diese Atmosphäre als »tumultuarisch«. Eine Drehtür verband das Innen mit dem Außen, wobei Scheffler das Kaffeehaus als großstädtischen Schwellenraum ansah, darin selbst ein Kunstwerk *sui*

91 Vgl. Hans-Georg Gadamer. Kunst und ihre Kreise (1989), in: ders. Hermeneutische Entwürfe. Vorträge und Aufsätze. Tübingen 2000, 176–180, hier: 177f.
92 Zur Hoffnung auf eine geistige »Wiedergeburt« nach dem Ersten Weltkrieg: Tau. Das Land, das ich verlassen musste, 183.
93 So Benjamins treffendes Bild für diese städtischen Übergangszonen: »Spiegel werfen das bewegte Draußen, die Straße, in das Intérieur eines Caféhauses«. Walter Benjamin. Paris, die Stadt im Spiegel (1929), in: ders. Gesammelte Schriften. Bd. IV-1, 356–359, hier: 358f.

Die Dispersion oder Suchen nach Überresten

generis: »Das Stimmengewirr floß in einem nicht unangenehmen Lärm zusammen«, so Scheffler über den Raumeindruck, »Tabakrauch machte die Luft des schmalen, tiefen Raumes nebelig, und in den großen Spiegeln der Rückwand reflektierte das bewegte Bild wie ein optisches Echo. Das ganze war ein kleiner Hexenkessel großstädtischen Betriebs.«[94] In der Schilderung wird das Kaffeehaus als Ausdruck eines Lebensgefühl, als Mittelpunkt einer produktiven wie immersiven Atmosphäre fasslich.

Die Umwertung der Räume des Ästhetischen war in vollem Gange – und das Romanische Café schien seine Gelegenheit zu bekommen, am Kurfürstendamm mit seiner »Geistesfracht«, wie es Koeppen formulierte, für einen Augenblick der Geschichte vor Anker zu gehen.[95] Die maritime Leitmetaphorik wird Koeppen sehr bewusst gewählt haben, allein schon weil der Schiffbruch darin mit anklang. So lag um 1920, als er von Greifswald nach Berlin kam, dieses Café schon da »mit seiner Sommerterrasse wie ein Schiff, verankert oder auf freier Fahrt, flott und schon gestrandet, ein Leib aus Beton und die Maste aus Eisen, Ebben und Flut des Geldes kam, Sturmflut der Not kam«.[96]

Das Kaffeehaus-Schiff hat von Anfang an etwas Volatiles, als sei dessen Belegschaft nur dorthin geweht worden.[97] Laut Benjamin war dem auch so, da es erst durch den Bedeutungsverlust des vormals zentralen Cafés des Westens zum Anlaufpunkt für Künstlerkreise wurde.[98] Hier lauschte man nach Koeppen nicht nur den »Dichtern und Philosophen«, sondern es mischten sich auch die »klugen Herren« der Zeitungen darunter, die »zuversichtlichen Abgeordneten« aller Couleur, und noch die »Anarchisten« brachten ihre Ansichten mit, waren alle darin vereint, dass ihnen derselbe Untergang

94 Karl Scheffler. Die fetten und die mageren Jahre. Ein Arbeits- und Lebensbericht. Leipzig, München 1946, 89. Zum großstädtischen Raum als ›Träger eines Lebensgefühls‹ auch: Ferdinand Fellmann. Lebensgefühle. Wie es ist, ein Mensch zu sein. Hamburg 2018, 107.

95 Vgl. Koeppen. Ein Kaffeehaus, 167.

96 Ebd., 166. Nahegelegt wird ein Nexus zwischen der nachrevolutionären Zeit als einer des Lebens im Provisorischen wie als Raum für Ahnungen noch kommender Schiffbrüche. Vgl. Hans Blumenberg. Beobachtungen an Metaphern, in: Archiv für Begriffsgeschichte 15 (1971), Nr. 2, 161–217, hier: 187. Zum Schiffbruch als Allegorie der »verschlingenden Geschichte« vgl. Dolf Sternberger. Hohe See und Schiffbruch. Zur Geschichte einer Allegorie (1935), in: ders. Vexierbilder des Menschen. Schriften. Bd. 6. Frankfurt a. M. 1981, 227–245, hier: 237.

97 Zur grundlegenden Zeitweiligkeit des Kaffeehaus-Phänomens vgl. Benoît Lecoq. Le café, in: Pierre Nora (Hg.). Les lieux de mémoire. Bd. 3. Paris 1997, 3771–3794, hier: 3794.

98 Vgl. Benjamin. Berliner Chronik, 482.

beschieden war: Alles sollte sich »in Nichts auflösen«.[99] Ähnlich setzte der Schriftsteller Georg Stefan Troller in den 1960er Jahren das Verschwinden der Wiener Kaffeehauswelt ins Bild. Eine Welt, die zwar weniger zerbombt, doch vergleichbar zerstreut wurde: »Alles fließt«, heißt es bei ihm, »ist der Vergänglichkeit anheimgegeben.«[100]

Hier weist im »Romanischen Café« die Schiffsmetaphorik den Weg, die keine traditionelle Staatsschiffallegorik aufruft, sondern mit der gespensterhaften Fracht dem Mythos des Fliegenden Holländers ähnelt, der nur zeitweilig an Land geht. An den Holländer erinnert dieses Kaffeehaus-Schiff aufgrund der Unbehaustheit, ist dieser nach Heine ein Ahasver des Meeres, sowie der gespenstischen Mannschaft wegen und den an den Mast gebundenen Briefen, Sinnbild einer Überlieferung auf Umweg.[101] Koeppen dürfte sich der Nähe zu dem Motiv bewusst gewesen sein. Jedenfalls verwendet er den Mythos des Holländers explizit in einem anderen Berlin-Text, dem »Morgenrot«-Fragment, in dem der Ich-Erzähler durch die Berliner Wastelands seiner Jugendzeit fährt.[102] Neben diesem Motiv der Unbehaustheit steht die dazugehörige unheimliche Mannschaft, die bei ihm einer Heimsuchung durch alte Bekannte gleicht. Ähnlich hat Kesten diese Unbefriedetheit der Toten geschildert.[103] So hatten die Cafés im Nachkrieg eine unterweltliche Aura angenommen.[104] Aus dieser Sicht hatten die einst vertrauten Kaffeehäuser einen zweifelhaften Souterrain erhalten, aus dem Altvertraute aufsteigen konnten, »Hadesurlaub« nahmen.[105]

---

99 Vgl. Koeppen. Ein Kaffeehaus, 167.

100 Literarische Zentren: Wien 1900. Literatur des Fin de Siècle. WDR 1965. Min. 00:02:33. Regie und Drehbuch: Georg Stefan Troller. Georg Stefan Troller Vorlass. Deutsche Kinemathek, Berlin.

101 Vgl. Heinrich Heine. Memoiren des Herren von Schnabelewopski (1834), in: ders. Sämtliche Werke. Bd. 6. Hg. von Oskar Walzel. Leipzig 1912, 315–382, hier: 348, 350. Zu Koeppens Sympathie für Heine auch: Koeppen. Heine, ein Bekenntnis, 106f.

102 Vgl. Koeppen. Morgenrot, 259, 268.

103 Vgl. Hermann Kesten. Die Toten sind unzufrieden (1972), in: ders. Ich bin der ich bin. München 1974, 50f.

104 Zum Schlüsselmotiv höllenförmiger Vertikalität in der Stadtdarstellung der Moderne grundlegend: Calin. Auferstehung der Allegorie, 283. Zur Nähe von Kaffeehaus zum Bunkereingang in Koeppens nachträglicher Besichtigung der einstigen Wirkungsstätten vgl. Wolfgang Koeppen. Brandenburg-Manuskripte M 8, 8–11. Nachlass Wolfgang Koeppen. Wolfgang-Koeppen-Archiv Greifswald.

105 Vgl. zum Souterrain der Cafés nach 1945: Hermann Kesten. In dem Kaffeehaus zur Erde (1959), in: ders. Ich bin der ich bin, 41. Zum Motiv des »Hadesurlaubs«:

Auf diese Weise erlebt auch das letzte Motiv des Fliegenden Holländers bei Koeppen ein Nachleben. Es ist das ungelöste Fragliche, das sich im Mythos durch die Briefe am Mast zeigt. Bei Koeppen meldet es sich durch eine verspätete Botschaft an: »Ich werde es schreiben«, heißt es bei ihm aus der Sicht des Feuersturms 1943, geschrieben jedoch mit einer Verzögerung von 20 Jahren, zu einem Zeitpunkt, als der Wind über die Eisfläche am ehemaligen Kaffeehaus wehte.[106] So wie die verspäteten Briefe des Holländers auf nicht Empfangenes hindeuten, das ihm keine Ruhe lässt, scheint Koeppen in der Nachkriegsstadt seinen Gespenstern zu begegnen. Darin kommt ein Dilemma seiner Generation zum Ausdruck, die in den Nachkriegsjahrzehnten keine rechte Adresse fand. Eine generationelle Verschiebung zeichnete sich ab. Sie lässt sich mit einer Bemerkung Heines fassen. Demnach seien Briefe sinnbildlich »immer an Menschen adressiert, die man gar nicht kannte, oder die längst verstorben, so daß zuweilen der späte Enkel« etwas empfängt, das nicht für ihn bestimmt sei.[107]

Lässt man dieses Bild für Koeppen gelten, so kann man festhalten, dass sein »Romanisches Café« zum Zeitpunkt der Abfassung in einem Niemandsland der Rezeption stand, wofür die legendarische Erzählform sprechen würde. Man kann den Befund insofern umdrehen und sagen: Etwas an dieser Vergangenheit muss damals noch lebendig gewesen sein. Was in Koeppens Wahrnehmung des Gegenwartsberlins wie eine »Blockierung des Zeitlichen« wirken mochte, war in zweiter Lesart ein Indiz für die Unvergangenheit des jüngst Erlebten.[108] Dabei steht der Zeuge Koeppen seiner Epoche nicht als neutraler Beobachter gegenüber. Davon legt seine Miniatur Zeugnis ab. Es scheint, als würden die Satzlabyrinthe noch einmal den Weg durch die »Kanäle der Stadt« nehmen; es sind »die dunkeln Adern« zur Zeit der Luftangriffe, in denen sich der Autor »im Purgatorium« am Wittenbergplatz befand, als oben das Romanische Café in Flammen stand.[109] Es wirkt, als müsste die Sprache selbst sich einen Weg durch den Schutt bahnen. Auch der Flaneur gleicht im Purgatorium eher einem Höllengänger.[110] Er ist keine Figur distanzierter Neugierde mehr, sondern ein buchstäblich Betroffener.

Wolfgang Koeppen. Hermann Kesten, der Freund (1975), in: ders. Gesammelte Werke. Bd. 6, 404–409, hier: 405.

106 Vgl. Koeppen. Ein Kaffeehaus, 168.
107 Vgl. Heine. Memoiren des Herren von Schnabelewopski, 348.
108 Zum Zusammenhang zwischen dem Unerledigten und den Phänomenen blockierter Zeitlichkeit vgl. Angehrn. Sein Leben schreiben, 40.
109 Vgl. Koeppen. Ein Kaffeehaus, 168.
110 Zur Anspielung auf Dante, den Flaneur als Höllengänger, vgl. Koeppen. Nach Rußland und anderswohin, 103. Zum Unterweltsgang als »poetisches Obligato-

Nicht nur, weil er in der Bedrängnis in der Unterwelt vor den Feuern
Zuflucht sucht, erinnert er an einen Dante'schen Höllengänger, sondern weil
er im Untergrund der eigentlichen Hölle des Dritten Reichs begegnete. Dort
entdeckt er jene »Hadesgespenster«, die er aus der Zeit vor 1933 kannte: die
Abgetauchten, »die sich den Stern der Schande abgerissen hatten, die nicht
ihre Schande war«.[111] Was Koeppen beschreibt, dürfte authentisch sein,
schildert er an anderer Stelle ähnlich seine Begegnung mit Untergetauchten:
Etwa im Fragment »Berlin«, in dem er in der Wohnung von Scholtis dem
versteckten Freund, dem Theaterregisseur Moriz Seeler, wiederbegegnet,
den er aus dem Romanischen Café kannte.[112] Es waren schamvolle Begegnungen.[113]

Diese Anekdote soll das Dilemma und untergründige Problem Koeppens
nach dem Krieg andeuten: Säumnis und Schuld des Überlebenden. Sie erst
machen nachvollziehbar, dass der im »Romanischen Café« durch den Untergrund Stolpernde nach dem Kollaps Schriftsteller nur dann bleiben konnte,
so es ihm gelang, etwas von dem Erlebten fortzutragen, dem Vergessen zu
entreißen.[114] In diesem lebensgeschichtlichen Thema mag der tiefere Grund
verankert gewesen sein, warum sein einstiger Freund und Lektor Tau, der
selbst im Exil überlebte, Koeppen zeitlebens anhielt, seine Autobiografie
zu schreiben.[115] Doch der Weg schien erschwert, wo die Sprache brüchig

rium« der Überlieferung auch: Blumenberg. Wirklichkeitsbegriff und Wirkungspotential des Mythos, 341.

111 Vgl. Koeppen. Ein Kaffeehaus, 168. Zu den Untergetauchten gehörte auch der
Kritiker Zivier, der sich im Dritten Reich aufgrund seiner jüdischen Herkunft
verstecken musste. Vgl. Hans Scholz. Suaviter in modo. Zum Tode von Georg
Zivier, in: Der Tagesspiegel 20.3.1974. Hans Scholz-Archiv. Akademie der Künste
Berlin. Zum Untertauchent: Georg Zivier. Vom Salon zum Audiomax. Betrach-
tung über die gesellschaftlichen Strömungen in Berlin. Berlin (West) 1968, 49f.

112 Vgl. Scholtis. Ein Herr aus Bolatiz, 360f. Zu Koeppens Erfahrung des Unter-
grunds auch: Koeppen. Ohne Absicht, 602.

113 So das Dilemma des Zeugen in der Begegnung mit dem verfolgten Moriz Seeler:
»1942 eine Straße in Berlin, vor einem Haus ein Müllwagen. Aus dem Haus
kommt ein zu Tode erschöpfter Mann und schleppt auf seinem Rücken eine
schwere Mülltonne. Ich schreie wieder Seeler. Er krächzt, gehen Sie weg, gehen
Sie weg.« Wolfgang Koeppen. Berlin, in: ders. Auf dem Phantasieroß, 656f., hier:
657.

114 Das erinnert an die orphische Figur des Grenzgängers. Vgl. Rehm. Orpheus. Der
Dichter und die Toten, 99f.

115 So im Brief Taus an Koeppen vom 23.10.1972: »Denn das ist wirklich das
wichtigste, was Du tun kannst.« Arch 2749 Nachlass Max Tau. Stadt- und Landesarchiv Dortmund. Handschriftenabteilung.

geworden war. Katakombisch wurde sein Ausdruck. Das bedeutet, dass die Sprache – wie Hamburger gesagt hat – »underground« ging, klein wurde, um sich zu bewahren. Wie aber verhält sich dieses Sprachgeschehen zur Zerstörung seines Genius Loci, des Kaffeehauses?

Dass in Koeppens Miniatur Darstellung und Sprachgeschehen untrennbar verwoben sind, dürfte kenntlich geworden sein. Wenn dem so ist, dann ist der infernale Topos des untergehenden Romanischen Hauses letztlich nichts anderes als sein Bild des Weimarer Hauses der Sprache. Denn erst von dessen Ruin her wird die zutragende Sorge des Flaneurs einsichtig. Offensichtlich geht im Augenblick des Brandes etwas vom Überlieferungsauftrag des Hauses auf ihn über. Doch was geht mit dem Topos des Romanischen Cafés eigentlich zugrunde? Genaugenommen eine sprachliche Konstellation, die in der Zwischenkriegszeit von zahlreichen Zuströmen profitierte. Im »Romanischen Café« deutet dies das letzte Gespräch des Ich-Erzählers mit dem »Sohn des Wunderrabbis« an – auf der Terrasse des Romanischen Hauses, bevor es verschwindet.[116]

Er ist es, der dem Trümmerflaneur eine rätselhafte Prophetie mit auf den Weg gibt. Die Begegnung ist, wie im vorangegangenen Kapitel gesehen, wiederkehrendes Motiv Koeppens und Wendepunkt des Textes.[117] Wofür steht die Rabbiner-Figur? Sie steht für eine gekappte Möglichkeit, die nirgends so schmerzhaft als Verlust zu spüren war wie im Nachkriegsberlin, eine Möglichkeit, die aus der Berührung der Stadt mit den Kulturräumen Mittelosteuropas entstanden war.[118] Was dergestalt zugrunde ging, musste vom Grunde aufgehoben werden, so lässt sich Koeppen deuten. Dies legt nahe, dass seine Sprache etwas von dieser Konstellation festhalten wollte. Denn wenn dieses flüchtige Haus der Literatur als Sammlungspunkt bedroht wurde, so war es – im Zwiegespräch mit dem Rabbiner-Sohn – die Aufgabe der Poesie, die Schadensaufbewahrung jener untergehenden Zeit zu übernehmen. Es ist Aufbewahrung des jäh Abgerissenen.[119]

116 Vgl. Koeppen. Ein Kaffeehaus, 167.

117 So die Wiederbegegnung mit der Rabbinerfigur auf der New-York-Reise. Vgl. Koeppen. Amerikafahrt, 304.

118 Zur historischen Konstellation des mitteleuropäischen Raumes: Karl Schlögel. Die Mitte liegt ostwärts. Die Deutschen, der verlorene Osten und Mitteleuropa (1989), in: ders. Die Mitte liegt ostwärts. Europa im Übergang. Frankfurt a.M. 2008, 14–64, insb. 38f. Sowie zu den Berliner Topografien des Verschwindens: ders. Im Raume lesen wir die Zeit. Über Zivilisationsgeschichte und Geopolitik. Frankfurt a.M. 2006, 329–346.

119 Zu Koeppens literaturgeschichtlicher Essayistik vor allem. Bd. 5 und 6 seiner

Was der Sprache an Ereignishaftem widerfuhr, lässt sich exemplarisch an jener Miniatur studieren: Sie zeigt eine dreifache Umbesetzung des Topos vom Romanischen Haus, nebst dreimaliger Leerung. Zunächst beginnt die Geschichte des Hauses, die die Form mythischen Weitersagens annimmt, mit einem ironischen Unterton: Denn die Romanische Kirche vis-à-vis war einst als Sakralbau im Zeichen weltlicher Macht, der Herrschaft des Regenten Wilhelm II., erbaut worden.[120] Dazu sollte das Romanische Haus das gesellschaftliche Pendant bilden, wobei der Einheitsstil die gewünschte Würde eher konterkarierte als verkörperte.[121] Hier beginnt die erste Umbesetzung: Zum Kaiser gesellen sich allerhand fahrende Leute und Händler – der Gegenpol hiesigen Militärs. Auf die Wilhelminische Füllung des Gebäudes folgt der erste Auszug: Die »Garde zog aus«, heißt es, und ging »ins Gas«.[122] Auf die Leerung im Ersten Weltkrieg folgt in der Republikzeit die zweite Umbesetzung, die das Romanische Café mit seiner »Geistesfracht« entstehen lässt.

Unverkennbar verwandelt sich das Haus im Zeichen seiner Schiffswerdung in eine Art Allegorie; dies wurde an der Figur des Hauses der Sprache deutlich. Doch impliziert die Verwandlung mehr: Das Kaffeehaus besaß eine eigene unverwechselbare Atmosphäre, die im facettenreichen Reigen aus Philosophen, Dichtern und Politikern ihren Niederschlag fand. Ein Babelort, eine Gemengelage unterschiedlichster Stimmen. Für Koeppen verdichtete sich in dem Haus seine Vorstellung eines »imago mundi«, das nicht Chaos in Ordnung verwandelte, sondern temporäre Behausung für kreatives Chaos war.[123] Hier findet nebenbei eine Neuprägung der Hausmetaphorik statt. Denn wenngleich kein Gebäude klassischer Beständigkeit entworfen wird, so wird doch in diesem eine Potenz des Hausseins deutlich: mit Bachelard

Werke, die das Thema der abgebrochenen Spur umkreisen. Exemplarisch vgl. Wolfgang Koeppen. Sein Leben – lauter Wunder. Max Tau und das Land, das er verlassen musste (1962), in: ders. Gesammelte Werke. Bd. 6, 355–358.

120 Zur Form mythischer »Sage und Weitersage«: Hans-Georg Gadamer. Mythologie und Offenbarungsreligion (1981), in: ders. Gesammelte Werke. Bd. 8, 174–179, hier: 174.

121 So galt die Ecke um die Gedächtniskirche bereits in den 1920ern als Beispiel der »Geschmacksverwilderung« der wilhelminischen Zeit. Vgl. Osborn. Berlin, 110. Auch Hessel hatte für den Erbauer des romanischen Ensembles Franz Schwechten nur ironische Worte übrig: Hessel. Spazieren in Berlin, 97.

122 Vgl. Koeppen. Ein Kaffeehaus, 166.

123 Zur Idee des Hauses als »imago mundi«, nach der durch einen Einschnitt im Raum Chaos in Kosmos oder Ordnung verwandelt wird, vgl. Bollnow. Mensch und Raum, 144.

jene, Konzentrationspunkt einer Weltvorstellung zu sein.[124] Auf diese Weise wird noch einmal eine »Mitte des erlebten Raumes« gefunden.[125]

Der Windzug, der in der Zwischenkriegs-Phase hindurchging, erweiterte sich zur zweiten Leerung, jener Dispersion von 1933, als sich der Corso mit Soldaten und paramilitärischen Gruppierungen füllte. Die unheimliche Füllung im NS nahm für Koeppen die Gestalt einer Götzendämmerung an: »Die Bewegung wurde in der Kirche empfangen und gesegnet oder im Kino gefeiert, das Bethaus wurde entflammt, ein erstes Licht, das aufging bevor die Stadt in Lichtern strahlte« – bevor aus dem Brand der Synagogen einer der ganzen Stadt wurde.[126] Der ins Kaffeehaus eingezogene Flüsterton deutet an, dass die Zeit der Scham begonnen hatte: »Wenn sie miteinander sprachen«, heißt es über die Verbliebenen im Café, »flüsterten sie, und wenn sie gingen, bereuten sie, daß sie selbst nur geflüstert hatten«.[127] Auf die »Bewegung«, das heißt den Sturm der SA und SS, folgt in Koeppens apokalyptischer Metamorphose die dritte und letzte Leerung: jene eines »Totalen Krieges«, wie ihn der Gauleiter von Berlin, Goebbels, ausrufen ließ, an dessen Ende nichts mehr blieb – wie dieser schrieb –, als sich am bisschen Erde »festzukrallen«.[128] Bei Koeppen heißt es lakonisch: »nicht die Garde zog aus«, sondern »jedermann«.[129] Für den Ich-Erzähler ist es die Zeit des Gangs in die Katakomben. Tatsächlich wurde Koeppen im November 1943 in seiner Wohnung, nahe dem Kurfürstendamm, ausgebombt und versuchte sich danach inkognito aus der Stadt abzusetzen.[130] Davon berichtet die Miniatur nichts mehr.

Sie endet mit dem lodernden Feuer, mit der zerschmetterten Gedächtniskirche und dem Romanischen Café, das »glühte, als leuchtete im Sieg die Oriflamme eines geheimen Vaterlands«.[131] Im Zusammenbruch geht am

124 Zum Vermögen der Hausmetaphorik, Konzentrationspunkt zu sein, vgl. Bachelard. Poetik des Raumes, 30.
125 Zum Haus als Weltmittelpunkt vgl. Bollnow. Mensch und Raum, 123.
126 Vgl. Koeppen. Ein Kaffeehaus, 167.
127 Ebd., 168.
128 Hier aus einem der letzten Zeitungsartikel Goebbels' vom 28.2.1945, zitiert aus dem Notizbuch, das der Berliner Kritiker und Drehbuchautor Franz Wallner-Basté führte: Franz Wallner-Basté. Tagebuch 1945. Franz-Wallner-Basté-Archiv. Kasten 25. Akademie der Künste, Berlin.
129 Vgl. Koeppen. Ein Kaffeehaus, 168.
130 Vgl. Koeppen. Ohne Absicht, 602.
131 Koeppen. Ein Kaffeehaus, 168. Die Oriflamme ist hier ein ungewöhnliches Bild. Es handelt sich dabei um die sogenannte Goldflagge der französischen Könige seit dem 12. Jahrhundert, teilweise auch als Emblem Frankreichs verwendet. Wahrscheinlicher aber ist die Anspielung auf Rimbauds Gedicht »Mémoire«, in

ruinösen Bau eine Flamme – ein Fanal – auf, die sich als Vermächtnisbild einprägt.[132] Die Flamme wird nicht zufällig als das abschließende Motiv aufscheinen, steht sie seit je für den aufsteigenden Geist.[133] Es scheint, als würde sich ein letztes Mal der Genius Loci zu erkennen geben. Bachelard hat gezeigt, dass im Bild der Flamme stets eine Metaphorik der Vertikalität mitschwingt, die hier wie eine befreiende Geste, wie das erste Anzeichen einer Erlösung erscheint, wenngleich im Zerfall.[134] Doch birgt die Flamme ihre eigene Ambivalenz, steht sie gleichermaßen für Abschied, Aufzehrung, wie für Überschuss.[135] So mündet die Umbesetzung bei Koeppen im Zeichen des brennenden Hauses im Bild stillgestellter Unruhe. Ein Überrest des Lebendigen, der sich im Lodern anzeigt.

Gleichwohl bleibt ein zentrales Rätsel am Wendepunkt des Textes unverstanden. Es ist der Auftritt des »Sohns des Wunderrabbis« vor der Katastrophe – und mit ihm das Auftauchen einer visionären Kraft, die das Lebensgefühl, das Treiben auf den Terrassen, jener, die »glaubten, Zukunft zu haben oder wenigstens Dauer der Gegenwart«, so schal erscheinen lässt.[136] Es ist die Begegnung im Text, die ins Herz der Erschütterung führt. Denn dieser Rabbiner-Sohn – als Instanz von Urteilskraft – gibt dem Boten ein denkwürdiges Wort mit auf dem Weg. Es ist eines, von dem der Ich-Erzähler nicht weiß, ob es »ein jiddisches oder hebräisches Wort« gewesen ist: »Ich habe es vergessen und nicht vergessen, es klang wie hävter, und es bedeutete Sand oder Wind oder Sand im Wind, und er und ich, wir sahen die Terrasse und das Kaffeehaus wegwehen, verschwinden mit seiner Geistesfracht.«[137] Rätselhaftes Wort am Wendepunkt, das sich nach einer philologischen Herleitung auf zwei hebräische bzw. jiddische Worte beziehen könnte. Da wäre zum einen das Wort »hevel«, das so viel wie Wind, Dampf oder Atem

---

dem die glühende Oriflamme zum Vermächtnisbild gehört. Vgl. Arthur Rimbaud. Sämtliche Dichtungen. Zweisprachige Ausgabe. München 2010, 196.

132 Diese Szene ist auch in einem autobiografischen Fragment des »Brandenburg«-Komplexes verbürgt, an dem deutlich wird, wie die Zerstörung Erlösendes erhielt: Wolfgang Koeppen. Brandenburg-Manuskripte M 9, 9–20f. Nachlass Wolfgang Koeppen. Wolfgang-Koeppen-Archiv Greifswald.

133 Zur Seele als bewegtes Feuer schon: Aristoteles. Über die Seele. Griechisch/Deutsch. Übersetzt und hg. von Gernot Krapinger. Stuttgart 2011, 15.

134 Zur Vertikalität der Flamme als befreiender Geste: Gaston Bachelard. Die Flamme einer Kerze. München 1988, 58.

135 Bachelard hat auf die Ambivalenz der Flamme von Verzehrung und Erneuerung hingewiesen und von ihrem »élan sur-vital« gesprochen. Vgl. ebd., 66f.

136 Vgl. Koeppen. Ein Kaffeehaus, 167.

137 Ebd.

bedeutet, zum anderen das Wort »hefter«, ein besitzloses Land, das Insel oder Wüste bedeuten kann.[138] Dieses Wort – oder dieser Verhörer Koeppens – »hävter« könnte ein Kofferwort aus beiden Bedeutungen sein. Das legt die Mutmaßung des Ich-Erzählers nahe, wenn er sagt, es sei wie »Wind« oder »Sand im Wind« gewesen; ein Sandsturm, der die Sicht nahm, bevor es in die Katakomben ging.

Wenn dem so ist – oder wenn der Autor es so nahelegt –, dann ist das enigmatische Wort seine Schlüsselmetapher: eine für das Forttragende wie für das Fortgetragene. Damit ist sie sein Bild für das Phänomen der Dispersion, das Schicksal der Literatur.[139] Für jenes Land, das nur ein geistiges war und mit dem Wind, der es trug, verschwand. Was in Hamburgers eingangs exponiertem Modell das Verhältnis von Zentrum zur Zerstreuung beschrieb, taucht hier in einer poetischen Entsprechung wieder auf: Kaffeehaus-Schiff und Wind sind Koeppens Metaphern der Dispersion. Mit dem Topos des Windes ist zudem die Frage aufgeworfen, worin das geschilderte Erleben, wie das Entstehen des Textes, eingebunden ist. Dabei scheint es, als seien Zeuge und Botschaft untrennbar verstrickt wie in Koeppens Gleichnis Wind und Schiff. Insofern ist ein Schritt zurückzugehen, um einen letzten Anlauf zu unternehmen, seine Miniatur im Horizont der Nachkriegszeit noch einmal anders auszulegen. Blumenberg hat in einer Notiz zum Werk Ernst Jüngers den »Reiz von Untergängen« dadurch bestimmt, dass immer »etwas übrig bleibt«.[140] Der Überrest sei es, um den es geht und dessen auratische Kraft sich vom bloßen Rest unterscheidet, weil er sich durch einen Sinnüberschuss auszeichnet, der über den materiellen Wert hinausgeht.[141]

Hier kommt ein zweiter Gedanke Blumenbergs über den Reiz der Untergänge ins Spiel. Das Paradox des Überrestes sei es, dass sich dieser Überschuss nicht allein in »angetriebenen Wrackteilen« manifestiere, sondern derartige Gegenstände lediglich Anstoß zur Deutung böten: »Bücher über

---

138 Für die Herleitungen aus dem Hebräischen bzw. Jiddischen sei Julian Friedrich (Boston, USA) herzlich gedankt.

139 Man könnte es ein Kryptawort nennen, in dem Sinne, dass die Krypta stets ein Ort der Verborgenheit ist. Vgl. Angehrn. Sein Leben schreiben, 145.

140 Hans Blumenberg. Der Mann vom Mond. Über Ernst Jünger. Hg. von Alexander Schmitz und Marcel Lepper. Frankfurt a. M. 2007, 141.

141 Zum Unterschied von Überrest und Rest die Unterscheidung in: Manfred Sommer. Sammeln. Ein philosophischer Versuch. Frankfurt a. M. 2002, 9. Zur Nähe des Sammlers zum Flaneur vgl. Benjamin. Passagen-Werk, 272. Zum angedeuteten Zusammenhang zwischen dem auratischen Status eines Gegenstandes, gleich einer Reliquie, und der Zeugnisgabe in legendarischen Erzählformen vgl. auch Jolles. Einfache Formen, 32 f.

Schiffbrüche«, so Blumenberg, bezögen ihren Reiz daraus, »daß wenigstens einer überlebt hat und erzählen konnte, was geschah.«[142] Es ist nicht so sehr das Wrack, das den Anstoß gibt, sondern das Hinzutreten des Schiffbrüchigen. Dieser stifte die nötige »Anteilnahme«. Die Sondierung des Unzerstörbaren liegt also in der Obhut des Zeugen, auch wenn dies manchmal kaum mehr umfasst als die Erfahrung seines Dilemmas. Denn wie Kessel gesagt hat, sei jede allzu deutliche Beredsamkeit der Überlebenden zweifelhaft, »gemessen am Schweigen der Opfer«.[143] Damit gilt es zu bedenken, dass der Zeuge einer Katastrophe Verantwortung trägt, das angemessene Wort auch für jene zu finden, die es nicht mehr finden können.[144] Die Mission muss der Zeuge auf sich nehmen.

Gerade diese Warnung macht Blumenbergs Beispiel, das Ernst Jüngers, so zweifelhaft. Der Fall Koeppen liegt anders: Fern scheint hier das gepanzerte Selbst, wie es die jüngere Literaturgeschichte beschäftigt hat.[145] Nah hingegen liegt die weniger ins Licht gestellte Erfahrung der Scham.[146] Denn mit Koeppen kommt im Jahrhundert der Krieger der Zivilist, der gewiss kein Held war, zu Wort.[147] Bei ihm liegt der Fall auch darum anders, weil er durch sein Schreiben etwas von der Sprachlosigkeit ins Werk hineinnahm.[148] Diese Dimension hat ebenso Blumenberg in seiner Idee des Unbegrifflichen betont. Er sah diese gerade in dem, »daß es alle gesehen hatten ohne es sagen zu können«.[149] Dieser Zeuge hatte also mit einem widersprüchlichen Sachverhalt zu tun: in der Dürre seiner Worte auf das hinzuweisen, was ihn perplex gemacht hat.

142 Blumenberg. Der Mann vom Mond, 141.

143 Kessel. Aphorismen, 109.

144 Zu dieser ethischen Dimension des Mitseins in der Rede des Zeugen vgl. Lévinas. Jenseits des Seins, 324.

145 Vgl. zur Jünger'schen Figur der »kalten persona« Lethen. Verhaltenslehren der Kälte, 198–202.

146 Damit kommt, statt den gepanzerten Weimarern, ihre allzumenschliche Erfahrung ins Spiel. Bei Koeppen wird der Kältekult somit bereits aus dem Rückblick gesehen: Koeppen. Antwort auf eine Umfrage, 263. Zur Relation von Literatur und Scham schon: Wolfgang Koeppen. Vom Beruf des Schriftstellers (1933), in: ders. Gesammelte Werke. Bd. 6, 46–49, hier: 49.

147 Gemeint ist auch sein ›Sich-Unterstellen‹ während der NS-Zeit beim Film. Zur Figur des Unterstellens bei Koeppen: Jörg Döring. »… ich stellte mich unter, ich machte mich klein …« Wolfgang Koeppen 1933–1948. Frankfurt a.M. 2001.

148 Über Koeppens »vielberedetes Schweigen«: Wolfgang Koeppen. Das gute Recht, zu schweigen (1984). Im Gespräch mit Hans Langsteiner, in: ders. Gesammelte Werke. Bd. 16, 261–266, hier: 262.

149 Blumenberg. Theorie der Unbegrifflichkeit, 101.

Auch bei Koeppen waren die Schubladen nach der NS-Zeit – bis auf einige in jüngerer Zeit posthum erschienene Fragmente – leer, sodass Koeppen der Aufforderung durch seinen Verleger Goverts bedurfte, um wieder zu schreiben.[150] Das heißt, die mentale Leere nach dem Krieg zeigte sich auch an seinen Schubladen. So sollte Koeppen in seiner Büchner-Preisrede die für ihn zentrale Frage nach dem Schweigen in der Literatur stellen. Es implizierte die persönliche Thematik, worauf »ich all die Jahre gewartet hatte und warum ich Zeuge gewesen und am Leben geblieben war«.[151] Der Wert des Zeugen mag in seinem Ausdruck liegen. Darin findet sich seine wie immer allegorisch umschriebene Verstrickungserfahrung.[152] Wenn es also um diese bergend-verbergende Kraft des Ausdrucks geht, dann sind nicht so sehr die gesammelten Fundstücke das Entscheidende, sondern das sprechende Dilemma darin.

Die offene Frage ist: Worin besteht das Dilemma im Falle Koeppens? Es scheint darin zu liegen, dass sich exemplarisch zeigt, wie im Verstricktsein des Zeugen Erleben und Erleiden ein und dasselbe sind.[153] Wollte man die Einsicht auf Koeppens Prosastil übertragen, so kann man sagen, dass sein atemloses Sprechen und der Schiffbruch, von dem es zeugt, dieselbe Sache sind. So sah es ein Vertrauter aus Berliner Tagen, der Schriftsteller Hans Sahl, dessen anerkennende Worte für die »›Aufgerissenheit‹ des Stils« von Koeppen sich in dessen Nachlass erhalten haben.[154] Dieser Hinweis bekräftigt den Befund, dass es in der Frage des Ausdrucks um die Unteilbarkeit von Leben und Leiden geht, mit dem Zusatz, dass diese Konstellation bei Koeppen nicht zufällig den Weg ins Bild des Romanischen Cafés fand. Aus diesem kristallisierte sich die Beschämung, die durch die Planierung des Baus nichts von seiner Abgründigkeit verloren hat. Das Problem des »Romanischen Cafés« lässt sich also wie folgt beschreiben: Seine Spannung rührt einerseits aus

---

150 Zur ›leeren Schublade‹ vgl. Koeppen. Ich habe nichts gegen Babylon, 155.

151 So fand Koeppen nach eigenem Bekunden erst wieder durch den Anstoß Henry Goverts' zur Literatur, den man auch hinter dem Verleger in »Das Romanische Café« vermuten kann. Vgl. Wolfgang Koeppen. Umwege zum Ziel. Eine autobiographische Skizze (1961), in: ders. Gesammelte Werke. Bd. 5, 250–252, hier: 252.

152 Zum Verfahren des beständigen Umwegs: Blumenberg. Die Sorge geht über den Fluss, 137.

153 Zu dieser Engführung von Erleben und Erleiden im Zeugen vgl. Schapp. In Geschichten verstrickt, 148.

154 Die bezeugende Kraft Koeppens, die »›Aufgerissenheit‹ des Stils«, wie seine innere Ambivalenz, hat Hans Sahl einfühlsam erkannt. Vgl. Sahl an Koeppen vom 12.1.1955. Konvolut Wolfgang Koeppen Briefe. Universitätsbibliothek Greifswald.

der Haltung des ohnmächtigen Zeugen, der an seinem Nicht-Eingreifen litt. Anderseits wird in dem Text ein Aufruf zum Ausdruck gebracht, nicht in Passivität zu verstummen. Es wird das Dilemma sichtbar, an dem der Autor im Nachhinein zu zerbrechen drohte. Das ist – nach Paul Ricœur – nahe am historischen Zeugen, der vor einer zu bewältigenden Erfahrung steht, die sich im Falle Koeppens mit dem Verschwinden seiner »Geistesfracht« vor seinen Augen aufzulösen drohte.[155] Es besteht hier die Gefahr, dass der Zeuge angesichts jener »außerordentlichen Erfahrung« nicht nur an die Grenze seines Verstehens, sondern an die Grenze des Verstummens geführt wird.[156]

Dagegen steht der Zug zur Zeugnisgabe bei Koeppen. Es ist hiermit die Schlussfolgerung verbunden, dass diese literarische Zeugnisgabe immer nur als ein hermeneutisches Geschehen existiert. So hat es Koeppen in seinem Buch »Jugend« ausgedrückt. Diese sei am Ende in den Horizont einer künftigen Sinnbemühung eines Lesers hineingeschrieben. Dieser andere sei eminent wichtig für die eigene »Bemühung«, so Koeppen, auch wenn er selbst angesichts der Erfahrungen nicht wisse, »ob ich etwas verstanden habe oder ob überhaupt etwas zu verstehen war«.[157] Das Zeugnis ist somit nur in einer fortgesetzten Verstehensbemühung gegenwärtig. Weil jedoch die erzählende Instanz im »Romanischen Café« über den Sinn dieser Bemühung im Zweifel steht, tut sich in der Ausdrucksbewegung des Textes Bedrängnis kund. Es scheint fraglich, ob seine Stimme Gehör findet.

Zugespitzt formuliert, steht in Koeppens Text die Existenz des Schriftstellers – als zeugnisgebende Instanz – selbst zur Disposition. Damit wird die Zeugnisgabe zur Selbstbehauptung, doch einer, die durch eine Periode des Verstummens gegangen ist.[158] Es ist eine Bemühung, die um den Missbrauch der Sprache weiß. Der Literaturwissenschaftler George Steiner hat diesbezüglich nahegelegt, dass das Schreiben und Erinnern untrennbar seien, dass

---

155 Vgl. Ricœur. Gedächtnis, Geschichte, Vergessen, 254. Zur Irrealisierung der eigenen Erfahrungen angesichts des Verschwindens materieller Spuren auch: Angehrn. Sein Leben schreiben, 163.

156 Vgl. Ricœur. Gedächtnis, Geschichte, Vergessen, 254.

157 »Ich darf nicht zugeben, daß es gleichgültig wäre, ob mich keiner versteht oder einer, der natürlich wichtig würde und meine Bemühung nicht ganz vergeblich sein ließe, wenn ich auch selber nicht weiß, ob ich etwas verstanden habe oder überhaupt etwas zu verstehen war.« Koeppen. Jugend, 98.

158 Zwischen diesem Erleben oder der stummen Erfahrung und dessen schreibender Verarbeitung liegt also ein Abstand, den man mit Ricœur als den zwischen Präfiguration und Figuration bzw. Refiguration bezeichnen kann. Vgl. Paul Ricœur. Zeit und Erzählung. Bd. 1. Zeit und historische Erzählung. München 2007, 120f.

ein bedrängtes »Erinnerungsvermögen« auch unser »Ausdrucksvermögen« in Mitleidenschaft ziehe.[159] Dieser Bemerkung ist die Einsicht Koeppens an die Seite zu stellen, Zeugenschaft und Verletzbarkeit unseres Vermögens zum Eingedenken zusammenzudenken. Denn stets sind in Erleben und Erleiden die unterschiedlichen Möglichkeiten, schützendes Vergessen oder schmerzhaftes Innewerden, denkbar.[160] Vielleicht ist Koeppen gerade angesichts dieses Dilemmas der eigentliche Zeuge seiner Zeit, da er das Vergessenwollen mitdachte und doch um sein Lebensthema wusste, aus dem Schweigen der NS-Zeit wieder herauszufinden.[161]

Die Hereinnahme dieses Problems bedeutet bei ihm, die Irrealisierungsmöglichkeit mitzudenken: die Gefahr, dass nichts mehr übrig ist, keiner gedenkt: als wäre es »nie gewesen«.[162] Das Erinnern ruht auf schwankendem Grund; es kann als menschliches Erinnern, so Koeppen, »ausgemerzt« werden, »veröden, sterben«.[163] Das bedeutet umgekehrt, dass das Gedächtnis selbst ein vulnerabler Schauplatz ist, gerade in der ungewollten Betroffenheit.[164] Denn es ist dieses Unwillentliche, das sich am tiefsten einprägt, ohne dass wir es im Moment des Erlebens schon durchlebt hätten.[165] Kaum fraglich, dass dies – wie Benjamin festhielt – ein Schlüsselthema der Literatur ist.[166] Koeppens Maxime scheint dabei gelautet zu haben: Nur was uns trifft, betrifft uns, doch was uns trifft, kann uns auch sprachlos machen. Der Zeuge wird zum Suchenden nach seinen Bildern, nach dem, was sich »ereignete« und womit er nicht fertig wurde.[167] Will der Autor kein zweites Mal verstummen, muss er an seinen Fundus, wo »ein Bild aus dem Vorrat« des

159 Vgl. George Steiner. Der Dichter und das Schweigen, in: Sprache und Schweigen. Essays über Sprache, Literatur und das Unmenschliche. Frankfurt a.M. 1973, 90–117, hier: 97.

160 Vgl. Ricœur. Das Rätsel der Vergangenheit, 139.

161 Zum Schreiben als »Rettungsboot im Meer der Sinnlosigkeit«: Wolfgang Koeppen. Ich riskiere den Wahnsinn. André Müller spricht mit dem Schriftsteller Wolfgang Koeppen (1991), in: Gesammelte Werke. Bd. 16, 469–477, hier: 470.

162 Vgl. Koeppen. Jugend, 96.

163 Vgl. ebd.

164 Vgl. ebd., 99.

165 Zu diesem Unterschied zwischen dem Erlebten und Gelebten, wobei sich aus Ersterem die nachträglichen Realisationen speisen, vgl. Michael Theunissen. Reichweite und Grenzen der Erinnerung. Hg. von Eilert Herms. Tübingen 2001, 9, 15.

166 Zur Diskrepanz zwischen dem Erlebten und Erinnerten sowie zur »Penelopearbeit des Eingedenkens« vgl. Benjamin. Zum Bilde Prousts, 311.

167 Dies könne laut Koeppen ein »längst vergangener Augenblick« sein: Koeppen. Jugend, 99.

Erlebten auf Wiedererweckung wartet.[168] Ein solches Bild aus dem »Vorrat« muss das Romanische Café für Koeppen gewesen sein. Dessen Leistung liegt im Wachhalten der Erinnerung an einen möglichen Ort. Wachhalten aber auch einer für die Überlebenden unbequemen »Be-unruhigung um den Anderen«, der nicht mehr unter den Lebenden weilt.[169] Im Innehalten wird eine therapeutische Kraft des Dichterischen wirksam. Zwar hatte der Trümmerflaneur die Sisyphos-Problematik vor sich, durch den Schutt der Zeit sich einen Weg zu bahnen.[170] Doch gerade darin zeigt das Finden des Ausdrucks seine existenzielle Bewandtnis: um Erfahrung vor dem Abdrängen in Stummheit zu bewahren.[171]

Es ist also eine doppelte Beunruhigung, die sich auf jenem »Nicht-Platz« des ehemaligen Romanischen Hauses ausdrückt. Ein Nicht-Ort war er, weil das Gewesene nur auf dem Papier des Schriftstellers fortexistierte. Ein Ort, der mit dem Zug zur Irrealisierung des Geschehenen einherging – und sich diesem Zug doch widersetzte.[172] Denn wo der Zeitgeist die jüngst untergegangene Welt begrub – die Europa-Center-Szene versinnbildlichte es –, geht der Blick des Nachkriegsflaneurs hinter die Versiegelungsschicht zurück und an die Traumata heran.[173] Nimmt man Koeppens Sorge um ein zeugenschaftsloses Verschwinden ernst, so dürfte deutlich werden, wie Worte ein anderes Gewicht erhalten. Denn wenn die Gegend wüst geworden war, die Dinge von der Oberfläche getilgt oder überbaut wurden, dann konnten nur die Worte das Entzogene ins Sein zurückbringen. Sie wurden selbst zum Aufenthaltsort der »Geistesfracht«.

Wenn eine Prosa so zum Bildhaften tendiert wie in Koeppens »Romanischem Café«, darf man annehmen, dass noch etwas anderes im Spiel ist. Worum es dem Autor gegangen sein mochte, war jenes: auf den Mangel

---

168 Vgl. ebd.

169 Zu dieser Beunruhigung im Zeugen: Lévinas. Jenseits des Seins, 314.

170 Zur Erinnerung im Zeichen einer Wiederherstellung eines abgebrochenen ›Zeitkontakts‹ und dessen therapeutischer Dimension vgl. Theunissen. Reichweite und Grenzen der Erinnerung, 23.

171 Zur Rolle stummer Bedeutsamkeiten im menschlichen Ausdruck vgl. Ludwig Binswanger. Über Sprache und Denken (1946), in: ders. Ausgewählte Werke. Bd. 3, 275–290, hier: 276. Sowie zur stummen Erfahrung: László Tengelyi. Erfahrung und Ausdruck. Phänomenologie im Umbruch bei Husserl und seinen Nachfolgern. Dordrecht 2007, 202.

172 Zur seelischen Problematik der Irrealisierung im Nachkrieg: Angehrn. Sein Leben, 163.

173 Zu dieser Figur eines Blicks »unter die Fundamente«: Blumenberg. Die Sorge geht über den Fluss, 115 f.

am Breitscheidplatz mit gesteigerter Wirklichkeit im Bild zu reagieren.[174] Denn wer wie Koeppen ein Bild überliefert, der rahmt zugleich etwas. Die Vermutung ist, dass dieses zentrale Motiv die Flamme war, die am Ende der Miniatur aufscheint. Es mag Koeppen gereizt haben, dass im Stadtbild wenig auf diese Glut hindeutete. Die kleine Form war somit seine Antwort auf die zubetonierte Stadtwüste. Damit kam dem Bild die Aufgabe zu, das Unsichtbare sichtbar zu machen.[175] Das geschah im Kontrast, im dialektischen Bild am Ort des Romanischen Cafés aus »Oriflamme« im »Feuersturm« und »Eisbahn im Europa-Center«.[176] Es ist das Bild eines abgründigen Orts, der, wie Koeppen schrieb, auf keiner »Ansichtskarte« zu sehen war.

Dass Koeppen zum Bewahrer einer Bildkraft wurde, sah sein Verleger Goverts nach Lektüre des »Romanischen Cafés« mit aller Klarheit. Kaum einer schreibe noch eine »so bildhaft prägnante Prosa aus dem Zeitempfinden« wie Koeppen.[177] Das Epochengefühl war ins lebendige Bild eingeschmolzen. Koeppen schien dafür nichts anderes zur Verfügung gehabt zu haben als eine Sprache, die sich an die Erschütterung hielt. Er selbst sah seine Aufgabe als Städtebildner darin, die »Wahrheit der Stadt«, in den Spuren ihrer einstigen wie gegenwärtigen »Existenz«, zum Vorschein zu bringen.[178] Bliebe auch nur ein Schattenwurf dessen, was er beim letzten Blick in die Flamme vom Romanischen Café gesehen hatte.

174 Zur besonderen Seinsmacht des Bildes vgl. Gadamer. Wahrheit und Methode, 142.
175 Zur metaphorischen Sichtbarmachung des Unsichtbaren vgl. Ferdinand Fellmann. Symbolischer Pragmatismus. Hermeneutik nach Dilthey. Reinbek bei Hamburg 1991, 137.
176 Vgl. Koeppen. Ein Kaffeehaus, 168. Sowie die Schilderung der Nachkriegsszenerie in: Wolfgang Koeppen. Brandenburg-Manuskripte M 11, 11–11. Nachlass Wolfgang Koeppen. Wolfgang-Koeppen-Archiv Greifswald. Zum dialektischen Bild als Ort einer Überlagerung und Stätte der Kollision: Benjamin. Das Passagen-Werk, 55, 59.
177 Zu dieser poetologischen Bemerkung: Goverts an Koeppen vom 27.2.1973, Nr. 61. Konvolut Wolfgang Koeppen Briefe. Universitätsbibliothek Greifwald.
178 Zur Frage nach der »Wahrheit der Stadt«: Koeppen. Greifswald – ein bescheidener und kleinerer Fundort, 657.

8. Stehengebliebenes, Liegengebliebenes: Koeppens Berliner Werkkrypta und die Form der leftovers

> dann sehe ich brandenburg
> in staub.
>
> *Wolfgang Koeppen*[1]

Jede Wiederkehr des Flaneurs erhellt nicht nur einen vergessenen Anteil der Stadt, sondern auch einen jenes Flaneurs.[2] Wolfgang Koeppen kam mit einer Frage nach Berlin zurück, die für sein Schriftstellerleben zentral war. Man kann es die werkgenetische Frage nach einem zeitlebens unvollendet gebliebenen Werkkomplex nennen. Dieser sollte die Fäden seines Vor- und Nachkriegswerks zusammenführen. Jedoch haben sich von diesem Komplex kaum mehr als einer Reihe Entwürfe erhalten: Fragmente, die sich um das unausgearbeitete Zentrum einer Werkfantasie mit dem Titel »Im Staub mit allen Feinden Brandenburgs« gruppieren.[3] Am Ende dieses Œuvres hätte laut Plan ein Besuch des autobiografisch konzipierten Ich-Erzählers am Grab Heinrich von Kleists am Wannsee stehen sollen. An jener Stelle der Stadt, wo sich in der Zeit des Projekts die alliierten Besatzungsmächte gegenüberstanden. Was in Koeppens Nachlass dazu auffindbar ist, kann lediglich als Berlin-Torso bezeichnet werden. Es sind Bruchstücke eines aufgegebenen Werkes, um das es in diesem Kapitel gehen wird.[4] Manches davon ist Liegen-

---

1 Koeppen. nach potsdam, in: Otto F. Best (Hg.). Hommage für Peter Huchel. München 1968, 50–52, hier: 52.
2 Zur Selbstbegegnung des Flaneurs in der Stadt: Benjamin. Die Wiederkehr des Flaneurs, 194.
3 Hierzu im Nachlass Koeppens im Folgenden die »Brandenburg«-Manuskripte M 8–11. Wolfgang-Koeppen-Archiv Greifswald. Literaturtheoretisch zur Werkfantasie: Peter von Matt. Die Opus-Phantasie. Das phantasierte Werk als Metaphantasie im kreativen Prozeß, in: ders. Das Schicksal der Phantasie. Studien zur deutschen Literatur. München, Wien 1994, 43–60, hier: 43.
4 Über die Ästhetik der aufgegebenen Werke vgl. die Korrespondenz mit seinem Verleger Siegfried Unseld im Vorfeld der Arbeit an dem »Brandenburg«-Projekt, der ihm eine fragmentarische Werkform nahelegte: Unseld an Koeppen vom 22.1.1968, in: Wolfgang Koeppen/Siegfried Unseld. »Ich bitte um ein Wort ...« Der Briefwechsel. Hg. von Alfred Estermann und Wolfgang Schopf. Frankfurt a.M. 2006, 158–160, hier: 159.

gebliebenes zu nennen, nur aus Gedankensplittern zu rekonstruieren. Anderes wirkt wie Stehengebliebenes. Es sind ausgearbeitete Miniaturen, die ins Herz der Frage nach einer Ästhetik der leeren Zentrale bei Koeppen führen.

Was mag den Autor, der Berlin nach dem Luftangriff 1943 verlassen hatte, nach dem Krieg in die Stadt zurückgeführt haben? Es scheint eine doppelte Not gewesen zu sein, die ihn an den entscheidenden Ort seiner Anfänge zurückbrachte. Das bezeugen Bemerkungen Koeppens am Lebensende.[5] Zu dieser Not gehörten finanzielle Sorgen. Sie wurden in den 1970er Jahren immer drückender und führten dazu, dass er unter Bitten und Drängen seines damaligen Verlegers Siegfried Unseld Pläne, die bei ihm auf Halde lagen, wieder aufnahm. Es sollten Produktionsstränge in einen Roman überführt werden, auch wenn seine späte Schreibweise dieser Form nicht mehr entsprochen haben mochte.[6] Die zweite Frage scheint jene gewesen zu sein, die Koeppen angesichts verstrichener Lebenszeit bewusst wurde; dass der Berlin-Komplex für ihn zum ungelösten Schlüsselsujet geworden war. Koeppen hat selbst gesagt, dass ihn »mit wachsendem Alter das gelebte Leben, um so lebendiger, je weiter es zurücklag, bedrängte, vorstellig wurde zu Tag- und Nachtstunden«.[7] So bildeten die Jahre des Nationalsozialismus den entscheidenden »Knacks«, ungelebte Lebenszeit, die er in einem Romanwerk als Säumnisstück einzuholen gedachte – ein Unterfangen, das scheiterte, aber für den zu beschreibenden Nexus von Werk und Ort ein aufschlussreiches Scheitern darstellt.[8]

Zugespitzt ausgedrückt, war es eine doppelte Notwendigkeit, die ihn nach Berlin zurückführte, angelockt durch die pekuniäre Unterstützung von Walter Höllerers Literarischem Colloquium, wo er während seines Aufenthalts 1972 unterkam. Dabei blieb er als Schreibender durch einen

---

5 Vgl. Wolfgang Koeppen. Schreiben ist Sterbenlernen. Gespräch mit Tilman Urbach (1996), in: ders. Gesammelte Werke. Bd. 16, 642–651, hier: 646.

6 Dabei hat Koeppen den Gedanken nahegelegt, dass große Teile seines Werks ein fortgeführter Roman sein könnten, der in Fragmente zerfiel. Vgl. Koeppen. Ohne Absicht, 630f. Ähnlich verstand Goverts Koeppens kleine Formen als Episoden eines unvollendet Lebensbekenntnisses. Vgl. Goverts an Koeppen vom 27.2.1973. Konvolut Wolfgang Koeppen Briefe. Universitätsbibliothek Greifswald.

7 Wolfgang Koeppen. Tasso oder die Disproportion. Fragmente (1978), in: ders. Auf dem Phantasieroß, 593–609, hier: 593.

8 Zur ungelebten Lebenszeit als Kernfrage seiner Generation auch: Katharina Kanthack. Ungelebte Lebenszeit, in: Berliner Hefte für geistiges Leben 3 (1948), Nr. 12, 463–471. Zum seelischen Motiv des »Knacks« vgl. F. Scott Fitzgerald. Der Knacks, in: ders./Gilles Deleuze. Der Knacks. Porzellan und Vulkan. Berlin (West) 1984, 7–42, hier: 15.

Ehe-Konflikt, der ihn zum Autor auf der Flucht machte, in ständiger Sorge. Es muss sich der Eindruck verfestigt haben, ein Leben als »missglücktes Dasein« zu führen.[9] Daneben trieb ihn eine persönliche Dringlichkeit um: seinem Lebensthema durch ein Werk in und über Berlin eine Abrundung zu verleihen, auf die sein Lektor-Freund Max Tau als das »wirklich wichtigste« insistierte.[10] Was sich jedoch als Werk-Kreis nicht mehr schloss, das eröffnet die Frage nach unterschiedlichen Phasen eines Werks, das sich in keine große Form mehr fügte. Für den Autor stellte sich damit die Formfrage in Berlin mit eigener Entschiedenheit.

Ein formbewusster Autor wie Koeppen schuf aus seinem Dilemma. Hierzu bekannte er, dass Stil für ihn eine Notwendigkeit bedeutete.[11] Somit geht es darum, das dem Autor Allzuvertraute – sein Ausdrucksproblem – am Fall Berlins zum Sprechen zu bringen. Legt man den Zusammenhang existenziell aus, so mag dieser ein Schlaglicht auf die These werfen, dass der Nachkriegstopos der leeren Zentrale zum Fragment tendierte. Koeppen schien Berlin die Form des *non-finito* dabei regelrecht aufzudrängen. Sie zog – mit einem Begriff aus der Kunstgeschichte – zum Präfiguralen.[12] Diese Spur mag deutlich machen, warum in seinem Spätwerk Form allegorische Züge annahm.[13] Denn gerade im Präfiguralen verdichtete sich das Epochengefühl; diese Grundstimmung nahm er in den Textsplittern auf.[14]

Koeppen scheint diesen inneren Bezug von Form und Ort mehr als nur geahnt zu haben. Vielmehr wirkt es, wenn man sich sein »Morgenrot«-Fragment aus dieser Periode vornimmt, als spiele der Autor sein Spiel, nicht

---

9 Vgl. Wolfgang Koeppen an Marion Koeppen vom 25.9.1972, in: dies. »trotz allem, so wie du bist«, 293–295, hier: 293. Zum Ausdruck siehe: Ludwig Binswanger. Formen missglückten Daseins (1956), in: ders. Ausgewählte Werke. Bd. 1. Hg. von Max Herzog. Heidelberg 1992, 238.

10 Hierzu Max Taus Erinnerung an die zu schreibende Autobiografie in der Zeit des »Brandenburg«-Projekts: Tau an Koeppen vom 23.10.1972. Nachlass Max Tau. Stadt- und Landesarchiv Dortmund. Handschriftenabteilung.

11 Vgl. Koeppen. Ohne Absicht, 631f.

12 Das Unvollendete im präfigurativen Zustand nimmt die Keimform des Werks als Endprodukt; sie generiert so einen uneingelösten Überschuss. Vgl. Joseph Gantner. Formen des Unvollendeten in der neueren Kunst, in: Josef Adolf Schmoll (Hg.). Das Unvollendete als künstlerische Form. Bern, München 1959, 47–59, hier: 51.

13 Damit steht Koeppen im Zusammenhang einer Epochenerfahrung, die Benjamin an deren Anfang zu einem Allegoriebegriff brachte, der Form im Zustand ihrer »Gebrochenheit« dachte. Vgl. Benjamin. Ursprung des deutschen Trauerspiels, 352.

14 Zur künstlerischen Erschließung einer Grundgestimmtheit vgl. Kaufmann. Die Bedeutung der künstlerischen Stimmung, 97, 108f.

nur mit seinem eigenen Unvermögen zur geschlossenen Form, sondern ein ironisches Spiel mit dem Leser. Diesem gegenüber lässt er durchblicken, welche Daseinsform dieser im Staub der Geschichte gelandeten Stadt gemäß sein mochte. In »Morgenrot« lässt er sein Alter Ego nach einer Irrfahrt durch Westberlin am nächtlichen Wannsee einkehren. Während der Fahrt führt er einen Beutel unbekannten Inhalts mit sich. Über diesen heißt es, in ihm liege wohlverwahrt, »was vergangen war«.[15] Wofür steht dies Behältnis, das einen ersten Wink zu Form und Ort gibt? Es ist ein wie hingeworfenes Denkbild: eine Plastiktüte, in der der Ich-Erzähler ein ungeöffnetes Manuskript über seine Erlebnisse verwahrt hält, die ihm am Ort widerfahren sind.

Eine Plastiktüte vom Kaufhof wird zu dem, was man Koeppens Variante jenes Bildes nennen kann, das Benjamin einmal als »Grabesurne des Versäumten« bezeichnet hat.[16] Im Motiv der Tüte ist insofern das Thema eines Versäumnisses aufgerufen, das Koeppens Auseinandersetzung mit dem Nachkriegsberlin wie einen roten Faden durchzieht. Es markiert den zentralen Enttäuschungszusammenhang seines Lebens, verwickelt in den Zusammenbruchkomplex der Stadt, in dessen aufgegebenen Bauten er ein Stück seiner Biografie entdeckte. Stadt und Tüte wurden ihm zum Hort des Verwahrten im Großen wie im Kleinen. Vergessene Schatzkammer oder nur Schrottplatz? Damit wiederholen seine Werkhinterlassenschaften das Sujet der leeren Zentrale, das in Koeppen den Schöpfer einer ihm gemäßen Form fand.[17]

Um diesen Gedanken eines aufgegebenen Werks zu entfalten, ist es ratsam, ins Bild zu rücken, in welchem erweiterten Horizont diese Rückkehrbemühungen zu deuten sind. Koeppen war schon um 1930 als Stadtkundler tätig, der Berlin vom Zentrum bis zur Peripherie ablief, der den Rhythmuswechseln der Stadt nachspürte.[18] Ein Gespür für das Eigenleben der Straßen war auch Thema seines Erstlings »Eine unglückliche Liebe«. Schon damals hatte er das Verfahren eines ziellosen Wanderns erprobt, um das urbane Lebensgefühl zu erforschen.[19] An diese Beschreibungsfähigkeiten erinnerten sich im Nachkrieg manche, die in der Zeit der leeren Schubladen nach 1945 auf der Suche nach dem Überleben älterer Schreibformen waren. Diese Suche arti-

15 Vgl. Koeppen. Morgenrot, 268.
16 Vgl. Benjamin. Goethes Wahlverwandtschaften, 145.
17 Zur Form des Kunstwerks als ›Daseinszeugenschaft‹ vgl. Hans-Georg Gadamer. Über den Beitrag der Dichtkunst bei der Suche nach der Wahrheit (1971), in: ders. Gesammelte Werke. Bd. 8, 70–79, hier: 79.
18 Zum Gang an die Peripherie schon: Wolfgang Koeppen. Sensation vor den Toren Berlins (1932), in: ders. Gesammelte Werke. Bd. 5, 25–27.
19 Vgl. Koeppen. Eine unglückliche Liebe, 121.

kuliert sich Anfang der 1950er Jahre in einem Brief von Koeppens Verleger Henry Goverts. Adressat ist Ernst Schnabel, damaliger Chefredakteur des Radioessays beim Nordwestdeutschen Rundfunk (NWDR), einer Institution der frühen Bundesrepublik. Sie standen im gedanklichen Austausch über vergessene Ausdrucksformen und fassten die Idee, dass ein Autor mit Koeppens Gespür an einen Ort wie Berlin zu schicken sei. Damit geht aus der Korrespondenz hervor, wofür in ihren Augen das Nachkriegsberlin stand: für einen noch unrealisierten Ort, ein neues Pompeji, in das man jemanden wie Koeppen entsenden müsse, um dieses *terra incognita* zu beschreiben. »Über Berlin«, heißt es, sei »überhaupt noch nichts Vernünftiges gesagt worden, das wäre ein Thema«, an dem sich Koeppen »seine alten Zähne wetzen und sich neue ausbeissen könnte«.[20]

Die »alten« und die »neuen Zähne«, das spielt auf Koeppens Blick als ehemaliger Insider auf den Genius Loci Berlins an. Dabei hatte Koeppen – das setzen Goverts und Schnabel voraus – schon in seinem ersten Roman nach dem Krieg, in »Tauben im Gras«, am Beispiel Münchens sein Vermögen bewiesen, dem radikal anderen Lebensgefühl einer »erloschenen Stadt« auf die Spur zu kommen.[21] Er fand Worte, die nicht, in Schreck erstarrt, das Sinnliche preisgaben, was eventuell nur einem gelang, der aus älteren Quellen schöpfte.[22] So hatte Koeppen nicht nur die prekäre Lebenssituation des »himmeloffen«, ein nomadisches Lebensgefühl, erfasst, sondern er hatte die Metamorphose der Stadt dargestellt. Was er ins Bild bannte, war jener umherstreunende Mensch der Ruinenstädte, die Stadt als Aktionsraum der Isolierten, darin dem Blick eines Rossellini in »Germania anno zero« verwandt, der die Kluft zwischen den Menschen in episodisches Geschehen umsetzte.[23] Koeppen hatte dafür ein sequenziell-mosaikartiges Verfahren entwickelt, das man mit der Ästhetik des Films in Beziehung setzten kann. Doch hatte dies mehr noch Wurzeln in der kleinen Form, in der er früh den Wechsel vom

---

20 Goverts zitiert hier aus einem Brief von Schnabel, der Koeppen für einen Berlin-Essay gewinnen wollte: Goverts an Koeppen vom 28.12.1954. Konvolut Wolfgang Koeppen Briefe. Universitätsbibliothek Greifswald.

21 Zu diesem Vermögen Koeppens vgl. Goverts an Koeppen vom 27.2.1973. Konvolut Wolfgang Koeppen Briefe. Universitätsbibliothek Greifswald.

22 Vgl. Wolfgang Koeppen. Trümmer oder wohin wandern wir aus (1948), in: ders. Gesammelte Werke. Bd. 3, 217–223, hier: 217.

23 Hierzu Goverts' Gutachten zum Roman: »Die Vereinsamung des Menschen in den deutschen Ruinenstädten mit zerstörter Tradition, zerstörten Wohnungen und zerstörten Familienbindungen wird hier aufgezeigt.« Goverts an Koeppen vom 2.7.1951, Nr. 39. Konvolut Wolfgang Koeppen Briefe. Universitätsbibliothek Greifswald.

Feuilleton in die autobiografische Skizze erprobte.[24] Dazu kam sein Sinn für die Beschreibung flüchtigster Phänomene, der bei ihm eine besondere leibliche Empfindlichkeit zur Bedingung hatte.[25]

Zum ersten Versuch, sich am Berlin-Sujet die »alten Zähne zu wetzen«, kam es im Auftrag des Radios Mitte der 1950er Jahre, bezeichnenderweise in Form einer Passage, Berlin als Nadelöhr durchfahrend. Was er festhielt, war die Insel Berlin, über die man hinter den Eisernen Vorhang gelangte. Er befand sich auf der Durchreise nach Moskau, die damals den Zugwechsel über West- nach Ostberlin nötig machte. Schon hier schildert er den City-Verlust, legt den hohlen Zahn der Weststadt frei. Doch während der Westteil seine innere Sackgasse – mit dem Potsdamer Platz an der Binnenperipherie – wie ein »Weltende« behandelte, lag das Phänomen im Ostteil anders.[26] Dort hatte sich die Entschleunigung tiefer in die wiederbelebten Zonen der Stadt hineingefressen. Koeppen machte ein weiteres Stadtgrab aus, das durch seine Lage im Ostzentrum – um die Friedrichstraße – bedrückender gegenwärtig war, als vom Kurfürstendamm das »Weltende« des Potsdamer Platzes.

In Ostberlin war die städtische Krypta zum Teil des Boulevard-Rests geworden. Was also entdeckte Koeppen bei seiner ersten Stadtpassage nach 1945? Eine irritierende Dauer. Ein Zeit-Stau schien sich ereignet zu haben. Unter den Linden wurde dieser manifest, weil der Ort sich in seiner Ausgeräumtheit wie ein Gefäß der Zeit ausnahm.[27] Es dürfte für Koeppen von zentraler Bewandtnis gewesen sein, dass dies ausgerechnet in jener Gegend geschah, die er einst auf dem Weg in die Redaktion des »Berliner Börsen-Couriers« passierte. Dass er hier aufgestauter Zeit begegnete, machte bei seinem Gang ins »andere Berlin« auf doppelbödige Weise eine Ausstellung sinnfällig: Es war eine über »deutsche Kriegsgeschichte von 1870, von 1914, von 1939«, wobei es schien, als habe man die Geschichte selbst zerteilt, nur die »eine Hälfte der Wahrheit« sei angesprochen.[28]

Ein anderes Stück »Wahrheit« lag für den Flaneur im erlebten Raum dieser getrennten Welt: im Phänomen ihrer Verlangsamung. Zum Verständnis sei eine Analogie heranzuziehen: Man hat in der Psychoanalyse auf traumatische Erschütterungen bezogen derartige Verzögerungsprozesse als

24 Hierzu Koeppens Hinweis aus der Weimarer Zeit: Koeppen. Ohne Absicht, 550.
25 Zur »Über-Empfindlichkeit« als Voraussetzung poetischen Talents grundlegend: Silvia Bovenschen. Über-Empfindlichkeit. Spielformen der Idiosynkrasie. Frankfurt a. M. 2000.
26 Zur Schilderung des »Weltendes« im Westteil: Koeppen. Nach Rußland und anderswohin, 106.
27 Vgl. zum Topos als Gefäß der Zeit« Otto. Der Ort, 13.
28 Vgl. Koeppen. Nach Rußland und anderswohin, 107.

»temporisation« bezeichnet, die in dem Zusammenhang als Metapher für Stadterfahrung etwas erhellen kann.[29] Nach dieser Theorie der Kryptenbildung beherbergen derartige Orte ein Verschlucktes, Inkorporiertes. Sie sind die Heimstätten unerledigter Leiderfahrungen, die nicht oder noch nicht bewältigt wurden. Diese zeigen sich als ummauerte Lücke: als Orte eines Unerledigten in der seelischen Topik.[30] Ohne die Analogie zu weit ziehen zu wollen, lässt sich annehmen, dass Koeppens Spürsinn ebenfalls anästhesierte Schmerzstellen am einst vertrauten Stadtleib diagnostizierte. Der Ostteil hielt sich dabei, anders als der Westen, eine solche Krypta im Herzen der Stadt. Man vergegenwärtige sich hierzu den Wortsinn von Krypta: Das griechische »krypté« bezeichnet einen Ort der Verborgenheit, wie das deutsche »Gruft« das Vergrabene anklingen lässt.[31]

Die Vermutung ist also, dass sich bei Koeppens Durchquerung der damals abgeschnittenen alten Preußenresidenz eine solche Temporisationserfahrung einstellte. Das folgende Zitat aus seinem Reisebericht mag es bestätigen: »An der Ecke Friedrichstraße Unter den Linden«, heißt es 1957, »blieb Hitlers Krieg verloren. Ein Grab der Hybris. Wenige Menschen bewegen sich in den langen pedantisch aufgeräumten Straßen der Ruinenfassaden wie in einem Schattenreich.«[32] Diese Stelle ist für sich gesehen schon Verdichtung, bringt das Phänomen einer innerstädtischen Gruft zum Vorschein. So liegt auf dem Wort »bleiben« der Akzent: Hier »blieb«, anders als in den westdeutschen Städten, die Niederlage an den Straßenecken haften. Was man im Westen nur als Stunde-Null-Phänomen bis zum Wirtschaftswunder kannte, blieb in Berlin als Schattenreich des Zusammenbruchs präsent.[33] Der Eindruck pathologischer Dauer stellte sich ein; ein markanter Rhythmusverlust machte sich dem Flaneur bemerkbar.[34]

29 Zum seelischen Verzögerungsprozess, nach dem das verschluckte Objekt oder »objet incorporé« eine »temporisation« auslöst, vgl. Maria Torok. Maladie du deuil et fantasme du cadavre exquis (1968), in: Abraham/Torok. L'écorce et le noyau, 229–251, hier: 234.

30 Zur Metaphorik der Lücke und des Mangels im Modell seelischer Topik vgl. Abraham/Torok. Trauer oder Melancholie, 547.

31 Vgl. Lützeler. Vom Sinn der Bauformen, 97. Sowie der Eintrag »gruft« in: Jacob und Wilhelm Grimm. Deutsches Wörterbuch. Bd. 9. Greander–Gymnastik. München 1984, Sp. 628–634.

32 Koeppen. Nach Rußland und anderswohin, 107.

33 Zur Verzögerung der wirtschaftlichen Erholung Berlins nach 1945 vgl. Windsor. City on Leave, 137.

34 Hierzu die Beobachtung Bachelards, dass Störungen des Rhythmus auf Zeitleiden, Pathologien der Zeitlichkeit hindeuten: Gaston Bachelard. La dialectique de la durée. Paris 1989 (1950), X.

Dieser Eindruck fügt sich zum zweiten Befund, dass der Schatten der zeitlichen Verzögerung wie eine unverarbeitete Ohnmacht über der Stadt blieb: eine, die der Westen mit »neuen Bauten [...] wie nach einem Erdbeben« hinter sich zu lassen versuchte.[35] Anders im Zentrum Ost, wo das »Grab der Hybris« – der Autor mag an die alte Regierungszentrale Wilhelmstraße gedacht haben – auf ein Unverdautes verwies, dessen Weg die »pedantisch« aufgeschichteten Steine wiesen. Diesen Eindruck des Weltmangels machte für den Stadtallegoriker eine Atlasfigur an einer Fassade der Friedrichstraße perfekt, dem die Weltkugel abhanden gekommen war. Hierzu in einer Nachlassnotiz: »Übriggeblieben der nichts mehr tragende Atlas.«[36] Was Koeppen bei seiner Rückkehr entdeckte, war ein paralysierter Stadtraum: einer, dessen Stadthälften untergründig dieselben Grabkammern teilten.

Denn offen oder verdeckt, beiden gemeinsam war, dass in ihnen etwas der Symbolisierung Entzogenes hauste.[37] Jene Grabkammern des Vergangenen verklammerten die Stadthälften über die Teilung hinweg. So scheint es, als wären diese Kammern umso mehr im Stadtraum zugegen, je weniger sie verbalisiert wurden, je mehr sie nirgends anders als im Ungesagten der Orte aufzufinden waren. Für diese Irritationen hatte der Flaneur einen Sinn. Trug das Phänomen der Inkorporation einen fortgesetzten Zug zur Destruktion – man mag es am rabiaten Umgang mit städtebaulichen Überresten ablesen –, so ging der Rückkehrer den entgegengesetzten Weg.[38] Sein Verfahren las das Ungesagte von den Straßen auf, was jenseits der »photographischen Apparate« festzuhalten war, auf denen die Touristen, so Koeppen, ihr Berliner »Pompeji sicher nach Hause« trugen.[39] Es ähnelte dem Vorgang des Andeutens, wie ihn Gadamer beschrieb: »Jeder Ausdruck macht das Verschlossene als Verschlossenes offenbar.«[40] Hier wurde auf eine Schamstelle der Stadt gedeutet, die tiefer reichte als die abzufotografierende Realität.

An diese erste Erfahrung mit Berlins Fraglichkeiten nach dem Krieg konnte der Autor anschließen, als er in den 1970er Jahren mit seinem

---

35 Vgl. Koeppen. Nach Rußland und anderswohin, 105.

36 Wolfgang Koeppen. Brandenburg-Manuskripte M 8, 8–11. Nachlass Wolfgang Koeppen. Wolfgang-Koeppen-Archiv Greifswald.

37 Zu Formen der ›langen Weile‹ als leerer, aufsässiger Zeit: Gadamer. Über leere und erfüllte Zeit, 141.

38 Zur entsymbolisierenden, destruktiven Tendenz der Inkorporation, der die Metaphorisation als öffnende Sprachgeste gegenübersteht, wiederum: Abraham/Torok. Trauer oder Melancholie, 552f.

39 Vgl. Koeppen. Nach Rußland und anderswohin, 106.

40 Hans-Georg Gadamer. Bach und Weimar (1946), in: ders. Gesammelte Werke. Bd. 9, 142–149, hier: 146.

Projekt »Im Staub mit allen Feinden Brandenburgs« zurückkam. Der Titel weist darauf hin, was er hierbei als die Aufgabe der Literatur ansah: dem »gewandelten Daseinsgefühl« eine Sprache zu verleihen.[41] Den Weg dorthin hat er in den Notizen des aufgegebenen Werks skizziert. In einer knappen Selbstanweisung tritt er zutage: Sie mag sinnfällig machen, dass seine Umdeutung eines Spruchs aus dem »Prinzen von Homburg« am direktesten auf den Topos der leeren Zentrale in seinem Werk verwies. So heißt es in einer Aufzeichnung: »Titel nach Brecht, nicht nach Kleist (in Staub).« Der Wechsel von »in« zu »im« macht den Umbruch des Daseinsgefühls – am Austausch der Präposition – deutlich. In Berlin wurde statt nach dem Kleist der Befreiungskriege nun nach Brecht niemand mehr »in den Staub« geschickt. Vielmehr lag die Stadt – das war die Pointe – auf dem Rücken »im Staub«. Koeppen deutet Brecht auf seine Weise: »Tot ist er nicht, doch liegt er auf dem Rücken: / Mit allen Feinden Brandenburgs im Staub.«[42] Dieses Brecht-Zitat gab die Richtung vor; es bezog sich unverkennbar auf den Status quo der geteilten Stadt, gleichgültig auf welcher der beiden Seiten der Besatzungszonen man sich wiederfand. Man war mit den einstigen Kriegsgegnern, nun teils Verbündeten, im märkischen Sand gelandet. Man befand sich im Dilemma aufs Engste verkeilter antagonistischer Herrschaftsbereiche. Es war ein Zustand, dessen Vorgeschichte Koeppen anhand einiger Fäden aufwickeln wollte. So plante er in seinem Roman-Projekt mit einem zweiten Alter Ego, einem adeligen Offizier aus dem Auswärtigen Amt, über den er das Problem des preußischen Erbes von Gehorsam (wie das späte Eingreifen des Widerstands vom 20. Juli 1944) in die Gegenwart des leeren Zentrums hineinholen wollte.

Doch gedachte Koeppen diese Perspektive mit einer der durchschrittenen und erfahrenen Räume zu verbinden. Aus dem Raum wollte er durchs Abfahren der Strecke etwas herauslesen. Dazu finden sich einige als Fragmente publizierte Stücke, die die Optik eines gekreuzten Blicks – von beiden Seiten der Stadt, wie von unterschiedlichen Zeitebenen aus – aufweisen, um so das beschädigte Zentrum einzukreisen. Dabei scheint die Notwendigkeit, den Raum der Stadt neuerlich zu erfahren, mit dem Sachverhalt zu tun gehabt haben, dass der lange abwesende Autor sich auf die veränderten Koordinaten der Metropole einstellen musste.[43] Viele einst belebte Ecken schienen ihm

41 Vgl. Koeppen. Marcel Proust und die Summe der Sensibilität, 175.

42 Hierzu Koeppens Abschrift von Brechts Gedicht »Über Kleists Stück ›Der Prinz von Homburg‹« in: Wolfgang Koeppen. Brandenburg-Manuskripte M 11, 11–17. Nachlass Wolfgang Koeppen. Wolfgang-Koeppen-Archiv Greifswald.

43 Dass das Sich-auf-etwas-Verstehen ein Thema der räumlichen Orientierung ist, hat

fremd und opak, sodass der Flaneur die Orientierung aufs Neue zu erlernen hatte: »Ich versuchte mich zu orientieren«, heißt es im »Morgenrot«-Fragment, »wie ein Mensch vor langer, langer Zeit, der sich verirrt hat.«[44] Nicht nur Zerstörungen und Überbauungen, sondern auch das Phänomen der Stadtumstülpung, die Verlagerung seines Aufenthaltsorts an die Peripherie, machten eine Reorientierung nötig. Dafür griff er auf eine alte Konstante zurück: Es waren jene Gleise der Stadtbahn, wie die Zentrum mit Peripherie verbindende Wannseebahn. Diese beiden Strecken, Stadt- und Wannseebahn, waren es, die sich mit den Windungen seines Lebens in Beziehung setzen ließen. Doch führte jede dieser Wegschneisen an einen irritierenden Ort. An Orte, die sich den gängigen Verstehenserwartungen entzogen.[45]

Dass Koeppen diese Rückkehr eine doppelte Ankunft bedeutete, eine in veränderter Zeit wie in gewandeltem Raum, darauf spielt ein weiteres unveröffentlichtes Fragment über Westberlin mit dem Titel »Advent« an. Den metaphorischen Zusammenhang von Gleis und Entgleisung öffnend, schickt die Miniatur den Leser an den Anfang einer anderen Entgleisungserfahrung zurück. In »Berlin unterwegs« findet sich der Erzähler zunächst an einem erinnerten Ort ein: »Vor dem gerühmten Kaufhaus des Westens versammelten sich ausgestoßene Menschen in der breiten Allee zwischen den Straßenbahnschienen, Arbeitslose, Kriegsopfer, Entgleiste der Zeit und des Lebens, Betrogene und betrogene Betrüger, glücklos Geborene, verführt und verwirrt«.[46] Doch in dem Zwielicht, in das die Gestalten in einem Weihnachten vor 1933 gestellt werden, bleibt keine Unschuld lange bestehen.

Da wurden aus den »Entgleisten der Zeit« Figuren des Infamen. Sie waren es, die laut Koeppen »Peter Schlemihls Schatten«, den Juden aus dem Westen der Stadt, ihr »Juda verrecke« nachriefen. Eine erste unheimliche Stille trat ein, »als wäre etwas zu Boden gefallen und zerbrochen«.[47] Schroff stellt

---

Gadamer angedeutet, der auf den sprachlichen Nexus von Sinn und sich mit Sinnen orientieren verwies. Vgl. Gadamer. Wahrheit und Methode, 264 f.

44 Koeppen. Morgenrot, 264. Zur Frage des Autobiografischen vgl. Wolfgang Koeppen. Erzähler der deutschen Tragödie. Gespräch mit Jacques Le Rider (1981), in: ders. Gespräche und Interviews, 193–201, hier: 200.

45 Hierzu Gadamers Umschreibung des *atopon*: Gadamer. Sprache und Verstehen, 185.

46 Wolfgang Koeppen. Advent, in: ders. Auf dem Phantasieroß, 546–548, hier: 546.

47 Ebd. Koeppen hat in einem Essay auf den Schlemihl Chamissos eigens hingewiesen; er sei auch eine Figur der »Entmachtung, der Vertreibung«, »Schlemihl«, das alte jiddische Wort des »Unglücksmenschen«: Wolfgang Koeppen. Chamisso oder Peter Schlemihl (1975), in: ders. Gesammelte Werke. Bd. 6, 77–86, hier: 82. Zu Schlemihl als der prototypischen Figur des »unglücklichen Schicksals« auch: Rank. Der Doppelgänger, 58.

der Autor eine zweite Zeitschneise daneben. Eine Horizontkonfrontation entsteht, wenn er in der späteren Stille des »mauergetrennten Berlin«, auf der Suche nach Kleists Grab, fast beiläufig einen weiteren Topos der Entgleisung entdeckt: »Gefunden hatte ich einen Bahnhof, die Endstation von Gleisen, die zurückführten, in die Vergangenheit, die Schuld, das Versäumnis und das Verlorene.«[48] Es mochten die Gleise der Deportationen am Bahnhof Wannsee sein. Er wurde vom Ort getroffen; man kann sagen, er wurde von diesem gestellt.

Dazu kam eine weitere Wegschneise. Das Relikt der »vergammelten Stadtbahn«, deren Modell noch aus der NS-Zeit stammte, führte den Ich-Erzähler an eine eigene Stätte des zurückgebliebenen Lebens: »Der Weg war alt und neu. Erkennungsmarken, doch ohne Ziel.«[49] Dies war nahe des alten Bahnhofs Börse gesagt, nach dem Krieg Hackescher Markt. Wieder wird ein leer geräumter und umbenannter Ort – eine Börse gab es nicht mehr – für den Rückkehrer zur befremdlichen Erinnerung. Während aber die Endstation am Wannsee im Zeichen des preußischen Ortsgeistes Kleist stand, zeigte sich auf der Stadtbahnlinie, im Transit zwischen West und Ost, ein anderer Geist. Es war der verschollene seiner »Berliner Börsen-Courier«-Zeit: »Wenn ich es bedachte«, heißt es in dem Fragment, »reiste ich zum Bahnhof Börse, wie ich es jahrelang getan hatte.«[50] Die Stadtbahn führte an ein anderes literarisches Patronat. Auf der Fahrt passierte er »flüchtig das Denkmal des Schlemihls« – jenes Geists eines »Lands der bösen Träume«, auf das die fehlenden Bauten um das Denkmal für den Ortskundigen wiesen.[51] Waren es nicht – im Zeichen Schlemihls – Schatten vergangener Scham, die hier präsent waren?[52] Man kann festhalten: zwei Ortsgeister, zwei auf dem Weg sich überschneidende Probleme: Kleist und die wortlose Betroffenheit, Chamisso und die

---

48 Koeppen. Advent, 547. Zur Figur der ›Horizontkonfrontation‹ vgl. Mosse. Confronting History, 212.

49 Koeppen. Advent, 548.

50 Wolfgang Koeppen. Unsern Ausgang segne, Gott, unseren Eingang gleichermaßen (1979), in: ders. Auf dem Phantasieroß, 541–545, hier: 541. Diese Fassung weicht etwas von der in Bd. 3, 297–302, der »Gesammelten Werke« ab.

51 Vgl. Wolfgang Koeppen. Unsern Ausgang segne, Gott, unseren Eingang gleichermaßen. Aus einer Erzählung (1979), in: ders. Gesammelte Werke. Bd. 3, 297–302, hier: 297. Koeppen spielt auf das Denkmal Chamissos im Monbijoupark an, den er für dessen Schöpfung, den Schlemihl nimmt. Zu Chamisso als Entdecker eines preußischen »Lands der bösen Träume« sowie zum Denkmal: Koeppen. Chamisso und Peter Schlemihl, 83, 85.

52 Zum bildlichen Nexus von Schatten und dem Unerledigten: Bollnow. Das Nachholen des Versäumten, 218.

Die Dispersion oder Suchen nach Überresten

Erfahrung der Scham. Ein Teil der Identifikation des Flaneurs nahm den Weg über die Schlemihl-Figur.[53]

Denn in Schlemihls Geist pflegte er die Gemeinschaft der Ortlosen; etwas von diesem Geist sah er repräsentiert in der Gegend um die alte Börse. So empfand sich der Flaneur Koeppen als doppelt Fremder auf Chamissos Wegen. Doppelt, weil er einerseits in der touristischen Aufmachung eines Westdeutschen durch die unbehagliche Schleuse der Friedrichstraße gelotst wurde; andererseits erschien er als alter Bekannter, der durch eine kaum wiederzuerkennende Stadtlandschaft fuhr.[54] Der Transit wurde ihm nicht nur zur Fahrt durch sich überlagernde Zeitgegenden, durch eine Gegenwart, in der die »Gleichzeitigkeit des Ungleichzeitigen« zweier verfeindeter Regime herrschte.[55] Daneben hauste auf diesem Weg etwas Drittes. Es war, was keiner der Stadtpläne vermerkte: ein Grab der Träume.[56] Was Koeppen an diesem Nadelöhr des Weges zur Erinnerung kommt, ist die Einsicht in einen biografischen Urpunkt, der mit der »magnetischen Kraft« Berlins zu tun hatte, die Max Tau als den archimedischen Punkt ihres Lebens beschrieb.[57] Es war die Stadt als »Mittelpunkt« der Zwischenkriegsjahre, in der diese sowohl die Talente wie das Fragwürdigste angezogen hatte: das, was Koeppen den »Zündstoff eines Weltenbrandes« nannte.[58] Im Guten wie im Schlechten verkörperte der Ort unausgeschöpftes Potenzial. So offenbarte sich ein eminent gespaltenes Bild ihrer Erinnerung; es verschmolzen darin – wie Tau Koeppen schrieb – Leiderinnerung an »allerschlimmste Zeiten« mit solcher ihres »Fests des Lebens«.[59] Was sich festhalten lässt, ist das Vexierbild eines

---

53 Zu Koeppens Identifikation mit Chamissos Schlemihl-Existenzform als der Allegorie eines Ortlosen vgl. Koeppen an Unseld vom 13.11.1981, in: dies. »Ich bitte um ein Wort …«, 371–374, hier: 372. Zu Schlemihl als demjenigen, der »allein unstet in der Welt wandern« muss: Adelbert von Chamisso. Peter Schlemihls wundersame Geschichte (1814), in: ders. Sämtliche Werke. Bd. 1. Darmstadt 1975, 13–67, hier: 57.

54 Vgl. Koeppen. Unsern Ausgang segne, Gott, unseren Eingang gleichermaßen, 298.

55 Vgl. ebd., 299. Zur »Gleichzeitigkeit des Ungleichzeitigen«: Ernst Bloch. Erbschaft dieser Zeit. Erweiterte Ausgabe. Frankfurt a.M. 1985, 111f. Schon Polgar beschrieb das Nebeneinander von Zeitempfindungen im Berliner Nachkrieg. Vgl. Polgar. Wiedersehen mit Berlin, 469.

56 Vgl. Koeppen. Unsern Ausgang segne, Gott, unseren Eingang gleichermaßen, 543.

57 Zum archimedischen Punkt ihres Lebens vgl. Tau. Das Land, das ich verlassen musste, 183.

58 Vgl. Koeppen. Tasso oder die Disproportion, 606.

59 Vgl. Tau an Koeppen vom 2.12.1965, Arch 2705. Stadt- und Landesarchiv Dortmund. Handschriftenabteilung.

Ortes, der für die Autoren ein zum Zerreißen gespanntes Verhältnis zum Ausdruck brachte: Gerade dessen Integration in Form stellte sie vor Herausforderungen.[60]

Die Zerrissenheit zeigte sich auch im Verhältnis zur Zeit. Denn wenn der Ankerpunkt im Raum ein erinnerter Ort war, so wurden dem Flaneur zwar die Überreste – das Stehengebliebene – zu Identifikationspunkten. Doch drohten sie im selben Augenblick zu Stelen einer *temps perdu* zu werden. Gerade darin hatte sich Koeppens Gefühl zur Stadt gewandelt. Die Zeit der Stadt lag nun als Erfahrung im Rücken: »Ich kannte die Stadt, ich hatte hier gelebt, an jeder Ecke lag verlorene Zeit, doch umbaut von anderen, denen ich Platz gemacht hatte.«[61] Bezeichnend, wie die Stadt zum Medium der Selbstbegegnung wird. Wie das Ich syntaktisch an die Stelle der Stadt rückt und dieses Ich sich mit den Topoi des Stehengebliebenen identifiziert.

Eine weitere Begegnung mit dieser verlorenen Zeit machte Koeppen, als es sich noch einmal als Kaffeehaus-Literat versuchte. Der Rhythmus der Orte hatte sein bewegliches Fluidum eingebüßt.[62] Nun zog es ihn in die zeitliche Tiefe: »Ich komme gegen vier zum Kurfürstendamm«, schrieb er während seines Aufenthalts an den Vertrauten Uwe Johnson, »ich hocke in den Cafés, versuche die Jahre zu überspielen«.[63] Dabei wusste Koeppen, dass die Zeit nicht dadurch weniger »unheimlich« wird, »daß man sie ignoriert«.[64] Insofern steht das Kaffeehaus zwar noch für die Utopie schöpferischer Geselligkeit, wie er sie in der Miniatur »Romanisches Café« verewigte. Doch deutet die Wendung Am-Ku'damm-Hocken nicht nur ein Stocken an, sondern auf eine Verschiebung von der erlebten zur erfahrenen Zeit. Denn was am Kurfürstendamm misslang, war seine »Wiederholung« in Berlin: Der Ort nahm ihn nicht mehr in sich auf.[65] In diesem Misslingen trat etwas hervor, das sich nicht im sentimentalischen Schwelgen erschöpfte, sondern eine Ahnung ausstehender Selbsteinsicht enthielt.[66]

---

60 Zur schwierigen Konstellation, Leid- und Glückserfahrung zusammenzudenken, vgl. Angehrn. Sein Leben schreiben, 213.

61 Koeppen. Morgenrot, 264.

62 Zur Eigenschaft des Rhythmus, den Kräften des Lebens eine Form zu geben, vgl. Bachelard. La dialectique de la durée, 128.

63 Koeppen an Johnson 19.9.1972. Uwe Johnson-Archiv (UJA) Rostock.

64 Wolfgang Koeppen. Vom Tisch (1972), in: ders. Gesammelte Werke. Bd. 5, 283–301, hier: 298.

65 Wenn nach Otto das Wiedererkennen am Ort misslingt, kann auch keine wirkliche Wiederkehr eintreten. Vgl. Otto. Der Ort, 98.

66 Zur Wiederholung als Selbstrealisation oder »Gjentagelsen« bei: Sören Kierkegaard. Die Wiederholung (1843), in: ders. Die Krankheit zum Tode / Furcht und

Was Koeppen widerfuhr – und sich in seinen Versuchen wiederspiegelt –, kann man mit einer Wendung Gadamers als die »Hinterrücks-Erfahrung« der Zeit bezeichnen.[67] Es ist ihre tückische Eigenschaft, dass sie ständig hinter einem ist und dieser rückwärtige Anteil mit der Lebenszeit wächst. So war es die vergangene Zeit, die Koeppen aus der Tiefe des Kaffeehauses regelrecht anfiel. Als Figur aus anderer Zeit konnte er sich nur im Vorläufigen einrichten, was den Kontrast zum Zeiterleben der Cassirer-Zeit noch schärfer herausstellte.[68] Zur »Hinterrücks-Erfahrung« wurde die Kaffeehaus-Zeit auch, weil sie zum überwiegenden Teil jetzt als Last empfunden wurde.[69] Dieser Zeitlast scheint eine schöpferische »Werdehemmung« korrespondiert zu haben.[70] Das jedenfalls legt die Form der *non-finitos* nahe. Denn wenn der Künstler nicht mehr genug verankernde Kraft im Gegenwärtigen aufbringt, so droht er zum Treibgut der Zeit zu werden. Man mag darin einen Kräfteverlust sehen, insofern die Auffrischung am einstigen Genius Loci seiner Produktivität misslang.[71] Koeppen wusste darum: Er empfand sich, wie er Tau gegenüber bekannte, als Bewohner eines Niemandslandes. Bezeichnenderweise nimmt er seine Eismetaphorik wieder auf, die er parallel fürs Romanische Café gebrauchte. Wenn sein Café jetzt unter einer Eisschicht begraben war, so sah sich der einstige Besucher als Umhergetriebener: »Ich bin eigentlich schon allein auf einer Eisscholle«, schreibt er in dieser Zeit, »die abgetrieben ist. Ich weiss nicht mal, ob Signale, sendete ich sie aus, noch jemanden erreichten.«[72]

Wenn er sich als Schiffbrüchiger auf einer »Eisscholle« wähnte, so war ihm die Stadt darin seelenverwandt. Nach Koeppens Beobachtung führte

Zittern / Die Wiederholung / Der Begriff der Angst. Hg. von Hermann Diem und Walter Rest. München 2007, 327–440, hier: 430f. Sowie auf den kreativen Prozess bezogen: Ludwig Binswanger. Henrik Ibsen und das Problem der Selbstrealisation in der Kunst. Heidelberg 1949, 21.

67 Vgl. zum Ausdruck der »Hinterrücks-Erfahrung« Gadamer. Über leere und erfüllte Zeit, 137, 146.

68 Zur Zwiespältigkeit fragiler künstlerischer Produktivität, die ihr Zeiterleben zwischen dem schöpferischen Augenblick und der geschichtlichen Zeit einzurichten hat, auch: Binswanger. Ibsen, 31.

69 Zur Last der Vergangenheit vgl. Koeppen. Ich habe nichts gegen Babylon, 155.

70 Zur »Werdehemmung« in der melancholischen Gestimmtheit vgl. von Gebsattel. Zeitbezogenes Zwangsdenken in der Melancholie, 5.

71 Das hätte Koeppen mit dem Chamisso-Mythos des Schattenlosen gemein, den man psychoanalytisch als einen des Verlusts ›schöpferischer Potenz‹ gedeutet hat. Vgl. Rank. Der Doppelgänger, 78f.

72 Koeppen an Tau vom 6.2.1969, Arch 2723. Stadt- und Landesarchiv Dortmund. Handschriftenabteilung.

sie selbst ein verstecktes Dasein: »Berlin lebte versteckt; ich konnte es in meinem neuen Anfang auf keiner Straße finden«.[73] Zugleich irritierte ihn eine neue Architektur von Nicht-Orten: »Es waren Verbindungswege, nicht in meinem Sinn, kein Boulevard, kein Caféhaus, Tankstellen, wo man zum Benzin Limonade ausschenkte«.[74] Der Fußgänger bemerkte am Atmosphärenschwund, dass die gewandelte Stadt sich seinem Verständnis entzog. Es war ein merkwürdig mit Wachposten »gesichertes Versteck«, wie schon Kierkegaard Berlin genannt hatte.[75] Doch waren gerade die existenziellen Winkel neuerlich ausfindig zu machen, weshalb der innere Kompass sich auf die veränderte Lage einzustellen hatte.

Wiederum sah sich der Rückkehrer auf die Schienenwege als Anhaltspunkte verwiesen. Es scheint, als habe Koeppen diese Wege zum Prinzip seines Romanprojekts machen wollen, in dem er das Motiv der Strecke zur Lebensstrecke ausbauen wollte. Die Vermutung bestätigt das kleine Gedicht »nach potsdam«. Es entstand als Hommage an den damals isoliert bei Potsdam lebenden Peter Huchel, den Koeppen persönlich kannte.[76] Zugleich bildet dieses Gedicht eine Miniaturversion seines »Brandenburg«-Projekts: »Es ist lange her«, heißt es: »mit der stadtbahn / vom bahnhof zoo / und den kaffeehäusern.«[77] So fädeln sich auf kleinstem Raum liegen gelassene Ortschaften und Zeitstücke, von der Kindheit in Preußen bis zum Mauerbau, entlang einer Fahrt nach Potsdam auf – mit der Pointe, dass die S-Bahn-Linie, an der Haltestelle Wannsee unterbrochen, ohne Durchfahrt nach Potsdam blieb, das jetzt »sehr weit weg« läge.[78]

Die Figur der Strecke ermöglichte es Koeppen, Stehengebliebenes und Liegengebliebenes aufeinander zu beziehen. Wenn in seiner Nachkriegs-Flanerie die übrig gebliebenen Bauten die Stelle des Stehengebliebenen einnahmen, so legte die Fahrt mit Stadt- und Wannseebahn die horizontalen wie diagonalen Schneisen frei, die lebensgeschichtlich ins Liegengelassene führten. Brachte ihn die S 1 in die Preußen-Krypta am Stadtrand, so die Stadtbahn ins Herz der lädierten Wohlstandsburgen des einstigen Neuen

---

73 Koeppen. Morgenrot, 266.

74 Ebd. Dies erinnert an Augés Beschreibung flüchtiger Nicht-Orte ohne Verweilen, wie sie im Besonderen Transiträume repräsentieren. Vgl. Marc Augé. Nicht-Orte. Frankfurt a.M. 1994, 83f.

75 Vgl. Kierkegaard. Die Wiederholung, 357.

76 Zur Bekanntschaft sowie Koeppens lebhaftem Interesse an Huchels »Sinn und Form« vgl. Koeppen an Huchel vom 28.12.54. Nachlass Peter Huchel, DLA Marbach.

77 Koeppen. nach potsdam, 50.

78 Vgl. ebd., 51.

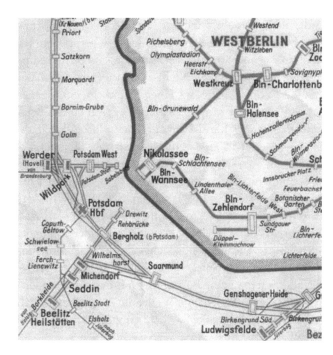

Das Detail gekappter Linien im S-Bahn-Netz: Wannsee-Bahn um 1970, Endstation Wannsee am Grab Kleists. Auf der anderen Seite und »sehr weit weg«: Wilhelmshorst, Huchels Ort der Isolation.[80]

Westens.[79] Um diesen Gedanken zu entfalten, ist eine begriffliche Unterscheidung einzuführen. Denn es geht nicht so sehr um die Vorstellung der Strecke als messbare Distanz, sondern um die Erstreckung als Daseinsproblematik, durch die etwas von der empfundenen Zeit zur Sprache kommt. Die Erstreckung meint den erlebten Bogen des Lebens.[81] Erst diese Erfahrung zeitlicher Erstreckung führt auf die Frage ihres Ausdrucks; dabei kann der sichtbar werdende Lebensbogen sich sowohl als erfüllter, lückenhafter als auch am Ende leerer zeigen.[82]

Koeppen hat diese Frage während seines Berlin-Aufenthalts anklingen lassen. Ihn beschäftigte, wie eine alltägliche Wegstrecke zum daseinstopografischen Thema werden konnte. Dieser Einsicht ist die phänomenologische an

79 Zu diesem Weg entlang der Stadtbahn durch den Neuen Westen schon: Benjamin. Berliner Chronik, 473.
80 Zu dem Detail des S-Bahn-Plans der Reichsbahndirektion, Berlin-Ost 1964–1967, siehe die Abbildung im Kapitel »Zwischen Anhalter Trumm und Potsdamer Fraktal«.
81 Vgl. zur Erstreckung im Unterschied zur bloß messbaren Strecke: Heidegger. Sein und Zeit, 374, 417. Sowie zur Erstrecktheit als dem ursprünglich ekstatischen Charakter der Zeit: Martin Heidegger. Die Grundprobleme der Phänomenologie (1927). Gesamtausgabe. Bd. 24. Frankfurt a. M. 1997, 382.
82 Zur Ausgespanntheit des Lebensbogens vgl. Angehrn. Vom Anfang und Ende, 22 f.

die Seite zu stellen, dass die als Dauer empfundene Zeit jene Frage nach ihrer Erfülltheit oder Leere nach sich zieht. Es stellt sich das Erleben gedehnter Wegstrecke dort ein, wo eine gegenwärtige Leerzeit einer als diffus empfundenen Erwartungszeit gegenübersteht.[83] Nicht von ungefähr wird der Ort einer spürbar leeren Zeit zum Schauplatz einer Rückkehr entzogener Zeit. So auch hier: Koeppen beschreibt im September 1972, in einem Brief an seine Frau, eine symptomatische S-Bahn-Fahrt diagonal durch die Stadt. Das Raumerleben wirkt eingebettet in eine Räumlichkeit des Melancholischen.[84] Ein Mangel drückt sich aus; selbst der Appetit sei dem »Geniesser« abhandengekommen. Wo das Schmecken der Atmosphäre ausbleibt, ist die alte Innigkeit im Raumbezug gestört.[85] Ein isoliertes Selbst spricht, das auf seinen Wegen »mit keinem Menschen« redet, dem die Fahrt zum Zoo »endlos« vorkommt.[86] Während der Geschmackssinn Nähe, hier fehlende, evoziert, kommt mit dem Blick aus dem Bahnfenster der Horizont, der Abstand zwischen damals und heute ins Spiel.[87] Was sich demnach bei seiner Fahrt durch die Stadt auftat, kann man eine Begegnung mit den Brachfeldern der Zeit nennen. Es ist eine beklemmende lange Weile, die im günstigen Fall das Liegengelassene, die verwaisten Vorhaben zurückbringt, im schlechteren zur Weile ohne Gelingen wird.[88]

Doch wähnte sich Koeppen trotz allem auf seiner Spur. Er glaubte, links und rechts des Weges, die »leftovers« seiner Erfahrung einsammeln zu können. Dabei war das Bild der »Überreste« gut gewählt, es erinnert an das, was am Ende vom Tisch eines Kaffeehauses mit der Kellnerbürste abgeräumt wird. Dass es bei poetischen »leftovers« blieb – Keimlingen »vom Tisch« der Poesie, wie er seine Werkfragmente beschrieb –, das ahnte er während seiner Zeit in Berlin noch nicht.[89] So heißt es im Exposé, dessen

83 Vgl. zur Dehnung und Stauchung einer Strecke im zeitlichen Erleben Lübbe. Im Zug der Zeit, 363f.
84 Vgl. Bollnow. Mensch und Raum, 237.
85 Zum Geruchs- und Geschmackssinn als Aufnahmemedien der Atmosphäre: Tellenbach. Geschmack und Atmosphäre, 26f. Zur Form ursprünglicher *aisthesis*: Angehrn. Sein Leben schreiben, 195.
86 Vgl. Wolfgang Koeppen an Marion Koeppen vom 26.9.1972, in: dies. »trotz allem, so wie du bist, 295–298, hier: 295.
87 Der Sehsinn scheint auf andere Weise mit der Reflexivität im Bunde als die Milieusinne des Riechens und Schmeckens – der Sehsinn betont den Abstand. Vgl. Guzzoni. Weile und Weite, 25.
88 Zur kreatologischen Zwischenstellung der langen Weile zwischen Verweilen und Qual vgl. ebd., 31.
89 Zum Begriff des »vom Tisch« für Koeppens poetische *non-finitos*: Wolfgang Koeppen. Vom Tisch, in: Text + Kritik Nr. 34: Wolfgang Koeppen (1972), 1–13,

Entwurf 1974 Eingang in eine Suhrkamp-Verlagsankündigung fand, dass in dem Romanprojekt mithilfe der S-Bahn die Lebensstücke aufgefädelt werden sollten.[90] Die Stadtbahn, so Koeppen, stelle den Kontakt zu den tieferen Schichten der Zeit her: »Die Stadtbahn verbindet ihn«, heißt es über sein Alter Ego, »mit dem Kurfürstendamm, der Gedächtniskirche, einem Eislaufplatz«, der Stelle des verschütteten Romanischen Cafés, »den Warenhäusern, dem Tiergarten, dem Alten Westen, der Mauer am Potsdamer Platz«, eine Strecke, die quer durch die leere Zentrale führen sollte, um in der »eigenen Vergangenheit, seinem Glück und Unglück« anzukommen.[91] Was war das, wenn nicht Koeppens Route durch unerledigtes Berliner Terrain? Sie hätte zur Wiederbegegnung mit jenem »auf der Strecke des Lebens Gebliebenen« führen sollen. Was Koeppen nur andeutete, ist die komplizierte Durchführbarkeit dieser nachgeholten Lebenspassage in einer Stadt, deren Lebensadern gekappt waren. So hält er über die Wege fest: »Verbindung nach Ost-Berlin ist die Stadtbahn« – doch fügt er hinzu: »Diese Linie vom Kleist-Grab in Wannsee bis zum Thälmann-Platz in Berlin.«[92] Also dorthin, wo hinzugelangen in der geteilten Stadt eine Herausforderung darstellte.

In diesen Entwürfen versuchte Koeppen seine Lebensstrecke durch die Stadt nachzuzeichnen, war der Thälmannplatz der vorherige Kaiserhof – ein alter Halt der späteren U2 – unweit seiner ehemaligen Redaktionsadresse beim »Berliner Börsen-Courier«. Dabei schien er zum Geisterseher des einstigen Zeitungsviertels zu werden, das im ostseitigen leeren Zentrum lag. Hierzu gestand er im Vorfeld des Berlin-Projekts brieflich seinem alten Chef Ihering: »Manchmal sehe ich Sie vor mir aus dem Untergrundbahnhof Spittelmarkt« aufsteigen, er selbst, gleich einem Schlemihlschen Schatten, als sein »Schatten« folgend.[93] Erkundungsgänger im Hades der Zeit. Doch wies er mit dem U-Bahn-Hof Thälmannplatz als Ziel seiner Route auch auf einen Ort in der östlichen Krypta. Sie war gelegen in einer innerstädtischen Kapsel,

hier: I. Sowie: Koeppen. Vom Tisch, 283. Dass das *non-finito* etwas Endgültiges haben könnte, deutet er erst in dem später veröffentlichten Fragment an: Koeppen. Morgenrot, 257.

90 Zur Ankündigung des später aufgegebenen Werks in: Koeppen/Unseld. »Ich bitte um ein Wort …«, 271.

91 Vgl. Wolfgang Koeppen. Brandenburg-Manuskripte M 11, 11–12. Nachlass Wolfgang Koeppen. Wolfgang-Koeppen-Archiv Greifswald.

92 Wolfgang Koeppen. Brandenburg-Manuskripte M 8, 8–9. Nachlass Wolfgang Koeppen. Wolfgang-Koeppen-Archiv Greifswald.

93 Vgl. Koeppen an Ihering vom 27.2.1963. Herbert Ihering-Archiv 1748. Archiv der Akademie der Künste Berlin. Zum Presseviertel und zur Kochstraße als einstiger ›Straße des Intellekts‹ auch: Nicolas. Berlin zwischen gestern und heute, 40.

Das leere Zentrum
nach dem U-Bahn-
Netz 1976/77:
aufgegebene
Stationen (ge-
strichelte Linien),
Geisterbahnhöfe
(durchgekreuzte
Stationen) und
gemiedene
Stationen wie
Thälmannplatz, da
kaum erreichbar.[94]

die aus dem Westteil – etwa über das Gleisdreieck – nicht mehr zu erreichen
war, lediglich mit einer komplizierten Passage über die Friedrichstraße, wie
der Auszug aus dem zeitgenössischen U-Bahn-Plan zeigt. Dazu heißt es in
Koeppens Entwürfen lakonisch: »unterwartete Hindernisse«.[95]

Doch gerade deshalb nahmen diese entlegenen, verwaisten oder blockier-
ten Bahnhöfe übertragenen Sinn an, entsprachen sie manch unzugänglicher
Erinnerungsstelle im Gedächtnis des Autors. Es gab auf seiner Lebensstrecke
analoge Haltestellen, die nicht mehr anzufahren waren. Sei es, weil sie ihm
unzugänglich geworden waren oder weil er sie mied – sei es, dass es sie nicht
mehr gab oder dass sie zu Durchfahrtsstellen ohne Halt geworden waren.
Dessen eingedenk, muss ihm die Stadt mit ihren Geisterbahnhöfen und aufgegebenen Stationen wie ein materialisierter Gedächtnisraum vorgekommen
sein. Etwas von der Topik des Meidens berührte ihn in Berlin wie ein Echo.
Wie es zu keiner durchgehenden Fahrtbewegung mehr kam, so kam es in

94 Der Ausschnitt aus dem U-Bahn-Plan ist entnommen: Berliner Verkehrs-Betriebe
(Hg.). Mit der BVG durch Berlin. Liniennetz Fahrgastinformation. Winterausgabe
1976/77. Berlin (West) 1976.
95 Vgl. Wolfgang Koeppen. Brandenburg-Manuskripte M 11, 11–12. Nachlass Wolfgang Koeppen. Wolfgang-Koeppen-Archiv Greifswald.

Koeppens Arbeitsvorgang zu keiner Durchgliederung des Erlebten. Die Unterbrechungen, die er im Stadtplan wiederfand, hatten ihre Entsprechung im Lebensrhythmus. Suggeriert der Topos der S-Bahn in Koeppens Entwurf demnach nur vordergründige Kontinuität, so sprechen seine Fragmente eine andere Sprache. Das untermauerte Koeppen biografisch, als er einmal sagte, sein Lebensweg sei mehrmals »verbaut« worden.[96] Jenes Selbstverständnis verbauter Lebenswege muss es gewesen, das ihn in Berlin heimsuchte.

Insofern ging es dem Autor nicht so sehr ums Ankommen in einer konkreten Erzählung der Stadt: »Kein Ziel«, heißt es, war festgelegt.[97] Doch sollte, im Abwägen zwischen »alt und neu«, etwas zur Einsicht gelangen.[98] Davon legt eine Nachlassskizze, »Das Grab am Wannsee«, Zeugnis ab, die ins Innere seines Kleist-Motivs führt. Dieses für den Erzähler unauffindbare Grab an der südwestlichen Peripherie, jener versteckte Ort, hätte zu einem Aufwachen des Protagonisten führen sollen.[99] Der Weg dorthin sollte zur Strecke der Realisation werden. Das legt auch das »potsdam«-Gedicht nahe: Es weist darauf hin, dass »kleist in seinem grab« auf einer Bruchkante ruhte.[100] Sein Grab lag an jener Stelle, wo die Linie zwischen Berlin und Potsdam, wie im S-Bahn-Plan gesehen, unterbrochen war. Kleist lag in einem nur einseitig erreichbaren Niemandsland. War Koeppen insofern die Endstation am Wannsee, das »Haus Sandwerder« für sich bereits suspekt, denn es lag vis-à-vis vom »Haus der Endlösung«, so reihten sich ihm die Fraglichkeiten auf dem Weg.[101] Neben der grauen Gegend um den Bahnhof Zoo – Berlin war eine Stadt der Süchtigen geworden – wollte er die Türme des neu erbauten Hansaviertels in den Geist Becketts stellen, der in dieser Gegend seine Stücke in der Akademie inszenierte. In Ostberlin dagegen stieß er auf ein konkurrierendes absurdes Stück: »Das Zeughaus als Museum für ›deutsche Geschichte‹«, heißt es mit Erstaunen: eine jener tragikomischen

---

96 Zur Metapher der verbauten Wege: Koeppen. Zeit des Steppenwolfs, 255.

97 Vgl. Koeppen. Advent, 548.

98 Dass das »Brandenburg«-Projekt ein Destillat seiner Erfahrungen mit der Stadt werden sollte, davon sprach auch der vom Autor formulierte Ankündigungstext zum nie erschienenen Buch. Vgl. Koeppen/Unseld. »Ich bitte um ein Wort ...«, 271.

99 Zur Krypta als ›verstecktem Ort‹ schlechthin auch: Derrida. Fors, 14.

100 Vgl. Koeppen. nach potsdam, 51. Zum Grab Kleists, an dem sich eine Inschrift aus dem »Prinzen von Homburg« befindet, auch: Ihlenfeld. Stadtmitte, 43.

101 Zum *locus suspectus* des Wannsees: Wolfgang Koeppen. Brandenburg-Manuskripte M 11, 11–10. Nachlass Wolfgang Koeppen. Wolfgang-Koeppen-Archiv Greifswald.

Umbesetzungen.[102] So gedachte der Autor dieser Überbietungstendenz die Kraft eigener Erfahrungen entgegenzuhalten. Er wollte ein Schlüsselproblem wieder aufnehmen, wie es seit je zur Literatur gehört: das Hineinnehmen des Übersehenen.[103]

Während Koeppens Buch »Jugend«, das ebenfalls in den 1970ern entstand, auf die verdrängte Niederlage nach dem Ersten Weltkrieg einging, schließt das »Brandenburg«-Projekt an jenes Unerledigte an, das sich zwischen den Kriegen auf dem Weg zur zweiten Katastrophe aufbaute.[104] Das deutet ein weiteres Fragment, »Ein Anfang ein Ende«, über den berüchtigten »Tag von Potsdam« an. Es war für ihn die Schlüsselszene einer tragisch-grotesken Verkennung der Akteure, deren Verwicklungen der Text auf dem Weg zum Grab Kleists aufrollen wollte.[105] Was war nach Koeppen an diesem 21. März 1933 geschehen? Es war das sichtbarste Anzeichen einer Verstiegenheit der preußischen Eliten, die an jenem Tag Deutschland ein Stück näher den »Gräbern zu« rückten.[106] Er legt nahe, wie die Eliten des Reichs in Hochmut den Verführer in »feldgrau«, Hitler, wie er in der Kluft des Zivilisten Reichspräsident Hindenburg gegenübertrat, verkannten.[107] Das war nicht nur mangelnde Selbsteinschätzung, sondern Fehleinschätzung der Lage. Auf dieser Spur notierte Koeppen mit psychologischem Gespür in seinen Nachlass-Notizen: »Die Verblendung [...] war unglaublich. Sie hielten sich für auserwählt und vergaßen, daß sie in der Luft schwebten.«[108] Den

---

102 Zu dieser Reihe Berliner Gegenden vgl. Wolfgang Koeppen. Brandenburg-Manuskripte M 11, 11–11. Nachlass Wolfgang Koeppen. Wolfgang-Koeppen-Archiv Greifswald. Koeppens Verweis auf Beckett scheint auch von poetologischer Bedeutung, hatte ihm Unseld im Vorfeld Becketts Ästhetik der Fragmente für die eigenen Formbemühungen als Modell vorgeschlagen: Unseld an Koeppen vom 22.1.1968, in: ders./Unseld. »Ich bitte um ein Wort ...«, 159.

103 Vgl. Bollnow. Das Nachholen des Versäumten, 214.

104 Zum Unrealisierten nach dem ersten Krieg; zu Ehre und Beschämung, die den Weg in die Revanche ebneten: Koeppen. Jugend, 41. Zur »Kryptenbildung« und »Verweigerung der Trauer« nach dem Ersten Weltkrieg auch: Elisabeth Weber. Denkmäler, Krypten. Zur deutsch-jüdischen Geschichte nach 1918, in: dies./Georg Christoph Tholen (Hg.). Das Vergessen(e). Anamnesen des Undarstellbaren. Wien 1997, 140–157, insb. 153f.

105 Zur Struktur der Verkennung (gr. *agnoia*), der das Ausbleiben der rechten Sicht dessen, was ist (gr. *anoia*), vorausgegangen ist, die in der Tragödie in die Katastrophe führt: Volkmann-Schluck. Kunst und Erkenntnis, 59.

106 Vgl. Koeppen. Ein Anfang ein Ende, 277.

107 Vgl. ebd., 278.

108 Wolfgang Koeppen. Brandenburg-Manuskripte M 9, 9–17. Nachlass Wolfgang Koeppen. Wolfgang-Koeppen-Archiv Greifswald.

»Dilettanten Hitler« hatten sie falsch eingeschätzt. Und überschätzten ihre Rolle im Staat: »Sie waren aus Hochmut gegen den Nationalsozialismus. Im Grunde lebten sie neben ihm her.«

So zeichnet sich in den Skizzen das Drama eines Wirklichkeitsverlusts ab. Laut dem »Brandenburg«-Plan war die Verkennung im Herzen der zweiten Katastrophe fundamentaler. Die alten Kräfte übersahen die Gefahr nicht, sie wollten sie nicht sehen. Daher kam es am »Tag von Potsdam« zur grotesken Vermählung von Reichswehr mit Braun- und Schwarzhemden, von Hindenburg und Hitler: »Ein Schauspieler«, so Koeppen, »übergab einem anderen Schauspieler, dessen Finale noch nicht geschrieben war, das Reich.«[109] Was Hindenburg an der Garnisonskirche übergab, war die »Königsgruft« – gemeint ist die Krypta des Soldatenkönigs Wilhelm I.; im Hintergrund der Szenerie zeichnete sich schon »Macbeths Wald«, der Weg in die Diktatur ab.[110] Über dieser Kernszene aus den Entwürfen könnte als Motto ein Ausspruch des Phänomenologen Ludwig Binswanger stehen, der über die Anfälligkeit des Menschen zur verstiegenen Idealbildung, zum »vol imaginaire«, geäußert hat: »Emporgetragen auf den Flügeln bloßer Wünsche und ›Einbildungen‹«.[111] Die Landung erfolgte nach Koeppen »im Staub«. Dieser Absturz führte zu weiteren Kryptenbildungen, denen er auf der Spur war.

Entlang der angedeuteten Linie glaubt man zu ahnen, warum er die Figur Kleists, seines »Prinzen von Homburg«, benötigte. Das von Koeppen evozierte Selbstbild der Militärs: Rief es nicht unwillkürlich den somnambulen Prinzen Kleists in Erinnerung?[112] Das Bild übertrug sich auf jene Militärs, die sich tagträumend am Ende selbst in den Untergang führten. Auch die Frage nach Befehl und Gehorsam – oder Ungehorsam mit falschem Timing –

---

109 Koeppen. Ein Anfang ein Ende, 295.
110 Zum Kryptamotiv und Macbeths Wald, Letzterer zum Bild der Tyrannenherrschaft umgedeutet: Koeppen. Ein Anfang ein Ende, 293, 295. Koeppen spielt auf den wandernden Wald an, der Macbeth in einer Prophezeiung vorhergesagt wird: William Shakespeare. The Tragedy of Macbeth (1606), in: ders. Sämtliche Werke. Bd. 2. Englisch-Deutsch. Mit einem einführenden Essay von Harold Bloom. Frankfurt a.M. 2010, 2171–2231, hier: 2210, 2227. Ähnlich hielt Bonhoeffer in der NS-Zeit fest: »Die Gestalten Shakespeares gehen um.« Dietrich Bonhoeffer. Ethik. Werke. Bd. 6. Hg. von Ilse Tödt u.a. München 2016, 62. Zur aufgeladenen Symbolik der Garnisonskirche nebst Krypta Wilhelms I., die Propagandaminister Goebbels ausnutzte: Christopher Clark. Preußens Aufstieg und Niedergang. 1600–1947. München 2007, 744f.
111 Binswanger. Formen mißglückten Daseins, 245.
112 Zum Schlafwandlermotiv und zur »inneren Dissonanz des Charakters« jenes Kleist'schen Prinzen schon Georg Wilhelm Friedrich Hegel. Vorlesungen über die Ästhetik II. Werke. Bd. 14. Frankfurt a.M. 1970, 202.

nahm sich wie die Vorgeschichte des Dilemmas des Widerstandes aus, jenes Umsturzes, wie ihn Graf von Stauffenberg fast in Einzelaktion glaubte durchführen zu können.[113] Zu den Irrtümern des Widerstands ergänzte Koeppen trocken, aus der Sicht der Bonner Republik: »Was Goerdeler wollte«, der Jurist, der die Übergangsregierung nach einem Sturz Hitlers zu führen gedachte, »hätte ungefähr einer Militärdiktatur unter einem Regierungschef Adenauer entsprochen. Adenauer [...], zur Mitverschwörung aufgefordert, hatte sich herausgehalten. Er war klüger.«[114]

Koeppen selbst war gut unterrichtet über den Widerstand. Von Begegnungen in Berlin kannte er Werner von Haeften, Legationsrat im Auswärtigen Amt, den man wegen seiner Teilnahme am Umsturzversuch 1944 im Bendlerblock erschoss.[115] Es war insofern keine Frage der Sympathie für den Umsturz, sondern die nachträgliche Erkundung – mit den Mitteln der Literatur –, ob dieser nicht in eine tragische Wirkungsgeschichte gehörte, die mit den Untoten Kleists zu tun hat.[116] Was den Widerstand mit diesem verband, war das Motiv des verspäteten Aufwachens. Zugleich setzte sich etwas anderes fort: Noch die DDR trug für Koeppen Züge einer »Wiedergeburt der preußischen Armee aus dem Geist des Sozialismus«.[117] Kleist und seine Helden, das war die Tradition des Durchhaltens in aussichtslosen Lagen, etwas, das sich nicht überlebt hatte und die Alliierten dazu bewogen haben mochte, Berlin als alte Zentrale Preußens in politischen Winterschlaf zu versetzen.[118] Insofern stand Kleist für eine Figur besonderer Obsessivität: jenen

113 Die preußische Pflichtmoral machte das Handeln nach einem ethischen Motiv schwierig. Zum Versuch eines ›transzendierenden Pflichtgefühls‹, das den Anstand im Widerstand höher bewertete, vgl. Clark. Preußen, 760.

114 Wolfgang Koeppen. Brandenburg-Manuskripte M 9, 9–18. Nachlass Wolfgang Koeppen. Wolfgang-Koeppen-Archiv Greifswald. Zu den Motiven des preußischen Widerstands: Clark. Preußen, 757f.

115 Vgl. Wolfgang Koeppen. Brandenburg-Manuskripte M 9, 9–16. Nachlass Wolfgang Koeppen. Wolfgang-Koeppen-Archiv Greifswald.

116 In dieser wirkungsgeschichtlichen Perspektive läge eine Parallele zu den späten Stücken Heiner Müllers; er beschrieb ein Vakuum in der deutschen Nachkriegsliteratur, was die Hereinnahme dieses Aspekts der Tragödie betraf. Vgl. Heiner Müller. Krieg ohne Schlacht. Leben in zwei Diktaturen. Köln 1992, 345f.

117 Vgl. Wolfgang Koeppen. Brandenburg-Manuskripte M 8, 8–8. Nachlass Wolfgang Koeppen. Wolfgang-Koeppen-Archiv Greifswald.

118 Zu einer Koeppen vergleichbaren Mentalitätsanalyse: Hans Scholz. Am grünen Strand der Spree. So gut wie ein Roman. Hamburg 1955, 67f. Zur These eines gezielten Winterschlafs Berlins aufgrund der unter den Alliierten verbreiteten ›Preußenangst‹ vgl. Italiaander/Haas. Vorwort, in: dies. (Hg.). Berliner Cocktail, 9–12, hier: 12.

hier beheimateten mörderischen Trotz: »Kleist träumte von der Schlacht«, schrieb Koeppen in einem Essay, »ausgefochten von Besessenen.«[119]

Kleist wurde für ihn zum Denkbild einer preußisch-berlinerischen Abgründigkeit. Es war eine, die am Ende in die Sprachlosigkeit taumelte: »Kleist stammelte. Deutschland nahm ihm den Atem.«[120] Der Stammler Kleist war zugleich ein Spiegel der Generation Koeppens, die im Nationalsozialismus in eine vergleichbare Not geraten war. Der Literaturwissenschaftler Max Kommerell hat dies während des Dritten Reichs in einer Deutung des »Prinzen von Homburg« zum Ausdruck gebracht. Darin wird der taumelnde Prinz zur Allegorie einer gegenwärtigen Perplexität: »Beim Lesen einer Kleistischen Szene wird uns«, schrieb dieser, »als spräche man hier anders, als wäre das Sprechen Mühe, als ringe sich in ihm das Unaussprechliche herauf.«[121] Koeppen, in den Jahren der Arbeit am »Brandenburg«-Projekt selbst ein Schweigender, muss die Nähe zu diesem Dilemma gespürt haben. Vielleicht brauchte er Kleists Grabmal, um sein Berlin-Problem allegorisieren zu können: auf der Suche nach jener Stelle der Stadt, wo das Ungeheuerliche der Erlebnisse vergraben war.[122] Allegorie war dieses Grab, insofern es für einen unbenannten Verstrickungszusammenhang stand.[123] So wird deutlicher, warum Koeppen Kleist als Agenten der Wortlosigkeit brauchte: Er war Sprechmaske, die zum Vorschein kam, wo ihm selbst Worte fehlten.[124] Kleist als Chiffre für jenes Rätsel Mensch.

Wie nahe Koeppen die Erfahrung gekommen sein musste, bezeugt eine andere Schneise seines »Brandenburg«-Fragments, die er entlang seiner Biografie und entlang der S- und U-Bahn-Linien zu schlagen gedachte. Er wollte seinen Lebensweg mit in die Waagschale werfen: Es war die eigentümliche Geschichte eines zeitweilig Emigrierten, der 1934 freiwillig in die Niederlande gegangen war, aber noch vor Kriegsausbruch 1939 zurückkehrte, um

---

119 Wolfgang Koeppen. Kleist oder Der mißverstandene Prinz von Homburg (1977), in: ders. Gesammelte Werke. Bd. 6, 71–76, hier: 72.

120 Ebd., 71.

121 Max Kommerell. Die Sprache und das Unaussprechliche. Eine Betrachtung von Heinrich von Kleist (1939), in: ders. Geist und Buchstabe der Dichtung. Tübingen 1944, 243–317, hier: 244.

122 Für Koeppen war der »Prinz von Homburg« ein zwiefaches Stück: nationales Schauspiel und Drama Kleists. Beide Stränge kulminierten ihm in dem Grab am Wannsee. Vgl. Koeppen. Kleist oder Der mißverstandene Prinz von Homburg, 74.

123 Zum Einspringen der Allegorie für das Bildlose vgl. Gadamer. Wahrheit und Methode, 80, 85.

124 Zur Figur der Prosopopoia als Aufnahme eines fiktiven Zwiegesprächs vgl. Stierle. Fiktion, 389.

beim Film in der Skript-Abteilung unterzukommen.[125] Es war die Tarn-kappenzeit des Autors im Dritten Reich, die in dieser Hinsicht eine gewisse Parallele mit dem Sich-Arrangieren der Eliten besaß, auch wenn Koeppen sich über Hitlers Ziele nie Illusionen hingab.[126] Die beiden Stränge scheinen sich im Bild des verschluckten Schweigens zu berühren. Der Nexus aus Scham, Wortlosigkeit und Zeugenschaft scheint somit auch im Zentrum dieser teils im Nachlass verbliebenen Werkkrypta Koeppens gestanden zu haben. Die These ist insofern die, dass die beiden Erzählstränge seines gescheiterten Vorhabens in der Erfahrung der schweigenden, unfreiwillig billigenden Zeugen zusammenlief.[127] Diese Zeugenschaftserfahrung markiert den Punkt jener Entgleisung, die er darzustellen versuchte.

So heißt es in einem Notizsplitter, der Koeppens Lebensstrang – neben dem fiktiven des Offiziers – ins Spiel brachte, über die Zeit der Eskalation während der Luftangriffe auf Berlin: »Vor dem Heulen der Sirenen die Last-wagen. Gespenstisches Licht. […] Die jüdische Familie, Mutter und Sohn. Die Verschleppung der Juden vom Olivaer Platz.«[128] Das war in Nähe seiner Wohnung, abseits des Kurfürstendamms. Koeppen hat dieses Ereignis, das sich ihm eingeprägt hatte, auch in einem Gespräch mit Marcel Reich-Ranicki beschrieben.[129] Doch zu einem Teil seines Werkes wurde es nur in den Spuren dieser aufgegebenen Arbeit.[130] Damit erweitert sich das kleistische Dilemma um einen letzten Aspekt: Die von Koeppen berührte Frage der Zeugenschaft macht deutlich, dass die Abbitte am Grab Kleists nicht nur das Problem einer mörderischen Verstiegenheit im Dritten Reich, nicht nur das Obrigkeitsthema umfasste.[131] Was für ihn im Bild des »Prinzen von

125 Koeppen wollte seinen »Weg zum Film« explizit zu einem Teil des »Branden-burg«-Projekts machen. Vgl. Wolfgang Koeppen. Brandenburg-Manuskripte M 9, 9–20. Nachlass Wolfgang Koeppen. Wolfgang-Koeppen-Archiv Greifswald.

126 Die Illusionslosigkeit Koeppens hat Tau beschrieben. Vgl. Tau. Das Land, das ich verlassen musste, 216f.

127 Als einen solchen Zeugen skizzierte Koeppen auch das andere Alter Ego seiner Geschichte. Vgl. Wolfgang Koeppen. Brandenburg-Manuskripte M 9, 10–32. Nachlass Wolfgang Koeppen. Wolfgang-Koeppen-Archiv Greifswald.

128 Wolfgang Koeppen. Brandenburg-Manuskripte M 9, 9–20. Nachlass Wolfgang Koeppen. Wolfgang-Koeppen-Archiv Greifswald.

129 »Und ich sah, wie diese Familien abgeholt wurden.« Koeppen. Ohne Absicht, 600.

130 Zu Koeppens Schwierigkeiten mit der autobiografischen Form vgl. Wolfgang Koeppen. Unlauterer Geschäftsbericht (1965), in: ders. Gesammelte Werke. Bd. 5, 265–278, hier: 274.

131 Ein anderer Zeuge des militärischen *vol imaginaire* und Zusammenbruchs, auf den sich Koeppen stützen konnte, war der verschollene Hartlaub, den er für den Zeugen in der »stillen Mitte« des Führerhauptquartiers hielt, getreu dem Shakespeare'schen

Homburg« mit auf dem Spiel stand, war umgekehrt auch das »Glück und Problem des Davongekommenen«.[132] Es betraf jenes merkwürdige »Glück«, das zur Bürde für den Schreibenden wurde. Denn mit dem Ausdruck des »Davongekommenen« ist Koeppens eigene Stellung im Schiffbruch berührt. Freilich eine, die den Preis einer Schuld des Überlebens zu tragen hatte.[133] Von diesen Schwierigkeiten legen seine Prosaversuche Zeugnis ab. Dass ihm das Unbewältigte selbst zur Form wurde, hat er einmal mit einem Goethe-Zitat als Motto ausgesprochen: »So klammert sich der Schiffer endlich noch / Am Felsen fest, an dem er scheitern sollte.«[134]

Von hier aus mag klarer geworden sein, welcher Frage Koeppen auf seinen Wegen nachging. Da ist jenes Motiv aufzunehmen, mit dem der Werkkomplex der Berlin-Fragmente eingeleitet wurde. Es ist das Motiv der rätselhaften Tüte, mit der der Rückkehrer die Stadt durchstreift. Doch was staut sich in diesem Behältnis? Eine erste Antwort lautet: das Fragliche der Zeit. Die weiter gefasste Antwort geht davon aus, dass darin sein persönlicher Umgang mit dem Nachkriegsberlin verborgen liegt. Darauf deutet das dreifache Auftreten des Tüten-Motivs in »Morgenrot« hin. Die erste Frage betrifft das an den Anfang seiner schriftstellerischen Existenz zurückgebrachte Erlebte: »Im Morgenrot stopfte ich«, bekennt der Ich-Erzähler, »was ich erlebt hatte, in die Plastiktüte«.[135] Getragen wird nicht nur ein wiedergebrachtes Rätsel, sondern ein Stück der Hoffnung, am Ort zu einer Auflösung zu kommen.

Damit verbindet sich die zweite Frage. Sie betrifft ein ungelöstes Stück Geschichte. Insofern geht Koeppens Alter Ego mit seiner Tüte auf dem Weg nach Berlin auf sinnbildliche Weise durch den innerdeutschen Transitraum, lässt seine Rätseltüte an der Grenze inspizieren: »Da ruhte die Geschichte«, heißt es: »Die Geschichte gehörte mir. Aber sie gehörte auch den Polizisten.«[136] Die Grenzbeamten nahmen das Innere seiner Tüte in Inspektion: »Sie guckten in die Plastiktüte vom Kaufhof. Ich sagte, da liegt, was war.«[137] Denn »was war«, betraf auch sie, die jene Grenze bewachten, deren Vorgeschichte er in seiner

Motto: »Wer's Licht hält, schauet zu«: Wolfgang Koeppen. Friedo Lampe und Felix Hartlaub (1957), in: ders. Gesammelte Werke. Bd. 6, 318–323, hier: 321.

132 Wolfgang Koeppen. Brandenburg-Manuskripte M 9, 9–3. Nachlass Wolfgang Koeppen. Wolfgang-Koeppen-Archiv Greifswald.

133 Zum betroffenen Zeugen: »Wer mehr sieht, trägt mehr Last.« Blumenberg. Schiffbruch mit Zuschauer, 47.

134 Koeppen. Tasso oder die Disproportion, 593. Das Zitat stammt aus Goethes »Torquato Tasso«.

135 Koeppen. Morgenrot, 261.

136 Ebd., 262.

137 Ebd. Die Tüte erinnert an den Macguffin als aus der Film-Ästhetik bekanntes

Tüten-Krypta durchs Grenzland trug. Hier zeigt sich, dass die Geste der Verschwiegenheit noch den anspielungsreichen Stil seiner *non-finitos* bestimmt.[138] Es ist ein Stil der Auslassungen, die die »vom Tisch« seiner literarischen Werkstatt publizierte Prosa auszeichnet. Etwas vom Erratischen des Fragments kehrt wieder. Koeppen hat diese Dimension nicht ohne Ironie im Text ausgespielt: »Im Beutel lag romantisch aufbewahrt, was vergangen war.«[139]

Dazu gesellt sich eine letzte Frage, die die Zeitlichkeit seines Werkes betrifft. Koeppen hat bekannt, dass sich bei ihm, mit dem Alter, angesichts hinter ihm liegender Lebenszeit, ein »plötzlich stärker einsetzendes Erinnern« eingestellt habe.[140] Das Zurückgeworfensein aufs Liegengelassene mehrte sich. Somit das Bedürfnis, dieses zu bearbeiten.[141] Punktuelle Bilder tauchten auf. Man kann sagen: Sein Spätstil tendierte zur Bildkompression. Dessen Kehrseite war, dass die zeitlichen Ekstasen zu keiner Schließung mehr fanden. So entstand das umkreiste Motiv des Auf-der-Strecke-Gebliebenen. Das Übriggebliebene wurde elliptisch. Überlagerungen stellten sich ein: »Das veränderte Berlin« nach 1933 konnte in einer »télescopage« neben dem »Beginn der Zerstörung« und den erkalteten Ruinen, neben dem Erwachen im Nachkrieg im »Kellerloch« stehen.[142]

Dadurch gruppieren sich die Überreste der Werkruine des »Brandenburg«-Projekts nicht zufällig um Zeitlöcher, wie sie Adorno als typisch für die durch Traumata geprägte Wahrnehmung der Nachkriegsmenschen erkannte.[143] Bei Koeppen hielten diese Zeitlöcher Einzug in die poetische

Leitmotiv, das unbestimmt bleiben kann, aber die Handlung vorantreibt. Vgl. Michel Chion. The Voice in Cinema. New York 1999, 105.

138 Es war Unseld, der ihn schon auf die Form des *non-finitos* aufmerksam gemacht hatte und persönlich die Bearbeitung des Bandes »Das Romanische Café« übernahm. Vgl. Unseld an Koeppen vom 10.3.1972, in: ders./Unseld. »Ich bitte um ein Wort …«, 231.

139 Koeppen. Morgenrot, 268.

140 Zum Erinnerungsbedürfnis: Wolfgang Koeppen. Autoren lesen im Funkhaus Hannover. Aufnahme: 3.5.1978. 1:40:20f. Bestandsnummer 6907224. Archiv des Norddeutschen Rundfunks (NDR Hannover).

141 Binswanger sprach von einer existenziellen Therapeutik, die in der Notwendigkeit einer »Durchgliederung« des Lebens kulminiere. Vgl. Binswanger. Manie und Melancholie, 410.

142 Vgl. Wolfgang Koeppen. Brandenburg-Manuskripte M 8, 8–4. Nachlass Wolfgang Koeppen. Wolfgang-Koeppen-Archiv Greifswald. Zur »télescopage« noch einmal: Benjamin. Passagen-Werk, 588.

143 Zur kleinen Form Adornos sowie zu dessen Ästhetik des Wracks: Huyssen. Miniature Metropolis, 270f. Zur Metapher der »Werkruine«, allerdings kaum auf Koeppen eingehend: Denkler. Werkruinen, Lebenstrümmer, 74.

Form. Denn auf ähnliche Weise, folgt man Adorno, seien in den Seelen »paralysierte Zwischenräume« entstanden, die das Entwickeln eines durchgehenden Fadens erschwerten.[144] Zwischenräume bildeten sich. So dürfte Koeppen beim Gang durch das Nachkriegsberlin diese Problematik allgegenwärtig geworden sein. Im Raum lesen wir die Psyche – und aus allen Ecken sprechen einen die Lücken an. Ähnlich mag es ihm beim Gang über den Kurfürstendamm ergangen sein, wenn er bruchstückhaft in der Rückschau notierte: »Im Luftschutzkeller Anfang der Budapester Straße neben dem Romanischen Kaffee [sic!]. Die roten Ziegelmauern. Luftschutz Eden Hotel. [...] Der Feuersturm.«[145] Und zu den Nachbildern: »Wiederholter Traum von der Gegend als Ruinenfeld.« Insofern scheint das Rätsel in der Tüte am Ende ein ästhetisches gewesen zu sein. Wie kommt man, angesichts zerbrochener Zusammenhänge, zu einer Form? Koeppens Antwort: indem man einen Teil der Entwicklungsproblematik darstellt, den Zug zum Fragment notwendig macht. Auf diese Weise machte er geltend, dass das Fragment immer etwas in die Zukunft verlagert.[146]

Zuletzt ist zu bemerken, mit Blick auf das »Morgenrot«-Fragment, dass der Eindruck entstehen kann, hier reiste einer nicht nur nach Berlin, sondern ans Ende seiner Zeit. Doch scheint dieses kein bloß fatales Weltenende markiert zu haben. Es war ein Ort, wie es in »Morgenrot« heißt, der zwar in die »Stille der Nacht« gestürzt war.[147] Doch war es eine, die ein Hinhören erforderte, um in dieser »Stille« die Frage nach dem Unerledigten wiederzuentdecken. »Morgenrot«, der Titel weist so den Weg zu einem poetologischen Bekenntnis. Es ging Koeppen darum, Worte für das am Ort schwer Ausdrückbare zu finden. Das »Morgenrot« in Berlin meint zweierlei: einen Ort, der sich verdunkelt hatte, »versteckt« hielt, und einen Ort, an dem einem etwas über die Zusammenhänge aufgehen konnte.

Dass Koeppen dieses Warten auf solch einen Moment nicht aufgab, bezeugt das Nachtwachen-Motiv zu Beginn von »Morgenrot«. Es mündet in

---

144 Vgl. Theodor W. Adorno. Minima Moralia. Reflexionen aus einem beschädigten Leben. Frankfurt a. M. 2001 (1951), 89. Zum Adorno-Bezug im Kontext der Zerstörung Berlins auch: Stefan-Ludwig Hoffmann. Die zerstörte Metropole. Berlin zwischen den Zeiten, 1943–1947, in: Zeitschrift für Ideengeschichte 13 (2019), Nr. 4, 61–78, hier: 64.

145 Wolfgang Koeppen. Brandenburg-Manuskripte M 8, 8–11. Nachlass Wolfgang Koeppen. Wolfgang-Koeppen-Archiv Greifswald.

146 Zu diesem Aspekt der Fragmentästhetik: Hans-Georg Gadamer. Vom geistigen Lauf des Menschen. Studien zu unvollendeten Dichtungen Goethes (1949), in: ders. Gesammelte Werke. Bd. 9, 80–111, hier: 80.

147 Vgl. Koeppen. Morgenrot, 262.

die hellsichtige wie melancholische Vermutung, dass kaum mehr ein ganzes Werk von diesem späten Flaneur zu erwarten war: »Ich werde sterben«, heißt es, »ohne Richtfest gefeiert zu haben.«[148] Kein Bau sollte es werden, aber ein ins Fundament gesetztes »Glut«-Stück: Anfang eines »Feuerlichts«, das »Bruchstück« als Nukleus.[149] Am Ende blieb ein Anfang: ein Prosa-Keimling, Figur der Rückwendung in die kleine Form, die er schon zu Anfang erprobt hatte. Und waren diese Keime nicht mit dem Unerledigten am Ort, jenem, was noch »keinen Anfang hat keimen lassen«, verbunden?[150] So kommt der Autor am Ende auf seine Topoi des Kreativen zurück: »Glut«, »Feuerlicht« und »Morgenrot« als Lichtmetaphern, die auf das Bemühen weisen, etwas fortzutragen.[151] Ein Stück der Erwartung, dass mit der Glut eines Tages eine Schmelze eingeleitet werden könne, die das »unters Eis« geratene Ausdrucksvermögen auftaue.[152] Es ist jene Erwartung an die Literatur: dass sich die Worte in »tiefgefrorener Brust« einmal lockern und zur Beseelung der Welt beitragen.[153]

148 Ebd., 257.
149 Vgl. ebd. 3, 262. Zur Ästhetik des produktiven »Bruchstücks« auch: Michael Hamburger. Das Fragment: Ein Kunstwerk?, in: Hofmannsthal-Jahrbuch 3 (1995), 305–318, hier: 308.
150 Zum Unvergegenwärtigten als dem noch zu Keimenden vgl. Lévinas. Jenseits des Seins, 316.
151 In Nietzsches Kreatologie war mit dem »Morgenrot« des Schöpferischen auch eine heilende Dimension verbunden: Friedrich Nietzsche. Morgenröte. Gedanken über die moralischen Vorurteile (1881), in: ders. Kritische Studienausgabe. Bd. 3, 9–331, hier: 11.
152 Das Motiv der »unters Eis« geratenen Literatur hat Koeppen in seiner Huchel-Hommage ebenfalls aufgegriffen. Vgl. Koeppen. nach potsdam, 52.
153 Vgl. Koeppen. Morgenrot, 263. Zum Gedanken einer literarischen Beseelung der Welt sein Proust-Aufsatz: Koeppen. Marcel Proust und die Summe der Sensibilität, 176.

9. Krypta, leere Zentrale.
Exkurs über eine Leitmetaphorik

Nur wenn wir Umwege einschlagen,
können wir existieren.
Hans Blumenberg[1]

Man kann sagen, dass Koeppens Rückkehr nach Berlin auch den Doppelsinn des Krypta-Motivs hat sinnfällig werden lassen: ein Ort des Entzugs, des Mangels zu sein und ein Ort der Verwahrung und Konservierung. Dies zeigten sowohl Koeppens Begehungen im Zentrum um den Kurfürstendamm wie sein Gang durch die bedrückende Gegend Unter den Linden. Beide Male handelte es sich um ein »inneres Pompeji« der Nachkriegsstadt: ein jeweils anderer Katastrophenabdruck.[2] Wenn er an den Orten erschien, wenn er Unter den Linden eine Zeitenklave ausmachte oder am Ku'damm eine Versiegelung, spürte er wie kaum ein anderer den Entzug. In den östlichen Hohlräumen sah er Hitlers Pharaonengrab, am westlichen Kranzler-Eck noch den einsamen Kästner nach der Machtergreifung sitzen.[3] Er ist der Rückkehrer, der an den Orten einstiger Geselligkeit eine verlorene Dichte, ein »Nicht mehr« zum Vorschein brachte.[4] Dagegen dominierte auf der Ebene manifester Sichtbarkeiten ein Weltmangel, eine »Weltarmut«. Den Fußgänger trieb dieser Mangel an: zur Archäologie der städtischen Krypta, der Echokammer seiner Zeugenschaftsproblematik. Dieser Zeuge in Berlin sah sich einem Tohuwabohu der Zeiten gegenüber.[5] Er bekannte Schmerzhaftestes, eine

---

1 Blumenberg. Die Sorge geht über den Fluß, 137.
2 Die Metapher stammt von Maria Torok, die das Innere der Krypta als Katastrophenlandschaft, als »Pompéi interne« bezeichnete. Vgl. Torok. Avant-propos, in: Nicholas Rand. Le cryptage et la vie des œuvres. Paris 1989, 7–9, hier: 8. Zum Konzept der Krypta auch der Schlüsselaufsatz: Nicolas Abraham. L'écorce et le noyau (1968), in: ders./Torok. L'écorce et le noyau, 203–226. Koeppen verwendet das katastrophische »Pompeji«-Bild im Übrigen selbst für Berlin. Vgl. Koeppen. Nach Rußland und anderswohin, 105, 270.
3 Vgl. Koeppen. Nach Rußland und anderswohin, 107. Sowie Koeppen. Eine schöne Zeit der Not, 315.
4 Zum »Nicht mehr« im Zentrum der Linden vgl. Wolfgang Koeppen. Brandenburg-Manuskripte M 8, 8–10. Nachlass Wolfgang Koeppen. Wolfgang-Koeppen-Archiv Greifswald.
5 Zum Tohuwabohu der Zeiten: Wolfgang Koeppen. Brandenburg-Manuskripte M 8, 8–12. Nachlass Wolfgang Koeppen. Wolfgang-Koeppen-Archiv Greifswald.

Haltung, die sich von der unter seinen Zeitgenossen verbreiteten Leugnung abhob. Als Zeuge rührte er an Versiegelungen. Sein eigenes »Brandenburg«-Projekt hätte aufzeigen sollen, was bisher »nicht gesagt werden« konnte: jene traumatischen »Szenen, die nicht erinnert werden konnten«, jene, die zum Inneren einer Krypta gehören.[6] Damit berührten sich in Koeppens Fall persönliche und geschichtliche Krypta auf symptomatische Weise.

Andererseits galt ihm eine Einsicht, die Johannes Bobrowski mit Blick auf die Berliner Nachkriegsatmosphäre in einen Vers brachte: »Ungestorben aber / die finstere Zeit, umher«.[7] So zog der Mangel die entzogene Zeit an. Bei Bobrowski kam ein ganzes »Schattenland« in Sicht. Auch bei Koeppen »blieb« etwas erhalten: ein im Stadtkern unverdauter Schreck.[8] Insofern zeigt die Krypta ihre andere Seite, jene, die Kesten treffend im Bild des »Eisschrankes« erfasste.[9] In Bezug auf den Topos der leeren Zentrale zeigte sich das als Geschichtsgruft, in der abgedrängte Dinge länger erhalten blieben, solche, die in Westdeutschland ohne Ablagerungen schnell verschwanden.[10] Dieser zweite Befund widerspricht nicht der ersten Entzugsthese, sondern besagt nur, dass der Flaneur an den ausgeräumten Stätten Platz fand für stereoskopische Ansichten einer verstörenden Zeiterfahrung, für die Wiederkehr intimer Holografien des Schreckens. Er fand darin ein Stück der »begrabenen Erinnerungen«.[11] So verblieb der konservierende Aspekt der Krypta nicht allein in Negativität, sondern konnte eine in diesem Exkurs noch zu beschreibende Wendung vollziehen.

6 Vgl. Abraham/Torok. Trauer oder Melancholie, 551.
7 Johannes Bobrowski. Gertrud Kolmar (1961), in: ders. Gesammelte Werke. Bd. 1, 116. Den Doppelsinn der Krypta traf Bobrowski, wenn er sie in einem Gedicht einerseits als »Gefäß für Finsternis« wie als Ort einer verborgenen Überlieferung beschrieb: Johannes Bobrowski. Krypta / Dom zu Brandenburg (1963), in: ders. Gesammelte Werke. Bd. 1, 197.
8 Noch dieses Bild des unverdauten Schrecks findet sich bei Koeppen; sinnbildlich in Gestalt von Schülern, die vor Bildern des Horrors geführt, ihre »Stullen« verzehren. Vgl. Koeppen. Nach Rußland und anderswohin, 107. Das Verschlucken des Schrecks entspricht psychoanalytisch der »Inkorporation«. Vgl. Abraham/Torok. Trauer oder Melancholie, 546f.
9 Vgl. Kesten. Menschen im Café, 406.
10 Zum Berliner Erfahrungszuwachs gegenüber Westdeutschland vgl. Schivelbusch. Die andere Seite, 184f.
11 Zum Charakter der Krypta als »Begräbnisstätte« aus kulturhermeneutischer Sicht siehe: Schwab. Das Gespenst der Vergangenheit, 246. Sowie auch: Gabriele Schwab. Haunting Legacies. Violent Histories and Transgenerational Trauma. New York 2010, 4.

Impuls dieser Wendung ist das komplexe Wechselspiel, das sich zwischen der Stätte der Verwahrung und ihrem Zeugen, dem Träger einer verschütteten Tradition, ereignete. Denn erst am Ort erhielt er, wie das Kapitel zum Romanischen Café gezeigt hat, seinen geistigen Auftrag. Die leere Zentrale machte ihn zum Glutträger, der in dichten Bildern dieser eine Sprache verlieh. Das war es, worauf seine Auftraggeber – Goverts und Schnabel – gebaut hatten, als sie Koeppen auf die Erkundung des Orts ansetzten, in einer Zeit, als »noch nichts Vernünftiges« über den verworfenen Ort Berlin »gesagt« worden war.[12] Doch der für den Autor selbst überraschende Befund war, dass die Krypta ihrerseits ihn stellte. Sie stellte ihn als literarische Brückenfigur heraus und konfrontierte ihn mit seiner Vorgeschichte. Damit beginnt die Krypta sich zu wandeln und zur Stätte eines hermeneutischen Geschehens zu werden. Etwas Drittes tritt in Erscheinung, das über die beiden genannten Aspekte hinausweist. Das betrifft ihre Möglichkeit, zum Ort eines Hinübertragens, einer stillen Post der Geschichte zu werden – sich im Zeichen eines transgenerationell Weitergereichten in eine Verwahrungs- und Transportmetapher zu verwandeln. In dieser Form ist sie, wie Benjamin nahelegte, als Krypta der Schublade verwandt, in der Eindrücke abgelagert werden.[13] Die Krypta als Metapher einer wirkungsgeschichtlichen Latenz beherbergt somit nicht nur den vermauerten Schock. Vielmehr umschließt das »Verborgen-Anwesende« in ihr ein Unerledigtes.[14] Zu diesem Überlieferungsgeschehen verhält sich der Zeuge Koeppen wie einer, der die Krypta öffnen kann – aber eben nur kann. Als derjenige, der eine Ahnung davon hat, was in ihr schlummert, ist er auch derjenige, der den Wunsch kennt, kein Zeuge zu sein.[15] Dem korrespondiert die Zeugenschaftslosigkeit im Nachkrieg, obwohl man, so Koeppen, unter lauter Zeugen lebte.[16] Dahinter stand ein allzu menschlicher Wunsch: »es ist unangenehm, der Zeuge« sein zu müssen.[17] Darin drückt sich die Abgründigkeit der Erbschaft einer Krypta aus; denn stets ist in ihr auch Unethisches verwahrt.

12 Vgl. Goverts an Koeppen vom 28.12.1954. Konvolut Wolfgang Koeppen Briefe. Universitätsbibliothek Greifswald.

13 Vgl. Benjamin. Einbahnstraße, 115.

14 Vgl. Abgehrn. Sein Leben schreiben, 144, 146.

15 Zu diesem Wunsch auch: Peter Huchel. Selbstinterpretation des Gedichts: Winterpsalm (1966), in: ders. Gesammelte Werke. Bd. 2, 309–311, hier: 311.

16 »Ich wunderte mich«, so Koeppen »über jeden der nichts gesehen« hatte: Wolfgang Koeppen. Umwege zum Ziel. Eine autobiographische Skizze (1961), in: ders. Gesammelte Werke. Bd. 5, 250–252, hier: 252.

17 Vgl. Koeppen. Jugend, 47.

Doch war Koeppen auf dieses Thema eingestellt, insofern der »schwache Mensch« von jeher im Zentrum seines Werkkosmos stand.[18] Er wusste um die Schwierigkeiten, ans Heikle zu rühren. Er wusste, dass es in eine Blockade führen konnte, wie die Überlegungen zum »Brandenburg«-Projekt zeigen. Dennoch blieb im Misslingen etwas als Erfahrung präsent, das man die spezifische Ambivalenz seiner Berliner Krypta nennen kann. In einer späten Miniatur, »Es wird wieder sein«, hat er diese Erfahrung mit Berlin noch einmal geschildert: den Weg vom Sammlungspunkt, einer literarischen »Weltstadt«, in der er die Möglichkeit erhielt, auf den gegenwärtigen Strom der Literatur zu stoßen, zu deren Absturz, dem er beiwohnte: »Im Frühjahr 33 saß ich«, so der Zeuge der Scham Koeppen, »im Café neben Kollegen, deren Bücher vor der Humboldt-Universität auf den Scheiterhaufen geworfen wurden.«[19] Was folgte, war der Beginn der Zerstreuung der Literatur, eine innere Austrocknung, in der die letzten verbliebenen Zeitungen noch eingestellt wurden. Das Sakrileg an der Literatur begann, wurde fortgesetzt mit der Vertreibung der Cassirers und anderer. Mit ihrem Verschwinden wurde ihm Berlin ein Ort der Geistferne. Doch die eigentliche Ambivalenz dieser Krypta bestand darin, dass noch im »Grausigen«, wie er Max Tau bekannte, etwas Unabgegoltenes präsent blieb.[20] Tau fügte dem hinzu, dass neben dem »Grauen« der »schlimmsten Zeit« ein Versprechen in den Erfahrungssplittern ihres Lebens festgehalten sei.[21] Dieses Versprechen hatte mit der Tücke dessen zu rechnen, was Koeppen die »Wunde« der Überlebenden nannte.[22] Eine Wunde, die ein Dagebliebener wie Koeppen in der deutschen Nachkriegswelt anästhesiert fand.

Die Prosaminiatur Koeppens führt also vor, was man ins Allgemeine eines Modells überführen kann und mit dem Sturz in die Krypta endet. Ein dramatisches Bild stellt sich ein, an dessen Kipppunkt ein katastrophischer Absturz steht, der nicht verarbeitet wurde. Auf dieser Deutungsspur lag bereits die These, dass mit dem Beginn der NS-Herrschaft eine Form ver-

18 Vgl. Koeppen an Tau vom 22.9.1954, Arch 2648. Nachlass Max Tau, Stadt- und Landesarchiv Dortmund. Handschriftenabteilung.
19 Koeppen. Es wird wieder sein, 33. Zu geistiger Mittelpunkts-Metaphorik in Bezug auf Berlin auch: Plessner. Die Legende von den zwanziger Jahren, 273.
20 Vgl. Koeppen an Tau vom 23.11.1965, Arch 2704. Nachlass Max Tau, Stadt- und Landesarchiv Dortmund. Handschriftenabteilung.
21 Zum Entwicklungsversprechen explizit: Tau an Koeppen vom 2.12.1965, Arch 2705. Nachlass Max Tau, Stadt- und Landesarchiv Dortmund. Handschriftenabteilung.
22 Vgl. Koeppen an Tau vom 10.1.1967, Arch 2707. Nachlass Max Tau, Stadt- und Landesarchiv Dortmund. Handschriftenabteilung.

stiegener Idealbildung politisches Programm wurde. Diesen abgründigen Höhenflug diagnostizierten auch zeitgenössische Chronisten wie der exilierte Publizist Leopold Schwarzschild, der im vordergründig »mystischen Brillantenfeuerwerk einer ›Revolution‹« der Nazis eine rapide »Rückbildung«, einen Angriff auf den Geist selbst sah.[23] Bitter ernst zu nehmen blieb die wahnhafte Proklamierung einer neuen Zeitrechnung darin.[24] Auf diese Spur setzte sich nach dem Krieg der studierte Mediziner Döblin mit seiner Deutung des deutschen Faschismus, wenn er rückblickend das Jahr 1933 als »handgreifliche Eschatologie« bezeichnete, die sich von Anbeginn als »Massenerkrankung paranoider Art« erwiesen habe.[25] Wie der Fall Benn gezeigt hat, ging diese Hochstimmung eines Geschichtemachens mit einer Entwertung der bisherigen Überlieferung einher. Je mehr die Brücken zu einem relativierenden Weltverhältnis abgebrochen wurden, umso mehr lief es nach Döblins Diagnose auf ein wahnhaft »blindes Entweder-Oder« hinaus.[26] Auf das destruktive Wahnbild folgte, von einer »Enderfahrungsdepression« begleitet, der Sturz in die Erstarrung der Stunde Null.[27]

Doch statt ein »Zusichkommen« nach dem Zusammenbruch 1945 einzuleiten, kam es im geistigen Leben zu Formen seelischer Abspaltung.[28] Dieser Vorgang zeigte sich symptomatisch als Schamabwehr, Selbstverleugnung oder phantomatische Legendenbildung, also als ausgebliebenes Eingeständnis der Reue, das mit Binswanger charakteristisch für posttraumatische Depressionen nach Zusammenbrüchen ist.[29] Die im Verlauf der Katastrophe errichtete Krypta etablierte so einen kollektivseelischen Souterrain des Unzugänglichen, in dem nicht nur Beschämendes, sondern Nicht-Realisiertes, sprachloses Leid, kurzum: der Verlust einer Welt verwahrt wurde. Etwas von diesen Verkryptungen berührte Helmuth Plessner in seinen Nachkriegsvor-

---

23 Vgl. Leopold Schwarzschild. Chronik eines Untergangs. Deutschland 1924–1939. Hg. von Andreas P. Wesemann. Wien 2005, 258, 266f.

24 Kessel sprach diesbezüglich vom »Jahr 1« des NS: Kessel. Die Patenschaft der Vergangenheit, 205.

25 Vgl. Döblin. Die literarische Situation, 455.

26 Vgl. ebd., 411.

27 Vgl. »Ich bin ein Weigerungsverweigerer«. Ein Gespräch mit Odo Marquard. Die Fragen stellte Jens Hacke (2003), in: Odo Marquard. Skepsis in der Moderne. Philosophische Studien. Stuttgart 2007, 13–22, hier: 13.

28 Zur Thematisierung des »Zusichkommens« schon Schadewaldt, dessen Rolle im NS gleichwohl als ambivalent gilt: Wolfgang Schadewaldt. Sophokles und das Leiden. Potsdam 1947, 28f.

29 Vgl. Binswanger. Manie und Melancholie, 414. Zur Schamabwehr schon: Kaschnitz. Tagebücher. Bd. 1, 371.

lesungen, als er mit Blick auf die Literatur eine Anästhesie der Gefühle, ein Aufkommen seelischer »Attrappen« beobachtete.[30] Ein »sentiment du vide«, ein »loss of feeling« stellte sich ein, wie es aus postpsychotischen Phasen nach Entgleisungen geläufig ist.[31] Äußerlich bildete sich eine »Borke«, wie es das exilierte ungarisch-jüdische Analytiker-Paar Nicolas Abraham und Maria Torok in »L'écorce et le noyau« auf ein Anschauungsbild gebracht hat; darin konnte sich ein Hohlraum ausbilden, in dem das Leid wie von einer Hornhaut umschlossen lag. Nach innen bildete sich wohlgeschützt eine Kapsel, in der Trauma-Erlebnisse lebendig doch wie in einer Grabesurne verscharrt lagen. Auf die Literatur übertragen, kann man sagen, dass in diesem Grab das Sakrileg ihrer zerstörten Überlieferung verscharrt wurde.

Dieser Nexus der Krypta mit dem Problem unterbrochener Überlieferung wird einsichtig, wenn man sich an Loerkes Wort aus dem Jahr 1933 vom Kampf um die »Totenkammern« der Literatur erinnert. Schon er machte eine Überlieferungsstätte voll »schmerzlicher Scham« aus.[32] Zum Nicht-Realisierten im Nachkrieg gehörte dieser NS-Ikonoklasmus, vollzogen an der eigenen Kultur, die Blockierung einer produktiven Spur, die unter dem »Schutthaufen« der Ereignisse schwer ausfindig zu machen war.[33] Wo dieser Verlust in der Nachkriegsgesellschaft wegillusioniert wurde, da stellte sich die Schlüsselfrage, was eigentlich an der Wurzel dieser Trauerabwehr gelegen haben mochte? Bekannt und einschlägig ist die damals vom Psychoanalytiker-Paar Alexander und Margarete Mitscherlich vorgetragene These vom unbetrauerten Objekt-Verlust des Führers, die jedoch die – für die literarische Produktion entscheidende – Selbst-Ebene überging.[34] Von dieser aus gesehen mag sich vielmehr die Frage aufdrängen, ob es nicht immer wieder persönlich motivierter Selbstverrat und Korrumpierung in der NS-Diktatur gewesen waren, die in eine seelische Verborkung führten. Die Gründe mögen unterschiedliche gewesen sein: Ambition, Komplizenschaft oder Passivität, die in Beschämung und Selbstverrat endeten, die Reaktion der Leugnung

30 Vgl. Plessner. Philosophische Anthropologie, 181.
31 Vgl. V.E. Freiherr von Gebsattel. Zur Frage der Depersonalisation (1937), in: ders. Prolegomena, 18–46, hier: 19.
32 Vgl. Loerke. Die arme Öffentlichkeit des Dichters, 733.
33 Hierzu: Kessel. Wir falschen Fünfziger, 45f. Sowie zur »geistigen Umwälzung« in Folge des »Bildersturms« in der deutschen Literatur: Walter Muschg. Abtransport der Sphinxe (1961), in: ders. Die Zerstörung der deutschen Literatur, 921–928, hier: 921.
34 Zur These vom Verlust des Führers als Identifikationsfigur vgl. Alexander und Margarete Mitscherlich. Die Unfähigkeit zu trauern. Grundlagen des kollektiven Verhaltens. München 1987 (1967), 37.

war ähnlich. Die Selbst-Schwäche, wie Kaschnitz herausstellte, wurde nicht selten mit der Tarnkappe beantwortet, Versuch des Ausweichens vor der Verantwortlichkeit, wie Koeppen betonte.[35] Von der Literatur aus gesehen gerät damit weniger der Phantomschmerz eines Führerverlusts in den Blick als der Selbstverrat, der die literarische Produktivität beinträchtigen konnte. Als Zeuge dieser These ist an den NS-verstrickten Romancier Heimito von Doderer zu erinnern: Er sprach von seiner Erfahrung als einem unverdaulichen Brocken, der auf der Seele lastete – etwas, das sich nicht »veressen« ließ.[36] Hier berührte die Literatur wieder die Frage ihrer Korruptibilität, die generell mit einer Instabilität der Selbstkerne in posttraumatischen Gesellschaften verbunden ist.[37]

Daraus ergab sich die Frage, wie für jenes Entgangene, das im Kern der Krypta hauste, überhaupt eine Sprache gefunden werden konnte. Womöglich stand es im Mittelpunkt des Ausdrucksbemühens nach dem Krieg: Das passende Bild eines schwarzen Lochs fand Huchel.[38] Es steht für ausdrucksloses Leid, das um eine Ungeheuerlichkeit zentriert war, wie es Gadamer in seiner Celan-Interpretation mit Blick auf das Gespenstische Berlins formuliert hat.[39] Ein zugleich stillstehendes Gelände, folgt man einem anderen Bild Huchels.[40] So war Berlin der exemplarische Ort eines auf Dauer gestellten Problems, ein Ort, der die Säumnisse wie ein Grab in sich verschloss.[41] Verwahrt lag hier die stille Post eines zwischen den Generationen zirkulierenden Nicht-Verstandenen.[42] Dabei kann die Poesie als der entschiedenste Versuch gelten, einen Prozess des Bemühens um Ausdruck anzustoßen.

35 Koeppen hingegen hat seine Schuldgefühle artikuliert. Vgl. Koeppen an Tau vom 10.1.1967, Arch 2707. Nachlass Max Tau, Stadt- und Landesarchiv Dortmund. Handschriftenabteilung. Zur Figur der Tarnkappe: Kaschnitz. Engelsbrücke, 101.

36 »Unver-geßlich, weil man sie nicht veressen, verdauen, verwandeln kann.« Doderer. Tangenten, 467f. Mit dieser Metaphorik berührt Doderer *expressis verbis* die Einverleibungsthematik im Kryptamodell. Vgl. Abraham/Torok. Trauer oder Melancholie, 549.

37 Zum Topos des geschwächten Selbst aus selbstpsychologischer Sicht vgl. Heinz Kohut. Die Heilung des Selbst. Frankfurt a.M. 1979, 280. Sowie zum schwachen Selbst: Greite. Gadamers Berliner Vortrag, 17f.

38 Zum »Loch im Asphalt«, aus dem kam, was niemand sehen wollte: Peter Huchel. Der Schlammfang (1972), in: ders. Gesammelte Werke. Bd. 1, 195.

39 Vgl. Gadamer. Wer bin Ich und wer bist Du?, 439.

40 »Aus klaffender Leere fließt die Zeit.« Peter Huchel. Engel (1966), in: ders. Gesammelte Werke. Bd. 1, 206.

41 Zum Säumnismotiv vgl. Scholz. Berlin für Anfänger, 6.

42 Zur geschichtlichen Erfahrung eines weitergereichten »beunruhigenden Unverständnisses« auch: Hölscher. Hermeneutik des Nichtverstehens, 226.

Das bedeutete, die Erschütterung in den Ausdruck hineinzunehmen, um zur Metaphorisation des Betäubten zu kommen. Die Analytikerin Torok wies dieses Bemühen als den produktionsästhetischen Pfad aus, der von den Erschütterungen des Lebens in eine neuerliche Bewegung des künstlerischen Werks führen kann.[43] Huchel nannte es seinerseits die Suche nach dem »rettenden Wort«.[44] Beide Beschreibungen berühren sich in der Annahme, dass es die verschlungenen Wege des Poetischen sind, die zu einer Selbstrealisation führen können.[45] Dieser Gedanke weist auf die Umbesetzung des Krypta-Begriffs am Ende dieses Exkurses voraus.

Daher ist es an dieser Stelle ratsam, die theoretische Figur der Krypta nun sorgsam zu entfalten. Hierbei mag die Frage nach dem Sprachlosen, das Nachdenken darüber, wie Leid besprochen werden kann, die Annahme stützen, dass man es mit einer profunden hermeneutischen Erfahrung zu tun hat. Denn mit dem schmerzlichen Öffnen einer solchen Krypta stellt sich eine Erfahrung ein, die eine Wende vom Befremdlichen zur Einsicht bedeuten kann. Wie es eine Gegenwendigkeit im Eingehen auf einen Schmerz geben kann, bis zu dem Punkt, an dem einem etwas aufgeht, so mag es eine solche Wende auch am Krypta-Motiv vollzogen geben.[46] Denn ähnlich liegt im Kern der Krypta ein Anästhesiertes: ein Trauma, das schmerzen sollte, aber zu dem kein Verhältnis etabliert wurde. Das führt zurück auf die übertragene Bestimmung der Krypta als einer Verkapselung des Schrecks, wie Koeppen sie am lädierten Stadtleib Berlins ausmachte. Die Tücke solch eines unverdauten Kerns ist die, dass dieser wirkt – oder umso entschiedener wirkt –, ohne dass wir uns dessen bewusst sind. Jacques Derrida hat dieses widersprüchliche Empfinden beschrieben, wenn er festhielt, dass darin ein unsägliches Ereignis begraben liege, das »stattgehabt hat, ohne gewesen zu sein«, da es im Grunde noch ein Unverstandenes ist.[47]

Auf dieser Spur lassen sich drei Bestimmungen der Krypta ins Spiel bringen, die im Folgenden dargelegt werden. Da ist zunächst jene des ver-

---

43 Vgl. Torok. Avant-propos, 9.

44 Vgl. Peter Huchel an die Akademie der Künste (Westberlin) vom 22.4.1963, in: ders. Wie soll man da Gedichte schreiben, 396f., hier: 397.

45 Zum Werk als Versuch, »tragbares Dasein« aufzubauen, auch: Binswanger. Henrik Ibsen, 21, 83.

46 Vgl. Hans-Georg Gadamer. Schmerz. Einschätzungen aus medizinischer, philosophischer und therapeutischer Sicht. Heidelberg 2003, 27. Grundlegend zum Verhältnis hermeneutischer Erfahrung als einer schmerzlichen, mit Bezug auf Aischylos' »Durch Leiden lernen« (*pathei-mathos*), schon: Gadamer. Wahrheit und Methode, 362.

47 Vgl. Derrida. Fors, 38.

grabenen Schrecks, die mit einer Nachträglichkeit verbunden ist und auf eine »konservierende Verdrängung« oder Verleugnung zurückgeführt wurde.[48] Als Nicht-Realisiertes ist es etwas, das nicht ins Selbst integriert werden konnte. Folgerichtig situieren Abraham und Torok die Krypta in einem Zwischenraum. Folgt man ihrer Darstellung, liegt sie in der Landschaft der Psyche an einem situierbaren Niemandsland. Die Krypta fungiert als »Enklave«: in ihrer Topik zwischen dem Ich und dem Unbewussten.[49] Hier liegt der Berührungspunkt mit der philosophischen Figur des Atopos, die schon bei Platon einen »Außer-Ort« bezeichnet, der einer »Irritation der Seele« gleichkommt.[50] Im engeren psychoanalytischen Wortsinn meint die Krypta ein seelisches Grab, in dem Untotes liegt und kaum zugänglich ist. Etwas abweichend kann man selbstpsychologisch von einem nicht ins Selbst, ins Gewahrwerden der Person integrierten Teil sprechen, in dem lebensgeschichtlich sowohl ein Anteil der Identität wie der Emotionalität verwahrt liegt.[51] Damit ist die Krypta von einer äußerlichen Abwehrschale umgeben, die das leugnende Selbst in der intersubjektiven Dynamik repräsentiert. Die nach außen hin vermauerte Enklave verweist so in ihrer offenbaren Verschlossenheit auf ein unverarbeitetes Ereignis, das schwer zu analysieren ist. Sie ist ausdrucksmäßiges, wenngleich stummes Zeugnis einer vorangegangenen Katastrophe. Derrida sprach von der Krypta als einem Monument solcher Katastrophen.[52] Das berührt einen wichtigen Punkt des Ansatzes von Abraham und Torok, für die – als Überlebende der Judenverfolgung – die Katastrophenerfahrung den entscheidenden Einsatz, den historischen Index ihrer Theoriebildung darstellte.[53] Ihre Theorie ging davon aus, dass lebensweltliche Traumata – nicht nur Phantasmen – in den verborgensten Sprach-Tropen aufzufinden sind.[54] Je entlegener diese sind, umso profun-

---

48 Hier sind Abraham/Torok stärker auf die traumatische Verleugnung bzw. das Denial im Kern der Krypta hin zu lesen. Vgl. Abraham/Torok. Die Topik der Realität, 541. Zur Übertragung des »refoulement conservateur« auf literarische Phänomene auch: Torok. Avant-propos, 7.

49 Zu diesem topischen Zwischenraum, man könnte auch von einem Niemandsland der Psyche sprechen, siehe: Abraham/Torok. Die Topik der Realität, 541.

50 Vgl. Di Cesare. Atopos, 91. Hier bezogen auf: Platon. Phaidros, 251d. Vgl. Platon. Phaidros. Übersetzt, mit Anmerkungen versehen und hg. von Thomas Paulsen und Rudolf Rehn. Hamburg 2019, 37.

51 Bezüglich einer Topik des Selbst sprach Torok von einem »divorce traumatique de soi avec soi«. Vgl. Torok. Avant-propos, 8.

52 Vgl. Derrida. Fors, 21.

53 Zu Abraham/Torok und den Überlebendentraumata nach 1945 siehe: Bohleder. Die Entwicklung der Traumatheorie, 814f.

54 Dieser Rückgang auf die Wirklichkeit des Traumas hat sie innerhalb der Psy-

der die Tiefe und Dauer der Krypta. Auf diese Weise kann die Krypta zu einem wirkungsgeschichtlichen Problem werden, das durch Generationen geistert.[55]

Auf den transgenerationellen Zug seelischer Prozesse hatte schon Nietzsche in seiner phänomenologischen Phase der »Morgenröte« hingewiesen, wenn er davon sprach, dass sich »Gefühle« zwar »vererbten«, nicht aber der »Hintergedanke«, der zu ihnen geführt habe.[56] So würden Vulnerabilitäten weitergetragen, nicht aber das Verständnis für ihre Beweggründe. Genau diese verdeckten Ereignisse machen die Tücke einer Hermeneutik der Krypta in einem transgenerationellen Verständnis aus, hat diese mit dem Fraglichen hinter den Emotionen zu tun. Demnach steht die Krypta auch für die Sendung einer Botschaft durch die Zeit, die bisher im Dunkeln, im Ungesagten von Familien oder ganzen Gesellschaften stand. Hierbei können familiäre Krypten, wie Koeppen in seinen Kindheitserinnerungen angemerkt hat, die Form eines halb unverstandenen, doch fortgetragenen Unglücks annehmen.[57]

Neben diesem ersten zeitlichen Aspekt steht zweitens unverkennbar ein Raumthema im Zentrum des Kryptabegriffs. Hier ist an Heideggers Einwurf zu erinnern, dass der »Ort der Dichtung« immer die Kehrseite seiner Verkapselung ins Spiel bringt: Das heißt, mit einer Perplexität, einer Rätselhaftigkeit, kurzum dem »Unausgesprochenen« zu tun hat.[58] In hermeneutischer Sicht ist die Krypta also als Stätte des Sprachlosen anzusehen. Am deutlichsten hat dies Derrida herausgestellt, wenn er im Wortfeld der Krypta das »For« – einen »inneren Hof« der Psyche – ins Zentrum rückte.[59] Damit wies er den Weg zu einer Verräumlichung des Topos, der die Krypta nicht kryptologisch, vom Wort, sondern topokryptisch, vom Ort

choanalyse zu Outsidern werden lassen, da sie gegen Freud Ferenczis Ansatz fortsetzten. Vgl. Maria Torok. Catastrophes (1981), in: Jean Claude Rouchy (Hg.). La Psychanalyse avec Nicolas Abraham et Maria Torok. Ramonville-Saint-Agne 2001, 81–83.

55 Vgl. Angehrn. Sein Leben schreiben, 143.

56 Zur transgenerationellen Tücke dieser emotionalen stillen Post: Nietzsche. Morgenröte, 40. Die Einsicht in die transgenerationellen Wunden, die etwa der Holocaust als Generationen-Trauma hinterlassen hat, hat inzwischen die psychoanalytische Forschung bestätigt. Vgl. Peter Fonagy. Bindung, Holocaust und Ergebnisse der Kinderpsychoanalyse, in: ders. / Mary Target (Hg.). Frühe Bindung und psychische Entwicklung. Beiträge aus Psychoanalyse und Bindungsforschung. Gießen 2003, 161–189, insb. 188 f.

57 Über das »vererbte und aufgenommene Unglück« vgl. Koeppen. Jugend, 23.

58 Vgl. Heidegger. Unterwegs zur Sprache, 37 f.

59 Vgl. Derrida. Fors, 10, 19.

her interpretierte. Auf dieser Spur ist die Krypta Gefäß der Stille, aber eines, das in einen Raum potenziellen Sagens umschlagen kann. Für Berlin fand Bobrowski dafür ein Bild, wenn er die Krypta im Gedicht »Krypta / Dom zu Brandenburg« paradigmatisch als ein »Gefäß für die Finsternis« umschrieb.[60] Der springende Punkt dieser Bildprägung liegt darin, dass die Aura der Dunkelheit sich in eine Stätte der Öffnung verwandeln kann. Von Bobrowski kann der gedankliche Anstoß aufgenommen werden, die Krypta als plastisches Bild zu fassen. Auf diese Weise kommt eine Wendung hinein: Krypta als Raum des Schmerztragens und -verwindens. Dem verwandt ist die schon benannte Hof-Metaphorik Huchels: Es ist jener durch Ereignisse verwüstete »Hof des Gedächtnisses«, der als Hort stummer Erfahrungen dennoch aufgesucht wird.[61]

Neben den Aspekten Zeitlichkeit und Räumlichkeit ist drittens die Sinnfrage, das heißt auch die Begegnung mit dem Nicht-Sinn, ins Verständnis der Krypta aufzunehmen. Es ist nach dieser Lesart eine geheime Gruft, für deren Sichtung der Blick »hinunter« vonnöten ist, wie man mit Bobrowski sagen kann.[62] Abraham und Torok sprachen ähnlich vom »Unnennbaren«, das darin verschlossen liege und eine Parallele zum hermeneutischen Problem der Sprachnot darstelle.[63] Dieses Sprachlose ist eng mit der Schmerzthematik verbunden. Demnach ist die Krypta die Kapsel eines nur äußerlich Gefühllosen. Die Kapsel umhüllt und verschließt das Schmerzliche vielmehr lediglich, macht es zu einem Phänomen der Latenz.[64] Diesbezüglich kann auf Erträge der phänomenologischen Ethik zurückgegriffen werden, die sich die Frage nach dem Sinn von Leid gestellt hat.[65] Denn wenn Leid kein Sinn zugeordnet werden kann, wenn das Erlebte sinnlos bleibt, dann kann es zu einer Verschüttung des Lebendigen im Menschen kommen. Erweist sich das Leid als nur schwer integrierbar, kommt es dazu, dass dieses nicht getragen,

---

60 Vgl. Bobrowski. Krypta / Dom zu Brandenburg, 197.
61 Vgl. Huchel an die Akademie der Künste (Westberlin) vom 22. 4. 1963, in: ders. Wie soll man da Gedichte schreiben, 396.
62 Vgl. Bobrowski. Krypta / Dom zu Brandenburg, 197.
63 Vgl. Abraham/Torok. Die Topik der Realität, 541.
64 Hierzu die berühmte Hölderlin-Zeile: »Schmerzlos sind wir und haben fast / Die Sprache in der Fremde verloren.« Vgl. die Deutung in: Martin Heidegger. Was heißt denken? (1952), in: ders. Vorträge und Aufsätze. Stuttgart 2004 (1954), 123–137, hier: 130.
65 Vgl. Max Scheler. Vom Sinn des Leides (1916), in: ders. Gesammelte Werke. Bd. 6. Hg. von Maria Scheler. Bern, München 1963, 36–72. Zur Anästhesie als Phänomen, dem eine »Leidensunfähigkeit« vorausgegangen war, vgl. Nicolai Hartmann. Ethik. Berlin, Leipzig 1926, 316.

sondern auf eine pathologische Weise inkorporiert wird. Auch hier mag die Lyrik als Beispiel dienen: Es war Bobrowski, der einen solchen Inkorporationsvorgang im Gedicht »Erfahrung« angedeutet hat. Dort heißt es: »Öffne dich / ich kann nicht hindurch / deine toten / treiben in mir«.[66] Hier wird etwas von der Einschließung beredt.

In solchen Fällen scheint ein Teil des Selbstausdrucks verschlossen: Wie ein lebendiger Toter treibt da etwas in ihm. Es wird sinnfällig, dass es um die Metaphorisation eines erschütterten Selbstkerns geht. Die Krypta-Topik steht hier mit dem zu deutenden Ausdrucksphänomen in engster Beziehung, das in seiner Widersprüchlichkeit verborgen und geborgen vor einem liegt. Im Kern dessen liegt nicht nur die Pein des Nicht-Gesagten als lebensgeschichtliche Hypothek, sondern auch die Selbstheilungskräfte, so der betreffende Mensch an seine Gefühlserinnerungen herankommt. In diesem Geist verwendete schon Benjamin das Bild der Kapsel, um auf die Verborgenheit entscheidender Erfahrungen hinzuweisen. In der Kapsel, so Benjamin, lägen die stummen Erfahrungen, auf die wir immer wieder zurückkommen. Ähnlich wie Abraham und Torok benutzt er die Metaphern Schale und Kern, sieht darin den vorwärtstreibenden Kern des Schöpferischen.[67] Für ihn sind es Erfahrungen, die in der künstlerischen Realisation eine Verwandlung erleben. Diese Umkehrung im Verständnis der Krypta macht einen entscheidenden Teil dessen aus, was an dieser Stelle als hermeneutische Erfahrung bezeichnet wird, in dem Sinne, wie sie zwischen Erinnerung und Erwartung situiert werden kann.[68] Machen wir eine Erfahrung, gerät unser lebensgeschichtlicher Vollzug in Bewegung. Zentral ist für diesen Erfahrungsbegriff das Leid. Das hat Gadamer in »Wahrheit und Methode« deutlich gemacht, wenn er der menschlichen Erfahrung nicht nur einen Geschehenscharakter, einen Zug zur dialektischen Umkehr attestierte, sondern diese im Innewerden des Schmerzlichen kulminieren ließ.[69]

Im Anschluss an diesen Erfahrungsbegriff sprach jüngst eine neuere, theoretisch radikalere Hermeneutik mit Blick auf den Vorgang des Öffnens solcher Krypten von einer »retroaktiven Umwandlung« im Zeithaushalt des

---

66 Johannes Bobrowski. Erfahrung (1962), in: ders. Gesammelte Werke. Bd. 1, 162. Hierzu ist die Intonation seiner Stimme, der Ton leiser Verzweiflung mitzuhören in: Johannes Bobrowski. Erfahrung, in: ders. Im Strom. Gedichte und Prosa, gelesen vom Autor. Berlin 2001, Titel 12.
67 Vgl. Walter Benjamin. Nachwort (1931), in: Willy Haas. Gestalten. Essays zur Literatur und Gesellschaft. Berlin (West) 1962, 281–285, hier: 281.
68 Vgl. Gadamer. Wahrheit und Methode, 226.
69 Vgl. ebd., 358–362.

Menschen, die sich hierbei ereigne.[70] Im Öffnen der Krypta tritt, kurz gesagt, das Unerledigte ans Licht. Es erweist sich als »Lücke«, die als ein Nicht-präsent-Gewesenes in den Lebensvollzug wieder integriert werden muss.[71] Und gerade die Besinnung auf das Versperrte kann zu einer Vertiefung des emotionalen Lebens führen.[72] Das ist es, was als Wende im Leidumgang bezeichnet werden soll. Nimmt man die skizzierte Lesart vor, so verbirgt sich hinter dem ausgebreiteten Krypta-Sujet nicht nur ein Thema skriptu-raler Übersetzbarkeit, wie man es in Abraham und Toroks Interpretation vertreten sieht, sondern eine als Raumphänomen zu fassende Dialektik von Verborgenheit und Geborgenheit, wie sie hier vorgeschlagen wird.[73] Die Krypta bildet nicht nur ein Thema der Leugnung des Leidenden, sondern umfasst einen zentralen Prozess der Selbstrealisation, der sich am bisher Unverstandenen abarbeitet. Auf diese Weise wird die Krypta von ihrem negativen Beiklang gelöst und erhält eine allzu menschliche Dimension.

Die zentrale Frage ist nun die, wie ein Zugang zum Verschütteten gelegt werden kann. Schon Abraham und Torok sprachen diesbezüglich von den vielen »Wegen, Umwegen und tausend Arten der Symbolisierung«, die eine traumatische Erschütterung nehmen könne.[74] So ist auf die Intuitionen der Literatur wie der Philosophie zu hören. Dabei lässt sich, angesichts epo-chaler Schiffbrucherfahrungen, allerorten die Figur eines Umwegs durch Metaphorisation ausmachen.[75] Im Hintergrund scheint die Annahme zu stehen, dass metaphorische Umwege zu einer transfigurativen Bildwerdung des Leids führen können. Denn für dieses, wie für schweres Leid im All-gemeinen, gibt es keine direkte Mitteilung. Das liegt daran, dass es mit Sprachlosigkeit schlägt. Für diesen schockhaften Zustand wählte Torok das treffende Bild eines »inneren Pompejis«. Sie deutet dieses als Effekt eines

---

70 Vgl. Angehrn. Sein Leben schreiben, 150f.

71 Zur »Lücke« im Trauma auch: Bohleder. Die Entwicklung der Traumatheorie, 823.

72 Zu einer solchen »Klärung des Kernes« siehe auch: Scheler. Ethik, 349.

73 Zur psychoanalytischen Betonung der ›Übersetzbarkeit‹ jener kryptischen Spra-che, die sich angesichts des Leids eines Traumatisierten um dessen Krypta-Thema aufbaut, vgl. Abraham/Torok. Kryptonymie, 63.

74 Vgl. Abraham/Torok. Die Topik der Realität, 546. Sowie: Abraham/Torok. Kryp-tonymie, 98. Zu den Lücken in der Bildproduktion Traumatisierter, die intensives Ausdrucksbemühen auslösen können: Julia Barbara Köhne. Gedächtnisverlust und Trauma, in: Koch (Hg.). Angst. Ein interdisziplinäres Handbuch, 157–165, hier: 158.

75 Exemplarisch: Blumenberg. Die Sorge geht über den Fluß, 137f. Zum Topos des notwendigen Umwegs auch: Nelly Sachs. Diese Felder aus Schweigen (1968), in: dies. Werke. Bd. 2. Hg. von Ariane Huml und Matthias Weichelt. Berlin 2010, 213.

»Kataklysmos«: eines Bebens im Bau der Psyche.[76] Wenn dem so ist, dann sind lediglich Randgänge um den Krater der Erschütterungen möglich. Die Umwege des Poetisierens mögen das probate Mittel sein, wie aus literarischen Selbsterklärungsversuchen vielfach herausgelesen werden kann.[77] Hier öffnet sich zugleich der innere Zusammenhang zwischen dem Thema der seelischen Krypta und der Literatur dieser Zeit. Er besteht in einer stillen Leidenschaft für das Ungesagte.

Nimmt man diese Leidenschaft mit der Notwendigkeit zu Umwegen zusammen, so mag ein Verfahren bildhaften Umkreisens hervortreten, durch das die Literatur mitwirkt am geduldigen Öffnen der Krypten. In diesem Geist hat schon Kommerell auf das Zeitverhältnis der Poesie hingewiesen, das auch für die Problematik der Krypta greift. Das Zeitempfinden dieser sei demnach ein latentes: Es ziele auf jene »verborgene«, »unausgesprochene Zeit«.[78] Das legt nahe, dass Dichtung nicht mit den fertigen Worten, sondern mit den verschütteten, verschluckten oder gar gefrorenen Worten zu tun hat.[79] Mit diesen latenten Aspekten in der Literatur gerät das in den Blick, was als genealogische stille Post bezeichnet wurde. Produktionsästhetisch scheint der Umgang mit latent gebliebenen Leidblöcken nahezulegen, was Nelly Sachs eine notwendige »Durchschmerzung« genannt hat.[80] Auch für Sachs war eine Wende aus der Stummheit, heraus aus dem anästhesierten Leid hiermit verbunden. Zuletzt war für sie, die die Erfahrung der Flucht als psychotische Zerrüttung durchlitten hatte, damit ein Prozess lebensgeschichtlicher Selbstrealisation verknüpft. Mit abgründiger Nähe von Leid- und Glückserfahrung.[81] Sachs lebte die Problematik, wenn sie die Umschlagsmöglichkeit der Krypta in Verse brachte: »Welcher Stoff /

76 Vgl. Torok. Avant-propos, 8. Das ermöglicht auch einen Brückenschlag zu Hamburgers Modell eines geistesgeschichtlichen Kataklysmos. Vgl. Hamburger. After the Second Flood, 9.

77 Hier ist exemplarisch an den ›Meridiansgang‹ von Sachs und Celan zu erinnern, um den »Meridian des Schmerzes und des Trostes«: Nelly Sachs an Paul Celan vom 28.10.1959, in: dies. Briefwechsel. Hg. von Barbara Wiedemann. Frankfurt a.M. 1996, 25.

78 Vgl. Max Kommerell. Das Problem der Aktualität in Hölderlins Dichtung (1941), ders. Dichterische Welterfahrung. Essays. Frankfurt a.M. 1952, 174–193, hier: 177.

79 Zum Umgang der Literatur mit zeitlicher Latenz vgl. Wajsbrot. Für die Literatur, 45, 72. Zum Bild der ›gefrorenen Worte‹ auch: Cécile Wajsbrot. Echos eines Spaziergangs in der Künstlerkolonie, in: Sinn und Form 67 (2015), Nr. 2, 253–265, hier: 254.

80 Vgl. Sachs an Celan vom 9.1.1958, in: dies. Briefwechsel, 13.

81 Zur paradoxen Wendung, dass Leid auch Sinn gebiert, vgl. Angehrn. Sein Leben schreiben, 212f.

Welcher Nebel / Welche geheimen Geburten / aus den Gräben / mit dem Zick-Zack-Blitz / der verstoßenen Wünsche aufsteigend«.[82] So geht die Lebenslinie der aus Berlin vertriebenen Lyrikerin paradigmatisch im Zickzack voran.

Noch einmal wird der hartnäckige Entzugscharakter der Krypta daran sinnfällig. Der Philosoph Emil Angehrn hat hierbei nicht nur den Entzug, sondern auch das in der Zeit Verstellte mit der Krypta in Beziehung gebracht: Dieses werde in ihr in Verwahrung gehalten und erschließe sich erst nach einer Phase der Latenz.[83] Schon die Idee eines Entgangenen macht ein Näheverhältnis zum Entzugscharakter der leeren Zentrale deutlich.[84] Doch machte deren Leere auch aufmerksam für das, was noch da war: für das Liegengelassene. Insofern traf Hamburger einen Punkt, wenn er davon sprach, dass es im Nachkrieg eigentlich einen »proustian character« gebraucht hätte: einen, der im Trümmerschutt nach vergessenen Sinnstücken fahndete.[85] Vom Rest Deutschlands abgetrennt, war dieser Trümmerrest Berlin also selbst der Ort einer Auslagerung des Verlorenen.[86] Im Modell der Krypta entspricht das nicht nur einem Ort des Säumnisses, sondern einer Aufbewahrungsstätte von Zeugenschaftsfragmenten. Die These lautet hier also, dass für das Nachkriegsberlin dasselbe Latenzproblem vorausgesetzt werden kann, wie an der Krypta und ihrer verborgenen Botschaft beschrieben. Schließlich zeigt das Latent-Kryptische seine Eigenwilligkeit gerade darin, dass es als Unerkannt-Anwesendes so vor einem steht, dass es immer wieder übersehen wird.[87]

Es waren hierbei nicht zuletzt Autoren des Exils, die die leere Zentrale als Topos der Widrigkeiten der *memoria* entdeckten. Der Exilanten-Topos wird sinnfällig in der erwähnten Beobachtung Tergits, sie sei in Berlin auf eine pompejanische Traumalandschaft gestoßen.[88] So wirkt es, als hätten die – ob ihrer Erfahrungen – misstrauischen Exilanten und Exilantinnen eine besondere Sensibilität für die Verkryptungen jenes Areals der leeren Zentrale gehabt. Der polnische Exilant Gombrowicz etwa sprach in seinen

82 Nelly Sachs. Welcher Stoff (1953), in: dies. Werke. Bd. 2, 56f., hier: 56.

83 Vgl. Angehrn. Sein Leben schreiben, 141, 199.

84 Architekturphänomenologisch hat den offenbaren Entzug der leeren Mitte Posener beschrieben: Julius Posener. Berlin, den 31.10.1982, in: Landesarchiv Berlin. Nr. 91/0078: Der Senator für Stadtentwicklung und Umweltschutz (Hg.). Zentraler Bereich. Dokumentation zum Planungsverfahren Zentraler Bereich Mai 1982–Mai 1983. Berlin 1983 (Selbstverlag), 70.

85 Vgl. Hamburger. After the Second Flood, 83, 141.

86 Zu Berlin als Trümmerrest des Reichs siehe: Scholz. Berlin für Anfänger, 84.

87 Zur Krypta als Latenzphänomen vgl. Angehrn. Sein Leben schreiben, 144.

88 Vgl. Tergit. Etwas Seltenes überhaupt, 246.

»Berliner Notizen« explizit von einem ausfindig zu machenden unterirdischen Ort, der für beide Stadthälften zu einem Punkt der Selbstbegegnung werden konnte.[89] Diesem Ort korrespondiert ein veränderter Standort des Schreibers, den Richard Alewyn nach dem Krieg als »unter der Stiege« seines Zeitalters charakterisiert hat.[90] Doch auch der oberirdische Ort als Gegenprogramm dazu, den der horizontale Blick über den überwachsenen und überbauten Stadtkrater freigab, hatte als nur vermeintliches Idyll seine Abgründigkeit. Etwas vom betäubten Raum spürte Gombrowicz in den drapierten Zügen Westberlins auf: Er bezeichnete es als neueste »fata morgana« einer westlichen Schaufensterpolitik.[91] Das waren für ihn Maskierungen einer schmerzlichen Erfahrung, Abstandnahme von der inneren Wüste. So paradox es klingen mag, gerade der vermeintliche Zug ins Mondäne wirkte auf Gombrowicz wie ein urbanes Deckwerk: ein betäubendes »Glück der Verwirrung«.[92] Es stellte für ihn eine Form der Weltflucht dar, insofern er im Blendlicht des »Glitzer-Dings« eine Architektur gewordene Kappung, »Flucht vor der eigenen Geschichte« erblickte.

Dabei legte Gombrowicz eine Beziehung zwischen dem Phänomen des Weltmangels und der Idylle frei, sei sie verharmlosend, Suggestion der Unschuld – oder offenkundiger, wie in den geschundenen Ernstfallgegenden der Stadt. Gombrowicz mag gewusst haben, dass schon Friedrich Schiller dem Genre der Idylle einen Weltmangel attestiert hatte, wobei die idyllische Suggestion bei diesem auf dem Grund tragischer Erschütterungen ruhte. Idyllenbedürftig ist man demnach unter dem Vorzeichen des Traumatischen, greift man im allzumenschlichen Impuls nach den Sedativa kindlicher Einfalt. Was in diesem Zustand laut Schiller als »Schlaf unserer Geisteskräfte« droht, hat Kessel für den Berliner Fall polemisch als »Stumpfsinns«-Therapie charakterisiert.[93] Doch sah auch Schiller, dass in der Idylle vor allem der Ruhesuchende angesprochen wird. Die Unzulänglichkeit des Weltmangels im Idyll zeigt sich darin, dass die Atmosphäre »nicht beleben, nur besänftigen« könne.[94] Für den geistig Hungrigen bildet sie, so Schiller, einen allzu »einförmigen Kreis«. Das hat auch Gombrowicz bei seiner Ankunft im

89 Vgl. Gombrowicz. Berliner Notizen, 125.
90 Vgl. Alewyn. Hofmannsthal und diese Zeit, 9.
91 Vgl. Gombrowicz. Berliner Notizen, 73, 129.
92 Vgl. ebd., 129. Das Deckwerk analog zum Begriff der »Deck-Krypta« als Fährte, die eine andere verstellt. Vgl. Abraham/Torok. Kryptonymie, 129.
93 Vgl. Kessel. Ironische Miniaturen, 14. Sowie: Friedrich Schiller. Über naive und sentimentalische Dichtung (1795), in: ders. Theoretische Schriften. DKV-Ausgabe. Bd. 32. Hg. von Rolf-Peter Janz. Frankfurt a.M. 2008, 706–810, hier: 775.
94 Vgl. Schiller. Über naive und sentimentalische Dichtung, 772.

Tiergartenbezirk irritiert: »Ich trat auf den Balkon hinaus: rechtwinklige Klötzchen von fünfzehnstöckigen Häusern im Grünen, eine Gartenstadt.«[95] Doch die vermeintlich idyllische Inselabschottung wirkte trügerisch, so als habe sie ihre Sorge nur verborgen.[96] Denn das Idyll setzt Distanz voraus, wovon in diesem »Zentrum der Katastrophen«, so Gombrowicz, keine Rede sein konnte.[97] Dass ihm bei seinem Blick aus dem Hochhaus buchstäblich ein Stück Katastrophe umgab, da jene Türme aus den Trümmersplitt des zerstörten Hansaviertels der Gründerzeit recycelt waren, musste ihm als Ortsfremdem entgehen.[98]

»Wenn verlassen sind / die Räume, in denen Antworten folgen«[99] – so umriss auch Bobrowski das hiesige Mangelproblem. Doch beherbergte diese Verlassenheit noch, womit die Lebenden nicht fertig wurden. Auf den »Hohlwegen« dieser Lebenswelt ließ sich manches Unerledigte auffinden. Damit liegt der gedankliche Nexus zwischen der leeren Zentrale und der Krypta in einer Analogie, die auch Derrida nahegelegt hat. Nach Derrida hat man es diesbezüglich mit einem Ort der unruhigen Toten zu tun: »Der kryptische Ort ist also eine Grabstätte.«[100] In dieser Eigenschaft ist er ein versiegelter Ort – im Falle der leeren Zentrale gar ein von den geschichtlichen Ereignissen plombierter.[101] Denn hier schloss sich die Zeitschleuse eines großen geschichtlichen Zusammenhangs nach 1945, der eine Menge Ungelöstes – etwa in Gestalt der Berlin-Frage – zurückließ.[102]

---

95 Gombrowicz. Berliner Notizen, 72. Das Biedermeierliche dieses grünen Stadt-idylls hat Karl Heinz Bohrer benannt: »Das Grün ist eine Metapher der Enturba-nisierung«. Bohrer. Provinzialismus, 86.

96 Eine spezifisch »graue Sorge« oder »atra cura« hatte schon Montaigne mit der Idylle im ruhigsten »Kurort« in Verbindung gebracht. Vgl. Montaigne. Über die Einsamkeit, 124–128.

97 Zur katastrophischen Unterseite des Idylleneindrucks: Gombrowicz. Berliner Notizen, 95. Zur Figur der »idyllischen Distanz« auch: Blumenberg. Schiffbruch mit Zuschauer, 54.

98 Zum Trümmerschutt-Recycling vgl. Joseph Wechsberg. Phoenix in Rubble, Bl. 20. The New York Public Library. Rare Books and Manuscripts Division. The New Yorker Records. Manuscripts: Fact: Run & Killed, 1938–58. Run 4/26/52. Box 1427.

99 Johannes Bobrowski. Wenn verlassen sind (1963), in: ders. Gesammelte Werke. Bd. 1, 179.

100 Derrida. Fors, 19.

101 Zum versiegelten Ort: ebd., 53.

102 Vgl. Koselleck. Erinnerungsschleusen und Erfahrungsschichten, 274. Zum damaligen »problem of Berlin« vgl. Windsor. City on Leave, 260.

In diesem Sinne hat Blumenberg in einer Miniatur mit dem Titel »Unter den Fundamenten« auf die apotropäische Funktion der Versiegelung solcher Stätten hingewiesen, als einen Akt, der Untergang und Opfer von den Lebenden auf Distanz halten soll.[103] Noch hier greift die Figur einer Verkapselung der Schrecknisse, deren aktive Einschließung nicht selten Resultat einer *damnatio memoriae*, einer Verdammung des Andenkens ist. Die persistente Leere der Berliner Zeitgegend mit dem unfreiwilligen – durch die Teilung verstetigten – Einschluss der Überreste korrespondiert dem nicht-integrierten Vergangenen, das in der Krypta konserviert ist. Diese Berliner Krypta war der ungewöhnliche Ort, an dem die jüngste Geschichte noch frisch, quasi lebendig begraben zu besichtigen war: Streufeld allerhand unverstandener Brocken. Das Bild der leeren Zentrale als Krypta stellt somit die Latenztopografie des ganzen Themas anschaulich heraus; darin wird etwas von der allegorischen Umschreibung dessen sinnfällig, das anders keine Darstellung fand.

Die Konservierung der Geschichtsreste rührte von einer auf Eis gelegten Sinnfrage der Stadt her. Diese erzeugte eigene Formen des Überwinterns, bedingt durch die Großwetterlage des Kalten Krieges. Es war ein Moratorium, das über ein in seinen Verstrickungen ungelöstes Gebiet verhängt wurde, wobei dieses Vorgehen der Stillstellung auch die Trauma-Gegenden zum »Eisgrab« werden ließ.[104] Ein für diese komplexe Lage kaum zu überbietendes Denkbild fanden Walter Höllerer und die Fotografin Renate von Mangoldt, als sie einen winterlichen Trümmerberg, den Teufelsberg im Grunewald, zum Ausgangspunkt einer Stadterkundung im Nachkrieg wählten. Gleichsam auf den Spuren Kessels wirkte dieser Daseinstopos des vergletscherten Schuttbergs noch einmal wie ein »Sinnbild in Stellvertretung des Ganzen«.[105] Höllerer hat seine poetische Berührung mit dieser vereisten Stadtwunde eindringlich beschrieben: »Du gehst, wenn du ihn hinaufsteigst, über den Trümmern des zerbombten Berlin. Alle Steine, die du an diesem schattigen, angenehmen Hang finden kannst, sind Mauersteine, – sie haben noch Mörtelspuren an ihren Flächen und Kanten. Du hörst es, du läufst über Hohlräume, über Geschichtetes, Aufeinandergeworfenes, über den Trümmern von Mobiliar, Zimmern, Hausgerät, und Knochen.«[106] Die

---

103 Vgl. Blumenberg. Die Sorge geht über den Fluß, 115–117.

104 Zu diesem Bild vgl. Nelly Sachs. Eisgrab oder wo Schweigen spricht (1960er Jahre), in: dies. Werke. Bd. 3, 475–479, hier: 477f.

105 Zur Suche nach dem »Sinnbild in Stellvertretung des Ganzen«: Kessel. Januskopf Berlin, 147. Zum Topos des vergletscherten Schweigens: Kessel. Aphorismen, 69.

106 Walter Höllerer. Wilmersdorf, in: Mangoldt. Übern Damm und durch die Dörfer, 7–9, hier: 7. Zum Teufelsberg als Stadtgrab, amalgamiert mit den Resten der Vor-

Schuttberg-Flanerie als Ausdruck eines Lebensgefühls – gerade sie musste auf Inkorporiertes, in den Stadtleib Eingekapseltes stoßen, das im Zeichen des Kollaps nach 1945 zur Seite geschafft wurde. So stimmte ein Flaneur wie Kurt Ihlenfeld in die Beurteilung der Symptomatik dieser Schuttberge ein, wenn er hervorhob, dass es in dieser Stadt seltsam »bewaldete Hügel« gebe: »Die bergen«, gleich einem Geheimnis, »in ihrem Inneren den Trümmerschutt von 1945«.[107] Eine Geschichtsgruft unter uns: »Es ist geschichtlicher Boden, auf dem wir leben und arbeiten, schreiben und schlummern.«[108]

Somit gebar die Stadt ihren eigenen konkret-allegorischen Ort latenten Sinns. Es war einer des Abgedrängten, das zur Wiedervorlage kommt, sobald erkannt wird, dass der Berg eine künstliche Gruft ist, über der die Lebenden »schlummern«.[109] Hier bewahrheitet sich Derridas Wort, die Krypta sei zugleich Grabstätte. Der Berg aus Trümmern figuriert als anschauliches Substrat für das jüngere Schicksal der Stadt. Wenn man so will, zeigte sich an dieser peripheren Stelle ihr posttraumatisches Mysterium. Auf dieses mag eine Beobachtung Alewyns über die modernen Städte im Allgemeinen zutreffen: dass sie in ihrer je eigenen Vertikalität zu lesen seien, dass sie unterwärts »durchwühlt« seien und ihre Geheimnisse »in ihrer Tiefe verborgen« lägen.[110] Damit wird berührt, was man deren ambivalente Grundstimmung nennen kann: In dieser wird der an der Oberfläche »eingeschläferte Sinn« beständig von einer Dämonie der Tiefe unterwandert.[111] So hat eine Stadt wie Berlin ihre eigenen Krypten und Grüfte, die einen »Horizont nach unten« öffnen.[112] Genau darin sollte Berlin die Allegorie für die – um mit Kessel zu

kriegsstadt wie der NS-Gigantomanie, vgl. Anderson. Buried City, insb. 39f. Zum Trümmerberg als Sinnbild verschütteter Botschaften in Berlin auch: Rheinsberg. Rückblick, 13.

107 Ihlenfeld. Loses Blatt Berlin, 61. Die Mimikry ans natürliche Terrain war bewusstes Ziel der Berliner Landschaftsplanung beim Teufelsberg. Vgl. Walter Rossow. Trümmerberg am Teufelssee (1952), in: ders. Die Landschaft muß das Gesetz werden. Hg. von Monika Daldrop-Weidmann. Stuttgart 1991, 22f.

108 Ihlenfeld. Loses Blatt Berlin, 113.

109 Als künstliches Gebilde latenter Wirklichkeit ist der Trümmerberg indirekt mit einer Metaphorik wie der des Eisbergs verwandt, erweist sich aber – im Unterschied zu diesem – als Geschichts-, nicht Naturprodukt. Vgl. Hans Blumenberg. Quellen, Ströme, Eisberge. Hg. von Ulrich von Bülow und Dorit Krusche. Berlin 2012, 211.

110 Vgl. Alewyn. Ursprung des Detektivromans, 356f.

111 Zu dieser Denkfigur schon: Kaufmann. Die Bedeutung der künstlerischen Stimmung, 107.

112 Vgl. zur Unterwelt als einem »Horizont nach unten«: Schapp. In Geschichten verstrickt, 37f.

»Du hörst es, du läufst über Hohlräume, über Geschichtetes,
Aufeinandergeworfenes«. Von Mangoldts Aufnahme des Teufelsbergs
als vereiste Schuttlandschaft, Ende der 1970er Jahre.[113]

sprechen – »Schutthaufen«-Existenz dieser Epoche werden, ein Schuttberg,
den auf zu Bewahrendes zu sichten einer »Sisyphus-Arbeit« gleichkäme.[114]
Für Kessel waren die Totenkammern der Überlieferung zu solchen unter
den eigenen Füßen geworden. In diesem Sinne konnten die Schuttberge
wie Metaphern für das eigene Unbehagen gegenüber der Überlieferungsproblematik fungieren. Gerade darum war diesen urbanen Grabkammern
über ein Verfahren der Tiefenlotung zu begegnen, das man als stadtarchäologischen Zugang zur »Tiefenverschränkung der Zeiten« begreifen kann.[115]
Dem entspricht das Ethos des Nachkriegsflaneurs, der laut Kessel wie der
»Bergmann« in den »Schacht« der Zeit zu gehen hatte.[116] Dabei scheint es,

---

113 Für die Abdruckerlaubnis sei Renate von Mangoldt gedankt. Siehe auch: Man-
     goldt. Übern Damm und durch die Dörfer, 12f.
114 Vgl. Kessel. Wir falschen Fünfziger, 45f.
115 Zu diesem Modell einer Archäologie der Stadtschichten schon: Schürer. Prag, 381.
116 Hier mit Bezug auf Novalis formuliert vgl. Kessel. Die epochale Substanz der

Die Dispersion oder Suchen nach Überresten

folgt man Höllerers Lektüre des Trümmerbergs, als würden die unteren Schichten der Kollektivpsyche und der verkryptete Kern der Stadt in einen diskreten Dialog treten. So erinnerte er einmal daran – angesichts eines als Berg getarnten Bunkers im Humboldthain –, dass sich die »Bevölkerung bei Fliegeralarm« dort versteckt habe, wo nun der »narkotische Duft des Holunders« sich ausbreite, Metapher einer Aura des Vergessens.[117] Dagegen war der Schutt vom Teufelsberg anders präsent, angefüllt mit »toten Häusern«.[118] Es war, kurz gesagt, das verscharrte Doppel der Stadt, aufgeschüttet aus dem Ziegelsplitt des ausgeräumten Zentrums: zum »Bergschädel« erhoben.

Eindrücklich wird, wie zwei Seiten des emotional gestimmten Raumes, die Ödnis im Zentrum und die Verkapselung am Stadtrand, einander bedingen, befand sich in der künstlichen Schädelstätte am Teufelssee doch ein Gutteil der ausgeräumten inneren Stadt. Trümmerberg und leere Mitte bilden so zwei komplementäre Ortschaften derselben Kryptenbildung. Denn während das Zentrum seine Bildhaftigkeit verloren hatte, korrespondierten diesem Verlust jene Latenz-Orte an der Peripherie. Sie konservierten im Inneren den unbewältigten Stadtverlust. Neben den Stadtfragmenten beherbergte der Trümmerberg die Relikte der NS-Megalomanie, ein Stück des Torsos der nie fertiggestellten NS-Bildungsfantasie einer Wehrtechnischen Universität.[119] Hier wird der unverarbeitete Schock haptisch erfahrbar wie sonst kaum. Und auch das »Phantom« einer verschollenen Weltstadt, ein Trümmerphantom ohne feste leibliche Gestalt, sammelte sich in greifbaren Bruchstücken.[120] Wenn somit nach Abraham und Torok die Krypta mit Fetzen von Bildern und Worten von Erinnerungen angefüllt ist, mit »Puzzles von Scherben«, beheimatet diese Stadtkrypta just die Fragmente eines abgebrochenen Lebens.[121] Der Trümmerberg war jene Stelle, an der die Bewohner in mühsamer

Dichtung, 313. Zur »Bergmanns«-Optik im Nachkrieg: Kessel. Ironische Miniaturen, 35.

117 Vgl. Walter Höllerer. Wedding, in: Mangoldt. Übern Damm und durch die Dörfer, 267–269, hier: 267.

118 Vgl. Höllerer. Wilmersdorf, 9.

119 Hierzu Zischlers Hinweis auf den Teufelsberg als NS-Krypta und »namenloses Grabmal«. Zur ›Kriegs-End-Moräne‹ wurde der Berg endgültig dadurch, dass das amerikanische Militär später eine Abhörstation darauf installierte. Vgl. Hanns Zischler. Berlin ist zu groß für Berlin. Berlin 2014, 28, 32.

120 Zum »Phantom« der Weltstadt vgl. ebd., 10. Auch dieser Zug zum Phantomhaften – im Sinne einer Heimsuchung – findet sich im Denken der Krypta wieder. Vgl. Schwab. Das Gespenst der Vergangenheit, 238, 252.

121 Vgl. Abraham/Torok. Kryptonymie, 166. Zur ›unvollständigen Abdichtung‹, inneren Fragilität der Krypta auch: Weber. Denkmäler, Krypten, 155.

Arbeit, im Taumel nach 1945, ein Stück der Stadt, ihren Zentralen-Leichnam, vergruben und dabei die Verstiegenheiten der NS-Zeit gleich mit.[122]

Doch auch die Oberfläche verwahrte ihre Indizien. Hierbei weist die eisige Ödnis, die von Mangoldt fotografisch eingefangen hat – der ungewöhnlich kahle Berg – auf das Stadtgrab unterwärts hin. Zu dem Idyllischen, das Höllerer in seiner Einlassung betonte, gesellt sich ein unheimlicher Schatten. Auch dies ist geheime Zugehörigkeit des Schrecklichen zum Idyllischen.[123] Jedoch war, wie Nelly Sachs betonte, diese Begegnung mit den urbanen Grabmälern nicht auf exponierte Stätten wie Trümmerberge beschränkt. Für sie konnte auch das eine oder andere Wohnhaus sich als »Abladeplatz« schwerer Erinnerungen erweisen, wo mancher »seinen Toten wieder[sah]«.[124] Ihre Beschreibung des Unheimlichen erinnert an das, was ihr Freund Bobrowski als die »ungeklärten Stellen« in der Welt der Überlebenden ausgemacht hatte.[125] Insofern gibt es einen verbindenden Zug unter all diesen Trümmerflaneuren. Er besteht darin, dass sie sich mit den Mitteln der Poesie dem Bildverlust der Stadt zu stellen versuchten. Sie gingen den Weg, die Raum gewordenen Traumata zu umkreisen, um zu erlangen, was man einen erneuerten »Wirklichkeitsbezug« nennen kann.[126] Hier mag, ob des indirekten Zugangs und der darin ausgedrückten Erfahrungen, ein Versspruch der Sachs Gültigkeit beanspruchen: »Diese Felder aus Schweigen / unbetretbar / Gebete müssen Umwege machen.«[127]

Die Trümmerberg-Allegorie macht anschaulich, warum das deutsche Wort für Krypta nicht zufällig »gruft« lautet und sich vom Verb »graben« ableitet: die Gruft als das in einer Grube oder Anhöhe Versenkte. Das deutsche »gruft« scheint eine Amalgamierung von »graben« mit dem lateinischen »crypta« zu sein.[128] So bezeichnete schon griechisch »krypté« ursprünglich

122   Zum Geisteszustand des Taumels in der Stunde Null vgl. Schivelbusch. Vor dem Vorhang, 36.

123   Zum Trümmerberg als Betroffenheitspunkt, der »eigentümlich ans Herz« gehen konnte, vgl. Tumler. Berlin. Geist und Gesicht, 88.

124   Vgl. Sachs. Viermal Galaswinte, 261.

125   Vgl. Johannes Bobrowski. Formen, Fabel, Engagement. Ein Interview von Irma Reblitz (1965), in: ders. Gesammelte Werke. Bd. 4, 496–499, hier: 499.

126   Zum Verfahren der Metaphorisation, über welches der Mensch seinen »Wirklichkeitsbezug« erneuere, vgl. Hans Blumenberg. Anthropologische Annäherung an die Aktualität der Rhetorik (1971), in: ders. Ästhetische und metaphorologische Schriften, 406–431, hier: 415, 418.

127   Sachs. Diese Felder aus Schweigen, 213.

128   Damit ist das Verborgene im Deutschen »gruft« das lat. Krypta; hierzu: Grimm. Deutsches Wörterbuch. Bd. 9, Sp. 628–634, insb. Sp. 628.

ein unterirdisches Gewölbe.[129] Diesen Charakter als »unterirdische Halle« betonte der Kunsthistoriker Heinrich Lützeler.[130] Krypta, das war nach diesem der »Ort der Verborgenheit«, Aufbewahrungsort einst der Gebeine, der »kostbaren Leiber« der Märtyrer, eine Reliquienkammer. Er weist darauf hin, dass der Krypta geschichtlich, als »Grundlage der Kirche«, die Rolle eines Fundaments zukam, eine Bauform in der Latenz, deren »geheimnisvolle Stärke« den Bau durchwallte.[131] Damit deutet sich im Sprachgebrauch eine Wirkkraft in der Krypta an, die nach oben zur Oberfläche durchgreift. Wenn die Nachkriegsflaneure also immer wieder auf die Metaphorik der Höhlungen zurückgriffen, so kommt das der hier verfolgten Auslegung der Krypta am nächsten.

Wenn dabei schon Loerke – wie im Auftaktkapitel gesehen – das Bild des »öden Raumes«, aber auch den Katakomben-Rückzug betonte, so waren damit beide Spuren, die hier in der Metaphorik zusammenlaufen, angesprochen. Dass es in seinem Fall mit einem »Leidensweg« verbunden war, macht seine Erwähnung im Wortfeld der Krypta umso zwingender.[132] Gleichwohl ist zu bemerken, dass für ihn die Katakombe – im Unterschied zur Krypta – mehr einen Ort des Rückzugs in Zeiten der Bedrohung benannte. Doch hatte dies seine Kehrseite: Sie zeigt sich in Loerkes Erfahrung, dass wer sich in extremistischen Zeiten in die Katakombe begibt, auch in dieser verschüttet werden kann. Diese Möglichkeit hatte der Lyriker selbst erwogen, als er sein Werk am Ende dem »Gerölle« anheimgegeben sah.[133] Eine Schicht des Vergessens sollte sich als deckende über sein Schaffen legen, also das, was man mit Abraham und Torok »Deck-Krypta« nennen kann. Ebenfalls auf diese Möglichkeit eingestimmt, konstatierte Kessel, wie gesehen, während der NS-Zeit, das Wagnis der Überlieferung bestehe in gefährlichen Zeiten darin, dass ihre an sich reichen »Grabkammern« sowohl als nutzlose »Rumpelkammer« wie als »Quell« für Kommendes angesehen werden könnten.[134] Das ist das Vexierbild, das sich zwischen den Bedeutungsebenen von Katakombe und Krypta einstellt. So ist nicht zu verkennen, dass der Zug zum Überleben in der Katakomben-Metaphorik die Oberhand behält. Demgegenüber aber hat

---

129 Vgl. Zur Krypta als Gruft und Gewölbeform: Julia Sametzki-Kraus. Die Krypta, in: Lexikon der Bauformen, 311f., hier: 311.

130 Vgl. Lützeler. Vom Sinn der Bauformen, 97.

131 Vgl. ebd. Zum Wesen des Fundaments, in der »Verborgenheit« zu wirken, vgl. Blumenberg. Die Sorge geht über den Fluß, 98.

132 Zu Loerkes »Leidensweg«: Hermann Kasack. Katakombendasein 1946, Bl. 1. Nachlass Oskar Loerke, DLA Marbach.

133 Vgl. Loerke. Zum Abschluss meiner sieben Gedichtbände, 622.

134 Vgl. Kessel. Patenschaft der Vergangenheit, 217f.

---

die – psychoanalytisch verstandene – Krypta mit einem eingeschlossenen Leid, einem zu verwandelnden Übel zu tun.[135]

Eine andere metaphorische Schicht findet sich bei Benjamin, bei dem der Ausdruck »Krypta« eher en passant Verwendung findet.[136] Bei ihm erscheint sie als in ein Überlieferungsgeschehen eingebunden. Bei Benjamin ist die Krypta die eigene Schublade, Ort der Sammlung seiner gefundenen Spuren, die er als antiquarisch vorgehender Flaneur zusammentrug: Arche und Enklave seiner Funde. Diese Schublade ist ihm »Traumwald«, Versprechen auf eine künftige Entbergung. Es ist, abweichend von Derridas Krypta, Ort einer Rettung der Phänomene, ein Ort für Extrakte des noch zu Verarbeitenden.[137] Sie ist Verwahrungsort wie Ort einer Auslegung. Das Durcheinander der Spuren trägt noch das Siegel eines unordentlichen Sinnes, der der Auflösung harrt. Diese Auslegungskunst ist davon geprägt, was man das ›Es wird einst jenes bedeutet haben‹ nennen kann.[138] Damit wendet sich die Krypta ihrerseits in einen Schutzraum des noch nicht geborgenen Sinnes. In Benjamins Bild der aufbewahrten Spuren schwingt insofern eine Sinnerwartung mit, die die Krypta in die Perspektive produktiver Zeitigung stellt.[139]

Diese Sicht rechnet mit dem erinnerungsbegabten Menschen, dem dereinst an den hinterlassenen Spuren etwas aufgehen mag. Das gleicht einem nachträglich belichteten Bild, das erst verzögert seinen Sinn freigibt. Somit ist Benjamins Sammeln für die Schubladen-Krypta eines, das auf kommendes Verstehen ausgerichtet ist. Etwas von dieser Denkperspektive erneuerten Sachs und Celan nach dem Krieg, wenn sie davon sprachen, dass noch die erhoffte schöpferische Fracht stets per »Vergangenheitsschlepper« eintreffe, ohne zu verkennen, dass dieser auch das Dunkle der leidvollen Vergangenheit mitführte.[140] So mutiert die Krypta in einen Umschlagsplatz des Zeitgefühls, an dem das Unverstandene zu einer sinngebenden Öffnung gelangen kann. Jedoch hatte man zunächst mit einer Verstehensverweigerung zu tun. Noch

---

135 Daher ist es nach Abraham/Torok die »unsagbare Trauer«, die im Inneren des Selbst jene »geheime Gruft« namens Krypta einrichtet. Vgl. Abraham/Torok. Trauer oder Melancholie, 551.

136 Vgl. Benjamin. Einbahnstraße, 115.

137 Zum herstellungsästhetischen Verfahren des Extrakteziehens vgl. Walter Benjamin. Die Aufgabe des Kritikers (1931), in: ders. Gesammelte Schriften. Bd. VI, 171–175, hier: 171.

138 Zu diesem »Zeitdifferential« auch: Benjamin. Passagen-Werk, 1038.

139 Zum Entwurf aus dem »Futurum II« vgl. Angehrn. Sein Leben schreiben, 97, 141.

140 Sachs schickt diesen »Vergangenheitsschlepper« wie eine Allegorie der nachträglichen Realisation an Celan. Vgl. Sachs an Celan vom 5.12.1960, in: dies. Briefwechsel, 66–69, hier: 68.

für die allegorischen Schuttberge mag da gelten, was für den Nicht-Sinn insgesamt gilt: »Der Gegenstand meines Nichtverstehens bleibt präsent«, so der Historiker Lucian Hölscher, »auch wenn ich ihn nicht verstehe.«[141]

Diese Präsenz des Unverstandenen lässt sich auch am Weltmangelproblem am Ort ablesen. Es zeigte sich poetologisch gerade nicht in einer Totalität von Welthaltigkeit, sondern an der weltarmeren literarischen Lage kleiner Splitterformen.[142] Dies konturiert sich vor dem Hintergrund eines ausgeräumten literarischen Schreins im Nachkrieg. Begreift man die Krypta als wirkungsgeschichtliches Bild, dann ist – nach der Katastrophe – etwas vom Sakrileg an der Literatur in ihr verwahrt.[143] Muschg hat diese Erfahrung des Entzugs und der Verzögerung der literarischen Wirkkräfte nach 1945 im Bild vom »Abtransport der Sphinxe«, in der Allegorie einer Tempelräumung, die einer »Vernichtungsaktion« gleichkam, erfasst.[144] Diese Räumung habe nicht nur Leerlauf im Haus der Sprache hinterlassen, sondern auch jene Schweigekrypten, die die schöpferische Ader der Literatur beeinträchtigten.[145] Nimmt man diesen Sprachentzug mit in die Leitmetaphorik der Krypta hinein, so hat man es mit einem Topos des Versehrten zu tun: ein Ort, in dem Versehrtes ruhte und der von Brüchen gezeichnet war.[146]

Dieser Grabesstimmung trug Benjamin in seiner Verwahrungstopik insofern schon Rechnung, als ihm die »Bodenkammern« der Stadt zu Orten eines vergangenen Lebens wurden, in denen die Wiederbegegnung mit ganzen »toten Vierteln« lauerte.[147] Hier ist bemerkenswert, dass nicht von Dachkammer, sondern von einer »Bodenkammer« die Rede ist, womit er die Nähe zur Erdreichmetaphorik evoziert. Stößt er diese Kammern im Zwischenkrieg bereits auf, so werden sie erst nach dem Krieg zu wirklich abgründigen

---

141 Hölscher. Hermeneutik des Nichtverstehens, 227.

142 Blumenberg hatte die Welthaltigkeit bekanntlich für die Poetik des Romans reserviert; dementgegen stehen die kleinen Splitterformen hier im Zeichen einer »Weltarmut«. Vgl. Hans Blumenberg. Wirklichkeitsbegriff und Möglichkeit des Romans (1964), in: ders. Ästhetische und metaphorologische Schriften, 47–73, hier: 65.

143 Hamburgers literaturgeschichtliche Flutmetaphorik ergänzt hier wiederum das Katastrophennarrativ der Krypta. Vgl. Hamburger. After the Second Flood, 9.

144 Muschg bezieht sich auf ein Bild Max Beckmanns. Vgl. Muschg. Abtransport der Sphinxe, 921–923.

145 Vgl. ebd., 924.

146 Auch die Dimension des Sakrilegs berührt sich mit der Krypta nach Abraham und Torok, gedachten sie in ihr doch die »Bruchlinien eines zersprungenen Symbols« aufzufinden. Vgl. Abraham/Torok. Kryptonymie, 166.

147 Vgl. Benjamin. Berliner Chronik, 480.

»Speichern des Vergessens«.[148] Auch ein Flaneur wie Speyer erfasste etwas von den neu entstandenen Hohlräumen des Unerledigten nach dem Krieg, wenn er angesichts der Schuttberge in den Städten, unter »den Ruinen« in »Schutt und Asche begraben«, das eigentlich durchzuarbeitende Material nach den katastrophalen Erlebnissen vermutete.[149]

Nun gilt es, abschließend einige Befunde dieses Exkurses zusammenzufassen: Krypta in dem hier entfalteten Sinne meint zunächst eine Enklave voller Latenzen, einen Ort des Vergrabenen. In diesem eingeschlossenen Raum hauste ein unerledigt Vergangenes, das die Gegenwart heimsuchte.[150] Die Krypta zeigte sich zum anderen als verplombte Geschichtsgruft: als Ort der gefrorenen Zeit. In Berlin manifestierte sich dieses Phänomen in Gestalt der leeren Zentrale, in den ihr eigentümlichen Standorten geistigen Sonderlebens, als Territorien des Geschichtlich-Unheimlichen, wie exemplarisch am Falle des Trümmerbergs gesehen. Dieser künstliche Berg machte den Zug zur Zeitlandschaft sinnfällig, die in einem verborgenen Kontakt mit der Gegenwart stand. Diese Tendenz zur komplexen Zeitlichkeit kennzeichnet die leere Zentrale insgesamt. Im Sinne des Gebiets mit Sonderleben bezeichnete Hamburger Berlin daher treffend als »drittes Land«.[151] Ernst genommen, unterwandert somit die Vorstellung der leeren Zentrale als wirkungsgeschichtliche Krypta die gängige literaturgeschichtliche Annahme eines literarischen Nachkriegs-Doppellebens in Ost und West, zumeist unter Aussparung des Exils. Dementgegen heißt Krypta, auf einen verzögerten Überlieferungsanteil all dieser literarischen Hemisphären hinzuweisen. Dass dies mit Verdrängungen einherging, lässt sich mit einem Vers Bobrowskis aus dem »Krypta«-Gedicht ausdrücken: »Alt, Finsternis, du / geh nicht unter die Erde«.[152] Insofern ist die Krypta als Hort eines Scherbenfeldes aufzufassen, ein Ort der Streuung wie der Sammlung von Spuren. Damit ist sie Verwahrungsort des noch nicht Ausgelegten. So verstanden ist die Krypta eine Sache literarischer Toposforschung: jener noch nicht festgestellten Topoi, die sich nach Celans Wort erst als zu »Erforschende« zu erkennen geben.[153]

Drei Sinnfelder der Krypta haben sich also herausgeschält: Erstens die Krypta als Ort des Entzugs wie der Verbergung, als Gruft. Zweitens die

---

148 Vgl. Nelly Sachs. Vor meinem Fenster (1960), in: dies. Werke. Bd. 2, 129f., hier: 130.

149 Vgl. Wilhelm Speyer. Rückkehr nach München, o.J., Bl. 1. Nachlass Wilhelm Speyer. Deutsches Exilarchiv, Frankfurt a.M.

150 Zur Figur der Heimsuchung: Angehrn. Sein Leben schreiben, 148.

151 Vgl. Hamburger. After the Second Flood, 99.

152 Bobrowski. Krypta / Dom zu Brandenburg, 197.

153 Vgl. Celan. Der Meridian, 192f., 199.

Krypta als Ort der Verwahrung des Nicht-Sinns bzw. des noch Unverstandenen. Hierbei ist die Krypta auch – über den psychoanalytischen Rahmen hinaus – ein Hohlraum des Überlebens. Dergestalt wird sie, drittens und zuletzt, zu einem Ort des geschichtlichen Transports. Im Geist dieser Wendung ist an ein spätes Gedicht Loerkes anzuknüpfen: Als eine »Arche des Vergangenen« kann die Krypta eine Glut mit »Zukunft« enthalten.[154] Dass dies im Nachkrieg nur im Zustand des gebrochen Hinübergetragenen möglich war, sollte durch die Auslegungsbemühung deutlich geworden sein. Vielmehr ist von einer abgründigen Konvergenz in der Krypta-Metaphorik, als Ort der Leiderfahrungen wie des zu Bewahrenden, auszugehen. Auch hier ist an den Doppelsinn von Krypta in Bobrowskis Sinne anzuschließen.

Bei ihm durchzieht den Krypta-Raum ein Licht, ein Chiaroscuro, wie es Torok ebenfalls in Hinblick auf eine Ästhetik der Krypta ins Spiel gebracht hat.[155] Dieser Hell-Dunkel-Kontrast zeigt sich in Bobrowskis »Krypta / Dom zu Brandenburg« nicht nur im plastischen Bild der Krypta als »Gefäß für die Finsternis«, sondern durch eine Wende in der Sinngebung, die das Gedicht auszeichnet.[156] Trägt die Gefäß-Metaphorik bei ihm auf exemplarische Weise etwas vom Schweigen, als fasse sie ein schuldbeladenes Geschehen, so vollzieht das Gedicht in der letzten Strophe eine öffnende Wendung.[157] Hierbei ist zu berücksichtigen, dass es in die Phase seiner zunehmenden Isolierung in der DDR fiel. Es zeugt von seiner »Eremiten«-Existenz.[158] Doch beinhaltet das Gedicht noch eine Dimension: nämlich durch den impliziten Verweis auf Zeugnisse jüngster Geschichte. So war in jener Krypta in Brandenburg bei Berlin, die die Grundlage des Gedichts bildet, in der Tat ein Holzschrein aufbewahrt, der die Namen und Lebensläufe von Verfolgten aus der NS-Zeit versammelte.[159] Damit setzt die eigentliche

---

154 Vgl. Oskar Loerke. Altes Gemäuer (nach 1939/41), in: ders. Gedichte und Prosa. Bd. 1, 643f., hier: 644.

155 Vgl. Torok. Avant-propos, 7.

156 Vgl. Bobrowski. Krypta / Dom zu Brandenburg, 197.

157 Hierzu die Öffnung am Ende: »[W]erden die Lüfte / stehn und werden umhergehn / unbeschuht.« Ebd.

158 Diesen Zusammenhang deutet er in einem Brief an Hamburger an. Vgl. Bobrowski an Hamburger vom 20.10.1963, in: dies. »Jedes Gedicht ist das letzte« Briefwechsel. Hg. von Jochen Meyer. Mit einem Essay von Ingo Schulze. Marbach 2004, 46f., hier: 46. Auch: Eberhard Haufe. Bobrowski-Chronik. Daten zu Leben und Werk. Würzburg 1994, 80.

159 Der Holzschrein in der Krypta enthielt die Namen christlicher Märtyrer, auch solcher, die teils aufgrund jüdischer Herkunft verfolgt wurden. Bobrowski stand der Bekennenden Kirche Dietrich Bonhoeffers nahe. Vgl. Eduard R. Müller.

»Oft aus Ruine und Aas /
wuchsen die Keime.«[160] Hell-
Dunkel-Spiel im durchbrochenen
Gewölbe des U-Bahnhofs
Potsdamer Platz, 1960.

Wende ein: hin zu einer Stätte des Wirkungsgeschehens, das unterhalb der
Diktaturen sich behauptete. Doch ist seine Deutung der Krypta-Metapher
damit noch nicht erschöpft. Das Dunkle evoziert hier beides: die Finsternis
eines Orts geschehenen Leidens wie die schützende Dunkelheit, die zur
Stätte eines gefundenen Worts werden kann. Das markiert die Krypta, krea-
tologisch gesprochen, als Ort der Metaphorisation. Diese letzte Ebene deutet
Bobrowskis parallel gemachter Hinweis auf seine verborgene »Klause« als
Ort produktiver Einkehr an.[161]

Macht man Bobrowskis Andeutungen zur Metaphorik der Krypta auf
übergeordnete Weise fruchtbar, so ist die Dunkelheit also eine ambivalente:
Es ist eine des Bedrohlichen und Ungewissen, aber auch der Einkehr und der
Erwartung, dass aus der Dunkelheit ein erhellendes Bild kommt. Die Krypta

Architektur und Kunst im lyrischen Werk Johannes Bobrowskis. Potsdam 2019,
290.

160 Martin Kessel. Ode II, in: ders. Erwachen und Wiedersehn, 110. Die Abbildung
ist entnommen: Landesarchiv Berlin Rep. 9. Nr. 86. Untersuchung über die Verwendung unterirdischer Verkehrswege für den baulichen Luftschutz. Baurat Kurt
Berg. Ausgestellt: 10. Mai 1960. Bl., 57.

161 Zur Selbstbeschreibung als »Einsiedler« in der »Eremitenklause«: Bobrowski an
Hamburger vom 20.10.1963, in: dies. »Jedes Gedicht ist das letzte«, 46.

ist so ein Ort, an dem uns etwas aufgehen kann. Die Einsicht würde, im Stile des Chiaroscuro, nicht nur das schmerzlich Unerledigte sichtbar machen, sondern auch die vergessenen Teile, die eine Lücke hinterlassen. In diesem Sinne ist die Krypta – als Ort eines Verschlossen-Tradierten – ein Kassiber. Hier ist an eine analoge Bildumkehr Blumenbergs zu erinnern, der einmal zu bedenken gegeben hat, dass die Überreste vergangener Katastrophen nicht selten das »Material« des »neu Anfangenden« sind.[162] So mag die Krypta zuletzt zum Fundus eines »geistigen Auftrags« werden.[163] Glaubt man an die Sammlungskräfte der Poesie, so könne sich noch, wie Kessel sagte, »des Bruchstücks Brache« als teurer Fund erweisen.[164] Gombrowicz sollte im Nachkrieg ergänzen, dass es zu den entscheidenden Aufgaben der Literatur gehöre, dem noch Wortlosen einen Namen zu geben.[165]

Es sind, wie Abraham und Torok ihrerseits festhielten, die anschauungs-gesättigten Worte, die hinabführen an die Wurzel unseres Daseins. Diesen Zugang hatte ihr Ansatz mit der Literatur gemein. Zu zeigen war: Noch das Beredtwerden eines Leids kann, ähnlich dem Gedicht, etwas öffnen.[166] Für die Nachkriegsflaneure setzte dies ein Zusammentragen des Versprengten voraus. Erst im Zeichen ihrer Bergungsbemühungen konnte ein Stück der Krypta der Literatur zum Vorschein kommen: als ausgegrabenes Bild.[167] War die Wirklichkeit für diese Flaneure zu einer »Göttin aus Bruchstücken« geworden, so hatte der einzelne Poet zum Bergmann zu werden.[168] Er hatte, Gombrowicz sollte es auf seine Art in Berlin einlösen, sich an jene »unterirdische Stelle« der Stadt »durchzugraben«, an der er ihr Geheimnis vermutete.[169]

---

162 Vgl. Blumenberg. Schiffbruch mit Zuschauer, 83.

163 Zum »geistigen Auftrag« nach der Katastrophe: Martin Kessel an Richard Gabel, 17.12.1944, in: ders. »Versuchen wir am Leben zu bleiben«, 797.

164 Zu dieser Alchimie der Bruchstücke vgl. Martin Kessel. Der Alchimist, in: ders. Erwachen und Wiedersehn, 70.

165 Vgl. Ingo Schulze, in: Ich habe noch einen Koffer in Berlin – Witold Gombrowicz und die Deutschen. Lesung und Gespräch. 20.5.2014. Mit Rita Gombrowicz, Ingo Schulze und Olaf Kühl. AVM-36 1765. Archiv der Akademie der Künste Berlin.

166 Vgl. Abraham/Torok. Kryptonymie, 177.

167 So etwa zu Bobrowskis Ars Poetica der Bilder, die etwas »entdecken« würden »wie Ausgrabungen«, die Anmerkung in: Johannes Bobrowski. Briefe 1937–1965. Bd. 3. 1961–1963. Hg. von Jochen Meyer. Göttingen 2017, 552.

168 Siehe: Johannes Bobrowski. Briefe 1937–1965. Bd. 4. 1963–1965. Hg. von Jochen Meyer. Göttingen 2017, 42.

169 Vgl. Gombrowicz. Berliner Notizen, 125.

III. Im Scherbenfeld: Stadt der Sammler

10. Gombrowicz im Zentrum der Katastrophe: Ein polnischer Patient zu Gast in Westberlin

Here's the smell of blood still.
William Shakespeare[1]

Mit Witold Gombrowicz verließ 1964, nach Wochen in der Klinik, ein Autor Westberlin, der unentbehrlich geworden war. Mit schlafwandlerischer Sicherheit war er in der Lage, aufs Heikle am Ort zu weisen. Zugegeben, er war er unbequemer Gast. Einer, auf den Nietzsches Wort vom »Menschen des Horizonts« passt, der deplatziert wirkte in einem Nachkriegsberlin, in dem ein verkürzter Horizont das Geistesleben prägte.[2] So fungierte er als Überbringer von Einblicken des alten ins neue Europa: Er war Träger schmerzlichen »Grams aller Art«, wie Nietzsche diesen Typus gefasst hat.[3] Gombrowicz war der Rückkehrer, dem man aus dem Wege ging, weil er zu gut um die verkürzte Optik der Hiesigen wusste. Seine Geistesblitze steckten ungewohnte »Positionslichter« auf, wie es Ingo Schulze formuliert hat, ließen Horizontverdunkelungen in einem posttraumatischen Europa offenkundig werden.[4] Er hatte ein feines Gespür für den Gewissenskonflikt der Dagebliebenen und ahnte etwas von den verborgenen Zeitigungsvorgängen, »weil schließlich«, wie er in seinen »Berliner Notizen« bemerkte, »das Heute sich aus dem Gestern herleitet«.[5]

Was anderen verschlossen blieb, öffnete sich ihm, so wie er im Tiergarten die Gegend seiner Kindheit im polnischen Małoszyce wieder aufspürte. In der Berliner »Zeitgegend« offenbarte sich ihm etwas, das während seiner Phase im argentinischen Exil versperrt geblieben war. Ausgerechnet in dieser Stadt trat die erlebte Zeit aus ihrem »Platz am Horizont«, die Gegenwart erhielt ihre »zeitliche Ausdehnung« zurück.[6] Wieder entdeckte einer seinen persönlichen Gedächtnishof in Berlin. Unfreiwillig wurde er zu einem, der

---

1 Shakespeare. The Tragedy of Macbeth, 2222.
2 Zur »foreshortening of history« im Nachkrieg: Hamburger. After the Second Flood, 30.
3 Vgl. Nietzsche. Die fröhliche Wissenschaft, 565.
4 Siehe Ingo Schulze in: Ich habe noch einen Koffer in Berlin – Witold Gombrowicz und die Deutschen. Lesung und Gespräch. 20.5.2014. Mit Rita Gombrowicz, Ingo Schulze und Olaf Kühl. AVM-36 1765. Archiv der Akademie der Künste Berlin.
5 Gombrowicz. Berliner Notizen, 86. Sowie: Anders. Schrift an der Wand, 179.
6 Zu diesem Vorgang: Schapp. In Geschichten verstrickt, 142f.

die Räume des Schweigens entdeckte. Es entsprach seinem Verfahren, an die »weißen Flecken« auf der »Landkarte« unseres Daseins vorzustoßen, wie Schulze es genannt hat, dem »Namenlosen eine Existenz« zu verschaffen.[7] Dafür musste Gombrowicz zu einer Bergung seiner Vorkriegsexistenz kommen. Erst so wurde er zum Seismografen, verhalf der Stadt zur eigenen Traumaanalyse.

Gemeinsam mit Gombrowicz wurde auch Ingeborg Bachmann im Rahmen des Artists-in-Residence-Programms der Ford Foundation in das seit dem Mauerbau darbende Westberlin geholt. Sie erkannte in Gombrowicz den »Schwierigen«, der sich die Rolle eines polnischen Landadeligen zugelegt hatte, hinter der er seine Empfindlichkeit verbarg.[8] Auch Walter Höllerer, der als transatlantischer Organisator hinter Gombrowicz' Berlin-Aufenthalt 1963/64 stand, sah später in ihm den hellsichtigen Dünnhäutigen.[9] Das entsprach jener Empfindlichkeit des »Mannes im Exil«, wie ihn Robert Musil charakterisiert hat: ein Mann, der daheim eine Erscheinung mit »gewaltigen Hörnern« gewesen war und dem in der Fremde »zwei lächerlich empfindliche ›Hühneraugen‹ an deren Stelle« wachsen.[10] Gombrowicz schrieb dazu, der Mann im Exil sei einer, dem ein Riss das Leben in zwei Hälften gespalten hat. Dazwischen lag seine plötzliche Exilierung seit einer Transatlantikfahrt nach Argentinien im Jahr 1939. Dieser Riss wurde ihm zur Lebensallegorie. Er erschien auch in der geteilten deutschen Ex-Hauptstadt: im Nachkriegsberlin, das in einer Ironie des Schicksals zum ersten Anlaufhafen in Europa wurde, zur »Bartning-Bucht«, in Anspielung auf seine Adresse im Hansaviertel.[11]

Dabei war ihm diese Rückkehr vor die Tore Polens – ausgesperrt als dem kommunistischen Regime Unerwünschter – »nicht geheuer«.[12] Für beide, so Bachmann, habe die Stadt Berlin »nach Krankheit« gerochen: bedrückende

---

7   Vgl. Ich habe noch einen Koffer in Berlin – Witold Gombrowicz und die Deutschen. Lesung und Gespräch. 20.5.2014. Mit Rita Gombrowicz, Ingo Schulze und Olaf Kühl. AVM-36 1765. Archiv der Akademie der Künste Berlin.

8   Vgl. Bachmann. Witold Gombrowicz. Entwurf, 329.

9   Vgl. Walter Höllerer, in: Rita Gombrowicz (Hg.). Gombrowicz en Europe. Témoignages et documents 1963–1969. Paris 1988, 180.

10 Hier zitiert nach: Michael Hamburger. Einige Bemerkungen zur Kategorie Exil-Literatur (1978), in: ders. Literarische Erfahrungen. Aufsätze. Hg. von Harald Hartung. Darmstadt, Neuwied 1981, 97–105, hier: 99. Zu Gombrowicz' Musil-Lektüre: Witold Gombrowicz. Kronos. Intimes Tagebuch. München 2015, 243.

11 Vgl. Gombrowicz. Berliner Notizen, 79. Zur maritimen Metaphorik: Gombrowicz. Kronos, 242.

12 Vgl. Bachmann. Witold Gombrowicz. Entwurf, 326.

Aura, die keinen Halt bot.[13] Das »Ungeheure« war für Gombrowicz der Ausdruck, um sein Unbehagen mit Berlin zu benennen.[14] Berlin war ihm Ort des Entzugs, dessen Leere er mit Bachmann erkundete: »Ich erinnere mich«, so Bachmann, »daß wir durch die uns beiden so fremden Straßen von Berlin gingen und oft lachten und riefen, voyez, il y a quelqu'un, denn die Straßen waren so unendlich leer«.[15] Was sie beide spürten, war nicht nur eine unheimliche Stimmung in der Gegend um den Tiergarten, in der sie wohnten, sondern ein Stück des hiesigen Lebensgefühls. Wählten sie den Weg ins Lachen, das momentane Erlösung bot, so gestand Gombrowicz in dieser Zeit auch, dass der »atmosphärische Druck« in Berlin ihm Herz und Lunge belastete.[16] Später resümierte er, die »Berlin-Erfahrung« sei für ihn »persönlich schmerzhaft« und in einem »politischen Sinne« delikat gewesen.[17] Am Ende musste die Ford Foundation mit ihrer im Hintergrund agierenden Organisation konsterniert feststellen: Berlin »has affected his heart«.[18] Man habe unterschätzt, welcher »seelische Stress« für einen Exilanten wie Gombrowicz von einem Ort wie Berlin ausgehe.

Es mögen eine Herzschwäche und sein Asthma gewesen sein, die ihn schließlich zum Rückzug in eine Schöneberger Privatklinik zwangen. Doch wusste Gombrowicz, dass seine Schwäche zugleich seine Waffe war, sein Mittel, mit dem Genius Loci Berlins umzugehen.[19] So kam seine Kraft aus der Melancholie. Der Tiergarten sollte ihm das Medium sein; hier sog er sich

---

13 Vgl. ebd. Zur Atmosphärisierung als Eindruck des Haltverlusts: Tellenbach. Geschmack und Atmosphäre, 91.

14 Vgl. Gombrowicz. Berliner Notizen, 86.

15 Bachmann. Witold Gombrowicz. Entwurf, 327.

16 Zum »atmosphärischen Druck« der Stadt: Witold Gombrowicz an Jerzy Giedroyc vom 10.2.1964, in: dies. Correspondance 1950–1969. Paris 2004, 374 f., hier: 375.

17 Vgl. Gombrowicz an Giedroyc vom 29.10.1964, in: dies. Correspondance, 381 f., hier: 381.

18 Hierzu die Reports der Ford Foundation, die den Vorgang der Retraumatisierung wie eine Turmgesellschaft registrierten: »Presumably it was not realised clearly what physical and of psychical stresses were involved in a temporary migration to Berlin [...]. In more than one case the sojourn in Berlin became a stay in hospital for those of excessive age or chronic ill health.« Ford Foundation. The Berlin Cultural Program »Artists in Residence« 1963–1966. A report on experience gained by Peter Nestler. Zu Gombrowicz' Herzproblemen: Hans Karl und Joseph Slater an Shepard Stone vom 11.3.1964. Ford Foundation records. Grants E–G (FA732C). German Academic Exchange Service (0630351). Series: Ford Foundation Grants – E to G. Date: 1963 May 29 1966 July 23. Reel 3075.

19 Zum Mephistophelischen in ihm siehe: Gombrowicz an Juan Carlos Gómez vom 28.2.1965, in: Rita Gombrowicz (Hg.). Gombrowicz en Europe, 340. Zum »Dä-

mit der Aura des Orts voll. Eine Versunkenheit war es, die das Gegenwärtige mit dem Gewesenen in Kontakt setzte. Darin zielten seine Aufspürsysteme als Spaziergänger aufs »Sehen des Nicht-Gegenwärtigen«.[20] Was also geschah ihm in Berlin? Es war die Bewusstwerdung seines Exilantenschicksals: der nachgeholte Schock, der seine Ich-Grenzen zu gefährden drohte. Ein Wanken des Verhältnisses zwischen Welt, Sprache und Ich.[21]

Dabei war ihm das Tagebuch wie ein geistiges Zelt, das er überall aufschlagen konnte. Und es war die Form, in der er ins Gespräch mit der polnischen Diaspora trat.[22] Koeppen hat in einem Essay bemerkt, dass in Gombrowicz' Tagebüchern ein bedeutendes Zeugnis der Epoche vorlag: ein »Resultat der Einsamkeit«, welches nur einer hatte verfassen können, der eine Outsider-Existenz in der Kriegs- und Nachkriegszeit geführt hatte.[23] Was Gombrowicz aus der Stille des Tiergartens entgegenwehte, muss ihm das Schuldgefühl seines Überlebens zurückgeworfen haben. Wie seinen Tagebüchern eine therapeutische Funktion zukam, so hielt er die Traumata am Ort fest. Er ahnte, dass er diese in einem unterirdischen Berlin aufzuspüren hatte – an jenem Ort, der »jedem und keinem gehört«.[24] Hierbei mag ihm seine Haltung zugutegekommen sein, sich als *poeta vates* dieser Schattenreiche zu verstehen. Sein saturnischer Blick ging abwärts.[25] Gombrowicz

---

mon der Gegensätze« im Melancholiker auch: Benjamin. Ursprung des deutschen Trauerspiels, 327.

20 Zum Spürsinn: Benjamin. Ursprung des deutschen Trauerspiels, 325, 329.

21 Zur Gefährdung der Person im Exil vgl. Hamburger. Einige Bemerkungen zur Kategorie Exil-Literatur, 103.

22 Es war Giedroyc, der ihn auf diese Form brachte, das aphoristische Tagebuch entsprach seiner Denkform: Witold Gombrowicz. Gespräche mit Dominique de Roux (1968), in: ders. Eine Art Testament, 7–154, hier: 99, 111. Sowie: Giedroyc an Gombrowicz vom 11.8.1952, in: dies. Correspondance, 57.

23 Vgl. Koeppen. Unlauterer Geschäftsbericht, 271 f. Koeppen war auch im Besitz einiger Titel von Gombrowicz, darunter die erste deutsche Ausgabe der Tagebücher: Die Tagebücher des Witold Gombrowicz. Pfullingen 1961. Wolfgang-Koeppen-Archiv Greifswald. Signatur 4735. Zu Gombrowicz' argentinischer Outsider-Existenz vgl. Ernst Kreuder. Besuch bei Gombrowicz (1964), in: Marek Zybura (Hg.). Ein Patagonier in Berlin. Texte der deutschen Gombrowicz-Rezeption. Dresden 2018, 233–236, hier: 233.

24 Zu dieser Formulierung: Hamburger. Einige Bemerkungen zur Kategorie Exil-Literatur, 103.

25 Hierzu Rita Gombrowicz in: Ich habe noch einen Koffer in Berlin – Witold Gombrowicz und die Deutschen. Lesung und Gespräch. 20.5.2014. Mit Rita Gombrowicz, Ingo Schulze und Olaf Kühl. AVM-36 1765. Archiv der Akademie der Künste Berlin.

»Aber da wehten mich [...]
gewisse Gerüche an«:
Gombrowicz in seinem Apparte-
ment im Tiergarten-Bezirk, Mai
1964. Foto: Susanna Fels, Berlin.[26]

verband beide Facetten des melancholischen Gemüts: Er war der Spürhund
am Boden wie der Weltentrückte, mit dem Fernglas im Turmzimmer seines
Hansaviertel-Appartements über die Ödnis gen Ost-Berlin blickend.[27]

Damit verkörperte er einen im Nachkriegsberlin raren Typus. Er war der
leibbetonte Selbstdenker, wie man ihn seit Montaigne aus der essayistischen
Moralistik kennt, mit dem sein Tagebuch die Haltung des schreibenden
Privatmanns teilte: eine Figur, die im 20. Jahrhundert noch das Vorbild für
den Typus des *écrivain* abgab.[28] Auf dieser Spur formulierte Gombrowicz
sein Ethos des Selbstdenkers, der an etwas festhielt, das man sein Schmerz-
Axiom nennen kann.[29] Es bestand darin, dass er die Literatur daran erinnerte,
ihre Beziehung zur Vulnerabilität wachzuhalten: Dies sei ihre eigentliche

26 Das Foto stammt von Gombrowicz' damaliger Berliner Freundin Susanna Fels.
    Siehe: Rita Gombrowicz (Hg.). Gombrowicz en Europe, 104f. Mit Dank an Rita
    Gombrowicz.
27 Zu Gombrowicz' Berliner Fensterblick vgl. Höllerer. Berliner Springprozession,
    45.
28 Vgl. Erich Auerbach. Der Schriftsteller Montaigne, in: ders. Philologie der Welt-
    literatur. Sechs Versuche über Stil und Wirklichkeitswahrnehmung. Frankfurt a.M.
    1992, 19–35, hier: 21f.
29 Zur Figur des Montaigne'schen Selbstdenkers: Karl Heinz Bohrer. Was heißt

»Achillesferse«.[30] Es war sein Rückkehrer-Vermächtnis, die Warnung vor einer allzu olympischen Schmerzvergessenheit nach dem Krieg. Denn erst diese Verletzlichkeit war es, die ihn in die Lage versetzte, zu einer Auslotung des betäubten Berliner Kraters zu kommen. Dass er dieses Terrain freizulegen versuchte wie einer, »der gräbt«, ließ ihn an die Vorkriegsflaneure anschließen.[31]

An Gombrowicz war zu entdecken, wie über den »sprachlichen Abgrund« einer Fremdsprache – denn er war des Deutschen damals nicht mächtig – eine Weise literarischer Welterschließung zu erfahren war, die »unser Fühlen« verwandeln kann.[32] Geschmack einer anderen Weltwahrnehmung. Über Gombrowicz' Tagebuch kann man sagen: Im Nachvollzug seiner Berlin-Erkundung lässt sich seine emotionale Toposkunde verdeutlichen. Es waren die Elemente, wie die Atmosphäre oder das Erdige, die ihn am Ort ansprachen. Sie riefen sein Vermögen zur Freilegung der existenziellen Problematik am Ort auf den Plan.[33] So verfügte Gombrowicz über eine leibliche Sensibilität, die Phänomene inwendig sichtbar zu machen: eine Fähigkeit, die er über die Sprachgrenze hinweg vermittelte.[34] Er verstand sich als Phänomenologe des Alltags, der an kleinen Gesten Bedeutsamkeiten entdeckte und diese mittels eines ambulatorischen Verfahrens auslotete.[35] Mit Gombrowicz tauchte somit ein Flaneurtyp auf, der Zeugnis in unserem Namen gab, der etwas über die Berliner Frage festhielt. Es war einer, der in der Lage und willens war, den Verlusten nachzugehen: ein Stück europäischer Trauerarbeit anzugehen.

Dass Gombrowicz so zielsicher auf die in keiner Karte verzeichneten Orte Berlins zuging, hatte mit seinem Schicksal als Verschollener Mittelosteuropas zu tun. Darin stand er der Toposforschung eines Celan nahe.

unabhängig denken? (2007), in: ders. Selbstdenker und Systemdenker. München 2011, 7–26, hier: 11f.

30 Vgl. Witold Gombrowicz. Ich war schon immer Strukturalist (1967), in: ders. Eine Art Testament, 247–254, hier: 249. Dem verwandt die »Warnung vor der Anästhesierung« bei: Marquard. Aesthetica und Anaesthetica, 17.

31 Vgl. Gombrowicz. Berliner Notizen, 125. Sowie: Benjamin. Berliner Chronik, 486.

32 Gombrowicz hatte damit das Auftauchen des »Ulysses« von Joyce in die Weltliteratur im Auge: Witold Gombrowicz. Gretchen und der Dämon (1937), in: ders. Eine Art Testament, 192–196, hier: 195f.

33 Zu den Elementen des Melancholikers: Wilhelm Szilasi. Macht und Ohnmacht des Geistes. Freiburg 1946, 304. Zur Entdeckung der Existenz in der Literatur vgl. Heidegger. Grundprobleme der Phänomenologie, 244.

34 Zu Gombrowicz' literarischen Aufspürsystemen auch: Höllerer. Berliner Springprozession, 45.

35 Vgl. Gombrowicz. Gespräche mit Dominique de Roux, 111.

Ebenso dem aus Osteuropa stammenden Bobrowski, der Gombrowicz'
Werk verfolgte. Er erkannte darin die Weltempfindlichkeit der polnischen
Diaspora; Gombrowicz besaß den Blick, das Wesentliche am Ort als Verdecktes anzugehen.[36] Doch hatte die Metaphorik des Verborgenen auch ihre
poetologische Bewandtnis, die damit zusammenhing, dass er als Exilpole
gelernt hatte, auf die konspirativen Reifungsprozesse der Literatur zu achten,
die unterhalb einer »oberen Schicht« »bürokratischer Glätte« abliefen; es
ging ihm um »Schubladen«-Literatur.[37] Wenn er also nach der Remigration
sagte, er blicke von der »Peripherie« auf die europäischen Hauptstädte, so
war das nicht nur der Gestus des Einzelgängers, sondern Konsequenz aus
den Erfahrungen Polens mit zwei Diktaturen.[38] Noch in Berlin setzte er auf
eine mentale Kur, die er für »Atmosphären der Erstickung« nach »Katastrophen«, »Traumen und Niederlagen« vorschlug: sich den Überlebenskräften
im Verborgenen zu widmen.[39]

So warf Gombrowicz dem Westen vor, sich mit den eigenen Wüsten zu
befassen. Jene Wüsten anästhesierter Erfahrungen, aus denen nach seiner
Kenntnis des Ostblocks ein anderer Hunger erwachsen könne.[40] Denn im
Osten konnte man beobachten, wie die Kulturpolitik die Künste mit einem
Denknebel überzogen hatte. Es war ein offizielles Kulturverständnis, das
aufgrund seiner »sozial-realistischen Manie«, so Gombrowicz, der Wirk-
lichkeitskonfrontation gerade auswich und ein künstliches Geistesleben an
der Oberfläche etablierte, das Kolonien von Schattenliteratur erzeugte.[41]
Fruchtbare Nischen suchte er auch im Westen. Insofern schlug er diesem
einen Prozess der Selbstentdeckung vor. Denn nur auf dem Wege einer
Selbstaneignung kam dieser nach Gombrowicz an seinen Rest an Eigensinn.[42] Für ihn implizierte das, neben skeptischer Menschenkenntnis, ein

36 Zu Bobrowskis Auseinandersetzung mit Gombrowicz vgl. Johannes Bobrowski
    an Peter Jokostra vom 2.1.1964, sowie: Johannes Bobrowski an Walter Gross vom
    3.7.1964, beide in: ders. Briefe 1937–1965. Bd. 4, 226–229, 384–389, hier: 226, 388.
37 Worauf Gombrowicz anspielt, ist eine Schattenliteratur – Reifung des Literarischen
    war nur im Verborgenen möglich, darin berührt er sich mit Bobrowskis Auffassung
    in Ostberlin. Vgl. Witold Gombrowicz. Tagebücher 1953–1969. Frankfurt a.M.
    2004, 604f. Zum Schreiben für die Schublade: Gombrowicz. Gespräche mit Domi-
    nique de Roux, 70. Ähnlich zur Dichtung in Polen im Untergrund der deutschen
    Besatzung: Czesław Miłosz. Das Zeugnis der Poesie. München 1984, 94.
38 Vgl. Gombrowicz. Gespräche mit Dominique de Roux, 70.
39 Vgl. Gombrowicz. Tagebücher, 605.
40 Diese Wüstenerfahrung, die den Hunger auf Geist wieder weckte, machte er bei
    den Polen aus, die ihm aus dem Osten besuchten. Vgl. Gombrowicz. Schund, 420.
41 Vgl. Witold Gombrowicz. Trans-Atlantik. Pfullingen 1964, 7.
42 Hierzu: Blumenberg. Schiffbruch mit Zuschauer, 18f.

anderes Verständnis von Literatur: Er war ihr Therapeut, der sagte, dass, so wie eine Heilung nur aus dem Leidenden kommen könne, eine Literatur ohne innere Notwendigkeit zweifelhaft sei.

Dass er ausgerechnet in Berlin seinen Moment der Selbsteinholung haben sollte, konnte er im argentinischen Exil nicht ahnen, wo er als Angestellter bei der Banco Polaco seine Nische gefunden hatte. Gleichwohl schien er auf seinen Augenblick gewartet zu haben, griff er doch sofort nach der Chance, die sich ihm zur Transatlantikfahrt bot. Dass er nach Europa zum Sterben kam, mag er gefürchtet haben.[43] Doch wie er am Ort die Zerrissenheit seines Lebens wiederspürte, so erblickte er im Antlitz der Stadt auch ein selbstvergessenes Gegenüber. Hatte Gombrowicz das Ford-Stipendium angenommen, um einen Weg nach Europa zurückzufinden – zum Erstaunen der Organisatoren ohne Rückfahrtticket –, so dämmerte ihm nach der Ankunft, dass er in eine Schlangengrube des Kalten Krieges geraten war.[44] Über die Beweggründe, ihn als Polen nach Berlin zu holen, gab er sich erst Rechenschaft, als er schon in der Falle saß.[45] Dass ein zweifelhaftes Vakuum herrschte, ahnte er nach seinen ersten Begehungen mit Bachmann. Doch was es hieß, wie der für Westberlin verantwortliche amerikanische General Lucius D. Clay sagte, mit einer »dying city« konfrontiert zu sein, die drohte, zur »hollow shell« zu werden, das wurde Gombrowicz erst im Kontrast zwischen der vordergründigen Betriebsamkeit und den Leerstellen der Inselstadt klar.[46]

Die Beweggründe jenes Subventionsprogramms, das Gombrowicz in die Stadthälfte holte, erschließen sich aus den Berlin-Dossiers der Ford Foundation, die dieses Projekt initiierte. Darin heißt es nicht nur, dass das Projekt einer Viersektorenstadt nach dem Krieg von einem hoffnungsvollen »experiment« in ein Desaster gekippt sei, sondern auch, dass man die Systemkonkurrenz mit der Sowjetmacht aus amerikanischer Sicht anfäng-

---

43 Vgl. Gombrowicz. Berliner Notizen, 74.

44 Vgl. Moselle Kimbler an Witold Gombrowicz vom 27.3.1963, in: Ford Foundation records. Grants E–G (FA732C). German Academic Exchange Service (0630351). Series: Ford Foundation Grants – E to G. Date: 1963 May 29 1966 July 23. Reel 3075.

45 Vgl. Gombrowicz. Berliner Notizen, 128.

46 Vgl. Reminiscences of Lucius DuBignon Clay. 1975, Bl. 64. Coll/Proj: Contintental Group Project. Call Number: NXCP87-A394. Oral History Collection. Columbia University. Rare Book & Manuscript Library. Zur Rolle Clays in Berlin als Gesandter Kennedys vgl. Joseph Wechsberg. Letter from Berlin. Killed 12/27/63. The New York Public Library. Rare Books and Manuscripts Division. The New Yorker Records. Manuscripts: Fact: Run & Killed, 1959–1966. Box 1488.

lich unterschätzt hatte.[47] Denn spätestens mit der Kappung gemeinsamer Stadtinfrastrukturen Anfang der 1950er Jahre wurde die Isolationspolitik der Sowjets gegenüber Westberlin überdeutlich. Die Teilstadt war seit der Gründung zweier deutscher Staaten ein »land of a special kind«. Dabei war sie in einem ständig bedrohten Zustand, dem man, zur Verwunderung der Amerikaner, mit »astonishing fatalism« im Inneren begegnete. Angesichts einer bevölkerungsmäßigen Leerung, einer zunehmenden »atmosphere of unreality«, stand bei den Diplomaten eine unausgesprochene Angst im Hintergrund, die drohende Orientierung ganz Berlins gen Moskau. Dies war es, was den Verantwortlichen in Washington und New York »occasional nighmares« bereitete. Gleichwohl räumten sie ein, an dieser Lage nicht unschuldig zu sein: So sah etwa der spätere Außenminister Henry Kissinger in einem Berlin-Paper den Urfehler darin, dass man es den Sowjets am Kriegsende erlaubt hatte, »to capture Berlin alone«, und damit die Symbolkraft Berlins anfänglich aus der Hand gegeben hatte.[48]

Dieser Anfangsnachteil musste kompensiert werden. Die privaten Stiftungen wirkten, wie im Falle Westberlins, als Schleusen des kulturpolitischen Willens der amerikanischen Außenpolitik. In diesem Geiste erkannte man in der leeren Rumpfstadt eine Chance. Wiederholt griff man auf die Labor-Metaphorik zurück, sah im Vakuum einen zu füllenden Raum für die eigene Schaufensterpolitik, was man im Bild von Berlin als »show-place« ausdrückte.[49] Schon in einer Denkschrift zur Gründung der Freien Universität Berlin war die Möglichkeit festgehalten, die eine Leere notgedrungen bietet: Die Rumpfstadt wurde als »laboratory study« im Kalten Krieg aufgefasst.[50]

---

47 Albert D. Kappel an Joseph Slater vom 4. März 1962. Mit dem »Berlin-Dossier« Kappels, in: Ford Foundation records, International Affairs, Office Files of Joseph E. Slater (FA619). Europe/Atlantic Berlin Jan 1962 Dec 1965. Series II: Geographic Files; Subseries 2: Europe/Atlantic; Subseries: Countries. Box 17 Folder 160. Zur Blasenexistenz des durchsubventionierten Westberlin zur Zeit Höllerers auch: Hubert Fichte. Die zweite Schuld oder Abbitte an Joachim Neugröschel. Glossen. Geschichte der Empfindlichkeit. Bd. 3. Hg. von Ronald Kay. Frankfurt a.M. 2006, 263.

48 Vgl. Henry Kissinger/Enno Hobbing. Berlin. Position Paper A-5. Rev. 2 (Preliminary). 14.6.1960, in: Nelson A. Rockerfeller gubernatorial records, Issue Books, Series 17 (FA363). Volume 30 – Western Europe. Subseries 1: 1964 Presidential Election. Date: 1959–1964. Box 12, Folder 69.

49 Zur »show-place«-Metapher siehe: James B. Conant. A Report to the President and Board of Trustees of the Ford Foundation. (Report on Two Years in Berlin, June 1965), in: Ford Foundation records, Reports 1–3254 (FA739A). Unpublished reports 000430. Catalogued Reports. Box 24. Folder 423.

50 Zum Hinweis auf Berlin als »Laborstudie« vgl. Shepard Stone und John McCloy:

Gleichsam im Windschatten dieser kulturpolitischen Kompensationsversuche liefen die Organisationsbemühungen eines Netzwerks ab, welches Höllerer mitbegründet hatte. Er glaubte, mit medienwirksamen Lesungen in der neuen Kongresshalle und dem Schreibschulunternehmen Literarisches Colloquium, »Berlin für die Nachwuchskräfte« wieder in »ein Zentrum« verwandeln zu können: mit Sendkraft »jenseits des Eisernen Vorhangs«.[51] Hier wird sinnfällig, wie Höllerer auf die Metapher des Schaufensters, auf das wirkungsästhetische Glanzlicht kulturpolitischer Lockungen setzte.

Vor diesem Hintergrund war die Einladung an Gombrowicz ein kalkulierter Schachzug. Ein Pole in Westberlin war das Zeichen, das man gegen die Ostorientierungsängste setzen wollte – was zu erheblichen Spannungen unter den Polen, im Exil und daheim, führte. Dass »Kulturpolitik« ein Wort war, das Gombrowicz sonst mit Unbehagen im Munde führte, da er sich als Außenseiter verstand, der sich nicht instrumentalisieren lassen wollte, nicht an die Amerikanisierung der Stadt glaubte und dem sozialistischen Osten zugute hielt, wenigstens eine Idee geboren zu haben, das mochte den westlichen Organisatoren weniger geschmeckt haben.[52] Was er nicht ahnte, war, dass schon sein erster polnischer Verbindungsmann in Europa, Kot Jeleński, Teil des Netzwerks war. Er gehörte zum Congress for Cultural Freedom, der, CIA-finanziert, die Kulturunternehmungen von Ford im eingemauerten Westberlin förderte, eine Verstrickung, die dem Transatlantiker-Netzwerk Ende der 1960er Jahre zum Verhängnis wurde.[53] Später klagte Gombrowicz über dieses manipulative Vorgehen, dass man ihn als »Geist« nicht wie »eine Tüte Bonbons« hätte importieren dürfen, um ihn in die kulturpolitische Auslage zu stellen.[54]

Memorandum on the Free University Berlin (1951), Bl. 2, in: Ford Foundation records. Grants S-Thel (FA732G). The Free University of Berlin (05100041); The Ellen and John McCloy Fund (05100045). Date: 1951. Reel 0489.

51 Vgl. Walter Höllerer. Stiftung zur Förderung der Neueren Literatur in Berlin. 27.11.1962. Sowie: Memorandum über das ›Literarische Colloquium Berlins‹. O.J. Walter-Höllerer-Archiv in Sulzbach-Rosenberg.

52 Zum schlechten Leumund des Wortes »Kulturpolitik«: Gombrowicz. Schund, 424.

53 Zum Zusammenbruch dieses Netzwerks die Briefe zwischen Stone und Jeleński in: University of Chicago Library. Special Collections Research Center. International Association for Cultural Freedom, Records. Box 318. Central Intelligence Agency Funding 1966–1967. Folder 5. Zu dessen Niedergang nach Aufdeckung der Geldschleusenpolitik zwischen Stiftung und Geheimdienst: Volker Berghahn. Transatlantische Kulturkriege. Shepard Stone, die Ford-Stiftung und der europäische Antiamerikanismus. Stuttgart 2004, 334f.

54 Vgl. Gombrowicz. Tagebücher, 928.

Im Scherbenfeld: Stadt der Sammler

Worin das Tückische an diesem Spiel falscher »Reusen«, um einen Ausdruck Huchels zu verwenden, bestand, mag einsichtig werden, wenn man sich die Reserviertheit eines Celan gegenüber einem solchen Ford-Stipendium vor Augen führt.[55] Dieser ahnte, dass es ihm die literarische Unabhängigkeit nehmen konnte. So schrieb Celan 1964 noch vor dem CIA-Skandal an Peter Szondi, der ihn nach Berlin holen wollte, die ironische Bemerkung: »Tun Sie Ihr Mögliches, damit ich das Ford-Stipendium *nicht* bekomme!«[56] Mit dem Hinweis: »Ohne Ford-Stipendium fühle ich mich freier.« Das war nicht nur Chuzpe, sondern Weitsicht, da ihn die Abhängigkeit in eine Schreibverlegenheit hätte treiben können – eine hellsichtige Bemerkung angesichts dessen, was Gombrowicz mit der organisierten Literatur erlebte. Ähnlich bemerkte auch Hamburger bei seinem Berlin-Aufenthalt, dass er lieber mit leeren Händen nach Hause gefahren sei, als sich Bekenntnisse abzutrotzen.[57]

Dass ausgerechnet Gombrowicz in diese kulturpolitische »Reuse« geriet, entbehrt nicht der Ironie. Denn in seinem Roman »Trans-Atlantik« hatte er virtuos die kulturpolitische Bauernfängerei persifliert. Im Roman bedient er sich des Bildes einer Raupenfalle, in die die Kunst zu ihrer Verlegenheit durch die Staatspolitik gelockt werden könne.[58] Er war es, der den Kalten Krieg als »Ära der Demaskierung« bezeichnet hatte: Blütezeit der Verdachtshermeneutik.[59] Doch scheint er an einem Punkt unbedarft gewesen zu sein: Er hatte die Gräben in Europa nach dem Krieg unterschätzt.[60] So geriet er in dieser Stadt der Kalten Krieger in Fallen, die von verschiedenen Seiten für ihn ausgelegt worden waren. Gombrowicz selbst formulierte den Eindruck, dass er zum polnischen Hamlet im Berliner Niemandsland zu werden drohte.[61] Jedoch gerade als Figur des Zwischenraums konnte er zum scharfsinnigen Interpreten der Berliner Krypta werden.

55 Huchel hatte Höllerer das Auswerfen falscher »Reusen« vorgeworfen. Vgl. Peter Huchel an Peter Hamm vom 15.5.1957, in: ders. Wie soll man da Gedichte schreiben, 258–260, hier: 258.

56 Celan an Szondi vom 13.7.1964, in: dies. Briefwechsel, 57f., hier: 58. Zu den Stipendien als ›Lockmittel‹, um Autoren wie Gombrowicz und Bachmann in die Stadt zu holen, vgl. Uwe Johnson an Siegfried Unseld vom 9.7.1963, in: dies. Briefwechsel. Hg. von Eberhard Falke. Frankfurt a.M. 1999, 281–284, hier: 282.

57 Vgl. Hamburger. Das Schweigen in Berlin, 157.

58 »O Jesus, o Gott, wieder hatte man mich in meinem Leben erwischt und wie eine Raupe in der Falle gefangen!« Gombrowicz. Trans-Atlantik, 26.

59 Zum Geist der »Demaskierung« auch: Gombrowicz. Tagbücher, 661.

60 Zum Dissens der Exilpolen mit der Volksrepublik-Polen siehe die Anmerkung in: Rita Gombrowicz (Hg.). Gombrowicz en Europe, 218f.

61 Zur Selbstbeschreibung als Hamlet in Berlin: Witold Gombrowicz an Janusz

Zunächst war eine östliche Reuse für ihn in der Stadt vorbereitet worden. Eine Agentin des polnischen Geheimdienstes wurde im Rahmen der »Operacja Gombrowicz« auf ihn angesetzt, um ihn als westlich-deutschen Kollaborateur bei seinen Landsleuten in Misskredit zu bringen. Dem diente ein in stalinistischer Manier bearbeitetes Interview.[62] »My presence here in Berlin«, schrieb Gombrowicz irritiert Ende 1963 an die Verantwortlichen der Ford Foundation, »is considered provocative; and it is interpreted as a collaboration by me with ›the revanchist spirit‹ of West Germany against Poland.«[63] Die Kommunisten würden versuchen, seinen Einfluss unter den Polen zu zerstören. Dabei sei sein Werk, so Gombrowicz, immer europäisch gewesen. In der Aktion mag eine Spur Neid der Volksrepublik Polen unter der Führung Gomulka mitgelegen haben, die insgeheim über Ulbrichs DDR hinweg gern Verbindungen zur BRD aufgebaut hätte.[64] Dass sie Gombrowicz in eine Falle mit »amputierten Zitaten« lockte, um ihn mit dem »Flitterkram der Demagogie« zu traktieren, hatte seine Vorgeschichte in Gombrowicz' in Polen verbotenen Tagebüchern, sowie in einem Artikel für Höllerers »Akzente«, in dem er die sozialistische »Funktionärs-Literatur« aufs Korn nahm.[65] Was er thematisierte – es kennt in der deutschen Literatur kaum Parallelen –, war der paralysierende Effekt sozialistischer Kulturpolitik, der zu einer Abwertung des Eigensinns in den Künsten führte. An dessen Stelle sei laut Gombrowicz ein System der Demoralisierung getreten, das die Künste in eine Parteipfründenwirtschaft gezogen habe.[66]

Sinnfällig wird, wie unbequem das Niemandsland als Aufenthaltsort für den Autor wurde. Denn dass Gombrowicz in eine Art ›Doppelreuse‹ geraten war, darüber klärte ihn sein Freund, der Herausgeber der »Kultura«, der wichtigsten polnischen Exilzeitschrift, Jerzy Giedroyc auf, der seine Tage-

Gombrowicz vom 19.9.1963, in: Rita Gombrowicz (Hg.). Gombrowicz en Europe, 191 f., hier: 191.

62 Zur Verleumdungsoperation gegen Gombrowicz, die der Geheimdienst seit seiner Ankunft in Berlin initiiert hatte: Gombrowicz. Kronos, 217f. Hierzu seine briefliche Klage an Ford, in eine Denunziationskampagne geraten zu sein: Witold Gombrowicz an Shepard Stone 1963/64, in: Rita Gombrowicz. Gombrowicz en Europe, 222.

63 Witold Gombrowicz an Shepard Stone vom 15.11.1963. Witold-Gombrowicz-Bestände. Berliner Künstlerprogramm Archiv, DAAD Berlin. Mit Dank an Sabine Blödorn.

64 Hierzu die auszugsweise Artikelübersetzung aus »Kultura«: Juliusz Mieroszewski. Gombrowicz à Berlin, in: Kultura 1963, Nr. 12/194, in: Rita Gombrowicz (Hg.). Gombrowicz en Europe, 215.

65 Vgl. Gombrowicz. Berliner Notizen, 103 f.

66 Vgl. Gombrowicz. Schund, 424.

bücher veröffentlichte. Die Attacke aus Warschau komme, so dieser, daher, dass Gombrowicz sich im Rahmen der amerikanischen Berlin-Belebungs-aktion habe benutzen lassen: Die Stadt sei in dieser Hinsicht ein »heißes Pflaster« des Kalten Krieges.[67] Giedroyc wusste, wovon er sprach, schließ-lich versuchte er seinerseits zu den amerikanischen Stiftungen auf Abstand zu bleiben, um den Ruf seiner Pariser Exilzeitschrift nicht zu gefährden. So spürte Gombrowicz in dieser Affäre den langen Arm des polnischen Regi-mes und das Dilemma der Frontbildung, in das er hineingeriet.[68]

Folglich traute Gombrowicz auch seinen deutschen Gastgebern nicht über den Weg. Es erschien ihm fraglich, welches Spiel sie unter dem Mantel der Westbindung spielten. Er misstraute dem Schein, hielt die Anpassung für äußerlich, ein Kostüm, das man sich überwirft, um die Auseinandersetzung mit den eigenen Abgründen und der Geschichte nicht angehen zu müssen.[69] Gombrowicz wusste um diese Art Spannungen. Sie erleichterten es ihm als Meister der Selbstanalyse, sich in die Mentalität der Nachkriegsdeutschen einzufühlen.[70] Aus Scham vor Unzulänglichkeit, konstatierte er, lege der Mensch sich eine »Domäne der Kompensation« zu, sekundäre *façons*, die zu verstehen entscheidend für das war, was er »schamhafte Poesie« nannte.[71] Diese Erfahrung machte ihn empfänglich für die Komik der Unstimmig-keiten im Leben. Es ist eine Facette, auf die der polnische Dichter und Theoretiker Czesław Miłosz bei ihm hingewiesen hat.[72]

Wenn die Scham sich als Widerstreiterlebnis zeigt – Gombrowicz nannte es das »tragische Mißverhältnis« seines »ferdydurkischen Menschen« –, dann entdeckte er dieses ebenso zwischen der organisierten Oberfläche und der latenten Unruhe im Berliner Alltag: zwischen dem neuerlichen

---

67 Er sei in eine Aktion zur Förderung der »dynamisme intellectuel de Berlin« gera-ten, auf ein Pflaster des Kalten Krieges, das »plus en plus brûlant« sei: Giedroyc an Gombrowicz vom 9.11.1963, in: dies. Correspondance, 364–366, hier: 364.

68 Dazu gehörte ein Psychoterror, nächtliche Anrufe als Teil der Kampagne. Mög-licherweise hatte er Angst davor, dass man seine homosexuelle Promiskuität als Druckmittel verwenden würde. Vgl. Gombrowicz. Kronos, 228. Der Angriff schlug auf die Gesundheit durch: Giedroyc an Gombrowicz vom September 1963, in: dies. Correspondance, 354f., hier: 355.

69 Vgl. Gombrowicz. Berliner Notizen, 116.

70 Zur Erfahrung der Verzweiflung als grundlegend für das moderne Tagebuch: Koeppen. Unlauterer Geschäftsbericht, 269. Über die ›Verstellungskunst‹ eines Thomas Manns hierzu auch: Gombrowicz. Tagebücher, 537.

71 Vgl. Witold Gombrowicz. Vorwort, in: ders. Verführung. Pfullingen 1963, 5–10, hier: 8.

72 Vgl. Czesław Miłosz. Wer ist Gombrowicz?, in: Schreibheft. Zeitschrift für Litera-tur Nr. 33 (1989), 65–72, hier: 68.

wirtschaftlichen Emporstreben und den seelischen Unterwelten, die ihn zur Annahme verleiteten, das neue Schamkleid sitze nicht ganz.[73] Weil er die westliche Tarnkappe für ein Oberflächenphänomen hielt, war er auf der Suche nach dem geschichtlichen Ort: den Katakomben geistiger Unruhe in der Stadt.[74] Darin berührt er sich mit einem Geistesverwandten, dem er in Berlin nie begegnete. Auch Kessel formulierte, dass eine aufs Aktuelle konzentrierte »Kulturpolitik« das Fragliche verpasse: »Nichts ist schändlicher«, konstatierte er, als eine »abgepreßte Antwort« auf »eingebildete Fragen«: »Alle Fragwürdigkeit nämlich enthält einen tieferen Sinn und dieser Sinn ist eigentlich schon die Antwort«.[75] So sah es auch Gombrowicz: Die Literatur werfe die Fragen auf und halte die Unruhe wach.[76]

Gombrowicz kam 1963 über Paris nach Westberlin. Das war der Weg von der Fülle in die Leere; in eine Atmosphäre, die ihm von Angst geprägt schien. Vielleicht kann man sein Berlin-Verhältnis mit einem Ausdruck Kierkegaards als »antipathetische Sympathie« charakterisieren: ein Angezogen- wie Abgestoßensein.[77] So nahm er seinen Weg aus der Enge von Paris in die Weite einer Gartenstadt, die ihm als befremdliches Idyll begegnete. Doch hatte schon Schiller – wie im vorangegangenen Kapitel bemerkt – die Idylle als Ort der Ruhebedürftigen eingestuft. Nicht zufällig ist die Idylle im psychoanalytischen Modell der Krypta mit einer Deckschicht des Vergessens im Bunde.[78] Auf dieser Spur war für Gombrowicz die »Kurort-Stadt« Westberlin nur oberflächlich idyllisch. Vielmehr war sie Ort eines unbearbeiteten Dramas, des unheimlichen Versuchs eines Ungeschehenmachens.[79] In seinen Erkundungen in der Menschleere der Inselstadt wurde ihm klar,

---

73 Zum »tragischen Mißverhältnis« in seinem Menschenverständnis: Gombrowicz. Verführung, 7. Die Zentralstellung der Scham erinnert an Scheler, der bereits vom Widerstreitserlebnis sprach. Vgl. Scheler. Über Scham und Schamgefühl, 100.

74 Vgl. Gombrowicz. Berliner Notizen, 116f.

75 Martin Kessel. Miniaturen, in: ders. Essays und Miniaturen, 274–302, hier: 292.

76 Vgl. Witold Gombrowicz. Literatur (1956), in: ders. Der Apostel der Unreife oder das Lachen der Philosophie. Hg. von Hans Jürgen Balmes. München 1988, 25.

77 Vgl. Sören Kierkegaard. Begriff der Angst (1844), in: ders. Die Krankheit zum Tode u. a., 441–640, hier: 488.

78 Hier sprechen Abraham und Torok von einem »refoulement conservateur«. Vgl. Nicolas Abraham/Maria Torok. »L'objet perdu – moi«. Notations sur l'identification endocryptique (1975), in: dies. L'ecorce et le noyau, 295–317, hier: 297. Sowie: Derrida. Fors, 39.

79 Vgl. Gombrowicz. Berliner Notizen, 80. Zum Motiv der untergründigen »Gemütserschütterung«, vor allem in der analytischen Dramenform, vgl. Peter Szondi. Theorie des modernen Dramas 1880–1950 (1956), in: ders. Schriften. Bd. 1. Frankfurt a. M., Berlin 2011, 9–148, hier: 22–31.

Im Scherbenfeld: Stadt der Sammler

weshalb die amerikanischen Organisatoren mit ihren deutschen Partnern ihre medienwirksamen Kompensationsstücke arrangierten. Doch die Weite der Berliner Ödnis setzte ihm noch anders zu.

Wenn das Empfinden von Weite und Fremde für den unabsehbaren Raum seine Gültigkeit besitzt, so hatte es im Berliner Fall seine komplementäre Erfahrung in Gombrowicz' Tiergarten-Erlebnis, bei dem das Ungeheure in nächster Nähe zum Geheuren lag.[80] Eine Irritation ermöglichte es ihm, über seine geografisch nahe polnische Kindheitsgegend die Anomalie am Ort aufzuspüren.[81] Es schien ihm, als würde sich in dieser Stadt das Gewicht der Zeit schon wie der nahende Tod »auf die Schulter« setzen.[82] Nichts weniger als sein Zirkel der Existenz war es, der sich in der Begegnung mit dem Tiergarten schloss. Ein Moment der Wiederholung: »Aber da wehten mich (als ich im Park des Tiergartens spazierte) gewisse Gerüche an, ein Gemisch von Kräutern, von Wasser, von Steinen […] ja Polen, dies war schon polnisch, wie in Małoszyce […] dieselbe Natur … die ich vor einem Vierteljahrhundert verlassen hatte. Tod. Der Kreis hatte sich geschlossen«.[83] Dem Asthmatiker Gombrowicz offenbarte sich das Gewicht des Lebens über die sinnlichen Phänomene. Die Gegend drängte zum Wiedereintritt in die eigene Vorgeschichte, zog ihn in die Nähe des bis dato unzugänglichen Herkunftskomplexes.

Das Erlebnis scheint im Zeichen der Tatsache zu stehen, dass die unwillkürliche Erinnerung stets weniger ein Erinnern ist, als mit einem Kontinent des Vergessenen vertraut macht.[84] Was sich so vollzieht, ist das Geisterspiel vergangener Szenen. Dabei nahm Gombrowicz in seinem synästhetischen Verfahren eine Geruchsspur auf, die ihn hinab in die Kindheit führte. War dies der erste Auslöser, so öffnete sich eine zweite, akusmatische Spur. Er vernahm die Stille als eine anregend-unheimliche. Ein Morast tat sich auf: Seine eigene Emigrantenkrypta öffnete sich. Diese führte ihn im Tiergarten an eine andere Erinnerungsspur: Sie führte an den Beginn seiner Emigration 1939 zurück. Es war der ihn in Argentinien erreichende Lärm des Krieges,

80 Vgl. Richard Alewyn. Die literarische Angst, in: Hoimar von Ditfurth (Hg.). Aspekte der Angst. Starnberger Gespräche. Stuttgart 1964, 24–43, hier: 30. Zum Ungeheuren: Gadamer. Angst und Ängste, 190f.

81 Vgl. Gombrowicz. Berliner Notizen, 77.

82 Vgl. ebd., 19, 74.

83 Ebd., 73. Zu Kierkegaards Schilderung einer Selbsteinholung: Kierkegaard. Die Wiederholung, 430. Zum Verständnis eines Zirkels der Existenz vgl. Heidegger. Sein und Zeit, 308.

84 Zur *mémoire involontaire* im Zeichen des Vergessens vgl. Benjamin. Zum Bilde Prousts, 311.

der ihm verzögert – als Echo im Tiergarten – wiederbegegnete. Auf sein »Trommelfell« trafen nun »die fieberhaften Schreie aus den Radio-Lautsprechern, quälte mich das Kriegsgebrüll«. In innerer Überlagerung von Berlin und Buenos Aires tauchte Gombrowicz in einen Raum geladener Stille ein: »Das nennt man einen unheimlichen Moment. Stille wie im Walde, daß sogar das Summen einer Mücke zu hören ist«.[85] Gombrowicz rückte im Nachhall noch einmal der Krieg bedrohlich auf den Leib.[86]

Die Spur des erlebten Raumes fächerte sich neuerlich auf. Jedoch erst die Wucht der Betroffenheit, das Insistieren der existenziellen Frage, durchbrach die Oberfläche zu den Latenzen dieser ihm »schmerzhaftesten Stelle« namens Berlin.[87] Von nun an schaute der Remigrant mit doppeltem Blick auf die Stadt. Wenn der Tiergarten Origo dieser Berlin-Erfahrung war, dann webte er von dieser Stelle aus seinen Faden durch die Stadt, um ihn bis an die innere Krypta heranzuführen.[88] Die grundlegende Frage, die sich Gombrowicz stellte, war jene nach der Freiheit im Schatten der Katastrophe: »Leiden und Freiheit« waren es, die die Berliner Spannung ausmachten.[89] Welchen Dingen musste man sich stellen, fragte Gombrowicz, um zu einer Öffnung der Stadtkrypta – dieses Monuments der Katastrophe – zu kommen?[90] Eine Antwort schien es nur für den zu geben, der bereit war, wie ein Dante'scher Unterwelten-Gänger ins Untergeschoss der Stadt hinabzusteigen.[91]

Auf Gombrowicz wirkte Berlin wie ein zerrissener Ort, nicht nur entlang der Ost-West-Trennlinie. Was er hinter dem fatamorganahaften »Glitzerding« Westberlin wähnte, war der Schmerzinnenraum einer verwundeten Stadt.[92] Sie glich einem zerrütteten Patienten, der Symptome aufweist. Eines

85 Gombrowicz. Berliner Notizen, 74.
86 Gombrowicz erwähnt hier auch das Motiv des Macbeth'schen Waldes: Gombrowicz. Berliner Notizen, 11. Zum unheilvollen Zeichen des näherrückenden Waldes: Shakespeare. The Tragedy of Macbeth, 2227.
87 Vgl. Gombrowicz. Berliner Notizen, 75.
88 Zum Verfahren des Umherspazierens auch: Gombrowicz. Gespräche mit Dominique de Roux, 111.
89 Vgl. Gombrowicz. Berliner Notizen, 77.
90 Zur Krypta als ›Monument‹ einer Katastrophe: Derrida. Fors, 21.
91 Vgl. Gombrowicz. Berliner Notizen, 86, 89. Sowie die berühmte Szene zum Eintritt in die Unterwelt, auf die hier Bezug genommen wird, vgl. Dante Alighieri. Die Göttliche Komödie. Stuttgart 2001, 26. Zur Figur Dantes auch: Gombrowicz. Tagebücher, 936f. Peter Weiss hat ein Gespräch im Tiergarten mit ihm über Dantes »Göttliche Komödie« festgehalten: Peter Weiss. Notizbücher 1960–1971. Bd. 2. Frankfurt a.M. 1982, 667.
92 Vgl. Gombrowicz. Berliner Notizen, 73, 129. Gombrowicz benutzt hier dasselbe Bild wie Kessel. Siehe auch: Kessel. Lydia Faude, 97. Zur »fata morgana« als Teil

der eindringlichsten Bilder für das Pathologische am Ort fand Gombrowicz in der Allegorie der Stadt als Lady Macbeth. Er bezeichnete mit dieser Shakespeare'schen Figur eine posttraumatische Existenzform: »Lady Macbeth. Immerfort waschen und waschen sie sich die Hände …«[93] Sinnbild eines unruhigen Schlafs, wie es sich auch bei Bobrowski in seiner Miniatur »Dunkel und Wenig Licht« findet, darin Westberlin als ein von Kriegsgeschichten heimgesuchter Ort.[94] Gombrowicz wies auf die leisen Echos, die durch die Stadt gingen. Sie waren Ausdruck einer verdeckten »torture of mind«, wie in »Macbeth« angesichts des Grausigen nur geflüstert wird. Was sinnfällig wird, ist, dass die Geheimnisse im Verborgenen gesucht werden mussten. So entdeckte er in der Stadt einen noch zu beschreibenden dritten Ort, in dem die gemeinsame Verstrickungsgeschichte West- wie Ostberlins zu suchen war. Auch hier wiesen ihm seine leiblichen Aufspürsysteme den Weg an die Krypta.[95]

In Gombrowicz' Deutung verdichtet sich dies im Lady-Macbeth-Motiv. Sie ist die kaschierte Unruhe, die ihn leitmotivisch begleitet. Etwa in Gestalt der Haken von Plötzensee, der Stätte, an der die Widerstandskämpfer vom 20. Juli 1944 hingerichtet wurden, die auch Celan in seinem Gedicht »Du liegst im großen Gelausche« evoziert.[96] Gombrowicz verfolgen diese Zeugnisse der NS-Herrschaft wie Indizien einer unzureichend verwischten Tat.[97] Dabei ist seine Analogie zur Frau des Tyrannen Macbeth erhellend; sie verkörpert das Phänomen uneingestandener Schuldangst. Ihre Traumata sind die Unterseite der Leugnung am Tage.[98] In diesem Sinne hat schon Binswanger auf das Potenzial des Sinnbilds der Lady Macbeth hingewiesen. Er nannte sie im Zusammenhang eines Falls der »Verquickung von

der Selbstbeschreibung des Dichters im Nachkrieg auch: Johannes Bobrowski an Max Hölzer vom 28.6.1962, in: ders. Briefe 1937–1965. Bd. 3, 296–300, hier: 297.

93 Gombrowicz. Berliner Notizen, 84.

94 Zur Schlaflosigkeit in Westberlin und den Krypten jüngster Geschichte vgl. Johannes Bobrowski. Dunkel und wenig Licht (1964), in: ders. Gesammelte Werke. Bd. 4, 118–126, hier: 118, 126.

95 Gombrowicz hat in seiner autobiografischen Schrift nahegelegt, dass ihm das Hysterische aus der eigenen Familienkonstellation nicht fremd war. Das mag eine Spur für seine persönliche Krypta sein. Vgl. Gombrowicz. Eine Art Testament, 10f.

96 Vgl. Celan. Du liegst im großen Gelausche, 334.

97 Zu den Haken von Plötzensee, an denen die Aufständischen des 20. Juli 1944 gehängt wurden, die Gombrowicz durch Berlin folgten: Gombrowicz. Berliner Notizen, 87, 89f., 110. Zu den Flecken als »filthy witness« der Tat der Macbeths: Shakespare. The Tragedy of Macbeth, 2187, 2221. Zum Haken auch: Celan. Du liegst im großen Gelausche, 334.

98 Zur Macbeth'schen Schuldangst vgl. Wandruszka. Angst und Mut, 56.

Unheimlichem und Heimeligem«, sah ihre Abwaschversuche als traum-wandlerische Sühnehandlung.[99] Die Träume, die sie begleiten, wiesen auf ein »dunkles Rätsel«: Im Sinne der »Deckerinnerung« würden sie eine Tat verhüllen. Insofern ist es konsequent, wenn in Gombrowicz' Darstellung der Lady Macbeth das Empfinden der Schuld vom Unheimlichen begleitet wird. Auch Freud hatte die Figur als eine zerknirscht-somnambule Hysteri-kerin charakterisiert, eine Deutung, die Binswanger um das »Traumbild des Untertauchens« ergänzte.[100] So kann man sagen, dass diese Traumbilder auf das Trauma einer Schande hindeuten, das in der Leugnung wiederholt wird. Es sind Folgewirkungen, die als Handlungen unter dem Zwang des Übels stehen. Damit lassen sich die Zwangshandlungen der Lady als Gesten einer Geschichtsverstrickung deuten – ganz so wie Gombrowicz es im Motiv des Sich-rein-waschen-Wollens verdichtete. Es sind Säuberungsgesten, die er im Stadtbild im teils sterilen Wiederaufbaustil als Anzeichen der Verleugnung wiederkannte.[101]

Worum es Gombrowicz ging, war die Leugnung von Zeugenschaft in der Nachkriegsgesellschaft – wobei es ihm darauf ankam, selbst zu bezeugen, was er am Ort erlebte. Lady Macbeth ist in seiner Deutung Personifikation des Unerledigten: Fortbestehen einer Sprengkraft, die die Wahrheit des Gewesenen immer hat.[102] Man kann also konstatieren, dass er mit seinen Tagebüchern ein die Zeiten verbindendes Interesse verfolgte, insofern er den Mythos der Stadt, ihre Vergangenheit, zurückzuholen versuchte. Dies erfolgt über Details: So erkennt er etwa das Handmotiv der Lady noch am Tremor eines alten Mannes, der ihm im Hansaviertel begegnet.[103] Zugleich

---

99 Vgl. Ludwig Binswanger. Wandlungen in der Auffassung und Deutung des Trau-mes. Von den Griechen bis zur Gegenwart. Berlin 1928, 104.

100 Zu Freuds Beschreibung des Falls der Lady Macbeth siehe Sigmund Freud. Einige Charaktertypen aus der psychoanalytischen Arbeit (1916), in: ders. Studienaus-gabe. Bd. 10. Hg. von Alexander Mitscherlich. Frankfurt a.M. 1974, 364–391, hier: 239. Sowie: Binswanger. Wandlungen in der Auffassung des Traumes, 105. Gombrowicz hatte sich des Motivs einer somnambulen Lady Macbeth schon im Stück »Yvonne« bedient. Vgl. Witold Gombrowicz. Yvonne (1935), in: ders. Yvonne / Die Trauung. Zwei Schauspiele. Frankfurt a.M. 1964, 7–75, hier: 60f.

101 Zur sterilen Nachkriegsarchitektur: Gombrowicz. Berliner Notizen, 91. Sowie zu den Nachkriegsfassaden als reinigende Tilgungsgeste: Krajewski. Bauformen des Gewissens, 29f.

102 Hierzu auch: Angehrn. Sein Leben schreiben, 70.

103 Vgl. Gombrowicz. Berliner Notizen, 82. Zur »ängstlichen Stille« sowie zur Schlaflosigkeit und dem Motiv des Versehrten vom Hansaviertel auch: Bachmann. Ein Ort für Zufälle, 283, 286. Auch Macbeth ist ein Zitterer; die Szene geht den Angstträumen der Lady voraus: Shakespeare. The Tragedy of Macbeth, 2204.

sind ihm die Hände Symbol einer Geschäftigkeit, die er als Ersatzhandlungen deutet. Er glaubte darin etwas vom »grausigen Glanz« des Shakespeare'schen Personals wiederzuerkennen: Auch er betrieb seine »Verständigung« mit den »Dämonen«.[104] Insofern sei an den gleichnishaften Satz der Lady Macbeth aus der Tragödie erinnert, unter dem Gombrowicz' Begegnung mit dem Berliner Genius Loci gefasst werden kann: »Here's the smell of blood still«.[105] Die Stadt im Zustand innerer Zerrüttung, in »great perturbation«.[106] In diesem psychoanalytischen Zugang berührt Gombrowicz sich mit Kessel, der in seiner »Notiz über Berlin« ebenfalls eine Verstörung der Stadt ausmachte. Hier walte, so Kessel, ein »fast hysterisch« zu nennender »Mangel an Schlaf«: »Es besteht die Gefahr des Dauerpatienten«.[107]

Dabei trieb Gombrowicz vor allem eine Sorge um die jüngere Generation an. Er legte Zeugnis ab von ihrem Zustand vor ihrer Politisierung Ende der 1960er. Er beschrieb sie als elternlose Generation. Sie befinde sich ortlos im Nachkriegseuropa: »Eine Generation, wie durch niemanden geboren, ohne Eltern, ohne Vergangenheit, in Leere«.[108] Sie hänge in der Luft. Auch das Schleifrad der Wirklichkeit habe sie – anders als die Vorgängergeneration – nicht getroffen.[109] Ihr Verhältnis zur Geschichte liege im »Halbdunkel«. Wieder tauchte ein gedanklicher Haken für den Remigranten auf, der ihn an Goethes des »Pudels Kern« denken ließ.[110] An dieser Jugend kristallisiere sich, so Gombrowicz' Schlussfolgerung, der Wunsch, eine Identität ablegen zu können: ein Wegsprechen von sich, obwohl man an diesem Ort beständig von Geschichte eingeholt werde.[111] Die jüngere Generation war ihm das Symptom hiesiger Horizontverkürzungen. Es manifestierte sich ihm am Umgang mit einer teils kompromittierten Tradition. Er spürte an ihnen das Dilemma, mit dieser umzugehen. So fragte er ein ums andere Mal pro-

---

104 Vgl. Gombrowicz. Tagebücher, 367, 690.

105 Shakespeare. The Tragedy of Macbeth, 2222.

106 Ebd., 2221.

107 Martin Kessel. Notiz über Berlin, Bl. 3. Nachlass Martin Kessel, DLA Marbach. Auch Kessel erinnert an das Motiv des Verlusts eines gesunden Schlafes bei Macbeth: »You lack the season of all natures, sleep.« Shakespeare. The Tragedy of Macbeth, 2205.

108 Gombrowicz. Berliner Notizen, 89.

109 Hierzu: Klaus Völker, in: Rita Gombrowicz (Hg.). Gombrowicz en Europe, 205–209, hier: 207. Zur zeitlichen Abgeschnittenheit der Nachkriegsgeneration auch: Schwab. Das Gespenst der Vergangenheit, 249.

110 Er verdreht Goethe hier etwas, wenn es auf der Suche nach dem unterirdischen Ort heißt: »*Hier ist der Hund begraben*, und sogleich gesellte sich mir der begrabene Hund zu«.

111 Vgl. Gombrowicz. Berliner Notizen, 89f.

vozierend seine Gesprächspartner, was sie mit dem verstrickten Heidegger anfangen würden? Was würden sie mit seiner Frage nach der Sorge machen? Und wenn sie ihn begrüben, wohin käme sein »Leichnam«?[112] Die Jüngeren wirkten notorisch skeptisch. Zugleich deutete für Gombrowicz ihre Angst vor Parolen auf Uneingestandenes. So setzten sie zunächst auf Flucht in Arbeit. In den Nachlasspapieren finden sich Überlegungen von Gombrowicz zu seiner eigenen »Angst vor den Deutschen«. Ihr Verwirklichungsdrang in der Wirtschaftswunderzeit war ihm unheimlich.[113] Sie schienen sich blindlings in die Zukunft zu werfen, eine manische Handlung. Hinter dieser Geschäftigkeit erblickte er die unbeantwortete Sinnfrage des Landes.[114]

Diese Fraglichkeit hob sich schroff davon ab, dass ausgerechnet dieses »Zentrum […] der Katastrophen«, wie Gombrowicz Westberlin nannte, auf ihn wie der »allerbequemste« Kurort wirkte.[115] Ein »historischer Jux« sei es: Die Deutschen, die sich unter »so vielen Brand- und Brisanzbomben« zurück »an die Oberfläche herausgerappelt« hätten, empörten und verblüfften ihn. Doch spürte er, was der Untergang 1945 bedeutet haben mag. So konzentrierte er sein Interesse auf jenes Feld, das Hamburger als »Entdämonisierung« beschrieben hat.[116] Die Notwendigkeit dazu machte sich für den polnischen Exilanten an der bleibenden Furcht vor Hitler fest, die ihm wie eine falsche Huldigung wirkte. Man solle ihn »post mortem nicht fürchten«; das würde die Legende stärken.[117] Hitler, das war für ihn einer, der über das Entsetzen hinausgegangen war. Für ihn war es einer, der eine Idee ohne Schwäche zu verfolgen meinte.[118] Hitler war – das mag Gombrowicz' Analogie gewesen sein – Macbeth, den seine Ambition ins Verbrechen führte.[119] Dabei meinte er, dass der Führergedanke den Konformismus in einer Massenbewegung lediglich beschleunigt habe. Schon im Wort »Führer« stecke eine Form der

---

112 Vgl. ebd., 105f. Für Gombrowicz blieb einem eine Auseinandersetzung mit Heidegger nicht wegen dessen politischer Selbstbeschädigung erspart; die geistige Herausforderung bleibe bestehen. Vgl. Völker, in: Rita Gombrowicz (Hg.). Gombrowicz en Europe, 207.

113 Vgl. Gombrowicz. Tagebücher, 1014f.

114 Vgl. Gombrowicz. Berliner Notizen, 93. Zur manischen Flucht ins Leichter-Erträgliche auch: Binswanger. Manie und Melancholie, 383.

115 Vgl. Gombrowicz. Berliner Notizen, 95.

116 Vgl. Hamburger. After the Second Flood, 26.

117 Vgl. Gombrowicz. Berliner Notizen, 97f.

118 Nahe an Gombrowicz' damaliger Sichtweise: Sebastian Haffner. Anmerkungen zu Hitler. Frankfurt a.M. 1981, 99f. Hierzu auch über Hitler als »absoluten Narziß«: Hans Blumenberg. Lebenszeit und Weltzeit. Frankfurt a.M. 2001, 80.

119 Vgl. Shakespeare. The Tragedy of Macbeth, 2179f.

Überhöhung und der Selbstaufgabe der anderen. Er sah in dem ambitiösen Niemand den »Zwerg, der sich wie ein Goliath in Erscheinung« gesetzt hatte.[120] In der Diktatur habe die Masse diesen Vorgang potenziert. Es war ihm eine Spur, die auch im Personenkult des Stalinismus wirksam blieb. In Berlin konnte er beobachten, wohin solche Idealbildungen charismatischer Herrschaft führen können. Ein gefallener Ort, den seine Ambition in die Katastrophe führte: »Ambition«, auch ein Schlüsselwort Macbeths.[121]

Was Gombrowicz als Bild des Nachkriegsdeutschlands entwirft, scheint mit einem anderen, Ungenannten im Zwiegespräch gestanden zu haben. Denn schon Nietzsche hatte die Mentalitätsfrage in Deutschland im Zeichen einer beständigen »Umschaffung der Ueberzeugungen« gesehen.[122] Wenn Gombrowicz seinen Gesprächspartnern zu deren Verwirrung einwarf: »Ich würde also nicht zu sehr an die Amerikanisierung Berlins glauben«, so wandelte er auch auf Nietzsches Spuren.[123] Die Verwandtschaft liegt im komparatistischen Blick, den Nietzsche in »Menschliches, Allzumenschliches« entwickelt hat, in dem er ein »Zeitalter der Vergleichung« ausrief.[124] Als ehemaliger Insider war Gombrowicz für diesen Zugang prädestiniert, brachte er doch die nötige Fremdheitserfahrung nach Europa zurück. Diese Optik hatte er bereits im kleinen Roman »Trans-Atlantik« praktiziert: sein Buch der Exilerfahrung, in dem er die Mentalitätsfrage als satirische Lockerung ins Spiel brachte.[125] Etwas von diesem Zugriff steckt im Wort »Trans-Atlantik« selbst: »trans«, die lateinische Vorsilbe für »hinüber«. Wenn sich auf diese Weise der Umfang seiner Welterfahrung im Exil erweitert hatte, so schien er empfänglich geworden zu sein für das, was man einen größeren »Umkreis der Gefühlsqualitäten« nennen kann.[126] Gerade diese Offenheit kam ihm im Verständnis der Berliner Abgründe zugute.

---

120 Vgl. Gombrowicz. Berliner Notizen, 100.
121 Zu Gombrowicz' beständiger Rückkehr zu Shakespeare vgl. Witold Gombrowicz. Letztes Interview (1969), in: ders. Eine Art Testament, 254–263, hier: 255.
122 Vgl. Nietzsche. Menschliches, Allzumenschliches, 511.
123 Vgl. Gombrowicz. Berliner Notizen, 116. Zu Gombrowicz als Psychologe auf Nietzsches Spur siehe: Karl Korn. Ein Patagonier in Berlin (1965), in: Zybura (Hg.). Ein Patagonier in Berlin, 82–84, hier: 83.
124 Zu Nietzsches »Zeitalter der Vergleichung«: Nietzsche. Menschliches, Allzumenschliches, 44. Dass Gombrowicz die »Berliner Notizen« mentalitätsanalytisch verstanden wissen wollte, bestätigte er: Gombrowicz. Tagebücher, 929. Über die »deutsche Seele« vgl. Gombrowicz. Kronos, 227.
125 Vgl. Gombrowicz. Trans-Atlantik, 6.
126 Hierzu Schelers Sympathieverständnis, nach dem der »Umkreis der Gefühlsqualitäten«, der uns erreichbar ist, auch für »fremde Gefühle« und Lebenswelten empfänglich macht: Scheler. Wesen und Formen der Sympathie, 54f.

Wie »Trans-Atlantik« seine Sicht im Exil niederlegt, so bezeugen die »Berliner Notizen« seinen Wiedereintritt in europäische Gefilde. Es war der Kritiker Karl Korn, der Gombrowicz' Rückkehrer-Optik als einen Hölderlin'schen »Hyperion«-Blick charakterisierte: einer, der »unter die Deutschen« geraten sei und sich ein unverstelltes Bild zu machen versuchte.[127] Was Gombrowicz an den hiesigen Umgangsformen irritierte, war der Habitus der Nachkriegsliteratur, den er an Figuren wie Günter Grass, Uwe Johnson oder Peter Weiss studierte. Er traute dem Ethos ironischer Distanz nicht und suchte dahinter Regungen, wie er sie in Johnsons ausgeprägtem Schamempfinden sah.[128] Hier erwies er sich als Physiognomiker des »neudeutschen Kulturbetriebs«.[129] Sein »Hyperion«-Blick nahm den Zug zur gespenstischen Ordnung im Geistesleben wahr.[130] Was er hinter dem allgemeinen Skeptizismus vermutete, war Ratlosigkeit, die sich in Masken hüllte, eine Furcht vor dem »unmittelbaren Kontakt«, vor dem entwaffnenden Gespräch jenseits gesicherter Meinungen.[131] Was er aufrichtig fürchtete, war eine Art Kältetod der Literatur. Er trat wie Nietzsche für ein ›Zweikammersystem der Kultur‹ ein, in dem neben dem Verstand die Leidenschaft, die Polemik bis ins Absurd-Komische ihren Platz fand.[132]

Gombrowicz kam hierbei vom Wärmepol Argentiniens an einen westöstlichen Kältepol. Mit seiner Optik öffnete sich der Raum der Stadt anders. Denn wer wie Gombrowicz aus der brodelnden Stadterfahrung von Buenos Aires hier eintauchte, stieß zwangsläufig auf fehlende Dichte.[133] Das war es, was ihn irritierte, gepaart mit einer literarischen Planungseuphorie neuer Art.[134] In Berlin rettete er sich zunächst in die Rolle eines Agent Provocateur.

---

127 Vgl. Korn. Ein Patagonier in Berlin, 82. Korn spielt mit seinem Motto an auf: Friedrich Hölderlin. Hyperion oder der Eremit in Griechenland (1797/99), in: ders. Sämtliche Werke. Historisch-Kritische Ausgabe. Bd. 2. Hg. von Norbert v. Hellingrath. Berlin 1923, 83–291, hier: 282f.

128 Vgl. Gombrowicz. Berliner Notizen, 120.

129 Vgl. Korn. Ein Patagonier in Berlin, 84.

130 Zur »todten Ordnung« schon: Hölderlin. Hyperion oder der Eremit in Griechenland, 284.

131 Vgl. Gombrowicz. Berliner Notizen, 120. Zum Schriftsteller, der die »Berührung«, mit einem Ort, mit Menschen, nicht scheuen sollte: Gombrowicz. Tagebücher, 927.

132 Zum ›Zweikammersystem der Kultur‹: Nietzsche. Menschliches, Allzumenschliches, 208f.

133 Zum erlebten Raum von Buenos Aires als einem des Leibkontakts vgl. Gombrowicz. Trans-Atlantik, 59. Zur Nähe und Emotionalität des Raumes, die Mangel und Überschuss spüren lässt: Lévinas. Jenseits des Seins, 185.

134 Zum Berliner Klima, das an ihm zehrte, vgl. Gombrowicz. Kronos, 230.

Im Scherbenfeld: Stadt der Sammler

Er spielte den personifizierten Einspruch, den Stachel im Fleisch hiesiger Glaubenssätze, der alle Komik aufbot, um die Autoren in ihrer Technikgläubigkeit und der schützenden Ironie zu erschüttern. Korn beschrieb ihn als Brecher hiesigen Schweigens: einen polnisch-argentinischen Eisbrecher, der auf Übersehenes wies.[135] Er wollte eine Lockerung der verkrampften Situation, ein Künstlerverständnis, welches an Nietzsches Wort vom »Erleichterer des Lebens« anknüpfte: »Ich bin wie Aspirin«, sagte Gombrowicz, »das Krämpfe beseitigt.«[136] Eine Essayistik schwebte ihm vor, die Heilkunst sein wollte. Ähnlich sah Kessel die Satire als Teil des »Lebensausgleichs«: als heilsames »Gelächter«.[137]

Was sie verband, war die Auffassung, dass der »Geist der Satire« das Leben in seiner Zweideutigkeit, jenseits weltanschaulicher Gewissheiten, fühlbar halte, jenes »Zwischenreich« irdischer Unzulänglichkeiten.[138] Diese Haltung aus der Grauzone des Allzumenschlichen war bei beiden Autoren aus der Erfahrung des Schiffbruchs gespeist, durch die »Wechselfälle des Lebens«, um die Komik zum Schutz »innerer Freiheit« zu gebrauchen.[139] Für Gombrowicz war dieser Einsatz des Komischen das Antidot eines, der durch Katastrophen »wirklichkeitswund« geworden war.[140] So sprach Gombrowicz paradigmatisch vom »schmerzdurchdrungenen Menschen«.[141] Insofern ging es ihm darum, den Kontakt zwischen dem Denken und der Emotion wiederherzustellen. Dabei war ihm Komik das Mittel der Wahl: Sein Lachen ging durch die Sphäre des organisierten Kulturlebens in der Frontstadt.

Wovor Gombrowicz in Berlin gleichwohl einen Horror entwickelte, war die Vermengung der Literatur mit ihrer kulturellen Organisation. Er bedauerte den Verlust ihres informellen Charakters, den er mit der alten Welt des Kaffeehauses verband. Stattdessen stieß er auf den Veranstaltungsbetrieb, wie ihn Walter Höllerer maßgeblich mitgestaltete. Er legte einen komischen Konflikt im literarischen Leben frei: zwischen der Organisiertheit hiesiger Literatur, die von den etablierten Akteuren in der Stadt vordergründig niemand in Zweifel zog, und dem Lebendigen und Ketzerischen des Geistes,

---

135 Vgl. Korn. Ein Patagonier in Berlin, 84.
136 Gombrowicz. Gespräche mit Dominique de Roux, 120. Sowie: Nietzsche. Menschliches, Allzumenschliches, 143.
137 Vgl. Kessel. Vom Geist der Satire, 136. Ähnlich: Gombrowicz. Tagebücher, 929.
138 Vgl. ebd., 137.
139 Vgl. ebd., 146.
140 Vgl. Celan. Ansprache anlässlich der Entgegennahme des Literaturpreises, 186.
141 Vgl. Gombrowicz. Tagebücher, 942 f. Miłosz hat in der Hereinnahme des Schmerzes Gombrowicz' Rettung vor intellektuellen Sackgassen gesehen: Miłosz. Wer ist Gombrowicz?, 68.

dem diese Bereitschaft zur Organisation abgeht.[142] Das war für ihn das Komische seiner Begegnungen, die darin Puppenhaftes zeigten. Angesichts der Organisationbemühungen, die im Rahmen des Ford-Programms abliefen, fühlte er sich wie jemand, den man in ein Vakuum eingesaugt hatte: Ihn, den Asthmatiker, hatte man geholt, um bei der künstlichen Beatmung der Frontstadt mitzuhelfen. Nicht ohne Grund witterte Gombrowicz Konspiration, als habe man den eigentlichen Tod der Stadt verheimlicht: ein Ort, der »Tod zugefügt hatte und Tod erhalten hatte«.[143]

So war seine zentrale Beobachtung, dass dieser Hang zur Organisation nur eine Art äußerliches ›Deckwerk‹ zum mentalen Krater der Stadt lieferte, jene Ohnmacht bloß kaschierend, die Bachmann als inwendige Versehrtheit Berlins beschrieb.[144] Doch ein Krater lässt sich nicht aus der Welt schaffen, zumal nicht mit einer Flucht in die Planung, die, so Gombrowicz, nur »süße Betäubung« bieten könne.[145] Ein »sweet oblivious antidote«, um mit »Macbeth« zu sprechen.[146] Was fehlte, war ein Ansatz, um wahrhaftige Worte für das Schicksal der Stadt zu finden. Dabei lag für Gombrowicz unter dem Komischen des Betriebs die eigentliche Angst vergraben.[147] Hier deutet sich das Grundmotiv der Lady Macbeth wieder an, insofern sich die Grenze zwischen Wirklichem und Unwirklichem verwischt. Es zeigte sich an der Grundatmosphäre der Stadt, »daß die Wirklichkeit in Berlin« laut Gombrowicz »nicht zu den stabilisiertesten und geklärtesten gehört …«[148] Dadurch konnte der Künstler in Berlin besonders leicht in die Falle der Organisation tappen.

Doch bewahrte Gombrowicz sich ein Stück seiner idealen Forderung an die Kunst, einen Raum geistiger Freiheit zu stiften, wie er im Mauerberlin nur eingeschränkt verwirklicht werden konnte. Irritiert war er von den jungen Autoren der Literatenkeller, die das Format der Gruppe 47 im Kleinen imitierten: jene Gruppenkritik, bei der – wie Bobrowski polemisch schrieb – der literarische »Delinquent« bei der Befragung sich den »Mund«

---

142 Zum Ursprung des Komischen aus dem Hervortreiben eines Konflikts siehe Friedrich Georg Jünger. Über das Komische. Berlin 1936, 9f.
143 Gombrowicz. Berliner Notizen, 109.
144 Vgl. Bachmann. Ein Ort für Zufälle, 283.
145 Vgl. Gombrowicz. Berliner Notizen, 113.
146 Vgl. Shakespare. The Tragedy of Macbeth, 2225.
147 »Berlin, in der Leere aufgehängt, auf eigene Vibrationen angewiesen«. Gombrowicz. Berliner Notizen, 94.
148 Gombrowicz. Berliner Notizen, 116. Zur Verwischung der Grenzlinien des Wirklichen und Unwirklichen im Lady-Macbeth-Motiv: Schapp. In Geschichten verstrickt, 153.

zuhalten musste.[149] Kurz, es war ein Literaturverständnis, welches seiner »Gombrowicz'schen Konzeption« diametral entgegenstand.[150] Es standen sich informelle Kaffeehausliteratur und radiotaugliche Gruppenkritik gegenüber. Was Gombrowicz vorschwebte, war ein Ort geselligen Gesprächs, spielerisch, von »aucune obligation«. Ein Verbindungspunkt jenseits von Institutionen war zu suchen: »une chose qui manque à Berlin«, wie Gombrowicz hellsichtig anmerkte.[151] Dabei vertrat er die Auffassung, dass das Kaffeehaus weniger Ort des Schreibens als notwendiges »Vorzimmer der Literatur« sei.[152] Jene Vorräume des Kreativen schienen ihm durch die Wellen von Diktaturen in Europa verloren gegangen und durch ein methodengetriebenes Konzept von Literatur – weltanschaulich oder technologisch begründet – verdeckt worden zu sein. Wenig verwunderlich also, dass sein Versuch nicht verfing, die Kaffeehaus-Leere Berlins zu füllen, das Unternehmen, wie im alten Warschauer Ziemiańska oder im Rex in Buenos Aires Tische zu etablieren, neben seiner »table française« andere »comme des soleils« als fruchtbare »constellations«.[153] Stattdessen artikulierte sich ein Missverständnis mit dem Berliner Literaturbetrieb, das Bachmann als eine strukturelle »incompabilité«, eine literarische Unverträglichkeit bezeichnete und auf sich ausschließende Mentalitäten zurückführte.[154] Doch war Gombrowicz selbst klar, dass seine donquichotteske Kaffeehaus-Initiative eine bewusst unzeitgemäße Geste in diesem »désert culturel« geblieben war.[155] Es waren solche Widersprüche, die ihn anzogen.

149 Vgl. Johannes Bobrowski. Gruppenkritik, in: ders. Gesammelte Werke. Bd. 1, 247. Zur Übernahme der Gruppenkritik durch die jüngere Generation auch: Günter Grass, in: Rita Gombrowicz (Hg). Gombrowicz en Europe, 162–168, hier: 166.

150 Zur »conception gombrowiczienne«: Grass, in: Rita Gombrowicz (Hg.). Gombrowicz en Europe, 166.

151 Vgl. Gombrowicz an Grass vom 23.8.1963. Günter-Grass-Archiv 6510. Archiv der Akademie der Künste, Berlin.

152 Zum Kaffeehaus als »Vorzimmer der Literatur«: Gombrowicz. Berliner Notizen, 10. Dass er diese Vorräume des Kreativen schätzte, zeigt das Register seines Tagebuchs, in dem von Warschau, Buenos Aires, Berlin bis Paris über ein Duzend Kaffeehäuser verzeichnet sind. Vgl. Gombrowicz. Tagebücher, 1044f.

153 Vgl. Gombrowicz an Grass vom 23.8.1963. Günter-Grass-Archiv 6510. Archiv der Akademie der Künste Berlin. Zum Modell der Zwischenkriegs-Kaffeehäuser: Gombrowicz. Gespräche mit Dominique de Roux, 27.

154 Vgl. Bachmann. Witold Gombrowicz. Entwurf, 328. Zu diesen Problem auch: Witold Gombrowicz an Janusz Gombrowicz vom 19.9.1963, in: Rita Gombrowicz (Hg.). Gombrowicz en Europe, 191f.

155 Zum Experiment in der »désert culturel« vgl. Otto Schily, in: Rita Gombrowicz (Hg.). Gombrowicz en Europe, 201–204, hier: 203.

Noch irritierter war er von der Doppelzüngigkeit, dem chamäleonhaften Auftreten eines Walter Höllerer, dessen Lachen ihn gleichwohl verzückte.[156] Es war dessen plötzlicher Wechsel in die Rolle eines »Literaturfunktionärs der Foundation«, der ihn irritierte: ein »Kauz« aus den Wäldern, in die Stadt verschlagen, der bei Bedarf als Funktionsträger auftreten konnte.[157] Es war das Auftreten eines neuen Typus von Literatur-Impressario und Geistesfunktionär, den Gombrowicz schon in seinen Tagebüchern beschrieben hatte.[158] Mit Höllerer jedoch traf er auf eine janusköpfige Gestalt, denn dieser besaß durchaus literarische Sensibilitäten, die das Phänomen irritierender machten. Dieser Höllerer sei einer, so Gombrowicz, der zur Not »sein Lachen unterm Arm wie eine Aktentasche« tragen konnte.[159] Zu diesen Irritationen gehörte sein Versuch, mit dem Literarischen Colloquium Berlin eine Schreibschule nach amerikanischem Vorbild in der Stadt zu etablieren. An dieser Idee kristallisierte sich der ganze Konflikt zwischen einer institutionell geförderten Wirkungsästhetik, die mit Formvorgaben arbeitete, und Gombrowicz' idiosynkratischerem Vorgehen, das die Form eines Kunstwerks nicht ohne persönliche Notwendigkeit denken mochte.

Seine Bedenken warf er den Höllerer-Schülern bei seinem legendären Besuch im Colloquium in der Carmerstraße vor die Füße. Sie sollten sich nicht, so Gombrowicz, von einem Verführer à la Michel Butor in eine Theorie der Literatur drängen lassen. Eine merkwürdige Technikfrömmigkeit sei ausgebrochen, ein Methodenglaube mit »Ausschließlichkeitsanspruch«.[160] Auch im Westen, so Gombrowicz bissig, würden sich die Literaten die »Theorie« zum »Gehorsam« wie ein »Kummetgeschirr« anlegen.[161] Darin war er mit Autoren seiner Generation wie Kessel einig, der früh im Westen eine Methoden-Literatur beobachtete: solche einer »Firma«, bei der die Literaten

---

156 Höllerer hat diese Doppelpoligkeit seiner Persönlichkeit eingeräumt und sich als »schizothymisch« bezeichnet. Vgl. Höllerer, in: Rita Gombrowicz (Hg.). Gombrowicz en Europe, 171–180, hier: 180.

157 Vgl. Korn. Ein Patagonier in Berlin, 84. Bobrowski hat das Paradox des »Kauzes« Höllerer als Poet und Funktionär ins Epigramm gebracht: Johannes Bobrowski. Höllerer, in: ders. Gesammelte Werke. Bd. 1, 248. Eine Bestätigung der Gombrowicz'schen Intuition in: Helmut Böttiger. Elefantenrunden. Walter Höllerer oder die Erfindung des Literaturbetriebs. Berlin 2005.

158 Gombrowicz beobachtete das Auftreten eines neuen Funktionärstyps während eines PEN-Kongresses in Buenos Aires 1962: Gombrowicz. Tagebücher, 772f.

159 Vgl. Gombrowicz. Berliner Notizen, 114.

160 Zum technologischen Dogma mit »Ausschließlichkeitsanspruch« auch: Johannes Bobrowski an Hubert Gersch vom 14.2.1961, in: ders. Briefe 1937–1965. Bd. 2. 1959–1961. Hg. von Jochen Meyer. Göttingen 2017, 589–594, hier: 589.

161 Vgl. Gombrowicz. Berliner Notizen, 119.

zu »Prokuristen« würden.[162] Gombrowicz, aus dem Exil zurückkommend, war dieser methodische Eifer fremd: »Alle stecken bis über die Ohren in der Wissenschaft, in der Technik, der Szientismus drängt sich ihnen sogar in Gebiete ein, die bisher das Reservat menschlicher Freiheit waren« – ganz so, als lauere dahinter der Wunsch, sich aus der Spannung von Freiheit und Notwendigkeit durch die richtige Methode freikaufen zu können.[163] Ihm waren diese Verschulungsunternehmen suspekt: Hinter ihrem institutionellen Paravent erblickte er etwas, das er den »Ansturm der Wissenschaft auf die Kunst« nannte, einen Ansturm, der das Wissen zum Gewissen der Kunst erhob.[164]

Auch dahinter wähnte er einen Kompensationsakt, die eigenen Verstrickungen als mögliche Erfahrungsquellen durch eine anerkannte Methodik abzuwickeln. Denn waren diese Methoden nicht auch Fluchtwege? Für ihn stand hinter den Modellen nur die alte Angst vor dem eignen Leben.[165] Jedenfalls konnte für Gombrowicz in einem Erziehungsidiom kein kreativer Eigensinn blühen. Darin war Literatur nur eine weitere Schulungsaktion, die Höllerer sich – wie aus einem Memorandum hervorgeht – in der Tat »präzis gesteuert« und auf eine feste Wirkung im Rahmen des Frontstadt-Projekts hin dachte.[166] Hinter der Aktion stand der Gedanke vorfabrizierbarer Form, wie er am Ende in einen Gruppenroman, »Das Gästehaus«, münden sollte.[167] Was die Organisatoren um Höllerer auf diese Weise für Berlin schaffen wollten, war ein »Prototyp« pädagogischer »Unterweisung« – ohne die

---

162 Kessel hatte noch die ›Ullstein-Konfektions-Literatur‹ im Auge. Vgl. Kessel. Miniaturen, 293 f.

163 Vgl. Gombrowicz. Berliner Notizen, 119.

164 Zu dieser Tendenz: Gombrowicz. Gespräche mit Dominique de Roux, 148. Sowie: Gombrowicz. Tagebücher, 658.

165 Vgl. Gombrowicz. Gespräche mit Dominique de Roux, 136.

166 Vgl. Walter Höllerer an Shepard Stone vom 27.7.1962. Walter-Höllerer-Archiv in Sulzbach-Rosenberg. Darin kommt die ›agogik‹ des LCB-Projekts zur Sprache. Zu den Schulungsprogrammen am LCB mit der Gruppe-47-Prominenz Weiss, Grass, Rühmkorf und anderen vgl. Rundschreiben vom 7.1.1964 (03WH/BK/1,2b) von Walter Hasenclever. Walter-Höllerer-Archiv in Sulzbach-Rosenberg. Zu Höllerers Schreibschule auch: Till Greite. Eine Agentur des Kreativen. Walter Höllerers Literarisches Colloquium als Schule des Schreibens zwischen Information und Störung, in: Kultur & Gespenster Nr. 13 (2012), 199–220.

167 Der Gruppenroman hatte einen leicht paranoiden Zug, ob seiner Planungsobsession, wie Höllerer später einräumte: Im Roman werde »derjenige angepeilt, der das Gästehaus beherrscht«. Vgl. Walter Höllerer. Ist Dichten lehrbar? Audio-Vortrag 1966. Walter-Höllerer-Archiv in Sulzbach-Rosenberg.

Diskrepanz zwischen »Literatur« und »Unterweisung« zu thematisieren.[168] Gombrowicz spürte sie: Mit ihm lässt sich dieses Vorgehen polemisch als »Vollnarkose« der Ausdrucksnotwendigkeit fassen.[169]

Denn für ihn berührte Kunst stets die ethische Freiheit – und verharrte nicht in nur werkförmiger moralischer Pflichterfüllung.[170] Die Suche nach Ausdruck erschöpfte sich für Gombrowicz ebenso wenig in der Virtuosität eines Machenkönnens.[171] Insofern wiederholte Höllerers LCB-Unternehmung das alte Missverständnis, das in der Hermeneutik beschrieben wurde – nämlich dass der Weg zum Poetischen niemals durch »ausdrückliche Unterweisung« abgekürzt werden könne.[172] Dieses Poetische entzieht sich dem Verfügungswillen technikgestützten Literaturwollens; forciert man es aber, so endet es in Kitsch oder Manipulation.[173] Wenn die Höllerer-Methode also bewusst literarische ›agogik‹ war, dann stand sie in zweifelhafter Verwandtschaft mit jener auf östlicher Seite im Zeichen des sozialistischen Realismus. Beiden war eine je andere Form des Konkretismus zu eigen. In beiden Stadthälften zeichnete sich ab, was der Literaturhistoriker Walter Muschg den »Aberglauben an Instrumente« nannte: Er kritisierte am ästhetischen Zeitgeist, dass »mit Hebeln und Schrauben« der Kunst nicht »beizukommen« sei, sondern nur die »Grenzen« der Methode sichtbar würden.[174] Ähnlich formulierte es Bobrowski, der das Feilbieten von Schreibmustern am Markt

---

168 Zum ›Unterweisungsgedanken‹: Walter Hasenclever an Höllerer vom 17. Mai 1962. Walter-Höllerer-Archiv in Sulzbach-Rosenberg. Hasenclever war Teil des Transatlantiker-Netzwerks und zunächst für den CCF in Berlin tätig. Er wechselte dann ins neu gegründete LCB. Vgl. University of Chicago Library. Special Collections Research Center. International Association for Cultural Freedom, Records. Box 144. Germany 1957. Folder 8/9.

169 Zum Denken in »Vollnarkose«, das die innere Notwendigkeit verpasse: Gombrowicz. Tagebücher, 943.

170 Hier ist an die philosophische Unterscheidung zwischen der optativen Dimension des Ethischen und der normativen Implikation der moralischen Ordnung zu erinnern; mit Letzterer aber ist die Kunst gerade nicht zu fassen, sondern sie bedarf eines initiativen Moments an Eigensinn. Vgl. Ricœur. Ethik und Moral, 252.

171 Vgl. Gombrowicz. Gespräche mit Dominique de Roux, 60.

172 Zum Missverständnis einer »Unterweisung« des Dichterischen: Gadamer. Plato und die Dichter, 195.

173 Zum technikgestützten ›Literaturwollen‹: Gombrowicz. Berliner Notizen, 118. Zur Abdrift des Kunstwollens in Kitsch und Manipulation auch: Hans-Georg Gadamer. Zur Aktualität des Schönen (1977), in: ders. Gesammelte Werke. Bd. 8, 94–142, hier: 142.

174 Vgl. Walter Muschg. Vorlesungsmanuskript »Dichterische Phantasie«, Bl. 2. Nachlass Walter Muschg, Universitätsbibliothek Basel.

verspottete, da so das Existenzielle verfehlt werde.[175] Und auch Huchel hatte Höllerers wirkungsästhetisches Paradigma kritisiert, das im LCB-Projekt eine Fortsetzung fand.[176]

Für Gombrowicz – als dem Fremden der Berliner Szene – lag darin schlicht eine Verwirrung der Leidenschaften im Literaturverständnis, eine Verwirrung, die für ihn Züge eines Selbsthasses annahm, sofern er darin die selbstauferlegte Persönlichkeitsschwächung der Autoren sah.[177] Denn wo Notwendigkeit zur Produktion fehlte, da griff man nach dem Rettungsanker der Methode. Doch in der bloßen Nachahmung des äußerlich Erreichbaren lauerte für Gombrowicz der Selbstverrat.[178] Als Resultat bedeutete dies Epigonen-Werkstatt, auf den Pfaden Kafkas und Peter Weiss' im Westberliner Falle oder im östlichen Pendant im Nachspiel eines Realismus, der einmal bürgerlich geheißen hatte.[179] Was in Gombrowicz' Kritik damit wachgehalten wurde, war jenes Problem, das Adorno später den »antikulturellen Zug« aller Kunst genannt hat.[180] Denn worum es letztlich in diesen Literatur-Unternehmungen im Kalten Krieg des Geistes ging, war gerade deren Verarbeitung zu Kultur – nicht das neuerliche Fraglichwerden dieser. Das leistete Gombrowicz über den Umweg der Literatur: in Form seiner »Berliner Notizen«.

Worum es ihm zuletzt ging, waren keine literarischen Gussformen, welchen Musters auch immer, sondern das Hineinfragen in den Grund einer Katastrophe, auf einem Boden, auf dem wieder etwas blühen sollte. Darin stand ihm Bachmann am nächsten, die auf ihre Weise eine Unruhe in der Stadt aufgriff.[181] Was vielen Außenstehenden zu Bewusstsein kam, war der

175 Vgl. Johannes Bobrowski. Befähigte Epoche, in: ders. Gesammelte Werke. Bd. 1, 250.

176 Vgl. Peter Huchel an Peter Hamm vom 15.5.1957, in: ders. Wie soll man das Gedichte schreiben, 258.

177 Zur Selbstwertirritation der Literatur und zur Persönlichkeitsschwächung: Gombrowicz. Tagebücher, 931.

178 Zur inneren Anfälligkeit der Literatur, bei der ihre Lebenskraft abnimmt: Gombrowicz. Tagebücher, 772f. Zur Nachahmung fremder Form als Selbstverlust: Gadamer. Plato und die Dichter, 205.

179 Hierzu zwei Epigramme Bobrowskis, die die ›Maschen‹ in Ost und West karikieren: Johannes Bobrowski. Kostümfest, sowie: Neue Talente, beide in: ders. Gesammelte Werke. Bd. 1, 236, 246. Zum Epigonentum des LCB auf Kafkas Spuren auch: Fichte. Die zweite Schuld, 272.

180 Zu Adornos Verständnis, dass in jedem wahren Werk etwas gegen kulturelle Selbstverständlichkeiten wachzuhalten ist, um nicht in den Sog fertigen Ausdrucks zu geraten: Adorno. Ästhetische Theorie, 126.

181 Zum Motiv des Risses durch die Stadt: Bachmann. Ein Ort für Zufälle, 278.

problematisch gewordene Geist des Pflasters. Ein Dichter wie der Brite W. H. Auden, der Teil des Artists-in-Residence-Programms in dieser Zeit war, benannte das Problem, eine mangelnde Absorptionskraft Berlins nach dem Krieg, präzis: »Berlin has become more provincial and is no longer as ›Berlinish‹ as it once was«, so Auden in einem Bericht für die Ford-Organisatoren: »Proof of this that foreigners no longer can be assimilated whereas years ago foreigners were not noticed because they became Berliners at once. Today they stick out.«[182] Im Zeichen dieses Dilemmas fanden sich nur schwer Gleichgesinnte. Ein solcher wäre – für Kessel und andere – Gombrowicz gewesen, der an der Stadt litt und doch ein Stück »wachen Geistes«, so der Kritiker Korn, nach Berlin zurückbrachte.[183]

Man konnte sich von Gombrowicz etwas gesagt sein lassen. Das betraf dessen Skepsis gegenüber einer bundesdeutschen Tribunalisierung der Literatur, wie sie im Gefolge der Gruppe 47 praktiziert wurde. Mit Schärfe, aber ohne Häme, legte er Zeugnis ab über den Zustand der Literatur. All ihren Tendenzen gemeinsam war ein Überspielen des mentalen Bombenkraters, an dessen Rand sie in Berlin alle saßen. So kann man sagen, dass Gombrowicz dem Genius Loci stattdessen eine Öffnung seiner Krypta nahelegte. Diese umfasste ein Heraustreten aus der Verkürzung der Zeitperspektive. Es bedeutete, die Stadt als Traumastadt anzuschauen. Dieser Perspektive entsprach eine eigene »conception de l'homme«, der Mensch habe mit seinen Schwächen zu rechnen.[184] Gerade das Geistesleben unter dem Druck einer Frontstadtlage wie jener Berlins konnte in die Irre führen. Das zeigte Gombrowicz das Ford-Projekt, in dem Literatur mit Politik verwechselt wurde.

Angesichts dieser Desillusionen blieb der Gang in die Entdämonisierung. Das hieß, eine kompromittierte Tradition ins Spiel bringen. Der Blick ins Clair-Obscur von Goethe über Nietzsche zu Heidegger. Die wirkungsgeschichtliche Lockerung war auf dem kaputten Terrain nicht ohne Umwege

---

182 Inter-Office Memorandum »Artists-in-Residence« Program in Berlin. Ford Foundation records. Grants E–G (FA732C). German Academic Exchange Service (0630351). Series: Ford Foundation Grants – E to G. Date: 1963 May 29 1966 July 23. Reel 3075. Zur schleichenden Provinzialisierung Berlins auch Bohrer, der hier explizit auf Gombrowicz' Polemik Bezug nimmt: Bohrer. Provinzialismus, 64.

183 Zum »wachen Geist« des Remigranten Gombrowicz: Korn. Ein Patagonier in Berlin, 84.

184 Hierzu die Aussage von Rita Gombrowicz: »Il a développé une conception de l'homme, qui tient compte de ses propres faiblesse.« Ich habe noch einen Koffer in Berlin – Witold Gombrowicz und die Deutschen. Lesung und Gespräch. 20.5.2014. Mit Rita Gombrowicz, Ingo Schulze und Olaf Kühl. AVM-36 1765. Archiv der Akademie der Künste Berlin.

zu leisten. Man musste der Gegenwartsgläubigkeit abschwören. Nur so kam laut Gombrowicz die unterirdische Stadt in Sicht.[185] Was war diese andere Stadt in Berlin? Nichts anderes als ihr verschüttetes mentales Zentrum. An diese »unterirdische Stelle« sich »hindurchzugraben« empfahl er jungen Schreibenden.[186] Das implizierte eine Durchbrechung niedergehaltener Erinnerungsschichten.[187] Damit ist Gombrowicz' unterirdische Stadt kein künstlicher Ort, sondern einer, an dem lebensweltlicher Zuwachs zu suchen war.[188] So erklang Gombrowicz' Ruf *ad fontes*, ein Aufruf zum Gang in die Katakomben am Ende seiner »Berliner Notizen«: »Aber du, Poet, wenn du an die Quelle gelangen willst, müßtest du unter die Erde gehen.«[189] Was er den Dichtern Berlins, den gegenwärtigen und kommenden, nahelegte, war eine janusianische Optik: »Ich würde von dir etwas in der Art eines Gottes mit zwei Antlitzen erwarten.«[190] Ein Latenzraum war zu entdecken, der die unausgesprochenen Ich-Anteile der Stadt beherbergt – ihre »scheußliche Schönheit«. Es scheint somit, als würde dieser polnische Patient der Stadt den gleichen Rat geben, wie ihn der Arzt in »Macbeth« dem Despoten erteilt: Die Heilung müsse von innen kommen.[191] Die Doppelgesichtigkeit des Stadtpoeten könne helfen, die Wahngeschichten ausfindig zu machen. Dafür musste er zur Katakombenexistenz zurückfinden: zu jener Haltung, die Gombrowicz über die Exiljahre gepflegt hatte.

Gombrowicz verließ, nachdem er die letzte Zeit in einer Schöneberger Klinik verbracht hatte, die Stadt, sichtlich geschwächt, im Mai 1964. Zu seiner Berliner Episode gibt es einen französischen Epilog, als der Autor bereits, wegen anhaltender Herz- und Atemwegsprobleme, zurückgezogen im südfranzösischen Vence lebte, wo er an seiner letzten Schrift »Testament« arbeitete. Darin formulierte er seine *minima ars poetica* und rechnete mit den ästhetischen Parolen in West und Ost ab. Diese Missverständnisse konnte nur ein Zeitgenosse seines Schlages auflösen, der durch sein Exil aus dem Takt der europäischen Moden gefallen war. Gerade das Unzeitgemäße prädestinierte ihn – gleich einer »Schornsteinfegerbürste«, wie Ingo Schulze

---

185 Zum Abstieg zu den ›Jenseitskreisen‹ vgl. Dante. Die Göttliche Komödie, 10.

186 Vgl. Gombrowicz. Berliner Notizen, 125.

187 Hierzu auch: Bachmann. Ein Ort für Zufälle, 291.

188 Dieser unterirdische Ort in Abgrenzung zur »Stadt als Höhle« bei: Blumenberg. Höhlenausgänge, 78.

189 Gombrowicz. Berliner Notizen, 125.

190 Ebd.

191 »Therein the patient / Must minister to himself.« Shakespeare. The Tragedy of Macbeth, 2225. Dem korreliert die Einsicht, dass die ›Wirklichkeit der Verstrickung‹ ganz nur von innen spürbar ist: Schapp. In Geschichten verstrickt, 156f.

es formuliert hat –, gegen den ideologischen Ruß in der Nachkriegsliteratur anzugehen.[192]

Am Ende seines Lebens gefragt, was er jüngeren Autoren auf den Weg geben würde, erzählte er die Anekdote von seiner Begegnung mit der Berliner Höllerer-Schule. Den ersten Rat, den er diesen jungen Berlinern gegeben habe, sei jener, die literarische Schulbank zu verlassen: »Machen Sie, daß sie hier wegkommen«, denn »Schriftsteller werden, das kann man nicht lernen«, wie man eine »Fachrichtung« lernt.[193] Dieser Vorschlag zur Flucht aus der Schreibschule der freien Welt richtete sich unmittelbar gegen die Intentionen des Ford-Programms, das auf einen »influx of young people« in die Mauerstadt setzte.[194] Er forderte sie auf, ihre konkrete Methode des Schreibens wieder zurückzustellen und sich an den Eigensinn zu halten. Denn dass Schreiben kein Beruf sei, hieß für ihn, um die Gefahr des Profis zu wissen, der Virtuose wird. Dagegen warf Gombrowicz ein, in der Literatur einen Zustand höherer Empfänglichkeit für die Phänomene der Welt zu sehen. Er deutet die Gnade dieser Empfänglichkeit in einem lakonischen Satz an: »Ab und zu geschieht es mir, daß ich Dichter bin.«[195] Gombrowicz spricht darin die Tatsache aus, dass Dichtersein Geschehen ist. Schreiben müsse man mit dem »Muttermal« der »Persönlichkeit«.[196]

Zeugnis geben, Empfindlichkeit ins Spiel bringen, das war das Berliner Testament von Witold Gombrowicz. Es besagte, die Literatur jenseits der Moden als einen Lebensstil zu begreifen. Es hieß, im Austausch mit einem literarischen Leben die Sprache in Bewegung zu setzen: eine »Freiheit im Ton« zu finden.[197] Doch wo das Leben mit der Form streitet, da wurde auch ihm der unheilbare Widerstreit zwischen Leben und Form zur Grundspan-

---

192 Zu diesem Bonmot Ingo Schulze: »Gombrowicz zu lesen ist für mich wie zu einer Drahtbürste zu greifen oder zum Stoßbesen eines Schornsteinfegers, um die schmierigen dreckigen, sich nicht von allein auflösenden Ablagerungen, die die Ideologien, […] wie wir sie Tag für Tag hinterlassen, wieder loszuwerden, um Luft zu schaffen.« Ich habe noch einen Koffer in Berlin – Witold Gombrowicz und die Deutschen. Lesung und Gespräch. 20. 5. 2014. Mit Rita Gombrowicz, Ingo Schulze und Olaf Kühl. AVM-36 1765. Archiv der Akademie der Künste Berlin.
193 Vgl. Gombrowicz. Eine Art Testament, 261.
194 Zu dieser Ausrichtung vgl. Ford Foundation records, International affairs records (FA748). Berlin Artists in Residence – General. Series V: Exchanges. Date: 1963–1965. Box 7.
195 Gombrowicz. Letztes Interview, 261.
196 Zum Autor als »Enkel Kierkegaards« vgl. Gombrowicz. Tagebücher, 290. Sowie hier: Sören Kierkegaard. Die Tagebücher. Bd. 1. 1834–1848. Hg. von Theodor Haecker. Innsbruck 1923, 197.
197 Zum Hinweis auf die »Freiheit im Ton« seines Tagebuchs: Gombrowicz an

nung.[198] So bekannte er im Vorwort zu den »Berliner Notizen«, dass sich in Berlin das »Skizzenhafte« seines Stils aus der »Anspannung angesichts dieses unheimlichen Orts« entwickelt habe.[199] Wenn der exilierte Pole sonst in Europa keinen Ort besaß, so konnte er in Berlin jedenfalls zum Niemandslandbewohner werden: »projeté dans le vide«, in die Leere gestellt.[200] Einen Anstoß hatte er von der Stadt empfangen, sodass er zum Schluss des Journals gestand, »daß in meiner polnischen Seele Berlin, dieses Nachkriegs-Berlin, einen Sturm hat entfachen müssen«.[201] Gerade so konnte er zum Anstoßgeber für Kommende werden, die auf der Suche nach der wortlosen Krypta der Stadt waren.

Giedroyc vom 12.5.1965, sowie: Gombrowicz an Giedroyc vom 30.9.1965, beide in: dies. Correspondance, 390, 392.

198 Zur inneren Spannung von Gombrowicz' Formverständnis, nach dem die Form Kontakt mit dem Lebendigen-Unzulänglichen halten muss, vgl. Tatarkiewicz. Geschichte der sechs Begriffe, 350f.

199 Gombrowicz. Berliner Notizen, 7.

200 Zu dieser Verortung in Berlin die Formulierung »d'être projeté dans le vide«: Frédéric Benrath, in: Rita Gombrowicz (Hg.). Gombrowicz en Europe, 223–227, hier: 226.

201 Gombrowicz. Berliner Notizen, 127.

11. Zwischen Anhalter Trumm und Potsdamer Fraktal: Begehung zweier verstörender Plätze

Einer, der früh Gombrowicz' Verdienst bemerkte, unabhängig das leere Zentrum von Berlin als literarischen Topos entdeckt zu haben, war Kurt Ihlenfeld, der mit seinem Tagebuch »Stadtmitte« ein verwandtes Projekt verfolgte. Zugleich bekundete er Widerspruch. Was Gombrowicz ungeachtet seiner guten Intuition gefehlt habe, seien die stadtarchäologischen Befunde: eine Konkretisierung der Spuren.[1] Dabei hätte er nahe seiner Wohnung durchaus den verborgenen »Herzschlag« der Stadt vernehmen können, so Ihlenfeld: in jenem »außerordentlichsten Winkel« nahe dem ehemaligen Potsdamer Platz. Womöglich hätte Gombrowicz diesen Einwand gelten lassen, hatte er doch selbst die Einschränkung gemacht, seine Stadterkundung sei »inneres Abenteuer« gewesen.[2] Seine Berlin-Wanderung wollte er als Etappe eines »Pilgergangs durch Europa« verstanden wissen.[3] So widmeten sich andere Autoren diesem Winkel: heimische Insider und ortsfremde Flaneure. Sie alle gingen dem nach, was man im Gegenzug das äußere Abenteuer nennen kann. Dabei kamen die meisten nicht ohne Rückgriff auf ihre inneren Erfahrungen aus, um zu fassen, was Gombrowicz das »Rätsel der Verwirklichung« und »Nichtverwirklichung« Berlins nannte.

So blieben die folgenden Erkundungsgänger auf der von ihm gelegten Spur, wenn sie Ausschau hielten, was er als den »liquidierten Ort« mit seinen Botschaften bezeichnete.[4] Mit dem Ausdruck des Liquidierten deutete Gombrowicz auf zweierlei: auf die abgewickelte Stadt, die »Ex-Hauptstadt«, wie auf die gemordete Stadt – die Stadt der Dämonen, des »Chimärischen«, den Ort des »vertriebenen Geistes«.[5] Gerade an den Stellen ihrer Liquidation war für ihn etwas vom Provisorischen des »einstweiligen Berlins« wie von dessen »zertrümmerter Vergangenheit« zu spüren. Damit verwies er auf ihre immanente Trümmerform: »Dieser liquidierte Ort«, schlussfolgerte er,

---

1 Vgl. Ihlenfeld. Loses Blatt Berlin, 45.
2 Vgl. Gombrowicz. Berliner Notizen, 127.
3 Das legt nahe, dass es Gombrowicz auch um eine Sichtung ihm einst heiliger Orte Europas ging. Zur Pilgerreise im Unterschied zur Wallfahrt vgl. Jádi. Reisebilder/ Bilderfahrung, 7.
4 Vgl. Gombrowicz. Berliner Notizen, 105.
5 Zum »Chimärischen« und dem »vertriebenen Geist« ebd., 111, 117.

Im Scherbenfeld: Stadt der Sammler

»verlangt nach irgendeinem *novum*« in der Beschreibungsweise.[6] Nach einer Mikroanalyse, könnte man sagen. Nach einem Versuch, aus dem Nahbereich ihrer Plätze das Tiefenprofil einer schiffbrüchigen Epoche zu entfalten.

Gombrowicz war das Befremdliche dieser »außerordentlichsten Winkel« nicht entgangen. Gerade auf den Potsdamer Platz – wie auch auf den Überrest vom Anhalter Bahnhof – mag seine Diagnose zugetroffen haben, dass dieses Nachkriegsberlin den »allerwirklichsten und allerphantastischsten Ort« in sich vereinigte.[7] Auch er nahm die Aura des Ruinenfeldes wahr: eine schweigsame Gegend, die für ihn – aus seinem Zimmer im Hansaviertel gesehen – die »stumme Einsamkeit winterlicher Felder«, die Atmosphäre einer melancholischen Fläche verbreitete.[8] Hierbei war seine These vom »Zentrum der Katastrophen« nirgends so erfahrbar, wie an der Doppelplatzkonstellation zwischen dem ehemaligen Potsdamer Platz und dem stillgelegten Anhalter, der »dämonisch« wirkte, da er als Ruine wie beiläufig da stand.[9] Diese beiden Plätze wurden zu Urpunkten einer Grundstimmung großstädtischer Liquidation in Berlin.

Dass mit dieser Konstellation zweier Plätze eine angehaltene Gegend entstanden war, bemerkten später Westberliner Stadtplaner, die das verwaiste Terrain unter dem Rubrum »Zentraler Bereich« zusammenfassten. Was rechtfertigte für sie den synoptischen Blick? Die Tatsache, dass es sich um ein »Vorland« der Weststadt, eine Pufferzone zum Ostteil handelte, ein für sich stehendes Terrain mit eigener Ruderalvegetation: »Das Gelände der ehemaligen Anhalter- und Potsdamer Güterbahnhöfe mit seinen aufgeschütteten Dämmen und Terrassen, und mit der nach der Zerstörung und Betriebseinstellung spontan entstandenen Fauna und Flora ist heute eine künstliche Landschaft«.[10] Die Zerschneidung des Terrains durch die Stilllegung der Plätze habe ein »freies, in Einsprengseln grünes Vorland« hinterlassen. Eine Zeitlandschaft war entstanden, die sich durch zwei ›angehaltene Bahnhöfe‹, einen stillgelegten und einen als Durchfahrtsstation marginalisierten Geisterbahnhof, verbunden sah. Der die Plätze verknüpfende Zwischenraum und die Allee zum leeren Potsdamer Platz boten sich als »Prärie der Geschichte«

---

6 Vgl. ebd., 105.

7 Vgl. ebd., 127.

8 Vgl. ebd., 129.

9 Zum Attribut »dämonisch«, das er in Berlin im wie als »Bagatelle« Behandelten erkennt: ebd., 105.

10 Landesarchiv Berlin. Nr. 91/0078: Der Senator für Stadtentwicklung und Umweltschutz (Hg.). Zentraler Bereich. Dokumentation zum Planungsverfahren Zentraler Bereich Mai 1982–Mai 1983. Berlin 1983 (Selbstverlag). Hier zitiert nach beiliegender Ausstellungsbroschüre.

an.[11] Julius Posener brachte den Raumeindruck dieses »Zentralen Bereichs« auf den Punkt: Es sei ein »Grenzgebiet zwischen zwei Städten, welche einander den Rücken kehren, es ist etwas wie ein Vorwerk, ein Glacis«.[12] So wurde der Potsdamer Platz von den Behörden als ein herausgebrochenes, sich selbst überlassenes Stück charakterisiert: »Losgelöst von der Stadt« habe es sich als autonomes Fraktal entwickelt.[13] Die Rede war von »vernachlässigten Brachflächen«, einem »›abseitigen‹ Raum« der Stadt.[14]

Das alles sind Fundstellen, die den Befund erhärten können, dass es sich bei diesen Plätzen im Delta der leeren Zentrale um eine Zwillingsplatzanlage handelt. Eine Begehung der beiden Ortschaften lässt sich somit über das Bruchstückhafte, ihre Abrissästhetik eröffnen. Paul Celan ist hier der Ausdruck des »Trumms« für den Rest des Anhalters zu verdanken, Martin Kessel hat das Fraktalhafte des Potsdamer Platzes beschrieben. Worin lag ihre jeweilige Spezifik? Im Falle des »Anhalter Trumms« im großen Geröllstück, darin, der »Trumm« der Trümmer zu sein. In jenem des Potsdamer Platzes darin, einen zerschnittenen Brennpunkt zu repräsentieren, der eine Räumung wie kaum ein anderer erfahren hatte. Zugespitzt gesagt, steht der »Anhalter Trumm« im Zeichen des Dämonischen, auf das Celans Erfahrung als Überlebender bezogen ist, während das Potsdamer Fraktal ein diabolisches Prinzip aufruft: *diabolon* als komplementärer Begriff von *symbolon*, dem Schließungssymbol.[15]

---

11 Zu diesem Raumeindruck: Landesarchiv Berlin. Nr. 91/0078: Der Senator für Stadtentwicklung und Umweltschutz (Hg.). Zentraler Bereich. Dokumentation zum Planungsverfahren Zentraler Bereich Mai 1982–Mai 1983. Berlin 1983 (Selbstverlag), 32.

12 Julius Posener. Berlin, den 31.10.1982, in: Landesarchiv Berlin. Nr. 91/0078: Der Senator für Stadtentwicklung und Umweltschutz (Hg.). Zentraler Bereich. Dokumentation zum Planungsverfahren Zentraler Bereich Mai 1982–Mai 1983. Berlin 1983 (Selbstverlag), 70.

13 Vgl. Räumliche Ordnung im Zentralen Bereich. 1. Bericht März 1983. Thesen zur räumlichen Ordnung im Zentralen Bereich, in: Landesarchiv Berlin. B Rep. 002. Nr. 38071. Der Regierende Bürgermeister von Berlin Senatskanzlei. Zentraler Bereich. 11.11.1981 bis 17.5.1983. Bd. 1, 21, 31.

14 Vgl. Landesarchiv Berlin. Nr. 87/0153: SPD-Fraktion des Abgeordnetenhauses Berlin (Hg.): Der Zentrale Bereich – West-Berlins neue politische Mitte. Ein Diskussionspapier. Berlin (West). 1986, 2. Sowie: Auszug aus der Regierungserklärung vom 14.2.1983: in: Landesarchiv Berlin. B Rep. 002. Nr. 38071. Der Regierende Bürgermeister von Berlin Senatskanzlei. Zentraler Bereich. 11.11.1981 bis 17.5.1983. Bd. 1, 1.

15 Zum Symbol, bei dem es zu einer Schließung kommt, vgl. Gadamer. Die Aktualität des Schönen, 122f.

Die beiden Plätze haben gegensätzliche Grundgestimmtheiten. Während am Potsdamer Fraktal die gespannte Stille eines Orts herrschte, die im Ernstfall umschlagen konnte, eine nur oberflächliche Stille des kaltgestellten Konflikts, stand die Stille des im Schatten dieses Platzes liegenden Anhalters unter der Vorherrschaft des Unheimlichen eines übrig gebliebenen Relikts.[16] Die beiden Platznachbarn blieben demnach durch ein Band der Stille aufeinander bezogen, das in unterschiedliche Sinnrichtungen wies: auf ein latent Bedrohliches wie auf ein geduldetes Übel. So hatte Kessel nicht zufällig seinen Dämon der Idylle in dieser Gegend ausgemacht, sie als »diabolisch und paradox« beschrieben.[17] Das Diabolische am Potsdamer Platz konkretisierte sich ihm im Phänomen wegrasierter Ecken. Das Paradoxe wies auf das Unerledigte, das am benachbarten Anhalter fühlbar war. Während also am Potsdamer Platz ein Geist des Zerwürfnisses waltete, war der Anhalter ein Monolith des Unverdauten.[18]

Schon in seinem Roman »Die Schwester des Don Quijote« hat Kessel den Potsdamer Platz ins Zeichen eines falschen Glanzes gestellt. Dabei unterschied er zwei Formen des Lichts: ein seliges und ein verzehrendes Licht: »Sehen Sie«, heißt es, »der Brand ist voll Haß, er zehrt und frißt, […] voll Verlangen und Wüstenei, das Licht aber ist selig.«[19] Der Potsdamer Platz steht da für Ersteres: für eine Blendung, die ein Schwindelgefühl hinterlässt. Zwei Lichtbegriffe lassen sich konturieren, der des *lux* oder des verzehrenden Brandes gegenüber dem *lumen*, dem Glimmerlicht.[20] Wenn der Potsdamer Platz 1938 von Kessel ins Feld des Lichtbringers Luzifer gerückt wurde, so wirkt das wie eine Vorahnung des verbrannten Platzes. Das Luziferische ist hier Figur einer Phantasmagorie, der der diabolische Zeuge entspricht, der Gefahr läuft, sich in eine Lichtblendung hineinziehen zu lassen.[21] Kessel legte

---

16 Vgl. Janos Frecot. Über eine besondere Leere der Berliner Nachkriegsgeschichte, in: Raffael Rheinsberg. Anhalter Bahnhof. Tempel oder Ruine? Berlin (West) 1980, ohne Seitenzahl.

17 Vgl. Kessel. Im Liegestuhl nach einer Reise, 99.

18 Zur Zweideutigkeit des Dämonischen siehe: Benjamin. Ursprung des deutschen Trauerspiels, 288. Gadamer hat das Diabolische mit dem »deinos«, dem zu allem Fähigen, d.h. mit dem Missbrauch von Macht in Beziehung gebracht. Vgl. Gadamer. Wahrheit und Methode, 37, 329.

19 Kessel. Die Schwester des Don Quijote, 181. Zum Topos des Lichts am Potsdamer Platz die Vorgeschichte dazu in: Mattenklott/Mattenklott. Berlin Transit, 118.

20 Zur Ambivalenz der Lichtmetaphorik, vom ›gleißenden Licht‹ des ›Selbstverlusts‹, zum ›inneren Licht‹ der Seele vgl. Blumenberg. Licht als Metapher der Wahrheit, 154, 157f.

21 Das Luziferische liegt hier nahe am Wortfeld von Hybris und Frevel, der ›frechen Tat‹, die »blindlings« ins Verderben führt. Vgl. Wandruszka. Angst und Mut, 114.

damit eine Spur vom erleuchteten Potsdamer Platz zu seinem Schicksal als verworfenem Ort. Kessels Haltung entspricht der Mann im Schatten, der versuchte, nicht in das »Riesenfeuerwerk« der Blendungen hineinzugeraten.[22] Zugleich wird der Platz als Ort einer höllischen Vergegenwärtigung kenntlich. Ihlenfeld erfuhr es später, der hier seine »Stadtmitte«-Erfahrung hatte. Kessels Ort des Unheils korrespondiert einem Ort der Realisation: einem, wo nach 1945 ein »Loch, ein Nichts« den Zeugen auf sich zurückwarf.[23]

Wo aber liegen die Ursprünge des Potsdamer Platzes? Er war einst ein Kreuzungspunkt, »carrefour«, wie Hessel bemerkte, der nach Krieg und Vertreibung zur Allegorie des verlorenen Fadens wurde.[24] Mit dem Wort »carrefour« spielt Hessel auf den Sachverhalt an, dass der Platz als Wegverzweigung gen Potsdam gedient hatte: eine »Grenzregulierungsstelle« der Stadt.[25] Diese Funktion trat mit der Industrialisierung und dem Eisenbahnverkehr verstärkt hervor. So wurde der angrenzende Potsdamer Bahnhof zur Anlaufstation der ersten preußischen Bahnlinie Mitte des 19. Jahrhunderts; damit wurde der Platz zum Schleusentor der Migration aus den Provinzen. Hier trafen sich seit der Gründerzeit nicht nur Fernbahn- und Omnibuslinien. Er war auch ein innerstädtisches Drehkreuz, an dem sich die verschiedenen Milieus begegneten, sei es, um ins Geschäfts-, sei es, um ins Amüsement-Zentrum zu strömen, um laut Speyer »nächtlichen Ausschweifungen« nachzugehen.[26] Der Platz war darin janusgesichtig, wie es Plessner für die Epoche insgesamt diagnostizierte, in der sich Industrialisierung und Historismus vermählten.[27] Ein Schwellenraum der Mischfunktionen war am Potsdamer Platz entstanden, was sich im einzig verbliebenen Haus Huth heute noch nachvollziehen lässt, das Wohnhaus, Geschäft und Restaurant in einem war.[28] Um 1900 war die entscheidende Stufe der Verdichtung erreicht,

22 Vgl. Kessel an Eickemeyers vom 6.6.1933, in: ders. »Versuchen wir am Leben zu bleiben«, 784–787, hier: 785.

23 Vgl. Ihlenfeld. Stadtmitte, 72.

24 Vgl. Hessel. Spazieren in Berlin, 44. Zum Sturz des Platzes von einer belebten »intersection« in eine Gegend radikaler Entschleunigung auch: Ladd. The Ghosts of Berlin, 115–118.

25 Zur »Grenzregulierungsstelle«: Joachim Fischer. Der Potsdamer Platz. Die moderne Großstadt aus der Perspektive von Plessners »Grenzen der Gemeinschaft«, in: ders. Exzentrische Positionalität. Studien zu Helmuth Plessner. Weilerswist 2016, 261–283, hier: 262f.

26 Hierzu Speyers Schilderung des Platzlebens, in der er den Stand im späten 19. Jahrhundert darzustellen versuchte. Vgl. Speyer. Das Glück der Andernachs, 13f.

27 Zur Janusgesichtigkeit des späten 19. Jahrhunderts: Plessner. Die Legende von den zwanziger Jahren, 268.

28 Vgl. Fischer. Der Potsdamer Platz, 269.

als sich laut dem Kunstkritiker August Endell »in ewiger Wiederkehr die Trambahnen« hier kreuzten: »Auf dem Boden«, schrieb er über das Treiben bei Nacht, »breitet sich eine tolle Welt von Schatten, die in nie ermüdender Lebendigkeit spukhaft über die Flächen huschen.«[29] Was als Lob der Elektrifizierung gemeint war, sollte in unheimlichen Spuk umschlagen. Der Platz endete vorläufig als das, was er am Beginn des 19. Jahrhunderts gewesen war: ein »leerer Raum«.[30]

Dieser Absturz in die Leere wird nirgendwo so sinnfällig wie in Wim Wenders' und Peter Handkes »Der Himmel über Berlin«, wenn diese ihren greisen Erzähler Homer über den geräumten Platz ziehen lassen, der dort und in der benachbarten Staatsbibliothek auf der Suche nach Anhaltspunkten seiner Erinnerungen ist. Der Erzähler, der die verschüttete Geschichte aufzunehmen versucht, ist es, der den Platz als einen des verlorenen Fadens kenntlich macht. Der Rückgriff auf die epische Haltung verdeutlicht die Überbrückungsarbeit angesichts eines epochalen Bruchs. Denn was in der Figur des Augenzeugen zusammenläuft, ist die Erinnerung an ein märchenhaft »Entrücktes«.[31] An dieser Stelle wird exemplarisch ein Mythos wachgehalten, der die Überreste der Platzgeschichte zusammenträgt. Wie ein Verschollener wirkt die Figur im Film – von Curt Bois gespielt, selbst Berliner Jude –, die wie nach einer Sintflut durch die Gegend streift. Er beschreibt sich als den »an den Weltrand / verschlagenen kindlichen / Uralten«.[32]

Dieses Klagelied vom »Weltrand« ist eine mögliche Haltung, vom Potsdamer Fraktal zu erzählen, ohne den am Platz verlorenen Faden, ohne die Schwierigkeiten auf dem Weg »zurück durch die Jahrhunderte« zu verschweigen.[33] Etwas vom paralysierten Zeitempfinden hat sich da vom Platz auf seinen Erzähler übertragen, der versucht, anhand der Spuren den

---

29 Vgl. August Endell. Die Schönheit der großen Stadt. Stuttgart 1908, 83, 85. Hierzu auch die zeitgenössische Denkschrift, die vor einer Überlastung des Drehkreuzes warnte und »ernste Erwägungen« zum Umbau vortrug: Johannes Hirte. Die Entlastung des Potsdamer Platzes. Vortrag, gehalten 1907. Berlin 1908, 3.

30 Vgl. Mattenklott/Mattenklott. Berlin Transit, 115.

31 Zu dieser Leistung des Epos: »Ich-Erzählung ist die Form, durch die das alte Märchenhafte in das Neue einbezogen wurde, als Entrücktes und zugleich Erlebtes, Märchenfernes und zugleich Ich-Nahes.« Karl Reinhardt. Die Abenteuer der Odyssee (1942), in: ders. Von Werken und Formen. Vorträge und Aufsätze. Godesberg 1948, 52–162, hier: 68.

32 Vgl. Wim Wenders und Peter Handke. Der Himmel über Berlin. Ein Filmbuch. Frankfurt a.M. 1992, 30.

33 Vgl. ebd., 56.

Anschluss an den Ort herzustellen. So gleicht der Erzähler einem Erinnerungsmedium, das in der Lage ist, vom inneren Drama des Orts Kunde zu geben.[34] Denn wo sollte sich seine Erfahrung manifestieren, wenn nicht an jenem Platz, der »Glanz und Verwüstung« erlebt hatte?[35]

Dass spärlichsten Überresten eine Bedeutung zukommen kann, haben später auch vom Westberliner Senat beauftragte Stadtarchäologen festgestellt. Die Brachen erschienen mit einem Mal als Allegorien eines verlorenen Selbstverständnisses: jene »geschundenen Brachflächen zwischen Landwehrkanal und Spree«, die »Indiz« dafür seien, dass die Stadt »noch nicht zu sich selbst gefunden« habe. Anderseits schien aus der Mangelerfahrung sich eine Sinnsuche zu motivieren, denn welche Orte seien, so die Gutachter, »dazu besser geeignet« als jene »vernachlässigten Brachflächen« nahe dem Potsdamer Platz?[36] Gerade an dieser »Peripherie in der Stadt« sollte nicht nur der Festungscharakter Westberlins spürbar werden, sondern sich ein Zeitschacht auftun.[37] Dann war etwas möglich, das der Erzähler in »Der Himmel über Berlin« als Belebung des Entrückten kultivierte: »Nachmittags habe ich mich da unterhalten und einen Kaffee getrunken, das Publikum beobachtet. [...] Also das kann er hier nicht sein, der Potsdamer Platz, nein!«[38] Dieser Homer wird zum Traumatisierten der Konfrontation zweier Welten. Unwillkürliche Erinnerungen und die Suche nach Gleichgesinnten: »Wo sind die Meinigen, die Begriffsstutzigen«.[39]

Dem vorangegangen war eine Erinnerung an den Absturz des Platzes, an den Prolog seines Untergangs: »Der ganze Platz war vollgehängt mit ...«[40] Eine mummenschanzartige »lichtvolle Verheißung«, wie es Kessel sarkastisch formulierte.[41] Vom Stadtrand aus nannte es Loerke jenes »Götzen-

---

34 Zu diesem Figurentypus auch: Hamburger. After the Second Flood, 141.

35 Zu diesem Platzschicksal: Mattenklott/Mattenklott. Berlin Transit, 137.

36 Vgl. Landesarchiv Berlin. Nr. 87/0153: SPD-Fraktion des Abgeordnetenhauses Berlin (Hg.): Der Zentrale Bereich – West-Berlins neue politische Mitte. Ein Diskussionspapier. Berlin (West). 1986. 2.

37 Zum Gang in den Zeitschacht: Hamburger. Zwischen den Sprachen, 24. Sowie zum Festungscharakter Julius Posener. Eine »Stadt« (in Anführungszeichen): West-Berlin, in: Kristin Feireiss (Hg.). Berlin – ein Denkmal oder Denkmodell? Architektonische Entwürfe für den Aufbruch in das 21. Jahrhundert. Berlin (West) 1988, 10–14, hier: 10.

38 Wenders/Handke. Der Himmel über Berlin, 58.

39 Ebd., 59.

40 Ebd., 58.

41 Vgl. Kessel. Die Schwester des Don Quijote, 182.

»Also das kann er hier nicht sein, der Potsdamer Platz, nein!« Curt Bois,
von Otto Sander durch das *terrain vague* des Potsdamer Platzes geführt.[42]

licht«, das »Hirn und Blut nicht schonen« werde.[43] Schnell hatte sich das
NS-Regime nach der Machtergreifung den Platz einverleibt, sich mit neu ge-
schaffenen Ministerien, von der Reichsluftfahrt bis zur Neuen Reichskanzlei, im angrenzenden Bezirk ausgebreitet. Das neusachliche Columbushaus
wurde zum »Schutzhaftgefängnis«, als Gestapo-Folterkeller missbraucht.
Der Um- und Abbau war im vollen Gange, noch bevor die ersten Bomben
fielen: »Die Häuser in der Potsdamer Straße«, so Koeppen später, »wurden
eingerissen nach Führerbefehl, zerbombt von Engländern und Amerikanern,
und jetzt ist der Weg, wo er anfing, zugemauert.«[44] Wenn Curt Bois im Film
als verlorener Sohn der Stadt durch die Steppe streift, so tut er es als einer,
der seinen Heimathafen nicht mehr finden kann. Auf der Suche nach seinem
verschollenen Ort mag er am konkreten nichts finden. Doch wird der Platz
zum Ort des fortgesponnenen Mythos: »Aber ich gebe nicht auf, / Bis ich
den Potsdamer Platz gefunden habe!«[45] So verweist er gerade angesichts

42 Still aus: Der Himmel über Berlin. Min. 00:49:45 f. Regie: Wim Wenders. Deutsch-
   land/Frankreich 1987. Drehbuch: Peter Handke u.a.
43 Vgl. Oskar Loerke. Feuerschein der Weltstadt (1934), in: ders. Gedichte und Prosa.
   Bd. 1, 434–436, hier: 435.
44 Koeppen. Deutsche Expressionisten oder Der ungehorsame Mensch, 273.
45 Wenders/Handke. Der Himmel über Berlin, 59.

seiner Abwesenheit auf die Urbedeutung des Wortes »Platz«: nämlich eine »Stelle« zu markieren, der »festgelegte Standort einer Sache«.[46]

Auch Bertolt Brecht traf dieser Sturz in die Stille Berlins bei seiner Rückkehr, wenn er 1948 von den »völlig verstummten ruinenstraßen« sprach. Diese Stummheit fand sich nicht zuletzt am Potsdamer Platz. Auf ihn traf Brechts Beobachtung zu, dass das Lebenslicht der Stadt kaum glomm: »das licht ist so schwach, daß der gestirnhimmel wieder von der straße aus sichtbar geworden ist.«[47] Darin ist sein Blick aus dem Kältekreis des Lebens spürbar, der sich die Betroffenheit auf Abstand hielt. Dieser Abstand gehörte für einen wie Kessel zur Einsicht, »Hinterbliebener« einer Welt zu sein.[48] Somit zeigt Brechts Optik das Umkehrbild zu Kessels Blendlicht von 1938: den Blick in den kalten Krater. Das elektrifizierte Kunstlicht war gewichen. Hier strahlte nur der Himmel über einer Idyllik der Katastrophe. Das Sichtbarwerden der Gestirne war Indiz dafür, dass die künstlichen Paradiese der Metropole, in denen Benn ironisch ausrufen konnte: »Gestirne? Wo?«, einen schweren Schlag erlitten hatten.[49]

Dem korrespondierte ein räumlicher Paradigmenwechsel: Mit Galgenhumor wurde von den Einheimischen das Verschwinden der Passagen und großen Kaufhäuser nach dem Krieg quittiert: Statt Stadt der Warenhäuser sei Berlin Ort des »Hier war 'n Haus« geworden.[50] Die Autorin Ruth Andreas-Friedrich verglich die »gebrochenen Arkaden« – man denke an das Wertheim vom Leipziger Platz – mit dem Sujet des ausgeweideten Kadavers, wie man es von Jagdstillleben kennt.[51] Mit der Entschleunigung ging eine Verzeitlichung des Raumes einher. Das deutet das Wortspiel vom Warenhaus mit dem Präteritum des »Es war einmal« an. Man kann es allegorisch als zeitliche Passage auffassen: Im Durchgang durch die alten Passagen stand man nun unter freiem Himmel. Wenn Paris die Stadt der Passagen mit den Formen des 19. Jahrhunderts war, wie Koeppen sagte, so bildeten

46 Vgl. Bollnow. Mensch und Raum, 39.
47 Bertolt Brecht. Arbeitsjournal. Bd. 2. 1942 bis 1955. Hg. von Werner Hecht. Frankfurt a. M. 1993, 528.
48 Vgl. Kessel. Aphorismen, 109.
49 So hat Blumenberg aus diesem ironischen Ausruf Benns das Paradigma der künstlichen Illuminationen der Stadt herausgelesen. Vgl. Blumenberg. Licht als Metapher der Wahrheit, 171.
50 Vgl. Ursula von Kardorff. Berliner Aufzeichnungen. Aus den Jahren 1942–1945. Berlin, Darmstadt, Wien 1965, 133. Sowie: Lothar Klünner. Zwischen Nullpunkt und Währungsreform, in: Litfass. Berliner Zeitschrift für Literatur 12 (1988), Nr. 45, 123–131, hier: 123.
51 Vgl. Andreas-Friedrich. Der Schattenmann, 318.

Im Scherbenfeld: Stadt der Sammler

Ruine des Anhalter Bahnhofs,
Uhrzeit: kurz nach zwölf. Foto:
Henry Ries, ca. 1948.[53]

die Berliner Brachen die Antithese: sichtbare Verschrottung eines kurzen
20. Jahrhunderts. Halden der Geschichte zwischen Kultur und Natur. Die
Brache als Topos des abgebrochenen Zusammenhangs.

Die dazugehörigen erstarrten Normaluhren waren am Anhalter Bahnhof
zu besichtigen. In der abgebildeten Aufnahme von Henry Ries ist die Normaluhr von der Rückseite fotografiert. Sie zeigt kurz vor zwölf an, de facto
war es schon nach zwölf. Auf tragisch-ironische Weise hat der Philologe
Victor Klemperer den Verlust der Zeitherrschaft und den Übergang in die
Fremdherrschaft in Deutschland an der Metaphorik der Uhr festgemacht.
Selbst die Zeit zerfiel in Fraktale: Jede Zone hatte ihre eigene, aber man selbst
besaß keine mehr: »Ich frage unterwegs immer wieder«, so Klemperer 1945,
»wieviel Uhr? Antwort regelmäßig: ich habe auch keine mehr.«[53] Schon
nach der Zeit war man. Das hieß im Falle Berlins, dass die Selbstbefreiung

52 Siehe auch: Henry Ries. Anhalter Bahnhof (Ruine), Bez. Kreuzberg. Aufnahmeda-
    tum: um 1948. Bestand Henry Ries, Landesarchiv Berlin.
53 Er spielt darauf an, dass die Russen der Bevölkerung die Armbanduhren abnah-
    men: Victor Klemperer. So sitze ich denn zwischen allen Stühlen. Tagebücher
    1945–1949. Bd. I. Hg. von Walter Nowojski. Berlin 1999, 5. Zum Zerfall der Zeit-
    herrschaft mit der Stunde Null und Abgabe dieser an die Alliierten auch: Friedrich
    Kittler. Unconditional Surrender, in: ders. Die Wahrheit der technischen Welt.

nicht gelungen war. Ein Versäumnis, das sich am Potsdamer Platz in dessen Sektorisierung niederschlug.[54] Sie degradierte den Platz zu einem der Verkehrslosigkeit: »Der Verkehr rollt, ohne Turm und Schutzmann; zwei oder drei Straßenbahnlinien und dann die Autos der Militärregierungen. Doch keine Straßenbahn durchfährt das verwüstete Zentrum.«[55] Eine Weile gaben noch Verkehrsampeln Signale, mehr »aus Gewohnheit«.[56] So hat Posener später von dem Gebiet als einem gesprochen, in dem die Geschichte ab »der Potsdamer Brücke als gemordet« erschien.[57] Doch blieb dies ehemalige »Kerngebiet« lang eines, in dem man auf den »Schrott« vergangenen Lebens stieß.[58]

Die eigentliche Metamorphose wird deutlich, wenn man zwei Potsdamer-Platz-Feuilletons von August Scholtis nebeneinanderstellt. An ihnen kann man den Bruch ermessen, der sich vollzogen hat. Die Miniatur »Berlin – Potsdamer Platz« von 1946 stand im Zeichen der Hoffnung auf eine Regeneration des einstigen »Mittelpunkts«, was sich im spätexpressiven Sprachgestus niederschlug. Indiz war dafür der noch offene Potsdamer Bahnhof, der eine Weile die »Lebenspumpe« der Stadt in Betrieb hielt.[59] Doch konstatierte Scholtis, dass eine Flut »gleich den Gezeiten des Meeres« durch diesen Teil Berlins gegangen war: »Wäre ein Mensch derart verstümmelt wie die Zentren Berlins, dann könnte man ihn, dann müsste man ihn begraben, damit keine Pest und kein Ärgernis entstünde«.[60] Gleichwohl verhalte es sich mit untoten Topografien anders. Noch war man am »Schnittpunkt dreier Sektoren«.[61] Damals schon lenkte er seinen Blick auf die im Verschwinden begriffenen

Essays zur Genealogie der Gegenwart. Hg. von Hans Ulrich Gumbrecht. Berlin 2013, 253–271. Mit Dank für den Hinweis an Peter Berz.

54 Vgl. zur Metapher des ›Versäumniszuschlag‹: Scholz. Berlin für Anfänger, 6.

55 Arnold Bauer. Potsdamer Platz – Alexanderplatz, in: Berliner Almanach 1948. Hg. von Walther G. Oschilewski und Lothar Blanvalet 117–141, hier: 137.

56 Vgl. Tumler. Berlin. Geist und Gesicht, 80.

57 Vgl. Julius Posener. Berlin, den 31.10.1982, in: Landesarchiv Berlin. Nr. 91/0078: Der Senator für Stadtentwicklung und Umweltschutz (Hg.). Zentraler Bereich. Dokumentation zum Planungsverfahren Zentraler Bereich Mai 1982–Mai 1983. Berlin 1983 (Selbstverlag), 70.

58 Vgl. Thesen zur verkehrlichen Ordnung in: Landesarchiv Berlin. B Rep. 002. Nr. 38071. Der Regierende Bürgermeister von Berlin Senatskanzlei. Zentraler Bereich. 11.11.1981 bis 17.5.1983. Bd. 1, 25.

59 Vgl. August Scholtis. Berlin – Potsdamer Platz. Der Tagesspiegel 3.3.1946, 3, in: Nachlass August Scholtis. III. Feuilletons. 3. Über Berlin. A. 277–285, hier: A. 281. Stadt- und Landesarchiv Dortmund. Handschriftenabteilung.

60 Ebd.

61 Vgl. Mattenklott/Mattenklott. Berlin Transit, 136.

Anhaltspunkte einstigen Lebens: Café Josty, Esplanade, Haus Vaterland und das einstige Widerstandsnest von Werner Fincks Kabarett »Die Katakombe« waren verschwunden. Noch deutlicher wurden die Zeichen der Vergängnis, wenn man den Blick gen Wilhelmstraße lenkte, wo von Bismarcks Reichskanzlei nur der Balkon verblieben war. Das Auswärtige Amt sei gänzlich von der eigenen Außenpolitik »zerquetscht« worden.

Sechs Jahre später hatte sich ein Wandel rund um den Potsdamer Platz vollzogen. Diesmal im Zwielicht der Nacht macht der Platz einen »gespenstischen Eindruck« auf Scholtis, der an einen »dreckigen Kohlenmarkt« erinnerte.[62] Erste Grenzziehungen, »eiserne Zaungitter« verliefen hier. Der Platz hatte sich zu einem Kollisionstopos des Kalten Krieges entwickelt: »Hier scheint eine Weltpolitik die Stelle gefunden zu haben, um allerlei Schutt ihrer Probleme abzuladen.«[63] Zunächst überdeckt wurden die begonnenen Planierungstätigkeiten durch Suggestionen von Geschäftigkeit. Ein Krieg der Gerüste der konkurrierenden Systeme war entbrannt. Doch das »Reklamegerüst für kommunistischen Preiswucher« – gemeint waren die Läden der sozialistischen Handelsorganisationen – deutete auf eine ökonomische Dysfunktionalität hin, die sich am 17. Juni 1953 an dieser Stelle entladen sollte. Wie beim ersten Besuch blickt Scholtis in den »politischen Friedhof« des ehemaligen Regierungsviertels, aus dem er die Diagnose eines Wendepunkts herausliest. Architektonische Indizien sind ihm die Sprengung des Stadtschlosses sowie der parallel aus den Resten der Hitler'schen Reichskanzlei vollzogene Aufbau der sowjetischen Botschaft: »Die neue Sowjetbotschaft seh' ich wohl«, schreibt er im Goethe-Pastiche, »allein mir fehlt der Glaube. Anlage und Gebäude dieser Botschaft sprechen zu deutlich, als daß man nicht empfinden könnte, warum der Schlüterbau des alten Hohenzollernschlosses verschwinden mußte. ›Rußland ist groß, und der Zar ist weit.‹«[64] Die Sowjetisierung Ostdeutschlands begann, ihre Monumente zu errichten.

Was sich in den ersten Jahren des Kalten Krieges abzeichnete, hat Peter Huchel anlässlich einer Rede ins Bild der »Schnittwunde« Berlin gebracht: Ein »radikales Zerschneiden« ihrer Infrastruktur war im Gange, sodass Menschen, Waren und Währungen begannen, nebeneinanderher zu zirkulieren. So »schwer geschwächt« sei der »Blutkreislauf« der Stadt, dass »die Wunde sich nicht schließen will. Sie schwärt immer weiter.«[65] Das war vor dem

---

62 Vgl. Scholtis. Rund um den Potsdamer Platz, 187.
63 Ebd.
64 Ebd., 189.
65 Peter Huchel. Rede vor dem Groß-Berliner Komitee der Kulturschaffenden (1952), in: ders. Gesammelte Werke. Bd. 2, 269–284, hier: 269.

Mauerbau gesprochen: eine »Wunde«, die die DDR anästhesieren wollte, um nicht an ihr zugrunde zu gehen. Was der Mauerbau als »Fortifikation« bewirkte, war die endgültige Stilllegung der Doppelplatzanlage.[66] Dabei machten die provisorischen Eingriffe am Potsdamer Platz bereits zuvor einen surrealen Eindruck. Ein »Dr. K.« hat ihn für Hans Scholz in einem Brief 1959 geschildert. Dahinter mag wiederum Martin Kessel stecken: »Da der Platz selbst zum Ostsektor gehört und nur die westlichen Gehsteige mit den abgehenden Straßen westberlinisch sind, der Platz aber bei einer solchen natürlich sehr seltenen Richtung des Verkehrsstromes noch immer eine wichtige Drehscheibe ist und man seitens des Ostens, vertragstreu wie man ist, die Westberliner nicht hindern will, in den Ostsektor zu fahren und nach wenigen Metern wieder heraus, hatte man den Potsdamer Platz sozusagen zum Niemandsland gemacht.«[67] Standen auf westlicher Seite verstreut einige Polizisten, so bot sich östlich des Platzes ein anderes Bild: »Auf der Seite Richtung Leipziger Straße war der Platz«, so Berichterstatter K. »von einer dichten Kette von Vopos im Tschako hermetisch abgeschloßen. Unbeweglichen Gesichts, wie aufgemauert standen sie da.«

Was ironisch klingen mag, konnte nach Joseph Wechsberg in Europas »most explosive borderline« umkippen: potenzieller *casus belli*. Ein weiteres Phänomen machte dieser an den Menschen aus, er bezeichnete es als »Grenzpsychose«. Es sei nach den Strapazen der Vergangenheit wenig überraschend, dass in der »abnormal situation a sort of border psychosis has affected the people, creating what is perhaps the greatest schizophrenic mass effect in all times«.[68] Fahre etwa ein westlicher Taxifahrer nach Ostberlin, so spreche er unter dem Vorzeichen aufkommender Angst merklich anders. Dieses Problem der Grenzfriktionen sollte der Mauerbau kaltstellen. Was damit für Westberlin eintrat, bezeichnete Wechsberg als Verschiebung des »center of gravity« in Deutschland.[69] Es war eine Schwächung Berlins zugunsten Bonns – und die zeitweilige Stabilisierung der DDR.

---

66 Vgl. Fischer. Der Potsdamer Platz, 278.

67 Hans Scholz. »Berlin, jetzt freue Dich!« Betrachtungen an und in den Grenzen der deutschen Hauptstadt. Ein Skizzenbuch. Hamburg 1960, 418. Zum freundschaftlichen Briefkontakt auch: Kessel an Scholz 3.9.1965. Hans-Scholz-Archiv 206. Akademie der Künste Berlin.

68 Joseph Wechsberg. Letter from Berlin. Run Aug. 5, 1950. Box 1423, Bl. 2. The New York Public Library. Rare Books and Manuscripts Division. The New Yorker Records. Manuscripts: Fact: Run & Killed, 1938–58.

69 Zur Verschiebung des »center of gravity« nach dem Mauerbau: Telegramm von Joseph Wechsberg vom 6.10.1961. The New York Public Library. Rare Books and Manuscripts Division. The New Yorker Records.

Die knappe Summe seiner Berlin-Erfahrungen hat Huchel 1963, während seiner Isolation im politischen Hausarrest bei Berlin, gezogen, als er davon sprach, dass man sich seit der Zwischenkriegszeit auf schwankendem Grund befunden habe. Nirgendwo sonst wurde die Möglichkeit einer Auslöschung unseres »Hofs des Gedächtnisses« so manifest wie an den einst vertrauten Orten, die zur »finsteren Landschaft« geworden waren.[70] Dem pflichtete vom Westen Höllerer bei, der den Befund ergänzte, dass er diese Erfahrung eines erinnerungsmäßigen »Restbestands« um den Potsdamer Platz spüre: »Denkmalsverdächtiges macht diese Gegend aus.«[71] Eine »Denkmals-Dämmerung« sei zu erfahren, etwa in Gestalt der Überreste des Hauses Vaterland, die im Niemandsland gefangen einem »hohläugigen Gespenst« glichen.[72] So hauste für ihn an diesem »Rand« die Erinnerung. Das Doppelspiel von Erinnern und Vergessen fand an der innerstädtischen Peripherie seine eigene Stätte.[73]

Huchel mag an diese Berliner Abgründigkeit gedacht haben, als er im Rückblick an eine frühe Gedichtzeile – »Lenz, dich friert in dieser Welt« – anknüpfte.[74] Auch Bachmann sollte den Lenz'schen Riss als paradigmatisches Bild für das Nachkriegsberlin gebrauchen.[75] Der Riss wird bei Huchel zum machtgestützten Schnitt, der in Gestalt der Mauer durchs Ruinenfeld aus »Asche, Bein und Schutt« gezogen wurde.[76] Sichtbar machte der Mauerbau jene Leere, die der französische Philosoph Maurice Blanchot in einer scharfsinnigen Bemerkung herausstellte: Sichtbar habe die Mauer gemacht, was der Restgrenzverkehr kaschiert habe: das »centre absent«.[77] Diese Beobachtung wird bei Huchel ins Bild gebannt, wenn er in einem Brief nach Westberlin 1963 ergänzt, sie alle seien in einer Gegend bar »aller Liebe, aller

70 Vgl. Peter Huchel an die Akademie der Künste (Westberlin) vom 22.4.1963, in: ders. Wie soll man da Gedichte schreiben, 396f.

71 Höllerer. Tiergarten, 221.

72 Vgl. ebd., 222.

73 Zum »Peripheriecharakter des Vergessens« grundlegend: Ludwig Binswanger. Grundformen und Erkenntnis menschlichen Daseins (1942). Ausgewählte Werke. Bd. 2. Hg. von Max Herzog und Hans-Jürg Braun. Heidelberg 1993, 427.

74 Vgl. Peter Huchel an Hessischer Rundfunk (Frankfurt) vom 24.9.1963, in: ders. Wie soll man da Gedichte schreiben, 402–403, hier: 402. Sowie: Peter Huchel. Lenz (1927/57), in: ders. Gesammelte Werke. Bd. 1, 162–165.

75 »Konsequenz, das Folgerichtige, im Verfolg des Risses – eines Risses, der für Lenz durch die Welt ging und der ihn nur traurig den Kopf schütteln ließ«. Bachmann. Ein Ort für Zufälle, 278.

76 Zur Berliner Mauer als ›Schnitt‹: Peter Huchel. An taube Ohren der Geschlechter (1962), in: ders. Gesammelte Werke. Bd. 1, 152f., hier: 152.

77 Vgl. Maurice Blanchot. Berlin (1961), in: Modern Language Notes 109 (1994), Nr. 4, 345–355, hier: 352.

Schönheit« gestrandet.[78] Was bei Huchel im Osten beständig als Ungesagtes umkreist werden musste, benennt er im Schubladen-Gedicht »Bericht«, das in der DDR unpubliziert blieb, als handfesten politischen Riss: »Die lange Mauer / Zusammengemörtelt / aus Lüge und Stein / Sie wird den langen Winter / Überdauern.«[79] Das war resignativ, machte jedoch deutlich, wohin sich die Mauer richtete.

Scholz hat es auf seiner Mauerwanderung von der Westseite ausgeführt, wenn er ihren Charakter als Gefängnismauer betonte. Er sprach vom »paradoxen Aufwand« eines »ober- und unterirdischen Mauerirrgartens«. Gerade am Potsdamer Platz zeige sich ihr notorischer Doppelcharakter: »Richtig ist, daß ›die Mauer‹ zwei Seiten hat. Eine, entgegen der drübigen Verfassung, fluchtwehrende und eine Westberlin, entgegen der Proklamierung einer Freien Stadt, schikanös einpferchende.«[80] Dabei merkte Scholz an, dass dies die letzte Waffe in der Hand des SED-Regimes gewesen sei, um einer Entleerung der DDR zuvorzukommen. Auch darin liegt eine Parallele zur Lage Westberlins, wo es das oberste Ziel der amerikanischen Alliierten war, nicht am Ende eine »leere Muschel« in Händen zu halten. Doch wo der Weststaat auf Anreize setzte, verschanzte sich die DDR in der Staatshöhle. Blumenberg hat hierzu in seinen »Höhlenausgängen« eine launige Beschreibung dieser Staatshöhle als »Zufluchtsstätte des Überwundenen« gegeben.[81] Es seien Topoi einer Abschirmung gegen die »Rückschläge der Realität«. Leuchte an der Oberfläche schon das nackte Licht der Erwartungsenttäuschung, brenne in diesen ›deutschen Höhlen‹ länger das »künstliche Feuer der Illusion«. Es gehört wenig Einbildungskraft dazu, Blumenbergs Polemik auf den Zustand der DDR nach dem Mauerbau zu beziehen. Auch Uwe Johnsons Interesse für die Fluchthelfer-Thematik mag es beispielhaft belegen: In den von ihm gesammelten Gesprächen stellt sich der Eindruck ein, dass die westlichen Fluchthelfer die DDR wie eine Staatshöhle betrachteten.[82]

78 Vgl. Peter Huchel an die Akademie der Künste (Westberlin) vom 22.4.1963, in: ders. Wie soll man da Gedichte schreiben, 397.

79 Peter Huchel. Bericht (nach 1961), in: ders. Gesammelte Werke. Bd. 1, 352.

80 Hans Scholz. Nebenan liegt Preussen begraben. Spaziergang an der Mauer, in: Der Spiegel 27.12.1961, 42–53, hier: 50. Hans Scholz-Archiv, Aus Kasten: Druckbelege. Akademie der Künste Berlin. Tatsächlich war diese Gegend nicht einfach zu sichern, schließlich war der Potsdamer Platz zugleich der größte unterirdische Bahnhof der Stadt. Vgl. Landesarchiv Berlin Rep. 9. Nr. 86. Untersuchung über die Verwendung unterirdischer Verkehrswege für den baulichen Luftschutz. Baurat Kurt Berg. Ausgestellt: 10. Mai 1960, Bl. 14.

81 Vgl. Blumenberg. Höhlenausgänge, 552.

82 Der DDR-Staatsmacht wollten die Fluchthelfer mit odysseischer List ein »Schnipp-

Johnson griff nach dem Mauerbau zudem auf die Metaphorik der Wunde zurück.[83] Wenn er sich an der Beschreibung des S-Bahn-Ringes als Urtopos der Infrastruktur versuchte, so klingt darin, wie schon bei Huchel, eine Leibmetaphorik an: »Die Zusammenarbeit dieser Netze [der S-Bahn, T.G.], der von Adern leicht vergleichbar, sagt gut für Gesundheit der Stadt. Ihr Blut bewegt sich darin, durchläuft die Glieder, hält sie belebt.«[84] Genau dieses Bild der »Ader«, die das Alte mit dem Neuen verband, gebrauchte auch sein Freund Hamburger, der darin ein Restkontinuum der Stadt erblickte.[85] Diese S-Bahn-Anlage aus wilhelminischer Zeit wurde im Nachkrieg sukzessive durchtrennt. Es entstanden stillgelegte Stationen, Geisterbahnhöfe, zu denen der Potsdamer Platz gehörte.[86] Dieses Gelände sich kreuzender Machtsphären bildete einen politischen Palimpsest, Punkte eines (nach Johnson) ›Berührungszwangs der Systeme‹.[87] Bei ihm sollte sich dieser Ring zum lädierten Blutkreislauf erweitern: »Es erweist sich, daß die Stadtbahn, 1882 angefangen als die erste Viaduktbahn Europas und seitdem zusammengewachsen mit der Stadt in achtzig Jahren nicht zu ersetzen ist.«[88] Die »Amputation« des S-Bahn-Rings musste »schwere Kreislaufstörungen« im Organismus der Stadt nach sich ziehen. Eine urbane Embolie.

Sinnfällig wird dieses Problem, wenn man sich vergegenwärtigt, dass die Ring-Metaphorik die ursprüngliche Bedeutung des Worts *symbolon* – Erinnerungsstück – berührt. Damit wäre das Gegenbild zum *diabolon*, dem

chen« schlagen. Vgl. Johnson. Ich wollte keine Frage ausgelassen haben. Gespräche mit Fluchthelfern. Hg. von Burkhart Veigel. Berlin 2010, 76, 105.

83 Zu Johnson als Autor der »German wound« allgemein: Christopher Middleton. How B Loved D, in: Times Literary Supplement 30.9.1965. Zeitungsausschnittsammlung XVIII: Rezensionen über »Zwei Ansichten«. Kasten Za 18, Mappe 5. UJA Rostock. Zu Johnsons Berlin ausführlicher in: Till Greite. Berliner Journal-Splitter. Uwe Johnson als Landvermesser im geteilten Berlin, in: Johnson-Jahrbuch 2 (2019), 67–89.

84 Uwe Johnson. Boykott der Berliner Stadtbahn (1964), in: ders. Berliner Sachen. Aufsätze. Frankfurt a.M. 1975, 22–37, hier: 22.

85 »Sie ist die Ader, die nicht nur durch das neue und das alte Berlin, sondern auch durch die zwei Hälften der geteilten Stadt läuft.« Hamburger. Das Schweigen in Berlin, 161.

86 Vgl. Heinz Knobloch mit Michael Richter und Thomas Wenzel. Geisterbahnhöfe. Westlinien unter Ostberlin. Berlin 2008.

87 Vgl. Uwe Johnson. Berliner Stadtbahn (1961), in: ders. Berliner Sachen, 7–21, hier: 10. Zum ›überkreuzten Gelände‹ der unter östlicher Verwaltung stehenden Bahnanlagen auf der Westseite auch: Hans Scholz. Einleitung, in: Chargesheimer/ Scholz. Berlin. Bilder aus einer großen Stadt, I–XXIX, hier: IV.

88 Johnson. Boykott der Berliner Stadtbahn, 29.

Zerteiler, aufgerufen. Erhellend ist es, sich auf eine Ausführung Gadamers zum Symbolbegriff zu stützen: »Was heißt ›Symbol‹? Es ist zunächst ein technisches Wort der griechischen Sprache und meint die Erinnerungsscherbe. Ein Gastfreund gibt seinem Gast die sogenannte ›tessera hospitalis‹, d. h., er bricht eine Scherbe durch, behält die eine Hälfte selber und gibt die andere Hälfte dem Gastfreund, damit, wenn in dreißig oder fünfzig Jahren ein Nachkomme dieses Gastfreundes einmal wieder ins Haus kommt, man einander im Zusammenfugen der Scherben zu einem Ganzen erkennt. Antikes Paßwesen – das ist der ursprüngliche technische Sinn von Symbol.«[89] An diesem Ding werden Identität und Gastrecht ablesbar. Dass die S-Bahn als eine sinnbildliche »Erinnerungsscherbe« bei Johnson entzifferbar wird, macht seine Beobachtung möglich, wenn er sie als nachkriegsverwittertes Fossil beschreibt. Die S-Bahn habe Züge gehabt, »die hinter der weststädtischen Zeit her standen, wie Versteinerungen der Zeitschicht, nachkriegsverwittert, unverhältnismäßig, sozusagen absurd«.[90] Sie stehe für die Präsenz unterschiedlicher Zeitschichten und halte »die Vergangenheit der Stadt im Gedächtnis«.[91] So erscheint Johnson die S-Bahn als Schwellenhüterin der Stadt. Ein Fossil blieb sie in seinen späteren Materialstudien, wie die Rostocker Nachlasssammlungen dokumentieren. In diesen steckt der Teufel gewissermaßen im Detail: Dabei macht ein von Johnson aufbewahrter S-Bahn-Plan Berlins deutlich, was in diesen Jahren als Anlaufstation im Bahnnetz fehlte: nämlich der Potsdamer Platz. Unverzeichnet blieb er, nicht ansteuerbar laut Ostberliner S-Bahn-Plan. Er bildete eine vielsagende Leerstelle.

Während der S-Bahn-Ring wie ein *symbolon* wirkte, der die Stadthälften verklammerte, so lag in dessen unmarkiertem Zentrum der diabolische Ort: ein toter Punkt auf der Karte. Damit blieb – für die leere Zentrale symptomatisch – dieser Ort der Beunruhigung offiziell unbenannt: Der Potsdamer Platz, wo laut Gombrowicz »*der Hund begraben*« war, musste blinder Fleck bleiben.[92] Doch bildete er zugleich das Epizentrum einer »Menschenleere« und den Ort einer doppelten »von außen wie von innen her empfangenen Wunde«.[93] Wieder bewahrheitet sich die Grunderfahrung, dass die Wunde

89 Gadamer. Die Aktualität des Schönen, 122.
90 Johnson. Boykott der Berliner Stadtbahn, 23.
91 Vgl. Uwe Johnson. Nachtrag zur S-Bahn (1970), in: ders. Berliner Sachen, 42f., hier: 43. Zur S-Bahn als »time machine« auch: Hamburger. Johannes Bobrowski: an introduction (1968/83), in: ders. Testimonies. Essays. 206–214, hier: 211.
92 Vgl. Gombrowicz. Berliner Notizen, 89.
93 Zu dieser doppelten Wunde: Rudolf Alexander Schröder. Berlin einst und jetzt. Berlin, Witten 1954, 37.

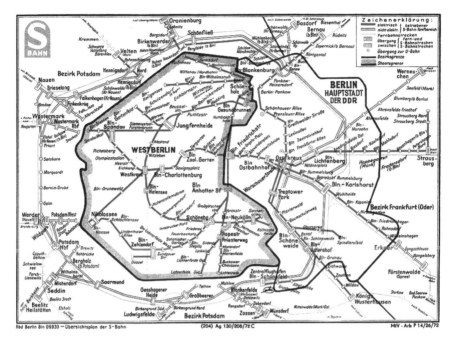

Ring und Leerstelle: In Johnsons Archiv zum geteilten Berlin finden sie zusammen. Der Potsdamer Platz, außer Betrieb und aus dem Gedächtnis der östlichen Karte entfernt. Abb.: Reichsbahndirektion, Berlin-Ost: Übersichtsplan der Berliner S-Bahn, 1964–67.[95]

die wetterfühlige Stelle ist. Diesen Gedanken hat Scholz fortgesponnen, wenn er das zeitkritische Potenzial solcher Schwellenräume betonte: »Berlins Stadtkern, nach Bombenkrieg und Enttrümmerung nun, ist ausgehöhlt. Doch weiß der Himmel, wie alt Städte werden können. [...] Neulich auf dem Leipziger Platz, Ostsektor, trippelte mir eine Lerche über den Weg. Gartenarbeiter breiteten Humuserde auf dem Boden, wo bis zum Kriege die Gebäude des Potsdamer Tores von Schinkel ihren Platz und die berühmten Blumenfrauen ihren Stand hatten. Berlin-Mitte: Erde.«[95] Die Anekdote ergänzt er: »Die Sache mit der Lerche, die zierlich trippelte, erzählte ich einem

94 Zum S-Bahn-Plan vgl. Übersichtsplan der S-Bahn, 1964–67 – 931/64, Bl. 1. Materialien nach Fundort 6. 42. Mappe 2. UJA Rostock. Zum Nexus von verkryptetem Ort und zersprungenem Symbol auch: Abraham/Torok. Kryptonymie, 166.
95 Scholz. Einleitung, V.

jüdischen Emigranten [...]. ›Lerche‹, sagte er, ›sie ging also von Josty zu Wertheim‹.«

Das Wiederauftauchen des Emigranten führt die Spur an die Wurzel des Platzschicksals zurück. Deutlich wird an der Bemerkung, dass der Platz vom *carrefour* zum stillgelegten Scheideweg geworden war. Die »Furie des Vergessens« hatte den größtmöglichen Kontrast zwischen »Lebensfülle und Lebensleere« hergestellt, sodass am Ende nur eine diabolische »Zone des Schweigens« übrig blieb.[96] Jene Schweigezone Kessels bemerkten auch andere. So der Ostberliner Heinz Knobloch, wenn er den einstmals »gefährlichsten Platz«, da »fünf der verkehrsreichsten Straßen hier einmündeten«, nun als »viel stiller« beschrieb.[97] Das war verdecktes Schreiben von der Ostseite: halb um die Mauer herumgesprochen. Was dieser von der Haltbarkeit der Mauer wirklich hielt, das vertraute er seiner Schublade an: »Die Steinwand hingegen sagt ehrlich, daß sie nicht bleiben will. Eines Tages wird noch ein Stück von ihr mit einem Täfelchen zu besichtigen sein wie der Rest der Berliner Stadtmauer aus dem Mittelalter.«[98]

Nimmt man diese Ortsbefunde zusammen, so vereinigte der Potsdamer Platz drei Aspekte. Er war zum Symbol des Absturzes der Stadt geworden. Sodann war er der Brennpunkt einer beunruhigenden Stille, einer Zone der Schweigsamkeit. Und es war ein Ort, an dem sich das Verstummen der Toten bemerkbar machte. Das dazugehörige Dilemma hat Max Frisch benannt: »Wenn man die Mauer sieht, so gibt es nichts dazu zu sagen: allerdings läßt sich bei diesem Anblick auch nichts anders sagen.«[99] Damit ist der abgeschnittene Potsdamer Platz ein Ausdrucksdilemma. Es ist der Punkt, an dem sich das äußere mit dem inneren Niemandsland berührte: Ein Land des »Schweigens« und, so Hamburger, der ausdrucksmäßigen »Nacktheit«.[100] Etwas von dieser Erfahrung ist noch bei der jüngeren Lyrikerin Sarah Kirsch angesprochen, wenn sie angesichts des *terrain vague* ihrer Ungläubigkeit

---

96 Vgl. Kessel. Im Liegestuhl nach einer Reise, 99. Sowie: Fischer. Der Potsdamer Platz, 280.

97 Knobloch spricht vordergründig über das Berlin Moses Mendelssohns, verdeckt aber auch über die eigene Zeit. Vgl. Knobloch. Herr Moses in Berlin, 32.

98 Heinz Knobloch. Originalmanuskript von Herr Moses in Berlin (1978), Bl. 194 h–i. Mappe 1, Nachlass Heinz Knobloch (Nachlass-Nr. 353). Staatsbibliothek Berlin.

99 Max Frisch. Tagebuch 1966–1971, in: ders. Gesammelte Werke. Bd. 6. Hg. von Hans Mayer. Frankfurt a.M. 1976, 5–405, hier: 20.

100 Vgl. Hamburger. Niemandsland-Variationen, 33.

Ausdruck verlieh: »Wie soll ich angesichts dieser Wiesen / Glauben was mir mein Großvater sagte / Hier war der Nabel der Welt.«[101]

Nicht nur mit dem Großvater im Bunde stellte sich eine solche Erfahrung ein. Eine auf Dauer gestellte Stunde Null war zu besichtigen: Später nur »die Umrisse des Potsdamer Platzes; auf ihm stand eine vom Brand schief und leer gewordene Normaluhr«.[102] Wenn oberirdisch das stillstehende Land sich zeigte, so fuhren unterwärts die leeren S-Bahnen: »The frontier, no man's land«, so Hamburger, »Carrying only the smell«.[103] Einen weiteren Befund steuerte Scholz mit der Bemerkung bei, dass die heute »maßgebende Mutteruhr«, nach der sich die bundesweiten Bahntaktungen richteten, aus Berlin abgewandert sei – ein weiteres Indiz für den Verlust der Zentralenfunktion. Richtete sich einst die Reichsbahn nach Berliner Ortszeit, so war im Nachkrieg die Taktung nach Hamburg verzogen.[104] Darin zeichnete sich die Provinzialisierung ab. »Geopolitically«, spitzte Wechsberg aus amerikanischer Sicht zu, »West Berlin has become a suburb of New York City«.[105]

Doch auch dies traf die Berliner Eigenzeit nur unzureichend. Entschiedener kommt Hamburgers Wort vom »dritten Land« an die Lage heran. Hier schwächten sich die von Ost und West greifenden Kräfte partiell selbst, sodass eine Art »abarischer Punkt«, ein relativ freier Punkt der Gravitationskräfte entstanden war.[106] Wenn so die S-Bahnen durch den Schutt fuhren, fehlte unverkennbar der zu taktende Stadt-Zusammenhang. Dabei hatte schon Georg Simmel eingeworfen, dass die Ausbildung eines bestimmenden Rhythmus zur wesentlichen Eigenheit des Städtischen gehört. Denn das großstädtische »Geistesleben« zeichne sich durch »rechnerisches Wesen« im Umgang mit Zeit aus. So mutmaßte er in einer – vom Nachkrieg aus gesehen bescheidenen – Horrorvision eines Zeitdurcheinanders: »Wenn alle Uhren in Berlin plötzlich in verschiedener Richtung falschgehen würden […], so wäre sein ganzes wirtschaftliches und sonstiges Verkehrsleben auf lange

---

101   Sarah Kirsch. Naturschutzgebiet, in: dies. Erdreich. Gedichte. Stuttgart 1982, 48.

102   Hier zitiert nach: Friedrich Karl Fromme: Die S-Bahn und die westliche Lebensform. Frankfurter Allgemeine Zeitung Nr. 141, 21.6.1980. Materialien nach Fundort 5. 42. Mappe 14. UJA Rostock.

103   Michael Hamburger. S-Bahn (1965), in: ders. Collected Poems, 153f., hier: 154.

104   Vgl. Scholz. Berlin für Anfänger, 8.

105   Joseph Wechsberg. Letter from Berlin. Killed 12/27/63, Bl. 5. The New York Public Library. Rare Books and Manuscripts Division. The New Yorker Records. Manuscripts: Fact: Run & Killed, 1959–1966. Box 1488.

106   Vgl. Hamburger. After the Second Flood, 99. Zum »abarischen Punkt« vgl. Kluge/ Negt. Geschichte und Eigensinn, 790.

hinaus zerrüttet.«[107] Was Zerrüttung wirklich bedeutete, erfuhr man, als die Mutteruhren nach Bomben und Einkesselung in Berlin erstarrt waren: »Die Normaluhren sind stehen geblieben«, so Andreas-Friedrich 1945: »In Schreck erstarrt«.[108] Was sich in der Stadt etablierte, war die sukzessive Gewöhnung an ein bisschen Zeitlosigkeit in dem Sinne, wie das übergeordnete »Zeitschema«, das Simmel für das Großstadtleben geltend gemacht hatte, in Berlin seit Kriegsende teilweise außer Kraft gesetzt war.

Etwas von dieser stehenden Zeitwirtschaft sollte Kirsch in Westberlin wiederbegegnen, als sie nach der Ausreise aus der DDR jenes »Naturschutzgebiet« zwischen Anhalter und Potsdamer Platz erkundete: »Durch das verschwundene Hotel / Fliegen die Mauersegler / Die Nebel steigen.«[109] Damit steht die Lyrikerin am Ende einer Kette von Zeugen. Bei Kirsch ist die urbane Rückbildung weit fortgeschritten. Sie bringt dies in der Metapher vom »Naturschutzgebiet« der Geschichte zum Ausdruck, in dem die »Natur« durch die »Pflaster der Straßenbahnschienen« wächst. Auf diese Weise kehrte das Unheimliche am Platz seine idyllische Seite hervor. Und tatsächlich hatte es am Potsdamer Platz – als hätte es sich ein spätsurrealistischer »Bauer von Berlin« ausgedacht – eine Weile eine Schafsherde gegeben, die dem Hausmeister der Esplanade-Ruine gehörte. Dessen Schafe grasten in den 1980ern vor dem ehemaligen Kaisersaal: dort, wo in einer versunkenen Antike »täglich Fünf-Uhr-Tanztee« abgehalten wurde.[110] Ein Aperçu aus Koeppens Stadtbeschreibung Berlin-Rom bringt diese Erfahrung vom verwaisten Platz auf den Punkt: »Man errichtet das Haus der Zivilisation und überläßt es den Schafen.«[111]

Auch am benachbarten Anhalter Bahnhof, an jenem geografischen Mittelpunkt der Stadt, liefen liegen gelassene Fäden zusammen.[112] Ein geistiges Verdichtungsstück war dieser Bahnhofs-Überrest, der ein hermeneutisches Kernproblem aufwarf: wie das Ganze der Geschichte sich zu seinen Teilen verhalte. Mit dem Ausdruck »Anhalter Trumm« scheint Celan hier einen Wink zu geben, dass im Anhalter-Portal ein Teil zu erkennen war, in dem

---

107 Simmel. Die Großstädte und das Geistesleben, 120.
108 Andreas-Friedrich. Schattenmann, 330.
109 Kirsch. Naturschutzgebiet, 48.
110 Vgl. Ekkehard Schwerk. Lichtblick für »Esplanade«-Rest im Mauerschatten. Der Tagesspiegel 9.6.1983, in: Landesarchiv Berlin. B Rep. 002. Nr. 38072. Der Regierende Bürgermeister von Berlin Senatskanzlei. Zentraler Bereich. 19.5.1983 bis 11.5.1984. Bd. 2 (eingehefteter Artikel).
111 Koeppen. Nach Rußland und anderswohin, 236.
112 Zum Gelände des Anhalters als städtischem Mittelpunkt: Scholz. Berlin für Anfänger, 8.

sich das Fragliche der ganzen Umgebung spiegelte. Noch etwas scheint mit dem »Trumm« angesprochen: Als Ruine ist er das Anzeichen einer bleibenden Versehrtheit.[113] Der »Trumm« ist somit der paradigmatisch schwer abzutragende Stein im Herzen der Stadt.[114]

Die Wortfügung »Anhalter Trumm« deutet auf den »Trumm« der Trümmer; das legt die Wortgeschichte nahe. Dabei war diese eigenartige Singularform in älteren Sprachschichten gebräuchlicher. Sie bezeichnete einst ein Endstück: ein »abgeschnittenes ende«.[115] So konnte man sagen, einen »trumm verlieren« – das hieß: das Ende einer Geschichte verpassen. »Trumm« bedeutete das Ende des »lebensfadens«. Erst in zweiter Lesart bezeichnete es ein Teilstück, ein durch Zerstörung Abgetrenntes: Bruchstück, wie es aus der Kunstgeschichte als Spolie bekannt ist. In neuerer Zeit hat sich daraus der Plural »Trümmer« gebildet, welcher das architektonische oder geistige »überbleibsel« benennt. Celan ruft mit seiner Wortfindung etwas von dieser Vorgeschichte ins Gedächtnis. Treffend wurde in einer Interpretation seines Gedichts festgestellt, dass die »kühne Ellipse« vom »Trumm« auf ein geschichtliches »Endstück« hindeute: gleichsam eine »Berliner Reliquie«.[116] Hier liefen gute und schlechte Tage der Stadt zusammen, wie es die Allegorie auf dem Portalsims des ehemaligen Bahnhofs noch heute anzeigt. Festhalten lässt sich, dass dieses Trümmerstück etwas von seiner geschichtlichen Konsequenz in sich trägt.

Davon zeugt auch die Bedeutsamkeit, die der Ort für Celan besaß. Denn für ihn wurde der Überrest vom Anhalter Bahnhof der profundeste suspekte Ort seiner Berlin-Erfahrungen. Bereits am 10. November 1938, nach den Pogromen im Reich, reiste er auf dem Weg nach Paris über den damals intakten Anhalter: »Über Krakau / bist du gekommen, am Anhalter / Bahnhof /

---

113 Celan hat diese Bedeutung der Ruine betont, wenn er sie als Erinnerungszeichen einer Versehrtheit deutete: »Wie an den Häusern der Juden (zum Andenken des ruinierten Jerusalems), immer etwas unvollendet gelassen werden muß.« Paul Celan. Das Vortragsprojekt »Von der Dunkelheit des Dichterischen« (1959), in: ders. »Mikrolithen sinds, Steinchen«. Prosa aus dem Nachlaß. Hg. von Barbara Wiedemann und Bertrand Badiou. Frankfurt a.M. 2005, 130–152, hier: 131.

114 Zum Topos des Steins im Feld der Melancholie vgl. Benjamin. Ursprung des deutschen Trauerspiels, 331.

115 Vgl. der Eintrag »trumm« in: Jacob und Wilhelm Grimm. Deutsches Wörterbuch. Bd. 22. Treib–Tz. München 1984, Sp. 1336–1346, insb. 1336–1338.

116 Diese Deutung stammt von Kelletat, wobei die religiöse Auslegung darin natürlich Fragen aufwirft. Vgl. Alfred Kelletat. »Lila Luft«. Ein kleines Berolinense Paul Celans, in: Text + Kritik Nr. 53/54 (1977): Paul Celan, 18–25, hier: 20.

floß deinem Blicke ein Rauch zu, / der war schon von morgen.«[117] Diese Zeilen machen deutlich, dass ihm die spätere Wiederbegegnung mit Berlin zur Rückkehr an einen Kreuzungspunkt wurde. Die nachträgliche Deutung des eigenen Lebenswegs holte ihn ein.[118] So vermittelt das Gedicht den Eindruck, Celan habe ins »Antlitz seiner eigenen Zukunft« geschaut – eine Spur, die er 30 Jahre später im Nachkriegsberlin aufnahm.[119] Der »Anhalter Trumm« erweist sich als persönliches Zeit-Bild: Der »Trumm« und die »Kokelstunde«, in die Celan 1938 hineinfuhr, sie verweben sich im Gedicht auf das Portal des Bahnhofs zu einer Spur. Als Ort der Bewegungslosigkeit zeigte sich dieser Celan im Winter 1967: »Noch nichts / Interkurrierendes«.[120] Sein Motiv der eingeschneiten, in der Nacht daliegenden Stadt unterstreicht diesen Eindruck des Stillstands.

Auch bei einem anderen Autor wird diese Frage nach dem Anhalter Bahnhof und jener der Zeugenschaft enggeführt. Es war Heinz Knobloch, der diesen Ort nicht nur zu einem Gedächtnistrümmer der eigenen Kindheit machte, sondern in seinem Werk das Komplement zu Celans Zeugnis, das Denial der Zeugenschaft, aufnahm.[121] Man kann es sein Trauma einer versuchten Traumaverdrängung nennen. So montierte er in sein Moses-Mendelssohn-Buch das folgende Erinnerungsstück zum 9. November 1938. Er verdankte es einer Zeitzeugin aus Berlin-Mitte: »Wir wollten nicht auf die Straße gehen. Aber es war so eine unheimliche Stimmung, man hat das gespürt. Ich habe das Fenster aufgemacht, der Himmel war rot vom Feuerschein« – der Brand der benachbarten Synagoge. Die Feuerwehr kam, aber löschte nicht: »Als unsere Oberin mich am Fenster sah, erschrak sie, sie rief: ›Gehen Sie da weg, um Gotteswillen, machen Sie sich nicht zum Zeugen!‹«[122] Es ist die Oberschwester am Fenster, die sich als Bewahrerin der seelischen Ordnung versucht – und doch nur die Zeugenschaft ins Unheimliche abdrängt. Etwas von diesem Komplex muss Celan vom stummen Anhalter-Portal entgegengekommen sein. Denn sein Wort von der »Kokelstunde« erhält durch

---

117 Paul Celan. La Contrescarpe (1963), in: ders. Gesammelte Werke. Bd. 1. Hg. von Beda Allemann u. a. Frankfurt a. M. 1986, 282–286, hier: 283.
118 Ein nachträgliches Wiederfinden ereignet sich hier; die Lebensspur erhielt vom Anhalter an einen gewissen fatalen Sinn. Vgl. Angehrn. Sein Leben schreiben, 96 f.
119 Vgl. Kelletat. »Lila Luft«. Ein kleines Berolinense Paul Celans, 22.
120 Paul Celan. Lila Luft (1967), in: ders. Gesammelte Werke. Bd. 2, 335.
121 Zum Denial der Zeugenschaft auch: »*Er* weiß nichts. *Sie* hat nichts gesehen. *Wir* waren nicht dabei.« Knobloch. Angehaltener Bahnhof, 37.
122 Knobloch. Herr Moses in Berlin, 329. Zu den Materialien, die Knobloch dazu wie ein Stadtarchivar gesammelt hat, vgl. Nachlass Knobloch. Kasten 2: »Herr Moses in Berlin« Arbeitsunterlagen. Staatsbibliothek Berlin.

die Anekdote Knoblochs eine beklemmende Konkretion. Demnach mag es der rußige Kohlengeruch des Winters 1967 gewesen sein, der bei Celan die unwillkürliche Erinnerung an den Rauch von 1938 auslöste.[123]

Noch eine sprachliche Wendung Celans gibt Rätsel auf: »Der Jakobsstab überm / Anhalter Trumm« im Gedicht.[124] In der Tat befinden sich zwei Allegorien, die von »Tag« und »Nacht«, zu den Kopfseiten des Portalrests am Anhalter. Ein Stab jedoch ist nicht zu sehen. Gleichwohl bekamen diese Allegorien, die einst den Lauf der Zeit, die Dauer der Fahrt verkörperten, nach Zerstörung der Haupthalle, eine andere Bedeutung. Wie die französische Schriftstellerin Cécile Wajsbrot angemerkt hat, wiesen sie nach dem Krieg auf eine vom Tag in die Nacht gestürzte Gegend.[125] Zwar mag der Stab als Winkelmessgerät auf die einst logistische Funktion des Baus hindeuten – und darüber hinaus auf den Sextanten als Sternenortungsinstrument. Doch scheint es plausibler, den Jakobsstab als Metapher mit weitem Bedeutungshof zu fassen. Er ist hier weder illustrativ noch buchstäblich gemeint, sondern lässt eine persönliche Begegnung erkennen. Neben dem logistisch-orientierenden Jakobsstab ist daher an den biblischen Aronsstab – und mit diesem an Celans Herkunft – wie an die Jakobsleiter als Weg in die Transzendenz zu denken.[126] Kurzum, man hat es mit einem Topos der Verortung zu tun. Das unterstreicht der Gelegenheitscharakter des Gedichts. Denn geht man davon aus, dass Celan in Berlin an eine Abzweigung seines Lebens erinnert wurde, so würde der Stab auch auf die Schwellenkunde hindeuten, war doch Hermes (bzw. Janus) seit je mit einem Stab ausgestattet.[127] Für Celan jedenfalls mag die Begegnung mit dem »Trumm« eine Beklemmung ausgelöst haben: auf ein Portal stoßend, das sich buchstäblich ins Nichts öffnete. Die bisherige Deutung kann das stützen, die im Stab den »unsteten Wanderer« aufgerufen

123 »In das Intervall zwischen damals und heute fällt die Kokelei [...] von gigantischem Ausmaß, die zum Weltbrand wurde; das frevelhafte Zündeln war am 10. November 1938 schon spürbar wie der Brandgeruch jener Nacht.« Kelletat. »Lila Luft«. Ein kleines Berolinense Paul Celans, 22f.

124 Celan. Lila Luft, 335.

125 Zu »Tag« und »Nacht« als Allegorien des Stadtschicksals: »deux allégories qui pourraient figurer le destin de Berlin«: Wajsbrot. Berliner Ensemble, 28. Zur ursprünglichen allegorischen Bedeutung, entworfen vom Bildhauer Ludwig Brunow, vgl. Maier. Berlin Anhalter Bahnhof, 214.

126 Zur Geschichte von Arons Stab, der im Hintergrund ein Gewaltthema mit aufruft, vgl. 4. Buch Mose 17.16f. Siehe hierzu: Die Bibel. Nach der Übersetzung Martin Luthers. Stuttgart 2009, 155f.

127 Vgl. Werner Eisenhut. Ianus, in: Der kleine Pauly. Lexikon der Antike. Hg. von Konrat Ziegler und Walter Sontheimer. Bd. 2. Dicta Catonis–Iuno. München 1979, Sp. 1311–1314, hier: 1311f.

sieht.[128] Damit ist Celans »Jakobsstab« kein konkreter, sondern komplexe Anspielung auf eine Bild-Konstellation: Denn es waren mutmaßlich die drei Gürtelsterne des Orion, die sich ihm an diesem Winterabend 1967 über der Ruine zeigten.[129] Ein ernstes Wintersternbild, welches an denjenigen »ohne Heimstatt« erinnert.[130] Im Gedicht vom »Trumm« ist diese Celan'sche Konstellation festgehalten, die die Frage des Überlebens wie seine Wiederkehr an einen Ort biografischer Verwerfungen engführt.

Nimmt man hinzu, dass das Berlin-Gedicht eigentlich als Hommage an Huchel gedacht war, der zu dieser Zeit im Hausarrest in Wilhelmshorst festsaß, dann haben die Verse auch eine poetologische Bewandtnis.[131] Es war Huchels Auffassung, dass die Dichtung an die Wurzel einer Gelegenheit heranfragen müsse. Erst über diese komme die Intensität persönlicher Betroffenheit hinein.[132] Insofern mag es erhellend sein, auf den wirkungsgeschichtlichen Nexus des »Anhalter Trumm« hinzuweisen, der hinter dem Gedicht gestanden haben mag: Im Jahr 1967, in dem Celan in Berlin weilte, hatte Huchel im Westen seine »Sternenreuse« publiziert. Sie ist seine produktionsästhetische Schlüsselmetapher dafür, wie ihm die Bilder ›ins Netz‹ gingen.[133] Celan führt nun seine Herangehensweise vor: seine Lebenskonstellation, die ihm am Anhalter vor Augen stand. Es ist eine Spur des Abwesenden, unsichtbarer Dinge, die der Atmosphärenmetaphorik im Gedicht eine eigene

128 Vgl. Kelletat. »Lila Luft«. Ein kleines Berolinense Paul Celans, 19.
129 Hierzu hat sich eine Anekdote erhalten, die Celans Besuch beim Anhalter erwähnt. Vgl. Kelletat. »Lila Luft«. Ein kleines Berolinense Paul Celans, 25. Zur Vielstelligkeit der Celan'schen Worte: Gadamer. Hermeneutik auf der Spur, 159.
130 Vgl. Wolfgang Schadewaldt. Sternsagen. Frankfurt a.M. 1980, 30, 32. Mit der Wanderschaft ist auch an den alttestamentarischen Bezug erinnert, den »Fremdling« in Genesis 26,3.
131 Aus der kritischen Ausgabe geht hervor, dass Celan die Widmung an Huchel explizit im April 1968 zum Gedicht ergänzte. Das mag die Nähe seines konstellativen Denkens zum Huchel'schen der »Sternenreuse« unterstreichen. Vgl. Paul Celan. Werke. Historisch-Kritische Ausgabe. I. Abteilung. Bd. 10,2. Apparat. Hg. von Rolf Bücher. Frankfurt a.M. 1994, 63.
132 Hier mit Verweis auf Goethe und Paul Éluard: Peter Huchel an Pierre Garnier vom 15.2.1956, in: ders. Wie soll man da Gedichte schreiben, 214–216, hier: 215.
133 Zum Bild der »Sternenreuse« bzw. »Reuse«: Peter Huchel. Die Sternenreuse (1947), sowie: Havelnacht (1933), beide in: ders. Gesammelte Werke. Bd. 1, 83f., 88f., hier: 84, 88. Celans Gedichte gingen ins letzte legendäre Heft von »Sinn und Form« 1962 ein, nachdem man Huchel nach dem Mauerbau in der Akademie isoliert hatte. 1967 lebte er schon seit geraumer Zeit unter »permanentem Freiheitsentzug«. Vgl. Huchel an Grass vom 18.4.1967, in: ders. Wie soll man da Gedichte schreiben, 422–424, hier: 422.

Sinnrichtung verleihen. Denn der Berliner Himmel – der sich bei Loerke noch fließend zeigte – trug bei Celan eine nunmehr stockende Schwere.[134]

Hier ist ein Gedanke einzuschalten, der den ikonischen Status des Epochentrümmers betrifft. Wie eine Allegorie auf das Epochenproblem wurde er immer wieder wahrgenommen. Etwas davon kommt in Knoblochs Wortspiel vom Anhalter als dem »angehaltenen Bahnhof« heraus. Treffend war die Umdichtung, da sie auf den Umstand aufmerksam macht, dass das Gebäude Zeugnischarakter angenommen hatte.[135] Am »angehaltenen Bahnhof« wurde der Zustand einer Stadt im »Wartestand« erfahrbar.[136] Diese Zäsur hatte den Bahnhof von seiner funktionalen Aufgabe in die Vorhandenheitsform eines Orts des Innnehaltens und der geschichtlichen Reflexion gewendet. Das deutet die Metapher an, da sie aus dem Anhalter als einstigem Kopfbahnhof ein Zeit-Bild macht. Mit dem Bahnhof im Leerlauf fand Knobloch also das Bild stehender Zeit. Das nicht zufällig an einem Ort, der der ehemaligen Reichsbahn der DDR unterstellt war, sich aber auf Westberliner Territorium befand. Er bildete ein Niemandsland-Gelände: unzugänglich für den Ost-Flaneur, nur in Gedanken noch begehbar.[137] Der vergessene Bahnhof wurde zum Inbegriff dessen, was der Urflaneur Franz Hessel auf den Begriff eines »wartenden Landes« gebracht hatte.[138] Der Anhalter stellte ein Überbleibsel der Gründerzeit dar, der dem West-Senat wie dem Magistrat im Osten ein Dorn im Auge war.[139] So nahm die DDR den Bahnhof bereits Anfang der

---

134 Vgl. Oskar Loerke. Blauer Abend in Berlin (1911), in: ders. Gedichte und Prosa. Bd. 1, 29f. Zum Hinweis auf Loerke siehe: Kelletat. »Lila Luft«. Ein kleines Berolinense Paul Celans, 19, 24. Hier wurde an das Paul-Lincke-Lied »Berliner Luft« erinnert. Hinzuweisen wäre zudem auf das in der alten Donaumonarchie bekannte Lied »Lila Akazien« von Paul Abraham. Diese Anspielung würde ein ironisch-melancholisches Gegenbild zum Berliner Lincke-Schlager bieten. Vielleicht steckt in der »Lila Luft« ein Kofferwort, eines jener häufig bei Celan anzutreffenden »juxtaposed images«. Vgl. Hamburger. On Translating Celan, 283.

135 »Gebäude nehmen etwas von dem auf«, so Knobloch, »was in ihnen geschieht.« Knobloch. Angehaltener Bahnhof, 9.

136 Vgl. Knopp. Woher, Berlin, wohin?, 71, 82. Zum Anhalter Bahnhof als Opfer der »Insellage West-Berlins« vgl. Frecot. Über eine besondere Leere der Berliner Nachkriegsgeschichte.

137 Daher kam es zu einem späteren Gebietstausch der stillgelegten Güterbahnhöfe in dieser Gegend. Vgl. Thesen zur verkehrlichen Ordnung in: Landesarchiv Berlin. B Rep. 002. Nr. 38071. Der Regierende Bürgermeister von Berlin Senatskanzlei. Zentraler Bereich. 11.11.1981 bis 17.5.1983. Bd. 1, 24.

138 Vgl. Hessel. Spazieren in Berlin, 161.

139 Zur gemeinsamen Abrissplanung von Ost und West als »nach innen gekehrter Zerstörungswut« in der Stadt vgl. Maier. Berlin Anhalter Bahnhof, 296f., 309.

1950er Jahre vom Netz, bot er doch auf Westterritorium ein für den SED-Staat missliches Schlupfloch zur Flucht. 1959 erfolgte – in Kooperation mit den Westberliner Behörden – die Abtragung.[140] Was blieb, war eine unterirdische S-Bahn-Anlage und ein funktionsloses Portal.

Aus diesem Trümmerrest wurde so eine allegorische Epochenchiffre. Als »angehaltener Bahnhof« bildet es ein Anschauungsbild, das sich argumentativ belasten lässt: Denn im »Angehaltenen« steckt das Moment des Haltens, dessen, was man im Geschichtsdenken mit dem Abschied von einem Erwartungshorizont verbindet und mit dem Begriff der Epoche benennt. An diesen Wendepunkten wird die Zeit »als Anhalten, das den gleichmäßigen Fluß der verfließenden Zeit unterbricht, erfahren«.[141] Die Erfahrung der Diskontinuität wird gemacht: Altes wird in der Erfahrung der Unterbrechung ausgeschieden, das Neue bleibt vorerst unbestimmt. Etwas davon schien am Anhalter Bahnhof auf Dauer gestellt worden zu sein. Seine verlassene Lage zwischen den Stadthälften machte ihn zum *terrain vague* und spendete Platz für Deutungen. Auch Celan hat diese Bedeutsamkeiten am Ort erfasst, wenn er das Wort des noch nichts »Interkurrierenden« einwarf, womit er ein zähflüssiges Zeitempfinden betonte. Treffend hat auch der Konzeptkünstler Wolf Vostell diese Ecke ins Bild einer auf dem Rücken liegenden Schildkröte gebracht, Ohnmacht eines Orts.[142]

Gleichwohl ist in Erinnerung zu rufen, dass an diesem Ort schon vor 1945 ein Berlinerisches Überlieferungsgeschehen verortet wurde. Folgt man Benjamins Hinweis in der »Berliner Kindheit«, so war der Bahnhof bereits um 1900 ein Ort des Abschieds. Denn nach ihm war dieser Bahnhof eine »Mutterhöhle der Eisenbahnen«, ein Genius Loci des Eisenbahnzeitalters: Höhle, »wo die Lokomotiven zu Hause sein und die Züge anhalten mußten«.[143] Noch etwas kommt für Benjamin hinzu: der Geruch der Ferne. Ähnlich beschrieb der Romancier Georg Hermann den Schritt über die Schwelle des in Terrakotta verkleideten Baus als das erste Gefühl von Fernweh: »Die Bahnhofshalle war schon nicht mehr Berlin, das war Ferne oder zum mindesten

140 »Die Reisenden aus der Zone sollten nicht länger die Möglichkeit haben, direkt in West-Berlin anzukommen oder abzufahren.« Angela Nacken. Anhalter Bahnhof, 1959, in: Johann Jakob Hässlin (Hg.). Berlin. München 1971, 318.
141 Gadamer. Über leere und erfüllte Zeit, 149.
142 Hierzu die Radierung Vostells, die eine umgedrehte Lok mit einer auf dem Rücken liegenden Schildkröte im Bild verschmolz. Ihr ging eine Installation 1988 an der Anhalter Ruine voraus. Vgl. Wolf Vostell. La Tortuga 1988–1993. Eine Chronologie. Marl 1993, 19f.
143 Benjamin. Berliner Kindheit, 246.

neutraler Boden.«[144] Das Abwesende wurde an diesem Ort vorgefühlt.[145] Im Stadtgefüge war er damit ein Zentralensignum: gekrönt durch die über dem Portikus angebrachte Normaluhr.[146] Nur eine europäische Hauptstadt verfügte über solch ein System von Kopfbahnhöfen, die in unterschiedliche Himmelsrichtungen wiesen. Alles deutete am Anhalter Bahnhof auf räumliche Überbrückung hin: »Keine Ferne war ferner, als wo im Nebel seine Gleise zusammenlaufen.«[147] So war es nicht die Ferne, die anwesend war, sondern ihr Anhauch. Benjamin wirkte es, als gliche dieses Bahnhofsinnere den Panoramen, wie sie den »Rahmen einer fata morgana« abgaben.[148]

Eine erste Wende ins Unheilvolle vollzog sich mit dem Einbruch des Schreckens im Ersten Weltkrieg. Hermann traf hier auf einen Tross ausgemergelter Soldaten, der von der West- an die Ostfront verladen wurde: »Jeder Funken Geist in Gesicht und Auge« schien »verglommen«, als hätten sie »am hellerlichten Tage ein Gespenst gesehen.«[149] Wie dieser Ort endgültig zu einem des Abschieds von einer Epoche wurde, ist in Hans Sahls autobiografischem Roman »Die Wenigen und die Vielen« festgehalten. Es war ein Gang zum Bahnhof unter radikal veränderten Bedingungen. Der Flaneur war im Jahr 1933 zur gejagten Figur geworden; zu einem, der den Corso aus Angst vor Verfolgung meiden musste.[150] Die Boulevards waren in der Hand der Marschierenden. Entsprechend kompliziert der Abschied, der für Sahl nur im Geleit eines vertrauten Militärs zu bestreiten war. Die Flüchtenden bemühten sich bei der Abreise, »nicht erkannt zu werden«. Zur surrealen Begegnung wurde es durch die Unbeteiligten, die Normalität trotz des Ausnahmezustandes aufrechterhielten: »Die Verschwiegenheit ihres Auftretens, die Blicke, mit denen sie einander heimlich musterten – dies alles war von einer seltsam künstlichen, aufgetragenen Lebendigkeit.«[151] Wie eine gelebte Fiktion wirkte das Treiben, das dem Ort laut Sahl den Anschein einer

144 Georg Hermann. Anhalter Bahnhof Winter 1916, in: ders. Nur für Herrschaften, 80–87, hier: 84. Zur vom Architekten Franz Schwechten geplanten »bühnenhaften Schwelle« des Bahnhofsentrées: Kirsty Bell. Gezeiten der Stadt. Eine Geschichte Berlins. Berlin 2021, 93.

145 Zum Anhalter als Bahnhof, der in die Ferne führte: Wajsbrot. Berliner Ensemble, 28.

146 Vgl. Bell. Gezeiten der Stadt, 94.

147 Benjamin. Berliner Kindheit, 246.

148 Zum Bahnhof als »Panorama« für eine »fata morgana«: Benjamin. Berliner Chronik, 503. Zum Anhalter als Teil der ›Berliner Mythologie‹ auch: Palmier. Berliner Requiem, 103.

149 Hermann. Anhalter Bahnhof Winter 1916, 83.

150 Vgl. Sahl. Die Wenigen und die Vielen, 115 f.

151 Ebd., 131.

»Bahnhofsdekoration« verlieh. Dem hat er nach Ankunft im New Yorker Exil einen Kommentar hinzugefügt: »Die Bomben, die jetzt auf Berlin fielen, zerstörten eine Stadt, die bereits in dem Augenblick, in dem die neuen Männer an die Macht gekommen waren, sich zerstört hatte«.[152] Diesen hohlen Spuk hat sein Freund Koeppen aus der Innensicht gefasst, wenn er Berlin nach der NS-Machtergreifung eine »besetzte Stadt« nannte.[153]

Einen Epilog sollte das Bahnhofsbild im Nachkrieg erhalten, als Koeppen auf der Durchreise den Anhalter passierte. Dieser war ihm Monument eines Weltmangels geworden: »In der ausgebrannten Halle des Anhalter Bahnhofs wächst Gras und lärmen Kinder; die Kinder schossen mit Wasserpistolen aufeinander und fielen tot zwischen die Gleise«.[154] Der Ort lag jetzt im Herzen eines politischen Niemandslandes: »Ein unsichtbarer Kreidestrich. [...] Polizisten hüben, und Polizisten drüben. Das Unkraut in der Mitte, – ein Stück der Wahrheit oder der Chimäre?« Vielleicht kaum jemand aus Koeppens Generation hat so bündig die Metamorphose der Bahnhöfe – als Grunderfahrung des 20. Jahrhunderts – zusammengefasst wie die Exilierte Tergit. Für sie war es nicht nur eine Wende ins Unheimliche. Sie schrieb in ihrer Miniatur »Bahnhöfe« über den entwürdigten Daseinstopos des Reisens, der zu einem von Zerstörung und Deportation geworden war: »Bahnhöfe sind heute verbogene Schienenstränge, zerknittertes Stahlzeug, mit Bomben zu belegende strategische Knotenpunkte. Es riecht dort nicht mehr nach Schwefel, sondern nach Blut, nicht mehr nach Abenteuer, sondern nach Vertreibung.«[155] An diesen Orten würden, schrieb sie, in unserer Zeit »Tränen geerntet«.

Damit behielt Tergit die Ebene der Stadt im Blick. Nur aus der Sicht des Fußgängers vermochte der Blick berührbar bleiben. Der anästhesierte Blick hingegen war jener der Bomber, die sich dem emphatischen Blick verweigerten: »Ich will sie nicht sehen. Ich will nicht wissen«, lässt Koeppen einen Bomberpiloten in seinen Reiseessays sagen, »ob es Menschen sind, die in ihnen [den Städten, T.G.] wohnen.«[156] Koeppens Blick ist verletzlich wie jener Tergits, er betrachtet den Bahnhof als Zeugenschaftsort. Die Dinge, die hier zwecklos wurden, sollten den Nachgeborenen zu den »Handlungszeugen« einer untergegangenen Welt werden.[157] Zum Ort einer epochalen

152 Ebd, 140.
153 Vgl. Koeppen. Es wird wieder sein, 33.
154 Koeppen. Nach Rußland und anderswohin, 106.
155 Gabriele Tergit. Bahnhöfe. Die Neue Zeitung 7.8.1948. Zentral- und Landesbibliothek, Berlin-Sammlungen, Mikrofilmarchiv.
156 Koeppen. Nach Rußland und anderswohin, 274.
157 Vgl. Walter Aue. Das Gedächtnis der Gegenstände, in: Rheinsberg. Anhalter Bahnhof, ohne Seitenzahlen.

Im Scherbenfeld: Stadt der Sammler

Befindlichkeit. Sein erbarmungswürdiger Zustand korrespondierte mit dem der getroffenen Stadt, wie sie Sahl im Nachkrieg beschrieb. Das geisterhaft verdoppelte Bild wurde sein Wahrnehmungsmodus: »Ich gehe durch die Stadt, die ich verlernte«, heißt es in einem Rückkehrer-Gedicht, »und werde wieder Straße, Nacht und Regen / und gehe mit den Toten in der Menge.«[158] Für ihn war die ganze Stadt zum Topos eines Abwesenden geworden: »Das Nahe ist nie nah, nur das Entfernte«. Zugleich zeigte sich diese Stadt als Anzeichen eines »Aus-der-Realität-geraten-Seins«.[159] Ein entgleister Zeitsinn war hier auszumachen.[160]

Ein abschließender Fund der Berlin eigenen Überlieferung mag diesen Zeugenschaftsgehalt des Anhalters noch einmal erhellen. Die Rede ist vom Künstler Carl-Heinz Kliemann, der wie kein Zweiter den Nachkriegs-Topos Berlin ins Bild setzte. Er vollzog dabei eine exemplarische künstlerische Wandlung, die von einem spätexpressiven Stil hinüberführte zu einem Minimalismus der gezeichneten Stadt. Da wurde das Anhalter-Portal zur Allegorie schlechthin: eine ramponierte Zeittür zwischen den Epochen, Aura einer »dämonischen Kulisse«.[161] Zu diesem Bild gehört ein weiteres, das die Türen im Portal des Anhalters im Detail zeigt. In dessen Titel ist das Fragliche angezeigt: »Toter Bahnhof oder Berliner Idylle«. Was schon auf eine Formel gebracht wurde – jene, dass das Wesen der leeren Zentrale in der geheimen Zugehörigkeit des Schrecklichen zum Idyllischen besteht –, wird

158 Hans Sahl. Wiedersehen mit Berlin, in: ders. Die Gedichte. Hg. von Nils Kern und Klaus Siblewski. München 2009, 61.

159 In diesem Falle die Berliner Autorin Ingeborg Drewitz an Hans Sahl, die sich in ihrem Briefwechsel über das Nachkriegsberlin verständigten. Vgl. Drewitz an Sahl vom 18.6.1976, in: dies. »Die Schleimschrift des Schicksals liess keine Kalligraphie zu«. Briefwechsel 1976/77. Mit einer Vorbemerkung von Till Greite, in: Sinn und Form 73 (2021), Nr. 6, 758–767, hier: 761.

160 Zum entgleisten Zeitsinn: »Nein, in Berlin ließ mich mein Zeitgefühl im Stich.« László F. Földényi. Im Dickicht Berlins, in: Mónika Dózsai u.a. (Hg.). »Berlin, meine Liebe. Schließen Sie bitte die Augen.« Ungarische Autoren schreiben über Berlin. Berlin 2006, 17–27, hier: 21 f. Hierzu die Einträge »entgleisung« und »entgleisen« in: Jacob und Wilhelm Grimm. Deutsches Wörterbuch. Bd. 3. E–Forsche. München 1984, Sp. 544.

161 Zu den klappernden Türen ins Nichts am Anhalter als Teil der »dämonischen Kulisse«: Carl-Heinz Kliemann. Stadtlandschaften. Ein Werkstattgespräch mit Bärbel Hedinger, in: ders. Werke und Dokumente. Hg. von Archiv für Bildende Kunst im Germanischen Nationalmuseum Nürnberg. Nürnberg 1995, 47–62, hier: 62. Zu den frei schwingenden Türen als Erinnerungsstück auch: Palmier. Berliner requiem, 104.

»Es steht eben da wie ein vergessenes Versatzstück von irgendeiner Sache.«
Kliemanns Radierung »Anhalter Bahnhof« von 1974. © VG Bild-Kunst, Bonn
2024.[163]

hier Bild. Prägnanter noch in Kliemanns reduzierter Radierung »Anhalter
Bahnhof«.

Noch etwas wird an dem Bild deutlich: Wirklich präsent wirkt nur der
unwirklichste Teil der Gegend, der funktionslose »Anhalter Trumm«. Die
neuen Bauten dagegen verschwinden im Hintergrund als blasse Linien.
Angesichts der Präsenz des Trümmerstücks wirkt das Gegenwärtige fahl,
eindringlich nur das Unsichtbare. Wo Benjamin noch die Bahnhofshalle als
Projektionsraum erträumter Orte sah, legt sich bei Kliemann ein diaphaner
Schleier über die Szenerie. Sichtbar wird das Medium der Luft und ihre
melancholische Aura.[163] Doch ist es nicht ein bloß kontemplativ anmutender

162 Mit Dank an die Carl-Heinz-und-Helga-Kliemann-Stiftung für die Bereitstellung
     der Abbildung. Zur Grafik im Bestand siehe: Inv. Nr.: SM 2020-03128.
163 Zum Luftmedium vgl. Szilasi. Macht und Ohnmacht des Geistes, 304.

Im Scherbenfeld: Stadt der Sammler

Luftschleier. Man mag sich an den »kühlen Hauch« erinnert fühlen, als den Max Scheler das Phänomen des Tragischen räumlich-atmosphärisch umschrieben hat.[164] Nach dem Zweiten Weltkrieg war dies der Eindruck des Abgedrängtseins des Gegenwärtigen durch die Aufdringlichkeit der Erinnerungsschichten. So empfand es auch Hamburger, wenn er bekannte, sich bei seinen Besuchen erst der Präsenz des Gewesenen erwehren zu müssen, um zur Gegenwart »durchbrechen« zu können.[165]

Was am Anhalter sinnfällig wird, ist der Weltentzug, den Kliemann im Bild eingefangen hat: der Schmerz, dass etwas Ungeheuerliches geschehen war. Nicht die potemkinschen Straßenzüge der City-West dominieren, sondern ihr Unsichtbares. Die verkehrte Welt am Ort, in der Engführung von Idylle und Tod. Wie kaum ein Maler deutete Kliemann den Anhalter als doppelgesichtiges Zeit-Bild, das als Geschichtsfragment Ausdruck eines verinselten Erinnerns war. Er hat auf diese Gedächtnisproblematik im Bild verinselter Häuser im Stadtbild hingewiesen: »Mich bewegten diese verinselt stehenden großen Häuser mit den leeren Brandmauern, die zwischen abgeräumten Ruinengrundstücken standen, die der Stadt so etwas Seltsames gaben, Häuser, die wie Inseln dastanden.«[166] Die Faszination für das Stehengelassene teilte er mit Koeppen und mit Höllerer, der die »monumentalen Hüllen« am Potsdamer Platz entdeckte.[167]

Für Kliemann wird der »Anhalter Trumm« zum Schlüsseltopos. Wieder taucht das Sujet der Tür und ihrer Vorhandenheit auf, wie schon in der Stunde Null bei Künstlern wie Heldt oder Mammen. Auch bei Kliemann ist es die der Funktion enthobene Tür, die als Zeit-Tür Durchblicke auf eine unheimlich gewordene Landschaft gewährt: »Die tote Fassade des Anhalter Bahnhofs ist unverwechselbar mit ihren drei Portalen«, so Kliemann, »in denen die Türen hingen und hin- und herklopften, und darüber die fensterlose, lochartige Zone, die [...] Böses [...] und [...] Trauriges darstellt.«[168] In der abgebildeten Radierung kommen gestische Ausdrucksstriche hinzu: angedeutete Schienen womöglich. Ins Bild gerät so das Verschwundene, da der Betrachter das Anhalter-Portal von hinten, aus der Sicht des ehema-

---

164 Vgl. Max Scheler. Zum Phänomen des Tragischen, in: ders. Vom Umsturz der Werte. Bd. 1, 237–270, hier: 240.

165 Vgl. Hamburger. Das Schweigen in Berlin, 158.

166 Kliemann. Stadtlandschaften, 57.

167 Vgl. Höllerer. Tiergarten, 222.

168 Kliemann. Stadtlandschaften, 62. Zu seiner Ästhetik »metaphorischer Landschaften« auch: Freya Mühlhaupt. Carl-Heinz Kliemann: Erfahrene Landschaft, in: Berlinische Galerie e.V. (Hg.). Carl-Heinz Kliemann. Arbeiten auf Papier. Berlin 1994, 7–11, hier: 9.

ligen Bahnhofsinneren, zu sehen bekommt. Die Gleise münden in eine Art ›Gleisgestöber‹, das zum Bildrand hin ausläuft. Was bei Celan die verschneite Gegend ist, das ist hier winterliches ›Gleisgestöber‹.

Es ist ein Aufwirbeln, als wäre das Gleisbett zur gespenstischen Wolke geworden, ins Schwebend-Geisterhafte verflüchtigt. Das ist der Dreh- und Angelpunkt des Bildes: Im ›Gleisgestöber‹ wird die Auflösung der Linien ins *terrain vague* vollzogen. Das Brutale der Schiene geht in Zerstreuung über. Es ist dieses Gestöber, in dessen Zeichen der Ort zu etwas anderem wird. Es wird eine Atmosphäre fasslich, die Gombrowicz als bezeichnend für Berlin empfand: ein aus »Zerfall«, »Verflüchtigung« und »Wirklichkeit« zusammengesetzter Ort.[169] Wirklich war dieser ehemalige Bahnhof als einer von Flucht und Vertreibung, als Ausgangspunkt einer Dispersionserfahrung. Kliemann brachte dies ins Bild. Der Anhalter wird zum Herzstück eines städtischen Pandämoniums. Er selbst erblickte im Anhalter-Portal das Sinn-bild eines »vergessenen Versatzstückes von irgendeiner Sache«.[170] Das Wort »Versatzstück« ist an dieser Stelle gut gewählt, ruft es doch die Bedeutung einer Einfügung auf, wie man es aus der Verwendung von Spolien kennt, die auf fremde Ortszusammenhänge deuten. Nur ist es hier umgekehrt: Ledig-lich das Versatzstück ist vom Ort übrig geblieben. So bietet sich eine andere Bedeutung an, nämlich die, auf ein Hinterlegtes, ein Erinnerungsstück auf-merksam zu machen, das Hypothek sein kann.

Hinter seinen Äußerungen über die »dämonische Kulisse« verbirgt sich zuletzt ein Hinweis, der deutlich macht, wie Kliemann unterwegs die Spur des Genius Loci aufnahm. Zu diesem Verfahren mag eine Bemerkung sich fügen, die im Geist der Flanerie gesprochen ist: »Wie den Griechen gewisse, an sich unansehnliche Plätze, Ecken und Steine wegen der ihnen innewoh-nenden Gottheiten oder wegen der Erinnerungen an sich bemerkenswert waren«, so scheint auch der Maler Kliemann hier am »Trumm« zum Kern des Ortsgeistes vorgedrungen zu sein.[171] Es ist die spukhafte Atmosphäre, der Geruch, der Wind, der dem Bild seinen Richtungssinn verleiht. Zieht man die Befunde zusammen, stellt man neben Kliemanns ›Gleisgestöber‹ den Eindruck des Feldartigen, den Gombrowicz formuliert hat und erinnert sich an die von Celan eingefangene Grundstimmung eines Wintersternbilds, so mag man die entscheidenden Elemente dieser Konstellation zweier Plätze versammelt sehen. Etwas Vertrautes und Verstörendes kommt in der Optik

---

169 Vgl. Gombrowicz. Berliner Notizen, 127.
170 Kliemann. Stadtlandschaften, 62.
171 Diese Charakterisierung eines Genius Loci ist Speyer geschuldet. Vgl. Speyer. Das Glück der Andernachs, 298.

Im Scherbenfeld: Stadt der Sammler

aller dieser Trümmerflaneure zum Tragen.[172] Mit der Freilegung der »dämonischen Kulisse« wob Kliemann ein Stück der Ambivalenz der Gegend fort. Der Dämon vom Anhalter erhielt bildhaften Ausdruck, zu sehen im Affekt seines Strichgestöbers. So erlebte der Maler am Ort seine Stunde produktiver Einsamkeit. Ein Besucher wie Celan jedoch mag erschrocken gewesen sein: angesichts der »ängstlichen Stille«, die sich zwischen »Anhalter Trumm« und dem Fraktal vom Potsdamer Platz manifestierte – und auf so viel Unerledigtes verwies.[173]

172 Zur Weise schöpferisch ›sehenden Sehens‹ bzw. der »réalisation« auch: Max
     Imdahl. Cézanne – Braque – Picasso. Zum Verhältnis zwischen Bildautonomie
     und Gegenstandssehen, in: ders. Gesammelte Schriften. Bd. 3. Hg. von Gottfried
     Boehm. Frankfurt a. M. 1996, 303–380, hier: 304, 371.
173 Zur »ängstlichen Stille« und zum Unerledigten vgl: Bachmann. Ein Ort für
     Zufälle, 286f. Zur produktiven Form »absichtsloser Spaziergänge«: Ihlenfeld.
     Stadtmitte, 123.

12. Ihlenfelds »Stadtmitte«: Umwege eines Scherbensammlers

Benjamin hat einmal bemerkt, der Sammler sei einer, der den »Kampf gegen die Zerstreuung« aufgenommen habe und den Bruchstücken des Lebens nachgehe.[1] Denkt man dabei an den Schriftsteller Kurt Ihlenfeld, an das literarisch-kritische Sammlerwesen, das er im Nachkrieg pflegte, so kann man ihn als Widersacher des Geistes der Dispersion verstehen; dieser war zuletzt an Kliemanns ›Gleisgestöber‹ zu sehen. Ihlenfeld war ein Gegenspieler jener Kräfte. Doch war dieser Sammler keineswegs ein Pedant, ein Verfechter der Ordnung. Vielmehr ist er geprägt von Verlust und Zerstörung. Diese Erfahrungen zeichneten seine Sensibilität aus, versetzten ihn in die Lage, im Entzug Berlins die Anwesenheit verlorener Fülle wahrzunehmen. Als Nachkömmling der Flaneure versuchte er das Auffindbare in einem imaginären Bannkreis zu versammeln: seiner »Stadtmitte«.[2]

Je mehr er zusammentrug, desto deutlicher trat in seinem Werk die Frage nach seiner Verstrickung in die Epoche hervor. Für den Sammelnden haben die Fundstücke eine eigenartige Ambivalenz; man mag an ihnen das »Theater ihres Schicksals« betrachten.[3] Das Gefundene offenbart seine Vergegenwärtigungskraft und bringt mitunter ein verschollenes Atlantis zurück. Benjamin bezeichnete es als das dem Sammeln eigene »Verfahren der Erneuerung«, das zu einer Bergung verborgener Schätze führen kann.[4] Doch noch etwas greift hier: Wirken die Fundstücke zusammen, bieten sie der Auslegung einen Mehrwert. Dieser scheint, so legte Ihlenfeld es nahe, in der Form des Fragmentarischen begründet zu liegen.[5] Für den Sammler ist der einzelne Fund kein Selbstzweck. Erst wo das einzelne Stück aus seiner Selbstgenügsamkeit genommen wird, um es einem Sinnzusammenhang zuzuführen, wird der Sammler unversehens zum Deuter. Mit Ihlenfeld betritt

1 Vgl. Benjamin. Das Passagen-Werk, 279.
2 Zum Verfahren der Sammlung um einen »Bannkreis« vgl. ebd., 271. Sowie: Sommer. Sammeln, 9.
3 Vgl. Walter Benjamin. Ich packe meine Bibliothek aus. Eine Rede über das Sammeln (1931), in: ders. Gesammelte Werke. Bd. IV-1, 388–396, hier: 389.
4 Vgl. ebd., 390.
5 Vgl. Ihlenfeld. Stadtmitte, 303. Zur Theorie des Fragments als ›kleines, widerborstiges Kunstwerk‹ auch: Dieter Burdorf. Zerbrechlichkeit. Über Fragmente in der Literatur. Göttingen 2010, 113.

somit der Allegoriker als Interpret des Fragmentarischen die Bühne: Was ihn in Bann schlägt, ist das unvorhergesehene Sinnbild, das sich aus der Synopsis seiner opaken Fundstücke wie in einem Entwicklerbad abzeichnet.

Um diesen Überschuss einzufahren, machte sich der Scherbensammler in Berlin auf dorthin, wo er seine »unsichtbare Mitte« vermutete. Eine »Kreisbewegung« nannte er sein Verfahren, ein performatives Umkreisen jenes einst urbanen Zentrums. Doch wie der Mangel anzieht, wurde ihm seine »Stadtmitte« zum Gravitationspunkt aller seiner Bemühungen um eine »imaginäre Mitte«.[6] Deren Sog hielt den Gedankengang in Spannung. Seine Fundstücke versammelten sich auf ein verschwiegenes Zentrum hin, für das ihm sein Tagebuch zum Schatzhaus wurde. So ist die Chiffre »Stadtmitte« zugleich sein Bild für die aufgeworfene Frage nach einer Poetik der leeren Zentrale.

Begegnet man diesem weithin unbekannten Autor auf seinen Wegen durch die Literaturgeschichte zum ersten Mal, so mag Ihlenfeld wie einer wirken, der nachträglich über ein Schlachtfeld zog, um die Verstorbenen zu begraben und die Lebenden ausfindig zu machen. Er war der Typus des Übriggebliebenen, der wenig Aufhebens von sich machte. Doch war Ihlenfeld kein Unbekannter, eher eine graue Eminenz der Berliner Nachkriegsliteratur. Er war Theologe und Kunsthistoriker und wirkte zunächst als Pfarrer, bis er sich nach dem Krieg als freier Schriftsteller in Berlin niederließ. Dabei berührte er den Hauptstrom der Literatur an einer für das Sujet der leeren Zentrale entscheidenden Stelle: als Begründer des Eckart-Kreises, eines Widerstandzirkels im Berlin der NS-Zeit, zu dem Literaten und Intellektuelle wie R. A. Schröder, Theodor Heuss und Ihlenfelds Freund Jochen Klepper gehörten. Letzterer wurde zum tragischen Opfer der NS-Verfolgung. Das Organ des Kreises, das »Eckart-Jahrbuch« mit Ihlenfeld als Herausgeber, hatte bis zur Zerstörung des Verlags 1943 existiert, Anfang der 1950er Jahre gründete es sich neu. Dabei spielte der Eckart-Kreis nach 1945 – als Kreis ohne festen Mittelpunkt – eine veränderte Rolle, nämlich die eines Relais zwischen West und Ost wie dem Exil. Zum Kreis gehörten Figuren wie der ehemalige Herausgeber der »Literarischen Welt« Willy Haas, Johannes Bobrowski und Nelly Sachs, deren Berlin-Besuch nach dem Krieg im »Eckart« begleitet wurde.[7]

6 Vgl. Ihlenfeld. Stadtmitte, 253.
7 Zum Bild des Ost-West-Relais: Kurt Ihlenfeld. Gleich hinter der Mauer ..., in: Eckart-Jahrbuch 1964/65, 318–321, hier: 319. Zu Nelly Sachs' Berlin-Besuch vgl. das »Eckart-Jahrbuch« 1965/66. Zur Verbindung Bobrowskis zu Ihlenfeld die Anmerkung in: Bobrowski. Briefe 1937–1965. Bd. 3, 397. Zum »Eckart« als Ost-West-Schnittstelle auch: Stefan Hansen. Begegnungen unter dem Dach der Kirche,

Dass sich Ihlenfeld als Übriggebliebener empfand, bezeugt nicht nur sein Berlin-Tagebuch, sondern ein kleines »Intermezzo«, in dem er sein Verfahren beschreibt, wie einer, der in der Stadt die Mosaikstücke einer *terra sigillata* einsammelte.[8] Man kann es die Haltung des auflesenden Flaneurs nennen, die in dieser Miniatur zum Ausdruck kommt. Darin ist von einer »Scherbenstadt« die Rede, nicht so sehr einer konkreten als einer geistigen. Es sei dieser »Priester des genius loci« im Nachkrieg »beschäftigt«, wie es im Gleichnis des Trümmerflaneurs heißt, »die Scherben zu sammeln, die von meiner Stadt übriggeblieben sind.«[9] Worum es ihm gehe, sei Schadensaufbewahrung, ein behutsames Auflesen seiner beschädigten poetischen Stadt, die Berührungspunkte im Wirklichen habe, doch »außerhalb« von jedem nur »geographischen Zusammenhang« stehe. Denn im Zeichen der Zerstreuung sei die zu suchende Ortschaft ein »Hier und Überall«. Die Schwierigkeit, dieses »höchst zerbrechliche Material« zu sammeln, bestehe darin, mit dessen Zerstreutsein umzugehen. Das erforderte Sensibilität, denn man hatte es nicht nur mit dem Auflesen des Vergessenen zu tun, sondern mit einer auch aufzulesenden, lädierten Stadt, wie man einem Verletzten auf die Beine hilft. Darin mag ein Stück urbaner Seelsorge dieses Pfarrer-Flaneurs gelegen haben. Er wusste, dass ihm nur ein Verfahren der Umwege helfen konnte, um »Rückschluß auf die Stadt« zu ziehen.[10] Da er die Überreste als Seiendes respektierte, bewegte er sich im behutsamen Zickzack voran. Fand er etwas, habe er gleich dem Alchimisten am Fundstück eine »kleine Verwandlung« vorzunehmen, um es sich als Zeugnis anzueignen.[11]

Ihlenfelds Journal »Stadtmitte«, das mit der Mauerzeit einsetzt und mit den Auschwitzprozessen 1964 endet, scheint der Form nach diesem Gedanken einer aus Splittern zusammengeflickten *terra sigillata* zu folgen. So entwickelt er darin die Idee einer eigenen Kunstgeschichte: »Die großen Kunstwerke«, so Ihlenfeld, »liegen in der Welt umher wie Wrackteile eines permanenten Schiffbruchs.«[12] Eine Geschichte habe etwas vom Ereignis der Wiederbegegnung mit diesen aufzunehmen: wie ein »am Strand entlang

---

in: Roland Berbig (Hg.). Stille Post. Inoffizielle Schriftstellerkontakte zwischen West und Ost. Berlin 2005, 100–115, hier: 103 f.

8 Darin ähnelt er dem Analytiker der Krypta, die ebenso Teile von Scherben, schwer zu Deutendes beherbergt. Vgl. Derrida. Fors, 17.

9 Kurt Ihlenfeld. Intermezzo III, in: ders. Zeitgesicht. Erlebnisse eines Lesers. Witten, Berlin 1961, 181–183, hier: 181.

10 Vgl. ebd., 182.

11 Vgl. ebd., 183.

12 Ihlenfeld. Stadtmitte, 134.

Im Scherbenfeld: Stadt der Sammler

Wandelnder«.[13] Doch verharrte dieser Strandgutsammler nicht beim Vor-
zeigen seiner Fundstücke, sie wurden ihm zu Elementen, aus denen er die
Planken seines Tagebuchs zimmerte.[14] Dass er dies unter dem Eindruck eines
Einschnitts tat, macht er eingangs des Tagebuchs deutlich. Der Mauerbau
wurde ihm zum persönlichen Riss, der ein ganzes Leck an Erfahrungen
freisetzte, die er schreibend zu erfassen suchte. Der äußeren Desorientierung
korrespondierte so das Bedürfnis, im veränderten Gelände der Stadt nach
dem Mauerbau seinen eigenen Standort neu zu bestimmen.

Aber nicht nur der Gang nach dem Mauerbau konfrontierte ihn mit
neuen Mühseligkeiten. Auch aus dem Vergangenen kamen Widrigkeiten an
die Oberfläche.[15] Folgt man einem Gedanken Bollnows zum hodologischen
Raum, dem zu Fuß ergangenen Raum, so war dieser in Berlin durch die
Mauer zerschnitten.[16] Darin ähnelte das Bauwerk einer erkalteten Front, wobei der Krieg seit je ein großer Unterbrecher geschichtlicher Raumfügungen
ist. Ihlenfeld hat seine Perplexität bei der Erstbegehung in Berlin in der Begegnung mit einer Gruppe Taubstummer auf beiden Seiten der Mauer festgehalten. Fundstück einer grotesken Wirklichkeit, die jeden Beckett'schen
Einfall überstieg und die Ausdrucksnot sinnfällig werden ließ: »Unter den
Winkenden befand sich auch eine kleine Gruppe von Taubstummen, die
sich untereinander mit ihren gewohnten Gebärden verständigten, was den
an sich bedrückenden Effekt ins Gespenstische steigerte. Dies zu sehen, gab
ein geradezu schmerzhaftes Gefühl für die Wirklichkeit, die die unsere ist.«[17]

Das Bild der Taubstummen mit ihrer gesteigerten Mimik stand für die
»Tiefe des Sturzes«. So entwickelten die »kritischen Gänge«, wie sein Buch
im Untertitel heißt, eine Raumkunde des Absurden, eine »Geographie des
Kalten Krieges« mit den »unsinnigsten Situationen«, in denen der kleinste
Fußweg zum Ausdruck des Verunmöglichten wurde.[18] Doch sah Ihlenfeld
diese Topoi als Teil eines weiter um sich greifenden Problems, das er auf den
Begriff einer »Berliner Theodizee« brachte. Er befragte damit die Rechtferti-
gung eines gegenwärtigen Übels angesichts eines gewaltigeren Unerledigten

13 Vgl. ebd.
14 Zur Figur des Neuansatzes aus Unglücks-Überresten auch: Blumenberg. Schiffbruch mit Zuschauer, 15, 83.
15 Zur Selbstlokalisierung als beständigem Umgang mit der »mühsamen Mittel-
   barkeit« siehe: Manfred Sommer. Suchen und Finden. Lebensweltliche Formen.
   Frankfurt a.M. 2002, 232.
16 Vgl. Bollnow. Mensch und Raum, 201.
17 Ihlenfeld. Stadtmitte, 23.
18 Vgl. ebd., 32.

in der Vergangenheit der Stadt.[19] Damit zieht Ihlenfeld in »Stadtmitte« eine Verbindung von den KZ-Lager-Berichten Primo Levis zu den gespenstischen Szenarien, denen er in der Bernauer Straße an der Mauer begegnete. Es schien ihm, als manifestiere sich hier die Anklage eines Ortes im Licht des Grauens, das von ihm seinen Ausgang genommen hatte. Der Scherbensammler versuchte, etwas von dem Übel abzutragen, wodurch sein Tun eine ethische Dimension erhielt. Denn laut seiner Deutung hielten unaufgelöst »Angst und Erinnerung« das Lebensgefühl in der »Zange«.[20] Darin liege das Eigentliche jener »Berliner Theodizee«: die nicht geleistete Annahme des Geschehenen. Wie es hatte geschehen können, versuchte Ihlenfeld mit seinen Gängen zu erkunden.

Als Einbruch glich der Mauerbau einer lautlosen Explosion: ein Unerhörtes, das als »Stille des Schrecks« in die Menschen fuhr.[21] Erinnerungen an vormalige Einschnitte meldeten sich zurück. Die Begegnung mit den Taubstummen deutete darauf hin, dass Ihlenfeld das vermauerte Stadtzentrum zu etwas wurde, das er einmal die »letzte Ortschaft der Worte« genannt hat.[22] Gerade diese Grenzorte des Sagbaren sind es, die Celan – den Ihlenfeld aufmerksam studierte – als die noch zu realisierenden Orte bezeichnete.[23] So berührt sich in jenen Ortschaften die Ausdrucksnot mit dem Ausdrucksbedürfnis des Menschen. Ihlenfeld wies dem im Berliner Fall ein spezifisches Zeitverhältnis zu: Die Ereignisse brachten Gewesenes zurück. Der Mauerbau führte zu einem »neuen Grad von Isolierung« in Berlin, zur noch ausgeprägteren »Konzentrierung des Lebens«.[24]

Es stellte sich ein, was man im Zusammenspiel von »Lebenszeit« und »Weltzeit« eine geschichtliche Erfahrung nennt. »Geschichtserfahrung ist«, so Blumenberg, »was in der jeweils erreichbaren Dimension einer Lebenszeit sich in einer Welt verändert.«[25] In diesem Sinne machte für Ihlenfeld die Mauerzeit im Kleinen Epoche: Einschnitt, der das Kommende und Ver-

19 Vgl. ebd., 20.
20 Vgl. ebd., 26.
21 Vgl. ebd., 24.
22 Hier Rilke zitierend: Kurt Ihlenfeld. Vorwort, in: ders. Zeitgesicht, 5–8, hier: 8. Zur Dichtung als Erweiterin des »Bezirks des Aussprechbaren« auch: Loerke. Tagebücher, 205.
23 Vgl. Celan. Der Meridian, 199. Sowie: Kurt Ihlenfeld. Aus der lyrischen »Documenta«, in: ders. Zeitgesicht, 166–170, hier: 167.
24 Hierzu der Klappentext von »Stadtmitte«. Auch Ihlenfelds zweites Berlin-Buch ist durch einen Einschnitt – die Einführung der Visumspflicht durch die DDR im Interzonenverkehr 1968 – angestoßen. Vgl. Ihlenfeld. Loses Blatt Berlin, 13.
25 Blumenberg. Lebenszeit und Weltzeit, 261.

gangene neu in Beziehung setzte. Der Ernstfall löste bei ihm einen zum Schreiben anhaltenden Druck aus, der den Rücklauf in der Erinnerung mit einem persönlichen Bekenntnis verband: »Ein Tagebuch ohne Todesgedanke ist undenkbar. Tag und Tod ergeben das Ganze, in das wir gestellt sind.«[26] An dieser Nahtstelle liegt die Leistung des Tagebuches, so es dem Autor als »Balancierstange« durch die Zeit dient.[27] Hierbei ist die Sensibilität des Schreibenden auf den Wandel des Lebensgefühls ausgerichtet. In diesem Geist konstatierte schon Max Frisch zur Kunst des Tagebuchschreibers, dieser halte »die Feder hin, wie eine Nadel in der Erdbebenwarte«.[28] Zwar stand auch für Ihlenfeld das Tagebuch im Zeichen seismischer Erschütterungen. Doch kam ein weiterer Aspekt hinzu, der sein Tagebuch von anderen unterscheidet: die beständige Zeitschleife.[29] Denn bemerkenswert ist, dass Ihlenfeld nicht mit einem klassischen Diarium – von Tag zu Tag wie Loerke oder frei linear wie Gombrowicz – auf die Mauerzeit reagierte, sondern mit zeitlichen Ausgriffen. Das Journal fungierte als Buch der zeitlichen Umschiffung. Damit scheint sein Vorhaben einer allzumenschlichen Einsicht gefolgt zu sein, dass angesichts der Perplexität Umwege nötig sind, um bei der »eigenen Lage« anzukommen.[30]

Bei seinem Vorgehen griff Ihlenfeld auf die Zeugenschaft anderer Tagebuch-Autoren mit Berlin-Bezug – von Kierkegaard bis Klepper, von Kessler bis Frisch – zurück. Er scheint sich hierbei an das Credo Loerkes gehalten zu haben, den er zu den wirkungsgeschichtlichen Spurensicherern Berlins rechnete, sich am Gespräch mit den »Zeitgenossen aus vielen Zeiten« zu orientieren.[31] Diesem Verfahren korrespondiert seine Haltung als Beobachter im Schatten der Aktualität. Generationell mag ihm Max Frisch am nächsten gestanden haben, den er mit seinen Berlin-Notizen aus der Stunde Null zu Wort kommen lässt: aus jener Zeit, da Ihlenfeld sich als Flüchtling – er hat

26 Ihlenfeld. Stadtmitte, 79. Zum »Ernst« als Gemütsmodus des Innewerdens auch: Michael Theunissen. Der Begriff Ernst bei Sören Kierkegaard. Freiburg, München 1958, 137.

27 Zur Metapher der »Balancierstange« vgl. Victor Klemperer. LTI. Notizbuch eines Philologen. Berlin (Ost) 1949, 15. Zur Vermittlungsleistung des Kalenders: Blumenberg. Lebenszeit und Weltzeit, 150f.

28 Frisch. Tagebuch 1946–1949, 361.

29 Zur Zeitschleife als Verfahren: Bollnow. Das Nachholen des Versäumten, 220f.

30 Zur »Lage« und »Situation«, die beide einen existenziellen Ton anklingen lassen, der Klappentext von »Stadtmitte«.

31 Zu Loerkes Vorgehen, die Dinge »aus der Zerstreuung wieder zusammenzufügen«: Kurt Ihlenfeld. Wer Flügel hat, wird nicht zerschellen, in: ders. Zeitgesicht, 138–142, hier: 139. Sowie: Loerke. Zeitgenossen aus vielen Zeiten.

Zusammenbruch und Vertreibung im Osten 1944/45 miterlebt – noch nicht in Berlin befand.[32] Aufschlussreich sind zwei Verwandtschaften zwischen den beiden Autoren: der Anstoß zur Selbstklärung im Journal wie das Verständnis, dieses als poetologischen Denkraum aufzufassen. Bei beiden rückt der Schreibvorgang, das Bemühen um die Darstellungsweise in den Fokus. Was bei Frisch die zeichnerische Skizze, das ist beim Kunsthistoriker Ihlenfeld der Croquis, die Geländeskizze, die die Stadt als Landschaft interpretiert.[33]

Auch der gelernte Architekt Frisch streute Beschreibungen in sein Tagebuch. Doch hat diese kleine Form bei Ihlenfeld einen Hintergrund in der inneren Emigration. Demnach entwickelte sich sein Plädoyer für die kleine Form aus Kenntnis der Ideologieanfälligkeit des Großformatigen: »Je mächtiger das Format wird«, so Ihlenfeld in »Stadtmitte«, »um so fühlbarer oft der außerkünstlerische Anspruch, der es hervortrieb.«[34] Ähnlich hat Hamburger geäußert, die kleine Form habe es leichter, in Zeiten der Bedrohung zu überleben – mit Ihlenfeld: »unkommandiert« zu bleiben.[35] Mit der großen Form hatte Ihlenfeld nicht nur die Erfahrung mit der NS-Kunst und den illustrativen Manierismen im Sozialismus im Sinn, sondern auch die westdeutsche Flucht in die Abstraktion, die in großer Gebärde leerzulaufen drohte. Dagegen ziehe sich im »kleinen Format« die »Welt zu der ihr eigenen Dichte zusammen«.[36] Erst in der Kompression entstehe jene Dichte an Relationen, ohne die kein Kunstwerk sein kann. Hier kapituliere das »Nichts« vor dem Künstler, »nicht umgekehrt«.

32 Zur Katastrophe im Osten und Max Frischs Berliner Stunde Null: Ihlenfeld. Stadtmitte, 82, 274f. Sowie: Frisch. Tagebuch 1946–1949, 527.

33 Zum Hang zum Skizzenhaften in der Nachkriegszeit: Frisch. Tagebuch 1946–1949, 447f. Sowie zur Pleinair-Skizze der Stadt, wie sie Lesser Ury schuf: Ihlenfeld. Stadtmitte, 12f. Theoretisch zur Landschaft sein Akademie-Vortrag: Kurt Ihlenfeld. Die Landschaft im Roman, 13.2.1959. AdK-W 153–1. Archiv der Akademie der Künste Berlin.

34 Ihlenfeld. Stadtmitte, 27.

35 Vgl. Hamburger. After the Second Flood, 28. Zum Überleben der Dichtung im Dritten Reich: »Am leichtesten hat es die Lyrik, unkommandiert zu bleiben.« Kurt Ihlenfeld. »Getroste Verzweiflung«, in: ders. Poeten und Propheten. Witten, Berlin 1950, 228–234, hier: 229.

36 Ihlenfeld. Stadtmitte, 27. Verwandt sprachen auch Benjamin und Loerke von der Fügungsform des »Gedichteten«. Hierzu: Walter Benjamin. Zwei Gedichte von Friedrich Hölderlin. »Dichtermut« – »Blödigkeit« (1914/15), in: ders. Gesammelte Schriften. Bd. II-1, 105–126, hier: 106. Sowie Loerke über das »Gedichtete«, das vor aller »Erkenntnis« stehe: Loerke. Hausfreunde, 287.

In diesem Geist sind seine Prosamosaike zur leeren Mitte Berlins zu verstehen, die er als verstreute Splitter ins Tagebuch einfügte. Diese sind Croquis im doppelten Sinne: als Entwurf und im Gehen verfasste Beschreibungen. Doch war Ihlenfeld darin kein bloßer Vermesser der Gegend. Vielmehr verwahrte er sich gegen jede geschichtliche Unkenntnis des städtischen Terrains.[37] Darin folgte er Frischs Idee eines Sinns für »Vergängnis«, die der Tagebuchschreiber an den Tag legen müsse.[38] Es ist somit ein offenes Verhältnis zur Zeit, das Ihlenfeld über ein Zitat aus Goethes »Die natürliche Tochter« ins Spiel bringt. Es ging ihm damit um jenes »im Dunklen« anrollende Geschick, dem die Achtsamkeit des Schriftstellers zu gelten habe – der doch stets überrascht wird, was im Hintergrund seiner Epoche sich vorbereitet.[39] Eine solche Vergängnisgegend erlebter Einbrüche war ihm die topografische Stadtmitte. Hier staute sich Geschichte im Raum. Er erblickte dort »in melancholischer Vereinsamung« den Überrest der Matthäikirche des Alten Westens gegenüber von Hitlers »Wahnsinnsruine«, dem Haus des Fremdenverkehrs, das erst 1962 gesprengt wurde. Dies fügte sich hart zur »Pedanterie der SED« mit ihrem Mauerwerk. Davor lag der westliche »Embryo« der Philharmonie, unverkleidet. Der Ort wurde ihm Sammelpunkt disparatester Stadtfragmente.[40] In dieser Synopsis wird deutlich, dass »Stadtmitte« ein Ort war, den er als seine »Entdeckung« empfand. Es liegt insofern nahe, dass er in Gombrowicz' »Berliner Notizen« eine Parallelaktion zu seinem eigenen Unterfangen erkannte.[41]

Was ist in »Stadtmitte« also angesprochen? Zunächst ein Schicksalswinkel der Stadt, der Vor- und Nachkrieg verschränkt, ein weissagender Winkel, da er zwischen Erfahrung und Erwartung vermittelte.[42] Es war eine Stelle, die Ihlenfeld pointiert sein »Berliner Delphi« nannte.[43] Mit der Entdeckung ist eine Perspektive aufgerufen, die gedanklich an Benjamin anschließt: jene auf den Genius Loci, der sich im existenzanzeigenden »Winkel« manifestiert.[44]

37 Vgl. Ihlenfeld. Stadtmitte, 20.
38 Zur ›Vergängniserfahrung‹: Frisch. Tagebuch 1946–1949, 499.
39 Zum Bezug auf Goethes »Die natürliche Tochter« siehe: Ihlenfeld. Stadtmitte, 335. Sowie: »Im Dunklen drängt das Künft'ge sich heran.« Johann Wolfgang Goethe. Die natürliche Tochter. Trauerspiel (1803), in: ders. Dramen 1791–1832. Bd. 6. DKV-Ausgabe. Hg. von Dieter Borchmeyer und Peter Huber. Frankfurt a.M. 1993, 301–393, hier: 388.
40 Vgl. Ihlenfeld. Stadtmitte, 41 f.
41 Vgl. ebd., 113. Sowie: Ihlenfeld. Loses Blatt Berlin, 45.
42 Über »prophetische Winkel«: Benjamin. Berliner Kindheit, 256.
43 Vgl. Ihlenfeld. Stadtmitte, 206.
44 Zu diesem Passus: Benjamin. Berliner Chronik, 484 f. Sowie: Ihlenfeld. Loses Blatt

Hier erlebte Ihlenfeld seinen Moment erweiterter Zeiterfahrung, »trotz der so sinnfälligen Todesdemonstrationen« in der Gegend.[45] Gerade an diesem unmöglichen Ort, eingeklemmt zwischen alten und neuen Szenarien der Angst, wurde eine Denkperspektive zurückgewonnen. Hier wurde auf paradoxe Weise die Frage nach der Rückgewinnung einer ›Freiheit zur Möglichkeit‹, eines neuerlichen Möglichkeitssinns aufgeworfen.[46] Die Frage, die sich für Ihlenfeld stellte, war die: Was zeitigt ein solcher Ort? Und wenn er etwas zeitigt, was empfängt der Fußgänger hier? Hieran zeigt sich zugleich das poetologische Interesse von »Stadtmitte«: Es ist verbunden mit jenem »letzten Mysterium«, dem Entstehen des Ausdrucks.[47]

Um dieser Frage nach der Kraft eines Genius Loci nachzugehen, kam Ihlenfeld in seinem Verfahren zwangsläufig mit weiteren Tagebuch-Autoren ins Gespräch. Etwa mit Harry Graf Kessler, dem Kronzeugen der Zwischenkriegszeit, der auf seine Weise die Frage nach der Stadt Berlin gestellt hat. An dieser Überlieferungsfigur mag Ihlenfeld zweierlei beschäftigt haben: seine Involviertheit ins Geschick der Stadt, die er zu verbinden verstand mit dem geschulten Blick des Kunstkundigen. So ist Kessler in seinen dichtesten Schilderungen Stadtallegoriker, der an der Fassade des leergeräumten Stadtschlosses bewies, wie man Zeit an Bauten entziffern kann. Für Ihlenfeld mag das von Wichtigkeit gewesen sein, wies Kessler mit dem nachrevolutionären Schloss doch auf ein leeres Zentrum *avant la lettre* hin: »Der Balkon«, so Kessler im Dezember 1918, »von dem der Kaiser am 4. August 1914 seine Rede hielt, hängt zerfetzt herunter. Die Fenster in der Fassade sind leer und dunkel«.[48] Was der Autor vorführt, kann man Hingabe an den Eindruck nennen.[49] Dass es Kessler nicht nur auf die Schilderung der Ausräumung des Schlosses, sondern auf eine staatsallegorische Auslegung ankam, macht seine

---

Berlin, 45. Zu Ihlenfelds Benjamin-Bezug, die Fortwebung des Siegessäulen-Motivs zu einer Allegorie des Übriggebliebenen: Ihlenfeld. Stadtmitte, 148.

45 Vgl. Ihlenfeld. Stadtmitte, 113.

46 Zu diesem ›existenziellen Typ‹ der Flanerie siehe: von der Weppen. Der Spaziergänger, 69 f. Zur Erfahrung der Angst nach Kierkegaard und Heidegger sowie zur Figur der Öffnung einer ›Freiheit zur Möglichkeit‹ in der eigenen Existenz siehe: Günter Figal. Heidegger. Phänomenologie der Freiheit. Frankfurt a.M. 1991, 39.

47 Zu dieser an Benn anschließenden Bemerkung zur latenten Existenz des dichterischen Worts als »letztes Mysterium«: Ihlenfeld. Stadtmitte, 114.

48 Harry Graf Kessler. Tagebücher 1918–1937. Hg. von Wolfgang Pfeiffer-Belli. Frankfurt a.M. 1979, 81.

49 Zur Hingabe an den Eindruck aus phänomenologischer Sicht: Fritz Kaufmann. Die Berufung des Künstlers, in: ders. Das Reich des Schönen, 325–337, hier: 332.

Schlussfolgerung einsichtig: »In der Weihnacht«, so seine Diagnose, »klaffen frisch gerissen die Wunde des Schlosses und des deutschen Staates.«[50]

Wenn sich Ihlenfeld in der Mauerzeit an Kessler erinnerte, so ging er an den Beginn jener Ereignisse um den Spartakusaufstand zurück, dessen Ende ihm mit der Abschließung Berlins durch die Mauer 1961 vor Augen stand. In »Stadtmitte« war aus Kesslers erster »Wunde« eine Erfahrung anderen Ausmaßes geworden: eine »Namen- und Wesenlosigkeit«, so Ihlenfeld, für die noch ein Ausdruck gefunden werden musste.[51] So paradox es klingt: Gerade darum war »Stadtmitte« nicht nur ein Ort der Geschichtserfahrung, sondern ein Vorhof zum Poetischen, insofern jenseits überlieferter Allegorik jegliche vorgefertigten Worte versagten.[52] Dabei waren die Spuren nur für den zu deuten, der sich erinnerte. Für jenen, der es zur Raumerinnerung ohne Verdrängung brachte: »Man erinnert sich«, so Ihlenfeld, »dort stand das Café Vaterland, dort der Wertheimbau, dort das Columbiahaus, dort das Café Josty. Bis Kriegsbeginn das Herz von Berlin, Stadtmitte. Jetzt ein Loch, ein Nichts.«[53]

Eine Serie deiktischer Zeichen im ausgeräumten Herzinnenraum der Stadt. Der Eindruck des Nicht-Geheuren verbreitete sich für Ihlenfeld. Dabei ist ästhetisch der Ort, an dem sich das Ungeheure zeigt, meist der wahrhaftige.[54] Ihlenfeld bediente sich eines Verfahrens der *ekphrasein*, eines bildbeschreibenden Zeigens.[55] Eine weitere Grundbeobachtung scheint Ihlenfeld hier von Kessler übernommen zu haben: die vom Eigenleben des Stadtorganismus. So gab es für Kessler in einer Stadt wie Berlin eine merkwürdige Ungleichzeitig-

---

50 Kessler. Tagebücher, 82. Dass sich das gesprengte Stadtschloss auch nach dem Krieg noch zur Staatsallegorie im »toten Herz der Stadt« umdeuten ließ, hat Scholz in einer Miniatur gezeigt. Vgl. Hans Scholz. Jenseits der Hundebrücke, in: Rudolf Hartung (Hg.). Hier schreibt Berlin heute. Eine Anthologie. München 1963, 17–24, hier: 19. Bei beiden schimmert die alte Staatsschiff- und Schiffbruchs-Metaphorik nach ›verwegener Fahrt‹ durch. Vgl. Blumenberg. Schiffbruch mit Zuschauer, 14f.

51 Vgl. Ihlenfeld. Stadtmitte, 72.

52 Zum »Ort der Dichtung«, wo das »Ungesprochene« wartet, auch: Heidegger. Unterwegs zur Sprache, 257.

53 Ihlenfeld. Stadtmitte, 72.

54 Zum Nicht-Geheuren – *daimónios* – in der Ästhetik siehe: Volkmann-Schluck. Kunst und Erkenntnis, 35. Zur Wahrheit und dem Ungeheuren: Martin Heidegger. Der Ursprung des Kunstwerks (1933/36), in: ders. Holzwege. Frankfurt a.M. 2003 (1950), 1–74, hier: 41.

55 Zum Verfahren der *ekphrasein*: Gottfried Boehm. Beschreibungskunst. Über die Grenzen von Bild und Sprache, in: ders./Helmut Pfotenhauer (Hg.). Beschreibungskunst – Kunstbeschreibung. Ekphrasis von der Antike bis zur Gegenwart. München 1995, 23–40, hier: 35.

keit, in Ausnahmesituationen zwischen Ernstfallgegenden und unberührten Ecken. Das ging für Ihlenfeld mit der zentralen Frage nach der Spaltung zwischen betroffenen und unbeteiligten Zeugen (die im selben Raum leben, aber ohne Anteilnahme) einher. Kessler nannte es das babylonische Prinzip großer Städte.[56]

Die Stadt Berlin wirke dabei nach Kesslers Beschreibung wie ein »dicker Elefant«, dem eine Revolution kaum eine Wunde, nur einen »Stich mit einem Taschenmesser« zufüge. In deren Folge aber fielen die politischen »Chirurgen« über sie her.[57] Demgemäß diente Kessler dem Nachkriegsflaneur Ihlenfeld als erster Eichpunkt für spätere Erschütterungen.[58] Dieses Verfahren des Wandelns zwischen den Zeiten steigert die Skepsis gegen die eigene Zeit, deren materieller »Zuwachs«, so Ihlenfeld, einen paradoxen Effekt der Entwirklichung auf den »Seelenhaushalt« ausgeübt habe. Das gerade in einer wenig real anmutenden Stadt wie Berlin, in der sowjetische »Düsenflieger« in »niedriger Höhe« über die Dächer flogen.[59] Dauerkrise und Abriegelung schlugen aufs Wirklichkeitsempfinden.[60] Daher war Umschiffung nötig, um Abstand zu gewinnen. Nur so, im Rücksprung in der Zeit, ließ sich dem Status quo etwas abgewinnen.[61]

Tauchte bei der Begegnung mit Kessler die Frage nach dem geschichtlich »im Dunkeln« Anrollenden auf, so stellte sich die Ihlenfeld direkt betreffende Zeugenschaftsfrage bei der Lektüre des Tagebuchs seines Freundes aus Eckart-Zeiten Jochen Klepper. In dessen posthum erschienenem Journal gehörte Ihlenfeld zu den *dramatis personae*. Es war für Ihlenfeld ein Buch der Erinnerung, das ihn auf die eigene Zeugenschaft in der NS-Zeit zurückwarf. Wenn die Mauer diese Beklemmung zurückspielte, so mag es daran gelegen haben, dass mit der Mauerzeit ein unheimliches Schweigen hereinbrach. Ihlenfeld erinnerte es unwillkürlich an Krieg: rätselhafte Stille,

---

56 Anspielend auf eine babylonische Unübersichtlichkeit. Kessler. Tagebücher, 108. Zum Labyrinthischen Berlins auch: Ihlenfeld. Loses Blatt Berlin, 137.

57 Vgl. Ihlenfeld. Stadtmitte, 40.

58 Zu den Zeitsprüngen, die sich als Blöcke im Satzbild abheben, von Kessler 1918 zu Karl Scheffler 1910 über das Berlin der Stunde Null zu Ihlenfelds ›Mauerzeit‹: Ihlenfeld. Stadtmitte, 40f.

59 Zum Paradox der Sichtbarkeit in Berlin als tückischer »Phantasmagorie« in Goethes Sinne: ebd., 100.

60 Zum krisenhaften Wirklichkeitsempfinden in Abgeschlossenheitssituation vgl. Hans Blumenberg. Antiker und neuzeitlicher Wirklichkeitsbegriff (1966), in: ders. Realität und Realismus. Hg. von Nicola Zambon. Berlin 2020, 9–35, hier: 12f.

61 Zur Reperspektivierung eines Phänomens durch Rückgang in der Zeit: Sommer. Suchen und Finden, 262.

Im Scherbenfeld: Stadt der Sammler

die im Unklaren ließ, wie die Vorgänge zu deuten waren.[62] Gerade dies brachte ihn an seine Urszene der Perplexität zurück: ans Verstummen angesichts eines im Raum stehenden Grauens.[63] Die Beklemmung brachte das Zeugnis des NS-Verfolgten Klepper und die eigene Schmach zurück.[64] Denn hatte nicht Klepper, der 1933 von den Verordnungen des Dritten Reichs betroffen war – er lebte in Ehe mit einer jüdischen Frau –, selbst die Zeit als eine gespenstische beschrieben? Kaum mehr einer sprach offen, als die Pogrome begannen.[65] Und hatte nicht Klepper die Erfahrung der Isolation, Verkapselung eines Einzelnen, beschrieben, um den sich die Druckkammer des Dritten Reichs schloss?[66]

Die Tagebuch-Lektüre – das Buch erschien 1956 – wird von Ihlenfeld wie ein Exerzitium ins eigene Journal eingefügt. Es steht für eine Gewissensthematik, die sein Mauer-Buch begleitet.[67] Das Tagebuch des Freundes kam ihm erstmals mit dem Eichmann-Prozess wieder zu Bewusstsein. Spätestens da spielte das Vergangene ins Gegenwärtige hinein. Denn es war in Eichmanns Büro, in dem Kleppers Rettungsversuch, 1942 noch eine Ausreise seiner Familie zu erwirken, ein tragisches Ende fand.[68] Kleppers Buch sei ihm, bekannte Ihlenfeld, zum Ruf aus dem »Schatten des Todes« geworden; versehen mit dem »Rätsel«, warum die Rettung misslang.[69] Dabei machte sich Klepper über die nationale Erhebung von Anfang an wenig Illusionen, war ihm der Reichstagsbrand als Motivation zum Terror sofort einsichtig. Er sah den Konformismus in einer Institution wie dem Rundfunk um sich greifen, für den er zum Zeitpunkt der NS-Machtergreifung tätig war. Hier wurde er denunziert, zog sich ins innere Exil am Stadtrand zurück. Klepper beschreibt sich im Tagebuch als in einer »gedankenfremden Zeit«, die ihm von Anbeginn als »Krieg und Bürgerkrieg unter nur dünner Decke« erschien.[70]

Erschütternd ist es nachzulesen, wie jene Spaltung der Welt einsetzte, die Klepper nachzeichnete: in jene der ratlosen Helfer – zu denen Ihlenfeld

62 Zu Schweigen und Stille nach dem Mauerbau: Ihlenfeld: Stadtmitte, 11, 24.
63 Vgl. ebd., 34 f.
64 Auch darin liegt die Spur verschluckter Zeugenschaft, die hier wieder aufbricht. Vgl. Abraham/Torok. Kryptonymie, 166.
65 Vgl. Klepper. Unter dem Schatten deiner Flügel, 41.
66 Vgl. ebd., 46.
67 Zum Motiv der Sorge im Zeichen der Lebensversäumnisse: Ihlenfeld. Stadtmitte, 134.
68 Zur Rückkehr des Klepper-Buchs durch den Eichmann-Prozess: ebd., 56, 62.
69 Vgl. Kurt Ihlenfeld. Das irdische und das ewige Haus, in: ders. Zeitgesicht, 359–363, hier: 362 f.
70 Vgl. Klepper. Unter dem Schatten deiner Flügel, 36, 53 f., 60.

gehörte – und der Unbeteiligten. Klepper sieht sie auf den Straßen. Er beschreibt ein unheimliches Berlin: eine Stadt, die im Zeichen der Olympiade 1936 steht, einen künstlich lebendigen Kurfürstendamm, an dem man ein Jahr zuvor noch Übergriffen zusah.[71] Es war eine an der Oberfläche unbekümmerte Welt, die unterschwellig von einer »Rüstungspsychose« erfasst wurde. Bei aller Hellsicht gab Kleppers eigene Illusionsbedürftigkeit Ihlenfeld später Rätsel auf: sein Festhalten an der Möglichkeit einer Verkapselung, der Rückzug ins tragische Idyll.[72] Im späten verzweifelten Versuch, noch der Deportation zu entkommen, wandte er sich über Kontakte an den Innenminister Wilhelm Frick. Doch wo Klepper vorstellig wurde, in Eichmanns Büro, lag nicht die Rettung: »Dort, dort«, schreibt er im letzten Eintrag, »liegt die Macht«.[73] Statt der Ausreise folgte der Suizid. Ihlenfeld deutete es so, dass Klepper mit Eichmann dem Mann seiner Alpträume begegnet war. Tatsächlich hatte er in »Unmittelbarkeit« beschrieben, was man das »Dritte Reich des Traums« nennen kann.[74] Die Stadt als Alptraumlandschaft, ein Greif, der »ins Haus« drang und die Illusion einer Abkapselung hinfällig machte. Auch Klepper ahnte, dass seine Träume »politischer Natur« waren.[75] So muss dessen »Niederschrift des Ungesagten« auf seinen Freund erschütternd gewirkt haben, sie zwang ihn, das Zeugenschaftsthema neu anzugehen: Auch dieses lief im »Loch« von »Stadtmitte« zusammen.[76]

Hier scheint das Dilemma des Zeugen Ihlenfeld begraben zu sein. Dabei sah er in Klepper die ambivalente Figur eines Kleists seiner Generation, der sich zu spät von einer Staatsgläubigkeit löste. Bezeichnenderweise liegt sein Grab heute in nächster Nähe zu dem Kleists. Ihlenfeld hat die Grablegung 1942 als Moment einer verschluckten Trauer beschrieben. Öffentliche Trauerkundgebung war vom Regime untersagt. So war Kleppers »Abgang von der Bühne der Zeit von tiefem Schweigen bedeckt«.[77] Der Tote hinterließ

---

71 Vgl. ebd., 167, 179, 233.
72 »Verkapseln, verkapseln, verkapseln.« Klepper. Unter dem Schatten deiner Flügel, 46. Zu Kleppers Falle der Innerlichkeit aus mentalitätsanalytischer Sicht auch: Rita Thalmann. La voie tragique de Jochen Klepper ou l'ambiguïté du protestantisme allemand, in: Revue d'Allemagne V (1973), Nr. 3, 801–817.
73 Vgl. Klepper. Unter dem Schatten deiner Flügel, 646.
74 Vgl. Ihlenfeld. Stadtmitte, 66, 126. Sowie zum Dritten Reich als Alptraumland vgl. Beradt. Das Dritte Reich des Traums.
75 Vgl. Klepper. Unter dem Schatten deiner Flügel, 36.
76 Vgl. Ihlenfeld. Stadtmitte, 126.
77 Kurt Ihlenfeld. Freundschaft mit Jochen Klepper. Wuppertal 1967, 45. Mit der verschluckten Trauer ist die Figur der Inkorporation wieder aufgerufen: Abraham/Torok. Trauer oder Melancholie, 550f.

einen Abdruck im Gewissen: »Zorn und Scham und Trauer waren in diesem Schweigen gemischt.« Emotionen, die das Unerledigte begleiten.[78] Dazu kam die Selbstanklage eigener Untätigkeit: »Wer«, fragte Ihlenfeld, »klagt sich vor den Särgen in Nikolassee nicht an?«[79] Die Einsicht machte es ihm möglich, den Widerstand zu ermessen, auf den ein Zeugnis wie Kleppers Tagebuch in der Nachkriegszeit stoßen musste. Dessen »Psychologie des Künstlers« sprach zu klar aus der Sicht verfolgter Literatur, als dass es nicht auf Abwehr hätte stoßen müssen.[80]

So konstatierte Ihlenfeld, dass die Position des betroffenen Zeugen als Erfahrung zwischen 1933 und 1945 in der Nachkriegsliteratur zunehmend verschwand. Gerade diese hätte zur Vertiefung des Lebensgefühls führen können.[81] Stattdessen war ein Loch der Rezeption entstanden, insofern die »Arbeiten dieses Zeitraumes« selbst für Literaturkundige »nicht mehr vorhanden« waren.[82] Ein Vakuum in der Literatur, das Ihlenfeld bei seinen Gängen um die »unsichtbare Mitte« umkreiste.[83] Dies zog die Unterscheidung zwischen einem Unsichtbaren und einem Ungesehenen nach sich. Letzteres ist der Gegenbegriff zu Ihlenfelds unsichtbarer Präsenz des Unerledigten in »Stadtmitte«. Denn das Ungesehene zielt auf das Denial, die Irrealisierung, die einer nachträglichen Auslöschung gleichkommt.[84] Es ist das Problem des von der Tat anästhesierten Zeugen. Wie aber ließ sich dieses auflösen? Die Antwort Ihlenfelds: Man musste sich in die Hölle des Zeugen begeben. Damit ist ein Gang durch eine sehr weltliche Hölle der Erinnerung gemeint, an deren Ende keine Strafe, sondern ein Ankommen bei der eigenen Erfahrung steht. Seine Randgänge um »Stadtmitte« waren solche einer unbequemen Vergegenwärtigung, die auch das Ausgesonderte der Nachkriegsliteratur zurückbrachten.

78 Zur Scham als zeitlicher Rückwendungsfigur an eine verborgene Zeitstelle: Günter H. Seidler. Der Blick des Anderen. Eine Analyse der Scham. Stuttgart 2015, 9.

79 Hier in Bezugnahme auf ein Zitat Reinhold Schneiders: Ihlenfeld. Freundschaft mit Jochen Klepper, 45.

80 Vgl. Ihlenfeld. Freundschaft mit Jochen Klepper, 39.

81 Damit ist ein Gedanke Hölderlins aufgegriffen, der die Hereinnahme des Schmerzes als Notwendigkeit zur Vertiefung des Lebensgefühls in Übergangszeiten ansah. Vgl. Gadamer. Die Kontinuität der Geschichte und der Augenblick der Existenz, 140f.

82 Vgl. Ihlenfeld. Freundschaft mit Jochen Klepper, 47.

83 Zur »unsichtbaren Mitte« der Klappentext zu »Stadtmitte«.

84 Hierzu sowie zur Irrealisierung durch die Täter im Besonderen: Angehrn. Sein Leben schreiben, 163f., 185.

Unmittelbar berührt ist das Thema poetischer Sprache, nämlich in der Einsicht, dass es keinen direkten Zugang zu derartigen Erfahrungen geben kann. Insofern nimmt es kaum wunder, dass Ihlenfeld sich auf der Suche nach einer Sprache nach Weggefährten umsah. Immer wieder tauchte Kierkegaard am Berliner Horizont auf. Der erste Kierkegaard-Moment ist mit der Hölle des Zeugen unmittelbar verbunden. Ihlenfeld hat beschrieben, wie ihm das Schuldempfinden im Falle Kleppers ein Foto, das sie gemeinsam zeigte, zurückbrachte. Hier offenbarten sich »verborgene Drangsale« als verspäteter Schreck.[85] Für eine Beschreibung des Zeugen ist dieser Selbstvorwurf der Unachtsamkeit um den Freund aufschlussreich, hatte Kierkegaard in seinen Tagebüchern das Moment eines nachträglichen Schreckens der Schuld beschrieben.[86] Folgt man Kierkegaard, so ist das verspätete Erwachen meist an eine zweite Situation gebunden, so wie sich bei Ihlenfeld 1961 die Zeitschleuse mit den Fragen der Jahre nach 1933 öffnete.

An der Wurzel seines Tagebuchs steht demnach nicht nur ein auslösendes Moment, sondern eine Spiegelung im eigenen früheren Selbst. Insofern ist sein Rückgang in die Zeugenschaft nicht zufällig gerahmt durch den Mauerbau und die Auschwitzprozesse, die für ihn ein zeitliches Intervall bildeten, in dem die früheren Erlebnisse wieder hervorkamen. Auch für Kierkegaard weisen lebensgeschichtliche Auslösermomente zeitlich zurück und rufen so Unbearbeitetes wach. Denn in der eigentlichen Bedrohungszeit hält die Kraft der Selbsterhaltung meist die Schuldfrage nieder. Bleibt der erste »Augenblick der Schuld« verdeckt, bringt ihn eine weniger bedrohliche Zeit ins Bewusstsein zurück. Erst dann, so lässt sich Ihlenfelds Mauer-Moratorium begreifen, ist ein Versuch des Annehmens möglich. Erst in der erneuten Aktivierung mag der notwendige Horror vor der Wiederholung einsetzen.

Dass dieses Kierkegaard'sche Sujet der Wiederholung Ihlenfeld auf seinen Mauergängen begleitete, deutet er eingangs des Buches an, wenn er bekennt, dass ihm »Kierkegaard in Berlin« nun »dunkel« folge, der nahe Stadtmitte, in der Jägerstraße, Zeit verbracht hatte und dem die Stadt zum Ort einer philosophischen »Nötigung« geworden war.[87] Dabei sieht er in Kierkegaard den Einzelgänger, der gezeigt habe, wie man die Selbstprüfung zur Meister-

---

85 Vgl. Ihlenfeld. Freundschaft mit Jochen Klepper, 121.
86 Vgl. Sören Kierkegaard. Die Tagebücher. Bd. 2. 1849–1855. Hg. von Theodor Haecker. Innsbruck 1923, 222.
87 Vgl. Ihlenfeld. Stadtmitte, 29. Zu Kierkegaards eigenem Berlin-Besuch, in dessen Zusammenhang auch seine Entdeckung der Angst fällt, vgl. Kierkegaard. Tagebücher. Bd. 1, 171, 176, 193f. Zu Berlin als »Dreh- und Angelpunkt« des Wiederholungsexperiments des »Flaneurs« Kierkegaard vgl. Erik Porath. Die stete Jagd nach

schaft bringen könne.[88] So kam der Anstoß zur Tagebuchform nicht zuletzt von diesem Philosophen, der die Konsequenz seines Vorgehens darin sah, als Schreibender Wahrheit »in unser Existieren« zu bringen.[89] Ihlenfelds Entdeckung der »Stadtmitte« hängt mit dieser Auffassung des Journals als Sammelpunkt des Lebens unmittelbar zusammen. Hamburger hat dessen Geist gut getroffen, als er sagte, Kierkegaards Tagebücher fügten sich in ihrer Form nicht unseren »snug categories«.[90] Kierkegaard lebte ein produktives Verhältnis mit der Zeit vor, Form als geistigen Versuchsraum verstanden.[91]

Kierkegaard führte vor, wie man durch das, was er in der Schrift »Die Wiederholung« Umschiffung nannte, in einer Situation der Enge Spielraum zurückgewinnen kann. Gemeint ist ein Raum, der es ermöglicht, den Bezug zur Zeitgenossenschaft kritisch zu prüfen.[92] Soll diese Durchmessung gelingen, so durch eine kreuzende Bewegung vom Gegenwärtigen (A) zum Gewesenen (C), hinüber zum Kommenden (B). Erst der Rückgang führe nach vorn: »Ist somit«, schrieb er in seinem Tagebuch, »A die gegenwärtige Zeit, die Zeit, in der wir leben, und B ihre Zukunft, so geschieht es nicht dadurch, daß ich in A stehe und das Gesicht nach B wende, daß ich B sehe; denn wenn ich mich so wende, sehe ich gar nichts, sondern wenn C das Vergangene ist, da geschieht es durch meine Wendung an C, daß ich B sehe«.[93] Die Ahnungsfähigkeit des Menschen kommt nicht dadurch zustande, dass er mit seiner »Augenrichtung« in die Zukunft starrt: Erst die Wendung zum Gewesenen bringt einen Zuwachs an gegenwärtiger Lageeinsicht.[94]

der Wiederholung: Sören Kierkegaard, Jägerstraße 57, in: Wolfgang Kreher/Ulrike Vedder (Hg.). Von der Jägerstraße zum Gendarmenmarkt: eine Kulturgeschichte aus der Berliner Friedrichstraße. Berlin 2007, 117–122, hier: 118.

88 Darin liegt eine kleine Theorie der Zeitgenossenschaft und des Zeitgenossen, der stets vom Rand aufs Zentrum blickt: Ihlenfeld. Stadtmitte, 47, 67f. Hierzu auch Kesslers Gedanke zu den weißen Raben: Kessler. Tagebücher, 663.

89 Vgl. Kierkegaard. Tagebücher. Bd. 11, 329. Zum okkasionellen Anstoß der Gattung Tagebuch auch: Böschenstein. Die Sprengkraft der Miniatur, 216, 231.

90 Vgl. Michael Hamburger. A Refusal to Review Kierkegaard (1965), in: ders. Testimonies, 54–57, hier; 54.

91 Den Ausdruck wählt Kierkegaard, um den Versuchsraum des Tagebuchs zu beschreiben: Sören Kierkegaard. Tagebuch des Verführers. Frankfurt a.M. 1983, 11.

92 Vgl. Kierkegaard. Die Wiederholung, 330f. Sowie zur Figur einer Umschiffung des Daseins: Theunissen. Der Begriff Ernst, 132. Auch: Angehrn. Sein Leben schreiben, 232.

93 Kierkegaard. Tagebücher. Bd. 1, 145f. »Das Verschlossene ist eben das Stumme; die Sprache, das Wort ist eben das Erlösende«. Kierkegaard. Der Begriff der Angst, 592.

94 Zu dieser Figur des Umwegs auch: Blumenberg. Goethe zum Beispiel, 169.

Genau diese Situation wiederholte sich am Stadttopos Berlin bei Ihlenfeld. Die Mauer versperrte buchstäblich die Sicht nach vorn. Es musste zurückgekreuzt werden, um die Enge zu überwinden. Man musste im Ernstfall Umwege machen, um im Wirklichen anzukommen. Insofern lässt sich der Mauerbau mit Kierkegaard als Akt des Einschlusses verstehen, wenn man sein Motiv der Verschlossenheit aus dem »Begriff der Angst« ins Spiel bringt. Auf diese Verschlossenheit stieß Ihlenfeld am Brandenburger Tor. Dieses verriegelte Tor wird ihm in »Stadtmitte« zum Sinnbild befremdlicher Verschlossenheit, in dem ein stumm gebliebenes Übel saß. Es war dieses Verschlossene umzudrehen, um das »Wahre in ihm zur Stelle« zu bringen.[95] Nach diesem Verständnis blockierte der Anschein des Dämonischen den Wahrheitsvollzug. Ihlenfeld wähnte das Tor in »Dunkel und Schweigen« gehüllt. Aber was verhüllt sein befremdlicher Eindruck? Nichts anderes als das wiederholte Erleben verlorener Freiheit.[96]

Ein Nachbild stieg Ihlenfeld am Brandenburger Tor auf. Es ist das Bild des Fackelscheins vom Marsch durch das Tor im Januar 1933: Fackeln, die Ausdruck einer symbolischen Verletzung der alten Bannmeile der Weimarer Republik waren.[97] Ein Wirkung erheischendes Licht kam ihm im Januar 1963, am leeren und abgesperrten Tor, zurück: »Werkzeuge der Massenbeeinflussung«, ein »Akt schauriger Symbolik«. Akt dämonischer Verbergung: »Wie so viele historische der jüngeren deutschen Geschichte«, so Ihlenfeld, »warf dieses den zum Verbergen der tieferen Absichten, zum Vernebeln der Urteilskraft vorzüglich geeigneten Goldmantel eines Fackelzuges über sich.«[98] Dieses Tor war, in jenem Januar 30 Jahre danach, vor seinen Augen zur Zeitkapsel geworden: »Die glitzernde Schlange wälzte sich unter Schadows Bronzequadriga durch das Brandenburger Tor. Eben hier herrscht seit dem Zusammenbruch 1945, erst recht nach dem 13.8.1961, Dunkel und

---

95 Vgl. Kierkegaard. Tagebücher. Bd. 2, 360. Auch: Theunissen. Der Begriff Ernst, 159.

96 Zum Dämonischen als Symptom verlorener Freiheit: Kierkegaard. Der Begriff der Angst, 590.

97 Mit dem Fackelzug der Nazis war symbolisch die Aufhebung des parlamentarischen Schutzes dieses Gebiets eingeläutet. Vgl. Helge Pitz/Winfried Brenne. Der Zentrale Bereich als Historischer Raum 1840–1945, in: Landesarchiv Berlin. Nr. 91/0078: Der Senator für Stadtentwicklung und Umweltschutz (Hg.). Zentraler Bereich. Dokumentation zum Planungsverfahren Zentraler Bereich Mai 1982–Mai 1983. Berlin 1983 (Selbstverlag), 124.

98 Ihlenfeld. Stadtmitte, 213. Nach Kierkegaard ist diese dämonische Verbergung eine »umfreiwillig offenbare«, weil darin das Verstummen Platz genommen hat: Kierkegaard. Der Begriff der Angst, 590.

Schweigen, die Totenruhe der Geschichte.«[99] Nicht nur, dass Ihlenfeld das Phänomen der Krypta berührt. Was ihm aus der Kapsel entgegenkam, waren die verklärten Gesichter von einst, deren Auftreten Kessler vor seiner Emigration 1933 als mephistophelische Scheingeburt, als Tagtraum kollektiver Verrücktheit beschrieben hat.[100]

So deutete Ihlenfeld die Verkryptung des Torraumes aus seiner Vorgeschichte, in der 1933 eine Verzweiflung in ein Hochgefühl umgeschlagen war – und damit das Phänomen des von der Gewalt mitgerissenen Zeugen hinterließ. Ihlenfeld war der eschatologische Zug in den Wünschen und Erwartungen dieser Generation bewusst. Ähnlich wie vor ihm Döblin diagnostizierte er, dass Übermut und falscher Stolz aus dem Schoß einer endzeitlichen Stimmung gekommen seien, die die Aufgeregten der nationalen Revolution am Ende einer Ratlosigkeit überließ. Sie waren von einem Schein angezogen worden – und danach verstummt. Sie seien nach 1945 aus der Verstiegenheit in die Verschlossenheit gestürzt, bemerkte er am Brandenburger Tor. Sie seien in Depression erstarrt, so das Hochgefühl nicht von anderen Utopien wie im Sozialismus genährt wurde.[101] Diesen Umschlag von Ratlosigkeit in Hochgefühl hat auch Döblin in seiner literaturgeschichtlichen Analyse »Die literarische Situation« als das Übel ausgemacht, das zum Herausspringen aus dem geschichtlichen Zusammenhang geführt habe.[102] Doch mit dieser geistigen Implosion, einer »katastrophalen Ermüdung«, war zugleich eine Trockenlegung der Literatur verbunden, die nach Döblins Diagnose zu einer zeitweiligen Erstickung des Gesprächs der Literatur mit sich geführt habe.[103] Um an diese Problematik in der Sprache heranzukommen, schlug Döblin vor, was Ihlenfeld in »Stadtmitte« praktizierte: über Umwege zu einer Realisation, über ein mühsames Mit-sich-zurate-Gehen an den Kern dessen zu kommen, was sich ereignet hatte.[104]

Einer von den Überlebenden, der Ihlenfeld in dieser Einsicht nahestand – und aus seinem Osloer Exil immer wieder den Freund in Berlin aufsuchte –,

---

99 Ihlenfeld. Stadtmitte, 213. Zur Reperspektivierung durch Rückgang in der Zeit: Sommer. Suchen und Finden, 262.

100 Zur Atmosphäre des gespenstischen Karnevals 1933: Kessler. Tagebücher, 704. Zum tagtraumhaften Bann einer kollektiven Verrücktheit phänomenologisch auch: Schapp. In Geschichten verstrickt, 154.

101 Zur Wendung vom entgleisten Hoch in die ›traurige Ratlosigkeit‹: Ihlenfeld. Stadtmitte, 178, 214.

102 Vgl. Döblin. Die literarische Situation, 411.

103 Vgl. ebd., 441 f.

104 Vgl. ebd., 464. Zu Döblins eigener Erschütterung durch Kierkegaard auch: Döblin. Epilog, 299.

war Max Tau, der in seinen Erinnerungen »Das Land, das ich verlassen musste« den schwierigen Realisationsprozess nach 1933 beschrieben hat. Im Zeichen einer Überrumpelung, so dieser, sei es damals für viele schwierig gewesen, die Übersicht zu behalten: »Zu sehen, was eigentlich passiert«.[105] Für Ihlenfeld lag die Begegnung mit Tau auf dem Weg nach »Stadtmitte«, denn Tau war einer der wenigen, die über die »Zeit der Verfolgung« sprachen – und mit dem sich ein Dialog zwischen dem Vor- und Nachkriegs-Berlin entwickelte.[106] Dabei wurde ihnen der »gemeinsame Spaziergang« zur Begegnung. Tau bekannte, diese habe »in mein Leben hinein« gewirkt.[107] Hier ereignete sich eine Form des Gesprächs, bei dem jeder versuchte, ein Stück mit dem anderen mitzugehen.[108] Gleichwohl muss Tau die Rückkehr aufs Herz gedrückt haben, in der Berliner Leere hatte er seine »stille Stunde«.[109]

Ihlenfeld sprach über die Wunden, über die die Exilierten und die Dagebliebenen ins Gespräch kommen müssten: »Unsere Generation«, schrieb er in einem Brief, »wird immer noch« und bis ans Ende ihrer Tage »damit zu tun haben.«[110] So war ihm das »Gedenkbuch« »Stadtmitte«, wie er es Tau gegenüber nannte, zum Medium einer Öffnung ihrer gemeinsamen Krypta geworden. Konsequent fügte er die Begegnung mit Tau ins Tagebuch.[111] Dabei mag er mit dem Wort »Gedenkbuch« an die alte Form des Memorials gedacht haben, des Erinnerns der Toten.[112] Mitangesprochen war das Genre des Stadtbuchs, worin traditionell Zeugnisse aus dem Leben einer Stadt verwahrt wurden. In diesem Geiste kam es zu einem Gang der beiden nach »Stadtmitte«, an jenen Berührungspunkt ihrer beider Leben. Tau kannte noch das alte Geheimratsviertel, wo er als Lektor für Cassirer gearbeitet

---

105 Vgl. Tau. Das Land, das ich verlassen musste, 209, 214.

106 Vgl. Tau an Friedrich Wittig vom 13.8.1962, Abschrift an Kurt Ihlenfeld. Kurt-Ihlenfeld-Archiv 744. Archiv der Akademie der Künste Berlin.

107 Vgl. Tau an Ihlenfeld vom 10.10.1962. Kurt-Ihlenfeld-Archiv 744. Archiv der Akademie der Künste Berlin.

108 Zum Gespräch als Schwellenerfahrung auch: »Es sind die Schwellen überhaupt, aus denen Liebende, Freunde, sich Kräfte zu saugen lieben.« Benjamin. Das Passagen-Werk, 617.

109 Vgl. Tau an Ihlenfeld vom 23.8.1962. Kurt-Ihlenfeld-Archiv 744. Archiv der Akademie der Künste Berlin.

110 Vgl. Ihlenfeld an Tau 1.12.1962. Kurt-Ihlenfeld-Archiv 744. Archiv der Akademie der Künste Berlin.

111 Vgl. Ihlenfeld an Tau vom 11.12.1964. Zum gemeinsamen Spaziergang durch die leere Mitte siehe: Ihlenfeld. Stadtmitte, 148f.

112 Vgl. der Eintrag »gedenkbuch« in: Jacob und Wilhelm Grimm. Deutsches Wörterbuch. Bd. 4. Forschel–Gefolgsmann. München 1984, Sp. 1994. Sowie zur Selbstrealisation durch die Journalform: Kaschnitz. Das Tagebuch, 253.

hatte. Dort war dessen Salon gewesen; dort, wo nach Ihlenfeld jetzt die »Mäge« lag.[113] Tau gegenüber wirft er dieses treffende Wort ein, das von »mägere«, einer Landschaft der Dürre herrührt.

Auf diese Weise wird zugleich angedeutet, was für eine Frage nach der kreativen Kraft mit dem Geist der Stadt einst verbunden war: »Geistesgegenwart«, wie Ihlenfeld sagte, war für ihn nicht nur mit Scharfsinn verknüpft. Es bedeutete: »Geist – auf Gegenwart bezogen, sich in Gegenwart verwirklichend.«[114] In diesem Sinne war der verwirklichende Geist eine sammelnde Kraft. »Geistesgegenwart«, wie er sie meinte, war ohne Zwiegespräch nicht einzulösen. Gerade das wurde in der Begegnung mit Tau in Berlin sinnfällig, dass erst die sich verbindenden Kräfte das Verschüttete zum Vorschein brachten. Als ihr Zeiträtsel beschrieb Ihlenfeld daher die innere Gegend: Hier ging ein Riss nicht nur durch die Stadt, wie nach der Sage das Orakel von Delphi auf einem Riss in der Erde saß, sondern durch die erlebte Zeit wie durch die Sprache.[115] Trotz allem blieb es ein Ort intensiver Bezüge, der dazu anhielt zu finden, was Tau eine Sprache bezeugender Zeilen nannte.[116]

Man kann festhalten, dass Ihlenfelds Verständnis des schöpferischen Ausdrucks einen Begriff von Metaphorik nahelegte, der diese existenziell verstand. Es ist eine Spur, die ihn mit Autoren wie Gombrowicz oder auch Bobrowski verbindet, der formulierte, die Metapher bedeute nicht, sondern stelle ins Sein.[117] Ebenso umkreiste Gombrowicz ein Namenloses, das mit Worten nicht ausgedrückt werden konnte – und welches bei Ihlenfeld »Namenlosigkeit« heißt.[118] Etwas, das sich den Begriffsschematismen entzieht. Dabei kam der Mangelerfahrung am Ort eine eigene Bewandtnis zu: Hier ließen sich die Existenzialien aufspüren. Damit gemeint sind jene Phänomene wie die Stille, der Leerraum, die Präsenz des Ungesagten, kurzum eine Aura spürbaren Gewichts.[119] Folgt man Ihlenfeld nach »Stadtmitte«, dann drängt sich die These auf, dass dort die Begegnung mit den Existenzialien der

---

113 Vgl. Ihlenfeld an Tau vom 9.9.1962. Kurt-Ihlenfeld-Archiv 744. Archiv der Akademie der Künste Berlin.

114 Kurt Ihlenfeld. Berlin intensiv, in: Neue deutsche Hefte 133, 19 (1972), Nr. 1, 215–219, hier: 216.

115 Vgl. Ihlenfeld. Stadtmitte, 206.

116 Vgl. Tau an Ihlenfeld vom 23.8.1962. Kurt-Ihlenfeld-Archiv 744. Archiv der Akademie der Künste Berlin. Sowie: Ihlenfeld. Berlin intensiv, 219.

117 Vgl. Bobrowski an Hölzer vom 19.5.1960, in: ders. Briefe 1937–1965. Bd. 2, 315–318, hier: 315.

118 Vgl. Ihlenfeld. Stadtmitte, 72.

119 Unter Existenzialien hat die Daseinsphilosophie die »Grundmöglichkeiten« ver-

Epoche zu machen war. Die Hoffnung war, dass die Gegend zu einer des Ausdrucksgeschehens werden könnte.

Hier sah er die Chance, dass die Gegend zur Hohlform eines Anfangs werden könnte, wie sie sich in Scharouns Geburtskammer, im Dunkeln seines Labyrinths der Philharmonie, angedeutet hat. Dort war ein Raum entstanden, der sich im Kontakt mit der Umgebung wie eine Falte aufgeschlagen hatte. Ein »elegantes Ineinanderschwimmen von Flächen«, wie Gombrowicz bemerkte.[120] Dass sie ihren Ursprung aus dieser prekären Lage nicht verschwieg, bemerkte Ihlenfeld bei der Begehung der Innenräume. Dort entdeckte er im Philharmonie-Bau, der ihm zum Anlaufpunkt wurde, das Prinzip eines nur scheinbar regellosen Zickzacks von Zerklüftungen. Mit Erstaunen entdeckte er die mosaikförmigen Bodenformationen. Der Sprung vor und zurück, das Kreisen ums Mosaikbild eines Scherbenfelds – das war auch sein Formprinzip.[121]

Im Geist dieses »inkommensurablen Baus«, so Ihlenfeld, wurde »Stadtmitte« also zum Ausdruck einer ästhetischen Situation, die aufforderte, über ein anderes Verständnis von Ort und Raum nachzudenken.[122] Die Gegend wurde, das bezeugten auch die bildhauerischen Aktivitäten im Areal des Tiergartens damals, zum Indiz für ein anderes Ineinanderspiel von Ort und Raum.[123] Diese Tendenzen legten nahe, dass es die Aufgabe der Kunst sei, den Topos, das heißt die Beziehung eines konkreten Raums zu seinem Fokuspunkt zu realisieren. So sah Ihlenfeld in den im Entstehen begriffenen skulpturalen Steinblöcken des Bildhauer-Symposions 1961/62 eine merkwürdige Manifestation »stehender Zeit«.[124] Hier wandelte man zwischen verstreut im Raum stehenden Stelen: Zeitblöcken, deren Verbindungslinie zu suchen war.[125] Eine »Wüstenkunst« nannte er diese erratischen Blöcke in

standen, zu denen auch die Weise des »In-der-Welt-Seins«, die jeweilige »Befindlichkeit« gehöre: Heidegger. Sein und Zeit, 45.

120 Vgl. Gombrowicz. Berliner Notizen, 121. Sowie: Ihlenfeld. Stadtmitte, 123.

121 Vgl. Ihlenfeld. Stadtmitte, 264, 303, 312. Die Bodenmosaike, die von Erich F. Reuter eigens für die Philharmonie entworfen wurden, greifen im Übrigen das Sujet der Wiederholung in der Musik, im Bezug auf die Bach'schen Fugen, auf.

122 Vgl. Ihlenfeld. Stadtmitte, 264.

123 Zum Topos als Ineinanderspiel von Ort und Raum: Heidegger. Die Kunst und der Raum, Bl. 7 (ohne Seitenzahlen).

124 Vgl. Ihlenfeld. Stadtmitte, 140.

125 Tatsächlich waren die Plastiken über einen Raum an der Mauer verstreut. Sie sollten einen gemeinsamen Sinnüberschuss bilden »so, wie aus verschiedenen Worten ein Satz entsteht«. Vgl. Symposion Europäischer Bildhauer Berlin 1963. Berlin (West) 1963, ohne Seitenzahlen. Später wurde diese Allegorie der Zerstreuung

Im Scherbenfeld: Stadt der Sammler

Hier sei der Flaneur »merkwürdig einbezogen in die über dem Platz waltende ›stehende Zeit‹«. Ihlenfeld über den Raumeindruck in der leeren Zentrale nahe dem Reichstag. Foto: Max Jacoby, Bildhauersymposion, Berlin 1963.[126]

der leeren Zentrale. Sie durchbrachen den gewohnten Zug, »unverweilt und unbedenklich« fortzuschreiten und etablierten ein Stück Nachdenklichkeit im verlassenen Herzen der Stadt. Geradewegs so kam Ihlenfeld an dem Ort zu Bewusstsein, dass hier der »Anfang« und das »Ende« sei: ein Verbindungspunkt der Stadt schlechthin.[127]

An dieser Stelle mag am entschiedensten anklingen, warum Ihlenfeld »Stadtmitte« zur existenziellen Metapher wurde. Ein Denkraum war entstanden, der seine Dialektik von Leersein und Freisein besaß – wobei von einem Bild-Feld zu sprechen ist, um die Dynamik jenes Feldes zu betonen, das hier sein Bild auswirft.[128] Dieses war auf paradoxe Weise bereichernd, insofern

zum Unmut Ihlenfelds durch die Berliner Verwaltung domestiziert, mit Wegweisern versehen und ihr so das Unwillkürliche genommen: Ihlenfeld. Berlin intensiv, 218.

126 Siehe auch: Symposion Europäischer Bildhauer Berlin 1963, ohne Seitenzahlen.
127 Vgl. Ihlenfeld. Stadtmitte, 140. Zur Unterbrechung in der Nachdenklichkeit: Hans Blumenberg: Nachdenklichkeit, in: Jahrbuch der Deutschen Akademie für Sprache und Dichtung 2 (1980), 57–61, hier: 57.
128 Zum »Bildfeld« in einem unser Dasein konfigurierenden Sinne: Blumenberg.

es die Möglichkeit bot, sich über die Bedingungen seiner Kehrseite, der verlorenen Fülle, ins Klare zu setzen. »Stadtmitte« wurde zur schweigenden Potenzialität.[129] Damit ist die entscheidende These zum Ort berührt: Gerade weil die eigentliche funktionale Dimension von Stadtmitte, administrativer Mittelpunkt einer Stadt zu sein, im Nachkrieg vakant blieb, konnte das Wort- und Bild-Feld frei werden, um Daseinsmetapher einer geschichtlichen Situation zu werden. So wurde der ausgeräumte Raum wiederentdeckt: als Herzinnenraum der Epoche.

Die Herzmetaphorik hat Ihlenfeld auf seinen Umkreisungsversuchen selbst verwendet. Einsichtig wird darin, wie er den Raum erfuhr: ein Leiblichnehmen des Eindrucks, wie er es bei Gombrowicz bereits fand.[130] Gerade diesem hatte er einen Spaziergang im »außerordentlichsten Winkel« ans Herz gelegt, wo »les extrêmes se touchent«.[131] Hier hätte Gombrowicz den Gegenort seiner Kaffeehaus-Sehnsucht finden können: einen, der durch seinen Absturz Wahrhaftigkeit verströmte.[132] Diese Erfahrung verdichtet sich bei Ihlenfeld in jener Herzmetaphorik: Denn in »Stadtmitte« sei nichts weniger als ein verborgenes »Herz« am Werke, »das unsichtbar, aber fühlbar hinterm Gitterwerk der Rippen schlägt«.[133] Ein »Gitterwerk«, gleich dem Gerippe eines Skeletts, hinter dem ein unsichtbares Herz, fühlbar, doch unzugänglich, liege. Ein ›Herzgitter‹: Mit dieser Metapher verfugen sich die Worte nicht nur zu einem Ort des Poetischen. Vielmehr wird in dem Bild »Stadtmitte« ihre hermeneutische Frage gestellt.

Unverkennbar hat Ihlenfeld bei diesen Erkundungen etwas von Celans Sprache im Ohr gehabt. Er hatte über Celans »Sprachgitter« wiederholt nachgedacht, sowohl über eine Figur vermittelnden Verstehens als auch über das konkrete Sprechgitter, wie es als Kontaktmedium an der Pforte von Klosterbauten üblich war. Ihlenfeld hat in seiner Auseinandersetzung mit Celan

---

Goethe zum Beispiel, 158. Zur Begriffsprägung vgl. Harald Weinrich. Semantik der Metapher, in: Folia Linguistica 41 (1967), Nr. 1, 3–17, hier: 12f.

129 Zur Leere als produktionsästhetischer Anstoß auch: »Um Fülle wahrnehmen zu können, muß man einen akuten Sinn für die Leere bewahren.« Sontag. Die Ästhetik des Schweigens, 21.

130 Vgl. Ihlenfeld. Loses Blatt Berlin, 40. Zu dessen leiblicher Betroffenheit: Gombrowicz. Berliner Notizen, 7.

131 Vgl. Ihlenfeld. Loses Blatt Berlin, 45.

132 Über Gombrowicz' existenzielles Durchdrungensein vom Ort: Ihlenfeld. Loses Blatt Berlin, 40. Zum Inwendigwerden der Phänomene im dichterischen Verfahren auch: Martin Heidegger. Wozu Dichter? (1946), in: ders. Holzwege, 269–320, hier: 308.

133 Ihlenfeld. Stadtmitte, 223.

beide Dimensionen des Bildfelds hervorgehoben. Ein solches »Sprechgitter«, hielt er fest, sei dazu da, »ankommende Gäste« durch ein Medium »willkommen zu heißen oder abzuweisen«.[134] Das deckt sich nicht nur mit Celans verbürgter Begegnung mit einem tatsächlichen Sprechgitter, sondern ist auch das, was es laut Grimm als »gegittertes fenster« ursprünglich bedeutete: zwischen zwei Welten, zwischen den Freien und den Insassen zu vermitteln.[135] Dabei spielen bei Ihlenfeld vier Dimensionen der Gittermetaphorik hinein. Da ist zum einen das »Sprachgitter« als Kontaktfläche: das »Sprachgitter« als die Erfahrung der Fremdheit des anderen, die Begegnung im Antlitz. Es ist jenes »Sprachgitter des Ich«, das Ihlenfeld als Berührungsfläche der Psyche auffasste und das im Inneren, zwischen dem stummen Selbst und dem sprechenden Ich, vermittelt.[136] Daneben war »Sprachgitter« das, was um die Sprache selbst gelegt war, was sie – durch Zensur oder Tabu – von innen oder außen verschloss, sie unter Druck setzte. Auch diese Dimension einer Sanktionierung der Sprache war im geteilten Berlin allgegenwärtig.

»Sprachgitter« war aber noch etwas: ein unsichtbarer Vorgang, dem Blick entzogen, ein Dazwischen.[137] Dieses Gitter war ein Sieb, das einiges durchließ und anderes zurückhielt. Es hielt dazu an, das Wesentliche zu sagen oder zu schweigen. Somit scheint Ihlenfelds ›Herzgitter‹ grundlegende Aspekte von »Stadtmitte« in sich zu versammeln. Es ist einerseits das Gitter, an dem ein verdecktes Herz abgehorcht wird, ob es noch schlägt.[138] Sodann ist es eine verborgene Wirkkraft, die unsichtbar auf jenes Gitter einwirkt: das, was Ihlenfeld als Kraft des Genius Loci suchte. Und zuletzt ist es im Sinne

---

134 Ihlenfeld. Stadtmitte, 100. Sowie: Paul Celan. Sprachgitter (1959), in: ders. Gesammelte Werke. Bd. 1, 176.

135 Hierzu die Einträge »sprachgitter« sowie »gitter« und »gitterwerk«: Jacob und Wilhelm Grimm. Deutsches Wörterbuch. Bd. 16. Seelenleben–Sprechen. München 1984, Sp. 2757–2758, sowie: dies. Deutsches Wörterbuch. Bd. 7. Gewöhnlich–Gleve. München 1984, Sp. 7571–7578, sowie: Sp. 7586–7588.

136 Zum »Antlitz« als nach Jean Paul »Allerheiligstem des Menschen«: Ihlenfeld. Stadtmitte, 100. Zu Nähen und Unterschieden des »Sprachgitters« bei Celan und Jean Paul vgl. Bernhard Böschenstein. Umrisse zu drei Kapiteln einer Wirkungsgeschichte Jean Pauls: Büchner – George – Celan (1975), in: ders. Leuchttürme. Von Hölderlin zu Celan, Wirkung und Vergleich. Studien. Frankfurt a.M. 1977, 147–177, hier: 174f.

137 Hinter dem »sprachgitter« lag laut Grimm Unzugängliches; so unzugänglich wie der Schlaf der anderen: Grimm. Deutsches Wörterbuch. Bd. 16, Sp. 2758.

138 Der Nexus von Herz und hartem Material würde das Bildfeld der Melancholie nahelegen, in dem das Herz zum Stein wird, das keine Trauer mehr recht erweicht. Etwas von dieser Trübsal hat auch Ihlenfelds Herzgitter an sich. Vgl. Benjamin. Ursprung des deutschen Trauerspiels, 331.

---

des »Sprachgitters« selbst ein Gewirktes wie eine Textur, deren Fäden unsichtbar fortgewoben werden. Es bildet die stille Post, die von verschiedenen Seiten durch das Berliner Gitterwerk geführt wurde.[139] Dabei weist dieses Bild seine eigene Wirkungsgeschichte auf: Schon Benn benutzte das Gitter als Metapher für die politischen Zustände im Nachkriegsberlin.[140] Celans »Sprachgitter« stieß später auf Aufnahme bei Bobrowski in Ostberlin.[141] Bei Ihlenfeld in Westberlin mündete es zuletzt ins Gitterwerk des Herzens.[142] Das Bild ist somit vielfältig Gewirktes, Wechselwirkung einer Literatur, die beständig ihr verbindendes Gitter wob. Zugespitzt kann man sagen, dass sich das poetische Problem der Zeit darin spiegelte. Das »Sprachgitter« schien das Lebensgefühl der Dichtung zu berühren. Vielleicht ging eben darum das Ausdrucksgeschehen, wie Ihlenfeld annahm, in der leeren Zentrale auf, kulminierte in der gemeinsamen ›Gittererfahrung‹ im geteilten Berlin. Festzuhalten bleibt, dass das »Sprachgitter« ein Stück der Sprachlage in dieser Zeit vor Auge und Ohr stellte.[143]

Ihlenfelds ›Herzgitter‹ war damit Berührungsfläche und Trennungsschnitt in einem: Gitter zur anderen Seite der Stadt, Gitter zu einer anderen verschütteten Zeit, Gitter zu den Vertriebenen im Exil. So ist seine Metapher nichts anderes als der inwendige Raum. An diesem Gitter fand Begegnung statt, nicht nur topografisch, wo die Mauer durchs Feld schnitt. Es vermaß auch den Abstand zur eigenen Muttersprache im Nachkrieg; ein Gitter, das sie fremd, wie exterritorial anzuschauen nötigte.[144] Das bedeutete für Ihlenfeld kein abgekühltes Verhältnis, sondern im Gegenteil eines, das die

139 Zur Metaphorik von Text, Textur als »Geflecht« bzw. »dichtes Zusammengewirktsein«: Hans-Georg Gadamer. Philosophie und Literatur (1981), in: ders. Gesammelte Werke. Bd. 8, 240–257, hier: 253. Auch Loerkes Gewebemetaphorik poetischer Bildlichkeit in: Loerke. Hausfreunde, 308.

140 Zu Benns Gittermetaphorik um 1950: Benn an Rychner vom 29.11.1950, in: dies. Briefwechsel 1930–1956, 17.

141 Zu seiner Beschäftigung mit Celan: Johannes Bobrowski an Ad den Besten vom 1.12.1959, in: ders. Briefe 1937–1965. Bd. 2, 189–191, hier: 189. Das Thema des unüberbrückbaren Wegs zum anderen auch in: Johannes Bobrowski. Sprache (1963), in: ders. Gesammelte Werke. Bd. 1, 177.

142 Dabei standen am Potsdamer Platz, noch vor dem Mauerbau, tatsächlich eiserne »Zaungitter«, wie Scholtis gezeigt hat. Vgl. Scholtis. Rund um den Potsdamer Platz, 187.

143 Zur Figur, dass das Ins-Spiel-Bringen der Existenzialien etwas von der jeweiligen hermeneutischen Lage sehen lasse: Heidegger. Sein und Zeit, 44. Zu einem phänomenologischen Begriff des Lebensgefühls vgl. Scheler. Ethik, 342.

144 Zu diesem Fremdwerden des Eigenen im »Sprachgitter«: Gadamer. Leben ist Einkehr in eine Sprache, 926.

Beziehung von Sprache und Emotion wieder fraglich werden ließ.[145] Und darin liegt ein allgemeineres Problem: jenes der Poesie, dass sie beständig vom Sichtbaren abzurücken hat, um das Unsichtbare zu erfassen. Die Spuren äußerer Sichtbarkeit müssen innig werden, um an das heranzukommen, was Ihlenfeld seine »unsichtbare Mitte« nannte. Demnach wird der Ort erst erfasst, wenn die Dichtung ihre Beweglichkeit gewinnt. Findet sie eine existenzielle Metapher, so rührt sie an unseren Denkschemata. Das lässt die Frage aufwerfen, ob es nicht die Kunst überhaupt ist, die den »wahren Raum«, »sein Eigenstes« freilegt, wie Heidegger formuliert hat; also das, was uns an ihm als emotionale Wesen betrifft.[146] Die Kunst erzeugt einen poetischen Ort, der eine Zuspitzung darstellt.

Drei künstlerische Erörterungsweisen des Ortsgeistes hatte Ihlenfeld in der inneren Stadt ausgemacht. Da waren die Skulpturen, die für das Bildfeld der Zerstreuung sensibilisierten, Stelen, die die Dispersion wachhielten. Daneben stand Scharouns Baukunst: Raum, der etwas von der Ereignishaftigkeit der Gegend aufnahm. Dazu kamen die Zickzack-Linien an der Außenhaut, im Inneren die Mosaiksteine. Doch das Bemerkenswerteste war Ihlenfelds Entdeckung eines »Gitterwerks«, jenes sprachlichen Gebildes, das das Sichtbare mit dem Unsichtbaren, das Erspürbare mit dem Entfernten in Berührung setzte. Es ist dieser Ausdruck, der einer Widersprüchlichkeit am Ort – von Abgesperrtheit und Durchlässigkeit – einen Namen verlieh. Mit dieser Entdeckung verwandelte sich die Leere.[147] Hier erweist sich seine »Stadtmitte« als Ort, der all diese Bildfragmente beherbergte: Es war eine Gegend, die »Herz und Hirn« ansprach.[148] Doch wie die gesammelten Entdeckungen mit dem Gewicht der Erfahrungen verbunden waren, so wirkte darin die Frage der Zeugenschaft nach. Vielleicht war sie die Conditio sine qua non dieses Topos, ohne die kein Ausdruck möglich war. Denn was war Ihlenfelds Entdeckung von »Stadtmitte«, wenn nicht das Ins-Spiel-Bringen einer lebensgeschichtlichen Konstellation. Damit mündet »Stadtmitte« in der ethisch verstandenen Frage nach dem Zeugen und seinem Dilemma. Es war dieser Zeuge, der zugleich Gast und Gesprächspartner einer umfassenderen Aussprache hätte sein sollen.

Denn in der Tat hielt Ihlenfeld am Schluss des Tagebuchs das Ankommen literarischer Gäste fest – jener von Höllerers Literarischem Colloquium, zu

---

145 Zur Gefahr des Empfindungslos-Werdens der Sprache auch: Ihlenfeld. Stadtmitte, 400.
146 Vgl. Heidegger. Die Kunst und der Raum, Bl. 4.
147 Zum Zeitwort ›leeren‹ auch: ebd., Bl. 8.
148 Vgl. Ihlenfeld. Stadtmitte, 396.

denen Gombrowicz gehörte. Andererseits nahm er das Ankommen juristischer Zeugen wahr, anlässlich der Frankfurter Auschwitzprozesse. Er nahm beides zum Anlass, darüber nachzudenken, wer »unsre eigentlichen Gäste« seien: jene, die »vor allen andern Gästen unserer Teilnahme« bedürften.[149] Er fragte sich, wo und wie die »eigentlichen Gäste« in Deutschland säßen, wie sie – als bloß juristische Zeugen eines Prozesses behandelt – abends »auf ihrem Hotelzimmer sitzen, beladen mit Erinnerung und mit Gegenwart – unbegreiflich beides.«[150] Nicht nur, dass Ihlenfeld als einer der wenigen die Retraumatisierung der Zeugen ansprach.[151] Was er sich fragte, war, wie sie mit ihrer Betroffenheit fertig wurden. Nicht nur, dass sie mit der Hölle des Zeugen angereist waren. Sie kannten, angesichts des Kontrasts zwischen der Gegenwart und dem Erinnerten, den Sog zur Irrealisierung.[152] Diese trafen – das scheint Ihlenfeld mit Beklemmung bemerkt zu haben – in Deutschland auf die andere Seite: jene, die man den Nullpunkt des Zeugen nennen kann, an dem er sich in Stummheit zurückzieht. Doch das Denial frisst an der Seele des Zeugen. Diese Ambivalenz mag sich nur auflösen, wenn er zu seiner Betroffenheit, im doppelten Sinne des Wortes von Schmerz und Teilhabe, zurückfindet. Der Philosoph Paul Ricœur hat diesbezüglich auf das hermeneutische Geschehen in der Zeugnisgabe aufmerksam gemacht: zwischen dem Gesehenen und dem zu Sagenden, zwischen dem Selbst und dem anderen, dem Gewesenen und Gegenwärtigen.[153]

Der hier gesuchte aufgewachte Zeuge hätte in diesem Übersetzungsvorgang zum Boten zu werden, der eine Sprache gebraucht, die nur mittelbar gefunden werden kann.[154] Denn der betroffene Zeuge ist Beschädigter, der um seine Angst, seinen Kleinmut weiß. Doch muss er einen Weg finden, um zum Zeugnis vorzudringen. Hamburger hat es das »bearing witness« genannt, das im Ganzen, im Wie des Gesagten stecke.[155] So ist das Werk selbst ein Schamkleid, in dem der Autor Zeugnis ablegt.[156] Denn den nack-

149 Vgl. ebd., 405.
150 Ebd.
151 Zum Leid von Gombrowicz in Berlin exemplarisch: Ihlenfeld. Loses Blatt Berlin, 46.
152 Zum Abrückenwollen des Traumatisierten von der Erschütterung vgl. Ferenczi. Ohne Sympathie keine Heilung, 193.
153 Vgl. Paul Ricœur. L'herméneutique du témoinage (1972), in: ders. Lectures 3. Aux frontières de la philosophie. Paris 2006, 107–139, hier: 110f.
154 Zum Unterschied des bloßen Mitteilens zur betroffenen Zeugnisgabe: Lévinas. Jenseits des Seins, 313.
155 Vgl. Hamburger. After the Second Flood, 79.
156 Zur Sprache als Schleier: Gadamer. Leben ist Einkehr in eine Sprache, 926.

ten Zeugen gibt es nicht. Keine karge Mitteilung tritt an dessen Stelle, da das bloß Dokumentarische die menschliche Erfahrung darin zu verstellen droht.[157] So muss eine Sprache der Umwegigkeit gefunden werden, eine, wie Ihlenfeld notierte, die nicht die Abkürzung ins Anästhetische wählt: Denn in ihr walte Erstarrung der »Empfindung«, so »wie sich der Mensch heute so gerne Empfindungen versagt, die ihn dann doch plötzlich überwältigen«.[158]

Was also war Ihlenfelds Entdeckung in »Stadtmitte«? Man kommt ihr nahe, wenn man sich vergegenwärtigt, was er als Aufgabe der Poesie im Nachkrieg formulierte: eine »Sprache für Unausgesprochenes« zu finden.[159] Daher lässt sich von einem Ort des »Unausgesprochenen« sprechen, der nur der einer Beunruhigung sein konnte. »Stadtmitte« als Heimstatt der »erschrockenen Seele«.[160] Fluchtpunkt war das Wachhalten einer Sensibilität. Denn ohne Empfindung droht das Schicksal sinnlos zu werden. Dem Abhilfe zu verschaffen, widmeten sich Ihlenfelds Umkreisungsversuche von »Stadtmitte«. Das war der Ort des verschollenen Genius Loci, dort, wo die verschlossene Stadt lagerte: der verwaiste Potsdamer Platz und das verriegelte Brandenburger Tor. Mit dem Ort der Verschlossenheit benannte er noch ein Problem: Es ist jenes, das diese Verschlossenheit nicht nur auf die Mauerlage, sondern auch auf Zurückliegendes verwies. Als Ort erlebbarer Perplexität wies er auf ein allgemeineres Ausdrucksdilemma, das in der Metapher des ›Herzgitters‹ kulminierte.

Wenn hier die »erschrockene Seele« laut Ihlenfeld zu Hause war, dann hieß es, dass sein Verfahren zum Ausdruck zu bringen hatte, was »vor jeder Mitteilung« lag.[161] Auch das ist »Stadtmitte«. Sie wurde in der Mauerzeit umschifft, um in ein anderes Verständnis einzuschiffen. Worin lag es? Im Ort als Frage. Diesbezüglich hat Ihlenfeld die Nachkriegszeit als eine skeptische, aber nicht hoffnungslose Zeit beschrieben, die eine »Intensität des Fragens« ausgezeichnet habe.[162] So hielt der einstige Pfarrer und Flaneur fest: Wenn dieses Zeitalter irgendeine Form der Spiritualität besitze, »so ist's die des Fragens«. Der Spaziergänger wurde darüber zum »Lauscher«, wie Ihlenfeld

---

157 Zur Kritik des klinisch-dokumentarischen Blicks einer »pedantic elaboration« auch: Hamburger. After the Second Flood, 45.
158 Ihlenfeld. Stadtmitte, 400.
159 Vgl. Kurt Ihlenfeld. Sprache für Unausgesprochenes, in: ders. Zeitgesicht, 30–32, hier: 30f.
160 Vgl. Ihlenfeld. Stadtmitte, 406.
161 Zum Verfahren der Dichtung, jene Betroffenheit zum Ausdruck zu bringen, die »vor jeder Mitteilung« liegt: Kommerell. Gedanken über Gedichte, 37.
162 Vgl. Ihlenfeld. Stadtmitte, 326.

mit Blick auf Bobrowski sagte.[163] Auf diese Weise bildete sich aus den Scherben der Stadt das Bild einer Gegend beunruhigender Fragen. Doch schloss er seine »Stadtmitte« mit einer neuerlichen Erwartung; jener, dass aus der »Nacht der Abwesenheit« im Zeichen der Begegnungen in der Stadt Neues hervorgehen könne. Denn »die Gegenwart eines Menschen leidet kaum einen andern Vergleich«, so Ihlenfeld, »als den mit der Dämmerung«.[164]

163 Vgl. Kurt Ihlenfeld. Abschied von Johannes Bobrowski, in: Eckart-Jahrbuch 1965/66, 203–205, hier: 205.
164 Ihlenfeld. Stadtmitte, 407.

Im Scherbenfeld: Stadt der Sammler

IV. Entzüge: Ausharren im Weltmangel

13. Engführung Friedrichstraße oder Erinnerung an ein Labyrinth

> Is halted, searched and cleared
> Of those it would serve too well.
> *Michael Hamburger*[1]

Auch Wolfgang Koeppen kann man zu den »erschrockenen Seelen« rechnen, die nach Ihlenfeld in »Stadtmitte« Heimrecht besaßen.[2] So verwendete Koeppen selbst das Bild der »katalaunischen Schlachten« für das Szenario, wie es sich ihm bei seinen Besuchen im Nachkriegsberlin darbot.[3] Dabei war für ihn der Schwellenraum zwischen West- und Ostberlin mit Erinnerungen an das jüngst verlassene »alte Schlachtfeld« Berlins verbunden, das er hier auf Dauer gestellt sah.[4] Anderseits war es ihm – die geschichtliche Metapher der »katalaunischen Schlachten« weist darauf hin – ein mögliches künftiges Schlachtfeld, gesehen aus einer »vergangenen Zukunft« des damaligen Kalten Krieges.[5] Doch noch ein Drittes war darin für den Autor verscharrt: ein Grab der Träume, uneingelöster, ins Gegenteil verkehrter Versprechen aus der Zwischenkriegszeit, die abzutragen waren.[6]

Bei Koeppens Passage durchs Niemandsland kehrten sie wieder: die versunkenen Träume, ihre abgeschminkten Gesichter. Für ihn gehörte dazu, was aus den sozialistischen Bewegungen im 20. Jahrhundert in Ostberlin geworden war. Die Frontverhärtungen hatten sich schon in den 1920er Jahren abgezeichnet. Er selbst hat es im Fragment »Ein Anfang ein Ende« mit melancholischer Ironie, angesichts des bürokratischen Treibens bei der kommunistischen Roten Fahne beschrieben.[7] Auf dieser Spur war in sei-

---

1 Michael Hamburger. S-Bahn, in: ders. Collected Poems, 153 f., hier: 154.

2 Vgl. Ihlenfeld. Stadtmitte, 406.

3 Vgl. Koeppen. Morgenrot, 266.

4 Vgl. Koeppen. Unsern Ausgang segne, Gott, unseren Eingang gleichermaßen, 298.

5 Zur Denkfigur einer »vergangenen Zukunft« bzw. einer einstmals »vergegenwärtigten Zukunft« vgl. Reinhart Koselleck. ›Erfahrungsraum‹ und ›Erwartungshorizont‹ – zwei historische Kategorien (1975), in: ders. Vergangene Zukunft. Zur Semantik geschichtlicher Zeiten. Frankfurt a.M. 1989, 349–375, hier: 355.

6 Hierzu der Hinweis auf die Berliner Gegend von »Schuld«, »Versäumnis« wie des »Verlorenen«: Koeppen. Advent, 547.

7 »Es ging recht bürokratisch zu im Haus der Kommunisten«. Koeppen. Ein Anfang ein Ende, 289.

nen Fragmenten aus dem Nachkrieg von der Wiedergeburt Preußens im Gewand der Nationalen Volksarmee die Rede: eine jener Absurditäten, die auch anderen Grenzgängern bei ihrer Ost-West-Passage durch die »unselige Mauer« aufgingen.[8] Diese Lesart griff Koeppen in einem weiteren Fragment, »Unsern Ausgang segne, Gott, unsern Eingang gleichermaßen«, auf. Sein Augenmerk liegt dort, während der Fahrt durch den Transitraum zur Friedrichstraße, auf den Kostümierungen, den Uniformen der Grenzsoldaten und -beamtinnen, in denen er eine Synthese aus altpreußischer Uniform mit den Elementen der neuen sowjetischen Schutzmacht erkannte: Amalgamierung weltanschaulicher Versatzstücke.[9]

Dieses Gewahrwerden der altbekannten Obrigkeitsaufmachung verband sich bei Koeppen mit den Bildern seiner pommerschen Kindheit, warf ihn, wie in »Jugend«, auf Erinnerungen zurück, in denen er die vergangene, ihm aber noch sehr nahe Militarisierung Preußens beschrieb: »Sie hatten mich kahl geschoren«, heißt es in »Jugend«: »Ich war Zögling der vierten Kompanie der Militärischen Knabenerziehungsanstalt. Ich war Deutschlands Zukunft.«[10] Diese »vergangene Zukunft« begegnete ihm im deutschdeutschen Transitraum als Untotes wieder: »Hier und dort sind Banner hochgerichtet, der Zukunft zu, der Tradition verbunden, von West nach Ost, von Ost nach West, und alle reden von der Freiheit als sei die Gegenwart nicht schon unfrei genug. Auf dem Kompost arbeitet die Vergangenheit und stinkt. Die Blüte von morgen zeigt schüchtern die Farbe des Gifts.«[11] Die Gifte des Vergangenen wirkten wie Curare im kontaminierten Stadtgelände fort. So hat auch der Spürsinn Hamburgers die Überreste jenes »gunpowder smell« ausgemacht, der die Berliner Geschichte seit Reichseinigung dominierte.[12] Die toxischen Geschichtsstoffe hielten das Wasteland im Bann. Das unerledigte Vergangene hatte sich festgesetzt, zu dessen Abtragung sich ein Besucherreigen von Flaneuren einfinden sollte.[13]

Dabei hatte sich am Bahnhof Friedrichstraße eine so abrupte Mutation vollzogen wie sonst nur im Grenzraum des Potsdamer Platzes. Der Westber-

8 So beschreibt Koeppen die Gleisaufseher, verkleidet mit der »russischen und preußischen Vorstandsmütze«. Vgl. Koeppen. Unsern Ausgang segne, Gott, unseren Eingang gleichermaßen, 298, 300.

9 Vgl. ebd., insb. 299f.

10 Koeppen. Jugend, 36.

11 Koeppen. Unsern Ausgang segne, Gott, unseren Eingang gleichermaßen, 299.

12 Vgl. Hamburger. S-Bahn, 153.

13 Dass sich dieses unerledigte Vergangene synästhetisch über die Topos-Sinne des Riechens und Schmeckens darbot, mag mit dessen Charakter als »Verborgen-Anwesendem« zusammenhängen: Angehrn. Sein Leben schreiben, 144.

liner Essayist Horst Krüger fasste es bündig anlässlich eines Wiedersehens in Ostberlin zusammen: Eine »heiße Ecke« sei diese Gegend gewesen: »auf jedem Quadratmeter ein Laden«, überall »Schieber«, Nachtschwärmer.[14] Ähnlich betonte Franz Hessel die »drängenden Menschenmassen« in dem Quartier des frühen 20. Jahrhunderts.[15] Benjamin gewann der Ecke in seiner »Berliner Chronik« gar schöpferisches Potenzial ab: Die Friedrichstraße, mit dem ehemaligen Viktoriacafé, sei Initiationsraum zur Kaffeehauswelt, Vorschule der Literatur gewesen.[16] Sie eröffnete einst eine Zone, in der sich die literarische Bohème um 1900 traf. Diesen Anhauch des Verruchten hat noch Speyer aufgegriffen, wenn er den bürgerlichen Protagonisten seines Romans »Das Glück der Andernachs« etwas deplatziert ins dortige Café Bauer setzte.[17] Nur schwache Reminiszenz an diese Epoche fand Krüger bei seinem Besuch in Ostberlin: Er traf dort einen alten Freund im Pressecafé, in dem sich die sozialistisch geschulten »Kulturschaffenden« einfanden und die »Sprache des Fortschritts« pflegten.[18] Für seinen desillusionierten Blick jedoch lag ein früher verrücktes Zentrum »leer vor uns«.[19]

Gleichwohl war der Ort nach 1945 mit den Wellen von Flüchtlingen noch einmal »Menschenumschlagsplatz« geworden. Die West-Autorin Ingeborg Drewitz hat später das spontane »Aufatmen« der Flüchtenden aus dem Osten beim Umsteigen festgehalten, jener, die herüberflohen, aber auch jener, die vom Westen durchfuhren: das »Aufatmen, wenn die Züge, den Bahnhof verlassen hatten«.[20] Aus diesem Umschlagsplatz entwickelte sich in der Folge ein »Grenzbahnhof«, eine »Kopfstation« zwischen Ost- und Westberlin: Außenposten einer Befestigungsanlage, im Inneren durchzogen von einem Labyrinth.[21] Das Gespenstische steigerte sich durch einen unterwärtigen Krypta-Bahnhof, die U-Bahn auf der unterirdischen Nord-Südstrecke,

---

14 Vgl. Horst Krüger. Das zerbrochene Haus. Eine Jugend in Deutschland. München 1994 (1966), 92. Zur Geschichte des Quartiers der Friedrichstadt ausführlich: Kreher/Vedder (Hg.). Von der Jägerstraße zum Gendarmenmarkt: eine Kulturgeschichte aus der Berliner Friedrichstadt.

15 Vgl. Hessel. Heimliches Berlin, 279.

16 Vgl. Benjamin. Berliner Chronik, 480f.

17 Vgl. Speyer. Das Glück der Andernachs, 208f.

18 Vgl. Krüger. Das zerbrochene Haus, 89.

19 Vgl. ebd., 92. So berichtet um dieselbe Zeit auch Christa Wolf, die später in der Friedrichstraße wohnen sollte, dass die Ecke ihren »Glanz« verloren habe. Vgl. Christa Wolf. Ein Tag im Jahr. 1960–2000. Frankfurt a.M. 2008, 95.

20 Ingeborg Drewitz. Bahnhof Friedrichstraße, in: dies. Bahnhof Friedrichstraße. Erzählungen. Hg. von Agnes Hüfner. Hildesheim 1993, 7–24, 9.

21 Vgl. ebd., 10f.

die den südlichen mit dem nördlichen Teil Westberlins verband und nur an der Friedrichstraße hielt. War dieser Bahnhof zwischen seiner Entstehung 1882 und 1961 – unter drastisch gewandelten Bedingungen – noch immer »Menschenumschlagsplatz«, so mutierte er in der Mauerzeit zum städtischen »Fadenkreuz« im Ost-West-Konflikt.[22] Ein zweifelhafter Ort war entstanden: Vorposten, Festung, Labyrinth und Geisterstation in einem.

Auch Koeppen sondierte ironisch-behutsam diese Übergangszone eines deutsch-deutschen Verstrickungsraums. Nicht erst im Osten war es, sondern bereits am westlichen Stadtbahnhof Bellevue, an dem ihm das erste Mal die ausführende bürokratische Gewalt, verkörpert durch eine Westberlinerin, begegnete, die im Dienst der östlichen Reichsbahn ihrer Tätigkeit am Gleis nachging. Die Station Bellevue war einer jener Bahnhöfe, an denen sich die Herrschaftsbereiche der beiden teilsouveränen Staaten überschnitten: »Wohnhaft in Berlin West«, heißt es über die Bahnbeamtin, »unpolitisch, wenn sie den Staat auszog nach dem Dienst«.[23] Es ist einer jener Punkte eines ›Berührungszwangs der Systeme‹, den Johnson beschrieb und an denen sich das Unerledigte der Geschichte bemerkbar machte: »Die Folgen des Krieges«, so Johnson im »Boykott der Berliner S-Bahn« lakonisch, »schieben wir auf die Stadtbahn«.[24] Damit meinte er die zwischen West und Ost in der Schwebe gehaltene Souveränität hinsichtlich der Infrastruktur der Stadt. Doch noch eine Verlegenheit machte sich an dem Berührungspunkt bemerkbar: ihr gemeinsamer Ursprung. Dieser wurde durch den Rückbezug auf einen Geisterstaat sinnfällig, aus dessen Konkursmasse beide Nachfolgerstaaten hervorgegangen waren: aus demselben »blutigen Schoß von deutscher Geschichte herausgekrochen«, wie es der aus Ostberlin emigrierte Lyriker Thomas Brasch formulierte.[25] So hatte zwar die DDR die Rechtsnachfolge der alten Reichsbahn angetreten, vor allem um an die von den Alliierten requirierten Sondervermögen der Bahn heranzukommen. Doch brachte dieser Zugriff den SED-Staat in ein ideologisches Dilemma, wie aus einem von Johnson aufgehobenen Artikel hervorgeht, der sich in seinem Nachlass erhalten hat: »Eigentümer«, heißt es über die S-Bahn, »ist das Deutsche Reich, das nicht mehr existiert und dessen Erbfolge die DDR stets vehement bestritten hat.«[26] Die DDR war im Besitz eines Erbstücks, dessen

22 Vgl. ebd., 24.
23 Koeppen. Unsern Ausgang segne, Gott, unseren Eingang gleichermaßen, 299.
24 Johnson. Boykott der Berliner S-Bahn, 33.
25 Vgl. Personenbeschreibung: Annäherung an Thomas Brasch. ZDF 1977, Min. 00:24:00 f. Regie und Drehbuch: Georg Stefan Troller. Vorlass Georg Stefan Troller. Deutsche Kinemathek, Berlin.
26 Joachim Trenkner. Ende einer langen Dienstfahrt? Das ungewisse Schicksal der

Erbe sie eigentlich ausschlug und dessen dazugehörige Liegenschaften sich teils auf der anderen, von ihr selbst abgesperrten Stadthälfte in Westberlin befanden.

Diese ironische Lage ist bei Koeppen verkörpert in der Frau in der Uniform der Ost-S-Bahn auf Westgebiet. Doch noch eine unbequeme Frage begleitete ihn bei der Fahrt durchs politische Niemandsland. Es scheint, als begegnete ihm auch der »Untertan« Heinrich Manns wieder, der alte Dienst nach Vorschrift. Loyal zum Staat, bei dem man nicht fragen mochte, zu welchem Zweck man seinen Dienst erfüllte und sich im Notfall im »Nach-dem-Winde-Schielen« übte.[27] Darin spiegelte sich ein altpreußisches Dilemma wider, wie es der Autor im »Brandenburg«-Fragment darzustellen versuchte. Erkannte er also eine alltägliche Form jenes Dilemmas misslungenen »aktiven Anstandes«?[28] In Koeppens Notizen zum »Brandenburg«-Projekt zitiert er in diesem Geist einen General am Vorabend des Zweiten Weltkriegs: »Wir können die Politik nicht ändern, müssen still unsere Pflicht tun.«[29] Fast wirkt es, als wäre dieses Motiv aus der Vergangenheit – jene Unhinterfragtheit der geltenden Moral im Hinblick auf ethische Motive – Koeppen bei seinem Transit auf die andere Seite der Stadt nachgegangen.[30]

Koeppen hat sich von diesem Problem nicht ausgenommen. Es war ein anderer, der in Berlin verbliebene Hans Scholz, der davon sprach, dass die Stadt für ihren nicht verhinderten Zusammenbruch einen Versäumniszuschlag zu zahlen hatte – was Koeppen als Haftenbleiben des Fraglichen im Transitraum erfuhr.[31] So habe sich nach dem Krieg in Berlin eine eigene »Zeitrech-

---

Berliner S-Bahn, in: Frankfurter Rundschau 29.3.1980. Aus Materialien nach Fundort 5. 42. Mappe 14. UJA Rostock. Dass die Einnahmen aus der Berliner S-Bahn hingegen »unserem Staat« »zufließen«, hat auch Christa Wolf, aus DDR-Perspektive auf das Problem blickend, benannt. Vgl. Christa Wolf. Unter den Linden (1974), in: dies. Die Lust, gekannt zu sein. Erzählungen 1960–1980. Frankfurt a. M. 2008, 170–226, hier: 194.

27 Zur Thematisierung der fehlenden Zivilcourage in der deutschen Überlieferung: Wolfgang Koeppen. Auf der Suche nach dem verlorenen Roman (1959), in: ders. Gesammelte Werke. Bd. 6, 324–334, hier: 329.

28 Zum Begriff »aktiven« oder »stillen Anstandes« für Formen der Zivilcourage im Dritten Reich vgl. Sifton/Stern. Keine gewöhnlichen Männer.

29 Gemeint ist der zeitweilige Oberbefehlshaber des Heeres Werner von Fritsch in einer Aussage gegenüber seinen Offizieren. Vgl. Wolfgang Koeppen. Brandenburg-Manuskripte M 10, 10–14. Nachlass Wolfgang Koeppen. Wolfgang-Koeppen-Archiv Greifswald.

30 Zu dieser Figur eines sozialen Anlehnungsbedürfnisses des Menschen ans geltende Moralsystem vgl. Scheler. Ethik, 322f.

31 Vgl. Scholz. Berlin für Anfänger, 6.

nung« etabliert: eine gedehnte Zeit der Niederlage.[32] Gerade die Auflösung des Reichs hatte, so Scholz, zu einer gespenstischen Situation geführt, die sich an der Reichsbahn als dessen Symbol festmachte: »Die Verflüchtigung eines ganzen Reiches wirkte sich nachteiliger aus als erwartet. Das Reich war der Alliierten-Gegner des Krieges, es allein nur kann der Partner eines diesbezüglichen Friedensvertrages sein. Aber wo ist es?«[33] Etwas von dieser Frage schien mit der rotgelben S-Bahn durch die Stadt zu geistern.

Koeppen deutete es mit dem Uniformenspiel am Grenzbahnhof Bellevue an. Darin wird das tiefere Thema seines Aufenthalts sinnfällig. Die Strecke wurde ihm zur Dauer, die den Ort in einen der Weile verwandelte. Seine Gedankensplitter versuchten zu leisten, was er als Aufgabe der Literatur ansah: »Wir müssten«, hat Koeppen in seiner Poetikvorlesung angemerkt, dem Verdrängten »gegenwärtig sein.«[34] Dies konnte am konsequentesten eine Literatur leisten, die den »Lebensrohstoff« aufbrach.[35] Es ging darum, eine »unausgesprochene Zeit« zum Sprechen zu bringen, die beständig ins Gegenwärtige hineinragte.[36] Doch was konturierten Koeppens Erinnerungs-*leftovers* auf der Fahrt mit der Stadtbahn? Sie thematisierten den Weg in die Staatshöhle der DDR, das Prozedere der Einfahrt in die Friedrichstraße. Der Weg brachte ihm die Frage nach der deutschen Mentalität zurück und einer möglichen Anpassung der Massen an ein autoritäres System. Koeppen wurde diese Strecke zugleich zu einer der Verunsicherung. Der Gang in die Enge der Friedrichstraße führte zu den eigenen Ängsten. Was ihn als Beklemmung in den Waggons der S-Bahn ereilte, war das alte Thema nach einer schwach ausgeprägten Ethik in der deutschen Gesellschaft, eines Mangels an Courage, der zu Situationen geführt hatte, in denen es zur Stunde tragisch-verlorener Figuren, wie jener Kleists, gekommen war. Figuren, die den ethischen Konflikt gespürt hatten, ihn aber nicht anders denn tragisch aufzulösen vermochten.[37]

32 Vgl. ebd., 9.
33 Ebd., 13. Der Symbolbegriff spielt hier auf Johnsons Ringgleichnis zur S-Bahn an. Vgl. Johnson. Boykott der Berliner Stadtbahn, 25.
34 Wolfgang Koeppen. Frankfurter Poetik-Vorlesung (1982/83), Bl. 10. Signatur W.Koe M 94. Nachlass Wolfgang Koeppen. Wolfgang-Koeppen-Archiv Greifswald.
35 Zur dieser geistesverwandten Formulierung Troller in: Personenbeschreibung: Annäherung an Thomas Brasch. ZDF 1977, Min. 28:40f. Regie und Drehbuch: Georg Stefan Troller. Vorlass Georg Stefan Troller. Deutsche Kinemathek, Berlin.
36 Zur Dichtung und ihrer Suche nach einer »verborgenen Zeit«: Kommerell. Das Problem der Aktualität in Hölderlins Dichtung, 177.
37 Vgl. Koeppen. Kleist oder Der mißverstandene Prinz von Homburg, 74. Dazu

Noch etwas muss Koeppen beim Transit zurückgekehrt sein: das Druck-kammergefühl bei Einreise in ein autoritäres Land. Damit verwandelte sich die Transit-Erfahrung. Sie nahm nicht nur die Bedeutung von »hinüber« an, sondern wurde – in Anverwandlung eines Worts von Celan – zur »Engführung«.[38] Diese Angst als elementares Empfinden muss Koeppen bei der »Engführung« der Friedrichstraße zurückgekommen sein.[39] Das erhellt ein werkgenetischer Rückgriff: Koeppen hat einmal seine Rückkehr aus dem holländischen Exil schildern wollen, die exemplarisch für sein Angstempfinden steht. Das geht aus einer Notiz aus jener Zeit hervor, in der sein Friedrichstraßen-Fragment entstand. Diese beklemmende Szene gedachte er in den Kontext seiner autobiografischen Versuche zu integrieren. Dort schrieb er über seine späte Flugpassage von Amsterdam zurück nach Berlin ins Dritte Reich: »Das wartende Flugzeug.«[40] Dahinter verbirgt sich eine Erfahrung der Ohnmacht, die er als Zeuge miterlebte: »Im November 1938«, schrieb er dazu in einem Brief an die Dichter-Kollegin Hilde Domin, »nach den Pogromen im Reich, stand auf dem Flugfeld in Amsterdam eine Maschine der KLM bereit zum Flug nach Berlin. Die Polizisten hatten die Insassen, Flüchtlinge aus Deutschland, die nicht nach Berlin zurückgebracht werden wollten, gewaltsam in die Kabinen zurückgebracht«.[41] Zwar wei-gerte sich der Kapitän, ohne richterlichen Beschluss mit den »Zwangspas-sagieren« loszufliegen. Doch: »Das Asyl war abgelehnt. Die Türen wurden zugeschlagen. Das Flugzeug stieg auf.« Man ahnt, wie mit den Passagieren bei Ankunft in Tempelhof 1938 verfahren wurde.

Dieser Kontrast sei gestattet, um den Erinnerungsraum des Autors auf-zurufen. So beschreibt er in der Transit-Miniatur von 1979 die Durchfahrt durch die Berliner Mauer als ein In-die-Enge-Gestelltsein. Hier meinte er,

Kommerells Lektüre des ethischen Konflikts im »Prinz von Homburg«, die Ge-genüberstellung von Selbst und Staat: Kommerell. Die Sprache und das Unaus-sprechliche, 289, 295.

38 Vgl. Paul Celan. Engführung (1959), in: ders. Gesammelte Werke. Bd. 1, 195–204, hier: 197f. Zum eigentlich musikalischen Ursprung der »engführung« der Hin-weis in: Jacob und Wilhelm Grimm. Deutsches Wörterbuch. Bd. 3. E–Forsche. München 1984, Sp. 480. Eine poetologische Öffnung des Worts »Engführung« hat Szondi in seiner Celan-Lektüre vorgenommen. Vgl. Szondi. Celan-Studien, 351f.

39 Das deutsche »Angst« geht hierbei auf ahd. »angust« »Enge«, »Beengung« und »Bedrängnis« zurück. Vgl. Wandruschka. Angst und Mut, 15.

40 Wolfgang Koeppen. Brandenburg-Manuskripte M 9, 9–22. Nachlass Wolfgang Koeppen. Wolfgang-Koeppen-Archiv Greifswald.

41 Wolfgang Koeppen an Hilde Domin vom 8.1.1979. Nachlass Hilde Domin. DLA Marbach.

»sich zuletzt auf leerer, toter Strecke zu finden, allein von aller Sicherheit verlassen.«[42] Dabei ging es dem Passagier nicht nur um das Ausgesetztsein behördlicher Willkür am Ankunftsort Friedrichstraße, sondern auch um das Verhalten der Mitreisenden: »Es verstörte mich«, bekannte er: »Gerate ich unter Menschen, in eine Menge, die in eine Richtung strebt, anscheinend dasselbe will und fühlt, sich freiwillig vereint hat zu einem gemeinen Ziel, fürchte ich mich, Panik bricht ins Herz«. Und so leer waren die Waggons nach dem Passierscheinabkommen nicht, sondern machten den nicht minder unheimlichen Eindruck von »Wartezimmern«.

Damit scheint in der »Engführung« der Wirklichkeitsbezug des Flaneurs zu schwinden.[43] Das Reglement am Grenzbahnhof verstärkte die Irritation: »Ich zittere, meiner standhaft bewahrten Ichheit beraubt zu werden, die doch so fest ist, daß sie, die schwache, in Gewalt zerbrechen wird«.[44] Zwar scheute er die »Gleichgesinntheit«. Doch kannte er die Versuchung einer vordergründigen Anpassung: »Die Schläue ruft, stell dich dem Feind«, heißt es bei Koeppen, »geh zu ihm hin, blicke ihm fest in die Augen, er wird denken, du unterwirfst dich, willst ein Volksgenosse sein.«[45] Hierbei gab er zu bedenken, dass in Ostberlin eine Institution am Werk war, die um »unsere Feigheit« wisse. Sie sei kundig im Ausspielen von Anfälligkeiten. Die Menschen bei ihren Schwächen packen – dafür stand der Topos Friedrichstraße.[46] Scheelsucht, ein bisschen Verlogenheit schien die Atmosphäre des Orts auszustrahlen: Der Geist des »Doppellebens« dämmerte wieder auf.[47]

Möglicherweise waren Westdeutsche für diese Aura der Einschüchterung an den Pforten zur DDR besonders empfänglich. Spürten sie, dass diejenigen, die auf der anderen Seite wie einkaserniert lebten, auch ihretwegen in Unfreiheit geraten waren, wie es Friedrich Luft bekannte: »Diese sechzehn Millionen büßen unser aller Vergangenheit«.[48] Die Gewissensäußerung bildete die Kehrseite dessen, was man aus amerikanischer Sicht als »seelische

---

42 Koeppen. Unsern Ausgang segne, Gott, unseren Eingang gleichermaßen, 300.

43 Zu einer durch Ungeborgenheit und Angst ausgelösten Atmosphärisierung vgl. Tellenbach. Geschmack und Atmosphäre, 106f. Zur Depersonalisation und dem Verlust der Wirklichkeitsgebundenheit: V.E. Freiherr von Gebsattel. Zur Frage der Depersonalisation. Ein Beitrag zur Theorie der Melancholie (1937), in: ders. Prolegomena, 18–46, hier: 19f.

44 Koeppen. Unsern Ausgang segne, Gott, unseren Eingang gleichermaßen, 300.

45 Ebd., 301.

46 Vgl. Binswanger. Grundformen und Erkenntnis menschlichen Daseins, 278f.

47 Zum »Doppelleben« in Diktaturen vgl. Stern. Erzwungene Verlogenheit, 102.

48 Friedrich Luft. Wachsamkeit und Schweigen (1962), in: ders. Über die Berliner Luft, 404–408, hier: 407.

Apathie« der West- gegenüber den Ostdeutschen erkannt hat.[49] Ein ähnlich ambivalentes Erlebnis hat der Schriftsteller Peter Schneider, eine Generation jünger als Koeppen, bei der Fahrt durch die »siamesische Doppelstadt« im »Mauerspringer« beschrieben. Ihm war sie Sinnbild einander in Schach haltender Souveränitäten; eine Situation, bei der einem die »Uniformen der Reichsbahnbeamten« schon am westlichen Ende der Stadtbahn entgegenkamen.[50] Die Fahrt wurde zur Zeitreise entlang »verwilderter Bahngelände«, der Zug voller Rentner, die Einzigen, die sich in dieser Stadt der Hemmnisse frei bewegen konnten.

Schneider, einem routinierten Grenzgänger, wurde der Transitgang zu einer Schule des Sehens. An der ersten Schleuse der Friedrichstraße der musternde Blick der Staatsorgane: »Mehrmals vergleicht der Grenzbeamte das Foto in meinem Paß mit der lebenden Person und sieht mir dabei unbegreiflich lange ins Gesicht, aber nicht in die Augen, sondern auf einen Punkt seitlich der Nasenwurzel.«[51] Es war ein bewusst regloser Blick: Emotionslosigkeit zur Wahrung des Abstands.[52] Der Mauerspringer dagegen ging einer empfindsamen Realisationsarbeit anderer Art nach, versuchte den Atmosphärenwechsel, der sich am Schnittpunkt der Teilstädte manifestierte, nachzuvollziehen. An der Schleuse Friedrichstraße trete – so Schneider – eine »andere Zeitrechnung in Kraft«.[53] Eine Welt der Symbole begegnete ihm, die nach fremder Ordnung ausgerichtet war. Er vernahm die mit dem Klimawechsel verbundene Verschiebung der Muttersprache: »Die Fremde, in der die gleiche Sprache gesprochen wird, schließt sich«, so Schneider, »wie eine Dunstglocke« über dem Neuankömmling in Ostberlin.[54]

Mit dem Atmosphärenwechsel fand eine Wandlung des Sprachraumes statt. Er wurde andeutungsreicher, kryptischer. Eine »unhörbare Fremdsprache« zeige sich im Geschehen der Sprechenden in Ostberlin. Trat man tiefer ins Innere dieser Welt ein, mischte man sich unter die Vertrauten, etablierte sich eine »Kürzelsprache aus Stichworten« und »Redewendungen«,

49 Reminiscences of Eleanor Lansing Dulles, Bl. 22. 1977. Coll/Proj: John F. Kennedy project. Call Number: NXCP87-A771. Oral History Collection. Columbia University. Rare Book & Manuscript Library.

50 Vgl. Peter Schneider. Der Mauerspringer. Erzählung. Darmstadt, Neuwied 1986 (1982), 6, 33.

51 Ebd., 34.

52 Vgl. Philipp Springer. Bahnhof der Tränen. Die Grenzübergangsstelle Berlin-Friedrichstraße. Berlin 2013, 62f.

53 Vgl. Schneider. Der Mauerspringer, 34.

54 Vgl. ebd.

Transponierungen ins Doppeldeutige, die den Besucher überforderten.[55] Doch noch etwas jenseits veränderter Idiomatik trat hinzu: ein verwandelter Bezug von Sprache und Emotion, eine Konfusion des Ausdrucks. Es schien, als würden Wort und Gefühl in unterschiedliche Richtungen streben.[56] Was Schneider ausmachte, war nicht nur ein Atmosphärenwechsel. Es war ein Stocken, so wie der Mauerspringer den Grenzübergang Checkpoint Charlie als ein »ausgetrocknetes Flußbett« empfand, das zwischen den Baracken sich ausbreitete.[57] Ein analoges Phänomen machte er in der Sprache aus: Eine Stockung schien den Sprachübergang zu begleiten. Ein Hiatus tat sich auf. Ein vielsagendes Schweigen lag zwischen den sich Begegnenden. Damit warf der Übergang ein Fragliches auf: Transit bedeutete Freilegung eines rätselhaft gewordenen Sprachraumes und eines unheimlichen Schwebezustands.

Eine solche Störung im Sprachbezug machte auch der Feuilletonist Joseph Wechsberg aus. Er sprach von einer »reservatio mentalis«, die ihm auf seinen Fahrten durch die DDR begegnet sei: »Ein vorsichtiger Ton schwingt in ihren Stimmen mit, der mir nicht entgeht.«[58] Ein Unausgesprochenes, das »verschwiegen« im Gesagten mitschwinge. Was ihn auf Schritt und Tritt verfolgte, war ein »Gedankenvorbehalt«; »reservatio mentalis«, nach dem juristischen Begriff, den er als gelernter Anwalt treffsicher hierfür wählte. Es beschreibt eine Sprache, auf der ein äußerer Druck lastete, der kaum anders als am gesetzten Schweigen aufzuspüren war. So nannte Wechsberg seinen Reiseessay »Journey Through the Land of Eloquent Silence«. Was er freilegte, war ein Stummgebliebenes, das auf sprachloses Leid hinwies.[59] Dies erzeugte eine Not in der Sprache: Schweigekrypten, an die kaum anders heranzukommen war als mit den Mitteln des Poetischen.[60]

Das Bemerkenswerte an Wechsbergs Beschreibung des »beredten Schweigens« ist, dass er nicht den Ton der Anklage wählte, sondern mit dem Einfühlungsvermögen eines Alltagsphänomenologen anhand eines »atmosphärischen Bildes« nachzuempfinden versuchte, welcher Druck auf den

---

55 Ebd., 36.
56 Vgl. Zur veränderten Emotionalität in der Sprache in Zeiten der Mauer: ebd., 35.
57 Vgl. ebd., 91.
58 Joseph Wechsberg. Land mit zwei Gesichtern. Kreuz und quer durch die Zone. Berlin (West) 1965, 20. Wechsbergs Buch ist in Englisch und Deutsch erschienen; da die Fassungen nicht komplett identisch sind, wird hier sowohl aus der deutsch- wie aus der englischsprachigen Fassung zitiert.
59 Zur Metapher unhörbarer Reserven: Wechsberg. Land mit zwei Gesichtern, 23.
60 Zum hermeneutischen Umgang mit dem Ungesagten: Donatella Di Cesare. Utopia of Understanding. Between Babel and Auschwitz. Albany, NY 2012, 24f.

Menschen lastete.[61] Seine Herkunft mag ihn für die Problematik sensibilisiert haben: Er entstammte einer jüdischen Familie aus der mehrsprachigen Donaumonarchie und verfasste seine Feuilletons nach dem Krieg zweisprachig – mit schwierigen Sprachsituationen hatte er also Erfahrungen. Als ehemaliger Kollege Polgars beim »Prager Tagblatt« setzte er die literarische Tradition zumeist in kleiner Form fort, mittels Einfühlung atmosphärische Störungen sichtbar zu machen. Wechsberg war nach Einmarsch der Wehrmacht in die Tschechoslowakei in die USA geflohen und kam später im Auftrag des »New Yorker« nach Europa zurück.[62] Dabei hatte er schon nach 1945 in seinen »Letters from Berlin« festgestellt, dass die Stadt drohe, zum »insane asylum« zu werden. Der ideologische Riss gehe durch die Seelen: ein Ort, »where everything works fine although […] nothing makes sense«.[63] Etwas von dieser Diagnose schien sich bei seiner Rückkehr nach Ostberlin Anfang der 1960er Jahre erhärtet zu haben. Hier bestätigte sich ihm die Erfahrung, dass wenn Schmerz eingemauert wird, nach einer Weile eine Aura des Depressiven in Erscheinung tritt.[64] Dabei glaubte er, dass es nur in der gelassenen Gangart des Zivilisten möglich sei, diesen Verschlossenheiten des autoritären Staates auf den Grund zu gehen.[65]

So entdeckte er nicht nur die Atmosphäre eines »deep sense of depression« in Ostberlin, sondern auch den Grund dieser Irritation unterm Druck eines dogmatischen Regimes, das seine Parolen – wie in der Entstalinisierung – über Nacht wechseln konnte.[66] Das erzeugte ein Klima der Verunsicherung, selbst wo sich mit den Jahren materielle Sicherheiten etablierten. Denn wo ein Teil der Wirklichkeitserfahrung – durch Zensur oder Selbstzensur – beschnitten, in seelische Schlupfwinkel abgedrängt wurde, da entstanden zwangsläufig Höfe der Verschwiegenheit, auf die der Reisende bei seinen Begegnungen

---

61 Zum atmosphärischen Bild: Wechsberg. Land mit zwei Gesichtern, 9.

62 Zu seiner Flucht in die USA: Joseph Wechsberg. Die Manschettenknöpfe meines Vaters. Erinnerungen. München 1982, 283 f.

63 Vgl. Joseph Wechsberg. »To Berlin where the Crazy are«. Letter from Berlin. Run Aug. 5, 1950. Box 1423, Bl. 1. The New York Public Library. Rare Books and Manuscripts Division. The New Yorker Records. Manuscripts: Fact: Run & Killed, 1938–58.

64 Zum Bild der ›eingemauerten Wunde‹ im Zustand depressiver Melancholie: Torok/ Abraham. Trauer oder Melancholie, 556.

65 Zur welterschließenden Lebenskunst des Gehens: Joseph Wechsberg. Spaziergang in die Vergangenheit, in: ders. Lebenskunst und andere Künste. Reinbek bei Hamburg 1963, 169–175.

66 Vgl. Joseph Wechsberg. Journey Through the Land of Eloquent Silence. Boston, Toronto 1964, 132.

stieß.[67] Die Herrschaft der Willkür, wie sie im Kleinen an einem Grenzbahnhof wie der Friedrichstraße zu spüren war, deutete für Wechsberg auf ein fehlendes rechtsstaatliches Fundament: »The unsureness«, heißt es über den SED-Staat, »wears you down and creates a psychosis from which no one can escape.«[68] Das aus dem Bereich des Ausdrückbaren Abgedrängte erzeugte etwas, das man als »Atmosphärisierung« bezeichnen kann.[69] Es ist der Eindruck eines Ausgeliefertseins, insbesondere wo Auslegungsunsicherheiten auftauchten, wie die Parolen des Tages zu nehmen seien. Denn was gestern galt, das konnte heute schon unter dem Zeichen »Anathema« stehen.[70] Die Kunst des Zwischen-den-Zeilen-Lesens, wie sie alle Diktaturen ihren Bürgern abverlangen, war ein Nebeneffekt dieser Verunsicherung. Zugleich belastete der Zustand auf Dauer die psychische Integrität der Menschen.

Dabei tauchte Wechsberg beim Übertritt auf das Staatsgebiet der DDR in einen regelrechten depressiven Nebel ein: »On earlier visits to East Berlin«, bekannte er, »I had often been aware of a widespread sense of depression that seemed to lie over the city like low clouds.«[71] Er beschrieb diese Erfahrung des Raumes – in einer Mischung aus Deutsch und Englisch – als »invisible Druck«.[72] Den stellten auch andere fest. Etwa beschrieb die Kennedy-Vertraute Eleanor Dulles in ihren Erinnerungen den Druck, der einen an der Grenze nach Ostberlin erfasste, als »subtle sense of pressure«, der ihr sofort leiblich naheging, da sich unwillkürlich der Zugang zur Nahwelt veränderte: »The temperature changed, the wind direction changed, the look on people's faces changed.«[73] Ein ähnliches meteorologisches Bild wählte Hamburger, als er die östlichen Linden hinter dem Brandenburger Tor dem Druck von »Siberian Winds« ausgesetzt sah.[74] In dieser Hinsicht erinnerte der Übertritt manche an das Druckkammergefühl im Dritten Reich und war doch anders. Wechsberg nannte es auf Deutsch eine »sanfte Gewalt«, auf Englisch eine »nonviolent coercion«: einen Zug zur mit Nachdruck vollzogenen Nöti-

---

67 Zur irrealisierenden Kraft der Zensur, aber auch zur Kurzlebigkeit der Lüge vgl. Strauss. Verfolgung und die Kunst des Schreibens, insb. 25, 30.
68 Wechsberg. Journey Through the Land of Eloquent Silence, 132.
69 Vgl. Tellenbach. Geschmack und Atmosphäre, 107.
70 Zu den wechselnden Dogmen der DDR-Kader und der Verunsicherung der Bevölkerung: Wechsberg. Land mit zwei Gesichtern, 132f.
71 Wechsberg. Journey Through the Land of Eloquent Silence, 25.
72 Vgl. ebd., 130.
73 Reminiscences of Eleanor Lansing Dulles, Bl. 19. 1977. Coll/Proj: John F. Kennedy project. Call Number: NXCP87-A771. Oral History Collection. Columbia University. Rare Book & Manuscript Library.
74 Vgl. Hamburger. S-Bahn, 153.

gung, die eine Doppelgesichtigkeit bei den Menschen mit sich brachte.[75] Hier war ein Regime am Werk, das geschickt mit den Schwächen zu rechnen verstand.

Die unterschwellige Gewalt zeitigte ein Wächsernwerden des Lebens. Denn wo äußere Haltung durch Druck forciert wird, da etabliert sich ein Anschein des Unwirklichen. Und dort wo die Seelen »emotionally insecure« seien, so Wechsberg, entstünden Janusgesichtigkeiten. So bekennt ein Gesprächspartner, der sein Schweigen gegenüber Wechsberg bricht: »We are two-faced people. All of us have a convenient public face, for outside use only, and a private face which we hide carefully.«[76] Das Wechselverhältnis zwischen Rolle und Selbst war auf ein starres Extrem geführt. Die Masken begannen, wie in allen Diktaturen, anzuwachsen.[77] Auf diese Weise wurde angegriffen, was man mit Plessner das Reservat des Individuums, seine persönliche Freiheit nennen kann.[78] Die Atemnot, die die gesellschaftlichen Zwänge erzeugten, hat wohl am besten die Lyrik im Osten, als reduzierte Form, erfassen können. Johannes Bobrowski hat diese Aura festgehalten. Sein Gedicht »Sprache« bezeugt etwas von der Beklemmung der ›Sprachgitter‹-Situation in der DDR: »Sprache / abgehetzt / mit dem müden Mund / auf dem endlosen Weg / zum Hause des Nachbarn«.[79]

Für Wechsberg endete der Aufenthalt, bevor er über die Friedrichstraße nach Westberlin zurückkehrte, mit einer Erfahrung, die sich an einem unheimlichen Detail des Interieurs manifestierte. Das Behaustsein selbst wurde fragwürdig. Er war für eine Nacht in Walter Ulbrichts Gästehaus am ehemaligen Kaiserhof untergebracht, dessen »eerie atmosphere« ihn irritierte. Die dezidiert falsche Aura, ihre Gestelltheit, wirkte wie eine Verdichtung des Unheimlichen, unter dem das ganze Land litt.[80] Was war es, das ihm in der nächtlichen Stille Ostberlins einen Schreck versetzte? Was dem bürgerlichen Abkömmling Alteuropas in dem spukhaften Gästehaus begegnete, war eine

---

75 Vgl. Wechsberg. Journey Through the Land of Eloquent Silence, 133.

76 Ebd., 134.

77 Diese Beobachtung hat Isherwood für den beginnenden Faschismus in Deutschland 1933 gemacht. Vgl. Christopher Isherwood. Leb wohl, Berlin. Hamburg 2015 (1939), 267.

78 Vgl. Plessner. Soziale Rolle und menschliche Natur, 230.

79 Johannes Bobrowski. Sprache, in: ders. Gesammelte Werke. Bd. 1, 177. Zur Verknappung und Verkargung der Lyrik der DDR in den ersten Nachkriegsjahrzehnten auch: Hamburger. After the Second Flood, 63.

80 Zum Problem gemachter ›falscher Aura‹ schon: Walter Benjamin. Kleine Geschichte der Photographie (1931), in: ders. Gesammelte Schriften. Bd. II-1, 368–385, hier: 377.

einbalsamierte Variante des Geschmacks einer untergegangenen Welt, eines Fin-de-Siècle-Mitteleuropa aus sozialistischen Versatzstücken nachgebaut: »The sense of unreality was deepened by the eerie atmosphere, a sort of phony fin-de-siècle pseudo-bourgeois interiors.«[81] Etwas vom Widerspruch des Regimes, sein unausgesprochenes Anerkennungsbedürfnis, begegnete ihm in der pervertierten Form des imitierten bürgerlichen Dekors.

Es war eine unheimliche Ironie, die ihn beschlich: nämlich dass dort jener Lebensstil wie ausgestopft ausgestellt wurde, den der Staat eigentlich zu beseitigen gedachte. Das Gefühl, in eine unheilvolle Wiederholung geraten zu sein, stellte sich bei Wechsberg ein. Eingekeilt in das, was Ihlenfeld »Todesdemonstrationen« nannte: »a few steps from the Bunker to the Wall«.[82] Eine Geschichtsgruft tat sich auf, als hätte der Regisseur Alain Resnais das Szenario geschrieben: »Next year on Thaelmannplatz in Marienbad.«[83] Der bedrückende Gedanke dieser Analogie war der, dass der Erinnerungsverlust, wie ihn Resnais ins Bild gesetzt hatte, sich in Ostberlin zur unfruchtbaren Wiederholung auswuchs. Das diagnostizierte der Autor auf seiner Fahrt durch das beredte Schweigen: ein starres Wiederholen.[84] Es war ein Zwang zur Wiederholung, der das Regime der inneren wie der äußeren Form nach auszeichnete. Diese Unfreiheit zeigte sich ihm noch an Ulbrichts »idea of coziness«.[85]

Wenn entgegen dieser Beklemmung Trauer ein Medium zur Erschließung des Wirklichen sein kann, so kam dem der französische Philologe und Essayist Jean-Michel Palmier in seinem »Berliner requiem«, auf seinen Trümmerflanerien durch die südliche Friedrichstraße, bedeutend näher. Der Gang wurde ein Schwerwerden, so wie es im mittelhochdeutschen Wort »trûren« als Urform des Trauerns einmal mitzuhören war.[86] Etwas von der darin angesprochenen Verlangsamung hatte die Gegend erfasst. Für ihn

---

81 Wechsberg. Journey Through the Land of Eloquent Silence, 140.

82 Ebd., 143. Sowie: Ihlenfeld. Stadtmitte, 113.

83 Wechsberg spielt auf Alain Resnais' »L'année dernière à Marienbad« an: Wechsberg. Journey Through the Land of Eloquent Silence, 143.

84 Zum pathologischen Traurigsein als einem Nichtloslassenkönnen vgl. Helmut Hühn. Trauer; Trauerarbeit, in: Historisches Wörterbuch der Philosophie. Bd. 10 St–T. Hg. von Joachim Ritter. Darmstadt 1998, 1455–1460, hier: 1458. Zum Gegensatz einer reproduzierenden Wiederholung gegenüber einer schöpferischen das Selbstverständnis erschütternden Wiederholung: Michael Theunissen/Helmut Hühn. Wiederholung, in: Historisches Wörterbuch. Bd. 12 W–Z. Hg. von Joachim Ritter. Darmstadt 2004, 438–746, hier: 739, 745.

85 Vgl. Wechsberg. Journey Through the Land of Eloquent Silence, 140.

86 Vgl. Hühn. Trauer; Trauerarbeit, 1455.

Entzüge: Ausharren im Weltmangel

waren es seelische Ruinen, die als »Stücke des Wirklichen«, »morceaux de realité«, der von Wechsberg diagnostizierten Tendenz zur Irrealisierung entgegenwirkten.[87] Analog dazu sprach Maurice Blanchot davon, dass uns das Berliner Drama nur über das Fragment, über eine geduldige Suche des Details zugänglich werde.[88] Die gefundenen Stücke nahmen die Eigenschaft einer Spur im emphatischen Sinne an, die zurück an den Ort, an seine Geschichte führte, so wie jede Spur Fährte auf Hinterlassenschaften sein kann.[89]

Die Spuren brachten Verlorenes zurück: das, was diese Ecke der Friedrichstraße einst ausgezeichnet hatte. Sie war ein Zentrum des Spektakels gewesen, des Varieté- und Kabarettbetriebs, wie es Krüger in der Formulierung von der »heißen Ecke« angedeutet hat.[90] Aus einer Ecke des Komischen war eine des Tragischen geworden. Gefrorenes Zentrum, das seinen Rhythmus verloren hatte und doch von innerer Unruhe durchdrungen blieb. So bemerkte Palmier vor dem Checkpoint Charlie ein Schauspiel eigener Art: »On a construit des murs«, bemerkte er am Ende der Weststadt in der Friedrichstraße, »ou posé des barbelés pour isoler ces gigantesques ruines afin que les enfants n'y jouent pas.«[91] Abgeschirmter Ruinenbezirk, hinter dem sich Zeithöfe auftaten, die, wenn man die Zäune überschritt und sie betrat, Stille verbreiteten. Hohlräume als Herbergen vergangenen Lebens.

Wies dieses »spectacle réelement sinistre« in der verwundeten Gegend Palmier den Weg, hatte er seine persönliche »Engführung« am Checkpoint Charlie. Nicht nur, dass sich die Verlassenheit auf beiden Seiten der Mauer fortsetzte. Hier kam durch die Besatzungsmächte, zu denen die Franzosen gehörten, eine unfreiwillige Komik hinzu. Denn von Jeep zu Jeep, Wachturm zu Wachturm behielten sich die Siegermächte gegenseitig im Auge. Doch geschah dies aus so geringem Abstand, dass sich der Eindruck einer absurden Nähe aufdrängte. Eine gespenstische Komik strahlte das Szenario aus, in dem sich die Konfliktparteien in Rufweite gegenüberstanden. Einen anderen französischen Beobachter verleitete der grausige Schauplatz zum Ausruf: »Mon dieu, Hitlers Krieg lebt ja noch!«[92] So kamen in der harten

87 Vgl. Palmier. Berliner requiem, 84.
88 Vgl. Blanchot. Berlin, 349, 351.
89 Zur Spur, die an den Ort der Hinterlassenschaften führe: Ricœur. Zeit und Erzählung. Bd. 1, 191.
90 Zur Friedrichstraße als Ecke der Revue-Bühnen auch: Ralph Hoppe. Die Friedrichstraße. Pflaster der Extreme. Berlin 1999, 73 f.
91 Palmier. Berliner requiem, 171.
92 Luft. Wachsamkeit und Schweigen, 407. Ähnlich versetzte Michel Butor der Berliner Grenzübergang in eine innere Erstarrung, da dieser in ihm ein befremdliches Zeit-Bild – das der deutschen Besatzung von Paris – wieder aufsteigen ließ: »C'est

Fügung des Raumes der Friedrichstraße das unerledigte Vergangene wie das Gegenwärtige sich nicht nur nahe, sie schienen derselben Quelle entsprungen.

Mag jede Spur ihre eigene Fährte haben, erschließt sie sich unterschiedlich, je nachdem aus welchem Horizont der Spurenlesende an sie herantritt.[93] Demnach sah man im deutsch-deutschen Zwiegespräch noch etwas anderes, für den fremden Blick Verborgenes, am Schnittpunkt der Sektoren. Dieser Ort verriet etwas über den Zustand der Literatur selbst. In diesem Sinn hatte Bobrowski nahegelegt, dass die deutsche Literatur im Nachkrieg sich ihren »ungeklärten Stellen« zu widmen habe, sei es mit Witz oder in Schauder.[94] Fast scheint es, als sei einer von gegenüber, Ihlenfeld, diesem poetologischen Ratschlag gefolgt, als er sich der Übergangsgegend des Checkpoint Charlie von Westberliner Seite näherte. Es war jener Bereich, den er als Teil von »Stadtmitte« ausgewiesen hatte und nur mit Unbehagen betrat. Hier zeigte sich die alte Geschäftsstraße, einst von »vibrierender Betriebsamkeit«, in »triste Grenzsichtbarkeiten« gestürzt. Diese Ansicht wurde vom Westen über einen Hochstand zur Teichoskopie gen Osten auf den voyeuristischen Blick verengt, so als habe man es nicht mit der Wirklichkeit, sondern einem Diorama des Kalten Krieges zu tun: »Man darf ein Podest besteigen, von wo man mit Hilfe des Fernglases weit ins ›Andere‹ blicken kann«.[95]

Auch Koeppen scheint diese unwürdige Konstellation mit dem Podest für sein »Brandenburg«-Projekt beschäftigt zu haben. In seinem Nachlass findet sich die abgebildete Postkartenansicht. Zwei Lettern, »Ne«, zeichnen sich da über dem Podest in der Aufnahme am rechten Bildrand ab: »Gegenüber Springer«, so Ihlenfeld dazu, »drüben das Druckgebäude der ›Neuen Zeit‹, eines Organs der Christlich-demokratischen Union. Gegenüber? – Ja was ist das überhaupt?«[96] Ihm ging es nicht nur um die realsurreale Konstellation, dass im ehemaligen Zeitungsviertel, wo Mosse, Scherl und Ullstein beheimatet waren, nun Axel Springer ins Verlagshaus der »Neuen Zeit« schauen konnte.[97] Es ging ihm um ein geheimes Zwiegespräch der Literatur. Denn

---

surtout à Berlin-Est que les souvenirs de l'Occupation allemande revenaient«. Michel Butor, in: Rita Gombrowicz (Hg). Gombrowicz en Europe, 187–190, hier: 190.

93 Zum Verhältnis von Spur und Fährte: Carlo Ginzburg. Faden und Fährten: wahr falsch fiktiv. Berlin 2013, 9.

94 Vgl. Bobrowski. Formen, Fabel, Engagement, 499.

95 Ihlenfeld. Stadtmitte, 395.

96 Ebd.

97 Zum gespenstischen Zeit-Bild des ehemaligen Zeitungsviertels vgl. August Scholtis. Die beiden Hemisphären am Brandenburger Tor, Bl. 7. III. Feuilletons. 3. Über

»[H]art am Checkpoint Charlie«: Der Grenzübergang Friedrichstraße.
Rechts vom Podest deutet sich am Bildrand das Gebäude der »Neuen Zeit«
auf Ostberliner Seite an, Bobrowskis Arbeitsstätte.[98]

an anderer Stelle löste Ihlenfeld auf, wer ihn an dieser Stelle beschäftigte
und den Ort erst zu einem der Literatur machte. Es war niemand anderes als
Bobrowski, der auf der anderen Seite für jenen Ostberliner Verlag als Lektor
tätig war, »dessen Haus hart am Checkpoint Charlie lag«, so Ihlenfeld später: »Er hatte also auch täglich den Weg zur Mauer zu machen.«[99]

Man kann es kaum anders als Dienst am Wort im Sperrgebiet bezeichnen:
eingezäunt, ummauert, wo nur mit Sondergenehmigung Zutritt erlaubt war.
Bobrowski selbst beschrieb es lakonisch als Aufenthalt im »letzten Haus vor

Berlin. A. 247–256, hier: A 250a. Nachlass August Scholtis. Stadt- und Landesarchiv Dortmund. Handschriftenabteilung.

98 Die Postkarte zum Checkpoint Charlie ist der Postkartensammlung Koeppens
entnommen, die als Material für das »Brandenburg«-Projekt diente. Vgl. Nachlass
Wolfgang Koeppen. Wolfgang-Koeppen-Archiv Greifswald.

99 Ihlenfeld. Loses Blatt Berlin, 101. Zum literarischen Wink über den Checkpoint
Charlie hinweg vgl. auch: Ihlenfeld. Gleich hinter der Mauer …, 318.

Engführung Friedrichstraße oder Erinnerung an ein Labyrinth

der Grenze«.[100] Konnte man in der DDR näher in jene Zone der Atemnot geraten? Es war die Gegend, in der man nach einer Bemerkung Bachmanns die Stimme senkte: Hier wurde nur »geflüstert«.[101] Die Arbeit in der leeren Zentrale ermöglichte Bobrowski seine Doppelexistenz als Lektor und Lyriker. Es war eine Situation, über die der Autor – wie es dem Habitus östlicher Verschwiegenheit entsprach – nur auf »merkwürdig verdeckte Weise« gesprochen habe.[102] Seine Miniatur »Das Käuzchen« erwähnt etwas davon. Ein Text, in dem unvermittelt der Satz fällt: »Sag doch, wie leben wir hier?«[103] Und schien nicht ein weiteres Gedicht aus der Zeit, als Ihlenfeld seine »kritischen Spaziergänge« unternahm, ihren gemeinsamen Ort auf der Karte der Nachkriegsliteratur in Berlin anzupeilen? Wie eine versteckte Entgegnung muten da Verse Bobrowskis an: »Die Karte / ist an die Wand genagelt / unterstrichen ein Name, / die unaufgefundene Stadt, / eingezeichnet / Wege dorthin«.[104]

Die »unaufgefundene Stadt«, die atopische war es, die sie umkreisten und in der sich ihre Worte begegneten. Doch was mochte Ihlenfeld auf seiner Seite der Stadt erfahren haben? Die merkwürdige Exponiertheit Bobrowskis direkt an der Mauer, von westlichen Blicken vom Hochstand aus erfasst? Er hielt nach dessen Tod 1965 fest, dass in Bobrowskis Sprache etwas vom beklemmenden Gefühl eines kaum »Ausdrückbaren« aufgehoben sei.[105] Ihlenfeld sprach die Vermutung aus, dass dieses labyrinthische Berlin Ort eines Verhängnisses werden konnte. Eine Stadt, in der sich »viele für immer verloren« hätten.[106] War Bobrowski ein Verlorener des Berliner Labyrinths? Als Anrainer des Mauerstreifens im äußersten Ring der Grenzanlage, im »letzten Haus«, war er zweifelsohne in exponierter Lage dieses Labyrinths des Kalten Krieges. Hatte er sich, unter Observation der Staatssicherheit, darin verfangen?[107]

---

100 Vgl. Johannes Bobrowski an Walter Gross vom 30.4.1963, in: ders. Briefe 1937–1965. Bd. 3, 577f., hier: 577.
101 Vgl. Bachmann. Ein Ort für Zufälle, 286, 289.
102 Vgl. Ihlenfeld. Loses Blatt Berlin, 101.
103 Bobrowski. Das Käuzchen (1962/63), in: ders. Gesammelte Werke. Bd. 4, 77f. Tatsächlich hatte Bobrowski genau diesen Text einmal in Westberlin bei einem Besuch gelesen. Vgl. die Anmerkung in: Bobrowski. Briefe 1937–1965. Bd. 4, 253.
104 Johannes Bobrowski. Vorsorge (1964), in: ders. Gesammelte Werke. Bd. 1, 209.
105 Zu Bobrowskis Versuchen, eine Sprache für das »Ausdrückbare« zu finden: Ihlenfeld. Loses Blatt Berlin, 102.
106 Zur Metaphorik des Berliner Labyrinths: ebd., 114.
107 So hatte die Stasi ihre Spitzel in den Kneipengesellschaften, an denen der Autor

Auch diese abgründigen Fragen lauern im eloquenten Schweigen der Ostberliner Zeugnisse jener Jahre. Was sich für Ihlenfeld in »Stadtmitte« bei der Begegnung mit der Übergangszone einstellte, war ein Gefühl der Enge, des Insulanerdaseins – das Westberlin-Gefühl schlechthin. Es war die Erfahrung des Umschlossenseins: »Wir wohnen«, heißt es, »in der Mitte dieses Anderen«.[108] Was sich in dieser Situation einstellte, war eine Umfokussierung des Bildes vom leeren Zentrum. Es sei eine »verwirrende Deutung des Begriffs ›Stadtmitte‹«, da sich hier die Lage schlagartig neu justiere.[109] Welche Reperspektivierung fand am Checkpoint Charlie statt? Es war die Einsicht, dass die eigene verkapselte Stadthälfte nur die Krypta der anderen Stadtseite war. Man selbst befand sich in einem eingeschlossenen Raum, der für den anderen der zugeschlossene war: Westberlin, das inkorporierte Herz der DDR. Doch was sich an dieser Stelle erneuerte, war das Bewusstsein, es mit dreierlei Krypten zu tun zu haben. Da war zum einen der Blick auf die östliche Krypta. Dann jene, die man selbst für die andere Stadthälfte bildete. Und zuletzt war der Blick auf eine dritte Lage gelenkt, die sich nach Hamburger »auf keiner Seite der Stadt« befand.[110]

Es war eine dritte Krypta im Niemandsland, scheinbar versunken im Zwischenraum. Aus dieser Gruft – als dritte Position – zog der Scherbensammler Ihlenfeld unverhofft ein Zitat Döblins aus »Berlin Alexanderplatz«, aus den 1920er Jahren hervor. Er nahm es aus der Überlieferungsgruft, staubte es ab, um es in einem fremden Zusammenhang einer Umdeutung zuzuführen: »Du wagst nicht«, lautet das Döblin-Zitat aus dem alten über das neue Berlin, »die Augen darauf zu richten, du schielst beiseite, aber du fliehst nicht, dazu bist du entschlossen.«[111] Das Zitat schließt sich mit der von Koeppen benannten Korruptibilität kurz, die ihn am Grenzübergang Friedrichstraße befiel. Auch Ihlenfeld ging es um die Anfälligkeit des Zeitgenossen fürs Beiseiteschielen. Ein geheimer Wunsch zur Irrealisierung wird auf der Westseite sinnfällig, das Komplement zur »reservatio mentalis« im Osten. Es lag darin der sehr menschliche Zug, umgehen zu wollen, was

in Ost und West teilnahm. Vgl. Jochen Meyer. Nachwort, in: Bobrowski. Briefe 1937–1965. Bd. 4, 663–686, hier: 678.
108 Ihlenfeld. Stadtmitte, 395.
109 Vgl. ebd., 396.
110 Vgl. Hamburger. Begegnung, in: ders. Zwischen den Sprachen, 191.
111 Ihlenfeld. Stadtmitte, 396. Dieses Zitat aus »Berlin Alexanderplatz« bezieht sich auf den Biberkopf, der zu diesem Zeitpunkt bereits einige Lebensprüfungen bestanden hat und sich die Frage stellt, was er zu tragen in der Lage sei. Vgl. Alfred Döblin. Berlin Alexanderplatz. Die Geschichte vom Franz Biberkopf. Olten 1993 (1929), 418.

einem schmerzhafte Zeugenschaft abverlangte. Insofern bildete diese Stelle der Stadt einen weiteren beunruhigenden Ort. Er nötigte zu erhöhtem Realisationsdruck, was in Schweigsamkeit weggedrückt wurde. War die Umkehrfigur hierzu das »Hier, sieh mich!« der Zeugnisgabe, so war auch der geladenen Stille Rechnung zu tragen.[112] Für Ihlenfeld bedeutete es, dass man auf diesem »heißen Boden« zunächst etwas anzunehmen hatte. Es galt, einen Wirklichkeitszuwachs namens »Stadtmitte« in sich aufzunehmen, der nichts anderes als der Name, Ort und Ausdruck eines vertrackten Problems war, das sich mit der bei Döblin angedeuteten Vorgeschichte ins Bild setzte. Noch der Mauergänger vom Westen traf auf sein Problem, wie er sich als Zeuge zu verhalten hatte. Es trat an dieser Stelle des »aufgeteilten Berlins« laut Ihlenfeld das Ausdrucksdilemma der Nachkriegsliteratur hervor.[113]

Koeppen hätte Ihlenfeld vermutlich zugestimmt, dass dieses Berlin – als physisches wie geistiges Labyrinth – zum Verhängnis werden konnte. Er selbst hatte in seinem »Brandenburg«-Projekt Umkreisungsversuche vorgenommen. Dabei hatte er zeitlebens eine Affinität zur Metaphorik des Labyrinths gehabt, noch sein Satzbau konnte labyrinthische Züge annehmen.[114] Auf den Mythos des Labyrinths und des darin eingesperrten Minotaurus hat Koeppen auf ambivalente Weise in seiner Schrift »Jugend« hingewiesen. Dort taucht – als »Fahrt zum Minotaurus« – das Motiv eines Sich-Verfangens in Leidenschaften auf, das mit dem Labyrinth einhergeht.[115] Bereits das Berlin der 1920er Jahre stand ihm im Bann dieser Konstellation.[116] Die Ambivalenz – der Schauder wie die Faszination fürs Labyrinthische – zeigte sich dem Autor später im Exilroman »Die Mauer schwankt«, in dem das Sujet des »piranesischen Alpdruckes«, angesichts einer autoritären Staatsvision, auf seiner erzählten Welt lastete.[117] Dieser Alpdruck sollte sich bei seiner Rückkehr ein halbes Jahrhundert später bei Einfahrt in die Friedrichstraße wiederholen.

Liest man das Fragment über die Stadtbahnfahrt »Unsern Ausgang segne, Gott, unsern Eingang gleichermaßen«, so fällt ins Auge, dass es keine beliebi-

---

112 Zum ethischen Verständnis des Atopos als Ort einer Beunruhigung, der zur Zeugnisgabe aufruft, vgl. Lévinas. Jenseits des Seins, 314, 316.

113 Zum »aufgeteilten Berlin« als dem sinnbildlichen Ort der deutschsprachigen Nachkriegsliteratur: Kesten. Die gevierteilte Literatur, 133.

114 Zum Labyrinth als Stilmetapher der Prosa grundlegend: Gustav René Hocke. Die Welt als Labyrinth. Manier und Manie in der europäischen Kunst. Reinbek bei Hamburg 1957, 102.

115 Vgl. Koeppen. Jugend, 70.

116 Vgl. ebd., 91.

117 Vgl. Koeppen. Die Mauer schwankt, 176.

gen Irrwege sind, über die der Fremde in die DDR-Staatshöhle geführt wird, es sind kalkulierte Anmutungen von »piranesischen Treppen«.[118] Dieser Hinweis erhellt sich durch eine Bemerkung vom Anfang des Koeppen'schen Werkes. Schon einer seiner ersten Essays hatte »Das phantastische Gefängnis des G.B. Piranesi« zum Thema. Aufschlussreich für sein Verständnis des Kontakthofs Friedrichstraße sind darin hinterlassene Deutungsspuren. Denn wer war dieser Piranesi, Baumeister und Zeichner des Barock, in den Augen Koeppens? Er war der Enttäuschte, der sich, ob seiner verhinderten Baupläne, in nächtlichen Visionen an Kerker-Zeichnungen verausgabte. Seine berühmten allegorischen Carceri waren für Koeppen gebautes Ressentiment eines, der »von enttäuschten Erwartungen und zerstörten Illusionen peinvoll« erfüllt gewesen sei.[119] So wünschte sich Piranesi in seinen Visionen seine Widersacher in diese schikanösen Bauten eingesperrt.

Man mag spüren, welcher Ertrag für Koeppen von der Metaphorik der »piranesischen Treppen« für das Verständnis des Grenzbahnhofs Friedrichstraße ausgegangen sein muss. Nach ihm hatte man es mit einem Monument des Rückzugs, einem höhlenartigen Bau zu tun, in dem das Problem der Freiheit sich in labyrinthische Tücke verwandelt hatte. Denn die »Lebensform der Höhle« schirme immer etwas – so Blumenberg – gegen die Erwartungsenttäuschungen der Wirklichkeit ab: »Die Höhle läßt Gegebenheit und Phantasie ineinander übergehen und schirmt zugleich ab gegen die Rückschläge der vernachlässigten Gegenwart.«[120] Dass Koeppen mit seinem Hinweis auf die Labyrinth-Fantasie Piranesis Entscheidendes am Problem traf, bestätigt die Forschung zum Friedrichstraßen-Bahnhof. Dieser war in

118 Vgl. Koeppen. Unsern Ausgang segne, Gott, unseren Eingang gleichermaßen, 301. Damit ähnelt der Bahnhof Friedrichstraße einem Hybrid aus klassischantikem und barockem Labyrinth. Gab es zwar bei Ankunft in Ostberlin mehrere Ausgänge am Bau, so blieb das Verhältnis von Ein- und Ausgang zwischen Ost- und Westberlin doch eindimensional. Zur Unterscheidung von klassischem Fadenlabyrinth und barockem Irrgarten-Labyrinth vgl. Joseph Vogl. Über das Zaudern. Zürich, Berlin 2007, 85. Zur Logik des Labyrinths grundlegend: Karl Kerényi. Labyrinth-Studien. Labyrinthos als Linienreflex einer mythologischen Idee. Zürich 1950.

119 Vgl. Wolfgang Koeppen. Das phantastische Gefängnis des G.B. Piranesi. Notiz: Veröffentlicht 3.5.1931, Bl. 3. Signatur W.Koe M 232. Nachlass Wolfgang Koeppen. Wolfgang-Koeppen-Archiv Greifswald. Koeppen hat auch später auf die Wichtigkeit Piranesis, insbesondere für den Roman »Die Mauer schwankt«, hingewiesen. Vgl. Wolfgang Koeppen. Das Buch ist die erste und die letzte Fassung. Gespräch mit Mechthild Curtius (1991), in: ders. Gesammelte Werke. Bd. 16, 454–468, hier: 461.

120 Blumenberg. Höhlenausgänge, 552.

Piranesi in Berlin: Unterwegs, wie Koeppen sagte, in den »trostlosen Gängen«, den »piranesischen Treppen« der Friedrichstraße. Ansicht des unterirdischen Treppensystems zu den Westbahnsteigen. Zur Bildquelle: Stasi-Unterlagen-Archiv, Archivsignatur: MfS, HA VI, Nr. 4371, 84/1.[121]

der Tat zur Verwirrung der Ortsunkundigen in der DDR-Zeit umgebaut worden, weswegen man in der Literatur dazu dieses »Labyrinth« treffend als »Abbild der DDR« im Kleinen bezeichnet hat.[122] Insofern ließen sich seine »verschlungenen Gänge und Treppen als Folge eines geplanten Systems zur Schikane« interpretieren. Als »Treppen ins Nirgendwo« bezeichnete Ingeborg Drewitz die verwirrende Anlage des Grenzbahnhofs.[123] Dass die DDR etwas von jenen barocken Innenraumfantasien mit vor- und zurückspringenden Teilen, unbetretbaren Räumen reproduzierte, etwas, das sie sonst aus dem städtebaulichen Gedächtnis tilgen ließ, war nicht ohne Ironie.[124] Hamburger traf insofern Wesentliches am Charakter der Friedrichstraße, wenn er den Bahnhof, kaum schmeichelhaft, als »unentrinnbare Ungeheuerlichkeit« charakterisierte.[125]

Dabei waren, als Koeppen hier ankam, längst sämtliche U-Bahn-Ausgänge der Friedrichstraße, die als Zugänge zur Westbahn hätten genutzt werden können, zugemauert, sodass man in den Bahnhof nur durch einen langen Tunnel, eine kalkulierte »Engführung«, kommen konnte, an deren Ende die Kontrollstationen lagen. Diesen Alpdruck katakombenhafter Gänge hat Friedrich Luft beschrieben, der darin zwar nicht Piranesi als Gewährs-

121 Für Hinweise zur Bildquelle sei Philipp Springer gedankt. Siehe auch: Springer. Bahnhof der Tränen, 114.
122 Vgl. Ebd., 112.
123 Vgl. Drewitz. Bahnhof Friedrichstraße, 10 f.
124 Zur barocken Idee des umschlossenen Innenraums: Bollnow. Mensch und Raum, 86 f.
125 Vgl. Hamburger. Berliner Variationen, 18.

Entzüge: Ausharren im Weltmangel

mann aufruft, doch Dante und Kafka. Für ihn war es ein Schwellenraum unausgestandener Ängste, einer, in dem diffus, aber spürbar Unerledigtes präsent blieb. Diese Erfahrung begann für Luft als geübten Westberliner Grenzgänger mit der unterirdischen Anfahrt unterhalb der DDR: »15 Minuten exterritorial und maulwurfsartig, andersdeutsches Gelände.«[126] Führte die Fahrt ans Labyrinth heran, durch Geisterbahnhöfe »gespenstisch tot«, lediglich von Volkspolizisten bevölkert, so mutete ihm der Gang durch den Bau wie über »steile, scheußliche Treppen« an. Es ist dasselbe vertikale Treppengewirr, »graue Betonstufen«, hin zum »engen Schacht«, das Koeppen als Piranesi-Eindruck festhielt.[127] So auch Luft: »Dann steht uns ein langer, zugiger katakombenhafter greuslicher Gang bevor. Hier geht Kafka.«[128] Hatte man die »Schwindsuchtsallee«, so Luft, passiert, den Intershop, jene legale Schmuggelstelle hinter sich gelassen, kam man zum Ostteil des Bahnhofs: »Jetzt plötzlich sind da Uniformierte des andern Staates zuhauf.«

Die Erfahrung mit dem SED-Staat begann als behördliche Schikane: »Den Betroffenen, ob er will oder nicht, ergreift Angst. Der Stempel wird im Verborgenen erteilt oder verweigert.«[129] Man versah die Passanten, wie es Koeppen nannte, mit merkwürdigen »Laufzetteln«.[130] Dann erst erfolgte der Zoll, der Zwangsumtausch, das »Eintrittsgeld« als Devisenbeschaffungsform der DDR. Dahinter, nach dem Gang durch »barrikadenartige Verschläge«, ließ erst unter freiem Himmel das Beklemmungsgefühl nach: »Der Druck fällt von uns«, wenngleich Luft gestand, nicht selten schlecht von der Friedrichstraße geträumt zu haben.[131] Luft gelang mit seinem Text etwas, was er der kleinen Form als »eigenständige Abteilung der Dichtkunst« attestierte: einen »Geruch des Lebens« festzuhalten und der »Aufdeckung des Menschlichen« zu dienen.[132] Denn dass dieser Transitraum eine Architektur forcierten Verdachts darstellte, daran lässt seine freimütige Beschreibung keinen Zweifel. Dem entsprach ein Bau des Argwohns, der es auf Verunsicherung

---

126 Friedrich Luft. Hier geht Kafka (1980), in: ders. Über die Berliner Luft, 400–404, hier: 401. Luft war auch ein ›Grenzgänger‹ in seiner Tätigkeit als Theaterkritiker, da er einer der wenigen war, die nach der Verschärfung des Kalten Krieges über das Theater in Ostberlin ausführlich berichteten. Vgl. Luft. Die Stimme der Kritik, 64.

127 Vgl. Koeppen. Unsern Ausgang segne, Gott, unseren Eingang gleichermaßen, 302.

128 Luft. Hier geht Kafka, 401.

129 Ebd., 403.

130 Vgl. Koeppen. Unsern Ausgang segne, Gott, unseren Eingang gleichermaßen, 302.

131 Vgl. Luft. Hier geht Kafka, 404.

132 Vgl. Friedrich Luft. Alfred Polgar, in: Alfred Polgar. Im Vorüberfahren. Frankfurt a. M. 1960, 275–281, hier: 275 f.

systematisch angelegt hatte. Was man über Piranesi festgehalten hat, galt auch für den Baumeister dieses Orts: Die Verachtung eines Enttäuschten sei es gewesen, der seine Zeitgenossen in die Gänge der Unsicherheit hatte zwängen wollen: »Das Leben dieser Kerkerhöllen birgt sich in der [...] Willkür des Gebauten.«[133]

Dagegen führte Koeppen noch etwas ins Feld. Für ihn setzten die piranesischen Konstruktionen des Bahnhofs Friedrichstraße nicht nur »auf unsere Feigheit«, sie wollten als »Irrgärten« Aussichtslosigkeit verbreiten.[134] Dies hat in der ritualisierten Gleichförmigkeit des bürokratischen Apparats eine zeitliche Komponente, die auf einen weiteren Grundgedanken Piranesis zurückweist. Der Kunst- und Literaturhistoriker Norbert Miller hat betont, dass die Zeitlichkeit der piranesischen Kerkerwelten Zeugnissen einer versteinerten Gegenwart entspricht: einer Erstarrung der Zeit, die mit den fehlenden Ausgängen in den Bildern die Suggestion der Ausweglosigkeit unterstreicht.[135] Dieser Eindruck funktioniert allerdings nur, insofern die relativierende Wirklichkeitsbegegnung aus dem Bau herausgehalten wird. Keine Außensicht durfte auch in die sinistre Welt der Friedrichstraße hineinfallen, damit jenes Experiment nicht kollabierte, sondern sich der Eindruck bewusster Ödnis einstellen konnte.[136] Welche Schwierigkeiten die Aufrechterhaltung der Piranesi-Illusion der DDR im Fall des Transitbahnhofs machte, ist heute bekannt. Denn der Bau scheiterte letztlich an sich selbst: Schon im Zuge des Passierscheinabkommens Anfang der 1970er Jahre verwandelte sich der Bahnhof in eine Devisenbeschaffungsschleuse, die jedoch im Zeichen chronischen Modernisierungsrückstandes dem eigenen Kontrollbedarf nicht mehr nachkam. Die Anlage brach angesichts der Überlastung zusammen, weshalb die verantwortliche Stelle der Staatssicherheit am Ende der DDR sarkastisch mitteilte: Das Problem an der Friedrichstraße markiere einen Anpassungsrückstand von »ca. 18 Jahren«.[137] Seit dem Passierscheinabkommen war das Ostberliner Labyrinth eigentlich aus der Zeit gefallen.

---

133 Norbert Miller. Archäologie des Traums. Versuch über Giovanni Battista Piranesi. München 1978, 205.

134 Vgl. Koeppen. Unsern Ausgang segne, Gott, unseren Eingang gleichermaßen, 301.

135 Zum Eindruck der »Zeitlosigkeit« vgl. Miller. Archäologie des Traums, 205.

136 Vgl. Koeppen. Unsern Ausgang segne, Gott, unseren Eingang gleichermaßen, 301.

137 Vgl. Springer. Bahnhof der Tränen, 204. »Reisen unter Kontrolle« zu bringen, war hierbei das Problem, das die Staatssicherheit der DDR von Anfang an überforderte. Hierzu ein Bericht, der sich in der Bundesbehörde für Stasi-Unterlagen (BStU) erhalten hat: Anonym. Die Tätigkeit des Gegners auf dem Gebiet der ideologischen Zersetzung (Auszug, Anfang 1957), in: Matthias Braun. Die Litera-

Die letzte Anekdote führt auf das Bedenkliche dieses für den Untergang der DDR so sinnbildlichen Bahnhofs zurück. Er diente einer Sache, die dem eigentlichen Zweck eines Bahnhofs – als Ort des Reisens – entgegengesetzt war: Er hielt das Leben fest, pferchte es ein. Maßgebliche Aspekte hat Koeppens Piranesi-Analogie hierzu zum Vorschein gebracht: jenen Aspekt einer argwöhnischen Architektur, die als Schleuse Ort einer Separierung und Trennung war, die sich in Gestalt einer abschirmenden Mauer an den Gleisen wiederholte.[138] Damit rückt ein weiterer Kern des Labyrinths in den Fokus: der, ein Ort des Entzugs, wenn nicht des entzogenen Ursprungs zu sein.[139] Seine überbordende Komplexität machte auf ein Unzugängliches aufmerksam, auf das es bei dem Bau ankam. So hat Benjamin darauf hingewiesen, dass jedes Labyrinth die Frage nach seiner bedeutenden Mitte stellt: Dieser liege jene bedrohliche Kraft zugrunde, die es im Inneren zusammenhalte.[140]

Zugleich aber ist diese Kraft meist nichts anderes als ein verkapselter Makel. Schon der Urmythos des Labyrinths von Knossos deutet darauf hin, dass sich im Inneren dieses Bauwerks ein Unaussprechliches verbarg.[141] Im Falle des antiken Labyrinths ist es dem Mythos nach ein Bau des Peinvollen, hatte sich in dessen Innerem eine »Schande zu verbergen«: Der Minotaurus stellt hierbei den personifizierten Tabufrevel in der Hintergrundgeschichte des Mythos dar. Denn der Bau des Labyrinths diente dazu, dessen »abscheuliche Abkunft« zu verbergen.[142] Der Verschleierung des Geheimnisses diente die architektonische Verkryptung, zu deren Zwecke Daidalos auf Geheiß des Königs Minos das Labyrinth errichten ließ. Das ist der tiefere Sinn jener Architektur, die den Außenstehenden verwirren und den Erbauer erfreuen soll. In kulturgeschichtlichen Lektüren wurde das Labyrinth daher nicht selten

turzeitschrift »Sinn und Form«. Ein ungeliebtes Aushängeschild der SED-Kulturpolitik. Bremen 2004, 169–177, hier: 176.

138 Tatsächlich wiederholte sich, wie die Forschung festgehalten hat, der Kalte Krieg gleichsam architektonisch im Interieur des Bahnhofs: So trennten Sichtblenden die eingehenden von Westen kommenden Gleise von jenen, die dem Ostverkehr dienten. Vgl. Springer. Bahnhof der Tränen, 123.

139 Zum Labyrinth als einem Topos des Entzugs: Jan Pieper. Das Labyrinthische. Über die Idee des Verborgenen, Rätselhaften, Schwierigen in der Architektur. Basel 2009, 36.

140 Vgl. Benjamin. Zentralpark, 688.

141 Zum Labyrinth als Hort eines Unaussprechlichen vgl. Pieper. Das Labyrinthische, 40.

142 Der Hinweis zur »abscheulichen Abkunft« in der Nacherzählung von: Gustav Schwab. Die schönsten Sagen des klassischen Altertums. Stuttgart 1986, 82.

als polemisches Bild zur Beschreibung einer zentralisierten Palastbürokratie gedeutet. Das Labyrinth als Allegorie eines Herrschaftsproblems.

Gleichviel was als metaphorischer Gehalt einleuchtend wirkt: Dessen Kernbestand bleibt das tabubelastete unheimliche Zentrum, dessen umständliche Umhüllung zum Ausdruck einer zweifelhaften Existenzform wird. Koeppen hat es im Nachvollzug jener bedrohlichen Aura der Friedrichstraße sprachlich umzusetzen versucht. So umkreist seine Miniatur die Existenz einer Institution, die das Ausnützen von Anfälligkeiten zu ihrem Handlungsmodell gemacht hatte.[143] Für viele aus dem Westen war diese Bahnhofsschleuse – wie Enzensberger an Bobrowski schrieb – als ein Gängesystem von »unterirdischen schlupfgängen und kontrollen« Sinnbild der SED-Herrschaft; einer, die viele davon abschreckte, überhaupt nach Ostberlin zu fahren.[144] Diese Schleuse war deren bedeutende Mitte, durch die jeder – so er mit dem Zug vom Westen kam – hindurch musste. Koeppen hat es in seiner Anfahrtsbeschreibung deutlich gemacht, dass er diesen Ort in einem Horizont sah, der ihn auf Erfahrungen mit der Stadt in der Kriegs- und Vorkriegszeit zurückwarf. Was war es also, das sich als bleibende Schande verbarg? Was war, um im Mythos des Labyrinths zu sprechen, der verleugnete Sohn oder Bruder, der im Herzen des Baus Platz genommen hatte?[145]

Es scheint, als sei dieses Unausgesprochene jener verleugnete Verwandte, der Zeitgenosse aus dem Osten, in Gestalt der Dienstwilligen der Staatssicherheit. Als These formuliert lag die Schande des Friedrichstraßen-Labyrinths darin, dass in dessen Innerem noch immer eine geheime Staatspolizei auf deutschem Boden tätig war. Es war die Stasi, die jedenfalls in Teilen auch dem Vorgängerstaat entsprungen war. Sie blieb Hypothek der DDR, die ihr Ende mit herbeiführen sollte. Dass Koeppen seinerseits ahnte, was hier gespielt wurde, deutet er im eingangs zitierten Passus bei der Einfahrt an, der nun in anderem Licht steht: »Alle reden von der Freiheit, als sei die

---

143 Bei Koeppen wird die Institution, als »Irrgärten der Parteien«, allegorisch umschrieben: Koeppen. Unsern Ausgang segne, Gott, unseren Eingang gleichermaßen, 301.

144 Zu dieser Umschreibung der Friedrichstraße der Brief von Hans Magnus Enzensberger an Johannes Bobrowski vom 2.5.1965. Hierzu der Auszug und die Anmerkung in: Bobrowski. Briefe 1937–1965. Bd. 4, 580. Dass die Friedrichstraße auch aus Ostberliner Sicht kein angenehmer Ort war, klingt bei Wolf an, wenn sie vom »S-Bahnhof Zentralviehhof« spricht. Vgl. Wolf. Unter den Linden, 210.

145 Im Mythos des Labyrinths von Knossos ist der Minotaurus der illegitime Sohn der Pasiphaë und Bruder Ariadnes, die diesen aus Liebe zu Theseus verrät. Vgl. Karl Kerényi. Die Mythologie der Griechen. Bd. 2. Die Heroen-Geschichten. München 1997, 184f.

Entzüge: Ausharren im Weltmangel

Gegenwart nicht schon unfrei genug.«[146] Dass Koeppen wusste, wie ein willkürlicher Polizeiapparat vorging, hatte er in »Die Mauer schwankt« beschrieben.[147] Noch in der Geschichte des Holocaust-Überlebenden Jakob Littner, die er nach 1945 umarbeitete, war die Erfahrung einer Willkürherrschaft bezeugt: »Auf dem Polizeirevier wurde mir der Paß abgenommen. Es war sinnlos zu fragen, warum dies geschah und warum man mich überhaupt verhaftet hatte.«[148] Diese Erfahrungen dürften ihn in Berlin begleitet haben – wie die Trauer, dass etwas vom despotischen Geist sich in der Stadt gehalten hatte. Damit erhält auch seine Aufmerksamkeit für die Uniformen einen anderen Sinn. Selbst wenn er sich darin geirrt haben mag, wer diese trug. Denn es war die Stasi, die die Hoheit über den Bahnhof Friedrichstraße besaß, in der Uniform der Grenzsoldaten, um die Flucht der eigenen Bürger aus dem Land zu verhindern.[149]

Ähnliche Empfindungen bedrückten einen anderen Passagier, der wie Koeppen den Weg über die Stadtbahn aus dem Westen nahm. Ihn ergriff weniger die Angst, da er diesem tristen Schauspiel mit dem Abstand des Fremden begegnete. Was Michael Hamburgers S-Bahn-Transiterfahrung von anderen unterscheidet, ist die Melancholie, das Wechselbad aus Scham und Trauer, das sein Bild vom Ort bestimmt: die Schwere der harten Sitze der alten S-Bahn. Die S-Bahn wurde zur Fährte, die ins Reich der Erinnerungen seiner Berliner Kindheit zurückführte.[150] Ein Zeithorizont spannte sich auf, wenn er nicht ohne Ironie feststellte: »Kaiser, President, Führer / Have come and gone / The housewives in funny hats« seien geblieben.[151] »Indefinable, changeless«. Bedeutsames hob sich von den Sitzen der S-Bahn: »Heavy on seats as hard / but emptier«. Hier stockt sein Gedicht. Worüber mag Hamburger angesichts der unbesetzten Sitze gestolpert sein?

Die Fährte führte ihn auf seine Lebensspur zurück: ans Ende der Wannseebahn, auf der Suche nach einer entschwundenen Welt.[152] Doch fuhr der Zug gen Osten weiter, hinein in den ausgeräumten Zwischenraum der Stadt: Der »gunpowder smell« sei verflogen: »The corpses have been disposed

---

146 Koeppen. Unsern Ausgang segne, Gott, unseren Eingang gleichermaßen, 299.

147 Vgl. Koeppen. Die Mauer schwankt, 206 f.

148 Wolfgang Koeppen. Jakob Littners Aufzeichnungen aus einem Erdloch. Frankfurt a. M. 1992 (1948), 13.

149 Vgl. Springer. Bahnhof der Tränen, 60.

150 Zum beschädigten Erinnern oder Erinnern mit Lücke vgl. Friedrich Georg Jünger. Gedächtnis und Erinnerung. Frankfurt a. M. 1957, 38.

151 Vgl. Hamburger. S-Bahn, 153.

152 Diesen Pfad schildert er in einem anderen Gedicht: Michael Hamburger. The Search (1962), in: ders. Collected Poems, 378.

of.«[153] Doch blieb ein fraglicher Rest. Der Raum beherbergte Unaufgelöstes, aus der Vorgeschichte: »Now that the train connects / one desolation with another / Punctual as ever, moves through the rubble / Of Kaiser, President, Führer«. Nach dieser Inversion, dem Hinweis auf die Ruinen, wendet sich das Gedicht der Gegenwart zu: der Frage nach dem Liegengebliebenen. Der Einlauf des Zuges in den Bahnhof gibt Antwort: »Is halted searched and cleared / Of those it would serve to well.«[154] In diesem Vers verdichtet sich das Dilemma. Es ist nicht das des angehaltenen Bahnhofs, sondern das der an ihm festgehaltenen Menschen.

Hamburger warf die Frage auf, wem die Züge eigentlich dienten. Den eigenen Leuten hätten sie dienen können – nicht umgekehrt die Männer und Frauen den Zügen, indem sie diese abfertigten, zumeist zum Gebrauch derer, die von der anderen Seite zu Besuch kamen. Worauf Hamburger somit aufmerksam machte, war eine verpasste Umkehr: Nicht die Leute hätten den Zügen dienen sollen, sondern die Züge den Leuten. So wurden aus den hier einlaufenden Zügen auch verpasste Gelegenheiten. Diese Züge mögen sinnbildlich dafür stehen, wie im ausgegebenen Antifaschismus der DDR der Abschied von einem Stück Diktatur verpasst wurde. Dabei hatte der Mauerbau den Missbrauch der Vokabel »antifaschistisch«, zur Stabilisierung des Unterdrückungsapparats, für alle Ohren hörbar gemacht.[155] Für Hamburger wurde die Friedrichstraße zum Ort eines ethischen Dilemmas.[156] Trauriger Ort einer Wiederholung: »Punctual as ever«. Ein Wortspiel wie »Tränenpalast« drückte es in der Alltagssprache der Zeit aus, wobei der Bau mehr als Abschirmung des Trostlosen fungierte.[157] Der Außenstehende Hamburger rückte somit das Leid jener in den Blick, die die Züge nicht nehmen durften – oder sich und andere als Staatsorgane daran hinderten. In aller Dezenz wies

153   Hamburger. S-Bahn, 153.
154   Ebd., 154. Zur tragischen Absurdität der S-Bahn-Situation im geteilten Berlin auch: Hamburger. Berliner Variationen, 17.
155   Zum rhetorischen Gipfel und Umschlag des ›antifaschistischen Kults‹ im Legitimationsjargon zum Mauerbau als einem »antifaschistischen Schutzwall« siehe: Anson Rabinbach. Begriffe aus dem Kalten Krieg. Totalitarismus, Antifaschismus, Genozid. Göttingen 2009, 41. Wie eine gewisse Bagatellisierung liest sich dagegen Wolfs Bezeichnung des Bauwerks als »Mäuerchen« am Ende der Linden in der gleichnamigen Erzählung. Vgl. Wolf. Unter den Linden, 212.
156   Zum Atopos als ›Ort der Ethizität‹ – man kann es auch Ort der Sorge nennen vgl. Römer. Spatium – Topos – Atopos, 178.
157   Tatsächlich wurde der »Tränenpalast« an den Bahnhof angebaut, um auf der Friedrichstraße öffentliche Szenen der Trauer und des Abschieds der Sichtbarkeit zu entziehen. Hierzu: Springer. Bahnhof der Tränen, 118.

der Lyriker auf die traurige Absurdität und auf ein Jenseits dieses Baus: ein Stück vom Ariadne-Faden, der aus dem Labyrinth führte.[158]

Ähnlich sah es nach dem Zusammenbruch der DDR auch ein Ostberliner Autor wie Heiner Müller, der in der Friedrichstraße das Motiv eines Grundmakels des untergegangenen Staats erblickte. Was er für die nachstalinistischen Staaten des Ostblocks beschrieb, dass sie gefrorene Kessel geworden waren, die zu zerbersten drohten, traf auf die DDR im Besonderen zu.[159] Die Menschen saßen, eingesperrt, in einer auf Dauer gestellten Situation des Wartesaals, während laufend Züge vorbeifuhren, so Müller, »in die man nicht einsteigen« durfte.[160] Dieser Eindruck wurde eklatant am »toten U-Bahnhof« unter der Friedrichstraße, wo für Bewohner Ostberlins seit dem Mauerbau kein Zug mehr hielt: greifbarstes Anzeichen, dass das Regime den Versuch unternommen hatte, »die Zeit anzuhalten«. Ähnlich beschrieb es Huchel in seinem Mauergedicht. Der Bau konnte nur am eigenen Frost zerbrechen: »Nur der Frost / Mit weißem Meißel / Sprengt / den Mörtel, hier und dort«.[161]

Mit diesem Akt der Willkür bestätigte die DDR, dass ihr Antifaschismus Züge eines Totenkults angenommen hatte, der die Lebenden zur Geisel nahm.[162] Für einen Transitfahrer wie Müller, der von Ost nach West durfte, ergab sich ein Erfahrungszuwachs im Abgleich der Stadthälften. Es war ein »Erfahrungsdruck«, der sich aus der Gegenrichtung von Westen her für Müller einstellte. Etwa durch die Empfindung bei der Einfahrt am Bahnhof Zoo, die sich wie das »Auftauchen aus tiefem Wasser anfühlte«: ein »Schwindel« beim Verlassen der Druckkammer der DDR.[163] Der Atmo-

---

158 »Denn Erinnerung ist schon der Anfang der *Freiheit* von der dunklen Gewalt des erinnerten *Seins* und *Geschehens*.« Max Scheler. Reue und Wiedergeburt (1917), in: ders. Gesammelte Werke. Bd. 5. Hg. von Maria Scheler. Bern, München 1968, 29–59, hier: 35.

159 Vgl. Müller. Krieg ohne Schlacht, 362.

160 Vgl. ebd., 365.

161 Huchel. Bericht, 352.

162 Müller beschreibt diesen Totenkult; schweigt aber über den geschichtspolitischen Missbrauch der Toten zur Drangsal der Lebenden. Vgl. Müller. Krieg ohne Schlacht, 364.

163 Aufgrund seiner privilegierten Position im Regime durfte Müller nach Westberlin reisen. Vgl. Müller. Krieg ohne Schlacht, 364. Auch Brasch hat, bei seinem Gang ins Exil, den Weg mit der Stadtbahn als verwirrende Zeitreise empfunden; doch fand er nach Ankunft im Westen – bei etwas besserem »Puder« – dieselben »Narben« der Geschichte. Vgl. Personenbeschreibung: Annäherung an Thomas Brasch. ZDF 1977, Min. 00:24:30f. Regie und Drehbuch: Georg Stefan Troller. Vorlass Georg Stefan Troller. Deutsche Kinemathek, Berlin.

sphäreneintritt und -austritt, wie ihn Wechsberg beschrieben hatte, war zum bedrängenden Erlebnis im Transitraum geworden. Brachte dieser das Gefühl gestohlener Lebenszeit, falscher Kompromisse hervor? Hier galt, was Koeppen über die Anfälligkeit der Intellektuellen gesagt hat; dass manchem der Druck ein verbogenes Rückgrat zugefügt habe.[164]

Es war der in der DDR längst isolierte Huchel, der diese Erfahrung versinnbildlichte. Er dichtete: Unter den »Fittichen der Gewalt« könnten viele verstummen.[165] Geht man zu Hamburger zurück, so mag im Eingestehen dieser Möglichkeit auch eine gegenwendige Kraft liegen: Für ihn lag sie in der Einsicht, die vor der Wiederholung, dem »halted, searched and cleared«, warnte. Und sei es durch ein Stocken im Transitraum, das einen vom gewohnten Weg abkommen ließ.

164 Zur Metaphorik des Rückgrats: Koeppen. Unsern Ausgang segne, Gott, unseren Eingang gleichermaßen, 301. Zum Bild des verbogenen »Rückgrats« unterm Druck der SED-Herrschaft auch: »Das Rückgrat zahlloser Menschen sollte auf subtile Weise gebogen oder gebrochen werden. So bildete sich ein Knäuel von versuchtem Widerstand, von Selbstschutz und Schuld.« Richard von Weizsäcker. Drei Mal Stunde Null? 1949, 1969, 1989. Deutschlands europäische Zukunft. Berlin 2001, 112.

165 Vgl. Peter Huchel. Das Gericht (1972), in: ders. Gesammelte Werke. Bd. 1, 225 f., hier: 225.

Entzüge: Ausharren im Weltmangel

14. Bobrowski, der eingemauerte Orpheus und sein Schattenland

> Du weißt, wie Angst
> sprachlos machen kann.
> *Johannes Bobrowski*[1]

Es gehört zu den für das stillgelegte Zentrum Berlin bezeichnenden Phänomenen, dass es einem Dichter wie Bobrowski an der Ostberliner Peripherie gelingen konnte, zeitweilig einen Ort der Literatur zu stiften. Ort war dieser im Sinne eines Sammlungspunktes, abseits der Brennpunkte in der Hauptstadt der DDR: ein temporärer, der sich nach seinem Tod verflüchtigte. Dass es ihm gelungen war, bezeugen Anekdoten, die noch heute über die Ahornallee in Friedrichshagen – seine Adresse im Südosten Berlins – erzählt werden.[2] Was sich dort in einer Nische ausgebildet hatte, war ein Literaturort abseits offizieller Pfade; das konnte der sozialistischen Kulturpolitik auf Dauer kaum gefallen, schließlich hatte sie den rechten Weg als Leitmetapher besetzt. Was dagegen bei Bobrowski zu finden war, versprach ein Stück freies Feld an der Peripherie des Stadtkraters.[3]

Dass der Autor diese Outsider-Rolle in der DDR einnehmen konnte, hatte mit seinem Ton zu tun, der ihm Glaubwürdigkeit verlieh. Er war der Ortlose, jener gestrandete Sarmate – Sarmatien, so nannte er sein verschollenes Osteuropa –, der einen Ort für die Poesie im Meer weltanschaulichen Jargons aufrechtzuerhalten versuchte. Es war eine nicht nur der Form nach »kleine Literatur«, sondern auch territorial vom »Rand der Wüste« gesprochen, wie er seine Lage bezeichnete.[4] So nahm Bobrowski eine Sonderrolle innerhalb der DDR-Literatur ein. Sein Deutsch fügte sich nicht in die Kategorien sozialistischen Aufbaus. Ihm entsprach das, was man mit einem Wort Alewyns

---

1 Johannes Bobrowski an Georg Bobrowski vom 11.4.1962, in: ders. Briefe 1937–1965. Bd. 3, 246–249, hier: 247.

2 Exemplarisch: Gerhard Rostin (Hg.). Ahornallee 26 oder Epitaph für Johannes Bobrowski. Stuttgart 1978. Sowie: Klaus Völker. Johannes Bobrowski in Friedrichshagen 1949–1965. Frankfurt a.d. Oder 2016.

3 Zu dieser Stimmung des Refugiums vgl. Bobrowski. Das Käuzchen, 77.

4 Vgl. Johannes Bobrowski an Otto Baer vom 18.10.1950, in: ders. Briefe 1937–1965. Bd. 1. Hg. von Jochen Meyer. Göttingen 2017, 232–236, hier: 233. Zur Randlage »kleiner Literatur«: Gilles Deleuze/Félix Guattari. Kafka. Pour une littérature mineure. Paris 1975, 29f.

als kleines Territorium »geistigen Sonderlebens« nennen kann: eine Existenz, die ihr Randlagenbewusstsein pflegte.[5] Eine Enklave, ein Bobrowski-Land, der Staatsmacht suspekt. Noch über die Mauer hinweg hielt er diese Haltung aufrecht: einer, der zur Schlüsselfigur im Transit zwischen den Stadthälften wurde. Diese Randlage ermöglichte es ihm, in der Trauerarbeit, welche er in das Sujet des europäischen Ostens verpackte, weiterzugehen als andere Autoren. Als Orpheus vom Stadtrand konnte er Schmerzliches benennen.

Nach seinem Berlin-Verhältnis befragt, sprach Bobrowski von einem Stück »brauchbarer Heimatlosigkeit«.[6] Er gab im Gedicht »Villon« Antwort auf die Frage, welches Verhältnis er zur Stadt besaß. Die Villon-Allegorie deutet auf einen Stadtrandvaganten hin. In der Position lag die Einsicht begründet, dass die Poesie in der Stadt von der Lisière zu sprechen hat. So bezeichnete ihn sein Freund Hamburger als »Grenzlandpoeten«.[7] Bobrowski hat es unterstrichen, insofern er seine Dichtung als Gespräch vom Rand des Schweigens verstand.[8] Diese Lage spielte auf seine Erfahrung als Kriegsteilnehmer und Überlebender der sowjetischen Lager an. Das Sich-am-Rande-Halten durchzog sein Sprachverständnis: »Brauchbare Heimatlosigkeit« bedeutete, dass er sich mit seinem Baltikum-Deutsch in Berlin gut einnisten konnte. Er glich, so Kaschnitz, dem »Steppenwolf« aus dem Eis.[9] Für andere war er schlicht der Schiffbrüchige.[10]

Sein provisorisches ›Hüttendasein‹ in Berlin besaß eine Entsprechung im Flüsterton seiner Poesie. Das Bild der »ausgebrannten Hütte« wählte Hamburger in seinem Erinnerungsgedicht, anspielend auf Bobrowskis Erlebnis, dass aus Städten über Nacht Ruinen wurden.[11] Gleichsam als Entgegnung auf diesen Horror findet sich im »Villon«-Gedicht die Vorstellung vom

5 Zu Territorien mit »geistigem Sonderleben«: Alewyn. Deutsche Philologie, 189.

6 Vgl. Christoph Meckel. Erinnerung an Johannes Bobrowski. Düsseldorf 1978, 30.

7 Zum Poeten des »borderland«: Michael Hamburger. Johannes Bobrowski: an introduction, 206. Zu Bobrowski als ›Grenzgänger‹ im geteilten Berlin auch: Hamburger. After the Second Flood, 217. Damit berührt Bobrowski, wie auch Hamburger selbst, den Punkt einer ›kleinen Literatur‹ als Fremder in der eigenen Sprache. Vgl. Deleuze/Guattari. Kafka, 35.

8 Vgl. Johannes Bobrowski an Gregor Laschen vom 20.4.1965, in: ders. Briefe 1937–1965. Bd. 4, 597–600, hier: 597.

9 Vgl. Marie Luise Kaschnitz. Wer hätte das gedacht (1972), in: dies. Gesammelte Werke. Bd. 5, 519–521, hier: 519.

10 Vgl. Cyrus Atabay. Gezeiten der Sprache (1969), in: Andreas Degen (Hg.). Sarmatien in Berlin. Autoren an, über und gegen Johannes Bobrowski. Berlin 2015, 14.

11 Vgl. Michael Hamburger. Friends (1965), in: ders. Collected Poems, 148–150, hier: 149. Bobrowski selbst wählte einmal das Bild der »Notdach«-Existenz: Johannes Bobrowski an Peter Jokostra vom 19.12.1958, in: ders. Briefe 1937–1965. Bd. 1, 668–676, hier: 668. Zur Metamorphose von Städten und ihrer Zerstörung im

Rand als Schutzzone. Bobrowski scheint angenommen zu haben, dass in Zeiten der Angst der Schwellenraum Schutz bietet.[12] Nicht zufällig wurde ihm die Daseinslage des Dazwischen zur literarisch fruchtbaren Position. So pendelte der Autor Zeit seines Berufslebens zwischen Berlin-Mitte und Friedrichshagen; er schrieb seine Gedichte im Transit, in der S-Bahn ins Zentrum.[13] Noch etwas deutet sein indirektes Selbstportrait im »Villon«-Gedicht an: eine allzumenschliche Seite, den Mann mit »Zivilisationslastern«.[14] Die Figur Villons warf ihm insofern etwas zurück: die Frage nach einer in Unruhe geratenen Lebensform in einer »Zeit des großen Schreckens«.

Letzteres führt auf sein genuines Terrain, zur »Fracht« der Zeit, die er zu tragen hatte. Diese war persönlicher Art.[15] Sie betraf seine Kriegswunde. Dass er zur *displaced person* »in Berlin« geworden war, wo er nicht mehr »anwurzeln werde«, erleichterte ihm die Thematisierung einer ›Bombe des Unethischen‹, jenes Horrors, den seine Generation aus dem Krieg mit nach Hause brachte.[16] Es ermöglichte ihm, eine Sonderrolle zu spielen: im Grenzverkehr zwischen Ost und West unbequeme Wahrheiten anzusprechen. Der Trauergesang war sein Verfahren, die Wahrheit so einzuwickeln, dass sie annehmbar wurde. Exemplarisch im Schlüsselgedicht »Kaunas 1941«, das er 1958 – drei Jahre nach seinem Debüt in »Sinn und Form« – veröffentlichte.[17] Darin ist seine Zeugenschaft des Pogroms an den litauischen Juden in Kaunas – er hielt sich dort als Nachrichtensoldat auf – ins Gedicht gebannt. Dieses Zeugnis brach ein Schweigen. Der Mitläufer in der Spur der Täter: »in der Wölfe Spur«, wie es im Gedicht heißt.[18] Das war Unerhörtes, das an einem Tabu und am antifaschistischen Selbstbild der DDR rührte.[19]

Zweiten Weltkrieg vgl. Johannes Bobrowski. Unter dem Nachtrand (1952), in: ders. Gesammelte Werke. Bd. 1, 124.

12 Zu den Schwellenräumen der Stadt allgemein: Menninghaus. Schwellenkunde, 34.

13 Zu dieser produktionsästhetischen Szene im S-Bahn-Transit: Bobrowski an Jokostra vom 17.4.1958, in: ders. Briefe 1937–1965. Bd. 1, 547–551, hier: 547. Zur S-Bahn-Schreibszene auch: Meckel. Erinnerung, 34.

14 Vgl. Johannes Bobrowski an Georg Bobrowski vom 11.12.1957, in: ders. Briefe 1937–1965. Bd. 1, 498–506, hier: 499.

15 Zum Frachtmotiv: Bobrowski an Jokostra vom 2.5.1958, in: ders. Briefe 1937–1965. Bd. 1, 559–566, hier: 559.

16 Vgl. Johannes Bobrowski an Ad den Besten vom 23.5.1958, in: ders. Briefe 1937–1965. Bd. 1, 573–577, hier: 574.

17 Hierzu: Johannes Bobrowski an Peter Huchel vom 10.6.1958, in: dies. Briefwechsel. Hg. von Eberhard Haufe. Marbach 1993, 17.

18 Vgl. Johannes Bobrowski. Kaunas 1941 (1957/58), in: ders. Gesammelte Werke. Bd. 1, 60f., hier: 60.

19 Der Lyriker rührte an einem Tabu der DDR – dem Mord an den europäischen

Zugleich begründete sich darin der orphische Zug seines Dichtungsver-
ständnisses: Schuld und Trauer konnten ins Lied gepackt werden, wie man
sich einen Verband anlegt.[20] Damit wurde er für kommende Autoren zum
Modell. Doch war sein Ansatz radikaler, wie ein poetologischer Disput mit
Celan zeigt. Bobrowski störte sich an einer Zeile, in der das »Wort« mit
einer »Leiche« gleichgesetzt wurde.[21] Er setzte dem – bei aller Sympathie
für Celan – seine Vorstellung des Verses als »Zauberspruch« entgegen.[22]
Darin lag die Hoffnung, dass der Zeuge aus seiner Hölle finde, wenn er wie
ein Komapatient den Gesang gebrauche, um aus seiner Ohnmacht aufzuwa-
chen. Seine Ars Poetica war Versuch einer Lösung aus der »Erstarrung des
Grauens«.[23] In dieser therapeutischen Dichtungsauffassung hatte er etwas
vom Orpheus in der leeren Zentrale. Er stieg ins Gewesene, um ein *coma
depassé* der Zeitgenossen zu lockern und um sich selbst zu heilen. Nicht
unähnlich dem Lyriker als »transzendentalem Arzt« in der romantischen
Tradition vertrat er die Auffassung, dass nur der Gang in den Erschütte-
rungskern zum »Herzton« finde.[24]

Juden –, das bis zum Fall der Mauer Bestand haben sollte. Vgl. Rabinbach. Begriffe
aus dem Kalten Krieg, 41. Koselleck nannte dieses Auslassen der Opfer, die nicht
ins sozialistische Narrativ passten, die »politische Schizophrenie« der DDR, an der
sie mit zugrunde gehen sollte: Koselleck. Zur politischen Ikonologie des gewaltsamen Todes, 49.

20 Zum Hinweis aufs Orphische seiner Poetik: Johannes Bobrowski. Die alte Heerstraße (1955), in: ders. Gesammelte Werke. Bd. 1, 16f., hier: 17. Zum leidver-
wandelnden Zug des orphischen Gesangs: Muschg. Tragische Literaturgeschichte,
29–32.

21 Zum Hinweis auf die für ihn schwierige Celan-Lektüre vgl. Bobrowski an Jokostra
vom 4.3.1959, in: ders. Briefe 1937–1965. Bd. 2, 34–39, hier: 34.

22 Darin aufgehoben ist der Gedanke einer Kraft der Lyrik im Geiste eines »Nach-
laßes des Orpheus«. Bobrowski hatte die dichtungstheoretische Schrift Friedrich
Georg Jüngers, in der dieser Passus auftaucht, mit Zustimmung gelesen. Vgl.
Friedrich Georg Jünger. Rhythmus und Sprache im deutschen Gedicht. Stuttgart
1987 (1952), 141.

23 Auf den sprachtherapeutischen Aspekt seiner Ars Poetica geht Gerhard Wolf mit
Blick auf die Kontroverse zwischen Celan und Bobrowski ein. Vgl. Gerhard Wolf.
Beschreibung eines Zimmers. Fünfzehn Kapitel über Johannes Bobrowski. Berlin
1993, 172. Zur orphischen Geste einer Belebung im Wort: Johannes Bobrowski.
Wiedererweckung (1964), in: ders. Gesammelte Werke. Bd. 1, 203. Bobrowski war
als Herausgeber der klassischen Sagen der »Zaubermund« des Orpheus nur zu be-
kannt. Johannes Bobrowski. Gustav Schwab. Die schönsten Sagen des klassischen
Altertums. Vorwort (1954), in: ders. Gesammelte Werke. Bd. 4, 340–342.

24 Vgl. Johannes Bobrowski an Hans Ricke vom 18.2.1957, in: ders. Briefe 1937–1965.
Bd. 1, 458–466, hier: 459. Sowie: Novalis. Vorarbeiten 1798, in: ders. Das philo-

Was tat dieser Sarmate in Berlin also, wenn nicht in seinen Gedichten Brocken aus dem Wortlosgebliebenen hervorzuholen? Schattenländer gerieten in den Blick. Das ermöglichte ihm, die verpasste Zeugenschaft hineinzunehmen und die *res publica litteraria* wachzuhalten, die ihn mit allen Teilen der deutschsprachigen Literatur, auch mit dem Exil, in Kontakt brachte.[25] Seine Position wurde auf diese Weise zu einer im Niemandsland. Auf diesem Weg musste er zwangsläufig mit dem Hauptstrom der DDR-Literatur in Konflikt geraten, der den Autoren einen politisch-legitimistischen Beitrag – als Arbeit an der Anerkennung des Sozialismus – abverlangte. Nicht allein dadurch wurde seine Position in Ostberlin prekär. Er machte auch aus seinem Empfinden einer Absenkungslücke im Nachkrieg keinen Hehl: Wenig hielt er »vom bisherigen lyrischen Aufkommen« in der DDR. Dazu kam, dass er eine »Zweiteilung« der Literatur als borniert erachtete.[26]

Dass er mit dieser Position nach dem Mauerbau auf verlorenem Posten stand, muss ihm klar gewesen sein. Ab diesem Datum beobachtet man ein Zunehmen der Angstproblematik in seiner Korrespondenz. Um das Heikle seiner Lage zu ermessen, hat man sich zu vergegenwärtigen, dass der SED-als Partei-Diktatur eine Herrschaftsform verkappter Gewalt entsprach, die mit Einschüchterung und Internierung nach sowjetischem Vorbild operierte. Dabei verdeckte ihr sozialistisches Pathos das Mitläufernarrativ auf dem Weg von der Diktatur des NS in eine neue. Wenn Bobrowski sein »bearing witness« ins Lot warf, dann wurde er auch zum Zeugen der Scham, der das Selbstbeschreibungsnarrativ der DDR unterlief.[27] Konsequent verstanden, konnte aus der Frage »Wo waren wir damals hingekommen?« die »Wo sind wir hingeraten?« werden. Heikel war, dass jemand jenseits der offiziellen Moral Quellen zu bergen verstand: jenseits eines »sagt man«, wie es im Gedicht »Stadt« heißt.[28] Dass der Autor an eigene Erfahrungen anschloss, wurde kritisch, wo er die Frage nach passiver Zeugenschaft und erzwungener Loyalität anschnitt. Dieses Feld konnte, wohlverstanden, die Frage nach einem gegenwärtigen Verstummen nach sich ziehen.

---

sophisch-theoretische Werk. Bd. 2. Hg. von Hans-Joachim Mähl. Frankfurt a.M. 2005, 310–384, hier: 324.

25 Sein Verständnis einer *res publica litteraria* nahm ältere Geselligkeits- und Korrespondenzformen auf. Zu seinem Geselligkeitstalent siehe: Walter Gross. Für Johannes Bobrowski, in: Rostin (Hg.). Ahornallee 26, 26.

26 Vgl. Johannes Bobrowski. Lyrik der DDR (1960), in: ders. Gesammelte Werke. Bd. 4, 424–442, hier: 437f.

27 Hierzu: Hamburger. Johannes Bobrowski: an introduction, 213.

28 Vgl. Johannes Bobrowski. Stadt (1963), in: ders. Gesammelte Werke. Bd. 1, 198.

Bobrowskis Sonderstellung in der DDR entsprach eine Doppelexistenz: als Lyriker und Lektor für Belletristik, zunächst beim privaten Kinderbuchverlag Lucie Groszer, später beim Union-Verlag, der im Schutz der Blockpartei CDU operierte. Diese Position mag ihm Spielraum gegeben, doch auch in Konzessionen verwickelt haben, die er als Autor zu umgehen suchte.[29] Darin kam er dem Typ Loerke aus der Vorkriegszeit am nächsten. Hinzu kam, im Zeichen zweier deutscher Staaten, eine geschickte doppelte Buchführung: Da im Sozialismus die Produktion der Literatur weitestgehend unter Aufsicht der Partei stand, bedurfte es einer Ost-West-Strategie, um sich eine gewisse Unabhängigkeit zu bewahren. Bobrowski strebte diese an: So erschien sein Debüt bei der Deutschen Verlagsanstalt in Stuttgart, später veröffentlichte er bei Wagenbach in Westberlin. Erst nach internem Druck erschienen seine Werke auch im Union-Verlag. Diese Doppelstrategie räumte ihm eine einmalige Stellung zwischen den Fronten ein. Dabei kam Westberlin, als Geldschleuse, eine besondere Rolle zu. Erst ein dortiges Konto ermöglichte die doppelte Buchführung seines Autorenmodells: das Ausspielen von Lücken, dem die DDR nach dem Mauerbau – im Zuge einer neuen Devisenverordnung – einen Riegel vorzuschieben versuchte.[30]

Vermutlich verließ sich Bobrowski zunächst aufgrund dieser ideologischen Widrigkeiten auf die Behandlung der Geschichte: in die »Reuse Zeit« zog es ihn, abseits von Gegenwartskonzessionen.[31] Gleichwohl blieb es der Zug seiner Lyrik, jene Bresche zu suchen, in der nach Loerke das »Wagnis des Gedichts« beheimatet ist.[32] Was Bobrowski unternahm, lässt sich als doppelte Abgrenzung beschreiben. Gewiss hatte er mit Agitprop-Dichtern und Brecht-Epigonen nichts gemein. Ebenso fern stand ihm die realistische Doktrin, die er wegen ihres Mimesisbegriffs ablehnte, der ihm die Kunst

---

29 Zur Figur der Doppelexistenz siehe Hans Mayers Nachruf auf Huchel, in dem er diesen Typus des berufstätigen Lyrikers à la Benn vom Typ des Berufslyriker unterscheidet, der nicht selten durch einen Mäzen – das Modell Rilke – gefördert wurde. Vgl. Hans Mayer. Erinnerungen an Peter Huchel (1984), Min. 00:15:48 f. Der Vortrag nachzuhören unter: https://www.peter-huchel-preis.de/peter-huchel/

30 Zum Auftauchen neuer »Schwierigkeiten« ab 1961 für Bobrowskis Autorenmodell im Zuge der neuen Devisenverordnung der DDR vgl. den Kommentar in: Bobrowski. Briefe 1937–1965. Bd. 3, 142, 187.

31 Zu diesem Topos: Johannes Bobrowski. In der Reuse Zeit (1958), in: ders. Gesammelte Werke. Bd. 1, 228.

32 Zur Anspielung auf Loerkes »Wagnis des Gedichts«: Johannes Bobrowski an Georg Schneider vom 22.3.1961, in: ders. Briefe 1937–1965. Bd. 2, 621–624, hier: 621. Sowie: Oskar Loerke. Das alte Wagnis des Gedichts (1928/1935), in: ders. Gedichte und Prosa. Bd. 1, 692–712.

Entzüge: Ausharren im Weltmangel

an die Kette legte.[33] Diese Doktrin sollte im Sozialismus in der Metaphorik des geplanten Wegs nach Bitterfeld einmünden, dem er nicht ohne Ironie seinen Weg ins Offene entgegenhielt.[34] Ebenso auf Distanz aber ging er zu den Technikpoeten der Höllerer-Schule, mit denen er in Westberlin aneinandergeriet.[35] Ihr Ausschließlichkeitsgestus, hielt er in einem Brief fest, sei bedenklich: Einem technologischen Dogma würden sie folgen, ohne zu bemerken, dass sie »wie Maß-Ellen« Äußerliches an die Literatur anlegten. So spottete Bobrowski über deren vorgefertigtes Ästhetikverständnis: »Hier kann nichts passieren.«[36]

Er stellte heraus, was Muschg als den falschen Glauben an »Instrumente« in der Nachkriegsliteratur erkannt hatte, was Gombrowicz als rein methodische Behandlung monierte.[37] Schon der alte Loerke hatte vor diesem Irrweg gewarnt: »Auch keine Technik schafft Existenz.«[38] Was Bobrowski also im Schaufenster Westberlin als Methodengläubigkeit zur Erzeugung marktgerechter Schreibmuster missfiel, war die andere Seite jenes poetologischen Januskopfs Berlin, der im Osten unterm Primat des richtigen Realismus stand. Befremdliche Verwandtschaften, die der Grenzgänger aufspürte. Beide Seiten praktizierten Epigonentum: dort die sozialistischen Doubles bürgerlicher Realisten, hier die planierten Straßen – Bobrowski verglich die West-Ästhetik mit ihrem Städtebau – der Kafka- und Weiss-Imitatoren nach

33 Zum sozialistischen Realismus einschlägig: Georg Lukács. Der russische Realismus in der Weltliteratur. Berlin (Ost) 1949. Zur rigiden Mimesis-Konzeption von Lukács vgl. Fritz J. Raddatz. Adorno des Ostens. Ein Gespräch mit Fritz J. Raddatz, in: Zeitschrift für Ideengeschichte 8 (2014), Nr. 4, 27–42, hier: 35.

34 Zur Ablehnung vorgegebener Dichtungswege: Johannes Bobrowski an Bernd Jentzsch vom 20.4.1964, in: ders. Briefe 1937–1965. Bd. 4, 321–325, hier: 321 f. Sowie sein Problem mit den geebneten Wegen: Bobrowski an Jentzsch vom 11.5.1964, in: ders. Briefe 1937–1965. Bd. 4, 340–342, hier: 340. Zur Suche nach dem Hölderlin'schen ›Weg ins Offene‹ der Dichtung auch: Bobrowski. Das Käuzchen, 78. Damit variiert sich hier der Grundkonflikt, gegen den Rigorismus der Realismen den Auslegungsreichtum der Metaphorik auszuspielen. Vgl. Blumenberg. Schiffbruch mit Zuschauer, 98.

35 Vgl. Meckel. Erinnerungen, 10. Zum technologischen Dogma im Westen: Johannes Bobrowski an Hubert Gersch vom 14.2.1961, in: ders. Briefe 1937–1965. Bd. 2, 589–594, hier: 589.

36 Johannes Bobrowski. Neue Talente, in: ders. Gesammelte Gedichte. Bd. 1, 246.

37 Vgl. Walter Muschg. Vorlesung »Poetische Phantasie«, Bl. 2. Nachlass Walter Muschg, Universitätsbibliothek Basel. Zur Verwechslung von Wissen und Technik mit Literatur auch: Gombrowicz. Berliner Notizen, 119.

38 Oskar Loerke. Nachwort zum Silberdistelwald (1934), in: ders. Gedichte und Prosa. Bd. 1, 683.

Werkstatt-Rezept.[39] Sich an den Sprachkrater dieser Epoche zu wenden, sah er hingegen als die Aufgabe an. Das Ohr war zu öffnen für die »in Schlaf versetzte Vergangenheit«.[40]

Seine Ars Poetica strebte über ungesicherte Pfade zu neuen Feldern.[41] Darin mag auch eine Anknüpfung an seinen »Zuchtmeister« Klopstock liegen, der selbst poetologisch »auf unbebautem Land« tätig gewesen war.[42] Hinzu kamen Bobrowskis eigene Erfahrungen, die ihn unempfänglich gemacht hatten für Dogmen, die an ihn herangetragen wurden. Für ihn war der »Weg des Dichters«, so Bobrowski, »absolut einsam«.[43] Niemand könne dem Lyriker diese Suche im »Tun abnehmen«, da die Formierungsvorgänge eines Werks sich nicht erzwingen ließen. Dabei war ihm klar, dass die deutsche Sprache eine besondere Bürde zu tragen hatte: Nur eine Kontinuität mit Wunde könne ihr angemessen sein. In der Ansicht artikulierte sich Scham vor der im Nationalsozialismus, aber auch fortgesetzt missbrauchten Sprache.[44] Eine zerbombte Tradition, die Lücken hinterlassen habe, lasse sich nicht mit Sedativa von Dichtungsrezepten beheben. Bobrowski versuchte, ein Überlieferungsverständnis zu entwickeln, das durch den Krater hindurchführte: »Sich von der Geschichte (also von der Sprache) zu dispensieren«, hielt er fest, sei »Unfug: Die Kontinuität, mit Wunden bedeckt« müsse »durchgehalten« werden.[45]

39 Hierzu die beiden Epigramme: Johannes Bobrowski. Kostümfest, sowie: Neue Talente, beide in: Gesammelte Werke. Bd. 1, 236, 246. Zu diesen west-östlichen Epigonenschulen: Wolf. Beschreibung eines Zimmers, 175. Zum Ton der Kafka-Imitatoren am LCB auch: Fichte. Die zweite Schuld, 272f.

40 Vgl. Bobrowski an Gersch vom 14.2.1961, in: ders. Briefe 1937–1965. Bd. 2, 589–594, hier: 589.

41 Diese Geste berührt sich mit Blumenbergs Auffassung der Metapher, dass diese neue Denkperspektiven, den »Kanal der Selbstverständlichkeit« aushebele. Vgl. Blumenberg. Quellen, Ströme, Eisberge, 215.

42 Vgl. Friedrich Georg Jünger. Nachwort, in: Friedrich Gottlieb Klopstock. Werke in einem Band. Hg. von Karl August Schleiden. München 1954, 432–464, hier: 438. Bobrowski besaß diese Ausgabe. Zu Klopstocks Erbe: Theodore Ziolkowski. The classical German elegy, 1795–1950. Princeton, N.J. 1980, 280f.

43 Vgl. Johannes Bobrowski. Bemerkungen (1950/52), in: ders. Gesammelte Werke. Bd. 4, 195–209, hier: 206.

44 Eine dem verwandte Scham vor der missbrauchten Sprache bei: Richard Alewyn. Goethe als Alibi?, in: Hamburger Akademische Rundschau 3 (1949), Nr. 8–10, 685–687. Sowie: Horst Rüdiger. Scham vor der missbrauchten Sprache. Zum Tode Richard Alewyns, in: Jahrbuch der Deutschen Akademie für Sprache und Dichtung 1 (1979), 110–112.

45 Johannes Bobrowski an Joseph Wilhelm Janker vom 26.8.1964, in: Briefe 1937–

Einen ersten Entwurf zu diesem im Schatten der Kulturpolitik zu bergenden Feld skizzierte er im Gedicht »Die Cestius-Pyramide«. Es war das erste,
das er nach seiner Rückkehr aus der Kriegsgefangenschaft schrieb, wenn
auch der Form nach noch nicht so radikal wie spätere Versuche. Mit dieser
in Odenform ausgeführten Ortsmetapher transponierte er nicht nur ein Bauwerk von der Stadtgrenze Roms ins Nachkriegsberlin, sondern lieferte auch
die Allegorie seiner Lage.[46] In diesem Bild versuchte er, eine Antwort auf die
»Kapitalfrage« nach der »›Bedeutung‹ meines Lebens« und Schaffens »unter
den gegebenen Verhältnissen« zu geben.[47] Die räumliche Metapher bahnte
den Weg, stellte das Ungesagte ins Sein.[48] Dabei war ihm die Pyramide polemisches Bild: Als spätrömisches Grabmal, ägyptische Formen imitierend,
war es Ausweis einer Kultur »formaler Nachahmung«, der die formierende
Kraft abhanden gekommen sei: ein »Gleichnis des Ungenügens«.[49] Um diese
Pyramide befindet sich topografisch ein Friedhof »verhinderter Künstler«:
Stelen einer zweiten Reihe.[50] An der Oberfläche dominierten ein zweifelhafter Herrschaftskult gottgleicher Pharaonen – unschwer als Chiffre für
den Personenkult im Stalinismus zu entziffern – sowie ein epigonaler Geist
in den Künsten, die eine Durcharbeitung des Fraglichen verhinderten. Um

1965. Bd. 4, 410–413, hier: 410. Man hat dies als sein Bild ›verwundeter Kontinuität‹
betrachtet, die keine »Stunde Null« akzeptierte, eben weil er sich nicht aus der
Geschichte stehlen wollte. Vgl. Reinhard Tgahrt. Johannes Bobrowski. Landschaft
mit Leuten. Marbach 1993, 289f.

46 Zur kulturgeschichtlichen Bedeutung des Baus vgl. Richard Neudecker. Die Pyramide des Cestius, in: Luca Giuliani (Hg.). Meisterwerke der antiken Kunst.
München 2005, 95–113.

47 Vgl. Johannes Bobrowski an Werner Zintgraf vom 21.12.1951, in: ders. Briefe
1937–1965. Bd. 1, 269f., hier: 269.

48 Vgl. Johannes Bobrowski an Max Hölzer vom 19.5.1960, in: ders. Briefe 1937–1965.
Bd. 2, 315–318, hier: 315. Dies ist nahe an Allemanns Unterscheidung zwischen
dem rhetorischen Einsatz der Metapher und dem metaphorischen Wesen der Sprache. Vgl. Beda Allemann. Die Metapher und das metaphorische Wesen der Sprache,
in: Karl Otto Apel u.a. Welterfahrung in der Sprache. Hg. von Arbeitsgemeinschaft
Weltsprache. Wien, Freiburg 1968, 29–43, insb. 38.

49 Vgl. Johannes Bobrowski. Die Cestius-Pyramide (1951), in: ders. Gesammelte
Werke. Bd. 2, 183–186, hier: 183. Sowie: Bobrowski an Ricke vom 7.5.1951, in:
ders. Briefe 1937–1965. Bd. 1, 257–259, hier: 257.

50 Gemeint ist der Cimitero acattolico, auf dem einige spätromantische und klassi-
zistische Künstler lagen, nach Bobrowski solche »ohne die letzte Fortune«. Vgl.
Müller. Architektur und Kunst im lyrischen Werk Johannes Bobrowskis, 298f. Zur
Kritik der zweiten Reihe in der DDR-Literatur: Bobrowski. Kostümfest, 236.

diese ging es aber Bobrowski, der in »unserer Gegenwart« die Atmosphäre eines »luftleeren Raumes« beklagte.[51]

Es lag Überraschendes in der Ortsmetapher: Sie bildete eine unterirdische Krypta aus, die zum Begegnungshof wurde.[52] In diesem Untergrund wähnte sich der Autor selbst, anspielend auf die frühe Christenverfolgung und deren Überleben in den Katakomben Roms: »Ist die Situation heute«, fragte er 1951, so »anders«?[53] Während oberwärts Monumente der Verdeckung errichtet wurden, sollten die Verwahrungsstätten kreativer Glut »tief unter den großen Städten« aufgesucht werden, wie es in der Coda des Gedichts heißt.[54] Mit der Katakombe, verstanden als Schutzraum, griff er nicht nur auf Loerkes Motiv aus der inneren Emigration zurück, sondern zudem auf dessen Ethos verdeckter Poesie: Die Suche nach »Katakombenbrüdern für das Wort« wurde wieder aufgenommen.[55] Dergestalt lieferte die »Cestius-Pyramide« für Bobrowskis Werk ein Modell. Viele seiner späteren Gedichte wirken wie umgekehrte Pyramiden, die mit der Spitze nach unten auf einen verschwiegenen Grund weisen. Über diesen ersten Vorstoß hinaus gelang jenen Gedichten die Öffnung eines eigenen Ausdrucksfeldes.[56]

Riskant konnte es werden, wo derjenige, der die Katakombe verließ, sich dabei selbst zu prominent ins Licht stellte. Dort lauerten die Fallgruben der Kulturpolitik, die Bobrowski zu schaffen machen sollten. So wundert es nicht, dass er zunächst in der Haltung einer Zeitgenossenschaft im Verborgenen an einen anderen Sprachalchimisten, Celan, herantrat, dem er sein »Treueverhältnis« übermittelte.[57] Es herrsche eine vordergründig

---

51 Vgl. Bobrowski an Ricke vom 8.1.1952, in: ders. Briefe 1937–1965. Bd. 1, 272–275, hier: 272f.

52 Hier Krypta nicht so sehr im Sinne von Abraham und Torok, sondern in dem des späteren Bobrowski-Gedichts verstanden: Johannes Bobrowski. Krypta / Dom zu Brandenburg (1963), in: ders. Gesammelte Werke. Bd. 1, 197.

53 Vgl. Bobrowski an Ricke vom 7.5.1951, in: ders. Briefe 1937–1965. Bd. 1, 257.

54 Vgl. Bobrowski. Die Cestius-Pyramide, 186. Mit dieser Vorstellung berührt er sich mit Gombrowicz, der der Literatur im Ostblock unter den Diktaturen einen »verborgenen, fast konspirativen Reifeprozeß« attestierte – verdeckte Werkentwicklungen unterhalb des offiziellen Radars. Vgl. Gombrowicz. Tagebücher, 604f.

55 Vgl. Oskar Loerke. Katakombe (1936), in: ders. Gedichte und Prosa. Bd. 1, 481. Hierzu auch Gombrowicz' Suche nach einer Sprache unterhalb der »bürokratischen Glätte«: Gombrowicz. Tagebücher, 605.

56 Zu einer Ästhetik, die das Allegorische zu einer vieldeutigen »Schwebe« erweitert, auch: Hans Blumenberg. Die essentielle Vieldeutigkeit des ästhetischen Gegenstandes (1966), in: ders. Ästhetische und metaphorologische Schriften, 112–119, hier: 114.

57 Hier bringt er ausdrücklich Loerke als Verbindungsmann ins Spiel: »Der liebe

traditionslose Zeit, so Bobrowski an Celan 1959, zugleich eine des Unbewältigten. Was er suchte, war die Gemeinschaft verstreuter Einzelner. In
Celan glaubte er einen Gefährten gefunden zu haben: einen jener, »die so
nah an das Grauen gestellt worden sind«, wie er schrieb, »und die es überall
gibt, verstreut, einzeln, redend oder zum Schweigen gebracht«.[58] Dass er
ausgerechnet eine Gemeinschaft mit den Überlebenden der Shoah suchte,
hatte, da er seine Schuld trug, Brisanz. Es entbehrte jedoch nicht des Muts,
dass er es unternahm.[59]

Diesen Weg setzte Bobrowski in einem Gedicht über die in der NS-Zeit
umgekommene Berliner Dichterin Gertrud Kolmar fort. In dieser späten
Werkphase entdeckte er sein »Schattenland« in Berlin. Auf Schritt und Tritt
stolpere man hier über Geschichtskrypten: »Ungestorben aber / die finstere
Zeit, umher«.[60] Im öden Raum herrschte »gemordete Zeit«.[61] Wieder deutet
sich eine Kratervertikalität an, geht der Blick hinab »in rauchende Tiefe«.[62]
Bei Bobrowski scheinen ruinierter Stadt- und Sprachleib zu verschmelzen.
Sprach- und Raumbefindlichkeit gehen ineinander über, wenn er die Strophe
mit Zeilenbruch fortsetzt: »Umher / geht meine Sprache und ist / rostig von
Blut.« Hier dämmerte anderer Ausdruck, der über die Anrufung Kolmars
kam. So versuchte sich der Autor an einer Bergung des Vergessenen. Denn
die ermordete Zeugin – Kolmar war in einem NS-Lager umgekommen –
hatte ihre Bilder laut Bobrowski »unter den Lidern« fortgetragen.[63]

alte Loerke suchte sich Zeitgenossen aus vielen Zeiten, und wer tut das nicht«,
um ihm ein Bündnis in der Gegenwart anzubieten. Vgl. Bobrowski an Celan vom
3.12.1959, in: ders. Briefe 1937–1965. Bd. 2, 193–195, hier: 193.

58 Ebd.

59 Durch sein Werk kam Bobrowski immer wieder ins Gespräch mit europäischen
Juden, die den Holocaust überlebt hatten. Vgl. Johannes Bobrowski. Meinen
Landsleuten erzählen, was sie nicht wissen. Ein Interview von Irma Reblitz (1965),
in: ders. Gesammelte Werke. Bd. 4, 478–488, hier: 482.

60 Johannes Bobrowski. Gertrud Kolmar (1961), in: ders. Gesammelte Werke. Bd. 1,
116.

61 Zum Hinweis auf die »gemordete Zeit« vgl. Hamburgers Gedicht-Zusendung
»Begegnung« an Bobrowski: Hamburger an Bobrowski vom 21.3.1964, in: dies.
»Jedes Gedicht ist das letzte«, 62–64, hier: 63.

62 Vgl. Nelly Sachs. Wer von der Erde kommt (1960), in: Werke. Bd. 2, 121. Zu
Bobrowskis Sachs-Bezug: Johannes Bobrowski. An Nelly Sachs (1961), in: ders.
Gesammelte Werke. Bd. 1, 119f.

63 Vgl. Johannes Bobrowski. Gertrud Kolmar, in: ders. Gesammelte Werke. Bd. 1,
116. Zur Scham-Zeugin Kolmar im Berlin des NS siehe: Gertrud Kolmar. Trauer
(1933/34), in: dies. Das lyrische Werk. Gedichte 1927–1937. Bd. 2. Hg. von Regina
Nörtemann. Göttingen 2010, 388f.

Die Zeugenschaftsverpflichtung des lyrischen Ichs im Gedicht schließt daran an. Es sieht sich »mit Türmen gegürtet«, wobei die Last darin bestand, eine erstarrte Sprache zu lockern. Dass damit eine Lösung eigener Wortlosigkeit verbunden war, ist aus Bobrowskis Briefen der Kriegsjahre einsichtig. In diesen ist, trotz Militärzensur, etwas von der Konfrontation mit dem Horror festgehalten. Etwa wenn Bobrowski andeutet, dass die »Unnennbarkeit des Kriegs« ihn überwältigt habe; dass sich zur »Härte des Gefühls« manche »Unverläßlichkeit« eingestellt habe, womit er eigene Zusammenbrüche andeutet.[64] Schon in der NS-Zeit muss er chiffrieren, um etwas durchschieben zu können. Er sprach von »wiederkehrenden Anfällen der Verzweiflung«.[65] Offensichtlich hatte sich damals etwas zugetragen, das man einen traumatischen Schock nennen kann, der anschließend verkapselt wurde. Die Bildung einer mentalen Krypta kündigte sich an, die sich erst in der Nachkriegszeit öffnete. Noch in einem Gedicht wie »Gertrud Kolmar« spricht also seine Erfahrung in den »Bloodlands« des Weltkrieges mit.

Dass Bobrowski nicht nur Worte für seine Betroffenheit suchte, sondern dafür neue Formen finden musste, belegen neben seinen Epigrammen vor allem die Klein-Oden. Es wirkt im »Kolmar«-Gedicht etwa so, als würde der poetische Flaneur mit Worten eine Stele ins Stadtbild einfügen und eine damals vergessene Autorin zurückholen. Hatte die »Cestius-Pyramide« ein Feld skizziert, sollte dieses in einer Weise bestellt werden, die Max Kommerell schon 1943 als Rückkehr zu den Kurz-Oden Hölderlins prophezeit hatte.[66] Was darin anklingt, ist das Feld einer Ars Poetica kleiner Dichte, das nicht nur für Bobrowski, sondern auch für Lyriker wie Sachs oder Celan entscheidend wurde. Was Hölderlins visionäre Kürze ausgezeichnet hatte, war nicht bloß »betonte Sparsamkeit«, sondern auch der Versuch intensiveren Lebens ohne rhetorisches Gebaren, wie es die NS-Kulturpolitik dominiert hatte.[67]

Es war ein Weg, der den Ausstieg aus dem hohen Ton und der großen Form einleitete. Diesen Vorschlag zur Kürze hatte schon Goethe poetologisch für ›Null-Epochen‹ anempfohlen und ausgerechnet Hölderlin unterbreitet.[68]

---

64 Vgl. Johannes Bobrowski an Ursula Bobrowski vom 12.9.1941, in: ders. Briefe 1937–1965. Bd. 1, 35–37, hier: 36.

65 Vgl. Johannes Bobrowski an Ina Seidel vom 10.11.1943, in: ders. Briefe 1937–1965. Bd. 1, 71–74, hier: 72.

66 Vgl. Max Kommerell. Die kürzesten Oden Hölderlins (1943/44), in: ders. Dichterische Welterfahrung, 194–204, hier: 194.

67 Vgl. ebd., 195f.

68 Zum poetologischen Hinweis, um sich aus »nullen Epochen« »herauszuretten«: Goethe. Aus meinem Leben. Dichtung und Wahrheit, 295. Den Rat zur Kürze gibt

Dieses Feld der Kürze wurde also nach 1945, wie Hamburger bemerkte, als schöpferisches Terrain in Anknüpfung an Hölderlins epigrammatische Oden neuerlich entdeckt.[69] Hier wurde an sein Wagnis der Sprache angeschlossen, an seine formal-syntaktische Unerhörtheit, an jene Arbeiten mit harten Fügungen, die Adorno in seinem Berliner Hölderlin-Vortrag hervorhob.[70] Es verwundert also nicht, dass Hamburger in Bobrowskis Werk eine Wiederaufnahme dieser »abgebrochenen Entwicklung« zu erkennen meinte.[71] Insofern war es konsequent, dass er den Freund später auf der Überlieferungsspur einer »minimal poetry« verortete.[72]

Ging Bobrowski also noch einmal Hölderlins Weg? Nicht ganz. Denn wenn Hölderlin den Weg vom Großen ins Kleine nahm, um wieder große Formen entwickeln zu können, dann ging Bobrowski den umgekehrten: von ungebrochenen Oden zu kleineren, zu den späten »Wetterzeichen«, spruchkurzen Warnworten.[73] Aus den Ruinen seiner Kriegsversuche entstanden jene originelleren Kurz-Oden, wie er sie nach der Zäsur der »Cestius-Pyramide« schuf. Diese Gedichte fanden ihre gültige Form im Spiel mit den »freigesetzten Einzelelementen der Ode«.[74] Diese Einzelelemente waren die freie Handhabung des Verses ohne Reim, der kühne Einsatz von Zäsuren und Enjambements. Letzteres vermutlich auch inspiriert durch die Rhythmusphilosophie Friedrich Georg Jüngers, die Bobrowski nebst dessen

Goethe Hölderlin – Bobrowski ist ihm auf dieser Spur gefolgt. Siehe: Briefwechsel Goethes und Schillers über Hölderlin, in: Friedrich Hölderlin. Sämtliche Werke. Historisch-Kritische Ausgabe. Bd. 6. Hg. von Norbert v. Hellingrath. Berlin 1923, 259–663, hier: 262.

69   Damit ist Hamburger nahe an Kommerell. Vgl. Michael Hamburger. Und mich leset o / Ihr Blüthen von Deutschland. Zur Aktualität Hölderlins (1984), in: ders. Das Überleben der Lyrik, 13–29, hier: 21.

70   Vgl. ebd., 16, 23. Zur teils Benjamin entliehenen These zur Parataxe bei Hölderlin vgl. Theodor W. Adorno. Parataxis. Zur späten Lyrik Hölderlins (1963), in: ders. Noten zur Literatur. Frankfurt a. M. 1981, 447–491, hier: 471.

71   Vgl. Bobrowski an Hamburger vom 27.2.1963, in: dies. »Jedes Gedicht ist das letzte«, 10f., hier: 11.

72   Vgl. Hamburger. After the Second Flood, 77.

73   Zu Hölderlins Weg von den kurzen zu längeren Oden vgl. Hamburger. Das Fragment: Ein Kunstwerk?, 314.

74   Zu dieser Formulierung sein Herausgeber: Eberhard Haufe. Einleitung. Zu Leben und Werk Johannes Bobrowskis (1985), in: Bobrowski. Gesammelte Werke. Bd. 1, VII–LXXXV, hier: XL. Man mag darin, wie Grünbein, die Geste des reumütigen Landsers sehen, verkennt dann allerdings den Horror, den jener auszudrücken versuchte. Vgl. Durs Grünbein. Geschichtsland Schatten, in: ders. Aus der Traum (Kartei), 445–448, hier: 445.

Klopstock-Edition besaß.[75] Das Buch mag ihn bestärkt haben, sich an einer eigenen Wiederbelebung älterer Formen zu versuchen.[76] Denn auch Jünger skizzierte einen dichtungsgeschichtlichen Weg, wie ins Feld der freien Rhythmen zu gelangen sei. Dem nahe gab Bobrowski selbst den Ratschlag, sich im Dichten an Hölderlins Form, wie er nicht ohne Ironie sagte, der »freien Wirtschaft mit dem Wort und der Syntax« zu halten.[77]

Findet bei Jünger der Hölderlin der schwermütigen Rhythmen Anklang, kommt es in Bobrowskis Oden zu einer freieren Interpretation.[78] Man mag von einer »allegorischen Metrik« sprechen, insofern die Odenreste wie gesicherte Ruinen wirken.[79] Fragile Gebilde, die trotz brüchigen Nebeneinanders ihre Bildkraft haben. Was bei Hölderlin eine Sprache der Klage ist, wird nun zum Geflüster eines Lager-Überlebenden.[80] Versucht man so die Summe von Bobrowskis Hölderlin-Inspiration zu ziehen, mag man Folgendes entdecken: zunächst das Epigrammatische als Weise, das Traurige gefasst zu sagen.[81] Sodann findet sich bei Bobrowski ein Wiegen der Worte, die sich laut Sachs zu rätselhaften Konstellationen fügten.[82] Daneben findet sich ein Umgang mit Bruchstücken, denen es gelang, den Oden-Ton, wie er sagte, »ungeflügelt« am Boden zu belassen.[83] Die Brüche und Zäsuren verlangsamen die Fließbewegung der Verse. Bobrowski reduziert, um nicht

---

75 Zum Hinweis auf das Jünger-Buch, das Bobrowski beeinflusste, siehe die Anmerkung in: Bobrowski. Briefe 1937–1965. Bd. 1, 462 f. Klopstock selbst war schon auf der Suche nach einer rhythmischen Verlebendigung der deutschen Dichtung. Vgl. Friedrich Gottlieb Klopstock. Von der Nachahmung des griechischen Silbenmasses im Deutschen (1756), in: ders. Werke in einem Band, 341–351, hier: 344.

76 Zum Rückgriff auf das Elegische bei Bobrowski auch: Ziolkowski. The classical German elegy, 283.

77 Zu diesem Ratschlag, der neben Hölderlins freien Rhythmen, der Aufwertung des Worts und der harten Verfügungen die »Klopstocksche Behandlung der Sprache« ins Felde führt: Bobrowski an Gersch vom 19.1.1961, in: ders. Briefe 1937–1965. Bd. 2, 570–577, hier: 571.

78 Vgl. Jünger. Rhythmus und Sprache im deutschen Gedicht, 171 f.

79 Vgl. Winfried Menninghaus. Hälfte des Lebens. Versuch über Hölderlins Poetik. Frankfurt a. M. 2005, 10.

80 Bobrowski bezeichnete sein angeschlagenes Herz als »Erinnerungsstück« des Krieges. Vgl. Bobrowski an Seidel vom April/Mai 1950, in: ders. Briefe 1937–1965. Bd. 1, 196–198, hier: 196.

81 Hierzu der poetologische Wink: »Ich hab / aufgehoben, dran ich vorüberging, / Schattenfabel von den Verschuldungen«. Johannes Bobrowski. An Klopstock (1962), in: ders. Gesammelte Werke. Bd. 1, 161.

82 Vgl. Nelly Sachs an Johannes Bobrowski vom 30.11.1964, in: dies. Briefe der Nelly Sachs. Hg. von Ruth Dinesen und Helmut Müssener. Frankfurt a. M. 1985, 300.

83 Zur Poetik ›ungeflügelter Worte‹ vgl. Bobrowski. An Klopstock, 161.

---

zu sentimentalisieren, um die Schwere im Wort zu halten. Zuletzt besticht, dass sich im Epigrammatischen immer wieder Allzumenschliches ausdrückt, so wie bei Hölderlin im »Menschenbeifall«, wo von der Korruptibilität des Dichters die Rede ist. Eine Frage, die Bobrowski, als ihn ein »kleiner Ruhm« fand, unmittelbar betraf.[84] Insofern ist in seiner Lyrik wachgehalten, was man deren lebendige Pulsation nennen kann.[85] Darin klingt auch Bobrowskis Dankbarkeit an, überhaupt am Leben geblieben zu sein: der Mensch, nur ein Bruchstück Gottes, wie es dem religiösen Bobrowski vertraut war. Das verbindet sich mit einem schleppenden Herzschlag.[86] Ein Zögern, das sich in Einschüben zeigt. Man könnte es kleine Parenthesen nennen: Gedankenstriche, wie sie sich auch in seiner Prosa finden.[87] Hat man dazu einmal seine Stimme gehört, spürt man etwas von seinem unruhigen Atem.[88] Ein Atemloses, das nicht nur mit dem Duktus des Überlebenden zu tun hat, sondern mit dem verwundeten Zeitgenossen. Pointiert kann man sagen, dass, wenn es eine Unruhe in Bobrowskis Diktion gibt, sein stolpernder Ton in der Form der Kurz-Oden Halt fand.[89]

Bobrowski hat sich dabei als Leibmensch empfunden, der die Auffassung lebte, das »Denkvermögen« speise sich aus der Leiblichkeit. Dieser Zugang über den »ganzen Korpus« entsprach seiner Weltempfindlichkeit.[90] Blickt man auf das Sensomotorische in seinem Werk, kann man festhalten, dass

---

84 Vgl. Bobrowski. An Klopstock, 161. Sowie: Friedrich Hölderlin. Menschenbeifall (1800), in: ders. Sämtliche Werke. Historisch-Kritische Ausgabe. Bd. 3. Hg. von Norbert v. Hellingrath. Berlin 1923, 45.

85 Zum lebendigen Rhythmus als produktionsästhetischer Bedingung der Lyrik siehe: Felix Philipp Ingold. Rhythmische Präfiguration. Zur Vorgeschichte des Gedichts (1998), in: ders. Im Namen des Autors. Arbeiten für die Kunst und die Literatur. München 2004, 11–38, insb. 13.

86 Etwas von diesem Zögern mag er bei Hölderlin entdeckt haben, der entgegen der Adorno'schen Lesart mit Einschiebungen arbeitete, die den »Gang des Satzes« verlangsamen. Vgl. Jünger. Rhythmus und Sprache im deutschen Gedicht, 172.

87 Diese kleinen Einschübe finden sich exemplarisch in: Johannes Bobrowski. Das Wort Mensch (1965), in: ders. Gesammelte Werke. Bd. 1, 217. In der Prosa entspricht dies dem Gedankenstrich. Vgl. Johannes Bobrowski. Epitaph für Pinnau (1962), in: ders. Gesammelte Werke. Bd. 4, 53–57, hier: 55.

88 Zur Unruhe seiner ungebundenen Rede vgl. den O-Ton in: Johannes Bobrowski. Poetischer Zuchtmeister, An Klopstock, in: Harro Zimmermann (Hg.). Unser Klopstock. Bremen 2003, Titel 2.

89 Zum Halt durch die Odenform: Jünger. Rhythmus und Sprache im deutschen Gedicht, 158.

90 Vgl. Johannes Bobrowski an Christoph Meckel vom 23.4.1964, in: ders. Briefe 1937–1965. Bd. 3, 566–569, hier: 566.

sich bei ihm Gangarten der Form unterscheiden lassen. So hatte er bemerkt, dass die deutsche Sprache ihren eigenen »Bewegungszwang« habe.[91] Ein Beispiel ist seine Miniatur »Es war eigentlich aus«, die er für seinen nach dem Mauerbau nicht mehr erreichbaren Westberliner Freund Günter Bruno Fuchs verfasste. Hier stellt sich eine mäandernde Gangart ein. Es ist eine der Abseiten, darin seinem Ahnen in der Prosa, Robert Walser, verwandt.[92] Ein Erzählen, das Revisionen vornimmt. Diese Umständlichkeit erinnert an das Zickzack des Erzählens im Paradigma der leeren Zentrale. Dafür sprechen seine ungewöhnlich harten Fügungen in der Prosa. Eine solche erscheint nicht zufällig in diesem Stück, das ihm aus »Trennungsschmerz« entsprungen war.[93] In »Es war eigentlich aus« umspielt ein Enjambement eine räumliche Abwendungsbewegung: Der Blick wird zurück in den Transitraum eines nicht näher bestimmten Bahnhofs geworfen; ein Augenblick des Übergangs wird festgehalten, den Aufbau eines Hindernisses bezeugend.

Schon an diesem Stück werden zwei Dinge deutlich. Da ist zum einen die lyrische Dichte und das Gitterhafte. Mit der Gittermetaphorik ist nicht nur die Einsperrung des Autors im Zuge des Mauerbaus angesprochen, sondern ein Zug der Prosa, der sich zum Deponieren von Kassibern eignete. Etwas davon deutete sein Herausgeber Eberhard Haufe zu DDR-Zeiten an, wenn er schrieb, in Bobrowskis allegorisch anmutenden Texten lägen Spuren seiner »eigenen Gefährdungen«, seiner prekären »Schaffenssituation in Berlin«.[94] Die Miniaturen erleichterten es ihm, das Schreiben unterhalb des Radars der Kulturpolitik zu halten. Hier konnte etwas ins »Sprachgitter« eingewoben und durchgeschoben werden.[95] Dazu fügt sich, dass er die Texte seinem Verleger Wagenbach gleichsam durch die Mauer zuschob bzw. sie abseits größerer Aufmerksamkeit an kleinste Publikationen im Westen gab. Darin wird einsichtig, was der Lektor Gerhard Wolf als Bobrowskis Stil des

---

91 Vgl. Bobrowski an Gersch vom 19.1.1961, in: ders. Briefe 1937–1965. Bd. 2, 571.

92 Vgl. Johannes Bobrowski an Hans Paeschke / »Merkur« vom 10.4.1963, in: ders. Briefe 1937–1965. Bd. 3, 539–541, hier: 539. Zum Selbstverständnis als ›kleiner Autor‹: Johannes Bobrowski an Klaus Wagenbach vom 13.9.1963, in: ders. Briefe 1937–1965. Bd. 4, 106f., hier: 106.

93 Vgl. Johannes Bobrowski an Felix Berner/Deutsche Verlags-Anstalt Stuttgart vom 3.11.1961, in: ders. Briefe 1937–1965. Bd. 3, 161–164, hier: 161.

94 Vgl. Haufe. Einleitung, LXVIII.

95 Zum Hinweis auf Versverstecke bei Bobrowski vgl. Hamburger. Johannes Bobrowski: an introduction, 213. Zu Bobrowskis Auseinandersetzung mit Celans »Sprachgitter« vgl. Bobrowski an Celan vom 5.1.1960, in: ders. Briefe 1937–1965, 214–216, hier: 214. Sowie zum Doppelsinn der Gittermetaphorik als Hindernis und intimer Verständigungsform: Gadamer. Leben ist Einkehr in eine Sprache, 925.

Mitschwingenlassens von Nebensinn bezeichnet hat. Damit ist jener schwer ausrechenbare Bedeutungsüberschuss gemeint, den er mit der Leidenschaft des Autors für das Clavichord-Spiel engführte: ein Instrument, das Wolf zur Allegorie für Bobrowskis Verfahren wurde.[96] Aus der Musik, so Wolf, habe der Lyriker das vom Clavichord bekannte Verfahren zarter Ton-Bebung übernommen. Das ist ein Vibrato-Effekt, dem in der Literatur das Erklingenlassen verschiedener Sinnebenen entspricht.[97] So wirkte es, als greife er auf dieses barock-allegorische Stilprinzip zurück, um mittels verdeckten Schreibens der Zensur zu entgehen.[98]

Im selben Geist hat Bobrowski in der lyrischen Form auf das Enjambement gesetzt, dessen Einsatz er auf die Eigenart des Deutschen zurückführte, sich Verskorsetts weniger zu fügen, sondern zum »Brechen der Zeilen« zu tendieren.[99] Das ist ein wichtiger Hinweis für die späten Gedichte Bobrowskis wie »Das Wort Mensch«, in dem Vers- und Strophenbruch an die Stelle eines Ungesagten, an den tonlosen Punkt, gesetzt sind.[100] Im Gedicht geschieht das mit dem Wort »hier«. Dazu gab Bobrowski einen Wink: Wenn der Zeilenbruch nicht durch den Rhythmus bedingt werde, solle er mit Bedacht eingesetzt werden, etwa um eine »Stockung« beim Leser zu erwirken.[101] Es ist aufschlussreich, sich die Topografie dieses für die Berlinfrage relevanten Gedichts vor Augen zu führen, um zu verstehen, dass dieses deiktische »hier« auf einen räumlichen Bruchpunkt hinweist. Die mittlere Strophe im posthum erschienen Gedicht vollzieht eine Schleife zwischen »Stadt« und »hier«. Eine Umkreisung des Heiklen, um wie beiläufig zum entscheidenden Phasenwechsel anzusetzen: »Die Stadt alt und neu, / schön belebt, mit Bäumen / auch / und Fahrzeugen, hier«.[102] Das »hier« ist

96 Vgl. Wolf. Beschreibung eines Zimmers, 111. Zu Bachs Clavichord-Spiel äußerte sich auch Loerke. Ihrer beider Vorliebe für das Barock ist eine weitere Brücke zwischen den Lyrikern. Vgl. Oskar Loerke. Johann Sebastian Bach. Zwei Aufsätze (1935), in: ders. Gedichte und Prosa. Bd. 2, 7–95, hier: 85.

97 Zur Metapher des Clavichords, das ein »Mehr an Sinn«, einen beziehungsreichen »Resonanzboden« mit »in Anschlag« bringt, siehe auch: Gadamer. Zur Aktualität des Schönen, 112.

98 Zum Allegoriebegriff: Gadamer. Wahrheit und Methode, 79.

99 Vgl. Bobrowski an Gersch vom 19.1.1961, in: ders. Briefe 1937–1965. Bd. 2, 571.

100 Zu dieser Beobachtung vgl. Hans-Georg Gadamer. Verstummen die Dichter? (1970), in: ders. Gesammelte Werke. Bd. 9, 362–366, hier: 365. Zu ›tonlosen Stellen‹, die aufs Schweigens weisen, siehe: Jünger. Rhythmus und Sprache im deutschen Gedicht, 65.

101 Vgl. Bobrowski an Gersch vom 19.1.1961, in: ders. Briefe 1937–1965. Bd. 2, 571.

102 Bobrowski. Das Wort Mensch, 217.

ans Ende, zum Strophenabbruch gesetzt, an den tonlosen Punkt. Ein Spalt, eine Grenze wird markiert: »Hier / hör ich das Wort«. Es geht um das missbrauchte Wort »Mensch«. »Abgehetzt«, wie er im Gedicht »Sprache« formulierte.[103] Das Gedicht erzeugt einen Nexus zwischen dem Wort »hier«, der »Stadt« und dem »Mensch«. Genau dort setzt es einen Schnitt: Das vor dem Spalt stehende »hier« schneidet buchstäblich durch die Stadt und ihre Bewohnerschaft.

Es lohnt sich, sich zu vergegenwärtigen, was Enjambement eigentlich bedeutet. Es stammt vom französischen »enjamber«; kommend von »jambe«, Bein, was kein »Überspringen«, sondern »Überschreiten« meint.[104] Der gebrochene Vers und der durchgehaltene Satz in »Das Wort Mensch« – man könnte versucht sein, dies für einen Mauersprung zu halten. Doch der Humpelnde springt nicht. Er umschreitet eine Leerstelle, wo die Zensur damals griff. Dass die Berliner Mauer an der Stelle des Spalts im Gedicht sitzen könnte, bestätigt »Klagemauer«, ein weiteres Nachlassgedicht. Es ruft die Menetekel-Episode aus dem Buch Daniel des Alten Testaments als Hintergrundgeschichte auf. In diesem Gedicht sitzt das Enjambement nicht mehr an der Stelle eines deiktischen »hier«, sondern an dessen Stelle sitzt tatsächlich das Wort »Mauer«. In dem Gedicht ist es als Bauwerk beschrieben, das die Münder verschließt: »Gezogen / vor unsere Münder, vor / die Schwärze unserer Augen«, heißt es aus dem Innenraum von Bobrowskis Ostberliner Existenz.[105]

Kaum nötig zu erwähnen, dass hier das Wort Menetekel, das Unheil und Niedergang im Buch Daniel ankündigt, ungenannt bleibt. Doch der Leser kann es sich durch den Hinweis aufs Lesen der »Zeichen« an der Wand denken. Hier kehrt die Ästhetik der umgedrehten Pyramide zurück, die aufs Ungesagte unterhalb des »Geflüsters« weist.[106] Was im vorherigen Gedicht als ein Stocken – als Bruch in der Form – angedeutet werden konnte, die ihre »allegorische Metrik« sinnfällig werden lässt, deutet in »Klagemauer« nicht nur auf die Vermauerung hin, sondern auf verschlossene »Münder«, niedergehaltene Sprache. Insofern mündet auch »Das Wort Mensch« in die Frage, wie über Menschliches zu sprechen sei, wo ein Umgang bar jeder »Liebe«

103 Vgl. Bobrowski. Sprache, 177.
104 Vgl. zu »enjamber«: https://www.cnrtl.fr/definition/enjamber – dagegen zum Jambus auch: Jünger. Rhythmus und Sprache im deutschen Gedicht, 56.
105 Johannes Bobrowski. Klagemauer (ca. 1963), in: ders. Gesammelte Werke. Bd. 2, 355. Hier in Aufnahme der biblischen Geschichte Daniels, die Menetekel an der Wand als Anzeichen des Untergangs, der ›gezählten Tage‹: Buch Daniel 5.6. Siehe hierzu: Die Bibel. Nach der Übersetzung Martin Luthers, 852f.
106 Vgl. Bobrowski. Sprache, 177.

um sich greife: »Wo Liebe nicht ist«, heißt es am Ende im vermauerten Berlin, »sprich das Wort nicht aus.«[107]

Gadamer hat auf den Flüsterton in Bobrowskis Gedichten aufmerksam gemacht, der die »Unberufenen« ausschließen sollte: jene, von denen eine Bedrohung in diesem Staat ausging.[108] Unverkennbar nimmt dieses Leisewerden bei Bobrowski mit dem Mauerbau zu, als habe der Autor die Schließung der Grenze als Gefährdung seiner Nischenexistenz empfunden. Hatte Bobrowski bis dato nach dem Credo gelebt, dass Zentralen in Zeiten der Angst tunlichst zu meiden seien, so gingen mit seiner wachsenden Bekanntheit auch neue Begehrlichkeiten von politischer Seite einher.[109] Zwar verließ Bobrowski den Stadtrand, den Loerke als rettende Fremde im Dritten Reich bezeichnet hatte, nie wirklich.[110] Doch geriet er zunehmend, wie sein Freund Christoph Meckel anmerkte, »in die Feuer« der Zeit.[111]

Je mehr der Stadtrandvagant mit der bürokratischen Zentrale in Ostberlin in Berührung kam, desto mehr drohte er, im Staat eingemauert zu werden. Die Zäsur des Mauerbaus zeigt sich im Werk zunächst an einer Lücke: An einem werkgenetischen Einschnitt nach der ersten Phase bis circa 1961, die sich vornehmlich am Vergangenen abarbeitete. Dann folgte die Wende zu den gegenwartsbezogeneren Gedichten der »Wetterzeichen«, die von 1961/62 bis zu seinem unerwarteten Tod 1965 entstanden sind.[112] Zwischen diesen beiden Phasen sitzt der Riss des Mauerbaus, der ihn nicht nur von Freunden und publizistischen Netzwerken abschnitt, sondern in Ängste hineinzog. In der Mauerzeit mehrten sich die meist im Vertrauen gesprochenen Bemerkungen zur sprachlos machenden Angst, die er nur vordergründig mit bewusster Redlichkeit zu kompensieren suchte. Vielmehr kann man sagen, dass er in der neuen Situation auf sein persönliches Thema zurückgeworfen wurde.

---

107 Bobrowski. Das Wort Mensch, 217. Zur Bibelallusion: John P. Wieczorek. Between Sarmatia and Socialism. The Life and Works of Johannes Bobrowski. Amsterdam, Atlanta 1999, 126.

108 Vgl. Gadamer. Verstummen die Dichter?, 366. Das leise Sprechen ist auch Indiz dafür, dass es unter Zensur in uns »innerlich weiterspricht«. Vgl. Wilhelm Schapp. Auf dem Weg einer Philosophie der Geschichten. Bd. 1. Hg. von Karen Joisten u.a. Freiburg, München 2016, 52.

109 Zum Rückzug der Literatur an die städtische Peripherie auch: Koeppen. Nach Rußland und anderswohin, 136.

110 Vgl. Oskar Loerke. Geleit (1934), in: ders. Gedichte und Prosa. Bd. 1, 434.

111 Meckel münzt das Miłosz-Zitat »dans les feux« auf Bobrowskis eigene Lebenserfahrung. Vgl. Meckel. Erinnerung, 37.

112 Zur späten Hinwendung an die Gegenwart vgl. Wieczorek. Between Sarmatia and Socialism, insb. 119–130.

Darin stellte sich nicht nur die Frage des Mitläufertums, sondern jene, ob Bobrowski nicht auf tragische Weise die Achillesferse des Schreibenden im Sozialismus, sein Verhältnis zu den Machthabenden, unterschätzte. Was er falsch eingeschätzt haben mochte, war die sozialistische Methode, den anderen bei seiner Schwachstelle zu packen: Eitelkeiten, persönlichen Anfälligkeiten.[113] Dass er das Heikle spürte, zeigte seine schwejkische Seite, die er in der Öffentlichkeit herausstellte, die Freunde als nur scheinbare Naivität durchschauten.[114] In der Haltung mochte eine Prise Grenzlandmentalität enthalten sein, sich bei wechselnden Machtverhältnissen Autonomie zu wahren. Bobrowski war auf diese Weise schon im Dritten Reich vorgegangen: jede Versetzung in einen höheren Dienstgrad beim Militär oder Parteieintritt abzulehnen.

Doch war Bobrowski durch seine literarische Anerkennung im Westen – wie im Ausland – zu exponiert geworden, um nicht Begehrlichkeiten der Partei-Oberen zu wecken. Spät erst deutet er es in einem Brief an Huchel an – in der Frage, ob er es noch »lernen« werde, sich angesichts des Drucks zu behaupten.[115] Dabei wusste er, dass der faustische Pakt, den Huchel mit der Partei eingegangen war, nicht sein Weg sein konnte.[116] Doch auch Bobrowskis Ausweichen in die Komik wirkte nur bedingt, da darin, im Übergang von der Furcht ins Komische, sich nur eine Flucht vor der Bedrängnis ausdrückte.[117] Bobrowski wusste um diese Tücken der Angst,

---

113 Die ›Einwicklung‹ der Intellektuellen nach stalinistischer Art lief über den menschlichen Narzißmus. Vgl. Czesław Miłosz. Verführtes Denken. Mit einem Vorwort von Karl Jaspers. Frankfurt a.M. 1980.

114 Vgl. Meckel. Erinnerung, 17. Zum Hinweis auf Schwejk und dessen Umgang mit »bürokratischen Raubtieren«: Johannes Bobrowski. Jaroslav Hasek. Die Abenteuer des braven Soldaten Schwejk (1956), in: ders. Gesammelte Werke. Bd. 4, 379f., hier: 380. Als Kinderbuch-Lektor hat er sich mit der Eulenspiegel-Methode in Bedrohungslagen beschäftigt. Auch dessen Mutterwitz wird ihm vertraut gewesen sein: Johannes Bobrowski. Hans Clauert. Der märkische Eulenspiegel. Berlin (Ost) 1956.

115 Vgl. Bobrowski an Huchel vom 4.6.1963, in: dies. Briefwechsel, 30f., hier: 30.

116 Zum schwierigen, aber durchaus produktiven Verhältnis der beiden Autoren vgl. Hub Nijssen. »Suchen mit zitterndem Mund«. Die nicht geführten Gespräche der Dichter Bobrowski – Huchel – Celan, in: Dietmar Albrecht u.a. (Hg.) Unverschmerzt. Johannes Bobrowski – Leben und Werk. München 2004, 123–139.

117 Zur Unterscheidung von Angst und Furcht, wobei Letztere auf der Seite des Fluchtimpulses steht: Wandruszka. Angst und Mut, 20, 24. Zum Lächerlichen als Weise, Furcht zu überspielen auch: Kessel. Geist der Satire, 135. Zu Bobrowski Bekanntschaft mit Kessel siehe: Bobrowski an Jokostra vom 17.11.1960, in: ders. Briefe 1937–1965. Bd. 2, 504–506, hier: 504.

hatte er seine Lagererfahrung als eine beschrieben, in der dumpfe Angst mit »forcierter Lustigkeit« überspielt wurde.[118] Für eine Chamäleon-Haltung war es nach dem Mauerbau zu spät, da ihn seine Bekanntheit in Verantwortung zwang. Er musste es geahnt haben. Denn schon zuvor hatte er geäußert, dass er sich in den Positionszwängen der Nachkriegsliteratur gern einen »Schutzmantel« zugelegt hätte.[119] Bobrowski drückte aus, was man nach dem Zusammenbruch des Sozialismus als dessen Nexus verkappter Gewalt mit »ausweichendem Denken« bezeichnet hat.[120]

An Bobrowski ist zu studieren, wie sich eine vergiftete Atmosphäre in die Dichtung hineinfressen kann. Dass ihn der Mauerbau affektiv traf, sein gesundheitlicher Zustand sich von den Ereignissen in Mitleidenschaft ziehen ließ, ist aus seinen Korrespondenzen und einem Gedicht wie »Mitternachtsdorf« zu entnehmen, in dem das Bild vom »zerbrochenen Dach« ein Unbehaust-Werden anzeigt.[121] Die Personifikation des Saturn bzw. Kronos, der seine Kinder verschlingt – und in Überlieferungen auch als Gefängnisbauer darstellt wurde – weist auf drohende Gefahr hin.[122] Wie er reagierte, erinnert an den Fall Gombrowicz: Die sich verfinsternde Berlin-Lage schlug aufs Herz. Der Zustand der Stadt und jener des lädierten Autors fielen zeitweilig zusammen. Zugleich brach etwas auf, das sich in Bobrowski angebahnt hatte. So heißt es zwei Monate nach dem Mauerbau, worin das Herz als »Seismograph der Angst« kenntlich wird: »Mir geht's nicht gut, seit Wochen peinigt mich das Herz – fast unausgesetzt. So denk ich dran, meinen Nachlaß zu ordnen.«[123] Dies ist eine erste Todesahnung, in der sich ein

---

118 Vgl. Johannes Bobrowski. Bericht über die ersten Jahre der Gefangenschaft (1950), in: ders. Gesammelte Werke. Bd. 4, 264–317, hier: 265 f.

119 Vgl. Johannes Bobrowski an Peter Hamm vom 30.9.1960, in: Briefe 1937–1965. Bd. 2, 444 f., hier: 444.

120 Vgl. Stern. Die erzwungene Verlogenheit, 103.

121 Das Gedicht, das auf den 19.8.1961 datiert ist, kommt zwar ohne direkten Hinweis aus, gibt aber etwas von der bedrohlichen Zeitstimmung, wie im Saturn- bzw. Kronos-Motiv angedeutet, wieder. Vgl. Johannes Bobrowski. Mitternachtsdorf (1961), in: ders. Gesammelte Werke. Bd. 1, 155.

122 Neben dem »shock« des Mauerbaus als Anstoß weist Wieczorek auf eine barocke Überlieferung hin, Georg Pencz' »Planetenkinderfolge« (1531); darin ist ein Kupferstich, der Saturn als Allegorie der Gefangenschaft zeigt. Vgl. Wieczorek. Between Sarmatia and Socialism, 129. Zu Pencz' Darstellung von Saturn als »altem Kinderfresser« auch: Raymond Klibansky/Erwin Panofsky/Fritz Saxl. Saturn und Melancholie. Studien zur Geschichte der Naturphilosophie und Medizin, der Religion und der Kunst. Frankfurt a.M. 1992 (1964), 473.

123 Bobrowski an Hölzer vom 17.10.1961, in: ders. Briefe 1937–1965. Bd. 3, 135–137, hier: 135. Zum »Seismograph der Angst« siehe: Wandruszka. Angst und Mut, 92.

Gefühl des lebendig Begrabenseins artikuliert, als würde die Einmauerung an ihm persönlich vollzogen werden.

Das Zitat macht auch sinnfällig, wie das Äußerliche als Stimmung bei ihm inwendig wurde: ein Vorgang, der zum Anstoß einer gelegenheitsgebunderen Werkphase wurde.[124] Bobrowski wird so als *homo poeticus* kenntlich, der seine »Weltbefindlichkeit« über das Raumerleben produktiv werden ließ.[125] Er besaß Wetterfühligkeit in einem geradezu nietzscheanischen Sinne. Beschrieb dieser die ideale Klimazone der Kunst als eine gemäßigter Wärme, so war das Klima Berlins denkbar weit davon entfernt.[126] Entsprechend heißt es bei Bobrowski: »Man müßte auf jedem Wetter reiten können«; doch das hiesige sei ein derart »häßlicher Gaul«, dass er »lieber einen Sarg anprobiere«.[127] Eine Zeitkrankheit diagnostizierte er an sich, eine »malaise mit dieser Zeit«: ein Gefühl, das sich im Zeichen der Schikanen verschärfte.[128] Genoss er anfänglich eine gewisse Freiheit, da das Regime ob Bobrowskis Lebensthematik – die Deutschen und Europas Osten – ihn zu benutzen können glaubte, erlebte er nun dessen schikanöse Seite. In dieser Zeit, hielt er fest, versuche man, »alle nicht ganz ›astreinen‹ Schreiber« jenseits des sozialistischen Realismus »an die bekannte Wand zu drücken«.[129] Das ist für seine Begriffe deutlich: In der ersten Mauerzeit – die Ächtung Huchels zeigte es – wurden auch die geistigen Mauern in der DDR hochgezogen.[130]

124 Rehm hat dies als orphischen Vorgang beschrieben, »fremdes Dasein« im eigenen aufzulösen. Vgl. Rehm. Orpheus, 59. Zum Vorgang des Inwendigwerdens des Äußerlichen auch: Heidegger. Wozu Dichter?, 308.

125 Zum Vorgang, eine »Weltbefindlichkeit« aus dem Erleben dichterisch zu destillieren: Kaufmann. Goethe, in: ders. Das Reich des Schönen, 220–228, hier: 221. Als *homo poeticus* hatte Huchel Bobrowski sofort erkannt. Sein Ausruf »Ecce Poeta!«: Eberhard Haufe. Nachwort, in: Bobrowski/Huchel. Briefwechsel, 45–55, hier: 45. Sowie: Nijssen. Der heimliche König, 319.

126 Bobrowski zur vergifteten Atmosphäre auch: Bobrowski an Hölzer vom 11.6.1963, in: ders. Briefe 1937–1965. Bd. 3, 617–620, hier: 617. Sowie: Nietzsche. Menschliches, Allzumenschliches, 197f.

127 Johannes Bobrowski an Edith Klatt vom 2.9.1963, in: ders. Briefe 1937–1965. Bd. 4, 87f., hier: 87.

128 Vgl. Johannes Bobrowski an Christopher Middleton vom 11.3.1964, in: ders. Briefe 1937–1965. Bd. 4, 289–291, hier: 289.

129 Johannes Bobrowski an Barbara Fonrobert vom 10.9.1964, in: ders. Briefe 1937–1965. Bd. 4, 428–430, hier: 429.

130 Dass nach dem Mauerbau die geistigen Mauern rhetorisch verstärkt wurden, zeigte der Angriff des Chefideologen der SED, Kurt Hager, auf Huchel 1963, den Bobrowski registrierte. Zu diesem Angriff der Kommentar in: Bobrowski. Briefe 1937–1965. Bd. 3, 602.

Stand Bobrowski in Ostberlin anfänglich zwischen den Fronten, so am Ende auf verlorenem Posten. Die Staatssicherheit, die spätestens seit 1963 einen geheimen Informanten auf ihn angesetzt hatte, munkelte, Bobrowski könne zum »Gleiswechsler«, zum Republikflüchtling werden, was er schon aus familiären Gründen nicht wollte.[131] Etwas von dieser Lage hat er einer Miniatur, dem Portrait des Hölderlin-Freunds Boehlendorff anvertraut, bei dessen Vortrag in der Ostberliner Staatsbibliothek er nach eigener Angabe »erbitterten Beifall« von den Studenten erhielt. In dem Prosastück versuchte er, ein Dichterschicksal zu umreißen, wie es sich in Deutschland zu wiederholen scheint: »Zu zeigen war: wie einer aus der Welt fällt.«[132] Boehlendorff, ein Alter Ego Bobrowskis, verkörpert eine vagantische Variante des Flaneurs, der »unter den Füßen die Zeichen, eingegraben in den Stein«, entdeckt.[133] Dabei ist der Text zugleich Ausdruck einer verdeckten Schreibweise bei Bobrowski.[134]

Eingemauert fühlte er sich auch aus einem anderen Grund: Sein Autorenmodell mit Verlagszugang im Westen wurde zunichte gemacht. Denn es funktionierte nur so lange, wie es ein offenes Westberlin gab. Als die DDR sich endgültig in eine Staatshöhle wandelte, war nicht nur seine Devisenschleuse unzugänglich geworden. Die neuen Beschränkungen zwangen Autoren mit Westkontakten zurück unter die Aufsicht des Staats. Bobrowski bekam es bei der Publikation seines ersten Romans »Levins Mühle« zu spüren, der zunächst im Osten erscheinen musste. Der unterirdische Literaturtransit, durch die Katakomben der alten Zentrale, erhielt einen empfindlichen Dämpfer.[135] Dass es jene Mauer-Schatten waren, die verstärkt auf Bobrowskis Existenz lasteten, ist mitzuhören, wenn er bekennt, dass der Boden unter seinen Füßen instabil geworden sei. Es gebe, heißt es Ende

131 Den Behörden in Ostberlin wurden vom Geheimen Informator (GI) Richard Berichte über Bobrowski erstellt. Ziel war es, ihn intellektuell in der DDR zunehmend zu isolieren bzw. die verbliebenen Kräfte um ihn intern zu spalten, was teilweise gelang. Hierzu die Anmerkung in: Bobrowski. Briefe 1937–1965. Bd. 4, 430f.

132 Johannes Bobrowski an Gottfried Bermann Fischer/S. Fischer Verlag vom 20.10.1964, in: ders. Briefe 1937–1965. Bd. 4, 452–454, hier: 452. Boehlendorff ist Bobrowskis Variante des Lenz'schen Dichters, ein Mann der geistigen Erschütterung. Vgl. Johannes Bobrowski. Boehlendorff (1964), in: ders. Gesammelte Werke. Bd. 4, 97–112, hier: 111.

133 Vgl. Bobrowski. Boehlendorff, 105.

134 Was zugleich dem in Diktaturen typischen Zwischen-den-Zeilen-Schreiben ähnelt. Vgl. Strauss. Verfolgung und die Kunst des Schreibens, 26f.

135 Zum Bild der abgesperrten Stadt vgl. Johannes Bobrowski. Vorsorge (1964), in: ders. Gesammelte Werke. Bd. 1, 209.

August 1961, diese »andere Geschichte hier in Berlin, die die Brüchigkeit jedes Vertrauens auf relative Sicherheit augenscheinlich machte«.[136]

Es muss ihm diese Erfahrung des zerrütteten Lebensgrundes in die Knochen gefahren sein. So stellen sich allgemein in Momenten, in denen der Existenzgrund fraglich wird, Empfindungen der Angst ein.[137] Angst zeigte sich bei Bobrowski auch als Signal eines kommenden Übels, wohingegen seine Trauerarbeit zuvor den Verlusten eines gewesenen Guts zugewandt war.[138] Angst ist es, die uns in die Enge führt, die Sprache nimmt, sie abzuwürgen droht. Bobrowski hat sie im Gedicht »Ungesagt« mit der irdisch-leiblichen Begrenztheit des Daseins in Verbindung gesetzt.[139] Hier fügt sich, dass Angst der Wortgeschichte nach aufs Engste mit dem Leiblichen, mit Herz und Atem, verbunden ist. Insofern steckt im Griechischen *anchos* bzw. im Lateinischen *angor* das Gefühl des Würgens, wie es im Deutschen »bange« mitzuhören ist.[140] Auf diese beiden für seine Dichtung wichtigen Leibesfunktionen – Atem und Pulsation – scheint ihm der Mauerbau geschlagen zu sein.

Bobrowski benutzte das Wort »Angst« nun ausdrücklich für seine Lage. Auf eine Verbesserung hatte er am Ende des ersten Gedichtbandes »Sarmatische Zeit« noch gehofft: auf »eine Zeit ohne Angst«, für die es sich zu leben lohne.[141] Jetzt aber begann sich im Schatten der Ereignisse etwas neuerlich als Werkphase zu zeitigen.[142] Zur sorgenvollen Angst scheint eine konkrete Bedrohung hinzugekommen zu sein: die angstvolle Furcht des Eingekreisten.[143]

---

136 Johannes Bobrowski an Georg Schneider vom 29.8.1961, in: ders. Briefe 1937–1965. Bd. 3, 117–119, hier: 117.

137 Zur Angst im Zeichen des erschütterten Existenzgrunds: V.E. Freiherr von Gebsattel. Die phobische Fehlhaltung, in: ders. Imago Hominis, 138–172, hier: 145.

138 Zur Angst in Bezug auf ein gegenwärtiges und kommendes Übel: Wandruszka. Angst und Mut, 16.

139 Vgl. Johannes Bobrowski. Ungesagt (1960), in: ders. Gesammelte Werke. Bd. 1, 86.

140 Vgl. Heinz Häfner. Angst, Furcht, in: Historisches Wörterbuch der Philosophie. Bd. 1 A–C. Hg. von Joachim Ritter. Darmstadt 1971, 310–314, hier: 310. Sowie: Wandruszka. Angst und Mut, 15.

141 Vgl. Johannes Bobrowski. Absage (1959), in: ders. Gesammelte Werke. Bd. 1, 73. Dass man darin eine Parallele zu W.H. Audens »Age of Anxiety« erkennen könnte, sah Bobrowski im Gespräch mit seinem Übersetzer Mead. Er ließ es gelten, beharrte aber auf seinen eigenen Zugang zur Angst als Epochenfrage: Johannes Bobrowski an Matthew Mead vom 5.6.1963, in: ders. Briefe 1937–1965. Bd. 3, 606–608, hier: 607.

142 Hier im Sinne des Ereignisses als Faktor der Zeitigung: Koselleck. Historik und Hermeneutik, 100.

143 Hier ist die Angst als Teil des Gewissens, der Wahrnehmungssysteme des Selbst,

Entzüge: Ausharren im Weltmangel

Zwar wolle er, schrieb er etwa im April 1962, an schweren Sorgen nicht rühren. Doch bekannte er: »Du weißt, wie Angst sprachlos machen kann.«[144] Ein Schlüsselsatz und Bekenntnis – ein Werkgeflüster über das Schreiben in der Diktatur. Es ist nicht nur Zeugnis seines Empfindens in der strukturell paranoischen Gesellschaft der DDR. Der Satz reicht auch an eine persönliche Anfälligkeit des Autors heran: der Angst nachzugeben, dem Kleinmut zu verfallen.

Die Erfahrung, dass es sprachlosmachende Angst gibt, hatte er früh in einer aphoristischen Bemerkung bekannt: »Der Angst ist ein ängstlicher Mensch nicht gewachsen.«[145] Genau hier lag seine Achillesferse, sich einwickeln zu lassen, das drohende »Unglück« wegzuillusionieren.[146] Doch blieb er Schreibender: Er war einer, der sich der Zeugenschaft verschrieben hatte, der potenziell unfähig war, ganz zu verstummen.[147] Etwas von dieser Problematik hat er benannt: im nachgelassenen »Gedicht für 62«, in dem er ein Situationsbild entwirft, das das Wort »Feind« zusammen mit dem genommenen Atem aufruft; Beschwörung, ob die »Feinde« weichen mögen.[148] Die Geste lässt Verzweiflung durchblicken. Dies hatten auch andere gespürt wie der westdeutsche Dichter-Freund Georg Schneider, der im NS verfolgt wurde. Er erinnerte Bobrowski an Loerkes Beispiel: daran, wie dieser seine versteckten Botschaften hinterlassen hatte, dessen Insistieren auf den freien Ausdruck.[149] Das hieß, sich nicht durch Angst die Kehle abschnüren zu lassen, sondern zur »Heiterkeit ohne Lüge« zurückzufinden.[150]

von der ›Furcht vor‹ zu scheiden. Vgl. Helmuth Vetter. Angst, in: ders. (Hg.). Wörterbuch der phänomenologischen Begriffe. Hamburg 2004, 28. Die angstvolle Furcht bezieht sich auf eine Einschüchterungslage, die Kesten auf den Begriff »kontrollierter Diktaturliteratur« gebracht hatte. Vgl. Kesten. Die gevierteilte Literatur, 199.

144 Johannes Bobrowski an Georg Bobrowski vom 11.4.1962, in: ders. Briefe 1937–1965. Bd. 3, 247.

145 Bobrowski. Bemerkungen, 198.

146 »Du weißt ja, wie Unglück mich völlig lähmt, daß ich herumlaufe und mich in alles mögliche stürze, ohne vergessen zu können.« Bobrowski an Ricke vom 15.12.1964, in: ders. Briefe 1937–1965. Bd. 4, 523.

147 Zur ›Unfähigkeit‹ zu schweigen: Lévinas. Jenseits des Seins, 314.

148 Vgl. Johannes Bobrowski. Gedicht für 62 (1962), in: ders. Gesammelte Gedichte. Bd. 2, 345 f., hier: 346.

149 Schneider spielt hier auf Loerkes Bach-Schrift »Das unsichtbare Reich«, seine Chiffre der Selbstbehauptung im Dritten Reich an. Dazu Bobrowskis Entgegnung: Bobrowski an Schneider vom 15.3.1962, in: ders. Briefe 1937–1965. Bd. 3, 231–233, hier: 231 f.

150 Vgl. Loerke. Johann Sebastian Bach, 93.

Manch brisanter Text sammelte sich in dieser letzten Zeit in Bobrowskis Schublade. Sie waren geschrieben aus der Hoffnung heraus, dass das »entehrte Wort« im »Limbo des Schweigens seiner möglichen Rehabilitation« entgegengehen würde.[151] Die Angst war untergründiges Lebensthema geworden. Mit dem von ihm geschätzten Philosophen Johann Georg Hamann schrieb er, dass die Angst auch Beweis der »Heterogenität« des Menschen sei: Anzeichen seiner Endlichkeit, seines möglichen Irrtums.[152] Grundsätzlich machte Angst für ihn, wie schon für Kierkegaard, menschliches Leben aus: »In der Welt haben wir Angst«.[153] Diese neutestamentliche Formel sollte er in einem Nachlassgedicht aufgreifen. Dort heißt es: »In der Welt habt ihr Angst.«[154] Die Verse zeigen, dass es ihm nicht nur um eine Sorge um sich ging, sondern dass die Warnworte auf Kommendes gerichtet waren. Denn dasselbe Gedicht fängt mit der bangen Frage an, ob sein Rufen Gehör finden werde: »Ja, ich sprech in den Wind. / Wirst du mich hören?«[155]

Die Beklemmung, die sich artikuliert, erhält eine andere Wucht, wenn man sich in Erinnerung ruft, dass dieser Dichter nach dem Mauerbau in eine sehr konkrete Angstsituation gestellt war. Das Ausmaß seiner Involviertheit wird klar, wenn man sich seine Arbeitsbedingungen vergegenwärtigt. Denn sein damaliger Arbeitsplatz bot ein besonders bestürzendes Stück Schwellenkunde der leeren Zentrale: Seine Adresse war seit dem Wechsel zum Union-

151 Zu dieser Wendung vom »Limbo des Schweigens«, in dem die Worte ausharren, vgl. Helmut Kuhn. Vorwort, in: ders. Schriften zur Ästhetik. München 1966, 11 f., hier: 12.

152 Vgl. Johannes Bobrowski an Ulrich Kabitz/Christian Kaiser Verlag vom 12.12. 1960, in: ders. Briefe 1937–1965. Bd. 2, 531–534, hier: 532 f. Zur Angst als Ausweis menschlicher Heterogenität und zum Einfluss von Hamanns Angstbegriff auf Kierkegaard auch: Wandruszka. Angst und Mut, 89.

153 Bobrowski an Kabitz vom 12.12.1960, in: ders. Briefe 1937–1965. Bd. 2, 532. Zum Hinweis auf die »Angst« und die »Heterogeneität« [sic!] des Menschen vgl. Johann Georg Hamann an Johann Gottfried Herder vom 3.6.1781, in: ders. Entkleidung und Verklärung. Eine Auswahl aus Schriften und Briefen des »Magus im Norden«. Hg. von Martin Seils. Berlin (Ost) 1963, 475.

154 Johannes Bobrowski. Ja, ich sprech in den Wind (1960), in: ders. Gesammelte Werke. Bd. 2, 333 f., hier: 334. Zu diesem Nachlassgedicht sowie zur darin enthaltenen Anspielung auf das Evangelium des Johannes vgl. Wolf. Beschreibung eines Zimmers, 169. Die Stelle aus dem Johannes-Evangelium bezieht sich auf Bedrohung und Zerstreuung der Jünger: Johannes, 16.33. Siehe: Die Bibel. Nach der Übersetzung Martin Luthers, 129.

155 Bobrowski. Ja, ich sprech in den Wind, 333. Die Frage, ob in dem Gedicht damit ein menschliches oder göttliches Gegenüber angesprochen wird, muss hier offen bleiben.

Vor dem Schafott: Bobrowskis Arbeitsplatz im Union-Verlag direkt am
Todesstreifen. Die Fassade ist noch übersät mit Einschusslöchern aus
den Kämpfen um Berlin 1945. Foto: Stiftung Berliner Mauer, Schenkung
von Monika Scheffe.

Verlag die Zimmerstraße 79/80 in Berlin-Mitte. Sie war nach dem August
1961 zur stacheldrahtbewehrt verbarrikadierten Mauersackgasse geworden:
ein Anblick, der im Nachhinein noch den Eindruck des Ungeheuerlichen
hinterlässt.

Bobrowski sagte damals, er arbeite im unbetretbaren »Sperrgebiet«, auf
der anderen Seite jener Gittersituation, die Ihlenfeld erkundet hatte.[156] Die
Adresse ist ein Stück des Ungesagten seines Werkes. Denn jenes Herzstück
der kaputten Mitte am Checkpoint Charlie, an dem er sich ein Gutteil
seines Berufslebens aufhielt, scheint im Werk weitestgehend ausgelassen.
Oder ist diese Auslassung gerade die Form, in der der ruinöse Bezirk darin
aufscheint? Es gibt hierzu das in Lakonie kaum zu überbietende Gedicht
»Stadt«, das sich dieser »Wunde«, einer nicht ausgeeiterten Stelle widmet.[157]
Die »scharfen Ränder« sind – man hört den Mauerstreifen mit – durch einen

156 Vgl. Johannes Bobrowski an Hans Paeschke/»Merkur« vom 22./23.10.1963, in:
ders. Briefe 1937–1965. Bd. 4, 160f., hier: 160.
157 Vgl. Bobrowski. Stadt, 198.

über die Gegend sich legenden »Nebel«, durch »Schnee«, vage gehalten. Eine Ödnis, nur von Tieren bevölkert, einen Gemütszustand hinterlassend von Trauer und Verunsicherung. Dabei ist an einen Gedanken Alewyns zu erinnern, dass sowohl die Ödnis wie der verkapselte Ort zu den raumaffektiven Eindrücken des angstbesetzten Orts gehören.[158] Man hat es mit einem *locus suspectus* zu tun, an dem sich das DDR-Raumempfinden des Autors verdichtet. Der Schock liegt darin, an der Stelle vermuteter Dichte auf eine Ausgestorbenheit zu stoßen: *horror vacui*. Wieder ist ein »Hier« herausgehoben, an dem die Steine »springen«.[159] Daneben treten die »Rattenheere« auf, um »Taubenkadaver« herum. Das eröffnet einen doppelten Boden, eine Katakombe verborgenen Sinns. Denn es ist die Gegend der Mauertoten: ein Nebensinn, der durch die »Standarte«, im Vers syntaktisch abgehoben, aufgerufen wird.

Tatsächlich hatte dieses Gedicht »Stadt« eine tragische Bewandtnis. Es ist Bobrowskis Reaktion auf den Tod des jungen Peter Fechter nach versuchter Flucht über die Mauer, der unter seinem Fenster am 17. August 1962 im Grenzstreifen verblutete, ohne dass in Ost oder West jemand einschritt, auch niemand der alliierten Besatzungsmächte.[160] Liest man das Gedicht aus diesem Ereignis heraus, zeigte es sich als ein Stück verdeckter Poesie. Es ist eines, das die Ohnmacht wie die Schande der Beteiligten spürbar werden lässt. Vielleicht nur das Gedicht kann diesen Moment so in sich aufnehmen, die Perplexität aus der Sprachlosigkeit heben, ohne ins Dokumentarische abzugleiten. Und wie der Sinn der ersten Strophe sich durch den okkasionellen Hintergrund aufhellt, gerät zugleich der Schluss, seine melancholische Ironie, in schärferes Licht: Hier werde, »sagt man«, noch etwas entstehen. Hier sollen Bäume wachsen, die den »Himmel halten«. Ein Bild, das vor dem Hintergrund des verborgenen Sinns sein Gegenbild, die drohende Implosion, evoziert. Das »Himmel halten« weist auf den möglichen Einsturz jenes nur mehr mit »Standarten« der »Rattenheere« – also militärisch – gestützten Vakuums hin. Es ist das eigentlich immanente Bild, das Bobrowski am Ende aufruft: eine Gegend, die ihrem Kollaps entgegensieht.

Geht man auf Bobrowskis Arbeitssituation näher ein, lässt schon die Geschichte des Hauses, in dem er als Lektor tätig war, aufhorchen. Es war eine einsame Ruine im ehemaligen Zeitungsviertel, einst erbaut von der

---

158 Vgl. Alewyn. Die literarische Angst, 30, 32. Sowie anthropologisch zum »Ort der Angst«: von Gebsattel. Die phobische Fehlhaltung, 145.

159 Vgl. Bobrowski. Stadt, 198.

160 Vgl. Eberhard Haufe. Johannes Bobrowski. Erläuterungen. Gedichte und Gedichte aus dem Nachlaß. Stuttgart 1998, 203 f.

Entzüge: Ausharren im Weltmangel

sephardischen Familie Alfandry, die im Dritten Reich enteignet wurde. Nach 1945 zog die Ost-CDU bzw. ihr Union-Verlag, nebst der Zeitung »Neue Zeit«, ein.[161] Bobrowski arbeitete seit zwei Jahren im Verlag, als sich 1961 die Lage komplett änderte. An dieser Stelle wurde nicht nur der Stacheldraht durch die Zimmerstraße gezogen, sondern die Mauer machte eine Biegung ums Haus, sodass dieses de facto von zwei Seiten eingemauert war. Diese Lage verschärfte sich dadurch, dass Bobrowski später keinen Besuch mehr empfangen durfte. Es muss sich für ihn wie in der Miniatur »In Verfolg städtebaulicher Erwägungen« angefühlt haben, in der sukzessive die Auflösung einer Straße beschrieben wird.[162] »Zu diesem Verlag kann ab morgen«, heißt es im März 1963 an eine Vertraute, »kein Besuch mehr kommen. Lieber wärs mir, ich dürfte auch nicht mehr.«[163] In dieser traurig-sarkastischen Äußerung stellt sich etwas von dem Eindruck ein, der Autor habe vor dem Schafott gearbeitet. Ein Bekannter, der ihn dort besuchte, schilderte die »Atemnot«, die einen – aus dem Westen kommend – bei der Aussicht ins deutsch-deutsche Wasteland befiel.[164] Hier war der *aftermath* des Krieges, an dem Bobrowski teilgenommen hatte, noch ganz gegenwärtig. Was aber mag der konkrete Hintergrund seiner Aussage gewesen sein, hier »nicht mehr« hinkommen zu wollen?

Gewiss die tödlichen Fluchtversuche, die sich unter seinem Fenster abspielten. Daneben stand ein bedrohlich fortschreitender Ausbau der Mauer, weitere Verordnungen des DDR-Ministerrats »über Maßnahmen zum Schutz der Staatsgrenze«, wie es offiziell hieß, die seinen Arbeitsplatz in eine Zone des Unzugänglichen verwandelten. Eine Zone, die an die undurchdringlichen Wälle in Kafkas »Eine kaiserliche Botschaft« gemahnte, die nur mit Genehmigungsvermerken betreten werden durfte, um in dieser Vorhölle arbeiten zu dürfen.[165] Angesichts des Horrors vor dem Fenster mag der

---

161 Zum Gebäude des Union-Verlag auch: Tgahrt. Johannes Bobrowski oder Landschaft mit Leuten, 216f.

162 Vgl. Johannes Bobrowski. Im Verfolg städtebaulicher Erwägungen (1965), in: ders. Gesammelte Werke. Bd. 4, 170f.

163 Johannes Bobrowski an Lilo Fromm vom 23.6.1963, in: ders. Briefe 1937–1965. Bd. 4, 13–15, hier: 13.

164 Hierzu die Bemerkung von Josef W. Janker: »Bobrowski, mit einladender Handbewegung uns ans offene Fenster nötigend, als gewährte er zwei schreckhaften Provinzlern Einblick in seinen Alltag an der Mauer.« Tgahrt. Johannes Bobrowski oder Landschaft mit Leuten, 215.

165 Vgl. Bobrowski an Fromm vom 23.6.1963, in: ders. Briefe 1937–1965. Bd. 4, 14f. Zum Bild hindernder Wände: Franz Kafka. Eine kaiserliche Botschaft (1919), in: ders. Erzählungen und andere ausgewählte Prosa. Frankfurt a. M. 1996, 305f. Über

Autor sich wie ein Schwellenkundler der Wortlosigkeit empfunden haben, war er wieder an ein »Grauen gestellt«, wie er Celan einmal schrieb, bedroht, eingemauert zu werden im Gitterwerk. Der deutlichste Hinweis, dass er dies so sah, findet sich in einer seiner vertracktesten Miniaturen, »Von nachgelassenen Poesien«, in der er die dem Barock entlehnte Allegorie eines eingemauerten Bischofs namens Johannes deponierte, die in diesem Kontext wie ein grausiges durchs Gitter gereichtes Bild wirkt: »Eingemauert, lebendigen Leibes.«[166] Die Prosaskizze lag der Entstehung nach an einem bemerkenswerten Punkt: zwischen Walter Ulbrichts berüchtigtem Mauerbau-Dementi und dem Beginn des Baus im August 1961.[167]

Man kann demnach den Eindruck erhalten, als habe sich das Epochengefühl in Bobrowskis Ausdrucksbedürfnis eine Sprache verschafft. Diese Verwicklung hatte die persönliche Dimension, dass der Autor, je bekannter er wurde, sich immer mehr Indienstnahme durch das Regime gegenübersah. Dabei wollte er niemals »Reklamefigur« werden, die man – so Bobrowski – »herumschiebt«, mit Aufträgen versieht.[168] Das SED-Regime schien seine Reusen nach ihm ausgeworfen zu haben: zuerst, um ihn für ihre Zwecke zu erobern – und wo dies nicht gelang, um ihn einzukreisen. Da wirkt es wie ein Hilferuf an Hamburger, wenn er – altdeutsch verschlüsselt – über sein Lebensgefühl sagte, es entspreche den »bekannten Verdüsterungen im Gemüt […], für die der alte Merseburger Spruch gelten soll: insprinc haptbandun.«[169] Das ist der als Lösespruch verklausulierte Hilferuf, apotropäische Formel eines Geängstigten: »Entspringe den Fesseln, entfliehe den Feinden.«[170] Zugleich zeigt sich, wie die Angst zum Motor des Schreibens werden konnte, so

Kafka war er u.a. mit Wagenbach im Gespräch: Bobrowski an Wagenbach vom 28.8.1962, in: ders. Briefe 1937–1965. Bd. 3, 327–330, hier: 327f.

166 Johannes Bobrowski. Von nachgelassenen Poesien (1961), in: ders. Gesammelte Werke. Bd. 4, 17–22, hier: 21.

167 Auch in dem Brief, der die Arbeit das erste Mal erwähnt, deutet er auf das Motiv des eingemauerten Bischofs: Bobrowski an Fromm und Meckel vom 19.7.1961, in: ders. Briefe 1937–1965. Bd. 3, 83–86, hier: 84. Zur historischen Quelle: Holger Gehle. Johannes Bobrowski. Erläuterungen. Die Romane und Erzählungen. Stuttgart 1999, 273.

168 Über seinen Unwillen, sich als Aushängeschild vereinnahmen zu lassen: Bobrowski an Jentzsch vom 15.10.1964, in: ders. Briefe 1937–1965. Bd. 4, 449–451, hier: 449. Sowie zu Aufträgen, die laut Fichte an ihn von den Behörden herangetragen wurden, insbesondere für Reiseerlaubnisse in den Westen. Dazu die Anmerkung in: Bobrowski. Briefe 1937–1965. Bd. 4, 196.

169 Bobrowski an Hamburger vom 15.12.1963, in: dies. »Jedes Gedicht ist das letzte«, 54.

170 Hierzu auch die Anmerkung in: Bobrowski. Briefe 1937–1965. Bd. 4, 208.

man zu ihrer Metaphorisation fand. Ein Um-die-Ecke-Sprechen scheint auf, wie es Bobrowski aus der NS-Zeit und aus der Kriegsgefangenschaft vertraut war. Er folgte einer poetologischen Spur, die dem Verfahren nach auf Loerke zurückwies, insofern nach einer Umschiffung der Gegenwart gesucht wurde.

In dieser letzten Zeit beschrieb sich Bobrowski – halb beschwichtigend – auch als »Daniel in der Löwengrube«.[171] Dazu findet sich im Nachlass als ergänzendes Stück »Klagemauer«, in welchem dem Daniel des Alten Testaments symbolisch eine »Mauer« vor den Mund gezogen wird.[172] Er griff das Mund-Motiv in einem Brief an Hamburger auf, dem ein Gedicht beigelegt war, das erschütterndste Zeugnis seines Rufs über die Grenzanlage hinweg. Das Gedicht »Antwort« ist Hilferuf, verbunden mit dem Gefühl eines Lebendig-Begraben-Seins: »Die mich einscharren / unter die Wurzeln / hören: / er redet / zum Sand, / der ihm den Mund füllt, / redet.«[173] Das ist ein Reden mit banger Frage: Wie lange noch? Bobrowskis Briefe enthalten Hinweise auf ein Unerträglichwerden seines Lebens. Sein gleichzeitiger Weg in Anästhetika, seine Trinksucht, spricht dafür, dass er sich in einer Sackgasse befand.[174] So sind seine eindringlichsten Verse jene, die etwas von der Klemme preisgeben.

Dass man ihn anfänglich in die »hiesige Nationalliteratur integrieren« wollte, wie Bobrowski anlässlich eines umwerbenden Schreibens der Autorin und Funktionärin Anna Seghers festhielt, war ihm nicht entgangen.[175] Doch genau dieses Einspannen in eine Legitimierungspolitik widersprach seiner Auffassung einer grenzfreien *res publica litteraria*. Was ihn störte, war das allzu laute »Kettengerassel« im »Dienste einer Partei«, welches auf

---

171 Bobrowski greift das in Umlauf gebrachte Bild vom »Daniel in der Löwengrube« auf, um es abzuwenden, um nicht zum »Fall« zu werden: Johannes Bobrowski. Die Koexistenz und das Gespräch (1963), in: ders. Gesammelte Werke. Bd. 4, 449–455, hier: 451. Aus den Briefen geht jedoch das Gefühl eines ›Eingeschlossenen‹ hervor: Bobrowski an Fromm vom 23.6.1963, in: ders. Briefe 1937–1965. Bd. 4, 13.

172 Die Wiederaufnahme der Daniel-Figur im Nachlass-Gedicht in: Bobrowski. Klagemauer, 355. In der Überlieferung wird Daniel in die Löwengrube geworfen, die anschließend versiegelt wird: Buch Daniel 6.17. Vgl. Die Bibel. Nach der Übersetzung Martin Luthers, 854.

173 Das Gedicht »Antwort« ist dem folgenden Brief beigefügt gewesen: Bobrowski an Hamburger vom 7.8.1963, in: dies. »Jedes Gedicht ist das letzte«, 35–37, hier: 37.

174 Zu einem späten Hilferuf, einem Wunsch des Abwurfs dieses Lebens siehe: Bobrowski an Janker vom 16.6.1965, in: ders. Briefe 1937–1965. Bd. 4, 633–635, hier: 633.

175 Vgl. Johannes Bobrowski an Wilfried Fonrobert, in: ders. Briefe 1937–1965. Bd. 4, 528–530, hier: 529.

Formen gelenkter Mimesis hinauslief, die Alewyn als bezeichnend für die »staatlich gelenkte Literatur« dieser Zeit bezeichnete.[176] Da die Vereinnahmung Bobrowskis für den Sozialismus misslang, ging man zu seiner Beschattung über. Dabei wollte man ihm gar nicht direkt Angst machen, sondern verließ sich darauf, dass diese bei ihm entstehe. Der Alkohol, der Eros, das waren die Stellen, die ihn zu Fall bringen konnten. Mit seinen Kontakten nach Westberlin waren Leidenschaften verbunden: eine Neigung zu Trinkgelagen und seine Bisexualität, die ihn für das Regime angreifbar machte. Beides zusammengenommen ergab für den SED-Staat die Möglichkeit seiner Kompromittierung. Und in diesem Feld, im Aufspüren menschlicher Anfälligkeiten, besaßen die Bespitzelungsorgane des Staates eine Expertise.

So geht aus Bobrowskis Kneipengesprächen mit dem auf ihn angesetzten Spitzel hervor, dass er diese Gefahr witterte, wenn er 1963 äußerte, dass er sich durch die »Stasi verfolgt« fühle.[177] Vor dem Hintergrund dieser ausgesprochenen Sorge legen seine Dichtungen ein beziehungsreiches Netz von Anspielungen frei. Hier sticht das Gedicht »Vorsorge« heraus: In diesem findet sich sowohl der Topos der Sorge, die Trunksucht andeutet, wie die Unzugänglichkeit seiner »unaufgefundenen Stadt« Westberlin. Es stellt die Verdichtung seines Korruptibilitätszusammenhanges dar, durch den er sich potenziell, etwa durch Denunziation, bedroht sah.[178] Liest man aufmerksam, achtet man auf die Form, den Einsatz der Enjambements, so deutet sich nicht nur ein unwillkürliches Kommen der Trunksucht an. Das »Sie kommen« steht so erratisch im Vers, dass es wie Furcht vor dem Abgeholtwerden klingt. Zugleich steckt darin ein Geständnis: die Gefahr des Trinkers, in diesen Phasen in die Fallen des Staats zu tappen.

Nimmt man diesen Hintergrund mit hinein, so ergibt sich für »Vorsorge« eine doppelte Lesart. Es ist die Sorge, seinen Feinden etwas in die Hände zu spielen. Hier verweist die mittlere Strophe in »Vorsorge« auf Gelage in Westberlin: Kontakte, die ihm nach dem Mauerbau zum Verhängnis werden sollten. Nimmt man das an, so bekommt das Schlüsselwort der letzten

---

176 Alewyn hat in den 1950ern darauf hingewiesen, dass die Literaturforschung sich »heute« den die Autonomie einschränkenden Formen »staatlich gelenkter Literatur« zu stellen habe, um »Sonderleben« jenseits der Lenkung zu erfassen: Alewyn. Deutsche Philologie, 189. Sowie schon: Nietzsche. Menschliches, Allzumenschliches, 504.

177 Hierzu das Zitat aus den Stasi-Akten vom 9.10.1963 in: Jochen Meyer. Nachwort, in: Bobrowski. Briefe 1937–1965. Bd. 4, 663–686, hier: 678.

178 Auf den Zusammenhang spielt schon die erste Strophe an – wie auf potenzielle Konsequenzen: »Anfälle von Trunksucht. / Sie kommen / wie das Schweigen / kommt.« Bobrowski. Vorsorge, 209.

Strophe, die »Klette«, etwas Abgründiges. Die »Klette« wird angesprochen wie in einer beschwörenden Formel.[179] Aber sie kann ebenso bedeuten: Die »Klette« gibt erst Ruhe, wenn man sich gut mit ihr stellt.[180] Dass er eine solche besaß, deutete Bobrowski ausgerechnet dem Informanten selbst gegenüber an. In lockerer Runde erwähnte er, sich »indirekt vom Staatssicherheitsdienst verfolgt« zu fühlen, da dieser sein Umfeld »ausquetschen« würde.[181]

Zieht man diese Anspielungen hinzu, so erhält das Wort »Klette« eine andere Bedeutung: Die Klette ist dann etwas, das an einem hängen bleiben kann. Bei Grimm heißt es dazu: einem »kletten anwerfen, ihm etwas anhängen, ›etwas am zeuge flicken‹«.[182] Das scheint es gewesen zu sein, wovor er Furcht hatte. Bobrowski scheint damit ein Fall der politischen Einschüchterung geworden zu sein. Insofern ist es wenig verwunderlich, dass er sich in einer Sackgasse wähnte und nach Auswegen suchte. Seine späte Lyrik zeigt dies in der verstärkten Hinwendung an die Form der Gelegenheitsdichtung, die das Allzumenschliche mitaufzunehmen versuchte, als habe er nach Weisen gesucht, seine Schwächen in Ausdruckskraft zu verwandeln.[183] Der Druck, dem er in der DDR ausgesetzt war, zeigte sich in kleinsten Gedichten, da nur in diesen Formen sich etwas von seiner Bedrängnis produktiv machen ließ.

Dieses Gefühl der Einkreisung verpackte er im Nachlassgedicht »Die Flüchtigen«. In diesem taucht die Metapher des Geflechts explizit auf. Dem entsprach jenes »Geflecht«, das sich um ihn als Zentrum der operativen Stasi-Aktion »Ahornkreis« – nach seiner Adresse in Friedrichshagen – gebildet hatte: »Du bist gefangen / Vogel, in ein Geflecht«.[184] Ein Vers, der auf das Motiv des Vogelflugs aus dem »Käuzchen« und die darin gestellte Frage »Sag doch, wie leben wir hier?« zurückweist. Man könnte das seine Variante eines

179 Vgl. Bobrowski. Vorsorge, 209. Hierzu der Kommentar von Haufe; die hier angedeutete andere Ebene des »Kletten«-Bildes geht über Haufe hinaus, fügt sich aber teils mit anderen seiner Deutungen, etwa jener der »Klagemauer« oder »Ersäufze, Philomelens Freund, in Nächten«, bei denen Haufe auf verborgene Unheilszeichen hingewiesen hat. Vgl. Haufe. Johannes Bobrowski. Erläuterungen, 398 f.

180 Das wäre eine erste Lesart der Schlussstrophe: »Klette, / treib große Blätter, / verläßlichen Schutz.« Bobrowski. Vorsorge, 209.

181 Vgl. Meyer. Nachwort, 678.

182 Siehe den Eintrag »klette« in: Jacob und Wilhelm Grimm. Deutsches Wörterbuch. Bd. 11. K–Kyrie. München 1984, Sp. 1151–1153, hier: 1152.

183 Diese Wendung ins Allzumenschliche aus dem persönlichen Erfahrungsgrund hat Meckel beim späten Bobrowski hervorgehoben – und darin eine Parallele zu Loerke gesehen: Meckel. Erinnerung, 46.

184 Johannes Bobrowski. Die Flüchtigen (undatiert), in: ders. Gesammelte Werke. Bd. 2, 355.

»Wohin denn ich?« nennen: jener Frage, die Hölderlin aufgeworfen hatte.[185] Sie zeigt Bobrowskis Melancholie an, der auf die Frage nach seiner Existenz die Antwort zu geben schien: Ich lebe wie ein Ins-Netz-Verstrickter.[186] Dass diese Metaphorik eine Kohärenz in seiner nachgelassenen Dichtung hat, zeigt ein anderes Gedicht, das das Bild eines im Käfig gehaltenen Singvogels entwirft: der gefangene Orpheus.[187] Nimmt man zur Geflechtsmetaphorik das Bild der Klette hinzu, so ergibt sich eine sinnstiftende Allegorese: die Metaphorik seiner prekären Lebenslage nach dem Mauerbau.

Führt man hierzu die Reihe der eingestreuten Schlüsselbilder seit 1961 auf: also die »Mauer« bzw. die »Klagemauer«, der »Eingemauerte«, die »Grube«, die »Klette«, zuletzt das »Geflecht«, so entsteht ein eigener Bildraum der Bedrängnis. Es ist Bobrowskis poetische Topik des Bedrohtseins, die er vornehmlich der Schubladen-Lyrik anvertraute. In diesen Stücken tauchen die Angstspitzen seines Lebens auf.[188] Damit erhält die Angst eine hermeneutische, das Dasein aufschließende Bewandtnis.[189] Sie liegt in einer unausgesprochenen Antwort auf das »Wie leben wir hier?« Seine Antwort schien gewesen zu sein: »Wir leben so, dass wir schon wieder in einem unheimlichen ›Schattenland‹ aufgewacht sind, einem von Ängsten, die unterhalb unseres Geflüsters brodeln.«[190] Den Orpheus aus Sarmatien hatte das »Schattenland« einer paranoischen DDR eingeholt. Vor allem seine zurückgehaltenen Gedichte legten das ostdeutsche »Schattenland« als ein im Inneren beschattetes Land bloß.[191] Bobrowski hatte somit tatsächlich etwas von

185 Tatsächlich ließe sich an Hölderlins Frage nach dem »Wohin denn ich?« aus dem Gedicht »Abendphantasie« denken. Dort ist diese Frage der Stachel im Fleisch des Dichters. Vgl. Friedrich Hölderlin. Abendphantasie (1799), in: ders. Sämtliche Werke. Bd. 3, 53.

186 Zur Variation dieser Hölderlin'schen Motive auch: Johannes Bobrowski. Andenken an Hölderlin (1959), in: ders. Gesammelte Werke. Bd. 2, 329f.

187 Vgl. Johannes Bobrowski. Ersäufze, Philomelens Freund, in Nächten (undatiert), in: ders. Gesammelte Werke. Bd. 2, 353f., hier: 354. Zum Bild der DDR als »Käfig« mit Spitzelwirtschaft: Martin Kessel. Die Nation als Käfig, in: Der Tagesspiegel 1.10.1961, 31. Tagesspiegel Berlin, Recherche/Dokumentation. Auch abgedruckt in: Kessel. Ironische Miniaturen, 161f.

188 Zu den Angstspitzen des Lebens: von Gebsattel. Die phobische Fehlhaltung, 146.

189 Grundlegend zur daseinserschließenden Funktion der Angst: Heidegger. Sein und Zeit, 182.

190 Zur Metapher eines unterschwelligen ›Brodelns‹ in der DDR vgl. Meyer. Nachwort, 678. Anders als man vermuten könnte, dominiert seine Schattenmetaphorik erst in den späten Gedichten ab 1960; hier nimmt das Orphische eine Wendung ins Unheimliche. Vgl. Haufe. Johannes Bobrowski. Erläuterungen, 80, 167.

191 »Schattenland« mag laut Grimm zwei Bedeutungen haben: das »schattenland«

einem Daniel, der zwar nicht in eine Löwengrube, aber in eine sozialistische Grube gefallen war. Er deutet es selbst an, wenn man seine Worte etwas anders liest. Dann erscheinen »Sorge« und »Flucht« als Chiffren: Verstörende Nebentöne sind zu vernehmen, die ein Geflüster »über der Stille« in der DDR hörbar machen.[192] Auch dies gehört zum beunruhigenden Murmeln der leeren Zentrale. Doch weiß man letztlich um dies »Geflüster«, weil ihr Autor »Mut zum Wort« besaß.[193]

So hat sein Freund Hamburger ihn nach seinem Tod als einen bezeichnet, der einen Stil zögernder Zeilen entwickelt hatte. Dessen Werk den Versuch unternommen hatte, eine ethische Dimension, eine Verbindung von »Gewissen und Schöpfertum« in der Sprache neu zu pflanzen.[194] Damit war ihm dieses Flüstern nicht nur eines der Bedrohung, sondern wachgehaltener Sorge: eine Tonlage, wie sie im Abseits autoritärer Regime aufzufinden ist.[195] Rang Bobrowski mit dem Verstummen, so schwieg er auch als Eingemauerter nicht ganz. Vielmehr wurde er zur bleibenden Stimme jener »disasters of our time«.[196] Gerade angesichts des im Zentrum Berlins spürbaren Vakuums. Hier hatte er einer sich ankündigenden Implosion nachgespürt. Das Gedicht »Stadt« nahm dies im Bild eines nur künstlich gehaltenen Himmels vorweg.

So sprach er noch vor dem Mauerbau davon, dass ein Vakuum sich auf Dauer von innen nicht stützen lasse: »Hohlräume«, so Bobrowski 1958, würden eines Tages »ausgefüllt und – wenn gepanzert – eingedrückt.«[197] Diese Haltung konnte einer Parteidiktatur kaum gefallen. Ihr selbsternanntes Schild – die Stasi – hatte die Anklagematerialien wegen »pol.-ideolog. Diversion«, wegen »illegaler Gruppenbildung« schon in Vorbereitung, als Bobrowski 1965 überraschend, wohl aufgrund eines Behandlungsfehlers, an einem Blinddarmdurchbruch starb. Sein Tod kam der Auflösung des infor-

---

als Land des Todes und des Abgeschiedenen in dem orphischen Sinne, wie es Bobrowski in »Schattenland Ströme« gebraucht, sowie als »beschattetes land«, als ein Land, auf dem ein Schatten ruht. In dem zweiten Sinne war die durchspitzelte DDR auch ein »Schattenland«. Vgl. Jacob und Wilhelm Grimm. Deutsches Wörterbuch. Bd. 14. R–Schiefe. München 1984, Sp. 2261.

192 Zum Motiv des »Geflüsters« über der »Stille«: Bobrowski. Sprache, 177.
193 Zur besonderen Form des »Muts zum Wort« als Mut der Bezeugung: Hartmann. Ethik, 395 f.
194 Vgl. Hamburger. Wahrheit und Poesie, 374 f.
195 Zum Flüsterton im Nationalsozialismus wie im späteren Ostblock als Ausdruck der langen Spur autoritärer Regime in Europa siehe: Stern. Die erzwungene Verlogenheit, 102.
196 Hamburger. Johannes Bobrowski: an introduction, 208.
197 Bobrowski an Jokostra vom 20.6.1958, in: ders. Briefe 1937–1965. Bd. 1, 600–606, hier: 600.

mellen Zentrums am Rande Berlins zuvor. Doch überlebte sein Geist in den Gedichten. Es überlebte die Warnung, nicht dem Verstummen nachzugeben. Und es blieb die Sehnsucht darin, im Wahren zu leben. Es zeigt sich dies in der Auseinandersetzung mit der unter politischem Druck verbogenen Sprache – an der Frage, wie man Schändliches in einer geteilten Stadt bezeugen konnte. Was blieb, waren Warnzeichen: »Wetterzeichen«. Darin lag einmal mehr eine Verwandtschaft mit jenem »lieben alten Loerke«, wie Bobrowski schrieb, der seiner Nachwelt ebenfalls Kurzsprüche hinterlassen hatte: etwa jenen, dass »jedwedes blutgefügte Reich« des Einsturzes sicher sein könne.[198] Es scheint, als habe Bobrowski diesen Spruch im Nachkrieg erweitert: um die Einsicht, dass auch jedwedes angstgefügte Land am Ende einer Implosion entgegengehe.

---

198 Vgl. Oskar Loerke. Leitspruch (1940), in: ders. Gedichte und Prosa. Bd. 1, 614. Zum »lieben alten Loerke«: Bobrowski an Celan vom 3.12.1959, in: ders. Briefe 1937–1965. Bd. 2, 193.

15. Huchel auf dem Steinpfad oder der Sturz ins Schweigen

Nicht jeder geht aufrecht
Durch die Furt der Zeiten.
   Peter Huchel[1]

Versucht man ein Bild für die Zeitgenossenschaft Peter Huchels zu finden, kann man auf ein Prosastück zurückgreifen, das ein frühes Bekenntnis enthält. In »Neunzehnhunderttraurig« berichtet er, wie er als 17-Jähriger am Berliner Kapp-Putsch teilnahm, eine Schussverletzung erlitt und im Krankenhaus – Bett an Bett mit Sozialisten – zur Genesung kam. Sinnbild seiner Lebensbahn: »Ein Schuss hat genügt, um in ein neues Leben zu humpeln. Aber das ist auch danach; es geht im Zickzack vor sich.«[2] Diese zugleich prophetischen Sätze schrieb der Lyriker 1931 für die »Literarische Welt« seines Mentors Willy Haas. Da war die Einsicht gesetzt, dass das Leben »ohne Notausgang« sei; und Berlin der Ort dieser Erfahrung. Es sollte nicht der letzte Schuss sein, der Huchel aus der Lebensbahn warf.

Nach anfänglicher Vagantenexistenz zog er um 1930 in die Wilmersdorfer Künstlerkolonie, machte die Bekanntschaft linker jüdischer Intellektueller wie Ernst Bloch, traf über den Goldberg-Kreis Walter Benjamin, freundete sich mit dem Kritiker Hans A. Joachim an, der später in Auschwitz umkam.[3] Huchel entschloss sich nach der Machtübernahme der Nazis zum Verbleib in Deutschland. In der »Literarischen Welt«, in der er das »redaktionelle Getriebe« verstehen lernte, veröffentlichte er noch 1933 ein Stück über Büchners Lenz, in dem es heißt: Er finde »nicht mehr zu seinen Worten zurück«.[4] Huchel verstummte als Dichter im Dritten Reich weitestgehend.

---

1 Peter Huchel. Das Gericht (1972), in: ders. Gesammelte Werke. Bd. 1, 225 f., hier: 226.

2 Huchel. Europa neunzehnhunderttraurig, 217.

3 Joachim war Freund und Mentor, der auch Huchels »Neunzehnhunderttraurig« redigierte. Vgl. Wolfgang Menzel. Huchel und Joachim auf dem Sulzburger Friedhof. Marbach 2016, 11, 14. Zu Huchels Begegnung mit Benjamin bei dessen Mentor Willy Haas siehe: Walter Benjamin. Tagebuch vom 7.8.1931 bis zu seinem Tod, in: ders. Gesammelte Schriften. Bd. VI, 441–446, hier: 444. Für den Hinweis sei Hub Nijssen gedankt.

4 Peter Huchel. Georg Büchners Lenz (1933), in: ders. Gesammelte Werke. Bd. 2, 252 f., hier: 253. Zu Huchel in der Schule des Willy Haas vgl. Ludvík Kundera.

Er zog sich ins Märkische – seine Herkunftsgegend als großbäuerlicher Abkömmling – zurück, versuchte sich mit Rundfunkarbeiten über Wasser zu halten. Er lavierte zwischen Anpassung und innerer Emigration. Ab und an schob er – etwa in Hörspielen – kleine Zeugnisse an der Zensur vorbei.

Huchel hat die innere Emigration, von Ausnahmen wie Loerke abgesehen, später als eine »Flucht« vor der Zeugenschaft kritisiert.[5] Doch war die Äußerung, die Frage nach der Selbstzensur, zugleich *pro domo* gesprochen. Bei Huchel scheint aus dem Schuldempfinden nach dem Krieg der Wunsch erwachsen zu sein, nun das richtige Ticket zu lösen. Die Kriegsteilnahme hatte ihn zum Zeitgenossen mit »brennenden Augen« gemacht, wie er im spät publizierten ersten Band »Gedichte« 1948 bekannte.[6] Nach russischer Kriegsgefangenschaft, Antifa-Schulung, kehrte er im Glauben an eine sozialistische Option zurück. Etwas von dessen Pathos war ihm unter die Haut geraten: die Gewissensfrage, ob im offiziell antifaschistischen Staat die Schuld nicht besser abzutragen war als im anderen Teil Deutschlands. Die unerledigten Toten waren es, die kein »Schleppnetz des Himmels« halten konnte, die ihn belasteten.[7]

Gleichwohl entstanden aus der Sühnearbeit im sozialistischen Staat neue Verstrickungen. Konnte er sich von einem Posten beim Ostberliner Rundfunk, zu dem man ihn als Kriegsgefangenen zwangsverpflichtet hatte, abseilen, geriet sein 1949 gegründetes Journal »Sinn und Form« später auf schwierigen Kurs zwischen seiner Ambition und parteipolitischen Kompromissen. Repressalien wetterte er zwei Mal, 1953 und 1957, ab und manche Umschaltung in der Stalin-Zeit überlebte er. Doch die Entgleisung seines Sonderzugs »Sinn und Form« zwischen Ost und West sollte kommen, als man ihn 1962, wie er später erklärte, unsanft ›ausrangierte‹. Man stellte ihn, isoliert in Wilhelmshorst bei Potsdam, unter Hausarrest mit Stasi-Bewachung. Aus dem Zickzack seines Lebensganges wurde ein Waldgang. Huchel trat nach Abbruch seiner Funktionärskarriere ins Zwiegespräch

---

Fragmentarische Gespräche (1995), in: ders. und Peter Walther (Hg.). Peter Huchel. Leben und Werk in Texten und Bildern. Frankfurt a. M. 1996, 53–59, hier: 55.

5   Seine Sympathie für die innere Emigration, so sie »persönlichen Mut« besaß, hat Huchel nach dem Krieg bekundet. Was ihm als Haltung vorschwebte, bezeugt der Abdruck von Loerkes Tagebuch im ersten »Sinn und Form«-Heft 1949. Vgl. Peter Huchel. Rede zum »Tag des freien Buchs« (1947), in: ders. Gesammelte Werke. Bd. 2, 261–265, hier: 263.

6   Vgl. Peter Huchel. Der Rückzug (1948), in: ders. Gesammelte Werke. Bd. 1, 100–107, hier: 102.

7   Vgl. Peter Huchel. Schnee (1970), in: ders. Gesammelte Werke. Bd. 1, 205.

mit sich selbst: »Eröffnet ist«, heißt es nach dem Sturz, »Das Testament gestürzter Tannen.«[8] Als umgeknickte Tanne fand der Lyriker zur poetischen Zeugenschaft zurück. Denn mit der Ohnmacht des Redakteurs kam das Aufwachen des Poeten. Erst auf dem »Steinpfad« – wie er in Anspielung auf Loerke sagte – hinterließ er seine Botschaften über die Zeit.

Hiermit wird am Wechsel vom verschwiegenen Redakteur zum geächteten Dichter zugleich die Gespaltenheit seiner Person sinnfällig. Es ist Huchels faustische Doppelgestalt, die es hier freizulegen gilt. Was mit seiner Isolation begann, wurde für ihn zur zehnjährigen Wartezeit: zum Disput mit dem eigenen Schweigen, der Frage nach verpassten Gelegenheiten, bis die Ausreise 1971 endlich erfolgen konnte. Da schloss sich der Kreis: Huchel wurde noch einmal Vagant, der, wie er sagte, »herumzigeunerte«.[9] Nimmt man die Summe seines Lebens, mag sich eine Zickzack-Kurve ergeben: vom Kapp-Putsch zur »Literarischen Welt«, vom Krieg Hitlers im Osten zum Redakteur von Johannes R. Bechers Gnaden, vom inneren Exil in der DDR nach Westdeutschland. Ein Ende fand dieses Leben nach der Ausreise ausgerechnet in der Faust-Stadt Staufen. So zeigt sich an Huchels Leben Symptomatisches und weist auf Fragliches, das mit der leeren Zentrale aufs Engste verbunden ist.

Liest man Huchels Briefe nach dem Ausscheiden bei »Sinn und Form«, kann man den Eindruck gewinnen, er habe damals seine zweite Stunde Null erlebt. Es war sein Moment einer Realisation der Verstrickungen. Seine Einkehr wird nirgends so sinnfällig wie in den Gedichten, die er ins letzte von ihm redigierte »Sinn und Form«-Heft 1962 einschleuste. Im Schlüsselgedicht »Winterpsalm« wird etwas deutlich, bricht eine verschluckte Zeugenschaft, eine Vergletscherung des Gewissens unterm Druck der Diktatur auf. Dort heißt es: »Alles Verscharrte blickt mich an.«[10] Das Gewicht des Unerledigten trat zutage. Es tritt in Gedichten hervor, in denen der elegische Huchel-Ton von einer Brüchigkeit erfasst wird, die das Gleichmaß seiner Verse irritiert.

---

8 Peter Huchel. Traum im Tellereisen (1962), in: ders. Gesammelte Werke. Bd. 1, 155 f., hier: 155. Das Abknicken einer ehemaligen Stützkonstruktion wäre, psychoanalytisch gesehen, der Moment, in dem die Melancholie im Leidenden aufbricht. Vgl. Abraham/Torok. Trauer oder Melancholie, 557.

9 Zur späten Rückkehr zum Vagantendasein: Huchel an Hamburger vom 11.9.1974, in: ders. Wie soll man da Gedichte schreiben, 467 f., hier: 467.

10 Hier spricht sich erstmals seine Krypta aus: »Alles Verscharrte blickt mich an. / Soll ich es heben aus dem Staub / Und zeigen dem Richter? Ich schweige. / Ich will nicht Zeuge sein.« Peter Huchel. Winterpsalm (1962), in: ders. Gesammelte Werke. Bd. 1, 154 f., hier: 154.

Daher hat man den Ton dieser Jahre mit einer Prise Ironie als »Wilhelms-horster Elegien« bezeichnet.[11]

Dabei deutet der getragene Duktus auf ältere Vorbilder einer Lebens-krisendichtung hin. Etwa auf den Beginn der »Göttlichen Komödie«, die einsetzt mit einem, der den »rechten Weg verloren« hat.[12] Bei Huchel ist es einer, wie es im Band der Isolationszeit »Gezählte Tage« heißt, der in die »eisige Mulde« gefallen ist.[13] In seiner paganen Grundmetaphorik implizierte dies weniger den Gang durch Höllenkreise als entlang von Fallen und Reu-sen, wie er im Bild der Jagd und des Fischfangs dichtete, die er um sein Haus am Hubertusweg vorfand. Er muss sich – vergleichbar mit Bobrowski – als in die Enge getrieben empfunden haben; auf beklemmende Weise bezeugen dies Bildketten: Von »Hof«, »Falle«, »Jäger« im »Dickicht« ist in dem Zyklus die Rede.[14] Zugleich bot die dichterische Gelegenheit – in Goethes Sinne – die Möglichkeit zu seiner Selbstbehauptung. So hat sich der Autor in einer seiner raren poetologischen Bemerkungen explizit auf Goethes Verständnis der Gelegenheitsdichtung, einer Poesie kleiner Sachen berufen.[15] Gemeint ist das Situative ihres Entstehens, das eine verschlossene Erfahrung zum Keimen bringen konnte.[16] Dass diese Gelegenheiten solche waren, die das Gedicht zum Ort des Innehaltens – angesichts seines Sturzes – machten, gehört zum melancholischen Grund von Huchels Werk.[17]

Bemerkenswert ist, dass der Autor die lebensweltlichen Fallen längst beschrieben hatte: jene, in die er nach dem Dritten Reich, während der stalinistischen Kulturpolitik, tappen sollte. Denn Huchel hatte 1934 in einer Bearbeitung des Faust-Stoffes die Deutungsspur schon ausgelegt. Glich er

11 Zum Genre-Zitat »Wilhelmshorster Elegien«, das auf Brechts desillusionierte Phase seiner »Buckower Elegien« anspielt, vgl. Matthias Weichelt. Peter Huchel. Berlin 2018, 65f.
12 Vgl. Dante Alighieri. Die göttliche Komödie, 7.
13 Vgl. Peter Huchel. April 63 (1972), in: ders. Gesammelte Werke. Bd. 1, 217.
14 Hierzu exemplarisch das Gedicht: Peter Huchel. Antwort (1968), in: ders. Gesam-melte Werke. Bd. 1, 175f.
15 Zu Huchels Berufung auf Goethes »Gelegenheitsgedichte«: Peter Huchel an Pierre Garnier vom 15.2.1956, in: ders. Wie soll man da Gedichte schreiben, 214–216, hier: 215. Goethe bezeichnete diese Dichtungsweise als die »echteste aller Dicht-arten«. Vgl. Goethe. Aus meinem Leben. Dichtung und Wahrheit, 433.
16 Zu Huchels Ars Poetica aus dem Geist der Gelegenheit vgl. Henning Ziebritzki. Meister der diskreten Unterschiede. Ein Fernblick auf Peter Huchel, in: Text + Kritik Nr. 157: Peter Huchel (2003), 78–83. Zum Okkasionellen als dem Wesen des modernen Gedichts vgl. Kommerell. Gedanken über Gedichte, 12.
17 Zur poetologischen Figur eines Haltens im Sturz vgl. Peter Huchel an Gilda Musa vom 22.4.1958, in: ders. Wie soll man da Gedichte schreiben, 298–300, hier: 299.

später einem verführten Verführer, so hat er in einer unbekannt gebliebenen Hörspielbearbeitung für den Berliner Rundfunk – »Fausts Höllenfahrt« nach der Vorlage Karl Simrocks – die Fallstricke aufgezeigt, über die einer stürzen konnte, der sich »dem Teufel auf eine gewisse Zeit verschrieben« hat.[18] Damit fand er sein Bild für die Verstrickung in der Geschichte.[19] Der faustische Pakt wurde nicht nur im Bündnis mit Johannes R. Becher zum Problem. Ihm lag ein seelischer Konflikt zugrunde: die Möglichkeit des Selbstverrats. Wenn er in »Fausts Höllenfahrt« warnend vom Teufelspakt sprach, trat dem in »Gezählte Tage« die Einsicht an die Seite, dass nicht jeder »aufrecht« durch die »Furt der Zeiten« komme.[20] Am Ende, im westdeutschen Exil kam er auf die faustische Grundkonstellation zurück: Wenn er im Spätwerk bekannte, er sehe den »Teufel«, der im »Beichtstuhl des Nebels« seine Aufwartung mache.[21]

In zweifacher Hinsicht hatte seine Faust-Adaption Verwicklungen allegorisierend vorweggenommen: Einerseits in der Figur des Faust, seiner Verführbarkeit, andererseits im Dämon des Nichts, Mephisto, der nicht nur Verkleidung von Ängsten war, sondern von einem radikal Unethischen, mit dem die Generation Huchels zu tun hatte.[22] Diese sollte im späten Gedicht »Winterpsalm« als »vieler Wesen stumme Angst« wiederkehren.[23] Bei aller Zweifelhaftigkeit von Huchels Verstummen im NS sind hier Metaphern zu finden, die nicht nur als Dekor dienten. Was darin zu finden ist, sind Wortumbildungen, Abweichungen vom Originalstoff. Etwa exemplarisch, wenn in der Bearbeitung von der »Folterkammer« die Rede ist, die im Hintergrund drohe. Wieder scheint zwischen den Zeilen Deponiertes auf.[24] Doch den heißen Kern der Stoffumarbeitung bildet das biografisch entzifferbare Hindeuten auf eine Persönlichkeitsstruktur »widerstreitender Stimmen«, die den

---

18 Hierzu die Vorrede in: Peter Huchel. Doktor Johann Fausts Vertrag mit dem Teufel und Fahrt in die Hölle (1934). Hörspiel. Peter-Huchel-Sammlung, Stadtarchiv Staufen.

19 Zum Faust als Wahn- und Verstrickungsgeschichte siehe: Schapp. In Geschichten verstrickt, 155 f.

20 Vgl. Huchel. Das Gericht, 226.

21 Vgl. Peter Huchel. Wintermorgen in Irland (1976), in: ders. Gesammelte Werke. Bd. 1, 236.

22 Zur Einkleidung namenloser Angst auch: von Gebsattel. Die phobische Fehlhaltung, 146.

23 Vgl. Huchel. Winterpsalm, 154.

24 Hier wird von der Einschätzung des Huchel-Herausgebers Axel Vieregg bezüglich des Hörspiels abgewichen, da diese Umbesetzungen zeigen, dass Huchel keineswegs »wörtlich« der Vorlage folgte. Vgl. die Anmerkung in: Huchel. Gesammelte Werke. Bd. 2, 410.

Menschen in seine Selbstgefährdung treiben: »Wie schwer wird es sein, wenn du deiner Seele verscherzest« – geht die Warnung an Huchels Faust.[25] Hat sich dieser auf »zwölf Jahre« dem Teufel verschrieben, dämmert ihm, dass dies nur »Marter« im »Gefängnis der Hölle« bedeuten könne.[26] Es folgt das faustische Geständnis: »Ich bin aufs neue in eure Schlinge gefallen.«[27] Wenn er später – zur Zeit der Isolation in der DDR – zum in die »Furt« Gefallenen wurde, zeigt sich Huchel hier erstmals als von der Lebensbahn abgekommen. Angesichts seiner Verstrickungen ruft Mephisto seinem Faust treffend nach: »Du hast dich selbst betrogen.«[28]

Die ersten Anzeichen, dass es für Huchel im SED-Staat eng werden könnte, deuteten sich ein Jahrzehnt vor seiner Absetzung an. Wieder griff er auf die Fallgruben-Metaphorik zurück, als er aktiv in der Ost-West-Auseinandersetzung intervenierte. Damals waren es die Mittel des Parteinebels, die er als Gift für alles Schöpferische bezeichnete, kurz nachdem man ihn nach dem Aufstand im Juni 1953 das erste Mal abzusetzen versuchte. Da benannte Huchel in einem Artikel die Angstkulisse dieser Zeit. Er benannte Anmaßungen der Kulturpolitik, wenn er die sozialistische Ästhetik kritisierte, hier versuche man Gedichte mit dem »Büchsenöffner« zu traktieren, um sie gesinnungsprüfend nach »aktuellem Inhalt« abzusuchen.[29] Hinter diesem Vorwurf stand eine Form der Einschüchterung, gemäß der realistischen Doktrin der frühen DDR, die dazu führte, dass »Funktionärsreimerei« entstand.

Wähnte Huchel die Kulturpolitik Ostberlins im »Zug in falscher Fahrt«, war der Autor vor den beschriebenen Versuchungen selbst nicht ganz gefeit.[30] Das zeigt sich etwa im fragmentarischen Gedicht »Das Gesetz«. Darin wollte er die DDR-Bodenreform verherrlichen, wenngleich Huchel kein Lob der Kollektivierung, sondern ein Stück politischer Romantik – Verklärung des Landproletariats – verfasste.[31] Ansätze zum »Hochton« zeigen

25 Peter Huchel. Doktor Johann Fausts Vertrag, Bl. 2. Peter-Huchel-Sammlung, Stadt-Archiv Staufen.
26 Vgl. ebd., Bl. 17f.
27 Ebd., Bl. 19.
28 Vgl. ebd., Bl. 21, 24.
29 Zur Zeit um 1953 sprach er von dem »Gefühl der Unsicherheit, ja Furcht«, der man die »schöpferischen Menschen«, aber nicht nur diese, aussetzte. Vgl. Peter Huchel. Antwort auf den offenen Brief eines westdeutschen Schriftstellers (1953), in: ders. Gesammelte Werke. Bd. 2, 290–292, hier: 291.
30 Vgl. Peter Huchel an Rudolf Engel vom 23.10.1955, in: ders. Wie soll man da Gedichte schreiben, 197–199, hier: 199.
31 Man hat diese Illusion Huchels weniger auf seine Sympathie für den Leninismus

den Lyriker nahe jener rhetorischen »Reuse«, die er an Dichterfreunden wie Erich Arendt kritisierte.[32] Wie Huchel zu solchen Stücken der Staatspoesie gekommen war, ließ er zeitlebens im Unklaren. Doch machen sie deutlich, dass auch ihm die Gefahr drohte, zu einem Fall korrumpierter Dichtung zu werden. Gleichwohl artikulierte er den Widerspruch, in dem er sich den Partei-Oberen gegenübersah: nämlich dass in dieser neuen Zeit eines Ostberliner »Hofdeutsch«, wie er spöttisch sagte, seine Vorstellung von »Sprachwerdung« einen schweren Stand habe.[33] Er wies den Unstil einer Parteilyrik zurück, an der noch »jede Sichel heiß und schartig« werde.

Vor dem Hintergrund dieser Konflikte wurde der Autor zur Figur des Rückzugs an die geistige Peripherie in der DDR, an die er sich räumlich vorsorglich schon gehalten hatte. Was einmal Koeppen für Moskau festgehalten hatte, dass die Überlebenszonen der Literatur, angesichts einer Parteidiktatur, in den Randzonen der Städte zu suchen seien, bewahrheitete sich auch in Ostberlin.[34] Huchel war Exponent dieses suburbanen Ausweichens: Er hielt sich »abseits des Getriebes«, wie sein Freund Alfred Kantorowicz seine Lage charakterisierte.[35] Beide kannten sich aus Künstlerkolonie-Zeiten, nach denen Huchel sich schon im Dritten Reich an den Stadtrand zurückgezogen hatte, um nur sporadisch für Rundfunkaufträge nach Berlin zu fahren.[36] Ein

als für die Naturfrömmigkeit eines Jacob Böhme zurückgeführt. Vgl. Hans Dieter Zimmermann. Gescheiterte Hoffnung. Peter Huchels Anfänge in der DDR, in: Walther (Hg.). Peter Huchel, 228–245, hier: 233.

32 Zur Kritik am »agitatorischen Hochton« im »Gesetz« vgl. Christoph Meckel. Hier wird Gold gewaschen. Erinnerung an Peter Huchel. Lengwil 2009, 62. Es ist nicht auszuschließen, dass Huchel in dieser Phase ein gewisser politischer Enthusiasmus packte. Zu dieser Künstlergefahr des Enthusiasmus siehe auch: Gadamer. Wahrheit und Methode, 131. Huchel beschämte der Einsatz für die Bodenreform später, nämlich als er merkte, wohin diese im Zuge der Kollektivierung zu LPGs führte. Vgl. Nijssen. Der heimliche König, 251.

33 Zum gelenkten »Hofdeutsch« gegen eine »Sprachwerdung«. Vgl. Peter Huchel an Hanns Eisler vom 26.8.1959, sowie: Peter Huchel an Hans Mayer vom 8.1.1960, beide in: Wie soll man da Gedichte schreiben, 328, 335–337, hier: 335.

34 Zum nachstalinistischen Moskau und den »Schutzzonen des Überlebens«: Koeppen. Nach Rußland und anderswohin, 136. Zum Stadtrückzug des späten Brecht etwa: Hamburger. Wahrheit und Poesie, 356.

35 Zum Rückzug im Zeichen der Stalinisierung vgl. Alfred Kantorowicz. Peter Huchel (Berlin 1948 / München 1958) / Nachschrift 1964, in: ders. Deutsche Schicksale. Intellektuelle unter Hitler und Stalin. Wien 1964, 79–93, hier: 86.

36 Huchel ließ sich 1934 nahe seines Heimatdorfs im brandenburgischen Michendorf nieder. Zu Huchels Meidung des »politisierten Zentrums« Berlin in dieser Zeit: Nijssen. Der heimliche König, 103.

waldgängerischer Zug Huchels zeichnete sich von Anbeginn ab.[37] Er selbst begriff sich als Dichter der Peripherie: der »Umgebung von Berlin«, obwohl er zum Städter werden konnte, wie sein Zwischenspiel in Berlin nach dem Krieg belegt.[38] Zog sich das seriöse Schreiben in der Diktatur in Schutzräume zurück – niemand hätte etwa die unheimliche Stimmung Moskaus unter Stalin offen schildern können –, so machte Huchel in der DDR die umgekehrte Erfahrung, dass die Atmosphäre des Bedrohlichen ihren Weg vor die Tore der Stadt fand.[39]

Auch auf diesem zweiten Loerke-Pfad, einer inneren Emigration im Sozialismus, waren beängstigende Erfahrungen zu machen, so wenn Huchel dort dieselben »Gruben« und dasselbe »Dickicht« ausmachte wie im wenig geliebten Ostberlin. Dieses »Dickicht« wächst sich im Band »Gezählte Tage« zum ganzen Macbeth'schen Wald aus: »Freigelassen« sei ein unheilvoller »Geist«.[40] Die Randzone der Stadt schien im Bann eines Macbeth-Zitats zu stehen, das Huchel schätzte: »Fair is foul, and foul is fair: / Hover through the fog and filthy air.«[41] So gelangte der Arm der östlichen Zentrale selbst in die Randlagen der Stadt. Dass die DDR-Zentrale Strukturen einer tyrannischen Hofwirtschaft um Ulbrichts ZK annahm, deuten die Metaphern an, die auch andere Abtrünnige wählten: Hans Mayer etwa nannte an Huchels Grab die Parteioberen, die über die Auslegung der wahren Lehre wachten, die »Auguren«, nach den römischen Priesterbeamten, die klärten, ob ein Unterfangen den Göttern genehm sei.[42]

»Sinn und Form«, einst als Prestigeprojekt und intellektuelle Ost-West-Brücke geplant, war in den Augen dieser »Auguren« bald nicht mehr genehm, sodass Huchels Rückzug zum Hausarrest wurde. Damit kettete sich die SED in gewissem Sinne an den querköpfigen Huchel. Denn wenn die DDR nach

---

37 Zur Verortung des Waldgängers als Grenzlandbewohner vgl. die Einträge »waldgänger« und »waldgang« in: Jacob und Wilhelm Grimm. Deutsches Wörterbuch. Bd. 27. W–Wegzwiesel. München 1984, Sp. 1129.

38 Zum Selbstbild als Dichter der Peripherie: Peter Huchel an Rolf Italiaander vom 5.11.1956, in: ders. Wie soll man da Gedichte schreiben, 246f., hier: 247. Sowie: Peter Huchel. Caputher Heuweg (1955) / Havelnacht (1933), in: Haas/Italiaander (Hg.). Berliner Cocktail, 351f.

39 Vgl. Koeppen. Nach Rußland und anderswohin, 136.

40 Zur Anspielung auf »Macbeth« vgl. Peter Huchel. Macbeth (1972), in: ders. Gesammelte Werke. Bd. 1, 197.

41 Shakespeare. The Tragedy of Macbeth, 2172.

42 Zum Ausdruck der »politischen Auguren« vgl. Hans Mayer. Erinnerungen an Peter Huchel (1984), Min. 00:05:10f. Siehe: https://www.peter-huchel-preis.de/peter-huchel/

dem Mauerbau einer neuen Staatshöhle mit Überwachungseinrichtungen glich, so leistete sie sich mit Huchels innerem Exil die merkwürdige Anomalie einer Nebenhöhle. Diese war eine Enklave, die Anlaufpunkt in Sachen Literatur wurde. Retrospektiv sprach man, so der Lyriker Durs Grünbein, über Huchels Haus am Hubertusweg vom »geheimen Zentrum«, einem besonderen »Ort künstlerischer Autonomie« am Rand Berlins.[43] Doch die Huchel'sche Höhle blieb eine mit Illusionen behaftete. Zeitweilig schien ihm das Gefühl abhanden gekommen zu sein, in wessen Staatshöhle er sich befand und wie die Kräfte verteilt waren. Huchel mag verkannt haben, dass er diesem Regime eine Weile nützlich gewesen war, als es galt, eine Ost-West-Brücke aufrechtzuerhalten. Doch als dies nach dem Mauerbau nicht mehr »opportun« war – wie er selbst erklärte –, versuchte man ihn, nach Moskauer Methode über den Verschiebebahnhof der Kader aufs Abstellgleis zu manövrieren.[44]

Dass er das Amt des Chefredakteurs nach 1953 überhaupt behalten konnte, spricht dafür, dass er sich durch den Charismatiker Bertolt Brecht hatte überreden lassen, der ihn, so Huchel, »bestimmte«, seinen »Laden« gegen Teile der SED zu »verteidigen«.[45] In einem für Huchel ungewohnten Jargon der Fremdbestimmtheit bekommt man in den im Nachlass verwahrten Lebenserinnerungen ein Stück der inneren Unfreiheit des Autors zu fassen. Im jungen Staat gehörte Huchel zum Spielraum Brechts und war durch dessen Autorität geschützt. Denn Brecht hatte in Ostberlin, wie er sagte, seinen eigenen »Pull«: Hebel, die er einsetzte um Allianzen gegen moskautreuere Kräfte zu organisieren.[46] Was Huchel über Brechts Ambition schrieb, mag auch für ihn gegolten haben: Um auf dem »großen Bauplatz« der DDR etwas zu bestellen, so der Lyriker, ging man Kompromisse ein.[47] Dass ein doppeltes Spiel gespielt wurde, zeigt bereits die Namensgebung des Journals »Sinn und Form«. Der Legende nach wollte Becher ursprünglich den Namen

---

43 Vgl. Durs Grünbein. Der verschwundene Dichter (1995), in: Walther (Hg.). Peter Huchel, 177–184, hier: 182.

44 Zur Formulierung, dass den Oberen im ZK »Sinn und Form« nur zeitweilig »opportun« schien, vgl. Peter Huchel. Lebenserinnerungen, Bl. 1. Nachlass Peter Huchel, DLA Marbach.

45 Vgl. ebd.

46 Über Brecht als kulturpolitischen Strippenzieher in der frühen DDR vgl. Günter Kunert. Besuche beim reichen B.B., in: Sinn und Form 73 (2021), Nr. 2, 149–155, hier: 153.

47 Zur kulturpolitischen »Bauplatz«-Metaphorik vgl. Huchel. Gegen den Strom. Interview mit Hansjakob Stehle (1972), in: ders. Gesammelte Werke. Bd. 2, 373–382, hier: 375.

von Thomas Manns Exilzeitschrift »Maß und Wert« übernehmen. Als dieser sich dagegen verwahrte, drehte Becher improvisierend den Titel einer Schrift des konservativen katholischen Philosophen Romano Guardini kurzerhand um: von »Form und Sinn« zu »Sinn und Form«.[48]

In diesem Geist setzte Becher bei Gründung der Zeitschrift auf den parteilosen Huchel als Chef, einen *compagnon de route* mit Sympathien, aber ohne Kadergeruch. Becher brauchte ihn, um den gesamtdeutschen Anspruch des Vorhabens zu wahren.[49] Doch dass die Zeitschrift von Anfang an eine »Reuse« gen Westen war, deren Ehrgeiz nach Brecht darin lag, Sympathisanten zu ködern, geht unverkennbar aus den Protokollen der Akademie der Künste in Ostberlin hervor.[50] Brecht äußerte dazu, dass die »Zeitschrift gerade im Westen« zum »Aushängeschild« geworden sei.[51] Andere, wie Hanns Eisler oder Herbert Ihering, stimmten ein, dass man mittels des »tüchtigen Huchels« nun »zum Westen sprechen« könne. Das lässt das Chamäleonhafte Huchels durchscheinen.[52] Das Lockmittel dieser Kulturpolitik hieß »Weltliteratur«, nach der es – wie Koeppen konstatierte – im Deutschland nach den Isolationsjahren des NS einen enormen Hunger gab.[53]

48 Becher hatte sich für eine Hölderlin-Arbeit mit einer Schrift Guardinis beschäftigt. Vgl. Nijssen. Der heimliche König, 208. Siehe: Romano Guardini. Form und Sinn der Landschaft in den Dichtungen Hölderlins. Tübingen 1946. Hellsichtig auch Loerkes vorweggenommene Diagnose einer »Selbstzerstörung« des Dichters Becher durch »Forciertheit« und »Ehrgeiz«. Vgl. Loerke. Vielerlei Zungen, 104.

49 Huchel hat keinen Hehl daraus gemacht, dass Becher und die Sowjets einen Parteilosen brauchten. Vgl. Huchel. Gegen den Strom, 374. Zur gesamtdeutschen Perspektive Bechers: Anson Rabinbach. Restoring the German Spirit. Humanism and Guilt in Post-War Germany, in: Jan-Werner Müller (Hg.). German Ideologies since 1945. Studies in the Political Thought and Culture of the Bonn Republic. New York, Hampshire 2003, 24–39, hier: 28.

50 Von »Sinn und Form« als einem »Fangnetz« sprach im Exil die »New Yorker Staats-Zeitung«. Vgl. Nijssen. Der heimliche König, 212. Die »Reuse« – Lieblingsmetapher Huchels – beschreibt einen »korb mit engem eingange«, worin »allerlei lockspeisen« zum Fang hängen. Vgl. »reuse«: Jacob und Wilhelm Grimm. Deutsches Wörterbuch. Bd. 14. R–Schiefe. München 1984. Sp. 846–848, hier: 847.

51 Hierzu: Stenographische Niederschriften der Plenarsitzung der Deutschen Akademie der Künste am 26. Juni 1953 (Auszug), in: Braun. Die Literaturzeitschrift, 162–168, hier: 163. Es deckt sich mit Huchel, der die Metaphorik der »Visitenkarte« gebraucht. Vgl. Peter Huchel. Lebenserinnerungen, Bl. 1. Nachlass Peter Huchel, DLA Marbach.

52 Matthias Braun nennt ihn einen »begnadeten Süßholzraspler«, »politischen Taktierer« und »Talentförderer«. Vgl. Braun. Die Literaturzeitschrift »Sinn und Form«, 42.

53 Vgl. Wolfgang Koeppen. Es ist wichtig, einander zu kennen (1957), in: ders. Ge-

Im Zeichen dieser geistigen Mangelwirtschaft bot sich »Sinn und Form« – durch Huchels Kontakte erleichtert – als Relais zwischen Ost, West und Exil an. Diese Gründungsszene in der Peripherie Berlins gehört zur Absurdität der gesamten Situation der leeren Zentrale. Denn Reste von Weltliteratur liefen in Huchels Redaktionsräumen in den Kiefernwäldern der Mark Brandenburg zusammen: »waldinmitten«, wie Loerke diese Rückzugslage umschrieben hatte.[54] Man kann festhalten: »Sinn und Form« war ein Strohhalm, nach dem man in der Wüste Berlins – gleichgültig von welcher Seite her – gern griff, an dem sich ebenso Remigranten festhielten, auch wenn die Zeitschrift in die zweifelhaften Absichten eines Staatsmäzens verwickelt war. Huchels Verpflichtung diesem gegenüber bestand in dem Pakt, mittels Weltliteratur in der Systemkonkurrenz Reputation für den jungen Staat aufzubauen. Die Strategie macht deutlich, dass Huchel seine Rolle in der Außenwirkung – als Teil östlicher Schaufensterpolitik – sah.[55] In Funktionärsmanier sah er anfänglich die Aufgabe der Zeitschrift darin, »für unseren Staat« eine »Bresche zu schlagen«.[56] In der Forschung wurden solche Äußerungen als Indiz gelesen, dass Huchel in der Gründungsphase im »Bewusstsein des ›Dafürsein-Wollens‹« agierte, sich in einer strukturellen Komplizenschaft befand.[57]

Damit war seine Zeitschrift ein Gegenstück zu Unternehmungen wie Melvin Laskys Westberliner »Der Monat«, der durch amerikanische Kanäle finanziert wurde, gleichwohl nie die Reputation des Ostberliner Akademie-Journals erlangte.[58] Das lag daran, dass im Osten mit Huchel jemand die

sammelte Werke. Bd. 16, 16–19, hier: 18. Zum »feeling of isolation« in Deutschland nach dem Krieg vgl. Robert J. Havighurst. »Report on Germany«, Bl. 35. Rockefeller Foundation, Projects, RG 1.1. (FA386). PWS HAV-1. Series 717: Germany. Box 3, Folder 17.

54 So im paradigmatischen Gedicht »Silberdistelwald«: Oskar Loerke. Der Silberdistelwald (1934), in: ders. Gedichte und Prosa. Bd. 1, 402.

55 Huchel hat »Weltliteratur« als ihre mit wichtigste Karte in der Konkurrenz mit anderen Zeitschriften benannt, wenn er Becher berichtete, das frühe Renommee basiere im Wesentlichen auf »ausländischer Dichtung«. Vgl. Peter Huchel an Johannes R. Becher vom 26.1.1950, in: ders. Wie soll man da Gedichte schreiben, 79f., hier: 79. Zur Schaufenster-Metapher im Osten vgl. Braun. Die Literaturzeitschrift »Sinn und Form«, 43.

56 Vgl. Huchel an Engel vom 23.10.1955, in: ders. Wie soll man da Gedichte schreiben, 197–199, hier: 198.

57 Hierzu: Braun. Die Zeitschrift »Sinn und Form«, 155.

58 Zur Ausrichtung von »Der Monat«, die antikommunistisch war, aber die liberale Linke an sich binden wollte, vgl. Melvin Lasky an Shepard Stone vom 30.8.1951. University of Chicago Library. Special Collections Research Center. International Association for Cultural Freedom, Records. Box 249. Der Monat – Correspon-

»Der Ort liegt waldinmitten.« Nach Loerke'schem Modell befand sich
Huchels Wohnhaus – zugleich der Redaktionssitz von »Sinn und Form« –
schwer erreichbar zwischen Kiefernwäldern bei Potsdam und hinter
Westberlin. Foto: Das Haus am Hubertusweg im Winter 1954.[59]

Redaktion inne hatte, der als Redakteur und Lyriker eine Verbindung zum
Überlieferungsstrom der Vorkriegszeit herstellte. Wenn er darin seine relativ
sichere Nische behaupten konnte, lag das am Kompositionsprinzip der
Zeitschrift. Worin bestand es? Zum einen in der zunächst unscheinbaren
Festlegung auf »Beiträge zur Literatur«, wodurch kulturpolitische Über-
griffe abgewettert werden konnten – sowie zum anderen in einer Zeitgenossenschaft, die nicht Tagesaktualität, sondern literarische Tiefenlotung
praktizierte. Dieses zweite Prinzip gab Huchel Spielraum für Rückgriffe:
wenn er etwa Benjamin oder andere Vergessene für die Zeitschrift ausgrub,
aus dem Akademiearchiv holte.[60] Dass er als Überlieferungsträger im eigenen

dence, 1950–1952. Folder 1. Zu Laskys Rolle auch: Rabinbach. Begriffe aus dem
Kalten Krieg, 21f.
59 Zur Bildquelle siehe: www.peter-huchel-haus.de. Für die Erlaubnis zur Verwen-
dung sei Lutz Seiler gedankt.
60 Das Credo »Beiträge zur Literatur« gab etwas Beinfreiheit gegen parteipolitische
Begehrlichkeiten, das Prinzip der Tiefenlotung gegen Wetterumschwünge in der
Tagespolitik. Vgl. Huchel an Becher vom 11.8.1951, in: ders. Wie soll man da
Gedichte schreiben, 99. Dass die Rückgänge mit Huchels Vorgeschichte zusam-

Entzüge: Ausharren im Weltmangel

Auftrage agierte, musste zu Kollisionen mit der Partei wie der an sie gebundenen Ostberliner Akademie führen. Doch Tiefenlotung und literarische Beiträge, so schlicht es klingt, mögen ihm als Schutzschild gegen Begehrlichkeiten gedient haben. Es hatte den Effekt, dass die Zeitschrift nach innen zur Enklave in der DDR werden konnte, in der der Druck einer parteigemäßen Dichtung abgemildert war. Mayer hat diese relative Freiheit beschrieben, in der sich ausbildete, was man einen ostwestlichen Kontaktraum der Literatur nennen kann.[61]

Dennoch – oder gerade deswegen – kam es zu Spannungen mit der Akademie, gegen die Huchel seinen Eigensinn in Redaktionsentscheidungen zu wahren versuchte. Nicht zufällig führte er darum, wie man in Ostberlin mit Argwohn feststellte, die »Redaktion irgendwo in einem Dorf weit hinter Potsdam«.[62] Schachzug eines Eigenbrötlers, um Ostberliner Funktionäre auf Distanz zu halten. Doch blieb diese in einem autoritär und zentralistisch geführten Staat nur relativ. Der Tiefpunkt war das Heft zu Stalins Tod 1953, bei dem Huchel sich ein knappes Bekenntnis abringen ließ.[63] Die stets fragile Distanz schlug nach dem Mauerbau endgültig in Isolation um, wobei ihn seine Eigenständigkeit in die Lage eines Schutzlosen brachte, der nach Brechts Tod keinen Fürsprecher gegenüber staatlichen Stellen mehr hatte. Huchels Position hatte nur so lange Bestand, wie die SED seine »majestätische Isoliertheit«, wie ihr Chefideologe Kurt Hager ätzte, als Teil einer gesamtdeutschen Brückenkopfdiplomatie duldete.[64]

Spätestens mit dem Mauerbau war diese Position überholt. Huchels »Bresche« war ein Pfad ins Niemandsland geworden. Das Tragische wurde im Moment seines Sturzes sinnfällig, als der Komplize zum Opfer ohne Rechte wurde und seine Privilegien als Herausgeber einbüßte: »Ich habe der Partei

menhingen, zeigen Verbindungen zu Sachs, Anders, Bloch und Eich. Siehe hierzu: Huchel. Wie soll man da Gedichte schreiben, 70, 235, 244, 393. Zum Stichwort »Beitrag zur Literatur« siehe Huchels Rundfunkbeitrag »Die Stunde der Akademie« (1955), zitiert in: Braun. Die Literaturzeitschrift »Sinn und Form«, 34.

61 Zur Insellage von »Sinn und Form« vgl. Mayer an Huchel vom 10.10.1953, in: Huchel. Wie soll man da Gedichte schreiben, 147.

62 So der Kulturfunktionär Alexander Abusch in: Stenographische Niederschriften der Plenarsitzung der Deutschen Akademie der Künste am 26. Juni 1953, 166. Hamburger sah Huchels »insistence on artistic criteria« als Grund, warum er in Hausarrest geriet. Vgl. Hamburger. After the Second Flood, 80.

63 Vgl. Axel Vieregg. Editorische Notiz (1984), in: Huchel. Gesammelte Werke. Bd. 2, 403–408, hier: 404. Sowie: Braun. Die Literaturzeitschrift »Sinn und Form«, 26f.

64 So Kurt Hager in einem Angriff auf Huchel 1963. Vgl. Braun. Die Literaturzeitschrift »Sinn und Form«, 50.

niemals angehört«, schrieb er später aus der Verteidigungslage, »und wünsche daher auch nicht, nach ihrem Reglement abgeurteilt zu werden, sondern behalte mir das Recht vor, das Maß an persönlicher Freiheit in Anspruch zu nehmen, das, wie ich glaube, jedem Menschen zusteht.«[65] Die Haltung, mit der Huchel in ein Kräftemessen mit der Partei ging, war bemerkenswert. Doch offenbarte es eine Selbsttäuschung, da er diese Freiheiten in der DDR letztlich nie besessen hatte, sondern sie ihm lediglich als Funktionsträger zugestanden worden waren. Erst mit dem Bewusstsein verlorener Freiheit brach die Frage nach deren Belastbarkeit auf.

In ein anderes Licht gerät Huchels Absturz, stellt man ihm eine Anekdote Kantorowicz' entgegen. Dieser gestand über die stalinistische Phase der DDR, dass »der Druck, unter dem wir alle standen«, Freundschaften zerbrechen hatte lassen.[66] Für ihn lag Huchels eigentlicher Sturz in dessen Pakt mit Becher, obgleich dieser später selbst versuchte, ihn abzusetzen. Kantorowicz hat den Pakt Huchels in einen surrealen Alptraum verpackt, in dem ihm sein einstiger Freund als Höllengänger begegnete, der sein Gewissen neutralisiert hat. Es war ein unheimlicher Wiedergänger-Traum; denn auch die »Nazizeit war wiedergekommen«. In diesem Traum führt ihn Huchel in Görings Luftfahrtministerium, Motiv zweifelhaften Höhenflugs. Huchel ist ein geschickter Einfädler, der ihm doppelgesichtig, »halb mitleidig, halb verständnisvoll« begegnet. Kantorowicz löst diesen Traum vom faustischen Huchel am Ende auf, indem er Göring in eins setzt mit Becher, der für ihn der Verantwortliche der Stalinisierung, des Personenkults in der Literatur gewesen war.[67]

Doch scheint der Traum abgründiger, weist er auf eine Kontinuität in den Verführbarkeiten hin, aus der heraus sich mancher umdrehen ließ. So bannte der surreale Traum die Anwesenheit des faschistischen Gespensts im antifaschistischen Kleid in ein Bild. Die entfernte Verwandtschaft zwischen den Totalitarismen, im Personenkult, der Uniformierung, in der sentimentalen Nostalgie, waren Kantorowicz offenbar.[68] Huchel hat es seinerseits – in einem Spruch für Wilhelm Pieck – ins Bild gesetzt, als er über die Unver-

---

65 Peter Huchel. Lebenserinnerungen, Bl. 3. Nachlass Peter Huchel, DLA Marbach.

66 Vgl. Kantorowicz. Peter Huchel, 85.

67 Kantorowicz nimmt sich selbst nicht aus dem Bild und spricht von seiner Scham, die ihm in dem Huchel-Traum begegnet sei: Kantorowicz. Peter Huchel, 87. Bobrowski war hier kühler und nannte Becher einen »toten Dichter bei Lebzeiten«: Johannes Bobrowski. Becher, in: ders. Gesammelte Werke. Bd. 1, 236.

68 Zur Verstrickung des antifaschistischen Pathos in die Politik des eigenen Unrechtsstaats siehe: Rabinbach. Begriffe aus dem Kalten Krieg, 41.

Entzüge: Ausharren im Weltmangel

gangenheit der »alten Zeit« sagte: »Gespenstisch tritt sie auf den Plan.«[69] Das Gedicht sagt mehr als sein Autor, wenn es »Wahn« auf »Aberwahn« reimt. Es muss sich eine seelische Spaltung in Huchel vollzogen haben. Er war in der Lage, nach seinem Moskau-Besuch 1953 eine Eloge zu verfassen, die den Topos der Zentrale Moskau ins Erhabene transponiert – und doch von paranoider Stimmung getragen ist. Von Nacht und Kälte ist im Gedicht die Rede, in der »Feinde« wie »Füchse« durchs Gras streifen. Wenn Moskau bei Huchel zur unverwundbaren Festung wird, verbindet sich darin etwas von der Optik des Melancholikers mit einem sozialistischen Erhabenen.[70] In Huchels Fall verleitete es dazu, auf die Welt wie durch ein umgekehrtes Fernrohr zu blicken, worin das Menschliche verzwergt wird.[71]

Auf dieser Spur warf Kantorowicz Huchel vor, dass er sich in den Anfangsjahren als Bechers Alibi – dessen besseres Ich – habe missbrauchen lassen. Zwar habe Huchel seine literarische Enklave verteidigt, doch blieb er in die Stalinisierung verstrickt. Darin bestand für den einstigen Freund das Zwielichtige des Autors, sein faustischer Anteil.[72] Kantorowicz betonte das Dämonische Huchels, in dem zweierlei Wille zu stecken schienen. Die Ohnmacht des Dichters sollte erst wieder zu Wort kommen, als der Funktionär in die Falle getreten war.[73] Später entwarf Huchel sein Dichterbild ambivalenter: Aus faustischen Magiern wird in »Gezählte Tage« ein Abmarsch der Gaukler, die falsches Spiel gespielt hätten.[74] Es ist zu vermuten,

69 Peter Huchel. Spruch. Für Wilhelm Pieck (1961), in: ders. Gesammelte Werke. Bd. 1, 312.
70 Vgl. Peter Huchel. Moskau – Gedanken bei der Maidemonstration 1953 auf dem Roten Platz (undatiert), in: ders. Gesammelte Werke. Bd. 1, 351. Das Heikle am Einsatz des Erhabenen in der Stadtschilderung wird deutlich, wenn man sich vergegenwärtigt, dass das Erhabene gemeinhin für das Erscheinen des Absoluten gehalten wird; das Numinose und die Macht kreuzen sich auf zweifelhafte Weise. Vgl. Friedrich Theodor Vischer. Über das Erhabene und Komische. Ein Beitrag zu der Philosophie des Schönen (1837), in: ders. Über das Erhabene und Komische und andere Texte zur Ästhetik. Frankfurt a.M. 1967, 37–215, hier: 71.
71 Zu dieser Beobachtung: Marie Luise Kaschnitz. Für Peter Huchel (1973), in: dies. Gesammelte Werke. Bd. 5, 581. Zum »Größen- und Kleinheitswahn« im manisch-depressiven Spektrum: Binswanger. Melancholie und Manie, 357.
72 Vgl. Kantorowicz. Peter Huchel, 91 f.
73 Zu den zwei gegensätzlichen Willensformen im dämonischen Typ: Kierkegaard. Begriff der Angst, 598.
74 Vgl. Peter Huchel. Die Gaukler sind fort (1970), in: ders. Gesammelte Werke. Bd. 1, 179. Zur Frucht der Desillusion vgl. Karl Alfred Wolken. Zwiesprache mit der Wirklichkeit (1972), in: Hans Mayer (Hg.). Über Peter Huchel. Frankfurt a.M. 1973, 183–203, hier: 194. Zum Gaukler als der Kehrfigur des dämonischen Magier-

dass im Sturz der Gaukler auch ein Ich-Anteil ausgedrückt ist: Abbau an Selbsttäuschungen.

Doch recht betrachtet, brachte der Lyriker Huchel in der Isolation seine poetische Ernte ein. Es war die Frucht der Enttäuschung, wie Gombrowicz sie als die eigentliche Frucht der Poesie im Sozialismus bezeichnet hat.[75] Bei Huchel zeigt sich diese Desillusion sprachlich, wenn sich sein Schlüsselbild der Reuse in das einer »Stacheldrahtreuse« umwandelte, in die er hinter der Mauer geraten war.[76] Die poetologische Metapher wird zweischneidig, denn einerseits warf er selbst die Reusen zum Bildfang aus, worin Kantorowicz ein Stück seiner »Bauernschlauheit« sah.[77] Hierbei ist die Reuse als Sache zunächst eine Fischfalle; im althochdeutschen »rûsa« klingt noch etwas von der List an.[78] Andererseits wird in der »Stacheldrahtreuse« eine ethische Problematik vernehmbar: die des Nehmens bei der schwachen Stelle. Mit Binswanger kann man hierzu anmerken, dass das Wort »Falle« überhaupt zum Schlüsselbegriff einer zynischen »Sprache der Gesellschaft« im 20. Jahrhundert wurde.[79] So deutet die Metapher auf einen Widerspruch in Huchels Selbstverständnis als Autor hin. Denn Sprache, verstanden als Werkzeug, widersprach seinem Bemühen, eines Kommen-Lassens des Ausdrucks. Das poetologische Bild zielt auf seine Ambivalenz als Dichter: Er war zum gefangenen Fallensteller geworden. Sein Lebenspfad führte ihn von der »Reuse« ins »Tellereisen«.[80] Dass darin ein Gewissenskonflikt lag, machte er im Rückblick in einer Anekdote über Brecht deutlich, in der er – gegen diesen – auf den Begriff der »Gnade« insistierte, deren alle noch bedürftig würden.[81]

Dichters vgl. Muschg. Tragische Literaturgeschichte, 264, 267. Zum Bild Huchels als Naturmagier vgl. Haufe. Nachwort, 54f.

75 Vgl. Gombrowicz. Tagebücher, 605.

76 Huchel verwendet die Reuse einerseits als poetologische Metapher, aber in seiner Isolation auch im Sinne einer Falle – die »Stacheldrahtreuse«, die ihm nach dem Mauerbau ausgelegt wurde. Siehe: Peter Huchel. Ophelia (1966), in: ders. Gesammelte Werke. Bd. 1, 175.

77 Zur Reuse poetologisch vgl. Peter Huchel. Die Sternenreuse (1947), sowie: Havelnacht (1933), in: ders. Gesammelte Werke. Bd. 1, 83f., 88f. Siehe auch: Kantorowicz. Peter Huchel, 79.

78 Vgl. der Eintrag »reuse«: Grimm. Deutsches Wörterbuch. Bd. 14, 846. Zur Fang- und Fallenmetaphorik auch: Blumenberg. Theorie der Unbegrifflichkeit, 13f.

79 Vgl. Binswanger. Grundformen und Erkenntnis menschlichen Daseins, 278.

80 Das Bild des »Tellereisen« wählte er 1962 zur »Sinn und Form«-Affäre: Huchel. Traum im Tellereisen, 155.

81 Vgl. Peter Huchel. Erinnerung an Brecht (undatiert), in: Text + Kritik Nr. 157: Peter Huchel (2003), 37–39, hier: 37.

In Huchels Person bündeln sich also Schlüsselerfahrungen der östlichen Kulturpolitik. Der einst Stummgebliebene wurde unter dem SED-Regime zum Stummgestellten. Erst dieser Huchel war in der Lage, ein Stück seiner Not auszutragen. Dabei wurde er zum Opfer des Schweigens der anderen, Bobrowskis etwa, dessen Förderer er anfänglich gewesen war.[82] Dieser begann ihm – auch aus eigener Gefährdung – auszuweichen. Etwas von dieser Klemme hatte Döblin antizipiert, ohne zu ahnen, dass es den Herausgeber von »Sinn und Form« selbst erwischen könnte. So schrieb Döblin ihm auf dem Höhepunkt der Stalinisierung: »Die deutsche Literatur, wohin ist es mit ihr gekommen. Die Politik hat sie bei der Gurgel gefasst.«[83] Es war nicht ohne tragische Ironie, dass Döblin diese Diagnose nur wenige Monate vor dem ersten Angriff von Becher auf Huchel formulierte. Nach dieser Attacke war dieser bereit, einzuräumen: Man habe ihm in Ostberlin »Minen« in den Weg gelegt und manch »bitteren Becher« leeren lassen.[84] Wanderte die Sprache wieder in eine zweite Ebene, brach Huchels ganzer Frust erst im letzten »Sinn und Form«-Heft auf, als er sich gegen ein abgesperrtes Bild des Wirklichen wehrte: gegen künstliche Umstände, aus denen sich die Kräfte in die Katakombe zurückzogen.[85] In dieser Zeit sollte Huchel Bekanntschaft mit den nachstalinistischen Methoden machen, die Gombrowicz als »anämische Tyrannei« umschrieben hat. Es waren Mittel weicher Verfolgung, die mit dem Totschweigen der in Ungnade gefallenen Person begannen.[86] Gombrowicz hatte beschrieben, was Huchel zum Schicksal wurde: Ein »Waghals« werde bei diesem Vorgehen nicht direkt seines Lebens bedroht, sondern »ganz einfach werden sich vor ihm Zeitungen und Verlage verschließen, er wird auf das Gleis privaten Lebens abgestellt«.[87]

82 Zu Huchel als Bobrowskis anfänglichem »Schutzpatron« vgl. Nijssen. »Suchen mit zitterndem Mund«, 124f.
83 Döblin an Huchel vom 10.9.1952, in: Huchel. Wie soll man da Gedichte schreiben, 123f., hier: 123.
84 Zum Wortspiel: Peter Huchel an Konrad Farner vom 26.7.1953, in: ders. Wie soll man da Gedichte schreiben, 134f., hier: 134.
85 In der letzten Nummer ging er gegen ein abgesperrtes Bild des Wirklichen vor. Hierzu den Hinweis in: Huchel. Wie soll man das Gedichte schreiben, 384. Hatte Huchel Anfang der 1950er vor dem Rückzug der Literaten in die »Katakombe« gewarnt, sollte er später selbst zu jenen »Katakombenbrüdern« gehören. Vgl. Huchel. Antwort auf den offenen Brief eines westdeutschen Schriftstellers, 290.
86 Vgl. Gombrowicz. Schund, 421.
87 Gombrowicz. Schund, 418. Schon Jaspers hatte eine intime Kenntnis der Deutschen an der Misere der Polen konstatiert, aus der eigenen totalitären Erfahrung heraus und aus ihrer Schuld ihnen gegenüber – diese Sicht kehrte sich bei Gombrowicz um. Vgl. Karl Jaspers. Vorwort, in: Miłosz. Verführtes Denken, 7–9, hier: 7.

Gombrowicz' Bild korrespondiert recht genau mit der Lage Huchels, wie er sie 1963 dem Mentor Willy Haas nach seinem Sturz als Chefredakteur schilderte. Nun war Huchel dem Versuch eines Aushungerns an Kontakten, einer Abschnürung finanzieller wie geistiger Art ausgesetzt: »Immer wieder die gleiche Taktik, man schweigt: unausgesprochenes Reiseverbot, unausgesprochenes Publikationsverbot.«[88] In einem Brief an Günter Eich ergänzt er die Lage, indem er Gombrowicz' Metapher fortwebt: »Eine mächtige Maschine hat mich aufs tote Gleis rangiert, die blockierte Strecke ist abzusehen, hier also wirst du verrosten.«[89] Die »blockierte Strecke« war die gesperrte Durchfahrt, die Koeppen von der Westseite aus zur Zeit seines »Brandenburg«-Projekts inspiziert hatte. In einer Beistandsbekundung für Huchel sprach er über ein »verloren gegangenes paket«: jemanden, dem man die Ausfahrt verwehrte.[90] Dass Huchel sich nach 1962 unters Eis geraten fühlte, bezeugt sein »Winterpsalm«. Doch gerade diese Gedichte bahnten den Weg, den die informellere Poesie in der DDR gehen sollte: dorthin, wo sie Gombrowicz im Ostblock längst wähnte. Er sah sie jenseits des »offiziellen Tons«, wo die Enttäuschungen heimzuholen waren. Das sei in düsteren Zeiten eine Aufgabe ersten Ranges, »die beste höhere Schule, die sie absolvieren konnten«.[91]

Diese für die DDR außergewöhnliche Lage Huchels hat man mit Recht als inneres Exil bezeichnet, sie hatte sowohl eine strukturelle als auch poetologische Verwandtschaft mit einer neuerlichen inneren Emigration nach dem Vorbild Loerkes, in der sich das Thema von Zeugenschaft, beredtem Schweigen wiederholte, eine Spur, die Huchel im letzten »Sinn und Form«-Heft selbst ausgelegt hat.[92] Doch hatte dieser Rückzug bei ihm eine Vorgeschichte, die mit seinem Schweigen im Dritten Reich zusammenhing.[93] Nun

---

88 Peter Huchel an Willy Haas vom 19.2.1963. Nachlass Peter Huchel, DLA Marbach.

89 Peter Huchel an Günter Eich und Ilse Aichinger vom 10.4.1963, in: ders. Wie soll man da Gedichte schreiben, 393 f., hier: 393. Zur Abstellgleis-Metaphorik in der Melancholie: Binswanger. Melancholie und Manie, 376.

90 Vgl. Koeppen. nach potsdam, 51. Koeppen hat später bemerkt, dass er auch einmal von Ostberlin, einer Delegation um Stephan Hermlin, umworben wurde, hielt aber fest: »Ich fühlte mich nicht verführt.« Wolfgang Koeppen. Der stille Beobachter greift nicht mehr ein. Gespräch mit Hannes Hintermeier (1989), in: ders. Gesammelte Werke. Bd. 16, 433–435, hier: 434.

91 Gombrowicz. Tagebücher, 605.

92 Darin antwortet Huchel auf seine Entlassung mit Brechts »Über die Widerstandskraft der Vernunft«, womit er zugleich eine Parallele zwischen 1933 und 1961/62 zieht. Vgl. Braun. Die Zeitschrift »Sinn und Form«, 46.

93 Zur Figur des inneren Exils in Bezug auf Huchel vgl. Michael Hamburger. Rand-

Entzüge: Ausharren im Weltmangel

wählte Huchel nicht zufällig für seine Isolation das Bild vom »Steinpfad«, in Anknüpfung an Loerkes letzten Gedichtband.[94] Auf diesem »Steinpfad« brachte Loerke seine Erfahrungen in Verse, in denen er die stumme Gewalt gegen die leidende Stimme setzte.[95] Entsann sich Huchel dieses Modells? Auch er machte die Erfahrung des Verrats, fühlte sich wie »Unkraut«: »Willkommen sind Gäste«, heißt es in »Gezählte Tage«, »die Unkraut lieben, / die nicht scheuen den Steinpfad. / Es kommen keine.«[96] Die Scheu einstiger Vertrauter vor dem tückenreichen »Steinpfad« drückt sich darin aus. War es nicht zugleich Hinweis auf die anwesend stumme Stimme der Gewalt? Denn vor Huchels Haus – das sah jeder, der ihn besuchte – stand eine schwarze Staatslimousine; sie machte seinen Hubertusweg zum stasibewachten Terrain.[97] Daneben spricht aus dem Wort »Unkraut« die Enttäuschung des Gemiedenen, der sich von manch Bekanntem wie Bobrowski ein »menschlich nobles Wort« erhofft hatte.[98] Doch mögen ihm auch persönliche Säumnisse zurückgekommen sein. Ihm wurde der eigene Keller zum Hort »kantiger Trauer«.[99] Mit der Isolation tat sich vor ihm eine Lebensgrube auf, die er als »Senke«, »Furt« oder »Mulde« poetisch umkreiste.[100]

Huchel erfuhr den Bruch, der sein einstiges Selbstverständnis als Mitstreiter im Staate erschütterte. In noch einer Hinsicht schloss sich ein Kreis: »Sinn und Form« hatte damit begonnen, dass die Zeitschrift »etwas sehr

bemerkungen zum Schweigen. Über Peter Huchel (1986), in: ders. Das Überleben der Lyrik, 30–36, hier: 31.

94 Zum Steinpfadmotiv: Peter Huchel. Unkraut (1972), in: ders. Gesammelte Werke. Bd. 1, 224f., hier: 224. Dass Huchels Pfad auch einer des Kummers war, wirkt ebenfalls wie eine Anspielung: Oskar Loerke. Der Steinpfad (1938), in: ders. Gedichte und Prosa. Bd. 1, 529–544, hier: 535. Zur Verbindung zwischen Loerke und Huchel vgl. Nijssen. Der heimliche König, 199.

95 Vgl. Oskar Loerke. Geleitwort zum Steinpfad (1938), in: ders. Gedichte und Prosa. Bd. 1, 687–691, hier: 690.

96 Huchel. Unkraut, 225.

97 Zum »schwarzen SIS mit weißen Gardinen« vor seiner Tür siehe: Peter Huchel. Waschtag (1972), in: ders. Gesammelte Werke. Bd. 1, 218. Zur Sonderbewachung Huchels auch: Meckel. Hier wird Gold gewaschen, 46.

98 Vgl. Meckel. Hier wird Gold gewaschen, 42.

99 Vgl. Huchel. Unkraut, 225.

100 Zur »Mulde« vgl. Huchel. April 63, 217. Hierzu die Variation der Lebensgrube als »Furt«, »Keller«, »Loch«, »Senke«, was sich wie das Bildarsenal eines Melancholischen liest. Das Grubenmotiv bildet die Brücke zur Krypta. Auf die Muldenmetaphorik hat Huchel in einem Brief an Hamburger hingewiesen: Huchel an Hamburger vom 18.12.1972, in: ders. Gesammelte Werke. Bd. 2, 356f., hier: 356.

Notwendiges über Loerke« brachte.[101] Huchel veröffentlichte gleich in der ersten Nummer 1949 erstmals dessen Tagebücher aus der NS-Zeit, gemeinsam mit dessen Schubladengedichten.[102] Somit scheint es, als habe Huchel auf dem zweiten »Steinpfad« das Vermächtnis Loerkes wieder eingeholt. Denn hatte man ihn nicht als Sondergefangenen kaltgestellt, ähnlich wie Loerke in Isolation im Dritten Reich lebte? Etwas von dessen Gewissensfrage kam Huchel in der Zeit seiner Arbeit am Band »Gezählte Tage« zur Wiedervorlage. Dabei kreuzte er die lyrische Spur Bobrowskis, der sich in seinen »Wetterzeichen« in ähnlichem »Geflecht« wähnte. Von dessen Lage scheint er nichts gewusst zu haben. Das »Geflecht« von Einschüchterungen aber zog sich ebenso um Huchel nach dem letzten »Sinn und Form«-Heft eng. Seitdem bearbeitete die Partei den Lyriker Huchel wegen »Staatszersetzung operativ«.[103] Er war Staatsfeind geworden und begann bilderreich von den »Fittichen der Gewalt« Zeugnis abzulegen.[104]

Dabei spitzte Huchel diese Haltung des Steinpfads auf etwas Entscheidendes zu: Es war die Sorge um die eigene Zeit. Darum, was sie zeitigen kann, wie es der anspielungsreiche Titel »Gezählte Tage« andeutet.[105] Die Sorgethematik erscheint exemplarisch in der Anrede an den eigenen Sohn in »Der Garten des Theophrasts«. In diesem Gedicht ruft er das Bild des Mangels auf. Das Kehrbild dazu war eine vergangene »Atmosphäre von Sympathie«, des »guten Gesprächs«, von der nach dem Mauerbau keine

---

101 Vgl. Peter Huchel an Ulrich Riemerschmidt vom 10.8.1948, in: ders. Wie soll man da Gedichte schreiben, 61f., hier: 62.

102 In dieser Publikation befindet sich auch der Vers zum Einsturz »jedweden blutgefügten Reichs«: Oskar Loerke. Vermächtnis, in: Sinn und Form 1 (1949), Nr. 1, 51. Huchel war später im Besitz der Buchausgabe von Loerkes Tagebuch in der Ausgabe von 1956, wie aus einem Brief an dessen Herausgeber Kasack hervorgeht. Vgl. Huchel an Kasack vom 27.9.1956. A: Kasack, Hermann. Nachlass Hermann Kasack, DLA Marbach. Für den Hinweis auf die Archivalie sei Hub Nijssen gedankt.

103 Vgl. Braun. Die Zeitschrift »Sinn und Form«, 58.

104 Vgl. Huchel. Das Gericht, 225.

105 Hier ist auf die Mehrdeutigkeit der »Gezählten Tage« einzugehen. Mit ihnen ist das Motiv der Endlichkeit aufgerufen; unser Aufenthalt sind ›gezählte Tage‹, anspielend auf Psalm 90.12. Doch die ›gezählten Tage‹ meinen rückblickend auch Huchels Zeit im Hausarrest. Zuletzt sind es die ›gezählten Tage‹ eines Landes, welches auf diese Weise mit seinen Bürgern umging. Auf die Prophezeiung eines sich abzeichnenden Untergangs deutet das Ende von »Hubertusweg« hin, wenn von der Aushungerung einer Stadt die Rede ist. Vgl. Peter Huchel. Hubertusweg (1972), in: ders. Gesammelte Werke. Bd. 1, 222f., hier: 223.

Rede mehr sein konnte.[106] So heißt es im Widmungsgedicht: »Gedenke derer, / Die einst Gespräche wie Bäume gepflanzt.«[107] Huchel rückte in die Rolle eines Autors von Verfolgungsliteratur – eine Situation, die in anderer Dringlichkeit die Frage nach der Wahrheit im Ausdruck aufwarf. Wie es Leo Strauss für diesen Typus von Literatur beschrieben hat, griff Huchel auf das Verfahren der Allegorisierung zurück, schloss an die verdeckte Poesie an, wenngleich die verschlüsselte Sprache seit je seinem Naturell entsprach.[108] Wie bei Loerke suchte Huchels Ausdruck die Katakombe auf. Huchel hat für diesen Abstieg nicht von ungefähr sein chthonisches Bild in Nachbarschaft zu dessen »Silberdistelwald« gesucht: »Unter der Wurzel der Distel, / Wohnt nun die Sprache.«[109]

An dem Zusammenhang lässt sich eine kleine Herkunftsgeschichte festmachen. Diese impliziert nicht nur die Wiederkehr eines verwandten Orts der Dichtung, sondern die Parallele lag in der Situation, die beide Autoren an diesen Rand stellte. War es bei Huchel der Einschnitt des Mauerbaus, der zu seiner Entlassung geführt hatte, so bei Loerke die Gleichschaltung 1933, die seine Absetzung als Sekretär der Akademie zur Folge hatte. War die Mauerzeit eine, in der nach einem Wort Mayers alte »Rechnungen beglichen« wurden, geriet Huchel in die Lage eines Wehrlosen. Die Parteiideologen verunglimpften ihn als einen »englischen Lord« im Märkischen.[110] Nicht nur, dass er sich den »erhabenen Problemen« des Sozialismus entzogen hatte, ihm

---

106 Hierzu brieflich: Huchel an Haas vom 19.2.1963. Nachlass Peter Huchel, DLA Marbach.

107 Peter Huchel. Der Garten des Theophrast (1962), in: ders. Gesammelte Werke. Bd. 1, 155f., hier: 155. Das Gedicht »Der Garten des Theophrasts« ist wenig vor dem Brief an Haas, ca. Herbst 1962, entstanden. Siehe hierzu die Anmerkung in: Huchel. Gesammelte Werke. Bd. 1, 411.

108 Zu Verfolgung und Metaphorisierung: Strauss. Verfolgung und die Kunst des Schreibens, 26. Auch: Peter Huchel. »Hubertusweg«. Interview mit Dieter Zilligen (1972), in: ders. Gesammelte Werke. Bd. 2, 383–386, hier: 383.

109 Peter Huchel. Unter der Wurzel der Distel (1963), in: ders. Gesammelte Werke. Bd. 1, 156. Die Distel wurzelt tief und ist nur schwer auszureißen. Es ist nicht unwahrscheinlich, dass das Distelmotiv ein Fingerzeig auf Loerkes »Silberdistelwald« ist, dem ersten Band aus dessen innerer Emigration, worin er unter verborgener Wurzel Botschaften deponierte. Vgl. Oskar Loerke. Der Silberdistelwald (1934), in: ders. Gedichte und Prosa. Bd. 1, 402. Nähen zu Loerkes Ton hat Lehmann bei Huchel geltend gemacht. Vgl. Lehmann an Bender 8.12.63, in: Vieregg (Hg.). Peter Huchel, 37f., hier: 38.

110 Vgl. Hans Mayer. Erinnerungen an Peter Huchel, Min. 00:04:10f. Siehe: https://www.peter-huchel-preis.de/peter-huchel/

wurde aus dem SED-Apparat mangelnde »Parteilichkeit« vorgeworfen.[111] Die Wiederkehr eines ethischen Problems klingt darin an. Gadamer hat dieses als die wirkungsästhetische Falle der Kunst beschrieben: durch ein letztlich autoritatives Kunstverständnis, dominiert von »Machtträumen pädagogischer Moralisten«.[112] Huchel sprach von einer »angemaßten Autorität«, die versuche, die Literatur vor ihren ideologischen Karren zu spannen.[113] Eine »Überspannung der erzieherischen Aufgabe«, so Gadamer wieder, die für den, der sich offen widersetzte, meist »Dichterzensur« oder »Vertreibung« bedeutete.[114] Huchel hat das Bild der Verbannung aufgeworfen: in der Figur des Theophrast, der aus der Polis Athens ausgeschlossen wurde.[115] Er wählte die Form der Einkleidung des Dissenses ins »historische Gewand«.[116] Da seine Lyrik der Isolation aber auf der anderen Seite des ›Sprachgitters‹ – in Westdeutschland – erschien, waren der SED an dieser Stelle letztlich die Hände gebunden.

Auch seinen Themen nach wechselte Huchel, nach Versuchen am sozialistischen Erwartungspol, nun an den dornenreicheren Erfahrungspol der Poesie zurück.[117] Gerade angesichts einer Situation, in der er sich »verleumdet und angeprangert« fühlte, öffnete sich der dunkle Strom der Verse wieder, worauf sein alter Mentor Haas immer gehofft hatte, der den Dichter vor dem Funktionsträger in ihm in Schutz nahm.[118] Etwas von der Bedrängnis kommt in einem Gedicht wie »An taube Ohren der Geschlechter« zum Ausdruck. Darin wird die Zeit nach dem Mauerbau erfasst: »Die Öde saugt den Atem aus.«[119] Das erinnert an Bobrowskis Implosionsstimmung im Ge-

111 So Kurt Hager, zitiert nach: Nijssen. Der heimliche König, 336.
112 Vgl. Gadamer. Plato und die Dichter, 196. Zum Kontakt zwischen den beiden: Gadamer an Huchel vom 13.6.1977. Nachlass Peter Huchel, DLA Marbach.
113 Vgl. Huchel. Antwort auf den offenen Brief eines westdeutschen Schriftstellers, 291.
114 Vgl. Gadamer. Plato und die Dichter, 192, 195.
115 Zum Hinweis auf Theophrasts Verbannung in Bezug auf Huchels »Der Garten des Theophrast«, die Spiegelung von Berlin in Athen vgl. Nijssen. Der heimliche König, 356f.
116 Zur Kritik der Parteiideologen an »Parabelform« und »historischem Gewand« bei Huchel vgl. Nijssen. Der heimliche König, 362.
117 Zur Wanderungsbewegung vom Erwartungspol an den Erfahrungspol in der Literatur des 20. Jahrhunderts siehe: Odo Marquard. Kunst als Antifiktion, in: ders. Aesthetica und Anesthetica, 82–99, hier: 98.
118 Vgl. Huchel an Haas vom 19.2.1963. Nachlass Peter Huchel, DLA Marbach. Sowie Haas' Weckruf an dessen »dichterische Berufung«: Haas an Huchel vom 27.12.1962. Nachlass Peter Huchel, DLA Marbach.
119 Peter Huchel. An taube Ohren der Geschlechter (1962), in: ders. Gesammelte Werke. Bd. 1, 152f., hier: 152.

dicht »Stadt«: »Hier wird, / sagt man, / grünen ein Baum / und den Himmel halten«.[120] Dieses Bild findet seine Entsprechung bei Huchel. Bei diesem löst der Mauerbau Atemnot aus: »Dann schnitt der Pflug, / durch Asche, Bein und Schutt.«[121] Es war jener verhängnisvolle Schnitt, durch den der Autor zum Sondergefangenen wurde.

Später sollte Huchel das Gedicht »Ophelia« für Nelly Sachs schreiben, in dem die Wortkette »Kommando«, »Draht«, »Schrei« und »Kugel« die Verse wie ein Hilferuf durchzieht. Dort wurde er endgültig zum ins ›Herzgitter‹ Geworfenen: »mit Golddraht umwickelt, / brannte ein Herz.«[122] Erinnert man sich an Loerkes Prophezeiung eines »öden Raumes« von 1933, lässt sich sagen, dass sich bei Huchel ein Déjà-vu einstellte. Doch sein Bild einer wüstenartigen Dürre geht nicht allein in der Misere auf. Vielmehr gab er im Schlüsselgedicht »Hubertusweg« eine unauffällig deponierte Deutung ab, wie es mit unhaltbaren Lagen zu Ende zu gehen pflegt. Wenn hierzu Loerke zu bedenken gab, dass der Zwang nicht für Dauer bezwinge, so ergänzte Huchel, dass in der Ödnis die »heiße Luft« komme: »und trank die Brunnen aus«. Eine Gegend im »Durst« aber müsse im Kollaps enden: »Und ohne Sturmbock ergab sich eine Stadt.«[123] Hier wiederholt sich die Ahnung einer Implosion in Berlin, die alle drei Lyriker – Loerke, Bobrowski und Huchel – verbindet. Sie trugen jene Einsicht, die Gombrowicz für die Erfahrung mit Diktaturen umriss: eine »Weisheit?«, fragte dieser: »Gewiss, eine Weisheit in der Wüste.«[124]

Noch eine Erfahrung mag Huchel mit Loerke geteilt haben: jene einer Sprachempfindlichkeit, die den zur Selbstbehauptung Herausgeforderten trifft. Der Sturz in die Stille öffnete das Gewicht der Worte. Insofern hat Huchel seine eindringlichsten Momente dort, wo in den Gedichten ein Knirschen allzumenschlicher Erfahrungen vernehmbar wird. Darin beweist der Autor sein Format. So hat er seinen Sturz im Gedicht »Traum im Tellereisen« benannt. Die Gefahr, in Stummheit zu verharren: »Ihr letztes Vermächtnis«, so das »Testament« der gestürzten Tanne, sei »das Schweigen«.[125]

120 Bobrowski. Stadt, 198.
121 Huchel. An taube Ohren der Geschlechter, 152. Sowie der Hinweis von Vieregg auf den Mauer-Kontext in: Huchel. Gesammelte Werke. Bd. 2, 408.
122 Peter Huchel. Die Armut des Heiligen (1972), in: ders. Gesammelte Werke. Bd. 1, 189. Hier schließt sich die Herzmetaphorik zum Dichtungsthema Ihlenfelds. Vgl. Ihlenfeld. Stadtmitte, 223.
123 Huchel. Hubertusweg, 223. Sowie: Oskar Loerke. Ende der Gewalt (nach 1939), in: ders. Gedichte und Prosa. Bd. 1, 565.
124 Gombrowicz. Schund, 420.
125 Huchel. Traum im Tellereisen, 156.

Doch sollte diese Phase zur Stunde des Gedichts werden.[126] Es war ein Beharren auf dichterischen Eigensinn. Die Kröte ideologisch vorentschiedener Dichtung war er nicht mehr gewillt zu schlucken. Das waren Literaturauffassungen wie jene vom Bitterfelder Weg, über die er früh ausgesagt hatte, dass sie von »Vorgängen des schöpferischen Prozesses« unberührt blieben.[127] Dem voluntaristischen Primat sozialistischer Kunstvorstellung hielt er sein Warten-Können auf den Augenblick entgegen.[128] Das ist nah an der Loerke'schen Heimholung des Erlebten in die Sprache.[129] Im Abfischen des Augenblicks rückte einmal mehr das Zeugnistragen ins Zentrum; eine Zeugenschaftskomponente war hineinzunehmen, die Huchel seinem naturlyrischen Ton beizumengen verstand. Der Autor wandelte sich zu einem, der Zeitgeschehen einfing; der Beobachtungen ins Schilf märkischer Gewässer wickelte.[130] Sein Lebensgefühl ging eine Begegnung mit der Umgebung ein, die trotz der Naturlandschaft auch *aftermath*-Gegend einer zerstörerischen Epoche war.[131]

Schwieg der Funktionär in Huchel, kam der Dichter wieder zum Vorschein. Mit Letzterem trat auch das ambivalente Verhältnis zur Zeugenschaft hervor. Im »Winterpsalm«, in einer seiner erschütterndsten Zeilen, heißt es dazu: »Ich schweige. / Ich will nicht Zeuge sein«.[132] Hier geht das lyrische Ich in die Knie. Das Geständnis wirkt wie eine nachträgliche Realisation, als sei das Bild unangemeldet gekommen.[133] In der Hinsicht war Huchel in der Tat der Typ des widerwillig Sprechenden. Er glich dem »Verschlossenen«,

---

126 Huchel hat dieses Warten-Können aufs Gedicht in einem Brief an Arendt beschrieben: Peter Huchel an Erich Arendt vom 8.9.1951, in: ders. Wie soll man da Gedichte schreiben, 101–102, hier: 101.

127 Zu Huchels Ablehnung einer Dichtung als »Serienproduktion« und seiner Kritik an der herstellungsästhetischen Ahnungslosigkeit in den Debatten der DDR vgl. Braun. Die Literaturzeitschrift »Sinn und Form«, 45.

128 Hierzu seine poetologische Chiffre vom »scheuen Vogel« des Gedichts: Peter Huchel. Die Wasseramsel (1972), in: ders. Gesammelte Werke. Bd. 1, 186f., hier: 187.

129 Vgl. Loerke. Geleitwort zum Steinpfad, 683.

130 Zum Nexus Naturlyrik und politischer Zeugenschaft bei Huchel: Kaschnitz. Rettung durch die Phantasie, 998.

131 Zur geschichtlich kontaminierten Landschaft bei Huchel vgl. Meckel. Hier wird Gold gewaschen, 52.

132 Huchel. Winterpsalm, 154.

133 Zum Kommen des unangemeldeten Bildes: Peter Huchel. Erste Lese-Erlebnisse (1975), in: ders. Gesammelte Werke. Bd. 2, 317–325, hier: 324. Zur Initiation in die gesteigerter Wirklichkeit dichterischer Weltwahrnehmung vgl. von Gebsattel. Numinose Ersterlebnisse, 311.

wie ihn Kierkegaard beschrieb: »Der rückt nicht mit der Sprache heraus.«[134] Brachten diese Verse ein Stück Selbstnähe zurück, so artikulierte sich seine Erfahrung am »äußersten Rand« des Sagbaren.[135] Deshalb hatte der Autor die Bekenntnisse schon aus Gründen des Selbstschutzes in Verse zu bringen, damit ihn das verscharrte Zeugnis – wie es im »Winterpsalm« heißt – nicht mit voller Wucht treffe.

Aber welche Zeugenschaft war es eigentlich, um die es ging: die des Terrors der 1930er Jahre, des Krieges oder ging es um den Stalinismus? Huchel beließ es dabei, die Anfälligkeit des Zeugen allgemein zu benennen – und dessen Notwendigkeit, aus dem Schweigen zu treten.[136] Dass sich darin sein Schuldgefühl ausdrückte, darf angenommen werden. Dafür spricht die gewandelte Form seines Werks: eine gebrochenere, wie Mauern aus Findlingen. Huchels späte Innovation war die Aufgabe des Reims, härtere Rhythmik, für sich stehende Metaphern ohne Vergleich, ein Prosaisch-Werden der Klage.[137] Und das Wichtigste: die Hereinnahme jener Zeugnisdimension, die seine Sprache menschlicher machte. Darin zeichnete sich eine Parallele zum späten Bobrowski ab: Hatte Huchel im »Winterpsalm« seine Begegnung mit der Sorge, rief er auch die für Bobrowski bezeichnende stumme Angst auf.[138]

So mag man überrascht sein, wie hart Huchel mit Bobrowski ins Gericht ging, als dieser ihm in der ersten Zeit seiner Isolation aus dem Weg ging. Es mag sein, dass ihr Verhältnis schon vorher eine Widersprüchlichkeit verwaltet hatte, die bei Bobrowski darin zu suchen ist, dass er Huchels Hochmut wenig schätzte.[139] Huchel war in der Lage, einen Bobrowski an die Wand

---

134 Kierkegaard. Begriff der Angst, 592.

135 Vgl. Peter Huchel. Selbstinterpretation des Gedichts: Winterpsalm (1966), in: ders. Gesammelte Werke. Bd. 2, 309–311, hier: 310.

136 Zum Zeugnis im Zeichen totalitärer Erfahrungen vgl. Johannes von Lüpke. Zeuge; Zeugnis, in: Historisches Wörterbuch der Philosophie. Bd. 12. W–Z. Hg. von Joachim Ritter. Darmstadt 2004, 1324–1330, hier: 1328f. Zur Zeugenschaft angesichts totalitärer Irrealisierungsversuche: Angehrn. Sein Leben schreiben, 185.

137 Zum Bruch im späten Stil seit »Chausseen Chausseen« vgl. Nijssen. Der heimliche König, 371. Zum Wandel seines Stils zur Verknappung der Sprache: Weichelt. Peter Huchel, 71.

138 Vgl. Huchel. Winterpsalm, 154f. Zum Verstummen in der Angst: Kierkegaard. Begriff der Angst, 585. Zur Angst als leiblicher Empfindung der Bedrückung und Drangsal: Wandruszka. Angst und Mut, 18f.

139 Hier nach Huchels Absage, sich an einer Lyrik-Anthologie des jungen holländischen Forschers Ad den Besten zu beteiligen: »Daß Huchel nicht mitmacht, ist schlecht. Er ist sehr hochmütig, das stimmt.« Johannes Bobrowski an Ad den Besten vom 30.5.1960, in: ders. Briefe 1937–1965. Bd. 2, 323–327, hier: 324.

zu drücken.[140] Was sie beide verpassten, war die Einsicht, dass sie parallel am Wickel desselben Regimes waren. Denn dieser Staat verwehrte Huchel nach seiner Entlassung konsequent die Ausreise. Für Bobrowski begann sich damals ein ähnlicher Weg abzuzeichnen. Er hat sich wiederholt bei Huchel dafür entschuldigt, dass er im kritischen Augenblick nicht da war. Aber etwas war daran für Huchel unverzeihlich. Ein Ausweichen, doch hatte das Huchel nicht selbst gegenüber Willy Haas nach 1933 praktiziert, als dieser ins Exil ging?[141] Dieser Konflikt des Nicht-Zeuge-sein-Wollens kam Huchel in der Isolationszeit entschieden zurück.

Das Schweigen, das Huchel umgab, hatte zwei Seiten: ein Verschwiegensein und später ein Verschwiegenwerden. Sein Übersetzer Hamburger fand dafür das passende Bild, dass die Worte bei Huchel gleichsam ins Schweigen eingeschlossen seien.[142] Schon sein Jugendfreund Hans A. Joachim hatte von der »Brummigkeit des Schweigens« dieser nicht einfachen Persönlichkeit gesprochen.[143] Auf Huchels Schweigen trifft zu, was Benjamin hinsichtlich der dichterischen Produktivität grundsätzlich festgestellt hat: dass sie von jenen Erfahrungen abhänge, die einem »den Mund verschließen«; sie würden den Dichter erst »bedenklich« machen.[144] Wer diese kreative Verschwiegenheit, den inneren Zwiespalt an Huchel, klar erkannt hatte, war Willy Haas. Überhaupt waren seine jüdischen Freunde die besten Interpreten seines Schweigens. Haas sagte dazu, dass die Persönlichkeit dieses Mannes, wie seine Sprache, »ein schwer zu durchdringender Stein« sei.[145]

Diese Formulierung erinnert an Nietzsches Wort vom »feinen Schweigen«. Was dieser meinte, war eine Verschwiegenheit des zurückgehaltenen

140 Vgl. Huchel an Bobrowski vom 14.2.1963, in: dies. Briefwechsel, 27f.

141 Haas hat Huchel nie einen Vorwurf daraus gemacht. Vgl. Willy Haas. Ein Mann namens Peter Huchel (1968), in: Best (Hg.). Hommage für Peter Huchel, 55–59, hier: 56.

142 Siehe: Hamburger. Randbemerkungen zum Schweigen, 32. Sowie zu Hamburgers Einsatz für Huchels Werk im englischsprachigen Raum auch: Kaschnitz an Huchel vom 4.10.1972. Nachlass Peter Huchel, DLA Marbach.

143 Vgl. Hans Arno Joachim an Huchel von 1928, in: Huchel. Wie soll man da Gedichte schreiben, 20. Sowie das Gedicht für Joachim, in dem er um den Verlust des Freundes trauerte. Vgl. Peter Huchel. In Memoriam Hans A. Joachim (1947/48), in: ders. Gesammelte Werke. Bd. 1, 96–97, hier: 97.

144 Vgl. Benjamin. Nachwort, in: Haas. Gestalten, 281. Zur dämonischen Gespaltenheit als dem Schöpferischen auch: Muschg. Goethes Glaube an das Dämonische, 283.

145 Vgl. Haas. Ein Mann namens Peter Huchel, 59. Auch Kaschnitz hat auf die Verschwiegenheit Huchels hingewiesen. Vgl. von Gersdorff. Kaschnitz, 317.

Worts.[146] Haas hat die Frage nach dem ethischen Hintergrund des Schweigens für Huchel dahingehend beantwortet, dass dieser sich in seinen Augen von Becher hatte benutzen lassen. Kantorowicz sah ihn zweimal – 1933 und 1962 – ins Schweigen stürzen, das in den Jahren der Isolation beredt wurde.[147] In Huchel fand also etwas eine Fortsetzung, was man ein Murmeln am Rand der Stille nennen kann. Von der Mystik Jacob Böhmes, auf die er sich wiederholt berufen hat, übernahm der Lyriker den Gedanken, dass der Mensch nur im Deutungszusammenhang mit den weltlichen Phänomenen etwas über sich erfahre.[148] Doch Huchels Kryptik deutet auch auf einen intimen Umgang mit eigenen Dämonen, den Geistern persönlicher Verschwiegenheit hin. Die Mystifikation des Erlebten im lyrischen Bild war seine Variante, zu einer Form indirekter, das heißt »verschlossener Offenbarung« zu finden.[149]

Dieses Verfahren glich seinem zwiespältigen Wesen, das schon aus einem Wort wie »Sternenreuse«, Ausdruck seiner melancholischen Grundmetaphorik, herauszuhören ist. So trug Huchel die Gegensätze des Melancholischen, von Kontemplation und Trübsinn, in sich aus.[150] Einigen ging das narzisstische Element darin zu weit, wie Bobrowski, der sich von Huchels »Jeremiaden« nicht beeindrucken lassen wollte.[151] Kaschnitz hat es dezenter in dem Widmungsgedicht »Nicht gesagt« formuliert: Auch sie kannte verschluckte Zeugenschaft dessen, was »nur am Rande vermerkt« worden

146   Vgl. Nietzsche. Jenseits von Gut und Böse, 183. Zum »feinen Schweigen«, das Stern zu einer Grundfrage der deutschen Geistesgeschichte erweiterte, vgl. Stern. Das feine Schweigen, 158.

147   Vgl. Kantorowicz. Peter Huchel, 92.

148   Zur Selbstbegegnung in den Signaturen der Dinge vgl. auch: Jacob Böhme. De signatura rerum (1622), in: ders. Werke. Morgenröte. De signatura rerum. DKV-Ausgabe. Hg. von Ferdinand van Ingen. Frankfurt a. M. 2009, 507–791, hier: 518.

149   Zum dämonischen Zwiespalt »verschlossener Offenbarung«: Kierkegaard. Begriff der Angst, 596.

150   Zum melancholischen »Dämon der Gegensätze«, den Benjamin der Studie von Panofsky und Saxl entnahm, vgl. Benjamin. Ursprung des deutschen Trauerspiels, 326f. Sowie: Klibansky/Panofsky/Saxl. Saturn und Melancholie, insb. 110f. Huchel hat an der Lyrik Kaschnitz' auf die für die Dichtung entscheidenden Momente des Saturnischen und Visionären selbst hingewiesen. Vgl. Huchels Nachbemerkung »Zur Auswahl von Gedichten der Marie Luise Kaschnitz«, 315.

151   Bobrowski hat in einem Brief den Trübsinn Huchels salopper umschrieben und gemeint, er sei »unsagbar faul«. Vgl. Bobrowski an Hamm vom 12.3.1960, sowie: Huchel an Ad den Besten vom 22.3.1960, in: ders. Briefe 1937–1965, 252–254, hier: 253, 259–263, hier: 260. Dennoch hatte Bobrowski vor der Lyrik Huchels den größten Respekt. Vgl. Bobrowski an Huchel vom Dezember 1963, in: dies. Briefwechsel, 32.

war.[152] Doch anders als sie wurde Huchel ein zweites Mal geprüft. Die »Mulden«, »Fallen« und »Senken« seines Kosmos wurden zu Heimstätten einer neuerlichen Verschwiegenheit. Sie glichen Nietzsches Topoi der Verschwiegenheit, die dieser in »Höhlen, Verstecken« oder gar »Burgverliessen« zu Hause wähnte.[153] Wieder entstand eine persönliche Krypta abgelagerter Worte, die laut Huchel, mit dem »Winkelmaß der Schatten« gezogen, einer »Grube« ähnelte.[154]

In dem beschriebenen Wechselverhältnis von Schweigsamkeit und Vernehmbarkeit spitzt sich somit ein Kerngedanke der leere Zentrale zu. Denn wo ein Raum ausgeräumt wird, da füllt er sich mit Stille. Es scheint fast, als wären die späten Gedichte Huchels einem solchem Raum der Leere entsprungen. Denn mit einer Ausräumaktion eigener Art wurde Huchel auf seinem »Steinpfad« während der Isolationsjahre konfrontiert. Diese Erfahrung zeigte sich exemplarisch in seinem Kampf mit den DDR-Behörden um das Archiv von »Sinn und Form«. Es war das Archiv jener kleinen Zentrale zwischen Wilhelmshorster Kiefern, in dem sich, in Korrespondenzen und Manuskripten, ein nicht unerheblicher Teil der Nachkriegsliteratur zusammenfand. Dass Huchel dieses literarische Unternehmen überhaupt hatte führen können, lag an seiner Haltung als eigenwilliger Waldgänger; doch blieb noch diese Variante im Sozialismus durch ein ambivalentes Verhältnis zur Macht bestimmt.[155] So ist der Waldgänger bei ihm nicht nur der Mann auf Abwegen, sondern eine Figur, die das Heimische mit dem Heimlichen verbindet. Er ist der Verschlossenheitsmensch, der seinen Geheimnissen die Treue hält.[156] War eines davon nicht Huchels Ambition mit der Zeitschrift, die nun im Wald ins »Tellereisen« geschlagen lag? Der faustische Typ mit Fußfessel im Kiefernhain. Äußerlich wirkte er unfrei, innerlich aber war er auf Rückgewinnung von Spielraum aus.

Innerhalb dieses begrenzten Terrains sollte Huchel seiner Kunst des Zeichendeutens nachgehen. Sie glich einer Signaturen-Lehre, die vom Sichtbaren aufs Unsichtbare zurückzugeht. Ein Vorgang, der in seinem Werk mit

---

152 Vgl. Marie Luise Kaschnitz. Nicht gesagt, in: Best (Hg.). Hommage für Peter Huchel, 38.

153 Vgl. Nietzsche. Jenseits von Gut und Böse, 183.

154 Vgl. Peter Huchel. Alt-Seidenberg (1972), in: ders. Gesammelte Werke. Bd. 1, 201.

155 Vgl. zu dieser Figur: Ernst Jünger. Der Waldgang. Stuttgart 1998 (1951), 59f. Zum Waldgänger, der in der Pose seiner *splendid isolation* den eigenen Machtwillen kaschiert, auch: Golo Mann an Ernst Jünger vom 28.12.1951, in: ders. Briefe 1932–1992. Hg. von Tilmann Lahme und Kathrin Lüssi. Göttingen 2006, 109f.

156 Zur Ambivalenz des Heimisch-Heimlichen bei der Figur des Waldgängers siehe: von der Weppen. Der Spaziergänger, 81, 83.

der Isolation die Sphäre sprachlicher Intimität mit persönlich-politischer Zeugnisgabe zu verbinden vermochte.[157] Den Grundvorrat an Metaphern boten Huchel die Spuren und Winke des Waldes. Im engsten Lebenskreis konnte noch die umgestürzte Tanne als Bild einer Zeitdiagnose fungieren.[158] Viel mehr Waldrückzug ließ die DDR im Übrigen gar nicht zu – zumal die Jagdgründe den Mächtigen vorbehalten waren.[159] So konnte dieser Waldgänger von den Herrschenden der Partei für vogelfrei erklärt werden. Huchel musste dies an seinem persönlichen Archiv erfahren. Im Morgenrauen eines Dezembertages 1964 ließen Stasi-Mitarbeiter es aus dem Haus räumen und an einen unbekannten Ort bringen, wo die Zeugnisse langsam vermoderten.[160] Hatte Huchel der Akademie – als er sich noch als ihr Mitglied betrachten konnte – einmal gewünscht, aus ihr solle kein »staubiger Speicher« werden, so ließ man sein Archiv nun zum schimmligen verkommen.[161] Noch einmal wiederholte sich im Kleinen eine Dispersion intellektueller Bestände in Berlin.

Doch spricht es für Huchel, dass er – nicht ohne Humor – ein Bild für diese Unbill fand. Mit Witz parierte er die staatlich organisierte Bosheit: »Und dann steht«, schrieb er über die Vorkommnisse der Ausräumung seines Archivs, auf einmal »das bücklicht Männlein im Garten.«[162] Dieses

---

157 Zu Huchels Beschäftigung mit Böhmes Signaturenlehre vgl. Axel Vieregg. Die Lyrik Peter Huchels. Zeichensprache und Privatmythologie. Berlin (West) 1976, 14–20.

158 Zur Signatur als Behälter verborgenen Sinns vgl. Böhme. De rerum signatura, 515. Vgl. Huchels Böhme-Gedicht, worin die Verborgenheitsmetaphorik paradigmatisch wird: Huchel. Alt-Seidenberg, 201.

159 Huchel hat Ulbricht in »Gezählte Tage« in Middleham Castle verortet, Sitz von »Richard III«. Vgl. Huchel. Gesammelte Werke. Bd. 1, 195f., 423. Zum verminten Grund: Meckel. Hier wird Gold gewaschen, 52.

160 Zur Ausräumung seines Archivs die Bemerkung in: Huchel. Wie soll man da Gedichte schreiben, 412.

161 Vgl. Peter Huchel. Spruch. Zum zehnjährigen Bestehen der Deutschen Akademie der Künste, 24.4.1960, in: ders. Gesammelte Werke. Bd. 1, 312f., hier: 312. Zur »Bücherverschimmelung«: Huchel. Gegen den Strom, 381.

162 Peter Huchel an Walter Jens vom 29.9.1965, in: ders. Wie soll man da Gedichte schreiben, 414f., hier: 415. Huchel spielt hier auf das Gedicht aus »Des Knaben Wunderhorn« an, vielleicht auch auf Benjamins Verwendung der Figur in der »Berliner Kindheit«. Dass Huchel über Benjamins Werk im Bilde war, kann vorausgesetzt werden. Er zog gelegentlich Bloch als Benjamin-Gutachter für »Sinn und Form« heran. Vgl. Peter Huchel an Ernst Bloch vom 5.7.1956, in: ders. Wie soll man da Gedichte schreiben, 234f., hier: 235. Siehe auch: Benjamin. Berliner Kindheit um Neunzehnhundert, 302.

»bücklicht Männlein« waren die grauen Gestalten, die ihm das Leben schwer machten. Fast schon mitleidig dichtete er über die Quälgeister im Gedicht »Hubertusweg«: »Dort unten steht, / armselig wie abgestandener Tabakrauch, / Mein Nachbar, mein Schatten / auf der Spur meiner Füße«.[163] Die Frage nach dem Sinn des Ganzen wird von Huchel aufgeworfen: »Was fällt für ihn ab, schreibt er die Fahndung / ins blaue Oktavheft, die Autonummern meiner Freunde, / die leicht verwundbare Straße belauernd, / die Konterbande, / verbotene Bücher, / Brosamen für die Eingeweide, / versteckt im Mantelfutter.«[164] Fast Verständnis schwingt mit, da diese »Schatten« nur Werkzeuge eines Parteiapparats waren, der einebnete, was sich nicht in seine »verbissene Ordnung« fügte.[165] Lieber ließ man das eigene geistige Erbe vergammeln. Man räumte eine kleine Zentrale aus, die sich bei allen Kompromissen in der DDR gehalten hatte.

Damit schloss sich für Huchel ein Kreis. Hatte er, wie er anlässlich des Fontane-Preises in Westberlin schrieb, die Erfahrung eines auslöschbaren »Hofs des Gedächtnisses« gemacht, so machte er diese Erfahrung im Kleinen wieder mit der Ausräumung seines literarischen Fundus.[166] Die Szene vom »bücklicht Männlein«, das ihn schikanierte, war Wiederbegegnung mit dem eigenen Reingefallensein. Dieses Erlebnis verwandelte er ins Gedicht »Gericht«, worin er die Ohnmacht eines Richters festhielt, der sich mit seinem Fall zu beschäftigen hatte.[167] Aus der tragikomischen Szene wird ersichtlich, dass er nicht nur mit dem Argwohn des Staatssozialismus zu tun hatte. Denn dass Huchel mit Ironie reagieren konnte, zeigt, dass er um die Verwicklung von Macht und Ohnmacht des Geistes in einem autoritären Staat Bescheid wusste. Wenn er sich ironisch gab, so deshalb, weil er das Unzulängliche erkannte: ahnend, dass ein Staat, der zu solchen Mitteln zu greifen hatte, unterm Verdikt »Gezählter Tage« stand.[168] Was sich darin rückblickend

163 Huchel. Hubertusweg, 222.
164 Ebd.
165 Zum Motiv der »verbissenen Ordnung des Landes«: Peter Huchel. Die Ordnung der Gewitter (1972), in: ders. Gesammelte Werke. Bd. 1, 215 f., hier: 216.
166 Zum verwundbaren »Hof des Gedächtnisses« vgl. Peter Huchel an die Akademie der Künste (Westberlin) vom 22.4.1963, in: ders. Wie soll man da Gedichte schreiben, 396 f., hier: 397.
167 »Ich blickte ihn an / und sah seine Ohnmacht.« Huchel. Das Gericht, 226.
168 Zur Ironie als Kehrseite der Melancholie, in der die Ohnmacht auf heitere Weise angenommen zu werden vermag, eine »Ohnmacht leichten Mutes«: Szilasi. Macht und Ohnmacht des Geistes, 304 f. Zu Huchels spätem schonungslosem Bild der DDR als »Schrotthaufen«, das er insbesondere gegen die seines Erachtens wirklichkeitsentrückte westdeutsche Linke geltend machte, vgl. Peter Huchel.

anzeigt, war die Ängstlichkeit eines Regimes, für das ein paar Briefe von Döblin, Brecht oder Bobrowski heikles Material sein konnten. Und vielleicht zu Recht, insofern in solchen Zeugnissen ein unbequemes Fragen, ein Brodeln des Dissenses wachgehalten wurde.

Huchel scheint diese trockene Haltung bei seiner Ausreise aus der DDR beibehalten zu haben. Den Abschied kommentierte er: »Die Stasi gab Ehrengeleit, sie fuhr hinter der Kolonne der Aufrechten her.«[169] Doch selbst hier blieb Huchel seiner Zerrissenheit treu, wenn er sich nach dem Abschied wie ein Ausgesperrter fühlte. Eine merkwürdig sympathetische Antipathie ist aus seinem letzten Überflug Berlins herauszuhören, wenn er im Transit über der Stadt, nachdem er schon in Italien gewesen war, seine einstige Isolationsstätte mit Wehmut aus der Luft sucht: »Die beiden Flüge – Rom, Berlin; Berlin, Rom – hatten für mich nur einen Höhepunkt: Potsdam, die Seen, Wilhelmshorst, oder was ich dafür hielt, [...] für mich unerreichbar.«[170] Huchel sollte in Westberlin, im Zwischenstopp, noch einmal lesen: Eine eigentümliche Traurigkeit legte er bei dem Auftritt in die Stimme.[171] Huchel kam zu seiner vagantischen Lebensform zurück. Er lebte finanziert durch einen Mäzen in Westdeutschland: ein geförderter Lyriker statt des Doppellebens eines Redakteurs im Sozialismus. Doch heimisch wurde er nicht mehr in Staufen, wo er unweit des Schwarzwalds seinen letzten Aufenthalt fand.[172]

Man kann schlussfolgern, dass Huchels Zickzack-Bewegung durch das Leben damit zu tun hatte, dass er eine Figur des Zögerns blieb, seinem Schicksal unentschieden gegenüberstand. Nüchtern gesehen muss sein melancholischer Zug eine machiavellistische Seite gehabt haben.[173] Darin lag

Interview mit der deutschen Presse-Agentur (1977), in: ders. Gesammelte Werke. Bd. 2, 396 f., hier: 397.

169 Peter Huchel an Henry Beissel vom 17.8.1971, in: ders. Gesammelte Werke. Bd. 2, 355 f., hier: 355.

170 Monica und Peter Huchel an Walter und Charlotte Janka vom 11.12.1971, in: ders. Wie soll man da Gedichte schreiben, 455–456, hier: 456.

171 Hierzu die Aufnahmen des Senders Freies Berlin (SFB) vom 11.1.1972, die sich im Archiv des Rundfunks Berlin-Brandenburg (RBB) erhalten haben.

172 Zu Huchels Randlage am »montainous fringe« in der BRD vgl. Michael Hamburger. At Staufen (1975), in: ders. Collected Poems, 277–280, hier: 277.

173 Benjamin beschrieb diesen Komplex am melancholischen Tyrannen, der seinen Hof nur machiavellistisch – das heißt: mit kaltem Herz – binden konnte. So zerfällt das Reich des Potentaten in Treulosigkeit und Verrat. Vgl. Benjamin. Ursprung des deutschen Trauerspiels, 333 f. Zur ›linken Melancholie‹, die im 20. Jahrhundert ein ähnliches Dilemma durchlief, vgl. Hans-Ulrich Lessing. Melancholie, in: Historisches Wörterbuch der Philosophie. Bd. 5 L–Mn. Hg. von Joachim Ritter. Darmstadt 1980, 1038–1043, hier: 1042.

eine Form verstrickter Loyalität, die einen Hang ins Sentimentale erkennen ließ. Die Tendenz hat der amerikanische Historiker Anson Rabinbach im antifaschistischen Selbstbild des Sozialismus insgesamt ausgemacht, worin er eine Form »staatlich sanktionierter Nostalgie« erblickte, die den lebensweltlichen Erfahrungen der Menschen im Ostblock immer weniger entsprach.[174] Die Haltung schleppte zu viel Leugnung mit sich, sodass der Gründungsmythos der Staaten am Ende in sich zusammenbrechen musste. Huchel ging dieses Thema eigener Zeugenschaft literarisch an. Doch blieb etwas von einem emotionalen Rückstau unaufgelöst. Seine Erfahrungen ließen sich nicht rückhaltlos in Verse verwandeln. Selbst wenn er noch für dieses Dilemma eines fand: im Bild einer Zunge als »Stein am Gaumen«.[175]

So hauste auf exemplarische Weise etwas vom allgemeineren Dilemma der Zeit in Huchels Existenzform. Sie entsprach einem ungeklärten Selbstverständnis, wie es ähnlich am antifaschistischen Narrativ zu sehen war. Dass er ein Sprachverstrickter mit der DDR blieb, fand Niederschlag in seiner dichterischen Kryptik. Seinen Gang in den Westen trat er wie ein Verwundeter an – nicht wie ein Erleichterter.[176] Zwiespältig blieb bis zum Schluss sein Verhältnis zu jener »Hofsprache« der DDR-Kader, die er verspottete, doch auch nach der Ausreise argwöhnisch verfolgte. Er horchte ihre Sprechweisen bis ins Detail ab: »Er entzifferte«, so erinnerte sich der Freund Meckel, »Rede und Sprachverschlucken eines jeden, nahm jeden Zwischenton« wahr, sodass ihm kein »Stolperlaut« entging.[177] Huchel hatte ein Ohr für diese Sprache, geschult durch seine Redakteurstätigkeit. Darin wird nicht nur die faustische Doppelgestalt des Autors sinnfällig, sondern auch das Nachbeben der Zensur in dem Staat. Dabei mag es stimmen, dass Huchel nie mehr an Zensur auf sich genommen habe, wie er bekannte, als jene, »die ich mir selber auferlegte«.[178]

174 Zur Monopolisierung der kollektiven Erinnerung im Geschichtsdenken der frühen DDR, welches mit dem Vergessenswunsch eines Teils der Bevölkerung konform ging: Rabinbach. Begriffe aus dem Kalten Krieg, 39f. Über die manipulativen Eingriffe, Anästhesierungen von Zeugenschaft und Schuld sowie ein grundsätzliches »Nicht-wissen-Wollen« auch bei: Ricœur. Rätsel der Vergangenheit, 139.

175 Vgl. Peter Huchel. Chausseen (1960), in: ders. Gesammelte Werke. Bd. 1, 141.

176 Zur gebrochenen Haltung der Ausreise das Gedicht für Kaschnitz, vgl. Peter Huchel. Die Reise (1971), in: ders. Gesammelte Werke. Bd. 1, 215. Zu Kaschnitz' Reaktion auf dieses Gedicht vgl. Kaschnitz an Huchel vom 4.10.1972. Nachlass Peter Huchel, DLA Marbach.

177 Zur Figur der Sprachverschluckungen: Meckel. Hier wird Gold gewaschen, 71.

178 Huchel. Gegen den Strom, 376. Zur Selbstzensur als internalisierter und schlimmster Zensurform: Fritz Stern. Freiheit und Exil – Heinrich Heines Welt und die Unsere. Berlin 2016, 24.

Entzüge: Ausharren im Weltmangel

Vielleicht ist Huchel das unterlaufen, was Czesław Miłosz im Zeichen des »Verführten Denkens« als »Spaltung des Menschen in zwei« beschrieben hat: Funktionsträger und Dichter.[179] Es scheint, als habe in diesem Spalt seine Verschwiegenheit gehaust. In ihm bildete sich eine Krypta, in der seine unerledigten Fragen versenkt blieben.[180] Insofern hat sein Übersetzer Hamburger hellsichtig die Verschwiegenheit als das eigentliche »Wesen der Lyrik Huchels« benannt.[181] Gelegentlich trat etwas hervor: Etwa wenn er im Gedicht »Macbeth« durchtönen ließ, was Selbstverrat bedeutete.[182] Oder in »Odysseus und Circe«, in dem Verführbarkeit und Verrat enggeführt werden: »Wenn du im Herzen / die Wahrheit bewegst, die Lüge bewegst, / die List, / erschlagen dich die Steine.«[183] Doch etwas blieb in der Verschwiegenheitskrypta. Eine Zweischneidigkeit, aus der sich seine Könnerschaft im Umgang mit dem Ungesagten speiste. Dass ihm der Geist der Verfolgung unter die Haut gekommen war, steht außer Frage. Nur bedeutete es auch, dass Huchel um die Natur »eigennütziger Selbstzensur« in einem Staat wie der DDR wusste.[184] Diese faustische Seite an sich ist ihm nie verborgen geblieben, fand er in seinem letzten Gedichtband, »Die neunte Stunde«, zum Motiv der Teufelsverführung zurück.[185] In diesem Sujet rundet sich etwas ab: sein Bild des gefährdeten Menschen.[186]

Huchel blieb es zeitlebens. Davon legt eine letzte Anekdote Zeugnis ab, die seine Perplexität nach der Emigration 1971 festhält, die mehr über ihn andeutet, als Erklärungen zu sagen sich bemühen. Als er sich in Freiheit auf einem römischen Platz wiederfand, glaubte er in einem Moment plötzlicher Betroffenheit, die Staatssicherheit habe ihn mit einer Kugel getroffen:

179 Vgl. Jaspers. Vorwort, 7.
180 Nach Abraham und Torok ist die Krypta in einem Zwischenraum angesiedelt, eine »Enklave« als »künstliches Unbewusstes«. Vgl. Abraham/Torok. Die Topik der Realität, 541. Zur Spaltung zwischen dem emotionalen und dem abstrakten Denken als symptomatisch für das 20. Jahrhundert: Hamburger. After the Second Flood, 27.
181 Vgl. Hamburger. Randbemerkungen zum Schweigen, 30.
182 »Ich wollt, meine Mutter / hätt mich erstickt.« Huchel. Macbeth, 197.
183 Peter Huchel. Odysseus und die Circe (1972), in: ders. Gesammelte Werke. Bd. 1, 198 f., hier: 199.
184 Zu dieser Einschätzung: Sarah Kirsch. Zauberbild und Verkörperung. Zu Peter Huchels Gedicht »Hubertusweg«, in: Text + Kritik Nr. 157: Peter Huchel (2003), 5 f., hier: 5.
185 Zum Motiv des Teufels, der die Verzweifelten verführt: Huchel. Wintermorgen in Irland, 236. Zum Bezug aufs Faustische vgl. Hamburger. At Staufen, 278.
186 Zu Faust als Inbegriff des gefährdeten Menschen: Max Kommerell. Faust und die Sorge (1939), in: ders. Geist und Buchstabe, 75–111, hier: 84.

»Huchel sei auf einem Marktplatz plötzlich stehen geblieben«, berichtete ein Freund von dem Zwischenfall, mit »den Worten ›Jetzt haben sie mich getroffen‹«. Kaum war er vom Gegenteil zu überzeugen, ging nur zögerlich weiter. Im Nachhinein erklärte Huchel: Man habe ihn »aus der DDR mit den Worten entlassen, daß es auch andernorts Verkehrsunfälle gäbe.«[187] Was könnte mehr denn der Nachhall dieser Kugel über die fortgetragene Verfolgung aussagen? Das Lebensgefühl eines Angeschossenen: »ripped by shot« wie es Hamburger nannte.[188]

In diesem Déjà-vu erreichte Huchel die Kugel noch einmal, die ihn als 17-Jähriger während des Kapp-Putsches am Berliner Stadtschloss getroffen hatte. Sodann traf ihn eine imaginäre Kugel in der »Stacheldrahtreuse« nach dem Mauerbau und zuletzt auf dem Weg ins Exil. Aber war diese vielleicht nichts anderes als das, was schon der junge Huchel in seiner Poetik als das Dunkel-in-uns-Lebende umkreiste?[189] Es traf ihn etwas, stellte ihn: sein inneres Bild. Man kann annehmen, dass er seine Lebenskrypta auf seiner letzten Station mitnahm. Womöglich war dieses, sein inneres Gefängnis, schon in der Metaphorik der für die leere Zentrale so bezeichnenden Reuse angelegt. In Staufen, der Faust-Stadt, begann er, nach einem Hirninfarkt, langsam zu verdämmern. Eines seiner letzten Gedichte sollte seine Legende vom Dichter als beredtem Schweiger festschreiben: »Das letzte Wort / blieb ungesagt«.[190]

---

187 Die Anekdote stammt von Rolf Haufs vom 29.5.1998, zitiert nach: Stefan Wieczorek. Erich Arendt und Peter Huchel. Kleine Duographie sowie vergleichende Lektüre der lyrischen Werke. Marburg 2001, 65. Zu einer anderen Szene des Verfolgungsgefühls am Westberliner Flughafen vgl. Meckel. Hier wird Gold gewaschen, 36.

188 Zum Motiv der Schussverletzung: Hamburger. At Staufen, 278.

189 Vgl. Peter Huchel. Zwei Selbstanzeigen zum Gedichtband »Der Knabenteich« (1932), in: ders. Gesammelte Werke. Bd. 2, 242–252, hier: 246.

190 Peter Huchel. Im Kalmusgeruch (1979), in: ders. Gesammelte Werke. Bd. 1, 257. Zur Künstlerlegende theoretisch: Ernst Kris/Otto Kurz. Die Legende vom Künstler. Ein geschichtlicher Versuch. Frankfurt a.M. 1995, insb. 50f.

Entzüge: Ausharren im Weltmangel

Ausklang

16. Hamburger, Tiefenlotungen eines Niemandslandbewohners

Kann hier nicht, dort nicht wohnen,
Unterwegs,
Ich suche den Ort.
  Michael Hamburger[1]

Michael Hamburger hat den Gang dieses Buchs durch die leere Zentrale stets begleitet. Was hat ihn für die Freilegung dieser Spur Berliner Literatur so zentral werden lassen? Die Antwort liegt in seinem Verfahren der Tiefenlotung, das auf seiner Berliner Kindheit beruht. Der britische Germanist Leonard Forster hat auf diese Besonderheit hingewiesen, dass Hamburger seine Kindheit nie verwarf. Doch hatte er den Preis eines ›Traumas der Übersetzung‹, durch seine frühe Exilierung, zu zahlen. Weil er sich dieser Erfahrung stellte, konnte sich eine Tiefenschicht der Kindheit fruchtbar erhalten. Darin lag die Kraftquelle seiner Sinnerschließung durch beständiges Übersetzen. Statt Verschüttung frühester Erlebnisschichten war eine Tiefenhermeneutik eigener Art am Werk. Nirgends anders denn in der Wiederbegegnung mit der Geburtsstadt trat sie hervor: »By drifting with a current deeper than conscious memory«, schrieb er in seiner Autobiografie »A Mug's Game«, »I could find some traces of my childhood even among the ruins of Berlin.«[2] Das ist *in nuce*, was als Verfahren freizulegen ist. Es liegt im Kontakt mit vergessenen Überresten, stößt zu überraschendem Verstehen vor, weil »nichts verdrängt« wurde: »Im Gegenteil«, so Forster über Hamburger, »aus der Tiefenschicht der Kindheit wächst ein instinktives Verstehen.«[3] Wenn also das Trauma der Exilierung die Frage war, so ist die Hinüberrettung der Kindheit die Antwort des Dichters.

Wie Hamburger sich auf sein instinktives Verstehen im Umgang mit Berlin verlassen konnte, führte sein Gang in die Tiefe der Stadt zurück. Er führte *ad fontes*.[4] Bei jeder Rückkehr fand er weitere Schichten: unter neuen Parkplätzen die alte Murmelbahn, im verwaisten Charlottenburger

1 Hamburger. Begegnung, in: ders. Zwischen den Sprachen, 191.
2 Michael Hamburger. A Mug's Game. Intermittent Memoirs 1924–1954. Cheadle 1975, 15.
3 Leonard Forster. Rede auf den Preisträger, in: Jahrbuch der Deutschen Akademie für Sprache und Dichtung 1 (1964), 72–80, hier: 75.
4 Vgl. Benjamin. Die Wiederkehr des Flaneurs, 194.

Hausflur den leeren Platz des eigenen Kinderwagens. Überall reichte seine Empfindungsweise eine Schicht tiefer als was sichtbar war.[5] Das machte ihn zum Nachkommen hiesiger Flaneure. Die Stadt wurde noch einmal Medium des Eingedenkens. Gleichwohl führte es auf abschüssiges Gelände – oder mit Hamburger: Es führte abwärts in den »Schacht«.[6] So ist mit seinem Verfahren eine Botschaft verbunden: Im Nachkrieg musste man tief bohren, »deeper than conscious memory«, wenn man an eine fruchtbare Ader gelangen wollte. Mit dieser Wiederkehr war eine Bergung verbunden: jener Spur, die auf etwas führte, das Kaschnitz als »Sinnenempfindlichkeit« bezeichnet hat.[7] Weil Hamburger die Freilegung des schöpferischen Bodens leistete, musste er zwangsläufig Leid begegnen. Auf diesem Wege führte er an die Quellen seiner Poesie heran: die Kindheit, den Ort und die Sprache. Doch ein Riss führte durch dieses Gelände, der ihn zwang, seinen Aufenthalt an einem für ihn bezeichnenden autobiografischen Ort »zwischen den Sprachen« einzurichten.[8]

Für Hamburger war ›Übersetzung‹ somit ein zweischneidiger Begriff. Als ungewollte Übersetzung implizierte er ein traumatisches Erlebnis: »Ich«, schrieb er, »war« mit neun Jahren von Berlin aus »ins Englische übersetzt worden.«[9] Die Umstände seines Schicksals wollten es, dass ihm ausgerechnet die deutsche Lyrik – Hölderlin – in der Fremde zur Stütze im anderen Sprachmedium wurde. Die »traumatic translation« wandelte sich zur schöpferischen Kraft.[10] Insofern deuten sich im Begriff der Übersetzung zwei Erfahrungsweisen an, die einen Bedeutungsumbau des Worts anzeigen. Aus dem Übersetzen – als Teil der Exilierungserfahrung – konnte ein Rückgang zu eigenen Quellen werden. Damit hielt das Übersetzen den Kontakt zur Kindheit wach. Es ermöglichte einen zweiten Sprung, zurück ins Deutsche: »Schon daß meine Verpflanzung keiner totalen Entwurzelung gleichkam,

5 Zur intelligiblen Leiblichkeit: Benjamin. Zum Bilde Prousts, 324.
6 Zur »Schacht«-Metaphorik: Michael Hamburger. Berliner Variationen, sowie: Niemandsland-Variationen, beide in: ders. Zwischen den Sprachen, 9–25, hier: 24, sowie: 26–34, hier: 31. Zum Gang hinab auch: Benjamin. Die Wiederkehr des Flaneurs, 194.
7 Vgl. Kaschnitz. Der Preis der Geborgenheit, 584.
8 Hierzu der Klappentext seines auf Deutsch verfassten Buchs: Hamburger. Zwischen den Sprachen.
9 Michael Hamburger. Warum ich übersetze, in: Die Zeit Nr. 42, 19.10.1962, 13f., hier: 13. Die Zeit, Archiv Hamburg. Mit Dank an Michael Jobst.
10 Vgl. Hamburger. In Conversation with Peter Dale, 15. Zum Schöpferischen aus der Gegenwendigkeit einer Schmerzerfahrung auch: Heidegger. Unterwegs zur Sprache, 72.

daß mir die abgeschnittene Kindheit nie ganz verloren ging, hängt mit meinen Übersetzungen zusammen.«[11] Rückgewinnung der Sprache und Bergung der Kindheitsspuren.[12]

Was hierbei an Einsichten abfiel, ging in seine kritischen Schriften ein, die am Kontakt zur Muttersprache mitarbeiteten. Zugespitzt formuliert, schrieb Hamburger Literaturgeschichte nicht über den Hiatus von 1933 bis 1945 hinweg, sondern unter ihm hindurch: Es war ein Pfad, den Forster in verborgenen »geologischen Schichten« der Überlieferung verortete.[13] Auf diesem Pfad ging Hamburger seiner Tätigkeit der »mediation« nach und sollte auf Wahlverwandte stoßen.[14] Es ist diese Geste der Übersetzung, die Verpflanzungsschmerz bedeutete, doch seine Tiefenlotung im Überlieferungsstrom erst ermöglichte. Was unterwegs zu durchqueren war, bildete ein Niemandsland eigener Art. Hier erfuhr er das, was er als Nacktheit der Emigration bezeichnete. Etwas, das sich in der Begegnung mit dem tatsächlichen Niemandsland in Berlin wiederholte. Was diese beiden Erfahrungen miteinander verband, war der Augenblick einer »Sprachunsicherheit«.[15] Erschüttert wurde eine Sprachgewissheit als selbstverständliche Weise des In-der-Welt-Seins.[16] Hamburger brachte dies auf den Ausdruck eines »Gestrandetseins« im »Niemandsland«; ein Zustand, der ihm gerade half, seine poetische Sprache zu erneuern.[17]

Wo allerdings Übersetzungen stattfinden, da treten die Missverständnisse auf den Plan, auch die produktiven. Hamburger hat das in der »Hasensprung«-Anekdote seiner Memoiren »A Mug's Game« angesprochen. Das entstellte Wort ist es da, das im Missverständnis eine ganze Welt wieder hervorzuzaubern kann.[18] Solche Missverständnisse führen ab vom

11 Hamburger. Warum ich übersetze, 14.
12 Zur Rettung der Phänomene vgl. Michael Hamburger. Eine noch bewohnbare Welt. Zu den Gedichten Johannes Bobrowskis, In: Die Zeit Nr. 28, 12.7.1963, 14. Die Zeit, Archiv Hamburg.
13 Vgl. Forster. Rede auf den Preisträger, 74.
14 Zu diesen Hermesdiensten zwischen den Sprachen und Epochen das »Postscript« der überarbeiteten Fassung seiner Autobiografie: Michael Hamburger. String of Beginnings. Intermittent Memoirs 1924–1954. London 1991, 326.
15 Zur »Sprachunsicherheit« als Kern einer Phänomenologie des Exils: Hamburger. Einige Bemerkungen zur Kategorie Exil-Literatur, 102.
16 Zum Aufbrechen der Selbstverständlichkeiten durch das Herausfallen aus der gewohnten Lebenswelt: Blumenberg. Theorie der Lebenswelt, 178 f.
17 Zum »Gestrandetsein« im »Niemandsland« vgl. Michael Hamburger. Nachtrag zu den Memoiren (2006), in: ders. Pro Domo. Selbstauskünfte, Rückblicke und andere Prosa. Hg. von Iain Galbraith. Wien, Bozen 2007, 9–34, hier: 26.
18 Vgl. Kaschnitz. Der Preis der Geborgenheit, 584.

Weg – und weisen doch unversehens ins Hintergründige.[19] So konnten Hamburger noch im Erwachsenenalter einst bekannte Worte wie kindliche Verhörer erreichen, die eine überraschende Mehrdeutigkeit entfalteten. Was Benjamin die »Mummerehlen« in seiner »Berliner Kindheit« um 1900 gewesen war, jenes Missverständnis um eine »Muhme« mit Namen »Rehlen«, das war für Hamburger der Ort und Name »Hasensprung« an der südwestlichen Peripherie Berlins, wo sich Stadt und Land begegnen: beides magische Worte, die ins Vergangene zurückführten. Der Hasensprung markierte die Gegend, die einen Gutteil seiner Erinnerungen verwahrt hielt. Dabei wird Hamburger um Benjamins Beschäftigung mit dem Eingedenken gewusst haben, das deutete er in seinen »Berliner Variationen« selbst an, in denen er das Requisit des Schlüsselkorbs aus dessen Kindheitserinnerung in die eigene Schrift hinüberwandern ließ.[20]

Was Hamburger und Benjamin zu Gleichgesinnten macht, ist ihr Ohr für den Eigensinn der Sprache. Für Hamburger war es gleichsam ein Angesprungen-Werden durch das Wort. Etwa wenn er davon sprach, dass dem Dichter die Worte sagen, was er denke – nicht umgekehrt.[21] Die Worte tauchten ihm aus dem »pull of silence« auf.[22] Am »Hasensprung« in Berlin trifft ihn der Schock der Erinnerung mit Gewalt: »Memory stabbed me«, heißt es, »like a knife«.[23] Dass diese Erfahrung an der Peripherie Berlins lagerte, dürfte kein Zufall gewesen sein. Jene Lisière der Stadt war ihm Kindheitsgebiet, in dem er sehen lernte.[24] Es war Kladow, der Ort seiner Großeltern, der es ihm später ermöglichte, sich in die Poeten vom Stadtrand, von Loerke bis Huchel, einzufühlen.[25] Doch seine persönliche Stadtperipherie war eine des Vergessenen. Er hat es im Gedicht »The Search« bekannt. Darin wird seine Suche nach den Ursprüngen in Berlin deutlich. Wieder war es der Geist des Orts, der ihn stellte: »Remembered me«.[26]

19 Vgl. Benjamin. Berliner Kindheit um Neunzehnhundert, 260f.
20 Vgl. Hamburger. Berliner Variationen, 13.
21 »Poems know better.« Michael Hamburger. A writer on his work (1966), in: ders. Testimonies, 225–228, hier: 225. Sowie: Hamburger. Wahrheit und Poesie, 57.
22 Vgl. Hamburger. A Mug's Game, 75.
23 Ebd., 16.
24 »Where my seeing began / My knowing, rarely of cities.« Michael Hamburger. Late. London 1997, 25.
25 Es scheint bei Hamburger eine Sympathie für die Berliner Dichter von der Lisière gegeben zu haben. So ist eine wirkungsgeschichtliche Spur, die er rekonstruierte, die von Loerke über Huchel zu Bobrowski. Vgl. Hamburger. After the Second Flood, 28f., 79f.
26 Vgl. Michael Hamburger. The Search (1962), in: ders. Collected Poems, 378.

Das Innewerden steht hier im Zeichen der Wiederkehr eines früheren, dann unterbrochenen Lebens. Als »intermittent« hat Hamburger treffend seine Memoiren im Untertitel bezeichnet. Zugleich stellt sich die Szene als eine dar, in der ihn ein Wort wie ein Stich in den Leib traf. Die untergründige Angst, die sein Empfinden begleitete, signalisiert, dass hier seine Schicksalsspur zum Vorschein kam. So hatte dieses Empfindungserlebnis am »Hasensprung« notwendig seine Zeitlichkeit, die nichts Geringeres bewirkte als das Aufwachen des Zeugen in ihm. Alle seine Berlin-Schriften sind von diesem Aufwachen gekennzeichnet. Ihr Wendepunkt liegt dort, wo sich Zeugenschaft herausstellt. Es ereignete sich erstmals bei der Wiederbegegnung in den Trümmern, als er als englischer Soldat 1945 zurückkehrte, um die Überlebenden seiner Familie zu suchen. Die »empty spaces« der Stadt waren es, die ihm einen bleibenden »shock of recognition« versetzten.[27]

Was sich Jahre später am Hasensprung zutrug, glich einem weiteren traumatisierenden Durchbruch der Erinnerung.[28] Hamburger mag von dem erfasst worden sein, was er als notwendige Zeugnisgabe, als »bearing witness« bei anderen Autoren beschrieben hat. Nun musste er aufs eigene Erleben hören, wenn ihn der Stich der Erinnerung nötigte, »to bear witness up to a point«.[29] Die Zeugnisgabe war am Hasensprung mit einem Schwindel des Verstehens verbunden, der ihn durch ein lange nicht gehörtes Wort erfasste. Dieser Sprung glich weniger einer *mémoire involontaire* als sanfter Berührung, wie sie Proust beschrieben hat, denn einem Hin und Her durch die Zeit: »Im Zickzack, in Schleifen, im Kreis, immer umgeleitet, / Um ein totes Zentrum herum«.[30]

Weil nun dieses tote Zentrum in Berlin Hamburger als Hort seiner Lebensproblematik wiederkehrte, konnte es nicht ohne Perplexität geschehen. Als ein aus der hiesigen Lebenswelt Gefallener konnte der Name »Hasensprung« ihn – im Bus gen Grunewald sitzend – nur als ein Missverständnis treffen. Da ihm aber die Bushaltestelle mit Namen »Hasensprung« nichts

27 Hierzu Michael Hamburger an Rick Rawson vom 2.1.1996. Add MS 89100 unbound 5045 G: Letters from Michael Hamburger to Rick Rawson 1985–2007. British Library, Modern Literary Manuscripts. Sowie: Hamburger. A Mug's Game, 146.

28 Zu solchen Initiationserlebnissen durch Unterbrechungen vgl. von Gebsattel. Numinose Erlebnisse, 311, 316.

29 Damit verbunden war ein Herangehen ans bisher Unrealisierte im Zeugen, »what one didn't or couldn't know«. Hamburger. A Mug's Game, 25.

30 Vgl. Michael Hamburger. Ein Traum vom Wasser (1989), in: ders. Unteilbar. Gedichte aus sechs Jahrzehnten. Zusammengestellt von Richard Dove. München 1997, 179–181, hier: 180.

mehr sagte, konnte dieses Wort unversehens zum Bild des verlorenen Lebens werden. Im Buchstäblich-Nehmen des »Hasensprungs« wurde ihm der eigene Balanceakt, zwischen Orten und Zeiten, den er seit der Emigration zu vollziehen hatte, bewusst: »All at once that name brought back a parapet and a stone hare, the vertigo that had seized me when I was balancing on the parapet on a walk with my father, and his calling me ›Angsthase‹, which means a rabbit or a funk.«[31] Aus dem »Angsthasen« in Berlin – an der Hand des Vaters geführt, der im Exil starb –, sollte im fremden Medium des Englischen einer werden, dem das Balancieren auf schmalem Grat zur Daseinsform wurde. Hatte im »Angsthasen« – einer Formulierung Benjamins folgend – »die ganze entstellte Welt der Kindheit« noch einmal Platz genommen, so wies der vom Rückkehrer neuerlich missverstandene »Hasensprung« über diese hinaus auf seinen rettenden Sprung ins Exil.[32] Zwischen den Sprachen kam sein literarischer Ort in Sicht.

Bei Hamburger lag dieser im Wagnis einer Sprache des Exils. Denn für ihn hatte das Zum-Ausdruck-Kommen unter den Bedingungen der Fremde von Anbeginn etwas von einem »Hineinspringen in die Ungewissheit«.[33] Später wurde es zum erneuten »Hineinspringen« in eine unvertraut gewordene Muttersprache. Auf diese Weise bildet der »Hasensprung« das Bindeglied zwischen seinen deutsch- und englischsprachigen Erinnerungen. Denn auch seine Deutsch verfassten »Berliner Variationen« beginnen mit einem Spaziergang durch Berlin. Auch diese Erinnerungen rufen die Schlüsselszene der Angst auf.[34] Wenn Gadamer diesbezüglich das Bild eines »Sprachblitzes« einwarf, der den Poeten im Exil als Eingebung erfassen könne, so fügte Hamburger dem den Sprachsprung des Grenzwechslers hinzu.[35] Für ihn war es jene Pendelbewegung zwischen dem suchenden Wagnis an den Grenzen des Selbstverlusts und einer Aufhebung der Fremdheit im Finden des rettenden Worts.

So hat dieser zwischen den Sprachen existierende Autor sein Leben lang mit dem Hiatus zu tun gehabt. Hiatus, das ist die Öffnung zwischen dem Fraglichen seiner eigenen Existenz und dem zu suchenden Wort. Dabei können die Worte unverhofft Halt stiften; im Dichterisch-Nehmen ent-

---

31 Hamburger. A Mug's Game, 16.
32 Vgl. Benjamin. Berliner Kindheit um Neunzehnhundert, 262.
33 Zur Sprungmetaphorik einer Dichtung des Exils siehe: Hamburger. Einige Bemerkungen zur Kategorie Exil-Literatur, 103.
34 Vgl. Hamburger. Berliner Variationen, 11.
35 Vgl. Gadamer. Leben ist Einkehr in eine Sprache, 926. Zur Affinität von Exil und Dichtung auch Kommerells Bemerkung, ihr sei stets »das Verstoßene anvertraut«: Kommerell. Gedanken über Dichtung, 408.

Ein englischer Dichter
aus Berlin: Hamburger
während eines seiner
ersten Besuche in der
Stadt nach dem Krieg.
Portrait von Fritz Eschen,
Berlin 1956. © Deutsche
Fotothek/Fritz Eschen.

falten sie ihre Gravitation. Sie sind wie der Stein, der ins Wasser taucht:
»Making the sense spread out in a widening circle«.[36] Wo die Worte der
Muttersprache also wieder zu klingen beginnen, da reichen sie ihm tief in die
Erfahrung zurück. Darum wurde Hamburger jeder Spaziergang in Berlin zu
etwas nicht Geheurem: existenzielle Flanerie.[37] Es kann davon ausgegangen
werden, dass ihm die Bedeutung der Sprungmetaphorik im existenziellen
Denken bekannt war. Er wusste um Kierkegaards Auffassung literarischer
Dringlichkeit: Hamburger nannte es dessen »urgency of his discovery« im
Akt des Schreibens.[38]

Insofern führte ihn sein Sprung in eine andere Sphäre, an seinen verdeckten Anfang zurück.[39] Man kann annehmen, dass Hamburger der frühe
Sprachverlust, das Verlernen und wieder Erlernen-Müssen des Deutschen,
auf ein existenzbezogeneres Dichten brachte.[40] Dabei ging er davon aus,

36 Vgl. Hamburger. A writer on his work, 228.
37 Zur Figur eines Spaziergängers, der eine existenzerhellende Unterbrechung voll-
    zieht, vgl. von der Weppen. Der Spaziergänger, 73.
38 Vgl. Hamburger. A Refusal to Review Kierkegaard, 54.
39 Vgl. Helmuth Vetter. Sprung, in: ders. (Hg.). Wörterbuch der phänomenologischen
    Begriffe, 504 f.
40 Hierzu auch Hamburgers Kontakt mit dem Analytiker und Dichter: Hans W.

dass der Anstoß zum Dichten stets aus Krisen kommt. Die Einsicht sah er nicht nur in der eigenen, sondern in der Weise der ihm verwandten Lyriker: von Hölderlin über Trakl zu Celan.[41] Dass sein Sprung in die Kindheit von einem Schwindel der Angst begleitet war, mag damit zusammenhängen, dass die Angst bestand, in eine innere Grube zu stürzen, in das Grab eines lang verschütteten Ich-Anteils. Auf diese Weise wurde ihm der »Hasen-sprung« in Berlin zur doppelten Erfahrung: eine der erinnerten Geburt des Selbst – wie zum wieder durchlebten Untergang seines deutschen Selbst in der traumatischen Übersetzung nach England. Man kann jedoch sagen, dass der retraumatisierende Sprung auch eine Wiedergeburt darstellte, insofern ein Stück Muttersprache in Sicht geriet.

Die Wiederbegegnung mit Berlin hatte für ihn etwas von einer Überfor-derung durch den Wirklichkeitssinn. Die Wiederbegegnung mit dem einst Vertrauten wurde zum Schock. Nicht nur, weil so viel verschwunden war. Vielmehr, da selbst das Charlottenburger Geburtshaus und alle Häuser, die mit seiner Kindheit verbunden waren, noch standen. Ein ums andere Mal stolperte er bei seinen Exkursionen über Überreste, die wie Inseln aus einer »unheimlichen Stille« herausragten; eine, die in Hamburgers Fall mit dem Schicksal seiner Angehörigen zusammenhing.[42] Galt für Benjamin die Stille der Stadt dem Erkunder als Mysterium, so stand sie dem Rückkeh-rer Hamburger unter dem Vorzeichen des »Lastenden«.[43] Sie zwang zur Aufmerksamkeit, führte zum übergenauen Einlassen auf Phänomene. Ham-burger unterschied hier zwei Formen der Stille: ein betroffenes Schweigen angesichts des Ungeheuerlichen und eine vorsprachliche Stille, eine »unter den Worten«, die produktiv wurde, wenn sie an die Verletzlichkeit zurück-führte.[44]

Cohn. Existential Thought and Therapeutic Practice. An Introduction to Existen-tial Psychotherapy. London 1997. Es ist nicht unwahrscheinlich, dass ihn die Er-schütterungserfahrung des Exils auf die Spur der Daseinsanalyse brachte. Jedenfalls verstand Hamburger das Exil als ein existenzielles Problem – nicht bloß als eines literaturgeschichtlicher Periodisierungen. Vgl. Hamburger. Einige Bemerkungen zur Kategorie Exil-Literatur, 102.

41 Vgl. Hamburger. Meine Gedichte, 218.
42 Vgl. Hamburger. Berliner Variationen, 11.
43 Vgl. Hamburger. Das Schweigen in Berlin, 160. Nach Benjamin führten bekannt-lich nicht die Vordergrundgeräusche, sondern die verborgenen Klänge ins Innere des städtischen Mysteriums. Vgl. Benjamin. Berliner Kindheit um Neunzehnhun-dert, 262.
44 Vgl. Hamburger. Niemandsland-Variationen, 34.

In diesem Sinne hatte die leere Zentrale für Hamburger ihre eigene Bewandtnis. In ihr hausten die Spuren einer dunkel verschanzten Kindheit mit ihren verbotenen Zonen. Er bewegte sich auf den Spuren dessen, was er später werden und erfahren sollte.[45] So spielte bei ihm – wie schon in der »Berliner Kindheit« – das Interieur eine gewichtige Rolle. Doch anders als bei Benjamin stand bei Hamburger der Innenraum im Zeichen der Zuflucht. Auf ihm lastete die bedrohlich gewordene Außenwelt. Sinnfällig wird sie an seiner Erinnerung der heimischen Türschwelle: »The front door was not only bolted, chained and locked in a variety of ways«, verriegeltes Innen, »but metal-plated on the inside. The criminal underworld whose threat was felt to demand such measures began in the building itself«.[46] Hamburger kannte also früh das, was man die Erfahrung einer perforierten Schwelle nennen kann.[47] Das Unheimliche begann ins Wohnhaus der Hamburgers in der Lietzenburger Straße vorzudringen. Die Angst machte es zur »fortress«. Doch die Maßnahmen boten keinen Schutz, nach 1930 waren die Zeiten eines »unvordenklichen Gefühls von bürgerlicher Sicherheit«, wie Benjamin sein Raumempfinden noch beschreiben konnte, vergangen.[48]

Statt Geborgenheit stellte sich Preisgegebenheit ein: Verriegelung als Vorgeschmack aufgebrochener Schwellen. Als Hamburger 1962 nach Berlin zurückkehrte, trat er noch einmal in den Schwellenraum seines Geburtshauses, in dem ihm ein Déjà-vu ereilte. Er selbst als unheimliches Fossil und Übriggebliebener. Dort erkannte er an der vertrauten Stuckatur die lastende Atmosphäre von einst, die ihm – nun auf Deutsch – das ganze »Verschanzte der frühen Kindheit« wieder zu Bewusstsein brachte.[49] Auch Benjamin sah im Abbau von Schwellenräumen einen gefährlichen Verlust sich ankündigen.[50] Dieser sollte sich bei Hamburger tragisch konkretisieren. Sind die Schwellen einmal geschändet, so haftet ihnen Verruchtes an. Die Spuren dunklen Bangens hängen bei Hamburgers Rückkehr an einst geliebten Orten.[51] Das Trauma der Schwellenschändung steht über ihnen: die

---

45 Zur aufs Kommende gerichteten Zeitstruktur der Kindheitserinnerung: Angehrn. Sein Leben schreiben, 206.

46 Hamburger. A Mug's Game, 14.

47 Zu dieser Erfahrung gebrochener Türschwellen auch: Blumenberg. Theorie der Lebenswelt, 95 f.

48 Vgl. Benjamin. Berliner Kindheit um Neunzehnhundert, 257 f.

49 Vgl. Hamburger. Berliner Variationen, 12.

50 Vgl. ebd. Sowie: Benjamin. Das Passagen-Werk, 617. So mag das »Nivellieren der Schwellen«, wie Menninghaus treffend notierte, Vorbote des Katastrophischen sein. Vgl. Menninghaus. Schwellenkunde, 40.

51 Zur verruchten Schwelle vgl. Bollnow. Mensch und Raum, 143.

aufgebrochene Wohnung der Großmutter, unweit des Ortes, an dem auch Koeppen zum Zeugen wurde: »spurlos verschwunden«.[52] Hierbei hebt sich von der Erfahrung der verletzten Schwelle Hamburgers lebenslange Suche nach der schützenden Schwelle ab.[53] In dieser Erfahrung mag ein Grund für den Zug seiner poetischen Welt gelegen haben, im Spannungsverhältnis zwischen dem Unterwegssein und der Suche nach dem abgeschiedenen Ort.[54]

Dabei war der vorstädtische Schwellenraum Berlins schon vor der Emigration zum Rückzugsgebiet der Familie geworden. Was er im Nachhinein erst erfasste, war, dass seine Familie vor 1933 vorsorglich den Schutz der Peripherie gesucht hatte, um von dort die Ausreise vorzubereiten.[55] Was blieb, war eine Gefühlserinnerung an diese Zeit aus vorgeblicher Geborgenheit und untergründiger Angst. Was sich erhalten sollte, war die Suche nach dem epikureischen Garten als Rückzugsort in einer englischen Variante, der ihm zum Modell seines Exiliertendaseins wurde. Die Kunst der Akklimatisierung, das Wurzelnschlagen in fremder Umgebung, wurde Hamburger zum Credo. Da ist es nicht ohne Ironie, dass er der deutschen Dichtung nachwies, wie »fruchtbar« für sie die »Einbürgerung des Fremden« gewesen sei.[56] Allegorisch zu nehmen ist es, wenn Hamburger diese Akklimatisierung später selbst praktizierte: So ließ er in Suffolk, in seinem Garten im Südosten Englands, einen ›Huchel-Faulbaum‹ heimisch werden, den er aus Huchels Garten in Wilhelmshorst mitgebracht hatte. Auf gleiche Weise versuchte er fremde Poesiearten im Englischen heimisch werden zu lassen.[57] Beim Wort zu nehmen ist seine Gartenmetaphorik nicht zuletzt, weil ihn in der Dichtung vor allem beschäftigte, was im Verborgenen, an den Wurzeln geschieht.

Hamburgers Gang an die Peripherie Berlins 1962 war zunächst ein Gang weg vom Zentrum. Doch dieser Weg verlief bei ihm nicht in gerader Linie, sondern mäandernd, der Form der Variationen folgend. Erst mit den Um-

---

52 Vgl. Hamburger. Das Schweigen in Berlin, 160. Der Olivaer Platz befindet sich genau in der Gegend, in der Hamburgers Familie in Charlottenburg einst wohnte. Vgl. Koeppen. Ohne Absicht, 600.

53 Grundlegend zum Motiv des Gartens als Fluchtort, den Hamburger in Suffolk finden sollte, vgl. Eugen Fink. Der Garten Epikurs, in: ders. Epiloge zur Dichtung. Frankfurt a. M. 1971, 19–36, hier: 36.

54 Zur antithetischen Grundspannung: Hamburger. Unteilbar, 227f.

55 Vgl. Hamburger. A Mug's Game, 22. Zu seiner frühen Affinität zum Berliner Stadtrand auch: Hamburger. Das Schweigen in Berlin, 160.

56 Vgl. Michael Hamburger. Erfahrungen eines Übersetzers (1975), in: ders. Literarische Erfahrungen, 15–27, hier: 17.

57 Zur Geste der Akklimatisierung eines ›Huchel-Faulbaums‹ vgl. Walter Eckel. Von Berlin nach Suffolk. Zur Lyrik Michael Hamburgers. Würzburg 1991, 191.

kreisungen eines traumatischen Kerns brach etwas auf. Diese Erfahrung hätte eigentlich, wie er dem Freund Bobrowski anvertraute, als ein Gedicht ausgedrückt werden sollen, wofür ihm aber die Mittel im Deutschen fehlten.[58] So schuf er eine Behelfsprosa. Mit Bedacht fand er sich im alten Zentrum in der Tiergarten-Gegend ein, die er als »verwüsteten Zonenrand« beschrieb, in dem sich sein Sprachdilemma konkretisierte.[59] Raum harter Fügungen.

An dieser Stelle verdichtete sich atmosphärisch, was man mit Verweis auf Hölderlins Poetik unter diesem Begriff auch ästhetisch diskutierte.[60] Wohl nicht zufällig fand die Hölderlin-Tagung, an der Hamburger beteiligt war, in diesem Jahr in der Gegend am Tiergarten statt. In seinem Beitrag deutete Hamburger nicht nur an, wie Hölderlin als ein »tragisch Verirrter« ihm zum Vorboten des »Labyrinths« der eigenen Zeit wurde, sondern er beschrieb auch, wie er selbst in den Jahren der Exilierung auf die »Persona« dieses Dichters zurückgriff, in die er seine Erfahrung verwandelte.[61] Damit erkannte er in der leeren Zentrale, jenem »zerschnittenen Herzen«, den prägenden Ort seines Sprachdilemmas. Was in der Dichtung der Hiatus, das war im Raum der »Spalt« im »Grenzgebiet« der Stadt.[62]

Doch der maßgebliche Beitrag Hamburgers zum Topos der leeren Zentrale lag in dem, was er mit Hölderlin ›Schattensuche‹ nannte.[63] Laut Hamburger zeichnete sich der Dichter grundsätzlich durch eine »negative capability« aus: die Fähigkeit, Verunsicherungen auszuhalten.[64] Erfahrungen, die für ihn mit dem Berliner Niemandsland verbunden waren. Diese Suche lief bewusst im Windschatten kulturpolitischer Bestrebungen ab. Zwar war er über Höllerers Literarisches Colloquium nach Berlin eingeladen, doch er unternahm seinen Gang abseits des Politisch-Aktuellen. Noch für diese

---

58 Über die »Berliner Variationen«, die ein Gedicht hätte werden sollen: Hamburger an Bobrowski vom 9.5.1963, in: dies. »Jedes Gedicht ist das letzte«, 20f., hier: 21.

59 Vgl. Hamburger. Berliner Variationen, 17.

60 Hier ist auf Adornos kontrovers diskutierten Beitrag zur Westberliner Tagung hinzuweisen, in dem er die Frage der harten Fügungen bzw. Parataxis wieder aufgriff. Vgl. Adorno. Parataxis, 474.

61 Vgl. Michael Hamburger. Englische Hölderlin-Gedichte, in: Hölderlin-Jahrbuch 54 (1963), 80–87, hier: 81, 85.

62 Vgl. Hamburger. Berliner Variationen, 17. Auch: Ihlenfeld. Stadtmitte, 206.

63 »Auch diesmal mußte ich mir in Berlin wieder ›Schatten suchen‹ (Hölderlin), konnte zum Aktuellen nur langsam durchstoßen, in dem ich die Schatten abtastete«. Hamburger. Berliner Variationen, 20.

64 Zu diesem Aushalten des Fraglichen als »negative capability«: Hamburger. A writer on his work, 228.

Herangehensweise war Hamburger Hölderlin geistiger Patron. Denn in dessen »vereinsamter Gestalt« sah er jenes Vermögen am Werk, das er des Dichters »naked thinking heart« nannte.[65] Gleichwohl war ihm klar, dass die Zeit eine eigene lyrische Form zu bilden hatte: »Unpleasantries« nannte er seine Gattung, gespickt mit Nachbildern der Epoche.[66]

Was ihn noch in einem anderen Sinne zum Schattensucher in Berlin machte, war sein Verständnis, dass der Schatten der Ort sein kann, wo der Geist zu sich findet. Erst das Einatmen jenes Genius Loci führte laut Hamburger zu einer Überbrückung der Fremdheit. Für ihn war »in der Luft das Wesen des Orts enthalten«.[67] Seine Aura zeige sich, so man dem Ort persönlich begegne. Das hieß, dass die »Farbe des Schicksals« am Ort zur Ruhe komme.[68] Dabei stieß er nicht zufällig auf das ethisch Heikle im Nachkriegsberlin. Die Bergung dieses Heiklen ist der Fluchtpunkt seines Gangs durchs Berliner Schattenland. Er hat sein Unterfangen im Gedicht »Sewing« beschrieben: Vermittlung über den Bruch.[69]

Was hier die Vernähung, das ist in seinen »Berliner Variationen« das Einsammeln »schattenhafter Gesichter«.[70] Denn Berlin war sein familienge- schichtlicher Knotenpunkt, Ausgangspunkt jener »dispersion«, wie er sie in der Literatur seines Jahrhunderts entdeckte.[71] Wenn er programmatisch von einer Literatur der »displaced persons« sprach, war er selbst Betroffener. Das wird sinnfällig in seinen Memoiren, in denen er von sich als »DP« spricht:

65 Vgl. Michael Hamburger. Dank und Antwort, in: Jahrbuch der Deutschen Aka- demie für Sprache und Dichtung 1 (1964), 81–93, hier: 82. Sowie die Anmerkung in: Bobrowski. Briefe 1937–1965. Bd. 4, 417. Zum »naked thinking heart«: Michael Hamburger. Hölderlin in England, in: ders. Zwischen den Sprachen, 63–101, hier: 76.

66 Eines dieser »Unpleasantries« ist das Gedicht über zwei Fotos Hitlers, mit dem Detail des zweimaligen Auftauchens einer Peitsche. Vgl. Michael Hamburger. Two Photographs (1973), in: ders. Collected Poems, 193.

67 Vgl. Hamburger an Bobrowski vom 12.7.1964, in: dies. »Jedes Gedicht ist das letzte«, 69–71, hier: 69f. Das ist nahe an Benjamin, der ebenfalls vom Genius Loci als auratischem Phänomen sprach, das in der »Luft der Stadt« liege. Vgl. Benjamin. Berliner Chronik, 488.

68 Vgl. Hölderlin an Neuffer vom 12.11.1798, in: ders. Sämtliche Werke. Bd. 3, 346–350, hier: 349.

69 Dort sind es die Worte, die notdürftig über den Bruch kommen: »Not to mend, as words must, / The break with a thread.« Michael Hamburger. The Sewing (1969), in: ders. Collected Poems, 252.

70 Vgl. Hamburger. Berliner Variationen, 20f.

71 Vgl. Hamburger. After the Second Flood, 122f.

Ausklang

ein Ausdruck, den er sowohl konkret wie allegorisch gebrauchte.[72] Insofern verknüpfen sich in ihm Zeitschicksal und Person: Der Hiatus war auch ein biografischer.[73] Dabei scheint er die Metapher des Hiatus sowohl als Kluft wie als Zusammenprall verstanden zu haben.[74] Doch erst in Berlin wurden diese Phänomene im Stadtraum sinnlich greifbar; eben das, was Hamburger in »After the Second Flood« begrifflich zu umkreisen versuchte.[75]

Aber auch ein gegenläufiger Auftrag ging von dieser Stadt aus, nämlich die Überbrückung des Spalts der Überlieferung. Hamburger hat es in einem Gedicht ausgesprochen, dass man zu einem sich sammelnden Atem zurückfinden müsse.[76] Was er über den Atem Bobrowskis sagte, mag für ihn mit gegolten haben: »The hiatus, deathly distance / Bridged by his breathing.«[77] Ein bezeichnender Vers Hamburgers, der beides verbindet: die harte Fügung wie die hinübersetzenden Alliterationen. Was gesucht wurde, war eine ›Atembrücke‹, die den tödlichen Abstand überwindet. Hiatus und Atem finden darin zusammen wie abbrechendes und aufbrechendes Vermögen.[78] Doch ist es der wiedereinsetzende Rhythmus, der von der Todesangst befreit. In diesem Geist hat auch Loerke mit Goethe gesagt, dass im Atemholen »zweierlei Gnaden« lägen: Einziehen und wieder Entlassen.[79] So wird in Hamburgers Atem etwas über den Abgrund hinweggereicht.

72 Vgl. Hamburger. A Mug's Game, 150.

73 Im Bild der »displaced person« kreuzt sich sein Blick mit einem anderen, der »self displaced person« Peter Szondi, die es nach Berlin geführt hatte. Vgl. Peter Szondi an Gershom Scholem vom 3.5.1969, in: ders. Briefe. Hg. von Christoph König und Thomas Sparr. Frankfurt a.M. 1993, 266f., hier: 267.

74 Diese Stilformen waren ihm aus der Lyrik vertraut. Die Kluft entsteht durch Aufeinanderprallen zweier Vokale wie im Wort »Ruine« vgl. Liana Lomiento. Hiat, in: Historisches Wörterbuch der Rhetorik. Bd. 3. Hg. von Gert Ueding. Tübingen 1996, 1395–1399. Hamburger kommentierte solche Fügungen beim späten Hölderlin als »a-syntactic one-word sentences«. Vgl. Hamburger. Introduction, in: Friedrich Hölderlin. Poems and Fragments. Translated by Michael Hamburger. Bi-Lingual Edition with a Preface, Introduction and Notes. London 1966, 1–19, hier: 15.

75 Ähnlich hat Blanchot den Hiatus auf Berlin als epochale Chiffre angewandt. Vgl. Blanchot. Berlin, 355.

76 Zum sammelnden Atem: Michael Hamburger. Unteilbar (1994), in: ders. Unteilbar, 215–216, hier: 216. Als ein Hinübertragen hat er auch das Übersetzen beschrieben. Vgl. Hamburger. Erfahrungen eines Übersetzers, 17.

77 Michael Hamburger. Friends (1965), in: ders. Collected Poems, 149.

78 Zum menschlichen Atem als Conditio sine qua non: Viktor von Weizsäcker. Pathosophie. Göttingen 1956, 226.

79 Vgl. Oskar Loerke. Meine sieben Gedichtbücher (1936), in: ders. Gedichte und Prosa. Bd. 1, 651–680, hier: 655. Zum »Atem der Sprache« in der Dichtung auch: Kessel. Aphorismen, 226.

Gleichwohl machte er sich über die wirkungsgeschichtliche Lücke, die er im literarischen Leben der Stadt bemerkte, wenig Illusionen: »A congress of poets in Berlin, but no evidence of any poetry«, heißt es.[80] Nicht nur diese Lücke, sondern auch die Frage, was vom eigenen Bemühen bleibe, machte ihm zu schaffen. Poesie sei »a mug's game«: ein Gaukelspiel, das die Poeten immer wieder den Weg des Suggestiven wählen lasse.[81] Doch nur wenn sich ein eigener Sinnkreis einstelle, könne Poesie zur Kraft werden.[82] Kommt es nicht zu diesem Überschuss, geht sie mit dem Vergessen. Darin drückte sich wiederum Hamburgers Dissens mit der Ars Poetica eines Benn aus. Was er diesem vorwarf, war nicht so sehr dessen NS-Verstrickung, sondern eine mentale Vermauerung im Nachkrieg.[83] Sein Vorwurf betraf seine Weigerung zum Zeugnis. Diese Weigerung habe die poetische Sensibilität in der Substanz angegriffen: »Wer sich die dichterische Unschuld durch absichtliche Vermauerung des Bewußtseins erhält«, schrieb Hamburger im geteilten Berlin, der »wird nicht nur als Mensch meistens auch als Dichter arm.«[84]

Worauf es Hamburger also bei seinem Einwurf ankam, war die innere Anfälligkeit der Literatur zur Wirklichkeitsabblendung. Diese trat in jenen Formen unwirklichen Geisteslebens in Diktaturen zutage, die ihre »Teilwahrheiten« – so Hamburger – zu »Lügen« ausbauen.[85] Doch bestand sein persönliches Glaubensbekenntnis im »Überleben der Dichtung«. Diese könne zwar manipuliert werden, »but neither imposed nor eradicated« durch ein Regime.[86] Es ging ihm bei diesem Einwurf somit weniger um eine moralische Verurteilung eines Dichters wie Benn denn um die Sorge, was sich danach im Zeichen einer vermauerten Literatur einstellt.[87] Sich stattdessen »wirklichkeitswund« zu halten, hieß für ihn, in sich etwas zu bewahren. Es war Hamburgers Hölderlin-Pfad durchs Niemandsland, hin zur »Offenheit des Worts«.[88] Das hieß, sich Überlieferungsverkürzungen zu stellen.

Dabei war ihm nur zu bewusst, wie unvollkommen noch sein eigenes »dragnet of memory« war, das Schleppnetz der Erinnerungen, das er durch

---

80 Vgl. Hamburger. A Mug's Game, 97.
81 Vgl. ebd., 293.
82 Vgl. ebd., 151.
83 Zu Benns bewusst eingeschränktem Sichtfeld vgl. Benn. Doppelleben, 172.
84 Hamburger. Berliner Variationen, 24.
85 Vgl. ebd., 21.
86 Vgl. Michael Hamburger. The Survival of Poetry (1985), in: ders. Testimonies, 72–76, hier: 75.
87 Zum Bild des geistig »Eingemauerten« vgl. Hamburger. Berliner Variationen, 21.
88 Vgl. ebd., 23.

die Stadt führte.[89] Das betraf nicht zuletzt die deutsche Sprache und die Sicherheit, sich in ihr zu bewegen. So kann man von einem zerrissenen Sprachgefühl sprechen, das ihn bei seinen Rückkehrerlebnissen ereilte und ihm nirgendwo so klar vor Augen stand wie in Berlin. Hier fand er in der Begegnung mit Bobrowski zu einem kleinen Deutsch zurück. Er näherte sich in diesem Prosadeutsch seiner Muttersprache wie einer an, der »auf Krücken« über einstmals vertrautes Gelände geht.[90] Es sollte eine eigene Form kleiner Literatur werden.[91] Ein posttraumatisches Deutsch, ein Kinderdeutsch, da von einem gesprochen und geschrieben, der als Grundschüler aus dem Sprachzusammenhang gerissen worden war. Zugleich ein altes Deutsch, da von einem praktiziert, dessen Kenntnisse weit in der Überlieferung zurückreichten. Ein erfahrungsgesättigtes Deutsch-auf-Krücken, weil mit einer seelischen Distorsionserfahrung verbunden. Es war Resultat eines Traumas, das er durch Verwandlung zu heilen versuchte.[92]

Hamburger erfuhr seine Zweisprachigkeit zunächst als fragwürdige »Doppelsprachigkeit«, die den traumatischen Riss und das Gebrechen betonte.[93] Dieses Ungenügen an der Zweisprachigkeit erfasste ihn umso mehr, weil er das, was er an der Quelle seiner Kindheit erlebt hatte, deutsch und im Gedicht ausdrücken wollte. Doch dafür reichte, was »aus der Kindheit erhalten blieb«, nur unzureichend aus, um die Verlusterfahrung auszudrücken. Denn »das später Erlernte bleibt«, so Hamburger, »wie alles Erlernte, abstrakt, fügt sich nicht den Gedanken und dem Gefühl. Die Zerrissenheit des Erlebten ist arg genug; die Zweisprachigkeit zerreißt es noch einmal.«[94] So wurde ihm diese, wie das Übersetzen, zum zweischneidigen Schwert. Das Kreuzen der Sprachgrenze bedeutete ihm gleichermaßen Retraumatisierung wie Behandlung des Traumas. Er selbst nannte es seinen »Übersetzungstrieb«, dessen

89 Vgl. Hamburger. A Mug's Game, 25.
90 Zu diesem fragilen Gebrauch des Deutschen vgl. Hamburger. Niemandsland-Variationen, 33.
91 Im Sinne ungewollter Fremdsprachlichkeit in der verlorenen Muttersprache wäre Hamburger ein eigener Fall kleiner Literatur. Hierzu: Deleuze/Guattari. Kafka, 43, 49.
92 Vgl. Hamburger. A Mug's Game, 74. Zum kreativen Prozess als selbstheilender Metamorphose auch: Gadamer. Der Schmerz, 27.
93 Zum Begriff siehe: Georges-Arthur Goldschmidt: Exil und Doppelsprachigkeit, in: Exilforschung. Ein internationales Jahrbuch 25 (2007), 1–2, hier: 1 f.
94 Hamburger. Niemandsland-Variationen, 26. Die Zweisprachigkeit bildet eine Parallele zum Werk seines Oxforder Bekannten Forster, der sich zeitgleich damit beschäftigte. Vgl. Leonard Forster. The Poet's Tongues. Multilingualism in Literature. London 1970.

»psychische Anlage« er kaum beleuchten mochte.[95] Das Übersetzen geriet zur nachträglichen Gewöhnung an den Übertritt. Die literaturkritische Arbeit wurde zur Schmerzbehandlung an der muttersprachlichen Wurzel. Und doch blieb ein unerledigter Rest.

Sein Deutsch auf Krücken macht es sinnfällig. Es ist Sinnbild für seine Sprachnot – und die in Berlin im Besonderen. Kaum ein anderer verkörperte wie jener den unausgesprochenen Kern; schon aus eigener Lebenserfahrung war ihm das Nicht-Metaphorisierte im Herzen der Stadt ein Begriff.[96] Insofern waren seine Umkreisungsversuche ein Zeugnis. Hamburger waren die Dinge dabei nur in einem Modus vermittelter Unmittelbarkeit sagbar: »Because I can't speak – what I can't speak –«, dichtete er, »I write.«[97] Demnach erzeugte die Zerrissenheit zwischen der fremden Muttersprache, dem Deutschen, und der nachträglichen Dichtungssprache, dem Englischen, seinen unnachahmlichen Ton. Sein sprachliches Tasten – jener ›Michael-Ton‹, wie Bobrowski es nannte – ist in seinen wenigen deutsch geschriebenen Gedichten fühlbar. In »Begegnung« etwa, über ein Treffen mit Bobrowski an der Peripherie von Friedrichshagen.[98] Doch sein eigentliches Sprachdilemma sollte er in der Prosa der »Berliner Variationen« festhalten: »Immer kann ich nur Kreise ziehn«, schrieb er dazu an Bobrowski in der intensivsten zweisprachigen Phase, »um das, was ich eigentlich sagen will.«[99] Darin hoffte er, dass es einen geheimen »Mittelpunkt« erahnen lasse.

Worauf dieser »Mittelpunkt« noch wies, das deutete eine weitere Botschaft Hamburgers an, die er Bobrowski während der Entstehung der »Variationen« brieflich übermittelte. Dort heißt es vielsagend: »Sobald ich deutsch schreibe, wimmeln die Probleme auf mich zu.«[100] Ein ähnliches Problem mit

95 Vgl. Hamburger. Dank und Antwort, 81.
96 Zum Konzept eines Nicht-Metaphorischen im vom Trauma verletzten Selbstkern vgl. Abraham/Torok. Deuil ou mélancolie. Introjecter – incorporer, 268. Hamburgers zweisprachiges Verfahren zeigt auch Nähen zum indirekten Sprechen in der Verkryptung des Leids. Vgl. Abraham/Torok. Kryptonymie, 88, 106.
97 Michael Hamburger. Words, in: ders. Collected Poems 1941–1983. Manchester 1984, 182. Sowie: Friedrich Nietzsche. Ueber Wahrheit und Lüge im aussermoralischen Sinne (1873), in: ders. Kritische Studienausgabe. Bd. 1, 873–890, hier: 889. Vgl. Günter Figal. Nietzsche. Eine philosophische Einführung. Stuttgart 1999, 84.
98 Bobrowski hat gerade dieses Gedicht »Begegnung« ein genuines »Michael-Gedicht« genannt: Bobrowski an Hamburger vom 4.6.1964, in: dies. »Jedes Gedicht ist das letzte«, 64–66, hier: 65.
99 Hamburger an Bobrowski vom 23.7.1963, in: dies. »Jedes Gedicht ist das letzte«, 33f., hier: 33.
100 Hamburger an Bobrowski vom 12.7.1964, in: dies. »Jedes Gedicht ist das letzte«, 69–71, hier: 70.

dem Deutschen beschrieb er gegenüber Alewyn, der selbst das Exil erfahren hatte. Ihm gegenüber bekannte Hamburger, dass er sich in seiner Muttersprache fühle »like a chained bear«, zeitlebens angekettet.[101] Somit wird das Thema der Krypta, als das verschlossen Unsägliche, hier noch einmal aufgerufen: in dem, was nicht gesagt werden konnte. Bei Hamburger kommt dieses als sprachliche Lücke zur Darstellung. Die Metaphorik von »Kreis« und »Mittelpunkt« zeigt es an. Denn für Hamburger war im Deutschen nur eine ›Prosa der Emotion‹ erreichbar, keine Dichtung. Das Englische aber reichte ihm nicht heran an die Kindheitserlebnisse. Auf diese Weise bildete sich dem Autor – unterhalb der verfügbaren Sprachlichkeit – eine intensive vorsprachliche Sphäre der Stille heraus.

An der Oberfläche entsprach das dem Bild des Kreisens um ein Niemandsland, eine fremdgewordene Mitte. Etwas von diesem als lebensgeschichtliches Dilemma markierten unmöglichen Ort hat Hamburger im Gedicht für Bobrowski festgehalten: »Kann hier nicht, dort nicht wohnen, / Unterwegs, / Ich suche den Ort.«[102] Dabei begegnen sich in dem Gedicht beide um eine Leere, vertreten durch den Müggelsee, der gleich einem Medusenspiegel das Schreckliche beider Entzugserfahrungen zurückwarf. Die leere Fläche projizierte, was Hamburger die »gemordete Zeit« nannte. Bei ihm korrespondiert diese mit einem umwegigen Deutsch. Gänge, die prosaisch blieben, oder »vor den Worten« Halt machten.[103] Das ergab ein im »Stammeln« begriffenes Deutsch.[104] Hier schließen seine »Berliner Variationen« an den »Hasensprung« an, weil auch diese Situation – wie die des Exils – einen neuerlichen Sprung ins Niemandsland, in die Sprachunsicherheit nötig machte.

Die Niemandslanderfahrung erhielt eine zentrale Bedeutung. Das Niemandsland bildete ein Land, in dem man buchstäblich zum Niemand werden konnte. Denn als sprachlich ungesichertes Terrain war es eines, in dem der Schutz der Alltagssprache nichts mehr zählte. Zugleich brach die Identitätsfrage auf. Hier erfuhr sich Hamburger als einer, der weder zu jenen noch zu denen gehörte. Dass er sich in dieser Lage einzurichten verstand, deutet er in seinen Memoiren an. Darin hielt Hamburger fest, dass er sich in den »rifts«,

---

101 Hier die Formulierung in einem Brief, in dem sich auch zwei Emigranten miteinander austauschen, bezeichnenderweise über Hofmannsthals Literaturverständnis. Vgl. Hamburger an Alewyn vom 6.3.1960. Nachlass Richard Alewyn, DLA Marbach.

102 Hamburger. Begegnung, 191.

103 Zu seinem intensiven Erleben »vor den Worten« vgl. Hamburger. Niemandsland-Variationen, 27.

104 Vgl. ebd., 33.

den Zwischenräumen zu Hause fühle.[105] So wurde ihm das Niemandsland, weil es seine Zugehörigkeitslosigkeit deutlich werden ließ, zum Land der Nacktheit: »Mein Niemandsland zwischen den Sprachen«, so Hamburger, »konnte eigentlich nur ein Land des Schweigens und der Nacktheit sein, denn nicht nur Kleider, sondern auch Wörter und Satzformen machen Leute.«[106] Darin war man den Phänomenen sprachlosen Staunens näher: »Im Niemandsland hatte man andere Sorgen. Dort galt nicht mehr, was man sein wollte, auch nicht, wofür einen die anderen hielten: sogar, was man war, ging einen seltsamerweise nichts an.«[107] Denn in diesem »Licht des Niemandslandes« wirkten die Maskierungen nicht mehr. Vielmehr trat der allzumenschliche Grund all der Versuche hervor. Diese Erfahrung kann als Hamburgers zweites Geburtstrauma aus dem Geist des Niemandslandes begriffen werden. Ihm lag das Paradox zugrunde, dass gerade der Punkt größter Verletzlichkeit Anfang einer neuen Ausdruckskraft war.

Es scheint insofern ratsam, in das hineinzuhorchen, was für Hamburger das Wortfeld des Niemandslandes ausmachte.[108] Offensichtlich trat darin ein Gedanke zutage, der im Unterschied zwischen dem deutschen »Niemands- land« und dem englischen »no man's land« begründet liegt. Das Ohr ist für die Nuancierungen zu schärfen, da Hamburger einerseits darin sein Exil- schicksal verpackte, andererseits ein Stück des Berlin-Problems markierte. Hierbei wirkt es, als sei ihm das Niemandsland zunächst herrenloses Gebiet. Es war das Niemandsland als Folge eines politischen Auflösungsprozesses, wie ihn Deutschland im 20. Jahrhundert erlebt hatte.[109] Die von Hambur- ger beschriebene Fragmentierung des Zentrums hatte die Dispersion seiner Bestandteile zur Folge. Daneben aber war das Niemandsland, im urbanen Rahmen, Anzeige eines Topos der Verlassenheit. Es war Ort eines Verlusts. Es war die Stätte, wo die »empty spaces« herrschten, eine Gegend des »bric-à-brac« von Überresten. Dort begegneten Hamburger nach 1945 die verbrannten Stätten einer einst vertrauten Welt.[110] Das Niemandsland betraf eine Schlüsselerfahrung der »desolation«.[111]

---

105 Vgl. Hamburger. A Mug's Game, 74.
106 Hamburger. Niemandsland-Variationen, 33.
107 Ebd., 34. Zu einem Unbestimmt-Werden der Identität am Nicht-Ort, was dort als »Entorung« bezeichnet wird, vgl. Joseph Vogl. Beliebige Räume. Zur Mikropoli- tik städtischer Räume, in: Thesis 49 (2003), Nr. 3, 37–43, hier: 39.
108 Grundlegend zum Verhältnis von Literatur und Niemandsland noch einmal: Kimmich. Leeres Land. Niemandsländer in der Literatur, insb. 37 f.
109 Vgl. Hamburger. A Proliferation of Prophets, 290.
110 Vgl. Michael Hamburger. From the Notebook of a European Tramp (1945/48), in: ders. Collected Poems, 29–38, hier: 35.

Dieses Wort ist seinem S-Bahn-Gedicht entnommen. Es bezeichnet nicht nur das Feld des »rubble« zwischen den Stadthälften. Mag »desolation« im Englischen einen »state of place« bezeichnen, so deutet schon der alttestamentarische Hintergrund auf mehr als dieses hin.[112] Es liegt eine Ausweitung darin – auf einen niedergeschlagenen Gemütszustand, der bis zur Gottverlassenheit gehen kann. Bei Hamburger hat es zugleich einen weiteren und konkreteren Umfang. Es deutet auf einen fehlenden Bevölkerungsteil hin: die fehlenden Juden der Stadt, das einstige Milieu seiner Familie. Worum es Hamburger ging, war nicht einfach die Ödnis.[113] Es war das Herz einer Sprachlosigkeit. Es ist das mentale Vakuum, das hier noch einmal spürbar wird.[114]

Davon abzusetzen ist das englische Wort »no man's land« als Grenz- und Todesraum: jene innerstädtische Front, wie sie Hamburgers Freund Uwe Johnson untersuchte.[115] Diese bedrohliche Zone wird bei Hamburger durch den »gunpowder smell« angedeutet, der zwar verraucht sei, aber unheimlich anwesend blieb wie Leichengift.[116] Dieser Geruch wird bei einer Grenzfahrt sinnfällig: »It crosses / the frontier, no man's land, / carrying only the smell«.[117] Nur Geruch ohne Menschen wird transportiert. Dergestalt war ihm die Mauer Mahnmal einer zweiten Dispersionswelle: der Flucht aus der DDR.[118] Mit Lévinas gesprochen wurde der Grenzstreifen zum

---

111 Vgl. Michael Hamburger. S-Bahn (1965), in: ders. Collected Poems, 153f., hier: 154.

112 Hier das Cambridge Dictionary zu »desolation« sowie der Eintrag des CNRTL zu »désolation«, vgl. https://www.dictionary.cambridge.org/de/worterbuch/englisch/desolation; sowie: https://www.cnrtl.fr/definition/désolation

113 Hamburger hat das S-Bahn-Gedicht selbst übersetzt und darin den Ausdruck »Ödnis« für »desolation« gewählt. Vgl. Michael Hamburger. S-Bahn (1965), in: ders. Gedichte. Englisch und Deutsch. Berlin (West) 1976, 52f. Sowie: Loerke. Die arme Öffentlichkeit des Dichters, 734.

114 Mit ›Verheerung‹ klingt hier eine fast barocke Vorstellung an. Exemplarisch: »Wir sind ja nunmehr, ja mehr denn ganz verheeret!« Das Gedicht von Gryphius ist Teil der von Bobrowski gesammelten Dichtungen, aus denen hier zitiert ist: Andreas Gryphius. Tränen des Vaterlandes (1636), in: Johannes Bobrowski (Hg.). Meine liebsten Gedichte. Eine Auswahl deutscher Lyrik von Martin Luther bis Christoph Meckel. Berlin (Ost) 1985, 27.

115 Vgl. Johnson. Zwei Ansichten, 140.

116 Vgl. Hamburger. S-Bahn, 153f.

117 Ebd., 154. Zu Hamburgers eigener Übersetzung vgl. Hamburger. S-Bahn, in: ders. Gedichte, 53.

118 Zu den Folgedispersionen durch die Teilung auch: Hamburger. After the Second Flood, 122.

Raum bedrohter Ethizität, jener »strip of land« zwischen zwei Ländern im Krieg.[119] Auf diese Weise kristallisiert sich der Unterschied heraus, auf den Hamburger offensichtlich hinauswollte: Das »Niemandsland« im Deutschen, wie er es betonte, ist eigentlich ein »nobody's land«. Das »no man's land«, wie er es im S-Bahn-Gedicht akzentuierte, ist hingegen ein Raum des Unmenschlichen.

Nicht von ungefähr führte Hamburgers Niemandsland also in eine Erfahrung der Sprachlosigkeit hinein. Das Niemandsland war, gemäß dieser Sinnverschiebung, Sprachbrache. Man kann das metaphorisch ein sprachliches Interregnum nennen, war mit der Sprachverunsicherung auch ein Souveränitätsschwund verbunden. Diese Souveränitätslücke weist bei Hamburger auf einen existenziellen Nullpunkt hin. Er löste ein rückwirkendes Fremdheitsgefühl aus, das zunehmend Hamburgers Verhältnis zum Englischen in Mitleidenschaft zog: »Erschreckend war das, weil ich die Zweisprachigkeit weder vorausgesehen noch erwünscht hatte, weil ich nun – auch in meinen englischen Gedichten – noch einmal emigrieren mußte, diesmal aber in ein Niemandsland.«[120] Mit dieser Emigration ins »Niemandsland« der Sprachen sollte eine unbequeme Erfahrung, eine Ohnmacht der Worte, verknüpft sein. Doch ist da auch die produktive Stille. Sie mag mit einem Satz getroffen sein, der sich auf eine ähnliche Niemandslanderfahrung bezieht: »Die Worte haben etwas Erschrockenes, so frisch sind sie gebrochen im Steinbruch der Stille.«[121]

Damit kann die Erfahrung im Niemandsland etwas Öffnendes haben, uns aufs Wesentliche zurückwerfen, wie Hamburger in seinen »Londoner Variationen« sagte. Der Niemandslandbewohner machte eine Erfahrung, die ihn empfänglich werden ließ für Lebensumbrüche aller Art: Denn wer »nie heimatlos war, nie befremdet und verfremdet, bewohnt eine Zeitinsel«.[122] Die Grenze dieser Horizontöffnung lag für ihn dort, wo er an die Grenze der eigenen Erinnerungs- und Fühlfähigkeit stieß. Diese zu erweitern, mag der Impuls gewesen sein, sich auf die Suche nach der verlorenen Sprache in Berlin zu begeben. Jene Form der Ursprungsbesinnung war von dem geleitet, was er als Hölderlin-Motto seinem Band »Zwischen den Sprachen« voran-

---

119 Bei Lévinas der explizite Hinweis auf das »no man's land«. Vgl. Römer. Spatium – Topos – Atopos, 182.
120 Hamburger. Niemandsland-Variationen, 33.
121 Diese produktionsästhetische Erfahrung bezieht sich bei Kommerell auf das Kommen des dichterischen Ausdrucks nach einer Weile der Stille: Kommerell. Gedanken über Gedichte, 41.
122 Hamburger. Londoner Variationen, in: ders. Zwischen den Sprachen, 35–59, hier: 56.

stellte: »Denn / Wie du anfiengst, wirst du bleiben / So viel auch wirket die Noth«.[123] Die Not wirkte bei ihm im Anfang als Riss, als initiales Leid, das ein Terrain stummer Erfahrungen erschloss.[124] Um diese zu bergen, bedurfte es wahrlich eines »Proustian character«, wie ihn Hamburger, angesichts der Verschüttungen in der Nachkriegsliteratur, suchte. Einen, der im »Fieber der Erinnerung« in die Stollen der Zeit hinabstieg.[125]

Doch war Hamburgers eigener Fall prekärer, da nicht nur ein Land der Erinnerungen, sondern zugleich eine Sprache für diese zu finden war.[126] Das machte sein Unternehmen schwieriger als die Kindheitsarchäologie Benjamins. Denn Hamburger war nicht nur Fragmentarist in der Sprache, er war es auf dem Bauplatz zwischen den Sprachen.[127] Insofern ist seine Sprachnot im Niemandsland eine zwiespältige, denn sie ließ ihn in fast kindlicher Naivität auf ein Land stummer Erfahrungen stoßen. In diesem Sinne hat Hans Mayer darauf hingewiesen, dass es bei Hamburger die Leerräume seien, in denen er seine Worte suchte.[128] Auf diese Weise gelangte er über das Wortlose an eine zu bergende Zeiterfahrung.[129] Er hat noch einmal eine Überblendung von Stadt- und Gedächtnisraum praktiziert: Stadt- und Erinnerungsbezug berühren sich in der Metaphorik der »jumbled fragments«.[130]

Demnach sind alle seine »Variationen« Versuche einer erinnernden Wiederkehr wie der Schadensaufbewahrung des früh Erlebten. Auch darin berührte er sich mit Bobrowski. Doch teilten sie die Hoffnung auf eine »Zeit ohne Angst«, auf offeneren und lebendigeren Zeitbezugs.[131] Durch

---

123 Hierzu das Motto in: Hamburger. Zwischen den Sprachen, 7.

124 Zum Riss eines initialen Leids der Kindheit auch: Angehrn. Sein Leben schreiben, 190.

125 Vgl. Oskar Loerke. Vorläufiges zum Thema Marcel Proust (1926), in: ders. Der Bücherkarren, 377–380, hier: 379. Zum Leseereignis Proust für Loerkes Poetik und zum Stellenwert des »Sich-Erinnern-Könnens« vgl. Loerke. Tagebücher, 169f., 181.

126 Als Gegenbewegung zu den Erfahrungen des »displacement« galt es für Hamburger, den »Proustian character« zu suchen, der an die Tiefendimension der Epoche herankam. Vgl. Hamburger. After the Second Flood, 141.

127 Zu dieser Lebensparadoxie vgl. Hamburger, In conversation with Peter Dale, 19. Zum fragmentarischen Denkstil Benjamins: Ralf Konersmann. Erstarrte Unruhe. Walter Benjamins Begriff der Geschichte. Frankfurt a.M. 1991, 13.

128 Vgl. Hans Mayer. Anmerkungen zu Gedichten von Michael Hamburger, in: Hamburger. Gedichte, 88–90, hier: 88.

129 Zur Metaphorik der »Fetzen«: Hamburger. Niemandsland-Variationen, 27.

130 Vgl. Hamburger. A Mug's Game, 148.

131 Zur Rückkehr zur »lebendigeren Zeit«: Hamburger. Begegnung, 191. Zum Thema der beschädigten Zeiterfahrung in der Freundschaft Hamburger-Bobrowski vgl.

Hamburgers Übersetzertätigkeit mag da etwas aus Bobrowskis Werk in seines hinübergewandert sein. Bei Hamburger jedenfalls geht die Problematik des brüchigen Erinnerns tief in den eigenen Kosmos ein. Ähnlich sprach Bobrowski, in seiner Prosaminiatur »Mosaik«, von den »blindgewordenen«, »brüchigen« Erinnerungsstücken.[132] So kann man für Hamburgers poetische Welt feststellen, dass erst an der Realisation der Lücke das Fehlende sichtbar wurde.[133] Im Geist dieser Einsicht hat er in seinen »Berliner Variationen« den Kontakt zur Kindheit Benjamins gesucht. Hier isolierte er einmal ein Fragment aus dessen Erinnerungen, das ihm in der Deutung der eigenen Kindheit als Stütze diente: »Nie wieder können wir Vergessenes ganz zurückgewinnen«, fand er bei Benjamin zum Verständnis der eigenen Kindheit: »Und das ist vielleicht gut. Der Schock des Wiederhabens wäre so zerstörend, daß wir im Augenblick aufhören müßten, unsere Sehnsucht zu verstehen. So aber verstehen wir sie, und um so besser, je versunkener das Vergessene in uns liegt.«[134]

Gerade das Fragmentarische, so legt es das Zitat aus der »Berliner Kindheit« nahe, schützt uns vor dem letzten zerstörerischen Schock. Es macht das Zurückgewonnene annehmbar. Auch schätzte Hamburger das Fragment. Er sah es als die Spitze eines Eisbergs, der den Rest im Verborgenen belässt.[135] Es wirkt wie etwas, das keine letzte Bildgestalt mehr annimmt, aber eine melancholische Stimmung ausstrahlt. Damit lenkte er das Bewusstsein wieder aufs Fehlende: Der Fokus der Wahrnehmung schärft sich für die Lücke, jenes »trou de mémoire«.[136] Die Löchrigkeit unserer Erinnerungen ließ ihn – das ist das Bemerkenswerte – zwischen den Sprachen nach »vergessenen Wegen« suchen.[137] Das war sein Ethos: Es zog ihn in ein Land, in dem er manches

    Eckel. Von Berlin nach Suffolk, 47. Zur »Zeit ohne Angst«: Johannes Bobrowski. Absage (1959), in: ders. Gesammelte Werke. Bd. 1, 73.

132 In eine »unerhört glühende Farbe« könnten diese Mosaike dabei »getaucht« sein: Johannes Bobrowski. Das Mosaik (1951), in: ders. Gesammelte Werke. Bd. 4, 194.

133 Hierzu gedächtnisphänomenologisch: »Am Ausbleiben von etwas wird uns das Fehlen eines Verwahrten als Lücke wahrnehmbar.« Jünger. Gedächtnis und Erinnerung, 38.

134 Hamburger. Berliner Variationen, 13. Hamburger zitiert den Anfang der Miniatur »Der Lesekasten«, in der es um die Erfahrung des Unwiederbringlichen geht: Benjamin. Berliner Kindheit um Neunzehnhundert, 267.

135 Vgl. Hamburger. Das Fragment: Ein Kunstwerk?, 311. Zu diesem Bild des Fragments als dem manifesten Teil eines latenten Eisbergs auch: Alewyn an Hamburger vom 23.2.1960. Nachlass Richard Alewyn, DLA Marbach.

136 Vgl. Lanzmann. Trou de mémoire, 4f.

137 Vgl. Michael Hamburger. Selbstvorstellung. In: Jahrbuch der Deutschen Akademie für Sprache und Dichtung (1975), Nr. 1, 147f.

wiederfand, das sich als Erfahrungsüberschuss nicht in die eng gezogenen Grenzen des Wirklichkeitssinns im Nachkrieg fügte.

Unverkennbar sah Hamburger darin eine ästhetisch-existenzielle Entsprechung zwischen jener Stadt mit Lücken namens Berlin und seinem mühselig errungenen Deutsch »auf Krücken«, in dem er Entdeckungen machen konnte: »Die Fehler, die Lücken, die hölzerne Syntax verhinderten nicht, daß sich mir einige Wörter aus der Kindheit wieder einstellten. Wenn auch auf Krücken, bewegte ich mich wieder in der ersten Sprache.«[138] War ihm diese aufbrechende Erfahrung der Zweisprachigkeit eine erschreckende, so lag darin eine überraschende Wahlverwandtschaft mit dem Ort seiner schlimmsten Erlebnisse. Die Worte kamen ihm stückweise wie die »Bestandteile einer Stadt«, die man sich neuerlich erschließen muss. Wie im Kinderreim setzt er »Lücke« zu »Krücke«. Es ist die Realisation seines eigenen, verschütteten Schicksals im Angesicht der gezeichneten Stadt. In ihrer Traumalandschaft wird er seiner Umpflanzungsgeschichte gewahr. Poetisch fand dies ihre Form im »Halbzeug«, irgendwo im Grenzgebiet des Ausdrucks, der nicht allein der Poesie und noch nicht der Theorie angehört.[139] Hamburger tastete sich heran an ein neues »Ausdrucksmittel«: »reflektierende Prosa« – so Forster –, die »Dichtung« werden konnte.[140]

Hamburger hat seine Beziehung zum Englischen mit der Sprachverpflanzung erklärt, prägte sie seine Haltung zur Sprache des Gastlandes so weit, dass man seine Dichtung gar als exterritorial empfand.[141] Darin ist auch der Habitus des Übersetzers erkennbar, die Melancholie eines, der um das Unübersetzbare wusste.[142] Diese Melancholie prägte seinen Zugang zur Dichtung: der Atem, der seine Worte dem »pull of silence« abzuringen hatte.[143] Worte dem »Sog der Stille«, jenem »gap« jenseits der Beredsamkeit abzulauschen. Insofern ist Hamburgers Dichtung in der Tat, wie Mayer

138 Hamburger. Niemandsland-Variationen, 33.
139 Zum »Halbzeug«, das ein Denken im Entwurf, in Vorläufigkeit betreffen würde, vgl. Blumenberg. Theorie der Unbegrifflichkeit, 116.
140 Vgl. Forster. Rede auf den Preisträger, 80.
141 Vgl. Charlie Louth. The Traveller. A Tribute to Michael Hamburger, in Modern Poetry in Translation 3 (2004), Nr. 3. Online abrufbar unter:http://poetrymaga zines.org.uk/magazine/recordd1bc.html?id=16756
142 Zum Dilemma der Unübersetzbarkeit und der Erfahrung des Abstands siehe Gadamer anlässlich eines Michael-Hamburger-Symposions 1987: Hans-Georg Gadamer. Lesen ist wie Übersetzen (1989), in: ders. Gesammelte Werke. Bd. 8, 279–285, hier: 279.
143 Vgl. Hamburger. A Mug's Game, 75.

bemerkte, eine der »Stillness«.[144] Doch Schweigen und Stille sind nicht dasselbe. Sie sind komplementär. Hierbei scheint es Hamburgers Grundannahme gewesen zu sein, dass die Stille profunder ist als das Schweigen. Denn die Stille ist jener »Steinbruch«, aus dem die Worte zu holen sind. Es ist die Schicht unter den Worten.

Das Schweigen wird bei ihm so mit dem Schweigen Berlins zusammengebracht. Es ist die Verschwiegenheit einer Stadt angesichts des in ihr geschehenen und von ihr ausgegangenen Leids.[145] Während das Schweigen die Wort- und Ratlosigkeit bezeichnet, das Verschwiegene oder Lastende, deutet die Stille auf ein noch nicht Vernommenes hin. In dieser Stille sammelt das Gedicht seinen Atem. Genau in diese »Stille vor den Worten« zog es Hamburger in Berlin.[146] Denn es gebe, wie er in einem Essay äußerte, eine Dichtung, die die »condition of silence« aufsuche, die mit der ersten Betroffenheit arbeite, sich nicht von rhetorischen Fertigkeiten beeindrucken lasse.[147] Hier liegt die Schwierigkeit, diesen »Zustand der Stille« als ein produktives Momentum zu begreifen. Denn als innere Empfindung gehört sie zum Ungesagten am Gedicht – und ist doch ihr Ausgangspunkt.[148] Insofern hat der Zug der Stille etwas mit dem gemein, was man in der Dichtungstheorie als »tonlose Zeit« bezeichnet hat: jene Zeitpausen, aus denen sich das Gedicht erhebt.[149] Das darin implizierte Ringen ums Wort bleibt bedroht von einem aufsässigen Schweigen, einer Wort- und Empfindungslosigkeit, wie George Steiner konstatierte: »Mit den Worten, die ihren Dienst ver-

---

144 Zu dieser Auffassung vgl. Mayer. Anmerkungen zur Dichtung Michael Hamburgers, 90. Hierzu auch der Schlussakzent auf die »Stille« in: Hamburger. Niemandsland-Variationen, 34.

145 Vgl. Hamburger. Das Schweigen in Berlin, 161.

146 Vgl. Hamburger. Niemandsland-Variationen, 34.

147 Vgl. Hamburger. A writer on his work, 227. Zur »Condition of silence« auch: Hamburger. A Mug's Game, 75. Hamburger wird kaum entgangen sein, dass Alewyn in seinem »admirable book« eine ähnliche Krise, die Chandos-Krise Hofmannsthals beschrieb, der unter der gewohnten Sprache eine nicht-korrumpierte Sprache suchte: Richard Alewyn. Hugo von Hofmannsthal 1874–1929 (1957), in: ders. Probleme und Gestalten, 102–114, hier: 104.

148 Zu dieser Zurückweisung einer Beschreibung des »Zustands der Stille«: Michael Hamburger. »Ich liebe die Musik, weil sie nicht Literatur ist.« Gespräch mit Wolfgang Schlüter (2004), in: ders. Pro Domo, 142–153, hier: 150. Zur »condition of silence« als Fundament von Hamburgers Ars Poetica vgl. auch: Iain Galbraith. Michael Hamburger's ›Chandos Moment‹? Reflections on the ›Niemandsland-Variationen‹, in: Joyce Crick (Hg.). From Charlottenburg to Middleton. Michael Hamburger (1924–2007): Poet, Translator, Critic. München 2010, 70–88.

149 Vgl. Jünger. Rhythmus und Sprache im deutschen Gedicht, 65.

sagen, versagt auch das Erinnerungsvermögen, das sie zusammenhält.«[150] Dieses Sprachversagen, das den Zeugen in eine innere Nacht stürzen kann, war Hamburger vertraut.

Einen Hinweis gab er dazu in der auf Deutsch verfassten Schrift »Das Schweigen in Berlin«, seinem posthum erschienenen Versuch über die Wortlosigkeit am Ort. Hier spricht er vom aus dem Schweigen auftauchenden Bild als der poetologischen Essenz seiner Wiederbegegnung mit Berlin.[151] Ein »urgent image«, wie Hamburger es an anderer Stelle formuliert.[152] Erst dieses innere Bild mag die Kruste des Schweigens durchbrechen, sich von der lastende Stille absetzen, wie sie Celan am Landwehrkanal beschrieben hat. Doch darf nicht vergessen werden, dass es diese Totenstille war, die Hamburger in Berlin zu schaffen machte. Sie ist das Gegenteil des sich sammelnden Atems. Denn wenn dieser aus der tonlosen Zeit entsteht, steht die Totenstille für das Fehlen dieser Kraft. Celans »Nichts stockt« setzte den Akzent auf die Unterbrechung. Bei Hamburger ist es der fortgesetzte Atem, der das tödliche Schweigen zu überbrücken versucht.[153]

Wenn Berlin also auf Hamburger seinen »pull of silence« ausübte, so zog ihn dieser in eine intensiv empfundene Anwesenheit vergangenen Daseins. Dieses packte ihn unterhalb der Worte, sodass er lediglich festzuhalten vermochte, warum er bei diesem Besuch – anlässlich eines Schreibstipendiums – »nichts« über Berlin »schreiben« wollte, bis auf das Festhalten dessen, was er das »Schweigen Berlins« nannte.[154] Doch gerade durch das Umkreisen dieses Schweigens berührt der kleine Text wie der persönlichste Trauermarsch, schleppendes Kaddisch. Der Ton ist schwer, weil er an den Zeitschichten in der Stadt trägt. Es ist ein Ton aus dem Unterwegs: »Kann hier nicht, dort nicht wohnen« wie es in »Begegnung« hieß.[155] Dieser Ortlose war prädestiniert, die Anwesenheit all der Überlagerungen im Stadtbild

---

150 Steiner. Der Dichter und das Schweigen, 97. Hamburger stand auch mit Steiner im Kontakt; zum Briefwechsel vgl. Hamburgers Teilnachlass in der University Library in Leeds.

151 Vgl. Hamburger. Das Schweigen in Berlin, 161.

152 Vgl. Michael Hamburger. An Hölderlin / To Hölderlin, in: Peter Waterhouse. Die Nicht-Anschauung. Versuche über die Dichtung von Michael Hamburger. Mit Gedichten von Michael Hamburger. Wien, Bozen 2005, 167f.

153 Zum Überbrückungstopos sei an den Vers erinnert: »The hiatus, deathly distance / Bridged by his breathing.« Hamburger. Friends, 149.

154 Dass er damals über Berlin »nichts schreiben« konnte, hat er brieflich bekräftigt. Vgl. Michael Hamburger an Thomas Deecke vom 22.11.1976. Archiv des DAAD-Künstlerprogramms, Berlin. Mit Dank an Sabine Blödorn.

155 Vgl. Hamburger. Begegnung, 191.

zu erfassen: »Wenn ich mich nicht vorsehe«, heißt es, »drängt sich das früh Erlebte und Halbvergessene vor die Wirklichkeiten.«[156] Erst musste er die Schichten des Gewesenen abtragen, um an das Gegenwärtige zu gelangen. Denn zu seinem früheren Berlin gehörte auch das der Ruinen und der späteren Überbauungen: »Jeder spätere Besuch bildet eine weitere Erinnerungsschicht, die ich erst durchbrechen muß, um die Gegenwart, so wie sie ist, wahrzunehmen.«[157]

Mit diesen Komplikationen hatte einer zu rechnen, der mit einem Sack an Erfahrungen angereist war. Was er in Berlin entdeckte, war seine existenzielle Landschaft. Damit verdichtete Hamburgers Miniatur ein Wesentliches der leeren Zentrale. Es ist ein Fragment, das bei aller Trostlosigkeit seine Schönheit im Wahrhaftigen hat. Auch der Gang ins Zwiegespräch mit der Stadt erhält auf diese Weise eine letzte Intensität. Glich ihm die Stadt einem versteinerten Herzen, lief darin die Frage mit, wie diese aus ihrer eigenen Stummheit herauszuholen wäre. Wie ließ sich das Steinerne in ihr auflösen? – fragte sich Hamburger, einen Passus aus Goethes »Römischen Elegien« zitierend.[158] Das steinern-stumme Rom wurde ihm zur Analogie einer Stadt, die erst die Liebe zum Sprechen zu bringen vermochte. Wie eine Sprache finden für eine Stadt, in der die jüngste Geschichte in jeden Stein gefahren war?

Damit wies Hamburger auf das Ungelöste. Er suchte das Gespräch mit dem ungesagten Leben in den Steinen, weil das Gespräch mit den Lebenden – wie den Toten – unterbrochen war. So scheint es, dass die Toten nur über die Kraft der *memoria* in den Steinen zu erreichen waren. Die Steine der Stadt übernahmen für Hamburger die Stelle von Gedenksteinen. Seine Schrift wirkt wie ein Kiesel, den man zum Eingedenken auf Gräbern der jüdischen Friedhöfe hinterlässt. Der Kiesel bildet das Band zwischen den Lebenden und den Toten. Der Stein, sein irdisches Gewicht, ist es, an dem die Seelen der Verstorbenen noch eine Weile gehalten werden. Die Steine der Stadt werden zu Markierungen, Mahnmälern, transponiert auf das, was Hamburger als Lebensgefühl im Nachkrieg auszudrücken versuchte.[159] Hierzu mögen sich einige Worte aus seiner Hölderlin-Übersetzung wie eine Deutung anbieten: »The walls loom / Speechless and cold, in the wind.«[160]

156 Hamburger. Das Schweigen in Berlin, 158.
157 Ebd.
158 Vgl. ebd., 159. Sowie: Goethe. Römische Elegien, 157. Dass die Liebe die Steine zum Sprechen bringt, ist auch ein orphisches Motiv in der Dichtung Goethes. Vgl. Rehm. Orpheus, 60.
159 Hier zur Vorstellung, dass eine Spur (»vestigium«) zugleich einen sinngeladenen Pfad der Verweisung vorgibt, vgl. Blumenberg. Legitimität der Neuzeit, 575.
160 Friedrich Hölderlin. The Middle of Life (1804), in: ders. Poems and Fragments,

Für diese Deutung spricht der Status der kleinen Schrift »Das Schweigen in Berlin« in Hamburgers Werk: Auf Deutsch, unveröffentlicht, ist es ein Fragment, dessen Adresse in der Schwebe bleibt. An wen war es gerichtet? An die eigenen Leute, die Verwandten, die Verstreuten, die nicht mehr da waren? Oder war es gerichtet an die Bewohner der Stadt, an jene Gegenwart, zu der er sich erst vorgraben musste, an jene, die vielleicht an denselben Steinen vorbeigingen? Auch dies ist ein Symptom der leeren Zentrale: ein Erzählen für Leser, die noch ausstehen. Der Text entstand somit in einem zeitlichen Zwischenraum und brachte auf diese Weise die Frage nach Hamburgers Identität zurück: die Frage nach seinem Judentum, auf das er, wie er schrieb, erst durch das Jahr 1933 gestoßen wurde.[161]

Kam er in »Das Schweigen in Berlin« gewissermaßen als Jude in die Stadt zurück, zu dem ihn die Vertreibung gemacht hatte, so kam er auch als Beobachter in eine Wüste. Was machte das Wüstenartige Berlins für Hamburger aus? Nicht allein dessen äußerliche Versehrtheit, auch das hastige Machen in Kultur, das Geschäftigsein, als das Hamburger die Aktivitäten der Höllerer-Zeit empfand. Dabei hatte er in seiner Hölderlin-Übersetzung indirekt Wesentliches dieses Literaturbetriebs angesprochen, heißt es in dieser über die Falle, in die jeder tappen kann: »Then why did you prize me more / When I was proud, and wild and frantic, / Lavish of words, yet in substance empty?«[162] Hamburger wich auf seinen Spaziergängen dieser Betriebsamkeit gezielt aus.[163]

Er suchte nach dem Unterstrom, fragte sich, wo die Kunst zu finden sei, die das Wahrhaftige in den »rifts« suche. Darin erinnert seine Kritik an das Adorno-Wort von der Kunst als »Antikultur«, denn auch Hamburger sah deutlich, dass man »Kunst und Kultur nicht ohne Weiteres gleichsetzen« könne.[164] Doch nicht im Zorn versuchte er das Zweifelhafte von sich zu weisen: Seine Schwermut machte spürbar, dass er das »kulturelle Leben« an

371. Den Hinweis auf Hamburgers Hölderlin-Übersetzung dieses Gedichts als mögliche Brücke zum »Schweigen in Berlin«, verdanke ich Joel Lande (Princeton); ebenso wie die Hinweise auf jüdische Bestattungsrituale. Für die Anregungen sei ihm gedankt.

161 Zu seiner Auseinandersetzung mit dem Judentum vgl. Michael Hamburger. Gedanken über die Identitätsfrage (1993), in: ders. Pro Domo, 162–172, hier: 162.

162 Friedrich Hölderlin. Human Applause (1796), in: ders. Poems and Fragments, 47.

163 Das war hier gegen jede »forms of corruption« gerichtet, wie er an anderer Stelle sagte. Vgl. Hamburger. A Mug's Game, 210.

164 Vgl. Hamburger. Das Schweigen in Berlin, 160. Sowie Adorno zum »antikulturellen Zug« der Kunst seit der Moderne: Adorno. Ästhetische Theorie, 126.

der Oberfläche von dem geschieden wissen wollte, was er als »Lebensform« einer Literatur schätzte. Darin berührte sich seine Haltung mit der skeptischen Ironie Gombrowicz', der die Fata Morgana Westberlins beschrieben hatte. Zu poetischer Betriebsamkeit ließ sich Hamburger schon deshalb nicht überreden, weil ihm aus dem Empfinden zu deutlich war, dass er darauf zu warten hatte, was ihm der Ort zu sagen habe.

In dieser Hinsicht war er zuversichtlich, dass es mit zeitlichem Abstand gelingen mochte, die Steine doch zum Sprechen zu bringen, auf dass das in ihnen Festgehaltene zu Gehör käme.[165] Denn von einer Sache blieb Hamburger in Berlin überzeugt: Dass »die Steine etwas ›aussagen‹, wie es in Goethes Römischen Elegien heißt«. Er ging davon aus, dass die Gebäude »›sprechen‹ und die Straßen ›reden‹«, dass sie dies täten, »sobald man sie nicht nur gedankenlos benutzt, sondern sich mit ihnen einläßt«.[166] Was sie preiszugeben hätten, wäre zwar keine frohe Botschaft, aber eine wahrhaftige, war ihm Berlin die Stadt der Ereignisse des 20. Jahrhunderts. Und diese letzten 100 Jahre enthielten für Hamburger »das Äußerste an gesellschaftlichen Umwälzungen, an Zerstörung und Zerrissenheit«. Denn so wie sich die »Machtsysteme« hier abgelöst, aufeinander geschichtet hatten, so hätten sich die Leiden und Hoffnungen des »Überlebens der einzelnen Menschen« in ihr abgelagert. Was ihn beschäftigte, war die »Fähigkeit der Überlebenden«, sich wieder als »normale Menschen« zu fühlen, so sie eine Beziehung zum »Schweigen der Toten« um sich aufzunehmen verstünden.

Hamburger sah sich genötigt, mit diesem »Schweigen Berlins« nach Hause zu fahren. Verwahren wollte er dies gesammelte Schweigen in seiner »Werkstatt« in England; mit der Hoffnung im Gepäck, dass die »Saat des Schweigens« eines Tages aufgehen möge.[167] Was er behielt, war der Glaube, dass etwas »von selbst«, als »nicht mehr zufällige Bilder und Figuren aus dem Schweigen auftauchen« werde.[168] Seine Eindrücke des einst Vertrauten mussten ins Fremde gebracht werden, wo sie ihm wieder heimisch werden

---

165 Das hierfür bezeichnende Orpheus-Gedicht nahm Hamburger in die Auswahl, die nach seinem DAAD-Aufenthalt in einer zweisprachigen Edition des LCB erschien. Vgl. Michael Hamburger. Orpheus Street, S. E. 5 (1967), in: ders. Gedichte, 54.

166 Hamburger. Das Schweigen in Berlin, 159. Zu seinem essayistischen Umgang mit Raum, statt einer landvermessenden Willkür, vgl. Hamburger. Essay über den Essay, 158.

167 Zur »Saat des Schweigens«: Benjamin. Berliner Kindheit um Neunzehnhundert, 238.

168 Vgl. Hamburger. Das Schweigen in Berlin, 161.

sollten. Wie kaum einer im Nachkrieg also hat er auf den Gängen durch seine Geburtsstadt die Schichten abzutragen versucht: die Stadt im Tumult der Weimarer Zeit, die Verheerungen, die der Nationalsozialismus hinterlassen hatte, die Leere von 1945, der Wiederaufbau, der aufs Neue manches verschüttete. Das Bild, das sich daraus ergab, brachte er einmal ins traurig-komische Gleichnis einer Katze, die in all diesen Regimen gelebt hatte. Ein kurzes Katzenleben hatte ausgereicht, um in drei deutschen Epochen zu leben: Ausdruck für die Geschwindigkeit der Veränderungen im letzten Jahrhundert.[169]

Zu diesen Schichten sind, nach der Zeit der leeren Zentrale, weitere hinzugekommen. Die Stadt der Zerstörung, der Teilung begann in den letzten Jahrzehnten das Leben einer Geisterstadt zu führen.[170] Die leere Zentrale wurde zum Gespenst einer gegenwärtigen Stadt; ihren Relikten begegnet man im Zeichen der Revitalisierung Berlins nur mehr selten. Doch hat sie ihre Ablagerungen, in den – mit Loerke – Rumpelkammern der Zeit hinterlassen.[171] Mit dem Phänomen war hier zudem eine dichterische Problematik verbunden, deren Kern kaum vergangen ist. Das wurde an Hamburger sinnfällig. Ihm blieb die Stadt mit Schwere behangen; Schwermut lag ihm in jeder Hausecke.[172] Seine Begegnung verdichtete sich in der Frage, wie dieser Ort überhaupt wieder poetisch genommen werden könne? Wie wieder spielen mit der Stadt? Das war die Frage, wie sie aus seiner Berliner Kindheit kam. Denn während die Schwermut die Ohnmacht, angesichts erlebter Widerfahrnisse, mit sich brachte, bedurfte die Poesie eines Mutes, den er nach eigener Aussage in der »leichteren englischen Sprache« wiederfand.[173]

Doch war es nicht so, dass in Berlin, wie Hamburger nahelegte, das Überleben und die Poesie aufs Engste verbunden waren? Wie man angesichts eines Schiffbruchs durchkommt, welche Substanz an Erfahrung man aus einem Fiasko zieht – in den Versuchen eines Dichterisch-Werdens der Sprache bleibt es abgelegt.[174] Und wie für Hamburger das Gedicht im Zeichen

---

169 Vgl. ebd., 159.

170 Vgl. hierzu die einleitende Bemerkung von Hamburgers Herausgeber Iain Galbraith anlässlich einer Lesung aus »Das Schweigen in Berlin« vom 6.10.2006: https://cba.fro.at/114308

171 Hier das Gedicht »Der Fund« aus folgendem Zyklus: Oskar Loerke. Bemalte Vasen von Atlantis (1936), in: ders. Gedichte und Prosa. Bd. 1, 504–517, hier: 505.

172 Zur Schwermut im Zeichen der Melancholie vgl. Szilasi. Macht und Ohnmacht des Geistes, 304f.

173 Vgl. Hamburger. Das Schweigen in Berlin, 160.

174 Zum unverlierbaren Rest vgl. Blumenberg. Schiffbruch mit Zuschauer, 19.

des sich sammelnden Atems stand, so war sein Umherwandern in der Stadt das eines Spaziergängers, der die Frage mit sich trug, wie im Vergänglichen Bleibendes zu bergen sei. Vielleicht war es dasselbe: mit der »Schwere«, dem »Lastenden« umzugehen, um auf diesem Weg am Ende »sogar in Berlin mit Berlin wieder spielen [zu] können«.[175]

175 Hamburger. Das Schweigen in Berlin, 161. So im späten »Late IV«, das seinen Geburtsort noch einmal poetisch aufgreift: »If now, a guest, I go back / To my native city, / What I see is not what I know«: Hamburger. Late, 25.

Schluss: Rückkehr ins Delta der leeren Zentrale oder Vom Einsammeln der Bilder

> Wie wenn es aus einer Feuersbrunst
> gerettet worden wäre.
>   *Hans-Georg Gadamer*[1]

Lässt man sich noch einmal auf das »Schweigen in Berlin« ein, so mag man mit Erstaunen feststellen, dass, wie es Michael Hamburger vorhergesehen hatte, eine Reihe von »nicht mehr zufälligen Bildern und Figuren« aus dem Schweigen der Stadt aufgestiegen war.[2] Das war Hamburgers herstellungs-ästhetisches Plädoyer, das für die Bergungsarbeit an den Bildern der leeren Zentrale seine Gültigkeit beanspruchen kann. Denn wann kommen die Bilder? – so hatte Hans Mayer mit Blick auf das Emergieren der bildreichen Verse eines Peter Huchel gefragt.[3] Um diese und andere Fragen soll es zum Schluss gehen.

Die Antwort Hamburgers lautete: Wenn man sich auf den Eigensinn des Raumes einlässt, die Stadt in ihren Latenzen ernst nimmt. Noch jeder »Gang durch eine Straße, die man aufmerksam und eindringlich betrachtet«, schrieb er, »ist ein Gang durch die Geschichte«.[4] Dieser Gang führte im Nach-kriegsberlin nicht nur durch eine »politische Abnormität«, sondern durch eine historische. Damit spürte er das Exemplarische der Stadtlandschaft auf; etwas, das später ins Allgemeine gebracht und ausgedeutet wurde.[5] Was Hamburger für die Zeitproblematik der leeren Zentrale aufnahmefähig machte, war seine persönliche Verstrickung in die Stadt. Er war ihr Schich-tenermittler, aber auch der Rückkehrer mit dem Trauma, dessen Verdrän-gungskraft nicht wirklich gegen das Andrängen des »früh Erlebten und

---

1   Hans-Georg Gadamer. Wort und Bild – ›so wahr, so seiend‹ (1992), in: ders. Gesam-melte Werke. Bd. 8, 373–399, hier: 378.
2   Vgl. Hamburger. Das Schweigen in Berlin, 161.
3   Zum »schrecklichen und berauschenden Warten auf das Gedicht« siehe: Hans Mayer. Erinnerungen an Peter Huchel, Min. 00:16:40f. Siehe: https://www.peter-huchel-preis.de/peter-huchel/ Sowie: Peter Huchel. »Ich raune Verse vor mich hin.« Keine gute Zeit für Lyrik. Interview mit Karl Corino (1974), in: ders. Gesammelte Werke. Bd. 2, 389–393, hier: 391.
4   Hamburger. Das Schweigen in Berlin, 159.
5   Exemplarisch: François. Berlin. Emblème du XXIeme siècle, insb. 65.

Halbvergessen« ankam.[6] So lagerten sich die frühen Erlebnisschichten ein ums andere Mal vor die Präsenz der Gegenwart.[7]

Die alte Tugend des Flaneurs, sein Blick in die Zeit, verstärkte sich.[8] Es stellten sich doppelt belichtete Ansichten ein, wie sie die vorangegangene Generation von Koeppen, Kaschnitz oder Gombrowicz geprägt hatten, zu deren Nachzüglern Hamburger zu zählen ist. Über die leere Zentrale hielt er summierend fest: »Zu dem erinnerten Berlin«, dem der Zwischenkriegsjahre, »gehört jetzt auch das Trümmerfeld, als welches ich die Stadt kurz nach Kriegsende zuerst wiederfand.«[9] Jede folgende Visite trug weitere dieser »Erinnerungsschichten« ab. Es wurde zur Aufgabe einer zeitbezogenen Flanerie.

Aus den Schichten drangen die Eindrücke, die unerlässlich waren für das Innewerden an einem Ort, der diese Zerstörungen erlebt hatte. Dabei drängte sich die Frage nach dem Moment des Erscheinens der Bilder auf: Wann schnappt sie zu, die »Reuse Zeit«?, wie es Johannes Bobrowski formulierte. Bobrowski und Hamburger waren sich darin einig, dass dieses Kommen der Bilder sich herstellungsseitiger Willkür entziehe. Ein Akt poetischer Gnade.[10] So fragte Bobrowski in dem Gedicht »In der Reuse Zeit«: »Wie werden / Bilder erreichbar, Figuren, / aus Schatten die Zeichen –?« Und weiter: »Irgendwann aufgekommen / nur mit der ungewohnten / Vertrautheit«.[11] Um genau diese »ungewohnte Vertrautheit« ging es bei den Bildern der leeren Zentrale. Eine literarische Erkundung ihres Terrains hatte sich mit dem methodischen Paradox zu beschäftigen, dass dieses Feld zwar im architektonisch-geografischen Sinne zu begehen war, aber »ohne«, so Hamburger, »jede Absicht es zu vermessen«.[12]

Das hieß, der Deutende hatte etwas von der Absichtslosigkeit der Bilder zu bewahren, damit die leere Zentrale als Denkfeld wahrgenommen werden konnte. Es galt, die strukturelle Unersetzbarkeit des Bildes nicht nur

---

6 Vgl. Hamburger. Das Schweigen in Berlin, 158.

7 Zum Wahrnehmungsmodus: Forster. Rede auf den Preisträger, 73, 75. Zur Vergegenwärtigungsversunkenheit allgemein: Fink. Vergegenwärtigung und Bild, 288.

8 Gemeint ist der Gang des Flaneurs in die Zeitschichten: Benjamin. Die Wiederkehr des Flaneurs, 194.

9 Hamburger. Das Schweigen in Berlin, 158.

10 Hierzu: Hamburger an Bobrowski vom 31.5.1963, in: dies. »Jedes Gedicht ist das letzte«, 22–24, hier: 24. Über das Austragen der poetischen Bilder: Eine Begegnung mit Peter Huchel. Interview mit Frank Geerk, 388. Ähnlich Loerkes Absage an alles poetisch Forcierte: Loerke. Tagebücher, 53.

11 Johannes Bobrowski. In der Reuse Zeit (1958), in: ders. Gesammelte Werke. Bd. 1, 228.

12 Hamburger. Essay über den Essay, 158.

anzunehmen, sondern auszufalten, um zu den entscheidenden Befunden zu kommen. Dieses Vorgehen blieb der hermeneutischen Prämisse treu, dass jedes Verstehen auf das »Ungesagte« eines Autors, eines Werks oder einer Zeit zurückzufragen hat.[13] Dieses, das nach Vertreibung, Terror, Krieg und Zusammenbruch als Unsägliches den Zeitgenossen die Sprache zu verschlagen verstand, bündelte sich im Terrain der Trümmermitte Berlins. Was sich bei Hamburger der Form nach im Essay aussprach, zog im Umkreis der leeren Zentrale in vielen Fällen ins Kleine. Eine Bruchstückästhetik, wie sie Hamburger als paradigmatisch für das 20. Jahrhundert bezeichnete. Diese konnte – wie an Koeppens Miniaturen gesehen – als »Wagnis des Beginnens« mehr Lebendigkeit in sich vereinigen als manch Abgeschlossenes.[14] So könne in der Miniatur das »Vergangene«, wie Bobrowski schrieb, für den Schöpfer selbst überraschend, »in eine unerhörte glühende Farbe getaucht« sein.[15] Doch gaben die Bilder aus der leeren Zentrale auch etwas vom Schrecklichen wieder; sie behielten wie »Brandflecken« etwas von den Ereignissen an sich. Manche wirkten, als hätte man sie, mit Gadamer gesprochen, aus »einer Feuersbrunst gerettet«.[16]

Um diese Bildkraft wusste auch Walter Benjamin, auf den Gadamer in seinen Überlegungen zum Bild Bezug nahm. Dessen Verfahren war in der »Berliner Kindheit« die produktive Entfaltung, die allegorische Verkettung der Bilder, die er in den Erinnerungsbemühungen um Berlin freilegte. Eines seiner eindringlichsten Prosabilder ist das letzte in der Reihe der Kindheitserinnerungen – jenes vom bucklicht Männlein. Steht das berüchtigte Männlein mit dem Unglück im Bunde, so gewinnt Benjamin seiner Darstellung eine andere Seite ab, lässt das Männlein auch für Zeugnisgabe einstehen.[17] Als Troll der Verwahrung nimmt es die Bilder in Obhut. Lakonisch bemerkte Benjamin dazu: »Das Männlein hat die Bilder auch von uns.«[18] Das ist die Umakzentuierung zur Figur der Verwahrung, die ähnlich hinsichtlich der

13 Grundlegend hierzu: Hans-Georg Gadamer. Mensch und Sprache (1966), in: ders. Gesammelte Werke. Bd. 2, 147–154, hier: 152.

14 Vgl. Hamburger. Das Fragment: Ein Kunstwerk?, 308, 316. Exemplarisch hier: Koeppen. Morgenrot, 262.

15 Vgl. Bobrowski. Das Mosaik, 194.

16 Vgl. Gadamer. Wort und Bild – ›so wahr, so seiend‹, 378.

17 Vgl. Benjamin. Berliner Kindheit um Neunzehnhundert, 303f. Das Benjamin'sche bucklicht Männlein ruft hier die Assoziation von Zwerg und Zeuge wach. Zur Figur als Aufbewahrer der Bilder: Jean-Michel Palmier. Walter Benjamin. Le chiffonier, l'ange et le petit bossu. Esthétique et politique chez Walter Benjamin. Paris 2006, 88 f.

18 Berliner Kindheit um Neunzehnhundert, 304.

Bilder in der leeren Zentrale auszumachen war. Denn der Trümmerflaneur verhielt sich selbst wie ein sammelndes Männlein, das die Last des Erinnerns trug. Urform der Figur war, nach einer Bemerkung Polgars, Franz Hessel.[19] Trotz oder gerade wegen einer vor seinen Augen zerbrechenden Welt trieb ihn als Sammler der Glaube an die Essenz der Bilder voran.

Eine solche Saat der Bilder hatte sich Hessel eingestreut in die Spur seiner Wege durch Berlin gedacht.[20] Folgt man diesem Verfahren, was waren dann die bleibenden Bilder des an ein Ende gekommenen Wegs durch die leere Zentrale? Welche Bilder aus ihrem inneren Delta gilt es festzuhalten? Da war zunächst Oskar Loerkes Ahnung des leer werdenden Raumes, versinnbildlicht durch seinen Gang über eine gespenstische Potsdamer Straße nach 1933.[21] Daneben trat Martin Kessels Entdeckung der unerhörten Stille als Trümmerflaneur des Jahres 1943. Der Sturz ins Schweigen.[22] Gerade Kessel kreiste um die Frage der Darstellbarkeit Berlins angesichts eines radikalen Anschauungsverlusts.[23] Im Nachkrieg sollte Günther Anders, ebenfalls im inneren Krater Berlins, das Phänomen der Stadtumstülpung, der Vertauschung von Zentrum und Peripherie, entdecken: »Die Umgebung liegt drinnen und was intakt ist und bewohnt: das ›Zentrum‹, draußen.«[24] Wo Anders das Fehlende in der Kraterdelle aufspürte, fand Marie Luise Kaschnitz als Flaneurin eine Reihe ungeborgener Blindgänger der Vergangenheit im Raum einer leer vor ihr liegenden inneren Stadt. Sie verknüpfte die Frage der verzögerten Nachbilder mit der Gewissensproblematik der Überlebenden, ihren persönlichen Krypten.[25]

Sodann war dem Kronzeugen Wolfgang Koeppen zu folgen, wie er im Zeichen der Zerstreuung die Wrackteile seines Berlins – Passage, Kaffeehaus und schwarze Börse – als Bilder einer verlorenen Urbanität in den fremden Kapitalen wiederfand, wobei ihm das Romanische Café als Genius Loci des literarischen Weimar-Berlins zum Angelpunkt und Phantom seiner Suche wurde. Sie manifestierte sich im dialektischen Bild Rom-Berlin oder am Pariser Boulevard Raspail, an dem die »Geistesfracht« seines Romanischen Cafés

---

19 Vgl. Polgar. Der Lastträger, 13.
20 Zum Bild der ausgestreuten Saat, mit Verweis auf Hessel, siehe: Benjamin. Berliner Kindheit um Neunzehnhundert, 238.
21 Vgl. Loerke. Tagebücher, 348.
22 Vgl. Kessel an Blombergs, 29.11.1943, in: ders. »Versuchen wir am Leben zu bleiben«, 795.
23 Vgl. Kessel. Januskopf Berlin, 147.
24 Anders. Die Schrift an der Wand, 239.
25 Vgl. Marie Luise Kaschnitz. Schnee (1962), in: dies. Gesammelte Werke. Bd. 5. 347–352, hier: 351.

auftauchte – oder abseits der Fifth Avenue, wo ihm das »vernichtete Berliner Scheunenviertel« wiederbegegnete.[26] Es folgte die Wende ins Heimische. Die fehlende Dichte der Ersatzkapitale Bonn trat in ein zweifelhaftes Licht. Der versiegelte Raum um die Berliner Gedächtniskirche wies auf Verschwundenes. Das Pharaonengrab Hitlers, nahe dem Tiergarten, wurde zum Sinnbild einer allgemeinen Verkapselung im Nachkrieg: situiert im Zwischenraum dies- und jenseits der Mauer.[27] Koeppen wurde zum Exponenten einer verlorenen Generation der um 1900 Geborenen, zum Phänomenologen der Krypta, des versperrten inneren Raumes der Stadt. Als ehemaliger Insider verkörperte er das Thema der unterbrochenen Überlieferung. Kaum einer kam dem Problem des versiegelten Leids und der ungeborgenen Sinnpotenziale so nah wie Koeppen in seinem unvollendeten »Brandenburg«-Projekt.[28]

Ohne es zu ahnen, stieß der exilierte Pole Witold Gombrowicz auf dasselbe Weltmangel-Phänomen in Westberlin. Daraus zog er die poetologische Konsequenz, wenn er die »unterirdische Stadt« in seinen »Berliner Notizen« zum Ausgangspunkt einer anderen Erkundung in Berlin machte: »Aber du, Poet, wenn du an die Quelle gelangen willst, müßtest du unter die Erde gehen.«[29] Was Gombrowicz umtrieb, war die Frage nach dem verlorenen und vertriebenen Geist.[30] Diese Verlustanzeige ließ auch andere, wie Kurt Ihlenfeld, durch »Stadtmitte« streifen. Aus der Innenschau geriet das Delta mit den Augen des Pfarrer-Flaneurs in den Blick, dem die stillgelegte Gegend nicht nur als eine mit Zeithöfen bestückt war, sondern als Ort der Zeugenschaft hervortrat, so der Blick sich sensibel zeigte für das Dilemma der Autoren hinter dem Sperrwerk gen Osten: für die ›Sprachgitter‹-Situation jenseits des Potsdamer Platzes in Ostberlin.[31]

Mit Ihlenfelds ›Sprachgitter‹ verknüpften sich nicht nur die Verstrickungen mit der NS-Vergangenheit, sondern auch gegenwärtige ins angstgefügte Land der DDR. Wechselte man auf die andere Seite, zeigte der Atmosphärenwechsel an der Friedrichstraße, dass ein Problem aus den Anfängen der leeren Zentrale – die Erfahrung der Diktatur – wiederkehrte. Über der östlichen Stadthälfte lag ein »widespread sense of depression«, so Joseph Wechsberg.[32] Während der Exilant den Ort wieder verlassen konnte, fühlte

26 Hier exemplarisch die eindringliche Szene in: Koeppen. Amerikafahrt, 294.
27 Siehe: Koeppen. Nach Rußland und anderswohin, 107.
28 Vgl. Wolfgang Koeppens »Brandenburg«-Manuskripte (M 8–11) im Wolfgang-Koeppen-Archiv Greifswald.
29 Gombrowicz. Berliner Notizen, 125.
30 Zum in Berlin »vertriebenen Geist«: ebd., 117.
31 Vgl. Ihlenfeld. Stadtmitte, 72.
32 Vgl. Wechsberg. Journey Through the Land of Eloquent Silence, 25.

es sich für einen Dableibenden wie Bobrowski beklemmender an: »Du weißt«, notierte er nach dem Mauerbau, »wie Angst sprachlos machen kann.«[33] Das war die Erfahrung des gefangenen Orpheus, der 1961 seinen Kronos-Moment erlebte.[34] Angesichts der bedrohlichen Aura half ihm auch der Rückzug an die städtische Peripherie nicht.[35] Denn Bobrowskis Autorschaftsverständnis, das auf einen Transfer zwischen den Stadthälften angewiesen war, lief mit der Mauer in eine Sackgasse – und suchte bis zuletzt die Zwischenräume: »Die unaufgefundene Stadt / eingezeichnet / Wege dorthin.«[36]

Auf der Ostseite der Stadt zeigte sich die komplementäre institutionengeschichtliche Problematik zur Westberliner Lage. Beide Tendenzen waren das Resultat des Souveränitätsverlustes nach dem Krieg – gleichwohl hatte der Ostteil mit der prekäreren Situation im Zeichen neuerlicher Zensur zu leben. Wie die Lage endgültig zur Falle wurde, war am »Sinn und Form«-Mitbegründer Peter Huchel zu beobachten. Er verkörperte den faustischen Verstrickungskomplex, den ein ambitionierter Lyriker in einer Zeit erfassen konnte, in der nach einem Ausspruch Döblins die Politik die Literatur bei der »Gurgel gefasst« hielt.[37] Die Krypta der frühen stalinistischen DDR fand in Huchel einen symptomatischen Fall: Der einstige *compagnon de route* des Regimes wurde sukzessive zum Opfer und Widerständler; er hatte den bitteren »Steinpfad« der Isolation zu gehen.[38] Noch einmal wiederholte sich die für die leere Zentrale typische Lage eines Einzelgängers im Innenraum: eines Schreibens unter Verfolgung.[39] Tauchte Huchel nach 1962 aus seinem Schweigen als Lyriker auf, so kam er zu Versen, die das Dilemma der Korruptibilität verdichten: »Nicht jeder geht aufrecht / durch die Furt der Zeiten. / Vielen reißt das Wasser / die Steine unter den Füßen fort.«[40] Huchel

33 Johannes Bobrowski an Georg Bobrowski vom 11.4.1962, in: ders. Briefe 1937–1965. Bd. 3, 246–249, hier: 247.

34 Zu Saturn bzw. Kronos als Allegorie der Gefangenschaft: Johannes Bobrowski. Mitternachtsdorf (1961), in: ders. Gesammelte Werke. Bd. 1, 155.

35 Vgl. Johannes Bobrowski an Christopher Middleton vom 11.3.1964, in: ders. Briefe 1937–1965. Bd. 4, 289–291, hier: 289.

36 Johannes Bobrowski. Vorsorge (1964), in: ders. Gesammelte Werke. Bd. 1, 209.

37 Vgl. Döblin an Huchel vom 10.9.1952, in: Huchel. Wie soll man da Gedichte schreiben, 123 f., hier: 123.

38 Vgl. Peter Huchel. Unkraut (1972), in: Gesammelte Werke. Bd. 1, 255.

39 Zum Schreiben unter Verfolgung siehe: Strauss. Verfolgung und die Kunst des Schreibens.

40 Peter Huchel. Das Gericht (1972), in: ders. Gesammelte Werke. Bd. 1, 225 f., hier: 226.

wusste, was Ohnmacht in einem Regime der Willkür bedeutete. So blieb ihm, nachdem man sein Archiv leergeräumt hatte, nur die Möglichkeit, aus der Bitternis der Isolation seine Verse zu ziehen.[41]

Die poetologische wie ethische Essenz dieser Erfahrungen im Hohlraum Berlins zog der als Kind emigrierte Michael Hamburger, der das eloquente Schweigen der behandelten Autorengeneration aus nächster Nähe kannte, wie ihm aus eigener Biografie jene Perplexität vertraut war, die zu den Mechanismen des Verstummens führte. Kaum ein anderer umkreiste so ostentativ Berlins Schweigen wie er, machte im Ungesagten, in den Steinen der Stadt, bilanzierend das »Äußerste« an Zeiterfahrung aus.[42] Dergestalt bildete das bewegte Schweigen der inneren Stadt eine Emergenzzone unwillkürlicher Bilderscheinungen. Nirgends anders denn in der aufsässigen Schweigsamkeit des Orts war ein Stück poetischer Wahrheit ausfindig zu machen.[43] Insofern kristallisierte sich in seinen Versuchen heraus, was man seine Niemandsland-Erfahrung nennen kann. Dieses Niemandsland, so Hamburger, konnte »eigentlich nur ein Land des Schweigens« sein.[44] Doch die Gefahr des Verstummens durfte keine Ausflucht sein, aufs Neue den Versuch zu wagen, in der wortlosen Stille am Unfassbaren zu rühren. Nur die persönlich gefundenen Worte konnten, wie es Loerke formulierte, »tiefer wirklichkeitsnah« sein.[45] Wenn Hamburger dieses Verständnis von Poetik forttrug, machte er aus seinem Niemandsland einen ethisch-sinnlichen Ort: einen, an dem das Fragliche des Menschseins aufschien.

In der Summe hoben sich drei systematische Gedanken zur leeren Zentrale heraus: Der erste Gedanke betraf eine andere Idee des Topos, verstanden als kreatologischer Ort. Dieser wich in der Konzeption von jenem Forschungsfeld ab, das im Anschluss an Ernst Robert Curtius als Toposforschung bekannt geworden ist.[46] Hier wurde Celans versteckte Polemik in seiner Büchner-Preis-Rede aufgegriffen, in der es heißt: »Toposforschung gewiss, aber im Hinblick auf das noch zu Erforschende«.[47] Das ist der noch nicht festgestellte Topos, der sich erst aus der entstehenden Form herausschält

---

41 Vgl. Huchel an Jens vom 29.9.1965, in: ders. Wie soll man da Gedichte schreiben, 414f., hier: 415.

42 Vgl. Hamburger. Das Schweigen in Berlin, 159.

43 Zur Idee eines »Nicht-Orts« als Zeugnisstätte auch: Lévinas. Jenseits des Seins, 319f.

44 Vgl. Hamburger. Niemandsland-Variationen, 33.

45 Vgl. Loerke. Das alte Wagnis des Gedichts, 696, 707.

46 Vgl. Curtius. Zum Begriff der historischen Topik, 4–19.

47 Vgl. Celan. Der Meridian, 197.

und zu einer Realisation der Ortschaft beiträgt.[48] Statt eines motivisch-rezipierenden Ansatzes ging es darum, literaturnah die Formwerdung – und die Formungskräfte am Ort – an einem unbeschriebenen Phänomen aufzuzeigen. Zwar ließen sich Nähen zu klassischen Topoi wie dem *locus suspectus*, dem *locus terribilis* oder der Idylle bestimmen, doch hielt sich die Annahme, dass die leere Zentrale in keinem der Motive aufgeht, sondern ihr eigenes multimodales Ausdrucksfeld etabliert.[49] Am nächsten kam dieser Erfahrung die vexierbildartige Formel von der geheimen Zugehörigkeit des Schrecklichen zum Idyllischen, die allgegenwärtig war im Nachkriegsberlin und den Topos zu einem Umschlagsplatz des Dämonischen machte. Für dieses Bild erhärtete sich der Verdacht, dass sich darin etwas vom Rätsel jener Übergangszeit zur Mitte des 20. Jahrhunderts erfahren ließ. Die leere Zentrale wurde zu einem verborgenen *locus communis* der Nachkriegsliteratur, mit unterschiedlichsten Zuströmen.

Dabei blieb die unmittelbare Lebenswelt der Leitfaden zur Entfaltung des komplexen Topos. Eine maßgebliche These zur leeren Zentrale war in dem Satz formuliert, dass sie als produktionsästhetische Brutstätte für das Zum-Ausdruck-Kommen unerledigter Erfahrungsrückstände begriffen werden kann. In ihrer Ausdruckslandschaft stieß man auf Befremdliches: jenes *atopon*, das uns von alters her stutzend und staunend zurücklassen kann.[50] Hamburger hat diese Erfahrung in seinen Berlin-Variationen umkreist. Darin drückte sich die Einsicht aus, dass sich im Niemandsland eine eminent schöpferische Frage nach der Entstehung des Ausdrucks aus dem Rohstoff der Lebenswelt verbarg.[51] Es ist dieses Gebiet vor der Sprache, das ein Riss von der sicheren Beredsamkeit trennt. So konnte dessen Sprachsituation in Bezug auf seine Geburtsstadt allegorische Züge annehmen: Seine traumatisch erfahrene »Doppelsprachigkeit« spiegelte sich in dem Riss in der Stadtlandschaft; dieser ließ sich für ihn so zugleich als ein Ort in der Sprache entziffern.[52] An ihm zeigte sich exemplarisch eine Suche nach Selbstausdruck. Denn was verwandelt werden musste, waren die Erfahrungen des

---

48 Einen ähnlichen Gedanken zur realisierenden Mimesis formulierte: Anders. Die Schrift an der Wand, 235.

49 Zum poetischen Bild: Gadamer. Der Hermeneutik auf der Spur, 194.

50 Vgl. Hans-Georg Gadamer. Sprache und Verstehen (1970), in: ders. Gesammelte Werke. Bd. 2, 184–198, hier: 185.

51 Zu diesem kreatologischen Gedanken: Hamburger. Wahrheit und Poesie, 348.

52 Zum Sinnbildlich-Werden seiner Sprachsituation in Berlin: Hamburger an Bobrowski vom 23.7.1963, in: dies. Briefwechsel, 70. Zum traumatischen Riss, an dem die Vernähung mit der Welt wieder stattfinden kann, auch: Maurice Merleau-Ponty. Sichtbares und Unsichtbares. Hg. von Claude Lefort. München 1984, 80.

Schocks der Epoche: das Verleugnete und Anästhesierte, die Verborkungen der Psyche, die zu einer Hemmung der literarischen Produktion führen konnten.[53]

Der zweite Gedanke, der mit der leeren Zentrale vor und nach 1945 verbunden war, betraf das Fraglichwerden des Epochenbegriffs, seine Einschnittslogik, die sich im Lichte des zu bergenden Topos – mit einem Ausdruck des Historikers Lucian Hölscher – als ein Epochenspuk ausnahm, eine Heimsuchung durch Überstände des Fraglichen. Hier waltete im Bild der leeren Zentrale ein anderes Modell eines gebrochenen, aber auch wieder fortlaufenden Geschehens, das den verkrypteten Raum wie einen Transitraum der Geschichte erscheinen ließ. Er stellte sich im Überlieferungsgeschehen als Scharnierstelle zur Jahrhundertmitte dar, mit allerhand Vergessenem. In einem gewissen Sinne konnte sich dieses Modell auf Bobrowski berufen: »Die Kontinuität, mit Wunden bedeckt«, schrieb dieser, müsse »durchgehalten« werden.[54] Gegenüber allzu engen Periodisierungen, die unter dem Problem einer »foreshortening of history« (Hamburger) leiden, hat Hölscher seinerseits ins Feld geführt, dass sich unser Epochenverständnis im 20. Jahrhundert grundlegend gewandelt habe.

Insofern hatte man es mit Epochenverflechtungen zu tun, mit einem Fortleben von unerledigten Erfahrungen.[55] Diese Diagnose einer Unruhe der Epochenabgrenzung deckt sich mit der hier entwickelten Sicht auf die Literatur, die Anders als im Zeichen der »Latenz« beschrieb – von Nachbeben geprägt, wie sie zum Erfahrungshaushalt der Nachkriegsliteratur gehörten.[56] Diese Nacheffekte berührten sich mit der – anhand der Überlegungen der Analytiker Nicolas Abraham und Maria Torok – explizierten These von der konservierenden Kraft seelischer Krypten; diese reagieren auf traumatische Ereignisse, ethisch verstörende Widerfahrnisse, die als zu peinvoll empfunden werden, als dass sie ins Selbst des Menschen integriert werden könnten. Resultat ist die Verkapselung des Schocks bzw. die zeitlich verzögerte Realisation des Erlebten (»temporisation«): ein Vorgang, den Abraham und Torok im Bild der Krypta eines kavernenartigen Raumes der Psyche fassten.

Es sind – wie im Exkurs »Krypta, leere Zentrale« gezeigt – innere Seelenräume, in denen nicht nur ein Unfassbares eingeschlossen liegt, sondern in denen etwas verwahrt wird, was sie tendenziell einer späteren deutenden

---

53 Das Bild der Verborkung schließt an das titelgebende Anschauungsbild von »Borke« und »Kern« an bei: Abraham/Torok. L'écorce et le noyau. Paris 1987, 268.

54 Vgl. Johannes Bobrowski an Joseph Wilhelm Janker vom 26.8.1964, in: Briefe 1937–1965. Bd. 4, 410–413, hier: 410.

55 Vgl. Hölscher. Hermeneutik des Nichtverstehens, 238.

56 Zum Begriff der »Latenzzeit«: Anders. Schrift an der Wand, 179.

Öffnungsbemühung zugänglich machen. Hier greift das Verständnis der Krypta als Transitraum der Geschichte, der eine Parallele zum Befund der Epochenverflechtung darstellt. Diese zeitliche Hintergrundproblematik der Krypta ermöglichte zugleich auch eine methodische Umstellung vom notorischen Begriff einer Stunde Null nach 1945 zum Raummodell der leeren Zentrale, durch das unterschiedliche Zeitebenen parallel adressiert wurden. Die Umdeutung kann sich auf die neuere Auslegung des Philosophen Emil Angehrn berufen, der die Krypta als einen Ort von »Bewahrung und Transport aus dem Vergangenen in die Zukunft« interpretierte.[57] Diese subtilen Phänomene aufzuspüren, lag im Feld der leeren Zentrale in der Hand einer Übergangsgeneration: Die Frage der Nacheffekte ließ sich in der Literatur über Koeppen und Kaschnitz bis hin zu Hamburger ausfindig machen, deren stereoskopische Optik sie prädestinierte, dieses Epochennachleben sichtbar zu machen.

Die verzögernden Effekte zeigten sich in der leitenden Metapher der Krypta eingelöst, insofern diese für ein transgenerationell Weitergereichtes stand – für etwas, in dem sich ungelöste Erbschaften versammelten.[58] In diesem Zeichen wurde die Krypta zum Hort von Botschaften, die bisher im Sprachlosen verblieben sind. Das Modell wurde – zwecks ihrer Verräumlichung – auf das literarische Geschehen, im Berliner Fall dessen blockierte Überlieferung, bezogen. In der Summe war die Krypta der leeren Zentrale dreierlei: ein Hort von Nachträglichkeiten unsäglicher Ereignisse; sodann das topokryptische Gebilde eines konservierenden städtischen Seelengrabs; zuletzt eine Kapsel des Nicht-Sinns, jener unverdaulichen Brocken, die darum nicht verinnerlicht, sondern nur verschluckt bzw. inkorporiert werden konnten.[59] Die Krypta wurde zum eigenen Sinnbild der Berliner Latenztopografie, in der die jüngste Geschichte lebendig begraben vor sich hin weste.

Aus beiden Gedanken zusammen tauchte die dritte Frage nach der Form der leeren Zentrale auf – bzw. nach jenen Formen, die sie generierte. Die Rede ist von der Ästhetik der Bruchstücke, einem Kompressionsstil, den Koeppen auf den Begriff der »leftovers« brachte. Formen nicht nur »vom Tisch« des Produzenten, sondern Splitter einer Zeit.[60] Die Dichte dieser Formen ließ im Berliner Fall, im Durchgang durch eine Epoche der »Feuerprobe«, auf eine herstellungsästhetisch wirksame Hitzeerfahrung mit anschließender rapider

---

57 Vgl. Angehrn. Sein Leben schreiben, 144.
58 Vgl. Schwab. Das Gespenst der Vergangenheit, 238. Weiterführend: Schwab. Haunting Legacies.
59 Zum destruktiven Vorgang der Inkorporation: Abraham/Torok. Trauer oder Melancholie, 552f.
60 Vgl. Koeppen. Vom Tisch, 1.

Eine geschmolzene Schreib-
maschine aus dem Zweiten
Weltkrieg mit zu Kristallen
verklumpten Gläsern. Fundort:
ehemaliges Zeitungsviertel
Berlin-Mitte, März 2018. Fund
und Foto des Berliner Künstlers
Philip Topolovac.

Abkühlung schließen, die sich in Bruchstücken mit bezeugender »Sprengkraft« darbot.[61] Dem wurde das an Hamburger orientierte morphologische
Modell einer literarischen Kraterexplosion nach 1930 zugrunde gelegt. Dieses verzeichnete die Verwerfungen im Dreischritt: Bereits die Weimarer
Zeit stand im Zeichen einer »fragmentation of the centre«.[62] Vollends mit
der NS-Machtübernahme begann das Zeitalter einer »dispersion of German
literature«: jener unter dem Druck der Diktatur zentrifugalen Kräfte nach
außen und der zerstörerischen Homogenisierung im Inneren.[63] Nach 1945
mündete dies in die Epoche der physisch erfahrbaren »voids«; der in die Kultur geschlagenen Lücken, die sich für die ehemaligen Weimarer in der mahnenden Allegorie des ausgebrannten Romanischen Cafés anzeigte.[64] Diese
Metamorphose wurde von einer Miniaturästhetik im Nachkrieg begleitet.
Einer, der sie ansprach, war Bobrowski, der vom Mosaik ausging als den

61 Zur »Feuerprobe« von NS und Krieg: Muschg. Die Zerstörung der deutschen
    Literatur, 29. Zur Figur einer »Sprengkraft« der Miniatur: Böschenstein. Die
    Sprengkraft der Miniatur.
62 Vgl. Hamburger. A Proliferation of Prophets, 290.
63 Vgl. Hamburger. After the Second Flood, 122. Sowie: Hamburger. A Proliferation
    of Prophets, 57, 273.
64 Vgl. Koeppen. Ein Kaffeehaus, 168.

»blindgewordenen«, »brüchigen« Erinnerungstücken.[65] Sein zersprungenes Mosaik mag paradigmatisch für die Ästhetik der leeren Zentrale stehen; »ein »Bild«, dessen »Ordnung« zwar verloren war, aber seine eigene Intensität ausstrahlte: »unbegreiflich verwandelt«.

Dies Geheimnis der Verwandlung konnte im Panorama der leeren Zentrale unterschiedliche Formen annehmen. Dominant waren okkasionelle Formen, angefangen beim Gedankensplitter oder Aphorismus (wie in den Schubladennotizen Loerkes oder den Miniaturen Kessels), über den Tagebucheintrag (gesehen an Anders, Kaschnitz oder Gombrowicz), nicht zu vergessen der Brief und das Gedicht selbst (wie bei Bobrowski oder Huchel). Dabei hat die Formel des Okkasionellen ihren Platz in der Lyrik.[66] Doch die Hinwendung an sie kann ihren Einfluss über den Kreis des Lyrischen hinaus geltend machen. Eine solche Gelegenheitsform betonte im Kontext der leeren Zentrale Kessel, der von einer Kongruenz zwischen Miniatur und versehrter Stadt ausging. Jene Tendenz des Daseinstopos hat er so umrissen, dass in destruktiven Zeiten »die großen Formen zuweilen erschöpft« seien, aber die »Melde im Schutt«, das kleine Ruderalgewächs sich zeige.[67] Es war seine Reaktion auf die veränderte Klimalage – der Weg ins Kleine auch als poetologische Katastrophenreaktion.

Doch die Zeitdimension der Bruchstückästhetik erschöpfte sich nicht im Augenblicklichen. In gewissem Sinne waren es Fragmente mit eigener »Zukunftsfracht«, wie der Fall Loerkes – mit seiner Wirkungsweite zu Huchel und Bobrowski – sinnfällig macht.[68] Das Motiv der Schickung verdeutlicht, dass es um die Eigenschaft des Fragmentarischen als einer Ausdrucksform im Übergang ging, die zum *non-finitio* oder zur Präfiguration tendierte.[69] In dieser kristallisierte sich das Fragliche der Zeit. Dazu fügt sich ein Wort Richard Alewyns, der über die Ästhetik seiner Zeit konstatierte, ihr sei im Zeichen des Zusammenbruchs das Fragment der »wahre Spiegel der Zeit« geworden.[70] So gesellte sich der Frage von Form und Dichte ein zeitliches Momentum bei, das dem Geist des Interims entsprach, der für den Topos

---

65 Vgl. Bobrowski. Das Mosaik, 194.
66 Grundlegend zur okkasioneller Formen: Gadamer. Wahrheit und Methode, 149f. Sowie zum okkasionellen Wesen des Gedichts: Kommerell. Gedanken über Gedichte, 12f.
67 Vgl. Martin Kessel. Das Wagnis Döblins, in: Die neue Zeitung 8./9.8.1953 (ohne Seitenzahl). Nachlass Martin Kessel, DLA Marbach.
68 Vgl. Oskar Loerke. Altes Gemäuer (1939/1941), in: ders. Gedichte und Prosa. Bd. 1, 643.
69 Vgl. Gantner. Formen des Unvollendeten in der neueren Kunst, 51.
70 Vgl. Alewyn. Hofmannsthal und diese Zeit, 12.

der leeren Zentrale im Zeichen eines langen Wartestandes geltend gemacht wurde.[71]

Jeder dieser Mosaiksteine, aus denen sich die Untersuchung zusammensetzt, liefert das Exempel einer neuerlich aufgeworfenen Berliner Überlieferungsspur, wie sie im Hintergrund der Epoche – den Verwerfungen zum Trotz – aufzuspüren ist. Die Hebung dieser Spur führte zur Entwicklung eines grabend vorgehenden hermeneutischen Verfahrens. Einen Widerhall fand dieser Gedanke in den Überlegungen Hamburgers, dass es insbesondere die Poesie in Krisenzeiten leichter gehabt habe, »to go underground«, und so den »breakdown of values« eher überlebte.[72] So wurden die poetischen Splitter zu Sinnträgern des Überlebens. An ihnen zeigte sich ein bildliches Sprechen, das im Kontakt mit dem erlebten Raum einer umgestülpten Stadtwelt entstanden war. Die leere Zentrale zeigte sich als produktionsästhetische Stätte, die ihr eigenes Genre erschuf. Doch war dies nur die andere Seite eines Orts, der in seiner Ruinanz den literarischen Zeugen herausforderte, nicht – oder nicht mehr – zu schweigen.[73]

Das berührt den inneren Konflikt vieler der genannten Autoren – die Versuchung, sich der Zeugenschaft zu entziehen. Peter Huchel, der den Krieg miterlebt hatte, brachte die »kreatürliche Angst« davor zur Sprache, Grauen und Bedrohung in Worte zu bringen – wie die allzumenschliche Schwäche, nicht Zeuge sein zu wollen.[74] Hier waren die Grenzen des Bezeugbaren berührt. Zugleich der Punkt, an dem im Gelingen das Sagbare und das Ausdrucksdilemma zusammenfinden. Eine unbequeme Lage, die dem Leser zusetzen kann und die sich vielleicht auf die verzögerte Wirkung einiger der hier diskutierten Autoren, wie Loerke, ausgewirkt hat.[75] Denn nicht nur die Bezeugung des Allzumenschlichen fällt schwer, sondern auch, diese anzunehmen. Sie hat mit schamabwehrenden Kräften zu rechnen.[76] Das Resultat war, wie Kessel festhielt, in der Nachkriegsmentalität eine Abstumpfung des

---

71   Zur Erfahrung des Interims vgl. Plessner. Die Verführbarkeit des bürgerlichen Geistes, 22.

72   Vgl. Hamburger. After the Second Flood, 28.

73   Zur Zeugnisgabe als »Unfähigkeit zu schweigen«: Lévinas. Jenseits des Seins, 314.

74   Vgl. Huchel. Selbstinterpretation des Gedichts: Winterpsalm, 311.

75   Das impliziert eine literaturgeschichtliche Auslegung des Konzepts der »temporisation«, hier einer gewissen Verlangsamung der geistigen Verwandlung. Vgl. Torok. Maladie du deuil et fantasme du cadavre exquis, 234. Eine Verzögerung der Wirkung Loerkes scheint Muschg geahnt zu haben, vgl. Walter Muschg. Der Lyriker Oskar Loerke (1957), in: ders. Pamphlet und Bekenntnis, 299–306, hier: 299.

76   Vgl. Kessel. Ironische Miniaturen, 14.

Emotionalen. Diese Verschüttungen und Versiegelungen – wie sie sich auch städtebaulich zeigten – riefen gleichwohl literarische Bergungsunternehmen auf den Plan, die den Flaneur nach 1945 in der gewandelten Gestalt des Scherbensammlers in Erscheinung treten ließen. Solche Scherbensammler waren es, die in den Ruinen unterwegs waren, um die Mosaikstücke ihrer Erinnerungen einzusammeln. Gelang es, mobilisierten sie die Vergegenwärtigungskraft, die dem poetischen Bild eigen ist.

Aber nicht nur rückblickend, sondern bereits aus der Haltung wachsamer Zeitgenossenschaft trat die Frage nach der Geistesgegenwart hervor. Hermann Kasack hat dies in seinem Portrait vom Lyriker Loerke auf den Begriff eines »poetischen Gewissens« gebracht – mit Loerke: eines »poetischen Dämons«.[77] Was zeichnet diesen aus? Ein Gespür für die Zeitläufte, eine Einsicht in ihre ethische Konsequenz wie sie sich in seinem Tagebuch ausspricht: »Ein Verbrechen«, schrieb er für die Schublade nach Kriegsausbruch, »hört dadurch, daß es zum Gesetz erhoben wird, nicht auf Verbrechen zu sein.«[78] Ein »poetisches Gewissen« besitzen bedeutet demnach, Horizont zu haben. Eine Spur, die Hamburger nach dem Krieg aufnahm, insofern er die Glutträger suchte, selbst zu einer Figur der Überlieferungsverantwortung wurde.[79] In literaturgeschichtlichen Arbeiten wie »After the Second Flood« hat er sich auf die wichtige Rolle von Außenseitern im Innenraum gestützt. Es waren sowohl die zurückkehrenden vertrauten Fremden des Exils wie die Dagebliebenen; beide trugen einen Erfahrungsschatz mit sich, wussten um das Problem der Korruptibilität. Was bei Hamburger die »demons of conformism« der Epoche waren, das brachte Gadamer auf den Begriff einer »Bestechlichkeit« des Intellekts, die den Kern der Werke betraf.[80] Gleichwohl schienen die Figuren vom Rand am ehesten in der Lage, etwas von dieser Anfälligkeit der Literatur auszudrücken. Sie spürten das Verlockende des Zeitgeistes, die Anlehnungsbedürftigkeit des Menschen an ideologische Gewissheiten.[81] Sie kannten die Dämonen des Jedermann.

Doch konnte die Zeugnisgabe zurück ins Offene führen, so sie mit einer Annäherung an die Lebenswelt einherging: eine Idee von Literatur, die sich aus der Teilhabe an der Nahwelt speiste.[82] Hier dominierte das Forschen im Unwillkürlichen, wie es die Figur des Flaneurs seit je auszeichnet: eine Fokussierung auf den erlebten Raum, bei der die Sinne die vorsprachliche

77 Vgl. Hermann Kasack. Oskar Loerke, in: ders. Mosaiksteine, 134–161, hier: 154.
78 Loerke. Tagebücher, 360.
79 Zum »bearing witness«: Hamburger. After the Second Flood, 81.
80 Vgl. Gadamer. Aufgaben der Philosophie in der Gegenwart, 5.
81 Zu dieser Anlehnungsbedürftigkeit vgl. Scheler. Ethik, 322f.
82 Zu einem Sich-Leiten-lassen vom Spürsinn: Gombrowicz. Berliner Notizen, 73.

Erschließung der Welt übernahmen. Wenn etwa Huchel diesen Modus für die Poesie lebendig machte, so kam es auch bei manch urbaneren Autoren nach dem Krieg zu einer Rückkehr derartiger Wahrnehmungsmodi, die den synästhetisch erfahrbaren Gegebenheiten einen Stellenwert einräumten.[83] Es sind Formen einer Rückkehr zur Phänomenologie des Pflasters, wie sie Anders, Koeppen und Kaschnitz in Berlin praktizierten. Entscheidend mag für sie die Einsicht gewesen sein, dass, wie Kessel schrieb, trotz aller destruktiven Erfahrungen der »Geist des Pflasters« seine Widerstandsfähigkeit bewiesen hatte.[84]

Diese Erschließung des Orts impliziert ein eigenes Vermögen jenes Autorentyps. Seine seismischen Qualitäten waren dabei direkt an seine leiblichen Aufspürsysteme gebunden. Zum Seismiker konnte er werden, weil er – wie etwa Koeppen – sich als Outcast der Zeit verstand. Es sind Figuren, die auf die Spuren des *aftermath* der Katastrophen eingestellt waren.[85] Sie forschten nach den unscheinbaren Fundstücken im Schutt, die eine Atmosphäre zurückbrachten. Dabei hielt der Seismiker nicht nur Ausschau nach den Spuren des Gewordenen, sondern nach dem Glimmen einer Glut – oder um Loerke zu zitieren: nach den Überresten eines »Geisteswehns«.[86] Ein solcher Seismiker konnte sich, wie Kessel, aber auch mit der heiklen Ergründung jener unverdauten Fraglichkeiten befassen, die sich unverhofft als Zukunft wieder anmelden können.[87]

Was die hier behandelten Autoren verband, lag also im Vorfeld der Literatur: Sie teilten das Empfinden, in einer Zeit der Absenkungslücke zu leben, die sich in der leeren Mitte Berlins manifestierte. Etwas von diesem Eindruck einer großen Implosion fand sich im leisen Ton eines Bobrowski, der im »Stadt«-Gedicht in den springenden Steinen der Lage eine gültige Entsprechung verlieh.[88] Viele hatten in der leeren Zentrale mindestens ihre »stille Stunde«.[89] In dieser Stille stießen sie nicht nur auf Vakantes, sondern

---

83 Vgl. Peter Huchel an Pierre Garnier vom 15.2.1956, in: ders. Wie soll man da Gedichte schreiben, 214–216, hier: 215.

84 Vgl. Martin Kessel. Notiz über Berlin, Bl. 1. Nachlass Martin Kessel, DLA Marbach.

85 Zum Bild des langen »aftermath« jener geschichtlichen »Stoßwelle« vgl. Wajsbrot. Echos eines Spaziergangs in der Künstlerkolonie, 262.

86 Vgl. Oskar Loerke. Eines Dichters Stimme (1939), in: ders. Gedichte und Prosa, Bd. 1, 612 f., hier: 613.

87 Zu den »Querständen und ungemeisterten Bedrohlichkeiten« vgl. Kessel. Musisches Kriterium, 67.

88 Vgl. Bobrowski. Stadt, 198.

89 Zum Hinweis auf die »stille Stunde« vgl. Tau an Ihlenfeld vom 23.8.1962. Kurt-Ihlenfeld-Archiv 744. Archiv der Akademie der Künste Berlin.

auf persönliche Wortlosigkeiten. Hamburger fand ein bleibendes Bild, wenn er seine Randgänge um das nur indirekt Sagbare beschrieb: »Immer kann ich nur Kreise ziehn, um das, was ich eigentlich sagen will.«[90] Dabei steuerten solche Versuche auch ein Stück zum allgemeineren poetischen Vademecum bei, etwa um mit den Widrigkeiten eines zerstörten Erinnerungsraums fertig zu werden – »intermittent memoirs« nannte es Hamburger treffend.[91]

Jene, der im Reigen vorbeigezogenen Autoren, die ein Stück der Poetik der leeren Zentrale verkörperten, sind nicht zuletzt als Träger einer poetologischen Glut zu begreifen. Der Befund aus den Überlegungen verdichtet sich dahin, dass in ihren hier umkreisten literarischen Werken der Nukleus einer Theorie des Poetischen im Nachkrieg verwahrt liegt. Eine kritische Hermeneutik hat diese Glutkerne zu bergen. Denn sie sind es, die die Literatur ins Offene führen. Benjamin sagte diesbezüglich einmal, dass die Tätigkeit des Auslegens einer kritischen Alchemie gleiche, die nicht allein an die Realia – von »Holz und Asche« des Gewesenen – sich zu halten, sondern nach der »Flamme des Lebendigen« zu fragen habe: »So fragt der Kritiker nach der Wahrheit«, heißt es, »deren lebendige Flamme fortbrennt über den schweren Scheitern des Gewesenen und der leichten Asche des Erlebten.«[92]

Hatte nicht mancher in der leeren Zentrale ähnliche Entdeckungen gemacht? Im Aufstieg aus dem Schacht am brennenden Wittenbergplatz stieg Koeppen seine Flamme aus dem einstigen Haus der Sprache entgegen. Im Zusammenbruch glühte etwas, »glühte, als leuchtete im Sieg die Oriflamme«, die zurückwies auf den Genius Loci der Literatur.[93] Nach solchen Bildern hat das Deuten Ausschau zu halten, sich an Verdichtungspunkte literarischer Wahrheit zu halten. »Aber ich trage glimmende Glut«, raunte nach dem Krieg Huchel, etwas abseits von Berlin.[94] Michael Hamburger sprach bei seiner Rückkehr aus, wo die Glut im Berliner Krater zu finden war: »Auf keiner Seite der Stadt / In lebendiger Zeit.«[95]

90 Hamburger an Bobrowski vom 23.7.1963, in: dies. »Jedes Gedicht ist das letzte«, 33 f., hier: 33.
91 So der Untertitel von Hamburgers »A Mug's Game«.
92 Benjamin. Goethes Wahlverwandtschaften, 126. Siehe auch: Jennings. Dialectical Images, 124. Zum Insistieren eines »unabgeschlossenen Geschehens« in der Kunst vgl. Gadamer. Wahrheit und Methode, 105.
93 Vgl. Koeppen. Ein Kaffeehaus, 168.
94 Vgl. Peter Huchel. Die Spindel (1959), in: ders. Gesammelte Werke. Bd. 1, 136 f., hier: 137.
95 Hamburger. Begegnung, 191.

Literatur

Abraham, Nicolas. L'écorce et le noyau (1968), in: ders./Maria Torok. L'écorce et le noyau. Paris 1987, 203–226.

Abraham, Nicolas/Maria Torok. Deuil ou mélancolie. Introjecter – incorporer (1972), in: dies. L'écorce et le noyau, Paris 1987, 258–275.

- Die Topik der Realität. Bemerkungen zu einer Metapsychologie des Geheimnisses (1971), in: Psyche 55 (2001), Nr. 6, 539–544.

- Kryptonymie (1976). Das Verbarium des Wolfsmanns. Mit einem Beitrag von Jacques Derrida. Frankfurt a.M., Berlin, Wien 1979.

- »L'objet perdu – moi«. Notations sur l'identification endocryptique (1975), in: dies. L'écorce et le noyau. Paris 1987, 295–317.

- Trauer oder Melancholie. Introjizieren – inkorporieren (1972), in: Psyche 55 (2001), Nr. 6, 545–559.

Anderson, Benedict. Buried City, Unearthing Teufelsberg. Berlin and its Geography of Forgetting. London, New York 2017.

Adorno, Theodor W. Ästhetische Theorie. Frankfurt a.M. 1973.

- Minima Moralia. Reflexionen aus dem beschädigten Leben. Frankfurt a.M. 2001 (1951).

- Parataxis. Zur späten Lyrik Hölderlins (1963), in: ders. Noten zur Literatur. Frankfurt a.M. 1981, 447–491.

- Tagebuch der großen Reise, Oktober 1949, in: Frankfurter Adorno Blätter VIII. München 2003, 95–110.

Alewyn, Richard. Das große Welttheater. Die Epoche der höfischen Feste. München 1985 (1959).

- Der Roman des Barock, in: ders. u.a. (Hg.). Formkräfte der deutschen Dichtung vom Barock bis zur Gegenwart. Vorträge gehalten im Deutschen Haus, Paris 1961/62. Göttingen 1963, 21–34.

- Deutsche Philologie. Neuerer Teil, in: Leo Brandt (Hg.). Aufgaben deutscher Forschung. Bd. 1. Geisteswissenschaften. Köln, Opladen 1956, 181–191.

- Die literarische Angst, in: Hoimar von Ditfurth (Hg.). Aspekte der Angst. Starnberger Gespräche. Stuttgart 1964, 24–43.

- Eine Landschaft Eichendorffs (1957), in: ders. Probleme und Gestalten. Essays. Frankfurt a.M. 1974, 203–231.

- Goethe als Alibi?, in: Hamburger Akademische Rundschau 3 (1949), Nr. 8–10, 685–687.

- Gutachten zur Dissertation von Astrid Claes, 11. Dezember 1953, in: Berliner Hefte zur Geschichte des literarischen Lebens Nr. 5 (2003), 37–39.

- Hofmannsthal und diese Zeit (1948), in: ders. Über Hugo von Hofmannsthal. Göttingen 1963, 5–13.

- Hugo von Hofmannsthal 1874–1929 (1957), in: ders. Probleme und Gestalten. Essays. Frankfurt a.M. 1974, 102–114.

- Ursprung des Detektivromans (1963), in: ders. Figuren und Gestalten. Essays. Frankfurt a.M. 1974, 341–360.

- Vorwort, in: ders. Deutsche Barockforschung. Dokumentation einer Epoche. Köln 1968, 9–13.

– Vorwort, in: ders. Probleme und Gestalten. Essays. Frankfurt a.M. 1974, 7–9.

Allemann, Beda. Die Metapher und das metaphorische Wesen der Sprache, in: Karl Otto Apel u.a. Welterfahrung in der Sprache. Hg. von Arbeitsgemeinschaft Weltsprache. Wien, Freiburg 1968, 29–43.

Anders, Günther. Dichten heute, in: Das Gedicht. Jahrbuch zeitgenössischer Lyrik 1954/55, 140–144.

– Die Antiquiertheit des Menschen. Bd. 1. Über die Seele im Zeitalter der zweiten industriellen Revolution. München 2002 (1956).

– Warnbilder, in: Uwe Schultz (Hg.). Das Tagebuch und der moderne Autor. München 1965, 71–82.

– Die Schrift an der Wand. Tagebücher 1941–1966. München 1967.

– Lieben gestern. Notizen zur Geschichte des Fühlens. München 1986.

– Die molussische Katakombe. 2., erw. Auflage. München 2012.

Anders, Günther/Hannah Arendt. Schreib doch mal hard facts über dich. Briefe 1939 bis 1975. Hg. von Kerstin Putz. München 2016.

Andreas-Friedrich, Ruth. Der Schattenmann. Tagebuchaufzeichnungen 1938–1948. Frankfurt a.M. 2000.

Angehrn, Emil. Sein Leben schreiben. Wege der Erinnerung. Frankfurt a.M. 2017.

– Vom Sinn des Schweigens, in: Rainer Schmusch/Jacob Ullmann (Hg.). stille / musik. Büdingen 2018, 73–84.

– Vom Anfang und Ende. Leben zwischen Geburt und Tod. Frankfurt a.M. 2020.

Anonym. Berlin und Berliner. Leute, Dinge, Sitten, Winke. Karlsruhe 1905.

Anonym. Die Tätigkeit des Gegners auf dem Gebiet der ideologischen Zersetzung (Auszug, Anfang 1957), in: Matthias Braun. Die Literaturzeitschrift »Sinn und Form«. Ein ungeliebtes Aushängeschild der SED-Kulturpolitik. Bremen 2004, 169–177.

Aristoteles. Die Nikomachische Ethik. Übersetzt und mit einem Nachwort von Franz Dirlmeier. Stuttgart 2003.

– Physik. Vorlesung über Natur. Griechisch/Deutsch. Hg. von Hans Günter Zekl. Hamburg 1987.

– Über die Seele. Griechisch/Deutsch. Übersetzt und hg. von Gernot Krapinger. Stuttgart 2011.

Atabay, Cyrus. Gezeiten der Sprache (1969), in: Andreas Degen (Hg.). Sarmatien in Berlin. Autoren an, über und gegen Johannes Bobrowski. Berlin 2015, 14.

Aue, Walter. Das Gedächtnis der Gegenstände, in: Raffael Rheinsberg. Anhalter Bahnhof. Tempel oder Ruine? Berlin (West) 1980, ohne Seitenzahlen.

Auerbach, Erich. Der Schriftsteller Montaigne, in: ders. Philologie der Weltliteratur. Sechs Versuche über Stil und Wirklichkeitswahrnehmung. Frankfurt a.M. 1992, 19–35.

Augé, Marc. Nicht-Orte. Frankfurt a.M. 1994.

Axelos, Christos. Dämonisch, das Dämonische, in: Joachim Ritter (Hg.). Historisches Wörterbuch der Philosophie. Bd. 2 E–F. Darmstadt 1972, 4–5.

Bachelard, Gaston. Die Flamme einer Kerze. München 1988.

– La dialectique de la durée. Paris 1989 (1950).

– La poétique de l'espace. Paris 1994 (1957).

– Poetik des Raumes. Frankfurt a.M. 2007.

Bachmann, Ingeborg. Ein Ort für Zufälle (1964), in: dies. Werke. Bd. 4. Hg. von Christine Koschel u.a. München 1982, 278–293.

– Ich weiß keine bessere Welt. Unveröffentlichte Gedichte. Hg. von Isolde Moser u.a. München, Zürich 2003.

- Witold Gombrowicz. Entwurf, in: dies. Werke. Bd. 4. Hg. von Christine Koschel u.a. München 1982, 326–330.

Bachtin, Michail M. Chronotopos. Frankfurt a.M. 2008.

Barbian, Jan-Pieter. Literaturpolitik im NS-Staat. Von der »Gleichschaltung« bis zum Ruin. Frankfurt a.M. 2010.

Barthes, Roland. Das Reich der Zeichen. Frankfurt a.M. 1981.

Baßler, Moritz/Hubert Roland/Jörg Schuster. Kontinuitäten und Diskontinuitäten literarischer Verfahren 1930 bis 1960, in: dies. (Hg.). Poetologien deutschsprachiger Literatur 1930–1960. Kontinuitäten jenseits des Politischen. Berlin 2016, 1–14.

Baudelaire, Charles. Chacun sa chimère (1869), in: ders. Œuvres complètes. Hg. von Claude Pichois. Paris 1961, 235f.

- Tableaux Parisiens. Deutsch mit einem Nachwort versehen von Walter Benjamin. Frankfurt a.M. 1963.

Bauer, Arnold. Potsdamer Platz – Alexanderplatz, in: Walther G. Oschilewski und Lothar Blanvalet (Hg.) Berliner Almanach 1948. Berlin 1948, 117–141.

Beckett, Samuel. Der Verwaiser. Frankfurt a.M. 1989.

Bell, Kirsty. Gezeiten der Stadt. Eine Geschichte Berlins. Berlin 2021.

Benjamin, Walter. Aufzeichnungen Mai–Juni 1931, in: ders. Gesammelte Schriften. Bd. VI. Hg. von Rolf Tiedemann und Hermann Schweppenhäuser. Frankfurt a.M. 1991, 422–441.

- Ausgraben und Erinnern (1932), in: ders. Gesammelte Schriften. Bd. IV-1. Hg. von Tillmann Rexroth. Frankfurt a.M. 1991, 400f.

- Berliner Chronik (1932), in: ders. Gesammelte Schriften. Bd. VI. Hg. von Rolf Tiedemann und Hermann Schweppenhäuser. Frankfurt a.M. 1991, 465–519.

- Berliner Kindheit um Neunzehnhundert (1938/1950), in: ders. Gesammelte Schriften. Bd. IV-1. Hg. von Tillmann Rexroth. Frankfurt a.M. 1991, 235–304.

- Das dämonische Berlin (1930), in: ders. Über Städte und Architekturen. Hg. von Detlev Schöttker. Berlin 2017, 40–44.

- Das Passagen-Werk. Gesammelte Schriften. Bd. V-1/2. Hg. von Rolf Tiedemann. Frankfurt a.M. 1991.

- Der enthüllte Osterhase oder kleine Lehre der Verstecke (1932), in: ders. Gesammelte Schriften. Bd. IV-1. Hg. von Tillmann Rexroth. Frankfurt a.M. 1991, 398–400.

- Deutsche Menschen. Eine Folge von Briefen (1936), in: ders. Gesammelte Schriften. Bd. IV-1. Hg. von Tillmann Rexroth. Frankfurt a.M. 1991, 149–233.

- Die Aufgabe des Kritikers (1931), in: ders. Gesammelte Schriften. Bd. VI. Hg. von Rolf Tiedemann und Hermann Schweppenhäuser. Frankfurt a.M. 1991, 171–175.

- Die Wiederkehr des Flaneurs (1929), in: ders. Gesammelte Schriften. Bd. III. Hg. von Rolf Tiedemann und Hermann Schweppenhäuser. Frankfurt a.M. 1982, 194–199.

- Einbahnstraße (1928), in: ders. Gesammelte Schriften. Bd. IV-1. Hg. von Tillmann Rexroth. Frankfurt a.M. 1991, 83–148.

- Erfahrung und Armut (1922), in: ders. Gesammelte Werke. Bd. II-1. Hg. von Rolf Tiedemann und Hermann Schweppenhäuser. Frankfurt a.M. 1980, 213–219.

- Erzählung und Heilung (1931), in: ders. Gesammelte Schriften. Bd. IV-1. Hg. von Tillmann Rexroth. Frankfurt a.M. 1991, 430.

- Franz Hessel. Heimliches Berlin (1927), in: ders. Gesammelte Schriften. Bd. III. Hg. von Rolf Tiedemann und Hermann Schweppenhäuser. Frankfurt a.M. 1982, 82–85.

- Goethes Wahlverwandtschaften (1924/25), in: ders. Gesammelte Schriften. Bd. I-1. Hg. von Rolf Tiedemann und Hermann Schweppenhäuser. Frankfurt a.M. 1980, 123–211.

– Ich packe meine Bibliothek aus. Eine Rede über das Sammeln (1931), in: ders. Gesammelte Werke. Bd. IV-1. Hg. von Tillmann Rexroth. Frankfurt a.M. 1991, 388–396.
– Kleine Geschichte der Photographie (1931), in: ders. Gesammelte Schriften. Bd. II-1. Hg. von Rolf Tiedemann und Hermann Schweppenhäuser. Frankfurt a.M. 1980, 368–385.
– Nachwort (1931), in: Willy Haas. Gestalten. Essays zur Literatur und Gesellschaft. Berlin (West) 1962, 281–285.
– Paris, die Stadt im Spiegel (1929), in: ders. Gesammelte Schriften. Bd. IV-1. Hg. von Tillmann Rexroth. Frankfurt a.M. 1991, 356–359.
– Pariser Tagebuch (1929/30), in: ders. Gesammelte Schriften. Bd. IV-1, 2. Hg. von Tillman Rexroth. Frankfurt a.M. 1980, 567–587.
– Tagebuch vom 7.8.1931 bis zu seinem Tod, in: ders. Gesammelte Schriften. Bd. VI. Hg. von Rolf Tiedemann und Hermann Schweppenhäuser. Frankfurt a.M. 1991, 441–446.
– Ursprung des deutschen Trauerspiels (1925), in: ders. Gesammelte Schriften. Bd. I-1. Hg. von Rolf Tiedemann und Hermann Schweppenhäuer. Frankfurt a.M. 1980, 203–430.
– Zentralpark (1939/40), ders. Gesammelte Schriften. Bd. I-2. Hg. von Rolf Tiedemann und Hermann Schweppenhäuer. Frankfurt a.M. 1980, 657–690.
– Zum Bilde Prousts (1929), in: ders. Gesammelte Schriften. Bd. II-1. Hg. von Rolf Tiedemann und Hermann Schweppenhäuser. Frankfurt a.M. 1980, 310–324.
– Zwei Gedichte von Friedrich Hölderlin »Dichtermut« – »Blödigkeit« (1914/15), in: ders. Gesammelte Schriften. Bd. II-1. Hg. von Rolf Tiedemann und Hermann Schweppenhäuser. Frankfurt a.M. 1980, 105–126.
Benn, Gottfried. Berlin zwischen Ost und West (1955), in: ders. Sämtliche Werke. Bd. VI. In Verbindung mit Ilse Benn hg. von Gerhard Schuster. Stuttgart 2001, 228–230.
– Berliner Brief, Juli 1948, in: ders. Sämtliche Werke. Bd. V. In Verbindung mit Ilse Benn hg. von Gerhard Schuster. Stuttgart 1989, 56–61.
– Briefe an F.W. Oelze 1932–1945. Bd. 1. Hg. von Harald Steinhagen und Jürgen Schröder. Frankfurt a.M. 1979.
– Briefe an F.W. Oelze 1945–1949. Bd. 2. Hg. von Harald Steinhagen und Jürgen Schröder. Frankfurt a.M. 1982.
– Der deutsche Mensch (1933), in: ders. Sämtliche Werke. Bd. IV. In Verbindung mit Ilse Benn hg. von Gerhard Schuster. Stuttgart 1989, 51–58.
– Der neue Staat. Vorwort (1933), in: ders. Sämtliche Werke. Bd. IV. In Verbindung mit Ilse Benn hg. von Gerhard Schuster. Stuttgart 1989 41–43.
– Der Ptolemäer. Berliner Novelle, 1947 (1949), in: ders. Sämtliche Werke. Bd. V. In Verbindung mit Ilse Benn hg. von Gerhard Schuster, Stuttgart 1991, 8–55.
– Die Antwort an die literarischen Emigranten (1933), in: ders. Sämtliche Werke. Bd. IV. In Verbindung mit Ilse Benn hg. von Gerhard Schuster. Stuttgart 1989, 24–32.
– Doppelleben (1950), in: ders. Sämtliche Werke. Bd. V. In Verbindung mit Ilse Benn hg. von Gerhard Schuster. Stuttgart 1991, 83–176.
– Essays. Vorbemerkung (1951), in: ders. Sämtliche Werke. Bd. VI. In Verbindung mit Ilse Benn hg. von Gerhard Schuster. Stuttgart 2001, 49f.
– Expressionismus (1933), in: ders. Sämtliche Werke. Bd. IV. In Verbindung mit Ilse Benn hg. von Gerhard Schuster. Stuttgart 1989, 76–90.
– Fernsehinterview mit Gottfried Benn. Gespräch mit Thilo Koch (1954), in: ders.

Sämtliche Werke. Bd. VII/1. In Verbindung mit Ilse Benn hg. von Gerhard Schuster. Stuttgart 2003, 342–345.
- Prosaische Fragmente 1946–1950, in: ders. Sämtliche Werke. Bd. V. In Verbindung mit Ilse Benn hg. von Gerhard Schuster. Stuttgart 1991, 223–259.
- W.H. Auden: »Das Zeitalter der Angst« (1950), in: ders. Sämtliche Werke. Bd. V. In Verbindung mit Ilse Benn hg. von Gerhard Schuster. Stuttgart 1989, 210–221.
- Züchtung (1933), in: ders. Sämtliche Werke. Bd. IV. Verbindung mit Ilse Benn hg. von Gerhard Schuster. Stuttgart 1989, 33–40.
Benn, Gottfried/Max Rychner. Briefwechsel 1930–1956. Hg. von Gerhard Schuster. Stuttgart 1986.
Beradt, Charlotte. Das Dritte Reich des Traums. Mit einem Nachwort von Reinhart Koselleck. Frankfurt a.M. 1981.
Berghahn, Volker. Transatlantische Kulturkriege. Shepard Stone, die Ford-Stiftung und der europäische Antiamerikanismus. Stuttgart 2004.
Berliner Philharmonie (Hg.). 50 Jahre Berliner Philharmonie. Eine Zeitreise / 50 Years Berlin Philharmonie. A Journey Through Time. Berlin 2016.
Berliner Verkehrs-Betriebe (Hg.). Mit der BVG durch Berlin. Liniennetz Fahrgastinformation. Winterausgabe 1976/77. Berlin (West) 1976.
Bernhart, Toni. Nachwort, in: Franz Tumler. Hier in Berlin, wo ich wohne. Texte von 1946–1991. Hg. von Toni Bernhart. Innsbruck, Wien 2014, 229–239.
Bezirksamt Tiergarten von Berlin (Hg.). Tiergarten Mai 1945. Zusammenbruch, Befreiung, Wiederaufbau. Berlin 1995.
Binswanger, Ludwig. Formen missglückten Daseins (1956). Ausgewählte Werke. Bd. 1. Hg. von Max Herzog. Heidelberg 1992.
- Grundformen und Erkenntnis menschlichen Daseins (1942). Ausgewählte Werke. Bd. 2. Hg. von Max Herzog und Hans-Jürg Braun. Heidelberg 1993.
- Henrik Ibsen und das Problem der Selbstrealisation in der Kunst. Heidelberg 1949.
- Manie und Melancholie (1960), in: ders. Ausgewählte Werke. Bd. 4. Der Mensch in der Psychiatrie. Hg. von Alice Holzhey-Kunz. Heidelberg 1994, 351–428.
- Psychopathologie des Raumes (1933), in: ders. Ausgewählte Werke. Bd. 3. Hg. von Max Herzog. Heidelberg 1994, 123–177.
- Über Sprache und Denken (1946), in: ders. Ausgewählte Werke. Bd. 3. Hg. von Max Herzog. Heidelberg 1994, 275–290.
- Wandlungen in der Auffassung und Deutung des Traumes. Von den Griechen bis zur Gegenwart. Berlin 1928.
Blanchot, Maurice. Berlin (1961), in: Modern Language Notes 109 (1994), Nr. 4, 345–355.
Bloch, Ernst. Berlin aus der Landschaft gesehen (1932), in: ders. Gesamtausgabe. Bd. 9. Frankfurt a.M. 1985, 408–420.
- Erweiterte Ausgabe. Werkausgabe. Bd. 4. Frankfurt a.M. 1985.
Blumenberg, Hans. Anthropologische Annäherung an die Aktualität der Rhetorik (1971), in: ders. Ästhetische und metaphorologische Schriften. Hg. von Anselm Haverkamp. Frankfurt a.M. 2001, 406–431.
- Antiker und neuzeitlicher Wirklichkeitsbegriff (1966), in: ders. Realität und Realismus. Hg. von Nicola Zambon. Berlin 2020, 9–35.
- Beobachtungen an Metaphern, in: Archiv für Begriffsgeschichte 15 (1971), Nr. 2, 161–217.
- Das Problem des Nihilismus in der deutschen Literatur der Gegenwart. Vortrag. (1950), in: ders. Schriften zur Literatur 1945–1958. Hg. von Alexander Schmitz und Bernd Stiegler. Berlin 2017, 43–56.

- Der Mann vom Mond. Über Ernst Jünger. Hg. von Alexander Schmitz und Marcel Lepper. Frankfurt a. M. 2007.
- Die endgültig verlorene Zeit. Zum dritten Band der deutschen Proust-Ausgabe (1955), in: ders. Schriften zur Literatur 1945–1958. Hg. von Alexander Schmitz und Bernd Stiegler. Berlin 2017, 212–214.
- Die essentielle Vieldeutigkeit des ästhetischen Gegenstandes (1966), in: ders. Ästhetische und metaphorologische Schriften. Hg. von Anselm Haverkamp. Frankfurt a. M. 2001, 112–119.
- Die Sorge geht über den Fluß. Frankfurt a. M. 1987.
- Einleitung, in: Nikolaus von Cues. Die Kunst der Vermutung. Auswahl aus den Schriften. Bremen 1957, 7–69.
- Gerade noch Klassiker. Glossen zu Fontane. München 1998.
- Goethe zum Beispiel. In Verbindung mit Manfred Sommer hg. vom Hans Blumenberg-Archiv. Berlin 2014.
- Gottfried Benn. Verlegenheit, in: ders. Lebensthemen. Stuttgart 1998, 167.
- Höhlenausgänge. Frankfurt a. M. 1996.
- Lebenszeit und Weltzeit. Frankfurt a. M. 2001.
- Legitimität der Neuzeit. Erneuerte Ausgabe. Frankfurt a. M. 1996.
- Licht als Metapher der Wahrheit. Im Vorfeld der philosophischen Begriffsbildung (1957), in: ders. Ästhetische und metaphorologische Schriften. Hg. von Anselm Haverkamp. Frankfurt a. M. 2001, 139–171.
- Nachdenklichkeit, in: Jahrbuch der Deutschen Akademie für Sprache und Dichtung 2/1980, 57–61.
- Quellen, Ströme, Eisberge. Hg. von Ulrich von Bülow und Dorit Krusche. Berlin 2012.
- Schiffbruch mit Zuschauer. Frankfurt a. M. 1979.
- Theorie der Lebenswelt. Hg. von Manfred Sommer. Frankfurt a. M. 2010.
- Theorie der Unbegrifflichkeit. Aus dem Nachlaß hg. von Anselm Haverkamp. Frankfurt a. M. 2007.
- Urbanität, in: ders. Begriffe in Geschichten. Frankfurt a. M. 1998, 215–218.
- Wirklichkeitsbegriff und Möglichkeit des Romans (1964), in: ders. Ästhetische und metaphorologische Schriften. Hg. von Anselm Haverkamp. Frankfurt a. M. 2001, 47–73.
- Wirklichkeitsbegriff und Wirkungspotential des Mythos (1971), in: ders. Ästhetische und metaphorologische Schriften. Hg. von Anselm Haverkamp. Frankfurt a. M. 2001, 327–405.

Bobrowski, Johannes. Bemerkungen (1950/52), in: ders. Gesammelte Werke. Bd. 4. Stuttgart 1987, 195–209.
- Bericht über die ersten Jahre der Gefangenschaft (1950), in: ders. Gesammelte Werke. Bd. 4. Stuttgart 1987, 264–317.
- Boehlendorff (1964), in: ders. Gesammelte Werke. Bd. 4. Stuttgart 1987, 97–112.
- Briefe 1937–1964. 4 Bde. Hg. von Jochen Mayer. Göttingen 2017.
- Das Käuzchen (1962/63), in: ders. Gesammelte Werke. Bd. 4. Stuttgart 1987, 77f.
- Das Mosaik (1951), in: ders. Gesammelte Werke. Bd. 4. Stuttgart 1987, 194.
- Die Gedichte. Gesammelte Werke. Bd. 1. Stuttgart 1987.
- Die Koexistenz und das Gespräch (1963), in: ders. Gesammelte Werke. Bd. 4. Stuttgart 1987, 449–455.
- Dunkel und wenig Licht (1964), in: ders. Gesammelte Werke. Bd. 4. Stuttgart 1987, 118–126.

- Epitaph für Pinnau (1962), in: ders. Gesammelte Werke. Bd. 4. Stuttgart 1987, 53–57.
- Formen, Fabel, Engagement. Ein Interview von Irma Reblitz (1965), in: ders. Gesammelte Werke. Bd. 4. Stuttgart 1987, 496–499.
- Gedichte aus dem Nachlaß. Gesammelte Werke. Bd. 2. Stuttgart 1987.
- Gustav Schwab. Die schönsten Sagen des klassischen Altertums. Vorwort (1954), in: ders. Gesammelte Werke. Bd. 4. Stuttgart 1987, 340–342.
- Hans Clauert. Der märkische Eulenspiegel. Berlin (Ost) 1956.
- Im Verfolg städtebaulicher Erwägungen (1965), in: ders. Gesammelte Werke. Bd. 4. Stuttgart 1987, 170–171.
- Jaroslav Hasek. Die Abenteuer des braven Soldaten Schwejk (1956), in: ders. Gesammelte Werke. Bd. 4. Stuttgart 1987, 379f.
- Lyrik der DDR (1960), in: ders. Gesammelte Werke. Bd. 4. Stuttgart 1987, 424–442.
- Meinen Landsleuten erzählen, was sie nicht wissen. Ein Interview von Irma Reblitz (1965), in: ders. Gesammelte Werke. Bd. 4. Stuttgart 1987, 478–488.
- Von nachgelassener Poesie (1961), in: ders. Gesammelte Werke. Bd. 4. Stuttgart 1987, 17–22.
Bobrowski, Johannes/Peter Huchel. Briefwechsel. Marbach 1993.
Bobrowski, Johannes/Michael Hamburger, »Jedes Gedicht ist das letzte«. Briefwechsel. Hg. von Jochen Meyer. Mit einem Essay von Ingo Schulze. Marbach 2004.
Bodei, Remo. Vage/Unbestimmt, in: Karlheinz Barck u.a. (Hg.). Ästhetische Grundbegriffe. Bd. 6. Stuttgart, Weimar 2005. 312–329.
Boehm, Gottfried. Beschreibungskunst. Über die Grenzen von Bild und Sprache, in: ders./Helmut Pfotenhauer (Hg.). Beschreibungskunst – Kunstbeschreibung. Ekphrasis von der Antike bis zur Gegenwart. München 1995, 23–40.
Böhme, Jacob. De signatura rerum (1622), in: ders. Werke. Morgenröte. De signatura rerum. DKV-Ausgabe. Hg. von Ferdinand van Ingen. Frankfurt a.M. 2009, 507–791.
Böll, Heinrich. Vorspruch, in: Stefan Andres u.a. Spreewind. Berliner Geschichten. Berlin (West) 1969, 7–13.
Böschenstein, Bernhard. Umrisse zu drei Kapiteln einer Wirkungsgeschichte Jean Pauls: Büchner – George – Celan (1975), in: ders. Leuchttürme. Von Hölderlin zu Celan, Wirkung und Vergleich. Studien. Frankfurt a.M. 1977, 147–177.
- Die Sprengkraft der Miniatur. Zur Kurzprosa Robert Walsers, Kafkas, Musils, mit einer antithetischen Eröffnung zu Thomas Mann. Hildesheim, Zürich, New York 2013.
Böttiger, Helmut. Elefantenrunden. Walter Höllerer oder die Erfindung des Literaturbetriebs. Berlin 2005.
Bohleder, Werner. Die Entwicklung der Traumatheorie in der Psychoanalyse, in: Psyche 54 (2000), Nr. 9/10, 797–839.
Bohrer, Karl Heinz. Provinzialismus. Ein physiognomisches Panorama. München 2000.
- Was heißt unabhängig denken? (2007), in: ders. Selbstdenker und Systemdenker. München 2011, 7–26.
Boldt, Gerhard. Die letzten Tage der Reichskanzlei. Hamburg 1947.
Bollnow, Otto Friedrich. Das Nachholen des Versäumten, in: ders. Maß und Vermessenheit des Menschen. Philosophische Aufsätze. Neue Folge. Göttingen 1962, 214–238.
- Mensch und Raum. Stuttgart 2010 (1963).
Bonhoeffer, Dietrich. Briefe an die Eltern (1943), in: ders. Widerstand und Ergebung. Briefe und Aufzeichnungen aus der Haft. München 2010, 27–32.
- Ethik. Werke. Bd. 6. Hg. von Ilse Tödt u.a. München 2016.

Bongiorno, Biagia. Die Bahnhöfe der Berliner Hoch- und Untergrundbahn. Verkehrsdenkmale in Berlin. Petersberg 2007.

Borée, Karl Friedrich. Frühling 45. Chronik einer Berliner Familie. Düsseldorf 2017.

Bovenschen, Silvia. Über-Empfindlichkeit. Spielformen der Idiosynkrasie. Frankfurt a. M. 2000.

Braun, Matthias. Die Literaturzeitschrift »Sinn und Form«. Ein ungeliebtes Aushängeschild der SED-Kulturpolitik. Bremen 2004.

Brecht, Bertolt. Arbeitsjournal. Bd. 2. 1942 bis 1955. Hg. von Werner Hecht. Frankfurt a. M. 1993.

Breitenkamp, Edward C. The US Information Control Division and Its Effect on German Writers and Publishers 1945 to 1949. Grand Forks, N.D. 1953.

Brogi, Susanna. Der Tiergarten in Berlin – ein Ort der Geschichte. Eine kultur- und literaturgeschichtliche Untersuchung. Würzburg 2009.

Burckhardt, Jacob. Die Kultur der Renaissance. Ein Versuch. Stuttgart 1966 (1860).

Burdorf, Dieter. Zerbrechlichkeit. Über Fragmente in der Literatur. Göttingen 2010.

Calin, Vera. Auferstehung der Allegorie. Weltliteratur im Wandel. Von Homer bis Beckett. Wien 1975.

Cassirer, Ernst. Form und Technik (1930), in: ders. Gesammelte Werke. Hamburger Ausgabe. Bd. 17. Hg. von Birgit Recki. Hamburg 2004, 139–183.

Celan, Paul. Ansprache anlässlich der Entgegennahme des Literaturpreises der Freien Hansestadt Bremen (1958), in: ders. Gesammelte Werke. Bd. 3. Hg. von Beda Allemann u. a. Frankfurt a. M. 1986, 185 f.

– Das Vortragsprojekt »Von der Dunkelheit des Dichterischen« (1959), in: ders. »Mikrolithen sinds, Steinchen«. Prosa aus dem Nachlaß. Hg. von Barbara Wiedemann und Bertrand Badiou. Frankfurt a. M. 2005, 130–152.

– Der Meridian. Rede anlässlich der Verleihung des Georg-Büchner-Preises Darmstadt, am 22. Oktober 1960, in: ders. Gesammelte Werke. Bd. 3. Hg. von Beda Allemann u. a. Frankfurt a. M. 1987, 187–202.

– Gesammelte Werke. Bd. 1. Hg. von Beda Allemann u. a. Frankfurt a. M. 1986.

– Gesammelte Werke. Bd. 2. Hg. von Beda Allemann u. a. Frankfurt a. M. 1986.

– Werke. Historisch-Kritische Ausgabe. I. Abteilung. Bd. 10,2. Apparat. Hg. von Rolf Bücher. Frankfurt a. M. 1994.

Celan, Paul / Nelly Sachs. Briefwechsel. Hg. von Barbara Wiedemann. Frankfurt a. M. 1996.

Celan, Paul / Peter Szondi. Briefwechsel. Hg. von Christoph König. Frankfurt a. M. 2005.

Chamisso, Adelbert von. Peter Schlemhils wundersame Geschichte (1814), in: ders. Sämtliche Werke. Bd. 1. Darmstadt 1975, 13–67.

Chargesheimer / Hans Scholz. Berlin. Bilder aus einer großen Stadt. Köln 1959.

Chion, Michel. The Voice in Cinema. New York 1999.

Clark, Christopher. Preußen. Aufstieg und Niedergang. 1600–1947. München 2007.

Cohn, Hans W. Existential Thought and Therapeutic Practice. An Introduction to Existential Psychotherapy. London 1997.

Conrads, Ulrich / Peter Neitzke (Hg.). Die Städte himmeloffen. Reden und Reflexionen über den Wiederaufbau des Untergegangenen und die Wiederkehr des Neuen Bauens 1948/49. Basel 2003.

Craig, Gordon A. The Big Apfel, in: ders. Ende der Parade. Über deutsche Geschichte. München 2003, 205–228.

Curtius, Ernst Robert. Zum Begriff der historischen Topik, in: Peter Jehn (Hg.). Toposforschung. Eine Dokumentation. Frankfurt a. M. 1972, 4–19.

Dante Alighieri. Die Göttliche Komödie. Stuttgart 2001.

Deleuze, Gilles/Félix Guattari. Kafka. Pour une littérature mineure. Paris 1975.

Demps, Laurenz. Berlin-Wilhelmstraße. Eine Topographie preußisch-deutscher Macht. Berlin 2010.

Denkler, Horst. Werkruinen, Lebenstrümmer. Literarische Spuren der ›verlorenen Generation‹ des Dritten Reichs. Tübingen 2006.

Derrida, Jacques. Fors. Die Winkelwärter von Nicolas Abraham und Maria Torok, in: Nicolas Abraham/Maria Torok. Kryptonymie. Das Verbarium des Wolfsmanns. Frankfurt a.M., Berlin, Wien 1979, 5–58.

Deutsche Studiengesellschaft für Trümmerverwertung (Hg.). Wirtschaftlichkeitsfragen und Trümmerverwertung. Denkschrift der Deutschen Studiengesellschaft für Trümmerschuttverwertung 1952.

Di Cesare, Donatella. Atopos. Die Hermeneutik und der Außer-Ort des Verstehens, in: Andrzej Przylebski (Hg.). Das Erbe Gadamers. Frankfurt a.M. 2006, 85–94.

– Utopia of Understanding. Between Babel and Auschwitz. Albany, NY 2012.

Die Bibel. Nach der Übersetzung Martin Luthers. Mit Bildern von Lucas Cranach. Stuttgart 2009.

Doderer, Heimito von. Tangenten. Aus dem Tagebuch eines Schriftstellers. München 1995.

Dos Passos, John. Tour of Duty. Boston 1946.

Döblin, Alfred. Berlin Alexanderplatz – heute (1947), in: ders. Zwei Seelen in einer Brust. Schriften zu Leben und Werk. Hg. von Erich Kleinschmidt. München 1993, 277–280.

– Berlin Alexanderplatz. Die Geschichte vom Franz Biberkopf. Olten 1993 (1929).

– Briefe. München 1988.

– Die literarische Situation (1947), in: ders. Schriften zu Ästhetik, Poetik und Literatur. Mit einem Nachwort von Erich Kleinschmidt. Frankfurt a.M. 2013, 411–489.

– Epilog (1948), in: ders. Zwei Seelen in einer Brust. Schriften zu Leben und Werk. Hg. von Erich Kleinschmidt. München 1993, 287–321.

– Wiedersehen mit Berlin (1947), in: ders. Zwei Seelen in einer Brust. Schriften zu Leben und Werk. Hg. von Erich Kleinschmidt. München 1993, 280–286.

Döring, Jörg. »… ich stellte mich unter, ich machte mich klein …« Wolfgang Koeppen 1933–1948. Frankfurt a.M. 2001.

Drewitz, Ingeborg. Bahnhof Friedrichstraße, in: dies. Bahnhof Friedrichstraße. Erzählungen. Hg. von Agnes Hüfner. Hildesheim 1993, 7–24.

– Berliner Salons. Gesellschaft und Literatur zwischen Aufklärung und Industriezeitalter. Berlin (West) 1965.

– Drewitz, Ingeborg/Hans Sahl. »Die Schleimschrift des Schicksals liess keine Kalligraphie zu«. Briefwechsel 1976/77. Mit einer Vorbemerkung von Till Greite, in: Sinn und Form 73 (2021), Nr. 6, 758–767.

Düttmann, Werner. Berlin ist viele Städte. Berlin (West) 1984.

Dyck, Joachim. Der Zeitzeuge: Gottfried Benn 1929–1949. Göttingen 2006.

Eckel, Walter. Von Berlin nach Suffolk. Zur Lyrik Michael Hamburgers. Würzburg 1991.

Eggert, Stefan. »Abfahrbereit«. Wolfgang Koeppens Orte. Topographie seines Lebens und Schreibens. Berlin 2006.

Egyptien, Jürgen. Ästhetik und Geschichte in Wolfgang Koeppens Reiseessay ›Neuer Römischer Cicerone‹, in: Jahrbuch der Internationalen Wolfgang Koeppen-Gesellschaft 2 (2003), 51–64.

Ehrke-Rotermund, Heidrun. Zwischenreiche und Gegenwelten. Texte und Vorstudien zur »verdeckten Schreibweise« im »Dritten Reich«. München 1999.

Eiland, Howard/Michael W. Jennings. Walter Benjamin. A Critical Life. Cambridge, Mass., London. 2014.

Eisenhut, Werner. Ianus, in: Der kleine Pauly. Lexikon der Antike. Hg. von Konrat Ziegler und Walter Sontheimer. Bd. 2. Dicta Catonis–Iuno. München 1979, Sp. 1311–1314.

Eloesser, Arthur. Die deutsche Literatur. Bd. II. Von der Romantik bis zur Gegenwart. Berlin 1930.

Emmerich, Wolfgang. Gottfried Benn. Reinbek bei Hamburg 2006.

Endell, August. Die Schönheit der großen Stadt. Stuttgart 1908.

Enzensberger, Hans Magnus. Ahnung und Gegenwart (1958), in: Ulrich Greiner (Hg.). Über Wolfgang Koeppen. Frankfurt a.M. 1976, 89–91.

Eschen, Fritz. Photographien. Berlin 1945–1950. Mit Texten von Klaus Eschen und Janos Frecot. Berlin 1990.

– Berlin unterm Notdach. Fotografien 1945–1955. Leipzig 2010.

Fellmann, Ferdinand. Symbolischer Pragmatismus. Hermeneutik nach Dilthey. Reinbek bei Hamburg 1991.

– Hauptstadt und Weltstadt. Gefühlte Räume aus lebensphilosophischer Sicht, in: Forum Stadt 43 (2016), Nr. 4, 361–376.

– Lebensgefühle. Wie es ist, ein Mensch zu sein. Hamburg 2018.

Ferenczi, Sándor. Ohne Sympathie keine Heilung. Das klinische Tagebuch. Hg. von Judith Dupont. Frankfurt a.M. 1988.

Fichte, Hubert. Die zweite Schuld oder Abbitte an Joachim Neugröschel. Glossen. Geschichte der Empfindlichkeit. Bd. 3. Hg. von Ronald Kay. Frankfurt a.M. 2006.

Figal, Günter. Heidegger. Phänomenologie der Freiheit. Frankfurt a.M. 1991.

– Nietzsche. Eine philosophische Einführung. Stuttgart 1999.

Findahl, Theo. Letzter Akt – Berlin 1939–1945. Hamburg 1946.

Fink, Eugen. Vergegenwärtigung und Bild. Beiträge zu einer Phänomenologie der Unwirklichkeit, in: Jahrbuch für Philosophie und phänomenologische Forschung 11 (1930), 239–309.

– Der Garten Epikurs, in: ders. Epiloge zur Dichtung. Frankfurt a.M. 1971, 19–36.

Fischer, Joachim. Der Potsdamer Platz. Die moderne Großstadt aus der Perspektive von Plessners »Grenzen der Gemeinschaft«, in: ders. Exzentrische Positionalität. Studien zu Helmuth Plessner. Weilerswist 2016, 261–283.

Fitzgerald, F. Scott. Der Knacks, in: ders./Gilles Deleuze. Der Knacks. Porzellan und Vulkan. Berlin (West) 1984, 7–42.

Fohsel, Hermann-J. Im Wartesaal der Poesie. Zeit- und Sittenbilder aus dem Café des Westens und dem Romanischen Café. Berlin 1995.

Földényi, László F. Im Dickicht Berlins, in: Mónika Dózsai u.a. (Hg.). »Berlin, meine Liebe. Schließen Sie bitte die Augen.« Ungarische Autoren schreiben über Berlin. Berlin 2006, 17–27.

Fonagy, Peter. Bindung, Holocaust und Ergebnisse der Kinderpsychoanalyse, in: ders./ Mary Target (Hg.). Frühe Bindung und psychische Entwicklung. Beiträge aus Psychoanalyse und Bindungsforschung. Gießen 2003, 161–189.

Fontius, Martin. Sensibilität/Empfindlichkeit/Sentimentalität, in: Karlheinz Barck u.a. (Hg.). Ästhetische Grundbegriffe. Bd. 5. Postmoderne-Synästhesie. Stuttgart 2003, 487–508.

Forster, Leonard. German Poetry 1944–1948. Cambridge 1949.

– Rede auf den Preisträger, in: Jahrbuch der Deutschen Akademie für Sprache und Dichtung 1 (1964), 72–80.

- The Poet's Tongues. Multilingualism in Literature. London 1970.
François, Étienne. Berlin. Emblème du XXe siècle, in: Allemagne d'aujourd'hui Nr. 221 (2017/3), 57–65.
Franzen, Erich. Römische Visionen (1954), in: Ulrich Greiner (Hg.). Über Wolfgang Koeppen. Frankfurt a. M. 1976f.
Frecot, Janos. Berlin im Abriß, in: ders. u. a. Berlin im Abriß. Beispiel Potsdamer Platz. Berlin (West) 1981, 5–7.
- Das Haus Richard Wolffenstein. Bürgerliches Leben im Alten Berliner Westen, in: Berlin in Geschichte und Gegenwart. Jahrbuch des Landesarchivs. Berlin 1986, 125–140.
- Nachwort zur neuen Ausgabe von Franz Hessels »Spazieren in Berlin« (1968), in: ders. Von Gärten und Häusern, Bildern und Büchern. Texte 1968–1996. Berlin 2000, 61–65.
- Nachwort, in: Michael Müller/Einar Schleef. Waffenruhe. Berlin (West) 1987 (ohne Seitenzahl).
- Radeln am Meeresgrund, in: Florian Ebner u. a. (Hg.). Soweit das Auge reicht. Berliner Panoramafotografien aus den Jahren 1949–1952. Aufgenommen von Fritz Tiedemann. Rekonstruiert und interpretiert von Arwed Messmer. Berlin 2009, 122–127.
- Tiergartenviertel, 1965, in: Raffael Rheinsberg. Botschaften. Archäologie eines Krieges. Berlin (West) 1982, 251–253.
- Über eine besondere Leere der Berliner Nachkriegsgeschichte, in: Rheinsberg Anhalter Bahnhof. Tempel oder Ruine? Berlin (West) 1980 (ohne Seitenzahlen).
Freud, Sigmund. Das Unheimliche (1919), in: ders. Gesammelte Werke chronologisch geordnet. Bd. XII. Hg. von Anna Freud. Frankfurt a. M. 1999, 227–278.
- Einige Charaktertypen aus der psychoanalytischen Arbeit (1916), in: ders. Studienausgabe. Bd. 10. Hg. von Alexander Mitscherlich. Frankfurt a. M. 1974, 364–391.
Friedländer, Saul. Der Kitsch und der Tod. Der Widerschein des Nazismus. Wien 1984.
Frisch, Max. Aus dem Berliner Journal (1973/74). Hg. von Thomas Strässle. Berlin 2015.
- Tagebuch 1946–1949, in: ders. Gesammelte Werke. Bd. 2. Hg. von Hans Mayer. Frankfurt a. M. 1998, 345–750.
- Tagebuch 1966–1971, in: ders. Gesammelte Werke. Bd. 6. Hg. von Hans Mayer. Frankfurt a. M. 1998, 5–405.
Gablentz, Otto Heinrich von der. Berlin (1947), in: ders. Geschichtliche Verantwortung. Zum christlichen Verständnis der deutschen Geschichte. Stuttgart 1949, 160–178.
Gabriel, Gottfried. Ästhetischer »Witz« und logischer »Scharfsinn«. Zum Verhältnis von wissenschaftlicher und ästhetischer Weltauffassung. Erlangen, Jena 1996.
Gadamer, Hans-Georg. Angst und Ängste (1990), in: ders. Die Verborgenheit der Gesundheit. Aufsätze und Vorträge. Frankfurt a. M. 1993, 189–200.
- Aufgaben der Philosophie in der Gegenwart. RIAS-Vortrag am 9. Juni 1952, in: Philosophische Rundschau 66 (2019), Nr. 1, 3–13.
- Bach und Weimar (1946), in: ders. Gesammelte Werke. Bd. 9. Tübingen 1993, 142–149.
- Bürger zweier Welten (1985), in: ders. Gesammelte Werke. Bd. 10. Tübingen 1995, 225–237.
- Der Hermeneutik auf der Spur (1994), in: ders. Gesammelte Werke. Bd. 10. Tübingen. 1995, 148–174.
- Der Schmerz. Einschätzungen aus medizinischer, philosophischer und therapeutischer Sicht. Heidelberg 2003.

- Die Idee des Guten zwischen Plato und Aristoteles (1978), in: ders. Gesammelte Werke. Bd. 7. Tübingen 1991, 128–227.
- Die Kontinuität der Geschichte und der Augenblick der Existenz (1965), in: ders. Gesammelte Werke. Bd. 2. Tübingen 1986, 133–145.
- Im Schatten des Nihilismus (1990), in: ders. Gesammelte Werke. Bd. 9. Tübingen 1993, 366–382.
- Kunst und ihre Kreise (1989), in: ders. Hermeneutische Entwürfe. Vorträge und Aufsätze. Tübingen 2000, 176–180.
- Leben ist Einkehr in eine Sprache, in: Universitas 48 (1993), Nr. 10, 922–926.
- Leere Zeit und erfüllte Zeit (1969), in: ders. Gesammelte Werke. Bd. 4. Tübingen 1987, 137–153.
- Lesen ist wie Übersetzen (1989), in: ders. Gesammelte Werke. Bd. 8. Tübingen 1993, 279–285.
- Mensch und Sprache (1966), in: ders. Gesammelte Werke. Bd. 2. Tübingen 1986, 147–154.
- Mit der Sprache denken (1990), in: ders. Gesammelte Werke. Bd. 10. Tübingen 1995, 346–353.
- Mythologie und Offenbarungsreligion (1981), in: ders. Gesammelte Werke. Bd. 8. Tübingen 1993, 174–179.
- Philosophie und Literatur (1981), in: ders. Gesammelte Werke. Bd. 8. Tübingen 1993, 240–257.
- Philosophie und Poesie (1977), in: ders. Gesammelte Werke. Bd. 8. Tübingen 1993, 232–239.
- Plato und die Dichter (1934), in: ders. Gesammelte Werke. Bd. 5. Tübingen 1985, 187–211.
- Sprache und Verstehen (1970), in: ders. Gesammelte Werke. Bd. 2. Tübingen 1986, 184–198.
- Über den Beitrag der Dichtkunst bei der Suche nach der Wahrheit (1971), in: ders. Gesammelte Werke. Bd. 8. Tübingen 1993, 70–79.
- Über die Festlichkeit des Festes (1954), in: ders. Gesammelte Werke. Bd. 8. Tübingen 1993, 296–304.
- Über die Planung der Zukunft (1965), in: ders. Gesammelte Werke. Bd. 2. Tübingen 1986, 154–174.
- Verstummen die Dichter? (1970), in: ders. Gesammelte Werke. Bd. 9. Tübingen 1993, 362–366.
- Vom geistigen Lauf des Menschen. Studien zu unvollendeten Dichtungen Goethes (1949), in: ders. Gesammelte Werke. Bd. 9. Tübingen 1993, 80–111.
- Vom Verstummen des Bildes (1965), in: ders. Gesammelte Werke. Bd. 8. Tübingen 1993, 315–322.
- Wahrheit in den Geisteswissenschaften (1953), in: ders. Gesammelte Werke. Bd. 2. Tübingen 1986, 37–43.
- Wahrheit und Methode (1960). Grundzüge einer philosophischen Hermeneutik. Gesammelte Werke. Bd. 1. Tübingen 1990.
- Wer bin ich und wer bist Du? Kommentar zu Celans Gedichtfolge »Atemkristall« (1986), in: ders. Gesammelte Werke. Bd. 9. Tübingen 1993, 383–451.
- Wort und Bild – ›so wahr, so seiend‹ (1992), in: ders. Gesammelte Werke. Bd. 8. Tübingen 1993, 373–399.
- Zur Aktualität des Schönen (1977), in: ders. Gesammelte Werke. Bd. 8. Tübingen 1993, 94–142.

Galbraith, Iain. Michael Hamburger's ›Chandos Moment‹? Reflections on the ›Niemandsland-Variationen‹, in: Joyce Crick (Hg.). From Charlottenburg to Middleton. Michael Hamburger (1924–2007): Poet, Translator, Critic. München 2010, 70–88.

Gantner, Joseph. Formen des Unvollendeten in der neueren Kunst, in: Josef A. Schmoll (Hg.). Das Unvollendete als künstlerische Form. Bern, München 1959, 47–59.

– Leonardos Visionen. Von der Sintflut und vom Untergang der Welt. Geschichte einer künstlerischen Idee. Bern 1958.

Gebsattel, V. E. Freiherr von. Zur Frage der Depersonalisation. Ein Beitrag zur Theorie der Melancholie (1937), in: ders. Prolegomena einer medizinischen Anthropologie. Ausgewählte Aufsätze. Heidelberg 1954, 18–46.

– Die phobische Fehlhaltung, in: ders. Imago Hominis. Beiträge zu einer personalen Anthropologie. Salzburg 1968, 138–172.

– Die Störungen des Werdens und des Zeiterlebens im Rahmen psychiatrischer Erkrankungen (1939), in: ders. Prolegomena einer medizinischen Anthropologie. Ausgewählte Aufsätze. Heidelberg 1954, 128–144.

– Numinose Ersterlebnisse, in: ders. Imago Hominis. Beiträge zu einer personalen Anthropologie. Salzburg 1968, 308–323.

– Zeitbezogenes Zwangsdenken in der Melancholie (1928), in: ders. Prolegomena einer medizinischen Anthropologie. Ausgewählte Aufsätze. Heidelberg 1954, 1–18.

Gehle, Holger. Johannes Bobrowski. Erläuterungen. Die Romane und Erzählungen. Stuttgart 1999.

Geist, Johann Friedrich. Passagen. Ein Bautyp des 19. Jahrhunderts. München 1978.

Gerhardt, Uta. Soziologie der Stunde Null. Zur Gesellschaftskonzeption des amerikanischen Besatzungsregimes 1944–1945/46. Frankfurt a.M. 2005.

Gersdorff, Dagmar von. Marie Luise Kaschnitz. Eine Biographie. Frankfurt a.M., Leipzig 1997.

Giedroyc, Jerzy/Witold Gombrowicz. Correspondance 1950–1969. Paris 2004.

Ginzburg, Carlo. Faden und Fährte. Wahr falsch fiktiv. Berlin 2013.

Giseke, Undine/Erika Spiegel (Hg.). Stadtlichtungen: Irritationen, Perspektiven, Strategien. Basel 2007.

Goethe, Johann Wolfgang von/Friedrich Schiller. Briefwechsel über Hölderlin, in: Friedrich Hölderlin. Sämtliche Werke. Historisch-Kritische Ausgabe. Bd. 6. Hg. von Norbert v. Hellingrath. Berlin 1923, 259–663.

– Aus meinem Leben. Dichtung und Wahrheit (1811). DKV-Ausgabe. Bd. 15. Hg. von Klaus-Detlef Müller. Frankfurt a.M. 2007.

– Die natürliche Tochter. Trauerspiel (1803), in: ders. Dramen 1791–1832. Bd. 6. DKV-Ausgabe. Hg. von Dieter Borchmeyer und Peter Huber. Frankfurt a.M. 1993.

– Faust. Der Tragödie erster und zweiter Teil Urfaust (1832). Hg. und kommentiert von Erich Trunz. München 1998.

– Kampagne in Frankreich (1822). Einleitung von Oskar Loerke. Berlin 1942.

– Römische Elegien (1795), in: ders. Hamburger Ausgabe. Bd. 1. Hg. von Erich Trunz. München 1998, 157–173.

Gogol, Nikolaj. Die toten Seelen. München 1965 (1842).

Goldschmidt, Georges-Arthur. Exil und Doppelsprachigkeit, in: Exilforschung. Ein internationales Jahrbuch (2007) Nr. 25, 1–2.

Gombrowicz, Rita (Hg.). Gombrowicz en Europe. Témoignages et documents 1963–1969. Paris 1988.

Gombrowicz, Witold. Berliner Notizen. Pfullingen 1965.

– Gespräche mit Dominique de Roux (1968), in: ders. Gesammelte Werke. Bd. 13. München, Wien 1996, 7–154.
– Gretchen und der Dämon (1937), in: ders. Gesammelte Werke. Bd. 13. München, Wien 1996, 192–196.
– Ich war schon immer Strukturalist (1967), in: ders. Gesammelte Werke. Bd. 13. München, Wien 1996, 247–254.
– Kronos. Intimes Tagebuch. München 2015.
– Letztes Interview (1969), in: ders. Gesammelte Werke. Bd. 13. München, Wien 1996, 254–263.
– Literatur (1956), in: ders. Der Apostel der Unreife oder das Lachen der Philosophie. Hg. von Hans Jürgen Balmes. München 1988, 25.
– Schund, in: Akzente 10 (1963), Nr. 4, 418–424.
– Tagebücher 1953–1969. Frankfurt a. M. 2004.
– Trans-Atlantik. Pfullingen 1964.
– Übermütig durch Rom (1938), in: ders. Gesammelte Werke. Bd. 13. München, Wien 1996, 241–245.
– Vorwort, in: ders. Verführung. Pfullingen 1963, 5–10.
– Yvonne (1935), in: ders. Yvonne / Die Trauung. Zwei Schauspiele. Frankfurt a. M. 1964, 7–75.
Gorion, Emmanuel bin. In memoriam Oskar Loerke, in: Bernhard Zeller (Hg.). Oskar Loerke 1884–1964. Stuttgart 1964, 86–89.
Greite, Till. Berliner Journal-Splitter. Uwe Johnson als Landvermesser im geteilten Berlin, in: Johnson-Jahrbuch 26 (2019), 67–89.
– Eine Agentur des Kreativen. Walter Höllerers Literarisches Colloquium als Schule des Schreibens zwischen Information und Störung, in: Kultur & Gespenster Nr. 13 (2012), 199–220.
– Gadamers Berliner Vortrag. Von der Korruptibilität des Menschen, in: Philosophische Rundschau 66 (2019), Nr. 1, 14–24.
Grimm, Jacob/Wilhelm Grimm. Deutsches Wörterbuch. 33 Bde. München 1984.
Gross, Walter. Für Johannes Bobrowski, in: Gerhard Rostin (Hg.). Ahornallee 26 oder Epitaph für Johannes Bobrowski. Stuttgart 1978, 26.
Grünbein, Durs. Der verschwundene Dichter (1995), in: Peter Walther (Hg.). Peter Huchel. Leben und Werk in Texten und Bildern. Frankfurt a. M. 1996, 177–184.
– Fußnote zu mir selbst, in: ders. Aus der Traum (Kartei). Aufsätze und Notate. Berlin 2019, 9–13.
– Geschichtsland Schatten, in: ders. Aus der Traum (Kartei). Aufsätze und Notate. Berlin 2019, 445–448.
Gryphius, Andreas. Tränen des Vaterlandes (1636), in: Johannes Bobrowski (Hg.). Meine liebsten Gedichte. Eine Auswahl deutscher Lyrik von Martin Luther bis Christoph Meckel. Berlin (Ost) 1985, 27.
Guardini, Romano. Form und Sinn der Landschaft in den Dichtungen Hölderlins. Tübingen 1946.
Guenther, Joachim. Stenogramm eines Purgatoriums, in: Neue deutsche Hefte 3 (1956/57), 8–10.
Gumbrecht, Hans Ulrich. Nach 1945. Latenz als Ursprung der Gegenwart. Berlin 2012.
Guzzoni, Ute. Weile und Weite. Zur nicht-metrischen Erfahrung von Zeit und Raum. Freiburg, München 2017.
Haarmann, Hermann. Der gerettete Tod. Überleben und Sterben, in: Falko Schmieder (Hg.). Überleben. Historische und aktuelle Konstellationen. München 2011, 205–216.

Haas, Willy. Das war in Schöneberg, im Monat Mai ..., in: Rolf Italiaander/Willy Haas (Hg.). Berliner Cocktail. Hamburg, Wien 1957, 301–311.

– Ein Mann namens Peter Huchel (1968), in: Otto F. Best (Hg.). Hommage für Peter Huchel. München 1968, 55–59.

Haffner, Sebastian. Anmerkungen zu Hitler. Frankfurt a.M. 1981.

Hamann, Johann Georg. Entkleidung und Verklärung. Eine Auswahl aus Schriften und Briefen des »Magus im Norden«. Hg. von Martin Seils. Berlin (Ost) 1963, 475.

Hamburger, Michael. A Mug's Game. Intermittent Memoirs 1924–1954. Cheadle 1975.

– A Proliferation of Prophets. Essays in Modern German Literature. Bd. 1. Manchester 1983.

– A Refusal to Review Kierkegaard (1965), in: ders. Testimonies. Essays. Selected Shorter Prose 1950–1987. Manchester 1989, 54–57.

– A writer on his work (1966), in: ders. Testimonies. Essays. Selected Shorter Prose 1950–1987. Manchester 1989, 225–228.

– After the Second Flood. Essays in Modern German Literature. Bd. 2. Manchester 1986.

– An Hölderlin / To Hölderlin, in: Peter Waterhouse. Die Nicht-Anschauung. Versuche über die Dichtung von Michael Hamburger. Mit Gedichten von Michael Hamburger. Wien, Bozen 2005, 167f.

– Begegnung, in: ders. Zwischen den Sprachen. Essays und Gedichte. Frankfurt a.M. 1966, 191.

– Benns Briefe an Oelze (1980), in: ders. Literarische Erfahrungen. Hg. von Harald Hartung. Darmstadt, Neuwied 1981, 84–96.

– Berliner Variationen, in: ders. Zwischen den Sprachen. Essays und Gedichte. Frankfurt a.M. 1966, 9–25.

– Collected Poems. Manchester 1984.

– Dank und Antwort, in: Jahrbuch der Deutschen Akademie für Sprache und Dichtung 1 (1964), 81–93.

– Das Fragment: Ein Kunstwerk?, in: Hofmannsthal-Jahrbuch 3 (1995), 305–318.

– Das Schweigen in Berlin (1976), in: ders. Pro Domo. Selbstauskünfte, Rückblicke und andere Prosa. Hg. von Iain Galbraith. Wien, Bozen 2007, 157–161.

– Einige Bemerkungen zur Kategorie Exil-Literatur (1978), in: ders. Literarische Erfahrungen. Aufsätze. Hg. von Harald Hartung. Darmstadt, Neuwied 1981, 97–105.

– Englische Hölderlin-Gedichte, in: Hölderlin-Jahrbuch 54 (1963), 80–87.

– Erfahrungen eines Übersetzers (1975), in: ders. Literarische Erfahrungen. Aufsätze. Hg. von Harald Hartung. Darmstadt, Neuwied 1981, 15–27.

– Essay über den Essay (1965), in: ders. Literarische Erfahrungen. Aufsätze. Hg. von Harald Hartung. Darmstadt, Neuwied 1981, 158–161.

– Gedanken über die Identitätsfrage (1993), in: ders. Pro Domo. Selbstauskünfte, Rückblicke und andere Prosa. Hg. von Iain Galbraith. Wien, Bozen 2007, 162–172.

– Gedichte. Englisch und Deutsch. Mit einem Nachwort von Hans Mayer. Berlin (West) 1976.

– Gottfried Benn, in: ders. Vernunft und Rebellion. Aufsätze zur Gesellschaftskritik in der Literatur. München 1969.

– Hölderlin in England, in: ders. Zwischen den Sprachen. Essays und Gedichte. Frankfurt a.M. 1966, 63–101.

– »Ich liebe die Musik, weil sie nicht Literatur ist.« Gespräch mit Wolfgang Schlüter (2004), in: ders. Pro Domo. Selbstauskünfte, Rückblicke und andere Prosa. Hg. von Iain Galbraith. Wien, Bozen 2007, 142–153.

- In Conversation with Peter Dale. London 1998.
- Introduction, in: Friedrich Hölderlin. Poems and Fragments. Translated by Michael Hamburger. Bi-Lingual Edition with a Preface, Introduction and Notes. London 1966, 1–19.
- Johannes Bobrowski: an introduction (1968/83), in: ders. Testimonies. Essays. Selected Shorter Prose 1950–1987. Manchester 1989, 206–214.
- Late. London 1997.
- Londoner Variationen, in: ders. Zwischen den Sprachen. Essays und Gedichte. Frankfurt a.M. 1966, 35–59.
- Meine Gedichte (1988), in: ders. Das Überleben der Lyrik. Berichte und Zeugnisse. Hg. von Walter Eckel. München, Wien 1993, 209–219.
- Nachtrag zu den Memoiren (2006), in: ders. Pro Domo. Selbstauskünfte, Rückblicke und andere Prosa. Hg. von Iain Galbraith. Wien, Bozen 2007, 9–34.
- Niemandsland-Variationen, in: ders. Zwischen den Sprachen. Essays und Gedichte. Frankfurt a.M. 1966, 26–34.
- On Translating Celan (1984), in: ders. Testimonies. Essays. Selected Shorter Prose 1950–1987. Manchester 1989, 275–285.
- Randbemerkungen zum Schweigen. Über Peter Huchel (1986), in: ders. Das Überleben der Lyrik. Berichte und Zeugnisse. Herausgegeben von Walter Eckel. München, Wien 1993, 30–36.
- Selbstvorstellung, in: Jahrbuch der Deutschen Akademie für Sprache und Dichtung (1975), Nr. 1, 147f.
- String of Beginnings. Intermittent Memoirs 1924–1954. London 1991.
- The Survival of poetry (1985), in: ders. Testimonies. Essays. Selected Shorter Prose 1950–1987. Manchester 1989, 72–76.
- Und mich leset o / Ihr Blüthen von Deutschland. Zur Aktualität Hölderlins (1984), in: ders. Das Überleben der Lyrik. Berichte und Zeugnisse. Herausgegeben von Walter Eckel. München, Wien 1993, 13–29.
- Unteilbar. Gedichte aus sechs Jahrzehnten. Zusammengestellt von Richard Dove. München 1997.
- Wahrheit und Poesie. Spannungen in der modernen Lyrik von Baudelaire bis zur Gegenwart. Frankfurt a.M., Berlin, Wien 1985.
Hansen, Stefan. Begegnungen unter dem Dach der Kirche, in: Roland Berbig (Hg.). Stille Post. Inoffizielle Schriftstellerkontakte zwischen West und Ost. Berlin 2005, 100–115.
Hanuschek, Sven. »Gesellschaft ist eben Gesellschaft, mein Lieber.« Kessel goes politics, in: Claudia Stockinger/Stefan Scherer (Hg.). Martin Kessel (1901–1990). Bielefeld 2004, 155–166.
Hartlaub, Felix. Aus Hitlers Berlin 1934–1938. Hg. von Nikola Herweg und Harald Tausch. Berlin 2014.
- »In den eigenen Umriss gebannt«. Kriegsaufzeichnungen, literarische Fragmente und Briefe aus den Jahren 1939–1945. Bd. 1. Hg. von Gabriele Lieselotte Ewenz. Frankfurt a.M. 2007.
Hartmann, Nicolai. Ethik. Berlin, Leipzig 1926.
Hasse, Jürgen/Sara F. Levin. Betäubte Orte. Erkundungen im Verdeckten. Freiburg, München 2019.
Haufe, Eberhard. Bobrowski-Chronik. Daten zu Leben und Werk. Würzburg 1994.
- Einleitung. Zu Leben und Werk Johannes Bobrowskis (1985), in: Johannes Bobrowski. Die Gedichte. Gesammelte Werke. Bd. 1. Stuttgart 1987, VII–LXXXV.

- Johannes Bobrowski. Erläuterungen. Gedichte und Gedichte aus dem Nachlaß. Stuttgart 1998.
- Nachwort, in: Johannes Bobrowski/Peter Huchel. Briefwechsel. Marbach 1993, 45–55.

Hausenstein, Wilhelm. Europäische Hauptstädte. Erlenbach, Zürich, Leipzig. 1932.

Haverkamp, Anselm. Latenzzeit. Wissen im Nachkrieg. Berlin 2017.

Hegel, Georg Wilhelm Friedrich. Vorlesungen über die Ästhetik II. Werke. Bd. 14. Frankfurt a.M. 1970.

Heidegger, Martin. Der Ursprung des Kunstwerks (1933/36), in: ders. Holzwege. Frankfurt a.M. 2003 (1950), 1–74.
- Die Grundprobleme der Phänomenologie (1927). Gesamtausgabe. Bd. 24. Frankfurt a.M. 1997.
- Die Kunst und der Raum / L'art et l'espace. St. Gallen 1969.
- Sein und Zeit. 9. Auflage. Tübingen 2006 (1927).
- Unterwegs zur Sprache. Stuttgart 2007 (1959).
- Was heißt denken? (1952), in: ders. Vorträge und Aufsätze. Stuttgart 2004 (1954), 123–137.
- Wozu Dichter? (1946), in: ders. Holzwege. Frankfurt a.M. 2003 (1950), 269–320.

Heine, Heinrich. Briefe aus Berlin (1822), in: ders. Sämtliche Werke. Bd. 5. Hg. von Oskar Walzel. Leipzig 1914, 206–281.
- Die Deutsche Literatur (1828), in: ders. Sämtliche Werke. Bd. 5. Hg. von Oskar Walzel. Leipzig 1914, 350–365.
- Die romantische Schule (1836), in: ders. Sämtliche Werke. Bd. 7. Hg. von Oskar Walzel. Leipzig 1910, 2–184.
- Italien. Reise von München nach Genua (1828), in: ders. Sämtliche Werke. Bd. 4. Hg. von Oskar Walzel. Leipzig 1912, 219–314.
- Memoiren des Herren von Schnabelewopski (1834), in: ders. Sämtliche Werke. Bd. 6. Hg. von Oskar Walzel. Leipzig 1912, 315–382.
- Seegespenst (1826), in: ders. Sämtliche Werke. Bd. 1. Hg. von Oskar Walzel. Leipzig 1911, 202–204.

Heldt, Werner. Berlin am Meer (ca. 1948), in: Deutsche Gesellschaft für Bildende Kunst (Hg.). Werner Heldt. 23. Juni bis 28. Juni 1968. Hannover 1968, 32.
- »Berlin am Meer«. Bilder und Graphik von 1927 bis 1954. Hg. von Dieter Brusberg. Berlin (West) 1987.

Hermann, Georg. Anhalter Bahnhof Winter 1916, in: ders. Nur für Herrschaften. Hg. von Christfried Coler. Berlin 1949, 80–87.
- B.M. Der unbekannte Fußgänger. Amsterdam 1935.
- Der Punsch, in: ders. Nur für Herrschaften. Hg. von Christfried Coler. Berlin 1949, 87.
- Pro Berlin. Berlin 1931.
- Um Berlin, in: Pan 2 (1912), Nr. 40, 1101–1106.

Hessel, Franz. Heimliches Berlin (1927), in: ders. Sämtliche Werke. Bd. I. Hg. von Bernd Witte. Oldenburg 1999, 253–336.
- Im alten Westen (1932), in: ders. Sämtliche Werke. Bd. III. Hg. von Bernhard Echte. Oldenburg 1999, 259–261.
- Letzte Heimkehr (1938), in: ders. Sämtliche Werke. Bd. V. Hg. von Harmut Vollmer. Oldenburg 1999, 114–134.
- (unter dem Pseudonym Fürchtegott Hesekiel) Neue Beiträge zur Rowohlt-Forschung auf Grund der jüngsten Ausgrabungen mit Hilfe namenhafter Gelehrter

zusammengestellt (1933), in: ders. Sämtliche Werke. Bd. V. Hg. von Harmut Vollmer. Oldenburg 1999, 257–283.

– Persönliches über Sphinxe (1933), in ders. Sämtliche Werke. Bd. III. Hg. von Bernhard Echte. Oldenburg 1999, 258–259.

– Spazieren in Berlin (1929), in: ders. Sämtliche Werke. Bd. III. Hg. von Bernhard Echte. Oldenburg 1999, 9–192.

– Wird er kommen? (1933), in: ders. Sämtliche Werke. Bd. III. Hg. von Bernhard Echte. Oldenburg 1999, 293–295.

Hessel, Helen. C'était un brave. Eine Rede zum 10. Todestag Franz Hessels, in: Franz Hessel. Letzte Heimkehr nach Paris. Franz Hessel und die Seinen im Exil. Hg. von Manfred Flügge. Berlin 1989, 69–94.

Heuss, Theodor. Berlin. München 1960.

Hildebrandt, Dieter. Ein Mann – ein Wort, in: Frankfurter Allgemeine Zeitung Nr. 159, 13.6.1963.

Hirte, Johannes. Die Entlastung des Potsdamer Platzes. Vortrag, gehalten 1907. Berlin 1908.

Hocke, Gustav René. Die Welt als Labyrinth. Manier und Manie in der europäischen Kunst. Reinbek bei Hamburg 1957.

Höcker, Karla. Gespräche mit Berliner Künstlern. Berlin (West) 1964.

Hölderlin, Friedrich. Hyperion oder der Eremit in Griechenland (1797/99), in: ders. Sämtliche Werke. Historisch-Kritische Ausgabe. Bd. 2. Hg. von Norbert von Hellingrath. Berlin 1923, 83–291.

– Menschenbeifall (1800), in: ders. Sämtliche Werke. Historisch-Kritische Ausgabe. Bd. 3. Hg. von Norbert von Hellingrath. Berlin 1923, 45.

– Poems and Fragments. Translated by Michael Hamburger. Bi-Lingual Edition with a Preface, Introduction and Notes. London 1966.

Höllerer, Walter. Berliner Springprozession, in: Hans Werner Richter (Hg.). Berlin, ach Berlin. München 1984, 39–57.

– Siebenhundertfünfzig sagt man, sind wir alt, in: Eberhard Diepgen (Hg.). 750 Jahre Berlin. Berlin (West) 1987, 139f.

– Tiergarten, in: Renate von Mangoldt. Übern Damm und durch die Dörfer. 382 Fotografien von Renate von Mangoldt. Zwölf Essays von Walter Höllerer. Hg. von Literarisches Colloquium Berlin. Berlin (West) 1978, 221–225.

– Vorwort, in: ders. (Hg.). Transit. Lyrikbuch der Jahrhundertmitte. Frankfurt a.M. 1956, IX–XVII.

– Wedding, in: Renate von Mangoldt. Übern Damm und durch die Dörfer. 382 Fotografien von Renate von Mangoldt. Zwölf Essays von Walter Höllerer. Hg. von Literarisches Colloquium Berlin. Berlin (West) 1978, 267–269.

– Wilmersdorf, in: Renate von Mangoldt. Übern Damm und durch die Dörfer. 382 Fotografien von Renate von Mangoldt. Zwölf Essays von Walter Höllerer. Hg. von Literarisches Colloquium Berlin. Berlin (West) 1978, 7–9.

Hölscher, Lucian. Hermeneutik des Nichtverstehens (2008), in: ders. Semantik der Null. Grenzfragen der Geschichtswissenschaft. Göttingen 2009, 226–239.

Hoffmann, Stefan-Ludwig. Die zerstörte Metropole. Berlin zwischen den Zeiten, 1943–1947, in: Zeitschrift für Ideengeschichte 13 (2019), Nr. 4, 61–78.

Hofmannsthal, Hugo von. Das Schrifttum als geistiger Raum der Nation (1927), in: ders. Erfundene Gespräche und Briefe. Werke in zehn Bände. Hg. von Lorenz Jäger. Frankfurt a.M. 1999, 106–122.

Hogrebe, Wolfram. Ahnung und Erkenntnis. Brouillon zu einer Theorie des natürlichen Erkennens. Frankfurt a.M. 1996.

Holzner, Johann (Hg.). Franz Tumler: Beobachter – Parteigänger – Erzähler. Innsbruck 2010.

Homer. Odyssee. Aus dem Griechischen von Johann Heinrich Voss. Hg. von Peter von der Mühll. Zürich 1980.

Hoppe, Ralph. Die Friedrichstraße. Pflaster der Extreme. Berlin 1999.

Huchel, Peter. Antwort auf den offenen Brief eines westdeutschen Schriftstellers (1953), in: ders. Gesammelte Werke. Bd. 2. Hg. von Axel Vieregg. Berlin 2017, 290–292.

– Caputher Heuweg (1955) / Havelnacht (1933), in: Rolf Italiaander/Willy Haas (Hg.). Berliner Cocktail. Hamburg, Wien 1957, 351f.

– Eine Begegnung mit Peter Huchel. Interview mit Frank Geerk (1973), in: ders. Gesammelte Werke. Bd. 2. Hg. von Axel Vieregg. Berlin 2017, 387f.

– Erinnerung an Brecht (undatiert), in: Text + Kritik Nr. 157: Peter Huchel (2003), 37–39.

– Erste Lese-Erlebnisse (1975), in: ders. Gesammelte Werke. Bd. 2. Berlin 2017, 317–325.

– Europa neunzehnhunderttraurig (1931), in: ders. Gesammelte Werke. Bd. 2. Berlin 2017, 213–218.

– Gegen den Strom. Interview mit Hansjakob Stehle (1972), in: ders. Gesammelte Werke. Bd. 2. Hg. von Axel Vieregg. Berlin 2017, 373–382.

– Georg Büchners Lenz (1933), in: ders. Gesammelte Werke. Bd. 2. Hg. von Axel Vieregg. Berlin 2017, 252f.

– Gesammelte Werke. Bd. 1. Die Gedichte. Hg. von Axel Vieregg. Berlin 2017.

– »Hubertusweg«. Interview mit Dieter Zilligen (1972), in: ders. Gesammelte Werke. Bd. 2. Hg. von Axel Vieregg. Berlin 2017, 383–386.

– »Ich raune Verse vor mich hin«. Keine gute Zeit für Lyrik. Interview mit Karl Corino (1974), in: ders. Gesammelte Werke. Bd. 2. Hg. von Axel Vieregg. Berlin 2017, 389–393.

– Interview mit der deutschen Presse-Agentur (1977), in: ders. Gesammelte Werke. Bd. 2. Hg. von Axel Vieregg. Berlin 2017, 396f.

– Nachbemerkung »Zur Auswahl von Gedichten der Marie Luise Kaschnitz« (1973), in: ders. Gesammelte Werke. Bd. 2. Hg. von Axel Vieregg. Berlin 2017, 315f.

– Rede vor dem Groß-Berliner Komitee der Kulturschaffenden (1952), in: ders. Gesammelte Werke. Bd. 2. Hg. von Axel Vieregg. Berlin 2017, 269–284.

– Selbstinterpretation des Gedichts: Winterpsalm (1966), in: ders. Gesammelte Werke. Bd. 2. Hg. von Axel Vieregg. Berlin 2017, 309–311.

– Wie soll man da Gedichte schreiben. Briefe 1925–1977. Hg. von Hub Nijssen. Frankfurt a.M. 2000.

– Zwei Selbstanzeigen zum Gedichtband »Der Knabenteich« (1932), in: ders. Gesammelte Werke. Bd. 2. Hg. von Axel Vieregg. Berlin 2017, 242–252.

Hühn, Helmut. Trauer; Trauerarbeit, in: Joachim Ritter (Hg.). Historisches Wörterbuch der Philosophie. Bd. 10 St–T. Darmstadt 1998, 1455–1460.

Huizinga, Johan. Wenn die Waffen schweigen. Basel 1945.

Husserl, Edmund. Die Krisis der europäischen Wissenschaften und die transzendentale Phänomenologie (1936). Hg. von Elisabeth Ströker. Hamburg 2012.

Huyssen, Andreas. Miniature Metropolis. Literature in an Age of Photography and Film. Cambridge, Mass., London 2015.

– The Voids of Berlin, in: Critical Inquiry 24 (1997), Nr. 1, 57–81.

Ihlenfeld, Kurt. Aus der lyrischen »Documenta«, in: ders. Zeitgesicht. Erlebnisse eines Lesers. Witten, Berlin 1961, 166–170.

– Berlin intensiv, in: Neue deutsche Hefte 133, 19 (1972), Nr. 1, 215–219.
– Das irdische und das ewige Haus, in: ders. Zeitgesicht. Erlebnisse eines Lesers. Witten, Berlin 1961, 359–363.
– Freundschaft mit Jochen Klepper. Wuppertal 1967.
– »Getroste Verzweiflung«, in: ders. Poeten und Propheten. Witten, Berlin 1950, 228–234.
– Gleich hinter der Mauer ..., in: Eckart-Jahrbuch 1964/65, 318–321.
– Intermezzo III, in: ders. Zeitgesicht. Erlebnisse eines Lesers. Witten, Berlin 1961, 181–183.
– Loses Blatt Berlin. Dichterische Erkundung der geteilten Stadt. Witten, Berlin 1968.
– Sprache für Unausgesprochenes, in: ders. Zeitgesicht. Erlebnisse eines Lesers. Witten, Berlin 1961, 30–32.
– Stadtmitte. Kritische Gänge in Berlin. Witten, Berlin 1964.
– Vorwort, in: ders. Zeitgesicht. Erlebnisse eines Lesers. Witten, Berlin 1961, 5–8.
– Wer Flügel hat, wird nicht zerschellen, in: ders. Zeitgesicht. Erlebnisse eines Lesers. Witten, Berlin 1961, 138–142.
Imdahl, Max. Cézanne – Braque – Picasso. Zum Verhältnis zwischen Bildautonomie und Gegenstandssehen, in: ders. Gesammelte Schriften. Bd. 3. Hg. von Gottfried Boehm. Frankfurt a.M. 1996, 303–380.
– Ikonik. Bilder und ihre Anschauung (1994), in: Gottfried Boehm (Hg.). Was ist ein Bild? München 2006, 300–324.
Ingold, Felix Philipp. Rhythmische Präfiguration. Zur Vorgeschichte des Gedichts (1998), in: ders. Im Namen des Autors. Arbeiten für die Kunst und die Literatur. München 2004, 11–38.
Italiaander, Rolf/Willy Haas. Vorwort, in: dies. (Hg.). Berliner Cocktail. Hamburg, Wien 1957, 9–12.
Isherwood, Christopher. Leb wohl, Berlin. Hamburg 2015 (1939).
Jádi, Ferenc. Reisebilder / Bilderfahrung, in: Bettina van Haaren. Ecke mit Findelkindern. Zeichnungen vor Ort. Bönen 2003, 5–12.
Jaspers, Karl. Vorwort, in: Czesław Miłosz. Verführtes Denken. Frankfurt a.M. 1980, 7–9.
Jennings, Michael W. Dialectical Images. Walter Benjamin's Theory of Literary Criticism. Ithaca, London 1987.
– Mausoleum of Youth: Between Experience and Nihilism in Benjamin's Berlin Childhood, in: Paragraph 32 (2009), Nr. 2, 313–330.
– »The Secrets of the Darkened Chamber«. Michael Schmidt's »Berlin nach 45«, in: October Nr. 158 (Herbst 2016), 89–99.
Johnson, Uwe. Berliner Stadtbahn (1961), in: ders. Berliner Sachen. Aufsätze. Frankfurt a.M. 1975, 7–21.
– Boykott der Berliner Stadtbahn (1964), in: ders. Berliner Sachen. Aufsätze. Frankfurt a.M. 1975, 22–37.
– Ich wollte keine Frage ausgelassen haben. Gespräche mit Fluchthelfern. Hg. von Burkhart Veigel. Berlin 2010.
– Nachtrag zur S-Bahn (1970), in: ders. Berliner Sachen. Aufsätze. Frankfurt a.M. 1975, 42f.
– Zwei Ansichten (1965). Frankfurt a.M. 2013.
Johnson, Uwe/Siegfried Unseld. Briefwechsel. Hg. von Eberhard Falke. Frankfurt a.M. 1999, 281–284.

Jolles, André. Einfache Formen. Legende, Sage, Mythe, Rätsel, Spruch, Kasus, Memorabilie, Märchen, Witz. Tübingen 1982 (1930), 209.

Jonas, Hans. Homo Pictor: Von der Freiheit des Bildens, in: Gottfried Boehm (Hg.). Was ist ein Bild? München 2006, 105–124.

Jünger, Ernst. Der Waldgang. Stuttgart 1998 (1951).

Jünger, Friedrich Georg. Gedächtnis und Erinnerung. Frankfurt a.M. 1957.

– Nachwort, in: Friedrich Gottlieb Klopstock. Werke in einem Band. Hg. von Karl August Schleiden. München 1954, 432–464.

– Rhythmus und Sprache im deutschen Gedicht. Stuttgart 1987 (1952).

– Über das Komische. Berlin 1936.

Kafka, Franz. Eine kaiserliche Botschaft (1919), in: ders. Erzählungen und andere ausgewählte Prosa. Frankfurt a.M. 1996, 305f.

Kant, Immanuel. Kritik der Urteilskraft (1790). Werkausgabe. Bd. X. Hg. von Wilhelm Weischedel. Frankfurt a.M. 1974.

Kanthack, Katharina. Zum Wesen des Romans, in: Zeitschrift für Ästhetik und allgemeine Kunstwissenschaft 34 (1940), Nr. 4, 209–239.

– Ungelebte Lebenszeit, in: Berliner Hefte für geistiges Leben 3 (1948), Nr. 12, 463–471.

– Max Scheler. Zur Krisis der Ehrfurcht. Berlin, Hannover 1948.

Kantorowicz, Alfred. Deutsches Tagebuch. Erster Teil. Hg. von Andreas W. Mytze. Berlin (West) 1978.

– Etwas ist ausgeblieben. Zur geistigen Einheit der deutschen Literatur nach 1945. Hamburg 1985.

– Peter Huchel (Berlin 1948 / München 1958) / Nachschrift 1964, in: ders. Deutsche Schicksale. Intellektuelle unter Hitler und Stalin. Wien 1964, 79–93.

Kardorff, Ursula von. Berliner Aufzeichnungen. Aus den Jahren 1942–1945. Berlin, Darmstadt, Wien 1965.

Kasack, Hermann (Hg.). Reden und kleinere Aufsätze von Oskar Loerke. Abhandlungen der Klasse Literatur 5 (1956). Hg. von der Akademie der Wissenschaften und Literatur.

– Oskar Loerke, in: ders. Mosaiksteine. Beiträge zu Literatur und Kunst. Frankfurt a.M. 1956, 134–161.

– Oskar Loerke. Charakterbild eines Dichters. Wiesbaden 1951.

– Tagebuchaufzeichnungen, in: Bernhard Zeller (Hg.). Oskar Loerke 1884–1964. Stuttgart 1964, 80–86.

Kaschnitz, Marie Luise. »Deutsche Erzähler«. Einleitung (1971), in: dies. Gesammelte Werke. Bd. 7. Hg. von Christian Büttrich und Norbert Miller. Frankfurt a.M. 1989, 922–929.

– Biographie Guido Kaschnitz-Weinberg (1965), in: dies. Gesammelte Werke. Bd. 6. Hg. von Christian Büttrich und Norbert Miller. Frankfurt a.M. 1987, 801–821.

– Das Tagebuch. Gedächtnis, Zuchtrute, Kunstform (1965), in: dies. Zwischen Immer und Nie. Gestalten und Themen der Dichtung. Frankfurt a.M. 1977, 246–263.

– Der erste Kontakt mit einem Verleger (1966), in: dies. Gesammelte Werke. Bd. 3. Hg. von Christian Büttrich und Norbert Miller. Frankfurt a.M. 1982, 734–735.

– Der Preis der Geborgenheit. Walter Benjamins »Berliner Kindheit« (1951), in: dies. Gesammelte Werke. Bd. 7. Hg. von Christian Büttrich und Norbert Miller. Frankfurt a.M. 1989, 584f.

– Die Schlafwandlerin (1952), in: dies. Gesammelte Werke. Bd. 4. Hg. von Christian Büttrich und Norbert Miller. Frankfurt a.M. 1983, 119–128.

– Die Wahrheit, nicht der Traum. Das Leben des Malers Courbet. (1950), in: dies. Gesammelte Werke. Bd. 6. Hg. von Christian Büttrich und Norbert Miller. Frankfurt a.M. 1987, 643–799.
– Engelsbrücke. Römische Betrachtungen (1955), in: dies. Gesammelte Werke. Bd. 2. Hg. von Christian Büttrich und Norbert Miller. Frankfurt a.M. 1981, 7–269.
– Fragebogen des Marcel Proust (1971/72), in: dies. Gesammelte Werke. Bd. 7. Hg. von Christian Büttrich und Norbert Miller. Frankfurt a.M. 1989, 944–945.
– Gesammelte Werke. Die Gedichte. Bd. 5. Hg. von Christian Büttrich und Norbert Miller. Frankfurt a.M. 1982.
– Haus der Kindheit (1956), in: dies. Gesammelte Werke. Bd. 2. Hg. von Christian Büttrich und Norbert Miller. Frankfurt a.M. 1981, 271–377.
– Menschen, Dinge 1945 (1946), in: dies. Gesammelte Werke. Bd. 7. Hg. von Christian Büttrich und Norbert Miller. Frankfurt a.M. 1989, 9–80.
– Nicht gesagt, in: Otto F. Best (Hg.). Hommage für Peter Huchel. München 1968, 38.
– Rennen und Trödeln (1965), in: dies. Gesammelte Werke. Bd. 3. Hg. von Christian Büttrich und Norbert Miller. Frankfurt a.M. 1982, 725–728.
– Rennen und Trödeln, in: Klaus Wagenbach Verlag (Hg.). Atlas. Zusammengestellt von deutschen Autoren. Berlin (West) 1965, 81–84.
– Rettung durch die Phantasie (1974), in: dies. Gesammelte Werke. Bd. 7. Hg. von Christian Büttrich und Norbert Miller. Frankfurt a.M. 1982, 993–1002.
– Tage, Tage, Jahre (1968), in: dies. Gesammelte Werke. Bd. 3. Hg. von Christian Büttrich und Norbert Miller. Frankfurt a.M. 1982, 7–338.
– Tagebücher 1936–1966. Bd. 1. Hg. von Christian Büttrich u.a. Frankfurt a.M., Leipzig 2000.
– Tagebücher 1936–1966. Bd. 2. Hg. von Christian Büttrich u.a. Frankfurt a.M., Leipzig 2000.
– Texte aus dem Nachlaß, in: dies. Gesammelte Werke. Bd. 3. Hg. von Christian Büttrich und Norbert Miller. Frankfurt a.M. 1982, 757–851.
– Vom Wortschatz der Poesie (1949), in: dies. Gesammelte Werke. Bd. 7. Hg. von Christian Büttrich und Norbert Miller. Frankfurt a.M. 1989, 536–542.
– Wohin denn ich. Aufzeichnungen. (1963), in: dies. Gesammelte Werke. Bd. 2. Hg. von Christian Büttrich und Norbert Miller. Frankfurt a.M. 1981, 379–556.
Kaufmann, Fritz. Die Bedeutung der künstlerischen Stimmung (1929), in: ders. Das Reich des Schönen. Bausteine zu einer Philosophie der Kunst. Stuttgart 1960, 96–125.
– Die Berufung des Künstlers, in: ders. Das Reich des Schönen. Bausteine zu einer Philosophie der Kunst. Stuttgart 1960, 325–337.
– Goethe, in: ders. Das Reich des Schönen. Bausteine zu einer Philosophie der Kunst. Stuttgart 1960, 220–228.
Kaus, Gina. An den Rand geschrieben (1926), in: Hildegard Kernmayer/Erhard Schütz (Hg.). Die Eleganz des Feuilletons. Literarische Kleinode. Berlin 2017, 10f.
Kelletat, Alfred. »Lila Luft«. Ein kleines Berolinense Paul Celans, in: Text + Kritik Nr. 53/54: Paul Celan (1977), 18–25.
Kerényi, Karl. Die Mythologie der Griechen. Bd. 2. Die Heroen-Geschichten. München 1997.
– Labyrinth-Studien. Labyrinthos als Linienreflex einer mythologischen Idee. Zürich 1950.
Kessel, Martin (unter dem Pseudonym Hans Brühl). Irrweg deutscher Geschichte. Frankfurt a.M. 1946.

Kessel, Martin. »Versuchen wir am Leben zu bleiben«. Briefe aus Berlin 1933–44. Mit einer Vorbemerkung von Till Greite, in: Sinn und Form 71 (2019), Nr. 6, 780–797.
– Als ich Herrn Brechers Fiasko schrieb, in: Dichten und Trachten VII (1956), 35–39.
– Aphorismen. Stuttgart, Hamburg, Baden-Baden 1948.
– Berliner Fragmente, in: ders. In Wirklichkeit aber. Satiren, Glossen, kleine Prosa. Berlin (West) 1955, 151–159.
– Berlinismen, in: Rolf Italiaander/Willy Haas (Hg.). Berliner Cocktail. Hamburg, Wien 1957, 494–496.
– Das andere Ich. Probleme der Selbstdarstellung, in: ders. Ehrfurcht und Gelächter. Literarische Essays. Mainz 1974, 283–299.
– Die epochale Substanz der Dichtung, in: ders. Ehrfurcht und Gelächter. Literarische Essays. Mainz 1974, 300–326.
– Die Schwester des Don Quijote. Braunschweig 1938.
– Erwachen und Wiedersehn Berlin 1940.
– Fragmente, in: Wolfgang Weyrauch (Hg.). Berlin-Buch. Berlin 1941, 48–56.
– Gegengabe. Aphoristisches Kompendium für hellere Köpfe. Darmstadt, Berlin-Spandau, Neuwied am Rhein 1960.
– Gogol und die Satire, in: ders. Romantische Liebhabereien. Sieben Essays nebst einem aphoristischen Anhang. Braunschweig 1938, 115–151.
– Herrn Brechers Fiasko. Frankfurt a.M. 2001 (1932).
– Im Liegestuhl nach einer Reise, in: ders. In Wirklichkeit aber. Satiren, Glossen, kleine Prosa. Berlin (West) 1955, 99–104.
– Ironien der Krise, in: ders. In Wirklichkeit aber. Satiren, Glossen, kleine Prosa. Berlin (West) 1955, 143–146.
– Ironische Miniaturen. Mainz 1970.
– Januskopf Berlin in: ders. In Wirklichkeit aber. Satiren, Glossen, kleine Prosa. Berlin (West) 1955, 147–150.
– Kopf und Herz. Sprüche im Widerstreit. Neuwied am Rhein, Berlin-Spandau 1963.
– Kritik an der Literatur, in: ders. Ehrfurcht und Gelächter. Literarische Essays. Mainz 1974, 273–277.
– Kritische Aphorismen, in: Alfred Döblin (Hg.). Minotaurus. Dichtung unter den Hufen von Staat und Industrie. Wiesbaden 1953, 294–301.
– Lydia Faude. Neuwied, Berlin 1965.
– Miniaturen, in: ders. Essays und Miniaturen. Stuttgart, Hamburg 1947, 274–302.
– Musisches Kriterium, in: Abhandlungen der Klasse Literatur. 1952, Nr. 3. Hg. von der Akademie der Wissenschaften und Literatur, 58–82.
– Nachfolgerschaften, in: ders. Romantische Liebhabereien. Sieben Essays nebst einem aphoristischen Anhang. Braunschweig 1938, 251f.
– Patenschaft der Vergangenheit, in: ders. Romantische Liebhabereien. Sieben Essays nebst einem aphoristischen Anhang. Braunschweig 1938, 195–223.
– Vom Geist der Satire, in: ders. Essays und Miniaturen. Stuttgart, Hamburg 1947, 133–159.
– Vorwort, in: ders. Ehrfurcht und Gelächter. Literarische Essays. Mainz 1974, 7f.
– Wann ich gelebt haben möchte, in: ders. In Wirklichkeit aber. Satiren, Glossen, kleine Prosa. Berlin (West) 1955, 9f.
– Wir falschen Fünfziger, in: ders. In Wirklichkeit aber. Satiren, Glossen, kleine Prosa. Berlin (West) 1955, 41–46.
– Wunschbild und Selbstlob (1957), in: Walther G. Oschilewski/Bodo Rollka. Berlin. Lob und Kritik. Berlin 1992, 105f.

Kessler, Harry Graf. Tagebücher 1918–1937. Hg. von Wolfgang Pfeiffer-Belli. Frankfurt a.M. 1979.

Kesten, Hermann. Dichter im Café. Wien, München, Basel 1959.

– Die Aufgaben der Literatur (1953), in: ders. Der Geist der Unruhe. Literarische Streifzüge. Köln, Berlin 1959, 163–190.

– Die gevierteilte Literatur (1952), in: ders. Der Geist der Unruhe. Literarische Streifzüge. Köln, Berlin 1959, 116–134.

– Die Toten sind unzufrieden (1972), in: ders. Ich bin der ich bin. München 1974, 50f.

– Wiedersehen mit Berlin, in: Günther Birkenfeld (Hg.). Heimat. Erinnerungen deutscher Autoren. Stuttgart, Zürich, Salzburg 1965, 124–135.

Kierkegaard, Sören. Begriff der Angst (1844), in: ders. Die Krankheit zum Tode / Furcht und Zittern / Die Wiederholung / Der Begriff der Angst. Hg. von Hermann Diem und Walter Rest. München 2007, 441–640.

– Die Tagebücher. Bd. 1. 1834–1848. Hg. von Theodor Haecker. Innsbruck 1923.

– Die Tagebücher. Bd. 2. 1849–1855. Hg. von Theodor Haecker. Innsbruck 1923.

– Die Wiederholung (1843), in: ders. Die Krankheit zum Tode / Furcht und Zittern / Die Wiederholung / Der Begriff der Angst. Hg. von Hermann Diem und Walter Rest. München 2007, 327–440.

– Tagebuch des Verführers. Frankfurt a.M. 1983.

Kimmich, Dorothee. Leeres Land. Niemandsländer in der Literatur. Konstanz 2021.

Kirsch, Sarah. Naturschutzgebiet, in: dies. Erdreich. Gedichte. Stuttgart 1982, 48.

– Zauberbild und Verkörperung. Zu Peter Huchels Gedicht »Hubertusweg«, in: Text + Kritik Nr. 157: Peter Huchel (2003), 5f.

Kittler, Friedrich. Unconditional Surrender, in: ders. Die Wahrheit der technischen Welt. Essays zur Genealogie der Gegenwart. Hg. von Hans Ulrich Gumbrecht. Berlin 2013, 253–271.

Klemperer, Victor. LTI. Notizbuch eines Philologen. Berlin 1949 (Ost).

– So sitze ich denn zwischen allen Stühlen. Tagebücher 1945–1949. Bd. I. Hg. von Walter Nowojski. Berlin 1999.

Klepper, Jochen. Unter dem Schatten deiner Flügel. Aus den Tagebüchern der Jahre 1932–1942. Stuttgart 1971.

Klibansky, Raymond/Erwin Panofsky/Fritz Saxl. Saturn und Melancholie. Studien zur Geschichte der Naturphilosophie und Medizin, der Religion und der Kunst. Frankfurt a.M. 1992 (1964).

Kliemann, Carl-Heinz. Stadtlandschaften. Ein Werkstattgespräch mit Bärbel Hedinger, in: ders. Werke und Dokumente. Hg. vom Archiv für Bildende Kunst im Germanischen Nationalmuseum Nürnberg. Nürnberg 1995, 47–62.

Klopstock, Friedrich Gottlieb. Von der Nachahmung des griechischen Silbenmasses im Deutschen (1756), in: ders. Werke in einem Band. Hg. von Karl August Schleiden. München 1954, 341–351.

Klotz, Volker. Erzählte Stadt. Ein Sujet als Herausforderung des Romans von Lesage bis Döblin. München 1969.

Klüger, Ruth. Die beiden Ichs in der Lyrik von Marie Luise Kaschnitz, in: Marbacher Magazin Nr. 95 (2001), 5–12.

Klünner, Lothar. Zwischen Nullpunkt und Währungsreform, in: Litfass. Berliner Zeitschrift für Literatur 12 (1988), Nr. 45, 123–131.

Kluge, Alexander. 30. April 1945. Der Tag, an dem Hitler sich erschoß und die Westbindung der Deutschen begann. Mit einem Gastbeitrag von Reinhard Jirgl. Berlin 2014.

Kluge, Alexander/Oskar Negt. Geschichte und Eigensinn. Frankfurt a.M. 1983.

Knopp, Werner. Woher, Berlin, wohin? Berlin (West) 1987.

Kobold, Oliver. »Keine schlechte Klausur«. Wolfgang Koeppens ›Treibhaus‹ und das Stuttgarter Bunkerhotel. Marbach 2008.

Köhn, Eckhardt. Straßenrausch. Flanerie und kleine Form. Versuch zur Literaturgeschichte des Flaneurs von 1830–1933. Berlin 1989.

Köhne, Julia Barbara. Gedächtnisverlust und Trauma, in: Lars Koch (Hg.). Angst. Ein interdisziplinäres Handbuch. Stuttgart, Weimar 2013, 157–165.

König, Eberhard/Christiane Schön (Hg). Stilleben. Berlin 1996.

Koenigswald, Harald von. Das verwandelte Antlitz. Berlin 1938.

Koeppen, Wolfgang. Advent, in: ders. Auf dem Phantasieroß. Prosa aus dem Nachlaß. Hg. von Alfred Estermann. Frankfurt a. M. 2005, 546–548.

– Amerikafahrt (1959), in: ders. Gesammelte Werke. Bd. 4. Hg. von Marcel Reich-Ranicki. Frankfurt a. M. 1990, 277–465.

– Andersch. Geschichten aus unserer Zeit (1959), in: ders. Gesammelte Werke. Bd. 6. Hg. von Marcel Reich-Ranicki. Frankfurt a. M. 1990, 381 f.

– Antwort auf eine Umfrage: Der Autor und sein Material. Zu Gottfried Benn: Kalt halten (1962), in: ders. Gesammelte Werke. Bd. 5. Hg. von Marcel Reich-Ranicki. Frankfurt a. M. 1990, 262–264.

– Auch die Kindheit war kein Paradies. Zu Marie Luise Kaschnitz' »Das Haus der Kindheit« (1957), in: ders. Gesammelte Werke. Bd. 6. Hg. von Marcel Reich-Ranicki. Frankfurt a. M. 1990, 315–317.

– Auf der Suche nach dem verlorenen Roman (1959), in: ders. Gesammelte Werke. Bd. 6. Hg. von Marcel Reich-Ranicki. Frankfurt a. M. 1990, 324–334.

– Berlin, in: ders. Auf dem Phantasieroß. Prosa aus dem Nachlaß. Hg. von Alfred Estermann. Frankfurt a. M. 2005, 656–657.

– Berlin – zwei Schritte abseits (1932), in: ders. Gesammelte Werke. Bd. 5. Hg. von Marcel Reich-Ranicki. Frankfurt a. M. 1990, 21–24.

– Chamisso oder Peter Schlemihl (1975), in: ders. Gesammelte Werke. Bd. 6. Hg. von Marcel Reich-Ranicki. Frankfurt a. M. 1990, 77–86.

– Das Buch ist die erste und die letzte Fassung. Gespräch mit Mechthild Curtius (1991), in: ders. Gesammelte Werke. Bd. 16. Hg. von Hans-Ulrich Treichel. Berlin 2018, 454–468.

– Das gute Recht, zu schweigen (1984). Im Gespräch mit Hans Langsteiner, in: ders. Gesammelte Werke. Bd. 16. Hg. von Hans-Ulrich Treichel. Berlin 2018, 261–266.

– Das Treibhaus (1953), in: ders. Gesammelte Werke. Bd. 2. Hg. von Marcel Reich-Ranicki. Frankfurt a. M. 1990, 221–390.

– Der geborene Leser, für den ich mich halte … (1975), in: ders. Gesammelte Werke. Bd. 5. Hg. von Marcel Reich-Ranicki. Frankfurt a. M. 1990, 322–329.

– Der stille Beobachter greift nicht mehr ein. Gespräch mit Hannes Hintermeier (1989), in: ders. Gesammelte Werke. Bd. 16. Hg. von Hans-Ulrich Treichel. Berlin 2018, 433–435.

– Der Tiergarten, in: ders. Auf dem Phantasieroß. Prosa aus dem Nachlaß. Hg. von Alfred Estermann. Frankfurt a. M. 2005, 549–552.

– Deutsche Expressionisten oder Der ungehorsame Mensch (1976), in: ders. Gesammelte Werke. Bd. 6. Hg. von Marcel Reich-Ranicki. Frankfurt a. M. 1990, 263–273.

– Die Mauer schwankt (1935), in: ders. Gesammelte Werke. Bd. 1. Hg. von Marcel Reich-Ranicki. Frankfurt a. M. 1990, 159–419.

– Dionysos. Gefangen unter der Friedrichstraße in tausend Fässern (1932), in: ders. Gesammelte Werke. Bd. 5. Hg. von Marcel Reich-Ranicki. Frankfurt a. M. 1990, 51–53.

- Ein Anfang ein Ende (1978), in: ders. Gesammelte Werke. Bd. 3. Hg. von Marcel Reich-Ranicki. Frankfurt a.M. 1990, 277–295.
- Ein Kaffeehaus (1965), in: ders. Gesammelte Werke. Bd. 3. Hg. von Marcel Reich-Ranicki. Frankfurt a.M. 1990, 165–168.
- Ein Kaffeehaus, in: Klaus Wagenbach Verlag (Hg.). Atlas. Zusammengestellt von deutschen Autoren. Berlin (West) 1965, 91–95.
- Eine genaue Idee vom letzten Satz. Gespräch mit Tanja von Oertzen (1991), in: ders. Gesammelte Werke. Bd. 16. Hg. von Hans-Ulrich Treichel. Berlin 2018, 478–480.
- Eine schöne Zeit der Not (1974), in: ders. Gesammelte Werke. Bd. 5. Hg. von Marcel Reich-Ranicki. Frankfurt a.M. 1990, 310–321.
- Eine unglückliche Liebe (1934), in: ders. Gesammelte Werke. Bd. 1. Hg. von Marcel Reich-Ranicki. Frankfurt a.M. 1990, 7–158.
- Erzähler der deutschen Tragödie. Gespräch mit Jacques Le Rider (1981), in: ders. Gesammelte Werke. Bd. 16. Hg. von Hans-Ulrich Treichel. Berlin 2018, 193–201.
- Es ist wichtig, einander zu kennen (1957), in: ders. Gesammelte Werke. Bd. 16. Hg. von Hans-Ulrich Treichel. Berlin 2018, 16–19.
- Es wird wieder sein. Frankfurter Allgemeine Zeitung Nr. 145, 26.6.1991, 33.
- Friedo Lampe und Felix Hartlaub (1957), in: ders. Gesammelte Werke. Bd. 6. Hg. von Marcel Reich-Ranicki. Frankfurt a.M. 1990, 318–323.
- Greifswald – ein bescheidener und kleinerer Fundort. Gespräch mit Gunnar Müller-Waldeck (1990), in: ders. Gesammelte Werke. Bd. 16. Hg. von Hans-Ulrich Treichel. Berlin 2018, 656–671.
- Grimmelshausen oder Gemein mit jedermanns Angst (1976), in: ders. Gesammelte Werke. Bd. 6, 63–70.
- Heine, ein Bekenntnis (1972), in: ders. Gesammelte Werke. Bd. 6. Hg. von Marcel Reich-Ranicki. Frankfurt a.M. 1990, 106–107.
- Hermann Kesten, der Freund (1975), in: ders. Gesammelte Werke. Bd. 6. Hg. von Marcel Reich-Ranicki. Frankfurt a.M. 1990, 404–409.
- Ich habe nichts gegen Babylon. Im Gespräch mit Jean-Paul Mauranges (1974), in: ders. Gesammelte Werke. Bd. 16. Hg. von Hans-Ulrich Treichel. Berlin 2018, 137–156.
- Ich riskiere den Wahnsinn. André Müller spricht mit dem Schriftsteller Wolfgang Koeppen (1991), in: ders. Gesammelte Werke. Bd. 16. Hg. von Hans-Ulrich Treichel. Berlin 2018, 469–477.
- Jakob Littners Aufzeichnungen aus einem Erdloch. Frankfurt a.M. 1992 (1948).
- Jugend (1976), in: ders. Gesammelte Werke. Bd. 3. Hg. von Marcel Reich-Ranicki. Frankfurt a.M. 1990, 7–100.
- Kleist oder Der mißverstandene Prinz von Homburg (1977), in: ders. Gesammelte Werke. Bd. 6. Frankfurt a.M. 1990, 71–76.
- Marcel Proust und die Summe der Sensibilität (1957), in: ders. Gesammelte Werke. Bd. 6. Hg. von Marcel Reich-Ranicki. Frankfurt a.M. 1990, 175–180.
- Max Liebermann, der märkische Jude (1961), in: ders. Gesammelte Werke. Bd. 6. Frankfurt a.M. 1990, 145–166.
- Mein Freund August Scholtis, in: August Scholtis. Jas der Flieger. Frankfurt a.M. 1987, 197–202.
- Mein Zuhause waren die großen Städte (1993), in: ders. Gesammelte Werke. Bd. 16. Hg. von Hans-Ulrich Treichel. Berlin 2018, 516–523.
- Morgenrot. Beginn einer Erzählung (1976), in: ders. Gesammelte Werke. Bd. 3. Hg. von Marcel Reich-Ranicki. Frankfurt a.M. 1990, 253–268.

– Nach der Heimat gefragt … (1972), in: ders. Gesammelte Werke. Bd. 5. Hg. von Marcel Reich-Ranicki. Frankfurt a. M. 1990, 302 f.
– nach potsdam, in: Otto F. Best (Hg.). Hommage für Peter Huchel. München 1968, 50–52.
– Nach Rußland und anderswohin. Empfindsame Reisen (1958), in: ders. Gesammelte Werke. Bd. 4. Hg. von Marcel Reich-Ranicki. Frankfurt a. M. 1990, 7–275.
– New York (1976), in: ders. Gesammelte Werke. Bd. 3. Hg. von Marcel Reich-Ranicki. Frankfurt a. M. 1990, 247–252.
– Ohne Absicht. Gespräch mit Marcel Reich-Ranicki (1994), in: ders. Gesammelte Werke. Bd. 16. Hg. von Hans-Ulrich Treichel. Berlin 2018, 524–641.
– Rede zur Verleihung des Georg-Büchner-Preises 1962 (1963), in: ders. Gesammelte Werke. Bd. 5. Hg. von Marcel Reich-Ranicki. Frankfurt a. M. 1990, 253–263.
– Reisen nach Frankreich (1961), in: ders. Gesammelte Werke. Bd. 4. Hg. von Marcel Reich-Ranicki. Frankfurt a. M. 1990, 467–658.
– Romanisches Café. Erzählende Prosa. Frankfurt a. M. 1972.
– Scheunenviertel, in: Wolfgang Weyrauch (Hg.). Alle diese Straßen. Geschichten und Berichte. München 1965, 17–19.
– Schreiben ist Sterbenlernen. Gespräch mit Tilman Urbach (1996), in: ders. Gesammelte Werke. Bd. 16. Hg. von Hans-Ulrich Treichel. Berlin 2018, 642–651.
– Sein Leben – lauter Wunder. Max Tau und das Land, das er verlassen mußte (1962), in: ders. Gesammelte Werke. Bd. 6. Hg. von Marcel Reich-Ranicki. Frankfurt a. M. 1990, 355–358.
– Sensation vor den Toren Berlins (1932), in: ders. Gesammelte Werke. Bd. 5. Hg. von Marcel Reich-Ranicki. Frankfurt a. M. 1990, 25–27.
– Tasso oder die Disproportion. Fragmente (1978), in: ders. Auf dem Phantasieroß. Prosa aus dem Nachlaß. Hg. von Alfred Estermann. Frankfurt a. M. 2005, 593–609.
– Trümmer oder wohin wandern wir aus (1948), in: ders. Gesammelte Werke. Bd. 3. Hg. von Marcel Reich-Ranicki. Frankfurt a. M. 1990, 217–223.
– Umwege zum Ziel. Eine autobiographische Skizze (1961), in: ders. Gesammelte Werke. Bd. 5. Hg. von Marcel Reich-Ranicki. Frankfurt a. M. 1990, 250–252.
– Unlauterer Geschäftsbericht (1965), in: ders. Gesammelte Werke. Bd. 5. Hg. von Marcel Reich-Ranicki. Frankfurt a. M. 1990, 265–278.
– Unsern Ausgang segne, Gott, unseren Eingang gleichermaßen. Aus einer Erzählung (1979), in: ders. Gesammelte Werke. Bd. 3. Hg. von Marcel Reich-Ranicki. Frankfurt a. M. 1990, 297–302.
– Unsern Ausgang segne, Gott, unseren Eingang gleichermaßen (1979), in: ders. Auf dem Phantasieroß. Prosa aus dem Nachlaß. Hg. von Alfred Estermann. Frankfurt a. M. 2005, 541–545.
– Vom Tisch (1972), in: ders. Gesammelte Werke. Bd. 5. Hg. von Marcel Reich-Ranicki. Frankfurt a. M. 1990, 283–301.
– Vom Tisch, in: Text + Kritik Nr. 34: Wolfgang Koeppen (1972), 1–13.
– Von der Lebensdauer des Zeitromans (1952). Gespräch mit Anne Andresen und Hans Georg Brenner, in: ders. Gesammelte Werke. Bd. 16. Hg. von Hans-Ulrich Treichel. Berlin 2018, 7–15.
– Werkstadtgespräch. Im Gespräch mit Horst Bienek (1962), in: ders. Gesammelte Werke. Bd. 16. Hg. von Hans-Ulrich Treichel. Berlin 2018, 20–31.
– Zeit des Steppenwolfs (1983). Im Gespräch mit Günter Jurczyk, in: ders. Gesammelte Werke. Bd. 16. Hg. von Hans-Ulrich Treichel. Berlin 2018, 250–260.

Koeppen, Wolfgang/Marion Koeppen. »trotz allem, so wie du bist«. Briefe. Hg. von Anja Ebner. Frankfurt a.M. 2008.

Koeppen, Wolfgang/Siegfried Unseld, »Ich bitte um ein Wort …« Der Briefwechsel. Hg. von Alfred Estermann und Wolfgang Schopf. Frankfurt a.M. 2006.

Kohut, Heinz. Die Heilung des Selbst. Frankfurt a.M. 1979.

Kolmar, Gertrud. Trauer (1933/34), in: dies. Das lyrische Werk. Gedichte 1927–1937. Bd. 2. Hg. von Regina Nörtemann. Göttingen 2010, 388–389.

Kommerell, Max. Das Problem der Aktualität in Hölderlins Dichtung (1941), in: ders. Dichterische Welterfahrung. Essays. Frankfurt a.M. 1952, 174–193.

– Die kürzesten Oden Hölderlins (1943/44), in: ders. Dichterische Welterfahrung. Essays. Frankfurt a.M. 1952, 194–204.

– Die Sprache und das Unaussprechliche. Eine Betrachtung von Heinrich von Kleist (1939), in: ders. Geist und Buchstabe der Dichtung. Frankfurt a.M. 1944, 243–317.

– Faust und die Sorge (1939), in: ders. Geist und Buchstabe der Dichtung. Tübingen 1944, 75–111.

– Gedanken über Gedichte. Frankfurt a.M. 1956 (1943).

Konersmann, Ralf. Erstarrte Unruhe. Walter Benjamins Begriff der Geschichte. Frankfurt a.M. 1991.

Knobloch, Heinz. Angehaltener Bahnhof. Fantasiestücke, Spaziergänge in Berlin. Berlin (West) 1984.

– Herr Moses in Berlin. Ein Menschenfreund in Preußen. Das Leben des Moses Mendelssohn. Berlin (West) 1982.

– Stadtmitte umsteigen. Berliner Phantasien. Berlin (Ost) 1982.

Knobloch, Heinz/Michael Richter/Thomas Wenzel. Geisterbahnhöfe. Westlinien unter Ostberlin. Berlin 2008.

Korn, Karl. Ein Patagonier in Berlin (1965), in: Marek Zybura (Hg.). Ein Patagonier in Berlin. Texte der deutschen Gombrowicz-Rezeption. Dresden 2018, 82–84.

– Satire und Elegie deutscher Provinzialität (1953), in: Ulrich Greiner (Hg.). Über Wolfgang Koeppen. Frankfurt a.M. 1976, 45–49.

Koselleck, Reinhart. ›Erfahrungsraum‹ und ›Erwartungshorizont‹ – zwei historische Kategorien (1975), in: ders. Vergangene Zukunft. Zur Semantik geschichtlicher Zeiten. Frankfurt a.M. 1989, 349–375.

– Erinnerungsschleusen und Erfahrungsschichten. Der Einfluß der beiden Weltkriege auf das soziale Bewußtsein (1992), in: ders. Zeitschichten. Studien zur Historik. Mit einem Beitrag von Hans-Georg Gadamer. Frankfurt a.M. 2000, 265–284.

– Historik und Hermeneutik (1987), in: ders. Zeitschichten. Studien zur Historik. Mit einem Beitrag von Hans-Georg Gadamer. Frankfurt a.M. 2000, 99–118.

– Zur politischen Ikonographie des gewaltsamen Todes. Ein deutsch-französischer Vergleich. Basel 1998.

Kracauer, Siegfried. Das Ornament der Masse. Essays. Mit einem Nachwort von Karsten Witte. Frankfurt a.M. 1977.

– Die Angestellten. Aus dem neuesten Deutschland. Mit einer Rezension von Walter Benjamin. Frankfurt a.M. 1980 (1929).

– Straße ohne Erinnerung (1932), in: ders. Straßen in Berlin und anderswo. Berlin (West) 1987, 18–22.

– Theorie des Films. Die Errettung der äußeren Wirklichkeit. Frankfurt a.M. 1975.

Krajewski, Markus. Bauformen des Gewissens. Über Fassaden deutscher Nachkriegsarchitektur. Mit Fotografien von Christian Werner. Stuttgart 2016.

Kreher, Wolfgang/Ulrike Vedder (Hg.). Von der Jägerstraße zum Gendarmenmarkt: eine Kulturgeschichte aus der Berliner Friedrichstadt. Berlin 2007.

Kreuder, Ernst. Besuch bei Gombrowicz (1964), in: Marek Zybura (Hg.). Ein Patagonier in Berlin. Texte der deutschen Gombrowicz-Rezeption. Dresden 2018, 233–236.

Kris, Ernst/Otto Kurz. Die Legende vom Künstler. Ein geschichtlicher Versuch. Frankfurt a. M. 1995 (1934).

Krosigk, Klaus von. Der Berliner Tiergarten. Berlin 2001.

Krüger, Horst. Das zerbrochene Haus. Eine Jugend in Deutschland. München 1994 (1966).

Kuhn, Helmut. Vorwort, in: ders. Schriften zur Ästhetik. München 1966, 11f.

Kundera, Ludwík. Fragmentarische Gespräche (1995), in: Peter Walther (Hg.). Peter Huchel. Leben und Werk in Texten und Bildern. Frankfurt a. M. 1996, 53–59.

Kunert, Günter. Besuche beim reichen B. B., in: Sinn und Form 73 (2021), Nr. 2, 149–155.

Kupffer, Hugo von. Reporterstreifzüge. Die ersten modernen Reportagen aus Berlin. Hg. von Fabian Mauch. Düsseldorf 2019.

Ladd, Brian. The Ghosts of Berlin: Confronting German History in the Urban Landscape. Chicago, London 2018.

Lampe, Friedo. Briefe und Zeugnisse. Bd. 1: Briefe. Hg. von Thomas Ehrsam. Göttingen 2018.

Lanzmann, Claude. Trou de mémoire, in: Les Temps Modernes Nr. 625 (November 2003), 3–16.

Larson, Erik. Tiergarten. In the Garden of Beasts. Ein amerikanischer Botschafter in Nazi-Deutschland. Hamburg 2013.

Lauterbach, Heinrich. Vorwort, in: Akademie der Künste (Hg.). Hans Scharoun. Ausstellung der Akademie der Künste vom 5. März–30. April 1967. 1967 Berlin (West), 5–20.

Lecoq, Benoît. Le café, in: Pierre Nora (Hg.). Les lieux de mémoire. Bd. 3. Paris 1997, 3771–3794.

Lessing, Hans-Ulrich. Melancholie, in: Joachim Ritter (Hg.). Historisches Wörterbuch der Philosophie. Bd. 5 L–Mn. Darmstadt 1980, 1038–1043.

Lethen, Helmut. Der Sound der Väter. Gottfried Benn und seine Zeit. Berlin 2006.

– Ein heimlicher Topos des 20. Jahrhunderts, in: Gustav Frank u.a. (Hg.). Modern Times? German Literature and Arts Beyond Political Chronologies. Kontinuitäten der Kultur 1925–1955. Bielefeld 2005, 213–219.

– Gelegentlich auf Wasser sehen. Benns Inseln, in: Zeitschrift für Ideengeschichte 2 (2008), Nr. 4, 45–53.

– Verhaltenslehren der Kälte. Lebensversuche zwischen den Kriegen. Frankfurt a. M. 1994.

Lévinas, Emmanuel. Jenseits des Seins oder anders als Sein geschieht. Freiburg, München 2011.

– Totalität und Unendlichkeit. Versuch über die Exteriorität. Freiburg, München 2014.

Lindau, Paul. Der Zug nach dem Westen. Berlin 1921 (1903).

Lindner, Burkhardt. Allegorie, in: Michael Opitz/Erdmut Wizisla (Hg.). Benjamins Begriffe. Bd. 1. Frankfurt a. M. 2000, 50–94.

Lizzani, Carlo. Im zerbombten Berlin. Mit Rossellini während Germania anno zero, in: Rainer Gansera (Hg.). Roberto Rossellini. München 1987, 7–12.

Loerke, Oskar. Anton Bruckner. Ein Charakterbild (1938), in: ders. Gedichte und Prosa. Bd. 2. Hg. von Peter Suhrkamp. Frankfurt a. M. 1958, 97–255.

- Besessene (1925), in: ders. Gedichte und Prosa. Bd. 2. Hg. von Peter Suhrkamp. Frankfurt a.M. 1958, 683–701.
- Bezwinger der Teufel (1936), in: ders. Literarische Aufsätze aus der »Neuen Rundschau« 1909–1941. Hg. von Reinhard Tgahrt. Heidelberg, Darmstadt 1967, 201–222.
- Das alte Wagnis des Gedichts (1928/35), in: ders. Gedichte und Prosa. Bd. 1. Hg. von Peter Suhrkamp. Frankfurt a.M. 1958, 692–712.
- Der Dichter vor den Erscheinungen (1937), in: ders. Literarische Aufsätze aus der »Neuen Rundschau« 1909–1941. Hg. von Reinhard Tgahrt. Heidelberg, Darmstadt 1967, 234–250.
- Die arme Öffentlichkeit des Dichters (1933), in: ders. Gedichte und Prosa. Bd. 1. Hg. von Peter Suhrkamp. Frankfurt a.M. 1958, 731–738.
- Einladung zu Jean Paul (1934), in: ders. Literarische Aufsätze aus der »Neuen Rundschau« 1909–1941. Hg. von Reinhard Tgahrt. Heidelberg, Darmstadt 1967, 179–195.
- Einleitung, in: ders. (Hg.). Deutscher Geist. Ein Lesebuch aus zwei Jahrhunderten. Bd. 1. Berlin 1940, 7–14.
- Freude am lyrischen Worte (1941), in: ders. Literarische Aufsätze aus der »Neuen Rundschau« 1909–1941. Hg. von Reinhard Tgahrt. Heidelberg, Darmstadt 1967, 259–264.
- Gedenkworte für S. Fischer (1934), in: Hermann Kasack (Hg.). Reden und kleinere Aufsätze von Oskar Loerke. Abhandlungen der Klasse Literatur 5 (1956). Hg. von der Akademie der Wissenschaften und Literatur, 68–71.
- Gedichte aus dem Nachlaß, in: Das goldene Tor 2 (1947), Nr. 2, 734–739.
- Gedichte und Prosa. Bd. 1. Hg. von Peter Suhrkamp. Frankfurt a.M. 1958.
- Geleitwort zum Steinpfad (1938), in: ders. Gedichte und Prosa. Bd. 1. Hg. von Peter Suhrkamp. Frankfurt a.M., 687–691.
- Gottfried Benn. Spaltung (1925), in: ders. Der Bücherkarren. Besprechungen aus dem Berliner Börsen-Courier 1920–1928. Hg. von Hermann Kasack. Heidelberg, Darmstadt 1965, 323f.
- Johann Sebastian Bach. Zwei Aufsätze (1935), in: ders. Gedichte und Prosa. Bd. 2. Hg. von Peter Suhrkamp. Frankfurt a.M. 1958, 7–95.
- Martin Kessel, ein Dichter Berlins (1927), in: ders. Der Bücherkarren. Besprechungen aus dem Berliner Börsen-Courier 1920–1928. Hg. von Hermann Kasack. Heidelberg, Darmstadt 1965, 380f.
- Tagebücher 1903–1939. Hg. von Hermann Kasack. Frankfurt a.M. 1986.
- Thomas Manns Buch von den Meistern (1935), in: ders. Literarische Aufsätze aus der »Neuen Rundschau« 1909–1941. Hg. von Reinhard Tgahrt. Heidelberg, Darmstadt 1967, 195–201.
- Tischrede auf S. Fischer (1926), in: Hermann Kasack (Hg.). Reden und kleinere Aufsätze von Oskar Loerke. Abhandlungen der Klasse Literatur 5 (1956). Hg. von Akademie der Wissenschaften und Literatur, 34–36.
- Vermächtnis, in: Sinn und Form 1 (1949), Nr. 1, 51.
- Vielerlei Zungen (1918), in: ders. Literarische Aufsätze aus der »Neuen Rundschau« 1909–1941. Hg. von Reinhard Tgahrt. Heidelberg, Darmstadt 1967, 101–115.
- Vorläufiges zum Thema Marcel Proust (1926), in: ders. Der Bücherkarren. Besprechungen aus dem Berliner Börsen-Courier 1920–1928. Hg. von Hermann Kasack. Heidelberg, Darmstadt 1965, 377–380.
- Was sich nicht ändert. Gedanken und Bemerkungen zu Literatur und Leben. Hg. von Reinhard Tgahrt. Stuttgart 1996.

- Willy Haas. Das Spiel mit dem Feuer (1923), in: ders. Der Bücherkarren. Besprechungen aus dem Berliner Börsen-Courier 1920–1928. Hg. von Hermann Kasack. Heidelberg, Darmstadt 1965, 250f.
- Zeitgenossen aus vielen Zeiten. Berlin 1925.

Lomiento, Liana. Hiat, in: Gert Ueding (Hg.). Historisches Wörterbuch der Rhetorik. Bd. 3. Tübingen 1996, 1395–1399.

Lübbe, Hermann. Im Zug der Zeit. Verkürzter Aufenthalt in der Gegenwart. Berlin 1992.

Luft, Friedrich. Alfred Polgar, in: Alfred Polgar. Im Vorüberfahren. Frankfurt a.M. 1960, 275–281.
- Berlin, Uhlandstraße (1963), in: ders. Über die Berliner Luft. Feuilletons. Versammelt und mit einem Nachwort versehen von Wilfried F. Schoeller. Berlin 2018, 351–353.
- Das Leben unter der Kapsel (1961), in: ders. Über die Berliner Luft. Feuilletons. Versammelt und mit einem Nachwort versehen von Wilfried F. Schoeller. Berlin 2018, 387–400.
- Die Stimme der Kritik. Gespräch mit Hans-Christoph Knesebusch in der Reihe »Zeugen des Jahrhunderts«. Hg. von Ingo Hermann. Göttingen 1991.
- Hier geht Kafka (1980), in: ders. Über die Berliner Luft. Feuilletons. Versammelt und mit einem Nachwort versehen von Wilfried F. Schoeller. Berlin 2018, 400–404.
- Tiergarten 1950, in: Die Neue Zeitung 30.4.1950, 9.
- Über den Umgang mit Berlinern, in: Erich Stückrath (Hg.). Berliner Guckkasten. Berlin (West) 1955, 6–11.
- Wachsamkeit und Schweigen (1962), in: ders. Über die Berliner Luft. Feuilletons. Versammelt und mit einem Nachwort versehen von Wilfried F. Schoeller. Berlin 2018, 404–408.

Lukács, Georg. Der russische Realismus in der Weltliteratur. Berlin (Ost) 1949.

Lüpke, Johannes von. Zeuge; Zeugnis, in: Joachim Ritter (Hg.). Historisches Wörterbuch der Philosophie. Bd. 12 W–Z. Darmstadt 2004, 1324–1330.

Lütgens, Annelie. Jeanne Mammen – Tür zum Nichts, in: Eckhart Gillen/Diether Schmidt (Hg.). Zone 5. Kunst in der Viersektorenstadt 1945–1951. Berlin 1989, 73–76.

Lützeler, Heinrich. Vom Sinn der Bauformen. Der Weg der abendländischen Architektur. Freiburg 1953.

Mackowsky, Hans. Alt-Berlin und Potsdam. Sechs Vorträge. Berlin 1929.

Maier, Helmut. Berlin Anhalter Bahnhof. Berlin (West) 1984.

Mammen, Jeanne. Rimbaud-Übertragungen. Illuminationen und Fragmente. Hg. von Michael Glasmeier und Annelie Lütgens. Hamburg 2017.

Mann, Golo. Briefe 1932–1992. Hg. von Tilmann Lahme und Kathrin Lüssi. Göttingen 2006.
- Des Teufels Architekt. Albert Speers »Erinnerungen«, in: ders. Wissen und Trauer. Historische Portraits und Skizzen. Leipzig 1995, 187–198.

Marquard, Odo. Aesthetica und Anaesthetica. Auch als Einleitung, in: ders. Aesthetica und Anaesthetica. Philosophische Überlegungen. München 2003, 11–20.
- »Ich bin ein Weigerungsverweigerer«. Ein Gespräch mit Odo Marquard. Die Fragen stellte Jens Hacke (2003), in: ders. Skepsis in der Moderne. Philosophische Studien. Stuttgart 2007, 13–22.
- Kunst als Antifiktion, in: ders. Aesthetica und Anaesthetica. Philosophische Überlegungen. München 2003, 82–99.

Matala de Mazza, Ethel. Der populäre Pakt. Verhandlungen der Moderne zwischen Operette und Feuilleton. Frankfurt a.M. 2018.

Matt, Peter von. Die Opus-Phantasie. Das phantasierte Werk als Metaphantasie im kreativen Prozeß, in: ders. Das Schicksal der Phantasie. Studien zur deutschen Literatur. München, Wien 1994, 43–60.

Mattenklott, Gert/Gundel Mattenklott. Berlin Transit. Eine Stadt als Station. Mit Fotografien von J.F. Melzian. Reinbek bei Hamburg 1987.

Mayer, Hans. Anmerkungen zu Gedichten von Michael Hamburger, in: Michael Hamburger. Gedichte. Englisch und Deutsch. Mit einem Nachwort von Hans Mayer. Berlin (West) 1976, 88–90.

Meckel, Christoph. Erinnerung an Johannes Bobrowski. Düsseldorf 1978.

– Hier wird Gold gewaschen. Erinnerung an Peter Huchel. Lengwil 2009.

Menninghaus, Winfried. Hälfte des Lebens. Versuch über Hölderlins Poetik. Frankfurt a.M. 2005.

– Schwellenkunde. Walter Benjamins Passage des Mythos. Frankfurt a.M. 1986.

Menzel, Wolfgang. Huchel und Joachim auf dem Sulzburger Friedhof. Marbach 2016.

Merleau-Ponty, Maurice. Sichtbares und Unsichtbares. Hg. von Claude Lefort. München 1984.

Meyer, Jochen. Berlin Provinz. Literarische Kontroversen um 1930. Marbacher Magazin 35 (1985).

– Nachwort, in: Johannes Bobrowski. Briefe 1937–1965. Bd. 4. Hg. von Jochen Meyer. Göttingen 2017, 663–686.

Miller, Norbert. Archäologie des Traums. Versuch über Giovanni Battista Piranesi. München 1978.

Miłosz, Czesław. Das Zeugnis der Poesie. München 1984.

– Verführtes Denken. Mit einem Vorwort von Karl Jaspers. Frankfurt a.M. 1980.

– Wer ist Gombrowicz?, in: Schreibheft. Zeitschrift für Literatur Nr. 33 (1989), 65–72.

Minder, Robert. Allemagnes et Allemands. Paris 1948.

– Das Bild des Pfarrhauses in der deutschen Literatur von Jean Paul bis Gottfried Benn, in: ders. Kultur und Literatur in Deutschland und Frankreich. Fünf Essays. Frankfurt a.M. 1977, 46–75.

– Döblin zwischen Osten und Westen, in: ders. Dichter in der Gesellschaft. Erfahrungen mit deutscher und französischer Literatur. Frankfurt a.M. 1983, 175–213.

– Huit Portraits d'Allemands, in: Allemagne d'aujourd'hui 1 (1956), Nr. 3, 114–120.

– Littérature, arts et pensée dans le deux Allemagnes, in: Allemagne d'aujourd'hui 1 (1956), Nr. 5, 32–65.

– Paris in der französischen Literatur (1760–1960), in: ders. Dichter in der Gesellschaft. Erfahrungen mit deutscher und französischer Literatur. Frankfurt a.M. 1983, 319–374.

– Warum Dichterakademien?, in: ders. Dichter in der Gesellschaft. Erfahrungen mit deutscher und französischer Literatur. Frankfurt a.M. 1983, 18–46.

– Wie wird man Literaturhistoriker und wozu? (1968), in: ders. Wozu Literatur? Reden und Essays. Frankfurt a.M. 1971, 31–53.

Mitscherlich, Alexander/Margarete Mitscherlich. Die Unfähigkeit zu trauern. Grundlagen des kollektiven Verhaltens. München 1987 (1967).

Montaigne, Michel de. Essais. Erste moderne Gesamtübersetzung von Hans Stilett. Berlin 2016.

Mosse, George. Confronting History. A Memoir. Madison 2000.

Mülhaupt, Freya. Carl-Heinz Kliemann: Erfahrene Landschaft, in: Berlinische Galerie e.V. (Hg.). Carl-Heinz Kliemann. Arbeiten auf Papier. Berlin 1994, 7–11.

Müller, Eduard R. Architektur und Kunst im lyrischen Werk Johannes Bobrowskis. Potsdam 2019.

Müller, Heiner. Krieg ohne Schlacht. Leben in zwei Diktaturen. Köln 1992.

Muschg, Walter. Abtransport der Sphinxe (1961), in: ders. Die Zerstörung der deutschen Literatur und andere Essays. Hg. von Julian Schütt und Winfried Stephan. Zürich 2009, 921–928.

– Der Dichter im zwanzigsten Jahrhundert (1950), in: ders. Pamphlet und Bekenntnis. Ausgewählt und hg. von Peter André Bloch. Olten 1968, 273–292.

– Der Lyriker Oskar Loerke (1957), in: ders. Pamphlet und Bekenntnis. Ausgewählt und hg. von Peter André Bloch. Olten 1968, 299–306.

– Der Ptolemäer. Abschied von Gottfried Benn (1960), in: ders. Die Zerstörung der deutschen Literatur und andere Essays. Hg. von Julian Schütt und Winfried Stephan. Zürich 2009, 157–178.

– Dichterische Phantasie. Einführung in eine Poetik. Bern, München 1969.

– Die Traditionslosigkeit der deutschen Literatur (1965), in: ders. Pamphlet und Bekenntnis. Ausgewählt und hg. von Peter André Bloch. Olten 1968, 377–383.

– Die Zerstörung der deutschen Literatur (1956), in: ders. Die Zerstörung der deutschen Literatur und andere Essays. Hg. von Julian Schütt u.a. Zürich 2009, 9–52.

– Ein Augenzeuge. Oskar Loerkes Tagebücher (1960), in: ders. Die Zerstörung der deutschen Literatur und andere Essays. Hg. von Julian Schütt und Winfried Stephan. Zürich 2009, 53–75.

– Eine Sehenswürdigkeit für reisende Kuriositätensammler? (1948), in: Ulrich Conrads/ Peter Neitzke (Hg). Die Städte himmeloffen. Reden und Reflexionen über den Wiederaufbau des Untergegangenen und die Wiederkehr des Neuen Bauens 1948/49. Basel 2003, 164f.

– Goethes Glaube an das Dämonische (1958), in: ders. Die Zerstörung der deutschen Literatur und andere Essays. Hg. von Julian Schütt und Winfried Stephan. Zürich 2009, 254–284.

– Tragische Literaturgeschichte. Mit einem Nachwort von Urs Widmer und einer Vorbemerkung von Walter Muschg. Zürich 2006 (1948).

Musil, Robert. Der Mann ohne Eigenschaften II. Aus dem Nachlaß. Hg. von Adolf Frisé. Reinbek bei Hamburg 2002.

– Vortrag in Paris (1936), in: ders. Gesammelte Werke II. Hg. von Adolf Frisé. Reinbek bei Hamburg 1983, 1259–1269.

Nabokov, Vladimir. Erinnerung, sprich. Wiedersehen mit einer Autobiographie. Gesammelte Werke. Bd. XXII. Hg. von Dieter E. Zimmer. Reinbek bei Hamburg 2009 (1966).

Nacken, Angela. Anhalter Bahnhof, 1959, in: Johann Jakob Hässlin (Hg.). Berlin. München 1971, 318.

Neudecker, Richard. Die Pyramide des Cestius, in: Luca Giuliani (Hg.). Meisterwerke der antiken Kunst. München 2005, 95–113.

Nicolas, Ilse. Berlin zwischen gestern und heute. Berlin (West) 1976.

Nietzsche, Friedrich. Also sprach Zarathustra (1883/85). Kritische Studienausgabe 4. Hg. von Giorgio Colli und Mazzino Montinari. München 1999.

– Die fröhliche Wissenschaft (1882), in: ders. Kritische Studienausgabe. Bd. 3. Hg. von Giorgio Colli und Mazzino Montinari. München 2003, 343–651.

– Die Geburt des tragischen Gedanken (1870), in: ders. Kritische Studienausgabe. Bd. 1. Hg. von Giorgio Colli und Mazzino Montinari. München 2012, 581–599.

- Jenseits von Gut und Böse. (1886), in: ders. Kritische Studienausgabe. Bd. 5. Hg. von Giorgio Colli und Mazzino Montinari. München 2007, 9–243.
- Menschliches, Allzumenschliches (1878). Kritische Studienausgabe. Bd. 2. Hg. von Giorgio Colli und Mazzino Montinari. München 2005.
- Morgenröte. Gedanken über die moralischen Vorurteile (1881), in: ders. Kritische Studienausgabe. Bd. 3. Hg. von Giorgio Colli und Mazzino Montinari. München 2003, 9–331.
- Ueber Wahrheit und Lüge im aussermoralischen Sinne (1873), in: ders. Kritische Studienausgabe. Bd. 1. Hg. von Giorgio Colli und Mazzino Montinari. München 2012, 873–890.
- Unzeitgemäße Betrachtungen I (1873), in: ders. Kritische Studienausgabe. Bd. 1. Hg. von Giorgio Colli und Mazzino Montinari. München 2012, 157–242.
- Unzeitgemässe Betrachtungen II (1874), in: ders. Kritische Studienausgabe. Bd. 1. Hg. von Giorgio Colli und Mazzino Montinari. München 2012, 243–334.
- Zur Genealogie der Moral (1887), in: ders. Kritische Studienausgabe. Bd. 5. Hg. von Giorgio Colli und Mazzino Montinari. München 1999, 245–421.
Nijssen, Hub. »Suchen mit zitterndem Mund«. Die nicht geführten Gespräche der Dichter Bobrowski – Huchel – Celan, in: Dietmar Albrecht u.a. (Hg). Unverschmerzt. Johannes Bobrowski – Leben und Werk. München 2004, 123–139.
- Der heimliche König. Leben und Werk von Peter Huchel. Würzburg 1998.
Novalis. Vorarbeiten 1798, in: ders. Das philosophisch-theoretische Werk. Bd. 2. Hg. von Hans-Joachim Mähl. Frankfurt a.M. 2005, 310–384.
Osborn, Max. Berlin. Leipzig 1926.
- Berlins Aufstieg zur Weltstadt. Ein Gedenkbuch. Berlin 1929.
- Der bunte Spiegel. Erinnerungen 1890 bis 1933. Hg. von Thomas B. Schumann. Hürth bei Köln 2013 (1945).
Otto, M.A.C. Der Ort. Phänomenologische Variationen. Freiburg, München 1992.
Palmier, Jean-Michel. Berliner requiem. Paris 1976.
- Walter Benjamin. Le chiffonier, l'ange et le petit bossu. Esthétique et politique chez Walter Benjamin. Paris 2006.
Paul, Wolfgang. Ein deutscher Montaigne. Zu Martin Kessel, »Ironische Miniaturen«, in: Der Literat. Fachzeitschrift für Literatur und Kunst 12 (1970), 138.
Peters, Hans. Zentralisation und Dezentralisation. Berlin 1928.
Pieper, Jan. Das Labyrinthische. Über die Idee des Verborgenen, Rätselhaften, Schwierigen in der Architektur. Basel 2009.
- Ort – Erinnerung – Architektur, in: Kunstform 1/1984, Bd. 69, 27.
Pitz, Helge u.a. Berlin-W. Geschichte und Schicksal einer Stadtmitte. Bd. 2. Berlin (West) 1984.
Platon. Phaidros. Übersetzt, mit Anmerkungen versehen und hg. von Thomas Paulsen und Rudolf Rehn. Hamburg 2019.
Plessner, Helmuth. Die Legende von den zwanziger Jahren (1961), in: ders. Gesammelte Schriften VI. Hg. von Günter Dux u.a., Frankfurt a.M. 2015, 261–279.
- Die Verführbarkeit des bürgerlichen Geistes (1935/1959), in: ders. Gesammelte Schriften. Bd. VI. Hg. von Günter Dux u.a. Frankfurt a.M. 1982, 7–224.
- Lächeln (1950), in: ders. Gesammelte Schriften. Bd. VII. Hg. von Günter Dux u.a. Frankfurt a.M. 2003, 419–434.
- Mit anderen Augen (1953), in: ders. Gesammelte Schriften. Bd. VIII. Hg. von Günter Dux u.a. Frankfurt a.M. 2003, 88–104.

- Philosophische Anthropologie. Göttinger Vorlesung vom Sommer 1961. Hg. von Julia Gruevska u.a. Berlin 2019.
- Soziale Rolle und menschliche Natur (1960), in: ders. Gesammelte Schriften. Bd. X. Hg. von Günter Dux u.a. Frankfurt a.M. 2016, 227–240.
Polgar, Alfred. Anmerkungen zu Nebenmenschen und Nebensachen, in: ders. Begegnung im Zwielicht. Berlin (West) 1951, 225–245.
- Anständigkeit, in: ders. Begegnung im Zwielicht. Berlin (West) 1951, 227–228.
- Die kleine Form (quasi ein Vorwort) (1926), in: ders. Kleine Schriften. Bd. 3. Hg. von Marcel Reich-Ranicki. Reinbek bei Hamburg 1984, 369–373.
- Großstadtzauber (1953), in: ders. Kleine Schriften. Bd. 3. Hg. von Marcel Reich-Ranicki. Reinbek bei Hamburg 1984, 335–339.
- Lastträger (1943), in: ders. Anderseits. Erzählungen und Erwägungen. Amsterdam 1948, 9–13.
- Wiedersehen mit Berlin (1951), in: ders. Kleine Schriften. Bd. 1. Hg. von Marcel Reich-Ranicki. Reinbek bei Hamburg 1982, 466–470.
Porath, Erik. Die stete Jagd nach der Wiederholung: Sören Kierkegaard, Jägerstraße 57, in: Wolfgang Kreher/Ulrike Vedder (Hg.). Von der Jägerstraße zum Gendarmenmarkt: eine Kulturgeschichte aus der Berliner Friedrichstraße. Berlin 2007, 117–122.
Posener, Julius. Eine »Stadt« (in Anführungszeichen): West-Berlin, in: Kristin Feireiss (Hg.). Berlin – ein Denkmal oder Denkmodell? Architektonische Entwürfe für den Aufbruch in das 21. Jahrhundert. Berlin (West) 1988, 10–14.
- Geschichte im Stadtbild. Berlin (West) 1963.
- Raum (1976), in: ders. Aufsätze und Vorträge 1931–1980. Braunschweig, Wiesbaden 1981, 331–336.
Rabinbach, Anson. Begriffe aus dem Kalten Krieg. Totalitarismus, Antifaschismus, Genozid. Göttingen 2009.
- Restoring the German Spirit. Humanism and Guilt in Post-War Germany, in: Jan-Werner Müller (Hg.). German Ideologies since 1945. Studies in the Political Thought and Culture of the Bonn Republic. New York, Hampshire 2003, 24–39.
Raddatz, Fritz J. Adorno des Ostens. Ein Gespräch mit Fritz J. Raddatz, in: Zeitschrift für Ideengeschichte 8 (2014), Nr. 4, 27–42.
Rank, Otto. Der Doppelgänger. Eine psychoanalytische Studie. Bremen 2013 (1925).
Redslob, Edwin. Um die Freiheit der Kunst (1945), in: ders. Bekenntnis zu Berlin. Reden und Aufsätze. Berlin (West) 1964, 32–35.
Rehm, Walter. Orpheus. Der Dichter und die Toten. Düsseldorf 1950.
Reich-Ranicki, Marcel. Der Zeuge Koeppen (1963), in: Ulrich Greiner (Hg.). Über Wolfgang Koeppen. Frankfurt a.M. 1976, 133–150.
Reinhardt, Karl. Die Abenteuer der Odyssee (1942), in: ders. Von Werken und Formen. Vorträge und Aufsätze. Godesberg 1948, 52–162.
Remarque, Erich Maria. Das Auge ist ein starker Verführer (1958), in: ders. Das unbekannte Werk. Bd. 4. Hg. von Thomas F. Schneider und Tilman Westphalen. Köln 1998, 410–414.
- Der letzte Akt. Drehbuch (1955), in: ders. Das unbekannte Werk. Bd. 3. Hg. von Thomas F. Schneider und Tilman Westphalen. Köln 1998, 13–151.
- Seid wachsam! Zum Film »Der letzte Akt« (1956), in: ders. Das unbekannte Werk. Bd. 4. Hg. von Thomas F. Schneider und Tilman Westphalen. Köln 1998, 404–409.
- Tagebücher 1935–1955, in: ders. Das unbekannte Werk. Bd. 5. Hg. von Thomas F. Schneider. Köln 1998, 260–502.

Rheinsberg, Raffael. Botschaften. Archäologie eines Krieges. Berlin (West) 1982.

Ricœur, Paul. Ethik und Moral (1990), in: ders. Vom Text zur Person. Hermeneutische Aufsätze (1970–1990). Hg. von Peter Welsen. Hamburg 2005, 251–267.

– Gedächtnis, Geschichte, Vergessen. München 2004.

– L'herméneutique du témoignage (1972), in: ders. Lectures 3. Aux frontières de la philosophie. Paris 2006, 107–139.

– Rätsel der Vergangenheit. Erinnern – Vergessen – Verzeihen. Göttingen 2002.

– Zeit und Erzählung. Bd. 1. Zeit und historische Erzählung. München 2007.

– Zeit und Erzählung. Bd. 3. Die erzählte Zeit. München 2007.

Rimbaud, Arthur. Sämtliche Dichtungen. Zweisprachige Ausgabe. München 2010.

Ritter, Joachim. Über das Lachen (1940), in: ders. Subjektivität. Sechs Aufsätze. Frankfurt a. M., 62–93.

Römer, Inga. Spatium – Topos – Atopos. Zur Phänomenologie des Raumes, in: David Espinet u. a. (Hg.). Raum erfahren. Epistemologische, ethische und ästhetische Zugänge. Tübingen 2017, 169–186.

Roscher, Wilhelm Heinrich. Ausführliches Lexikon der Griechischen und Römischen Mythologie. Bd. 1, erste Abteilung. Leipzig 1884–1886.

Rossi, Aldo. Die Architektur der Stadt. Skizzen zu einer grundlegenden Theorie des Urbanen. Basel 2015 (1966).

Rossow, Walter. Trümmerberg am Teufelssee (1952), in: ders. Die Landschaft muß das Gesetz werden. Hg. von Monika Daldrop-Weidmann. Stuttgart 1991, 22 f.

Rostin, Gerhard (Hg.). Ahornallee 26 oder Epitaph für Johannes Bobrowski. Stuttgart 1978.

Rousso, Henry. La hantise du passé. Paris 1998.

Rüdiger, Horst. Scham vor der missbrauchten Sprache. Zum Tode Richard Alewyns, in: Jahrbuch der Deutschen Akademie für Sprache und Dichtung 1 (1979), 110–112.

– Wespennest im Treibhaus (1953), in: Ulrich Greiner (Hg.). Über Wolfgang Koeppen. Frankfurt a. M. 1976, 54–59.

Sachs, Nelly. Briefe aus der Nacht (1950–1953), in: dies. Werke. Bd. 4. Hg. von Aris Fioretos. Berlin 2010, 37–59.

– Briefe der Nelly Sachs. Hg. von Ruth Dinesen und Helmut Müssener. Frankfurt a. M. 1985.

– Eisgrab oder wo Schweigen spricht (1960er Jahre) in: dies. Werke. Bd. 3. Hg. von Aris Fioretos. Berlin 2010, 475–479.

– Kurzer Lebenslauf während der Zeit der nationalsozialistischen Verfolgung (1952), in: dies. Werke. Bd. 4. Hg. von Aris Fioretos. Berlin 2010, 30.

– Leben unter Bedrohung (1956), in: dies. Werke. Bd. 4. Hg. von Aris Fioretos. Berlin 2010, 12–15.

– Viermal Galaswinte (1962), in: dies. Werke. Bd. 3. Hg. von Aris Fioretos. Berlin 2010, 259–264.

– Werke. Bd. 2. Gedichte 1951–1970. Hg. von Ariane Huml und Matthias Weichelt. Berlin 2010.

Sahl, Hans. Die Wenigen und die Vielen. Roman einer Zeit. München 1994 (1959).

– Wiedersehen mit Berlin, in: ders. Die Gedichte. Hg. von Nils Kern und Klaus Siblewski. München 2009, 61.

Salin, Edgar. Urbanität, in: Vorträge, Aussprachen und Ergebnisse der 11. Hauptversammlung des Deutschen Städtetages. Köln 1960, 9–34.

Sametzki-Kraus, Julia. Die Krypta, in: Ernst Seidl (Hg.). Lexikon der Bauformen. Funktionen und Formen der Architektur. Stuttgart 2012, 311 f.

Schäche, Wolfgang. Fremde Botschaften. 2 Bde. Berlin (West) 1984.

Schadewaldt, Wolfgang. Lob Berlins, in: ders. Hellas und Hesperiden. Gesammelte Schriften zur Antike und zur neueren Literatur. Bd. II. Zürich, Stuttgart 1970, 787–808.

– Sophokles und das Leiden. Potsdam 1947.

– Sternsagen. Frankfurt a. M. 1980.

Schäfer, Burkhard. Unberühmter Ort. Die Ruderalfläche im Magischen Realismus und in der Trümmerliteratur. Frankfurt a. M. 2001.

Schamberger-Lang, Regina. Passage, in: Ernst Seidl (Hg.). Lexikon der Bauformen. Funktionen und Formen der Architektur. Stuttgart 2012, 402 f.

Schapp, Wilhelm. Auf dem Weg einer Philosophie der Geschichten. Bd. 1. Hg. von Karen Joisten u. a. Freiburg, München 2016.

– In Geschichten verstrickt. Zum Sein von Mensch und Ding. Frankfurt a. M. 2012.

Scheffler, Karl. Die fetten und die mageren Jahre. Ein Arbeits- und Lebensbericht. Leipzig, München 1946.

Scheler, Max. Der Formalismus in der Ethik und die materiale Wertethik. Gesammelte Werke. Bd. 2. Hg. von Maria Scheler. Bern, München 1966.

– Der Mensch im Weltalter des Ausgleichs (1928), in: ders. Gesammelte Werke. Bd. 9. Hg. von Manfred S. Frings. Bern, München 1976, 145–170.

– Die Wissensformen und die Gesellschaft. Gesammelte Werke. Bd. 8. Hg. von Maria Scheler. Berlin 1960.

– Reue und Wiedergeburt (1917), in: ders. Gesammelte Werke. Bd. 5. Hg. von Manfred S. Frings. Bern, München 1968, 29–59.

– Über Scham und Schamgefühl (1913), in: ders. Schriften aus dem Nachlass. Bd. I. Zur Ethik und Erkenntnislehre. Bern, München 1957, S. 65–154.

– Vom Sinn des Leides (1916), ders. Gesammelte Werke. Bd. 6. Hg. von Maria Scheler. Bern, München 1963, 36–72.

– Wesen und Formen der Sympathie. Bonn 1923.

– Zum Phänomen des Tragischen, in: ders. Vom Umsturz der Werte. Bd. 1. Leipzig 1919, 237–270.

– Zur Rehabilitierung der Tugend, in: ders. Vom Umsturz der Werte. Bd. 1. Leipzig 1919, 13–42.

Schiller, Friedrich. Über naive und sentimentalische Dichtung (1795), in: ders. Theoretische Schriften. DKV-Ausgabe. Bd. 32. Hg. von Rolf-Peter Janz. Frankfurt a. M. 2008, 706–810.

Schivelbusch, Wolfgang. Das Paradies, der Geschmack und die Vernunft. Eine Geschichte der Genußmittel. Frankfurt a. M. 1997.

– Die andere Seite. Leben und Forschen zwischen New York und Berlin. Hamburg 2021.

– Die Kultur der Niederlage. Der amerikanische Süden 1865, Frankreich 1871, Deutschland 1918. Berlin 2001.

– Entfernte Verwandtschaft. Faschismus, Nationalsozialismus, New Deal. 1933–1939. München 2005.

– Vor dem Vorhang. Das geistige Berlin 1945–1948, München 1995.

Schlögel, Karl. Die Mitte liegt ostwärts. Die Deutschen, der verlorene Osten und Mitteleuropa (1989), in: ders. Die Mitte liegt ostwärts. Europa im Übergang. Frankfurt a. M. 2008, 14–64.

– Im Raume lesen wir die Zeit. Über Zivilisationsgeschichte und Geopolitik, Frankfurt a. M. 2006.

Schmied, Wieland. Werner Heldt. Mit einem Werkkatalog von Eberhard Seel. Köln 1976.

Schnapp, Alain. Was ist eine Ruine? Entwurf einer vergleichenden Perspektive. Göttingen 2014.

Schneider, Peter. Der Mauerspringer. Erzählung. Darmstadt, Neuwied 1986 (1982).

Schoeller, Wilfried F. Nachwort, in: Kessel. Lydia Faude. Frankfurt a.M. 2001, 534–544.

Scholtis, August. An der Gedächtniskirche (1946), in: ders. Feuilletonistische Kurzprosa. Hg. von Joachim J. Scholz. Berlin 1993, 165–167.

– Rund um den Potsdamer Platz (1951), in: ders. Feuilletonistische Kurzprosa. Hg. von Joachim J. Scholz. Berlin 1993, 187–189.

Scholz, Hans. Am grünen Strand der Spree. So gut wie ein Roman. Hamburg 1955.

– Berlin für Anfänger. Ein Lehrgang in 20 Lektionen mit vielen Bildern von Neu. Zürich 1966.

– »Berlin, jetzt freue Dich!« Betrachtungen an und in den Grenzen der deutschen Hauptstadt. Ein Skizzenbuch. Hamburg 1960.

– Die Geschichte des Brandenburger Tors, in: ders. An Havel, Spree und Oder. 5 Hörbilder. Hamburg 1962, 71–132.

– Einleitung, in: Chargesheimer/ders. Berlin Bilder aus einer großen Stadt, I–XXIX.

– Exzentrische Mitte Berlin, in: Merian 25 (1972), Nr. 1, 55f.

– Georg Hermann und die Berliner Dichtung, in: Georg Hermann. Rosenemil. München 1962, 345–368.

– Jahrgang 11. Leben mit allerlei Liedern, in: Hans Mommsen u.a. Jahrgang 11. Hamburg 1966, 54–116.

– Jenseits der Hundebrücke, in: Rudolf Hartung (Hg.). Hier schreibt Berlin heute. Eine Anthologie. München 1963, 17–24.

– Nachts, in: ders. Berlin Impression. Berlin (West) 1968, ohne Seitenzahlen.

– Theodor Fontane. München 1978.

Scholz, Wilhelm von. Gedenkblatt zu Oskar Loerkes 80. Geburtstag, in: Bernhard Zeller (Hg.). Oskar Loerke 1884–1964. Stuttgart 1964, 99–102.

Schoor, Kerstin. Vom literarischen Zentrum zum Ghetto. Deutsch-jüdische literarische Kultur in Berlin zwischen 1933 und 1945. Göttingen 2010.

Schorske, Carl E. Die Idee der Stadt im europäischen Denken: Von Voltaire zu Spengler, in: ders. Mit Geschichte denken. Übergänge in die Moderne. Mit einem Geleitwort von Aleida Assmann. Wien 2004, 53–73.

Schramm, Percy Ernst. Das Ende des Krieges, in: Walther Hubatsch/ders. Die deutsche militärische Führung in der Kriegswende. Köln, Opladen 1964, 25–79.

Schröder, Rudolf Alexander. Berlin einst und jetzt. Berlin, Witten 1954.

Schürer, Oskar. Prag. Kultur, Kunst, Geschichte. München, Brünn 1940.

Schütte, Wolfram (Hg.). Adorno in Frankfurt. Ein Kaleidoskop mit Texten und Bildern. Frankfurt a.M. 2003.

Schwab, Gabriele. Das Gespenst der Vergangenheit. Zum transgenerationellen Erbe von Krieg und Gewalt, in: Gruppenpsychotherapie und Gruppendynamik 47 (2011), Nr. 4, 235–261.

– Haunting Legacies. Violent Histories and Transgenerational Trauma. New York 2010.

Schwab, Gustav. Die schönsten Sagen des klassischen Altertums. Stuttgart 1986.

Schwarzschild, Leopold. Chronik eines Untergangs. Deutschland 1924–1939. Hg. von Andreas P. Wesemann. Wien 2005.

Seidler, Günter H. Der Blick des Anderen. Eine Analyse der Scham. Stuttgart 2015.

Seidlin, Oskar. Shroud of Silence (1953), in: ders. Essays in German and Comparative Literature. Chapel Hill, N.C. 1961, 228–236.

Shakespeare, William. The Tragedy of Macbeth (1606), in: ders. Sämtliche Werke. Bd. 2. Englisch-Deutsch. Mit einem einführenden Essay von Harold Bloom. Frankfurt a.M. 2010, 2171–2231.

Sifton, Elisabeth/Fritz Stern. Keine gewöhnlichen Männer. Dietrich Bonhoeffer und Hans von Dohnanyi im Widerstand gegen Hitler. München 2013.

Simiot, Alexandre-Étienne. Centralisation et démocratie. Paris 1861.

Simmel, Georg. Die Großstädte und das Geistesleben (1903), in: ders. Gesamtausgabe. Bd. 7. Hg. von Otthein Rammstedt. Frankfurt a.M. 1995, 116–131.

– Die Ruine. Ein ästhetischer Versuch (1907), in: ders. Gesamtausgabe. Bd. 7. Hg. von Otthein Rammstedt. Frankfurt a.M. 1993, 124–130.

Sithoe, Pedro. Wolfgang Koeppens Roman »Das Treibhaus«. Rezeption und Wirkung. Greifswald 2012.

Sloterdijk, Peter. Kritik der zynischen Vernunft. Frankfurt a.M. 1983.

Smithson, Alison/Peter Smithson. The Charged Void: Architecture. New York 2001.

Snyder, Timothy. Bloodlands. Europa zwischen Hitler und Stalin. München 2011.

Sommer, Manfred. Sammeln. Ein philosophischer Versuch. Frankfurt a.M. 2002.

– Suchen und Finden. Lebensweltliche Formen. Frankfurt a.M. 2002.

Sontag, Susan. Die Ästhetik des Schweigens, in: dies. Gesten radikalen Willens. Essays. Frankfurt a.M. 2011, 11–50.

Speyer, Wilhelm. Das Glück der Andernachs. Zürich 1947.

Spicker, Friedemann. Kurze Geschichte des deutschen Aphorismus. Tübingen 2007.

– Martin Kessels aphoristische Anthropologie. Im Kontext von Roman und Essay, in: Convivum. Germanistisches Jahrbuch Polen (2013), 197–220.

Springer, Philipp. Bahnhof der Tränen. Die Grenzübergangsstelle Berlin-Friedrich-straße. Berlin 2013.

Steiner, Franz Baermann. 8. Mai 1945, in: ders. Unruhe ohne Uhr. Ausgewählte Gedichte aus dem Nachlass. Heidelberg 1954, 31.

Steiner, George. Der Dichter und das Schweigen, in: ders. Sprache und Schweigen. Essays über Sprache, Literatur und das Unmenschliche. Frankfurt a.M. 1973, 90–117.

– The Idea of Europe. An Essay. Tilburg 2004.

Stenographische Niederschriften der Plenarsitzung der Deutschen Akademie der Künste am 26. Juni 1953 (Auszug), in: Matthias Braun. Die Literaturzeitschrift »Sinn und Form«. Ein ungeliebtes Aushängeschild der SED-Kulturpolitik. Bremen 2004, 162–168.

Sterling, Charles. La nature morte. De L'antiquité à nos jours. Paris 1952.

Stern, Fritz. Das feine Schweigen und seine Folgen (1998), in: ders. Das feine Schweigen. Historische Essays. München 1999, 158–173.

– Die erzwungene Verlogenheit (1993), in: ders. Das feine Schweigen. Historische Essays. München 1999, 98–157.

– Freiheit und Exil – Heinrich Heines Welt und die Unsere. Berlin 2016.

Sternberger, Dolf. Figuren der Fabel. Frankfurt a.M. 1990.

– Gefühl der Fremde. Wiesbaden 1958.

– Hohe See und Schiffbruch. Zur Geschichte einer Allegorie (1935), in: ders. Vexierbilder des Menschen. Schriften. Bd. VI. Frankfurt a.M. 1981, 227–245.

– Rede über die Stadt, gehalten in Bremen (1973), in: ders. Die Stadt als Urbild. Sieben politische Beiträge. Frankfurt a.M. 1985, 11–20.

Stierle, Karlheinz. Fiktion, in: Karlheinz Barck u.a. (Hg.). Ästhetische Grundbegriffe. Bd. 2. Dekadent-Grotesk. Stuttgart 2001, 380–428.

Stöver, Bernd. Kleine Geschichte Berlins. München 2012.

Strauss, Leo. Verfolgung und die Kunst des Schreibens (1952), in: Andreas Hiepko (Hg.). Kunst des Schreibens. Berlin 2009, 23–50.

Strohmeyer, Klaus. Industriegebiet der Intelligenz. Dokumentation einer literarischen Landschaft, in: Herbert Wiesner (Hg.). Industriegebiet der Intelligenz. Literatur im Neuen Berliner Westen der 20er und 30er Jahre. Berlin 1990, 15–95.

Ströker, Elisabeth. Philosophische Untersuchungen zum Raum. Frankfurt a.M. 1965.

Symposion Europäischer Bildhauer Berlin 1963. Hg. von Symposion Europäischer Bildhauer. Berlin (West) 1963.

Szilasi, Wilhelm. Einführung in die Phänomenologie Edmund Husserls. Tübingen 1959.
– Macht und Ohnmacht des Geistes. Freiburg 1946.

Szondi, Peter. Briefe. Hg. von Christoph König und Thomas Sparr. Frankfurt a.M. 1993.
– Celan-Studien (1972), in: ders. Schriften. Bd. 2. Frankfurt a.M. 1978, 319–398.
– Hoffnung im Vergangenen. Über Walter Benjamin (1961), ders. Schriften. Bd. 1. Frankfurt a.M. 1976, 275–294.
– Nachwort, in: Benjamin. Städtebilder. Nachwort von Peter Szondi. Frankfurt a.M. 1963, 79–99.
– Theorie des modernen Dramas 1880–1950 (1956), in: ders. Schriften. Bd. 1. Frankfurt a.M. 1978, 9–148.

Tatarkiewicz, Władysław. Geschichte der sechs Begriffe. Kunst, Schönheit, Form, Kreativität, Mimesis, ästhetisches Erlebnis. Frankfurt a.M. 2003.

Tau, Max. Das Land, das ich verlassen musste. Hamburg 1961.

Tellenbach, Hubertus. Die Räumlichkeit des Melancholischen, in: Der Nervenarzt 27 (1956), Nr. 1, 12–18.
– Geschmack und Atmosphäre. Medien menschlichen Elementarkontaktes. Salzburg 1968.

Tengelyi, László. Erfahrung und Ausdruck. Phänomenologie im Umbruch bei Husserl und seinen Nachfolgern. Dordrecht 2007.

Tergit, Gabriele. Autobiographien und Bibliographien. London 1959.
– Etwas Seltenes überhaupt. Erinnerungen. Frankfurt a.M. 2018.
– So war's eben. Roman. Hg. von Nicole Henneberg. Frankfurt a.M. 2021.

Tghart, Reinhard. Vor Loerkes Gedichten, in: ders. (Hg). Oskar Loerke. Marbacher Kolloquium 1984. Mainz 1986, 11–54.

Thalmann, Rita. La voie tragique de Jochen Klepper ou l'ambiguïté du protestantisme allemand, in: Revue d'Allemagne V (1973), Nr. 3, 801–817.

Theunissen, Gert H. Berlin im Bilde seines Wesens. Zu den Bildern Werner Heldts, in: Werner Heldt. Zeichnungen. Berlin 1948, 5–34.

Theunissen, Michael. Der Begriff Ernst bei Sören Kierkegaard. Freiburg, München 1958.
– Reichweise und Grenzen der Erinnerung. Hg. von Eilert Herms. Tübingen 2001.
– Zeit des Lebens (1987), in: ders. Negative Theologie der Zeit. Frankfurt a.M. 2015, 299–317.

Theunissen, Michael/Helmut Hühn. Wiederholung, in: Joachim Ritter (Hg.). Historisches Wörterbuch. Bd. 12 W–Z. Darmstadt 2004, 738–746.

Torok, Maria. Avant-propos, in: Nicholas Rand. Le cryptage et la vie des œuvres. Avant-propos de Maria Torok. Paris 1989, 7–9.

- Catastrophes (1981), in: Jean Claude Rouchy (Hg.). La Psychanalyse avec Nicolas Abraham et Maria Torok. Ramonville Saint-Agne 2001, 81–83.
- Maladie du deuil et fantasme du cadavre exquis (1968), in: Nicolas Abraham/dies. L'écorce et le noyau. Paris 1987, 229–251.
Troller, Georg Stefan. Dichter und Bohemiens in Paris. Literarische Streifzüge. Düsseldorf 2008.
Tumler, Franz. Berlin. Geist und Gesicht. München, Stuttgart 1953.
- Die Dinge allein. Berliner Aufzeichnungen (1959), in: ders. Hier in Berlin, wo ich wohne. Texte von 1946–1991. Hg. von Toni Bernhart. Innsbruck, Wien 2014, 91–101.
- Einleitung, in: Nico Jesse. Menschen in Berlin. Gütersloh 1960, 5–19.
- Muschel aus Traum (1956), in: ders. Hier in Berlin, wo ich wohne. Texte von 1946–1991. Hg. von Toni Bernhart. Innsbruck, Wien 2014, 88–90.
- Rede zum Gedenken Hans Scharoun (1973), in: ders. Hier in Berlin, wo ich wohne. Texte von 1946–1991. Hg. von Toni Bernhart. Innsbruck, Wien 2014, 210–216.
Uelzmann, Jan. Bonn, Divided City. Cityscape as Political Critique in Wolfgang Koeppen's »Das Treibhaus« und Günther Weisenborn's »Auf Sand gebaut«, in: Seminar: A Journal of Germanic Studies 50 (2014), Nr. 4, 436–460.
Uexküll, Thure von. Eigenzeit, in: Joachim Ritter (Hg.). Historisches Wörterbuch der Philosophie. Bd. 2 D–F. Darmstadt 1972, 345f.
Vetter, Helmuth. Angst, in: ders. (Hg.). Wörterbuch der phänomenologischen Begriffe. Hamburg 2004, 28.
- Sprung, in: ders. (Hg.). Wörterbuch der phänomenologischen Begriffe. Hamburg 2004, 504f.
Vieregg, Axel. Die Lyrik Peter Huchels. Zeichensprache und Privatmythologie. Berlin (West) 1976.
- Editorische Notiz (1984), in: Peter Huchel. Gesammelte Werke. Bd. 2. Berlin 2017, 403–408.
Virilio, Paul. Krieg und Kino. Logistik der Wahrnehmung. München, Wien 1986.
Vischer, Friedrich Theodor. Über das Erhabene und Komische. Ein Beitrag zu der Philosophie des Schönen (1837), in: ders. Über das Erhabene und Komische und andere Texte zur Ästhetik. Frankfurt a.M. 1967, 37–215.
Vogl, Joseph. Beliebige Räume. Zur Mikropolitik städtischer Räume, in: Thesis 49 (2003), Nr. 3, 37–43.
- Über das Zaudern. Zürich, Berlin 2007.
Völker, Klaus. Johannes Bobrowski in Friedrichshagen 1949–1965. Frankfurt a.d. Oder 2016.
Volkmann-Schluck, Karl-Heinz. Kunst und Erkenntnis. Hg. von Ursula Panzer. Würzburg 2002.
Vostell, Wolf. La Tortuga 1988–1993. Eine Chronologie. Marl 1993.
Voswinckel, Klaus. Paul Celan. Verweigerte Poetisierung der Welt. Versuch einer Deutung. Heidelberg 1974.
Wajsbrot, Cécile. Berliner Ensemble. Montreuil 2015.
- Echos eines Spaziergangs in der Künstlerkolonie, in: Sinn und Form 67 (2015), Nr. 5, 253–265.
- Für die Literatur. Verteidigung des Romans. Berlin 2013.
Wandruszka, Mario. Angst und Mut. Stuttgart 1950.
Webber, Andrew J. Berlin in the Twentieth Century. A Cultural Topography. Cambridge 2008.
Weber, Elisabeth. Denkmäler, Krypten. Zur deutsch-jüdischen Geschichte nach 1918,

in: dies./Georg Christoph Tholen (Hg.). Das Vergessen(e). Anamnesen des Undarstellbaren. Wien 1997, 140–157.

Wechsberg, Joseph. Die Manschettenknöpfe meines Vaters. Erinnerungen. München 1982.

– Journey Through the Land of Eloquent Silence. Boston, Toronto 1964.

– Land mit zwei Gesichtern. Kreuz und quer durch die Zone. Berlin (West) 1965.

– Phoenix in Rubble, in: The New Yorker 26.4.1952, 84–103.

– Spaziergang in die Vergangenheit, in: ders. Lebenskunst und andere Künste. Reinbek bei Hamburg 1963, 169–175.

Wehry, Katrin. Quer durchs Tiergartenviertel. Das historische Quartier und seine Bewohner. Hg. von Michael Eissenhauer. Berlin 2015.

Weichelt, Matthias. Peter Huchel. Berlin 2018.

Weinrich, Harald. Semantik der Metapher, in: Folia Linguistica 41 (1967), Nr. 1, 3–17.

Weiss-Sussex, Godela. Berlin: Myth and Memorialization, in: Katia Pizzi/dies. (Hg.). The Cultural Identities of European Cities. Bern 2011, 145–164.

Weiss, Peter. Notizbücher 1960–1971. Bd. 2. Frankfurt a.M. 1982.

Weizsäcker, Richard von. Drei Mal Stunde Null? 1949, 1969, 1989. Deutschlands europäische Zukunft. Berlin 2001.

Weizsäcker, Viktor von. Pathosophie. Göttingen 1956.

Wenders, Wim/Peter Handke. Der Himmel über Berlin. Ein Filmbuch. Frankfurt a.M. 1992.

Weppen, Wolfgang von der. Der Spaziergänger. Eine Gestalt, in der Welt sich vielfältig bricht. Tübingen 1995.

Wichner, Ernest/Herbert Wiesner. Franz Hessel. Nur was uns anschaut, sehen wir. Ausstellungsbuch. Berlin 1998.

Wieczorek, John P. Between Sarmatia and Socialism. The Life and Works of Johannes Bobrowski. Amsterdam, Atlanta 1999.

Wieczorek, Stefan. Erich Arendt und Peter Huchel. Kleine Duographie sowie vergleichende Lektüre der lyrischen Werke. Marburg 2001.

Windsor, Philip. City on Leave. A History of Berlin 1945–1962. London 1963.

Winter, Christian. »In der Freiheit des freien Schriftstellers«. Wolfgang Koeppens literarische Laufbahn 1951–1996. Baden-Baden 2018.

Wintgens, Benedikt. Treibhaus Bonn. Die politische Kulturgeschichte eines Romans. Düsseldorf 2019.

Wisniewski, Edgar. Architektonisches Gesamtkunstwerk?, in: Olav Münzberg (Hg.). Vom Alten Westen zum Kulturforum. Das Tiergartenviertel in Berlin – Wandlungen einer Stadtlandschaft. Berlin (West) 1988, 227.

Wöldicke, Evelyn. Die Villa Gontard. Ein Haus im Tiergartenviertel. Berlin 2013.

Wolf, Burkhardt. Raum, in: Lars Koch (Hg.). Angst. Ein interdisziplinäres Handbuch. Stuttgart, Weimar 2013, 148–156.

– Sein und Scheitern. Zur Metakinetik des Schiffs, in: Zeitschrift für Ideengeschichte 14 (2020), Nr. 3, 5–20.

Wolf, Christa. Ein Tag im Jahr. 1960–2000. Frankfurt a.M. 2008.

– Unter den Linden (1974), in: dies. Die Lust, gekannt zu sein. Erzählungen 1960–1980. Frankfurt a.M. 2008, 170–226.

Wolf, Gerhard. Beschreibung eines Zimmers. Fünfzehn Kapitel über Johannes Bobrowski. Berlin 1993.

Wolken, Karl Alfred. Zwiesprache mit der Wirklichkeit (1972), in: Hans Mayer (Hg.). Über Peter Huchel. Frankfurt a.M. 1973, 183–203.

Zeldin, Theodore. Histoire des passions françaises. Tome II. Orgueil et intelligence. Paris 2003.

Ziebritzki, Henning. Meister der diskreten Unterschiede. Ein Fernblick auf Peter Huchel, in: Text + Kritik Nr. 157: Peter Huchel (2003), 78–83.

Zimmermann, Hans Dieter. Gescheiterte Hoffnung. Peter Huchels Anfänge in der DDR, in: Peter Walther (Hg.). Peter Huchel. Leben und Werk in Texten und Bildern. Frankfurt a. M. 1996, 228–245.

Ziolkowski, Theodore. The classical German elegy, 1795–1950. Princeton, N. J. 1980.

Zischler, Hanns. Berlin ist zu groß für Berlin. Berlin 2013.

Zivier, Georg. Das Romanische Café. Erscheinungen und Randerscheinungen rund um die Gedächtniskirche. Berlin (West) 1968.

– Der Riese auf Krücken, in: Merian 2 (1949), Nr. 6, 40–48.

– Vom Salon zum Audiomax. Betrachtung über die gesellschaftlichen Strömungen in Berlin. Berlin (West) 1968.

Filme und Audio-Material

Berliner Profile. Regie: Walter Höllerer. Deutschland 1971. Walter-Höllerer-Archiv, Literaturarchiv Sulzbach-Rosenheim.

Bobrowski, Johannes. Erfahrung, in: ders. Im Strom. Gedichte und Prosa, gelesen vom Autor. Berlin 2001, Titel 12.

– Poetischer Zuchtmeister. An Klopstock, in: Harro Zimmermann (Hg.). Unser Klopstock. Bremen 2003, Titel 2.

Das Portrait: Alfred Döblin. Regie: Igor Scherb. Drehbuch: Leo Kreutzer. Westdeutscher Rundfunk 1968. Archiv der Deutschen Kinemathek, Berlin.

Der Letzte Akt. Georg Wilhelm Pabst. Drehbuch: Erich Maria Remarque u.a. Deutschland/Österreich 1955.

Erich Maria Remarque im Gespräch mit Friedrich Luft. SFB Profil. Sender Freies Berlin 1962, unter: https://www.youtube.com/watch?v=aOzROBGLkpE

Galbraith, Iain. Lesung von Michael Hamburgers »Das Schweigen in Berlin« (1976) vom 6.10.2006. Produktion: Folio Verlag, Bozen, unter: https://cba.fro.at/114308

Germania anno zero. Regie: Roberto Rossellini. Italien 1948.

Ich habe noch einen Koffer in Berlin – Witold Gombrowicz und die Deutschen. Lesung und Gespräch vom 20.5.2014. Mit Rita Gombrowicz, Ingo Schulze und Olaf Kühl. AVM-36 1765. Archiv der Akademie der Künste Berlin.

Literarische Zentren: Paris 1925. Shakespeare & Co. Regie und Drehbuch: Georg Stefan Troller. Deutschland 1966. Georg Stefan Troller Vorlass. Deutsche Kinemathek, Berlin.

Mayer, Hans. Erinnerungen an Peter Huchel (1984), unter: https://www.peter-huchel-preis.de/peter-huchel/ Derzeit nicht verfügbar (zuletzt aufgerufen: 21.3.2022).

Personenbeschreibung: Annäherung an Thomas Brasch. Regie und Drehbuch: Georg Stefan Troller. ZDF 1977. Vorlass Georg Stefan Troller. Deutsche Kinemathek, Berlin.

Filme und Audio-Material

Archive und Nachlässe

Archiv der Akademie der Künste, Berlin. Nachlässe und Teilnachlässe: Hans Scholz, Kurt Ihlenfeld, Herbert Ihering, Max Taut, Günter Grass, Franz Wallner-Basté. Abteilung für AV-Medien.

Archiv der Deutschen Kinemathek, Berlin. Insbesondere: Vorlass Georg Stefan Troller.

Archiv des Norddeutschen Rundfunks (NDR), Hannover.

Archiv des Rundfunks Berlin-Brandenburg (RBB).

Berliner Künstlerprogramm Archiv, DAAD Berlin. Bestände zu Michael Hamburger und Witold Gombrowicz.

Die Zeit, Archiv Hamburg.

Landesarchiv Berlin. Bestände »Zentraler Bereich«. Bestandsschwerpunkt: Der Regierende Bürgermeister von Berlin Senatskanzlei; Der Senator für Stadtentwicklung und Umweltschutz. Sowie: Berlin – Historische Stätten. Unter den Linden/Marx Engels-Platz. Kammer der Kunstschaffenden 1945–1946; Volksbildung 1945–1951.

Leo Baeck Center, New York, Georg Hermann Collection (online abrufbar).

Michael Hamburger Collection. British Library, Modern Literary Manuscripts.

Nachlass August Scholtis, Stadt- und Landesarchiv Dortmund. Handschriftenabteilung.

Nachlass Gabriele Tergit, Deutsches Literaturarchiv Marbach.

Nachlass Gottfried Benn, Deutsches Literaturarchiv Marbach.

Nachlass Hans Blumenberg, Deutsches Literaturarchiv Marbach.

Nachlass Heinz Knobloch, Staatsbibliothek zu Berlin.

Nachlass Hermann Kasack, Deutsches Literaturarchiv Marbach.

Nachlass Hilde Domin, Deutsches Literaturarchiv Marbach.

Nachlass Martin Kessel, Deutsches Literaturarchiv Marbach.

Nachlass Max Tau, Stadt- und Landesarchiv Dortmund. Handschriftenabteilung.

Nachlass Oskar Loerke, Deutsches Literaturarchiv Marbach.

Nachlass Peter Huchel, Deutsches Literaturarchiv Marbach.

Nachlass Richard Alewyn, Deutsches Literaturarchiv Marbach.

Nachlass Walter Muschg, Universitätsbibliothek Basel.

Nachlass Wilhelm Speyer, Deutsches Exilarchiv Frankfurt a.M.

Oral History Collection, Columbia University. Rare Book & Manuscript Library.

Peter-Huchel-Sammlung, Stadt-Archiv Staufen.

Rockefeller Archives. Ford Foundation papers West-Berlin. Rockefeller Foundation, Bestände zu Nachkriegsdeutschland/Westberlin.

Tagesspiegel Berlin, Recherche/Dokumentation.

University of Chicago Library, Congress for Cultural Freedom papers.

Uwe Johnson-Archiv (UJA) Rostock.

Walter-Höllerer-Archiv, Literaturarchiv Sulzbach-Rosenheim.

Wolfgang-Koeppen-Archiv Greifswald/Wolfgang-Koeppen-Nachlass Universitätsbibliothek Greifswald.

Zentral- und Landesbibliothek, Berlin-Sammlungen, Mikrofilmarchiv.

Appendix Loerke

Zum »Silberdistelwald«.

Eines Dichters Stimme.

Es kommt die Zeit, da ist das Schwere
Aus Stein, Metall und Fleisch verloren.
Geschütze werdens und Gewehre
In Kot und Tod und Hölle bohren.

Dann wird mein Traum, vor Gott der Leichte,
ein Vogel in der Öde singen.
Was keine Kugel je erreichte,
Wird wiederum die Welt bezwingen.

Ein Feuer wirds vielleicht verbrennen,
Doch wird es Mord und Brand und Trauern
Auf Zungen, die kein Brot mehr kennen
Und Trost nicht wußten, überdauern.

Du brauchst es nirgendwann zu lesen.
Es hilft gleich einem Talismane,
Erahnst du abseits nur sein Wesen:
Das Geisteswehn im Menschenwahne.

1.4.1939.

Dank

Dank auszusprechen ist zunächst meinem Erstbetreuer und langjährigen Chef Joseph Vogl für dessen Vertrauen, nach einem abgebrochenen Anlauf diesen zweiten wagnisreichen Versuch zur Dissertation nach Kräften zu unterstützen – Dank gebührt ihm, dass er den Weg bis zum Ende mitgegangen ist. Daneben ist meinem Zweitbetreuer Michael Jennings zu danken, der es mir gemeinsam mit Joseph Vogl ermöglichte, das Jahr 2015/16 als Fellow am German Department der Princeton University zu verbringen. Diese Zeit brachte einen frischen, fremden Blick auf die deutsche Nachkriegsliteratur und mit Jennings' Seminaren einen benjaminischen Einfluss auf die Ausgestaltung des Vorhabens.

Neben dem näheren Umfeld des Lehrstuhl Vogl – hier Sabine Imhof, Kaspar Renner, Roman Widder, Mark Potocnik, Dirck Linck und Robert Loth – und dem Institut für deutsche Literatur der Humboldt-Universität zu Berlin – hier insbesondere dem Einfluss der Vorlesungen und Arbeiten von Erhard Schütz und Ethel Matala de Mazza – ist für zahlreiche Gespräche, Ratschläge und fruchtbare Hinweise zu danken: Peter Berz, Burkhardt Wolf, Frederic Ponten, Sebastian Klinger, Thomas Ebke, Sabine Kalff, Gernot Krämer, Karin Krauthausen und Stephan Kammer sowie Julian Friedrich, Claas Greite, Philip Topolovac, Anne-Sophie Moreau, Horst Olbrich, Janos Frecot und vor allem Marius Schmidt.

Für die Umsetzung der Überarbeitung der Dissertation in ein Buch ist zu danken: der Bundesstiftung Aufarbeitung, der Stiftung Ernst-Reuter-Archiv, der Weichmann Stiftung sowie der Projektleiterin beim Wallstein Verlag Rahel Simon und nicht zuletzt Jan-Frederik Bandel für das engagierte Lektorat des Textes. Ein zeitweiliges Zuhause während der Überarbeitung des Manuskripts boten mir als Postdoc Fellow die School of Advanced Study, University of London und das Humanities Institute, University College Dublin, wofür Jane Lewin, Tony Grenville, Andrea Capovilla und Godela Weiss-Sussex sowie Joseph Twist, Anne Fuchs und Mary Cosgrove ein eigener Dank gilt.

In den einsamen Stunden des Schreibens der Arbeit konnte ich mich auf die kollegiale und freundschaftliche Unterstützung von Joel Lande verlassen; für diesen unschätzbaren Freundschaftsdienst gebührt ihm ein besonderer Dank. Dass die Arbeit die Hürde der Fertigstellung nahm, liegt nicht zuletzt am Einfluss von Wolfgang Schivelbusch, der in unzähligen Kaffeehaus-Gesprächen und während der Mitarbeit an seinem letzten Buch zeitweilig die Rolle eines dritten Betreuers übernahm. Meinen Eltern Carl und Susanne Greite ist für ihre immerwährende Unterstützung, vor allem für ihren gemeinsamen Einsatz in der Korrekturphase vor der Einreichung der Arbeit zu danken, die eine schöne und intensive Zeit war. Während der Korrektur konnte ich auch auf die Hilfe von Inge Jádi zählen, der ein besonderer Dank gebührt.

Doch der Hauptdank gilt den beiden, die vielleicht als Einzige auch in dunkleren Stunden an die Fertigstellung dieser Arbeit geglaubt haben: Camille Farnoux und Ferenc Jádi. Die Gespräche mit Ferenc Jádi bildeten eine Fahrt durch das Gebiet des Allzumenschlichen eigener Art. Camilles Zuversicht und Liebe hielten mich in der Spur.

Gewidmet ist sie den beiden, die die Drucklegung leider nicht mehr erleben konnten: Wolfgang Schivelbusch und meinem Vater. Ein Satz Johannes Bobrowskis, der meinen Vater beeindruckt hat, sei ans Ende gestellt: »Die Kontinuität, mit Wunden bedeckt, muss durchgehalten werden.«

Dublin, Mai 2024

Register

Abraham, Nicolas 302, 305f., 307–309, 317, 320, 325, 340, 521, 561
Abraham, Paul 385
Abusch, Alexander 501
Adenauer, Konrad 290
Adorno, Theodor W. 146f. 294f., 533, 549, 355
Alewyn, Richard 14, 42, 47f., 71, 127, 130, 178, 231, 312, 315, 453f., 480, 484, 539, 546, 564
Allemann, Beda 461
Anders, Günther 13, 19, 26, 28, 32, 48, 112, 122–133, 146, 151, 155, 206, 225, 501, 556, 561, 564, 567
Andersch, Alfred 205
Andreas-Friedrich, Ruth 368, 380
Angehrn, Emil 162, 165, 311, 562
Arendt, Erich 495, 512
Auden, W.H. 95, 356, 476
Augé, Marc 282

Bach, Johann Sebastian 414, 469
Bachelard, Gaston 153, 175, 180, 190, 258f., 260
Bachmann, Ingeborg 167f., 328f., 334, 350f., 355, 373, 440
Baudelaire, Charles 29, 82, 177, 180, 214, 234
Becher, Johannes R. 148, 491, 493, 497f., 502f., 505
Beckett, Samuel 155, 287f., 397
Beckmann, Max 321
Benjamin, Walter 10, 15, 17, 21, 26f., 37, 54, 71f., 79, 82, 86, 106, 109, 112f., 123, 126f., 129, 132, 134f., 137, 142, 146f., 149, 150f., 153, 155, 162–165, 169, 171, 177f., 180f., 183, 192, 194, 197, 200, 210, 214f., 223f., 226, 238, 250–253, 270, 299, 308, 320, 386f., 390, 394, 400f., 425, 447, 489, 500, 515, 517, 519, 526, 528, 530f., 534, 543f., 555, 568
Benn, Gottfried 22f., 38, 40–44, 47–57, 64f., 67–69, 74, 88, 95, 100, 114f.,

120f., 188f., 191, 223, 301, 368, 418, 458, 536
Besten, Ad den 513
Binswanger, Ludwig 289, 294, 301, 344, 504
Bismarck, Otto von 371
Blake, William 117f.
Blanchot, Maurice 373, 437, 535
Bloch, Ernst 217, 489, 501
Blumenberg, Hans 13, 18, 33f., 43, 70f., 95, 104, 222, 243, 261f., 297, 314, 321, 325, 368, 374, 398, 443, 460
Bobrowski, Johannes 20, 28, 38, 46, 59, 76, 298, 307f., 313, 318, 322f., 333, 350f., 354f., 395, 413, 418, 422, 435, 438–440f., 439, 448, 453–488, 479, 492, 502, 505, 507f., 510f., 513f., 515, 519, 526, 533, 535, 537–539, 543f., 554f., 558, 561, 563f., 567
Boehlendorff, Casimir Ulrich 475
Böhme, Jacob 515, 517
Bohrer, Karl Heinz 227f., 233, 313
Bois, Curt 365, 367, 367
Böll, Heinrich 121
Bollnow, Otto Friedrich 19, 397
Bonhoeffer, Dietrich 289, 323
Borutta, Otto 80, 201
Brasch, Thomas 426
Braun, Matthias 498
Brecht, Bertolt 148, 224, 276, 368, 492, 497, 501, 504, 506, 519
Broch, Hermann 172
Büchner, Georg 489
Burckhardt, Jacob 210
Butor, Michel 352, 437f.

Cassirer, Bruno 153, 203, 236, 245–248f., 281, 300, 412f.
Celan, Paul 10, 34, 73, 123, 136, 144f., 150, 303, 320, 322, 332, 337, 342, 363, 380–384, 386, 391–393, 398, 416–418, 429, 456, 462f., 464, 482, 530, 547, 559
Chamisso, Adelbert von 277–279, 281
Chargesheimer 154, 157, 158